COMENTARIO DEL CONTEXTO CULTURAL DE LA BIBLIA

Nuevo Testamento

Una herramienta indispensable para la mejor comprensión del Nuevo Testamento

Craig S. Keener

Traducido por
Nelda Bedford de Gaydou, Arnoldo Canclini, Gabriela de la Rocha, Raimundo Ericson, Miguel A. Mesías, Edgar Morales, José Antonio Septién y Rubén Zorzoli.

Editorial Mundo Hispano

EDITORIAL MUNDO HISPANO
7000 Alabama Street, El Paso, Texas 79904, EE. UU. de A.
www.EditorialMundoHispano.org

Nuestra pasión: Comunicar el mensaje de Jesucristo y facilitar la formación de discípulos por medios impresos y electrónicos.

Publicado originalmente en inglés por InterVarsity Press, Downers Grove, Illinois, bajo el título *The IVP Bible Background Commentary. New Testament,* © Copyright 1993.

Editores: Juan Carlos Cevallos, Adelina Almanza, María Luisa Cevallos,
Vilma Fajardo y Hermes Soto.

Diseño de la portada: Cecilia Gonzales

Ediciones: 2003, 2005, 2006, 2008, 2010
Sexta edición: 2011

Clasificación Decimal Dewey: 225.7
Tema: Comentarios - Nuevo Testamento

ISBN: 978-0-311-03060-6
EMH Núm. 03060

1.5 M 8 11

Impreso en Colombia
Printed in Colombia

Este libro está dedicado a nuestros hermanos y hermanas que están "en el frente" en la tarea de la evangelización en África, Asia, América Latina, las áreas marginales de las grandes urbes de los EE.UU. de A., y en aquellos muchos otros lugares donde los seguidores de Jesús pagan un alto precio para proclamar su evangelio de manera genuina. Muchos de ellos no han tenido el tiempo o la oportunidad de conocer el contexto cultural original del NT, pero oro desde lo profundo de mi corazón que este libro les sea útil en su servicio para nuestro Señor Jesucristo.

Reconocimientos

La lista de eruditos del NT, de estudios judaicos y de la antigüedad grecorromana para con cuyos trabajos estoy endeudado podría llenar muchas páginas, y por esta razón la paso por alto. La lista de eruditos con quienes he estudiado personalmente es más breve, pero aun así nombro solamente a algunos de mis mentores académicos: Ben Aker, Mary Boatwright, Morna Hooker, Dale Martin, Eric Meyers, Ramsey Michaels, Jim Moyer, E. P. Sanders, D. Moody Smith, Wesley Smith y Orval Wintermute.

Un reconocimiento más directo merecen mis fieles y pacientes editores de InterVarsity Press: Rodney Clapp y Ruth Goring Stewart. Alrededor de dos años después de que tomé la decisión de que IVP sería la editorial ideal para un comentario como este, si alguna vez yo encontrara el tiempo de escribirlo, Rodney se comunicó conmigo y me preguntó si me interesaría escribir un libro para IVP. Desde aquel momento he podido apreciar no solamente la ayuda editorial, sino también el apoyo espiritual de mis amigos de IVP.

Por último, debo agradecer a mis estudiantes y a los miembros de las congregaciones que a lo largo de los años me permitieron la oportunidad de poner en práctica las ideas incluidas en este comentario. Fueron ellos quienes me ayudaron a seleccionar cuáles elementos contextuales eran realmente importantes para el proceso de comunicar el mensaje del texto bíblico y cuáles eran solamente periféricos. En este sentido, debo hacer especial mención de mis estudiantes universitarios en Duke y mis seminaristas del Hood Theological Seminary. Debo también agradecer a los diversos grupos de ministerios universitarios (InterVarsity, Raptures, Crusade and Koinonia en Duke, y New Generation en Livingstone College) que me permitieron poner a prueba el material de este comentario en contextos de grupos menos numerosos y en el discipulado personal.

La historia de la manera en que el Señor proveyó financieramente mientras trabajaba con dedicación exclusiva en el comentario (hasta la suma exacta de dólares por la cual había pedido en oración para pagar el alquiler y comprar provisiones aquel año, y recibidas dentro de las veinticuatro horas de haber orado) es otra historia aparte. Pero al abordar este trabajo he visto la mano especial y providencial del Señor, y espero que, al final, el mismo esté endeudado muchísimo más con el aporte del Señor que con el mío.

Contenido

Lista de abreviaturas

AT	Antiguo Testamento
BA	Biblia de las Américas
BJ	Biblia de Jerusalén
BLA	Biblia Latinoamericana
BLS	La Biblia en Lenguaje Sencillo
DHH	Dios Habla Hoy
GNC	Good News Commentary
GNS	Good News Studies
HNTC	Harper's New Testament Commentaries
ICC	International Critical Commentary
LEC	Library of Early Christianity
NIBC	New International Bible Commentary
NICNT	New International Commentary on the New Testament
NIGTC	New International Greek Testament Commentary
NT	Nuevo Testamento
NVI	Nueva Versión Internacional
PB	El Nuevo Testamento de Pablo Besson
RV	Reina-Valera, 1909
RVA	Reina-Valera Actualizada
RVR-1960	Reina-Valera Revisada, 1960
RVR-1995	Reina-Valera Revisada, 1995
SBLBMI	Society of Biblical Literature: The Bible and Its Modern Interpreters
SBLDS	Society of Biblical Literature Dissertation Series
SBLMS	Society of Biblical Literature Monograph Series
SBLSBS	Society of Biblical Literature Sources for Biblical Study
SNTSMS	Society of New Testament Studies Monograph Series
TDGR	Translated Documents of Greece and Rome
TNTC	Tyndale New Testament Commentary
VM	Versión Moderna
WBC	Word Biblical Commentary
*	Señala los términos incluidos en el glosario

CÓMO USAR ESTE COMENTARIO

El contexto cultural e histórico puede clarificar prácticamente cada versículo en el NT, no obstante, gran parte de este material ha estado fuera del alcance de los lectores no especializados en el tema. Aunque existen muchos comentarios útiles, ninguno de ellos se ha concentrado exclusivamente en el material contextual. Sin embargo, es precisamente este elemento, el contexto que señala la manera en que los escritores y lectores originales del NT habrían entendido su mensaje, el que necesita el lector no especializado, como un recurso para el estudio de la Biblia (la mayoría de los otros elementos, tales como las circunstancias, pueden deducirse del texto mismo).

Existen algunos estudios del contexto cultural del NT, pero ninguno de ellos está ordenado de una manera que permita al lector responder a todas las preguntas pertinentes relacionadas con un pasaje dado. Esta deficiencia me convenció, hace doce años, para embarcarme en este proyecto, el cual hace mucho debiera haberse completado. Este libro está escrito con la esperanza de que todos los creyentes puedan ahora leer el NT de manera mucho más comprensible.

UN COMENTARIO CULTURAL

El contexto cultural marca una diferencia en la manera en que leemos el NT. Por ejemplo, debido a que en el mundo antiguo existían muchos exorcistas, los lectores de aquella época no se habrían sorprendido de que Jesús expulsara demonios, pero debido a que la mayoría de los exorcistas utilizaban encantos o técnicas dolorosas para tratar de expulsar los demonios, resultaba sorprendente que Jesús los expulsara "por su palabra". Al considerar el conflicto que se produce en relación con el acto de cubrirse la cabeza en 1 Corintios 11, en el contexto más amplio de las tensiones sobre los elementos usados para cubrirse la cabeza entre las mujeres ricas y pobres en la Corinto del primer siglo, se clarifica la enseñanza de Pablo en ese pasaje. Una comprensión de los antiguos conceptos con respecto a la esclavitud demuestra que la enseñanza de Pablo, lejos de apoyar tal institución, la debilita. El reconocimiento de lo que significaba para los judíos el término "resurrección", responde a las objeciones de muchos escépticos de nuestro tiempo con respecto al carácter de la resurrección de Jesús. Y así sucesivamente.

El propósito exclusivo de este comentario (a diferencia de la mayoría de los comentarios) es permitir el acceso a los aspectos más relevantes del contexto cultural, social e histórico, a fin de poder leer el NT de la manera en que sus lectores originales lo habrían hecho. Aunque fue necesario incluir algunas notas sobre contexto o teología, las mismas se redujeron a un mínimo para permitir que el lector realice la mayor parte del trabajo de interpretación.

El conocimiento de la cultura antigua es crítico para entender la Biblia. Nuestra necesidad de reconocer las circunstancias de los escritores bíblicos no niega que los pasajes bíblicos sean válidos para todo *tiempo;* lo importante es tener presente que no son válidos para todas las *circunstancias*. Diferentes versículos de la Biblia tratan con situaciones diferentes. Por ejemplo, algunos versículos tratan sobre la manera de alcanzar la salvación, algunos tratan sobre el llamado de Cristo a las misiones, algunos tratan sobre su preocupación por los pobres, etc. Antes de aplicar esos pasajes, necesitamos entender cuáles eran las circunstancias originales con que trataban.

Lo dicho no es para restar importancia a otros factores dentro de la interpretación de la Biblia. El tema más importante, después de la aplicación del Espíritu Santo a nuestro corazón y nuestra vida es siempre el contexto literario: leer cada libro de la Biblia de la manera en que fue compuesto bajo la inspiración del Espíritu Santo. Este comentario tiene solamente el propósito de proporcionar a los lectores un rápido acceso al contexto del NT, no pretende ser la historia completa. En mi propia predicación y enseñanza, me interesa más el contexto literario que la cultura. Pero los lectores pueden deducir el contexto por su propia cuenta al estudiar la Biblia. Para los ministros y otros lectores de la Biblia, la aplicación de las Escrituras es también crucial, pero las aplicaciones específicas variarán según la cultura y según cada persona, y estas, digámoslo una vez más, están fácilmente disponibles para los lectores de la Biblia sin necesidad de ayuda externa.

Para la mayoría de los usuarios de este comentario, que no han estudiado griego ni hebreo, resulta fundamental contar con una traducción buena de la Biblia, de fácil lectura, para poder entenderla. (Por ejemplo, la RVA es una traducción más literal, palabra por palabra; y la NVI o DHH, que son de más fácil lectura, son muy útiles. Uno podría leer de manera regular de la NVI o DHH y estudiar pasajes con más detalle o compararlos con la RVA.) En contraste con la media docena de los manuscritos mayormente medievales en que se basó la Reina-Valera, contamos ahora con más de cinco mil manuscritos del NT, incluyendo algunos de tiempos muy cercanos a los cuales se escribieron los libros del NT (según se entiende con base en las normas usadas para los textos antiguos). Estos manuscritos hacen del NT, sin lugar a dudas, el trabajo mejor documentado del mundo antiguo y explican a la vez por qué disponemos en la actualidad de traducciones más precisas que en el tiempo pasado. Pero la razón más importante para utilizar una traducción actualizada es que está escrita en el idioma corriente con que hablamos y en consecuencia resulta más fácil de entender. Entender la Biblia de modo que uno pueda obedecer sus enseñanzas es, al fin y al cabo, el propósito principal para leerla.

Otros métodos de profundizar en el texto en sí, tales como subrayar y hacer notas, también resultan útiles a muchos lectores. Para encontrar una guía más completa sobre la manera de estudiar la Biblia, recomendamos al lector consultar el práctico libro de Gordon Fee y Douglas Stuart, *La lectura eficaz de la Biblia.* Editorial Vida, 1985.

Pero el principal factor en la aplicación de la Biblia, el cual no está disponible a la mayoría de sus lectores, es el contexto cultural. Este comentario tiene el propósito de cubrir esa necesidad y debe utilizarse junto con otros elementos importantes del estudio de la Biblia: una traducción precisa y de fácil lectura, contexto, oración y aplicación personal.

Una vez más, este comentario no será útil para aquellos que subestiman el estudio del contexto, una regla de interpretación más básica que el conocimiento de la cultura. Por esto, es mejor leer cada libro de la Biblia en forma completa, en lugar de saltar de un lugar de la Biblia a otro. De esta manera es posible captar el mensaje total de un libro de la Biblia en particular. Estos libros fueron escritos de uno en uno a diferentes grupos de lectores, quienes los leyeron de a uno a la vez y los aplicaron a sus situaciones específicas. Es importante tener presente este aspecto al leer, enseñar, o predicar la Biblia. (Muchas supuestas contradicciones de la Biblia surgen de la ignorancia del contexto y de la manera en que se escribían los libros en el mundo antiguo. Los escritores de antaño, al igual que los predicadores modernos, a menudo aplicaban y actualizaban el idioma ordenando y arreglando sus materiales, a la vez que permanecían fieles al significado; de manera que el contexto es generalmente una guía inspirada en cuanto a la manera de aplicar una determinada enseñanza de la Biblia.) Antes de usar este comentario, siempre es importante verificar el contexto de un pasaje en el libro bíblico en que aparece.

Una vez examinado un pasaje en su contexto, este comentario será una valiosa herramienta. Uno podrá usarlo mientras lee la Biblia en sus devocionales diarios; o podrá usarlo para la preparación de estudios bíblicos o mensajes. El único libro que los cristianos evangélicos aceptamos como la Palabra de Dios es el libro más importante que podemos estudiar, y es de esperar que este comentario ayude a todos los creyentes en su estudio de la Palabra de Dios.

Aunque el formato de este libro ha sido puesto a prueba en el aula, en estudios bíblicos, desde el púlpito y en el tiempo devocional personal, quizá no responda a ciertas preguntas de índole sociocultural relacionadas con pasajes del NT. A pesar de los esfuerzos por responder a las preguntas correctas, es imposible anticiparse a cada interrogante; por esta razón, incluimos una lista de libros útiles sobre cultura antigua en la breve bibliografía al final de esta introducción.

El lector podrá encontrar también información contextual relevante a un determinado pasaje, bajo otro pasaje donde sentí que era más importante incluirla. Debido a que el NT en sí está compuesto de libros dirigidos a diferentes audiencias (Marcos estaba destinado a ser leído de manera rápida, en tanto que el propósito de Mateo era ser estudiado y memorizado), mi tratamiento de algunos libros es más detallado que el de otros. Al ser el libro más ajeno a los lectores modernos, Apocalipsis recibe el tratamiento más detallado.

CÓMO USAR ESTE LIBRO

Este comentario puede utilizarse como referencia o en conjunto con el estudio bíblico regular. Al leer la Biblia de manera devocional, o al preparar mensajes o estudios bíblicos, la persona cuenta con dos de las herramientas fundamentales para la interpretación de la Biblia en sí: el texto y su contexto. La tercera herramienta crucial, que los antiguos lectores ya reconocieron, tuvieron en cuenta y vivieron, pero que no está disponible para la mayoría de los lectores modernos, es el contexto histórico, el trasfondo del texto. Este comentario está escrito para llenar esta necesidad en la medida que sea posible hacerlo en una obra de un solo volumen.

El trasfondo antiguo más importante para las ideas del NT es el AT, especialmente en su traducción griega. Este comentario incluye el trasfondo del AT, pero debido a que ese contexto está disponible a todos los lectores de la Biblia, el énfasis del presente comentario está puesto sobre otras culturas judías y grecorromanas del primer siglo. Los escritores cristianos de los primeros siglos se basaron también de manera natural en otras tradiciones cristianas de los primeros siglos, muchas de las cuales tenemos a nuestra disposición en el NT; pero debido a que ese material está directamente disponible para el lector, lo hemos omitido en su mayor parte aquí. Asimismo, hemos omitido notas sobre contexto histórico que son transculturales, porque los lectores de todas las culturas dan por sentada esta información.

Aquellos que usan el comentario junto con el estudio bíblico personal deben leer antes el pasaje bíblico y examinar su contexto. Luego podrán beneficiarse en mayor manera al examinar las notas de este comentario; las notas sobre pasajes relacionados podrán también ser útiles. Una vez determinado lo que el texto bíblico decía a los lectores originales, uno desarrolla una genuina identificación con los temas que se tratan y está preparado para pasar al terreno de la aplicación personal.

Las circunstancias que rodearon la carta de Pablo a los romanos nos dan un ejemplo de la manera en que una persona puede aplicar lo que aprende de este comentario. En esa carta, Pablo sostiene que los judíos y los gentiles son salvos sobre la base de las mismas condiciones, e insta a la reconciliación entre ellos dentro del cuerpo de Cristo. En los EE. UU. de A., donde tantas iglesias todavía están segregadas por cuestiones de raza y donde los cristianos blancos muchas veces no se han tomado el tiempo para escuchar sobre las heridas que los cristianos negros y otras minorías raciales han sufrido aquí, el mensaje de Pablo sobre la reconciliación racial resulta dolorosamente relevante. Una vez que captamos la enseñanza del texto o el versículo en su contexto histórico original, estamos en condiciones de aplicar ese pasaje tanto a nuestra vida personal como a nuestra cultura actual.

Debido a que el mensaje original de la Biblia, una vez entendido, aborda los temas humanos actuales en una diversidad de situaciones y culturas, la manera en que lo aplicamos variará de una persona a otra y de una cultura a otra. (Por ejemplo, si Pablo insta a los Corintios a tratar seriamente con el pecado, el principio es claro; pero diferentes personas tendrán que tratar con diferentes pecados.) Por esa razón, la mayor parte de la aplicación queda sujeta al sentido común del lector y a su sensibilidad al Espíritu Santo.

Esta enseñanza generalmente tiene aplicación aun en aquellas ocasiones en que sentí muy fuertemente que era necesario dar alguna guía con respecto a la aplicación. Por ejemplo, en el tratamiento que hago de Mateo 24:15-22, pongo énfasis en aquellos detalles que fueron cumplidos en los años 66-70 d. de J.C. Algunos piensan que ciertas profecías en ese pasaje volverán a cumplirse, pero debido a que se trata más de una cuestión teológica que de una cuestión histórico cultural, dejo el asunto a la discreción del lector. De la misma manera, estoy convencido de que el contexto histórico dado para los pasajes relacionados con el ministerio de la mujer deben llevar a los lectores modernos a reconocer que Pablo en verdad acepta el ministerio de enseñanza de las mujeres. No obstante, debido a la naturaleza de este trabajo, aquel que no comparta esa convicción puede usar provechosamente el comentario en esos pasajes sin sentirse forzado a tener que aceptar mi punto de vista. Es mi esperanza que todos los creyentes sinceros, que luchan con el mismo contexto y el mismo trasfondo histórico, habrán de llegar finalmente a conclusiones similares.

La mayoría de los lectores estarán familiarizados con palabras como *sacerdote* y *Palestina*, pero aquellos términos con cuyo significado cultural el lector quizá no esté familiarizado figuran en el glosario incluido al final de este libro, y están identificados con un asterisco al menos una vez dentro de un determinado contexto. Algunos términos teológicos muy repetidos (como *Espíritu, apocalíptico, diáspora, fariseo* y *reino*) tenían significados específicos en el mundo antiguo, los cuales no pueden mencionarse en cada versículo; el lector regular de este comentario hará bien en familiarizarse con esos términos en el glosario.

CÓMO NO USAR ESTE LIBRO

No todo el contexto histórico ofrecido en este comentario es igualmente útil para entender la Biblia. Algunos datos de contexto histórico serán muy obvios, especialmente donde la cultura antigua y la cultura de los lectores modernos se superponen. Del mismo modo, no todas las fuentes tienen igual mérito para nuestros propósitos. Algunas fuentes, particularmente las fuentes rabínicas, son posteriores al NT; una parte de la información de estas fuentes resulta más útil, en tanto que otro material lo es menos, y al escribir este comentario he sopesado estos factores tan cuidadosamente como me ha sido posible. Por lo general, figuran explícitamente en este comentario solamente citas del AT y de los Apócrifos, y ocasionalmente citas de los *seudoepígrafos judíos; citar todas las fuentes rabínicas, griegas y romanas, lo habrían hecho demasiado pesado para muchos de los lectores.

Cierta información del contexto histórico se incluye porque la misma aparece en los comentarios de estudio comunes, y los lectores deberán juzgar por sí mismos cuál es la relevancia de la misma para la interpretación que ellos harán. El presente es un comentario del *contexto cultural*; no determina la manera en que los lectores deben entender o aplicar el texto, y aquellos lectores que disientan de algunas interpretaciones que sugiero, aun así encontrarán muy útil este comentario.

Lo que es más importante, el lector general debe tener presente que cualquier paralelismo entre una idea del NT y una idea del mundo antiguo no necesariamente significan que uno haya copiado al otro, ambos podrían haber tomado un dicho o concepto que era familiar en la cultura. En consecuencia, cito los paralelos simplemente para ilustrar cuántas personas en aquella cultura habrían oído acerca de lo que el NT decía. Por ejemplo, el uso que hace Pablo de los diferentes argumentos que usaban los *retóricos (oradores públicos profesionales) señala que él se estaba relacionando con su cultura, y no que él hubiera escrito sin la inspiración del Espíritu Santo. Más aún, personas y fuentes de culturas que de ninguna manera estaban relacionadas entre sí (p. ej., los *estoicos y el AT) podrán compartir algunos conceptos simplemente porque esos conceptos tienen sentido en aquellas culturas (o aun en la mayoría de las culturas), aun cuando no tengan sentido en la nuestra; nuestra propia cultura a menudo limita inconscientemente nuestra comprensión de Pablo y sus contemporáneos. Que la gente de antes no pensara como nosotros no significa que estuvieran equivocados; hay mucho que podemos aprender de sus percepciones en áreas como la retórica y las relaciones humanas.

De manera similar, cuando comento que Pablo usó el lenguaje de los filósofos *estoicos, no estoy diciendo que Pablo hubiera adoptado el estoicismo; el discurso filosófico público había sido en general influenciado por las ideas y la terminología de los estoicos. En otros casos, la adopción del lenguaje filosófico es intencional; las personas de afuera algunas veces interpretaban al cristianismo como una escuela filosófica, y los cristianos podían utilizar esta percepción externa como un medio para la comunicación del evangelio. Al igual que otros escritores, Pablo podía apelar a su cultura en el lenguaje popular de su tiempo, aunque dándole a ese lenguaje un nuevo giro.

Cuando cito una tradición judía posterior que amplía el AT, no pretendo implicar que la tradición sea necesariamente cierta. Estas citas existen para ayudarnos a sentirnos de la manera en que los primeros lectores y oidores del NT se sentían con respecto a los personajes del AT; algunas veces los escritores del NT hacen alusión también a estas tradiciones extrabíblicas (Jud. 14, 15). (No obstante, uno no necesita suponer que los escritores del NT simplemente reciclaron imágenes judías anteriores a fin de relacionarse con su cultura; a menudo existía una diversidad de puntos de vista judíos, y los escritores del NT tomaron uno. Aunque los escritores del NT tuvieron que acomodar el lenguaje de su día para comunicar su enseñanza, ni ellos ni nosotros necesitamos ver la totalidad de ese lenguaje como falto de precisión. Algunos lectores modernos señalan con mucha palabrería que los antiguos conceptos del mundo están equivocados, pero los fenómenos algunas veces atribuidos a concepciones "primitivas" del mundo, tales como la posesión por parte de espíritus dañinos, pueden ahora corroborarse a través de evidencia transcultural; no es necesario "explicarlos" a través del racionalismo occidental moderno.)

Por último, debemos siempre ser cautelosos en la aplicación; es importante que apliquemos los versículos bíblicos solamente a situaciones genuinamente análogas. Por ejemplo, no es correcto leer los ataques de Jesús a los líderes religiosos de su tiempo como ataques contra todos los judíos, como han hecho algunos antisemitas. Jesús y sus discípulos fueron judíos ellos mismos, y tal abuso del texto es tan erróneo como utilizar el libro de Éxodo contra los egipcios en la actualidad (los profetas posteriores del AT no lo hicieron, p. ej., Isa. 19:23-25). Los desafíos de Jesús contra la piedad de las autoridades religiosas de su tiempo nada tienen que ver con la cuestión étnica; estos desafíos tenían el propósito de confrontarnos a nosotros hoy como personas religiosas y advertirnos que no debemos actuar como lo hicieron aquellos líderes religiosos. La cuestión aquí era religiosa, no étnica. En otras palabras, debemos aplicar los *principios* del texto a la luz de las cuestiones reales que los autores de la Biblia estaban abordando y no ignorar el contexto histórico del pasaje.

UN COMENTARIO POPULAR, NO DE ESTUDIO

Los eruditos quizá se decepcionen al ver que el texto de este trabajo no está documentado ni están señalados los diversos matices de algunas cuestiones, de la manera en que sucedería con un trabajo de erudición, pero deben tener presente que este libro no está escrito fundamentalmente para estudiosos, los cuales tienen acceso a gran parte de esta información en otras fuentes. Pero los pastores y otros lectores de la Biblia que tienen menos recursos y menos tiempo disponible, necesitan un trabajo que les brinde una referencia concisa e inmediata en un solo volumen.

A los eruditos les gusta documentar e investigar todos los ángulos de un asunto, prestando mucha atención a los matices de sus expresiones y guardándose de ataques por parte de aquellos que defienden otras interpretaciones de los mismos pasajes. Esto no resulta posible en un trabajo de esta envergadura. A los eruditos también les gusta incluir toda la información disponible, lo cual la misma limitación que acabamos de señalar impide aquí. Para ser útil para la predicación de la mayoría de los pastores y el estudio bíblico de la mayoría de los cristianos, el lenguaje utilizado en esta obra necesita ser simple y conciso.

En general, he pasado por alto preguntas académicas que no tratan directamente con el tema central de este libro, que es el contexto original del NT. Es importante para el propósito de este libro preguntar qué significa el texto tal como lo tenemos;

no es importante preguntar acerca de las fuentes detrás del texto y de su edición, por lo tanto, he tratado con esos temas solamente donde resultaba absolutamente necesario. Sin embargo, cuando abordé esas cuestiones lo hice a partir de presupuestos cristianos evangélicos con respecto a las Escrituras, presupuestos que podría defender con fundamento si fuera ese mi propósito en este libro.

Asimismo, el propósito de este libro se limita no solamente al contexto histórico cultural en general, sino también a lo que concretamente arroja luz sobre el NT. Por ejemplo, afirmar que determinado énfasis del cristianismo primitivo es distintivo del cristianismo no significa afirmar que otros grupos no tuviesen sus propias características distintivas; pero este es un comentario del NT, no un comentario de aquellos otros grupos.

No obstante, he tratado de ser lo más justo posible para con los principales puntos de vista sobre el contexto histórico del NT. Mi propia investigación se divide de manera bastante equitativa entre los contextos judío y grecorromano del NT, con énfasis en el judaísmo antiguo como parte de la cultura mediterránea más amplia. A menudo me he encontrado luchando con diversas interpretaciones de la evidencia, para poder seleccionar cuál interpretación o interpretaciones sentía que eran las más precisas o las más relevantes al texto. No todos los eruditos estarán de acuerdo en todas las cuestiones, pero me he esforzado por hacer que el libro sea lo más preciso y útil posible. Confío en que este libro cumplirá la doble función de estimular a otros estudiantes a buscar una erudición más detallada, y de proveer un fácil acceso al mundo del NT a aquellos cuyo llamado en la vida no les permite la oportunidad de profundizar en ese estudio con mayor detalle.

Mis comentarios se basan en el trabajo de más de una década, dedicado especialmente a la literatura del mundo antiguo, pero también en la investigación minuciosa del judaísmo antiguo y la antigüedad grecorromana, como asimismo en otros comentarios. Si yo citara todas las fuentes para con las cuales estoy en deuda, este comentario llegaría a ser incómodamente voluminoso, pero reconozco que aquí hay muchas. (Una fuente que he evitado cuidadosamente, debido a la crítica actual por parte de los estudiosos, es el comentario de Strack-Billerbeck sobre el NT a partir de fuentes rabínicas. La mayor parte de mi trabajo inicial en el judaísmo antiguo lo realicé en fuentes rabínicas, y confío en que el lector no habrá perdido nada como consecuencia de esta omisión. Además de estar desactualizado, el comentario de Strack-Billerbeck sufre de una falta de distinción entre fuentes antiguas y más recientes, aquellas que tienen las mayores y las menores posibilidades de ser representativas del judaísmo antiguo como un todo, y, lo peor de todo, de una descripción injusta del espíritu de las fuentes. He tratado de evitar esos errores en todo lo posible dentro de mi propio trabajo.)

A fin de mantener el comentario dentro de una extensión manejable, tuve que realizar decisiones dolorosas con respecto a cuáles materiales omitir. No he hecho referencia a los muchos paralelos disponibles para determinados giros de frases, ni he hecho mención de paralelos remotos que no aportarían luz a un pasaje para beneficio del ministro o el lector general. A menudo elegí eliminar material de valor incierto, aun cuando sea utilizado por muchos otros estudiosos. (Por ejemplo, dada la falta de certeza con respecto a la fecha del documento llamado las *Similitudes de Enoc, no lo he utilizado como contexto para el título de Jesús "el Hijo del Hombre", aunque muchos eruditos lo hacen.) He tratado también de evitar la duplicación de la información que está disponible en otras obras de referencia comúnmente utilizadas. Debido a que los estudios sobre palabras existen en otras fuentes, por lo general he omitido el análisis de términos griegos, excepto en aquellos casos en que el significado del versículo depende del contexto cultural más amplio de estas palabras.

Los lectores podrán detectar algunos puntos en los cuales mi propia teología ha influido en mi interpretación de un versículo en una manera que no concuerda con la de ellos. De manera genuina trato de derivar mi teología y aplicaciones solamente de mi estudio del texto bíblico, pero si en alguna ocasión ha sucedido de manera inversa, ruego el perdón del lector. El propósito de este libro es que sea útil y no controversial, y si algún lector está en desacuerdo con respecto a algunos puntos, espero que encuentre que de todas maneras la mayor parte del resto del comentario le resulte útil.

OTRAS FUENTES PARA EL CONTEXTO CULTURAL DEL NUEVO TESTAMENTO

Las fuentes siguientes resultan útiles para los lectores del NT.

Generales. Ver especialmente John E. Stambaugh y David L. Balch, *The New Testament in Its Social Environment*, LEC 2 (Filadelfia: Westminster, 1986); David E. Aune, *The New Testament in Its Literary Environment*, LEC 8 (Filadelfia: Westminster, 1987); Everett Ferguson, *Backgrounds of Early Christianity* (Grand Rapids, Mich.: Eerdmans, 1987). Una antología de textos útil es C. K. Barrett, *The New Testament Background: Selected Documents*, edición revisada (San Francisco: Harper & Row, 1989); una fuente útil de información en un solo volumen es *Nuevo Diccionario Bíblico*, editado por J. D. Douglas (Buenos Aires, Argentina: Ediciones Certeza, 1991); ver en mayor detalle *The International Standard Bible Encyclopedia*, 4 volúmenes, edición revisada, editada por Geoffrey W. Bromiley (Grand Rapids, Mich.: Eerdmans, 1979-88).

Para entender la Biblia en su contexto. Ver especialmente Gordon D. Fee y Douglas Stuart, *La lectura eficaz de la Biblia. Guía para la comprensión de la Biblia* (Miami: Editorial Vida, 1985); compare A. Berkeley Mickelsen y Alvera Mickelsen, *Understanding Scripture* (Peabody, Mass.: Hendrickson, 1992).

Aquellos estudiantes que desean un debate más profundo de los temas hermenéuticos (de interpretación) deberían consultar Grant R. Osborne, *The Hermeneutical Spiral: A Comprehensive Introduction to Biblical Interpretation* (Downers Grove, Ill.: InterVarsity Press, 1991).

Judaísmo: General. E. P. Sanders, *Judaism: Practice and Belief, 63 BCE—66* CE (Filadelfia: Trinity, 1992).

Judaísmo: Judaísmo rabínico. Los resúmenes más completos de los conceptos de los antiguos rabinos son George Foot Moore, *Judaism in the First Centuries of the Christian Era,*

2 volúmenes (Nueva York: Schocken, reimpresión, 1971); y Ephraim E. Urbach, *The Sages: Their Concepts and Beliefs,* 2 volúmenes, segunda edición (Jerusalén: Magnes, Hebrew University, 1979). Lastimosamente, ninguna de las dos obras presta especial atención al desarrollo del pensamiento rabínico; los estudiantes del NT deben depender de las tradiciones más tempranas y más ampliamente atestiguadas (preferentemente en otras clases de fuentes). Pero no hará mal a los lectores comenzar con un resumen básico de las tradiciones desarrolladas, si uno es sensible a las fechas de los rabinos citados, a las fechas de los documentos en los cuales ocurre lo que se atribuye, y a la amplitud de los testigos que se da. (Los argumentos de Jacob Neusner y otros en este sentido son ahora generalmente aceptados, aunque varían los detalles y los niveles de escepticismo con respecto a las fuentes.)

Judaísmo: Un examen de los documentos. Un trabajo útil es el de Samuel Sandmel, *Judaism and Christian Beginnings* (Nueva York: Oxford University Press, 1978); comparar Martin McNamara, *Palestinian Judaism and the New Testament,* GNS 4 (Wilmington, Del.: Michael Glazier, 1983). Para un resumen de literatura rabínica ver Hermann L. Strack, *Introduction to the Talmud and Midrash* (Nueva York: Atheneum, reimpresión, 1978). Pueden encontrarse muestras de algunos enfoques más recientes y progresistas en volúmenes como *Early Judaism and Its Modern Interpreters,* editores Robert A. Kraft y George W. E. Nickelsburg, SBLBMI 2 (Atlanta: Scholars Press, 1986). La mayoría de los temas se tratan detalladamente en trabajos más especializados; por ejemplo, para los conceptos judíos sobre la salvación, ver E. P. Sanders, *Paul and Palestinian Judaism* (Filadelfia: Fortress, 1977); para el rol de la mujer ver Leonard Swidler, *Women in Judaism: The Status of Women in Formative Judaism* (Metuchen, N.J.: Scarecrow, 1976). Judith Romney Wegner, *Chattel or Person? The Status of Women in the Mishnah* (Nueva York: Oxford University Press, 1988).

Judaísmo: Fuentes primarias. Es necesario leer especialmente el AT y los Deuterocanónicos (en estos últimos, especialmente Sabiduría de Salomón y Eclesiástico o Sirácida); después, traducciones de los Rollos del Mar Muerto; y los documentos de fecha más relevante en *The Old Testament Pseudepigrapha,* editor James H. Charlesworth, 2 volúmenes (Garden City, N.Y.: Doubleday, 1983-1985), especialmente 1 Enoc, Jubileos, los Oráculos Sibilinos (no todos del mismo período), la Carta de Aristeas y otros libros como: 4 Esdras y 2 Baruc. Josefo es invalorable, aunque debido nada más que al volumen de sus obras, uno quizá prefiera tomar específicamente *Contra Apión, Vida* y *La Guerra de los Judíos. Obras completas de Flavio Josefo* (Buenos Aires: Luis Farré. Acervo Cultural/Editores, 1961). Los lectores quizá quieran examinar a Filón, para familiarizarse con un importante filósofo judío en la Diáspora; las obras de Filón están disponibles ahora en una edición de un solo volumen (traducción de C. D. Yonge; Peabody, Mass.: Hendrickson, 1993). Aquellos que quieren examinar de primera mano literatura rabínica, pueden comenzar con *Abot* en la Mishna; también se conservan muchas tradiciones tempranas en la Tosefta, *Abot de Rabbi Nathan* y los comentarios tanaíticos sobre partes del Pentateuco (Mekilta sobre Éxodo, Sifra sobre Levítico, Sifre sobre Números, y Sifre sobre Deuteronomio). La información arqueológica generalmente se publica en revistas, pero se encuentra también en libros tales como Eric M. Meyers y James F. Strange, *Archaeology, the Rabbis, and Early Christianity* (Nashville: Abingdon, 1981); las colecciones de inscripciones y papiros también son de ayuda.

Mundo grecorromano: General. Ver Stambaugh y Balch, *Social Environment;* M. Cary y T. J. Haarhoff, *Life and Thought in the Greek and Roman World,* 4ª edición (Londres: Methuen, 1946); comparar también Abraham J. Malherbe, *Moral Exhortation: A Greco-*

Roman Sourcebook; LEC 4 (Filadelfia: Westminster, 1986); Wayne A. Meeks, *The Moral World of the First Christians,* LEC 6 (Filadelfia: Westminster, 1986).

Mundo grecorromano: Fuentes secundarias. Sobre la manera en que se escribían y entendían los textos en el mundo grecorromano, ver Aune, *Literary Environment*; comparar también Stanley K. Stowers, *Letter Writing in Greco-Roman Antiquity,* LEC 5 (Filadelfia: Westminster, 1986). Sobre asuntos moralistas y de moral ver Malherbe, *Moral Exhortation;* y Meeks, *Moral World.* Sobre religión griega, ver Walter Burkert, *Greek Religion* (Cambridge: Harvard University Press, 1985).

Sobre historia, Tácito, Suetonio y Josefo son de lectura relativamente fácil y pueden consultarse antes de las fuentes secundarias; muchas fuentes griegas y romanas están disponibles en ediciones rústicas (por ejemplo, a través de Penguin Books), aunque aquellos que quisieran realizar un estudio más avanzado necesitan procurar las ediciones de Loeb Classical Library. Entre las fuentes secundarias útiles están F. F. Bruce, *New Testament History* (Garden City, N.Y.: Doubleday, 1972); y Bo Reicke, *The New Testament Era: The World of the Bible from 500 B.C. to A.D. 100* (Filadelfia: Fortress, 1974). Para un estudio más detallado, resultan indispensables obras especializadas, como aquellas dedicadas a la mujer en la antigüedad (por ejemplo, Mary R. Lefkowitz y Maureen B. Fant, *Women's Life in Greece and Rome,* una colección de textos (Baltimore: Johns Hopkins University Press, 1982).

Mundo grecorromano: Fuentes primarias. Una publicación que ofrece una extensa muestra de documentos es *The Roman Empire: Augustus to Hadrian,* editor Robert K. Sherk, TDGR 6 (Nueva York: Cambridge University Press, 1988). Para conocer la historia del primer siglo, es necesario leer a Tácito y Suetonio. Para conocer el pensamiento moral de los siglos primero y segundo, es necesario al menos tomar muestras de Epicteto, Séneca, Plutarco, y quizá también de un satírico como Juvenal; ver también Abraham J. Malherbe, *The Cynic Epistles: A Study Edition,* SBLSBS 12 (Missoula, Mont.: Scholars Press, 1977).

Introducciones a la investigación académica del Nuevo Testamento. Ver, por ejemplo, Luke T. Johnson, *The Writings of the New Testament: An Interpretation* (Filadelfia: Fortress, 1986); D. A. Carson, Douglas J. Moo y Leon Morris, *An Introduction to the New Testament* (Grand Rapids, Mich.: Zondervan, 1992); Donald Guthrie, *New Testament Introduction* (Downers Grove, Ill.: InterVarsity Press, 1970); George Eldon Ladd, *A Theology of the New Testament.* Grand Rapids, Mich.: Eerdmans, 1974). Sobre la confiabilidad histórica del NT ver, por ejemplo, F. F. Bruce, *¿Son fidedignos los documentos del Nuevo Testamento?* (San José, Costa Rica: Editorial Caribe, 1972).

LA NECESIDAD DE UN COMENTARIO HISTÓRICO-CULTURAL

Muchos lectores reconocerán el valor de un comentario cultural. Pero otros podrán, después de leer la sección "Cómo usar este comentario", todavía tener dudas. El siguiente ensayo trata acerca de la importancia del contexto cultural en la interpretación bíblica, para ayudar a aquellos que no han tenido acceso a este tema anteriormente. Debido a que aquellos que ya han recibido capacitación en estudios bíblicos estarán de acuerdo con la necesidad de conocer el contexto cultural, el presente ensayo está dirigido únicamente a lectores no técnicos.

LA MANERA EN QUE LA BIBLIA MISMA NOS INVITA A INTERPRETARLA

Hace mucho tiempo que los lectores de la Biblia descubrieron el valor del contexto histórico y cultural para entenderla. Los mismos escritores bíblicos dan por sentada su importancia. Por ejemplo, cuando Marcos escribe acerca de un tema debatido por Jesús y sus opositores, explica a sus lectores gentiles la costumbre que estaba involucrada, ya que ellos de otra manera no lo habrían sabido (Mar. 7:3, 4). De manera similar, cuando los opositores de Jesús toman literalmente una aparente concesión de la ley, Jesús señala que lo fundamental es la *intención* de la ley, y para poder discernir esa intención uno debe entender la situación y el estado de su audiencia original (Mar. 10:4, 5).

Los escritores bíblicos a menudo pueden simplemente dar por sentada la importancia de que los lectores estén en conocimiento de la situación. (En el mundo antiguo estaba entendido que cuanto mejor uno conociera la situación con que trataba un discurso, mejor lo entendería: ver al *retórico romano del primer siglo de la era cristiana *Quintiliano 10.1.22; uno debe leer varias veces el discurso para captar en él los sutiles matices y los anuncios o presagios; ver Quintiliano 10.1.20, 21.) Por ejemplo, cuando Pablo escribe una carta a los corintios, puede dar por sentado que ellos conocen las situaciones que él aborda. La lectura de 1 Corintios puede parecerse a escuchar solamente un lado de una conversación telefónica, y afortunadamente, podemos reconstruir la mayor parte de la conversación al leer 1 Corintios. Pero parte del significado de la conversación está determinado por la situación misma, no simplemente por las palabras que tenemos delante. Lo que Pablo *da por sentado* que sus lectores entenderán de lo que escribe, tiene tanto significado como lo que concretamente *dice*. Si no podemos ubicarnos en la situación que él y sus lectores dan por entendida, se nos hará más difícil entender lo que quiere señalar. Algunos ejemplos servirán para ilustrar lo dicho.

En 1 Corintios 7, Pablo aborda el tema del celibato. Aquí pareciera no haber duda que él está en favor del celibato, y aun cuando permite el casamiento como un estilo de vida válido, algunos comentaristas piensan que Pablo sugiere que se trata de un estilo de vida que es una segunda opción para aquellos que no tienen el "don de continencia". Es cierto que señala algunos conceptos válidos con respecto a los beneficios de permanecer soltero, pero, en general, ¿está realmente en contra del matrimonio? 1 Corintios 7:1 nos dice claramente que Pablo está respondiendo a una carta enviada por algunos de los creyentes en Corinto. Debido a que algunos de estos creyentes seguían un cierto concepto de su cultura que se oponía al casamiento, uno podría fácilmente leer lo que Pablo dice de esta manera: "Ustedes tienen un argumento válido, y coincido con ustedes que permanecer soltero es un buen don de Dios. Pero exageran si pretenden imponerlo".

Un ejemplo más claro sería la manera en que leemos las advertencias de Pablo con respecto a la carne ofrecida a los ídolos. Sería demasiado fácil para los lectores de hoy en día decir: "Bien, no hay en la actualidad ídolos a los cuales se sacrifique carne, de manera que podemos pasar por alto este capítulo de 1 Corintios". Pero esto deja de lado el tema transcultural que hay *detrás* del tema cultural. Una vez que entendemos lo concreto que era el tema en Corinto, que los cristianos de buena posición económica que no comían esta comida podían ofender a amigos y personas con quienes se relacionaban comercialmente, y todo esto para evitar que los cristianos menos instruidos fueran lastimados en su fe, podemos compararlo con temas similares en la actualidad. Algunos cristianos hoy en día quieren un estilo de vida prestigioso, porque una religión que exige poco en cuanto a sacrificio atrae a otros que piensan igual, aun si una religión tal hace caso omiso de los desamparados y a los hambrientos que viven en los países en desarrollo y en nuestras ciudades estadounidenses. Para muchas congregaciones en nuestro tiempo es importante prestar atención a la manera de mantener en equilibrio los intereses de los diferentes círculos dentro de una iglesia.

Es importante entender que la Biblia efectivamente aborda temas y motivaciones como los que enfrentamos en la actualidad. Lejos de restar relevancia a la Biblia, entender la situación nos ayuda a hacerla más relevante (algunas veces hasta incómodamente relevante). Nos obliga a ver que las personas con quienes trató Pablo no eran simplemente conflictivas y moralmente inestables; eran personas de carne y hueso que vivían una realidad similar a la nuestra.

La mayor parte del libro que Dios nos dio no estaba dictada directamente en primera persona (es decir, la Biblia no se expresa como si Dios estuviese diciendo: "Yo soy Dios, y hablo directamente a todas las personas en todos los tiempos"). Algunos lectores de la Biblia siempre han querido leerla de esa manera y quieren suponer que es la manera correcta de interpretarla. Pero Dios quiso inspirar la Biblia de una manera diferente: inspiró a sus profetas y testigos que trataban con situaciones reales de su propio tiempo, como un ejemplo para las generaciones siguientes (1 Cor. 10:11). Si Pablo fue inspirado para escribir una carta a los corintios, esa carta es una carta *a los corintios*, tal como afirma ser, ya sea que a la gente en la actualidad le guste o no.

Dios nos dio principios eternos, pero nos los dio en formas concretas y específicas, tratando con situaciones reales. Nos dio esos principios en forma de ilustraciones, para mostrarnos la manera en que esos principios funcionan en las situaciones de la vida real, porque quería asegurarse de que las aplicáramos a nuestras propias situaciones de la vida real. De esta manera, por ejemplo, Deuteronomio 22:8 ("construye una baranda alrededor de la azotea, no sea que alguien se caiga de allí y sobre tu familia recaiga la culpa de su muerte" [NVI]) aún nos enseña responsabilidad por la seguridad de nuestro amigo, aunque muchos de nosotros ya no tengamos casas con azoteas o terrazas en las que conversemos con nuestros amigos. Una enseñanza para hoy podría ser: "Indica a tu amigo que se coloque su cinturón de seguridad cuando viaje en tu automóvil". El ejemplo podrá ser diferente en la actualidad, pero la enseñanza es la misma. Sin embargo, hasta que entendamos el ejemplo original no podemos reconocer qué es lo que en realidad debemos aplicar a nuestra cultura.

Podrá no gustarnos que Dios nos haya dado su Palabra en forma concreta, porque en nuestra cultura estamos acostumbrados a pensar de manera abstracta. Pero en muchas culturas las personas piensan de manera concreta, y pueden leer una conversación o un relato y aprender mucho más acerca de Dios de lo que nosotros podemos aprender al leer una serie de abstracciones. Aquellas culturas están más sintonizadas que nosotros con la Biblia que Dios eligió darle al mundo. Gran parte de la Biblia es narración histórica (es decir, relatos verídicos), y gran parte de la misma son cartas o profecías dirigidas a situaciones específicas. De allí que su formato se parezca más a una conversación que a un tratado filosófico abstracto. Aun los principios abstractos, como aquellos que encontramos en los Proverbios, se expresan de maneras culturales específicas; por ejemplo, algunos refranes egipcios utilizan las mismas palabras que sus equivalentes hebreos, porque esa era la manera en que las personas del antiguo Cercano Oriente expresaban su sabiduría en aquel tiempo.

Si Dios no hubiese elegido darnos la Biblia en formas culturales concretas, ¿cuáles formas hubiera utilizado? ¿Existe algún idioma neutral, uno que sea universal y no esté ligado a cultura alguna? (Algunos estadounidenses parecen creer que el inglés es un idioma neutral; pero si los normandos no hubiesen gobernado el territorio de Inglaterra durante algún tiempo, *nosotros* no hablaríamos inglés.) Un estudioso lo expresó de esta manera: Si Dios simplemente nos hubiese hablado en un viento cósmico, ¿cómo habríamos hecho muchos de nosotros para entenderlo? O como lo representó una tira cómica: Si Dios hubiese revelado a Moisés los detalles de la física cuántica y la teoría de la relatividad en lugar de "En el principio creó Dios", ¿podrían haber comunicado Moisés o el idioma hebreo esa información a sus contemporáneos? Dios es demasiado práctico y está demasiado interesado en que lo entendamos, como para tratar de comunicarse con nosotros de esa manera. Obró en todas las diferentes culturas, desde muy temprano en el AT a situaciones culturales totalmente diferentes en el NT, para comunicar su Palabra.

MÁS ALLÁ DE NUESTROS PROPIOS PUNTOS DE PARTIDA CULTURALES

Por cierto, Dios está tan compenetrado en la matriz multicultural de la historia que no tuvo en poco entrar en ella personalmente. La máxima inculturación de su Palabra se produjo cuando el Verbo se hizo carne, como declara el prólogo de Juan (1:1-18). Jesús no vino como un ser humano amorfo, sin cultura y sin identificación de sexo. Vino como un hombre judío del primer siglo, con cromosomas y características físicas propias y únicas, de la misma manera en que todos los demás somos únicos. Lo específico de su aspecto cultural no significa que él no fuera *para* todos nosotros; por el contrario, significa que él podía identificarse mejor con todos nosotros al ser una persona *concreta,* al ser como nosotros, que si hubiese sido un ser indefinido, sin rostro, que se hubiese negado a asumir una verdadera humanidad a fin de conservar una "neutralidad" que no lo distinguiera. Muchos gnósticos, que reinterpretaron el cristianismo en los siglos posteriores, intentaron negar que Jesús verdaderamente había venido "en carne", pero el apóstol Juan es claro en cuanto a que esta enseñanza es la línea divisoria entre los cristianos genuinos y los falsos: Los genuinos cristianos creen que nuestro Señor Jesús vino "en carne", como una persona histórica concreta (1 Juan 4:1-6). Aquellos que insisten en entender a Jesús, o a las otras personas en la Biblia, separados de esa particularidad histórica transitan por la periferia de la fe cristiana.

Uno de los mayores énfasis en el libro de los Hechos es que el evangelio es para todas las personas y todas las culturas. Los primeros cristianos se sorprendieron al saber que el evangelio era para los gentiles tanto como para los judíos, pero a través del libro de los Hechos el Espíritu de Dios revelaba a la iglesia esta misión multicultural. Ese fue el programa de Dios desde el principio: Misiones desde Jerusalén hasta lo último de la tierra. Aquellos como Esteban y Pablo, que ya conocían más de una cultura, fueron los más dispuestos a participar en el plan de Dios. Las personas que suponen que Dios se revela solamente en una cultura (la propia) están atrasados un par de milenios en su lectura de la Biblia. En Hechos encontramos que Dios se revela intencionadamente a personas de todas las culturas en términos que ellos entendían;

así, Pablo predica de una manera en una sinagoga en Hechos 13, de otra manera a los agricultores en el capítulo 14, y aun de otra manera a los filósofos griegos en el capítulo 17. El mismo Pablo relacionó cuestiones específicas de la cultura antigua en sus cartas, y no podemos ignorar esas cuestiones si queremos saber qué era o qué quería señalar Pablo.

Cuando Pablo luchó para que los gentiles tuvieran el derecho de recibir a Cristo como gentiles, su lucha era con los fanáticos culturales que (en ese caso) decían que una persona debía ser judía para ser un cristiano de primera categoría. Leían la Biblia a la luz de su propia cultura y tradición, y pensaban que todos los demás debían leerla de la misma manera que ellos. Lamentablemente, había muchos que los acompañaban en su actitud, porque su problema no era su condición de judíos, Pablo era tan judío como ellos. El problema era que leían la Biblia a la luz de sus propios conceptos culturales, lo cual es el mismo problema que tenemos todos a menos que aprendamos a ver más allá de esos conceptos. Nuestro propio trasfondo y la información con la que comenzamos influyen sobre nuestra clasificación de un determinado texto y las asociaciones que hacemos con el mismo, consciente o inconscientemente. En contraste, cuando entendemos más del contexto histórico de los antiguos lectores, eso nos ayuda a leer los textos de manera más cercana a la manera en que ellos los habrían leído.

Los misioneros en la actualidad enfrentan problemas similares a los de Pablo. (Por ejemplo, compare los ejemplos gráficos en: Don Richardson, *Hijo de paz*, Deerfield, Florida: Editorial Vida, 1977, y los estudios de casos en obras más técnicas desde varias perspectivas, como: Marvin K. Mayers, *Christianity Confronts Culture: A Strategy for Cross-Cultural Evangelism*, Grand Rapids, Michigan: Zondervan, 1974; Charles H. Kraft, *Christianity in Culture: A Study in Dynamic Biblical Theologizing in Cross-Cultural Perspective*, Maryknoll, N.Y.: Orbis, 1979; Louis J. Luzbetak, *The Church and Cultures: An Applied Anthropology for the Religious Worker,* Techny, Illinois: Divine Word, 1970; Pasadena, California: William Carey, 1976. Si leemos el evangelio a la luz de nuestra propia cultura, corremos el peligro de mezclar nuestra cultura con la Biblia y luego imponer nuestra nueva combinación a otros como la condición para estar bien con Dios. Por ejemplo, los misioneros fueron los primeros en introducir el divorcio en algunas sociedades africanas, pensando que estaban creando un remedio para la poligamia. Se negaron a aceptar a estos convertidos africanos como creyentes completos hasta que se hubiesen desecho de sus mujeres adicionales. Al hacerlo, no solamente introdujeron un nuevo pecado y trastornos sociales a estas sociedades, sino que impusieron a estos nuevos creyentes una condición que la Biblia misma no exige. Los matrimonios polígamos no aparecen en una perspectiva saludable en la Biblia, y no estoy sugiriendo que la poligamia sea buena. Pero tampoco debemos romper los matrimonios polígamos ya existentes, sin pensar en los esposos, esposas, hijos, y otras personas perjudicadas. En ningún lugar de la Biblia se insta a destruir esta clase de matrimonios preexistentes.

La mayoría de los misioneros en la actualidad reconocen que los cristianos en diferentes culturas pueden aprender unos de otros. Diferentes partes de la Biblia apelan a diferentes grupos. Una parte de la Biblia que es oscura para nosotros puede resultar clara para algunos cristianos shonas en Zimbabue. O una lectura que para cierto grupo es clara, puede en realidad ser una mala interpretación del texto. Los hindúes que leen las enseñanzas de Jesús con respecto al "nuevo nacimiento" como una referencia a la reencarnación, no entienden el significado de lo que dice Jesús, porque lo leen desde la perspectiva de preconcepciones hindúes. Pero si nosotros comenzamos meramente desde nuestras propias preconcepciones culturales, corremos el mismo riesgo de malinterpretar la Biblia de la manera en que lo hacen los hindúes que creen en la reencarnación. (Espero que ninguno de nosotros llegue a errar a tal grado, como el hombre que supuso que cuando la Biblia llamó "zorra" a Herodes quería señalar que sus súbditos lo consideraban una persona atractiva.)

En ciertas culturas asiáticas y africanas algunos cristianos evangélicos devotos todavía veneran a sus antepasados, mientras que para los cristianos estadounidenses tal veneración es pagana. Pero nosotros generalmente explicamos a nuestro modo versículos como: "No se puede servir a Dios y a mamón" y "la avaricia es idolatría", para poder vivir como queremos. Los cristianos en otras culturas por lo general también consideran pagano al materialismo de nuestra cultura. Las vendas culturales que cubren nuestros ojos nos permiten ver los pecados ajenos con más facilidad que los nuestros, y únicamente la lectura de las Escrituras según la intención con que los escritores fueron inspirados (y no según la manera en que ellas encajen en lo que ya creemos) confrontará nuestros conceptos culturales equivocados.

¿Qué fundamento común podemos tener nosotros, como intérpretes cristianos provenientes de una diversidad de culturas? Si queremos tener una manera objetiva de interpretar la Biblia, y si creemos que los escritores fueron inspirados para abordar temas específicos de su tiempo, entonces necesitamos tratar de averiguar cuáles temas estaban abordando. En cierta medida, podemos deducir eso a partir de los textos mismos. No necesitamos saber qué aspecto tenían los elementos con que las mujeres se cubrían la cabeza en Corinto, para poder deducir de 1 Corintios 11 que el problema allí era si las mujeres debían cubrirse la cabeza o no. Más aún, algunos versículos pueden brindarnos el contexto para otros versículos; por ejemplo, 2 Reyes nos dice lo que sucedía en el momento en que Isaías profetizaba al pueblo de Israel, y de esta manera nos ayuda a entender el libro de Isaías.

Pero tal contexto no siempre resulta suficiente. Esto se aplica no solamente a los denominados pasajes difíciles sino también a los pasajes que suponemos que interpretamos correctamente. Por ejemplo, cuando leemos que la buena semilla lleva fruto uno a ciento (Mat. 13:23), solamente si conocemos el volumen promedio de una siega en la antigua Palestina podemos entender lo abundante que sería una cosecha así. La acusación contra Jesús colocada sobre la cruz: "El rey de los judíos", tiene mucho más sentido si reconocemos que los romanos se sentían muy preocupados acerca de los denominados profetas en Judea a quienes algunos consideraban reyes mesiánicos, porque algunos de estos "profetas" ya habían causado muchos problemas a Roma.

Además, la cultura ejerce influencia aun en aquellos libros que a nosotros nos resultan más fáciles de entender; diferentes partes de la Biblia apelan a diferentes culturas. Cualquier lector de Levítico y de 1 Timoteo podría decir que las formas de escritura utilizadas en estos dos documentos son bastante diferentes. Los códigos de higiene de Levítico tienen paralelos en textos hititas y otros del antiguo Cercano Oriente; Levítico abordaba asuntos de su tiempo. Pero el tema general de Levítico no habría siquiera interesado a la mayoría de los lectores grecorromanos en la época en que se escribió 1 Timoteo, en tanto que la totalidad de los temas y formas literarias de 1 Timoteo tienen paralelos en la literatura grecorromana. Para los lectores occidentales modernos, la mayor parte del NT resulta más atractiva que Levítico; pero en muchas culturas, las leyes con relación a lo que es limpio e inmundo son importantes, y los cristianos en estas culturas se han interesado más en algunas partes de la Biblia que nosotros tendemos a ignorar. Por supuesto, tenemos razones teológicas para decir que no necesitamos obedecer literalmente Levítico hoy; pero si toda la Escritura es inspirada por Dios y es útil para la enseñanza (2 Tim. 3:16), la misma debe tener algún propósito. La pregunta simplemente es: ¿Cuál es ese propósito? ¿Qué enseñanza quería Dios comunicar a su pueblo? El contexto cultural nos ayuda a deducir cuál era el propósito.

OBJECIONES AL USO DEL CONTEXTO CULTURAL

Aunque todos saben que la Biblia fue escrita en un tiempo y cultura diferentes, y la mayoría de las personas tienen eso en cuenta cuando leen determinados pasajes, no todos consideran siempre el contexto cultural. Es cierto que no todos los pasajes de la Biblia requieren conocer mucho del contexto; nuestra cultura aún conserva algunos rasgos en común con la cultura de la Biblia. Pero si no sabemos nada de la cultura original, podemos algunas veces suponer que no necesitamos contexto alguno para cierto pasaje, cuando en realidad el conocimiento de su contexto ejercería una influencia enorme sobre la manera en que leemos el texto. Aunque muchas personas reconocen la necesidad de prestar atención al contexto cultural, algunas se asustan ante la sugerencia de que lo necesitan.

Algunos cristianos ocasionalmente señalan que el uso del contexto cultural e histórico es peligroso. "Después de todo", se quejan, "uno puede usar la cultura para hacer que el texto bíblico diga cualquier cosa". Aquellos que presentan esta objeción podrían citar uno de los argumentos planteados por algunos apologistas de una iglesia *de* homosexuales con quienes he hablado. Algunos teólogos homosexuales afirman que Pablo presenta argumentos contrarios a la conducta homosexual solamente porque en aquel tiempo se la asociaba normalmente con la idolatría; en consecuencia, sugieren que Pablo no se opondría a la conducta homosexual en la actualidad. Sin pretender ofender a estos escritores, el problema en este caso es que el contexto cultural que ellos ofrecen está equivocado: la conducta homosexual estaba muy difundida entre los griegos y era practicada por algunos romanos, y de ninguna manera estaba relacionada específicamente con la idolatría. Aunque este ejemplo es un buen argumento en contra de la *fabricación* del contexto cultural, no es una buena razón para negarse a usar el genuino contexto cultural.

Sería bueno tener presente que durante bastante tiempo ya muchos han forzado a la Biblia con gran habilidad sin usar contexto cultural alguno; no creo que un poco de estudio de la historia empeore las cosas. Si *ignoramos* la cultura original y de esa manera la leemos a la luz de la nuestra, la amenaza para la mayoría de nosotros es mucho más grave. (Por ejemplo, bajo el régimen nazi los "cristianos arios" hicieron una "desmitologización" de la historia bíblica a fin de hacerla no judía y en consecuencia más agradable a los paladares nazis. Este es un ejemplo extremo de ignorar el contexto histórico original y reinterpretar la Biblia para adecuarla a la propia cultura de una persona. La única diferencia que tiene con la mayoría de las reinterpretaciones de nuestro tiempo es que los nazis lo hicieron intencionalmente.)

Una objeción más común, planteada por mí hace una década y media, es que el hecho de reconocer la importancia del contexto cultural podría sacar a la Biblia de las manos de los no eruditos. En aquel momento rechacé tan íntegramente el uso de la información cultural que insistí en que las mujeres se cubrieran la cabeza en la iglesia y aun traté de insistir en aplicar algo del "ósculo santo" de Pablo. Afortunadamente dejé de lado la idea del beso hasta haber resuelto el problema (digo "afortunadamente", porque alguno podría haberme golpeado). Finalmente llegué a resolverlo, y cuanto más estudio la Palabra de Dios, más me doy cuenta de que Dios fue relevante al comunicar su Palabra de la manera en que lo hizo. Nos dio ejemplos concretos acerca de la manera en que sus caminos tratan con situaciones humanas reales, no simplemente con principios abstractos que podríamos memorizar sin meditar en la manera de aplicarlos a nuestra propia vida. Si queremos seguir el ejemplo de Dios de ser relevantes, necesitamos entender lo que estas enseñanzas significaban en su cultura original antes de intentar aplicarlas a la nuestra.

El contexto cultural no saca la Biblia de las manos de las personas; es cuando *ignoramos* el contexto cultural que sacamos la Biblia de las manos de las personas. Dar a la gente los símbolos del libro de Apocalipsis sin explicarles la manera corriente en que tales símbolos se usaban en el mundo antiguo, es como entregarle un Evangelio de Lucas escrito en griego a una persona que no puede leer griego, y decirle: "Ésta es la Palabra de Dios; quiero que la entienda y la explique". Solamente un estudioso capacitado o un verdadero necio tendría alguna idea acerca de qué hacer (y la idea del necio estaría equivocada).

UNA TRADUCCIÓN TANTO DEL IDIOMA COMO DE LA CULTURA

Algunos estudiosos de la época anterior a Lutero decidieron que la jerarquía de la iglesia de su tiempo hacía mal en mantener la Biblia en latín. La mayoría de la gente no podía entender la Biblia a menos que los eruditos se la tradujeran a su propio idioma. Algunos de estos eruditos sufrieron el martirio debido a su convicción en cuanto a que la Biblia debía estar disponible en el idioma de la gente común. Lutero, quien tradujo la Biblia al idioma alemán de su tiempo, apenas escapó de esta misma suerte. La mejor manera en que los estudiosos podían ayudar a la gente no era diciendo: "No hay traducciones disponibles para la gente común; por lo tanto, les estamos sacando la Biblia de las manos si decimos que realmente han necesitado siempre tales traducciones". La mejor manera de enfrentar el tema era que los eruditos dijesen: "No hay traducciones disponibles para la gente común; por lo tanto, nos dedicaremos a trabajar fuerte y hacer traducciones, y pondremos la Biblia en sus manos".

Traducir puede ser difícil, y cualquiera que haya estudiado un idioma extranjero puede atestiguarlo. Algunas palabras no tienen traducción directa en un solo término; algunas veces, una palabra o frase puede tener significados diferentes, y el traductor tiene que decidir cuál significado es el mejor para un contexto en particular. Asimismo, en la mayoría de los idiomas hay más de una manera de expresar una idea una vez que uno interpreta su significado. Aquellos que hemos leído todo el NT en griego podemos dar testimonio de que surgen allí los mismos problemas que podrían presentarse en cualquier otro texto que intentáramos traducir. Una verificación al azar de cualquier pasaje en dos o tres traducciones de la Biblia nos confirmará la dificultad: no habrá dos traducciones que coincidan exactamente (de otra manera, por supuesto, no serían traducciones independientes una de otra).

Cuando los traductores bíblicos se internan en otras culturas, se encuentran ante preguntas difíciles con respecto al significado de ciertas palabras y frases. Por ejemplo, algunos traductores tuvieron que explicar "¡He aquí el Cordero de Dios!" (Juan 1:29) para una cultura que no tenía ovejas, y en consecuencia, tampoco palabras para corderos. Sin embargo, la cultura sí tenía cerdos y los usaban para sacrificios. Pero si traducían: "¡He aquí el Cerdo de Dios!" (lo cual no suena muy agradable a nuestros oídos occidentales, y ciertamente habría ofendido aún más la sensibilidad judía antigua), ¿qué sucedería cuando tuvieran que traducir pasajes del AT donde los cerdos eran inmundos pero las ovejas no? Quizá la mejor manera de resolver el tema sería colocando una nota al pie en el texto y traducir con una combinación de palabras que comunicara de la mejor manera posible el concepto en ese idioma, algo como "cerdo lanudo". Los traductores del AT debieron recurrir a métodos similares al traducir los términos hebreos para diferentes tipos de langostas (Joel 1:4; 2:25). En español no existen suficientes clasificaciones de langostas como para dar la equivalencia de todos los términos hebreos, quizá porque las múltiples variedades de langostas tenían más importancia para los israelitas de la que tienen para la mayoría de nosotros.

Pero existe un problema mayor que simplemente el de las palabras en el texto que tenemos al frente. ¿Qué sucede cuando Pablo alude a todo un concepto que era importante en su tiempo? ¿Cómo traducimos eso? ¿O simplemente aclaramos la cuestión con una nota al pie? La alusión que hace Pablo es parte de lo que quiere dar a entender, sin embargo, aun aquellos que generalmente son competentes para traducir el texto no alcanzan a captar las alusiones que Pablo hace.

Algunos lectores cristianos del tiempo de la Reforma y antes de ella trataron de deducir las situaciones que los versículos bíblicos abordaban. Fue bueno que muchos eruditos reconocieran la necesidad de leer el NT en el contexto de su propio mundo, en lugar de entenderlo como si hubiese sido escrito en alemán o inglés directamente a los lectores de la época del Renacimiento o algún otro período. Sin embargo, ellos no fueron la mayoría. Muchos lectores aún mezclan demasiado su cultura al leer el texto, de la misma manera que hacemos nosotros cuando no lo contemplamos a la luz de su cultura original. Los intelectuales del Medioevo y del Renacimiento hicieron lo mismo; muchos hemos visto pinturas de cuadros bíblicos con europeos vestidos con ropa europea cumpliendo todos los roles de los dramas bíblicos. Se pintaron como si la mayoría de los personajes bíblicos hubiesen sido europeos, aunque sabemos que pocos personajes bíblicos fueron europeos, y ninguno era de Europa del norte.

Afortunadamente, en el período de la Reforma aun se disponía de cierto conocimiento acerca del mundo antiguo. Muchos eruditos de la época medieval y hasta del siglo XIX eran tan competentes en los clásicos griegos que podían captar toda clase de alusiones a las costumbres griegas en el NT. El problema es que muchas costumbres griegas habían cambiado desde el momento en que aquellos clásicos habían sido escritos hasta la época del NT.

Los primeros siglos de circulación del NT pueden ilustrarnos otro peligro de suponer que todo el contexto del NT era griego clásico. Los gnósticos a menudo leían el NT más a la luz de las enseñanzas de Platón que del judaísmo del cual surgía, y éste era el origen de muchas de sus doctrinas, que los demás cristianos rechazaban como herejías. Platón efectivamente influyó de alguna manera en el mundo del NT, pero de ninguna manera fue la influencia más importante.

Algunos escritores, como John Lightfoot, en el siglo XVI, desafiaron el concepto clásico predominante sobre la base del cual se leía el NT y ofrecieron textos judíos como contexto para el NT. Lightfoot realizó un gran esfuerzo para guardarse de los ataques de los antisemitas, y dedicó mucho espacio a explicar que ciertamente consideraba estos textos judíos como faltos de espiritualidad, pero que el trabajo era necesario si se quería entender el NT.

Hoy, cuando el antisemitismo está menos difundido que en el tiempo de Lightfoot, nos resulta más obvio que los textos griegos que usaron los contemporáneos de Lightfoot eran mucho más paganos que los textos para los cuales él tuvo que ofrecer tantas disculpas a sus lectores. Por lo general, en la actualidad se reconoce que el judaísmo forma el contexto *primario* del NT. Su contexto básico, amplio, es la sociedad grecorromana, pero los judíos habían vivido en esta cultura y se habían adaptado a ella, preparando así el camino para el testimonio de los primeros cristianos en el contexto de una cultura pagana. Además, los primeros cristianos fueron judíos, y los de afuera percibieron el cristianismo como una forma de judaísmo. Más aún, los primeros cristianos mismos entendieron su fe en Jesús como el verdadero cumplimiento de la esperanza del AT y, en consecuencia, entendieron que debían ser fieles al judaísmo. (Por cierto, los escritores afirman que solamente los cristianos eran fieles al judaísmo bíblico; aunque algunos otros grupos judíos también afirmaron ser el remanente fiel de Israel, tales grupos no parecen haber sobrevivido para perdurar en los siglos subsiguientes.) Para el NT tanto el contexto específicamente judío como el grecorromano más amplio son cruciales para su interpretación, del mismo modo que lo es una buena traducción.

LA OBRA QUE PERMANECE

Los cristianos, especialmente aquellos más comprometidos con las misiones transculturales, siempre reconocieron la importancia de leer la Biblia a la luz de su contexto cultural original. Sin embargo, aunque las traducciones están al alcance de la mayoría de los cristianos, las "notas al pie" de carácter cultural no lo están. Existen muchos comentarios útiles, pero ni uno solo de ellos permite el fácil acceso, en uno o dos volúmenes, a todo el contexto que constituye un verdadero requisito. Cuanto mayor sea el número de volúmenes de una obra, menos accesible se hace para la mayoría de los lectores. Solamente un pequeño porcentaje de aquellos que leen la Biblia en la actualidad tiene series completas de comentarios; de ellos, un número menor tendría acceso a una adecuada información cultural en cada uno de esos comentarios; y un número menor aún puede regularmente dedicar tiempo para buscar en ellos.

Muchos eruditos bíblicos dedicaron su vida a la traducción de la Biblia, para de esta manera comenzar a hacerla inteligible a todo aquel que quisiera leerla; pero la obra nunca ha sido completada. Muchos lectores de la Biblia aún tienen un acceso muy limitado a su contexto. Aunque muchas tareas reclaman la atención de los estudiosos cristianos de la Biblia, ésta es sin duda una de las más importantes.

La necesidad de entender el contexto cultural de la Biblia debiera ser tan clara en la actualidad como lo era la necesidad de traducirla en el tiempo de la Reforma. En nuestra sociedad occidental, industrializada, nos alejamos cada vez más y más de todo vestigio de raíces bíblicas; nuestra cultura se vuelve más y más ajena a las culturas en las cuales se escribió la Biblia, y nuestros jóvenes encuentran que el Libro de Dios les resulta más y más ajeno. Nada se remedia con lamentarnos que la mayoría de las personas no quieren visitar nuestras iglesias y aprender nuestro vocabulario cristiano.

Dios nos ha llamado a ser misioneros a nuestro mundo, de manera que debemos hacer que la Palabra de Dios sea entendible para nuestra cultura. No solamente debemos leerla; debemos entenderla y explicarla. Debemos explicar lo que los escritores quisieron decir cuando la escribieron a culturas que hace mucho han cambiado o desaparecido, y cómo su mensaje se aplica a nosotros en la actualidad.

En la actualidad, gran parte de la iglesia en los EE. UU. de A. parece dormida a su misión, en gran medida porque no hemos permitido que la Palabra de Dios nos hable con todo su poder radical. Hemos permitido que se vuelva un libro ajeno, y hemos permitido que las personas a quienes habla sean personas muy distantes de nuestras propias vidas. La tragedia es que lo que está en juego nunca ha sido tan grande como lo es en nuestra generación: el mundo se jacta de una población que es cinco veces la que tenía hace un siglo y medio, cuando la iglesia se movilizaba en respuesta a su llamado misionero como resultado de un gran mover del Espíritu Santo. Hoy, con millones de estudiantes internacionales, visitantes e inmigrantes que entran a nuestro propio mundo aquí en occidente y en otras regiones con altas concentraciones de cristianos, las oportunidades son mayores que nunca antes, y así lo es también la necesidad. No solamente podemos enviar a muchos de entre nosotros como obreros para la cosecha; todos los demás debemos trabajar para la cosecha en nuestros lugares. No podemos darnos el lujo de dormir.

Dios está haciendo más de una demanda importante a su iglesia, pero una demanda crucial es que entendamos su Palabra. En una cultura llena de Biblias y enseñanzas, aquellos que valoran la autoridad de la Biblia todavía necesitan conocerla y entenderla mejor. Los pastores, que generalmente están recargados de trabajo, pocas veces disponen del tiempo para investigar todos los recursos necesarios a fin de obtener el contexto para cada pasaje que predican. Sin embargo, la necesidad de entender el mensaje de Dios y despertar a la totalidad de la iglesia a su llamado para que podamos cumplir la comisión que nuestro Señor nos dio es urgente.

Entre los recursos que Dios provee para esa tarea, están los especialistas dentro del cuerpo de Cristo que han recibido el don de la enseñanza, que pueden proporcionar diversas percepciones válidas para ayudarnos a entender y aplicar la Palabra de Dios. Así como los misioneros deben aprender un idioma y una cultura para comunicar el mensaje de Dios a otra cultura, necesitamos siervos de Dios en el otro extremo, aprendiendo el idioma y la cultura en los cuales el *Libro de Dios* fue escrito. Esa clase de maestros trabajaron en el pasado para proporcionar traducciones, y trabajan en la actualidad para proporcionar otras herramientas que hagan más ampliamente accesible a todos sus lectores los tesoros de la Biblia.

Para algunos eruditos se hace difícil escribir para la iglesia, porque ciertos segmentos de la comunidad académica secular, ya sea de manera privada o pública, descalifican a quienes dedican tiempo de investigación para la glória de Dios o buscan que sus conclusiones sean de valor práctico en el mundo, y encuentran que deben responder a esas críticas. Tampoco ayuda la realidad de que algunos cristianos relacionan la investigación con falta de piedad. Pero una larga lista de estudiosos cristianos a través de toda la historia demuestra que la investigación puede hacer más accesible el mensaje bíblico (estudiosos como Justino, Jerónimo y Agustín, hasta los monjes que guiaron las universidades medievales en las cuales se basan las universidades modernas, y más tarde Lutero, Calvino, Wesley y otros). Charles Finney y Jonathan Edwards, figuras destacadas en los grandes avivamientos estadounidenses, fueron académicos al mismo tiempo que devotos siervos de Dios. Del mismo modo, muchos estudiosos de la actualidad han profundizado en la investigación porque éste era el llamado de Dios para ellos. Muchas de las herramientas que ellos desarrollaron ayudaron a la preparación de este comentario.

Pero la tarea mayor no recae sobre los estudiosos solamente. Todos los creyentes están llamados a oír la voz de Dios en las Escrituras, a comenzar con lo que ya está claro y avanzar a partir de allí. No es necesario ser un erudito para leer pasajes de la Biblia en su contexto o para leer los comentarios culturales para la Biblia, que una obra como la presente se propone brindar. Quiera Dios darnos la gracia para hacer nuestra parte, de obedecer a Cristo nuestro Señor y de revelarlo a las personas de nuestra generación que lo necesitan.

LOS EVANGELIOS

Introducción

Género literario. Género es el tipo de literatura de una obra, como poesía, profecía, carta, etc. En la actualidad es fácil identificar el género de los Evangelios, ya que los cuatro se encuentran agrupados juntos al comienzo del NT. Sin embargo, cuando cada Evangelio fue escrito, la gente seguramente los leyó como parte de algún género conocido en ese momento. El género literario es importante, porque nuestra expectativa del tipo de literatura con que algo está escrito influirá sobre la manera en que lo leemos (por ejemplo, tomamos menos literalmente la poesía que la prosa).

El género literario de los Evangelios. En otros tiempos, cuando los estudiosos se concentraron en la literatura clásica griega, concluyeron que los Evangelios parecían literatura para la gente común en lugar de "alta" literatura. Sin embargo, estudios posteriores han demostrado que la literatura cubría una amplia variedad entre popular y alta, y que la literatura popular a menudo imitaba la alta literatura. Esta forma de calificar el género literario de los Evangelios ha perdido popularidad. Últimamente, la mayoría de los estudiosos clasifican los Evangelios como biografía antigua. Las biografías antiguas no necesariamente enfatizaban los mismos aspectos en que centran su interés las biografías modernas, pero, aun así, eran una forma de escrito histórico. Algunos biógrafos, como *Plutarco y *Livio, ciertamente añadieron algunos elementos a sus narraciones; otros, como *Tácito (en la Agrícola) y *Suetonio, se mantuvieron cercanos a sus fuentes. Los escritores judíos podían moldear sus biografías a la manera de las narraciones biográficas del AT, las cuales fueron consideradas confiables en su tiempo.

La biografía judía presenta una variedad de formas. *Josefo adornó su autobiografía al buen estilo griego, aunque aún así esperaba que sus lectores lo tomaran en serio, y la esencia de su narración es generalmente confiable. Parte de la historiografía judía de Palestina tomó la forma de la *midrash hagádica, una especie de comentario narrativo que amplía las historias bíblicas (p. ej., el libro de *Jubileos y *Genesis Apocryphon* de *Qumrán amplían el Génesis). Estas obras no influenciaron directamente sobre los Evangelios. Lucas escribió a la manera de un buen historiador grecorromano, y ninguno de los Evangelios se ajusta al patrón de la midrash hagádica. Pero aun obras tales como Jubileos, con sus ampliaciones hagádicas (a menudo para explicar detalles), omisiones (a menudo para exonerar héroes), etcétera, siguen los principios básicos generales de sus fuentes en la mayoría de los casos; la obra judía temprana *Antigüedades Bíblicas,* falsamente atribuida a Filón, es aún más fiel a las fuentes.

Historiografía antigua. Al igual que muchos historiadores, periodistas y otros hoy en día, los historiadores antiguos tenían temas específicos a los que deseaban dar énfasis. La historia estaba llena de significado y era necesario escribirla de manera tal que su significado se hiciera evidente. La mayoría de los historiadores también buscaron contar sus relatos en forma vívida y entretenida. Sin embargo, al mismo tiempo, los historiadores propiamente dichos buscaron seguir el sentido de sus fuentes, para ser lo más precisos que fuera posible. Aun aquellos que se tomaron mayor libertad siguieron el hilo básico de la historia; y, donde no contaron con fuentes adecuadas, apuntaron a la verosimilitud.

¿Son precisos los Evangelios? En la continuidad entre escritores más cuidadosos y menos cuidadosos, los escritores de los Evangelios son los más cuidadosos de todos. Cuando vemos cómo Mateo y Lucas usaron a Marcos como fuente, resulta evidente que ellos siguieron cuidadosamente sus fuentes. Al escribir para lectores de la antigüedad, naturalmente siguieron las convenciones literarias de su tiempo. Pero los primeros Evangelios se escribieron mientras los testigos oculares aún estaban en posiciones de autoridad en la iglesia y la tradición oral podía verificarse, lo cual sustenta su confiabilidad. Las biografías de personajes aproximadamente contemporáneos eran mucho más precisas que las de héroes del pasado más lejano. Ver el comentario adicional para Lucas 1:1-4.

Máximas. Los estudiantes aprendían cuidadosamente las máximas de sus maestros, a menudo tomando notas para ayudarse a memorizarlas. Las máximas a veces se transmitían junto con el relato de la situación histórica en que ocurrían, y otras veces se transmitían como proverbios aislados (dichos de los sabios). Más tarde, los estudiantes de las escuelas *retóricas pudieron también trasladar a otras historias dichos del mismo maestro que resultaran adecuados. Las máximas a menudo eran compiladas, especialmente por los *discípulos de maestros famosos. Las máximas de un maestro a veces también se modificaban o transferían a otro maestro luego de haber transcurrido mucho tiempo, pero los Evangelios se escribieron cuando las enseñanzas de Jesús estaban aún en la memoria de las fuentes de los escritores, y por lo tanto es improbable que tales cambios ocurrieran en los Evangelios.

Las palabras de Jesús difieren ligeramente de un Evangelio a otro. Estas diferencias son de esperar, ya que parafrasear dichos en sus propias palabras era un ejercicio normal en la escuela y una técnica de escritura común en los tiempos antiguos. (Aquellos que concluyen que los diferentes escritores de los Evangelios se contradicen entre sí porque citan a Jesús de maneras distintas están, de este modo, haciendo caso omiso de la manera en que se escribían las obras en la antigüedad.) A la vez, los dichos de Jesús dejan traslucir un ritmo y estilo particular, y a veces expresiones *arameas, lo cual indica que los escritores de los Evangelios no siempre lo parafraseaban, aun en la traducción del arameo al griego.

Jesús utilizó muchas de las técnicas de enseñanza judías de Palestina de su tiempo, como las *parábolas e *hipérboles (exageración *retórica), para ser gráfico en su enseñanza. Para entenderlos de la manera en que sus primeros oyentes los entendieron, sus dichos deben leerse a la luz de lo señalado, y luego entenderse en el contexto global de sus enseñanzas. Por ejemplo, los lectores deben reconocer adecuadamente tanto la lealtad a los padres (Mar. 7:9-13) como las más altas demandas del *reino (Mar. 10:29, 30). Las parábolas también deben leerse de la manera en que los oyentes judíos de Jesús las habrían entendido. Las parábolas eran ilustraciones destinadas a transmitir verdades, pero en la mayoría de las parábolas algunos de los detalles estaban incluidos simplemente para darle sentido al relato, por lo que debemos tener cuidado de no asignar demasiado significado a tales detalles.

Técnicas literarias. Los estilos literarios griegos de la época permearon la mayor parte de la literatura judía escrita en griego, y se aplicaron tanto a los libros históricos (cosa que los Evangelios pretenden ser) como a las novelas. Los escritores de biografías temáticas tenían total libertad para reorganizar sus fuentes, de modo que no debe sorprendernos que Mateo y Marcos registren en diferente orden muchos acontecimientos en la vida de Jesús. Aunque Jesús, al igual que otros maestros judíos, seguramente repitió las mismas enseñanzas en situaciones diferentes, algunos de sus dichos probablemente aparezcan en diferente orden en los Evangelios simplemente porque los escritores hicieron uso de la libertad que tenían los antiguos biógrafos de reordenar sus materiales. Esta libertad permitió a los escritores de los Evangelios, al igual que a los predicadores en la actualidad, predicar de Jesús a la vez que informaban acerca de él, y al mismo tiempo relatar con exactitud sus hechos y palabras. Por supuesto, los cristianos antiguos sabían que los Evangelios no estaban narrados en orden cronológico, tal como señalara Papías, el antiguo maestro cristiano, con respecto a Marcos.

Cómo leer los Evangelios. Las biografías de la antigüedad estaban destinadas a ser leídas de corrido, y no saltando de un pasaje en un libro a otro pasaje en otro. Cada uno de los cuatro Evangelios fue escrito separadamente a diferentes lectores, y tenía el propósito de ser leído teniendo en cuenta sus condiciones o características particulares, antes de que el lector pasara a otro Evangelio. En consecuencia, debemos dedicarnos a estudiar un Evangelio a la vez, atentos al fluir del pensamiento de ese Evangelio.

A menudo, los relatos de las biografías antiguas tenían moralejas y presentaban a los personajes como ejemplos positivos o negativos. Los relatos del AT acerca de los hombres y mujeres de Dios enseñaban moralejas con respecto a la fe y la manera de servir a Dios. Por eso, se espera que al final del relato de cada evangelio el lector se pregunte: ¿Cuál es la moraleja de este relato? ¿De qué manera esta historia me ayuda a relacionarme mejor con Jesús?

Los dichos a menudo se transmitían a otros a manera de proverbios, que son principios generales o maneras gráficas de transmitir una enseñanza; otras veces, aparecen en el contexto de relatos en los cuales se los aplica de manera específica.

La aplicación de los Evangelios en la actualidad. Cuando en la Biblia leemos *narraciones, o relatos, debemos buscar la moraleja o las enseñanzas del relato que el autor quiso enfatizar para sus lectores. Debemos tratar de colocarnos en el lugar de los lectores en la antigüedad, y tratar de oír las palabras de Jesús como si las estuviésemos oyendo por primera vez de su propia boca. Debemos permitir que el lenguaje gráfico de Jesús nos impacte de la misma manera en que habría impactado a los primeros oyentes. Los Evangelios registraron los dichos de Jesús con el propósito de aplicarlos a otras generaciones además de la generación de Jesús (los escritores las escribieron para su propia generación, después que Jesús hubo ascendido al cielo), esperando que los lectores los aplicaran a sus propias circunstancias. Pero antes de poder entender cómo las enseñanzas de Jesús se aplican a nuestras situaciones hoy, debemos entender lo que él dijo concretamente en la Palestina del primer siglo, y lo que quiso dar a entender con ello.

Los Evangelios en este comentario. Mateo, Marcos y Lucas se superponen notablemente (ver *Evangelios sinópticos, en el glosario), de manera que para evitar repeticiones, en algunos casos he incluido mayores detalles del concepto en uno de los Evangelios más que en los otros. Sin embargo, debido a que los lectores obtendrán mucho más provecho si se dedican a estudiar un Evangelio a la vez, he proporcionado suficiente información contextual para la interpretación de cada uno de los tres Evangelios. Marcos fue escrito para leerse rápidamente, como un folleto evangelístico, mientras que Mateo tenía el propósito de ser estudiado más al estilo de un manual de capacitación; en consecuencia, mis comentarios sobre Mateo a menudo son más detallados, aunque Mateo y Lucas reciben menos atención en aquellos pasajes donde usan a Marcos. Cuando Mateo y Lucas se superponen, el comentario es por lo general más detallado en Mateo. He tratado a Juan de manera independiente, porque el Cuarto Evangelio se superpone con los otros mucho menos de lo que ellos se superponen entre sí.

Bibliografía. Ver especialmente: David E. Aune, *The New Testament in Its Literary Environment*, LEC 8 (Filadelfia: Westminster, 1987); Joel B. Green, Scot McKnight e I. Howard Marshall, editores, *Dictionary of Jesus and the Gospels* (Downers Grove, Illinois: InterVarsity Press, 1992); Robert H. Stein, *The Method and Message of Jesus' Teachings* (Filadelfia: Westminster, 1978).

MATEO

Introducción

Paternidad literaria. En contraste con, por ejemplo, las cartas de Pablo, las atribuciones de autoría en los Evangelios generalmente se basan más en la tradición de la iglesia que en las evidencias que ofrece el texto en sí. Aunque esta tradición es generalmente confiable, en el caso de Mateo podría no ser tan confiable (dado que la misma tradición afirma también que el Evangelio original de Mateo fue escrito en hebreo, lo cual no es cierto de nuestro Primer Evangelio). En consecuencia, la autoría del Primer Evangelio está puesta en tela de juicio, pero hablaremos de Mateo, tanto por la conveniencia como por la falta de otra designación mejor.
Fecha. La fecha en que fue escrito Mateo es discutida. Algunos eruditos conservadores, como Robert Gundry, fechan a Mateo antes del año 70 d. de J.C. y atribuyen su autoría a Mateo; otros eruditos igualmente conservadores fechan a Mateo alrededor del año 80 y están menos seguros con respecto a quién fue su autor. Mateo presta bastante más atención al tema del poder emergente de los *rabinos *farisaicos que Marcos (pero aun así reconoce el poder de los *saduceos y los sacerdotes). Debido a esto, y debido a que estos rabinos comienzan a alcanzar cierto poder político en Siria-Palestina principalmente después del año 70 d. de J.C., es razonable suponer que Mateo fue escrito en la década del setenta, aunque esta fecha no es segura.
¿Dónde fue escrito Mateo? El lugar más posible es el área de Siria-Palestina, porque es allí donde los rabinos ejercieron su mayor influencia en las décadas del setenta y el ochenta en el primer siglo. Pero una vez más, no es posible afirmar esto con certeza.
Circunstancias y propósitos. Mateo trata con las necesidades de sus lectores cristianos de origen judío, quienes aparentemente están en conflicto con un círculo religioso poderoso, de corte *farisaico (cf. 3:7 con Luc. 3:7; Mat. 5:20; 23:2-39). Los integrantes del movimiento rabínico temprano, principalmente los sucesores de los anteriores fariseos, nunca alcanzaron el poder que pretendían, pero comenzaron a consolidar toda la influencia jurídica y teológica posible, especialmente en Siria-Palestina, en los años posteriores al 70 d. de J.C.

Mateo presenta la traumática destrucción del templo, que probablemente había ocurrido recientemente (ver el comentario anterior con respecto a la fecha), como un juicio sobre el anterior círculo judío de poder (aunque fue principalmente saduceo) en los capítulos 23—24. El autor quiere alentar a su comunidad a evangelizar a los *gentiles además de su propio pueblo (cf. 1:5; 2:1-12; 3:9; 8:5-13; 15:21-28; 24:14; 28:19). La colección de enseñanzas de Jesús que presenta Mateo (especialmente en los capítulos 5—7, 10, 13, 18, 23—25) debe utilizarse para hacer otros *discípulos para Jesús, de la misma manera que otros discípulos judíos transmitían a sus propios discípulos las enseñanzas de sus rabinos (28:19).

Género literario y fuentes. La mayoría de los eruditos considera que cuando Mateo escribió su Evangelio, Marcos ya estaba en circulación. (No todos los eruditos aceptan este punto de vista, pero está ampliamente aceptado como consenso.) Siguiendo la práctica literaria habitual de su tiempo, Mateo siguió una fuente principal, la cual consideró altamente confiable, Marcos, y luego entretejió material de otras fuentes confiables. Debido a las limitaciones de espacio en este comentario, gran parte del material que se encuentra tanto en Mateo como en Marcos recibe un tratamiento más detallado solamente en la sección correspondiente a Marcos.

En el tiempo de Mateo las biografías se escribían de manera diferente que en la actualidad. Los biógrafos podían escribir ya sea en orden cronológico (por ejemplo, Lucas sigue el orden de sus fuentes con el mayor cuidado posible) o, lo que era más frecuente, siguiendo un orden de temas. Mateo arregla los dichos de Jesús por temas, y no cronológicamente: la ética del *reino en los capítulos 5—7, la misión del reino en el capítulo 10, la presencia del reino en el capítulo 13, la disciplina y el perdón de la iglesia en el capítulo 18, y el futuro del reino en los capítulos 23—25. Algunos comentaristas han sostenido que Mateo agrupó los dichos de Jesús en cinco secciones para hacer un paralelo de los cinco libros de Moisés (otras obras se dividieron en cinco para corresponder con los libros de Moisés, a saber, Salmos, Proverbios, el tratado *rabínico Pirke Abot, 2 Macabeos y quizá *1 Enoc).

El mensaje de Mateo. Este Evangelio o una de sus fuentes pudo haber sido utilizado como manual de capacitación para nuevos creyentes (Mat. 28:19); los rabinos enseñaban tradiciones orales, pero los cristianos judíos necesitaban un cuerpo escrito de enseñanzas de Jesús para los convertidos gentiles. Mateo enfatiza una y otra vez que Jesús cumple las escrituras judías, y argumenta a partir de esas Escrituras de la misma manera en que lo haría un escriba capacitado. Presenta a Jesús como el resumen de la esperanza de Israel para sus lectores judíos, pero también enfatiza las misiones a los gentiles: la misión a los gentiles tiene sus raíces tanto en el AT como en la enseñanza de Jesús. Mateo contraataca rápidamente a los líderes religiosos de su tiempo que han atacado a los seguidores de Jesús; pero también advierte de los peligros crecientes de un liderazgo religioso apóstata dentro de la comunidad cristiana.

Comentarios. W. W. Davies y Dale Allison, *A Critical and Exegetical Commentary on the Gospel According to Saint Matthew,* ICC, 3 volúmenes. Edinburgh: T. & T. Clark, 1988-, aporta información sobre el trasfondo judío. John Meier, *Matthew, New Testament Message: A Biblical Theological Commentary.* Wilmington, Del.: Michael Glazier, 1981, es bueno para los temas literarios, aunque el autor no estaría de acuerdo con mi énfasis en lo que se refiere al contexto específicamente judío de Mateo. Sin embargo, aquellos que están más familiarizados con el ambiente histórico de Mateo, reconocerán que mi comentario es menos dependiente de otros comentarios y se debe en mayor medida a fuentes primarias y a eruditos más antiguos como Joachim Jeremias, T. W. Manson, Gustaf Dalman y, con algunas reservas, Josef Blinzler y J. D. M. Derrett; y a estudiosos más recientes como E. P. Sanders, Geza Vermes y Martin Goodman. Un estudio especializado que resulta útil es Marshall D. Johnson, *The Purpose of the Biblical Genealogies.* SNTSMS 8, 2ª edición. Cambridge: Cambridge University Press, 1998, cuyo tratamiento incluye Mateo 1:2-16; ver también C. S. Keener, *...And Marries Another: Divorce and Remarriage in the Teaching of the New Testament.* Peabody, Mass.: Hendrickson, 1992, que trata los pasajes de Mateo 5:17-48 y 19:1-12; y Carl H. Kraeling, *John the Baptist.* New York: Charles Scribner's Sons, 1951, sobre Juan el Bautista.

1:1-17
El contexto histórico de Jesús

Las biografías antiguas por lo general comenzaban haciendo una reseña de las raíces nobles de sus personajes. Aquí se relaciona a Jesús con la historia de su pueblo desde sus comienzos.

1:1. El *Mesías habría de ser un "hijo [descendiente] de David"; "hijo de Abraham" se aplicaba a los judíos en general, de manera que Mateo comienza recordándonos que Jesús era judío. Las genealogías podían aportar unidad a un estudio de las etapas de la historia entre personajes destacados (como el caso de Adán, Noé y Abraham en Gén. 5, 11). Los lectores griegos a menudo llamaban al libro de Génesis "el libro de las generaciones", y el título se utiliza también para las genealogías y otros informes contenidos en él (Gén. 2:4; 5:1 *LXX). En Génesis las genealogías llevan el nombre de la primera persona citada, pero la genealogía de Mateo lleva el nombre de la persona con la que culmina: Jesucristo.

1:2-16. Tal como en las genealogías del AT, aunque en contraste con Lucas y las genealogías grecorromanas, Mateo registra los nombres comenzando con los más antiguos, para desplazarse luego hacia los más recientes.

Las genealogías recordaban al pueblo judío la soberanía de Dios en la concertación de los matrimonios y la provisión de descendencia. A veces explicaban por qué una persona se comportaba de cierta manera (p. ej., el ser Moisés descendiente de infractores de la ley como Rubén, Simeón y [directamente] de Leví, ayuda a explicar algunas de sus propias debilidades en Éxo. 6:12-30). Lo más importante es que eran esenciales para documentar el linaje correcto de una persona como un israelita puro (en contraste con algunos otros galileos, que podrían ser descendientes de *gentiles convertidos), un integrante de los sacerdotes, o de la realeza. Las genealogías también podían servir como vínculos unificadores entre figuras destacadas de la historia. De esta manera, Génesis vincula a Adán, Noé y Abraham (Gén. 5, 11). Mateo vincula a Jesús con los *relatos del AT sobre los patriarcas, la descendencia real davídica y el exilio.

En el templo se conservaban registros genealógicos, al menos parciales, de las familias importantes (especialmente las sacerdotales). Luego que el templo fuera destruido en el año 70 d. de J.C., cualquiera podía haber invocado ser de descendencia davídica, pero el reclamo de Jesús fue hecho antes del año 70, cuando todavía podía verificarse (Rom. 1:3). Aun después del año 70 d. de J.C., la evidencia de su descendencia davídica todavía fue suficiente para ocasionar problemas con el gobierno romano a algunos familiares de Jesús.

Las mujeres no necesitaban ser registradas en las genealogías antiguas, pero Mateo incluye cuatro mujeres (1:3, 5, 6), tres de ellas gentiles (Gén. 38:6; Jos. 2:1; Rut 1:4) y la otra también una gentil o al menos la esposa de un gentil (2 Sam. 11:3), aun cuando omite los prominentes matriarcados en la tradición judía: Sara, Rebeca, Lea y Raquel. De este modo sugiere, basándose en el AT, que Dios siempre tuvo en sus planes las misiones a todos los pueblos (Mat. 28:19).

Los estudiosos han sugerido que algunas genealogías antiguas incorporaron material simbólico basado en la interpretación de versículos bíblicos. Los intérpretes judíos de las Escrituras a veces modificaban una letra o un sonido en un versículo bíblico para volver a aplicarlo de manera figurada. Así, el texto griego de Mateo 1:10 dice "Amós" (el profeta) en lugar de "Amón" (el rey perverso, 2 Rey. 21:18-23), y Mateo 1:8 dice "Asaf" (el salmista) en vez de "Asa" (el rey bueno que se volvió malo, 2 Crón. 16); la mayoría de las traducciones han oscurecido este punto.

1:17. Como era habitual en las genealogías, Mateo omite algunos nombres (en este caso, quizás siguiendo la traducción griega del AT); la formación de patrones, tales como tres bloques de catorce, hacía que las listas fueran más fáciles de recordar. Algunos comentaristas han argumentado que Mateo usa catorce generaciones porque el valor numérico del nombre David en las letras hebreas es 14. (A diferencia de las letras en el alfabeto castellano, las letras griegas y hebreas eran utilizadas también como números. La práctica judía de tomar en cuenta el valor numérico de las palabras y encontrar significado en ellos llegó a llamarse *gematría.*) La división de la historia en períodos era común; un texto judío posterior, *2 Baruc, divide la historia en 14 épocas.

1:18-25
El nacimiento de Jesús

Los biógrafos antiguos a veces exaltaban los nacimientos milagrosos de sus personajes (algo especialmente destacado en el AT), aunque no hay paralelos cercanos al nacimiento virginal. Los griegos contaban historias de dioses que embarazaban a mujeres, pero el texto indica que la concepción de María no fue sexual; tampoco el AT (ni la tradición judía) atribuye a Dios características sexuales. En el mundo antiguo, muchos de los relatos de nacimientos milagrosos (incluyendo los relatos judíos, p. ej., 1 Enoc 106) están profusamente adornados con elementos mitológicos (p. ej., bebés que llenan de luz una casa), en contraste con el estilo narrativo directo de este pasaje (compare la similitud de Éxo. 2:1-10).

1:18. En aquel entonces el compromiso (*erusin*) implicaba más obligación que la mayoría de los compromisos de hoy, y normalmente iba acompañado del pago por parte del novio, de al menos una parte del precio establecido para la novia. El compromiso, que normalmente duraba un año, significaba que la novia y el novio estaban prometidos el uno al otro pero aún no habían consumado el matrimonio; en consecuencia, cualquier relación íntima con otra persona se consideraba adulterio (Deut. 22:23-27). Para establecer los compromisos judíos eran necesarios dos testigos, el mutuo consentimiento (por lo general) y la declaración del novio (en los compromisos romanos, el solo consentimiento era suficiente). Aunque los anillos fueron utilizados en el mundo romano, no es claro si es que los judíos de Palestina los utilizaron en este período.

María quizá tendría entre doce y catorce años (dieciséis como máximo), y José quizá entre dieciocho y veinte. Sus padres probablemente concertaron su matrimonio, con el consentimiento de María y José. La privacidad entre personas comprometidas era permitida en Judea pero aparentemente desaprobada en Galilea, por lo que María y José bien pueden no haber tenido ningún momento para estar a solas hasta entonces.

1:19. Bajo las leyes del AT, el castigo por adulterio era morir apedreado, y el castigo se aplicaba también a la infidelidad durante el compromiso (Deut. 22:23, 24).

En los tiempos del NT, a José simplemente se le habría exigido divorciarse de María, exponiéndola así a la vergüenza. Prácticamente nunca se aplicaba la pena de muerte por causa de este tipo de ofensa. (Había tal obligación en los compromisos, que si el prometido de una mujer moría, ella era considerada una viuda; pero un compromiso solamente podía romperse o terminarse con el divorcio). Sin embargo, una mujer con un hijo, divorciada por tal infidelidad, se sentiría fuertemente presionada por encontrar otro marido, ya que quedaría desamparada si sus padres murieran. Pero debido a que un divorcio podía efectuarse por medio de un simple documento con dos testigos, José podía haberse divorciado de ella sin hacer más pública su vergüenza. (Solo era necesaria la intervención de un juez si era la esposa la que pedía que el esposo se divorciara de ella.) Mucho más tarde, la tradición *rabínica acusa a María de dormir con otro hombre, pero al casarse con ella, José (v. 24) demuestra que él no creía que este fuera el caso.

1:20. En el AT, los ángeles a menudo traían mensajes en sueños. En la literatura griega, personas muertas (como así también deidades paganas) a menudo traían mensajes, aunque esto no sucede en ningún lugar de la Biblia. No obstante, el AT hace mención de intérpretes expertos en sueños, como Daniel (Dan. 1:17; 2:19-45) y José el hijo de Jacob (Gén. 37:5-11; 40—41). Casi todas las historias desde aquí en Mateo 1 hasta el final de Mateo 2 incluyen la guía sobrenatural (sueños o la estrella).

1:21. El nombre Jesús (en *arameo *Yeshua*, y en griego *Iesous*) significa en hebreo "Dios es salvación". A menudo los padres querían que los nombres que daban a sus hijos tuvieran algún significado, pero si Dios daba el nombre, era especialmente significativo. El AT enseñaba que el pueblo de Dios sería salvo en tiempos del *Mesías (Jer. 23:5, 6), y los lectores judíos del primer siglo habrían entendido que esta salvación significaba mucho más que simplemente el perdón personal. Ellos oraban por el día en que Dios liberaría a su pueblo de las consecuencias de sus pecados, de estar subyugados por sus enemigos; muchos creían que esta liberación ocurriría cuando su pueblo en conjunto se enmendara y se volviera a Dios de todo corazón. Jesús vino a liberar al pueblo de su pecado personal y de esta manera liberarlo también del juicio.

1:22, 23. Mateo cita Isaías 7:14 y señala una generalizada familiaridad con el contexto de Isaías. En ese contexto, Asiria devastaría a Israel y Aram antes que "un hijo" se desarrollara (Isa. 7:14-17). De este modo, "un hijo" parece referirse al propio hijo de Isaías (8:3, 4). Pero todos los nombres de los hijos de Isaías tenían como propósito ser señales que apuntaran más allá de ellos mismos (8:18); ¿y a quién, "Emanuel" o "Dios con nosotros" (7:14), apuntaría más acertadamente que al hijo de David, adecuadamente llamado "Dios Fuerte" (9:6; cf. 10:21; 11:1)?

1:24, 25. José actúa como los hombres y mujeres del AT que obedecieron el llamado de Dios aun cuando éste fuera en contra de todo sentido común humano. El matrimonio consistía en un pacto (en el compromiso; el contrato matrimonial también implicaba una transacción monetaria entre familias), una ceremonia y la consumación, lo cual ratificaba el matrimonio, normalmente en la primera noche de la boda de siete días. Aquí José se casa oficialmente con María, aunque se abstiene de consumar el matrimonio hasta después del nacimiento de Jesús. Los maestros judíos pensaban que los hombres tenían que casarse jóvenes porque no podían resistir la tentación (muchos hasta culpaban al cabello descubierto de la mujer de inducir al deseo sexual). José, que vive con María pero ejerciendo el autocontrol, se constituye de esta manera en un gran modelo de pureza sexual.

2:1-12
Los buscadores paganos

Mateo informa a sus lectores que aun en el nacimiento de Jesús los maestros religiosos, que eran los que más sabían (2:5), fracasaron en actuar basándose en la verdad, mientras que personas paganas de quienes uno jamás esperaría que vinieran al *Mesías judío, hicieron precisamente eso.

2:1. Herodes el Grande murió en el año 4 a. de J.C.; de manera que Jesús nació antes del año 4 a. de J.C. en lugar de en el año 1 d. de J.C. Nuestros calendarios tienen un error de varios años. Los "magos" (se debe notar que Mateo no dice que estos "magos" hayan sido "reyes", como tampoco que hayan sido tres; estos son datos incluidos en la tradición luego de varios siglos) eran astrólogos paganos cuyas capacidades adivinatorias eran ampliamente respetadas en el mundo grecorromano; los astrólogos se habían hecho populares a través de la "ciencia" del Oriente y todo el mundo estaba de acuerdo en que los mejores astrólogos vivían en el Oriente. El AT prohibía explícitamente tales pronosticaciones a partir de señales (Deut. 18:11; cf. Isa. 2:6; 47:11-15), estableciendo en su lugar la verdadera *profecía (Deut. 18:15).

2:2. Los astrónomos han ofrecido diferentes sugerencias para la aparición de esta estrella en la primera década a. de J.C. Los antiguos pensaban que los cometas y las estrellas fugaces predecían la caída de los reinos; algunos emperadores aun desterraron de Roma a astrólogos que emitían tales predicciones. Ya para este tiempo, muchos judíos aceptaban la idea que las estrellas podían predecir el futuro. Aun cuando estos magos eran paganos, Dios los había elegido para revelarse a ellos.

2:3. Muchos gobernantes temían a las señales astrológicas de su muerte. Se dice que el emperador Nerón, en su tiempo, masacró a muchos nobles con la esperanza de que sus muertes (en lugar de la propia) cumplieran la predicción de un cometa. Jerusalén era un importante centro comercial. Los magos seguramente llegaron con un gran séquito para que toda la ciudad lo notara. Recordemos que la gente estaba enojada con el gobierno de Herodes, y por lo tanto los rumores pudieron haber circulado rápidamente. El Rey Herodes, quien estaba al tanto de las amplias corrientes de pensamiento en el imperio romano y auspiciaba templos paganos en medio de ciudades gentiles en su reino, podría haber sido especialmente propenso a considerar significativa la misión de los magos.

2:4. Los sumos sacerdotes pertenecían en su mayoría a la adinerada aristocracia de los *saduceos. *"Escribas", en el sentido limitado en que aquí se utiliza el término, se aplica a los expertos en la *ley judía, la mayoría de los cuales eran también maestros de la ley. Herodes ejerció en gran medida influencia sobre los líderes destacados del pueblo, después de haber sacado por la fuerza a la mayoría de sus adversarios políticos.

2:5, 6. Miqueas 5:2 predecía a Belén como el lugar de nacimiento del *Mesías, porque el Mesías había de ser un descendiente de David, y Belén había sido la ciudad de David. Era un pequeño pueblo a menos de dieciséis kilómetros de Jerusalén, la capital de Herodes. Los magos habían venido a Jerusalén porque allí era donde ellos esperaban encontrar a un rey judío, quizá uno de los hijos de Herodes. Lo sorprendente es que los *escribas supieran dónde nacería el Mesías, y que aun teniendo conocimiento no actuaran ni positiva (Mat. 2:11) ni negativamente (2:16). Debido a que los sucesores de estos líderes de Jerusalén buscaron más tarde la ejecución de Jesús (26:3, 4, 57), Mateo sugiere que la línea entre considerar que Jesús era algo que simplemente debía acontecer, y crucificarlo, es muy delgada.

2:7, 8. El engaño de Herodes podría asemejarse al de un tirano anterior, el Faraón (probablemente Seti I) que dio instrucciones a las parteras para que mataran a los bebés hebreos, haciendo parecer como que nacían muertos, sin que las madres pudieran darse cuenta a causa de la posición de parto utilizada.

2:9, 10. El texto podría solamente sugerir que la estrella *parecía* moverse debido al propio movimiento de los magos. Aun si el objeto hubiese estado lo suficientemente cerca de la tierra como para calcular su relación con Belén, Belén estaba tan cerca de Jerusalén que cualquier distancia hubiera sido inexacta a menos que el objeto estuviera a no más de 1500 metros de altura. Pero la descripción de la manera en que Dios guió a los magos por medio de una señal sobrenatural, permite recordar cómo Dios había guiado a su propio pueblo por medio del fuego y de la nube en el desierto (Éxo. 13:21, 22).

2:11. Esta postura de adoración era la indicada para con los dioses o los reyes en el Oriente (sin embargo, a diferencia de la mayoría de los pueblos del Mediterráneo, los magos, aunque paganos, pueden no haber sido politeístas;

quizá hayan sido zoroástricos, aunque los estudiosos debaten sobre la naturaleza exacta del zoroastrismo en este período). El incienso y la mirra eran los tesoros característicos del Oriente que el mundo mediterráneo importaba habitualmente de allí (cf. 1 Rey. 10:10; Sal. 72:10, 11, 15).

2:12. La mayoría de los reyes reaccionaba con hostilidad ante potenciales usurpadores y a las predicciones astrológicas de sus muertes. Que los magos necesitaran ser advertidos en sueños que no volvieran a Herodes sugiere aquí su ingenuidad, una inocencia que los judíos raramente esperaban de los *gentiles. La mayoría de la gente en el mundo antiguo prestaba atención a los sueños especiales (1:20); algunos hasta tenían reglas acerca de la manera de interpretarlos; y los griegos pensaban que los magos tenían una inclinación especial hacia la interpretación de sueños.

La ruta principal que necesitarían tomar hacia el norte desde Belén pasaba directamente por Jerusalén, y luego tomaba al este a través de Siria. Dado el probable gran tamaño de su séquito, los magos no podrían acercarse a Jerusalén sin ser vistos, y esto Herodes lo sabía muy bien. Por cierto, no había ruta importante que les permitiera regresar sin pasar por Jerusalén. Es probable que ellos se hayan aventurado a dirigirse muy al sur hasta Hebrón, y luego siguieran el áspero camino a Gaza a lo largo de la costa, donde una nueva ruta los llevaría en dirección al norte. De esta manera, la ruta los habría llevado a través de Nazaret, Capernaúm y luego hasta Damasco.

2:13-15
Egipto y un nuevo éxodo

2:13, 14. Una comunidad judía muy numerosa vivía en Egipto en este período. Quizás una tercera parte de Alejandría, situada en el norte de Egipto, haya sido judía. Fue una de las ciudades más grandes del imperio, con una población estimada en cerca de un millón de personas. Alejandría incluía un elemento judío de buena posición económica, y educado en el pensamiento griego. Sin embargo, la mayor parte de la población egipcia estaba constituida por labriegos, los cuales se contaban entre los más pobres del imperio. Por muchos siglos habían existido otras comunidades judías más al sur, especialmente en Elefantina. La literatura judía de Palestina indica que muchos de ellos ponían en duda la devoción de sus hermanos judíos de Egipto, aunque los judíos egipcios se consideraban fieles a Dios.

El Nilo hacía fácil viajar dentro de Egipto, pero el camino de la costa a Egipto desde Palestina no era de lo mejor, y Egipto sería más difícil de alcanzar desde Belén, al no viajar hacia el norte por Jerusalén (sería necesario tomar la ruta del sur, más pobre, a Hebrón; ver el comentario sobre 2:12). Egipto había servido de refugio en el pasado (1 Rey. 11:40; Jer. 26:21). Al partir "de noche", la familia de José hizo que su ruta de escape fuera imposible de rastrear; las palabras quizá evocaran también el recuerdo de Éxodo 12:31 en los lectores judíos.

2:15. En el segmento que va desde la genealogía al Sermón del monte, Mateo construye casi cada párrafo alrededor de por lo menos un texto del AT, explicando con las Escrituras algunos sucesos en la vida de Jesús. El contexto de Oseas 11:1 se refiere claramente a los israelitas al salir de Egipto en el éxodo. Mateo aplica este texto a Jesús, porque Jesús resume y completa la historia de Israel (Mat. 1:1).

Mateo pudo haber tomado prestada de Isaías esta analogía interpretativa de Israel/Mesías; Isaías 42—53 concentra la misión de Israel en conjunto con aquel que puede dar cumplimiento definitivo a esa misión y sufrir a favor de todo el pueblo, aquel que los cristianos más tarde entenderían que era Jesús. Herodes murió en el año 4 a. de J.C.

2:16-18
La matanza de Herodes: Un nuevo cautiverio.

2:16. Debido a que la única ruta natural por la cual los magos podían haber regresado era a través de Jerusalén (2:12), Herodes supo que los magos habían evitado deliberadamente regresar a él. Herodes era famoso por acciones como la masacre descrita en este texto. Un eventual rival suyo, joven pero popular, un sumo sacerdote, tuvo un "accidente por ahogamiento" mientras nadaba en una piscina de poca profundidad. En otra oportunidad, enfurecido con su esposa favorita la hizo estrangular. Engañado, hizo ejecutar a dos hijos inocentes; y en su propio lecho de muerte hizo ejecutar a otro hijo (quien en este caso era culpable). Aunque probablemente sea ficticio, es oportuno un comentario del emperador: Mejor ser uno de los cerdos de Herodes que ser su hijo (en el original hay un juego de palabras: *júos* [cerdo] y *juíos* [hijo]). *Josefo señala que Herodes había ordenado que se ejecutara a ciertos nobles cuando él muriera, para asegurarse de que hubiera luto; en cambio, a su muerte fueron liberados, por lo que hubo celebración.

Una de sus fortalezas, Herodium, se podía divisar desde Belén, y es posible que haya despachado guardias desde allí. El pueblo judío veía el infanticidio como un acto pagano, horroroso. Los romanos lo aplicaban por lo general a los bebés deformes, y fue utilizado también para controlar poblaciones oprimidas (Éxo. 1:16; 1 Macabeos 1:60, 61; 2 Macabeos 8:4). Al igual que Moisés, Jesús evitó la suerte que corrieron otros bebés varones (Éxo. 1:22—2:10), y algunos judíos esperaban la venida de un profeta "como Moisés" (Deut. 18:15, 18).

2:17, 18. Jeremías 31:15 se refiere a la figura del llanto de Raquel, quien fuera sepultada en Belén (Gén. 35:19). Jeremías dijo que ella lloró por sus descendientes que fueron llevados en la cautividad durante el exilio babilónico. Al igual que el justo Jeremías, Jesús fue llevado a Egipto, pero Raquel tenía motivos para hacer luto nuevamente ante el asesinato de su pueblo por parte de Herodes.

2:19-23
El Nazareno

2:19. Sobre los sueños, ver el comentario sobre 1:20.

2:20, 21. Los primeros lectores de Mateo indudablemente habrían entendido la comparación entre Jesús y Moisés que se sugiere aquí (cf. Éxo. 4:19).

2:22. Arquelao, uno de los hijos de Herodes que sobrevivió, demostró tener los peores defectos de su padre y fue también un mal gobernante. Que su madre fuera *samaritana seguramente tampoco le sirvió de recomendación ante sus súbditos judíos. Su gobierno fue inestable, y los romanos finalmente lo destituyeron y lo desterraron a Gaul (Francia).

2:23. La evidencia arqueológica en la región de Nazaret indica que mucha gente se había trasladado allí desde Judea, del área cercana a Belén. José quizá haya tenido amigos o familiares en Nazaret (cf. Luc. 2:4). Nazaret estaba en una ruta principal desde la costa a Siria, y solamente a unos pocos kilómetros de la ciudad de Séforis, conocida por la diversidad de sus culturas, y que en este tiempo estaba siendo reconstruida. Aunque pequeña, Nazaret no habría quedado aislada de las corrientes culturales más amplias de la antigüedad.

No hay un texto único para la referencia de Mateo aquí. No obstante, los autores en la antigüedad a veces combinaban textos, y tanto griegos como judíos usaban juegos de palabras para transmitir sus conceptos en los debates, de modo que este versículo podría ser un juego de palabras sobre el término hebreo *netser*, "retoño", un título para el *Mesías (Jer. 23:5; Zac. 3:8; 6:12; cf. Isa. 11:1). (El único problema con esta sugerencia es que supone que los lectores originales de

Mateo ya sabían hebreo; probablemente solo los más instruidos entre ellos lo supieran.) O podría ser un juego sobre la palabra "Nazareno": haciendo una ligera variante en algunas letras, podría referirse a los nazareos, una clase de personas dedicadas a Dios (cf. Núm. 6:1-21).

3:1-12
El precursor de Jesús

Ver comentarios más detallados en Marcos 1:2-8. Isaías 40:3, citado en Mateo 3:3, se refiere a un anuncio del nuevo éxodo, cuando Dios salvaría nuevamente a su pueblo de la opresión que sufrían.

3:1. "En aquellos días" era una expresión común en el AT, especialmente en las profecías relacionadas con el futuro (aunque no limitada a ellas). Muchas personas en el tiempo de Jesús esperaban que del desierto viniera un gran líder que trajera liberación al pueblo de Dios, en un nuevo éxodo. En el AT, en tiempos de severa apostasía nacional, algunos profetas (como Elías) encontraron que les era necesario vivir fuera del ámbito de la sociedad.

3:2. Los judíos reconocían que ahora Dios gobernaba el universo en un sentido, pero oraban diariamente por el tiempo en que su *reino, o gobierno, sería establecido sobre todas las naciones de la tierra.

(Ver el comentario adicional sobre Mar. 1:14, 15.)

3:3. Isaías 40:3 está en el contexto de la profecía de Isaías acerca de un nuevo éxodo, cuando Dios nuevamente liberaría a su pueblo y los conduciría de regreso a Jerusalén desde todas las naciones entre las cuales estaban esparcidos. Para que los caminos estuviesen llanos y nivelados era necesario acondicionar el terreno, y los reyes de la antigüedad, especialmente los reyes de Oriente, esperaban que los caminos estuviesen adecuadamente preparados antes que ellos los usaran para viajar. Quizá pensando en la precisión técnica, Mateo elimina aquí la cita que hace Marcos de Malaquías (pero cf. Mat. 11:10).

3:4. La dieta de Juan es la de las personas muy pobres; aunque muchos criaban abejas domésticas, Juan come únicamente miel silvestre. (La miel por lo general se obtenía apartando a las abejas con humo para luego romper el panal; la miel era el único edulcorante para las comidas y se consideraba el sabor más dulce.) Pero los *esenios y otros israelitas piadosos (2 Macabeos 5:27) seguían tales dietas a fin de evitar la comida inmunda.

Juan se vestía como Elías (2 Rey. 1:8) y otras personas que vivían fuera de la sociedad (algunos como los *cínicos y Bannus, el tutor esenio de *Josefo, eran más *ascetas); la alusión a Eliseo aquí sugiere que el final está cercano (Mal. 4:5, 6).

3:5, 6. Los paganos que querían convertirse al judaísmo necesitaban *arrepentirse y ser *bautizados, pero Juan trata aquí a los judíos en base a las mismas condiciones que los paganos (ver comentario adicional sobre Mar. 1:4, 5.)

3:7. Los antiguos pensaban que algunas clases de víboras salían del interior de sus madres comiéndolas al abrir un boquete (ver, p. ej., Heródoto, *Plutarco). De por sí era malo que a uno lo llamaran una víbora, pero ser llamado hijo de una víbora era aún peor (matar a la propia madre o padre era el crimen más horrendo que podía concebirse en la antigüedad).

3:8. El *arrepentimiento significaba apartarse del pecado. Se sabía que los *fariseos mismos ponían en duda los actos de arrepentimiento si la persona supuestamente arrepentida continuaba pecando. En algunas oportunidades, los profetas del AT describieron la obediencia que una persona debía a Dios, o la bendición futura de Dios sobre su pueblo, en términos de fruto (una imagen natural en una sociedad agrícola; cf. Isa. 5:2; 27:6; Ose. 10:1, 12, 13; 14:7, 8; Prov. 11:30, 31).

3:9. Los judíos generalmente creían que eran salvos como nación, en virtud de su descendencia de Abraham. La idea en cuanto a que Dios levantara un pueblo a partir de piedras habría sonado a los oyentes judíos de Juan el Bautista más bien como una mitología pagana (los griegos tenían una historia así) que como una realidad, pero estas palabras enfatizaban que Dios no necesitaba de Israel para cumplir su propósito (como en Amós 9:7; cf. Gén. 1:24). Algunos eruditos han sugerido también un juego de palabras en *arameo sobre "hijos" y "piedras".

3:10. La literatura judía algunas veces usaba árboles (como así también muchas otras cosas) para simbolizar a Israel; en algunas ocasiones, el AT usó árboles en parábolas de juicio contra las naciones (Isa. 10:33, 34; Eze. 31:2-18; Amós 2:9) o Israel (Isa. 10:18, 19; Jer. 11:16; Eze. 15:6). La madera de un árbol grueso (como un cedro del Líbano) se usaría para la construcción de edificios, pero gran parte de la madera de los árboles frutales delgados de Palestina (p. ej., los olivos o higueras) eran útiles solamente para construir elementos pequeños o principalmente para combustible.

3:11. Los esclavos de personas de elevada posición social a menudo tenían una condición social superior a la de algunas personas libres. Un esclavo (a diferencia de un *discípulo, quien también servía a un señor o maestro) llevaba las sandalias de su señor; Juan afirma aquí que no es digno siquiera de ser el esclavo de Cristo.

Los profetas habían predicho el derramamiento del *Espíritu de Dios sobre los justos en el tiempo en que Dios estableciera su *reino para Israel (Isa. 44:3; Eze. 39:29; Joel 2:28). También decretaron fuego sobre los malvados (Isa. 26:11; 66:24; Jer. 4:4; 15:14; etc.). En Mateo 3:11, los malvados son bautizados, o sumergidos, en fuego (3:10, 12); los justos, en el *Espíritu Santo.

3:12. Debido a que el mismo término griego puede significar tanto "espíritu" como "viento", la imagen del viento y el fuego continúa la idea de 3:11. La separación del trigo de la paja era familiar para todos los judíos de Palestina, especialmente los agricultores: arrojaban al aire el trigo cosechado, y el viento separaba el grano más pesado de la paja más liviana. La paja no servía para consumo y por lo general se quemaba. Algunos otros escritores también describieron el día del juicio como una cosecha (4 Esdras 4:30-32; cf. Jer. 51:33; Joel 3:12-14) o a los malvados como paja o tamo (Isa. 17:13; Jer. 13:24; 15:7; etc.). Que el fuego "nunca se apagará" señala, más allá de la quema momentánea del tamo, a algo mucho más horrible (Isa. 66:24), a pesar de que la tradición judía misma distaba mucho de la unanimidad con respecto a la duración del infierno (en el glosario, ver *"Gehena").

3:13-17
Jesús es acreditado por Dios

Ver mayores detalles en Marcos 1:9-11.

3:13, 14. Juan anticipa el inmediato bautismo de Jesús en el *Espíritu Santo (ver el comentario sobre 3:11).

3:15. La respuesta de Jesús parece poner énfasis en su identificación con Israel en obediencia a la *ley de Dios (cf. 5:17).

3:16. Muchos creían que el *Espíritu Santo ya no estaba disponible en su tiempo; otros creían que el Espíritu Santo simplemente no obraba con tanto poder como en el tiempo de los profetas, hasta el tiempo del fin. La venida del Espíritu Santo sobre Jesús indica la inauguración de la era mesiánica y señala a Jesús como el portador del Espíritu y en consecuencia el Mesías (3:11).

3:17. Muchos creían que las voces del cielo eran lo más cerca que cualquiera pudiera llegar a estar de la *profecía en su tiempo. Jesús tiene ambas clases de testimonio: la voz celestial y la profecía de Juan. La intención de Mateo es que sus lectores más eruditos vean alusiones no solamente a un *Mesías real (rey) en el Salmo 2:7, sino también al siervo sufriente de Isaías 42:1-4 (ver el comentario sobre Mat. 12:18-21).

4:1-11
Jesús supera las pruebas de Israel

Los tres textos de Deuteronomio (6:13, 16; 8:3) citados aquí (4:4, 7, 10) fueron mandamientos que Dios dio a Israel cuando los probó durante cuarenta años en el desierto. A diferencia del Israel de antaño, Jesús, como representante de Israel (1:1; 2:15), pasa las pruebas. Algunos eruditos compararon la batalla entre Jesús y el diablo con la manera en que se desarrollaban los debates *rabínicos. Los relatos judíos alababan a quienes soportaban y superaban las pruebas morales más severas.

4:1. Una de las descripciones más comunes de los actos de Dios en el AT era que él "guió" a su pueblo en el desierto (ver especialmente Isa. 63:14, donde fueron probados). Aunque el AT muy pocas veces menciona al diablo, su actividad como tentador (cf. Job 1—2) se tenía mucho más en cuenta para el tiempo de Jesús. El detalle sorprendente aquí para la mayoría de los lectores judíos no sería que el diablo tentara, sino que lo hiciera él en persona.

4:2. Moisés también ayunó cuarenta días y cuarenta noches; Jesús podrá aparecer aquí como un nuevo Moisés, el nuevo legislador (ver Mat. 5:1, 2). Israel también estuvo en el desierto cuarenta años (ver la introducción a esta sección).

4:3. Los antiguos atribuyeron esta clase de obras a los magos, quienes afirmaban ser capaces de transformarse en animales y de transformar otras sustancias, como por ejemplo piedras en pan. Muchos judíos esperaban también un nuevo éxodo guiado por un nuevo Moisés, con nuevo maná o pan del cielo. El diablo quiere conformar a Jesús a las expectativas contemporáneas.

4:4. El diablo desafía o busca definir en Jesús la condición de hijo (4:3), obrando contrariamente a la Palabra de Dios (3:17). Pero seguramente Jesús conocía el contexto de Deuteronomio 8:3, el cual cita: él puede depender de la provisión de maná por parte de Dios en el desierto, porque Dios es el Padre de Jesús como era también Padre de Israel (Deut. 8:5).

Otros círculos judíos (tal como se observa, p. ej., en los *Rollos MM y en textos *rabínicos posteriores) también usaron la frase "escrito está" para introducir las Escrituras.

4:5, 6. "La santa ciudad" era un título de uso frecuente para referirse a Jerusalén. El diablo lleva a Jesús a una parte del templo que se proyectaba sobre un valle profundo; una caída desde ese lugar habría significado la muerte segura. Más adelante, los *rabinos reconocieron que el diablo y los demonios podían manejar las Escrituras expertamente. Aquí el diablo cita el Salmo 91:11a, 12 fuera de contexto; 91:11b define claramente que la protección angelical por parte de Dios (cf. Mar. 1:13) es para situaciones que *acontecen* a sus siervos, no una excusa para buscar conscientemente tales peligros. El diablo elabora su tentación de acuerdo con la sabiduría judía conocida (Sabiduría de Salomón 2:18).

4:7. Jesús cita Deuteronomio 6:16, que se refiere a la manera en que los israelitas probaron a Dios, negándose a aceptar que estaba entre ellos hasta que obrara una señal (Éxo. 17:7).

4:8, 9. Este reino técnicamente no pertenecía al diablo (ver Dan. 4:32), quien era dueño de los corazones humanos únicamente por ser un usurpador. Lo mejor que el diablo podía hacer era convertir a Jesús en la clase de *Mesías militar y político al que la mayoría de los judíos esperaba.

4:10, 11. Deuteronomio 6:13, que Jesús cita, prohíbe la idolatría (ver Deut. 6:14), un mandamiento que, obviamente, cualquiera que adorara al diablo violaría.

4:12-17
El anticipo de la predicación a los gentiles

4:12,13. Nazaret era una pequeña aldea agrícola y un suburbio de Séforis, la antigua capital de Galilea; Capernaúm era una ciudad pesquera más grande, ubicada sobra la margen noroeste del mar de Galilea. Las rutas comerciales hacían que los *gentiles transitaran por allí. Capernaúm estaba sobre la frontera de Neftalí pero no de Zabulón; Mateo menciona esta última porque aparecen juntas en Isaías 9:1, que él cita en 4:15.
4:14-16. Al citar aquí Isaías 9:1, 2, Mateo indudablemente conoce el contexto: la luz a la cual hace referencia es la del *Mesías (Isa. 9:6, 7). (Mateo se anticipa nuevamente a la evangelización de los no judíos, al presentarla en su narración.) Muchos no judíos en Galilea se habían convertido al judaísmo por la fuerza en el segundo siglo a. de J.C.; anteriormente, se habían alineado con los enemigos fenicios de Judea (1 Macabeos 5:15). Sin embargo, inmediatamente después, muchos de Judea se establecieron en Galilea, y sus habitantes eran judíos, fundamentalmente en el aspecto étnico aunque también en el religioso. Otro detalle más: Galilea estaba rodeada por todos sus lados (excepto el límite sur, con Samaria) de ciudades *helenistas. Capernaúm (al igual que Séforis y Nazaret más al sur) estaba situada junto a una de las más importantes rutas de comercio de Palestina, que luego se llamó "el camino del mar". Se trataba de una ruta para las caravanas que se dirigían desde Damasco a Cesarea Marítima, que estaba sobre la costa del Mediterráneo.
4:17. El resumen del mensaje de Jesús, como el de Juan el Bautista (3:2), es *arrepentirse para estar preparado para el *reino. Los oyentes judíos del primer siglo habrían oído en esta proclamación una advertencia sobre el inminente día del juicio.

4:18-22
Ejemplos de arrepentimiento

Los escritores de la antigüedad a menudo ilustraban sus enseñanzas (aquí, 4:17) con ejemplos de *narraciones. Para mayores detalles, ver el comentario sobre Marcos 1:14-20.
4:18. La mayoría de los habitantes de la Palestina judía dependían del pescado salado, el trigo y la avena para su sustento; en consecuencia, también eran comunes los productos derivados del pescado, como las salsas de pescado. Entre los peces del mar de Galilea había grandes carpas; este pescado se secaba, salaba, o conservaba en salmuera o vinagre. Los pescadores eran una parte importante de la economía de Galilea y vivían bien dentro del nivel de su cultura, mucho mejor que los numerosos agricultores que trabajaban la tierra en gran parte del imperio romano. Se cree que la red de arrojar tenía un extremo angosto que era arrastrado por el barco y un extremo ancho que se mantenía sumergido por pesas de plomo (compárese con la red de arrastre, de mayor tamaño, en 13:47); las redes probablemente estaban hechas de soga o cuerdas tejidas en fibra de lino, papiro, o fibra de cáñamo.
4:19, 20. Los *discípulos generalmente elegían convertirse en estudiantes de cierto *rabino, en lugar de que un maestro convocara él mismo a sus discípulos.
4:21, 22. Los pescadores tenían un ingreso mayor que el de la población promedio en Galilea, de manera que Jacobo y Juan abandonaron un buen trabajo. Sin embargo, lo que es más, dejaron a su padre y el negocio familiar; un abandono de esta naturaleza podía fácilmente haberles traído deshonra en la comunidad. (No obstante, tanto judíos como griegos tenían relatos similares y reconocerían esta súbita partida como una clara señal de discipulado radical.)

4:23-25
Ejemplos de autoridad del reino

Es común que la literatura antigua incluya

no solo segmentos más largos de *narraciones, sino también declaraciones sumarias como este pasaje (también 9:35; 19:1, 2; etc.).

4:23. A los maestros visitantes, especialmente aquellos que eran populares, se les invitaba a hablar en las *sinagogas, que en este período estaban guiadas por sacerdotes o laicos que eran miembros destacados de sus comunidades.

4:24. Debido a que en Siria vivían muchos judíos, Mateo probablemente se refiera aquí a los judíos de Siria (Mateo habría mencionado entusiasmado a los *gentiles si ellos hubiesen venido). La presencia de multitudes que buscaban alivio en las aguas termales de Galilea (como Hamat-Tiberias) testifica del gran número de aquellos que buscaban la sanidad en el primer siglo; los maestros que tenían fama de sanadores (por lo general magos gentiles) atraían también numerosos seguidores. Aunque algunos escritores médicos contemporáneos (tales como Areteo, el médico griego del segundo siglo d. de J.C., pero a diferencia del griego Hipócrates en el siglo quinto a. de J.C.) pensaban que la epilepsia se debía a la actividad demoníaca; Mateo distingue aquí las dos.

4:25. "Decápolis" (las "diez ciudades") era una zona *gentil que incluía una numerosa población judía.

5:1-12
Las Bienaventuranzas

Mateo 5—7 es el primer bloque de material de enseñanza en Mateo que trata con la ética del *reino. En 4:17 Jesús resume su mensaje: "¡*Arrepentíos, porque el reino de los cielos se ha acercado!"; Mateo 5—7 muestra en mayor detalle el estilo de vida que caracteriza a los que pertenecen al reino. La introducción a este bloque es una forma literaria común del AT llamada bienaventuranzas. "Bienaventurados los... porque ellos..." (p. ej., Sal. 1:1). Aquí las bendiciones son las promesas del reino para aquellos que viven la vida que este exige. Los oyentes de Jesús las habrían entendido especialmente como promesas para el tiempo futuro del reinado de Dios; nosotros debemos leerlas también a la luz del aspecto presente del *"reino". El reino futuro a veces se definía a través de imágenes de relatos de la creación o del éxodo israelita de Egipto, que los judíos consideraban como su redención original.

5:1, 2. Aunque la lectura de las Escrituras en público se hacía de pie, los maestros judíos se sentaban para exponerlas, a menudo rodeados de *discípulos que se sentaban a sus pies. Muchos eruditos han comparado este "monte" (cf. Luc. 6:17) con el monte Sinaí, donde Dios por primera vez enseñó por medio de Moisés su ética a través de la *ley (Éxo. 19—20; cf. Isa. 2:2, 3).

5:3. Los escritores y oradores antiguos algunas veces encerraban, como entre paréntesis, una sección de su material al comenzar y terminar con la misma frase. En consecuencia, estas bendiciones tratan con el regalo del reino (5:3, 10).

Muchos judíos creían que el reino sería instaurado solamente por medio de una gran guerra y la fuerza de las armas; Jesús lo promete a los "pobres en espíritu", los "mansos" o humildes (5:5), los "que hacen la paz" (5:9). En el judaísmo, la pobreza y la piedad a menudo estaban asociadas; el término *pobres* podría abarcar tanto la pobreza física (Luc. 6:20) como la fiel dependencia de Dios que ésta a menudo producía ("en espíritu", como en este caso).

5:4. El luto generalmente estaba asociado ya fuera con el *arrepentimiento o con la pérdida de un ser querido; la combinación con "consolados" significa que es el segundo aspecto el que se tiene en cuenta aquí. Puede significar aflicción por los pecados de Israel, pero en este contexto probablemente se refiera al dolor de los oprimidos. La "consolación" era una de las bendiciones prometidas para el tiempo futuro en que Dios restauraría a su pueblo enlutado (Isa. 40:1; 49:13; 51:3, 12; 52:9; 54:11; 57:18; 61:2; 66:13).

5:5. Aquí Jesús cita las Escrituras (Sal. 37:9, 11). Los que "recibirán la tierra por heredad" no serán aquellos que tratan de instaurar el reino política o militarmente, sino aquellos que humildemente esperan en Dios. La forma hebrea del Salmo podría significar "heredar el territorio" en un sentido más limitado (Sal. 25:13), pero en el tiempo de Jesús los judíos esperaban que el pueblo de Dios reinara sobre toda la tierra, como sugieren algunos otros pasajes del AT.

5:6. Los judíos entendían que Dios satisfaría también las necesidades de su pueblo en el futuro reino (Isa. 25:6; 41:17, 18; 55:2), de la misma manera en que había provisto para ellos en el éxodo cuando primeramente los redimió (Deut. 6:11; 8:7-10). Pero el objeto de anhelo más importante debía ser Dios (Sal. 42:1; 63:1) y la instrucción en su justicia (Sal. 119:40, 47, 70, 92, 97, 103; Jer. 15:16).

5:7. Algunos *rabinos posteriores expresaron afirmaciones similares (cf. también Prov. 11:17). Al igual que los pacificadores (v. 9), los misericordiosos no son aquellos que buscan instaurar el reino por la fuerza. La misericordia que los judíos generalmente esperaban recibir era esperada en el día del juicio (cf. Miq. 7:18, 19).

5:8. Los "de limpio corazón" (Sal. 73:1) eran aquellos israelitas cuyos corazones eran puros o que no estaban corruptos, aquellos que reconocían que solamente Dios era su ayuda y recompensa (Sal. 73:2-28). Los justos verían a Dios en el día del juicio (p. ej., Isa. 30:20), como en el primer éxodo (Éxo. 24:10, 11).

5:9. En la tradición judía, tanto los judíos como los justos eran llamados "hijos de Dios"; la última y gran declaración de esa realidad se haría a la vista de las naciones en el día del juicio. Los *rabinos *fariseos que quedaron en el judaísmo de Palestina luego de la guerra de 66-70 d. de J.C., fueron los que enfatizaron el camino de la paz en lugar del camino de la rebelión propiciado por otros. Pero la mayoría de los demás líderes judíos, incluyendo todos los grupos en Jerusalén menos los cristianos y algunos de los fariseos, se habían unido en el espíritu de la rebelión, y tras el fracaso de la rebelión fueron muertos o llegaron a ser considerados líderes ilegítimos.

5:10-12. Muchos de los profetas del AT sufrieron al llevar la Palabra de Dios a Israel (p. ej. Jer. 26:11); la tradición judía aumentó el número de mártires proféticos y le asignó un gran énfasis. La carga de la presentación de pruebas recaía siempre sobre el profeta que hablaba lo que la gente quería oír (Jer. 28:8, 9; cf. 6:14; 8:10, 11; 23:17).

La mayoría de los judíos no creía que aún existían los profetas en el sentido del AT, de modo que la comparación que hizo Jesús de sus seguidores con los profetas indicaba que tendrían una misión extraordinaria. Sufrir por Dios era meritorio (Sal. 44:22; 69:7), y el judaísmo honraba grandemente a los que habían sido mártires por obedecer la *ley; sin embargo, ningún otro *rabino llamó a sus *discípulos a morir en nombre de él o por sus enseñanzas.

5:13-16
El verdadero discipulado

Un *discípulo del *reino que no vive como un discípulo del reino (5:3-12) tiene tanto valor como la sal que perdió su sabor o la luz que no se ve.

5:13. Diversos eruditos han hecho hincapié en los diferentes usos que tenía la sal en la antigüedad, como el de ser un conservante o un elemento que normalmente se agregaba al estiércol de los animales. Pero el uso de la sal aquí es como un agente que da sabor: "si la sal pierde su sabor" (la palabra griega puede también significar "volverse necio", de modo que podría incluir un juego de palabras).

Aunque la sal recuperada de sustancias saladas impuras tomadas del mar Muerto podía disolverse, y dejar afuera solamente las impurezas, la enseñanza aquí es más cercana a la que expresó un *rabino a fines del siglo primero. Cuando le preguntaron cómo se le podía devolver el sabor a la sal cuando lo había perdido, respondió que debía salarse con la placenta de una mula. Al ser estériles, las mulas no tienen placenta, y de esta manera quería decir que aquellos que hacen una pregunta necia reciben una respuesta necia. La sal no pierde su salinidad; pero si así fuera, ¿qué podría hacerse para restituirle su sabor salado?, ¿salarla? La sal insípida era inservible.

5:14. La tradición judía consideraba a Israel (Isa. 42:6; 49:6) y a Jerusalén (como así también a Dios y a la *ley) la luz del mundo. Aquí, la "ciudad" puede en consecuencia ser Jerusalén; o puede ser cualquier ciudad elevada, cuyas antorchas durante la noche la hacen visible desde los campos a su alrededor.

5:15, 16. Las pequeñas lámparas de aceite con mecha usadas en este período daban poca luz en las casas típicas, las cuales tenían pocas ventanas; su mayor eficacia se lograba al colocarlas sobre un soporte. Si se colocaba algo grande sobre ellas, seguramente la luz se extinguiría totalmente.

5:17-20
La aplicación de la ley

Las demandas éticas de Jesús (5:3-16) no son menores que las de la ley dada por Moisés; cf. 5:21-26.

5:17. Los maestros judíos decían que una persona "abolía" la ley cuando la desobedecía (cf. Deut. 27:26), porque de esa manera se rechazaba su autoridad. Una rebelión así contra la ley, en contraste con pecados específicos, garantizaba la expulsión social y espiritual de la comunidad judía. La acusación de persuadir abiertamente a otros de que la ley ya no era vigente, sería aún peor. Jesús se opuso no a la ley sino a una interpretación ilegítima de ella, que ponía más énfasis en las reglamentaciones que en el carácter.

5:18. Jesús se refiere aquí a la *yodh*, la letra más pequeña del abecedario hebreo. Más adelante, los rabinos contaron la historia de que cuando Dios cambió el nombre de Sarai por Sara, la *yodh* que fue quitada se quejó ante Dios durante muchas generaciones hasta que él la reinsertó esta vez en el nombre de Josué. Los maestros judíos utilizaban ilustraciones como ésta para enseñar que la ley era sagrada y que no se podía considerar a parte alguna de ella tan pequeña como para que no fuera importante guardarla.

5:19. Los *rabinos posteriores decidieron que el mayor de los mandamientos era honrar a su propio padre y madre, y que el menor era respetar a un ave con cría; su razonamiento era que ambos ameritaban la misma recompensa, la *vida eterna (sobre la base de la vida en Éxo. 20:12; Deut. 22:7). Un lector moderno podría preguntar: ¿Qué sucede con la persona que quebranta uno y guarda el otro? Pero tal pregunta no tiene en cuenta la enseñanza de este lenguaje de *hipérboles que típicamente otros maestros judíos usaban para decir: "Dios hará responsable a cualquiera que tiene en poco aun el mandamiento más pequeño".

5:20. Los *fariseos eran los religiosos más respetados de este tiempo, y los *escribas eran los supremos expertos en la ley (y sin duda lo eran de manera especial los escribas fariseos). Los versículos 21-48 muestran lo que implica la demanda de Jesús de una justicia "más elevada". Los fariseos enfatizaron también la intención correcta del corazón (*kavanah*); Jesús critica no solamente su doctrina sino sus corazones como personas religiosas. Las comunidades religiosas guiadas por maestros fariseos quizá hayan sido también opositoras de los cristianos judíos en Siria-Palestina en el tiempo de Mateo, dándole a Mateo un incentivo adicional para registrar estas palabras.

5:21-26
El enojo como homicidio

Seis veces en los versículos 21 al 43 Jesús cita las Escrituras y luego, como un buen *rabino, las explica (5:21, 27, 31, 33, 38, 43). La clase de palabras que usa ("Habéis oído que fue dicho... pero yo os digo"), las usaban otros maestros judíos para establecer el significado más completo de un versículo, aunque Jesús habla con mayor autoridad que la que los maestros judíos normalmente afirmaban tener.

5:21, 22. "Necio" ("Raca", RV y BA) es una palabra aramea que significa "cabeza hueca", el insulto es más o menos igual a: "fatuo". Los castigos son aproximadamente los mismos: el (día del) juicio (de Dios), el *sanedrín o suprema corte celestiales, y el infierno. (La literatura judía describía el tribunal celestial de Dios como una corte suprema o sanedrín, paralela a la terrenal.) El "infierno de fuego" es literalmente el *"gehena de fuego", que se refiere al concepto clásico judío de *gehinnom*, lo opuesto al paraíso; en el *gehinnom* los malvados serían consumidos por el fuego (según algunos maestros judíos) o torturados eternamente (según otros maestros judíos). No solamente el acto externo del asesinato sino la elección interna de la ira que genera tales actos violan el espíritu de la ley de Dios contra el homicidio.

5:23, 24. El judaísmo enfatizaba la reconciliación entre las personas; Dios no aceptaría una ofrenda externa si alguien había oprimido o maltratado a su prójimo y no había solucionado el asunto. En el AT Dios aceptaba solamente sacrificios ofrecidos con un corazón puro hacia él y hacia el prójimo (Gén. 4:4-7; Prov. 15:8; Isa. 1:10-15; Jer. 6:20; Amós 5:21-24).

5:25, 26. Jesús regresa una vez más a la imagen de la corte celestial. Quizá use aquí la costumbre de ir a la cárcel por deudas como otra imagen en la *parábola; esta no era una costumbre judía, pero los oyentes judíos sabrían de ella como práctica entre los *gentiles. No habría misericordia: la suma de dinero a devolver incluía hasta el último (literalmente) *cuadrante*, la moneda romana de menos valor, equivalente al salario de unos pocos minutos. (Detalles como el del "guardia" hacen que la parábola funcione como un relato, pero no simbolizan nada en particular. Los antiguos relatores no asignaban significado a cada detalle de sus parábolas; en el glosario, ver *"parábola".)

5:27-30
La concupiscencia como adulterio

5:27, 28. Otros maestros judíos también repudiaban la concupiscencia; algunos hasta llegaban al punto de considerarla adulterio, como hizo Jesús. El tema es, en consecuencia, no la doctrina de los oidores de Jesús sino su corazón. La palabra griega usada aquí es la misma del primer renglón del décimo mandamiento en la *LXX: "No codiciarás la mujer de tu prójimo" (Éxo. 20:17). El décimo mandamiento, contra la codicia, obliga a los oyentes de Jesús a interiorizar los otros mandamientos de Moisés.

5:29, 30. El castigo corporal (cercenamiento de miembros externos, p. ej., Éxo. 21:24, 25) es más fácil de soportar que la pena capital, el decreto de muerte eterna pronunciado por la corte celestial. Algunos pensadores judíos creían que las personas *resucitarían de la manera exacta en que habían muerto (p. ej. con alguna extremidad faltante, como en el caso de muchos mártires) antes de ser físicamente restaurados, y Jesús utiliza esta imagen.

5:31, 32
El segundo casamiento como adulterio

Bajo la ley judía, el "adulterio" hacía referencia únicamente a la conducta de la esposa, no del esposo. Mateo no está de acuerdo con este concepto (5:28); pero debido a que sus lectores deben obedecer la ley de sus comunidades, trata solamente con el tema de la esposa.

Algunos *rabinos *fariseos permitían el divorcio por casi cualquier razón (al igual que la ley romana); otros lo permitían únicamente si la mujer era infiel (ver el comentario sobre 19:1-10; tanto la ley judía como romana *requerían* el divorcio cuando se trataba de adulterio). Sin embargo, los rabinos más estrictos no restaban validez a los divorcios más permisivos. En consecuencia, Jesús va más allá de la posición más estricta: no solamente permite el divorcio únicamente si la esposa es infiel, sino que considera al divorcio por cualquier otra razón como no válido, haciendo así que el volver a casarse en esos casos sea adulterio. No obstante, esto pareciera ser una *hipérbole (como en 5:29, 30), una manera gráfica de prohibir el divorcio excepto cuando la otra parte ya haya quebrantado de manera irreparable el pacto del matrimonio.

Si la interpretación que Jesús hizo de la ley fue más estricta de lo que la ley decía a primera vista, nadie ha de haber pensado que él estaba contradiciendo la ley; la "construcción de un cerco" alrededor de la ley era una práctica judía común que implicaba asegurarse que no se quebrantara la intención de la ley.

5:33-37
Integridad, no juramentos

Las personas juraban por toda clase de cosas aparte de Dios, a fin de garantizar que su palabra era veraz. Razonaban que si quebrantaban su juramento sobre la base de cualquiera de estas cosas menores, al menos no estaban denigrando el nombre de Dios. Con el tiempo, los *rabinos tuvieron que decidir cuáles juramentos eran absolutamente inquebrantables. Jesús dice que todo aquello por lo cual uno pueda jurar pertenece en última instancia a Dios, y exige que las personas simplemente sean tan buenas como la palabra que empeñan. Jesús argumenta el asunto en parte basándose en las Escrituras; Isaías 66:1 declaraba que el cielo es el trono de Dios y la tierra el estrado de sus pies.

La mayoría de los habitantes de la Palestina judía tenían cabello negro u oscuro a menos que fuesen ancianos, en cuyo caso su cabello estaría emblanqueciendo; el versículo 36 se habría entendido como una referencia al control de Dios sobre el envejecimiento. La regla de Jesús aquí es más estricta que la letra de la ley, pero está en concordancia con el espíritu de la misma (Deut. 23:21-23; Ecl. 5:5). Es posible que los *esenios también hayan evitado los juramentos después del juramento inicial para unirse a su grupo.

5:38-42
La no resistencia

Las expresiones son en parte una *hipérbole, pues los *discípulos no participarían en conductas que pudieran de manera inmediata hacerles perder sus casas (cf. 2 Cor. 11:20). Pero la hipérbole tenía el propósito de provocar a los oyentes a considerar la naturaleza radical de lo que se les estaba diciendo: Jesús está llamándolos literalmente a valorar de manera suprema las relaciones y a desestimar las posesiones. (La enseñanza es el desprendimiento absoluto motivado por el amor; cf. 5:43, 44.)

5:38. Lo de "ojo por ojo" y "diente por diente" era parte de la difundida ley del talión en el antiguo Cercano Oriente. En Israel y otras culturas este principio estaba implementado por una corte, y se refiere a la venganza legalizada; la venganza personal nunca fue aceptada en la *ley de Moisés, excepto como una concesión frente a la muerte de un familiar (Núm. 35:18-21). El AT no permitía la venganza personal; David, un gran guerrero, reconoció este principio (1 Sam. 25:33; 26:10, 11).

5:39. El golpe sobre la mejilla derecha era el insulto más agraviante que existía en el mundo antiguo (aparte del serio daño físico que podía causar), y en muchas culturas figuraba junto a las leyes del "ojo por ojo"; tanto las leyes judías como romanas permitían promover una causa judicial por esta ofensa. Un profeta podía llegar a soportar un trato tan duro (1 Rey. 22:24; Isa. 50:6).

5:40. Las personas más pobres del imperio (p. ej., la mayoría de los labriegos en Egipto) tenían solamente una prenda interior y una exterior, y el robo de una túnica conduciría a un reclamo legal. Aunque las condiciones en la Palestina del primer siglo no eran tan malas, este versículo podría indicar que era preferible despojarse de todas las posesiones, aun (*hiperbólicamente) de la propia ropa, a fin de evitar una disputa legal que afectara únicamente a la persona como tal. Jesús da este consejo a pesar de la realidad que, bajo la ley judía, un reclamo legal para recuperar su túnica sería un caso ganado para cualquiera. Un acreedor no podía tomar la túnica de una persona pobre, la cual podría servirle a esa persona como su única manta en la noche al mismo tiempo que su vestimenta (Éxo. 22:26, 27).

5:41. Los soldados romanos tenían el derecho legal de expropiar el dinero producto del trabajo personal, o del trabajo animal como también los bienes de los residentes locales (cf. Mar. 15:21). Aunque la expropiación quizá no sucedía a menudo en Galilea sino en otras partes, y el pensamiento de que podía suceder sería suficiente para hacer prestar atención a los oyentes de Jesús frente a este ejemplo de no resistencia y hasta de servicio dispuesto para con el opresor.

La jerarquía judía favorecía el *statu quo* con Roma; algunos revolucionarios querían rebelarse. La mayoría de los judíos de Palestina en este tiempo querían la libertad, pero no eran revolucionarios. No obstante, para el año 66 d. de J.C. la Palestina judía se vio envuelta en una guerra, y para el año 70 la sabiduría del consejo de Jesús se hizo evidente: Roma ganó la guerra, y los judíos, conducidos a la derrota por los revolucionarios, fueron aplastados.

5:42. Los mendigos estaban por todas partes. La Biblia pone énfasis en dar a los que estaban necesitados (Deut. 15:11; Sal. 112:5, 9; Prov. 21:13). Dios se ocuparía de las necesidades de aquellos que ayudaran a los pobres (Deut. 15:10; Prov. 19:17; 22:9; 28:8). Las leyes bíblicas contra la usura y especialmente en relación con el préstamo a los pobres antes del año del jubileo (Deut. 15:9; cada séptimo año las deudas debían perdonarse; cf. Lev. 25) respaldan el principio que plantea Jesús aquí, pero él va aún más lejos al poner énfasis en la actitud de dar de manera desinteresada (especialmente Luc. 6:35).

5:43-48
Más allá de la no resistencia

5:43, 44. El AT no enseñaba explícitamente el odio por los enemigos (Éxo. 23:4, 5; Prov. 25:21, 22), aunque odiar a los enemigos de Dios era una emoción piadosa (Sal. 139:19-22); algunos grupos judíos, como los *esenios, enfatizaron el odio hacia aquellos que estaban fuera del pacto. La ética griega algunas veces daba énfasis al aprendizaje a partir de las críticas de los enemigos, pero también podía enfatizar el asegurarse que uno hiriera más a sus enemigos que lo que resultara herido por ellos (así hizo Isócrates, un orador y *retórico ateniense del cuarto siglo a. de J.C.).

La oración por quienes lo perseguían a uno (¡excepto que Dios los hiciera caer muertos!) por lo general no había caracterizado ni siquiera a los más piadosos en el AT (cf. 2 Crón. 24:22; Jer. 11:20; 15:15; 17:18; 18:23; 20:12; a menudo en Salmos, p. ej., 137:7-9). Los filósofos griegos generalmente respondían a sus críticos de manera dura y arrogante.

5:45. Los maestros judíos enfatizaban este aspecto universal de la misericordia de Dios (también destacaban que las oraciones de los justos podrían traer lluvia en tiempos de sequía; la declaración de Jesús no niega esa idea). Algunos textos judíos decían que al ser como Dios, uno sería contado entre sus hijos (es decir, imitadores; p. ej., Eclesiástico 4:10).

5:46, 47. Algunos maestros judíos daban énfasis a la bondad para con los paganos (*gentiles) para atraerlos a la verdad, pero la mayoría de las personas saludaban y (aparte de alguna caridad) se ocupaban solamente de aquellos que conocían. Los *cobradores de impuestos estaban considerados entre los judíos más apóstatas; a los gentiles se los consideraba (generalmente con razón) paganos, inmorales, idólatras, y a menudo antijudíos. Los judíos estaban de acuerdo en que uno no debía ser como los paganos (así también el AT: Lev. 18:3; Deut. 18:9; Jer. 10:2).

5:48. Este versículo resume el pasaje de 5:21-47. La palabra *aramea para "perfecto" puede significar "completo" o "entero", incluyendo la variante de "misericordioso" (Luc. 6:36); en este contexto, significa cumplir los requisitos de Mateo 5:21-47. La Biblia ya ordenaba ser santo como Dios es santo (Lev. 11:44, 45; 19:2; 20:26), y el judaísmo (al igual que algunos filósofos griegos) algunas veces sostenía su ética sobre la base de imitar el carácter de Dios.

6:1-4
Dar en secreto

6:1. Este versículo es la tesis que introduce los tres ejemplos de piedad privada en 6:2-16. El judaísmo enfatizaba que uno no debía hacer obras por amor a la recompensa, aunque, sin embargo, prometía recompensa, como señala Jesús aquí; esta recompensa se da en el día del juicio, como en el judaísmo. La oración, el ayuno y las dádivas a los pobres eran los componentes básicos de la piedad judía (Tobías 12:8), y muchos *rabinos hacían una lista de cualidades (p. ej., virtudes sobre las cuales estaba fundado el mundo) en grupos de tres.

6:2-4. Ni los griegos ni los romanos apoyaban la caridad personal; las contribuciones generosas a los proyectos públicos o a *protegidos más pobres estaban destinadas a asegurar la popularidad del donante. En contraste, la caridad era central a la piedad judía; algunos escritores hasta decían que salvaba a una persona, aunque leyes judías posteriores técnicamente no permitían que uno donara más del 20% por sobre sus diezmos.

Algunos comentaristas han interpretado de manera literal el sonido de la trompeta, pero se trata de una *hipérbole (las personas no hacen sonar trompetas cuando dan limosnas) y quizá refleje un juego de palabras (las alcancías para ofrendas de caridad a menudo tenían forma de trompeta). No permitir que la mano izquierda conozca la ofrenda de la mano derecha es claramente una *hipérbole. El lenguaje de "tener su recompensa" es el lenguaje del pago adeudado en los antiguos recibos comerciales.

6:5-15
Oración en secreto

La estructura paralela de la sección mayor (6:1-18) y de este pasaje sobre la oración está acentuada por la presencia de un modelo de oración (6:9-13; cómo no se debe orar, 6:5, 7, 8; y cómo se debe orar, 6:6, 13). El judaísmo era mucho más serio con respecto a la oración regular de lo que eran las religiones griega y romana.

6:5, 6. El problema no es la oración pública sino el dirigir los motivos hacia otras personas en lugar de hacerlo hacia Dios. Era probablemente común que las personas piadosas recitaran individualmente sus oraciones en la *sinagoga; no está claro que todos oraran simultáneamente en todas las sinagogas en época tan temprana como la de Jesús. La "habitación" ("aposento", RVR-1960; "cámara", RV) podría haber sido un lugar usado como bodega o despensa; la mayoría de las personas no tenían habitaciones privadas en sus casas, y esa sería la única habitación que tendría puerta. Estar de pie era una posición común para la oración.

6:7. En este período, los estudiosos judíos estaban debatiendo el uso de oraciones fijas; generalmente consideraban que eran aceptables si la intención de la persona era genuina. Las oraciones griegas sumaban la mayor cantidad de títulos posibles que tenía la deidad a la cual se oraba, esperando con esto asegurar su atención. Típicamente, las oraciones paganas recordaban a la deidad los favores que uno había hecho o los sacrificios ofrecidos, intentando obtener una respuesta del dios sobre una base contractual.

6:8. El judaísmo reconocía que Dios sabía todas las cosas; en consecuencia, el tema aquí no es la doctrina de los oyentes de Jesús sino sus corazones. Los judíos veían a Dios de manera diferente de la que los griegos veían a sus dioses (aunque aun la fe monoteísta no fue siempre lo que debía haber sido). En el judaísmo, Dios era un Padre que se deleitaba en satisfacer las necesidades de su pueblo; el judaísmo también reconocía que Dios conocía todos los pensamientos de una persona. Jesús basa la oración eficaz en una relación de intimidad, no en un modelo de asociación comercial, el cual estaba más cercano al que seguía el paganismo antiguo.

6:9, 10. Los judíos generalmente se dirigían a Dios como "Nuestro Padre celestial" cuando oraban, aunque títulos tan íntimos como "Abba" (Papá) eran poco frecuentes (ver el comentario sobre Mar. 14:36). Una clásica oración judía de ese tiempo (el Kadish) proclamaba: "Exaltado y santificado sea su... nombre... y venga su reino rápidamente y pronto".

Las oraciones judías reconocían que el nombre de Dios sería "santificado", "tenido por santo", en el tiempo del fin, cuando su *reino viniera, como también la Biblia decía (Isa. 5:16; 29:23; Eze. 36:23; 38:23; 39:7, 27; cf. Zac. 14:9). En el presente, el pueblo de Dios podía santificar su nombre viviendo de manera correcta; si vivían equivocadamente, "profanarían" su nombre, o lo denigrarían entre las naciones (cf. también Éxo. 20:7; Jer. 34:16; 44:25, 26; Eze. 13:19; 20:14; Amós 2:7).

Estaba entendido que después de que su *reino viniera, la voluntad de Dios sería hecha en la tierra como en el cielo.

6:11. Este versículo hace alusión a la provisión de Dios del "pan de cada día" (maná) para su pueblo en el desierto cuando primero los redimió. Las oraciones para que Dios supliera las necesidades básicas de cada uno, de las cuales el pan y el agua son los ejemplos fundamentales, eran comunes en el mundo antiguo (cf. Prov. 30:8).

6:12. La enseñanza judía consideraba los pecados como "deudas" delante de Dios; la misma palabra *aramea podía usarse para señalar a ambos. La ley bíblica exigía el perdón periódico a los deudores de dinero (cada siete y cada cincuenta años), de modo que la ilustración de perdonar deudas podría haber sido una ilustración gráfica (especialmente si se tiene en cuenta que los abogados judíos habían encontrado una manera de eludir la liberación de deudas de modo que los prestamistas siguieran prestando).

6:13. Los paralelos con las oraciones judías antiguas, y posiblemente los términos *arameos detrás del versículo, sugieren que la primera línea signifique: "No nos dejes pecar cuando somos probados", en lugar de "no nos metas en tentación" (o como dice NVI "no nos dejes caer en tentación"), cf. 4:1; 26:41 en contexto; cf. Sal. 141:3, 4. Algunos estudiosos han sugerido aquí una alusión al tiempo final del sufrimiento, el cual se esperaba habría de preceder al *reino que venía. Debido a que las oraciones judías se utilizaban comúnmente en contextos litúrgicos que finalizaban con una declaración de alabanza, no debe sorprendernos el agregado de la bendición ("Porque tuyo es el reino...") a textos posteriores del original de Mateo.

6:14, 15. El principio del perdón que Jesús declara aquí parece ser que solamente las personas que han experimentado la gracia saben cómo aceptar la gracia. Ver el comentario sobre 18:21-35.

6:16-18
Ayuno en secreto

Al menos durante las estaciones secas, muchas de las personas más piadosas ayunaban (sin agua, aunque esto era insalubre) dos días determinados por semana. Este ayuno se consideraba meritorio, aunque el ayuno asceta (p. ej., ayunar solamente para "afligir la carne") estaba prohibido. El ayuno judío exigía la abstinencia no solamente de comida sino de todo otro placer, lo cual incluiría la práctica habitual de ungirse la cabeza con aceite para evitar el resecado de la piel; al evitarse todas estas prácticas, el ayuno se hacía evidente. (Los griegos aceitaban su cuerpo antes de hacer ejercicios y luego usaban un utensilio metálico para raspar la transpiración sucia que se acumulaba sobre el aceite. Pero los judíos no practicaban esta costumbre y no se hace referencia a ella aquí en Mat. 6.) Dios nunca había aceptado solamente un ayuno manifestado externamente (Isa. 58:3-12; Jer. 36:9).

6:19-24
La importancia de no buscar las posesiones

Uno no debe valorar las posesiones tanto como para buscarlas (6:19-24), o tanto como para preocuparse por ellas, porque Dios proveerá para las necesidades básicas (6:25-34).

6:19. Maestros antiguos como *Hillel, un famoso maestro judío, generalmente reconocían la corruptibilidad de los tesoros terrenales. Debido a que los ladrones podían abrir boquetes en las paredes de una casa y robar la caja fuerte, las personas adineradas por lo general intentaban uno de otros varios métodos para resguardar sus bienes: invertir el dinero con los cambistas, depositarlo en un templo para su salvaguardia (aun la mayoría de los ladrones se resistía a la idea de "robarles a los dioses"), o esconderlo bajo la tierra o en cavernas, donde, sin embargo, la polilla (en el caso de prendas valiosas) o el óxido (en el caso de las monedas) podían con el tiempo destruir su valor.

6:20, 21. Los textos judíos hablaban de "acumular tesoros" con Dios (p. ej., Tobías 4:7-10). Algunas veces esto significaba que la persona generosa podía confiar en que Dios le ayudaría en tiempo de necesidad; algunas veces (como en este caso) se refería a tesoro en el mundo venidero.

6:22, 23. Jesús establece un contraste entre un ojo "sano" o "incorrupto" (en general, las diferentes versiones traducen "bueno") y un ojo "malo", usando la forma singular, que quizá incluya uno o varios juegos de palabras. Al decir un ojo "sano" o "incorrupto", que normalmente significaba uno generoso, está preparando para lo que se dirá en el v. 24. En esa cultura, un ojo "malo" podía significar o bien uno enfermo o uno avaro. (La NVI contrasta una "visión clara" con una "visión nublada".) Muchos creían que el ojo emitía luz y así lo capacitaba a uno para poder ver, en lugar de que el ojo recibiera luz. Aunque aquí Jesús compara el ojo con una lámpara, habla de ojos "enfermos" que no *reciben* luz. Ojos así se convierten en un símbolo de lo inservible que resulta una persona avara.

6:24. Dos señores raramente compartían esclavos, pero cuando esto sucedía siempre resultaba en lealtades divididas. Para "riquezas", la RV conservó el término *arameo "Mamón" (posesiones, dinero), con el cual Jesús aparentemente las personifica como un ídolo, utilizando así otra antigua figura *retórica: la personificación.

6:25-34
La importancia de no preocuparse por las posesiones

6:25. La mayoría de las personas en la antigüedad tenían muy poco, más allá de las necesidades básicas: comida, vestido y techo. Debido a que para ellos la adquisición de estas necesidades a menudo dependía, especialmente en zonas rurales, de las lluvias estacionales o (en Egipto) del desborde del Nilo, tenían razones suficientes para preocuparse aun acerca de la comida y del vestido.

6:26, 27. Algunos filósofos antiguos enseñaban u obtenían moralejas de la naturaleza así como de la filosofía. Muchos maestros judíos decían que la preocupación de Dios en las leyes de la Biblia era solamente para los seres humanos (aunque estaba claro que Dios cuidaba de toda la creación; cf. Sal. 104:27). Pero el de Jesús era un argumento clásico judío de "cuánto más" *(qal vahomer)*: Si Dios cuida de las aves (y los *rabinos estaban de acuerdo en que él sostenía toda la creación), ¿cuánto más se preocupa por los seres humanos?

6:28-30. Algunos comentaristas han sugerido que las flores aquí podrían ser anémonas, que eran de color púrpura, el color que muchos lectores antiguos habrían imaginado para los mantos reales de Salomón (6:29). Sin embargo, estas flores eran combustible para el horno. Lo perecedero del pasto y las flores al secarse con el calor del verano cada año era una imagen natural de la mortalidad humana (cf. Sal. 103:15, 16; Isa. 40:6-8).

6:31-33. El mundo pagano ciertamente perseguía tales necesidades, pero Jesús les recuerda a sus oyentes que pueden confiar en su Padre (v. 32; ver el comentario sobre 6:7, 8) y deben buscar el *reino (v. 33).

6:34. Otros maestros judíos después de Jesús dieron el mismo consejo; si es que Jesús usa una expresión común o si su enseñanza en este caso se convirtió en una expresión común, es difícil de determinar.

7:1-5
Juicio recíproco

7:1, 2. La idea de un patrón para medir (la imagen proviene del antiguo mercado) se usaba en otros lugares para el día del juicio o la retribución divina; el concepto de "así como el hombre mide será medido" ocurre numerosas veces en fuentes judías posteriores, y quizá haya sido una máxima. Para el principio, ver 5:7, 6:14, 15 y Proverbios 19:17. Comparar también los principios del AT en cuanto a que los falsos testigos debían recibir la pena que buscaban para el acusado (Deut. 19:18-21), y que Dios se oponía a los juicios injustos (Éxo. 23:6-8; Deut. 16:18-20).

7:2-5. Aunque la antigua cirugía ocular a menudo implicaba el uso del bisturí, aquí Jesús claramente utiliza una *hipérbole. La imagen es vívida, impactante, hasta ridícula y probablemente risueña para los oyentes de Jesús, pero transmite el concepto. Los profetas apelaron a imágenes gráficas, empleando a menudo juegos de palabras para comunicar su mensaje (p. ej., la versión hebrea de Miq. 1; Jer. 1:11, 12). El AT (p. ej., Prov. 15:32) y la tradición judía subsiguiente enfatizaban que las personas debían ser siempre lo suficientemente humildes como para aceptar la corrección.

7:6-12
Imitar cualidades divinas

7:6. Los cerdos y los perros se consideraban animales inmundos (Prov. 26.11; 2 Ped. 2:22), que no tenían aprecio por las cosas valiosas (Prov. 11:22). Los cerdos comían las comidas más viles, y los perros eran carroñeros, y llegaban a comer aun sangre humana. Los perros vagabundos gruñían a quienes les arrojaban comida tanto como a quienes los ignoraban. La imagen sería, en consecuencia, poderosa y estaría más allá de toda disputa para los oyentes de la antigüedad.

El asunto es qué significa el versículo en el contexto. Quizá signifique no corregir (cf. Mat. 7:1-5) a aquellos que no quieren escuchar (cf. Prov. 23:9). Quizá signifique dar solamente a quienes quieren lo que uno ofrece, como hace Dios (Mat. 7:7-11); en este caso, el versículo vuelve a la idea de dar y de reciprocidad en el versículo 12.

7:7, 8. La fuerza con la que este versículo promete respuestas a la oración es muy poco frecuente en la literatura antigua.
7:9-11. Jesús adapta aquí un argumento judío común llamado *gal vahomer*: discutir desde lo menor a lo mayor (si lo menor es cierto, cuanto más lo mayor). El pescado y el pan eran elementos básicos, integrales, para la dieta de la mayoría de los oyentes de Jesús; no representan los lujos de los ricos.
7:12. Que uno no debía hacer a los demás lo que no quisiera que le hicieran a uno era una enseñanza corriente; aparecía en el libro judío de Tobías, en la enseñanza del maestro judío *Hillel y también en fuentes griegas.

7:13-27
Los dos caminos

7:13, 14. Los oyentes de Jesús estarían familiarizados con la imagen de "dos caminos", uno que conducía a la vida y el otro a la muerte. El énfasis de Jesús en cuanto a que pocos están en el camino correcto aparece en 4 Esdras, pero no es tan común como la imagen general de los dos caminos. La mayoría de los judíos creía que Israel en conjunto sería salvo, y que los pocos que se perderían serían excepciones a la regla general.
7:15. Aunque la mayoría de los judíos cultos no creía que los profetas habían continuado en el sentido del AT, creían que los falsos profetas (cf., p. ej., Jer. 2:8) seguían existiendo; *Josefo mencionó a muchos de ellos en el primer siglo. El contraste entre lobos salvajes y corderos u ovejas inofensivas era proverbial.
7:16. Al igual que el trigo y la avena, las uvas e higos estaban entre las frutas más valoradas y ampliamente consumidas de la tierra; los espinos y abrojos carecían de valor y eran una molestia para los segadores, tal como menciona a menudo el AT. Para un uso figurativo de los "frutos" en el AT, ver Isaías 5:6 y el comentario sobre Mateo 3:8.
7:17-20. La repetición de "por sus frutos los conoceréis" (7:16, 20) encierra como entre paréntesis esta ilustración; este tipo de "paréntesis" se utilizaba comúnmente como un recurso literario (llamado *inclusio*) para separar o destacar un párrafo. Los profetas revelaban su condición de falsos si apartaban a las personas del Dios verdadero (Deut. 13) o si sus palabras no se cumplían (Deut. 18:21, 22). Los *rabinos permitían que los profetas suspendieran momentáneamente una enseñanza de la ley de la misma manera en que los rabinos mismos lo harían, pero si negaban la ley en sí o si abogaban por la idolatría, eran falsos profetas. Jesús enseña que si no viven correctamente, son falsos (Mat. 7:21-23). Cf. Lucas 6:43-45.
7:21-23. Los milagros que Jesús menciona no son necesariamente falsos; es posible profetizar por la inspiración del *Espíritu Santo y al mismo tiempo ser desobediente a Dios y no ser salvo (1 Sam. 19:20-24). La orden de apartarse pertenece a un salmo acerca de la vindicación de los justos (Sal. 6:8; cf. 119:115; 139:19).
7:24-27. Los rabinos debatían si era más importante oír la ley o cumplirla; la mayoría concluía que oírla era más importante, porque uno no podía cumplirla sin oírla. Pero sí insistían en que ambos aspectos eran necesarios. Nuevamente la imagen es del día del juicio. La idea de ser finalmente juzgados por oír pero no obedecer era familiar (Eze. 33:32, 33). Pero ningún maestro judío aparte de Jesús invocó tanta autoridad para sus propias palabras; tal autoridad estaba reservada para la ley misma. Algunos de los oidores de Jesús más bíblicamente ilustrados podrían haber pensado en Proverbios 24:3 ("con sabiduría se edifica la casa") y el contraste entre la sabiduría (que edifica una casa en 9:1) y la insensatez en Proverbios 9:1-18.

7:28, 29
La respuesta de las masas

Los maestros de la ley nunca reclamaron

para sí tanta autoridad como reclamó Jesús (7:24-27); la autoridad de ellos provenía especialmente de construir sobre la tradición anterior.

8:1-4
El tocar lo inmundo: La lepra

Mateo agrupa nueve relatos que contienen diez milagros específicos (algunos comentaristas sugieren que Mateo quiere que sus lectores recuerden los diez milagros de Moisés) en los capítulos 8—9: tres milagros en 8:1-17, luego enseñanza sobre el verdadero discipulado (8:18-22); tres milagros más (8:23—9:8), luego enseñanza sobre el verdadero discipulado (9:9-17); y por último otros tres relatos de milagros, uno de los cuales incluye dos (9:18-33).

Los escritores antiguos usaron ejemplos para ilustrar enseñanzas: la autoridad de Jesús sobre la enfermedad, los demonios y la naturaleza, llama a las personas a reconocer la autoridad de él sobre sus vidas. En el pensamiento antiguo, los milagros podían llamar la atención a, o certificar, ya sea a los maestros o a sus conceptos (en contraste con los intentos racionalistas modernos de negarlos).

8:1. Para las autoridades, los maestros ambulantes con muchos seguidores eran considerados amenazas a la estabilidad social; los romanos estaban siempre preocupados por levantamientos en la Palestina judía. Los lectores familiarizados con esta situación en la Palestina judía anterior al año 70 podrían reconocer aquí una sugerencia de conflicto futuro.

8:2. La lepra era una enfermedad de la piel de aspecto desagradable para la cual la Biblia había prescrito la separación del resto de la sociedad (Lev. 13:45, 46). Los leprosos eran, en consecuencia, marginados sociales, y la mayoría de las personas sanas prefería ignorarlos. "Señor", usado para dirigirse a otra persona podría tener la aplicación que tiene en nuestra sociedad actual, y no necesariamente señalaría aquí un reconocimiento de la deidad de Jesús.

8:3. Estaba prohibido tocar a un leproso, y a muchas personas esto les resultaría repugnante de solo pensarlo. La ley prescribía la separación del leproso de la sociedad (Lev. 13:45, 46). Ver el comentario adicional sobre Marcos 1:40-45. No obstante, el milagro mismo habría sido visto como la obra de un profeta poderoso (cf. 2 Rey. 5:14).

8:4. Jesús sigue aquí las normas detalladas en la ley sobre la lepra en el AT (Lev. 14:1-32). Las instrucciones con respecto a no contar el asunto a otro recuerdan la actividad clandestina de algunos profetas del AT; con respecto al secreto mesiánico, ver la discusión en la introducción a Marcos.

8:5-13
La fe de un no judío

Al incluir este relato de su fuente, Mateo alienta a sus lectores cristianos de origen judío en la misión a los *gentiles. Aun una única excepción debía ser suficiente para confrontar los estereotipos racistas.

8:5. La legión de soldados romanos más cercana estaba estacionada en Siria; también había tropas en gran número estacionadas en Cesarea, sobre la costa del Mediterráneo, y en la fortaleza Antonia en Jerusalén; Capernaúm, como puesto aduanero, naturalmente habría necesitado contar con al menos algunos soldados. Los centuriones comandaban una "centuria", pero en la práctica ésta consistía de entre sesenta a ochenta soldados, no cien. Eran la columna vertebral del ejército romano a cargo de la disciplina.

8:6. Acerca de "Señor", ver el comentario sobre 8:2. Durante sus aproximadamente veinte años de servicio en el ejército romano los soldados no tenían permiso para casarse. Muchos tenían concubinas ilegales en el lugar de sus funciones, una situación que el ejército pasaba por alto y que a las concubinas resultaba redituable; pero en el caso de los centuriones, que podían ser trasladados con mayor frecuencia, era menos probable que tuvieran familias informales como sucedía con la mayoría de los soldados. Sin embargo, de acuerdo con las definiciones antiguas, una casa (familia) podía incluir sirvientes, y los sirvientes de la casa y sus señores en algunos casos tenían una relación muy cercana, especialmente si componían toda la unidad familiar. Los centuriones recibían mucho mejor paga que los soldados de menor jerarquía. Tener sirvientes era demasiado caro para los soldados rasos.

8:7. La respuesta de Jesús puede leerse como una pregunta, un desafío, y no como una afirmación: "¿Iré yo, y le sanaré?" (cf. 15:26). Si se lee como una afirmación, declara la disposición de Jesús de cruzar un límite cultural importante. Al parecer, los judíos piadosos normalmente no entraban en casas de *gentiles; ver el comentario sobre Hechos 10:27-29.

8:8. El centurión, quien sabe que los judíos raramente entraban en casas de gentiles, reconoce la misión especial de Jesús a Israel (cf. 15:27). Al mismo tiempo, expresa una gran fe, porque entre todas las historias (tanto verídicas como espúreas) de milagros de sanidad en la antigüedad, las sanidades a distancia eran poco frecuentes y se consideraban especialmente extraordinarias.

8:9. La respuesta del centurión demuestra que él (con el respaldo de la autoridad de Roma) entiende el principio de autoridad que ejerce Jesús. Los soldados romanos eran muy disciplinados y (excepto en casos de motín) obedecían cuidadosamente las órdenes recibidas; eran el ejemplo máximo de disciplina y obediencia dentro del imperio romano.

8:10. Los *gentiles eran generalmente paganos, y no tenían fe en el Dios de Israel.

8:11. Este versículo refleja la clásica imagen judía del futuro banquete en el *reino de Dios. Aunque la Biblia declaraba que era para todos los pueblos (Isa. 25:6; cf. 56:3-8), la literatura judía en este período ponía énfasis en que estaba preparado para Israel, quien sería exaltado sobre sus enemigos. En los banquetes, las personas se sentaban según su importancia. Se "sentaban" en las comidas regulares pero se "reclinaban" (como dice en realidad aquí) en las fiestas. Compartir la mesa significaba intimidad, de manera que compartir con los grandes patriarcas Abraham, Isaac y Jacob se consideraba que representaba una esperanza futura para los judíos, no para los gentiles, con quienes los judíos no comían.

8:12. Los "legítimos" herederos son echados fuera; otros textos judíos usaron las tinieblas de afuera para describir al infierno, a menudo el lugar en que estaban presos poderosos espíritus inmundos; el crujir de dientes puede hacer alusión al Salmo 112:10.

8:13. Circulaban algunos relatos judíos acerca de obradores de milagros, pero los informes acerca de sanidades a grandes distancias eran poco frecuentes y considerados extraordinarios. En consecuencia, esta sanidad habría sido vista como milagrosa.

8:14-17
El Mesías sanador

8:14. Los arqueólogos encontraron lo que se cree fue esta casa, en un lugar cercano a la *sinagoga. Se esperaba que los hijos adultos cuidaran de sus padres ancianos. (Para más detalles ver el comentario sobre Mar. 1:29-34.)

8:15. Algunos hombres religiosos se abstenían de tocar a las mujeres en general, a fin de evitar cualquier posibilidad de llegar a ser inmundos, a menos que tuvieran medios por los cuales poder asegurar cuál era la condición de ellas (en base a Lev. 15:19). Que la suegra de Pedro estuviera en condiciones de "servirles" a la mesa, una función común de la mujer en la antigüedad (cf. Luc. 10:40), indica la medida en la que quedó genuinamente sanada.

8:16. Los exorcistas a menudo usaban encantos mágicos y buscaban manipular a espíritus superiores para ayudarles a desalojar a otros inferiores; en contraste, Jesús simplemente los echó fuera "con una palabra".

8:17. En contexto Isaías 53:4 enfatiza particularmente la sanidad de los estragos del pecado (53:5, 6; cf. Ose. 14:4), como señalaron algunos otros escritores cristianos (1 Ped. 2:24, 25). Pero dado el énfasis de Isaías en la restauración física en la era mesiánica (35:5, 6), y la relación entre la sanidad física y la espiritual en la tradición judía (cf. también Isa. 33:24), tiene sentido que Mateo encuentre también el aspecto de la sanidad física aquí: Jesús inaugura la era mesiánica haciendo que algunos de sus beneficios estén disponibles aun anticipadamente a la cruz.

8:18-22
Las demandas de Jesús

8:18. Por lo general, los *discípulos actuaban como siervos de sus *rabinos, llevando a cabo órdenes prácticas relevantes al trabajo del maestro y su escuela, así como también aprendiendo sus enseñanzas.

8:19, 20. Un discípulo generalmente buscaba su propio maestro. Algunos filósofos griegos radicales que rechazaban las posesiones buscaban desanimar a los aspirantes a discípulos a través de grandes demandas, con el propósito de ponerlos a prueba y rodearse de los más dignos. Las comparaciones con animales constituían una técnica de enseñanza razonablemente común (p. ej., las ahora famosas fábulas atribuidas a Esopo). Al igual que los pescadores y los *cobradores de impuestos, los carpinteros tenían un ingreso mucho mejor que el de los labriegos; el llamado de Jesús, no la pobreza involuntaria, lo convocó a él y a sus seguidores a un estilo de vida sacrificial.

8:21, 22. Una de las responsabilidades básicas de un hijo mayor (tanto en la cultura griega como en la judía) era el entierro de su padre. Sin embargo, el primer entierro se llevaba a cabo casi inmediatamente después del fallecimiento de la persona, y los miembros de la familia no estarían en la calle conversando con un *rabino durante el período de reclusión y luto inmediatamente posterior al fallecimiento. Se ha demostrado en tiempos recientes que lo que aquí se menciona es el segundo entierro: cumplido el año del primer entierro, cuando la carne se había desintegrado y quedaban solo huesos, el hijo volvía para enterrar nuevamente los huesos dentro de una caja especial colocada en un hueco en la pared de la tumba. El hijo en esta narración podría de esta manera estar solicitando una demora de hasta quizá un año. No obstante, la demanda de Jesús en cuanto a que el hijo lo pusiera a él por sobre la mayor responsabilidad que tenía para con su padre, podría haber parecido una herejía: en la tradición judía, honrar al padre y a la madre era uno de los más grandes mandamientos, y seguir a Jesús a expensas de no sepultar al padre habría sido considerado una deshonra al padre (cf. Tobías 4:3, 4).

8:23-27
Señor de la naturaleza

Los relatos griegos acerca de aquellos que podían controlar la naturaleza eran por lo general acerca de dioses o semidioses que habían actuado en el pasado lejano. La tradición judía informaba de algunos maestros que podían orar por la lluvia o porque deje de llover, al igual que Elías. Pero en la tradición judía la autoridad absoluta sobre las olas y el mar pertenecían a Dios únicamente. ¡No es difícil entender por qué los *discípulos no sabían cómo interpretar o captar quién era Jesús!

8:28-34
Señor sobre los espíritus inmundos

Las propuestas varían con respecto a la razón por la cual Mateo tiene dos endemoniados aquí y Marcos solamente uno (ver el comentario sobre Mar. 5:1-20). Una sugerencia es que Mateo incluye uno adicional porque había dejado de mencionar a uno al omitir el relato registrado en Marcos 1:21-28. La duplicación de personajes aquí no habría violado las convenciones judías clásicas de escritura de aquel tiempo.

8:28. Las tumbas eran ceremonialmente impuras y se las consideraba lugares típicos donde habitaban espíritus malignos (una creencia a la cual aparentemente los espíritus se acomodaban alegremente). Tanto gadarenos (aquí) y gerasenos (Mar. 5:1, NVI) hacen referencia a gente de ciudades predominantemente *gentiles (Gadara y Gerasa) en la región de Decápolis, pero Gadara estaba mucho más cerca del mar de Galilea (Gerasa, una ciudad grande e importante, estaba a más de 45 km al sureste). Aproximadamente 10 km al sureste, Gadara probablemente controlaba la tierra en que sucede esta *narración. A menudo, en culturas que reconocen el fenómeno, la conducta violenta todavía se relaciona con la posesión por parte de espíritus.

8:29. "Antes de tiempo" significa antes del día del juicio. Aparentemente, ni los demonios esperaban que el *Mesías viniera en dos etapas, una primera y una segunda venidas.

8:30. Había judíos que vivían en esta región, pero era predominantemente no judía; de allí la existencia de cerdos.

8:31. Relatos antiguos acerca de demonios sugieren que si es que iban a tener que abandonar a la persona a quien poseían, les gustaba negociar las condiciones menos difíciles. Al oír que los demonios querrían habitar en cerdos impuros, los oyentes judíos responderían: "¡Por supuesto!".

8:32. En la tradición judía los demonios podían morir o ser atados; debido a que Mateo no dice nada al contrario, sus lectores probablemente supondrían que estos demonios habían sido destruidos o encarcelados.

8:33, 34. Las *narraciones del AT sobre Elías y Eliseo permitían a los judíos calificar de "profetas" a algunos obradores de milagros, pero los griegos generalmente clasificaban a los obradores de milagros como magos o hechiceros. Debido a que los magos y hechiceros eran generalmente malévolos, y que la venida de Jesús ya había tenido un costo económico para estos *gentiles de Decápolis (mandó a ahogarse a muchos cerdos), era natural que estuviesen aterrorizados por él.

9:1-8
Autoridad para perdonar y para sanar

Era común abreviar relatos, como hace a menudo Mateo; al repetir el relato del paralítico en Marcos (ver el comentario sobre Mar. 2:1-12), no menciona el momento en que lo introducen por el techo.

9:1, 2. Muchas "camillas" eran esterillas; de esta manera, los amigos del paralítico quizá lo hayan transportado sobre el lecho en el cual yacía permanentemente. Su "propia ciudad" aquí es Capernaúm (4:13).

9:3. El judaísmo creía que solamente Dios podía perdonar pecados, pero la mayoría de los judíos permitían que algunos de los representantes de Dios hablaran en nombre de Dios. La pena en el AT por blasfemar el nombre de Dios (traerle oprobio en lugar de honrarlo) era la muerte (Lev. 24:10-23). Según la ley *rabínica posterior, técnicamente, la blasfemia implicaba pronunciar el nombre divino o quizá invitar a otros a seguir a otros dioses. Según el uso más común y menos técnico, se aplicaba a cualquier insulto que agravie al honor de Dios (cf. Núm. 15:30). Pero estos eruditos jurídicos estaban equivocados al interpretar las palabras de Jesús como una blasfemia, cualquiera fuese la interpretación que aplicaran.

9:4. El judaísmo reconocía que Dios algunas veces revelaba a los profetas lo que otros estaban pensando o planeando.

9:5-7. Los maestros judíos sabían que solamente Dios podía, en última instancia, perdonar (en el Día de la Expiación en respuesta a un sacrificio); pero también reconocían que la sanidad venía en última instancia de Dios también. *Josefo nos muestra que muchos falsos profetas en el tiempo de Jesús pretendían hacer milagros, pero en la práctica no lograban cumplirlos; algunos de los críticos de Jesús quizá lo hayan puesto en esta categoría. Sin embargo, el acto que realizó frente a estos testigos seguramente los desafió a reconsiderar su interpretación.

9:8. Cuando los escritores antiguos informaban sobre milagros, generalmente terminaban el relato con la reacción asombrada de las personas que lo presenciaban.

9:9-13
Un médico para los pecadores

9:9. Leví pudo haber sido un cobrador de impuestos que trabajaba para Herodes; con una oficina en Capernaúm, es más probable que fuera un funcionario de aduana que cobraba derechos de importación sobre los bienes que eran transportados a través de esta ciudad por las importantes rutas comerciales cercanas. Aún más que los pescadores, tenía un trabajo próspero y seguro al cual renunció para responder al llamado de Jesús.

9:10. La gente en general consideraba algo honorable que una persona de dinero invitara a un maestro religioso a comer. Sin embargo, los *cobradores de impuestos eran considerados colaboradores de los romanos y eran despreciados por las personas religiosas. Algunos comentaristas han señalado que "pecadores" puede referirse a todos aquellos que no comían observando las leyes de pureza ritual, pero el término probablemente se refiera a cualquiera que vivía de manera pecadora y no religiosamente, como si no les importara lo que la comunidad religiosa pensara de ellos.

9:11. Compartir la mesa era señal de relaciones cercanas entre los que la compartían. Los *fariseos eran particularmente escrupulosos con respecto a sus reglas especiales sobre la comida y no aprobaban comer con personas menos escrupulosas, especialmente personas como los *cobradores de impuestos y los pecadores. Aquí suponen que Jesús, al ser un maestro sabio, debiera compartir las convicciones religiosas de ellos, que consideraban eran escriturales (Sal. 1:1).

9:12. La respuesta de Jesús juega con una imagen común de ese tiempo (la comparación de médicos y maestros) para afirmar su enseñanza. La réplica aguda, rápida y hábil, era característica de los maestros famosos, tanto en la tradición judía como en la griega.

9:13. Otros *rabinos a menudo decían: "Vayan y aprendan" o "Vengan y vean", para dirigir a sus oyentes a las pruebas de las Escrituras para su autoridad. Oseas 6:6 no rechaza el sacrificio o el ritual, sino que eleva la correcta relación con Dios y el trato correcto a los pobres, los oprimidos y los marginados por encima del sacrificio y los rituales (cf. similarmente 1 Sam. 15:22; Sal. 40:6; 50:7-15; 51:16; 69:30, 31; Prov. 21:3).

9:14-17
El ayuno correcto

9:14. La *ley exigía ayunar solamente en el Día de la Expiación, pero los judíos religiosos, especialmente grupos como los *fariseos, habían agregado muchos otros ayunos. Muchos de los fariseos quizá ayunaban dos días por semana sin agua, especialmente durante la estación seca. El ayuno era una práctica importante para combinar con la oración o la penitencia, de manera que habría sido poco habitual que los *discípulos (aspirantes a *rabinos) lo hubiesen evitado totalmente. Un maestro era considerado responsable de la conducta de sus discípulos.

9:15. Las fiestas de bodas requerían siete días de festejos; una persona no podía ayunar o participar en otros actos de luto o trabajos esforzados durante una fiesta de bodas. Jesús establece una analogía acerca de lo inadecuado que sería también ayunar mientras él todavía estaba con sus discípulos.

9:16. Una vez más, el tema es lo inapropiado

de ayunar en las circunstancias presentes. La ropa vieja se habría encogido en alguna medida como resultado de las lavadas.

9:17. El vino podía conservarse ya fuera en jarrones o en odres. Los odres viejos ya habían sido estirados al máximo de su resistencia al fermentar vino en ellos; si eran nuevamente llenados con vino sin fermentar, volverían a estirarse, y los cueros viejos, que ya se habían estirado a su límite, reventarían.

9:18-26
El tocar lo impuro: sangre y muerte

Resucitar a los muertos era un milagro extraordinario, atribuido en el AT a Elías (1 Rey. 17:21, 22) y Eliseo (2 Rey. 4:33-35). Para mayores detalles ver el comentario sobre Marcos 5:21-43.

9:18, 19. Los "hombres principales" ("dirigentes judíos", NVI) eran los funcionarios principales de las sinagogas, y eran personas importantes en sus comunidades. Si el contexto es todavía Capernaúm (9:1), es significativo que los seguidores de Jesús pudieran incluir tanto a este hombre como a elementos más cuestionables de la comunidad (9:9).

Uno caería a los pies de alguno de posición social muy superior (como un rey) o se postraría delante de Dios; por eso, que este hombre importante se humillara así delante de Jesús significaba reconocer de manera seria el poder de Jesús.

9:20, 21. La enfermedad de esta mujer se manifestaba como si su período menstrual durara todo el mes; la hacía permanentemente impura bajo la *ley (Lev. 15:19-33), un problema social y religioso agregado al problema físico. Si ella tocaba a otra persona o su ropa, hacía que esa persona estuviese ceremonialmente impura durante el resto del día (cf. Lev. 15:26, 27). Debido a que ella haría impuro a cualquiera que tocara, no debería haber estado entre esta densa multitud. Muchos maestros evitaban totalmente tocar a una mujer ante el peligro de contaminarse accidentalmente. En consecuencia, esta mujer no podía tocar a nadie ni ser tocada, probablemente nunca se había casado o estaba ahora divorciada, y era una marginada de la sociedad judía. En un acto impulsivo de fe, toca el "borde" del vestido de Jesús.

Sin duda, lo que toca la mujer es una de las borlas (*zizith*) usadas por los hombres judíos, en obediencia a Números 15:38-41 y Deuteronomio 22:12; estas borlas estaban en los extremos de su prenda externa, y en el chal de oración (*tallith*). Las borlas estaban hechas de cordeles azules y blancos entretejidos.

9:22. Muchos antiguos creían que solamente los maestros que estaban más cerca de Dios poseían conocimiento sobrenatural. Jesús usa su conocimiento sobrenatural para identificarse con la mujer que lo había tocado, aun cuando a los ojos del público esto significaría que había contraído impureza ritual.

9:23, 24. Los que tocaban flauta estaban allí para guiar a los presentes en sus expresiones de luto. Aun en el funeral de la persona más pobre eran necesarias varias plañideras profesionales; el funeral de un miembro de una familia importante como ésta habría tenido muchas lloronas profesionales. El desahogo por catarsis durante el luto incluía gritar y golpearse el pecho. Debido a que los cuerpos se descomponían rápidamente en Palestina, las personas que hacían luto debían reunirse, en lo posible, inmediatamente después del fallecimiento de la persona; en este caso, se habían reunido aún antes de que llegara al propio Jairo la noticia de la muerte de su hija.

9:25, 26. La clase de impureza ritual más contaminante que uno podía contraer bajo la ley judía era la que resultaba de tocar un cadáver (Núm. 19:11-22).

9:27-34
La sanidad de unos ciegos

9:27-31. "Hijo de David" era el título del *Mesías, pero en la mayoría de las expectativas del Mesías había una figura política o mi-

litar más que la de un sanador. No obstante, estos ciegos entienden que existe una relación entre la sanidad y la identidad de Jesús que no era parte de la tradición judía. Dios gobernaba por sobre la ceguera y la vista (Éxo. 4:11; Prov. 20:12) y podía responder a las oraciones de los profetas para que quitara y restaurara la visión humana (2 Rey. 6:18-20).
9:32-34. Elías y Eliseo habían realizado milagros de sanidad extraordinarios; David es la única figura registrada en el AT a quien Dios usó en exorcismo (1 Sam. 16:23). Mateo 9:33 señala que las multitudes estaban grandemente maravilladas con sus milagros.

9:35-38
La necesidad de más obreros

Las obras de Jesús en 8:1—9:35 deben convertirse en las de sus *discípulos en el capítulo 10.
9:35, 36. Sin Moisés (Núm. 27:17) y sin rey (1 Rey. 22:17; 2 Crón. 18:16), Israel se decía que estaba "sin pastor" o gobernante. Cuando Israel no tuviera otros pastores fieles (líderes religiosos), Dios mismo sería su pastor (Eze. 34:11-16); el ministerio de los pastores incluía alimentar (34:2, 3), sanar (34:4) y traer de regreso a las ovejas perdidas (34:4-6). Así, Mateo 9:36 implica que aquellos que eran responsables de pastorear a Israel, o sea, sus líderes, estaban fallando.
9:37, 38. La "mies" podría representar una imagen del final del tiempo (cf. el comentario sobre 3:12), pero la idea aquí es más la de los testigos de Dios en Isaías. Un *rabino de fines del primer siglo dijo algo similar a 9:37; no es posible determinar si ya era un dicho judío clásico, si este rabino estaba influenciado por un dicho que se originó en Jesús, o si el paralelo es una coincidencia.

10:1-4
La misión de los doce

Israel tenía doce tribus, y los grupos que elegían doce líderes (como se ve en los *Rollos MM) lo hacían porque creían que su propio grupo era el remanente genuino y obediente de Israel.
Las listas en Lucas y Hechos reemplazan al "Tadeo" de Marcos y Mateo con "Judas hijo de Jacobo" ("Judas hermano de Jacobo", RV y RVR-1960); cf. también Juan 14:22. Documentos antiguos muestran que era común que las personas fuesen conocidas por más de un nombre, de manera que es probable que las diferentes listas de *apóstoles efectivamente se refieran a la misma persona. Los sobrenombres eran comunes, y hasta aparecían en las inscripciones en las tumbas. El "cananita" es la palabra aramea para *"zelote" (Luc. 6:15); así, en algunos casos y traducciones simplemente se dice "Simón el zelote" (Hech. 1:13). En el tiempo de Jesús, esta palabra podía significar simplemente "una persona celosa", pero puede significar que habría participado en actividades revolucionarias antes de convertirse en un seguidor de Jesús, lo cual es el significado más probable para cuando se escribieron los Evangelios. "Apóstoles" significa "enviados", o representantes comisionados. El término hebreo análogo se usaba para los agentes comerciales, aunque el concepto general es más amplio; un "enviado" se desempeñaba con toda la autoridad del que lo enviaba, al extremo de que representaba exactamente la misión del que lo enviaba. En el AT aparecen relatos de comisiones, como cuando Moisés le encarga a Josué que continúe su obra y tome la tierra prometida (Deut. 31:23). Los *rabinos permitían que sus estudiantes más antiguos enseñaran mientras aún eran estudiantes, a fin de prepararlos para su propia tarea como rabinos.

10:5-16
La misión

10:5. La expresión "caminos de los *gentiles" probablemente se refiera a caminos que conducían únicamente a ciudades griegas paganas en Palestina; de todos modos, los judíos normalmente evitaban los caminos que conducían a esas ciudades. Galilea estaba rodeada por regiones gentiles excepto en el sur, donde compartía fronteras con Samaria. (Sobre los *samaritanos, ver el comentario sobre Juan 4:1-4.)

10:6. Una creencia judía común era que diez tribus de Israel se habían perdido y que serían halladas en el tiempo del fin. Sin embargo, aquí Jesús usa "las ovejas perdidas de la casa de Israel" en el sentido más común del AT: se alejaron del Señor (Isa. 53:6; Jer. 50:6; cf. Eze. 34:5). La idea de que un mensaje era primero para Israel no impedía que llegara luego a otros (Amós 3:2 y su contexto; cf. los oráculos contra las naciones por parte de Isaías, Jeremías y otros).

10:7, 8. Que la misión de los *apóstoles sea la misma de Jesús resulta apropiado para los "enviados" (ver el comentario sobre 10:1-4): ellos actuaban dentro de los límites de su autorización. "De gracia habéis recibido [de Dios la *ley]; dad de gracia", fue una expresión judía posterior aplicada a los maestros de la ley. No es posible determinar si es que en esta época temprana se trataba de un proverbio que Jesús estaba citando.

10:9, 10. Deben viajar livianos, al igual que algunos otros grupos: (1) los labriegos, que a menudo tenían un solo manto; (2) algunos filósofos ambulantes, llamados *cínicos (probablemente representados en lugares tan cercanos como Tiro y Decápolis, ciudades *gentiles que rodeaban a Galilea); (3) algunos profetas, como Elías y Juan el Bautista. Deben estar totalmente consagrados a su misión, y no comprometidos con preocupaciones de este mundo. La "bolsa" podría haberse usado para mendigar (para eso la usaban los cínicos), pero compárese 10:11; con respecto a "cintos" para dinero, ver el comentario sobre Lucas 6:38. Se dice que los *esenios recibían tal hospitalidad de los otros esenios en diversas ciudades, que cuando viajaban no necesitaban llevar provisiones.

10:11-13. La demostración de hospitalidad al albergar a viajeros era una de las virtudes más importantes en la antigüedad mediterránea, especialmente en el judaísmo; Jesús podría haber rescatado un antecedente para la dependencia de tal hospitalidad por parte de los ministros itinerantes (2 Rey. 4:8-11); comparar el comentario sobre Mateo 10:41. (Por cierto, la tradición israelita había exigido aun a los reyes más malvados respetar a los profetas y no hacerles daño a pesar de sus críticas, cosa que otros reyes de la antigüedad no habrían soportado.)

A quién era necesario saludar y a quién no, y en cuáles circunstancias se aplicaba cada caso eran temas importantes del protocolo social, especialmente porque el clásico saludo judío "Paz" (*shalom*) era verdaderamente una bendición o una oración expresada a través del deseo, destinada a comunicar la paz. Jesús transpone tales temas de protocolo con nuevas directrices.

10:14, 15. Los judíos piadosos que regresaban a la Tierra Santa no querrían siquiera que el polvo del territorio pagano quedara pegado a sus sandalias; los representantes de Jesús aquí tratan a las regiones que no responden como si fuesen profanas o paganas. Sodoma es puesta como el máximo ejemplo del pecado, tanto en los profetas como en la tradición judía siguiente; el punto aquí es probablemente que rechazaron a los mensajeros de Dios, aunque fueron menores en importancia que Jesús (Gén. 19).

10:16. Los judíos algunas veces se veían a sí mismos (Israel) como ovejas entre lobos (los *gentiles). El contraste entre lobos rapaces y ovejas o corderos inofensivos era proverbial.

10:17-23
Promesa de persecución

10:17. Las cortes locales, o concilios que decidían casos, estaban gobernados por ancianos locales o sacerdotes antes del año 70 d. de J.C.; en tiempos posteriores tuvieron un equipo de *rabinos, con un mínimo de tres jueces por corte. Las *sinagogas eran los sitios locales de reunión pública, y en consecuencia proporcionaban el lugar natural para las audiencias y la disciplina pública. Algunas veces la disciplina se administraba en la forma de azotes; bajo las reglas del segundo siglo, el castigo por azotes para los judíos consistía en trece azotes fuertes sobre el pecho y veintiséis sobre la espalda. Estas palabras habrían resultado particularmente dolorosas para los judíos cristianos, porque significaban el rechazo de su predicación entre su propio pueblo.

10:18. En el pensamiento judío, que un judío traicionara a otro judío entregándolo a perseguidores "gentiles" era un acto horroroso. Los "gobernadores" son los sobreveedores romanos en las provincias; los tres niveles eran: propretores, procónsules, y procuradores. La palabra "reyes" quizá se refiera solamente a los príncipes vasallos romanos, pero probablemente incluya a los partos y a otros gobernantes de oriente, señalando virtualmente una persecución universal.

10:19, 20. Los judíos pensaban acerca del *Espíritu Santo especialmente como el Espíritu de *profecía que había ungido a los profetas para hablar el mensaje de Dios.

10:21, 22. Ver Miqueas 7:5-7 (más explícito en Mat. 10:35, 36); esta división en la familia también se convirtió en parte de otras imágenes judías del fin de los tiempos (p. ej., *1 Enoc 100:2). En una cultura donde la lealtad familiar era esencial y la honra a los padres lo más importante, estas palabras habrían sonado increíblemente duras.

10:23. Una tradición judía que pudo haber estado en circulación en los días de Jesús advierte que en el tiempo de la tribulación final el pueblo judío, perseguido por su fe, tendría que huir de una ciudad a otra. Los discípulos quizá hayan entendido sus palabras en estos términos. Lo que Jesús quiere decir parece ser que ellos tendrán siempre un lugar al cual puedan escapar, y algunos sobrevivirán hasta el final no importa cuán severa sea la persecución (24:22).

10:24-33
Consuelo en la persecución

Al igual que la mayoría de los primeros cristianos y los cristianos celosos en muchas partes del mundo en la actualidad, los lectores de Mateo enfrentaban persecución y a menudo otros peligros como parte de su vida diaria. Las palabras de Jesús serían consuelo para ellos.

10:24, 25. Los *discípulos debían servir a sus maestros, con la esperanza de convertirse con el tiempo en maestros eficientes ellos mismos. Un esclavo podía alcanzar cierta posición si pertenecía a un señor destacado, y en circunstancias poco frecuentes (p. ej., si su dueño era una *persona libre) podía alcanzar igual posición social después, pero nunca antes, de ser libre y obtener riqueza también. El versículo 25 contiene un juego de palabras: al leer "Beelzebul" como si quisiera decir "señor" (del *arameo *be'el*) de la casa (en hebreo *zebul*), Jesús habló del "señor de la casa".

10:26, 27. Todo saldría a la luz en el día del juicio, como estaba claramente entendido; por lo tanto no tenía sentido esconder nada ahora. Las azoteas proporcionaban el mejor lugar para gritar mensajes que fueran oídos en las calles atestadas de personas.

10:28. El temor (respeto, solo que en un grado mucho mayor que aquél en el que usamos el término *respetar*) de Dios era central a la tradición de la sabiduría judía y se enfatiza repetidamente en la literatura judía; algunos escritores judíos hicieron afirmaciones acerca del martirio similares a este pasaje (*4 Macabeos 13:14, 15). Cuerpo y alma eran destruidos instantáneamente en algunas tradiciones judías con respecto al infierno; en otras eran destruidos y atormentados en forma perpetua. Contrariamente a las afirmaciones de algunos eruditos modernos, la mayoría de los judíos coincidían con los griegos en que el alma y el cuerpo se separaban con la muerte.

10:29-31. Los gorriones eran uno de los elementos más baratos que se vendían para alimento de la gente pobre en el mercado; eran los pajaritos más económicos. Dos se compraban por un *assarion*, una pequeña moneda de cobre de muy poco valor (menos del valor de una hora de trabajo); Lucas 12:6 parece señalar que eran aún más baratos si se compraban en cantidades mayores. El presente es un clásico argumento judío de "cuánto más": ¡Si Dios se interesa por algo de tan poco precio como los gorriones, cuánto más se interesa por las personas!

10:32, 33. En las descripciones judías del día del juicio, el testimonio de las personas justas a favor o en contra de otros tenía mucho peso delante de Dios. Los *rabinos hablaban de los ángeles de Dios o de sus atributos de misericordia o juicio defendiendo un caso delante de él. Aquí la defensa de Jesús como abogado delante del Padre pesa mucho más que cualquier otra cosa en este mundo.

10:34-39
El precio del discipulado

10:34. Se creía, por lo general, que habría grandes sufrimientos antes del fin, y que el *Mesías guiaría a su pueblo en una guerra triunfal seguida de un tiempo de paz. Jesús asegura a sus oyentes que el tiempo de paz prometido está aún un tanto distante, y pasa a explicar la naturaleza de los sufrimientos y conflictos presentes.

10:35, 36. El contexto de Miqueas 7:6, citado aquí, describe los horribles males en la tierra y la imposibilidad de confiar siquiera en los familiares y amigos más cercanos, lo cual continuará hasta que el Señor venga a vindicar a aquellos que esperaban en él. Dada la creencia por parte de muchos judíos en cuanto a que el final estaría precedido por un tiempo de sufrimientos, los *discípulos probablemente habrían entendido esta palabra como una sugerencia en cuanto a que ya estaban experimentando los sufrimientos de ese tiempo.

10:37. Jesús expone aquí el texto recién citado (Miq. 7:6) para traer una enseñanza prácticamente inconcebible para la mayoría de sus oyentes. El amor a los miembros de la familia, especialmente a los padres, era uno de los deberes más altos en el judaísmo; el único que tenía derecho a exigir mayor amor era Dios mismo (Deut. 6:4, 5; cf. Deut. 13:6-11; 2 Macabeos 7:22, 23).

10:38. Un criminal condenado cargaba sobre sus espaldas la viga horizontal de la cruz hasta el lugar de su ejecución, generalmente en medio de personas que se burlaban de él. Este versículo habla de un camino ignominioso y doloroso hacia una ejecución espantosa.

10:39. La mayoría de los judíos contrastaban la vida de este mundo con la vida en el mundo venidero.

10:40-42
Los que reciben a los enviados de Cristo

Este pasaje vuelve al tema de la hospitalidad para con los mensajeros del evangelio (10:11-14). El principio aquí es similar al del mensajero o agente designado dentro del judaísmo, el cual representaba a quien lo enviaba en todas las capacidades de su comisión. Dios, su gloria y su ley, e Israel, estaban también relacionados de esta manera en la tradición judía. Este principio siempre se había aplicado a los profetas (p. ej., 1 Sam. 8:7; cf. Núm. 14:2, 11; 16:11): Aquél que los recibía, recibía el mensaje de ellos y en consecuencia la voluntad de Dios. Aquellos que suplían sus necesidades serían asimismo recompensados (1 Rey. 17:9-24; 2 Rey.

4:8-37). Un vaso de agua era el único regalo que la persona más pobre podría tener para dar, pero simbolizaría lo suficiente. El agua fría era altamente preferida para beber (ver el comentario sobre Apoc. 3:15, 16).

11:1-19
Más que un profeta: el precursor

Mateo 11:1 es un epílogo a 9:37—10:42. En 11:2-19, Juan, al igual que Jesús y los doce, se transforma en un modelo para el discipulado cristiano.

11:1. A menudo se enviaban emisarios para preparar a la gente para la llegada de un rey u otra personalidad importante. "Ciudades" tiene aquí un significado amplio en lugar de un sentido técnico griego: no hay indicación con respecto a que Jesús haya ido a ciudades grandes como Séforis o Tiberias. Aun la mayoría de las ciudades agrícolas más importantes tenían menos de tres mil habitantes, y la campiña de Galilea estaba llena de aldeas.

11:2, 3. La actitud de Juan aquí presenta un notable contraste con 3:14. Algunos comentaristas sugieren que Juan está preocupado por informes en cuanto a que Jesús ha estado tocando lo impuro (8:3; 9:20, 25); a este informe Jesús responde con los resultados de esos contactos físicos (11:5). Lo más probable es que Juan, al igual que la mayoría de sus contemporáneos, estuviera tentado a pensar en alguien que introduciría el *reino (3:11) o un *Mesías de linaje real y no un obrador de milagros, de manera que Jesús vindica su misión sanadora con un versículo acerca de las bendiciones de la era mesiánica (11:5). Los *discípulos de Juan probablemente habían viajado por la ruta principal hacia el norte desde Macaerus, la fortaleza de Herodes, donde Juan estaba preso, atravesando Perea junto al Jordán, para pasar a Galilea donde Jesús estaba enseñando.

11:4-6. Jesús cita señales de Isaías 35:5, 6 que se refieren a la llegada de la era mesiánica; cf. Isaías 26:19; 61:1.

11:7. Las cañas eran frágiles (Isa. 42:3; *3 Macabeos 2:22), de modo que "una caña sacudida por el viento" era notablemente débil (1 Rey. 14:15) y no podía confiarse en ella (2 Rey. 18:21; Eze. 29:6).

11:8. Los profetas rara vez eran personas de buena posición social, y en tiempos de maldad a nivel nacional eran forzados a desempeñarse fuera del ámbito de la sociedad. (En los tiempos de David, Natán y Gad habrían sido profetas de la Corte; pero para el tiempo de Acab, los profetas de la Corte eran corruptos, y Elías y otros debían esconderse en el desierto o, en tiempos mejores, al menos permanecer fuera del palacio del rey.) Los lujos de la realeza no son un patrón de santidad en el *reino.

11:9, 10. Muchos judíos en el primer siglo creían que los profetas en todo el sentido de la palabra habían cesado de existir hacía mucho tiempo, pero habrían estado abiertos a la restauración de los profetas en los tiempos finales. Al cumplir Malaquías 3:1, Juan es más que un heraldo cualquiera de Dios; es el anunciador directo del Señor, que cumple la profecía del regreso de Elías (Mal. 4:5, 6).

11:11. Esta afirmación eleva a los *discípulos de Jesús en lugar de rebajar a Juan (cf. 11:9, 10). Uno puede comparar el dicho *rabínico antiguo en cuanto a que Johanan ben Zakkai, uno de los más respetados eruditos del primer siglo, fue el "menor" de los ochenta discípulos de *Hillel; este dicho no estaba destinado a reducir la importancia de Johanan sino a elevar la de sus contemporáneos. Llamar a Juan el "mayor" era una forma judía típica de exaltación, que podía aplicarse a más de una persona a la vez; los rabinos, por ejemplo, podían en una misma frase hablar a la vez de José y Moisés como las mayores figuras de la historia de Israel (en el AT cf., p. ej., 2 Rey. 18:5; 23:25). "Los nacidos de mujer" era una frase familiar judía y del AT para los seres humanos (p. ej., Job 14:1).

11:12. Los revolucionarios, como aquellos conocidos más tarde como *zelotes, querían instaurar el *reino por la fuerza militar. Jesús usa de manera figurada el celo de ellos para referirse al compromiso claro requerido para entrar al reino; describe a sus seguidores como zelotes *espirituales* (cf. Mat. 10:34).
11:13. Los judíos algunas veces resumían la Biblia como "la ley y los profetas"; muchos de ellos creían que después de los profetas bíblicos la voz profética estaba silenciada hasta la llegada del tiempo mesiánico. Así, Juan introduce la era mesiánica.
11:14, 15. Malaquías 4:5 había prometido el regreso de Elías, que se decía nunca había muerto (2 Rey. 2:11); el regreso de Elías se convirtió así en una parte de las expectativas judías para el futuro.
11:16, 17. "¿A qué compararé...?" era una frase familiar que precedía a una *parábola *rabínica o un argumento a partir de una analogía.
Los niños malcriados que simulan celebrar bodas y funerales (hubo un juego más adelante que se llamó "entierren al grillo") representan a los opositores insatisfechos de Jesús y Juan; decepcionados con otros niños que no quieren jugar a un juego o al otro, están siempre tristes. La palabra traducida "duelo" aquí significa "golpearse el pecho", una costumbre típica de hacer luto en la Palestina judía. La costumbre exigía que aquellos que pasaban ocasionalmente se unieran a cualquier cortejo nupcial o fúnebre.
11:18, 19. Juan el Bautista tenía las características de un aparente profeta *asceta, como Elías; Jesús sigue un modelo más parecido a David, pero ambos son adecuados en su momento. La acusación en cuanto a que Juan "tiene demonio" sugiere o bien que es un falso profeta poseído por un espíritu maligno, o que es un mago que manipula una guía espiritual; bajo las leyes del AT cualquiera de las acusaciones le garantizaría la pena de muerte (Deut. 13:1-11; 18:9-20). "Comilón y bebedor de vino" era también una acusación capital (Deut. 21:20); por lo tanto, esta acusación es seria.
Algunos comentaristas han sugerido que 11:19 identifica a Jesús con la imagen judía de la sabiduría divina personificada (cf. 11:25-27); sin embargo, él podría estar simplemente afirmando que al examinar su conducta (11:2) cualquiera puede reconocer que es verdaderamente sabia.

11:20-24
El juicio de las ciudades

Los oráculos de juicio contra las naciones eran algo habitual en los profetas del AT (Isaías, Jeremías, Ezequiel); también aparecen en los *Oráculos Sibilinos judíos antes y durante el período del NT. El principio de que aquellos que tenían más luz eran juzgados más estrictamente aparece en el AT (cf. Amós 3:2; Juan 4:11).
11:20, 21. Los judíos pensaban en Tiro y Sidón como ciudades totalmente paganas (cf. 1 Rey. 16:31), pero se sabía que algunos de sus habitantes que habían oído la verdad se habían arrepentido (1 Rey. 17:9-24). "Saco y ceniza" ("cilicio y ceniza", RVR-1960; "ropas ásperas y ceniza", DHH; "con muchos lamentos", NVI) era la vestimenta característica del duelo, incluyendo el duelo por *"arrepentimiento". Corazín estaba a una corta distancia a pie, a menos de tres kilómetros, de Capernaúm.
11:22. Según algunos relatos judíos acerca del tiempo del fin (del "día del juicio", como a menudo se lo llamaba), los justos dentro de las naciones paganas testificaban contra el resto de su gente, dejando en claro que ninguno tenía excusa para rechazar la verdad acerca de Dios.
11:23. El juicio a menudo estaba descrito en los términos que usa Jesús aquí (Isa. 5:14; *Jubileo 24:31), especialmente contra un gobernante que se exaltaba a sí mismo como una deidad (Isa. 14:14, 15, que trata

acerca de la muerte del rey de Babilonia).
11:24. Ver el comentario sobre 11:22.

11:25-27
La revelación de Dios

En la tradición judía de la sabiduría, los genuinos sabios no eran aquellos sabios en su propia opinión y que se apoyaban en su propio entendimiento (Job 12:24, 25; Prov. 3:5-7; 12:15; 16:2; 21:2; 26:12), sino los simples que comenzaban con el temor de Dios (Job 28:28; Sal. 111:10; Prov. 1:7; 9:10). Mateo 11:27 quizá atribuya a Jesús el poder de la predestinación (en las fuentes judías asignado únicamente a Dios); como aquel que revelaba a Dios, él asume una posición que en la tradición judía a menudo es atribuida a la sabiduría divina. Para la imagen de los niños, cf. 10:42 y 18:1-10; Dios siempre había favorecido a los humildes (p. ej., 1 Sam. 2:3-9).

11:28-30
El verdadero día de reposo

11:28. Dios ofrecía descanso a los cansados (Isa. 40:28-31; cf. la invitación de la sabiduría divina en Eclesiástico 24:19); esta no era la promesa que haría un maestro cualquiera.
11:29, 30. Cuando un hombre llevaba un yugo lo hacía sobre sus hombros (cf., p. ej., Jer. 27:2); el judaísmo aplicaba a la obediencia esta imagen de la sujeción. Los judíos hablaban de llevar el yugo de la ley de Dios y el yugo de su *reino, el cual uno aceptaba al reconocer que Dios era uno y al guardar sus mandamientos. El propósito de Mateo para las palabras de Jesús es que sean un contraste con las reglas de los *fariseos sobre el día de reposo en el pasaje siguiente (12:1-14): La promesa de "descanso para vuestras almas" viene de Jeremías 6:16, donde Dios promete aplazar su ira si la gente se vuelve a él en lugar de prestar atención a las palabras de los falsos líderes religiosos (6:13, 14, 20).
La literatura griega exaltaba la humildad en el sentido de la mansedumbre y la permisividad, pero no en el sentido de la humillación personal; los aristócratas desdeñaban la humildad como una virtud, excepto para los pobres. Sin embargo, Jesús se identifica con aquellos de baja condición social, un valor más destacado en la piedad judía.

12:1-8
La comida durante el día de reposo

Marcos 2:23-27 señala otros detalles, aunque los detalles consignados en Mateo, escrito principalmente para cristianos judíos, habrían sonado menos como una violación del día de reposo a los oídos judíos que lo que sonarían las palabras de Marcos. La estructura de Mateo sigue la forma clásica de muchos informes antiguos sobre argumentaciones: hace un resumen de la situación (12:1, 2), presenta argumentos por vía del ejemplo (12:3, 4), la analogía (12:5), la comparación (12:6), la cita (12:7) y su fundamento último (12:8).
12:1. La ley judía basada en Deuteronomio 23:25 (cf. Rut 2:2, 3) hacía provisión para que los pobres comieran alimento mientras atravesaban un campo. El tema aquí es, entonces, no que los discípulos tomaran el grano de otra persona sino que lo recogieran en el día de reposo; más adelante la ley *rabínica designó a éste como uno de los treinta y un tipos de trabajo que estaban prohibidos de realizar en el día de reposo.
12:2. El concepto moderno de los *fariseos como legalistas da una imagen injusta de trivialidad para la piedad de los fariseos (probablemente de manera intencional, de modo que los legalistas modernos no tengan que confrontarse con las bases reales de la crítica de Jesús). No solamente los fariseos, sino otros judíos en todo el mundo antiguo honraban el día de reposo y lo celebraban con gozo. La Biblia misma había prohibido bajo pena de muerte las infracciones al día de reposo, de manera que los fariseos lógicamente se molestaban cuando parecía que Jesús deshonraba el día.

12:3, 4. Aunque un rechazo abierto del día de reposo se consideraba una rebelión contra Dios, diferentes grupos judíos presentaban sus argumentos para diferentes interpretaciones de las leyes del día de reposo, y ninguno de ellos estaba en una posición que le permitiera hacer prevalecer legalmente sus puntos de vista por sobre los de otros. Los argumentos de Jesús aquí no habrían satisfecho a los fariseos, pero podrían haber satisfecho a los ancianos o sacerdotes que servían como jueces en las cortes locales.

12:5, 6. Como sabemos de fuentes posteriores, la mayoría de los *rabinos habrían cuestionado un argumento basado meramente en un ejemplo como el de Mateo 12:3, 4 y Marcos 2:25, 26; resulta significativo que Mateo, quien escribe para lectores judíos, tiene un argumento tomado de la *ley misma.

La ley de Moisés ordenaba el trabajo de los sacerdotes en el día de reposo (Núm. 28:10). Este es un argumento judío del tipo "cuánto más": si era aceptable para los guardianes del templo, ¿cuánto más para uno mayor que el templo? El templo se había convertido en el símbolo central de la fe judía, y la sugerencia en cuanto a que un ser humano pudiera ser mayor que el templo habría sonado presuntuosa e inadmisible para la mayoría de los oídos judíos antiguos. Sin embargo, los maestros judíos podían aceptar el principio de que algunas cosas tenían preeminencia sobre la observación del día de reposo (rituales del templo, salvar una vida, la guerra defensiva, etc.), y asimismo argumentar a partir de ellas.

12:7, 8. Jesús pasa a la ofensiva aquí, con un principio aún mayor tomado del AT; cf. 9:13.

12:9-14
La sanidad en el día de reposo

Otros detalles se tienen en cuenta en el comentario sobre Marcos 3:1-6. Mientras que el argumento de Marcos no habría sido tan persuasivo para los *fariseos, al ser un argumento a partir de una analogía de lo mayor a lo menor (Mar. 3:4), Mateo incluye un argumento de lo menor a lo mayor que resulta más útil (12:12).

12:9, 10. Como es fácil de imaginar aquí, en este período podían suscitarse diálogos informales en reuniones más pequeñas en la sinagoga, que eran bastante diferentes del ritual que se observa en la mayoría de las iglesias y sinagogas en la actualidad. La escuela de los fariseos que predominaba en este período, los shamanitas, no permitían orar por los enfermos en el día de reposo; sin embargo, la escuela minoritaria, de Hillel (que luego llegó a predominar), sí lo permitía.

12:11. Los *esenios habrían prohibido aun rescatar a un animal en el día de reposo, pero muchos fariseos y la mayoría de los demás intérpretes judíos habrían estado de acuerdo con Jesús. En algunos casos, se cavaban pozos para capturar animales depredadores tales como los lobos, aunque el ganado podía caer también en ellos. Las contra preguntas (como aquí, respondiendo a 12:10) eran comunes en los debates de los maestros judíos.

12:12. Jesús usa aquí un clásico argumento judío, el de "cuánto más" (*gal vahomer*): Si uno se preocupa por una oveja, ¿cuánto más por una persona? Este también, era un argumento que sus opositores necesitaban entender, y por analogía mostraba la inconsistencia de la interpretación que hacían de las leyes bíblicas sobre el día de reposo.

12:13, 14. Los *fariseos, que tenían poco poder político en este período, no podían hacer otra cosa que conspirar. Las cortes judías no podían aplicar la pena de muerte en este período, aunque la ley de Moisés hacía lugar a ella ante la violación del día de reposo (Éxo. 31:14; 35:2). Los fariseos no tenían poder para destruirlo, y sus propias reglas no les permitían procurar su ejecución si él los había derrotado en una discusión sobre las Escrituras, pero esto no les impedía intentarlo. Aun si los lectores judíos de Mateo hubiesen sido fariseos (lo cual es improbable), habrían tenido que ver a los opositores de Jesús aquí como injustos y obstinados.

12:15-21
El Siervo ungido por el Espíritu

12:15, 16. Apartarse de esta *sinagoga con nuevos seguidores no era en realidad la destrucción de la sinagoga; el judaísmo de Palestina en el siglo primero tenía muy diversas expresiones, y no todos en una sinagoga necesitaban tener los mismos puntos de vista.

12:17, 18. Es incuestionable que el pasaje del siervo en Isaías 42:1-4 se refiere en contexto a Israel, no al *Mesías, a pesar de una tradición judía posterior que lo aplicaba al Mesías (Isa. 44:1, 21; 49:3). Pero debido a que el siervo de Dios, Israel, fracasó en su misión (Isa. 42:18, 19), Dios eligió a uno dentro de Israel para restaurar al resto del pueblo (Isa. 49:5-7), quien llevaría sobre sí y en lugar de Israel (Isa. 52:13—53:12) el resto del castigo que ellos merecían (cf. Isa. 40:2). De esta manera, Mateo declara que el Mesías asume la misión de siervo de Isaías 42:1-4, y se destaca por la presencia del *Espíritu. Mateo traduce a Isaías conforme al lenguaje de Mateo 3:17 ("Mi... amado, en quien tengo complacencia"), que de otra manera era más cercano a Génesis 22:2.

12:19-21. Este pasaje da énfasis a la humildad de Jesús, en contraste con el *Mesías guerrero que muchos esperaban; esta era la razón para el secreto mesiánico (ver la introducción a Marcos en este comentario). Era común citar solamente una parte de un pasaje, dado que los oyentes más informados bíblicamente conocerían el contexto; Mateo quiere que todos sus lectores capten la nota con la cual concluye: la salvación para los no judíos.

12:22-37
La blasfemia contra el Espíritu

Ver el comentario adicional sobre Marcos 3:20-30.

12:22, 23. El *Mesías de las expectativas judías, un descendiente de David, no era un milagrero, pero debido a que Dios estaba con Jesús en maneras tan extraordinarias no es difícil ver cómo las personas le asignaban esperanzas mesiánicas. David fue también el único exorcista registrado en el AT (1 Sam. 16:23).

12:24. Los exorcistas paganos buscaban sacar los demonios a través de encantamientos mágicos. En el siglo segundo, los *rabinos todavía acusaban a Jesús y a los cristianos judíos de usar la hechicería para realizar los milagros que todos reconocían que hacían. Bajo las leyes del AT, la hechicería ameritaba la pena de muerte (Éxo. 22:18).

El título de Beelzebul, "señor de la casa", probablemente haga alusión a "Beelzebub" ("señor de las moscas", una posible distorsión de Baal-zebul), la deidad local de Ecrón (2 Rey. 1:2, 3). En el judaísmo temprano, el título se aplicaba adecuadamente a Satanás (*Testamento de Salomón).

12:25, 26. Jesús no niega aquí la existencia de otros exorcistas. Pero la retirada de un demonio que con ese acto asignaba importancia a otro servidor de Satanás sería solamente una retirada estratégica; una posible actividad así por parte de exorcistas con poderes mágicos contrasta con el exorcismo masivo que lleva a cabo Jesús, el cual claramente significa una derrota de Satanás (12:29). Tanto en la tradición judía como en la griega la réplica aguda, rápida y hábil era característica de los maestros famosos.

12:27. "Vuestros hijos" significa "los miembros de vuestro propio grupo" (de la misma manera que, p. ej., "hijos de los profetas" en el AT significaba "profetas"). Debido a que algunos de los que estaban relacionados con los fariseos también echaban fuera demonios (por métodos que parecerían más mágicos que los de Jesús), ellos debían considerar cuidadosamente su acusación. Con respecto a ser los jueces de otros, ver el comentario sobre 12:41, 42.

12:28. La creencia general era que de alguna manera el *Espíritu había sido apagado o silenciado después de la muerte de los profetas del AT, pero que este retiro del Espíritu Santo se revertiría en el tiempo del reino, cuando viniera el *Mesías. En el contexto de 12:18, Mateo desea que sus lectores interpreten este texto como la afirmación de Jesús de ser el Mesías (12:23).

12:29. Muchas fuentes judías señalan que *Satanás o los demonios estaban "sujetos", o encarcelados después de que Dios los sometió; los textos de magia a menudo hablan de "atar" demonios a través de procedimientos de magia. Sin embargo, aquí la *parábola acerca de atar a un dueño de casa significa que Jesús había derrotado a Satanás y que en consecuencia podía apropiarse de sus posesiones (liberar a los poseídos de demonios).

12:30. Los antiguos maestros judíos definían sus conceptos con la mayor precisión posible; esta afirmación y la de Marcos 9:40 significan: "Una persona está o bien de un lado o del otro". Otros dichos contrastantes similares a este circularon en la antigüedad.

12:31, 32. Los maestros judíos por lo general enseñaban que los sufrimientos de una persona en esta vida podían compensar algunos pecados; pero que ciertos pecados graves se trasladarían al mundo venidero. (De manera similar, algunos maestros declaraban que el *arrepentimiento del rey Manasés le permitió ser perdonado en este mundo pero no en el venidero.) Los pecados "altaneros", la rebelión deliberada contra Dios, no podían ser expiados bajo las leyes del AT. La blasfemia se castigaba con la muerte (Lev. 24:10-23).

De esta manera, Jesús considera la blasfemia contra el *Espíritu Santo, el rechazo permanente de su identidad (Mat. 12:18) atestiguada por las obras del Espíritu (12:28), como el peor de los pecados. (Sobre el significado de la blasfemia en general, ver el comentario sobre 9:3-7.)

12:33. Para el uso figurado de "frutos" en el AT, ver el comentario sobre 3:8; el fruto aquí son las palabras de ellos (12:34-37).

12:34, 35. Las palabras de ellos (12:36, 37) contra él revelaban la condición de su corazón; con respecto a "generación de víboras", ver el comentario sobre 3:7 (cf. también Isa. 57:3, 4; 59:5-8). Otros maestros judíos a menudo destacaban también la importancia de un corazón recto (aunque creer algo y ser algo no siempre es la misma cosa, como testifican en la actualidad las vidas de muchos que afirman ser cristianos). En la tradición judía sobre la sabiduría las personas se caracterizaban por sus acciones como necias, sabias, pecadoras, etc.

12:36, 37. Muchos proverbios ponen énfasis en la importancia de hablar con prudencia y señalan que el silencio es mejor que las palabras desacertadas (p. ej., Prov. 10:11; 15:4; 17:27, 28). Pero si había palabras que el judaísmo asociaba más que a otras con la inmoralidad y el destino eterno, ellas eran la confesión básica de la condición de único de Dios en la *Shemá* ("Oye Israel, el Señor tu Dios uno es", Deut. 6:4; cf. Mar. 12:29); de todas las palabras desatinadas que pudieran haber revelado la condición de sus corazones, los opositores de Jesús revelaron su corazón especialmente en el rechazo de testimonio que era precisamente tan crítico como la *Shemá* (12:32).

12:38-45
Una generación endemoniada

Aquí Jesús vuelve a la carga: ellos, no él, son siervos de *Satanás.

12:38-41. Los debates judíos sobre los tiempos del fin incluían a convertidos de entre los pobres, quienes testificaban contra aquellos que decían que eran demasiado pobres para seguir a Dios; convertidos de entre los ricos, convertidos de entre los *gentiles, y así sucesivamente. Aquí Jesús apela a los paganos que se convertían. Algunos maestros judíos rechazaban a Jonás por su desobediencia inicial a Dios "en nombre de Israel" (decían que él temía que el *arrepentimiento de Nínive dejaría en la condenación al Israel que no se arrepentía). En el AT Nínive era responsable por destruir para siempre el reino de Israel, y esta era la máxima ilustración de la maldad (p. ej., Nah. 2:8; 3:1, 7); pero el arrepentimiento de Nínive en Jonás 3:10 enseñaba también que Dios podía perdonar a los paganos que se volvían a él (Jon. 1:15, 16; 4:10, 11) como así también juzgar a sus siervos desobedientes (1:14, 15). (Algunos *rabinos creían que Jonás representaba el arrepentimiento de los gentiles, porque ponía de manifiesto la falta de arrepentimiento de Israel).

"Tres días y tres noches" (Jon. 1:17) no necesariamente implica días completos; fracciones de un día de 24 horas se contaban como el día entero. En la ley judía temprana, el testimonio de la muerte de una persona se aceptaba solamente después de tres días.

12:42. Algunas tradiciones identificaban a la "reina del Sur", la reina de Saba (1 Rey. 10:1) con la reina de Etiopía (cf. Hech. 8:27).

12:43-45. El punto de la enseñanza de Jesús es que aunque él expulsa demonios, esta generación malvada los invita a volver aún con más insistencia. En la tradición judía, el desierto era un lugar natural de habitación de demonios, y "otros siete" era una forma tradicional de expresar castigo severo (Gén. 4:15, 24; Lev. 26:18), de modo que los oyentes habrían entendido fácilmente lo que Jesús quería decir.

12:46-50
La verdadera familia de Jesús

Ver el comentario sobre Marcos 3:31-34. La fidelidad para con la propia familia y su respeto por ella recibían tanto énfasis, que estas palabras seguramente impactaron muy fuerte en sus oyentes. Muchos intérpretes judíos consideraban el mandamiento de honrar al padre y a la madre como el más importante de la *ley.

Las relaciones familiares en el mundo antiguo a menudo estaban definidas por jerarquías más que por lazos afectivos, de manera que se esperaba que las esposas y especialmente los hijos (y, en hogares pudientes, los esclavos) obedecieran al padre de la casa. Jesús puede así definir a su "madre y a sus hermanos" como aquellos que obedecen a su Padre. Desconocer o repudiar a los miembros literales de la familia era tan repugnante que aun el uso de la imagen habría sido culturalmente ofensivo. Más aún, en el judaísmo, el lenguaje de parentesco espiritual o figurado (especialmente "hermanos") se entendía desde un punto de vista étnico (hermanos israelitas).

13:1-9
El sembrador, la semilla y los terrenos

Era común que los *rabinos enseñaran por medio de *parábolas, que eran ilustraciones en forma de sermones, para comunicar su enseñanza o enseñanzas principales. Esta forma de enseñanza judía de Palestina aparece en el NT solamente en las enseñanzas de Jesús, y en consecuencia no puede atribuirse a la composición por parte de la *iglesia posterior fuera de la Palestina judía.

La mayoría de los habitantes del imperio romano eran agricultores o pastores. El círculo selecto de los instruidos a menudo ignoraba esta numerosa población, pero las ilustraciones de Jesús muestran que ministró frecuentemente entre esta clase social. Aunque Galilea estaba densamente poblada con aldeas y ostentaba dos ciudades importantes (Séforis y Tiberias), la mayoría de sus habitantes eran labradores rurales.

13:1, 2. Jesús entra en la barca con el propósito de aliviarse de la presión de la multitud, pero esto también haría que lo pudiesen oír con mayor facilidad; una persona que hablaba a una multitud sobre la playa producía una condición acústica ideal.

13:3, 4. A menudo (aunque no siempre) la semilla se sembraba antes de arar la tierra; así es que muchas veces podía acontecerle cualquiera de las suertes señaladas aquí. Un agricultor podía sembrar arrojando las semillas con la mano, como probablemente sea el caso aquí, o podía dejarla salir lentamente de agujeros en una bolsa cargada sobre un animal. El "camino" es uno de los muchos senderos a través del campo.

13:5, 6. Gran parte de la tierra en Palestina tiene solamente una delgada capa de tierra sobre la roca; si el sembrador no había arado primero, no sabría que había desperdiciado semilla en esta tierra hasta después de sembrar.

13:7. Es probable también que estos espinos no hayan estado a la vista; en lugar de ser arrancados, quizá habían sido cortados o quemados, quedando raíces de las cuales podían crecer espinos junto con la semilla y luego ahogarla.

13:8. Un rendimiento de treinta, de sesenta, y de ciento por uno son cosechas extraordinariamente buenas para la tierra de Galilea. El valle del Jordán normalmente rendía entre diez y ciento por uno, de modo que una cosecha de ciento por uno no necesariamente debía ser considerada milagrosa (Gén. 26:12; cf. Amós 9:13). Pero para gran parte de Palestina el rendimiento promedio era de diez por uno (es decir, que se obtenían diez semillas por cada semilla sembrada), y todos los rendimientos que Jesús señala son excelentes.

13:9. En especial, los *discípulos aprendían al escuchar cuidadosamente a sus maestros.

13:10-23
La parábola del sembrador explicada: la importancia de entender la Palabra

Que algunos miembros de la comunidad de los *discípulos no perseveraran, guarda semejanza con los modelos del AT. En el AT algunas personas, como Saúl, se apartaron de la obediencia a Dios, en tanto que otros, como David, perseveraron a través de muchas pruebas.

13:10. Los discípulos hacían preguntas a su maestro hasta entender lo que quería decir.

13:11-13. Las *parábolas tenían el propósito de explicar el punto de un rabino, ilustrándolo; sin embargo, si el punto no se definía, la parábola no pasaría de ser más que un relato. Los rabinos tenían algunas enseñanzas más secretas que consideraban que solamente sus discípulos más cercarnos podían manejar, y las reservaban para la instrucción privada. El significado de las parábolas de Jesús, entonces, sería entendido solamente por aquellos que habían elegido formar parte de su grupo.

13:14, 15. La gente en el tiempo de Jesús era como la del tiempo de Isaías, que oía la palabra pero que no podía escuchar y arrepentirse genuinamente (Isa. 6:9, 10).

13:16, 17. Algunos textos judíos describen la manera en que los justos en el AT anhelaban ver la era de la redención mesiánica y una revelación más plena de Dios. Hacer una declaración acerca de alguien (en este caso, Jesús) por vía de bendecir a otro (en este caso, aquellos que lo vieron en contraste con los ciegos de 13:15) era una técnica *retórica aceptada en ese tiempo.

13:18-23. Los de afuera elegían lo que harían con la palabra cuando les llegara. Los *rabinos algunas veces decían que una persona sería consumida o bien por la *ley o por las preocupaciones de este mundo (v. 22).

13:24-30
La historia del trigo y la cizaña

Los terratenientes ricos controlaban la mayor parte de la tierra cultivable en toda la extensión del imperio romano; sus propiedades eran trabajadas ya sea por labriegos libres o por esclavos, cuyas opciones en la vida eran aproximadamente las mismas (excepto que los esclavos podían también ser azotados o vendidos). Muchos de los oyentes de Jesús (13:34) quizá hayan sido agricultores en establecimientos más importantes, los cuales se habrían identificado fácilmente con la dificultad de la situación que él describía.

13:24. "El reino de los cielos es semejante a un hombre que..." no significa que el *reino se compare solamente con el hombre. Las *parábolas *rabínicas a menudo comenzaban con "¿A qué compararé tal y tal cosa?" o, "Tal y tal cosa es como...". En estas parábolas la frase significaba que el tema estaba siendo explicado por la totalidad de la analogía que seguía, no solamente por la palabra siguiente.

13:25-27. El elemento básico de la dieta palestina (y de la dieta antigua en general) era el pan; por eso, el trigo era esencial. Pero había una planta venenosa conocida como cizaña, que era muy parecida al trigo en sus etapas tempranas, y solamente podía distinguirse de este cuando aparecía la espiga.

13:28, 29. Los campos normalmente se limpiaban de malezas en la primavera, pero si las malezas se descubrían demasiado tarde, como en este caso, se corría el riesgo de arrancar con ellas el trigo; el señor no quiere poner en riesgo su trigo. Sin embargo, una vez que estuviera plenamente desarrollado, los segadores podían cortar el trigo exactamente debajo de la espiga, dejando las malezas (cizaña) más cortas para cortar en otro momento.

13:30. Aunque la Palestina del primer siglo tuvo indudablemente más forestación de la que llegó a tener con el correr del tiempo, gran parte de la forestación de ese entonces había sido talada, y el combustible no podía desperdiciarse; una vez seca, la cizaña al menos servía para algo: combustible para el fuego.

13:31-33
Los relatos de la semilla de mostaza y la levadura

El enfoque de ambas *parábolas es que el *reino poderoso que todos esperaban podía surgir de comienzos aparentemente oscuros, como Jesús y los *discípulos.

13:31, 32. Los estudiosos aún están en desacuerdo con respecto a qué planta se refiere Jesús con la "semilla de mostaza". Sin embargo, de ninguna manera es la más pequeña de todas las semillas que los oyentes de Jesús pudieran haber conocido (la semilla de orquídea es más pequeña); el punto es que se la reconocía como muy pequeña y, sin embargo, producía una planta de gran tamaño. En la zona cercana al mar de Galilea puede alcanzar una altura de tres metros, y en algunos casos ha llegado a los cinco metros. No obstante, su altura habitual es de alrededor de 1,20 m; debido a que no era una planta perenne, las aves no podrían hacer sus nidos en ella al comienzo de la primavera. Sin embargo, la *hipérbole que Jesús aplica a la mejor imagen que tenía a su disposición para destacar el crecimiento desde lo pequeño a lo grande, no cambia el punto; el *reino podría comenzar en oscuridad, pero culminaría en gloria.

Aun si las aves no pudieran anidar en la planta de mostaza, podían posarse en ella (el término de Mateo aquí se usaba de esa manera algunas veces); el lenguaje de Mateo aquí hace alusión a Daniel 4:12, el esplendor del reino de otro gobernante. Las fuentes sugieren que la costumbre palestina relegaba a las semillas de mostaza al campo abierto más que a los huertos; uno podría así contrastar Mateo 13:31 con Lucas 13:19, donde cada uno adapta la imagen para sus respectivos lectores.

13:33. Las ciudades romanas tenían panaderías, pero la imagen aquí es la de una mujer de la zona rural de Galilea. El fermento, o la levadura, se mezclaba con la harina. Tres medidas de harina (aproximadamente unos 22 litros) era todo lo que una mujer podía amasar, y el pan resultante podía alimentar a unas cien personas.

13:34, 35
Enseñanzas secretas

Ver el comentario sobre Mateo 13:10-13. Mateo cita el Salmo 72:2, donde el salmista describe su conocimiento en términos tradicionales de sabiduría hebrea y luego pasa a explicar su contenido en el resto del Salmo: la historia de las acciones fieles y salvadoras de Dios, y de la rebelión de su pueblo.

13:36-43
La separación final del trigo y la cizaña

Diversos grupos, como los *esenios, se aislaban del resto del judaísmo para buscar un nivel mayor de pureza. Pero, como todos los grupos entendían, únicamente Dios conocía los corazones de todas las personas. Solamente al final, en el día del juicio, se produciría la separación concreta de los justos y los malos. La cosecha se utiliza en otros lugares (p. ej., 4 Esdras 4:30-32; *2 Baruc 70:2; cf. Isa. 32:13-15; Jer. 31:27, 28; Ose. 2:21-23; 6:11) como símbolo del fin, y los textos judíos algunas veces comparan al infierno con un horno (1 *Enoc 54:6; algunos manuscritos en 98:3; 4 Esdras 7:36). Otros textos judíos también hablaban de los justos que resplandecerían con gloria en el reino futuro.

13:44-46
El valor del reino

13:44. Los tesoros a menudo se enterraban para protegerlos. La circunstancia más probable contemplada aquí es la de un labriego que mientras trabajaba el campo de un terrateniente rico halló el tesoro, pero volvió a cubrirlo para evitar que el dueño de la tierra lo reclamara para sí. El labriego invirtió entonces todos sus recursos en ese campo para obtener el tesoro. Era normal que entre los pobres circularan relatos de hallazgos de tesoros; Jesús usa la idea del relato para alentar a sus oyentes a buscar un tesoro mucho mayor que cualquier tesoro de la tierra.

13:45, 46. Los buceadores buscaban perlas en el mar Rojo, el golfo Pérsico y el océano Índico, y algunas perlas podían valer sumas equivalentes a millones de dólares. Los oyentes de Jesús probablemente estuvieran familiarizados con la idea básica del relato; al parecer existía un relato tradicional muy similar, aunque no apuntaba a la misma enseñanza con respecto al *reino.

13:47-50
La separación final de los peces

Para una discusión más amplia ver 4:19; sobre separación, 13:36-43; para el horno, ver el comentario sobre 13:36-43. Se utilizaban diferentes tipos de redes para pescar; las redes de arrastre (el tipo usado aquí) eran mucho más grandes que las redes usadas en 4:18. Se cree que se utilizaban flotadores y plomadas para mantener una parte del extremo ancho de la red sobre la superficie, mientras la otra parte era arrastrada en el fondo.

13:51, 52
Escribas para el reino

La ley y la sabiduría a menudo se comparaban con tesoros (y en algunos casos con una perla); naturalmente, los *escribas, que por lo general eran muy versados en la ley, tenían el tesoro "viejo", y el mensaje del *reino les daba algo nuevo. La imagen es la de un dueño de casa que pagaba sus gastos con monedas nuevas y antiguas guardadas en un cofre escondido en su casa. Algunos estudiosos sugieren que el Evangelio de Mateo está dirigido especialmente a escribas cristianos cuya vocación es hacer de los *gentiles discípulos del mayor de los maestros: Jesús (28:19).

13:53-58
Sin honra en su propia tierra

Para más detalles, ver el comentario sobre Marcos 6:1-6. La tradición de los profetas que eran rechazados por su propia ciudad era antigua (Jer. 1:18, 19; 11:21-23), pero el tema de la persecución de los profetas se había desarrollado aún más en el saber popular judío subsiguiente.

En la época en que Jesús crecía en Nazaret, la demanda de carpinteros allí era grande (para reconstruir la cercana Séforis, que había sido quemada y sus habitantes que sobrevivieron hechos esclavos); en consecuencia, no es de sorprenderse que ésta fuera la ocupación de José. Los carpinteros se ocupaban de todo tipo de trabajos en madera, como arados, sillas y la madera para los techos. También se ocupaban de la albañilería cuando los edificios se construían con piedras. Nazaret misma era una aldea pequeña en este tiempo, con una población de entre 1.600 y 2.000 habitantes; en consecuencia Jesús habría sido conocido para muchos de los habitantes de su ciudad.

14:1-12
Herodes ejecuta a Juan

Para un desarrollo en mayor detalle, ver Marcos 6:14-29. Este pasaje se refiere no a Herodes el Grande, quien murió a los pocos años del nacimiento de Jesús, sino a Herodes Antipas, hijo de Herodes el Grande y una mujer *samaritana, hermano de Arquelao (2:22). Había gobernado en Galilea y Perea (esta última era una franja angosta de territorio al este del Jordán) desde aproximadamente el año 4 a. de J.C., y continuó en el poder hasta el año 39 d. de J.C.

14:1. Mateo usa el término "tetrarca" , verdadero título de Herodes Antipas, en lugar del título sarcástico o liviano que le asigna Marcos ("rey"). "Tetrarca" significaba originalmente gobernador de una cuarta parte de cierto territorio, pero los romanos lo aplicaban a los gobernadores de cualquier sector del mismo; el reino de Herodes el Grande había sido dividido en el 4 año a. de J.C. entre Arquelao (suplantado más tarde por procuradores romanos), Antipas y Felipe.

14:2-4. Josefo, historiador del primer siglo, también señala la aventura amorosa de Herodes Antipas con su cuñada Herodía. El tetrarca y su amante se divorciaron de sus cónyuges para casarse, y con este acto Herodes ofendió a su ex suegro, el rey nabateo, lo cual condujo a una guerra en la cual el honor de Herodes resultó seriamente dañado. Por eso, Juan suponía que Herodes se enojaría por su predicación, pero igualmente predicó; Herodes bien podría haber interpretado la predicación moral de Juan como una crítica política.

14:5, 6. En este período, los judíos normalmente no celebraban los cumpleaños (Josefo declara que la celebración de los cumpleaños estaba prohibida). Pero aunque la mayoría de los judíos consideraban la celebración de los cumpleaños como una costumbre *gentil, la aristocracia evidenciaba una considerable influencia griega. En la fortaleza Macaerus de Herodes, los hombres y mujeres comían en salones separados, de manera que Herodía no habría visto personalmente la conducta de Herodes para con su hija Salomé.

14:7. El juramento de Herodes era el de un ebrio; como vasallo de Roma, no tenía autoridad para comprometer parte alguna de su territorio (ver Mar. 6:23).

14:8, 9. Era una afrenta al honor de una persona quebrar un juramento delante de invitados, aunque (como en este caso) los maestros judíos habrían condonado el juramento.

14:10, 11. La ley judía requería un juicio antes de la ejecución; aquí Herodes, con el poder que le asignaron los romanos, ignora esta ley. El descabezamiento era el método de ejecución más rápido y menos penoso, y se llevaba a cabo con una espada, pero era una costumbre griega y romana, contraria a la costumbre judía.

14:12. El hijo de una persona normalmente se hacía cargo del entierro; o bien Juan no tenía hijos adultos (lo cual es probable), o sus *discípulos eran los únicos dispuestos a cumplir esta función. Aunque en todo el mundo antiguo (excepto para algunos filósofos excéntricos) se consideraba que la falta de un entierro adecuado era la peor de las suertes, la ley judía prohibía el duelo público por aquellos que eran ejecutados conforme a la ley judía, y Herodes podría haberse molestado por cualquiera que se presentara a pedir el cuerpo.

14:13-21
La alimentación de los cinco mil

Para más detalles ver el comentario sobre Marcos 6:32-44. Los informes antiguos más importantes sobre milagros de alimentación son los informes del maná y las codornices que comió Israel en el desierto, y los milagros realizados por los profetas (p. ej., Eliseo, en 2 Rey. 4:42-44).

14:13-15. El pan y el pescado eran los elementos básicos de la dieta palestina; la carne era más cara y casi nunca se comía, excepto en las fiestas. Los maestros normalmente no eran responsables de alimentar a sus *discípulos con sus propios recursos.

14:16. Los estudiantes en la antigüedad a menudo pagaban a sus maestros (aunque otros maestros se sostenían a sí mismos); era una actitud honorable invitar a un maestro a comer y brindarle la máxima hospitalidad. Pero aquí Jesús, el maestro, asume el rol de anfitrión o proveedor. (Aunque los *discípulos a menudo veían a los maestros como figuras paternales, raras veces los maestros tenían los medios como para proveer para los discípulos con base en sus propios recursos.) El énfasis dado en la antigüedad a la hospitalidad incluía tanto la comida como el alojamiento para los invitados.

14:17, 18. Con respecto a la incredulidad de los discípulos-profetas, cf. especialmente 2 Reyes 4:42, 43, cuando Eliseo les ordena distribuir la comida a la gente.

14:19. Era costumbre que el cabeza de la familia "bendijera" la comida o diera gracias por ella antes de comer.

14:20. Una fuente informa que los judíos que viajaban llevaban consigo canastas; de esta manera las doce canastas podrían haber pertenecido a los *discípulos mismos.

14:21. Una multitud de cinco mil hombres además de mujeres y niños era mayor que la mayoría de las aldeas que cubrían la campiña de Galilea.

14:22-33
Jesús camina sobre el agua

Ver también Marcos 6:45-52. Tanto Moisés como Josué, Elías y Eliseo habían realizado milagros relacionados con el agua, partiendo el mar o el río Jordán; pero el único de quien el AT decía que se había desplazado o "movido" sobre las aguas era Dios mismo (la NVI traduce en Génesis 1:2: "...y el Espíritu de Dios iba y venía sobre la superficie de las aguas").

14:22. Debido a que el maestro controlaba la duración de la experiencia de enseñanza, se entendería que Jesús podía enviar a las multitudes a sus casas.

14:23. Los piadosos normalmente apartaban dos horas específicas por día para la oración; aquí Jesús dedica la totalidad del resto del día para orar (aunque la duración de este tiempo es incierta, debido al uso ambiguo que hace aquí Mateo de "atardecer" y "noche" [vv. 15, 23]). Los montes eran lugares de oración para Moisés y Elías; aquí, lejos de la agitada vida urbana de Galilea, Jesús podía encontrar soledad.

14:24. Es común que en el mar de Galilea se produzcan súbitas tormentas fuertes.

14:25. La cuarta o última vigilia de la noche era entre las tres y las seis de la mañana; las vigilias comenzaban a las seis de la tarde. Los judíos a menudo dividían la noche en tres vigilias, pero los romanos tenían cuatro.

14:26. La creencia en fantasmas o espíritus desencarnados era común a nivel popular en la antigüedad, aun cuando la idea de los fantasmas contradecía las enseñanzas judías populares con respecto a la *resurrección de entre los muertos.

14:27. La respuesta de Jesús es literalmente "Yo soy", como bien señala la RVA; aunque también puede traducirse "Soy yo", como en muchas otras versiones, quizá aluda a la revelación de Dios de sí mismo en Éxodo 3:14 e Isaías 43:10, 13: "YO SOY".

14:28-32. A pesar del fracaso de perseverancia de Pedro, al lanzarse a caminar sobre el agua había hecho algo que ni siquiera los mayores profetas del AT habían hecho. Caminar sobre el agua podría recordar a los lectores la ocasión del cruce del mar Rojo o el Jordán por parte de los israelitas, pero era un milagro mayor. (En un relato que hacían los *rabinos, no podemos determinar si se trataba de un relato de época tan temprana como la de Jesús, el primer israelita en cruzar el mar Rojo comenzó a hundirse bajo las olas, pero fue rescatado por la vara de Moisés, la cual partió el mar.) Con respecto al rescate por parte de Jesús, cf. Salmos 18:16 y 144:7.

14:33. El término *adorar* se aplicaba a la honra ofrecida a los reyes paganos como también a la ofrecida a las deidades. Aunque podría indicar la postración como señal de respeto (p. ej., 1 Sam. 24:8; 25:23), es un término poco frecuente para expresar el asombro de *discípulos judíos frente a un maestro humano, aun en historias de milagros. Las antiguas historias de milagros (incluyendo muchas en los Evangelios) a menudo finalizaban con el asombro y la alabanza de los oyentes.

14:34-36
Sanidades en Genesaret

El "borde" del manto de Jesús se refiere sin duda a las borlas que usaba como judío practicante; ver el comentario sobre 9:20; cf. 23:5. La literatura antigua incluye comúnmente no solo segmentos *narrativos más largos, sino también resúmenes sumarios como este pasaje (cf. 4:23-25). Genesaret era una planicie sobre la costa noroeste del mar de Galilea.

15:1-20
Tradición humana contra la Palabra de Dios

Para más detalles ver Marcos 7:1-23.

15:1, 2. Las fuentes judías contemporáneas siempre caracterizan a los *fariseos como observadores de las tradiciones de los ancianos; de esta manera ellos sentían que podían depender como de una mina de la sabiduría de los piadosos que los habían precedido. El lavado de manos antes de las comidas era una de las más destacadas de las tradiciones, pero no tenía fundamento directo en las Escrituras.

15:3. Jesús responde a la pregunta de los fariseos con una contra pregunta, como hacían a menudo los *rabinos.

15:4-6. El judaísmo exigía universalmente honrar al padre y a la madre, e incluía el sostén económico de los padres ancianos como parte de esta honra. Algunos, como *Josefo, y muchos *rabinos, consideraban esta demanda como el mandamiento más importante en la ley. En consecuencia, los fariseos no habrían estado en desacuerdo con el ejemplo de Jesús; no recomendaban que las personas descuidaran el apoyo a sus padres, pero el permiso de ellos con respecto a votos especiales dedicando cosas exclusivamente para uso "sagrado" creaba este margen o excusa para aquellos que pudieran haber querido usarlo (cf. Prov. 28:24). Algunas excusas legales (como ser el *prozbul*, una regla antigua que burlaba la cancelación de las deudas que ordenaba la ley al séptimo año) tenían el propósito de apuntalar el espíritu de la ley; esta, inadvertidamente socavaba aun eso.

15:7-9. En su tiempo, Isaías atacó a los que daban valor a la tradición y no al mensaje de Dios a través de la Ley y los Profetas; el mismo mensaje todavía tenía aplicación en el tiempo de Jesús.

15:10, 11. En un relato posterior, Johanan ben Zakkai, un maestro judío de la generación siguiente a Jesús reconoció privadamente a sus *discípulos que la impureza externa en realidad no corrompía. Uno debía simplemente guardar los mandamientos de Dios acerca de la pureza; pero esta clase de enseñanza, aunque se había difundido ampliamente, no se enfatizaba en público, no fuera que las personas dejaran de guardar las leyes ceremoniales (como sucedía entre algunos judíos de buena posición social en Egipto).

15:12. Aunque los *fariseos (de cuyos maestros al parecer salieron la mayoría de los *rabinos posteriores) prácticamente no tenían poder político, eran respetados y tenían gran influencia entre la gente. En consecuencia, ofenderlos no parecía ser prudente.

15:13, 14. Las imágenes de arrancar o desarraigar (Jer. 42:10; 45:4; cf. 1:10; 11:16-19; 12:2; 24:6; 31:28), de la ceguera (15:14; cf., p. ej., Deut. 29:4; Isa. 6:10; 42:19) y de líderes que con falsedad guían a otros al error (Isa. 3:12-15; 9:16) son comunes en el lenguaje de juicio del AT; los *Rollos MM describen de manera similar a la comunidad de *Qumrán como un vástago plantado por Dios. La imagen aquí es la de un agricultor que prepara su campo y lo limpia de malezas indeseables (cf. con 13:30). El punto de la respuesta de Jesús a sus *discípulos es: No se preocupen por el poder de los *fariseos, porque el día del juicio para ellos ya viene (Mat. 3:10).

15:15-20. Tales puntos de vista eran poco frecuentes, y aún menos frecuente era su divulgación en público; ver el comentario sobre 15:10, 11. Los judíos liberales de Alejandría, que ya no creían en la observación literal de las leyes sobre la comida (Lev. 11; Deut. 14), eran despreciados de manera particular por sus colegas más conservadores. Pero todos al menos deberían coincidir con Jesús en que lo más importante es el corazón (ver Isa. 29:13, citado en Mat. 15:8, 9; cf. también Isa. 59:13).

15:21-28
Misericordia para los cananeos

15:21. Tiro y Sidón eran tradicionalmente territorio pagano. Sidón había sido la ciudad de Jezabel (1 Rey. 16:31). Pero en la misma generación, una mujer de esa región había recibido comida y sanidad para su hijo de manera milagrosa a través del profeta Elías, y de esta manera se convirtió en una creyente completa en el Dios de Israel (1 Rey. 17:8-24). En el período de Jesús, era necesario pasar por el territorio que pertenecía a Sirofenicia, como en este caso, para llegar desde Galilea a Cesarea de Filipo. No obstante, había muchos judíos que aún vivían allí.

15:22. Los cananeos, muchos de cuyos sobrevivientes habían sido empujados hacia el norte, a Fenicia, durante la conquista Israelita, eran los enemigos de Israel más despreciados moralmente en el AT. La caracterización de esta mujer con el término que usa Mateo habría resultado muy irritante para algún lector judío que aún guardara alguna tendencia racista. Pero al reconocer a Jesús como "Hijo de David", *Mesías, ella también reconoce el derecho del reino de David (quien también había incluido a muchos no judíos como sus aliados) sobre la tierra. ¿Cómo podría un judío conservar su prejuicio contra una mujer cananea como esta?

15:23, 24. La declaración de Jesús en el versículo 24 no impide una misión posterior a los *gentiles. El siervo de Isaías 53:6-8 sufre a favor de las ovejas perdidas de Israel (cf. Isa. 40:11; 56:11), pero la misión del siervo era, en última instancia, reconciliar a todas las naciones con Dios (Isa. 42:6; 49:6, 7).

15:25-28. Ciertas personas en el AT, de las cuales se destacan especialmente la mujer de

Sidón a quien vino Elías (1 Rey. 17:18, 19) y la mujer sunamita en el caso de Eliseo (2 Rey. 4:28-36), expusieron su necesidad delante de un profeta y no estaban dispuestas a quedarse con un no; Dios respondió a sus oraciones con un sí. (Se dice que algunos maestros judíos más cercanos al tiempo de Jesús ejercitaron la misma clase de respuesta santa inesperada al orar por lluvia, etc.) Aun aquellos que tenían una gran intimidad con Dios se acercaban a él solamente con el máximo de los respetos al orar una oración insistente (Gén. 18:22-32); pero también se negaron a ser disuadidos.

15:29-31
Cojos, mancos, ciegos y mudos reciben sanidad

Aquí Jesús sana muchos tipos de enfermedades serias. Aun en una cultura donde las personas no negaban la existencia de milagros, estas sanidades eran extraordinarias. El resumen de Mateo de tales milagros quizá trajera a la memoria profecías de Isaías (35:5, 6; cf. 29:18, 19, 23).

15:32-39
La segunda alimentación

El primer milagro de alimentación de Jesús (ver el comentario sobre Mat. 14:13-21) no fue una excepción; él podía repetirlo en cualquier momento. Magdala (v. 39) era la ciudad de María Magdalena; ha sido identificada con Taricaea, donde al parecer trabajaban muchos pescadores.

16:1-4
Ninguna otra señal sino la de Jonás

16:1. Los *fariseos y *saduceos discrepaban en la mayor parte de asuntos. Los fariseos tenían gran apoyo popular, mientras que los saduceos tenían poder político. Juntos, podían formar un equipo peligroso. Al escribir probablemente después del año 70 d. de J.C., Mateo a menudo vincula entre sí a los diversos líderes, aunque en su tiempo los fariseos estaban ganando la exclusiva preponderancia en la política religiosa de Palestina. Sobre esta clase de tentación, cf. 4:3.

16:2, 3. En el versículo 1 ellos piden una señal del cielo (cf. 2 Rey. 20:8, 9; Isa. 38:7; 2 Crón. 32:24); los astrólogos usaban señales en los cielos para predecir la caída de emperadores, y los rabinos también trataban de interpretar tales señales. Escritores judíos tales como *Josefo creían que había portentos en los cielos cuando iban a ocurrir desastres (cf. también Mat. 24:29, 30). Algunos profetas, como Elías, habían producido concretamente señales del cielo (invocó fuego del cielo, 1 Rey. 18:38) pero la mayoría de las señales proféticas no eran tan espectaculares (Jue. 6:17; Isa. 7:11-14; 8:18; 19:20; 20:3; 37:30; 38:7; 66:19; Eze. 4:3; 12:11; 24:24, 27). Quizá los opositores de Jesús estuvieran buscando una señal que validara su condición de profeta, algunos rabinos creían que los profetas podían aun dejar de lado de manera temporal algunos mandamientos de la *ley, con tal que estuviesen confirmados por señales, o quizá meramente buscaban que él hiciera alguna predicción. (El "cielo" era un título judío para Dios, de modo que ellos podían simplemente haber querido decir una señal "de Dios".)

16:4. Al igual que sus antecesores que no atendieron a las obras que Dios ya había hecho entre ellos, esta generación es malvada (Deut. 32:5, 20 en contexto). Ellos ya habían recibido señales (Mat. 16:3) aún más claras que las señales habituales de Dios desde los cielos (16:2), pero la confirmación final sería la *resurrección (12:40).

16:5-12
Levadura maligna

16:5, 6. La tradición judía algunas veces usaba la levadura para simbolizar el mal. Algunos maestros judíos hacían tales comparaciones

(p. ej., describir la falsa enseñanza como agua envenenada; en consecuencia, los *discípulos debían haber reconocido que su *rabino podía hablar de manera figurada. Sobre los *fariseos y *saduceos, ver el comentario sobre 16:1 y el glosario.

16:7-11. Al igual que Israel en el desierto, los contemporáneos de Jesús olvidaban rápidamente la provisión de Dios en el pasado, y él a menudo los instaba a recordar (p. ej., Deut. 8).

16:12. Los *saduceos negaban la *resurrección (Mat. 22:23) y los *fariseos se aferraban a las tradiciones humanas (15:2, 3); a través de todo el Evangelio de Mateo, ambos se oponen a Jesús.

16:13-20
El Cristo y la roca

16:13. Cesarea de Filipo (una ciudad diferente a la Cesarea que aparece habitualmente en el NT, la cual estaba sobre la costa) era territorio pagano, cerca de una gruta dedicada a la adoración de la deidad griega Pan; Herodes había dedicado también allí un templo para la adoración a César. En consecuencia, estaba lejos de ser el lugar más esperado para recibir una revelación divina. La ciudad estaba a unos 40 km del lago de Galilea y unos 500 m más alta, lo cual explica la necesidad de hacer un alto en el camino; estaba cerca del lugar donde nacía el Jordán, en el territorio de Dan, la frontera norte del antiguo Israel.

16:14. Todas estas respuestas acerca de quién es Jesús caen dentro de la categoría de los "profetas"; aunque la mayoría de los maestros judíos enseñaban que los profetas habían cesado, la expectativa popular por los profetas del tiempo del fin permanecía firme. Se esperaba el regreso de Elías (Mal. 4:5), y muchos de los milagros de Jesús se parecían a los de Elías. Sus oráculos de juicio (Mat. 11:20-24) o su manera de rebajar la importancia del templo (cf. 12:6; 24:1, 2) quizá hayan evocado la comparación con Jeremías.

16:15, 16. Pedro tiene el título correcto, aunque el concepto equivocado de lo que significa *Mesías (16:22). La línea real de David fue adoptada por Dios (2 Sam. 7:14), de manera que era natural que el máximo sucesor a su trono sea llamado Hijo de Dios (Sal. 2:7; 89:27), como observaron algunos intérpretes judíos en este período (p. ej., en el *Florilegium* de la cueva 4 del *Qumrán, un comentario *esenio sobre 2 Sam. 7).

16:17. "Bienaventurado eres" es una forma común de bendición (cf. el comentario sobre Mat. 5:1-12). "Barjonás" es la palabra *aramea para "hijo de Jonás". "Carne y sangre" era una frase judía típica para referirse a los "seres humanos". Aunque todos los judíos ponían énfasis en el aprendizaje a través del estudio de las Escrituras, algunos reconocían también la iluminación divina (p. ej., en los *Rollos MM) o la revelación (literatura *apocalíptica; algún misticismo *rabínico).

16:18. En *arameo, "Pedro" y "roca" son la misma palabra; en griego (aquí), son términos análogos que para este período se usaban de manera intercambiable. Para la idea de una persona como el fundamento sobre el cual se construye algo, cf. Isaías 51:1, 2; Efesios 2:20. (Esta promesa se hace a Pedro porque Pedro fue el que confesó a Jesús [v. 16]; el punto es que Pedro es la roca en su papel del que confiesa, y otros edifican sobre el fundamento a través de su proclamación de la misma confesión.)

El AT a menudo hablaba de aquellos que "edificaban" al pueblo de Dios (p. ej., Rut 4:11; Jer. 1:10) y oraban para que Dios edificara a Israel (Sal. 51:18; 69:35; 147:2; Jer. 24:6; 31:4, 28). En el AT (Job 38:17; Sal. 9:13) y en la tradición judía subsiguiente, "las puertas del Hades" se referían al reino y poder de la muerte; la muerte misma no silenciaría a la *iglesia. Contra aquellos que suponen que Jesús no podría haber planeado la iglesia, aunque eligió a doce discípulos como el núcleo de un remanente para Israel (cf. el uso simbólico de doce en los *Rollos MM), el lenguaje de una "iglesia" ya estaba siendo utilizado por una comunidad de remanente entre sus contemporáneos (Rollos MM).

16:19. Ser encargado de las llaves era una de las funciones más importantes que podía tener un sirviente en una casa (cf. Mar. 13:32-34); un funcionario de alto rango tenía las llaves en un reino (Isa. 22:20-22) y en la casa de Dios, el templo. Las llaves aquí hacen referencia a la autoridad para admitir el ingreso al *reino (Mat. 23:13), sobre la base del conocimiento de la verdad acerca de Jesús (16:16). La comunidad de *Qumrán también tenía funcionarios que decidían sobre la admisión de miembros; la decisión se tomaba sobre la base de la aceptación de las reglas de vida de la comunidad por parte del postulante.

Muchos judíos sentían que la suprema corte judía actuaba sobre la base de la autoridad del tribunal de Dios en el cielo, ratificando, en cierto sentido, sus decretos. "Atar" y "desatar" (también 18:18) eran términos usados normalmente para la autoridad legislativa de los *rabinos en la interpretación de las Escrituras ("prohibir" y "permitir"), en consecuencia podían aplicarse a situaciones jurídicas también.

16:20. Para un comentario sobre el secreto mesiánico, ver la introducción al Evangelio de Marcos.

16:21-28
Una redefinición de mesianismo

Pedro había divulgado la identidad secreta de Jesús (16:16), aunque conservaba un concepto erróneo de lo que esa identidad acarreaba.

16:21. Aun la mayoría de los profetas del AT buscaron evitar el martirio en la medida que les fuera posible, y se quejaron acerca de sus sufrimientos (1 Rey. 19:3, 4; Jer. 20:7-18). Aunque el martirio estaba asociado con los profetas, no era la *meta* de ellos; pero parece ser la meta de Jesús aquí (cf. especialmente 20:28).

16:22. La tradición judía en este período enfatizaba un *Mesías triunfante; aparentemente, solo un siglo después de la enseñanza de Jesús comenzaron los maestros judíos a aceptar la tradición de un Mesías sufriente además de la de uno triunfante. Una de las primeras reglas del discipulado en la antigüedad (con notables raras excepciones) era: Nunca se debe criticar al maestro, especialmente en público. Aquí Pedro rompe esa regla, incluso desde el punto de vista cultural.

16:23. La expresión "piedra de tropiezo" (BA) había llegado a utilizarse de manera figurada para señalar aquello que llevaba a las personas a pecar o a tropezar en su fe. Jesús identifica a Pedro con *Satanás porque propone la misma tentación: el reino sin la cruz (4:9, 10). Los *rabinos algunas veces hacían juegos de palabras con los nombres de los *discípulos; aquí la "roca" (16:18) se convierte en una "piedra de tropiezo".

16:24. Para 16:24-28 ver el comentario sobre Marcos 8:34—9:1. Transportar la viga horizontal en camino a la crucifixión (donde el palo vertical ya estaba plantado esperando a la persona condenada) significaba soportar la burla y el escarnio a lo largo de un sendero que conducía a la muerte como criminal condenado. La crucifixión era la peor forma de muerte por un crimen, la máxima pena romana aplicada solamente a las clases sociales más bajas y a los esclavos; la sola mención de ella causaba horror.

16:25, 26. La vida de uno vale más que cualquier tesoro, el cual sería inservible si uno no estuviera vivo para disfrutarlo (cf. Sal. 49:7, 8; Éxo. 30:12).

16:27, 28. Jesús hace alusión a Daniel 7:13, 14 y en consecuencia aplica lenguaje del AT que describe a Dios como juez máximo (Sal. 62:12; Prov. 24:12; Jer. 17:10; 32:19; Eze. 18:30). La referencia a ángeles es probablemente de Zacarías 14:5, aunque encaja en el contexto de la imagen en Daniel 7:13, 14. "Probar la muerte" era una expresión idiomática para "morir". El versículo 28 es una transición a la revelación que anticipa el *reino, la cual sigue en 17:1-8.

17:1-13
La gloria brilla nuevamente

Este pasaje incluye tantas alusiones a la revelación que Dios hizo de su gloria a Moisés en el monte Sinaí, que la mayoría de los lectores judíos de la antigüedad indudablemente las habrían captado. Para más detalles sobre este pasaje, ver el comentario sobre Marcos 9:2-10.

17:1. Los seis días hacen alusión a Éxodo 24:16, cuando Dios comenzó a hablar a Moisés desde su nube en la montaña.

17:2. Algunos textos judíos describían a ángeles gloriosos o a los justos resucitados en términos como los que describen a Jesús aquí, pero la alusión más fuerte a un aspecto humano transformado gloriosamente se encuentra en Éxodo 34:29, donde el rostro de Moisés irradiaba gloria debido a la revelación que Dios hizo de sí mismo a Moisés.

17:3. Los judíos esperaban el retorno tanto de Moisés como de Elías al final de los tiempos. Ambos (Éxo. 24:15, 16; 1 Rey. 19:8) recibieron palabra de Dios en el monte Sinaí (también llamado Horeb).

17:4. Israel había habitado en enramadas (tabernáculos) en el desierto, mientras la presencia y la gloria de Dios estaba entre ellos.

17:5. La nube de gloria cubría la montaña en Éxodo 24:15 y el tabernáculo en 40:34 (la misma palabra griega se usa en Éxodo 40:35 de la *LXX que usa aquí Mateo). A las alusiones bíblicas en Mateo 3:17 la voz en este pasaje agrega Deuteronomio 18:15: Cuando venga el profeta como Moisés, "a él escucharás".

17:6-8. El temor de los *discípulos era característico de las personas en el AT y la tradición judía posterior, cuando experimentaban revelaciones de Dios.

17:9-13. Los judíos creían que Elías regresaría antes del tiempo del fin para poner en orden las cosas (Mal. 4:5, 6); la *resurrección de todos los justos que habían muerto debía seguir a su venida, en el tiempo del fin.

17:14-23
Una fe inadecuada para el exorcismo

17:14-21. Para más detalles ver el comentario sobre Marcos 9:14-29. Al igual que Moisés, al descender del monte, Jesús debe tratar con el fracaso de aquellos a quienes dejó a cargo (Éxo. 24:14; 32:1-8, 21-25, 35). "Mover montañas" era una expresión judía para referirse a lo que era incomparablemente difícil (las montañas se consideraban las más estables de todas las cosas; cf. Sal. 46:2; Isa. 54:10); las semillas de mostaza se usaban proverbialmente para definir una cantidad pequeña. De esta manera, Jesús señala a los discípulos que nada que Dios les pida que hagan será imposible si confían en él; cf. Zacarías 4:7.

17:22, 23. Jesús predice lo que habría sido obvio a los discípulos, si ellos hubiesen sabido que pensaba echar del atrio del templo a los cambistas: él iba a morir (cf. Mat. 18:31; 19:22; 26:22). Debido a que los discípulos entienden su *resurrección como la resurrección general al final de los tiempos (17:9, 10), no alcanzan a captar lo que él quiere dar a entender.

17:24-27
Los hijos están exentos

17:24. En todo el mundo antiguo, los hombres judíos adultos libres expresaban su solidaridad con el templo y la Tierra Santa pagando un impuesto de medio siclo (Éxo. 30:13-16); en los tiempos del NT este era de dos dracmas (como aquí), o el equivalente al salario de dos días de trabajo. Después del año 70, en el tiempo de Mateo, los romanos confiscaron este impuesto para el mantenimiento de un templo pagano, y en el principio algunos judíos quizá se hayan negado a pagarlo; pero en el tiempo de Jesús, cualquier judío leal al judaísmo lo habría pagado. Los cobradores locales del impuesto quizá se hayan preguntado acerca del punto de vista de Jesús con respecto al asunto, si es que él ya había manifestado alguna oposición al templo (como más tarde en 21:12-14; 23:38—24:15); los cobradores no obligaban a pagar a los que vivían de la contribución de otros (como podrían suponer que sería el caso de Jesús, Luc. 8:3) o a los mendigos. Por otra parte, quizá simplemente se estarían preguntando si lo pagaría en esta localidad o en otra parte, porque los *discípulos estaban en constante movimiento.

17:25, 26. Como un buen profeta, Jesús responde a Pedro aun antes que Pedro mencione el tema (1 Sam. 9:20; 1 Rey. 14:6; 2 Rey. 5:26; 6:32).

La respuesta a la pregunta de Jesús era obvia; la familia real no se autoimponía impuestos. El punto de Jesús es, entonces, que el Hijo de Dios no debía pagar impuestos para el mantenimiento de la casa de su Padre. (El principio de la exención era conocido en el judaísmo: los servidores del templo, los sacerdotes, lo aplicaban a sí mismos, para mortificación de algunos de sus contemporáneos *fariseos [*Mishna *Shegalim* 1:3, 4].) Para los lectores de Mateo esta expresión significaría: No es porque Jesús no se solidariza con el judaísmo (porque sí lo hace), sino porque él es la *esperanza* del judaísmo, es que no necesita pagar.

17:27. No obstante, sobre la base de la solidaridad con el resto de la comunidad judía, Jesús paga el impuesto. Si alguno de los lectores cristianos judíos de Mateo hubiese estado buscando una excusa para evitar el pago del impuesto en su propio tiempo, este versículo le habría alentado a pagarlo.

Un estatero equivalía a cuatro dracmas (cuatro denarios); en consecuencia, cubría el impuesto para Jesús y para Pedro. Los maestros judíos tenían diversos relatos que describían la manera en que Dios recompensaba a los judíos fieles que compraban pescados y encontraban piedras preciosas en ellos; si estos relatos eran de época tan temprana como el primer siglo (su fecha no puede determinarse con certeza), Pedro quizá se hubiese sorprendido de que algo similar en realidad le había sucedido a él. Algunos peces en el lago de Galilea tenían bocas lo suficientemente grandes como para contener estateros; uno de tales peces era el que ahora es denominado *Chromis simonis* (nombrado en honor a Simón Pedro).

18:1-6
La ofensa a los niños

Para mayor información ver el comentario sobre Marcos 9:33-37.

18:1. Algunos textos judíos hablan de diferentes recompensas y jerarquías en el *reino. Las jerarquías y el *status* eran temas que los miembros de la sociedad antigua enfrentaban diariamente.

18:2-4. Los miembros más débiles de la sociedad en la antigüedad eran los niños pequeños; en la mayor parte de la sociedad antigua, la importancia de la posición social (*status*) y la autoridad aumentaba con la edad. En la cultura judía, los niños eran amados, no despreciados; pero el punto es que aparte de ese amor ellos no tenían una posición social y no tenían poder ni privilegios fuera de lo que recibían como personas absolutamente dependientes de sus padres. "Volverse" ("convertirse", BA) quizá haga alusión a la idea judía de "cambiar" (como traduce la NVI), regresar o *arrepentirse.

18:5. Sobre "en mi nombre", ver el comentario sobre 10:40.

18:6. "Tropezar" se utilizaba a menudo de manera metafórica para referirse al acto de pecar o apartarse de la fe verdadera. Las piedras de molino se utilizaban para moler cereales. Eran extremadamente pesadas, y el término usado aquí se refiere al tipo de piedra de molino más pesada que era movida por un burro, y no tanto al tipo más liviano que usaría una mujer. Los judíos consideraban este castigo como una clase de condena horrible que ejecutarían los paganos; esto hace aún más horrenda la imagen (cf. *1 Enoc 48:9). Ver el comentario sobre Mateo 26:24.

18:7-14
Los que ofenden a los indefensos

Este pasaje extiende la metáfora a todos los débiles en la *iglesia, incluyendo por cierto a los niños. Los líderes y miembros de iglesia deben procurar no solamente evitar causar tropiezo sino ayudar a volver a cualquiera que haya tropezado.

18:7-9. El judaísmo también establecía un equilibrio entre el plan soberano de Dios y la elección (decisión) y responsabilidad humanas. En la medida en que los ojos debilitados de una persona podían hacerle tropezar, podían entenderse como una especie de piedra de tropiezo; sobre piedras de tropiezo, ver el comentario sobre 18:6; sobre amputación o eliminación de extremidades, comparar el comentario sobre 5:29, 30 o Marcos 9:42-47.

18:10. Los lectores judíos reconocerían en general aquí el concepto del ángel guardián; era común la creencia de que cada persona judía tenía uno. Más aún, los ángeles recibían sus órdenes del trono de Dios; pero a diferencia de los ángeles inferiores y los mortales, solamente los ángeles superiores veían de manera regular la gloria de Dios. Aquellos que maltrataran a estos "pequeños" serían en consecuencia denunciados directamente ante Dios por los ángeles superiores, y esa denuncia los dejaría en posición desfavorable en el día del juicio.

18:12-14. Cien cabezas era el tamaño promedio de un rebaño en Palestina. La literatura griega y la judía ofrecen otros ejemplos de pastores que debieron dejar el rebaño o la manada para salir en busca de un animal perdido (cf. 1 Sam. 9:3); un pastor podía dejar su rebaño al cuidado de los otros pastores con quienes trabajaba, los cuales estarían cuidando sus propios rebaños. Dios rechazaba a los líderes religiosos que no cumplían su función de cuidar de los quebrantados y débiles (Eze. 34:2-10), y Dios mismo cuidaría entonces de las ovejas (34:11-16). En el AT, el pueblo de Dios se describía comúnmente como ovejas (cf. el comentario sobre Juan 10:1-18).

18:15-20
La disciplina a los que ofenden

Es necesario tener presente que la totalidad del contexto de este pasaje sobre la disciplina en la iglesia es la misericordia y el perdón; el perdón suaviza (pero no anula) la fuerza de este pasaje sobre la aplicación de la disciplina a los ofensores dentro de la comunidad cristiana. El énfasis del contexto está puesto en la esperanza de recuperar a los equivocados, no en confirmarlos de manera irreparable en su culpa.

18:15. Este procedimiento era el indicado en la costumbre judía, los *Rollos MM, los *rabinos y otros exigían que uno comenzara con la reprensión privada. Avergonzar públicamente a una persona sin necesidad se consideraba un pecado, y los maestros judíos enfatizaban la importancia de recibir reprensión.

18:16. Deuteronomio 19:15 (cf. 17:6, 7) era el texto clásico que las autoridades judías citaban para exigir dos testigos. (Los *rabinos llevaban este principio a tal extremo que un testigo ocular no era suficiente, aun cuando el mismo sorprendiera al asesino con el cuchillo ensangrentado en su mano.) Se siguen procedimientos jurídicos estrictos en este caso, porque está a punto de iniciarse una acción judicial; Jesús está de acuerdo aquí con la práctica judía de la reprensión en privado, los testigos, y, por último, si no hay un arrepentimiento, la asamblea de los jueces (18:17).

18:17. Una *iglesia propiamente dicha funcionaría como una antigua sinagoga, y las sinagogas antiguas eran no solo recintos dedicados a la oración y el estudio, sino centros comunitarios donde se aplicaba la disciplina a un miembro de la comunidad que cometía un agravio. Esta disciplina podía asumir diversas formas, que incluían el azote en público, pero las más severas eran diversos niveles de exclusión de la comunidad. Al aplicarse el nivel de disciplina más severo, el ofensor sería tratado como un pagano en lugar de un judío. Los paganos y los *cobradores de impuestos por igual (los cobradores de impuestos eran considerados agentes de un gobierno pagano) estaban excluidos de la vida religiosa de la comunidad judía. La advertencia final a una persona antes de que una corte tomara una decisión (p. ej., Deut. 25:8) era un acto de misericordia.

18:18. Muchos judíos entendían que la suprema corte judía actuaba sobre la base de la autoridad del tribunal de Dios en el cielo, ratificando en cierto sentido sus decretos (los tiempos de verbo aquí señalan también que la corte celestial decidió primero). Aquellos que juzgaban casos correctamente sobre la base de la *ley de Dios representaban su voluntad.

"Atar" y "desatar", términos normalmente utilizados para sujetar o encarcelar en contraste con liberar o soltar, proporcionan una metáfora natural para condenar o absolver en una corte. Como términos utilizados regularmente para la autoridad legislativa de los *rabinos en la interpretación de las Escrituras, podían naturalmente aplicarse a situaciones judiciales también.

18:19, 20. Los "dos o tres" seguramente se refiere a los "dos o tres testigos" de 18:16. Estos versículos quizá se refieran a la oración de condenación pronunciada en una excomunión judía; o podrían representar oraciones a favor del *arrepentimiento y consiguiente perdón de la persona excomulgada (ver 1 Jn. 5:16). En cualquiera de los casos es interesante notar que en el AT los testigos debían ser los primeros en ejecutar el juicio de la corte (Deut. 17:7); aquí, ellos son los primeros en orar.

Diez varones judíos era el quórum mínimo para constituir una asamblea de la *sinagoga, pero con frecuencia se decía que la presencia de Dios estaba aun con dos o tres que se reunieran a estudiar su ley. En consecuencia, la presencia de Jesús se presenta aquí como idéntica a la de Dios; cf. también Mateo 1:23; 28:20. (Uno de los nombres más comunes para Dios entre los *rabinos posteriores era "el Lugar", es decir, el Omnipresente.)

18:21-35
Perdón para los que perdonan

18:21, 22. Setenta veces siete (algunos intérpretes leen setenta y siete) no significan aquí exactamente 490; se trata de una clásica forma judía de expresar de manera gráfica: "Nunca guardes rencor". Debido a que el verdadero *arrepentimiento debía incluir el apartarse del pecado, algunos *rabinos posteriores limitaron a tres veces las oportunidades del perdón para un determinado pecado; Pedro quizá haya pensado que su ofrecimiento de siete veces era generoso.

18:23. Sobre "el reino de los cielos es semejante" ver el comentario sobre 13:24. El relato aquí es acerca de un rey *gentil, quizá uno de los gobernantes griegos de Egipto antes que los romanos lo conquistaran. Aquí "siervos" podría referirse a sus esclavos superiores, los cuales estaban en mejores condiciones que prácticamente la totalidad de las personas libres de Egipto, la mayoría de las cuales eran labriegos. Sin embargo, en este caso "siervos" probablemente se refiera a los sátrapas libres de la provincias, que funcionaban como cobradores de impuestos para el gobernante en diversas regiones; ellos también eran vasallos del rey. El gobernante les permitía cobrar impuestos para él con un margen de ganancia personal, pero exigía de ellos eficiencia; este era el momento del año en que arreglaría las cuentas con ellos.

18:24. Muchos trabajadores agrícolas hacían un gran esfuerzo para pagar los impuestos, pero esta dificultad no reducía la responsabilidad del cobrador de presentar al rey la suma exigida. Algunos de los *discípulos, y quizá hasta Jesús mismo, podrían haber sonreído mientras el maestro relator contaba acerca de la medida en que el rey había permitido a uno de sus sirvientes endeudarse: diez mil talentos probablemente representaban más que la totalidad del ingreso anual del rey, ¡y quizá hasta más que la existencia de moneda acuñada que había en circulación en Egipto en ese tiempo! En cierto período, el talento de plata representaba seis mil dracmas, o el salario de seis mil días de trabajo para un típico trabajador de Palestina; así, diez mil talentos serían aproximadamente el equivalente al salario de sesenta millones de días (en otro período, 100 millones). Aunque los impuestos eran exorbitantes en aquel tiempo, especialmente para los trabajadores rurales, *Josefo señala que el tributo anual de Galilea y Perea en el tiempo del próspero Herodes era de solamente doscientos talentos; por lo tanto, era inconcebible que un funcionario pudiera endeudarse de esa manera. El judaísmo antiguo a menudo consideraba los pecados como deudas delante de Dios (ver el comentario sobre 6:12).

18:25. Los gobernantes ptolomeos (reyes que gobernaron Egipto en el período griego) nunca aceptaban excusas. Hacer esclavos de miembros de la familia como consecuencia de las deudas de una persona era una práctica *gentil que a los judíos de este tiempo les resultaba aborrecible. Las matemáticas no funcionan aquí; el precio promedio de un esclavo era el equivalente al salario de entre quinientos y dos mil días de trabajo, por lo que el rey no recuperaría siquiera una milésima parte de sus pérdidas con esta venta. ¡Pero un rey con mejores habilidades matemáticas nunca habría permitido en principio que el hombre se endeudara hasta tal extremo!

18:26. "Lo pagaré todo" era una promesa corriente en documentos comerciales de la antigüedad. Pero a la luz de 18:24, esta promesa es claramente imposible de cumplir.

18:27. Dado lo implacables que eran los antiguos reyes del cercano oriente, y la enormidad de la deuda, que este gobernante perdonara a su sirviente sería casi tan imposible en el mundo real como lo era el tamaño de la deuda. Algunas veces los gobernantes debían perdonar impuestos atrasados a los labriegos egipcios cuando el fracaso de las cosechas les imposibilitaba pagar, pero los montos en cuestión eran comparativamente pequeños.

18:28. Cien denarios representaban el salario de cien días de un trabajador común, lo cual sería una suma pequeña para su colega cobrador de impuestos, después de arreglar sus cuentas con el rey (18:23). Era asimismo una suma ridículamente minúscula comparada con lo que el primer siervo le debía al rey. Pero aparentemente el siervo perdonado, en lugar de hacer propio el principio de la gracia, había decidido ser implacablemente eficiente en su exigencia de cobrar lo que se le adeudaba. Existen informes de que en otros ámbitos de la antigüedad acreedores enojados recurrían a acciones tan extremas como tomar a otra persona del cuello y ahogarla.

18:29, 30. Una persona que estaba en la cárcel no podía pagar sus deudas (v. 34), a menos que sus amigos vinieran en su ayuda con la suma requerida.

18:31-33. Sería normal que el rey se enojara; el siervo perdonado sacó del servicio activo a otro de sus sirvientes, lo cual representaba para el rey más pérdidas por impuestos no cobrados. El rey había ganado más popularidad al convencer a sus súbditos de su benevolencia, de lo que habría ganado por la venta del primer siervo; pero cuando circularon los rumores que este primer siervo, su agente, estaba actuando sin misericordia, causó un efecto perjudicial sobre su propia benevolencia.

18:34. La ley judía no permitía la tortura, pero los judíos sabían que los reyes *gentiles (como también Herodes) la practicaban.

Debido a que este siervo había caído del favor político, no tendría aliados que se atrevieran a venir en su ayuda; y aun si los tuviera, la suma que adeudaba haría que su situación siguiera siendo irremediable. Nunca habría recuperado su libertad.

18:35. Los grandes contrastes de la *parábola son risueños y a la vez eficaces para relajar la guardia del oyente de la antigüedad, pero los detalles espeluznantes de la esclavitud por deudas, la tortura y demás, hacen impactante la enseñanza. Esta historia habría hecho efecto en el oyente de la antigüedad.

19:1-12
Las razones para el divorcio

Este pasaje sigue la secuencia de un debate *rabínico.

19:1-3. Los *fariseos mismos debatían los fundamentos del divorcio implícitos en Deuteronomio 24:1-4: La escuela de *Shammai, que predominaba en el tiempo de Jesús, sostenía que el pasaje permitía el divorcio únicamente si la esposa era infiel; la escuela de *Hillel, que finalmente se impuso, decía que un hombre podía divorciarse de su esposa si ella quemaba las tostadas (un rabino posterior de esta escuela agregó: "¡O si uno encuentra una persona más atractiva!"). El éxito de la sabiduría de un protagonista que era puesto "a prueba" con preguntas difíciles era un tema antiguo (cf. 1 Rey. 10:1).

19:4-6. Una práctica de interpretación corriente era replicar a un versículo comprobatorio apelando a otro. Al igual que los sectarios que escribieron los *Rollos MM, Jesús apela al propósito original de Dios en la creación en Génesis 2:24.

19:7. Aquí Jesús se refiere a Deuteronomio 24:1, el texto básico que los intérpretes judíos usaban para debatir los fundamentos para el divorcio.

19:8. Los maestros judíos de la *ley reconocían una categoría jurídica denominada "concesión": algo que estaba permitido solamente porque era mejor regular el pecado antes que renunciar totalmente al control sobre el mismo. Frente al propósito de Dios en la creación (Gén. 2:24), el divorcio caía de manera natural en esa categoría (cf. Mal. 2:14-16).

19:9. La escuela de *Shammai (ver el comentario sobre 19:1-3) no permitía el divorcio excepto a causa de infidelidad por causa de la esposa (ya sea concretada o un intento de la misma), pero no consideraba que el nuevo casamiento fuera adúltero. Jesús es más consistente: si una persona se divorcia de su cónyuge sin fundamentos válidos (infidelidad o pecados análogos; cf. 1 Cor. 7:10-13), el casamiento no queda en verdad disuelto y el casamiento posterior resulta en adulterio. Esta afirmación (que todas las uniones siguientes carecen de validez a menos que el primer casamiento hubiera sido disuelto por infidelidad) podría ser una hipérbole y no algo literal, pero la hipérbole se presenta de esta manera para que el punto quede perfectamente grabado y no se desestime. El divorcio nunca debe tomarse livianamente.

Debido a que los hombres podían divorciarse unilateralmente de las mujeres, pero ellas podían pedir el divorcio únicamente bajo ciertas condiciones muy limitadas (y en este caso necesitarían de la ayuda de la corte), la oposición a esta clase de divorcio es también una defensa de las mujeres casadas.

19:10. Los hombres judíos daban por sentado su derecho al divorcio. Casarse sin una cláusula alternativa de escape en caso de que no funcionara (los padres concertaban los casamientos y los cónyuges no siempre resultaban ser lo que se esperaba) hacía de la idea del casamiento algo para temer.

19:11, 12. Los *rabinos reconocían diversas categorías de eunucos: aquellos nacidos sin órganos sexuales (es decir, hechos eunucos por Dios) y aquellos hechos eunucos por las personas, como los que servían en las cortes orientales. Pero nada era tan ofensivo para la sensibilidad de los judíos como hacer eunuco a alguien, una práctica que lo excluiría del pueblo de Dios (Deut. 23:1). Quizá con Isaías 56:4, 5 en mente, Jesús usa este lenguaje gráfico para describir un llamado a permanecer soltero por causa del *reino, aunque la soltería, también, generalmente estaba fuera de la corriente de la vida social judía (ver el comentario sobre 1 Cor. 7).

19:13-15
Los hijos del reino son bendecidos

Para más detalles ver el comentario sobre Marcos 10:13-16; el relato de Mateo está abreviado, pero la abreviación de tales relatos era una práctica común de la escritura en la antigüedad.

Los niños eran socialmente incapaces y dependientes. Algunas personas en el AT imponían sus manos a otros para conferir una bendición en oración. Los *discípulos insensibles que trataron de apartar del maestro a los que buscaban su ayuda podrían haber hecho recordar a los oyentes judíos el caso de Giezi, un discípulo de Eliseo que finalmente perdió su puesto (2 Rey. 4:27; 5:27).

19:16-22
Un precio demasiado alto

Ver Marcos 10:17-22.

19:16. Las tradiciones griegas también hablan de jóvenes aristocráticos que querían estudiar con un maestro famoso pero que estaban demasiado malcriados como para llevar a cabo lo que el maestro exigía.

19:17. La tradición judía daba énfasis a la bondad de Dios (p. ej., *Filón: "Solo Dios es bueno") y aun usaba "el Bien" como un título para él (como asimismo para la ley); al enfatizar la bondad singular y única de Dios, Jesús espera confrontar al hombre con su propia necesidad. "Entrar en la vida": "la vida" se utilizaba en algunos casos como una abreviatura para "la *vida eterna", la vida del mundo venidero).

19:18, 19. Estos mandamientos incluyen, de entre los Diez Mandamientos (excepto la prohibición de codiciar, humanamente imposible de poner a prueba), los que están orientados hacia las personas (en oposición a los que están orientados hacia Dios) y el resumen de los mandamientos orientados hacia las personas: Amarás a tu prójimo como a ti mismo (Lev. 19:18; cf. Mat. 22:39).

19:20. Con la posible excepción del menos específico "Amarás a tu prójimo como a ti mismo", la mayoría de los judíos podría afirmar haber guardado los mandamientos específicos recién mencionados. La expresión "joven" señala una edad de entre veinticuatro y cuarenta años.

19:21. Solamente unos pocos maestros griegos radicales exigían tales cosas de *discípulos potenciales. Las demandas de Jesús son más radicales de lo que permitían las leyes judías de caridad (no sea que el benefactor quedara él mismo reducido a la pobreza); reglamentaciones posteriores limitaron la caridad al veinte por ciento (lo cual de todos modos era una cantidad importante, sumada a los diezmos e impuestos). Se trataba de una prueba severa, no solo con respecto a si el discípulo valoraría al maestro por sobre las posesiones terrenales, sino con respecto a su afirmación de amar a su prójimo como a sí mismo.

19:22. El joven responde de la manera en que habrían respondido y efectivamente respondían la mayoría de los aristócratas cuando se los confrontaba con tales demandas. El *reino no tiene el propósito de ser una bendición adicional que viene como agregado a una vida cómoda; exige el todo de la persona, de otro modo ya no sería el reino. Por esa razón apela más fácilmente a los que tienen menos que perder.

19:23-29
Un análisis de costo-beneficio con respecto al reino

Ver Marcos 10:23-31.

19:23-26. Aquí Jesús claramente utiliza la

*hipérbole. Sus palabras reflejan una antigua ilustración para lo imposible: un animal muy grande que pasa a través del ojo de una aguja. (El ojo de una aguja en el tiempo de Jesús significaba lo mismo que hoy; la idea en cuanto a que era simplemente el nombre de una pequeña puerta en Jerusalén está basada en una puerta del período medieval, y no arroja luz sobre la enseñanza de Jesús en el primer siglo.) La corriente principal del judaísmo nunca negó a los ricos un lugar en el *reino de Dios; muchos de sus benefactores y líderes eran ricos. Jesús concede que los ricos podrán, por la gracia de Dios, entrar, pero solamente si dan su riqueza a los pobres.

19:27-29. "Regeneración" era una palabra utilizada en los círculos griegos para la renovación futura del mundo, y naturalmente se aplicaba a las expectativas judías de un nuevo orden mundial (tales expectativas aparecen en Isa. 65:17; 66:22; y en los *Rollos MM). La restauración de las doce tribus era una de las creencias clásicas judías acerca del tiempo del fin. Los jueces fueron quienes gobernaron a Israel en el AT antes de la institución del reinado israelita.

19:30—20:16
Los últimos y los primeros

El contexto agrícola de esta *parábola coincide con lo que se conoce a partir de otras fuentes judías palestinas de la antigüedad. Otros *rabinos también contaban parábolas parecidas a ésta, aunque el punto de Jesús es diferente del que se conserva en parábolas rabínicas similares; sin embargo, típicamente, ambas presentan a Dios como un rey o el dueño de una propiedad.

19:30. La literatura antigua a menudo empleaba un recurso llamado *inclusio* para cerrar como entre paréntesis secciones de material referidos a un tema en particular; 19:30 y 20:16 encierran y separan esta parábola, que continúa naturalmente la idea del mensaje en 19:23-29, de hacer un sacrificio en este tiempo. La mayoría de los judíos creían que el día del juicio pondría en orden todas las cosas; los *gentiles serían humillados e Israel sería exaltado.

20:1. Sobre "el reino de los cielos es semejante a", ver el comentario sobre 13:24. Los terratenientes ricos a menudo contrataban trabajadores temporales, especialmente durante la época de la cosecha, cuando se necesitaban trabajadores para períodos cortos. El trabajo comenzaba casi al amanecer, alrededor de las seis de la mañana, antes de que el día calentara.

20:2. Algunos trabajadores temporales tenían también sus pequeñas parcelas de tierra; otros eran hijos de aquellos que tenían pequeñas parcelas y no habían heredado nada de la tierra de sus padres; y aun otros habían perdido su tierra y viajaban de un lugar a otro buscando empleo. Un denario era el salario promedio de un día de trabajo.

20:3. Poco antes de las nueve de la mañana (la hora del día tenía que calcularse a partir del amanecer) el dueño del campo encontró en la plaza del mercado a un grupo de trabajadores temporales que esperaban que alguno los contratara. Si era tiempo de cosecha y estos hombres tenían algo de tierra propia, es probable que hayan trabajado a primera hora de la mañana recogiendo su propia cosecha madura.

20:4. Estos trabajadores habrían esperado recibir menos que el salario de un día completo.

20:5. La "sexta hora" es el período inmediatamente anterior al mediodía, y la "novena hora" sería poco antes de las tres de la tarde. Los trabajadores terminarían su tarea a las seis de la tarde, de modo que aquellos recientemente contratados habrían esperado recibir una suma considerablemente inferior a la que correspondía por un día entero de trabajo.

20:6, 7. Estos trabajadores son contratados por una sola hora de trabajo; pero la cosecha debe recogerse rápidamente, antes que finalice el día, y el trabajo aún no está completo.

Estos versículos describen la típica urgencia que caracterizaba la cosecha en la antigüedad. Era común que en la plaza del mercado se congregaran no solo los trabajadores temporales que buscaban empleo sino también los holgazanes.

20:8. La ley judía mandaba que los trabajadores cobraran al final de cada día, debido a que los salarios a menudo eran apenas más que lo suficiente para las necesidades de un día (Deut. 24:14, 15).

20:9-15. En todo el mundo mediterráneo los ricos a menudo otorgaban regalos importantes a los pobres, y eran ampliamente exaltados por su beneficencia, aumentando la posición social de los donantes. Debido a que la posición social definía los roles en la sociedad antigua, aquellos que se quejaran por recibir el salario de un día por un día de trabajo, serían considerados groseros y desagradecidos.

"Tienes envidia" es literalmente "¿es malo tu ojo?" (RV y BA); era una expresión que significaba un "ojo avaro" (cf. Prov. 28:22, RV, y nota al pie en la RVA); sugerir que los labradores eran avaros debido a que él era un benefactor generoso era una manera humillante de decirles que se fueran. Todos los judíos afirmaban que Dios, quien era el único legítimo dueño de todas las cosas, era un benefactor, no importa qué fuera lo que diera; reconocían que solamente su atributo de misericordia permitiría que aun Israel pudiera sobrevivir al día del juicio.

Los maestros judíos empleaban un relato tradicional similar acerca del día del juicio, pero lo usaban para señalar precisamente lo contrario. Israel, que había trabajado fuerte, recibiría un salario importante; los *gentiles, que habían trabajado poco, recibirían poco. Sin embargo, en este contexto, el punto de Jesús desafía a los que tienen dinero y posición en este mundo, judíos o gentiles, y promete que en el mundo venidero Dios compensará a los que fueron oprimidos en este mundo.

20:17-19
Jesús como el último

En este contexto en el cual los de posición más humilde son exaltados, Jesús ofrece el ejemplo extremo: someterse voluntariamente al ridículo y a la ejecución como un criminal común a manos de los romanos, para ser vindicado por Dios en la resurrección.

20:20-28
El mayor es el siervo

Ver el comentario sobre Marcos 10:35-45.

20:20, 21. Tanto en círculos judíos como romanos la intercesión indirecta de una madre era a menudo más eficaz que la petición directa de un hombre por sí mismo (ver también 2 Sam. 14:2-20; 1 Rey. 1:15-21; cf. 2 Sam. 20:16-22). Sin embargo, en este caso no funciona.

20:22-24. La "copa" representa la muerte de Jesús (Mat. 26:27, 28, 39); Jesús quizá toma prestada la imagen de la "copa de ira" en los profetas del AT (para referencias ver el comentario sobre Mar. 10:38).

20:25. La conducta de los *gentiles es el ejemplo más negativo que puede darse (5:47; 6:7; 18:17). Los reyes israelitas habían estado sujetos a convenciones morales más estrictas que los soberanos paganos vecinos (cf. el mayor abuso de poder por parte de Jezabel que de Acab). La tradición judía reconocía que la mayoría de los gobernantes paganos de los tiempos posbíblicos fueron también tiranos.

20:26, 27. Invertir el rol del señor y el esclavo era algo radical en cualquier parte en la antigüedad; aun los pocos señores que consideraban que los esclavos eran teóricamente sus iguales, no iban tan lejos como lo hace Jesús aquí. Los *discípulos judíos servían a sus *rabinos; en la comunidad de *Qumrán, aquellos de menor rango obedecían a los de rango mayor.

20:28. Aquí Jesús probablemente hace alusión al siervo sufriente de Isaías 53, que ofrece su vida a favor de muchos. Se trata también de un argumento judío de "cuánto más" (*gal vahomer*): si su señor servía, cuánto más debían hacerlo ellos.

20:29-34
Tiempo dedicado a los ciegos

20:29, 30. Aunque el camino de Jericó a Jerusalén era famoso por los ladrones, era muy utilizado, y los grupos grandes (como el de Jesús) no corrían riesgo. Jericó era una de las ciudades más ricas de Judea, y los mendigos allí no morían de hambre, pero su vocación como mendigos y dependientes todavía los señalaba como pobres y ubicados en la parte más baja de la escala socioeconómica (unos "donnadies" que dependían de la misericordia de los transeúntes). "Hijo de David" señala que reconocen a Jesús como *Mesías. "Ten misericordia de nosotros" podría ser un típico pedido de limosna, aunque ellos aquí buscan algo más.
20:31. Aquellos que creían que su caminata a Jerusalén conducía al establecimiento del *reino, bien podrían considerar que Jesús tenía cosas más importantes que hacer que dejarse detener por esos mendigos, ya sea que simplemente estén queriendo una limosna o que estén buscando algo más.
20:32-34. Los mendigos quieren más que una limosna, y Jesús demuestra una vez más la diferencia entre su *reino y la clase de reino que la mayoría esperaba.

21:1-11
El rey humilde

Para algunos detalles más ver Marcos 11:1-10.
21:1-3. El acto de pedir prestado un asno podría interpretarse desde el punto de vista de emisarios reales que requisan (exigen el servicio de) un animal en forma temporal; Jesús, como el Señor, tiene derechos sobre todo lo que sus seguidores posean. A nivel histórico, el dueño del asno probablemente lo entendió como una manera de brindar hospitalidad a los visitantes a la fiesta, o quizá como el honor de ayudar en su camino a un famoso *rabino. Algunos comentaristas han sugerido también que el dueño estaba ausente y que aquellos que estaban a cargo de la casa, al oír que "el Señor los necesita", pensaron que lo estaban enviando a su verdadero dueño; pero ellos seguramente conocerían a los otros sirvientes de su casa, y reconocerían que los discípulos no eran parte de ella. Compare quizá Génesis 49:10, 11.
21:4-7. Los pollinos que aún no habían sido montados algunas veces acompañaban a la madre. Siguiendo una práctica judía común de leer el texto hebreo obteniendo lo máximo del mismo, Mateo lee Zacarías 9:9 como refiriéndose a dos animales en lugar de referirse al mismo animal en dos maneras. El texto es mesiánico, como reconocían en general los intérpretes de la antigüedad, pero la aplicación de esta parte a sí mismo redefine el ministerio mesiánico de Jesús: los funcionarios usaban asnos para procesiones civiles, no militares (p. ej., 1 Rey. 1:33). Así, este texto no representa una "entrada triunfal" en el sentido de las procesiones triunfales romanas; es la recepción que ofrece Jerusalén a un rey humilde y pacífico.
21:8. Los peregrinos a las fiestas a menudo recibían una bienvenida así, aunque la aclamación de 21:9 sugiere que en el caso de Jesús la bienvenida se dio en una escala mayor y más importante. Cf. Salmo 118:27 (NVI).
21:9. A excepción de la exclamación "hijo de David", que señala un reconocimiento del ascendiente de Jesús y una esperanza de que él es el *Mesías, la aclamación de ellos es tomada del Salmo 118:25, 26 ("¡Hosanna!" significa "¡Salve!"). El Hallel, compuesto de los Salmos 113—118, se cantaba regularmente durante la época de la Pascua y estaría fresco en la mente de todos; generaciones posteriores aplicaron estos salmos a la redención futura que esperaban. En Mateo 21:42, Jesús cita mesiánicamente el Salmo 118.
21:10, 11. Jesús era más conocido en Galilea

que en Judea; las fuentes antiguas a menudo señalan las divisiones regionales entre ambas.

21:12-17
El desafío a la aristocracia del templo

Al igual que cuando Jeremías rompió la vasija en el templo siglos antes (Jer. 19), la demostración de Jesús allí fue un acto profético que invitaba al *arrepentimiento y advertía acerca de la inminente destrucción del templo (ver el comentario sobre Mat. 24:1, 2).

21:12. La *ley del AT requería que los visitantes a la fiesta compraran sus sacrificios en Jerusalén, de aquí que fuera necesario que hubiera vendedores de palomas y otros animales para sacrificios. Debido a que los visitantes venían con moneda extranjera (la mayoría de las ciudades de Galilea tenían su propia moneda) los cambistas también habían llegado a ser algo necesario. Aunque los cambistas en la antigüedad por lo general lograban importantes ganancias, se dice que los que estaban en el templo ganaban relativamente poco. El tema no es tanto el comercio en sí, y posiblemente tampoco lo sea la cuestión en cuanto a si implica la explotación económica bajo la apariencia de la religión; lo importante es *dónde* se lleva a cabo el comercio. Los estudiosos han propuesto diversas teorías sobre la base de evidencia posterior, incluyendo que la venta de animales se había instalado en el Atrio de los Gentiles hacía muy poco tiempo; pero esta teoría es incierta.

21:13. El templo del AT no restringía oficialmente el acceso de mujeres o no judíos, pero al extender las leyes judías sobre la pureza, los arquitectos del templo de Herodes habían excluido a las mujeres del Atrio de Israel, colocándolas en un nivel inferior, y a los no judíos aun fuera del Atrio de las Mujeres. Los no judíos que entraran a la parte judía del templo lo hacían bajo pena de muerte; no obstante, en las festividades muy concurridas, la multitud bulliciosa que rodeaba a las mesas de los comerciantes sin duda ocupaba una parte importante del amplio espacio en el Atrio de los Gentiles. Jesús cita aquí Isaías 56:7, que señala que el templo es para los *gentiles también, una sutileza que algunos de los lectores más hábiles de Mateo podrían haber captado. También cita Jeremías 7:11 ("cueva de ladrones"), dirigido a los líderes religiosos del tiempo de Jeremías que pensaban que los intereses creados que ellos manejaban en el templo los protegerían de la ira de Dios y la destrucción del templo. No fue así.

21:14. Aun a los sacerdotes hereditarios que estaban ciegos o eran cojos no les estaba permitido el acceso al santuario (Lev. 21:18); esta regla se amplió con el tiempo, para excluir a todos los ciegos y cojos (cf. 2 Sam. 5:8; ver también los *Rollos MM). Los *rabinos del segundo siglo permitían pero no exigían que los hombres ciegos y cojos participaran de las fiestas al igual que los otros hombres. Aunque aquellos que controlaban el templo no se habrían opuesto a la presencia de ellos en el atrio exterior (ver, p. ej., Hech. 3:2), el énfasis de Jesús con respecto a ministrarlos aquí constituye una afirmación contracultural.

Los poderosos sacerdotes *saduceos que administraban el templo no estaban por lo general buscando a un *Mesías; pero si lo hubiesen esperado, habrían esperado que él o bien desafiara militarmente el poder de ellos, o que buscara una alianza. Desde el punto de vista aristocrático, buscar seguidores entre los débiles era una manera necia de tratar de establecer un reino.

21:15-17. Las pretensiones *mesiánicas amenazaban la estabilidad de la jerarquía del templo tanto como el voltear las mesas (cf. 27:11). Debido a que los sumos sacerdotes hablaban griego como primer idioma, Jesús cita para ellos de la traducción griega del Salmo 8:2, que dice "alabanza", en lugar del hebreo, que dice "fortaleza" (ligeramente menos apropiado). Jesús quizá argumente con base en el *gal vahomer* ("cuánto más"): Si Dios puede producir poder o alabanza de las bocas de niños, ¿cuánto más puede él confundir a los poderosos por las bocas de estos pequeños?

21:18-22
El poder de la fe

21:18. Jerusalén se llenaba de visitantes durante la época de la Pascua, quizá llegaran a 500.000 personas, y muchos de los visitantes debían, en consecuencia, alojarse en la campiña. "Por la mañana" quizá signifique una hora tan temprana como las seis.

21:19, 20. Para este tiempo del año las higueras cerca del monte de los Olivos tendrían hojas, pero en esta época temprana solamente había frutos verdes de sabor desagradable; los higos comestibles aparecían en los primeros días de junio. A menudo el fruto verde se caía y quedaban solamente hojas.

La secuencia de los acontecimientos aquí difiere de Marcos (cf. Mar. 11:12-14, 20-26); en la antigüedad la biografía no necesitaba ser cronológica, y los cambios en la secuencia de Marcos no habrían sido considerados importantes. Para mayores detalles, compare el comentario en el pasaje de Marcos.

21:21, 22. Desde el lugar en que Jesús y sus *discípulos estaban parados probablemente pudiera verse el monte de los Olivos y (desde sus laderas) también el mar Muerto; de esta manera, la ilustración de Jesús habría sido vívida para sus discípulos. "Quitar montañas" era una expresión retórica para hacer lo que era prácticamente imposible; aquí Jesús promete que nada sería imposible para ellos. Esta promesa trae reminiscencias de la actividad milagrosa que caracterizó el ministerio de algunos profetas del AT, como Elías y Eliseo.

21:23-32
La autoridad correcta

Los conflictos con las autoridades que se suscitarán en los capítulos siguientes reflejan métodos clásicos de debates en la antigüedad: preguntas y respuestas, respuestas agudas, e intentos por atrapar a los opositores con sus propias palabras. Para más detalles ver el comentario sobre Marcos 11:27-33.

21:23-27. Jesús responde a la pregunta de las autoridades con una contra pregunta, lo cual era algo común en el debate judío. Sostiene que su autoridad y la de Juan provienen de la misma fuente, "el cielo" (una manera judía de decir "de Dios"; cf. 21:25). Esta respuesta sigue el principio legal judío en cuanto a que un mensajero comisionado actúa con la plena autoridad de aquel que lo envía. El resto de la interacción sigue el procedimiento normal para el debate en ese período.

Los sumos sacerdotes eran políticos, menos populares que los fariseos quienes no tenían poder político, que debían equilibrar tanto los intereses de su gente como los de las autoridades romanas. En consecuencia, debían tener presente la opinión popular cuando tomaban decisiones que podían resultar desagradables a la gente (21:26).

21:28-30. Era natural que un padre le pidiera a su hijo que fuera a trabajar en la viña. Que el hijo se hubiera negado a ir habría sido ofensivo para la sensibilidad moral judía: este sería un hijo abiertamente desobediente, y la desobediencia era una ofensa punible. Pero no ir después de haber prometido hacerlo era peor que no haberlo prometido; este hijo violó su palabra para con su propio padre. El hijo que se negó a ir pero se *arrepintió, claramente actuó mejor que el otro (cf. Eze. 18:21-24).

21:31, 32. Los piadosos consideraban a los *cobradores de impuestos y a las prostitutas como excluidos de la práctica del judaísmo. Jesús no podría haber elegido una comparación más ofensiva. La pregunta retórica, o la invitación a la reconsideración hecha al final de la *parábola, era una técnica muy antigua para desafiar a los oyentes (p. ej., Isa. 5:4; cf. 2 Sam. 12:1-7). "Camino de justicia" significa un estilo de vida justo (Prov. 8:20; 12:28; 16:31), que eran tanto la práctica como el mensaje de Juan.

21:33-46
Los labradores malvados y el terrateniente benévolo

Gran parte del imperio romano estaba controlado por terratenientes ricos, cuyas ganancias de la tierra les permitía vivir en total comodidad. Sus propiedades generalmente eran trabajadas por labradores que alquilaban la tierra, quienes generalmente eran labriegos libres (como en Egipto), pero en otros casos por esclavos (como en la mayor parte de Italia). Aunque los terratenientes alcanzaban gran honra entre los pobres, si eran benévolos y trataban a sus obreros como los *protectores urbanos trataban a los *protegidos de la clase baja, estos terratenientes generalmente tenían poco incentivo para actuar de esta manera. Generalmente vivían lejos, a menudo en las ciudades, y tenían poco contacto personal con sus trabajadores. Pero el terrateniente en esta *parábola es tan benévolo que los aristócratas lo habrían considerado ingenuo.

Jesús se dirige a los que se consideraban gobernantes de Israel (21:23) y les recuerda que son meramente custodios designados por Dios (como los pastores de Jer. 23 y Eze. 34) sobre su viña.

21:33. La descripción de Jesús responde a la manera normal en que se preparaba una viña, pero claramente alude a Isaías 5:1, 2, donde Israel es la viña.

21:34. Los pagos se realizaban en la época de la cosecha, ya sea por porcentaje (generalmente, por lo menos el 25 por ciento) o una cantidad predeterminada.

21:35-37. Los terratenientes siempre tenían poder, social y legalmente, para imponer su voluntad sobre los arrendatarios; se dice que algunos hasta tenían grupos de asesinos a sueldo para tratar con inquilinos que causaban problemas. Aquí los inquilinos actúan como si *ellos* fuesen los que tienen el poder, y lo explotan sin misericordia (en contraste con el ideal de un terrateniente *benévolo*). Esta actitud encaja en la tradición judía en cuanto a que Israel martirizó a muchos de los profetas que Dios envió.

21:38, 39. Los arrendatarios especulan demasiado con respecto a la herencia. Aunque ellos podrían haberla arrebatado bajo ciertas condiciones legales, el dueño podía también estipular, y luego de las malas acciones de ellos ciertamente lo haría, que algún otro heredara la viña; o los representantes del emperador podrían haberla tomado. La historia pinta a los inquilinos como incomparablemente malvados y torpes; sin embargo, los inquilinos son una metáfora transparente de los líderes religiosos que son servidores de sí mismos antes que de Dios, como los oyentes de Jesús saben (21:45).

21:40, 41. Los oyentes de la antigüedad se preguntarían por qué el dueño de la tierra no había intervenido antes para expulsar a los inquilinos. La formulación de preguntas era una manera típica en que los *rabinos incluían a los oyentes en el relato o la enseñanza; lograr que los oyentes de las *parábolas pronunciaran juicio sobre sí mismos era algo familiar que provenía de los profetas bíblicos (2 Sam. 12:5-7; 14:8-17; 1 Rey. 20:40-42).

21:42. Este versículo es del Salmo 118:22, 23, parte del Hallel, como 118:25, 26 citado en Mateo 21:9. El edificio al que se refiere es el templo (ver Sal. 118:18-21, 25-27); en su carácter de piedra angular de un nuevo templo, Jesús representa una amenaza para los constructores del antiguo (la aristocracia judía). (Los intérpretes discrepan con respecto a si la "piedra... cabeza del ángulo" se refiere a la piedra colocada en la esquina del cimiento o a la piedra que es la culminación de una arco, pero este punto no es crucial para la interpretación del pasaje.)

21:43. Israel era una "nación santa" (Éxo. 19:5, 6), pero la amenaza de transferir a otros la condición de ellos ya había sido hecha antes (Éxo. 32:10; Núm. 14:12). Dios rechazó el desprecio de los edificadores (Mat. 21:42), y podría reemplazarlos (cf. 3:10). "Producir" frutos (cf. 3:8) significaba entregar el fruto al dueño de la tierra (Dios), en contraste con los inquilinos de la *parábola (21:33-42).

21:44. "El que caiga sobre" la piedra, refleja Isaías 8:14, 15 (cf. Isa. 28:16); la piedra que cae sobre el ofensor hace alusión a Daniel 2:34, 44, donde el *reino de Dios, descrito como una roca, desmenuza a sus opositores terrenales. Jesús usa aquí una práctica judía común de exponer un versículo (Mat. 21:42) citando otros que comparten la misma palabra o concepto clave, en este caso, la piedra divina. Un *rabino posterior advirtió: "Si una vasija cae sobre una roca, ay de la vasija; si una roca cae sobre la vasija, ay de la vasija; de una manera o de otra ¡ay de la vasija!".

21:45, 46. Los líderes sacerdotales eran políticos astutos que tendrían cuidado de no actuar públicamente en contra de los deseos del pueblo; los *fariseos gozaban de popularidad entre la gente, pero no la suficiente como para desafiar directamente la popularidad de Jesús. La aristocracia sacerdotal y los fariseos actuaban concertadamente solo cuando era necesario preservar a su gente de sentimientos revolucionarios peligrosos; el desafiar a un adversario común como lo sería un pretendiente *mesiánico, encajaría en esta categoría.

22:1-14
Dar honra al hijo del rey, o morir

22:1, 2. Sobre "el reino de los cielos es semejante a" ver el comentario sobre 13:24. En las *parábolas, los *rabinos a menudo comparaban a Dios con un rey, cuyo hijo representaba a Israel; a menudo, el contexto era también una fiesta de bodas para el hijo. Las fiestas de bodas eran frecuentemente grandes reuniones; una persona acaudalada podría invitar a toda la ciudad a una boda. La asistencia a una boda exigía cierto compromiso de tiempo valioso por parte de los invitados (los oyentes judíos darían por sentado que una fiesta duraba siete días, y un rey esperaría que sus invitados permanecieran durante la totalidad de la fiesta); este compromiso sería difícil de cumplir para los labriegos. Pero el honor de ser invitado por un rey, y el terror de ofenderlo, habría motivado a los invitados inteligentes a asistir. De todos modos, los invitados quizá hayan sido terratenientes aristocráticos (22:5), quienes contaban con el tiempo libre necesario para ese tipo de actividades.

22:3. Siguiendo la costumbre, ya había sido enviada una invitación anticipada (por eso la frase "los que habían sido invitados"); los potenciales invitados no tenían excusa.

22:4. El rey reitera el honor de la invitación.

22:5. Despreciar al rey sería algo escandalosamente ofensivo. Podría sugerir sentimientos de traición, y ciertamente invitaría a la ira de un rey; de esta manera, los oyentes originales de esta *parábola se habrían sentido exasperados ante la increíble estupidez de estos súbditos.

22:6. Esta conducta obviamente habría sido ilegal aun cuando los siervos no pertenecieran al rey; pero los siervos de un rey tenían una condición superior que la mayoría de las personas libres, y como mensajeros del rey representaban a su persona. En todo el mundo antiguo la gente aborrecía el maltrato hacia los heraldos o emisarios. Además, el maltrato de representantes reales era lisa y llanamente una traición, y constituía una declaración de rebelión. Sin embargo, este era el trato que todos sabían que los sirvientes de Dios, los profetas, habían recibido.

22:7. Los reyes no siempre vivían en el mismo lugar que la mayoría de sus súbditos; la quema de la ciudad probablemente aluda específicamente a la destrucción de Jerusalén, que fue incendiada en el año 70 d. de J.C. (ver 24:15). La quema de una ciudad era el paso final hacia su destrucción total.

22:8-10. Los preparativos para la boda del hijo de un rey serían algo muy grande, y sería un agravio al hijo que no hubiera invitados presentes. Por eso, como último recurso, el rey invita a los plebeyos.

22:11-13. Aun los plebeyos sabían que no podían asistir a una fiesta real sin el atuendo apropiado (al menos, limpio); esto sería una expresión de falta de respeto e indolencia para con el anfitrión (¡quien ya para este momento del relato no está de ánimo para mayores agravios!). Sin embargo, aquí, algunos de aquellos que se presentaron a la fiesta (probablemente representando a los supuestos seguidores de Jesús, como Judas) lo deshonraron.

Algunos eruditos sugieren un paralelo con un relato judío posterior en el cual un rey invitaba a personas a una fiesta sin anticiparles la fecha. En este relato, solamente los súbditos diligentes estaban vestidos y preparados a la puerta cuando llegó el día; los demás debieron quedarse afuera avergonzados.

22:14. La última parte del relato ilustra el punto que muchos son invitados ("llamados") a una fiesta, pero finalmente pocos son los que se encuentran entre los escogidos.

22:15-22
César y Dios

Aquí los opositores de Jesús buscan obligarlo a elegir entre la revolución, lo cual les permitiría acusarlo delante de los romanos, y la avenencia a los romanos a lo cual ellos suponen que él se opone (porque se opuso precisamente al liderazgo de ellos en el templo). El éxito de la sabiduría de un protagonista que era "puesto a prueba" con preguntas difíciles, era un tema antiguo (cf. 1 Rey. 10:1); la sabiduría superior de Jesús queda demostrada en 22:15-46.

22:15, 16. Los *fariseos tenían la tendencia a ser nacionalistas, en tanto que los herodianos eran partidarios de Herodes, el vasallo romano; trabajaban juntos solamente en circunstancias extraordinarias; los fariseos estarían preocupados acerca de los requisitos legales judíos para obtener testigos para una acusación, pero estarían dispuestos a investigar acusaciones relacionadas con la falta de lealtad de Jesús para con la *ley. No es de sorprenderse que ellos quisieran poner a prueba su enseñanza aquí. A los herodianos, que tenían sus esperanzas puestas en una restauración del gobierno herodiano en Judea (que en ese momento era gobernada por Pilato), naturalmente les perturbaba cualquier figura *mesiánica que pudiera hacer que Roma endureciera su control directo sobre el territorio.

22:17. Los fariseos opusieron las obligaciones de paz con Roma contra el fervor nacionalista mesiánico, que suponen Jesús ha generado; dos décadas antes, una desastrosa revuelta por cuestiones de impuestos había demostrado adónde podía conducir un fervor tal. Si él asume públicamente la posición caracterizada por quienes más tarde se llamarían *zelotes (no hay otro rey sino Dios), los herodianos pueden hacerlo arrestar; si rechaza ese punto de vista (lo cual hace), puede arriesgar su liderazgo.

22:18-22. En la palestina judía circulaba una moneda propia de cobre, que no incluía la imagen del emperador endiosado, la cual era ofensiva al gusto judío (aunque después del año 6 d. de J.C. de todos modos fueron monedas romanas). Pero en Palestina, donde no estaba permitido acuñar monedas de oro o de plata, circulaban comúnmente monedas extranjeras, que llevaban la imagen del emperador y hacían mención de su *status* divino. El denario de plata, probablemente acuñado en Lyon, debía pagar impuestos en Palestina de la misma manera que en cualquier otro lugar del imperio, y los judíos debían usarlo ya sea que les gustara o no.

Los revolucionarios en el año 6 d. de J.C. habían protestado violentamente contra el uso de esas monedas y se habían acarreado terribles represalias por parte de Roma. Si los que interrogan a Jesús aquí están preocupados acerca del pago de los impuestos romanos, obviamente no deberían estar llevando esta moneda. Las contrapreguntas que ponían en condiciones desfavorables a los oponentes eran características de los maestros famosos tanto en la tradición griega como en la judía, y Jesús comprueba que es de los más eficaces de los maestros de la antigüedad.

22:23-33
El Dios de los vivos

22:23. En el judaísmo antiguo, los *saduceos se destacaban de una manera especial por no creer en la resurrección; los *rabinos que se consideraban sucesores de los *fariseos a menudo catalogaban a los saduceos como herejes a causa de este punto de vista (aunque los saduceos, que desaparecieron en los años posteriores al 70 d. de J.C., ya no estaban allí para responder).

22:24. La pregunta de los saduceos se relaciona con la ley del casamiento por levirato, una costumbre practicada en muchas culturas, tanto en la antigüedad como en este tiempo (ver Deut. 25:5). Proporciona protección económica y social para las viudas en cierto tipo de sociedades con una fuerte orientación familiar, en las que las mujeres no pueden ganar un salario. En el tiempo de Jesús y después, los estudiantes de la *ley judía estaban todavía explicando este principio del AT, aunque en algunos aspectos las leyes *rabínicas diferían del AT (p. ej., el hermano se casaba con la viuda y los hijos que ella le daba ahora eran los de él).

22:25-27. Los saduceos toman prestada la idea del relato del libro judío de Tobías, donde los primeros siete esposos de la justa Sara murieron, asesinados por el demonio celoso Asmodeo. Algunos *rabinos del segundo siglo propusieron que una mujer que enviudaba por segunda o tercera vez no debía volver a casarse, para no perjudicar también a su próximo esposo (cf. Gén. 38:11). Los maestros generalmente proponían ejemplos hipotéticos al definir la ley judía.

22:28. La literatura *rabínica está llena de ejemplos de la pregunta burlona formulada por los paganos, los apóstatas, o aquellos a quienes consideraban herejes, como los *saduceos.

22:29-33. Estaba aceptado ampliamente que los ángeles no procreaban (no era necesario, dado que en la mayoría de las tradiciones no morían) y tampoco por lo general comían o bebían. "Se casan" probablemente se refiera al novio, en tanto que "se dan en casamiento" se refiere a la esposa comprometida por su padre. En las discusiones con sus opositores *saduceos, los *fariseos generalmente trataban de comprobar la *resurrección a partir de la ley de Moisés (un *rabino hasta sugirió que la resurrección se enseñaba en cada pasaje de la ley; cf. también 4 Macabeos 7:18, 19; 16:25; 18:19). Jesús hace lo mismo aquí. Sostiene que Dios no afirmaría ser el Dios de aquellos que ya no existen; por cierto, su fidelidad a su pacto exige que si él es el Dios de ellos después de la muerte, la muerte no es la última palabra para ellos. Una de las oraciones judías más comunes de este período recita la fidelidad de Dios para con Abraham, Isaac y Jacob como una realidad viva para su propio tiempo.

Los maestros judíos algunas veces desafiaban el punto de sus opositores al apelar a pasajes de las Escrituras que contenían frases como: "Anda y lee". La acusación implícita en "¿no habéis leído?" era aún más dura (22:31; cf. 12:3; 19:4; 21:16, 42).

22:34-40
Los mayores mandamientos

Siguiendo la técnica de interpretación judía, Jesús relaciona los dos mandamientos entre sí (Deut. 6:5; Lev. 19:18) con una palabra clave común: "Amor". La ética judía enfatizaba repetidamente el amor a Dios y a los demás.

22:34-38. Este mandamiento era tan importante para el judaísmo que se lo recitaba de manera regular. En el idioma griego, adjetivos como "grande" se usaban algunas veces para expresar superlativos como "el más grande". Deuteronomio 6:5 exigía amar a Dios con todo el "corazón", con toda el "alma" y con todas las "fuerzas"; "fuerzas" pasa a ser aquí "mente" (lo cual estaba implícito en el concepto hebreo del "corazón"), pero la imagen es todavía "con la totalidad del ser". (Los escritores del NT aparentemente revocalizaron el término hebreo para "fuerzas" como "mente", un término hebreo que sonaba de manera similar; esta clase de revocalización era una práctica judía común de interpretación.)

22:39. La tradición judía algunas veces unía el segundo mandamiento con el primero.

22:40. Algunos otros maestros también usaban estos mandamientos como resúmenes de la ley, la cual es la manera en que también aparecen en sus contextos en el AT.

22:41-46
El Señor de David

Por definición, el Cristo, o el ungido, era el descendiente real de David (Isa. 9:7; 11:1; Sal. 2; 89; 132). Pero este concepto de la función mesiánica se prestaba a un concepto revolucionario del *reino (ver el comentario sobre 11:10) y era inadecuado. Aquel que reinaría en el reino de Dios era el "Señor" de David, no meramente su descendiente; en consecuencia, sería mayor que el David resucitado.

Cuando los maestros judíos desafiaban a sus oyentes a resolver aparentes discrepancias en las Escrituras, daban por sentado que ambos textos eran ciertos (en este caso, Jesús sabe que él es tanto el hijo de David como el Señor de David) y su pregunta simplemente apuntaba a la manera de armonizarlos. Los opositores de Jesús aparentemente no tienen respuesta para su pregunta, quizá porque los intérpretes judíos no aplicaban el Salmo 110:1 al *Mesías.

Cuando la literatura contemporánea señala que los oyentes estaban asombrados ante la sabiduría (generalmente la del protagonista) de un orador sabio, se espera que los lectores también respeten la sabiduría del orador (p. ej., 1 Esdras 4:41, 42).

23:1-12
Servir más humildemente que los fariseos

Los otros Evangelios también registran las disputas de Jesús con *escribas y *fariseos (Mar. 12:38-40; Luc. 11:39-52), pero Mateo quizá enfatice más estas disputas que Marcos y Lucas, porque escribas y fariseos constituían la principal oposición judía que enfrentaban sus lectores en Siria-Palestina (ver la introducción a Mateo). Los escribas y fariseos eran originalmente grupos diferentes, aunque de alguna manera tenían elementos en común (Luc. 11:39-52), pero aquellos que amenazaban a los lectores de Mateo eran los sucesores conjuntos de estos dos grupos. La intención de Mateo es también que su advertencia se aplique a estas contrapartes opositoras en la *iglesia (Mat. 24:45-51).

23:1, 2. Algunos estudiosos han identificado una silla destacada en muchas *sinagogas como la "silla de Moisés" (cf. 23:6), pero Jesús presumiblemente usa esta expresión de manera figurada. Los *escribas *fariseos que declaraban la ley creían que sus tradiciones estaban fundadas en la propia enseñanza de Moisés, y se creían los sucesores de Moisés para su generación.

23:3. Los maestros fariseos normalmente enseñaban que el conocimiento de las Escrituras era más importante que obedecerlas, porque conocerlas era el requisito previo para obedecerlas; pero ellos mismos habrían aceptado que es necesario obedecerlas y no simplemente aprenderlas.

23:4, 5. "Filacterias" son los *tefillin*, pequeñas cajas que se sujetaban a la cabeza y a la mano izquierda por una tira de cuero durante las oraciones de la mañana y de la tarde; en estas cajas se colocaban pasajes de las Escrituras (la práctica estaba basada en Deut. 6:8). Estos pasajes se recitaban entonces como parte de las oraciones;

las reglas con respecto a ellas se hicieron posteriormente más estrictas bajo los *rabinos. Sobre los flecos, ver Mateo 9:20 y 14:36.

23:6. La ubicación en los banquetes era algo crítico; aquellos a quienes se les asignaban lugares de menor rango a menudo se quejaban, como puede corroborarse ampliamente en la literatura antigua. Los lugares más destacados (los "primeros") en la *sinagoga probablemente variaban en este período en que aún no se había estandarizado la arquitectura de la sinagoga; una sinagoga del primer siglo parece sugerir una ausencia de rango en las ubicaciones. Pero los lugares de mayor honra normalmente habrían sido aquellos que estaban más a la vista, probablemente cerca del *bema*, la plataforma utilizada para la lectura de la ley; quizá los invitados distinguidos recibían sillas en las sinagogas, en tanto que la mayoría de los oyentes usaban esteras sobre el piso. En las asambleas de *Qumrán, el *sanedrín y las escuelas *rabínicas, la ubicación era por rango.

23:7, 8. El saludo ("La paz sea con vosotros") era tan importante socialmente que se desarrollaron reglas específicas acerca de cómo saludar a quién y cuándo; los saludos eran una cortesía fundamental en las culturas griega y judía. El no saludar con exaltación a una persona superior en el conocimiento de la *ley era un insulto. Las plazas del mercado eran los lugares más concurridos en la ciudad. "Rabí" significa "mi maestro" y llegó a ser aplicado de manera general a los maestros como un título de respeto (algo así como "Reverendo" o "Padre" en la actualidad); eran de manera especial "maestros" de sus alumnos. Se los veneraba de diversas maneras.

23:9-11. A los rabinos también se los llamaba afectuosamente "Abba", o "Papá"; ellos se dirigían a sus *discípulos como si fuesen sus hijos, y la autoridad y honra de los rabinos los colocaba en un nivel superior al de sus discípulos. Jesús dice que solamente Dios debe recibir un respeto superior. Todos los cristianos son iguales (compañeros, camaradas).

23:12. El principio expresado aquí aparece en Proverbios 25:6, 7 con referencia a la ubicación en los banquetes, y en otras partes el principio se refiere al tiempo futuro cuando Dios hará iguales a todos (Isa. 2:11, 12; 5:15; cf. Eze. 17:24; 21:26).

23:13-28
Ayes sobre los hipócritas

Al igual que las bienaventuranzas (ver Mat. 5:3-12), los ayes eran una forma de oración del AT. Los profetas los utilizaban comúnmente y es algo similar a decir "Oh, sorpresa" o, quizá aquí, maldiciones ("Maldito el que..." en contraste con la fórmula de bendición: "Bienaventurados..."; cf. Deut. 27—28).

Los *fariseos no eran todos iguales, y los *rabinos posteriores, que se consideraban herederos espirituales de los fariseos, señalan diversos tipos de críticas a los fariseos cuyos corazones no estaban en orden (p. ej., "el fariseo amoratado" que permanentemente chocaba con todo a su alrededor por cerrar sus ojos para evitar ver a una mujer). Estos relatos destacan que las motivaciones son críticas; la mejor motivación es el temor del Señor, o (en la versión más refinada) el amor a Dios. La literatura rabínica condena de manera regular la hipocresía y exige motivos correctos. Los opositores de Jesús habrían estado de acuerdo con la mayor parte de su ética, y quizá habrían replicado que no estaban en realidad violándola.

Hipócritas significaba originalmente actores de teatro, pero para este tiempo el término se usaba también peyorativamente para las personas de dos caras, cuya conducta era diferente de su creencia o que variaba según las personas con quienes se relacionaban.

23:13. La imagen del poder para dejar a alguien fuera es la de un portero que tiene las llaves de la casa; ver el comentario sobre 16:19.

23:14. Este versículo no está en todos los

manuscritos griegos de Mateo (la RVA y la NVI no lo incluyen, aunque lo agregan en nota al pie); con respecto al trasfondo de su contenido, ver el comentario sobre Marcos 12:40.

23:15. Los *fariseos no tenían misioneros en el sentido propiamente dicho, pero los judíos que vivían fuera de Palestina estaban siempre ansiosos por hacer conversos entre los *gentiles, y se decía que el ala del fariseísmo más influenciada por *Hillel era especialmente abierta a convertir a no judíos al judaísmo. El judaísmo continuó siendo por muchos siglos una religión misionera, hasta que finalmente fue ahogado por la legislación del cristianismo romano, con el cual competía (aunque los romanos siempre habían resentido el *proselitismo judío, aun en tiempos precristianos).

"Hijo del infierno" quiere decir alguien destinado a ir allí. El problema aquí no es hacer convertidos (28:19) sino enseñarles mal.

23:16-22. En este período, los judíos ya no permitían que se pronunciara el nombre sagrado de Dios. Al realizar juramentos menores, algunas personas esperaban evitar las consecuencias de jurar por el nombre de Dios y no poder cumplir su compromiso, o si su juramento resultaba ser equivocado. A medida que las personas juraban o hacían votos por cosas relacionadas con Dios en lugar de Dios mismo, más y más cosas se convirtieron en sustitutos para el nombre divino, y en consecuencia llegaron a ser maneras indirectas de aparentar jurar por Dios a la vez que esperaban amortiguar las consecuencias. Ver el comentario sobre 5:33-37.

23:23. El principio de que las virtudes como la justicia, la misericordia y la fe eran las más importantes es familiar en las Escrituras (Deut. 10:12, 13; Miq. 6:8), y los *rabinos mismos algunas veces resumían la *ley desde el punto de vista de principios generales como el amor. La mayoría de los *fariseos y otros intérpretes judíos como *Filón estaban de acuerdo en que había partes más pesadas y más livianas en la ley. Habrían respondido a Jesús que ellos prestaban atención a las minucias solamente porque aun el detalle más pequeño de la ley era importante para los piadosos; ellos enseñaban que uno debía dedicar tanta atención a los detalles pequeños como a los principios. Pero Jesús no estaba en contra de la ley (ver Mat. 5:19); su punto es que ellos debían haber aprendido primero lo que es la justicia, la misericordia y la fidelidad al pacto (9:13; 12:7).

Los diezmos se usaban de manera especial para el sostén de los sacerdotes y levitas. El "eneldo" ("anís", en la NVI y DHH), y la "ruda" de Lucas 11:42, son palabras similares en *arameo, y posiblemente reflejen aquí una fuente original aramea. La ley no exigía explícitamente diezmar estas plantas verdes deshidratadas. Diversos grupos de *fariseos discutían entre ellos si era que debían diezmar el comino.

23:24. La *hipérbole aquí es risible y ciertamente habría captado la atención de un oyente de la antigüedad. Al intentar evitar la impureza que causaba un insecto muerto en su bebida, los fariseos colarían un insecto tan pequeño como una mosca (y todo aquello mayor que una lenteja) antes que muriera, a fin de resguardar el líquido (cf. Lev. 11:32, 34). Los fariseos consideraban a los mosquitos, que eran más pequeños que una lenteja, como exentos de esta impureza, pero el fariseo escrupuloso de la hipérbole de Jesús no habría querido correr ningún riesgo. No obstante, a través de la hipérbole, Jesús los acusa de que dejarían en el vaso a un camello (el cuadrúpedo mayor en Palestina y ritualmente inmundo) y lo tragarían. Estaba bien prestar atención a los detalles de la ley, pero habían equivocado el punto principal (Mat. 23:23).

23:25, 26. La pureza ritual era importante para los fariseos, de manera que lavaban sus vasijas y se lavaban a sí mismos en baños rituales. La escuela de *Shammai, la mayoría farisaica en este período, decía que la parte exterior de un vaso podía estar limpia aun cuando el interior no lo estuviera; el punto de vista minoritario de los seguidores de *Hillel era que el interior de la copa debía limpiarse primero. Jesús se identifica con la escuela de Hillel en este punto, pero lo hace de manera que pueda realizar una declaración figurada con respecto al interior del corazón.

23:27, 28. Nada contagiaba la impureza ritual tanto como un cadáver (hacía impuro durante una semana a cualquiera que lo tocara [Núm. 19:11]); los *fariseos creían que uno contraía la impureza si aun su sombra tocaba un cadáver o un sepulcro. Los sepulcros que no estaban claramente identificados (o los osarios cubiertos de cal) se blanqueaban cada primavera antes de la Pascua, a fin de advertir a los transeúntes que los evitaran y de esta manera no se contaminarían; los fariseos o bien carecían de esta advertencia (Luc. 11:44) o querían actuar como si fuera una señal de distinción en lugar de una evidencia de impureza. "Blanqueados" probablemente haga alusión a Ezequiel 13:10-12 y 22:28; la blancura quizá sirviera para ocultar la debilidad de una pared, pero no impediría su caída.

23:29-39
Los que mataban a los profetas

Este es el último ay (23:29).

23:29, 30. El judaísmo antiguo señalaba, más a menudo que el AT, que Israel había martirizado a sus profetas (p. ej., Jer. 26:20-23; cf. 2 Crón. 36:15, 16). En este período la comunidad judía construía tumbas como monumentos para los profetas y los justos (incluyendo algunos que no habían sido martirizados, como David o Hulda).

23:31. El punto de Jesús aquí es: "De tal padre, tal hijo"; el pecado y la culpa colectiva continuaban entre los descendientes de los malos a menos que se arrepintieran (Éxo. 20:5; Deut. 23:2-6; 1 Sam. 15:2, 3; Isa. 1:4; etc.).

23:32. Este es un desafío irónico, típico de los profetas (Isa. 6:9; Jer. 44:25; Amós 4:4, 5): ¡Adelante, pequen si quieren, pero Dios los juzgará por ello (Ecl. 11:9)!

23:33. Que a uno lo llamaran una víbora, o alguna especie de víbora venenosa, ya era algo malo en sí (Sal. 58:4; 140:3; cf. Gén. 3). Pero se decía que la cría (generación) de una víbora se abría camino comiéndose a su madre para salir de su vientre, de manera que decirle a alguien que era el hijo de una víbora podría implicar que esa persona era culpable del universalmente horroroso crimen del matricidio. En otras palabras, ¡esto era peor que simplemente tratar a otro de víbora!

23:34. Según el AT los profetas eran enviados por Dios, o según algunas tradiciones judías por la Sabiduría (cf. Luc. 11:49); aquí son enviados por Jesús.

Los judíos por lo general creían que los profetas totalmente ungidos habían cesado al final del período del AT, y que serían restaurados únicamente en el tiempo del fin. Aquí Jesús menciona diversas categorías clericales: profetas, sabios (maestros de sabiduría que hacían circular proverbios, etc.) y *escribas para explicar las Escrituras (cf. 13:52). La crucifixión era el castigo romano más severo, reservado para las clases más bajas de personas no romanas; cualquier judío que entregara a otro judío a esa clase de castigo era despreciado por su gente. Los azotamientos ordenados por la *sinagoga eran una forma de disciplina aplicada a los miembros descarriados de la comunidad judía (ver el comentario sobre 10:17); sobre "de ciudad en ciudad" ver el comentario sobre 10:23.

23:35. Ser culpable de la sangre de alguien era algo serio, que tenía efecto sobre toda la comunidad y no solamente sobre las personas directamente responsables (Deut. 21:1-9). Dios mismo haría venganza (Deut. 32:43; Sal. 79:10).

El orden de los libros de la Biblia hebrea es diferente al orden del AT en nuestras versiones castellanas modernas; en ella Zacarías es el último mártir (2 Crón. 24:20-22), y Abel es el primero, como en nuestras Biblias (Gén. 4:8). La tradición judía amplió los relatos de ambos martirios, señalando que después de la muerte de Zacarías apareció en el templo una fuente de sangre que ni siquiera la muerte de miles de sacerdotes podía aplacar (cf. también Gén. 4:10, con respecto al clamor de la sangre).

El Zacarías asesinado en el templo era hijo del sacerdote Joiada (2 Crón. 24:22), no Zacarías hijo de Berequías (Zac. 1:1), quien vivió mucho más adelante en la historia de Israel. Pero Mateo usa la técnica de interpretación judía de combinar palabras clave para hacer una coalición entre los dos Zacarías, en la que hace referencia a uno y alude al otro, como hizo con Amón/Amós y Asa/Asaf en su genealogía en el capítulo 1. (La sugerencia de algunos eruditos en cuanto a que "Zacarías" alude también a un profeta martirizado en el año 67 d. de J.C. es improbable.)

23:36. "Esta generación" sucede también en Mateo 11:16; 12:42 y 16:4; ver el comentario sobre 24:34. Esta es la generación que vería la destrucción del templo. Para ver con más claridad un cuadro del clímax de culpabilidad en otras generaciones, reflejado en una generación aún más culpable en la cual todo el juicio es derramado, ver Jeremías 16:10-13.

23:37. La tradición judía afirmaba que el pueblo judío estaba bajo las alas de Dios, y que cuando un judío convertía a un *gentil, lo que hacía era traer a ese gentil "bajo las alas de la presencia de Dios". El AT también describe a Dios como un águila que vuela en círculos sobre sus crías (Deut. 32:11; cf. Éxo. 19:4), protegiendo a Israel bajo sus alas (Sal. 17:8; 36:7; 57:1; 61:4; 63:7; 91:4) y aterrorizando a los enemigos de Israel de la misma manera (Jer. 49:22). Esta es una de las imágenes del AT del amor de Dios por su pueblo; aquí Jesús cumple su rol divino.

Los profetas algunas veces se dirigían a Jerusalén en forma directa (Jer. 13:27), y la repetición de un nombre al dirigirse a alguien en forma directa es común en los textos judíos. Sobre "matar a los profetas" ver el comentario sobre 23:29, 30.

23:38. La "casa" podría significar Israel (Jer. 12:7), pero en este contexto casi con certeza significa el templo (p. ej., Judit 9:13), que también quedaría "desierta" (Mat. 24:15) en el año 70 d. de J.C. En el AT, el templo era llamado casa de Dios; quizá Jesús se refiera a él aquí como "*vuestra* casa" con el propósito de declarar que la presencia de Dios ya se ha ido del mismo, como en Ezequiel 10—11.

23:39. Sobre la importancia de esta cita aquí, ver el comentario sobre 21:9. Los profetas del AT y de la tradición judía siguiente sugirieron que la redención no vendría hasta después del amplio *arrepentimiento de Israel (cf. Isa. 30:19).

24:1-3
Introducción al discurso sobre el juicio

El capítulo 23 da inicio a la advertencia de Jesús sobre el juicio contra ciertos elementos del poder religioso; este capítulo extiende ese juicio al templo mismo. Después que fuera destruido en el año 70 d. de J.C., muchos judíos vieron en la destrucción la mano de Dios en juicio.

24:1. El templo de Jerusalén era una de las estructuras más espléndidas de toda la antigüedad y parecía fuerte e invencible (cf., p. ej., la Carta de Aristeas 100, 101). Era el símbolo central del judaísmo, y era reconocido por su belleza. Ver el comentario adicional sobre Marcos 13:1.

24:2. Algunos filósofos griegos no se impresionaban ante estructuras magníficas, pero la respuesta de Jesús va mucho más allá de esta actitud, él habla de juicio. Algunos otros grupos judíos (incluyendo la secta de *Qumrán) también esperaban que el templo fuera juzgado; pero la mayoría de los judíos, más allá de sus otras diferencias, encontraban en el templo un símbolo de su unidad judía y se habrían afligido grandemente de pensar que Dios podría permitir que fuera destruido (como en Jer. 7:4-15). Algunas piedras quedaron sobre otras (p. ej., parte de una pared aún permanece en pie), pero esto no debilita la fuerza de la *hipérbole: el templo fue casi totalmente derribado en el año 70 d. de J.C.

24:3. Los profetas del AT a menudo agrupaban eventos de acuerdo con su tema más que por su cronología, y en este discurso Jesús hace lo mismo. Responde a lo que gramaticalmente serían dos preguntas separadas: el tiempo de la destrucción del templo y el tiempo del fin.

24:4-14
Eventos futuros

En muchos escritos *apocalípticos judíos (p. ej., *2 Baruc 70:7) aparecen señales preliminares que indican la proximidad del fin, pero mucho material característico de tales textos (la guerra final, la destrucción de Roma, etc.) falta aquí. La mayor parte de las señales preliminares que otros pensadores apocalípticos esperaban para el fin, explícitamente *no* son indicadores del fin aquí (Mat. 24:6-8).

24:4, 5. Muchas falsas figuras *mesiánicas surgieron en el siglo primero (y después); a menudo atraían gran número de seguidores devotos. Aunque *Josefo, quien escribe para lectores gentiles, los describe como "falsos profetas" y no como Mesías, las aspiraciones políticas de ellos generalmente quedan manifiestas en sus descripciones.

24:6-8. Estas dificultades estaban asociadas con los sufrimientos que muchos judíos pensaban precederían de manera inmediata al fin (p. ej., 4 Esdras 9:3; 13:31, 32; 2 Baruc 27:7; 70:3; *Oráculos Sibilinos 2:22-24; 3:660-61). Algunos compararon estos sufrimientos con "dolores de parto", o los "dolores de parto del *Mesías" o de la era mesiánica (p. ej., en los *Himnos* de *Qumrán; cf. Isa. 13:8; Ose. 13:13). Para Jesús son solamente el "*comienzo* de los dolores de parto" y caracterizan lo que sería la vida normal en este tiempo. Describe algunos de ellos en lenguaje del AT (2 Crón. 15:6; Isa. 19:2; Jer. 51:46).

24:9-14. La persecución universal, la apostasía y un avivamiento de las misiones mundiales caracterizan la era final. Estos eventos comenzaron a presentarse en el cristianismo del primer siglo, aunque no todavía a escala mundial.

Al estar bajo presión, muchos convertidos al judaísmo volvían al paganismo; los textos judíos advierten de muchos judíos que se apartarán de Dios en el tiempo del fin, del mismo modo que habían hecho poco antes del surgimiento de los macabeos en el segundo siglo a. de J.C. La apostasía, y especialmente la entrega de amigos a los perseguidores, se consideraban crímenes horrendos.

De esta manera, los lectores judíos habrían entendido fácilmente esta advertencia de Jesús acerca de la persecución y la apostasía; sin embargo, su enseñanza con respecto a la extensión de las buenas nuevas del *reino entre todas las naciones es contraria a la enseñanza judía prevaleciente. Aunque los escritores *apocalípticos esperaban persecución por parte de las naciones, no anticipaban una amplia conversión de gentiles antes del fin.

24:15-22
Los sucesos de los años 66-70

Un requisito previo para el regreso de Cristo era la serie de eventos cumplidos en los años 66-70 d. de J.C., eventos correctamente predichos por Jesús.

24:15. La "abominación desoladora" en Daniel 9:27 sucede después de que el *Mesías es cortado (un pasaje sujeto a diversas interpretaciones); Daniel 11:31 suena como si debiera haber ocurrido en el siglo segundo a. de J.C., y 12:11 en el tiempo del fin, de manera que algunos intérpretes han sentido que la *profecía se fue cumpliendo en etapas. Algunos intérpretes creen que ciertas partes de la profecía de Daniel esperan su cumplimiento; otros creen que la totalidad de la misma se cumplió en el siglo primero.

*Josefo, el historiador judío del primer siglo, sentía que Daniel se había cumplido cuando los *zelotes dieron muerte a los sacerdotes en el templo en el año 66 d. de J.C., cometiendo un sacrilegio por el cual Dios trajo la desolación del templo (el derramamiento de sangre humana en el templo lo profanaba; cf. el comentario sobre Mat. 23:35). Este sacrilegio podría haber sido la señal para los cristianos para que escaparan de Jerusalén (24:16); los historiadores cristianos de los primeros siglos señalan que los profetas advirtieron a los cristianos judíos que huyeran de Jerusalén en este tiempo.

El templo quedó "desolado" en el año 70, cuando los romanos lo destruyeron con fuego y luego erigieron sus propios estandartes en el lugar. Tal como los judíos sabían (se lamenta esto en los *Rollos MM), estos estandartes llevaban la insignia del emperador romano quien era adorado como un dios en el Mediterráneo Oriental; con esto habrían sellado la profanación del lugar. Los habitantes de Jerusalén habrían sentido que aun el ingreso de estos estandartes a Jerusalén en forma temporal (como había hecho Pilato aproximadamente tres años y medio antes que Jesús expresara esta advertencia) contaminaba la ciudad santa. En varias ocasiones los jerosolimitanos habían mostrado que preferían la muerte antes que la contaminación de su templo.

24:16. Las montañas eran el lugar más fácil para esconderse en Judea; ejércitos las habían usado a menudo para la guerra de guerrillas (cf., p. ej., 1 Sam. 23:26; 1 Macabeos 2:28). La tradición cristiana de los primeros siglos señala que los cristianos de Jerusalén huyeron a Pela, al pie de las montañas hacia el norte; aunque la zona montañosa de Judea rodeaba a toda Jerusalén, la ruta hacia el norte a Pela sería a través del valle del Jordán. Tanto las montañas como la ruta a Pela podrían haber ofrecido lugares de refugio, pero la huida a Pela muestra que la expresión relacionada con montañas en 24:16 (NVI) no fue compuesta luego del acontecimiento.

24:17. El techo, que era plano, se usaba para la oración, para disecar verduras, y para otras funciones. La escalera que conducía a este techo estaba en la parte exterior de la casa; de esta manera, uno podía bajar del mismo sin entrar a la casa.

24:18. Los trabajadores usaban un manto sobre su otra ropa cuando iban al campo a trabajar a la primera hora del día, alrededor de las seis de la mañana; a medida que el calor del día aumentaba, dejaban sus mantos al borde del campo.

24:19. Cuando una mujer estaba embarazada o en la etapa de amamantar se le hacía más difícil viajar. La escasez de alimentos también haría del embarazo y la lactancia algo mucho más problemático. Por cierto, *Josefo señala que el sitio de Jerusalén se hizo tan difícil que algunas mujeres se comían a sus hijos (como en Lev. 26:29; Deut. 28:57; 2 Rey. 6:29).

24:20. El invierno limitaba las condiciones para viajar, inmovilizando aun a la mayoría de los ejércitos. En el invierno el cauce de los arroyos que en otro tiempo estaban secos estaban inundados, y se hacían difíciles de cruzar. Algunos fugitivos de Jerusalén efectivamente trataron de escapar del sitio romano durante el invierno y, al encontrarse demorados por estos arroyos crecidos, fueron alcanzados y masacrados.

La ley judía prohibía viajar a caballo, en mula, y otros medios de transporte en el día de reposo; aun la distancia a pie que podía recorrer una persona estaba reglamentada. En consecuencia, sería difícil obtener medios de transporte y pasajes en el día de reposo, especialmente si los residentes de Jerusalén quisieran escapar secretamente sin ser desafiados por los patriotas *zelotes. El día de reposo podía ser violado para salvar la vida, pero aquellos que no reconocieran la urgencia de la situación no cooperarían. (Si Jerusalén fuera sitiada en el año sabático, Lev. 25:1-7, sus habitantes rápidamente se quedarían sin alimento; pero podemos suponer con tranquilidad que la idea aquí es el día sábado y no el año sabático.)

24:21. Aquí Jesús toma prestado el idioma de Daniel 12:1, que hace referencia al tiempo final de tribulación necesario antes de que los muertos fueran resucitados (12:11-13). "Como no ha habido desde el principio del mundo hasta ahora, ni habrá jamás" se utilizaba algunas veces como hipérbole (cf. Jos. 10:14 con Éxo. 8:13; Núm. 14:20; 2 Rey. 6:18), aunque *Josefo coincide en que los sufrimientos del 66—70 exceden a cualquier sufrimiento anterior en la historia de la humanidad.

24:22. Jesús presumiblemente se refiere a los 1.260 días de Daniel; el tiempo sería acortado para permitir que hubiese sobrevivientes.

24:23-28
Cuidado con los falsos mesías

24:23, 24. Algunos falsos profetas judíos en la Palestina del primer siglo reunieron muchos seguidores al afirmar que podían realizar milagros, tales como abrir las aguas del Jordán o derribar los muros de Jerusalén; fracasaron en llevar a cabo exitosamente sus promesas. Además, muchos magos afirmaban poder realizar curas milagrosas y algunos falsos profetas judíos probablemente afirmaron cosas similares.

24:25. La advertencia anticipada era siempre útil para confirmar la fe (Isa. 48:5).

24:26. Los supuestos *mesías generalmente venían del desierto, en un intento por imitar a Moisés, quien mucho tiempo atrás había guiado a su pueblo a través del desierto. (Los judíos esperaban un libertador similar a Moisés, como en Deut. 18:15.) Después del año 70 d. de J.C., y especialmente después de la aplastante derrota en el año 135 d. de J.C., muchos judíos palestinos se volvieron más escépticos con respecto a los que pretendían ser mesías (los saduceos ya lo habían sido).

24:27. Los *falsos mesías no podían repetir esta señal. Esta es la venida del Señor descrita en pasajes como Zacarías 14:3-8, en la cual Jesús cumplirá el papel que la mayoría de los lectores judíos esperaba que Dios cumpliera.

24:28. El regreso de Jesús no será un acontecimiento secreto; será el lugar de la última batalla, donde hará de sus enemigos comida para los buitres (Eze. 32:4-6; 39:17-20). Ser comido en lugar de enterrado era considerada una suerte horrible (Deut. 28:26; 1 Sam. 17:44; Sal. 79:2).

24:29-31
Señales del fin

24:29. Esta referencia a eventos astronómicos es lenguaje del AT para el tiempo del juicio de Dios en la batalla final (p. ej., Isa. 13:10; 24:23; 34:4; Eze. 32:7, 8; Joel 3:14; Zac. 14:6). Un lenguaje cósmico similar también se aplicaba algunas veces a los juicios u otros actos divinos en la historia (p. ej., Sal. 18:6-19; Jer. 4:20-28; *Oráculos Sibilinos). La oscuridad era aparentemente un juicio aterrador en la antigüedad (Éxo. 9:21-23). Tanto los judíos como los *gentiles consideraban a las señales en los cielos como algo portentoso, y se dice que algunas señales en los cielos (a escala mucho menor) acompañaron a la caída de Jerusalén.

24:30. Esta aparición celestial del Hijo del Hombre es la señal máxima de la venida de Jesús (24.3). El versículo combina Zacarías 12:10 donde en el fin Dios lleva a su pueblo a arrepentirse del dolor que le han causado, y Daniel 7:13, 14, donde un representante del Israel sufriente recibiría de Dios el *reino y reinaría para siempre; cf. también Apocalipsis. 1:7. En los *Rollos MM, el término "nubes" hace referencia a las huestes de ángeles en el momento de la venida de Dios; en el AT, esta imagen podía referirse a la nube de la gloria de Dios o a nubes entendidas literalmente.

24:31. Las cornetas se usaban para anunciar la llegada de reyes y para otros grandes acontecimientos. En el AT se usaban especialmente para reunir al pueblo de Dios (en la mayoría de los casos para la guerra); los profetas a menudo usaban la corneta como un símbolo que advertía la proximidad de la guerra y la devastación (p. ej., Jer. 4:5, 19, 21; Sof. 1:16). La corneta ya había sido usada para la reunión del pueblo de Dios en el tiempo del fin (Isa. 27:13), una reunión asociada con la salvación de Israel (Isa. 11:12; 43:5; 49:5; 56:8; y en general en la tradición judía) y para la guerra final de Dios (Zac. 9:14-16). Una oración judía de este período, recitada regularmente, menciona esta futura reunión de Israel al sonido de la corneta; otros textos judíos concuerdan. Era, por lo tanto, una imagen natural para la reunión de los creyentes (cf. 1 Cor. 15:52; 1 Tes. 4:16).

"Desde un extremo del cielo hasta el otro" quizá hable a través de una imagen común de ese tiempo: el cielo era un domo sobre la tierra, de manera que esta frase es similar a nuestra frase igualmente figurada: "de un extremo al otro de la tierra", es decir, en todas partes (cf. Mar. 13:27).

24:32-35
La certeza de la venida

24:32, 33. Esta es la primera de siete *parábolas del reino futuro, que hacen un paralelo de las siete parábolas sobre la presencia del *reino en el capítulo 13.

A diferencia de la mayoría de los árboles de Palestina, las higueras pierden sus hojas en invierno; sin embargo, estarían brotadas para este tiempo del año, anunciando el fruto que debería aparecer en ellas en el verano. Jesús había usado anteriormente este árbol como una parábola para enseñar sobre la destrucción del templo (ver Mar. 11:12-25). Pero el significado lo decide en última instancia el contexto: cuando las señales que él había mencionado (incluyendo la destrucción del templo) se cumplieran, su venida sería inminente.

24:34. El templo fue destruido aproximadamente 40 años después que Jesús pronunciara estas palabras (las cuales se referían más bien a la caída del templo que a la Segunda Venida; ver el comentario sobre 24:3). Los *Rollos MM anticipaban una última generación de 40 años de tribulación antes del fin; Jesús deja indefinido el período entre la última señal terrenal (la caída del templo) y su regreso.

24:35. Aun los profetas judíos no hablaban de esta manera acerca de sus propias palabras (Zac. 1:5, 6); una afirmación así se utilizaba solamente para las palabras de Dios habladas a través de Moisés y los profetas (cf. Jer. 31:35-37). Aquellos que afirmaban que sus palabras eran inmutables creían que hablaban de manera infalible de parte de Dios (cf. Zac. 1:5-10 y los comentarios sobre Apoc. 22:18, 19. Los rabinos hablaban de esta manera con respecto a la autoridad del AT).

24:36-44
Lo incierto del momento de su venida

24:36. Ver quizá Zacarías 14:7. Aunque Dios había hecho saber a su pueblo las cosas cruciales, siempre guardaba en secreto algunos misterios (Deut. 29:29: cf. 4 Esdras 4:52).

Los maestros judíos luchaban con una tensión entre dos posiciones: (1) uno podía predecir cuándo vendría el *Mesías, en un tiempo establecido únicamente por Dios; y (2) uno no podía predecir su venida, pero él vendría en el momento en que Israel se arrepintiera y siguiera totalmente a Dios.

24:37-39. La tradición judía enfatizaba los males de la generación de Noé con una mayor profusión de detalles que la Biblia.

24:40, 41. En el contexto de 24:37-39, "tomado" posiblemente significa "llevado a juicio" (cf. Jer. 6:11). La tarea de moler en un molino era asignada a las mujeres. A las esposas de los *fariseos les estaba permitido trabajar junto con mujeres no religiosas (siempre que no participaran en romper alguna de las reglas fariseas sobre la pureza); así, el escenario de mujeres de diferentes convicciones que están trabajando juntas no resulta inusual.

24:42-44. Los ladrones podían "forzar la entrada" a una casa al hacer un boquete a través de la pared de barro de la típica casa judía de Palestina. Un dueño de casa de buena posición social y con una vivienda de paredes más fuertes, a menudo tenía sirvientes que cuidaran las puertas. A diferencia de un ladrón que entrara durante el día, un ladrón que forzara su entrada por la noche podía ser matado impunemente, porque se lo consideraba potencialmente peligroso (Éxo. 22:2, 3).

24:45-51
Siervos vigilantes

A menudo, un dueño de casa de buena posición social tenía un esclavo que era un "gerente" o "administrador" de su propiedad. Un esclavo de tan alto nivel podía estar a cargo de repartir las raciones a todos los demás siervos, y podía abusar de su autoridad solamente si el señor de la casa no estaba presente. (Era común la ausencia prolongada de terratenientes y dueños de casa, especialmente si tenían otras propiedades en lugares distantes. En algunos relatos de ese tiempo, los reyes, terratenientes, o esposos que se ausentaban por largo tiempo constituían una tentación para aquellos que quedaban atrás.)

Algunas leyes consideraban a los esclavos como personas, en tanto que otras los consideraban cosas (para fines económicos). Aunque los señores podían azotar a los esclavos, no les convenía económicamente hacerlo muy a menudo o severamente. Un esclavo que abusaba de otros esclavos estaba dañando la "propiedad de su señor"; a menudo estos otros siervos eran también objeto de la preocupación personal de su señor. La ebriedad era aborrecida, especialmente si los esclavos tomaban vino y comían desordenadamente a expensas del señor sin su conocimiento.

25:1-13
Las vírgenes alertas

Ser una virgen que acompañaba a la novia era un gran honor; la pesadilla de las mujeres jóvenes era no estar preparadas y así ofender a la novia y ser excluidas de la fiesta. Los creyentes profesantes deben resistir en fe hasta el fin (24:13).

25:1. Sobre "el reino de los cielos será semejante a", ver el comentario sobre 13:24. Las bodas se celebraban al atardecer, y se utilizaban antorchas como parte de la celebración, que consistía en una procesión que abría el camino para la novia hasta la casa del esposo. Es poco probable que las "lámparas" se refiera a las pequeñas lámparas de aceite herodianas, que uno llevaría en su mano; toda la evidencia señala a antorchas, que también se utilizaban en ceremonias nupciales griegas y romanas. Estas antorchas podrían haber sido cañas envueltas con telas impregnadas en aceite. En tiempos más recientes, en muchas aldeas tradicionales de Palestina, la fiesta de bodas se realiza por la noche, después de un día de baile; las vírgenes dejan a la novia, a quien han estado acompañando, y salen con antorchas a recibir al esposo. Lo escoltan luego hasta donde se encuentra su esposa, y de allí los acompañan hasta la casa del esposo.

25:2-7. Antorchas como estas no arden indefinidamente; ciertas fuentes sugieren que podrían haber ardido durante apenas quince minutos antes que fuera necesario quitar las telas quemadas, y nuevamente envolver las cañas con otras telas embebidas en aceite. Al no conocerse todos los detalles de las bodas en la Palestina antigua, no está claro si es que la *parábola contempla las antorchas como que permanecían encendidas mientras que las vírgenes acompañantes dormían (para evitar la demora de tener que volver a encenderlas), o como si fueran encendidas solamente después del primer anuncio de la llegada del esposo (como piensan muchos eruditos). De una manera o de otra, si el esposo se demoraba más de lo previsto, sus lámparas no durarían, a menos que tuvieran una reserva adicional de aceite. Los esposos a menudo llegaban tarde, y se repetía constantemente el anuncio de su proximidad, hasta que finalmente llegaban.

25:8. Las vírgenes necesitaban suficiente aceite para mantener las antorchas encendidas durante la procesión y hasta la casa del esposo y el baile.

25:9, 10. Intentar compartir el aceite les habría dejado demasiado poco para cualquiera de las antorchas y habría arruinado la ceremonia de bodas. Sin embargo, habría sido difícil encontrar vendedores a esta hora de la noche (aunque algunos negocios podrían haber estado abiertos si estaban cerca de una ciudad grande); las vírgenes insensatas indudablemente llegarían tarde. Estaba previsto que las mujeres jóvenes salieran al encuentro del esposo, quien pasaría luego a buscar a su esposa en la casa de ella, y que encabezaran el cortejo en su regreso a la casa del padre del esposo para celebrar la fiesta. El cerrojo utilizado para trabar las puertas (25:10) era ruidoso y de gran tamaño; quizá representaba un esfuerzo que solo debía repetirse si era verdaderamente necesario, por lo cual los nuevos visitantes no serían bienvenidos (cf. Luc. 11:7).

25:11-13. Las vírgenes insensatas quedaron fuera del cortejo que volvía cantando y danzando a la casa del esposo. También se perdieron el momento crítico en la boda judía, cuando la esposa entraba a la casa del esposo bajo el dosel nupcial. Al ofender la dignidad del anfitrión, no fueron admitidas a la fiesta que duraba siete días después de la ceremonia.

25:14-30
El uso del tiempo intermedio

Los terratenientes ricos generalmente delegaban el control y la multiplicación de sus riquezas a contadores capacitados, que podrían ser personas libres o, como en este caso, siervos. Frente a la realidad de la existencia de un día en el cual se presentarán las cuentas, los creyentes deben usar de la manera más sabia posible todo lo que el Señor les ha confiado para que produzca resultados beneficiosos para él; nunca deben perder conciencia de su condición de mayordomos (24:45-51).

25:14. Los señores de buena posición económica a menudo realizaban largos viajes. Dada la precariedad de los transportes en aquel tiempo, el tiempo del regreso era incierto aun para un viaje bien planificado.

25:15-17. Aunque el valor exacto de un talento variaba de un período a otro y de un lugar a otro, podemos estimar los valores de estas inversiones como de aproximadamente cincuenta mil, veinte mil y diez mil denarios. Dado que un denario era el salario de un día, se trataría de una suma pequeña ("poco") (25:21, 23) únicamente para un señor muy rico, quien probablemente confiaría su riqueza solamente a sus siervos más confiables y prudentes.

Aquellos que tenían suficiente capital podrían invertirlo para obtener ganancias. Por ejemplo, podrían prestarlos a los cambistas quienes a su vez lo usarían para obtener ganancias y sacar un beneficio importante. El préstamo de dinero a interés también era algo rentable, dados los exorbitantes intereses que se cobraban en ese tiempo (aunque los judíos no debían cobrar interés a otros judíos); según una fuente, ¡un *protector prestaba a una ciudad entera a un interés cercano al 50 por ciento! Debido a que muchas personas no tenían capital disponible para inversiones, aquellos que sí lo tenían podían obtener grandes beneficios.

25:18. Una de las maneras más seguras, y menos redituables, de proteger el dinero era enterrándolo; aún en la actualidad, ocasionalmente se encuentran estas reservas enterradas donde sus dueños nunca volvieron para recuperarlas. (En Lucas 19, un siervo se desempeña aún peor: atar dinero en un pañuelo en lugar de enterrarlo se consideraba una seria negligencia, porque ni siquiera brindaba seguridad al depósito.)

25:19-23. Era normal que una persona duplicara su inversión, y los siervos habrían podido realizar esto. En la antigüedad, a menudo se invocaba el principio de que la integridad en los asuntos pequeños calificaba a una persona para comprobar su integridad en asuntos más importantes. Jesús bien puede haber usado la palabra *aramea para "gozo" que también significa "celebración" (cf. 25:10 "fiesta de bodas" NVI); el señor hizo una fiesta a su regreso y honró a sus siervos cooperadores.

25:24, 25. El tercer esclavo debía haber sabido con quién estaba tratando; simplemente no se había interesado por lo que podía suceder con lo que pertenecía a su señor (ver el comentario sobre 25:15-17). La mínima inversión posible, que daría intereses sobre un depósito de ahorros, no habría puesto en riesgo el depósito; habría sido tan seguro como enterrar el dinero. La frase "aquí tienes lo que es tuyo" se utilizaba en las transacciones judías para decir: "desde ahora ya no soy responsable de esto".

25:26, 27. Aunque la usura (cobrar intereses sobre un préstamo o un depósito) era técnicamente contraria a la ley judía (Éxo. 22:25; Lev. 25:36, 37; Deut. 23:19, 20; Neh. 5:7; Sal. 15:5; Prov. 28:8; Eze. 18:8, 13, 17; 22:12), los *gentiles no estaban obligados a abstenerse de ella; más aun, los judíos podían cobrar a los gentiles, y de todos modos muchos aristócratas judíos adinerados seguían más la costumbre griega que la enseñanza oficial judía. Así como otros *rabinos podían relatar *parábolas acerca de reyes mucho tiempo después que los reyes habían cesado de existir en la Palestina judía, Jesús podía esperar que sus oyentes captaran todas las imágenes de esta parábola.

25:28-30. En otros lugares, las tinieblas se utilizan como una figura del infierno (8:12).

25:31-46
El juicio sobre las ovejas y los cabritos

25:31. El Hijo del Hombre vendría a reinar para Dios (Dan. 7:13, 14; cf. las *Similitudes de Enoc, de fecha incierta), y algunos relatos *apocalípticos judíos (quizá siguiendo imágenes griegas del reino de los muertos) describían a los jueces humanos antes del día del juicio final. Pero la descripción de autoridad absoluta asignada a Jesús aquí encaja mejor en la clásica figura judía de Dios juzgando a las naciones en el día del juicio. Para los ángeles, ver el comentario sobre 16:27.

25:32. El juicio de Dios sobre las naciones (p. ej., Isa. 2:4; Miq. 4:3) era un aspecto normal de la expectativa judía para el futuro. Dios separaría las ovejas (Eze. 34:17). Aunque las ovejas y las cabras pastaban juntas, se dice que los pastores palestinos separaban a las ovejas y las cabras por la noche, porque las cabras necesitan estar abrigadas de noche y las ovejas prefieren estar al aire libre. Las ovejas eran más valiosas que las cabras, y características de este tipo podrían haber influido en la manera en que estos términos se interpretaran en un uso figurado; por ejemplo, en un manual pagano sobre los sueños, las ovejas estaban asociadas con el bien, en tanto que las cabras estaban asociadas con problemas.

25:33. En los textos de la antigüedad, la derecha es el lado preferido; en las pocas escenas de juicio en que aparece, la derecha es el lado de los justos y la izquierda el de los malvados (p. ej., el Testamento de Abraham, recensión A).

25:34. "Heredad el *reino" es una frase familiar; en la tradición judía, el reino estaba preparado para Israel, quien había sido predestinado por Dios. En las *parábolas judías el rey es prácticamente siempre Dios; aquí se refiere a Jesús.

25:35, 36. Excepto la visitación de los encarcelados, las obras señaladas por Jesús aquí son obras clásicas de justicia en la ética judía. Proveer para los pobres, brindar hospitalidad al extranjero, y visitar a los enfermos eran acciones básicas para la piedad judía.

25:37-39. Una declaración confusa seguida de una contra pregunta era un método clásico de estimular la continuidad de un debate (ver, p. ej., Mal. 1:6, 7).

25:40. En algunos textos *apocalípticos judíos, las naciones serían juzgadas por la manera en que habían tratado a Israel. En la Biblia, Dios también juzgaba a las personas por la manera en que trataban a los pobres. Pero dado el uso de "hermanos" (12:50; 28:10; el término griego puede incluir ambos sexos) y quizá "más pequeños" (5:19; 11:11; cf. 18:4; 20:26; 23:11) en otros lugares en Mateo, este pasaje probablemente se refiera a la acción de recibir mensajeros de Cristo. Tales misioneros necesitaban albergue, comida y ayuda frente al encarcelamiento y otras complicaciones provocadas por la persecución; ver el comentario sobre 10:11-13. Recibirlos era como recibir a Cristo (sobre el principio judío de ser un agente, ver el comentario sobre 10:40-42). En consecuencia, el juicio de todas las naciones debía estar precedido por la proclamación del *reino entre ellas (24:14).

25:41-45. Algunas tradiciones judías (como el Rollo de la guerra de *Qumrán) señalan que Belial (*Satanás) fue creado para el abismo; la destrucción no era el propósito original de Dios para las personas (4 Esdras 8:59, 60). En muchas tradiciones judías, los demonios eran ángeles caídos (cf. comentario sobre 2 Ped. 2:4). La tradición judía estaba dividida con respecto a la duración del infierno. La descripción de "eterno" que hace este pasaje no era por cierto una mera concesión para con un concepto universal en el judaísmo.

25:46. La *vida eterna estaba prometida a los justos después de su *resurrección al final de los tiempos (Dan. 12:2). Algunos maestros judíos creían que el infierno era temporal, y que al final algunas personas serían consumidas por el fuego y otras serían liberadas. Otros maestros judíos hablaban como si el infierno fuese eterno. Jesús se identifica aquí con el último grupo.

26:1-16
Los que dan y los que reciben

Para mayores detalles, ver el comentario sobre Marcos 14:1-11

26:1, 2. Debido a nuestra familiaridad con el relato, la predicción de la crucifixión que hace Jesús podrá no sonarnos dura, pero habría estremecido a los *discípulos de Jesús. Los habitantes del imperio romano, especialmente en lugares como la Palestina judía, consideraban a la crucifixión como la más cruel, más dolorosa y más degradante forma de ejecutar a criminales.

26:3-5. Una reunión privada para planear la ejecución de una persona que aún no había sido condenada era por cierto una violación a la ley judía. Sin embargo, el temor de ellos ante una revuelta en el tiempo de la fiesta (v. 5) era totalmente razonable: debido a la gran concentración de personas en las fiestas, las revueltas eran más probables entonces que en otras ocasiones, y cientos de personas habían sido pisoteadas y aplastadas en fiestas anteriores. El gobernador romano venía de Cesarea en ocasión de las fiestas para prevenir cualquier problema, y durante esta época se reforzaba la seguridad romana. La aristocracia sacerdotal era, principalmente, guardiana del *status quo*, y a ella le correspondía hacerse cargo, de la manera políticamente más eficaz, de aquellos que se presentaban con pretensiones *mesiánicas; no se animaban a arrestar públicamente a Jesús (26:55). Para más información sobre Caifás, ver el comentario sobre Juan 11:47, 48.

26:6. Betania era una de aquellas aldeas cercanas a Jerusalén donde los peregrinos que venían a celebrar la Pascua podían pasar la noche con personas que les recibían. Sobre Simón el "leproso", ver el comentario sobre Marcos 14:3.
26:7-9. Se acostumbraba ungir las cabezas de invitados importantes, pero la acción de esta mujer de ungir a Jesús es fuera de lo común. Este perfume (indudablemente importado de Oriente) era caro, tenía el valor del salario de un año de un trabajador común, y probablemente había sido guardado en su familia como una herencia. Su fragancia se había conservado por estar sellado en alabastro (el envase favorito para el perfume). Una vez que el frasco se rompía, su contenido se usaría solamente una vez con su plena fragancia.
26:10, 11. La respuesta de Jesús probablemente contenga una alusión a Deut. 15:11, que insta a la generosidad para con los pobres, de los que siempre habrá en la tierra. No menoscaba el dar a los pobres, pero destaca lo que sigue: la devoción a Jesús mismo debe preceder, e inspirar o modelar todo otro propósito o actividad importante y piadosa.
26:12, 13. En la tradición judía, los reyes (incluyendo, por definición, al *Mesías, o "ungido"), sacerdotes y otros debían ser ungidos para el servicio. Pero Jesús destaca aquí una forma diferente de unción que indudablemente no estaba en las intenciones de la mujer: ungir un cuerpo para la sepultura (ver Mar. 16:1).
26:14-16. Los sumos sacerdotes habrían sido fáciles de encontrar, pero no habrían estado accesibles a Judas si la misión de éste hubiese estado menos identificada con los planes de ellos. El precio promedio de los esclavos variaba de un lugar a otro y de un período a otro, pero los lectores de Mateo, bíblicamente informados, reconocerían las treinta piezas de plata como la compensación promedio en el AT para la muerte de un esclavo (Éxo. 21:32). Judas vende barato a su maestro.

26:17-30

Traición y muerte en la Pascua

Para mayores detalles ver el comentario sobre Marcos 14:12-26.
26:17. Para este período, "la fiesta de los panes sin levadura", que en la Biblia seguía inmediatamente a la Pascua, se había extendido en el lenguaje popular para incluir a la Pascua en sí. Representantes de cada familia hacían los "preparativos para la Pascua" (es decir, hacían que los sacerdotes sacrificaran un cordero para ellos en el templo) y luego regresaban con el cordero para preparar la comida. Otros preparaban los otros platos.
26:18, 19. Debido a que la Pascua debía comerse dentro de los muros de Jerusalén, muchos hogares incluían invitados durante la noche de la fiesta.
26:20. La Pascua debía comerse por la noche. En abril, en el tiempo de la Pascua, el sol se ponía en Jerusalén alrededor de las seis de la tarde, de manera que la cena podría haber comenzado a esa hora. El compañerismo en la mesa de la fiesta era íntimo; una o dos familias normalmente compartían la cena (se requería un mínimo de diez personas); aquí Jesús y sus *discípulos más cercanos componen la unidad familiar. La posición habitual en las comidas era estar sentado, pero era común en las fiestas reclinarse en divanes (originalmente una práctica griega).
26:21-23. Las hierbas amargas se sumergían en una mezcla de nueces, frutas y vinagre a fin de reducir su sabor amargo. Que una persona que estaba traicionando a otra "metiera la mano en el plato" con esa persona habría horrorizado a los lectores de la antigüedad, quienes consideraban que la hospitalidad y el acto de compartir la mesa del compañerismo los unía en un vínculo íntimo.
26:24, 25. En las tragedias griegas y en la Biblia, aquellos que se lamentaban a menudo se arrepentían del día en que habían nacido (Job 3; Jer. 20:14-18). Estos lamentos eran expresiones retóricas de una profunda

aflicción, pero Jesús usa las mismas palabras para declarar una realidad. Otros maestros judíos señalaban también que habría sido mejor para una persona no haber nacido que negar al Dios eterno; parece haber sido una declaración común de sabiduría judía (*rabinos; 4 Esdras 7:69; *1 Enoc 38:2; 2 Enoc 41:2).

26:26. Era la costumbre que la cabeza del hogar diera gracias por el pan y el vino antes de cualquier comida, pero sobre el pan y el vino de la cena de la Pascua se pronunciaban bendiciones especiales. No debemos entender de manera literal las palabras "Esto es mi cuerpo", de la misma manera en que los contemporáneos de Jesús no tomaban literalmente la interpretación normal judía que se pronunciaba sobre el pan de la Pascua: "Este es el pan de aflicción que nuestros antepasados comieron cuando salieron de Egipto". (Si se entendía literalmente, ese pan habría tenido siglos de antigüedad, y de todos modos ya se habría comido.) El acto de levantar el pan sin levadura y explicar su significado se llevaba a cabo después de la primera copa.

26:27. Se llegaron a usar cuatro copas de vino tinto en las celebraciones anuales de la Pascua, y si las mismas estaban en uso para el primer siglo (como es probable), esta copa podría ser la tercera o cuarta. El líder del grupo tomaba la copa con ambas manos, luego la sostenía en su derecha, a una distancia de un palmo por sobre la mesa.

26:28. En el AT, los pactos se ratificaban a través de la sangre de un sacrificio; Dios también había redimido de Egipto a su pueblo, a través de la sangre del cordero de la Pascua. "Para muchos" probablemente haga alusión a Isaías 53 (ver el comentario sobre Mat. 20:28). El ritual de la Pascua interpretaba la copa, pero no la interpretaba como sangre, porque para la ley y la costumbre judías la idea de beber la sangre de cualquier criatura, especialmente sangre humana, resultaba repugnante.

26:29. Los votos de abstinencia eran comunes en el judaísmo de Palestina: "No comeré tal o cual cosa hasta que esto suceda", o "Juro que no usaré esto hasta que suceda aquello". Jesús hace un voto en cuanto a que no volverá a beber vino hasta que el *reino venga, y aparentemente se abstiene de la cuarta copa. La tradición judía comúnmente describía el tiempo del reino como un banquete (sobre la base de versículos como Isa. 25:6) en el que la Biblia había prometido una provisión inacabable de vino (cf. Amós 9:13, 14).

26:30. Después de la cena se acostumbraba cantar en forma antifonal salmos del Hallel, que estaba compuesto por los Salmos 113—118. La caminata hasta el monte de los Olivos tomaba por lo menos quince minutos.

26:31-46
Los otros traidores

Ver el comentario sobre Marcos 14:27-42.

26:31, 32. Sobre"escandalizar" ("apartarse", BA, que en nota marginal dice: "caer"; "abandonar", NVI.) Zacarías 13:7 (la cita sobre el pastor) no es claramente mesiánica (Zac. 13:1-9 se refiere a golpear a los falsos profetas en juicio, según Deut. 13:1-11; cf. Zac. 10:2; 11:3, 15-17), pero el principio de las ovejas que se dispersan a causa de un pastor herido por cierto se aplica igualmente bien al pastor divino (Mat. 25:32; cf. 18:12-14).

26:33-35. Las fuentes antiguas por lo general consideraban al gallo como un anunciador confiable de la llegada del amanecer, y los guardias nocturnos, pastores y otros que pasaban la noche despiertos estaban también familiarizados con otros cantos que, dependiendo del tiempo del año, variaban entre las 23:30 h y las 3:30 h. El punto es que la negación era inminente.

26:36. Quizá hayan llegado a Getsemaní alrededor de las 22:00 h o 23:00 h (lo cual en esa cultura era bien entrada la noche). Al parecer, en Getsemaní había un olivar y probablemente una prensa de aceitunas (de aquí su nombre, que significa "prensa de olivos"); estaba sobre la ladera o al pie occidental del monte de los Olivos, frente a Jerusalén. Debido a que la noche de la Pascua debía pasarse dentro de los límites más amplios de Jerusalén, que no incluían Betania, no volverían a Betania esa noche (21:17).

26:37, 38. La descripción que hace Jesús de su angustia toma del lenguaje del AT (Sal. 42:5, 6, 11; 43:5; Jon. 4:9; cf. Sal. 142:3-6; 143:3, 4); cf. Mateo 27:46.

26:39. La copa (20:22; cf. 27:48) quizá haga alusión a la imagen del AT de una copa de juicio dada a las naciones; ver el comentario sobre Marcos 10:39. Los lectores judíos habrían considerado algo virtuoso aplaudir la voluntad de Dios aun cuando esto fuera para dolor de la propia persona (p. ej., 1 Macabeos 3:59, 60; *rabinos; *Rollos MM).

26:40. Los *discípulos debían "velar" como los porteros, esclavos a cargo de la puerta, en la *parábola de Marcos 13:34-36. Era la costumbre permanecer despiertos hasta muy tarde la noche de la Pascua, y hablar de la redención de Dios. Tendrían que haber podido mantenerse despiertos para velar; probablemente habían permanecido despiertos hasta tarde en la mayoría de las otras Pascuas de su vida. Según una enseñanza judía (la cual, no obstante, podría ser posterior a este período), si alguno dentro del grupo que celebraba la Pascua se quedaba dormido (no meramente que cabeceara), el grupo se disolvía.

26:41-46. "Tentación" aquí es "poner a prueba"; dado el uso común de la palabra en la religión judía, Jesús dice: "no sea que sean una presa de la prueba que están a punto de enfrentar". El contraste entre "espíritu" y "carne" significa simplemente que uno puede impulsivamente tener buenas intenciones (26:33; cf. el uso de "espíritu" en muchos casos en el libro de Proverbios), pero la carne (el cuerpo) es susceptible al cansancio. Los romanos tenían en alta estima la lealtad al sentido del deber; el judaísmo daba énfasis a la fidelidad a la Ley de Dios aun hasta el punto de morir por ella. Así, todo lector de la antigüedad habría reconocido el heroísmo en la profunda fidelidad de Jesús a su llamado.

26:47-56
La traición se completa

Ver el comentario más amplio sobre Marcos 14:43-52.

26:47. Debido a que son enviados por hombres importantes de Jerusalén, los integrantes del grupo que viene a arrestar a Jesús probablemente sean de la guardia del templo. Vienen preparados para la resistencia armada por parte de alguien que ellos suponen es un revolucionario *mesiánico.

26:48-50. Un beso era una señal de afecto especial entre miembros de la familia y amigos cercanos, o la expresión de honra y afecto de un *discípulo para con su maestro. En consecuencia, el beso de Judas es un acto especial de hipocresía (cf. Prov. 27:6). En virtud de los valores antiguos con respecto a la hospitalidad, la amistad, y la lealtad a los pactos, cualquiera de los lectores de Mateo que se encontrara por primera vez con este relato se habría horrorizado ante la narración de la traición. Judas aparece como el más despreciable de los traidores; Jesús aparece como uno que es traicionado injustamente.

26:51. Aunque este siervo probablemente no sea un levita y en consecuencia no podría de todos modos ministrar en el templo, es digno de señalar que aquellos a quienes les faltara algún miembro u órgano externo tal como una oreja, estaban excluidos del servicio en el santuario.

26:52. Estas no son las palabras de un revolucionario violento (26:47). Los planes para el fin de los tiempos a menudo incluían una gran batalla entre el pueblo de la luz y el pueblo de las tinieblas, y Jesús por cierto esperaba violencia (24:1, 2); pero sus propios seguidores debían mantenerse alejados de ella. Los lectores de Mateo podrían interpretar de manera irónica este dicho que posiblemente era familiar (cf. Máximas del sirio Menandro 15-19): el deseo de las autoridades del templo de mantener la paz para los romanos (Mat. 26:1-5) invitó a la espada de juicio por mano de los romanos en los años 66-70 d. de J.C.

26:53, 54. Las legiones normalmente tenían seis mil soldados, de modo que Jesús dice que podría convocar alrededor de setenta y dos mil ángeles (una legión por discípulo). Una fuerza humana de estas dimensiones podría haber aplastado fácilmente a toda la guardia del templo y la guarnición romana en la fortaleza Antonia; una fuerza angelical de esta naturaleza podría haber derrotado con toda facilidad a cualquier ejército humano levantado contra ella. Los ejércitos celestiales de Dios aparecen ocasionalmente en el AT, y eran invencibles (p. ej., 2 Rey. 6:17; cf. 2 Rey. 19:35).

26:55, 56. Los subversivos (como los asesinos, sicarios, posteriores que dieron muerte a judíos aristócratas encubiertos por la multitud en el templo) llevaban a cabo sus acciones secretamente o de una manera que evitara su captura; los romanos y sus agentes locales estaban siempre preocupados acerca de estos grupos. La supuesta subversión de Jesús había sido pública y manifiesta.

26:57-68
El juicio de Jesús

Ver el comentario sobre Marcos 14:53-65.

26:57. El *sanedrín completo normalmente se reunía en su sala especial de reuniones en el templo, la "Cámara de piedra labrada". En este caso, muchos miembros del sanedrín celebran en casa del sumo sacerdote una reunión nocturna secreta sin anuncio anticipado, aunque están investigando lo que ellos denunciarán como una ofensa capital. Al menos, según ideales legales *fariseos posteriores, una reunión de esta naturaleza era ilegal con base en todos estos aspectos: los juicios capitales debían reunirse durante el día, y únicamente después de haber transcurrido un día entero podía la corte emitir un veredicto. Las leyes farisaicas prohibían las ejecuciones durante las fiestas excepto para los crímenes más horrendos. Pero la aristocracia sacerdotal prestaba poca atención a los escrúpulos de los fariseos, y debía apurarse antes de que la popularidad de Jesús entre las multitudes obligara a su liberación o lo hiciera un héroe.

26:58. La invasión de la propiedad privada del sumo sacerdote exigía una gran cuota de valor por parte de un pescador de Galilea. Los guardias presumiblemente son miembros de la guardia del templo, que probablemente esperan para conocer los resultados del juicio que se lleva a cabo en el interior. Más allá de que hubiesen sido todos asignados a cubrir guardia esa noche, estarían levantados hasta más tarde de lo habitual porque era la Pascua.

26:59, 60. La virtuosa tradición judía de la diligente investigación cruzada a los testigos pone en evidencia el tema del falso testimonio. Pero una vez que estos falsos testigos se contradijeron, debían haber sido declarados falsos y el caso contra Jesús debía haberse considerado algo orquestado; bajo la ley judía, en un caso capital, los falsos testigos deberían haber sido llevados a la muerte (ver Deut. 19:16-21; también los *Rollos MM). Aunque Roma no había dado autoridad al *sanedrín para ejecutar a falsos testigos, el sanedrín debería al menos haberlos disciplinado. La continuación del juicio demuestra la seria predisposición existente entre los miembros del concilio reunidos allí.

26:61. Muchos judíos esperaban que Dios estableciera un templo nuevo y purificado cuando sacara a los romanos. Naturalmente, los de afuera habían malinterpretado la enseñanza de Jesús acerca de un nuevo templo y su advertencia sobre la destrucción del antiguo templo, como la amenaza de un revolucionario *mesiánico trastornado. Sin embargo, el interrogatorio cruzado no fue tenido en cuenta.

26:62. En el AT, un juez normalmente se ponía de pie para pronunciar el veredicto. Al menos de acuerdo con la ley *rabínica posterior, el sumo sacerdote legalmente no podía obligar a Jesús a condenarse a sí mismo con su propia boca, pero la aristocracia sacerdotal le prestaría poca atención a las disposiciones *farisaicas aun cuando esta regla ya estuviera ampliamente aplicada. El funcionario finalmente pregunta si es que Jesús cree que es un *mesías; y así, para el pensamiento de un sumo sacerdote, un revolucionario.

26:63. El sumo sacerdote trata de obligar a Jesús a hablar por vía de apelar al nombre divino; de aquí la frase "te conjuro" (RVA; "te ordeno", NVI), (cf. 1 Sam. 14:24; 1 Rey. 22:16). El AT prohibía los falsos juramentos en el nombre de Dios porque era una manera de "tomar su nombre en vano".

26:64. La afirmación de Jesús aquí es una declaración de que es no solo un mesías mortal, sino el gobernante cósmico de Daniel 7:13, 14, la encarnación del llamamiento de Israel, aquel que vendría en gloria para reinar por siempre; la frase "de aquí en adelante" es especialmente ofensiva, porque a través de ella Jesús afirma este rol en el presente, con lo cual implicaría que él es el juez de ellos y no ellos sus jueces. El "Poder" era uno de los títulos judíos para Dios.

26:65. Una persona se rasgaba las vestiduras como señal de duelo o *arrepentimiento; más relacionado con el tema aquí, uno que oía blasfemar el nombre sagrado debía hacer esto, pero el sumo sacerdote seguramente estaba desesperado por lograr una condena; a menos que Jesús mencione el nombre hebreo sagrado de Dios, o los inste a la idolatría (p. ej., llamándose a sí mismo Dios, lo cual no hace en este momento) o en alguna otra manera agravie la dignidad de Dios, técnicamente no es culpable de blasfemia. La relación con Dios que Jesús señala acerca de sí mismo podría considerarse ofensiva, pero el sumo sacerdote necesitaría primero probar que es falsa.

26:66. Al sumo sacerdote no le estaba permitido juzgar un caso él solo; debía solicitar el voto del concilio. (Si las fuentes *rabínicas posteriores ofrecen alguna indicación con respecto a la manera en que podría haber funcionado el *sanedrín, el secretario quizá haya pedido por nombre a cada miembro que expresara su voto.) Aunque ellos no podrían haber pensado que Jesús había blasfemado según la definición técnica legal de la misma (ver el comentario sobre 9:3), tienen una importante razón para resolver el tema de Jesús rápidamente: él claramente representa una amenaza a los poderes que manejan el templo, y como pretendido *mesías amenaza el poder de ellos y la estabilidad de la nación (cf. Jer. 26:9, 11).

26:67, 68. A diferencia del azote público, la conducta manifestada aquí (escupir, golpear y mofarse de un prisionero) era, por supuesto, contraria a la ley judía.

26:69-75
La traición final de Pedro

Ver el comentario sobre Marcos 14:66-72.

26:69-72. Como criada en una casa aristocrática cercana al templo, esta mujer sin duda había estado en el templo y habría visto bien a los *discípulos de Jesús en los atrios del templo. "No sé lo que dices" es una forma clásica de negación en textos legales judíos; la referencia a una persona conocida como "el hombre", se usaba algunas veces desdeñosamente.

26:73. El acento de los habitantes de Galilea era diferente del de los de Judea; los galileos eran descuidados con sus vocales y no distinguían claramente las diversas consonantes guturales. Los sirvientes del sumo sacerdote y la guardia del templo vivirían en Jerusalén y se considerarían a sí mismos como gente de Judea. Algunos estudiosos han sugerido que los de Judea asociaban a los galileos con los revolucionarios, pero la evidencia para esta sugerencia es sumamente ambigua; sin embargo, dada la ancestral desconfianza entre moradores urbanos y rurales, no deja de ser probable que muchos jerosolimitanos despreciaran a los galileos. Pero el punto aquí es simplemente que la oyente supone, correctamente, que algunos *discípulos de un maestro de Galilea eran también galileos.

26:74. Las maldiciones que pronuncia Pedro no son palabras vulgares; más bien, él jura por diversas cosas que no conoce a Jesús (cf. 5:33-37), invocando maldiciones sobre sí mismo si es que miente. Nadie consideraba que el pronunciar tales maldiciones fuera una buena conducta religiosa.

26:75. Para la mayoría de la gente en el Mediterráneo antiguo, el canto del gallo señalaba el amanecer. Aquellos que despertaban mucho más temprano habrían reconocido a un gallo de Palestina que cantaba entre las 0:30 h y 2:30 h.

27:1-10
El remordimiento del otro traidor

El remordimiento de Pedro (26:75) contrasta con el de Judas, quien se suicidó en lugar de *arrepentirse (27:5).

27:1, 2. Las autoridades judías tuvieron que llevar a Jesús ante Pilato porque no estaban autorizados por los romanos para ejecutar por su cuenta la pena de muerte. Pilato estaría disponible tan pronto saliera el sol; al igual que otros oficiales romanos, terminaría su actividad pública diaria antes del mediodía.

27:3, 4. Algunos maestros judíos afirmaban que la retractación de un falso testigo en un proceso no podía revertir el veredicto; sin embargo, los funcionarios aquí parecen menos preocupados con la teoría legal que con la pronta decisión política.

Aquellos que trataban con sobornos eran condenados por la ley (Deut. 27:25), y un falso testigo recibiría el castigo correspondiente a la supuesta falta cometida por el acusado (Deut. 19:18, 19). Que una persona tuviera sangre inocente en sus manos significaba que era culpable de muerte; en el AT esta culpa podía expiarse únicamente a través de la sangre del asesino o, si el asesino era desconocido, a través de un sacrificio (Gén. 4:10; 9:6; Núm. 35:33; Deut. 21:1-9). Sin embargo, Dios podía conceder misericordia al *arrepentido (2 Sam. 12:13, 14).

27:5. El suicidio de Judas es un acto de desesperación (cf. el caso de Saúl [1 Sam. 31:4]; el traidor Ajitofel [2 Sam. 17:23]). La tradición grecorromana consideraba el suicidio una manera más noble de morir para una persona, que la de permitir que otros lo mataran. Para algunos judíos era igualmente noble si se hacía para evitar caer en las manos de torturadores o para evitar ser deshonrado (p. ej., en *Josefo y en *4 Macabeos, posiblemente bajo influencia griega). Pero el judaísmo, especialmente el judaísmo estricto de Palestina, normalmente lo consideraba algo malo. (En consecuencia, los lectores de la antigüedad verían la acción de Judas de manera más negativa de la que verían la del carcelero en Hech. 16:27.) Según un pensamiento antiguo, si Judas se hubiese ahorcado en el santuario lo habría contaminado (aunque quizá "se apartó" para encontrar un lugar más conveniente). Arrojar el dinero en el templo hace alusión a Zacarías 11:13 (ver el comentario sobre 27:9).

27:6. Los escritores antiguos a menudo usaban la ironía, y Mateo no es una excepción: los sumos sacerdotes están más preocupados del aspecto técnicamente legal de poner dinero de sangre en el tesoro de las ofrendas que de tener en cuenta que ellos entregaron dinero para una muerte judicial o que Judas está a punto de quitarse la vida (cf. 23:23, 24). Aunque el AT no prohibía explícitamente el uso de esa clase de dinero, ellos toman la precaución de usarlo para algo doblemente impuro (sepultar a los extranjeros). Algunos comentaristas han sugerido que la mención del tesoro podría reflejar un juego humorístico de palabras sobre el término que se traduce "alfarero" (27:7; por un pequeño cambio en la ortografía hebrea sería posible leer "alfarero" como "tesoro"), pero esta sugerencia no es segura.

27:7, 8. El acto de dar sepultura a personas que no tenían quien las sepultara era un acto de misericordia (cf. Tobías). Muchos judíos de todas partes del mundo visitaban Jerusalén o se mudaban allí en su vejez, y si morían sin tener los recursos suficientes otros debían pagar por su entierro; los "extranjeros" podría incluir también a los *gentiles impuros. (Existe también una tradición judía de dar sepultura en un cementerio de ese tipo a los criminales condenados.) ¡Así, los sumos sacerdotes sin duda entendieron su conducta como piadosa!

27:9, 10. Los eruditos judíos podían citar algunos versículos a la vez que aludían simultáneamente a otros. Mateo cita aquí Zacarías 11:12, 13, pero al atribuirlo a Jeremías alude también a un versículo similar que espera pueda ser captado por sus lectores más hábiles (Jer. 32:6-10; cf. 19:1-4, 10, 11). (La cita es casi textual, y es poco probable que Mateo haya conocido el versículo tan bien y, sin embargo, lo haya atribuido accidentalmente al autor equivocado, a menos que estuviera usando una lista corriente de textos de comprobación *mesiánica en lugar de citar directamente de Zacarías, o estuviera "combinando" intencionalmente versículos, como es mi sugerencia aquí.) Zacarías 11:12, 13 se refiere al bajo valor que el pueblo de Dios le había asignado; lo valoraron al precio de un esclavo (Éxo. 21:32).

27:11-26
El Mesías o el revolucionario

27:11-13. Claramente, la acusación presentada a Pilato es que Jesús afirma ser un rey, es decir, que es un revolucionario que quiere derrocar el gobierno de Roma.

27:14. Los relatos judíos de mártires incluyen también la sorpresa de los gobernantes ante la negación de los mártires a transigir. Aunque muchos de estos relatos son ficticios, reflejan no solo el genuino asombro de los *gentiles que no están familiarizados con el compromiso de los judíos para con los detalles de su ley, sino también el antiguo ideal de la valentía para oponerse a los tiranos.

27:15-18. Costumbres como esta liberación de un prisionero variaban según el lugar. La ley romana reconocía dos tipos de amnistía: la absolución antes del juicio y el perdón de los condenados; este caso es el segundo. Pilato no estaba obligado por la ley a cooperar, pero había irritado seriamente a la aristocracia sacerdotal y a los jerosolimitanos al principio de su gestión, y quizá haya querido evitar mayores problemas. (Si el juicio se lleva a cabo en un tiempo tan tardío como octubre del año 31 d. de J.C., el principal apoyo político de Pilato en Roma acababa de ser ejecutado, por lo que él estaría políticamente inseguro; pero los acontecimientos de Mateo 27 probablemente ocurrieron antes de eso.)

27:19. La silla del "tribunal" parece haber estado fuera del palacio. Ya para este período, los gobernadores romanos podían llevar a sus esposas con ellos a las provincias. Más aún, aunque las mujeres romanas idealmente tenían un perfil bajo, muchos relatos destacaban a mujeres romanas aristocráticas que influían de manera privada sobre sus esposos a favor de algún curso de acción noble. En todas las culturas mediterráneas los sueños eran respetados como si en algunos casos fueran revelaciones (ver el comentario sobre 1:20; 2:12).

27:20-23. Estos acontecimientos ocurren temprano en la mañana (ver 27:1, 2), y gran parte de la multitud quizá no haya estado formada por aquellos a quienes Jesús estuvo enseñando cuando venía cada día de Betania. Pero la literatura antigua señala también con cuánta rapidez las masas a menudo cambiaban de lealtad (p. ej., en *Tácito; 1 Sam.

11:12). Los sumos sacerdotes gozaban de gran respeto y eran más visibles que Jesús, especialmente para los judíos extranjeros que visitaban Jerusalén para la fiesta y no estaban familiarizados con la situación política local. Barrabás apelaría también a aquellos que se sentían atraídos a respuestas más militantes contra la opresión romana que las que ofrecía Jesús.

27:24. El acto de lavarse las manos era una manera típicamente judía (pero también algunas veces *gentil) de declarar la propia inocencia (Deut. 21:6; *Carta de Aristeas 306), pero las palabras y la acción de Pilato no lo absuelven de su culpa en alguna medida mayor que las palabras exactamente paralelas de los sumos sacerdotes en Mateo 27:4, o las de otros que accedieron a las demandas injustas de subordinados en pro de la conveniencia política (p. ej., Jer. 38:5).

27:25. Una vez que la responsabilidad por una ofensa o un crimen había sido adjudicada a una persona, la otra era libre (cf. Gén. 27:13; 2 Sam. 3:28, 29). Mateo probablemente relaciona este clamor de la multitud con los opositores *fariseos de su comunidad y con el juicio del 66-70 d. de J.C. que aplastó a la generación siguiente; pero nunca habría aprobado el uso antisemítico que se le dio posteriormente a este versículo.

27:26. La crucifixión estuvo precedida por el azotamiento, ya sea en el camino o antes que la víctima comenzara el viaje hasta la cruz. Atado a un poste, el condenado era castigado con el *flagellum*: un látigo de cuero con trozos de metal en sus cuerdas. Esta manera de azotar ensangrentaba la espalda de la víctima, y dejaba trozos de carne colgando de las heridas. Al debilitar físicamente a la víctima acortaba misericordiosamente el tiempo que le tomaría a la persona condenada morir en la cruz.

27:27-44
La ejecución del rey de los judíos

La crucifixión era la forma de ejecución más vergonzosa y dolorosa que se conocía en la antigüedad. Completamente desnudo, lo cual era especialmente vergonzoso para los judíos de Palestina, el condenado era colgado a la vista de la gente, considerado un criminal, incapaz de contener sus excreciones en público, y sujeto a una tortura terrible. Algunas veces la víctima era atada a la cruz con sogas; en otros casos, como sucedió con Jesús, era clavado a la cruz. Sus manos no estarían libres para espantar los insectos atraídos por su espalda ensangrentada u otras heridas. El propio peso de la víctima hacía que su cuerpo quedara en una posición que finalmente le impedía respirar. Un pequeño apoyo para los pies le permitía apoyarse en alguna medida, pero tarde o temprano sus fuerzas se acabarían y (generalmente luego de varios días), moriría por sofocación.

27:27. En este período, el Pretorio era el palacio de Herodes el Grande, donde residía el prefecto romano cuando visitaba Jerusalén. En Jerusalén tenía normalmente su asiento un destacamento de seiscientos hombres (en la fortaleza Antonia, sobre el monte del Templo), y era reforzado por soldados que acompañaban a Pilato a la fiesta en caso de ser necesarios para el control de posibles disturbios.

27:28. La desnudez era algo especialmente vergonzoso para un judío de la antigüedad. Los mantos rojos serían los más fáciles de conseguir, porque los soldados los usaban; esta prenda podía parecerse al manto púrpura de los gobernantes griegos de oriente en la época prerromana. Los soldados romanos a menudo jugaban juegos para pasar el tiempo: habían tallado el piso de piedra de la fortaleza Antonia donde estaban acantonados sobre el monte del Templo, y también se encontraron allí tabas usadas como dados.

27:29. El acto de los soldados de arrodillarse delante de Jesús era una parodia del honor rendido a los reyes en el oriente griego. La caña tiene el propósito de representar burlonamente un cetro; los azotamientos militares a menudo se hacían con cañas de bambú, de modo que los soldados habrían tenido una a mano. "Rey de los judíos", es una burla irónica, pero podría también reflejar cierto típico antijudaísmo romano. "¡Viva!" ("Salve" en otras versiones) era la forma corriente en que se saludaba al emperador romano.

27:30. El escupir a una persona era uno de los insultos más agraviantes cercano a la violencia física; los judíos consideraban la saliva de los no judíos como algo particularmente impuro. La acción de los soldados de escupir sobre Jesús quizá fuera una parodia del beso de honra que esperaban los gobernantes del Oriente Griego.

27:31. Aquellos que eran crucificados por los romanos eran desnudados completamente; la ley judía sobre el apedreamiento despojaba a un hombre de todo menos un taparrabos.

27:32. Cirene, una gran ciudad en lo que es actualmente Libia, en África del Norte, tenía una gran comunidad judía que sin duda incluía convertidos locales; "Simón" es un nombre judío. Al igual que las multitudes de judíos extranjeros, había venido a Jerusalén para la fiesta. Los soldados romanos podían requisar el servicio de cualquier persona para transportar cosas para ellos. Normalmente, el condenado mismo debía llevar la viga horizontal (en latín *patibulum*) de la cruz hasta el lugar donde el poste vertical (en latín *palus*) esperaba; pero la espalda de Jesús había sido severamente azotada como para que pudiera hacer esto (ver el comentario sobre 27:26).

27:33, 34. Las mujeres de Jerusalén habían preparado una poción anestésica de vino con otros elementos para que bebieran los condenados; Jesús la rechaza (cf. 26:29). El vino mezclado con mirra de Marcos 15:23, una exquisitez y un calmante externo del dolor pasa a ser vino con hiel en Mateo; cf. Salmo 69:21 y la similitud entre la palabra *aramea para "mirra" y la palabra hebrea para "hiel".

27:35, 36. La ley romana permitía que el pelotón de ejecución se apropiara de cualquier elemento pequeño que la persona ejecutada tuviera (cf. Sal. 22:18). La costumbre de echar suertes, común tanto en el AT como en la cultura griega, era una manera común en la antigüedad de tomar decisiones de esta naturaleza.

27:37. La persona condenada algunas veces llevaba la causa (en latín *titulus*) al lugar de la ejecución.

27:38. La palabra para "ladrones" aquí es la palabra clásica que usa *Josefo para revolucionarios (o "insurgentes", como señala en nota al pie de página la NVI); probablemente hayan sido colegas de Barrabás.

27:39. Los escritores de los Evangelios describen intencionalmente la ridiculización en el lenguaje del justo sufriente en el Salmo 22:7.

27:40. Aquellos que pasan repiten la burla de *Satanás en Mateo 4:3, 7, destacando aun sus expectativas de un *mesías político.

27:41, 42. Comparar 4:3, 6.

27:43, 44. El lenguaje de las autoridades religiosas hace un paralelo exacto del Salmo 22:8; el propio justo sufriente cita este salmo en Mateo 27:46 (Sal. 22:1).

27:45, 46
La muerte del Rey

27:45. La "hora sexta" comienza al mediodía, la "hora novena" a las 15:00 h; las crucifixiones rara vez finalizaban tan rápidamente. La última de estas horas, cuando muere Jesús, era cercana a la hora de la ofrenda de la tarde en el templo. La oscuridad fue una de las plagas en Egipto y ocurre en los profetas como un juicio en el tiempo del fin; tanto judíos como paganos consideraban los eclipses y otros oscurecimientos en el firmamento como presagios negativos.

27:46. Aquí Jesús cita el Salmo 22:1, que pudo haber sido parte de la Escritura recitada a esta hora del día. Sus oponentes no se detienen a meditar en que el salmo finaliza con la vindicación y triunfo del sufriente (Sal. 22:25-31). En tanto que la cita de Marcos es en *arameo, la de Mateo es principalmente en hebreo.

27:47. Debido a que se pensaba que Elías nunca había muerto, algunos *rabinos consideraban que había sido enviado a cumplir misiones como los ángeles, a menudo para librar de problemas a rabinos piadosos.

27:48. Este ofrecimiento de una esponja embebida en vino podría haber sido un acto de misericordia, ya que el vino podría servir para mitigar el dolor. Quizá el hombre piensa que Jesús está delirando de dolor. Pero el vinagre se usaba a menudo como remedio para la sed y quizá haya sido un intento por revivirlo a fin de prolongar su sufrimiento.

27:49. Ver el comentario sobre 27:47.

27:50. "Entregar el espíritu" se usa en otros lugares para referirse a la muerte.

27:51-53. Se contaban relatos de catástrofes que ocurrían al momento de la muerte de *rabinos piadosos, especialmente aquellos cuya intercesión había sido vital para el mundo; en muy contadas ocasiones, los escritores griegos aplicaban tales relatos a la muerte de filósofos destacados. Estos eventos habrían comunicado claramente la importancia de Jesús a los lectores y observadores de la antigüedad.

El velo (o cortina, NVI) probablemente sea el que separaba el lugar santísimo, habitado únicamente por Dios, del santuario donde ministraban los sacerdotes (Éxo. 26:33). Quizá haya sido la intención de Mateo que esta ruptura del velo hiciera recordar el acto de rasgarse las vestiduras al escuchar una blasfemia (Mat. 26:65). Aunque el punto del rasgado del velo puede ser que a través de la cruz proporciona acceso a su presencia para todas las personas, es más probable que señale en cambio la salida de Dios del templo (como en Eze. 10—11). Los *apocalipsis algunas veces mencionaban un gran terremoto poco antes de la venida del *reino.

Aunque estas resurrecciones de los santos muertos, como aquellas en el AT, no significan que no volverán a morir, ellas sí prefiguran la *resurrección final que anticipa el judaísmo, cuando los muertos serán resucitados para nunca más morir. La evidencia arqueológica señala que en el judaísmo popular (no en el oficial) las tumbas de los santos se veneraban.

27:54. Aquí un pagano (uno de los verdugos) es la primera persona después de la muerte de Jesús que reconoce, en cierta medida, su identidad, aunque con la expresión *"Hijo de Dios" este hombre puede que haya querido decir algo muy diferente de lo que dirían los judíos y los cristianos (incluyendo a Mateo) (cf. Dan. 3:25, 29): un héroe semi divino, el hijo de una deidad, en lugar del *Mesías.

27:55, 56. Los familiares y amigos generalmente presenciaban una ejecución; solamente los *discípulos varones habrían corrido riesgo como sospechosos de ser aliados de un revolucionario. A menudo las mujeres (aunque mucho menos que los hombres) cumplían la función de *protector, o benefactor, que brindaba apoyo a grupos religiosos o de otro tipo. Pero en la antigua Palestina judía, que estas mujeres acompañaran a los discípulos de Jesús habría sido algo escandaloso.

27:57-61
La sepultura de Jesús

27:57, 58. Arimatea estaba a solamente unos treinta kilómetros de Jerusalén. Se dice que José era un hombre rico; seguramente habría sido una persona destacada, ya que tuvo acceso a Pilato luego de su horario oficial de atender la función pública. Al ser sepultadas, las víctimas de la crucifixión eran arrojadas a una fosa común; no recibían una sepultura honrosa en la tumba de su familia. A menudo se hacían excepciones cuando los familiares pedían el cuerpo, pero en el caso de traición (como lo sería pretender ser el rey de los judíos) no se haría una excepción a menos que el muerto tuviera un abogado destacado. Jesús tuvo en este hombre de influencia un aliado póstumo, quien no se avergonzó de quedar identificado como su seguidor.

El "atardecer" no necesariamente significa la puesta del sol, y por lo tanto, que hubiese comenzado el día de reposo, pero tampoco hay razón para pensar que el mismo no hubiera comenzado. Bajo la ley judía, en este clima caluroso, la preparación preliminar del cuerpo (incluyendo el lavado del mismo, también practicado por otros pueblos) tenía prioridad sobre la celebración del día de reposo, aun cuando el resto del tratamiento del cuerpo tuviera que esperar. Dar sepultura a los muertos era una obligación importante de los piadosos en el judaísmo. El duelo público era importante para todos los muertos, pero era ilegal para cualquiera que había sido ejecutado.

27:59, 60. El ser envuelto en una sábana de lino fino sería la señal de un entierro honroso. Sepultar a otra persona en la propia tumba familiar era un acto especial de reverencia y afecto (cf. 1 Rey. 13:30, 31; Isa. 53:9, 12). En este período, los cementerios y las parcelas para sepultura casi siempre pertenecían a familias. En el siglo primero, el cuerpo normalmente se dejaba descomponer en la antecámara de la tumba durante el primer año; al final del año, los huesos se ponían en una caja que luego se deslizaba dentro de un hueco en la pared. Esta práctica probablemente se relacionaba con la creencia judía corriente en la *resurrección del cuerpo al final de los tiempos. La piedra que se rodaba frente a la tumba era una piedra tallada en forma de disco, probablemente de alrededor de un metro de diámetro, que se colocaba dentro de una ranura y podía retirarse de la entrada solamente con un gran esfuerzo.

27:61. En el mundo antiguo, las mujeres generalmente participaban en la preparación de los cuerpos para la sepultura. La tradición más antigua para el lugar de la tumba de Jesús (el sitio del Santo Sepulcro católico romano) es una tumba claramente perteneciente al primer siglo, ubicada dentro de los muros de Jerusalén desde la década de los cuarenta del primer siglo, aunque la ley judía requería que la sepultura se llevara a cabo fuera de los muros de la ciudad. Pero el Rey Agripa I extendió los muros de la ciudad en la década de los cuarenta; en el tiempo de la crucifixión de Jesús esa zona estaba todavía fuera de los muros. En consecuencia, la tradición del lugar aproximado de la sepultura y *resurrección de Jesús se retrotrae a los diez años siguientes al acontecimiento. El lugar tradicional protestante contiene tumbas de un período muy posterior y no tiene evidencias que lo sustenten.

27:62-66
Medidas para asegurar que permaneciera sepultado

La aristocracia sacerdotal, políticamente astuta como siempre, no corre riesgos, y a pesar del día de reposo y la fiesta obtiene una audiencia con Pilato para asegurar la tumba. No está claro si es que aquí Pilato les proporciona guardias romanos o si les dice dónde está la tumba y les permite apostar algunos de sus guardias del templo; el temor de los guardias por las represalias de Pilato (28:14) indica que probablemente son soldados romanos que Pilato ha puesto a disposición de los sumos sacerdotes. El sello sobre la piedra haría visible cualquier intento de manejo de la misma. Que las autoridades de Jerusalén hayan actuado de esta manera en el día de reposo señala su especial interés en el caso, a la vez que la selectividad de su piedad.

28:1-10
Los primeros testigos del Jesús resucitado

Es altamente significativo que las mujeres fueran elegidas como los primeros testigos; la cultura del lugar consideraba sin valor el testimonio de ellas. Esto encaja con el ministerio contracultural y contrario a los rangos sociales de Jesús, y ciertamente va en dirección contraria a lo que los de afuera habrían considerado de valor, o a cualquier cosa que la *iglesia posterior hubiese querido inventar.

28:1. El día de reposo finalizó a la puesta del sol del sábado; las mujeres están en camino a la tumba a las seis de la mañana, tan pronto como hubiera suficiente luz para ver. Era común que a menudo los deudos judíos y también los paganos visitaran las tumbas dentro de los tres días siguientes al entierro, para asegurarse que su familiar estuviera muerto; no obstante, dada la naturaleza de la crucifixión, tal precaución sería innecesaria, y las preocupaciones podrán responder solamente a lo sentimental.

28:2-4. Los ángeles, especialmente los visiblemente poderosos (el judaísmo antiguo típicamente creía que los ángeles eran de fuego), generalmente aterrorizaban a las personas (p. ej., Jue. 6:22, 23; 13:19, 20; cf. 4 Esdras 10:25-27; *3 Enoc 22:4-9).

28:5-8. Jerusalén era el centro religioso del judaísmo; muchos habitantes de Judea aún consideraban a Galilea como un antiguo lugar de no judíos (4:15). Sin embargo, Galilea era el lugar donde se llevarían a cabo algunas de las revelaciones de Jesús a sus *discípulos; la totalidad de los cuatro Evangelios señalan que Jesús recibió una buena recepción allí.

28:9, 10. El testimonio de las mujeres no se consideraba confiable en esa cultura, sin embargo, Jesús va contra la cultura al revelarse a las mujeres y decirles que lleven su mensaje a los otros *discípulos. Este detalle ciertamente no es uno que los cristianos antiguos hubieran inventado porque no apelaba a su cultura.

28:11-15
La subversión final

Los guardias enfrentaban consecuencias serias por dormirse en el puesto (por cierto, los guardias romanos podían ser ejecutados), y esto incluía a los puestos de vigilancia sobre los cuerpos de las víctimas de crucifixiones (ver *Satyricon* 112, del escritor romano del primer siglo Petronio). Pero la aristocracia sacerdotal tenía suficiente influencia como para proteger sus propios intereses. Al igual que Judas (26:15), los guardias actúan en parte con motivos mercenarios. Deberían haber visto lo suficiente como para no estar dispuestos a seguir la corriente al plan de las autoridades religiosas, pero el soborno y la posibilidad del castigo que enfrentaban por permitir que desapareciera el cuerpo de Jesús asegura la cooperación de ellos. (La promesa de los funcionarios de proteger de Pilato a los guardias quizá haya implicado más sobornos; Pilato era conocido por su susceptibilidad a esta forma de persuasión.) Mateo sería incapaz de informar una acusación contra la *resurrección que en realidad no se hubiese realizado (28:15), y su informe indica que las autoridades de Jerusalén habían buscado dar una explicación a la tumba vacía, pero nunca habían tratado de negarla.

28:16-20
Las órdenes finales de Jesús

28:16. En la tradición bíblica, Dios a menudo se había revelado en montañas, especialmente en las narraciones acerca de Moisés.

28:17. Algunos de los que ven la aparición de Jesús tienen dudas, quizá porque no encaja en las expectativas corrientes del tiempo del fin: todos los muertos resucitarían juntos, no el *Mesías primero.

28:18. Aquí Jesús alude a Daniel 7:13, 14.

28:19, 20. "Hacer *discípulos" era la clase de cosas que los *rabinos hacían, pero los seguidores de Jesús deben hacer discípulos para Jesús, no para sí mismos. La manera de hacer discípulos aquí tiene dos aspectos: (1) *Bautizándolos. Debido a que el bautismo era un acto de conversión (usado para los *gentiles que se convertían al judaísmo), significa iniciar a las personas en la fe. (2) Enseñándoles los mandamientos de Jesús registrados en Mateo. Los rabinos hacían discípulos enseñándoles. Muchos judíos fuera de Palestina buscaban hacer convertidos de entre las "naciones" (que también puede traducirse como "gentiles" o "paganos"). Pero solamente unos pocos convertidos llegaban a estudiar con rabinos, de modo que la idea de hacer de los gentiles discípulos completos, seguidores de Jesús que aprenderían de él y le servirían, va más allá de esta tradición judía. Isaías predijo que Israel sería un testigo a (o contra) las naciones en el tiempo del fin (p. ej., 42:6; 43:10; 44:8).

La literatura judía solamente llamaba omnipresente a Dios; la afirmación de Jesús en cuanto a que estaría siempre con ellos, unida a la mención de su nombre junto con el del Padre en el *bautismo (los judíos no bautizaban en el nombre de personas), constituye una proclamación de su deidad.

MARCOS

Introducción

Paternidad literaria. Desde los primeros siglos la tradición de la iglesia atribuye este Evangelio a Juan Marcos (Hech. 15:37; Col. 4:10; 1 Ped. 5:13), quien habría obtenido su información de Pedro. Además, los títulos de los Evangelios, que los atribuyen a autores particulares, circularon a través del mundo romano desde un período temprano. Aunque los títulos no sean inspirados, su amplia circulación indica que la tradición es antigua. Ya que no existe ninguna evidencia que contradiga esta atribución, Marcos es el candidato más probable como autor.

Fecha, circunstancias y propósito. La sugerencia más frecuente es que Marcos escribió su Evangelio a los cristianos romanos durante la época de la gran persecución en Roma, alrededor del año 64 d. de J.C. (para una discusión más amplia, ver 1 Pedro).

Lugar de composición. Se han sugerido varias teorías acerca de la procedencia de Marcos: Galilea, Alejandría y, más frecuentemente, Roma. Es probable que el público de Marcos haya vivido fuera de Palestina y que la mayoría no fuera judía. Roma es la propuesta más probable (favorecida por algunas tradiciones cristianas antiguas), aunque no existe una certeza absoluta.

Género literario. Ver la introducción a los Evangelios en este comentario.

Por qué escribió Marcos. Los que oyeron la lectura de Marcos en las iglesias ya conocían muchas de las historias acerca de Jesús, a quien adoraban como Señor. Marcos conecta estas historias para armar una especie de biografía de Jesús, siguiendo el modelo de algunos de los movimientos argumentales conocidos en la tragedia griega, salvo que con un final feliz, como las historias judías tradicionales que enfatizaban la fidelidad de Dios. Las biografías antiguas con frecuencia ofrecían ciertas moralejas mediante el ejemplo de sus héroes, y Marcos no es una excepción: quiere que sus compañeros en el cristianismo entiendan que el llamado de Cristo incluye tanto poder como sufrimiento en su conflicto con las fuerzas de *Satanás.

Así Marcos le escribió a una comunidad que necesitaba recordar que Dios oía las oraciones y trabajaba por medio de su testimonio y su fe; también necesitaba recordarles que esto podría costarles la vida al enfrentar la persecución. Por último, necesitaban recordar, mediante el fracaso de los *discípulos mostrado en Marcos, que si todavía no habían logrado el estilo de vida radical que exigían las palabras de su

Señor, él seguiría trabajando pacientemente con ellos para ayudarles a alcanzar ese nivel de consagración. La situación más probable de la iglesia primitiva propuesta aquí para la escritura de Marcos es el sufrimiento de los cristianos romanos bajo Nerón a partir del año 64 d. de J.C.

El mensaje de Marcos. Algunos temas sobresalen de manera especial en Marcos. Uno de esos temas es el llamado "secreto mesiánico": Jesús esconde del público, en la medida posible, su identidad mesiánica. Este secreto puede deberse a varios factores. En primer lugar, el Cristo, o *Mesías, era el rey davídico y solo asumía ese título oficialmente al ascender al trono. Por lo tanto, en Marcos Jesús finalmente es "coronado" en la cruz. En segundo lugar, y probablemente lo más importante, la misión de Jesús era totalmente distinta a la de cualquiera de las perspectivas políticas que circulaban acerca de los mesías en la época. En consecuencia, el mesiazgo era una categoría inapropiada para él hasta que pudiera definirla mediante el carácter de su misión. Su misión solo podría ser entendida en forma retrospectiva, a la luz de su muerte y *resurrección (9:9). Puede hacerse una comparación adicional de los intentos de Jesús por lograr esconder su identidad (en lo posible) con el caso de algunos profetas del AT. Estos profetas con frecuencia trabajaban de modo clandestino, buscando no su propia gloria sino cumplir su misión (p. ej., 1 Rey. 11:29; 13:8, 9; 21:18; 2 Rey. 9:1-10). Es posible que hayan pasado más tiempo en los entornos humildes de sus propios discípulos, a los cuales estaban capacitando (1 Sam. 19:20; 2 Rey. 4:38; 6:1-3).

Un tema afín en Marcos es el fracaso de los discípulos. Las escrituras antiguas frecuentemente minimizaban la sensibilidad de los personajes secundarios para mostrar su contraste con el héroe; también se utilizaba la ceguera de los personajes para enfatizar los elementos trágicos. En Marcos, los discípulos son obtusos en cuanto a la misión de Jesús y la suya propia, tanto en la parte carismática (el obrar milagros: 4:40; 9:18, 19, 28, 29) y, más significativamente, en la parte del sufrimiento. El ejemplo *narrativo de su torpeza contrasta tan contundentemente con los repetidos llamados de Jesús a la consagración total que casi cumple la función literaria cómica de romper la tensión seria de la narración. Este tema está tan generalizado que el Evangelio parece terminar en ese tono (16:7, 8).

Comentarios. El más útil para los lectores de este comentario será el de William L. Lane, *The Gospel According to Mark*, NICNT (Grand Rapids: Eerdmans, 1974). Los comentarios de D. E. Nineham, *Saint Mark*, Pelican New Testament Commentaries (Filadelfia: Westminster/Londres: SCM, 1977) y especialmente Hugh Anderson, *The Gospel of Mark*, NCB (Grand Rapids: Eerdmans, reimpresión, 1981), también contienen información cultural útil.

1:1-15
Presentación de aquel que trae el Espíritu

Los escritores antiguos con frecuencia mencionaban los temas principales de sus obras en sus introducciones. El comienzo del segundo Evangelio introduce la presentación de Jesús por Marcos como el proclamador y portador del *reino de Dios. En este pasaje Jesús, dotado del *Espíritu, entra en conflicto con *Satanás y lo derrota. En el resto del Evangelio, Jesús expulsa los demonios y sana a los enfermos, es combatido por los agentes religiosos y políticos de Satanás, y por último vence la oposición de Satanás mediante la *resurrección. Este pasaje promete que Jesús dotará a sus seguidores con este mismo Espíritu para el mismo conflicto que deben enfrentar al proclamar el reino de Dios.

1:1. El término griego traducido como *"evangelio" se refiere a las buenas nuevas que llevaba un heraldo, y la traducción griega de Isaías utilizó el verbo afín para referirse a la buena noticia de que Dios estaba restaurando a su pueblo y que traería el *reino de Dios. (Ya que los lectores judíos con frecuencia formaban los títulos de los libros con sus primeras palabras, algunos estudiosos sugieren que "el evangelio de Jesucristo" es el título del Evangelio de Marcos; pero estas palabras también son sencillamente una forma natural de comenzar un libro como este.)

1:2, 3. Los maestros judíos con frecuencia combinaban varios textos o partes de textos, especialmente si tenían palabras clave en común (en este caso, "preparar el camino"). Ya que conocían tanto las Escrituras, no hacía falta que identificaran los textos que estaban citando y frecuentemente daban por sentado el contexto sin citarlo. Así Marcos cita aquí tanto a Isaías (40:3) como a Malaquías (3:1), aunque solo menciona a Isaías. Isaías se refiere a preparar el camino para Dios, quien viene a restaurar a su pueblo; Malaquías dice que Dios viene en juicio para poner las cosas en orden entre su pueblo. Marcos aplica a Jesús estos textos acerca de Dios.

1:4, 5. Como muchos otros pueblos antiguos, los judíos practicaban abluciones o lavamientos ceremoniales. Sin embargo, la ablución ceremonial que valía una vez por todas era la inmersión a la cual los no judíos debían someterse cuando se convertían al judaísmo. Los no judíos que se convertían al judaísmo se sumergían en el agua, probablemente bajo la supervisión de un experto religioso. La actividad de Juan respecto al *bautismo corresponde a este modelo.

Los judíos también practicaban el *"arrepentimiento" cuando hacían algo malo, pidiendo el perdón de Dios y proponiéndose cambiar. (Los profetas del AT usaban con frecuencia esta idea hebrea de "alejarse" del pecado, lo que involucra más que un mero "cambio de parecer" que es el sentido literal del término griego utilizado aquí.) Pero el ejemplo por excelencia del arrepentimiento, o de alejarse de una forma equivocada de vivir hacia una forma correcta, era cuando un no judío decidía obedecer las enseñanzas del Dios de Israel.

Decirles a los judíos que debían bautizarse o arrepentirse del mismo modo que los no judíos debió ser ofensivo, porque desafiaba la creencia judía prevaleciente acerca de la salvación. La mayoría de los judíos pensaba que si nacían en una familia judía y no rechazaban la ley de Dios, serían salvos; en cambio Juan les dijo que tenían que llegar a Dios de la misma manera que los no judíos. El sentido del bautismo de Juan es que todos tienen que llegar a Dios bajo las mismas condiciones.

El río Jordán era el lugar más lógico para que Juan hiciera sumergir a la gente, pero esta localidad también puede haber evocado la historia de la salvación de Israel (Jos. 3—4). La venida de Juan al "desierto" también podría evocar la historia de Israel, especialmente porque Isaías 40:3 predecía que allí estaría el heraldo de un nuevo éxodo, y muchos judíos esperaban que el *Mesías llegara allí como un nuevo Moisés.

1:6. Había otra gente pobre en la época de Juan que se vestía como él y comía langostas y miel (los *Rollos del MM dan indicaciones acerca de cómo comer langostas). Pero lo más importante aquí es que el AT enfatiza que Elías se vestía de esta forma y que, al igual que Juan, no dependía de la sociedad para su sustento (cf. 1 Rey. 17:4, 9). Se esperaba que Elías regresara antes del fin (Mal. 3:1; 4:5, 6).

Muchos judíos creían que no había habido ningún profeta genuino desde Malaquías, y que no se restaurarían los profetas hasta cerca del tiempo del fin. Pero Marcos quiere que entendamos sin lugar a dudas que Juan es un profeta.

1:7. Los *discípulos con frecuencia servían a sus maestros del mismo modo que los esclavos servían a sus amos, salvo las tareas más bajas como quitarles las sandalias. Juan ni siquiera se siente digno de ser esclavo del *Mesías.

1:8. Algunos pasajes del AT hablan de derramar el *Espíritu como agua. Estos pasajes se refieren especialmente a la época del *reino de Dios, cuando él limpiará a su pueblo y lo dotará con poder para hablar en nombre de él (Isa. 44:3; Eze. 36:25-27; Joel 2:28, 29). La tradición judía en la época de Jesús todavía enfatizaba que el Espíritu limpiaría y proveería ungimiento profético en el tiempo final.

1:9, 10. El que los cielos se abrieran también puede indicar que el *reino se acerca (Isa. 64:1; 65:17). Aunque los escritores antiguos usaban la paloma simbólicamente de muchas y diversas maneras, aquí puede aludir a la promesa de Dios de un nuevo mundo (Gén. 8:10-12).

1:11. Los maestros judíos que creían que Dios ya no hablaba por medio de profetas creían que ahora les hablaba por medio de una voz del cielo (*bat kol*), aunque esto no se consideraba tan importante como la *profecía. Aquí Marcos muestra que tanto una voz del cielo como la profecía de Juan testifican de Jesús.

En las historias judías la voz del cielo a veces citaba las Escrituras, y la mayoría de los estudiosos piensan que la voz aquí se refiere a dos o tres Escrituras: Salmo 2:7, acerca del *Mesías de linaje real, el *Hijo de Dios; Isaías 42:1, acerca del siervo sufriente; y Génesis 22:2, acerca de Abraham y el sacrificio de su hijo amado. La redacción del texto de Marcos guarda un parecido más estrecho con Salmo 2:7 y Génesis 22:2.

1:12, 13. Se creía comúnmente que los demonios sentían una atracción especial por lugares como baños públicos, cementerios y desiertos. Por lo tanto, es posible que los lectores sintieran el asombro de ver a Jesús batallando con *Satanás en su propio territorio. La seguridad en medio de las fieras significaba la protección de Dios (Eze. 34:25; Dan. 6:22).

1:14, 15. El resumen del mensaje de Jesús también puede ser el resumen del *Evangelio o buenas nuevas de Marcos (1:1): la gente debe poner su vida en las manos de Dios (ver el comentario sobre el *arrepentimiento de 1:4, 5) si cree las buenas nuevas de que Dios está preparándose para cumplir todas sus promesas a su pueblo.

Los judíos reconocían que Dios gobernaba el universo en cierto sentido, pero oraban a diario por el día cuando su *reino, o gobierno, se establecería sobre todos los pueblos de la tierra. Creían que entonces todos se someterían a Dios. Porque los Evangelios afirman que Jesús debe venir dos veces, reconocen que el reino llega en dos etapas: el gobierno futuro de Dios se establece en la vida de los que le obedecen en el presente, y lo hará en todo el mundo cuando Jesús regrese. Sin embargo, Juan todavía no estaba en posición de poder hacer esta distinción.

1:16-20
El llamado de Jesús

A los escritores antiguos frecuentemente les gustaba ilustrar sus enseñanzas con ejemplos, y Marcos no es una excepción. Después de contar cómo Jesús llamó a la gente a que pongan sus vidas en manos de Dios, relata un ejemplo particular que ilustra cómo lo hicieron algunos seguidores de Jesús.

Algunos en la Palestina judía eran ricos; la mayoría era relativamente pobre. Algunos, como los pescadores, pertenecían a una clase media entre los ricos y los pobres (las distinciones eran menos claras en Galilea que en gran parte del imperio). Es evidente que Jacobo y Juan no eran pobres: empleaban a "jornaleros" (v. 20), como solo podía hacerlo la gente con medios (aunque el término podía significar esclavos contratados, es más probable que signifique obreros libres contratados). Es probable que Pedro y Andrés fueran socios de Jacobo y Juan (Luc. 5:7-10); sabemos de otras sociedades pesqueras de esa época. Este texto indica que ninguno de estos *discípulos dejó su negocio porque le fuera mal; dejaron trabajos que pagaban bien.

Muchos maestros judíos de la época de Jesús creían que el mayor de los mandamientos era honrar al padre y a la madre. Abandonar la familia y el negocio de la familia abruptamente era un gran sacrificio que iba en contra de todo lo que enseñaba la cultura.

Por lo general los *discípulos buscaban sus propios maestros. Ya que el discipulado con frecuencia involucraba dejar de lado temporalmente el trabajo y apartarse de la esposa y los hijos, la decisión de escoger un maestro normalmente solo se habría hecho después de mucha deliberación, especialmente cuando el maestro viajaba de un lado a otro en lugar de quedarse en un pueblo para enseñar.

1:21-28
Autoridad sobre los demonios

El relato de los pescadores muestra los reclamos de la autoridad de Jesús en la vida de sus seguidores, pero los versículos que lo siguen muestran su autoridad sobre los espíritus malignos (cf. 1:2-13). El único exorcista registrado en el AT fue David (1 Sam. 16:23). Aunque los demonios errantes aparecen con frecuencia en la literatura judía, los únicos demonios que aparecen en los Evangelios (salvo *Satanás, Mar. 1:13) están en las personas que ellos poseen (o, como segunda opción, en cerdos: 5:12). El lugar donde Jesús encuentra su primer demonio puede ser chocante para muchos lectores de Marcos: es un establecimiento religioso.

1:21. La mayoría de las *sinagogas eran centros comunitarios, así como lugares de oración y estudio. Cuando había maestros visitantes, los líderes de las sinagogas los invitaban a enseñar, especialmente en el día de reposo. Los arqueólogos han descubierto el sitio de la sinagoga de Capernaúm, que estaba edificada con bloques de basalto. Aunque las sinagogas posteriores eran más elaboradas, la mayoría de las personas en esta sinagoga galilea del primer siglo probablemente se sentaba en esteras en el piso.

1:22. Los servicios de las sinagogas eran conducidos por sacerdotes, o por lo que nosotros llamaríamos "líderes laicos", pero no hay duda de que los más versados en las Escrituras aportaban algo en la exposición del AT. Muchos de los maestros locales eran *escribas del pueblo que también anotaban e interpretaban los documentos legales para su pueblo; algunos de ellos enseñaban la Biblia a los niños. La mayoría de los maestros trataba de exponer la *ley (por lo general de su lectura de las Escrituras) explicando la manera correcta de traducirla y aplicarla, o haciendo referencia a sus tradiciones. La enseñanza de Jesús iba bastante más allá de este tipo de exposición.

1:23, 24. Con frecuencia se asociaba a los demonios (también llamados a veces "espíritus inmundos", p. ej., *Jubileos 10:1) con la magia, y los magos trataban de someter otras fuerzas espirituales invocando sus nombres. Si el demonio aquí está intentando someter a Jesús de esta manera (se usaba "sé quién eres" para someter a los poderes espirituales en los textos mágicos), como lo han sugerido algunos estudiosos, la treta no le funcionó. Los antiguos frecuentemente reconocían que los demonios tenían acceso a un conocimiento sobrenatural; no es sorprendente que estos demonios perciban la verdadera identidad de Jesús, la cual todavía no es reconocida por el pueblo. "El Santo" por lo general era un título de Dios, pero "el Santo de Dios" aquí probablemente signifique algo así como "la mano derecha de Dios"; en la literatura judía, los demonios reconocían su inhabilidad de dañar a los que caminaban cerca de Dios.

1:25-27. Se reprendía y sometía a los demonios con órdenes como "Cállate" (*Testamento de Salomón); las reprensiones en el NT y demás literatura antigua nunca involucraban una declaración *formal* como "yo te reprendo". Los demonios que salían por lo general causaban una conmoción para dejar en claro que se iban, sin importar la identidad de la persona que los echaba fuera.

Aunque los exorcistas, las personas que intentaban echar a los demonios fuera de otras personas, a veces también usaban frases como "¡Sal fuera de fulano!", usaban las frases como parte de complicados conjuros mágicos. Tenían dos métodos principales para echar fuera a los demonios: (1) darle algo que le produjera asco o asustar al demonio (p. ej., poniendo una raíz maloliente en la nariz de la persona poseída con la esperanza de que el demonio no la pudiera soportar); (2) invocar el nombre de un espíritu mayor para que echara fuera el inferior. Por lo tanto, la gente está atónita de que Jesús tenga eficacia con solo ordenar a los demonios que se vayan. La tradición judía alababa a los maestros que podían sacar iluminaciones especiales de la ley, y a veces atribuían poderes milagrosos a maestros populares; pero Jesús parece merecerse una categoría exclusiva ("nueva doctrina").

1:28. Las aldeas de Galilea tenían poca distancia entre sí, y las relaciones estrechas entre ellas permitirían que las noticias se difundieran rápidamente.

1:29-34
La popularidad del sanador

1:29-31. Por lo general la pareja recién casada vivía con la familia del esposo hasta que tenía suficiente dinero para vivir por su propia cuenta. Muchos padres morían cuando sus hijos eran adultos jóvenes, así que es posible que Simón y Andrés se hayan hecho cargo de la casa paterna. Es probable que el suegro de Simón haya fallecido, y que Simón y su esposa hayan acogido a la madre viuda de ésta en su hogar. El cuidado de la "familia extendida" era más común en esa época.

1:32-34. El día de reposo terminaba el sábado al bajar el sol. Marcos menciona que era "al atardecer" para comunicar que el día de reposo había terminado, porque cargar a alguien el día de reposo habría sido una violación del mismo. Todo el pueblo se reúne "a la puerta" porque la mayoría de las viviendas en la zona de Capernaúm solo tenían una habitación, y aun una casa más grande no podría haber recibido a muchas personas. Es posible que la entrada se abriera a la calle o a un patio compartido con otras casas, según la usanza de los pueblos galileos. Los maestros con fama de obrar milagros atraían multitudes grandes rápidamente.

1:35-39
La oración a solas

1:35-37. Esta aglomeración también resulta en otro problema: era casi imposible encontrar un lugar para estar a solas en tales pueblos antiguos, con sus calles angostas y a veces diez o veinte personas que vivían en casas de una habitación. La mayoría de las manzanas de los pueblos consistían en cuatro viviendas que daban a un patio común. Galilea estaba muy poblada y las aldeas comúnmente estaban a poca distancia entre sí. Pero se podía encontrar un lugar a solas en las colinas fuera de la aldea si se estaba dispuesto a levantarse lo suficientemente temprano. La gente se levantaba para trabajar en cuanto salía el sol, de modo que Jesús tiene que levantarse bastante antes del amanecer para salir y encontrar un lugar solitario para orar.

1:38, 39. La palabra utilizada para los otros "pueblos" sugiere grandes pueblos agrícolas gobernados todavía por las estructuras aldeanas habituales. Aparentemente eran lugares que todavía no habían oído de Jesús. Probablemente él pudo haber reunido las multitudes más grandes en las *sinagogas los días de mercado y de reposo, y en horas de la tarde o al comenzar la noche, cuando los obreros habían terminado su jornada.

1:40-45
Limpieza de un leproso

La lepra era una repugnante enfermedad de la piel para la cual la Biblia había prescrito cuarentena, una separación del resto de la sociedad (Lev. 13:45, 46), aunque la Biblia no iba tan lejos como muchos de los maestros judíos atribuían la enfermedad al pecado del leproso (con frecuencia el pecado de la calumnia). En consecuencia, los leprosos estaban marginados del resto de la sociedad y eran del tipo de personas que la mayoría de la gente sana prefería pasar por alto. Estaba prohibido tocar a un leproso, y a la mayoría de las personas la sola idea de hacerlo le habría dado asco.

El leproso se acerca a Jesús con humildad, que era la forma apropiada en el AT de acercarse a Dios para orar, aunque el hecho de que se atreviera a acercarse a Jesús también indica una medida de audacia santa. El hecho de reconocer que Dios tenía derecho a negar la oración y que se dependía de su misericordia de ninguna manera representaba una falta de fe (Gén. 18:27, 30-32; 2 Sam. 10:12; Dan. 3:18).

La ley había prescrito sacrificios particulares en el caso de que se curara la lepra (Lev. 14:1-32). Al cumplir estos reglamentos, Jesús no hace nada que viole la ley ni que ofenda a los sacerdotes. (Las leyes judías posteriores también insistían en que el leproso fuera revisado por un sacerdote local antes de ir al templo, pero no está en claro si estas reglas estaban vigentes en la época de Jesús.) Por lo general los maestros a los cuales se les atribuían milagros tenían muchos seguidores, porque muchas personas estaban enfermas; la cantidad de personas que sufrían diversas aflicciones se atestigua por el número de los que acudían a las termas en Galilea, que supuestamente aliviaban las dolencias. Jesús, quien obra milagros sin el uso pagano común de conjuros mágicos, adquiere tantos seguidores que en un momento determinado no los puede acomodar dentro de un pueblo (v. 45).

2:1-12
Sanado y perdonado

Así como Jesús ofende las sensibilidades religiosas de su cultura al tocar a un leproso (1:41) y se atribuye más autoridad de la que se atrevería a aceptar un *rabino normal (cf. 1:17, 27), y así como la *narración de Marcos desafía la religión cultural al comenzar con un endemoniado en una casa de estudio y oración (1:21-28), el papel de Jesús en este pasaje desafía las categorías teológicas del grupo religioso dominante en su cultura.

2:1, 2. La capacidad de las viviendas típicas de Capernaúm tal vez haya permitido que entraran unas cincuenta personas de pie y amontonadas (el largo más grande de las viviendas excavadas es de seis metros).

2:3, 4. Muchas "camas" eran esteras; por lo tanto es posible que los amigos del paralítico lo hayan cargado en el lecho donde se acostaba todo el tiempo. Se llegaba al techo por una escalera externa, de modo que podían llegar a él sin impedimentos. El techo de las casas de un piso era lo suficientemente fuerte como para resistir que se caminara sobre él, pero normalmente estaba hecho de ramas y juncos colocados encima de las vigas del techo y cubiertos con lodo seco; en consecuencia, se podía hacer un agujero en él.

2:5-7. Se debía expiar los pecados por medio de ofrendas en el templo. El judaísmo enseñaba que solo Dios podía perdonar los pecados, pero la mayoría de los judíos creía que algunos representantes de Dios podían hablar en su nombre. La forma pasiva "te son perdonados" puede interpretarse de este modo (los maestros judíos frecuentemente usaban la forma pasiva para describir la actividad de Dios); pero Jesús no era sacerdote, nadie había ofrecido sacrificio y los *escribas no habían oído ningún fundamento para pronunciar el perdón, ni siquiera una indicación clara de *arrepentimiento.

La sanción del AT por blasfemar el nombre de Dios era la muerte (Lev. 24:10-23). Según la enseñanza judía posterior, la blasfemia involucraba pronunciar el nombre divino o invitar a las personas a seguir a otros dioses. Por lo tanto, en términos estrictos estos estudiosos legales se habían equivocado al interpretar las palabras de Jesús como blasfemia, aun bajo sus propias reglas. Pero el término se usaba en forma mucho más amplia en el habla popular de este período, y tal vez lo hayan aplicado en el sentido general de deshonrar el nombre divino.

2:8. Ya que se atribuía un conocimiento sobrenatural especialmente a los profetas (p. ej., 2 Rey. 6:12), es probable que estos oyentes de Jesús lo vieran como profeta; es posible que "razonar en el corazón" sea idiomático (Deut. 15:9; 18:21; 30:14). La mayoría de los maestros judíos creía que no había más "profetas" en el sentido del AT, pero la mayoría de la gente aceptaba gustosa nuevas figuras proféticas, muchas de las cuales eran vistas como precursores del fin.

2:9-12. Algunos maestros judíos aceptaban los milagros como una verificación de que un maestro era un representante verdadero de Dios; otros no consideraban los milagros como prueba suficiente si estaban en desacuerdo con la interpretación de las Escrituras que tenía el maestro.

Los maestros judíos sabían que en última instancia solo Dios podía perdonar (en el Día de Expiación en respuesta al sacrificio); pero también reconocían que la sanidad en última instancia venía de Dios. Ambas cosas eran de Dios pero podían ser anunciadas por medio de agentes de Dios que obraban según su voluntad. *Josefo nos muestra que muchos falsos profetas en la época de Jesús decían obrar milagros, pero en realidad no lo hacían; es posible que algunos de los detractores de Jesús lo hayan colocado en esta categoría. Sin embargo, sus acciones frente a estos testigos debe haberles desafiado a pensar de una manera diferente.

2:13-17
Un seguidor publicano

Al igual que en el 2:1-12, la conducta de Jesús aquí va en contra de las normas de piedad de sus coetáneos judíos.

2:13. La mayoría de los maestros locales sobresalientes enseñaba a grupos regulares de *discípulos y también realizaba otros servicios locales en su pueblo. Sin embargo, los maestros translocales que tenían muchos seguidores podían ser una amenaza al grupo dominante como posibles revolucionarios.

2:14. Es posible que Leví haya sido un *recolector de impuestos agrícolas que trabajaba para Herodes Antipas. Sin embargo, su ubicación en una oficina en Capernaúm indica que es más probable que haya sido un agente de aduana que cobraba impuestos de importación sobre la mercadería que pasaba por este pueblo en las importantes vías comerciales cercanas. Aun más que los pescadores, tiene un empleo seguro y próspero que abandona para seguir el llamado de Jesús.

Algunos impuestos iban directamente al gobierno romano, pero los peajes y los impuestos aduaneros (generalmente calculados en un 2 ó 3 por ciento, pero multiplicados para los negociantes que pasaban por muchos territorios) mantenían a las ciudades donde se cobraban. Sin embargo, por más que Leví fuera un agente de aduana con valor local, esta *narración muestra que seguía considerándose indeseable; la aristocracia municipal apoyaba los intereses romanos en contra de los de los judíos pobres.

2:15. Se consideraba que los *recolectores de impuestos eran colaboradores de los romanos y la gente religiosa los despreciaba. Algunos comentaristas han argumentado que "pecadores" puede referirse específicamente a los que no comían en pureza ritual, pero es probable que el término se refiera a cualquiera que vivía en forma pecaminosa en lugar de religiosa, como si no le importara lo que la comunidad religiosa pensara de él.

2:16. El compañerismo en la mesa indicaba una relación íntima entre los que la compartían. Los *fariseos eran especialmente escrupulosos en cuanto a sus reglas especiales sobre la comida y no les gustaba comer con gente menos escrupulosa, especialmente gente como recolectores de impuestos y pecadores. Aquí dan por sentado que Jesús, por ser un maestro sabio, debería compartir las convicciones religiosas que ellos sostenían.

2:17. La respuesta de Jesús hace uso de una imagen común de la época (la comparación de médicos y maestros) para expresar su enseñanza.

2:18-22
El momento apropiado para ayunar

Una vez más (ver 2:13-17), Jesús no parece ser lo suficientemente religioso para los tradicionalistas; pero él tiene en mente un nuevo estilo de vida religiosa.

2:18. La Ley exigía ayunar solo en el Día de Expiación, pero los judíos religiosos, especialmente los grupos como los *fariseos (muchos de los cuales posiblemente hayan ayunado sin agua dos veces por semana, especialmente en época de sequía), habían agregado muchos ayunos adicionales. El ayuno era una práctica importante que acompañaba la oración o la penitencia, de modo que habría sido inusual que los *discípulos (*rabinos en potencia) lo hubieran evitado del todo. Se consideraba que un maestro era responsable por la conducta de sus discípulos.

2:19, 20. Las bodas requerían siete días de festividades; no se podía ayunar ni participar en actos de duelo ni trabajo pesado durante una boda. Aquí Jesús hace una analogía acerca de lo inapropiado que sería ayunar en su propia época.

2:21, 22. El tema nuevamente es lo inapropiado de ayunar en las circunstancias actuales. Jesús usa dos hechos comunes para ilustrar su enseñanza. La ropa vieja ya estaba algo encogida por haber sido lavada. Se podía guardar el vino en jarras u odres (recipiente elaborado de piel de algún animal); estos se estiraban. Los odres viejos ya se habían estirado hasta su capacidad máxima debido a la fermentación del vino que contenían. Si se llenaban con vino sin fermentar, este también se expandiría y los odres viejos, ya estirados al máximo, se romperían.

2:23-27
El uso correcto del día de reposo

Los conflictos de Jesús con el grupo religioso dominante en los pasajes anteriores llegan al punto de ebullición por detalles acerca de la observancia del día de reposo (2:23—3:6).

Sus prioridades religiosas difieren; mientras el grupo religioso dominante piensa que Jesús cuestiona la autoridad de la Biblia, él exige una forma distinta de entenderla y así aplicarla.

2:23, 24. Ya que pocos *fariseos vivían en Galilea y normalmente no estarían en un campo cultivado el día de reposo, salvo que estuvieran siguiendo a Jesús, es posible que los maestros religiosos locales estén respondiendo a informes acerca de lo que los *discípulos de Jesús habían hecho, y que Marcos les aplique el término más específico de *fariseos* a ellos. (Al igual que otros escritores antiguos, Marcos tenía la libertad de actualizar el vocabulario más viejo y omitir detalles que no tenían relevancia para el objetivo de su *narración.) También es posible que los fariseos hayan estado investigando a Jesús o viajando con él.

Es probable que los fariseos no hayan estado a una distancia mayor que un día de reposo de la aldea donde Jesús y su grupo se estaban quedando; por lo tanto, los discípulos que se encuentran con los fariseos seguramente están cerca de un lugar donde pueden adquirir alimentos que habrían sido preparados el día anterior. Se consideraba que los maestros eran responsables por la conducta de sus *discípulos, y muchos *rabinos consideraban que era apropiado defender el honor de sus discípulos.

2:25. Estén de acuerdo o no sus adversarios con el argumento de Jesús, él ha citado un precedente bíblico respecto al hambre para dejar de lado una regla bíblica aceptada; por lo tanto no pueden castigarlo en un juicio sacerdotal local. Ya que Jesús está defendiendo a sus discípulos, menciona a "los que estaban con" David; aunque no está en claro que alguien estuviera con David (1 Sam. 21:1), David dijo que había otros (21:2). O Jesús acepta la aseveración de David como verdad, o su argumento desde el punto de vista del precedente legal es que el sacerdote aceptó la palabra de David y permitió que el hambre tuviera prioridad sobre la ley ritual.

2:26. Abiatar todavía no era sumo sacerdote cuando David recibió el pan, pero Marcos emplea el término en la forma habitual de su época: "sumo sacerdote" se aplicaba a cualquier miembro de la familia del sumo sacerdote con poder administrativo, lo cual habría incluido a Abiatar cuando David fue a Ajimelec, padre de Abiatar.

2:27. Aunque Jesús reclama el derecho de interpretar las reglas del día de reposo como el autorizado *Hijo del Hombre (Dan. 7:13, 14), no hay duda de que sus adversarios entienden que él quiere decir que, ya que el día de reposo fue creado para las personas (otros maestros judíos también mencionaban este argumento), los seres humanos tenían la autoridad para hacer lo que necesitaban el día de reposo ("hijo del hombre" era un término *arameo normal para "ser humano", y sus oyentes probablemente dieron por sentado ese significado y no que decía ser el Hijo del Hombre de Dan. 7:13, 14.)

3:1-6
Sanar o matar en el día de reposo

3:1. Los músculos y los nervios de una mano "seca" o "paralizada" estaban inactivos; por lo tanto la mano, más pequeña de lo normal, no funcionaba (1 Rey. 13:4; cf. Testamento de Simeón 2:12). No se conocía ninguna cura para esta parálisis.

3:2. En las enseñanzas de los estudiosos de la ley judía no se permitían las curaciones menores en el día de reposo, aunque salvar una vida era otro asunto. (Aun los observadores más estrictos del día de reposo permitían hacer concesiones en el día de reposo para salvar una vida o luchar en una guerra defensiva.) Sin embargo, la regla en contra de las curaciones se aplicaba a los médicos, no a sanidades obradas por Dios, y los *fariseos discutían entre sí si se permitía orar por los enfermos el día de reposo. Por lo tanto, los adversarios de Jesús van bastante más allá de las reglas judías habituales para tratar de condenarlo.

3:3-5. Es posible que Jesús quiera decir que está permitido "matar" en el día de reposo, como lo estuvo durante la guerra macabea (siglo II a. de J.C.); es más probable que esté presentando una analogía legal a partir del principio de que se puede violar el día de reposo para salvar la vida, pero no para matar salvo en defensa propia; por extensión, se puede hacer bien pero no mal. (Es menos probable una alusión a 2 Rey. 5:7.)

3:6. Por lo general se trataban en forma liviana las violaciones no intencionadas del día de reposo o los asuntos de desacuerdo acerca de lo que era trabajo (algo que se podía debatir en las cortes judías). Se consideraba que la pena de muerte (Éxo. 31:14; 35:2) era apropiada solo para aquellos que rechazaban el día de reposo a sabiendas. Los adversarios de Jesús aquí van mucho más allá de sus propias enseñanzas tradicionales. En cuanto a los herodianos, ver el comentario sobre 12:13.

3:7-12
Popularidad en aumento

3:7, 8. Idumea estaba al sur de Galilea; al este del río Jordán se encontraba Perea, mientras que Tiro y Sidón estaban al noroeste. Al igual que Galilea, Idumea y Perea eran territorios de religión judía antiguamente dominados por *gentiles; Tiro y Sidón eran ciudades gentiles, aunque posiblemente aquí se haga referencia a los residentes judíos de esas ciudades (ver 7:27).

3:9-12. Finalmente, Jesús tiene que encontrar otra manera de manejar a las multitudes cada vez mayores (3:9). Cualquier profeta que supuestamente hacía señales atraía grandes multitudes en la Palestina judía, y parece que Jesús atrajo multitudes más grandes que la mayoría. Otros "profetas que hacían señales" a veces intentaban obrar milagros como hacer caer los muros de Jerusalén, o dividir las aguas del Jordán (sin éxito), pero a ningún profeta desde Elías y Eliseo se le habían atribuido tantos milagros de sanidad como a Jesús.

3:13-19
Comisión de doce representantes

3:13. Con frecuencia las montañas fueron lugares escogidos para tener comunión con Dios (p. ej., las experiencias de Moisés y Elías).

3:14, 15. Israel comprendía doce tribus, y si los grupos escogían doce líderes (como aparentemente lo hicieron los que escribieron los *Rollos MM), lo hacían porque creían que su propio grupo era el remanente verdadero y obediente de Israel. *"Apóstoles" significa representantes encargados, con la idea de que la autoridad de Jesús para proclamar el *reino y echar fuera los demonios continúa a través de sus seguidores.

3:16-19. Lucas (y probablemente "Q", una fuente que comparte con Mateo) menciona a "Judas hijo de Jacobo" en lugar del "Tadeo" de Mateo y Marcos. Los documentos comerciales antiguos muestran que la gente se conocía comúnmente por varios nombres distintos, de modo que las distintas listas de apóstoles probablemente se refieren a las mismas personas. (Las diferencias en las listas muestran que estas no fueron copiadas las unas de las otras ni armonizadas, de modo que la tradición de la elección de los doce por Jesús es más antigua que las listas en sí.) Los sobrenombres eran comunes y aparecen aun en las inscripciones de los sepulcros.

"Cananita" es *arameo para *"zelote" (Lucas 6:15); en consecuencia aquí algunas traducciones sencillamente dicen "Simón el Zelote". En este período, este término podría significar sencillamente "el celoso", pero también puede significar que había estado involucrado en actividad revolucionaria (algunos revolucionarios poco después de esta época llegaron a conocerse como "zelotes"). "Boanerges" es una traducción griega del arameo para "hijos del trueno" (*rgs* por el arameo *r'm*). "Iscariote" puede significar "hombre de Queriot", pero esto no está claro; las otras propuestas (p. ej., una transliteración griega de una corrupción aramea del latín *sicarius*, "asesino"; ver el comentario sobre Hech. 21:38) son igualmente inciertas.

3:20-30
Jesús allana la casa de Satanás

3:20-22. Con frecuencia los exorcistas invocaban a un espíritu mayor para librarse de uno menor, de modo que los adversarios de Jesús lo acusan de obtener su poder para el exorcismo de la hechicería, dependiendo de *Satanás mismo. Frecuentemente se asociaba la locura (3:21) con la posesión por demonios (3:22). Ya que se pensaba que los falsos maestros a veces estaban inspirados por demonios y la pena oficial por engañar al pueblo de Dios de este modo era la muerte (Deut. 13:5; 18:20), la familia de Jesús tenía motivos para encontrarlo antes de que lo hicieran los expertos legales. (Los expertos legales no podían poner en práctica la pena de muerte porque Palestina estaba bajo el dominio romano; pero la acusación pública en sí humillaría a la familia.) Los maestros ofendidos por los informes de los acontecimientos del 2:1—3:6 ahora toman la ofensiva.

3:23-27. Aunque los textos mágicos a veces "atan" a los demonios mediante conjuros, Jesús ha derrotado al hombre fuerte sencillamente por su victoria moral en el desierto (1:13) y por ordenarles a los demonios que salgan (1:25, 26; cf. Isa. 49:24, 25).

3:28-30. "Blasfemar contra el *Espíritu Santo" aquí significa oponerse tan firmemente al mesiazgo de Jesús que se recurre a acusaciones de hechicería para contrarrestar las señales del Espíritu que confirman su identidad. Los distintos maestros debatían si algunos pecados eran eternamente imperdonables; Jesús probablemente quiera decir que sus corazones se estaban volviendo tan duros que nunca pensarían en arrepentirse.

3:31-34
La verdadera familia de Jesús

Era común pensar en los correligionarios como hermanos; también estaba ampliamente difundido el respeto hacia las personas mayores como madres o padres. Pero permitir que los lazos de la comunidad religiosa tomaran precedencia sobre los vínculos familiares era algo insólito en el judaísmo, salvo cuando un pagano se convertía al judaísmo y consideraba que su nueva familia era más importante que la antigua. (Al igual que otros maestros judíos, Jesús comúnmente emplea la *hipérbole, o exageración *retórica. No está rechazando a su familia terrenal, sino que está exponiendo sus prioridades, porque quieren declararlo mentalmente incompetente para rescatarlo de los peligros que seguramente enfrentará en manos de las autoridades religiosas si sigue por el mismo camino; ver 3:21.)

4:1-20
La parábola del sembrador y los cuatro tipos de terreno

4:1, 2. El marco acústico desde el barco resultaba ideal para proyectar la voz de Jesús a la multitud. Algunos lugares en Palestina, como una ensenada cerca de Capernaúm, tienen una acústica natural que permite que hasta siete mil personas oigan a alguien que habla desde el centro de la ensenada.

Los *rabinos comúnmente enseñaban con *parábolas. Aunque los temas de muchas parábolas se centraban en la corte real, es probable que los maestros frecuentemente usaran parábolas más prácticas, como la historia de la cosecha utilizada aquí por Jesús, cuando explicaban argumentos al pueblo.

4:3-7. Cuando se sembraba la semilla antes de arar la tierra (como ocurría con frecuencia), era común que tuviera uno de los destinos relatados aquí. Es probable que el "camino" sea el sendero que pasa por el campo.

4:8. Treinta, sesenta y ciento por uno eran cosechas tremendamente buenas para el suelo galileo. Normalmente, el fértil valle del Jordán rendía entre diez y ciento por uno, de modo que ciento por uno no es necesariamente una cosecha milagrosa como algunos han pensado; pero para gran parte de Palestina, el rendimiento promedio era de diez por uno (lo cual significa que se cosechaban diez semillas por cada semilla sembrada) y todos los números relatados por Jesús representan rendimientos muy buenos. El rendimiento justifica la semilla sembrada que se perdió (cf. Ecl. 11:1-6).

4:9. "Oído para oír" refleja el tema de los profetas del AT de que muchos tenían oídos pero eran sordos a la voz de Dios (p. ej., Isa. 6:10; 43:8; 44:18; Eze. 12:2).

4:10, 11. Por lo general los maestros judíos usaban las *parábolas para ilustrar y explicar argumentos, no para ocultarlos. Pero si se relata una historia sin declarar el argumento que ilustra, como lo hace Jesús aquí, solo los que escuchan con mucho discernimiento (4:9) y comienzan con un conocimiento interno pueden descifrar el significado. Los miembros de la comunidad de *Qumrán creían que Dios había dado secretos a los profetas que ellos habían codificado en la Biblia, y que Dios revelaba la interpretación de estos textos bíblicos a su propio maestro, quien la compartía únicamente con ellos. Los maestros griegos como Platón y algunos maestros judíos dejaban algunos puntos nebulosos para no revelarlos a extraños; solo a aquellos que tenían la seriedad para perseverar lo podían entender.

4:12. La enseñanza en el contexto de Isaías 6:9, 10, que Jesús cita aquí, es que el pueblo de Dios había endurecido su corazón de modo que no lo podían oír; por lo tanto, Dios optó por endurecerlos aún más (lo que algunos han llamado "ceguera penal") al enviarles su mensaje de todos modos.

4:13, 14. Este mensaje tan básico es el fundamento de lo demás: hay que aceptar el mensaje de Jesús con fortaleza y sin distracciones del mundo para que produzca el efecto deseado.

4:15. El judaísmo reconocía a *Satanás como el máximo acusador y tentador; al mencionarlo, Jesús inmediatamente señala a sus *discípulos la seriedad de olvidar lo que él les enseñaba. Otros *rabinos también enseñaban que olvidar una enseñanza de las Escrituras era una ofensa seria, pero se han de haber molestado con un maestro que se atribuía autoridad exclusiva para su propio mensaje.

4:16, 17. El judaísmo valoraba a sus héroes del pasado que se habían negado a transigir con la palabra de Dios, aun ante la muerte. Probablemente la descripción que hace Jesús de la apostasía ante la persecución por causa del mensaje del *reino evocaba así la incomodidad y la autocrítica de los discípulos.

4:18-20. La idea aquí es que las "semillas" fructíferas difunden la palabra y multiplican los discípulos (como lo debían hacer los discípulos bien entrenados por los rabinos, al convertirse ellos mismos en maestros; parte de la meta era aumentar la obediencia a la ley).

4:21-25
Responsabilidad por la palabra

Si otro *rabino hubiera pronunciado las palabras del 4:22 en este contexto (cf. Mat. 5:15), habría significado sacar a la luz tesoros (comprensión especial) escondidos en las Escrituras. Por lo tanto, Jesús asevera que revela el mensaje de Dios; llama a sus *discípulos a entender y construir sobre la base de su enseñanza.

4:21-23. Jesús domina las ilustraciones gráficas en las cuales los maestros judíos buscaban sobresalir: la luz invisible no tiene ningún sentido, y Dios desea que la luz de su palabra sea recibida. Las lámparas eran pequeñas lámparas de arcilla que había que colocar encima de un soporte para que dieran mucha luz en una habitación; no hay duda de que un cajón colocado encima de la lámpara la apagaría.

4:24, 25. La sabiduría convencional era que cada persona es responsable por lo que hace con lo recibido originalmente, y Jesús aplica este principio a su propia enseñanza. Por lo tanto, si las multitudes no obedecían la luz que habían recibido, jamás recibirían más. El lenguaje de la "medición" es el lenguaje de pesar alimentos y otras mercancías en el mercado; los textos judíos a veces lo usan para los justos juicios de Dios en el día final.

4:26-32
Un microcosmos del reino futuro

Se entendía comúnmente que algún día Dios establecería su *reino o gobierno indisputable sobre toda la tierra. Podría haber parecido que Jesús y su pequeña banda de seguidores íntimos eran demasiado insignificantes para contener la gloria futura del reino, pero la semilla de la palabra iba a seguir extendiéndose a partir de ellos hasta la llegada final del reino. La enseñanza de Jesús desafía las consideraciones prevalecientes acerca de cómo vendría el reino.

4:26-29. Cualquier granjero habría estado de acuerdo en que la providencia de Dios, no el poder del granjero, hacía crecer la semilla. (Por eso los agricultores, tanto paganos como judíos, buscaban ayuda divina para sus cosechas; los granjeros paganos dependían mucho de sacrificios.)

4:30-32. Los estudiosos siguen discutiendo acerca de cuál es la planta a la que la "semilla de mostaza" hace referencia. No obstante, de ninguna manera es la más pequeña de todas las semillas que habrían conocido los oidores de Jesús (la semilla de la orquídea es más pequeña). El asunto es que era proverbialmente pequeña y, sin embargo, producía un arbusto grande. Alrededor del mar de Galilea puede alcanzar una altura de más de tres metros y a veces ha llegado hasta cinco metros, aunque su altura normal es de alrededor de un metro con veinticinco centímetros. Ya que crecía de nuevo todos los años, las aves no podían anidar en él cuando construían nidos al principio de la primavera; pero las aves pequeñas podían posarse en él, y eso es todo lo que hace falta para el lenguaje utilizado aquí (una alusión a un árbol más grande en Dan. 4:12). La *hipérbole que Jesús aplica a la mejor imagen de crecimiento desde lo ínfimo hasta lo enorme que tenía a su disposición no cambia el sentido; aunque el *reino comenzara en oscuridad, culminaría en gloria.

4:33, 34
Enseñanzas secretas

A veces los maestros judíos (así como otros maestros antiguos) tenían algunas enseñanzas esotéricas especiales que solo podían confiar a sus alumnos más íntimos, porque no eran para el conocimiento público. Quizás la gente no estaba lista para entender el secreto de la naturaleza del *reino de Jesús hasta que no se hubiera revelado el secreto de la naturaleza de su mesiazgo (ver la introducción a Marcos en este comentario).

4:35-41
Señor de la creación

Es posible que el despertar a un profeta que estaba durmiendo para asegurar sus oraciones haya traído el pasaje de Jonás 1:5, 6 a la mente de los *discípulos o los primeros oidores, pero aquí Jesús es muy distinto a Jonás. Algunas historias paganas antiguas contaban acerca de individuos poderosos que podían subyugar hasta las fuerzas de la naturaleza, pero estos casi siempre eran dioses o, rara vez, héroes del pasado lejano. Muchos judíos creían que los ángeles controlaban las fuerzas de la naturaleza, como los vientos y el mar; sin embargo, tales ángeles tenían a quién responder. En la tradición judía, el que gobernaba los vientos y el mar era Dios mismo (Sal. 107:29; cf. Jon. 1:15). Por lo tanto, es fácil entender la sorpresa de los discípulos ante el poder de Jesús.

Era frecuente la aparición repentina de tormentas en el lago llamado el mar de Galilea; estos pescadores normalmente se habían quedado más cerca de Capernaúm y no estaban preparados para una borrasca tan lejos de la orilla. El único lugar donde se podía dormir en un pequeño barco pesquero mientras la lluvia lo llenaba de agua era la popa elevada, donde se podía usar el asiento de madera o recubierto de cuero del timonel, con una almohada que se guardaba debajo de ese asiento para protegerse la cabeza. El sueño de Jesús durante la tormenta tal vez indique la tranquilidad de la fe (Sal. 4:8; cf. 2 Rey. 6:16, 17, 32; Prov. 19:23); en algunas historias griegas, la sinceridad de la fe de los filósofos en sus propias enseñanzas acerca de la tranquilidad era probada en las tormentas.

5:1-20
Victoria sobre una legión de demonios

Jesús pudo sujetar al hombre fuerte que nadie había podido sujetar (3:27; 5:3, 4).

5:1. La "Gadara" de Mateo (Mat. 8:28), a casi trece kilómetros del lago, es más acertada que la "Gerasa" de Marcos (NVI; "región de los gadarenos", RVA), una ciudad prominente a más de cuarenta y ocho kilómetros al sudeste del lago en línea recta y más lejos por el camino. Pero ambas ciudades estaban en la misma región de Decápolis, un área predominantemente no judía, y Marcos parece dirigirse a lectores que estaban lejos de esta área y que quizás no le daban tanta importancia a los detalles de la geografía siropalestina como los lectores de Mateo.

5:2. Los judíos consideraban que los sepulcros eran inmundos para ellos y un lugar predilecto de los demonios. La gente de muchas culturas antiguas llevaba ofrendas a los muertos, lo cual también podría agradar a estos espíritus. Era de noche (4:35) cuando se pensaba que los espíritus malignos ejercían el mayor poder. Marcos así establece las circunstancias para que los lectores antiguos sientan el suspenso del conflicto que se desata.

5:3-5. Parte de la adoración pagana involucraba cortarse con piedras (1 Rey. 18:28), y tanto la automortificación como la fuerza sobrenatural ocurren junto con la posesión demoníaca en muchas culturas actuales.

5:6-8. En la magia antigua se invocaba a los espíritus superiores para echar fuera los espíritus inferiores, y aquí los demonios apelan al único superior a Jesús para impedir que Jesús los eche fuera: "Te conjuro por Dios" (no "Te ruego por Dios", NVI). Este lenguaje invoca una maldición sobre Jesús si no se somete. (Frases como "te conjuro" y "sé quién eres" [Mar. 1:23] aparecen en textos de exorcismo mágico como invocaciones autoprotectoras para atar al opositor espiritual.) El intento de autoprotección mágica resulta impotente contra Jesús. No solo los judíos sino también los *gentiles a veces llamaban al Dios de Israel "Altísimo".

5:9. La identificación de los nombres de los espíritus o los nombres por los cuales se podía dominar a esos espíritus era común en los textos de exorcismo antiguos (ver los textos mágicos antiguos y el *Testamento de Salomón); pero este caso, donde hay muchos demonios presentes, es el único ejemplo registrado donde Jesús busca un nombre, y aquí no parece usarlo en el exorcismo.

Una legión incluía de cuatro mil a seis mil tropas. Por lo tanto, este hombre está habitado por un gran número de demonios; probablemente sean más que los cerdos (5:13).

5:10. Los antiguos estaban familiarizados con el hecho de que los demonios rogaran por misericordia u otras concesiones cuando estaban por ser derrotados (p. ej., *1 Enoc 12—14; *Testamento de Salomón 2:6). Tal vez desean permanecer en la zona solo por los sepulcros, pero según la sabiduría popular los espíritus frecuentemente estaban asociados con áreas específicas.

5:11, 12. Solo los *gentiles (o judíos muy despreocupados de la ley) criaban cerdos, y probablemente los lectores judíos consideraban a los cerdos entre los animales más inmundos y huéspedes apropiados para espíritus malignos. Los exorcistas antiguos hallaban que los demonios con frecuencia pedían concesiones si la presión para dejar a su huésped se volvía demasiado grande para que se quedaran.

5:13. La tradición judía con frecuencia enseñaba que los demonios podían morir, así que muchos lectores antiguos habrían dado por sentado que los demonios habían sido destruidos (o por lo menos inhabilitados) junto con sus huéspedes. (Algunas tradiciones también sostenían que por lo menos algunos demonios temían al agua [*Testamento de Salomón 5:11, 12]; pero en otras tradiciones, ciertos demonios vivían en el agua. Lo que es significativo en los relatos de los Evangelios es una dependencia mucho mayor por parte de los demonios de sus huéspedes que en la mayoría de las otras fuentes del mismo período.)

5:14-17. La oposición a Jesús surge tanto de intereses económicos, la pérdida de un hato grande de cerdos, como de algunas ideas griegas acerca de magos que obraban milagros, quienes probablemente eran temidos por la gente.

5:18. En las historias antiguas, los que se estaban recuperando de la locura podían desconocer su estado anterior (p. ej., Leucipo de *Aquiles Tacio), pero no siempre era el caso (Dan. 4:34-37).

5:19, 20. Ya que su mesiazgo podía ser mal entendido, Jesús lo mantuvo en secreto en las zonas predominantemente judías. Sin embargo, en la Decápolis predominantemente no judía, donde quizás la gente lo percibiera como mago, insta a su nuevo *discípulo a proclamar la palabra de lo que *Dios* había hecho, corrigiendo así el malentendido de la gente (cf. 2 Macabeos 3:36).

5:21-43
Sanidad de una niña y una mujer marginada

Este pasaje incluye dos casos de impureza: una mujer con un flujo continuo de sangre y un cadáver (ver Lev. 15:19-33; Núm. 19:11-22). Aun después de haber cesado el flujo, aquella mujer era considerada impura durante siete días (Lev. 15:28); la niña muerta era todavía más impura (Núm. 19:11).

5:21-24. Los "principales de la *sinagoga" eran los funcionarios más importantes de las sinagogas (distintos al ayudante, Luc. 4:20) y eran miembros prominentes de sus comunidades. La hija de Jairo había sido menor hasta ese año, y debido tanto a su edad como a su sexo prácticamente no tenía ninguna posición social. La gente se postraba a los pies de alguien que tenía una posición muy superior (como un rey) o ante Dios; el hecho de que este hombre prominente se humillara de este modo ante Jesús era un reconocimiento serio del poder de Jesús.

5:25. Se consideraba la enfermedad de esta mujer como si hubiera tenido su menstruación todo el mes y eso la volvía continuamente impura bajo la *ley (Lev. 15:25-28), un problema social y religioso además del problema físico. Es probable que la dolencia haya comenzado después de la pubertad. Dada la expectativa de vida en la antigüedad de unos cuarenta años y los "doce años" que había estado enferma, es posible que haya tenido este problema durante toda su vida adulta o, por lo menos, la mitad de la misma.

5:26. Muchas de las prácticas de los médicos tanto judíos como *gentiles en los tiempos bíblicos no eran más que remedios supersticiosos, así que no es sorprendente que hayan sido ineficaces (cf. 2 Crón. 16:12; Tobías 2:10; Génesis Apócrifo de *Qumrán 20:19, 20). Aunque muchos médicos del mundo griego eran esclavos, las fuentes judías palestinas sugieren que los médicos en Palestina tenían amplios ingresos.

5:27-29. Si esta mujer tocaba a alguien, aunque solo tocara su ropa, esa persona se volvía ceremonialmente impura el resto del día (cf. Lev. 15:26, 27). Cierta impureza era inevitable, pero era molesto realizar el lavamiento requerido, y los hombres evitaban la impureza cuando podían hacerlo. Ya que esta mujer volvía impuros a todos los que tocaba, ni siquiera debería haber estado entre esta gran multitud. La tradición judía posterior consideraba este peligro aun más seriamente que Levítico (p. ej., *Mishnah Toharot* 5:8), de modo que muchos maestros directamente evitaban todo contacto físico con las mujeres para no contaminarse accidentalmente. Por lo tanto esta mujer no podía tocar a nadie ni ser tocada, probablemente estaba divorciada o no se había casado nunca, y estaba marginada por la sociedad judía.

5:30-34. Los judíos creían que solo los maestros más cercanos a Dios tenían conocimiento sobrenatural. Jesús utiliza su conocimiento sobrenatural para identificarse con la mujer que lo había tocado, aunque a los ojos del público esto significara que había contraído impureza ritual. Dado el fracaso frecuente de la fe de los *discípulos varones (8:17-21; 9:19), el hecho de que Marcos haya registrado la fe de esta mujer (cf. 7:29; 12:44; 15:40, 41) es muy impactante, especialmente para lectores cuya cultura consideraba a las mujeres menos estables y emocionalmente más débiles que los varones.

5:35-39. Se requerían varios dolientes profesionales aun en los funerales de las personas más pobres; probablemente había más dolientes reunidos por la muerte de un miembro de una familia prominente como esta. Ya que los cuerpos se descomponían rápidamente en Palestina, los dolientes debían reunirse inmediatamente después de la defunción, y en este caso ya se habían reunido antes de que le llegara la noticia a Jairo de que su hija había muerto. Normalmente se despachaban mensajeros inmediatamente para llevarle la triste noticia al padre o cónyuge.

5:40-43. En esa cultura, a los doce años de edad la niña era una virgen probablemente a punto de casarse (las mujeres no podían recibir educación ni ocupar puestos públicos). Por lo general las muchachas esperaban ansiosas su boda como el acontecimiento más gozoso de su vida, y el que una jovencita muriera sin casarse, especialmente si estaba a punto de hacerlo, era considerado una tragedia particularmente lamentable. Jesús le habló en *arameo, tal vez su idioma natal, aunque el griego estaba ampliamente difundido en Palestina. (Acerca del uso del arameo en las sanidades, ver el comentario sobre el 7:34, 35.)

6:1-6
El rechazo de Jesús en el pueblo donde se había criado

El AT reitera frecuentemente el principio del profeta sin honor: Jeremías, Moisés, José, etc.; la tradición judía posterior enfatizó aun más este concepto. El hecho de que Jesús "no pudo" realizar hechos poderosos debido a la incredulidad de los de su pueblo supone una limitación, no de su poder sino de su misión: el sanar sin una fe moralmente dirigida equivaldría a comportarse como los magos paganos de la antigüedad.

En 6:3, Jesús es llamado "carpintero". Durante la infancia de Jesús, Séforis, entonces capital de Galilea, había sido destruida por los romanos, y la reconstrucción había comenzado inmediatamente. Por lo tanto no hay duda de que los carpinteros estuvieron en demanda en Nazaret, un pueblo a seis kilómetros y medio de las ruinas de Séforis; y es probable que José le haya enseñado su propio oficio, según la costumbre de la época. Después de la reconstrucción de Séforis, probablemente realizaron la mayor parte del trabajo de carpintería desde su casa, al estilo de la mayoría de los carpinteros galileos. El comentario de que Jesús fuera carpintero era para identificarlo, no para sugerir la improbabilidad de que un carpintero fuera maestro, porque sabemos de otros carpinteros que se convirtieron en maestros famosos (p. ej., *Shammai).

"Hermanos" y "hermanas" son las palabras comunes para los hermanos carnales; no se usa el término más general para "parientes" (p. ej., Rom. 16:11) con respecto a los hermanos de Jesús. No hay duda de que este texto se refiere a los hijos nacidos a María después de Jesús.

6:7-13
La tarea de los doce

6:7. Tanto en la cultura griega como en la judía se acostumbraba enviar heraldos, o mensajeros, de dos en dos. En el judaísmo, el hecho de ser dos también avalaba su testimonio (Deut. 17:6; 19:15).

6:8, 9. Debían viajar sin muchas cosas, como algunos otros grupos: (1) los campesinos, quienes con frecuencia tenían una sola túnica (aunque no viajaban mucho); (2) algunos filósofos ambulantes, llamados *cínicos; (3) algunos profetas, como Elías y Juan el Bautista. Tenían que estar totalmente con su misión, no atados por inquietudes mundanas. Probablemente la "bolsa" era usada para mendigar (como las bolsas de los cínicos).

6:10. Se le daba mucho valor a la hospitalidad. Al igual que para algunas de las *sinagogas, para las primeras *iglesias era más práctico reunirse en hogares y usarlos como base de operaciones para alcanzar al resto de la comunidad.

6:11. "Sacudirse el polvo" significaba básicamente tratar a esas ciudades judías como si fueran ciudades paganas, impuras, ningún polvo de las cuales querrían tener pegado los verdaderos seguidores de Dios.

6:12, 13. A veces se usaba el aceite en forma medicinal, y en el AT con frecuencia se lo asociaba con una comisión divina. Por lo tanto era un símbolo útil en la oración para sanidad (Stg. 5:14).

6:14-29
El político mata al profeta

6:14-16. Técnicamente, Herodes Antipas era tetrarca (según Mateo y Lucas), no "rey". Es posible que Marcos utilice el término en el sentido amplio o irónico. El pedido del título "rey" por parte de Herodes, a instancias de Herodía, condujo a su destierro en el 39 d. de J.C.; esto podría apoyar la idea de que Marcos usa este término en sentido irónico.

Algunos griegos (y judíos influenciados por ellos) creían en la reencarnación; pero el regreso de Juan se describe como "resucitado de los muertos" (como lo habían sido algunas personas por medio de profetas del AT); Elías no había muerto, y muchos judíos esperaban su regreso (Mal. 4:5). Por lo tanto, esto no es cuestión de reencarnación.

6:17-19. Las relaciones de Herodes con su cuñada, con quien ahora se había casado, eran de dominio público. De hecho, esta aventura amorosa lo había llevado a divorciarse de su primera esposa, cuyo padre, un rey, después le hizo guerra a Herodes por este asunto y lo derrotó. La denuncia de la relación ilícita hecha por Juan (además de ser adulterio, violaba las prohibiciones del incesto; ver Lev. 18:16; 20:21) era un ataque contra el adulterio de Herodes, pero este pudo haberlo percibido como una amenaza política dadas las ramificaciones políticas que más adelante condujeron a una importante derrota militar. (*Josefo dice que muchos consideraban la humillación de Herodes en la guerra como un juicio divino por haber ejecutado a Juan el Bautista.)

Se ha sugerido que el medio hermano de Herodes, Herodes Felipe, quizás fue llamado Felipe aquí para no confundirlo con el Herodes principal de la historia, Herodes Antipas.

6:20. A pesar de los motivos de Antipas para sentir animosidad hacia Juan (6:17-19), no es increíble que le haya gustado oírlo (cf. Eze. 33:31-33). Muchos griegos pudientes, imaginándose *protectores de los asuntos intelectuales, mantenían a filósofos más por motivos culturales y de entretenimiento que para edificación ética. Influenciado por los ideales de la aristocracia griega, Herodes indudablemente se consideraba tan abierto en los asuntos culturales como brutal en los asuntos políticos.

6:21. En esta época, la celebración de los cumpleaños era una costumbre griega y romana, pero no judía, aunque la aristocracia judía había absorbido bastante de la cultura griega para entonces. Herodes ejercía un control fuerte y centralizado de Galilea, y es probable que los funcionarios invitados hayan sido líderes regionales y de las aldeas locales leales a su gobierno. En toda Galilea, solo Tiberias, y probablemente Séforis, eran ciudades organizadas según el modelo griego.

6:22. Se sabe por otras fuentes que la corte herodiana era propensa a excesos como los que se describen aquí. Algunos estudiosos sugieren que la hija de Herodía, Salomé, a esta altura ya no era una muchacha joven, y que ya estaba casada con el tetrarca Felipe (ver cuadro sobre la familia de Herodes). Sin embargo, otros datos históricos sugieren que a lo mejor no tenía más de doce o catorce años (una edad común para que las vírgenes se casaran en la Palestina judía); hasta es posible que fuera un poco menor. Desde cualquier punto de vista, la vulgaridad de Herodes es perversa; después de tomar a la esposa de su hermano (cf. Lev. 20:21), codicia a la hija de su esposa (cf. Lev. 20:14).

6:23. Este es el tipo de juramento que se podría hacer estando ebrio, y nos recuerda al rey persa conmovido por la belleza de la reina Ester (Est. 5:3, 6; 7:2), aunque el pedido de esta muchacha no es noble como sí lo es el de Ester. Pero el juramento de Herodes no está respaldado por una autoridad adecuada; como vasallo romano no tiene ninguna autoridad para regalar ninguna parte de su reino.

6:24. La muchacha tiene que "salir" para consultar a la madre. Las excavaciones en Macaerus, la fortaleza de Herodes, sugieren dos comedores, uno para mujeres y otro para varones. Por lo tanto, se supone que Herodía no estuvo presente para observar la reacción de Herodes a la danza. *Josefo describe a Herodía del mismo modo que Marcos: una intrigante celosa y ambiciosa (en última instancia ella y Antipas van demasiado lejos; ver el comentario sobre 6:17-19).

6:25. La decapitación por espada era el método usado para ejecutar a ciudadanos romanos y a otras personas de posición. Por lo general las personas de clase baja eran ejecutadas por crucifixión u otros medios, a no ser que el asunto fuera urgente. El hecho de que Salomé pidiera la cabeza de Juan en un plato significa que la quería servida como parte del menú, un toque macabro de ridiculez.

6:26-28. Aunque un juramento como el de Herodes no era un compromiso legal, le habría avergonzado romper un juramento en presencia de los invitados; se sabe que ni el emperador lo hacía ligeramente. *Tácito, que despreciaba a Nerón, cuenta cómo este hombre infame hacía traer las cabezas de sus víctimas; la intención es que los lectores de Marcos tengan la misma impresión repugnante de Herodes y Herodía que Tácito deseaba transmitir acerca de Nerón. A diferencia de los líderes judíos de Judea que necesitaban la aprobación de Pilato para llevar a cabo ejecuciones legales, Herodes Antipas era el gobernador actuante en sus propios dominios.

6:29. Si un hombre tenía hijos, el mayor normalmente era responsable de sepultar al padre; aquí los *discípulos de Juan deben cumplir esta función. Ya que había sido ejecutado, los discípulos realizan una tarea peligrosa, a no ser que contaran con el permiso de Herodes para llevarse el cuerpo (¡Ver el contraste que existe con los discípulos varones de Jesús en 15:42-47!).

6:30-44
Un pastor alimenta a sus ovejas

6:30-34. El cuidado de Jesús por las ovejas (6:34) sigue el modelo del cuidado de Dios por su pueblo en Ezequiel 34:5, 15; este cuidado también se expresa al proveer enseñanza sana (cf. Eze. 34:4; Jer. 23:1-4; Núm. 27:17).

6:35-38. El pescado y especialmente el pan eran componentes básicos de la dieta palestina; fuera de las fiestas, rara vez había carne disponible. Siempre se vendían los alimentos en mercados aldeanos, y el campo galileo estaba lleno de aldeas (6:36); pero Jesús había llevado a sus seguidores a una distancia considerable de las aldeas más cercanas (6:32). Aun las aldeas más grandes probablemente tenían menos de tres mil habitantes; por eso, a pesar de la autosuficiencia agrícola de Galilea, habría sido difícil alimentar a la multitud en las aldeas. Habrían hecho falta más de doscientos días de un sueldo medio (alrededor de siete meses de trabajo intensivo) para alimentar a la gran multitud que se había reunido.

6:39. El hecho de que la hierba esté verde indica que es primavera, cerca de la Pascua.

6:40. Se organiza a los seguidores de Jesús en filas como los ejércitos que se describen en el AT y los *Rollos MM. El propósito es facilitar la distribución de los alimentos, pero es posible que algunas personas en la multitud hayan pensado que Jesús las estaba organizando como filas para un ejército mesiánico (cf. Juan 6:15). (Sin embargo, Marcos registra esta organización sencillamente para enfatizar el gran número de personas que fueron alimentadas.)

6:41. Se acostumbraba comenzar la comida dando gracias por el pan y luego se repartía.

6:42-44. La multiplicación de los alimentos recuerda el milagro del maná provisto por Dios a Israel en el desierto, y especialmente la multiplicación de alimentos de Eliseo (2 Rey. 4:42-44, donde también sobró). La ética antigua no veía bien el desperdicio de las sobras, aunque los aristócratas con frecuencia hacían alarde de tales desperdicios. El término para "canastas" con frecuencia se refería a canastas de mimbre para alimentos, pero también podía significar las canastas grandes en las cuales los soldados romanos llevaban sus provisiones.

6:45-52
Jesús camina sobre el agua

6:45-48. El lenguaje de "pasar" tal vez se refiera a la manera en que la gloria de Dios "pasaba" en el AT (Éxo. 33:19; Job 9:11), que también describe cómo Dios "camina" sobre las olas (Job 9:8).

6:49. Aunque no todos los maestros judíos sancionaban la creencia en fantasmas, esta existía a nivel popular y contradecía la enseñanza judía (y neotestamentaria) normal de que los muertos justos y malvados son separados al morir en vistas a la *resurrección venidera.

6:50-52. "Yo soy" ("Soy yo", NVI) es una traducción literal. Aunque refleja el significado primario aquí, en este contexto es posible que Jesús (o Marcos) también haga alusión a una sutileza particular del primer significado: "yo soy" puede referirse al Dios del AT (Éxo. 3:14; cf. el comentario sobre Mar. 6:45-48).

6:53-56
Las multitudes buscan sanidad

Llevar a los enfermos en sus camillas o tocar el manto de Jesús imitaba expresiones anteriores de fe (ver el comentario sobre 2:3, 4; 5:27-29). La evidencia de antiguos santuarios paganos sugiere que una vez que alguien había sido sanado en una forma particular o en un lugar particular, otros frecuentemente intentaban obtener la sanidad por el mismo método. Las plazas de los mercados (6:56) representaban los lugares abiertos más grandes de los pueblos o aldeas, donde se podían reunir multitudes más grandes. A diferencia de las ciudades griegas, las zonas de mercado de los pueblos galileos no siempre se encontraban en el centro del pueblo.

7:1-23
La religión verdadera y la falsa

La controversia acerca del modo en que Jesús trata la impureza (1:40-45; 5:21-43) y otros asuntos religiosos (p. ej., 2:1—3:35) llega a su punto culminante en un enfrentamiento acerca del incumplimiento del lavamiento de manos por parte de los *discípulos de Jesús.

7:1. No está en claro por qué los *fariseos, la mayoría de los cuales estaban radicados en Jerusalén, habían ido a Galilea. Algunos comentaristas han sugerido que fueron a evaluar las enseñanzas de Jesús, para ver si era un falso maestro que estaba descarriando a la gente (ver Deut. 13:13, 14). Esta sugerencia es posible; pero si la misión de ellos hubiera sido tan seria, es probable que Marcos la habría mencionado. Tal vez sencillamente deseaban oír y evaluar a este aclamado maestro; o a lo mejor representaban a un pequeño número de fariseos que vivían en Galilea. Había muchos *escribas que ya vivían en Galilea.

7:2, 3. Los *fariseos eran escrupulosos acerca de lavarse las manos como parte de la pureza ritual, aunque esta regla no se encontraba en el AT y tal vez se haya derivado originalmente de la influencia griega. Marcos solo ofrece a sus lectores *gentiles un resumen somero de una costumbre mucho más complicada (que algunos estudiosos consideran que estaba limitada a ciertos días específicos), aunque es posible que sus lectores hayan estado familiarizados con las prácticas de pureza judías afines en su propia parte del mundo (los judíos de la *Diáspora eran conocidos por lavarse las manos).

7:4. El lavarse las manos quitaba la impureza ceremonial parcial adquirida en el mercado; aparentemente se sumergían las manos hasta las muñecas o se purificaban vertiendo agua sobre ellas desde una vasija pura. Los fariseos también tenían reglas acerca de sumergir las vasijas para eliminar la impureza.

7:5. Los *fariseos tenían en alta estima sus tradiciones. No estaban dispuestos a innovar más de lo necesario y basaban todo lo que podían en las enseñanzas de sus predecesores. Por lo tanto, desean conocer la postura de Jesús, como maestro popular, en cuanto a asuntos comentados por su tradición (como lavarse las manos), para poder evaluar sus enseñanzas de forma acorde.

7:6-8. Jesús cita una profecía de Isaías decretada en contra del Israel (Isa. 29:13), que había sido religioso en la forma pero no había estado cerca de Dios de corazón (Isa. 1:10-20). Jesús declara que lo que los fariseos estimaban como espiritual —las tradiciones derivadas de muchos maestros piadosos y sabios que habían intentado interpretar y aplicar la *ley de Dios—, estaba debilitando el mensaje básico de Dios.

7:9-13. Muchos maestros judíos consideraban que el mandamiento de honrar al padre y a la madre era el más importante de la *ley. Los intérpretes judíos incluían en este mandamiento el cuidar a los padres cuando eran ancianos. Al mismo tiempo, la tradición permitía el sacrificio de varios artículos o su dedicación para el uso del templo de Dios. ("Corbán" aparece en las vasijas usadas en los sacrificios y significa "consagrado a Dios"; en el uso popular, también podía significar "prohibido para fulano".) Una escuela de maestros judíos de la época de Jesús declaraba que un voto de que algo era consagrado y prohibido para otros usos se aplicaba aun a los miembros de la familia, aun si se usaba en manera accidental.

Algunas personas aparentemente religiosas habían estado usando esta práctica para negar lo que de otro modo habría sido para mantener a sus padres, en contra de la creencia *farisaica de que se debía mantener a los padres. Aquí Jesús ataca no la teoría religiosa de los fariseos sino su incoherencia con esa teoría en la práctica: su amor a la *ley los había llevado (al igual que a algunos cristianos modernos) a prestar tanta atención a los detalles legales que encontraban "justificaciones" legales que les permitían violar el espíritu de la ley.

7:14, 15. Hay referencias al hecho de que otros maestros de tanto en tanto habían pronunciado dichos similares a los que usa Jesús en esta ocasión, pero solo raras veces y en privado. Si se toman literalmente las palabras de Jesús, declaran que toda la distinción entre limpio e impuro enfatizada en la ley solo tiene valor simbólico. Ya que esta distinción representaba una de las barreras principales entre judíos y *gentiles (ver Rom. 14), la declaración de Jesús abre el camino hacia la reconciliación racial y cultural en el compañerismo alrededor de la mesa.

7:16-19. Jesús dice que la comida no afecta lo que es realmente la persona. Escribiendo en una época de conflicto entre las costumbres de los cristianos judíos y gentiles, Marcos aplica este punto a las leyes *kosher* de Levítico 11: cerdos, perros, murciélagos, lechuzas, etc. ahora son "limpios", o sea, aceptables como alimento. Probablemente la propuesta de Marcos no fue bien recibida entre el pueblo judío. Los judíos alejandrinos liberales que ya no creían en la observancia literal de las leyes alimentarias (Lev. 11; Deut. 14) eran especialmente despreciados por sus colegas más conservadores en Egipto, y por cierto hallaron pocos aliados en Palestina.

7:20-23. Otros maestros judíos habrían estado de acuerdo en que los vicios nombrados por Jesús eran malvados y que venían del corazón. (Las listas de vicios también representaban una técnica didáctica común de los moralistas antiguos.) Pero no habrían estado de acuerdo con Jesús en que la mayoría de ellos mismos se preocupaban más por los detalles legales que por la ética, aunque como abogados necesariamente pasaban más tiempo tratando asuntos legales que transformando el corazón.

7:24-30
La fe de una mujer gentil

Si los alimentos "impuros" como la carne de cerdo y de perro ya no eran impuros (7:16-19), tampoco lo eran los *gentiles. Aunque Jesús gana en todas sus controversias con las autoridades religiosas en Marcos, permite que lo persuada la respuesta desesperada de una mujer gentil. Quizá esta historia alentó a los lectores gentiles de Marcos, perseguidos por una fe que muchos consideraban sencillamente una herejía judía.

7:24-26. Los judíos no esperaban que los paganos tuvieran mucha fe, especialmente las mujeres paganas. Al igual que Sidón, Tiro pertenecía a la antigua Fenicia, y la mujer más sobresaliente de Fenicia en el AT era la malvada Jezabel. Pero otra mujer fenicia que le hizo un pedido a Elías en la misma generación recibió el favor de Dios para su hijo (1 Rey. 17:17-24). Siria había sentido la influencia de la cultura griega durante mucho tiempo; la clase ciudadana de las repúblicas fenicias de Tiro y Sidón estaba plenamente *helenizada. En consecuencia, la mujer no solo es sirofenicia sino griega.

7:27, 28. Los judíos normalmente no se referían a los no judíos como "perros", como han dicho algunos comentaristas. Más bien, Jesús llega a su enseñanza por medio de una ilustración, como lo hacían con frecuencia los maestros sabios de su época. Se tiraba comida inservible a los perros (cf. Éxo. 22:31). En la Palestina judía, los perros eran considerados carroñeros, pero en las casas pudientes influenciadas por las costumbres griegas

(mejor conocidas por la mujer sirofenicia), los perros a veces eran mascotas. Jesús está dando una ilustración: hay que dar de comer a los hijos antes que a las mascotas, y por lo tanto el pueblo judío tenía el primer lugar (p. ej., Éxo. 4:22).
Jesús está diciendo que no va sanar de la manera que lo hacían los magos paganos; quiere que ella demuestre su fe, específicamente fe en la supremacía del Dios verdadero. (La respuesta de ella aprovecha la ilustración: admite la prioridad de los judíos, los hijos, pero protesta que hasta los perros pueden comer las migajas. Con este argumento indica su fe en que solo hace falta una fracción ínfima de su poder para sanar a su hija.)
7:29, 30. El AT relata ejemplos frecuentes de fe expresada con celo audaz y santo por mujeres (2 Rey. 4:14-28), profetas (Éxo. 33:12—34:9; 1 Rey. 18:36, 37; 2 Rey. 2:2, 4, 6, 9) y otros personajes (Gén. 32:26-30). Todos estos ejemplos combinan un respeto humilde por Dios o su profeta con un ruego audazmente urgente, y Dios contesta estas oraciones.

7:31-37
Sanidad de un sordo y tartamudo

7:31. Decápolis, literalmente "diez ciudades" (ver 5:1-20), estaba habitada predominantemente por no judíos, aunque muchos judíos también vivían allí.
7:32, 33. Los sordomudos estaban protegidos bajo la ley judía, pero ésta los clasificaba junto con otros grupos (mujeres, esclavos, imbéciles, menores) sin la educación suficiente como para guardar la ley. Normalmente se formaban multitudes para observar los trucos de los magos, y esta multitud habría preferido que Jesús sanara al hombre delante de ellos, pero él no lo hace. Acerca de la saliva, ver 8:22, 23; es posible que aquí Jesús esté representando la "sanidad", el "habla" y (7:34) "de Dios" gráficamente, para que el hombre entienda lo que está por hacer (la ley judía reconocía que los sordomudos podían comunicarse por medio de gestos). El término de Marcos para "tartamudo" aparece en la *Septuaginta solo en Isaías 35:6, con referencia a las bendiciones inauguradas en la era *mesiánica.
7:34, 35. Algunos estudiosos señalan que los magos frecuentemente decían frases ininteligibles durante las sanidades. Sin embargo, aquí Jesús habla en *arameo, que era conocido por la mayoría de las personas, ya fueran judías o *gentiles, en Siria y Palestina (cf. también Mar. 14:36).

8:1-13
Alimentación de los cuatro mil

Ver 6:30-44 para un trasfondo más detallado de este pasaje. Jesús no estaba limitado a obrar un milagro una sola vez; podía repetirlo cada vez que fuera necesario (8:19-21; cf. 2 Rey. 2:19-22; 4:1-7, 38-44; 7:16).
8:1-4. Galilea estaba llena de pueblos y aldeas, así que Jesús retira a sus *discípulos a cierta distancia a propósito, tal vez para asegurar algo de intimidad para instruirlos.
8:5-7. Pan y pescado eran elementos básicos de la dieta; se acostumbraba dar gracias antes de comer.
8:8-10. El término para cestas aquí (distinto al del capítulo 6) se refiere a una cesta de juncos frecuentemente usada para llevar pescado. Este milagro de la alimentación, al igual que el anterior, recuerda a Eliseo.
8:11-13. La mayoría de los pueblos antiguos, incluyendo la mayoría de los judíos para esta época, creían que señales en los cielos podían presagiar acontecimientos que estaban por ocurrir. Las señales inusuales podían presagiar la muerte de un gobernador, la caída de una ciudad, etc. La naturaleza específica de la señal pedida por los *fariseos aquí no es clara. Si desean que haga bajar fuego del cielo o que realice una señal cósmica parecida, están exigiendo una señal que ninguno de los supuestos profetas de la época había mostrado.

Si están pidiendo que Jesús prediga e interprete un acontecimiento en los cielos, están pidiendo un pronóstico astrológico, prohibido (como adivinación) en Deuteronomio 18:10. Ya que "cielo" era un título judío para Dios, también es posible que sencillamente pidieran una señal "de Dios".
A la luz de Marcos 8:1-10, el lector reconoce la insensatez de los opositores de Jesús. La literatura antigua a veces usaba la estupidez de los opositores para enfatizar la virtud del protagonista.

8:14-21
Los discípulos siguen ciegos

Los lectores cristianos de Marcos se enfrentan a un punto menos cómodo que el de 8:11-13: no solo los opositores de Jesús, sino también sus *discípulos, sufren de insensatez.
8:14. La preocupación de los discípulos por no haber comprado pan es razonable en términos humanos; aparentemente se dirigían al lado oriental del lago, que estaba menos poblado (aunque podían encontrar pan en Betsaida; ver 8:22). Su inquietud se intensifica porque el ocuparse de las provisiones era su responsabilidad; los maestros frecuentemente delegaban tales asuntos a algunos de sus discípulos.
8:15. La Biblia usa la levadura para representar varias cosas (el pan sin levadura de Éxo. 12:15-17 representa la prisa; en Mat. 13:33, el *reino; en 1 Cor. 5:6, 7, el pecado de alguien). Aquí la idea parece ser que es algo que se extiende (al igual que en Mat. 13 y 1 Cor. 5). Tanto la piedad *farisaica como Herodes en su papel de agente de poder político son influencias que corrompen.
8:16-18. Los *discípulos todavía están medio ciegos espiritualmente, lo cual es una falla moral según Marcos 4:12 (y según el AT: p. ej., Isa. 29:9, 10; 42:19, 20; 44:18; Eze. 12:2).
8:19-21. Los discípulos han de haber visto suficientes milagros relacionados con el pan como para no preocuparse por el pan terrenal y entender la enseñanza básica de Jesús. Por el contrario, se parecen más a los israelitas en el desierto, que nunca aprendieron a tener fe a pesar de todo lo que Dios había hecho por ellos.

8:22:26
Ceguera curada a medias

8:22, 23. A veces se asociaba la saliva con la sanidad; con frecuencia también se la consideraba asquerosa, y puede que haya sido usada para probar el deseo del ciego de ser curado.
8:24, 25. Esta es la única sanidad en dos etapas en los Evangelios. Los relatos de milagros de la antigüedad por lo general enfatizan lo repentino del milagro; curar por grados era insólito. Por lo tanto esta narración es significativa y probablemente representa una *parábola actuada: a diferencia de los opositores de Jesús, los *discípulos han comenzado a ver pero siguen estando ciegos (8:16-18) hasta que los vuelve a tocar en su *resurrección (9:9). Los profetas del AT a veces actuaban las parábolas para captar la atención del pueblo y comunicar su enseñanza (p. ej., Isa. 20:2-6; Jer. 19:1-15; Eze. 4:1—5:17; 12:1-11).
8:26. Por lo general, los profetas presentaban las personas sanadas a sus familias (1 Rey. 17:23; 2 Rey. 4:36), pero la acción privada de Jesús aquí enfatiza el secreto *mesiánico (ver la introducción a Marcos en este comentario). Si el hombre hubiera regresado al pueblo, todos habrían sabido del milagro.

8:27-30
Los discípulos ven a medias

8:27. Cesarea de Filipo era una ciudad pagana conocida especialmente por su gruta dedicada a la adoración a Pan, un dios griego de la naturaleza. Por lo tanto, podríamos pensar que esta región era un lugar improbable para que los *discípulos reconocieran por primera vez el mesiazgo de Jesús. "Las aldeas de Cesarea de Filipo" es una descripción exacta de la zona; a lo largo del mundo *helenizado, las aldeas dependían de la ciudad en cuyo territorio se encontraban.

8:28. Ya que muchos judíos de Palestina creían que los profetas en el sentido del AT habían cesado, el hecho de clasificar a Jesús dentro de los profetas pudo haber sido radical, pero no fue lo suficientemente radical como para que entendieran su verdadera identidad.

8:29, 30. El *"Mesías" o "Cristo" significa literalmente el "ungido", no cualquier ungido, sino el rey ungido, descendiente de David, que restauraría la soberanía de Israel (Isa. 9:6, 7; 11:1-10; Sal. 2). Había muchos conceptos distintos del Mesías (o los mesías) en la época de Jesús, pero todos giraban alrededor de una liberación terrenal y un reino terrenal. Pedro acierta en llamar a Jesús "el Mesías", pero lo que Pedro quiere decir con el término y lo que Jesús quiere decir con él son dos cosas completamente distintas a esta altura (ver Mar. 8:31, 32). Aunque el *reino futuro de Jesús transformaría el mundo, el aspecto presente de su misión mesiánica en los Evangelios es transformar los corazones humanos para que vivan los valores del reino frente a la oposición de este mundo.

8:31—9:1
Jesús explica su misión mesiánica

8:31. La gente de la antigüedad grecorromana creía comúnmente que una persona que estaba por morir podía hacer predicciones acerca del futuro, y muchos creían que los hombres santos podían predecir su propia muerte. Sin embargo, es posible que este trasfondo no se aplique en este caso: algunos han propuesto otras interpretaciones del conocimiento previo de Jesús aquí. Es posible que el hecho de conocer el carácter de las autoridades del templo y su respuesta probable a sus acciones en el templo (11:15-18) le hubiera permitido a Jesús predecir su muerte; sus acciones practicamente la provocaron. Es posible que algunos de los oyentes de Marcos hayan pensado en cualquiera de estos términos aquí; pero otra observación explica más de la evidencia. Estas palabras de Jesús están moldeadas especialmente por su misión, que concuerda con la *profecía del AT (Isa. 52:13—53:12).

8:32. Los autores del NT interpretaron que ciertos textos del AT se referían al sufrimiento del *Mesías, pero la mayor parte de los judíos del primer siglo no reconocían que estos textos se refirieran al Mesías, quien había de gobernar como rey. La mayoría de los judíos creía en la *resurrección de todos los muertos justos al final de la edad, seguida por la inauguración de un *reino bajo el gobernador nombrado por Dios. Por lo tanto, a Pedro le parece que la explicación que Jesús da de su misión en 8:31 contradice su confesión del mesiazgo de Jesús en 8:29.

8:33. *"Satanás" originalmente significaba "adversario" y podía usarse en plural (aunque el uso del plural es extremadamente raro); pero en los escritos cristianos de los primeros siglos y en la mayoría de los escritos judíos tempranos se refiere específicamente al diablo. Sin embargo, se podía decir que alguien actuaba como otro (p. ej., Juan "con el espíritu y el poder de Elías"; ver Luc. 1:17), y es probable que Jesús use la *hipérbole para resaltar su enseñanza: Pedro es como Satanás al preferir lo mundano a lo divino (cf. Mat. 4:8-10). El hecho de llamar a Pedro por el nombre del tentador y acusador máximo subraya la seriedad de su fracaso como *discípulo en este momento.

La posición correcta de un discípulo es "detrás" de su maestro, "siguiéndolo". Es posible que la frase "quítate de delante de mí" esté llamando a Pedro a regresar a su posición correcta de sumisión. En los círculos griegos se podía reprochar a una persona por pensar en términos humanos en lugar de divinos.

8:34-37. La cruz era un instrumento de ejecución violento y doloroso. "Tomar la cruz" era llevar el travesaño horizontal de la cruz al lugar de ejecución, por lo general pasando por una turba burlona. En términos retóricamente fuertes, Jesús describe lo que todo discípulo verdadero debe estar dispuesto a hacer: si lo sigue, debe estar dispuesto a enfrentar el desprecio y la muerte literales, porque debe seguir hasta la cruz. Ya que la vida vale más que el mundo mismo, dar la vida en este mundo para ganarla en el mundo venidero es una transacción sabia (cf. *2 Baruc 17:2, 3; 51:15, 16); no había otra cosa que se pudiera dar en su lugar (Sal. 49:7, 15).

8:38. Es posible que "Hijo del Hombre" aquí se refiera a Daniel 7:13, 14. El *reino que esperan los *discípulos vendrá algún día, pero será precedido por un período de gran sufrimiento y maldad. Muchos otros en la época de Jesús creían que el reino sería precedido por gran sufrimiento y pecado; pero Pedro y sus colegas prefieren el punto de vista más fácil de que no será así o, por lo menos, de que su lado triunfará en forma sobrenatural sin que ellos tengan que pagar ningún precio.

9:1. Este versículo señala la gloria futura mencionada en los versículos anteriores por medio de una revelación anticipada de esa gloria que habrán de experimentar en 9:2-13. Ya que el *Mesías futuro ya había venido, la gloria de su *reino futuro ya estaba presente también.

9:2-13
Gloria en el monte

Dios había revelado su gloria a Moisés en el Monte Sinaí, de modo que Moisés había bajado del monte reflejando la gloria de Dios (Éxo. 32—34). En Marcos 9:2-13, la gloria de Jesús, quien es mayor que Moisés y Elías, se revela en el monte; por lo tanto, es el vocero máximo de Dios (Deut. 18:18, 19).

9:2. El Monte Sinaí fue donde Dios reveló su gloria. Jesús espera "seis días" para ascender a un monte para el mismo motivo (Éxo. 24:16). Es posible que el hecho de que Jesús lleve a tres compañeros aluda a Éxodo 24:1, 9, aunque esto es menos evidente (también había 70 ancianos presentes en ese relato). La transformación o transfiguración aparece tanto en la mitología griega como en la literatura *apocalíptica judía, pero el trasfondo de la transformación de Jesús aquí debe ser la glorificación de Moisés en el Monte Sinaí.

9:3. La literatura judía con frecuencia describía a los ángeles y a otros seres celestiales vestidos de blanco. Por lo general lavar la ropa (cf. "blanquearla" en la NVI) era una de las tareas domésticas del ama de casa, pero este texto se refiere a lavanderos profesionales, que podían ser varones o mujeres.

9:4. Se suponía que Elías no había muerto nunca; Moisés fue sepultado por Dios mismo y algunas tradiciones judías (no bíblicas) hasta aseveraban que Moisés seguía con vida (cf. el comentario sobre Apoc. 11:6). Se esperaba que ambos regresaran en alguna forma antes del tiempo final.

9:5, 6. Es posible que la sugerencia de Pedro de construir refugios en el monte aluda a los tabernáculos de Israel en el desierto, reconociendo la presencia de Dios entre los israelitas en la época de Moisés.

9:7. La voz celestial repite el mensaje básico de Marcos 1:11, pero posiblemente agregue otra alusión bíblica. "A él oíd" tal vez se refiere a Deuteronomio 18:15, donde se les advierte a los israelitas que escuchen al "profeta como Moisés", el nuevo Moisés que vendría.

9:8. Se puede comparar la desaparición de Elías y Moisés con una creencia judía aceptada especialmente por los *rabinos posteriores de que Elías podía ir y venir a voluntad, como un ángel.

9:9, 10. Dadas las presuposiciones culturales, era difícil para los *discípulos entender lo que había pasado. Ellos suponían que todos los muertos justos *resucitarían simultáneamente al final de la edad (cf. Dan. 12:2).

9:11. Los judíos esperaban que Elías viniera en el tiempo final (Mal. 4:5) para preparar el camino del Señor (Mal. 3:1; Eclesiástico 48:1-10), aunque tenían ideas distintas acerca de su función exacta.

9:12. Elías vendría a "restaurar todas las cosas", es decir, a reconciliar a las familias (Mal. 4:6; los *rabinos posteriores interpretaban esta restauración como el desenredo de las genealogías de Israel, pero en este período es probable que el texto fuera entendido en un sentido más amplio).

9:13. La mayoría de los judíos esperaban al verdadero Elías (a quien los *discípulos vieron hablar con Jesús), pero al aplicar la promesa de Elías a Juan, Jesús hace una interpretación mucho más simbólica que la de la mayoría de sus contemporáneos.

9:14-32
Fe insuficiente para el exorcismo

9:14, 15. La mayoría de los *escribas no decían tener el poder de obrar milagros, a diferencia de los *discípulos de Jesús (6:12, 13). Los maestros de la *ley conocían la Biblia mejor que los discípulos, de modo que si los discípulos no podían mostrar el poder de Dios en otras maneras, arriesgaban su credibilidad.

9:16-18. La falta de control de sus propias respuestas motrices por parte de la persona poseída tiene ejemplos paralelos de posesión por espíritus en muchas culturas a lo largo de la historia, y es avalada por estudios antropológicos de posesión por espíritus hoy en día. Algunos autores han señalado paralelos entre esta forma de actividad demoníaca y la conducta epiléptica (aunque se hace una diferencia entre la epilepsia y la posesión demoníaca en Mat. 4:24). Los paralelos podrían indicar que el espíritu logró acceso a los mismos centros del cerebro donde se pueden inducir convulsiones por otros medios.

9:19. Se suponía que los *discípulos maduros podían, ante la ausencia del maestro, seguir adelante con el ministerio del mismo; a veces el maestro delegaba conferencias a sus alumnos avanzados. Este asunto que nos ocupa requiere una preparación distinta a la de las conferencias (9:29), pero Jesús ya los había preparado (6:7-13).

9:20-22. Con frecuencia los endemoniados se hacían daño a sí mismos (cf. 5:5), lo cual nuevamente es característico de muchos casos de posesión por espíritus en diversas culturas. Ver también el comentario sobre 9:16-18.

9:23-27. Por lo general, los exorcistas intentaban someter a los demonios mediante conjuros que invocaban a espíritus superiores, usando raíces malolientes o técnicas de sometimiento por dolor. Jesús aquí solamente utiliza una orden, demostrando su gran autoridad.

9:28-30. Los maestros judíos frecuentemente explicaban a sus *discípulos en privado los temas más elaborados. Se consideraba que algunos *rabinos podían obrar milagros, pero rara vez se esperaba que los discípulos pudieran obrar milagros, y ciertamente no en nombre del rabino (v. 39). Los métodos de los exorcistas normalmente enfocaban su propio poder o, más correctamente, su habilidad para manipular otros poderes; en lugar de ello, Jesús aquí enfatiza la oración (9:29).

9:31. El contexto de Daniel 7:13, 14, que dice que Dios confiará su *reino a uno como un *Hijo del Hombre, declara que el sufrimiento a manos del malvado gobernador del mundo precede la exaltación (Dan. 7:18-27).

9:32. El sufrimiento no era parte de la expectativa contemporánea para el *Mesías. Para entender el mensaje de Jesús, la gente necesita un cambio de paradigma en sus categorías y valores (cf. Mar. 8:29-33). Los *discípulos siempre intentaban ser respetuosos hacia sus *rabinos. Probablemente consideraban a los discípulos de éstos como ellos mismos, y por lo tanto tal vez no incluirían al rabino en una disputa entre sí.

9:33-37
El niño es el mayor

9:33, 34. Los que tenían capital podían avanzar económicamente, pero la mayoría de las personas en la sociedad antigua carecía del capital suficiente para avanzar y en consecuencia tenía su papel determinado desde el nacimiento. Aun aquellos que mejoraban económicamente no podían entrar en la aristocracia. En otros círculos, la posición social estaba asignada por nacimiento noble, edad o ascenso en la *ley. La secta de *Qumrán, por ejemplo, reevaluaba anualmente la posición de cada miembro, y con ello determinaba el orden en el cual se sentaba y hablaba. Cualquiera que haya sido el medio para determinarlo, la posición social era un asunto crítico en la vida antigua (cf. el comentario sobre 1 Cor. 14:27). Muchos judíos esperaban tener una nueva posición en el mundo venidero, basada no en un nacimiento noble sino en la fidelidad al pacto de Dios.

9:35. En la antigüedad, al igual que hoy, los héroes o las personas benevolentes y poderosas eran eminentes. Los *rabinos enfatizaban la humildad pero esperaban que sus *discípulos les sirvieran.

9:36. Mucho más que hoy, en la antigüedad los niños no tenían influencia en la sociedad y dependían de sus padres.

9:37. Según la costumbre judía, el agente de una persona, algo así como un representante de negocios moderno, podía obrar en nombre de la persona que lo había enviado. En la medida en que representara fielmente al que lo había enviado, el agente estaba respaldado por su autoridad plena; el principio se aplicaba en el AT a los mensajeros de Dios, sus profetas (1 Sam. 8:7).

9:38-41
El menosprecio a un verdadero creyente

Aquí los *discípulos, que poco antes no habían podido echar fuera un demonio usando el nombre de Jesús, critican a uno de los "pequeños" que sí actuó en su nombre (cf. 9:37) al echar fuera demonios (cf. Núm. 11:28). El formato de esta discusión se asemeja a relatos en los cuales un maestro famoso refuta las opiniones de los menos informados.

9:38. Las actitudes sectarias eran comunes en el judaísmo, tal como lo atestiguan los *Rollos MM. (Algunos grupos judíos se separaban de otros por asuntos tales como la fecha correcta para celebrar la Pascua.)

9:39. El mero hecho de reconocer el nombre de Jesús es una cosa, pero tener la fe para obrar un milagro en ese nombre indica que este hombre no era un exorcista típico que intentaba usar un nombre más poderoso para obrar milagros, como solían hacer los exorcistas (Hech. 19:13-16).

9:40. Es posible que "el que no es contra ustedes, por ustedes es" haya sido un proverbio (cf. varias fuentes, incluyendo Cicerón, un autor romano del siglo I a. de J.C.); Jesús lo adapta para transmitir su mensaje.

9:41. Aquí Jesús se refiere a los que son tan pobres que solo tienen agua para ofrecer cuando un *discípulo viene a ellos (cf. 6:8-11). Tales personas son muy pobres, aun según las normas antiguas (1 Rey. 17:12). Este acto refleja la fe y la hospitalidad que se mostraban normalmente a los maestros a quienes se respetaba (1 Rey. 17:12-16; cf. Luc. 11:5, 6), pero no a aquellos considerados falsos (2 Jn. 10). Los maestros judíos frecuentemente hablaban de recibir la "recompensa" cuando Dios juzgara al mundo.

9:42-50
El castigo por hacer tropezar a un creyente

9:42. Frecuentemente se usaba "tropezar" metafóricamente para referirse al pecado o al alejarse de la verdadera fe. Las piedras de molino eran extremadamente pesadas; no hay duda de que una persona con una piedra de molino atada alrededor del cuello se ahogaría. Además, este término se refiere al tipo de piedra de molino más pesada empujada por un asno, en lugar del tipo más liviano que usaba una mujer. Los judíos consideraban este como uno de los peores que los paganos podían imponer; por lo tanto la imagen es todavía más espantosa. Se consideraba que la muerte sin sepultura (incluyendo la muerte en el mar) era la peor. Los paganos hasta creían que el espíritu del muerto se mantenía eternamente sobre las aguas donde la persona había muerto (ver el comentario sobre Hech. 27:20).

9:43-47. La imagen aquí es de castigo corporal (cortar miembros, p. ej., Éxo. 21:24, 25) en contraposición la pena de muerte, el decreto de muerte eterna pronunciado por la corte celestial. Algunos pensadores judíos creían que la *resurrección reflejaba la forma exacta de la muerte (p. ej., mutilados, en el caso de muchos mártires) antes de su restauración.

9:48. La imagen aquí es de Isaías 66:24. Aunque se podría interpretar que el pasaje de Isaías se aplica solo a la destrucción eterna de los cadáveres (cf. Eclesiástico 10:11; 19:3), la imagen ya se había comenzado a aplicar al tormento eterno (Judit 16:17).

9:49. Se usaba sal en los sacrificios (Lev. 2:13; Eze. 43:24; cf. *Jubileos 21:11), de modo que la imagen puede estar relacionada con el fuego de Marcos 9:48.

9:50. Aquí Jesús aparentemente transforma la sal en una metáfora positiva que tal vez signifique "paz". El hecho de que la sal verdadera (a diferencia de las mezclas impuras de sal que se conseguían en algunos depósitos marinos tierra adentro) por definición no pierde su sabor salado, no hace más que reforzar el impacto de la imagen (compare el comentario sobre Mat. 5:13). Estar "en paz los unos con los otros" contrasta con la división narrada en Marcos 9:33-41.

10:1-12
Prohibición del divorcio

Ya que el 10:1-12 tiene que ver con el trato de los cónyuges, el 10:13-16 con el trato de los niños y el 10:17-31 con el hogar verdadero en el *reino, algunos estudiosos han comparado el 10:1-31 con la antigua forma literaria del "código doméstico", salvo que este pasaje se presenta como *narración. Aunque la comparación sea apta, la enseñanza de Marcos va justamente en contra de los valores de esos códigos de su cultura, que enfatizaban la sumisión absoluta de esposas, hijos y esclavos (ver el comentario sobre Ef. 5:21-33).

10:1. La mayoría de los maestros que enseñaban en público lo hacían en localidades específicas. Solo las figuras aclamadas por las masas reunían multitudes como lo hacía Jesús dondequiera que fueran, y estos maestros populares naturalmente despertaban la envidia de muchos estudiosos profesionales locales, así como el malestar de las autoridades.

10:2. La redacción de Mateo (Mat. 19:3; ver el comentario) es más cercana al lenguaje puntual que los *fariseos habrían usado normalmente en esa época; la cuestión era la *base* para el divorcio, no si el divorcio podía ser válido. Ya que Moisés había dado por sentado la práctica del divorcio (Deut. 24:1), los intérpretes judíos solo debatían con respecto a las bases del divorcio. Preguntarle a Jesús si piensa que el divorcio es permisible es preguntar si conoce o está de acuerdo con la ley de Moisés.

10:3-5. Los *rabinos diferenciaban entre lo que las Escrituras mandaban y lo que permitían como concesión. Al preguntar lo que Moisés había "mandado", Jesús los obliga a reconocer que Moisés explícitamente solo "permitía", no "mandaba" el divorcio, cualquiera que hubieran sido las bases.

10:6-9. Los intérpretes judíos comúnmente apelaban a un texto claro de las Escrituras para mostrar que otro texto no podía significar lo que sus intérpretes aseveraban que significaba. Algunos intérpretes, como los *escribas que redactaron los *Rollos MM, apelaban a la *narración de la creación para mostrar el plan original de Dios para el matrimonio. Estos intérpretes usaban Génesis 1—2 para argumentar en contra de la poligamia; Jesús lo usa para argumentar en contra del divorcio. (Reflejando la costumbre griega contraria a la poligamia, la *Septuaginta había reemplazado la palabra hebrea original "ellos" [tácita en el español] por "dos" en Gén. 2:24.)

10:10. Los *discípulos frecuentemente buscaban explicaciones más detalladas de sus maestros en privado.

10:11. Al igual que muchos dichos proverbiales de los maestros judíos antiguos, este dicho es una regla general; Mateo (Mat. 5:32) y Pablo (1 Cor. 7:15) dan excepciones (para la parte inocente divorciada en contra de su voluntad). El dicho es *hiperbólico, es decir, tiene una fuerza exagerada e intensificada: ya que Dios no acepta el divorcio como válido, cualquier varón que divorcia a su mujer no está realmente divorciado, y si se casa con otra persona, comete adulterio. Nadie más habló del divorcio en términos tan fuertes en la antigüedad. (Ya que la mayoría de los maestros judíos permitía la poligamia, quizá no consideraran adulterio el casarse con una segunda mujer, aunque habrían estado de acuerdo con que el hombre todavía estaba casado con la primera mujer. Pero Jesús elimina la dualidad de criterio; el varón que tiene dos mujeres es tan adúltero como la mujer que tiene dos varones. La intención de Jesús es abogar por la fidelidad a la primera esposa, no romper las uniones poligámicas existentes.)

10:12. A diferencia de la ley romana, la ley judía palestina no permitía que una mujer se divorciara de su esposo (aunque en circunstancias extremas podía solicitar que la corte lo obligara a divorciarse de ella). Las únicas mujeres judías que desacataban esta ley eran aristócratas como Herodía (6:17), quienes prestaban más atención a las costumbres griegas que a las costumbres judías. Marcos, que escribe para lectores que vivían donde las esposas podían divorciar a sus maridos, resalta las implicaciones de la enseñanza de Jesús para ellas también. (Al igual que los predicadores modernos, los autores antiguos tenían la libertad de parafrasear los dichos para resaltar sus significados.)

10:13-16
Imágenes del reino

10:13. Los niños eran amados pero carecían de poder social; el alto índice de mortalidad infantil significaba que también carecían físicamente de poder, y muchos de ellos morían sin llegar a ser adultos. (En los lugares más pobres, como Egipto, tal vez la mitad de los que nacían morían antes de los doce años de edad. Las familias *gentiles más pobres frecuentemente desechaban a los bebés si pensaban que no los podían mantener.) Ansiosos por seguir adelante con el asunto de organizar el *reino, los *discípulos tienen poco tiempo para la gente que no ejerce poder político.

10:14, 15. Algunos pensaban que el *reino se lograría por fuerza de armas; otros, por reformas morales radicales, etc. Pero aunque los judíos (a diferencia de los griegos) respetaban la humildad, nadie esperaba que el reino viniera por volverse indefenso como un niño. Los que carecen totalmente de poder solamente pueden depender de Dios.

10:16. En Génesis, algunos de los patriarcas confirieron bendiciones por la imposición de manos (Gén. 48:14), y sus oraciones fueron contestadas. Podemos estar seguros de que estos niños fueron verdaderamente bendecidos.

10:17-31
Un hombre rico y el reino

10:17. Un hombre piadoso normalmente buscaba su propio maestro; un hombre rico generalmente podía conseguir el mejor maestro o el más aclamado. El hecho de que un hombre rico hiciera una reverencia a un maestro indicaba un respeto tremendo. Sabemos que por lo menos algunos *discípulos hacían preguntas a sus maestros como las que que este hombre rico le hace a Jesús. "Obtener la *vida eterna" significaba compartir la vida del mundo venidero, la vida del *reino de Dios.

10:18, 19. Sin negar que él mismo sea bueno, Jesús le recuerda al hombre el concepto judío normal de la bondad de Dios (otros podían ser buenos, pero nadie se podía comparar con Dios). Luego hace una lista de mandamientos selectos del AT (cinco de los Diez Mandamientos) que tratan las relaciones humanas (en lugar de directamente con Dios) que la gente podía probar (no, por ejemplo, una prohibición de un pecado del corazón, como codiciar).

10:20. Si solo Dios es bueno, el hombre deberá admitir que ha quebrantado algún mandamiento; pero los mandamientos mencionados por Jesús eran guardados por la mayoría de las personas judías bien educadas.

10:21, 22. El judaísmo enfatizaba fuertemente la caridad, pero los maestros judíos normalmente no exigían que un posible *discípulo se deshiciera totalmente de sus posesiones. Varios maestros, especialmente algunos maestros griegos radicales, hacían tales demandas de sus alumnos ricos para ver si valoraban la enseñanza verdadera más que su riqueza; unos pocos ricos estaban dispuestos a perder sus riquezas, pero la mayoría decepcionaba a tales maestros.

10:23, 24. Jesús invierte el orden social. Con frecuencia se reconocía la generosidad de los pudientes (tenían más para dar). A veces los pobres, al estar menos educados en la ley, eran considerados menos piadosos (aunque la pobreza en sí, por cierto, no era considerada señal de impiedad, especialmente por los mismos pobres).

10:25. Esta imagen refleja una figura retórica judía por hacer algo imposible (un animal grande que pasa por el ojo de una aguja). El dicho, una *hipérbole, se refiere a una aguja literal. (Los que piensan que Jesús se refiere aquí a una puerta en Jerusalén llamada "ojo de aguja" están equivocados, porque esa puerta fue construida en la época medieval.) Un rico solamente podía renunciar a sus riquezas por la gracia de Dios (10:26, 27).

10:26-30. La mayoría de los *discípulos de Jesús no habían sido pobres (por ser pescadores y *recaudadores de impuestos), sino que habían abandonado su posición económica para seguirlo. Su recompensa iba a encontrarse en los creyentes que compartían las posesiones como una familia en este mundo (cf. 6:10; Mat. 10:42; Hech. 2:44, 45) y en recibir la vida del *reino en el mundo venidero.

10:31. La mayoría de los judíos entendía que el día del juicio invertiría las cosas; los que parecen grandes en este mundo no serán nada en el venidero, y los que no son nada en este mundo serán grandes en el venidero. Los judíos aplicaban este principio a la exaltación de Israel sobre otras naciones, los justos oprimidos sobre sus opresores malvados, pero Jesús también lo aplica al rango y la posición del individuo.

10:32-34
Tercera predicción de la pasión

10:32. A pesar de su expectativa del *reino venidero, los *discípulos reconocen el peligro de ir a Jerusalén y enfrentar a la aristocracia sacerdotal allí. Tal vez están conscientes de las tradiciones judías acerca de una guerra terrible antes del establecimiento final del reino del *Mesías, una guerra en la cual la aristocracia de Jerusalén podía ser tan malvada como los romanos (cf. los *Rollos MM). O tal vez confían en los líderes judíos pero temen a las guarniciones romanas en Jerusalén.

10:33, 34. Jesús advierte tanto contra la aristocracia judía como contra los romanos, quienes lo ejecutarían de la manera en que lo hacían con los revolucionarios. Acerca del *Hijo del Hombre sufriente, ver el comentario sobre 9:31.

10:35-45
El siervo es el mayor

10:35-37. Jacobo y Juan quieren el puesto de virreyes en un reino terrenal; este deseo vuelve a reflejar un concepto popular del *Mesías y el *reino de Dios que Jesús ha repudiado repetidamente (ver el comentario sobre el 8:31-38).

10:38. En otros lugares Jesús se refiere a la cruz como su copa (14:23, 24, 36), lo cual puede hacer alusión a la copa de juicio que frecuentemente aparece en el AT (Sal. 60:3; 75:8; Isa. 51:17-23; Jer. 25:15-29; 49:12; Lam. 4:21; Zac. 12:2). Su bautismo de algún modo también prefigura su muerte (ver el comentario sobre Mar. 1:11; cf. Luc. 12:50; Sal. 69:2, 14, 15).

10:39, 40. Las posiciones de ambos lados del trono de un rey (especialmente del lado derecho) eran las más prestigiosas en un reino. Pero es posible que Jesús haga alusión en lugar de ello a los crucificados a su derecha y a su izquierda (15:27). Más adelante Jacobo fue el primero de los doce en ser martirizado (Hech. 12:2), mientras que, según la tradición de la iglesia, Juan llegó a tener más de noventa años.

10:41, 42. Los judíos conocían bien el modelo *gentil de autoridad: hacía mucho que los antiguos reyes del cercano Oriente decían ser dioses y gobernaban como tiranos. Los gobernadores griegos habían adoptado la misma postura a lo largo de gran parte del Mediterráneo oriental. Probablemente el emperador romano y sus agentes provinciales (que frecuentemente mostraban poco interés en las sensibilidades judías) eran vistos en forma parecida: brutales y tiranos. El hecho de que Jesús les recordara a los *discípulos que la búsqueda de poder era una práctica gentil (es decir, pagana) equivalía a decirles que no deberían hacerlo; los maestros judíos usaban prácticas gentiles como ejemplos negativos.

10:43, 44. Era radical que Jesús definiera la grandeza en términos de servidumbre. A pesar de las reglas judías que exigían buen trato para los esclavos, las personas judías libres, al igual que sus contrapartes gentiles, consideraban que los esclavos eran socialmente inferiores.

10:45. Al llamarse "siervo" y definir su misión como "dar su vida en rescate por muchos", Jesús se identifica con el siervo sufriente de Isaías 53:10-12 (a pesar de la opinión contraria de algunos intérpretes actuales). Aunque la misión del siervo había sido dada a Israel como nación (Isa. 41:8; 43:10; 44:2, 21; 49:3), Israel no podía cumplirla debido a su desobediencia (42:19), de modo que el que la cumpliera debía restaurar a Israel además de llevar la luz a los *gentiles (49:5-7; 52:13—53:12). Ya que casi nadie había aplicado este pasaje al *Mesías, Jesús está intentando redefinir su expectativa en cuanto a su misión mesiánica. Acerca de los "muchos", ver el comentario sobre Romanos 5:15.

10:46-52
Jesús se detiene a causa de un mendigo ciego

Los *discípulos quieren avanzar con el asunto de organizar el *reino (10:37; 11:9, 10), y no entienden que el reino de Jesús tiene que ver justamente con cosas como detenerse a causa de un mendigo ciego.

10:46. Los ciegos, cojos y otros que no podían participar en los oficios tradicionales de la época solo podían mantenerse mendigando, por lo general al lado de un camino transitado. El judaísmo consideraba que era justo ayudarles. Jericó era un pueblo próspero con buen clima, y sin duda el hijo de Timeo recibía un sostén adecuado allí.

10:47, 48. Salvo lo que habían aprendido por escuchar hablar a otros, los ciegos de esa época eran analfabetos en la *ley. Por lo tanto, no eran respetados como personas religiosas, aunque estaban protegidos bajo la ley de Moisés. Tampoco tenían fuerza en la sociedad, y los seguidores de Jesús consideran los ruegos fuertes del ciego una intromisión, al igual que los niños (10:13). Es posible que los *discípulos hayan considerado que el viaje final de Jesús a Jerusalén era algo así como una procesión real, y era imprudente e insolente interrumpir una procesión real.

10:49-52. Al "detenerse" y quedarse en el mismo lugar, Jesús le permite al ciego llegar al lugar donde había oído la voz de Jesús la última vez. El "manto" (10:50) es una prenda externa, usada como abrigo en tiempo frío y como cobija de noche, y posiblemente lo haya tenido extendido delante de sí para usar mientras mendigaba de día si no tenía bolsa. A nivel *narrativo, el hecho de tirar el manto puede significar dejar a un lado la dependencia de cualquier otra cosa para confiar solo en Jesús.

11:1-11
Jesús entra en Jerusalén

Aunque los maestros judíos posteriores entenderían "el rey montado sobre un asno" (Zac. 9:9) en forma *mesiánica, no está en claro que toda la multitud entienda el reclamo mesiánico de Jesús aquí. Si hubiera habido miembros de la guarnición romana fuera de las puertas, y hubieran reconocido las implicaciones del reclamo de Jesús, lo habrían arrestado.

11:1, 2. Típicamente, se enviaban los heraldos o mensajeros de dos en dos (6:7; cf. 14:13). El hecho de que Jesús escoja un pollino en lugar de un asno adulto refuerza la imagen de humildad proyectada por Marcos.

11:3. Los habitantes del área alrededor de Jerusalén debían ser especialmente hospitalarios con su propiedad en la época de la Pascua, cuando los peregrinos judíos llegaban de todas partes del mundo antiguo para la fiesta. La respuesta a la posible pregunta podría haber significado "Préstaselo a Jesús, el maestro" (el *arameo *rab* puede traducirse como "maestro" o "señor") o "Presta esto para el servicio de Dios".

11:4-6. En muchas ciudades, las puertas de las casas daban a un patio compartido por vecinos. En una aldea pequeña, es posible que la puerta sencillamente haya dado a un camino de tierra que pasaba por el pueblo. Por lo general, la gente andaba en un animal adulto, no en un pollino que nunca había sido montado, de modo que el propósito de los *discípulos al desatar el pollino tal vez no habría sido inmediatamente obvio aunque ellos hubieran sido los dueños.

11:7, 8. El tender los mantos representa un homenaje real (2 Rey. 9:13). También se mecían ramas en homenaje a los gobernantes (cf. 1 Macabeos 13:51; 2 Macabeos 10:7). Probablemente las ramas de palma más grandes usadas para la fiesta de los Tabernáculos (en el otoño) no estaban disponibles en la época de la Pascua (primavera), a no ser que fueran traídas de Jericó. Las ramas descritas aquí eran lo suficientemente pequeñas como para que las pudiera pisar el pollino. (El llevar ramas también era parte de la adoración en la fiesta descrita en el Salmo 118:27.) Típicamente, los peregrinos que venían a la fiesta eran recibidos por las multitudes que ya estaban allí, de modo que no es probable que toda la multitud reconociera el significado de la entrada de Jesús. Sin embargo, considerando la aclamación de la multitud en 11:10, es probable que la imagen que se haya formado más rápidamente en la mente de los lectores antiguos de Marcos haya sido la de una procesión de entrada real.

11:9. "Hosanna" significa "¡Oh, sálvanos!", y tanto esta como la siguiente línea del versículo 9 vienen del Salmo 118:25, 26. Los Salmos 113—118, llamados salmos del Hallel, se cantaban habitualmente en la época de la Pascua, de modo que estas palabras estaban frescas en la mente de todo el mundo. La esperanza de la restauración del reino davídico también era alta en esta época del año.

11:10. La venida del *reino cuando David o sus descendientes volverían a reinar (p. ej., Isa. 9; 11; Jer. 23) aquí se asocia con la esperanza de uno que viene en el nombre del Señor. (David es el "padre"de ellos en el sentido de "libertador", no antepasado: cf. Isa. 9:6.) La Pascua conmemoraba la liberación de Israel de la esclavitud de Egipto por parte de Dios; en consecuencia, las esperanzas judías de una liberación futura de sus problemas actuales se enardecían durante esta época, y Roma tenía tropas en Jerusalén en caso de que hiciera falta controlar disturbios. Al tratar a Jesús como el objeto de alguna de estas esperanzas, la multitud comienza a ver en este maestro una posible figura *mesiánica que podría liderarla contra los romanos.

11:11. La antigua jornada laboral comenzaba al amanecer. La ofrenda "vespertina" en el templo se llevaba a cabo alrededor de las 15:00 h. Es posible que "tarde" no signifique "oscuro" sino más bien que la actividad diaria en el templo había comenzado a disminuir.

11:12-25
El templo y el árbol: el juicio venidero

El acto profético de Jesús en contra del templo está encerrado en el marco de la historia de su maldición de la higuera, también una *parábola actuada acerca del juicio. Las higueras estaban entre los árboles más comunes de Palestina.

11:12-14. Alrededor de esta época del año todavía faltaban unas seis semanas para que los higos estuvieran comestibles, pero las brevas, que son más blandas y se daban poco antes, estarían maduras a fines de mayo. Eran los higos tempranos que se daban antes de la cosecha principal de higos tardíos; estos maduraban para el tiempo de la cosecha, desde mediados de agosto hasta octubre. Si solo aparecían hojas, sin los higos tempranos, ese árbol no iba a producir higos ese año, ni tempranos ni tardíos. Ya que todo el mundo sabía que "no era tiempo de higos", Jesús está dando una enseñanza acerca de árboles que solo aparentan dar buen fruto (cf. Jer. 24). En algunas historias judías, hombres excepcionalmente santos podían maldecir a otras personas u objetos y así destruirlos. Jesús ejerce una autoridad genuina para maldecir aquí, como *parábola actuada para sus *discípulos.

11:15. Probablemente los judíos de otras partes del imperio o aun de distintos pueblos en Galilea tenían monedas locales que necesitaban cambiar a la moneda de uso corriente en el templo. Además, no se debían traer sacrificios desde lejos, sino seguir la fórmula más conveniente de la ley de Moisés: comprar los sacrificios en Jerusalén. Los cambistas y vendedores de palomas, por lo tanto, eran necesarios y, en cierto sentido, bíblicos. La cuestión no es si debía haber habido cambistas, sino más bien si era válido convertir la mayor parte del patio exterior en un lugar que enfatizaba el comercio en lugar de la adoración. Con cientos de miles de peregrinos en la Pascua, el área de mercaderes en el templo debe de haber sido muy grande; el trastorno de una parte significativa de este comercio habría llamado la atención de todos.

11:16. La ley *rabínica posterior también advertía contra profanar los patios del templo llevando artículos innecesarios a través de ellos, pero nadie protestó con tanta vehemencia como Jesús, y aparentemente nadie cuestionaba la necesidad de la actividad comercial en el patio exterior durante las fiestas.

11:17. Jesús cita dos textos para fundamentar su ataque. El primero es Isaías 56:7. La casa de Dios debía ser para todas las naciones (1 Rey. 8:41-43; Isa. 56:7), y en el AT la única separación en el templo se daba entre los sacerdotes y el pueblo. Pero en la época de Jesús el templo también estaba segregado por raza y género por motivos de pureza, con las mujeres judías en un nivel más bajo fuera del Patio de Israel y los no judíos en el patio más externo. Jesús muestra su inquietud por la adoración de los *gentiles y protesta contra la segregación racial en un establecimiento religioso.

El segundo texto que cita es de Jeremías 7:11, donde Jeremías condena la idea de que el templo es un refugio seguro para Judá en su pecado; aunque los que han explotado a los pobres piensen que el templo los protegerá, Dios destruirá su templo (Jer. 7:3-15). Las "cuevas de los ladrones" eran donde escondían su botín. En el año 66 d. de J.C. forajidos rebeldes o "ladrones" (para quienes *Josefo utiliza el mismo término que Marcos) se apoderaron del templo y mataron a los sacerdotes, provocando aun más la ira inminente de Dios (ver el comentario sobre Mar. 13:14).

11:18. Conociendo la aristocracia sacerdotal, es fácil darse cuenta de que vieron el ataque de Jesús al establecimiento del templo como una amenaza a sus propios intereses económicos y sociales. Su posición en relación tanto con los romanos como con su propio pueblo dependía en gran medida de su autoridad y de mantener el orden en el templo.

11:19. Jerusalén tenía demasiada gente en la época de la Pascua como para acomodar a todos los peregrinos durante este período, aunque estos intentarían comer la Pascua dentro de los muros de la ciudad.

11:20-24. Algunos textos judíos hablan de "mover montañas" como una tarea infinitamente larga o virtualmente imposible, lograda solo por los más piadosos (los *rabinos aplicaban el dicho a dominar estudios que parecían humanamente imposibles de dominar). Por lo tanto, Jesús está diciendo que no habrá nada demasiado difícil para la persona de fe. La imagen del *Espíritu de Dios que arroja una montaña delante de un siervo fiel también aparece en Zacarías 4:6, 7 (donde el fiel es el rey ungido). La promesa de que los mandamientos de alguien se cumplan probablemente presupone una declaración inspirada por el *Espíritu (cf., p. ej., 2 Rey. 2:21, 22; 4:3-7, 41-44; Lam. 3:37; Hech. 3:6, 16).

11:25, 26. La postura habitual para orar era de pie (frecuentemente con las manos levantadas); era mucho más raro arrodillarse.

11:27-33
¿Por autoridad de quién?

11:27, 28. Como guardianes del templo y el statu quo con los romanos, los principales sacerdotes quizá consideraron el acto de Jesús como un desafío directo a su autoridad.

11:29, 30. Aquí Jesús argumenta que su autoridad y la de Juan vienen de la misma fuente: del "cielo" (una manera judía de decir "Dios"). Este argumento sigue el principio legal judío de que un mensajero comisionado actúa con plena autoridad del que lo envía. Si la autoridad de Juan hubiera sido meramente humana (cf. Deut. 18:20; Jer. 23:16), tendrían que haber tomado una postura más firme en contra de él (Deut. 13:1-11); si hubiera sido divina, Dios los haría responsables por no haber escuchado (Deut. 18:18, 19).

11:31, 32. Los principales sacerdotes eran políticos (menos populares que los *fariseos que políticamente no tenían influencias) que tenían que equilibrar los intereses tanto de su pueblo como de las autoridades romanas. Por lo tanto, estaban obligados a tener en cuenta la opinión popular al tomar decisiones que podrían provocar el descontento del pueblo (11:32).

11:33. La contrapregunta (11:29) era un medio de debate legítimo. El hecho de que ellos abandonen las reglas de debate libra a Jesús *retóricamente de la responsabilidad de seguir dialogando con ellos.

12:1-12
Los labradores malvados

Jesús sigue dirigiéndose a los que se consideran gobernantes de Israel, recordándoles que no son más que custodios designados por Dios (como los pastores de Jeremías 23 y Ezequiel 34) para cuidar su viña.

Gran parte del Imperio romano rural, incluyendo partes de Galilea, estaba controlada por terratenientes ricos cuya propiedad era trabajada por labradores arrendatarios. Los terratenientes tenían una alta posición en la sociedad, mientras que la de los labradores arrendatarios era baja, salvo, tal vez, entre ellos mismos.

12:1. Aquí Jesús describe una manera normal de preparar una viña, pero hace una clara alusión a Isaías 5:1, 2, donde Israel es la viña. Algunos intérpretes judíos en la época de Jesús consideraban que Isaías 5 era una predicción de la destrucción del templo en el 586 a. de J.C. Si esta alusión estaba en la mente de algunos de los oidores de Jesús, habría comunicado su advertencia con más fuerza todavía.

Según las reconstrucciones más probables, la "cerca" era una tosca pared de piedra, y el lagar era un hoyo en el cual corría el jugo cuando los trabajadores pisaban las uvas recién recogidas. La parte alta de la "torre" era un puesto de vigilancia contra los intrusos, pero el edificio en sí, probablemente una ruda choza, sin duda también albergaba a los trabajadores durante la época de la cosecha.

12:2. Los pagos se efectuaban en la época de la cosecha, y frecuentemente equivalían de un cuarto a la mitad del producto.

12:3-5. Los terratenientes siempre tenían el poder, social y legal, de imponer su voluntad sobre los arrendatarios; se sabe que algunos hasta contrataban a asesinos para tratar con arrendatarios problemáticos. Aquí los arrendatarios actúan como si ellos fueran los que tienen el poder, y lo explotan sin merced (en oposición al ideal de un terrateniente *benévolo*). Su comportamiento encuadra en la tradición judía de que Israel martirizó a muchos de los profetas enviados por Dios.

12:6. A la luz del 1:11 y 9:7, el "hijo amado" claramente representa a Jesús y probablemente alude a Génesis 22:2, donde se usan palabras hebreas similares para enfatizar la intensidad de sentimientos involucrados en la disposición de Abraham a sacrificar a su precioso hijo Isaac.

12:7, 8. Los arrendatarios se toman demasiadas atribuciones con la heredad. Aunque la podrían haber tomado bajo ciertas condiciones legales, el dueño también habría podido estipular, y no hay duda de que lo haría después de su mal obrar, que otra persona heredara la viña, o los representantes del emperador la podrían haber tomado. La historia pinta a los arrendatarios como más malvados y tontos de lo que se podría esperar que fuera cualquier arrendatario *verdadero*; pero es obvio que los arrendatarios representan a los líderes religiosos que se sirven a sí mismos en lugar de a Dios (12:12).

12:9. Probablemente los oyentes antiguos se preguntaban por qué el dueño no había venido y desalojado a los arrendatarios antes.

12:10-12. Este texto es del Salmo 118:22, 23, parte del Hallel, al igual que el 118:25, 26 citado en Marcos 11:9, 10. El edificio al cual se hace referencia es el templo (Sal. 118:18-21, 25-27). Como piedra fundamental de un templo nuevo, Jesús representa una amenaza para los edificadores del templo antiguo.

12:13-17
César y Dios

Los *rabinos trataban preguntas acerca de asuntos legales, morales y exegéticos, así como preguntas burlonas hechas por opositores (p. ej., *saduceos, *gentiles, apóstatas y cismáticos). En Marcos 12:13-17 aparecen paralelos de estas categorías básicas de preguntas, donde las respuestas de Jesús dan evidencia de que es un rabino muy competente.

12:13. Los *fariseos tendían a ser nacionalistas, mientras que los herodianos eran partidarios de Herodes, el vasallo romano; trabajaban juntos solamente en situaciones extraordinarias. Quizá los fariseos estaban preocupados por los requisitos legales judíos de tener testigos de una acusación, pero estaban dispuestos a investigar acusaciones acerca de la deslealtad de Jesús hacia la *ley. No es sorprendente que intentaran probar su enseñanza aquí. A los herodianos, que esperaban una restauración del gobierno herodiano en Judea (gobernada entonces por Pilato), naturalmente les inquietaban las figuras *mesiánicas que desafiaban su idea del gobierno herodiano y podrían hacer que Roma ejerciera con más fuerza su control directo de la tierra.

12:14, 15. Los que preguntan contraponen las obligaciones de la paz con Roma al fervor nacionalista y mesiánico que suponen que Jesús ha generado. Dos décadas antes una revuelta desastrosa por causa de los impuestos había mostrado a dónde podía llevar tal fervor. Si Jesús toma públicamente el punto de vista caracterizado por los que más tarde fueron llamados *zelotes (de que no había ningún rey salvo Dios), puede ser arrestado; si rechaza ese punto de vista (lo cual hace), podría perder a sus seguidores.

12:16, 17. En la Palestina judía circulaban monedas de cobre que omitían la imagen del emperador, la cual era ofensiva para los judíos. (Aunque el rey Agripa más tarde usó tanto la imagen del emperador como la suya propia, Herodes Antipas, el gobernador actual de Galilea, evitó toda imagen en sus monedas, al igual que la moneda judía local.) Pero los opositores de Jesús tienen un denario de plata, con la imagen del emperador, disponible cuando él lo pide. Por lo tanto, no están en condiciones de desafiar su falta de celo nacionalista.

12:18-27
Los saduceos y la resurrección

12:18. Uno de los puntos básicos en disputa entre los *fariseos y los *saduceos era que estos no aceptaban la *resurrección futura de los cuerpos de los muertos.

12:19. La pregunta que los *saduceos le hacen a Jesús tiene que ver con la costumbre llamada matrimonio levirático (Deut. 25:5, 6), cuya intención era la protección económica de las viudas. Se practica en muchas sociedades donde no se le permite a la mujer ganarse un sueldo.

12:20-23. Es probable que los *saduceos hayan tomado esta historia del libro judío de Tobías, donde siete esposos de la piadosa Sara mueren uno tras otro.

12:24-27. La respuesta de Jesús se parece a las respuestas habituales de los *fariseos. Cuando los fariseos debatían este asunto con los *saduceos, argumentaban a favor de la *resurrección a partir de la *ley de Moisés; típicamente leían un texto y le sacaban todo lo posible. La técnica interpretativa judía normal habría leído Éxodo 3:6 en el presente: "Yo *soy* el Dios de los patriarcas", con la implicación de que los patriarcas todavía vivían. Las frases como: "no habéis leído en el libro de Moisés, cómo le habló Dios desde la zarza", eran habituales, porque la Biblia todavía no había sido dividida en capítulos y versículos.

12:28-34
Los mandamientos acerca de amar

12:28. Los *rabinos frecuentemente debatían la cuestión de cuáles mandamientos tenían mayor peso (es decir, cuáles eran más importantes) y cuáles tenían menor peso.

12:29-34. Siguiendo la técnica interpretativa judía, Jesús conecta los dos mandamientos (Deut. 6:5; Lev. 19:18) por medio de una palabra clave en común, "amar". Estos pasajes también estaban ligados en la tradición judía (p. ej., *Filón), y algunos otros grandes maestros consideraban que eran los mayores mandamientos que resumían la *ley. Esto era especialmente cierto de "Amarás al Señor tu Dios", que seguía directamente después de la confesión básica del judaísmo y la aplicaba: "Escucha, Israel: El Señor... uno es" (Deut. 6:4). El hecho de que muchos de los oidores de Jesús reconocieran la verdad de su respuesta hacía que fuera todavía más difícil discutir con él sobre el tema.

12:35-37
El Señor de David

Cuando los maestros judíos desafiaban a sus oidores a resolver discrepancias aparentes en las Escrituras, daban por sentado que ambos textos eran verdad (en este caso, Jesús sabe que es tanto el hijo de David como el Señor de David) y preguntaban cómo armonizarlos. Es evidente que los opositores de Jesús no tienen una respuesta, porque los intérpretes judíos no aplicaban el Salmo 110:1 al *Mesías.

12:35. Por definición, el Cristo, o el ungido, era descendiente real de David (Isa. 9:7; 11:1; Sal. 2; 89; 132). Pero esta visión del *mesiazgo se prestaba a una visión revolucionaria del *reino (ver Mar. 11:10) y por lo tanto era inadecuada por sí sola.

12:36, 37. El que reinaría en el *reino de Dios sería el "señor" de David, no solo su descendiente; por lo tanto sería mayor que el David resucitado. Marcos, que estaba escribiendo en griego, tal vez haya querido que sus lectores conectaran este versículo (Sal. 110:1) con un versículo citado en la sección anterior, porque los intérpretes judíos frecuentemente conectaban versículos con una palabra clave (había solo un Señor: Dios, Mar. 12:29). En ese caso, Marcos aquí asevera la deidad de Jesús (cf. 1:3).

12:38-44
Los pobres piadosos y sus opresores religiosos

12:38. Al igual que sus contrapartes griegas, algunos maestros judíos usaban una vestimenta especial que los identificaba; parece haber sido una larga túnica blanca de lino, similar a la de los sacerdotes y los oficiales del templo. Por lo general se saludaba a los maestros con títulos honoríficos. Las plazas, que estaban llenas de gente, proveían muchas oportunidades para que estos maestros recibieran este tipo de reconocimiento.

12:39. Las *sinagogas no eran todas de la misma forma o tamaño, pero en muchas de las sinagogas posteriores los maestros podían sentarse a plena vista de la mayoría de la asamblea (como los ministros en la mayoría de las iglesias actuales). Lo significativo es su posición en una sociedad consciente de la posición; las sinagogas eran los lugares de reunión más importantes para la comunidad. En los banquetes, los que estaban sentados más cerca del anfitrión estaban en posiciones de honor. La literatura antigua está llena de quejas de los que se sintieron menospreciados por haber sido asignados a asientos socialmente inferiores.

12:40. Las viudas tenían pocos medios de mantenimiento, carecían de poder y honor social en una sociedad que enfatizaba la posición y el honor, y debían ser protegidas bajo la ley judía.

Jesús podría estar diciendo que estos maestros explotan los recursos de las viudas buscando diezmos onerosos (que podían fijar en un 20-30 por ciento encima de los impuestos gubernamentales sobre las tierras); o podría estar diciendo que siguen la letra de la *ley en las decisiones legales en lugar de mostrar misericordia a los pobres. Sea cual fuere el crimen específico, la acusación de "devorar las casas de las viudas" los pinta como peores que los *recaudadores de impuestos.

Tal vez hayan demorado mucho tiempo en sus oraciones individuales en las *sinagogas; no es la duración de las oraciones lo que critica Jesús aquí sino el motivo de esa duración. Al igual que los profetas del AT, Jesús considera que la injusticia social y la hipocresía religiosa están íntimamente unidas (p. ej., Amós 2:6-8; 8:5, 6), y se pone de parte de los que no tienen poder económico (Isa. 1:17).

12:41-44. Una tradición posterior dice que había trece receptáculos para tales ofrendas en el Patio de las Mujeres, a los cuales tenían acceso las mujeres israelitas así como los hombres. El templo ostentaba gran riqueza, y sus oficiales probablemente malgastarían el dinero de esta viuda; pero esta pobre mujer, ignorante de esa probabilidad, actúa de buena fe y es la mayor dadora a los ojos de Dios. Probablemente la viuda no pasaba hambre, dadas las provisiones para los pobres en las *sinagogas judías (cf. el comentario sobre Hech. 6:1-4). Las "blancas", o *lepton,* de la viuda representaban la moneda más pequeña y menos valiosa de la época.

13:1-4
Circunstancias del discurso de Jesús acerca del fin del tiempo

Puede ser que Marcos haya tenido serias dificultades con las autoridades romanas por escribir este capítulo. Los documentos de la resistencia judía acerca del fin del tiempo por lo general incluían la exaltación de Israel, y Roma desconfiaba de toda amenaza a su poderío. Pero este capítulo antes del arresto de Jesús es el punto máximo en las advertencias que Jesús da a sus *discípulos en Marcos: los verdaderos seguidores deben estar dispuestos a seguir hasta la cruz y compartir sus sufrimientos.

13:1. Los textos griegos con frecuencia muestran a los maestros filósofos griegos en conversación con sus *discípulos mientras caminan; tal vez haya sido una técnica de enseñanza común.

El complejo del templo consistía en muchos edificios y era una de las estructuras más grandes y magníficas del mundo antiguo. Tenía dos veces el tamaño del templo de Salomón. La construcción había comenzado bajo Herodes el Grande antes del nacimiento de Jesús y seguía en esta época. Los judíos de todo el mundo contribuían al templo, y se recibía tanto que los oficiales seguían prolongando una vid de oro que era parte de la gloria ostentosa del mismo. Era sagrado para los enemigos de Herodes así como para sus aliados.

13:2. En el año 70 d. de J.C., los romanos destruyeron el templo. El lenguaje aquí es solo ligeramente *hiperbólico: permanecieron algunas piedras, pero la mayor parte del templo fue arrasado. Como lo ejemplifican los *Rollos MM, algunos otros grupos también esperaban que Dios juzgara a las autoridades del templo; pero nadie antes del 66 d. de J.C. estuvo tan acertado en cuanto al momento como Jesús (13:30).

13:3, 4. Aunque los maestros griegos frecuentemente instruían a sus alumnos mientras caminaban, con frecuencia también les enseñaban sentados delante de un templo. La pregunta de los *discípulos acerca del signo de la destrucción provee el marco de la respuesta de Jesús en el resto del capítulo, donde describe tanto el fin inminente del mundo de Jerusalén como el fin de esta edad.

13:5-8
Todavía no es el fin

13:5, 6. Los falsos *mesías eran comunes y con frecuencia atraían a grupos significativos de seguidores en Palestina, tan antiguos como Bar Kochba, aclamado por el Rabí Akiba como el Mesías, alrededor del 130 d. de J.C.

13:7, 8. Los antiguos maestros judíos de la profecía por lo general mencionaban estos acontecimientos entre las señales del fin; con frecuencia se pintaba el fin precedido por grandes sufrimientos o una guerra final, y a veces se comparaba con los dolores de parto. Jesús dice, por el contrario, que estos acontecimientos caracterizan la vida normal hasta el fin; toda la historia hasta el fin del tiempo es solo el *comienzo* de los dolores de parto.

13:9-13
Los sufrimientos previstos antes del fin

13:9. Antes del 70 d. de J.C., las cortes locales o los consejos que decidían los casos probablemente hayan sido dirigidos por ancianos o sacerdotes locales; en tiempos posteriores estaban compuestos por *rabinos. Las *sinagogas eran los lugares locales de asamblea pública y por lo tanto proporcionaban el lugar natural para audiencias y disciplina pública. A veces se administraba la disciplina en forma de azotes. Bajo las reglas del segundo siglo, esto significaba trece azotes fuertes en el pecho y veintiséis en la espalda; el azotador debía pegar lo más fuerte posible. Quizás estas palabras fueron especialmente dolorosas para los cristianos judíos, porque significaban el rechazo de su propia gente.

13:10. En el contexto, esta predicación se llevará a cabo ante oficiales de todas las naciones ("reyes" en el v. 9 podría referirse solo a los príncipes vasallos de Roma, pero "todas las naciones" sugiere que también se tenía en consideración a los partos y otros gobernadores de Oriente), indicando una persecución prácticamente universal.

13:11. Los judíos pensaban en el *Espíritu Santo especialmente como el Espíritu de *profecía que había ungido a los profetas para hablar el mensaje de Dios.

13:12. Ver Miqueas 7:5-7 (está más explícito en Mat. 10:35, 36).

13:14-23
El requisito para el fin

Alrededor de una década después de que Jesús pronunciara estas palabras, sus *discípulos tuvieron motivos para recordarlas. Cuando el emperador romano Calígula se declaró divino y trató de erigir su imagen en el templo de Jerusalén (39 d. de J.C.), deben haber circulado con vigor renovado los dichos de Jesús acerca de la abominación inminente que causaría desolación. Estos dichos estaban disponibles para Pablo una década más tarde (2 Tes. 2:1-12) y para Marcos cuando escribió su Evangelio (tal vez en el 64 d. de J.C.). La abominación que finalmente traería consigo la desolación se cumplió en el 66-70 d. de J.C.

13:14. *Josefo, quien vivió durante la guerra del 66-70, pensaba que la "abominación desoladora" (la referencia es a Dan. 9:27; cf. 11:31; 12:11) ocurrió en el 66 d. de J.C., cuando los *zelotes derramaron la sangre de los sacerdotes en el templo. Otros datan la abominación desoladora tres años y medio más tarde, en el 70. Los habitantes de Jerusalén habían considerado un sacrilegio que los estandartes romanos, que llevaban la imagen del emperador adorado, entraran en Jerusalén. Pero en el año 70, cuando se destruyó el templo, los romanos erigieron estos estandartes encima del sitio desolado del templo. Ambos puntos de vista pueden ser ciertos: si la frase significa "abominación que *causa* desolación", entonces es posible que la abominación del año 66 d. de J.C. haya conducido a la desolación del 70 d. de J.C.
Las montañas estaban llenas de cuevas y representaban el lugar más seguro al cual huir. Tanto David como los revolucionarios judíos del siglo II a. de J.C., los macabeos, habían practicado la guerrilla desde allí, y los refugiados judíos se escondieron ahí en la guerra del año 132-135 d. de J.C. Se dice que los cristianos de Jerusalén, advertidos por profecías de la caída de Jerusalén, huyeron a un lugar llamado Pella, tallado en las estribaciones montañosas del norte.

13:15. Los techos eran planos y se usaban para orar, secar hortalizas, etc. Ya que se llegaba a ellos por una escalera exterior, el que huía apurado descendería sin entrar a la casa para llevarse algunas posesiones.

13:16. Los trabajadores usaban sus mantos externos en el fresco de la mañana pero los dejaban en el borde del campo cuando empezaba a hacer más calor. Esta exhortación vuelve a indicar la prisa.

13:17. Las dificultades de dar a luz o amamantar a un bebé en estas circunstancias son obvias en cualquier cultura. Las madres frecuentemente amamantaban a sus hijos durante los primeros dos años de vida. El texto también puede indicar dolor por la pérdida de los hijos (cf. *2 Baruc 10:13-15).

13:18. Además de noches más frías y lluvia, en invierno los lechos secos de los arroyos judíos se llenaban sin aviso con agua pluvial de los montes, y se volvían difíciles de cruzar. *Josefo escribió de un grupo de fugitivos judíos de Jerusalén que había sido demorado por el reciente desbordamiento del Jordán en la primavera del 68 y, como consecuencia, fueron muertos por soldados romanos.

13:19. Daniel 11 termina con Antíoco Epífanes en el siglo II a. de J.C., y la aflicción final con la cual no se podía comparar ninguna otra tribulación (12:1) parece que ocurriría en ese momento, seguida por la *resurrección de los muertos (12:2). Pero a veces los acontecimientos en la historia de Israel (como la promesa a Abraham o la conquista de Canaán) se postergaban, y Daniel 9:24-27 encuadra mejor con una fecha del primer siglo d. de J.C. que con la época de Antíoco.

El hecho de que Jesús agregara "ni habrá jamás" (Joel 2:2) al "nunca ha habido" de Daniel sugiere que otras tribulaciones podrían seguir en la historia después del año 66-70.

13:20. "Aquellos días" supuestamente se refiere a los 1.260 días de Daniel. Dada la severidad de los sufrimientos, el período completo era demasiado largo para permitir sobrevivientes.

13:21-23. Falsos profetas y falsos *mesías habían juntado seguidores a lo largo de este período y por lo general desafiaban la autoridad de Roma, esto conducía a la muerte de sus seguidores. Algunos de esos profetas siguieron predicando, hasta el momento mismo de su muerte a manos de los romanos durante la caída de Jerusalén, que Dios iba a librar a la ciudad. Después de la destrucción del templo, se puede suponer que la esperanza de la venida del *Mesías era todavía más intensa.

13:24-27
El fin de este mundo

13:24, 25. Aquí Jesús usa el lenguaje del fin (Isa. 13:10; 34:4; cf. 24:23; Eze. 32:7, 8). A veces se utilizaba este lenguaje cataclísmico para acontecimientos históricos (los *Oráculos Sibilinos lo utilizan para un terremoto; cf. Jer. 4:20-28), pero por lo general la literatura antigua lo reserva para el fin o la transformación del orden actual del mundo y el establecimiento del *reino eterno de Dios.

Al igual que en Daniel, el fin que Jesús predijo parece haber sido postergado; el templo fue destruido tal como Jesús lo predijo, pero él no regresó entonces. Ya que las *profecías del AT combinaban acontecimientos por el tipo, en lugar del momento en que ocurrirían, es probable que Jesús quisiera decir que el fin seguiría a la destrucción del templo y la tribulación consiguiente; por lo tanto, el fin sigue siendo inminente.

13:26. Jesús describe al *Hijo del Hombre en términos que la literatura judía normalmente reservaba para Dios (que venía en gloria, enviando a sus ángeles). El texto es una alusión clara a Daniel 7:13, 14, donde "uno como un Hijo del Hombre" (es decir, como un ser humano) recibe el *reino de parte de Dios. Este Hijo del Hombre funciona como representante de Israel, que en el mismo contexto sufre y también recibe el derecho de gobernar el mundo (7:25-27).

13:27. Una de las características más sobresalientes de la expectativa futura judía era la reunión de las tribus dispersas de Israel. (Marcos probablemente se refiere aquí a la reunión de los que creen en Jesús; cf. 2 Tes. 2:1.)

13:28-31
El fin es inminente

13:28, 29. Las señales nombradas por Jesús muestran que el fin es inminente, así como las hojas de la higuera muestran la estación. Porque las higueras carecen de ramas más pequeñas, parecen estériles en el invierno y son ideales para dar sombra en el verano. Esta imagen podría referirse a la *parábola actuada de Jesús con una higuera, para dar a entender la destrucción inminente del templo (ver el comentario sobre 11:12-25).

13:30. La duración de las generaciones variaba, pero con frecuencia una generación era representada en el AT por cuarenta años (en los *Rollos MM, cuarenta años representan el sufrimiento de la generación final). Jesús pronuncia estas palabras alrededor del año 30 d. de J.C.; el templo fue destruido en el 70 d. de J.C.

13:31. Otros también observaron que era más fácil que pasaran el cielo y la tierra antes de que Dios olvidara su pacto o sus palabras (p. ej., Jer. 31:35-37). Aquí Jesús habla de sus propias palabras de la misma manera.

13:32-37
No se conoce el momento del fin

13:32-34. Otros maestros judíos también relataban *parábolas de reyes o dueños de casa que se iban y regresaban para encontrar una esposa o siervos fieles o infieles. Los lectores del primer siglo habían oído suficientes historias acerca de tales acontecimientos (incluso en la Biblia: Proverbios 7:19, 20) como para entender bien la imagen. Los esclavos desempeñaban muchas funciones diferentes, pero la función de portero se destacaba porque tenía las llaves del amo, mantenía afuera las visitas indeseables y controlaba las salidas de los otros esclavos. Pero junto con el prestigio relativo de la posición del portero (algunos estaban casados con mujeres *libertas) también había gran responsabilidad.

13:35. Las horas de la noche que Jesús menciona representan la división romana de la noche en cuatro vigilias. La única garantía de Jesús es que vendrá de noche cuando el siervo está de guardia. En la mayor parte del Mediterráneo antiguo el último canto del gallo podía funcionar como un reloj de alarma moderno, indicando la llegada del amanecer; pero en este contexto se refiere a la "vigilia" que llevaba ese mismo nombre, la cuarta parte de la noche después de la medianoche (ver el comentario sobre el 14:30, 72).

Ya que los caminos estaban infestados de ladrones, no se esperaría que el amo viajara de noche cuando no era necesario. Por lo tanto, un esclavo podía ser sorprendido si el amo regresaba de noche.

13:36, 37. El quedarse dormido durante la guardia resultaría en castigo.

14:1-11
Ungido para la sepultura

14:1. La literatura judía informa que muchos de los principales sacerdotes intimidaban a los que se oponían a ellos. Por lo tanto no toleraban a alguien que dijera que Dios le había indicado que atacara su culto en el templo, o que amenazara a sus siervos desprevenidos con un juicio inminente.

14:2. Jerusalén estaba llena de gente durante la fiesta, hinchada a tal vez cinco veces su población normal. Solía haber disturbios; *Josefo informó que durante una Pascua varias décadas después de los acontecimientos de este versículo, treinta mil personas fueron aplastadas o pisoteadas. En consecuencia, se enviaban tropas romanas adicionales a Jerusalén durante la fiesta, y el gobernador romano venía de Cesarea para estar disponible en caso de problemas. El peligro de arrestar a Jesús durante la fiesta (es decir, durante el momento festivo, en público) refleja una inquietud importante para el liderazgo del templo.

14:3. Betania era una de las aldeas cercanas a Jerusalén donde los peregrinos de la Pascua podían pasar la noche como huéspedes. La gente se "sentaba" durante las comidas habituales y se "reclinaba" sobre un diván durante las comidas especiales como fiestas o banquetes. Aunque Simón hubiera sido un "leproso" (los sobrenombres por lo general tenían algún fundamento pero no siempre eran literales; p. ej., una familia alta tenía por sobrenombre los "Goliat"), ciertamente no lo era en ese momento; nadie habría comido con él en ese caso. Es posible que Jesús lo haya sanado.

14:4, 5. Se acostumbraba ungir la cabeza de los invitados importantes, pero la acción de esta mujer es extrema. Cualquiera que haya sido su posición económica, este perfume (un aceite de una raíz importada probablemente de India o del sur de Arabia) valía el salario de un año de un trabajador común. Es probable que su familia lo haya guardado como símbolo de posición social. Se preservaba la fragancia sellándolo en alabastro (el recipiente preferido para perfume), y cuando se rompía el frasco, había que usar el contenido inmediatamente. El ungimiento de ella a Jesús representa un sacrificio importante, pero dados los grandes números de campesinos sin tierra o arrendatarios, algunos de los presentes piensan que se podría haber dado mejor destino al valor del perfume.

14:6, 7. Es probable que la respuesta de Jesús contenga una alusión a Deuteronomio 15:11, que urge la generosidad hacia los pobres, que siempre se encontrarán en la tierra. No minimiza el dar a los pobres; más bien enfatiza lo que sigue.

14:8, 9. En la tradición judía, los reyes (incluyendo, por definición, el *Mesías, o "el ungido"), los sacerdotes y otros debían ser ungidos para el servicio. Pero Jesús aquí enfatiza un ungimiento distinto, que sin duda no había sido la intención de la mujer: el ungimiento de un cuerpo para la sepultura. El acto de amor de la mujer iba a ser el único ungimiento que recibiría Jesús (16:1).

14:10, 11. Judas podía encontrar a los principales sacerdotes fácilmente, aunque no habrían estado a la mano si su misión hubiera estado menos en línea con sus planes. Probablemente sus motivos mercenarios deben haber parecido tan viles a los lectores antiguos como a nosotros, y contrastan con el comportamiento de la mujer anónima del 14:3-9.

14:12-26
La nueva Pascua y el traidor

14:12. Para esta época, la fiesta de los Panes sin levadura, que seguía inmediatamente después de la Pascua, se había ampliado en el entendimiento popular para incluir la Pascua misma. Representantes de cada familia hacían que los sacerdotes sacrificaran un cordero por ellos en el templo, y luego regresaban con él para alimentar a toda la familia esa noche.

14:13. Muchos comentaristas señalan que los cántaros de agua (a diferencia de los odres de vino) casi siempre eran llevados por mujeres; por lo tanto el hecho de que un varón lo cargara debe haber sido una señal notoria. Las casas que tenían esclavos siempre los hacían llevar el agua; en muchas ciudades se enviaba a los siervos a las fuentes públicas para buscar agua de lluvia almacenada en cisternas.

14:14-16. Cualquiera con una vivienda de dos pisos, el superior de los cuales tenía un aposento alto "grande", era considerado pudiente. Se supone que esta familia vivía en el área de Jerusalén conocida como la Ciudad Alta, cerca del templo, más bien que la Ciudad Baja más pobre, en la dirección del desagüe de Jerusalén. Ya que había que comer la Pascua dentro de los muros de Jerusalén, es probable que la mayoría de las casas estuviera llena de huéspedes; pero el alojamiento para la última comida de Jesús con sus discípulos resultó muy adecuado.

14:17. La Pascua debía comerse de noche. La puesta del sol en abril en Jerusalén ocurría alrededor de las 18:00 h, de modo que la comida pudo haber comenzado entonces. El compañerismo en la mesa era íntimo durante la fiesta; por lo general una o dos familias compartían la comida, pero aquí Jesús y sus *discípulos más cercanos componen una familia.

14:18-20. Especialmente para la celebración de la Pascua se usaban platos hondos para mojar el pan como parte del ritual. El hecho de que alguien traicionara a la persona con quien compartía el plato para mojar el pan probablemente horrorizó a los lectores antiguos, quienes consideraban la hospitalidad y el hecho de compartir el compañerismo en la mesa un vínculo profundo (cf. Sal. 41:9, citado en Juan 13:18). Algunos estudiosos también han sugerido que el hecho de que alguien mojara el pan "con" Jesús podría significar que esa persona estaba negando la posición superior de Jesús, porque muchos grupos judíos exigían que el líder actuara (en este caso que mojara el pan) primero (ver los *Rollos MM; cf. Eclesiástico 31:18).

14:21. La mayor parte del judaísmo reconocía tanto la soberanía de Dios como la responsabilidad del hombre.

14:22. El jefe de familia generalmente daba las gracias por el pan y el vino antes de cualquier comida, pero se pronunciaban bendiciones especiales por el pan y el vino en la comida de la Pascua (aunque probablemente no de la misma forma que se volvió habitual más tarde). Los judíos rompían el pan en lugar de cortarlo. No deberíamos entender "Esto es mi cuerpo" literalmente (en *arameo la expresión puede haber sido ambigua; no se diferenciaba entre "es" y "representa"), así como no entendemos literalmente la interpretación judía habitual pronunciada sobre el pan de la Pascua: "Este es el pan de aflicción que nuestros antepasados comieron cuando salieron de Egipto". (Interpretado literalmente, ese pan habría tenido siglos y ya había sido comido.)

14:23. Se llegaron a usar cuatro copas de vino tinto en la comida de la Pascua. Si se usaban en el primer siglo, es posible que esta copa haya sido la cuarta, que seguía a la bendición del pan. (Otros estudiosos han sugerido que es la tercera copa. Para fines del primer siglo, el uso de las cuatro copas parece haber sido la regla en fiestas tanto judías como grecorromanas.) No había una copa individual para cada uno; normalmente los comensales compartían una misma copa.

14:24. Los pactos se ratificaban con sangre de sacrificio. Dios había redimido a su pueblo de Egipto con la sangre del cordero de la Pascua; "a favor de muchos" probablemente alude a Isaías 53 (ver el comentario sobre Mar. 10:45). El ritual de la Pascua interpretaba la copa, pero no la interpretaba como sangre, porque la ley y las costumbres judías sentían repugnancia por la idea de tomar la sangre de cualquier criatura, especialmente sangre humana.

14:25. Los votos de abstinencia eran comunes en el judaísmo palestino: "No comeré tal y tal hasta que esto ocurra", o "juro que no usaré esto hasta que ocurra aquello". Jesús aparentemente jura no volver a tomar vino hasta que venga el *reino, y tal vez se abstenga de la cuarta copa. La tradición judía comúnmente describía la época del reino como un banquete, cuando la Biblia había prometido una fuente inagotable de vino (Amós 9:13). Las bendiciones judías sobre el vino lo llamaban "el fruto de la vid".

14:27-31
Predicción de otros traidores

14:27. Aquí Jesús cita Zacarías 13:7, que claramente no es *mesiánico. Es posible que Jesús se refiera al principio que relata: el rebaño se dispersa sin un pastor que los guíe. (Sin embargo, los *Rollos MM aplican este texto a la época futura.)

14:28. Los judíos en esta época no esperaban la *resurrección de una persona dada aparte de la resurrección de toda la nación. Además, de ninguna manera habrían esperado que a esta le siguiera una migración a Galilea: el pueblo de Dios se reuniría en Jerusalén en la época del fin (cf. Joel 2:32). Posiblemente estas expectativas hayan sido el motivo por el cual los *discípulos pasaron por alto esta parte de la declaración de Jesús.

14:29-31. Las fuentes antiguas típicamente consideraban que el gallo era un anunciante confiable de la llegada del amanecer (p. ej., el escritor romano Apuleyo, del segundo siglo d. de J.C., en *Metamorphoses* 2:26; *3 Macabeos 5:23; Talmud Babilónico *Berakot* 60b), pero los comentaristas informan que en Palestina los cantos nocturnos del gallo son familiares para los vigilantes de la noche comenzando a las 0:30 h; el segundo canto del gallo ocurría alrededor de la 1:30 h. En cualquiera de los dos casos, se entiende que la negación es inminente.

14:32-42
Vigilantes dormidos

14:32-34. Es posible que Jesús y sus *discípulos hayan llegado a Getsemaní entre las 22:00 y las 23:00 h (que era tarde en esa cultura). Se acostumbraba quedarse levantado hasta tarde en la noche de la Pascua y conversar acerca de la redención de Dios. Los discípulos deberían haber podido quedarse despiertos para vigilar; probablemente se habían quedado hasta tarde casi todas las fiestas de la Pascua de su vida.

14:35, 36. "Abba" es la palabra *aramea por "papá", un término de gran intimidad y respeto afectuoso. Normalmente era la primera palabra pronunciada por un niño, pero los adultos también podían usarla para sus padres, y los estudiantes a veces la utilizaban para sus maestros. Tal vez porque suponía tanta intimidad, los judíos nunca la usaban para referirse a Dios (aunque sí lo llamaban Padre celestial), salvo en una que otra *parábola de un maestro carismático. En cuanto a la copa de juicio, ver el comentario sobre Marcos 10:38; Jesús ruega tener que tomar esta copa (cf. Sal. 116:3, 4, 15).

14:37. Los *discípulos debían "velar" como los porteros, los esclavos encargados de la puerta, en la *parábola de 13:34-36.

14:38. Aquí, "tentación" es "prueba". Dados los usos religiosos judíos comunes de la palabra, Jesús está diciendo: "para que no sean víctimas de la prueba que están por enfrentar". El contraste entre "espíritu" y "carne" no se usa en el sentido *gnóstico o neoplatónico posterior (el alma es buena y el cuerpo es malo); sino en el sentido de que, aunque el impulso sea bien intencionado (14:31; cf. el uso de "espíritu" en muchos casos en Proverbios), el cuerpo es susceptible al agotamiento.

14:39-42. El uso de "pecadores" por Jesús (v. 41) para referirse a los hombres enviados por los representantes del *Sanedrín es un lenguaje fuerte, especialmente si se considera la forma en que la mayoría de la gente usaba la palabra (2:16).

14:43-52
La traición

14:43. Ya que había sido enviado por hombres prominentes de Jerusalén, es probable que el grupo que viene a arrestar a Jesús fuera la guardia del templo. Se sabe que esta guardia tenía las armas mencionadas aquí (espadas y palos). Se decía que los palos caracterizaban a la aristocracia sacerdotal corrupta a cargo del templo, además de ser útiles para controlar a los revoltosos. No se debían llevar palos los días santos, incluyendo la festividad de la Pascua.

Estos hombres vienen preparados para la resistencia armada de alguien que suponen que es un revolucionario *mesiánico, porque habían interpretado el acto de Jesús en el templo en términos de las categorías culturales de su época, en lugar de en términos del resto de su enseñanza (14:48).

14:44-46. Un beso era señal de afecto especial entre miembros de familia y amigos íntimos, o del honor y afecto que sentía un *discípulo por su maestro, de modo que el beso de Judas es un acto especial de hipocresía (cf. Prov. 27:6).

Este grupo creía que necesitaba a Judas para que los condujera en persona hasta el lugar apropiado; si hubieran buscado a Jesús solo a base de indicaciones generales, su búsqueda se habría vuelto obvia y le habría dado tiempo a Jesús para escapar. El beso es necesario porque la oscuridad hacía que fuera más difícil reconocer a Jesús. Bajo condiciones normales los guardias lo podrían haber reconocido (había estado enseñando en el templo).

14:47. Siendo pudientes, los principales sacerdotes tenían muchos sirvientes. Aunque el sirviente mencionado aquí probablemente no fuera levita y por lo tanto no pudiera ministrar en el templo de todos modos, es digno de notarse que a los que les faltaban partes del cuerpo como las orejas tenían prohibido el servicio en el santuario. (Sin embargo, es probable que el discípulo de Jesús esté *apuntando* hacia el cuello o algo más sustancial que una oreja.) Aunque el propósito para estar allí solo era arrestar a Jesús, si la espada hubiera herido de nuevo, es probable que muchos de los *discípulos habrían muerto en el conflicto resultante.

14:48, 49. Los subversivos (p. ej., los asesinos —sicarios— que más tarde mataron a los aristócratas judíos escondidos entre las multitudes en el templo) cometían sus actos en secreto y evadían la captura; la supuesta subversión de Jesús había sido pública y nada oculta. Quizá un arresto en el templo hubiera sido políticamente desfavorable y posiblemente habría suscitado un disturbio (cf. el comentario sobre 14:1, 2).

14:50-52. Salvo algunos judíos imbuidos de la cultura griega y considerados apóstatas, los judíos por lo general aborrecían la desnudez. De noche, se supondría que el *discípulo habría tenido una prenda exterior además del lienzo de lino, y probablemente ya tendría frío (cf. 14:54). (Aunque se podía dormir desnudo dentro de la casa en Palestina en abril, la mayor elevación de Jerusalén hace que el 14:54 sea una indicación probable de que fuera una noche fresca; los peregrinos de la Pascua que acampaban afuera se cubrían.) La idea es que el hombre estaba apurado por escaparse.

14:53-65
El simulacro de juicio del Sanedrín

Este juicio rompe varias reglas legales judías, si los documentos posteriores indican correctamente el estado de la ley judía durante este período. Es probable que Marcos haya conocido la mayoría de estas reglas, aunque no así muchos de sus lectores.

14:53. Los "principales sacerdotes", "ancianos" y *"escribas" eran los tres grupos representados en el *Sanedrín, la corte religiosa gobernante de Israel. El Sanedrín completo, con setenta y un miembros, normalmente se reunía en el salón de reuniones del templo llamado la Cámara de piedra labrada, donde se sentaban en un semicírculo con el sumo sacerdote en el medio. En este caso, muchos miembros del Sanedrín (hacían falta veintitrés miembros para tener quórum) celebran una reunión secreta de noche sin aviso previo en el hogar del sumo sacerdote (14:54), aunque están investigando lo que llamarán una ofensa capital.

Esta reunión es ilegal en todos estos aspectos, aunque sin duda la habrían explicado como una indagación preliminar antes de una investigación real (cf. Luc. 22:66). Se podría haber explicado la falta de aviso previo por haber sido durante una fiesta, y todos los funcionarios necesarios estaban en la ciudad; pero como la ley judía prohibía juicios durante el día de reposo, probablemente también hayan estado prohibidos durante los días festivos. Los funcionarios que se reúnen parecen estar más preocupados por condenar a Jesús rápidamente que por los tecnicismos legales.

14:54. El hecho de que Pedro entrara en propiedad privada —la del sumo sacerdote mismo—, requería un compromiso serio de parte del pescador galileo. Quizá los guardias eran los vigilantes nocturnos del sacerdote, pero supuestamente se darían cuenta en seguida de que Pedro no pertenecía allí. Es más probable que sean miembros de la guardia del templo que están esperando los resultados del juicio que se está llevando a cabo adentro. Aparte de haber sido asignados a deberes nocturnos en el templo, es posible que hayan pensado quedarse levantados tarde para La Pascua de todos modos.

14:55, 56. A pesar de la certeza del sumo sacerdote en cuanto a la subversión de Jesús, por lo menos algunos miembros del concilio, tal vez *escribas, siguen la tradición judía virtuosa de la repregunta diligente de los testigos. Pero una vez que estos testigos se habían contradicho, toda interpretación de la ley judía unánimemente exigía que fueran declarados falsos y que se rechazara el caso como arreglado. Bajo la ley judía, en un caso capital, los falsos testigos debían ser muertos (ver Deut. 19:16-21 y los *Rollos MM). Roma no le había dado jurisdicción al *Sanedrín para ejecutar a los falsos testigos, el Sanedrín tendría que haberlos disciplinado como mínimo. El hecho de que el juicio continuara demuestra la parcialidad severa entre los miembros del consejo reunidos allí.

14:57-59. Muchos judíos esperaban que Dios estableciera un templo nuevo y purificado cuando derrotara a los romanos. Los de afuera naturalmente habían mal interpretado la enseñanza de Jesús acerca de un nuevo templo y la advertencia acerca de la destrucción del templo antiguo como la amenaza de un revolucionario *mesiánico loco. Pero los testigos siguen fracasando en la repregunta.

14:60, 61. Por lo menos según la ley *rabínica posterior, el sumo sacerdote legalmente no podía obligar a Jesús a condenarse por su propia boca, pero hasta ahora el testimonio de los otros testigos no está funcionando. Si esta ley estaba en vigencia en la época de Jesús, tal vez la aristocracia sacerdotal haya optado por no observarla. El sumo sacerdote finalmente pregunta si Jesús se considera un *Mesías, y por lo tanto, al parecer del sumo sacerdote, un revolucionario.

"El Bendito" era una paráfrasis común de "Dios". Era inusual pero no imposible que un sumo sacerdote usara la frase *"Hijo de Dios". Puede ser que Marcos haya formulado la pregunta del sumo sacerdote con sus propias palabras, una técnica común en la escritura de esa época. Lo más probable es que haya oído que Jesús había adoptado ese título para sí mismo, posiblemente en un sentido mesiánico (12:6).

14:62. Jesús no solo pretende ser un *mesías mortal sino el gobernador cósmico de Daniel 7:13, 14, la encarnación del llamado de Israel, que vendría en gloria y reinaría para siempre. (El asiento tal vez aluda al Sal. 110:1.)

14:63. Rasgarse el vestido era señal de duelo o *arrepentimiento, y era obligatorio si se oía una blasfemia del nombre sagrado. Pero el sumo sacerdote debe estar desesperado por lograr una condena. A menos que Jesús mencione el nombre hebreo sagrado de Dios o los incite a lo que supuestamente sería la idolatría (p. ej., al llamarse Dios a sí mismo, lo cual no hace en este momento), técnicamente no es culpable de blasfemia (por cierto no como llegó a definirse en la enseñanza *rabínica del siglo II, pero tampoco en el sentido popular más amplio; cf. 2:5-7). Era más probable que una corte judía lo hubiera declarado loco. ¿Cómo podía este maestro advenedizo de Galilea pensar que podría venir en las nubes del cielo?

14:64. Bajo la ley judía, no se le permite al sumo sacerdote juzgar el caso solo; tiene que solicitar el voto del concilio (si las reglas registradas más tarde ya estaban en vigencia, este voto comenzaría con el más joven y terminaría con el sumo sacerdote). Aunque no pudieron haber creído genuinamente que Jesús había cometido blasfemia según la definición judía técnica, tenían un motivo importante para solucionar el problema rápidamente: Jesús constituye una amenaza clara para el establecimiento del templo (11:15-18) y, como pretendiente *mesiánico, amenaza toda la estructura de poder romana que representan ellos, la aristocracia judía.

14:65. A diferencia de los azotes públicos, la conducta representada aquí (escupirlo, vendarle los ojos, pegarle y burlarse de un prisionero) iba claramente en contra de la ley judía. Mientras se burlan de Jesús como falso profeta, Pedro cumple la *profecía de Jesús en cuanto a él (14:66-72). Así Jesús pasa una prueba importante para los verdaderos profetas (Deut. 18:22).

14:66-72
Las negaciones de Pedro

14:66-69. Los esclavos en las casas aristócratas ejercían más poder y tenían una posición más alta que la persona libre común. Aunque el sumo sacerdote indudablemente tenía muchos sirvientes, probablemente la esclava reconoció que Pedro y los guardias (14:54) no eran de la casa del sumo sacerdote. Como sirviente en una casa aristócrata cerca del templo, tal vez haya estado en el templo y podría haber visto bien a los *discípulos de Jesús en los patios del templo. El hecho de que Pedro se retire del patio a la entrada, tal vez anticipe la necesidad de escaparse.

14:70. Los acentos galileos eran distintos a los acentos de Judea, ciertamente en *arameo y supuestamente (como aquí, sin duda) en griego. Los sirvientes del sumo sacerdote y la guardia del templo vivían en Jerusalén y se consideraban habitantes de Judea.

14:71. Las "maldiciones" pronunciadas por Pedro no son palabras vulgares; más bien, jura que no conoce al hombre, invocando maldiciones sobre sí mismo si miente. La jerarquía del templo está interesada en eliminar al líder. A menos que Pedro represente una amenaza más adelante, es probable que su *vida* no corra peligro (aunque podría ser castigado por haber seguido a Jesús hasta la propiedad del sumo sacerdote). Pero probablemente Pedro no sabía eso.

14:72. Para la mayor parte de la gente en el Mediterráneo antiguo, el cantar del gallo marcaba el amanecer. Algunos estudiosos han sugerido que esta referencia es a un canto más temprano de gallo de esa región, entre las 0:30 h y 2:30 h.

15:1-15
Pilato y el rey

15:1. Habiendo sido ilegal el juicio de noche, los funcionarios se vuelven a reunir alrededor de la primera luz (aproximadamente a las 4:30 h) o el amanecer (aproximadamente a las 5:30 h) para que su conclusión sea oficial. Los funcionarios romanos como Pilato se reunían con clientes y miembros del público desde el amanecer hasta alrededor del mediodía, así que debían tener listo a Jesús para Pilato muy temprano. Pilato vivía en Cesarea pero durante la Pascua se quedaba en el antiguo palacio de Herodes el Grande en Jerusalén; el gobernador romano debía estar en Jerusalén para prevenir problemas durante la Pascua.

15:2-4. El reclamo de ser el rey judío, el *Mesías, podía conducir a una acusación de sedición y traición en contra del emperador. La única ofensa por la cual los líderes judíos podían ejecutar automáticamente a cualquier transgresor era la profanación del templo. Para ellos, el acto de Jesús en el templo por lo menos se había aproximado a ello, pero los líderes saben que su reclamo de mesiazgo sería una peor amenaza para Pilato. Pilato no había cooperado demasiado con estos líderes en el pasado, y necesitan un caso fuerte para presentarle ahora.

15:5. Los relatos judíos de los mártires frecuentemente testifican sobre el asombro de los jueces *gentiles por la falta de cooperación de los mártires (p. ej., 2 Macabeos, *4 Macabeos). Sin embargo, la ley romana no interpretaba el silencio como admisión de culpa.

15:6-10. La liberación de un prisionero durante la fiesta es una costumbre local acerca de la cual los registros históricos que se conservan guardan silencio, pero que encuadra en la cultura de la época (p. ej., un gobernador en Egipto en el 85 d. de J.C. entregó a alguien a "las multitudes"). A diferencia de Jesús, Barrabás es un revolucionario violento, pero no dice ser rey ni tiene tantos seguidores.

15:11. Los escritores antiguos frecuentemente criticaban la inconstancia de la plebe.

15:12-15. Normalmente se azotaba severamente al prisionero antes de la crucifixión, pero la costumbre era administrar los azotes por el camino o aun después de que el condenado estuviera en la cruz. La crucifixión era la forma más angustiosa de ejecución criminal conocida en la antigüedad.

Cuando Pilato se convirtió en gobernador, enfureció a Jerusalén al llevar los estandartes imperiales a la ciudad. Más recientemente había construido un acueducto con fondos de la tesorería del templo. Su insensibilidad había provocado la hostilidad judía y aparentemente se había vuelto menos ansioso por chocar con los funcionarios locales.

15:16-20

Aclamación del rey

15:16. El Pretorio era el enorme palacio de Herodes el Grande, usado por los gobernadores romanos cuando iban a Jerusalén.

15:17. La púrpura siempre era cara (ver Hech. 16:14), pero más significativamente aquí, las prendas de púrpura y las guirnaldas de hojas marcaban a los príncipes vasallos griegos. Es posible que los soldados hayan improvisado con un túnica romana escarlata. Muchos estudiosos piensan que la intención era orientar la corona de espinas, tal vez hecha de las ramas del arbusto espinoso acanto o de la datilera (que se parecería más a una corona), principalmente hacia afuera en lugar de dolorosamente hacia adentro. La corona así habría sido una imitación de las guirnaldas usadas por los gobernadores *helénicos. Sin embargo, porque la guirnalda estaba torcida, algunas espinas o púas deben haber raspado hacia adentro, haciendo sangrar el cuero cabelludo de Jesús. Solo un rey supremo usaría una corona en lugar de una guirnalda, de modo que están mostrando a Jesús como príncipe vasallo.

15:18. Se saludaba al emperador romano diciendo "Viva...". Por lo tanto los soldados romanos aquí se burlan de Jesús ("rey de los judíos"); habrían tenido poco respeto por un rey judío aunque hubieran creído que Jesús lo fuera.

15:19, 20. Se rendía homenaje a un rey (incluido el César) arrodillándose.

15:21-32

El rey crucificado

15:21. Cirene se encontraba en lo que hoy es Libia en el norte de África e incluía una gran comunidad judía. "Simón" era un nombre judío típico, y peregrinos judíos devotos de todo el Mediterráneo iban a Jerusalén durante la Pascua. Los soldados romanos podían obligar a cualquiera a cargarles cosas. Ya que es una fiesta y el trabajo está prohibido, Simón no viene "del campo" (literalmente) como trabajador; tal vez llega tarde para la fiesta, y recién arriba de Cirene o de donde se esté quedando temporalmente en el campo.

15:22. Tal vez el sitio de crucifixión se haya

llamado el "lugar de la Calavera" porque hubo tantas muertes allí. (La sugerencia de que el lugar tenía forma de calavera es posible, pero la deducción en cuanto a que es el sitio supuesto del Calvario propuesto en 1884 por Charles Gordon es poco probable. Los contornos del suelo allí fueron creados después de la época de Jesús.)

15:23. Las mujeres piadosas de Jerusalén normalmente preparaban una solución de este tipo y la ofrecían a los condenados para aliviar su dolor (cf. Prov. 31:6, 7). Jesús opta por soportar el peso entero de la agonía de la crucifixión. Se dice que la mirra tiene efectos narcóticos.

15:24. Los soldados romanos acostumbraban repartirse la ropa del criminal ejecutado.

15:25. La hora tercera comenzaba poco después de las 8:30 h y seguía hasta poco después de las 9:30 h. (La hora exacta variaba de acuerdo con la hora del amanecer desde la cual se calculaba y, por lo tanto, según la estación del año.)

15:26. Con frecuencia se escribía la acusación encima de la cabeza de la persona crucificada. El reclamo de ser rey sería suficiente para provocar la ira romana. Irónicamente, sin embargo, no se lo llama pretendiente real a Jesús, sino "Rey de los Judíos", reflejando tal vez un sentimiento antisemita de Pilato o sus agentes.

15:27. El término usado para "ladrones" aquí (cf. "bandidos" en la NVI) es el mismo que usó *Josefo para los revolucionarios. Por lo tanto, es probable que estos dos hombres hayan sido colegas de Barrabás y originalmente iban a ser ejecutados con él ese día.

15:29-32. Algunas personas que observaban una crucifixión normalmente maldecían a los crucificados, pero esta gente debió haber sido aliada de Jesús (15:26). Muchos escritores antiguos usaban la ironía, y Marcos no es ninguna excepción, relatando la verdad no intencionada en las palabras de los enemigos de Jesús (v. 31).

15:33-41
La muerte del rey

15:33. La "hora sexta" comenzaba antes del mediodía, la "hora novena" antes de las 15:00 h. Jesús muere alrededor del momento de la ofrenda vespertina en el templo. Se contaban historias de catástrofes que ocurrían en el momento de la muerte de *rabinos piadosos, especialmente aquellos cuya intercesión había sido vital para el mundo; pero el mensaje principal de estas señales es que el juicio es inminente. La oscuridad había significado juicio en el pasado (Éxo. 10:21-23) y lo haría en el futuro (Isa. 13:10; Eze. 32:7; Joel 2:2, 10, 31; 3:15; Amós 5:18; 8:9; Zac. 14:6).

15:34. El grito de Jesús es una cita *aramea del Salmo 22:1, que a veces se recitaba a esta hora del día en oración, pero recibe un significado especial cuando la usa Jesús. La primera línea quizás evocaba el salmo entero del justo que sufre, y su esperanza de vindicación divina. (Es probable que Jesús haya citado el salmo en hebreo, como lo hace en Mateo; Marcos usa la forma aramea porque el dicho se transmitía en un medio arameo. "Eli" podía ser confundido con "Elías" mucho más fácilmente que "Eloi"; cf. 15:35, 36.)

15:35, 36. En algunos círculos de tradición judía se creía que Elías iba a ser enviado como un ángel para rescatar a maestros famosos, además de su papel generalmente aceptado por todos en el tiempo del fin.

15:37. La crucifixión por lo general mataba por asfixia: la persona quedaba demasiado agotada para seguir empujándose hacia arriba en el travesaño, el diafragma era sometido a un esfuerzo cada vez mayor, y finalmente era imposible respirar. Pero, por lo general, la muerte llevaba varios días, mucho más que las pocas horas que sufrió Jesús.

15:38. El lugar santísimo, donde el sacerdote podía entrar solo una vez al año, era el símbolo máximo de la morada de Dios. El hecho de que Dios rasgara el velo significaba que ahora él estaba disponible aparte del sistema del templo, y que el antiguo orden del templo había sido juzgado y abolido.

15:39. Un no judío podía usar una frase como "hijo de Dios" refiriéndose a un filósofo piadoso o, más comúnmente, a un héroe cuyo padre era una deidad; pero en el Evangelio de Marcos, *"Hijo de Dios" significa mucho más que eso (14:61). Ya que los romanos consideraban al emperador reinante como hijo de un Augusto deificado, es posible que el centurión estuviera reconociendo a Jesús no solo como "rey de los judíos" (15:26), sino también como rival del emperador. Sea cual fuere la sutileza implícita, la ironía de Marcos (cf. 15:29-32) es clara: solo un *gentil siente el impacto de la muerte de Jesús.

15:40. Era mucho menos probable que fueran acusadas las seguidoras que los seguidores, pero de todos modos demostraron valor al presentarse en la crucifixión. El epíteto de Santiago, "el Menor", sigue el uso de la palabra en los papiros antiguos.

15:41. Según las normas de los religiosamente estrictos, habría sido escandaloso que las mujeres (especialmente si estaban casadas) viajaran con un grupo de *discípulos varones. Aparte de los miembros de la aristocracia helenizada, se esperaba que las mujeres judías de Palestina limitaran su actividad pública, mantuvieran la cabeza cubierta y cumplieran sus deberes domésticos. La idea de mujeres como *protectoras o benefactoras aparece en otras partes, aunque llama la atención que estas mujeres viajaran con Jesús. En este versículo Marcos da un indicio de un aspecto del ministerio de Jesús que potencialmente desafía el orden social, especialmente si estas mujeres "seguían" como discípulos, lo cual es probable (cf. el comentario sobre Lucas 10:39 en cuanto al uso común de "seguir" en los Evangelios).

15:42-47
La sepultura del rey

15:42. El día de reposo comenzaba al caer el sol, varias horas después de la muerte de Jesús. No era lícito preparar el cuerpo para la sepultura durante el día de reposo (cf. el comentario sobre Mat. 27:57, 58 en relación con lo que estaba permitido).

15:43. El hecho de que el *Sanedrín incluyera miembros piadosos como José, y no solo del tipo de los que aparecen en la *narración del juicio (tan piadosos, en realidad, como aun ellos se creían), encuadra en la diversidad conocida aun dentro de la aristocracia judía de la época. Porque esperaba el *reino futuro, José probablemente no era *saduceo, a diferencia de muchos de sus colegas.

15:44. La crucifixión frecuentemente tardaba varios días en matar a la persona si no se la apuraba (cf. Juan 19:31, 32).

15:45. El hecho de que las tumbas excavadas incluyan pocas víctimas de crucifixión sugiere que generalmente no se permitía sepultar estos cuerpos: un horror para la sensibilidad judía. Una excepción descubierta en el sepulcro de una familia rica sugiere que entonces, como ahora, los que tenían riqueza y poder social tenían influencia adicional que podían ejercer para bien o para mal.

15:46, 47. José debe haber comprado el lienzo rápidamente, justo antes de la puesta del sol (alrededor de las 18:00 h), cuando comenzaba el día de reposo. Se acostumbraba usar sudarios de lino para la sepultura. Los sepulcros cavados en roca virgen eran los mejores. Se podía correr grandes piedras en forma de disco por una ranura frente a la boca del sepulcro, dificultando la entrada. Una vez preparado para la sepultura, se dejaba descomponer el cuerpo durante un año; entonces el hijo mayor o el pariente más cercano regresaba, juntaba los huesos para su sepultura en una caja y los depositaba en un espacio en la pared del sepulcro.

16:1-8
Las mujeres en el sepulcro

Habiendo predicho las apariciones después de la *resurrección (14:28), el Evangelio de Marcos estaría completo con o sin el 16:9-20. No hace falta que Marcos las relate. Muchos documentos antiguos se contentaban con predecir y prefigurar acontecimientos que ocurrirían después de cerrar la *narración (p. ej., la *Ilíada*, tal vez el libro más aclamado de la antigüedad griega, predice la muerte de Aquiles y la caída de Troya sin narrarlas). Esta suspensión era una técnica literaria y *retórica de este período. Algunos libros (p. ej., la obra historiográfica judía conocida como *Seudo Filón), discursos y ensayos (como algunos de *Plutarco) también terminan abruptamente. Es posible que Marcos haya querido detenerse justo antes de las apariciones después de la resurrección porque sus lectores perseguidos todavía estaban compartiendo la cruz de Jesús, pero debían recordar la necedad de sus dudas actuales acerca del triunfo final.

16:1. Por lo general se ungía los cuerpos con aceite (y luego se enjuagaban con agua) antes de la sepultura, pero porque Jesús había muerto el viernes justo antes de que comenzara el día de reposo (al caer el sol, alrededor de las 18:00 h), se había pospuesto este ungimiento. Los varones solo podían preparar a varones para la sepultura, pero las mujeres podían preparar a varones o mujeres. Es posible que no se hayan usado especias para todos, pero se usaban con frecuencia para los cuerpos de personas especiales (p. ej., Herodes). Estas reducían el hedor inmediato de la descomposición rápida en los calurosos días mediterráneos. Después de un día y dos noches, las mujeres podían esperar que el cuerpo ya hediera. Pero Jerusalén está a más de 650 m por encima del nivel del mar y es lo suficientemente fresco en abril para que todavía se pudieran haber acercado al sepulcro.

16:2. Son alrededor de las 5:30 h. La gente acostumbraba levantarse al amanecer. Por lo menos algunos mercaderes ya estaban vendiendo sus mercancías, porque las mujeres compraron especias (16:1) antes de llegar a la tumba.

16:3, 4. La piedra en forma de disco era rodada por una ranura frente a la entrada del sepulcro y habrían hecho falta varios hombres fuertes para correrla. Normalmente solo se abrían los sepulcros para la segunda sepultura de los huesos un año más tarde y para sepultar a familiares que morían subsecuentemente.

16:5. En la literatura judía, los ángeles normalmente están vestidos de blanco. Estas mujeres no tienen por qué haber supuesto automáticamente que la figura era la de un ángel; los sacerdotes en el templo y algunos otros también vestían de blanco.

16:6-8. A lo largo de Marcos, la gente difundía las noticias que debían mantener secretas. Aquí, cuando finalmente se les ordena que hagan correr la noticia, la gente mantiene silencio. Si el Evangelio de Marcos original termina aquí, como es probable, termina tan repentinamente como empezó, y su nota final es irónica. Muchas otras obras antiguas (incluyendo muchos tratados y dramas) también tenían finales repentinos.

16:9-20
La comisión (Un apéndice)

La tradición y el estilo del manuscrito sugieren que estos versículos probablemente hayan sido un agregado temprano al Evangelio de Marcos, aunque algunos estudiosos (como William Farmer) han argumentado que pertenecen a Marcos. De todos modos, la mayor parte del contenido de estos versículos se encuentra en otras partes de los Evangelios.

16:9-11. El testimonio de una mujer se consideraba poco digno de confianza, según tanto *Josefo como la literatura *rabínica. Dado este punto de vista y el hecho de que el judaísmo no esperaba la *resurrección individual del *Mesías, no es sorprendente que los *discípulos no le crean a María Magdalena.

16:12-14. Según la tradición judía, los seres sobrenaturales como los ángeles y Elías podían disfrazarse de diversas formas. El Jesús resucitado aparentemente comparte esta característica, lo cual ayuda a convencer a algunos discípulos varones.

16:15-18. Entre las señales de la era mesiánica, Isaías predijo que los enfermos serían sanados, que las lenguas mudas hablarían (Isa. 35:5, 6), y que el pueblo de Dios le sería testigo (Isa. 43:10). Los poderes atribuidos aquí a los creyentes son del tipo que caracterizan a muchos de los profetas del AT (cf. este tema en Hechos).

16:19, 20. Los lectores tanto judíos como griegos podrían entender la idea de la ascensión de un gran héroe al cielo (como Heracles o, en la tradición judía posbíblica, Moisés), pero el hecho de que Jesús se siente a la diestra de Dios va más allá de esta idea: significa que Jesús reina como agente de Dios (Sal. 110:1).

LUCAS

Introducción

Paternidad literaria. La tradición antigua, verificada por testigos del siglo dos y el título temprano del libro (ver la discusión del autor en la introducción de Marcos), favorece a Lucas, compañero de viajes de Pablo, como autor de Lucas y Hechos. Aunque se ha exagerado el uso del lenguaje médico de Lucas, existe cierta evidencia de ello, y concuerda con la tradición de la autoría lucana.

Fecha, propósito. Ver la introducción a Hechos. Algunos de los énfasis específicos de Lucas y Hechos están más claros en Hechos que en el Evangelio. Lucas y Hechos juntos formaban una sola obra de dos tomos.

Circunstancias. Lucas escribe para lectores del mundo griego o de habla griega y clase alta en Roma. Sus lectores son prósperos y literariamente sofisticados. Posiblemente requieran una confirmación de su fe o argumentos que puedan usar para defenderla. Ver los comentarios sobre 1:3, 4 y la discusión del propósito en la introducción a Hechos.

Género literario. Ver la introducción a los Evangelios. Mientras que los otros Evangelios se acercan más al género de la biografía grecorromana, el Evangelio de Lucas es el primer tomo de una obra en dos tomos (Lucas y Hechos), que en muchas formas se asemeja más a una historia grecorromana que a una biografía. Ya que Marcos es una de las fuentes de Lucas, trata muchos de los pasajes coincidentes más a fondo en Marcos que en Lucas.

El mensaje de Lucas. Varios temas se destacan de manera especial en Lucas: el ministerio de Jesús a los marginados, los religiosamente indignos, los pobres y las mujeres. Este énfasis allana el camino para su tratamiento de la misión *gentil en el segundo tomo, o sea, el libro de los Hechos. La trama pasa de Galilea a Jerusalén en Lucas (aunque el libro está enmarcado por escenas en el templo), y desde Jerusalén hasta los fines de la tierra en Hechos.

Comentarios. Dos de los comentarios más útiles son I. Howard Marshall, *The Gospel of Luke,* NIGCT (Grand Rapids, Mich.: Eerdmans, 1979), y F. W. Danker, *Jesus and the New Age: A Commentary on St. Luke's Gospel* (Minneapolis: Augsburg/Fortress, 1987). Estas obras fueron especialmente útiles en la preparación de este comentario. Cf. también Joseph A. Fitzmyer, *The Gospel According to Luke,* 2 tomos

(Garden City, N.Y.: Doubleday, 1981) (hay traducción en castellano), y Craig A. Evans, *Luke* NIBC (Peabody, Mass.: Hendrickson, 1990). Además de las obras generales mencionadas en la introducción a Mateo, Kenneth Bailey, *Poet and Peasant* (Grand Rapids, Mich.: Eerdmans, 1976), es útil para el trasfondo de mucho de Lucas (especialmente Luc. 15). También puede ser de gran ayuda consultar el tomo III de *Un comentario al Nuevo Testamento según San Lucas*, por R.C.H. Lenski (México: Publicaciones El Escudo, 1963.)

1:1-4
El prólogo literario

En la época de Lucas los escritores más sofisticados frecuentemente presentaban sus libros con una porción de prosa elegante al estilo clásico. (Aquellos con pretensiones literarias por lo general imitaban el griego de un período mucho más temprano que el griego comúnmente hablado.) Aquí la introducción de Lucas es magnífica en este aspecto.

1:1. La palabra que Lucas utiliza aquí para "relato" se usaba en referencia a una *narración con muchos acontecimientos, a diferencia de una narración de un acontecimiento único, y característicamente (aunque por cierto no exclusivamente) se aplicaba a las obras de historia.

Los escritores que compilaban una obra por lo general comenzaban con una fuente principal y le entretejían material secundario de otra u otras fuentes. (La mayoría de los estudiosos concuerdan en que Lucas comienza con Marcos como su fuente principal y que entreteje otros materiales, incluso "Q".) Por lo general, los escritores también explicaban por qué escribían una obra si habían aparecido otros libros sobre el mismo tema. Algunos escritores se apoyaban en consideraciones referentes a la extensión (ver *2 Macabeos) o el estilo (ver *Teón) para explicar la necesidad de una nueva obra; otros autores pensaban que los escritores anteriores no habían investigado el asunto de manera adecuada (*Josefo, Artemidoro) o que lo habían adornado retóricamente (*Tácito); aun otros sencillamente deseaban compilar las obras más antiguas con mayor meticulosidad (*Quintiliano).

1:2. A veces "transmitir" era un término técnico en el mundo antiguo. Normalmente, los *discípulos de los *rabinos transmitían cuidadosamente las tradiciones de la primera generación. Los narradores orales también eran adeptos a la memorización y transmisión precisas de las historias. Ya que Lucas escribe mientras los testigos oculares todavía viven, y porque la *iglesia primitiva les dio un lugar prominente, podemos estar seguros de que sus tradiciones eran fiables. (Se consideraba que los testigos oculares eran las mejores fuentes.)

1:3, 4. Con frecuencia, las introducciones literarias especificaban el propósito de la obra (p. ej., en Contra Apión de *Josefo: "enseñar a todos los que desean conocer la verdad" acerca del pueblo judío); aquí Lucas desea proporcionar "la verdad de las cosas" ("la verdad precisa", BA; "plena seguridad", NVI). Era apropiado que el buen historiador verificara los datos que le habían llegado. Con frecuencia los libros comenzaban con una dedicatoria al *protector acaudalado que auspiciaba el proyecto. (Lucas y Hechos no representan tan solo una obra privada; el *Evangelio de Lucas está dentro del 3 por ciento del largo de Hechos, y ambos tienen el tamaño estándar de un rollo para publicación.)

Teófilo, el nombre del protector, era un nombre judío común. "Excelentísimo" podría indicar literalmente que era miembro de la alta sociedad romana (el orden ecuestre), aunque es posible que Lucas utilice el título sencillamente por cortesía. El deseo de verificación por parte de Teófilo era razonable si se consideran las numerosas aseveraciones que competían entre sí para adjudicarse la verdad religiosa en el imperio romano.

1:5-25
El ángel y el sacerdote

Después del prólogo, 1:1-4, en un griego mucho más clásico, Lucas se establece como maestro de varios estilos literarios adaptándose al estilo de la *LXX, reflejando sus ritmos hebraicos que dominan los capítulos 1—2.

1:5. Los historiadores acostumbraban presentar una *narración con un listado de los nombres de los reyes o gobernadores actuales, lo cual proporcionaba la fecha aproximada de la narración. Herodes el Grande fue rey de Judea oficialmente del año 37 al 4 a. de J.C. Veinticuatro clases (RVA; grupos, NVI) de sacerdotes (1 Crón. 24:7-18) se turnaban para servir en el templo dos semanas no consecutivas por año. Los sacerdotes podían contraer matrimonio con cualquier israelita de raza pura, pero con frecuencia preferían a las hijas de sacerdotes ("hijas de Aarón").

1:6. Los términos que Lucas utiliza para describir a Zacarías y Elisabet son los mismos que utilizaba el AT para otras personas justas, como Noé (Gén. 6:9), Abraham (Gén. 17:1) y Job (Job 1:1). El que lee esas *narraciones entiende que aunque estas personas no hayan sido moralmente perfectas (Gén. 9:21) o completas (Job 42:3-6), no violaron ninguno de los mandamientos enumerados en la *ley. Por lo tanto, Lucas utiliza estos términos para desafiar el malentendido que podría surgir a partir de la sabiduría convencional acerca de la esterilidad (Luc. 1:7).

1:7. El no tener hijos era una calamidad económica y social: económica, porque los padres no tenían quién los mantuviera en la vejez (cf. el comentario sobre 1 Tim. 5:4, 8); social, porque en la ley la esterilidad a veces representaba un juicio por pecado, y muchas personas daban por sentado la peor causa posible de un problema. La mayoría de la gente suponía que la esterilidad era un defecto de la mujer, y los maestros judíos por lo general insistían en que el hombre se divorciara de una mujer sin hijos para poder procrear. "Edad avanzada" puede sugerir que tenían más de sesenta años (*Mishnah, Abot 5:21); la edad en sí confería cierto prestigio social y a veces figuraba entre las cualidades o virtudes.

Sin embargo, contrario a la sabiduría convencional, está en claro que Zacarías y Elisabet son justos (1:6; cf. Sabiduría de Salomón 4:1), y el lector judío pensaría inmediatamente en los justos Abraham y Sara, su mujer, quien también era estéril. El Señor también abrió la matriz de otras matriarcas, Raquel y Rebeca, así como la de Ana y la madre de Sansón. Sin embargo, Elisabet se parece especialmente a Sara, quien no solo era estéril sino también demasiado anciana para tener hijos.

1:8, 9. Había muchos más sacerdotes y levitas de los que hacían falta (tal vez dieciocho mil) para cualquier función dada en el templo, así que se escogían para tareas específicas por sorteo durante su tiempo de servicio designado (además del servicio durante los tres festivales principales, servían unas dos semanas al año). Dado el número de sacerdotes, la oportunidad en el 1:9 tal vez le tocaría una vez en la vida a cada sacerdote. Esta ha de haber sido una ocasión especial para Zacarías.

Las ofrendas de incienso (Éxo. 30:7, 8) habían sido de rigor en los templos antiguos del Cercano Oriente, tal vez para disimular el hedor de la carne quemada en los sacrificios en los edificios cerrados. Esta ofrenda en el templo se ofrecía antes del sacrificio matutino y después del sacrificio vespertino. Se dice que el funcionario que ministraba regularmente en el templo indicaba el momento para empezar la ofrenda y luego se retiraba; el sacerdote echaba incienso en el altar, se postraba y luego se retiraba, por lo general inmediatamente (cf. 1:21).

1:10. Los horarios de los sacrificios matutinos y vespertinos eran también los horarios principales de oración pública en el templo (cf. Hech. 3:1). Salvo durante una fiesta, la mayoría de las personas que oraban serían habitantes de Jerusalén. Ya que no podían entrar en el santuario sacerdotal, se supone que había varones en el patio de Israel y algunas mujeres en el patio de mujeres.

1:11. El altar del incienso estaba en el centro del santuario sacerdotal, fuera del lugar santísimo. Zacarías 3:1 relata una aparición en el templo en el AT. Allí *Satanás se aparece al sumo sacerdote, parado a su derecha para acusarlo; pero el sumo sacerdote está frente al ángel del Señor, quien lo defiende y le trae un mensaje de paz para su pueblo.

1:12. Por lo general, la gente también reaccionaba con temor a las revelaciones angelicales en el AT.

1:13. Las anunciaciones angelicales, que con frecuencia incluían nombres, también precedieron algunos nacimientos importantes en el AT (p. ej., Gén. 16:11; 17:19; Isa. 7:14). Las personas sin hijos a lo largo del mundo antiguo rogaban a las deidades que les dieran hijos.

1:14, 15. El paralelo en el AT más cercano a Lucas 1:15 se encuentra en Jueces 13:4, 5, 7, donde se le advierte a Sansón, nazareo de nacimiento, que se abstenga de bebidas fuertes (cf. Núm. 6:3, 4). Compare Lucas 7:33. El judaísmo antiguo consideraba especialmente que el *Espíritu Santo era el espíritu de *profecía.

1:16, 17. Elías había de volver antes del día del Señor, volviendo los corazones de los padres a los hijos (Mal. 4:5, 6; cf. Eclesiástico 48:10). Aunque los *rabinos posteriores interpretaban que en este acontecimiento Elías, maestro de los asuntos legales complicados, estaba desenredando las genealogías israelitas, es probable que la intención en Malaquías sea la reconciliación familiar; cf. Miqueas 7:5, 6. Con respecto a "preparar para el Señor", ver Lucas 3:4. En cuanto a la medida del espíritu de Elías, compare el pedido de Eliseo por una "doble porción" (el derecho de heredad del varón primogénito) de esto en 2 Reyes 2:9. Aunque Juan no se adjudicó ningún milagro, fue un gran profeta porque era el precursor de Jesús.

1:18. Al igual que Zacarías, Abraham (Gén. 15:8; cf. 17:17), Gedeón (Jue. 6:17, 36-40; 7:10, 11) y otros en el AT (2 Rey. 20:8; cf. Isa. 7:10-14) pidieron señales ante promesas sorprendentes, pero no fueron castigados. El hecho de que la señal de Zacarías fuera más severa (1:20) solo sugiere que esta revelación es mucho mayor que las que la precedieron.

1:19. Aunque el judaísmo había desarrollado una larga lista de nombres angelicales, el NT solo menciona los dos que también aparecen en el AT: Gabriel (Dan. 8:16; 9:21) y Miguel (Dan. 10:13, 21; 12:1). Estos se convirtieron en los dos ángeles más populares de la tradición judía, donde Gabriel fue enviado en muchas misiones divinas. Típicamente, la literatura judía mostraba a los ángeles principales delante del trono de Dios.

1:20, 21. Por lo general se tardaba poco en echar el incienso en el altar calentado, después de lo cual el sacerdote salía inmediatamente. Es posible que la demora haya inquietado a la gente; a lo mejor pensaban que Zacarías había sido irreverente y había muerto, o que algo más había salido mal. Si la ofrenda de Zacarías había fallado, las oraciones de ellos también corrían peligro.

1:22. El término para "mudo" puede, aunque no necesariamente, incluir la sordera.

1:23. Ya que su término de servicio era de solo dos semanas al año, y no tenía hijos que lo mantuvieran en su vejez, es probable que Zacarías haya trabajado una pequeña granja o haya realizado otro trabajo en los campos de Judá. (Se suponía que los sacerdotes eran mantenidos por los diezmos de otros, no trabajando la tierra, pero los onerosos impuestos sobre los pobres y las prácticas injustas de la aristocracia sacerdotal, especialmente en las décadas justo antes del año 66 d. de J.C., se combinaban para dificultar la situación de los sacerdotes menos adinerados.)

1:24, 25. La alabanza como la pronunciada por Elisabet aquí era común entre las estériles a quienes Dios había visitado (Gén. 21:6, 7; 1 Sam. 2:1-11), pero recuerda especialmente el júbilo de Raquel: "Dios ha quitado mi afrenta" (Gén. 30:23).

1:26-38
El ángel y la muchacha

Aquí Lucas hace un contraste entre la fe sencilla de una adolescente, María, y la fe genuina pero menos profunda de un sacerdote anciano, Zacarías (cf. los contrastes más severos entre Ana y Elí en 1 Sam. 1—2. Aunque las historias son muy distintas, en ambos casos Dios utiliza una sierva humilde y desconocida para traer al mundo un agente de avivamiento para la próxima generación). Esta sección tiene paralelos no solo con los anuncios de nacimientos del AT sino también con *narraciones del AT: María fue llamada a cumplir el papel de ser la madre de Jesús.

1:26, 27. Porque José era de la línea de David y Jesús sería su hijo legal, Jesús podía calificar como miembro de la casa real de David. En el judaísmo, las "vírgenes" eran muchachas jóvenes, generalmente de catorce años o menos. El término que Lucas emplea para "virgen" también indica que todavía no había tenido relaciones sexuales con un varón (1:34, 35). En este período Nazaret era una aldea insignificante de alrededor de mil seiscientos a dos mil habitantes. En cuanto a Gabriel, ver el comentario sobre el 1:19.

1:28, 29. Con frecuencia Dios alentaba a sus siervos diciéndoles que estaba "con" ellos (p. ej., Jer. 1:18). Los saludos (como "salve") eran normales, pero el rango y la posición dentro de la sociedad determinaba a quién se debía saludar y con cuáles palabras. Como mujer y como joven (de tal vez doce o catorce años) soltera, María prácticamente no tenía ninguna posición social. Ni el título ("favorecida" o "agraciada") ni la promesa ("El Señor está contigo") eran tradicionales en los saludos, aunque hubiera sido una persona de posición.

1:30. "No temas" (cf. 1:13) también era común en las revelaciones del AT (p. ej., Jos. 1:9; Jue. 6:23; Jer. 1:8; Dan. 10:12; cf. Gén. 15:1). María se une aquí a la lista de personas en la Biblia que hallaron favor ante Dios (Gén. 6:8; 19:16, 19; Éxo. 33:13).

1:31. Este versículo sigue la estructura típica del AT para un anuncio de nacimiento divino, y se parece especialmente a Isaías 7:14, la promesa de Emanuel (en relación con esto, ver Mat. 1:23).

1:32, 33. Este lenguaje se deriva en última instancia de 2 Samuel 7:12-16 y también identifica al futuro hijo de María con el *Mesías "Dios Fuerte" de Isaías 9:6, 7 ("Dios Fuerte" claramente es un título divino; cf. Isa. 10:21). Sobre el *reino eterno, cf. también Daniel 2:44; 4:3; 6:26; 7:14.

1:34, 35. La tradición judía usaba el lenguaje de "cubrir con sombra" para expresar la presencia de Dios entre su pueblo.

1:36, 37. La idea del 1:36, 37 es que Dios, quien actuó a favor de Elisabet como lo hizo con Sara, todavía podía hacer cualquier cosa. Acerca del 1:36, cf. Génesis 18:14 (que trata el hecho de que Sara tenga un hijo). María tiene más fe que su antepasada (Gén. 18:12-15).

1:38. María expresa su sometimiento a la voluntad del Señor en los términos habituales del AT para la sumisión o el consentimiento (p. ej., 1 Sam. 1:18; 25:41; 2 Sam. 9:6, 11; 2 Rey. 4:2; cf. Bel y el Dragón 9; ver especialmente 2 Sam. 7:25).

1:39-56
Encuentro de madres milagrosas

1:39, 40. Es posible que el viaje de Nazaret hasta la tierra montañosa de Judea haya tardado de tres a cinco días, dependiendo de la ubicación exacta de la casa de Elisabet. Considerando los bandidos que se encontraban en los caminos, la joven María fue valiente al hacer ese viaje, aunque tal vez haya encontrado una caravana con la cual viajar; de otro modo es posible que su familia no le hubiera permitido ir. Por lo general los saludos eran bendiciones con la intención de conferir paz; de ahí la respuesta del versículo 41.

1:41. Al igual que la danza, los saltos eran expresiones de gozo (p. ej., Sabiduría de Salomón 19:9). El pueblo judío reconocía que el feto podía sentir y responder a los estímulos;

aunque a veces sugería que se podía cambiar el género del feto mediante la oración hasta el momento del nacimiento, parte de la tradición *rabínica también creía que los fetos podían pecar, cantar, y hacer muchas otras cosas en el vientre. Algunas historias paganas también contaban de bebés que danzaban en el vientre de la madre o hablaban siendo lactantes, pero por lo general los paganos consideraban que estos acontecimientos eran malos augurios. Aquí, por el contrario, la actividad de Juan es resultado de su sensibilidad prenatal al espíritu profético. Acerca del *Espíritu Santo, ver el 1:15.

1:42-44. En cuanto a alabar a otro indirectamente mediante una bendición secundaria, ver el comentario sobre Mateo 13:16, 17 (cf. también, p. ej., el *pseudoepígrafo *2 Baruc 54:10, 11).

1:45. Abraham también creyó la promesa de un hijo (Gén. 15:6).

1:46, 47. Los versículos 46-55 enfatizan la exaltación de los pobres y los humildes, y la humillación de los orgullosos y ricos. Este énfasis de la canción de María tiene un fuerte parecido con el cántico de alabanza de Ana, la madre de Samuel, en 1 Samuel 2:1-10; Ana celebró cuando el Señor abrió su vientre estéril. (Lucas omite la imagen del triunfo militar que Ana había aplicado a su rivalidad con Penina.) La poesía hebrea comúnmente usa un paralelismo sinónimo (en el cual una segunda línea reitera lo dicho en la primera); por lo tanto aquí "alma" y "espíritu" se utilizan en forma intercambiable, como otras muchas veces en la Escritura; también están unidos el gozo y la alabanza (cf. Sal. 33:1; 47:1; 81:1; 149:1-5; Jer. 33:7-9).

1:48. El AT hablaba de los que obedecían a Dios, especialmente los profetas, como siervos de Dios. También enfatizaba la forma en que Dios exalta a los humildes y revela la importancia que la cultura antigua le daba a la persistencia del honor y el nombre después de la muerte.

1:49, 50. En el versículo 50 María alude al Salmo 103:17, que en el contexto enfatiza la fidelidad de Dios, a pesar de la flaqueza humana, hacia aquellos que le temen.

1:51. Este es el lenguaje de la vindicación mediante el juicio; con frecuencia en el AT, el "brazo" de Dios salvaba a su pueblo y "esparcía" a sus enemigos. María entreteje el lenguaje de varios salmos.

1:52, 53. El principio de que Dios exalta al humilde y hace caer al orgulloso era común en el AT (p. ej., Prov. 3:34; Isa. 2:11, 12, 17; cf. Eclesiástico 10:14). "Saciar a los hambrientos" viene del Salmo 107:9, donde Dios ayuda a los que están en agonía porque él es misericordioso.

1:54, 55. Dios había prometido ser fiel a su pueblo Israel para siempre por el pacto eterno que había jurado con su antepasado Abraham (p. ej., Deut. 7:7, 8). Israel es el "siervo" de Dios en Isaías 42—49 (cf. el comentario sobre Mat. 12:15-18).

1:56. Aunque los textos antiguos a veces hablan de una duración de diez meses para el embarazo, se sabía que normalmente duraba nueve; los tres meses mencionados aquí más los seis del versículo 26 sugieren que María estuvo presente lo suficiente como para presenciar el nacimiento de Juan.

1:57-66
El nacimiento de Juan

A este relato le faltan los detalles *hagiográficos que se encuentran en muchas historias judías de nacimientos de la época, especialmente las de Noé y Moisés, donde el bebé iluminaba la sala o hablaba (el Noé recién nacido).

1:57, 58. Los vecinos solían unirse para las celebraciones (cf. 15:6), y el nacimiento, especialmente uno tan insólito como este, y la circuncisión de un hijo en el hogar (típicamente realizada por el padre durante este período) eran unas de estas ocasiones. La tradición judía sugiere que los invitados se reunían todas las noches desde el nacimiento del varón hasta su circuncisión. Acerca de la causa especial para la celebración aquí, ver el comentario sobre 1:7. Los judíos consideraban esenciales a los hijos varones porque ellos llevaban adelante la línea familiar, aunque en la práctica no parecen haber amado menos a sus hijas.

1:59. La *ley exigía que se realizaran las circuncisiones el octavo día; este era un acontecimiento especial, y la costumbre judía incluía la instrucción de criar al hijo de acuerdo con la ley bíblica. Se acostumbraba darles nombre a los niños judíos al nacer. Aparte de este texto, la evidencia de que se les daba el nombre a los niños en el momento de la circuncisión aparece solamente en documentos posteriores. Pero a los bebés romanos se les daba el nombre ocho o nueve días después de nacer (para mujeres y varones, respectivamente), y es posible que Lucas acomode la práctica grecorromana para sus lectores o, lo cual es más probable, que indique la influencia grecorromana en las costumbres judías en Palestina. Es posible que la mudez de Zacarías haya alterado el proceso acostumbrado para ponerles nombre a los niños; cf. el 2:21.

1:60-62. Con frecuencia se les ponía nombre a los hijos en honor de los abuelos y a veces de los padres. El padre, y no la madre, tenía la decisión final; en la sociedad romana (a diferencia de la judía) el padre hasta tenía el derecho legal de decidir si la familia criaría al niño o lo tiraría en la basura.

1:63. La tablilla era una tabla de madera recubierta de cera; se escribía el mensaje en la superficie de cera.

1:64-66. La mudez profética y la restauración del habla una vez cumplida la *profecía se encuentran también en Ezequiel 33:22.

1:67-79
La profecía de Zacarías

En el AT solo había una línea delgada entre la adoración inspirada y la *profecía (p. ej., 1 Sam. 10:5, 6; 1 Crón. 25:1-3), y con frecuencia, como en los Salmos, se podía pasar de la una a la otra (46:1, 10; 91:1, 14).

1:67. El *Espíritu de Dios estaba asociado especialmente (aunque no exclusivamente) con la profecía en el AT, y esta perspectiva seguía vigente en diversos círculos judíos en la época de Jesús.

1:68. "Bendito sea el Señor" aparece en la alabanza del AT (p. ej., 1 Crón. 16:36; 2 Crón. 6:4; Sal. 41:13; 72:18), y se convirtió en una oración inicial habitual para las bendiciones judías. Los profetas y los escritores posteriores (cf. los *Rollos M M) decían que Dios visitaba a su pueblo para redención y juicio. El uso de "redimir" aquí compara este nuevo acontecimiento con el momento en que Dios salvó a su pueblo de Egipto; los profetas habían prometido una liberación futura en un nuevo éxodo.

1:69. Ya que el cuerno podía darle la victoria a un animal en la batalla, indicaba poder. "Cuerno de salvación" tiene un significado paralelo con "roca" y "fortaleza" en el Salmo 18:2 (BA). Por lo tanto, el *Mesías davídico sería su libertador (cf. Sal. 132:17).

1:70-75. Dios había prometido salvación de los enemigos en su pacto con Abraham y sus descendientes. El lenguaje aquí refleja profundamente el AT.

1:76. "Preparar sus caminos" se refiere a Isaías 40:3 (que predice el heraldo de un nuevo éxodo) y tal vez Malaquías 3:1 (probablemente relacionado con Elías en el 4:5); cf. Lucas 3:4.

1:77. La "salvación" futura en Isaías incluye la liberación de los opresores políticos; pero, al igual que aquí, se basa en la restauración de Israel al favor divino mediante el perdón.

1:78. La "aurora" (RVA; "sol naciente", NVI) podría aludir a Dios como el Sol de justicia de Malaquías 4:2 (cf. Sal. 84:11). Algunos comentaristas han sugerido un juego de palabras griego que se refiere al *Mesías tanto como "renuevo" como "estrella" en el AT.

1:79. Aunque Zacarías entreteje varias alusiones aquí al igual que en otras partes del capítulo, Isaías 9:2 sobresale. El contexto de este pasaje es explícitamente mesiánico (Isa. 9:6, 7).

1:80. La declaración sumaria hace recordar especialmente 1 Samuel 2:26 y 3:19 en la maduración del profeta Samuel. El desierto era el lugar previsto para un nuevo éxodo y por lo tanto para el *Mesías; algunos grupos se apartaban del judaísmo común al desierto, buscando mayor pureza. Se debate si Juan podría haber estudiado entre tales grupos por un tiempo, aunque es probable que lo haya hecho si sus padres ancianos murieron antes de que él llegara a la madurez (se dice que los *esenios adoptaban a niños y los instruían desde los diez años de edad).

2:1-7
Viaje a Belén

A partir del año 6 a. de J.C. se comenzaron a realizar censos en gran escala cada catorce años; antes de esa fecha los censos periódicos parecen haberse realizado en intervalos menos regulares. Un censo impositivo instigado por el venerado emperador Augusto inicia el contraste entre la pompa terrenal del César y la gloria celestial de Cristo en el 2:1-14.

2:1. Los censos eran importantes para evaluar los impuestos. Por lo general se realizaban en forma local, de modo que es probable que no todos los gobiernos locales en todas las regiones hayan implementado el decreto del César simultáneamente.

2:2. Algunos estudiosos cuestionan que Cirenio haya sido gobernador de Siria en este momento. No hay duda de que Cirenio haya sido gobernador de Siria durante el censo posterior muy recordado del año 6 d. de J.C., cuando Séforis y algunos patriotas galileos se rebelaron contra el censo impositivo de ese año. Este pasaje parece referirse a un censo anterior realizado mientras Herodes el Grande todavía era rey (antes del año 4 a. de J.C.). Esto explica el "*primer* censo" de Cirenio que menciona Lucas.

Algunos comentaristas han sugerido que Lucas combinó los dos acontecimientos o que Cirenio fue gobernador de Siria durante la época anterior descrita por Lucas así como en el año 6 d. de J.C., para lo cual existe cierta evidencia (aunque actualmente está incompleta). Los historiadores fechaban los acontecimientos nombrando los funcionarios del momento, de modo que es posible que Cirenio haya estado ejerciendo en la época sin estar asociado con este censo. Se menciona al gobernador de Siria porque la provincia romana de Siria incluía a Palestina en su jurisdicción en esta época.

2:3. Aunque los registros de los censos egipcios muestran que la gente debía regresar a su hogar para un censo impositivo, el hogar al cual regresaba era donde tenía alguna propiedad, no sencillamente donde había nacido (los censos registraban a las personas según su propiedad). Por lo tanto, José todavía debe haber tenido alguna propiedad en Belén. Si el censo impositivo del 6 d. de J.C. es una indicación, tal vez no haya tenido que registrarse por ninguna propiedad en Galilea.

2:4. Las muestras de cerámica sugieren una migración de personas del área de Belén a Nazaret alrededor de esta época. Aparentemente, el domicilio legal de José todavía era Belén, donde se había criado.

2:5. El desposorio proveía la mayoría de los derechos legales del matrimonio, pero las relaciones sexuales estaban prohibidas; José demuestra valor al llevar con él a su prometida embarazada, aunque (lo cual es muy posible) ella también sea una belenita que debe regresar a ese pueblo. Aunque las leyes impositivas en la mayor parte del imperio solo requerían que se presentara el jefe de familia, la provincia de Siria (que entonces incluía a Palestina) también cobraba impuestos a las mujeres. Sin embargo, es posible que José sencillamente no quiera dejarla sola en esta etapa avanzada de embarazo, especialmente si las circunstancias del embarazo la han privado de otras amistades.

2:6, 7. Los "pañales" eran largas tiras de tela que se usaban para mantener derechos los miembros de los bebés para que pudieran crecer bien (cf. Sabiduría de Salomón 7:4). Por lo general las parteras ayudaban durante el parto. Especialmente al ser el primer hijo de María, es probable (aunque el texto no lo pone en claro) que una partera le haya ayudado. La ley judía permitía que las parteras viajaran una larga distancia, aun en el día de reposo, para ayudar en los partos.

Para principios del siglo II d. de J.C., había un conocimiento general aun entre los paganos de una tradición de que Jesús había nacido en una cueva, detrás de la casa de alguien, usada como refugio para el ganado, y que el emperador Adriano había sido informado sobre la ubicación de esta cueva. El pesebre era un cajón de madera del cual comían los animales. A veces estaban empotradas en el piso. La palabra tradicionalmente traducida por "mesón" probablemente signifique "hogar" o "habitación de huésped". Con el regreso de todos los parientes dispersos de José al mismo tiempo, habría sido más fácil para María tener su hijo (o cuidarlo después del parto) en la cueva vacante afuera.

2:8-20
El nacimiento del verdadero rey

2:8. Debido a la proximidad a Jerusalén, algunos estudiosos han sugerido que estos rebaños son los rebaños del templo criados para sacrificio. Esta narración habría desafiado los valores de muchas personas religiosas que despreciaban a los pastores. El trabajo de los pastores les impedía participar en las actividades religiosas de sus comunidades. El pastoreo nocturno indica que era una estación cálida, no invierno (cuando los animales pastarían más bien de día). Los cristianos romanos adoptaron más adelante el 25 de diciembre como Navidad solo para sustituir un festival romano pagano programado en ese momento.

2:9. Las apariciones angelicales, la revelación de la gloria de Dios y el consecuente temor entre los humanos presentes eran comunes en el AT cuando Dios obraba de manera especial en la historia.

2:10-12. En cuanto a "no temáis", ver el comentario sobre 1:13, 30. Las "buenas nuevas" podían referirse a la proclamación de la salvación de Dios (Isa. 52:7), pero los paganos también aplicaban la frase a celebraciones del culto del emperador entre todos los pueblos del imperio supuestamente mundial. Especialmente durante la celebración de su cumpleaños (los paganos celebraban públicamente los cumpleaños de las deidades), el emperador era saludado como "Salvador" y "Señor". Pero el nacimiento de Jesús en un humilde pesebre distingue al verdadero rey del emperador romano, cuyos partidarios en la época de Jesús habrían reaccionado (tal vez violentamente) ante la comparación implícita. Las "señales" son comunes en la literatura profética (p. ej., Isa. 7:14; Eze. 12:11) y funcionan tanto para provocar y explicar la verdad como para probarla.

2:13, 14. Este coro contrasta con los coros terrenales utilizados en la adoración del emperador. El emperador en ese momento, Augusto, era alabado por haber inaugurado una paz mundial. El paralelismo invertido (Dios contra el pueblo, y "las alturas" contra "en la tierra") sugiere que "en las alturas" significa "entre las huestes angelicales del cielo".

2:15-18. Es probable que los pastores hayan examinado los establos hasta encontrar el que tenía al bebé; Belén no era un pueblo grande.

2:19, 20. María guardó estos asuntos en su mente del mismo modo que Jacob había guardado las revelaciones de José en Génesis 37:11 (para la expresión idiomática, cf., p. ej., Sal. 119:11; Prov. 6:21; Sabiduría de Salomón 8:17).

2:21-40
El bebé y sus testigos

2:21. Ver el comentario sobre 1:57-59.

2:22-24. Estos versículos se refieren a Éxodo 13:2, 12 y Levítico 12:8. Los padres de Jesús cumplen la *ley de Moisés en forma correcta y piadosa. El sacrificio particular que ofrecen indica que son pobres (Lev. 12:8). De acuerdo con la costumbre, María pondría sus manos sobre las tórtolas. Luego un sacerdote las llevaría a la esquina sudoeste del altar, para torcer el cuello de un ave como ofrenda por el pecado y quemar la otra como holocausto entero.

2:25, 26. Este encuentro con Simeón ocurre sin duda en el Patio de las Mujeres. Se describía la intervención futura de Dios a favor de Israel como "consolación" o "consuelo" (cf., p. ej., Isa. 49:13; 51:3; 52:9; 66:13). El "*Espíritu Santo" estaba especialmente asociado con la *profecía. En cuanto a la *gracia de Dios antes de la muerte, compare el Salmo 91:16, Tobías 10:13 y 11:9. A veces en el AT los justos eran protegidos de ver desastres y los malvados no experimentaban el bien (p. ej., 2 Rey. 6:2; 22:20).

2:27-32. La alabanza de Simeón refleja la piedad del AT, como en Génesis 46:30, y *profecías como las de Isaías 42:6 y 49:6.

2:33-35. Las profecías en la tradición judía y grecorromana con frecuencia eran oscuras, más fáciles de entender después del hecho que en el momento en que habían sido dadas. Es probable que las palabras de Simeón se refieran a la piedra de tropiezo de Isaías 8:14, 15 y la *resurrección esperada. La "espada" refleja o el sufrimiento de María por el dolor de Jesús o su corazón descubierto, probablemente lo primero (el dolor de una madre puede simbolizar el sufrimiento de un hijo, p. ej., Jue. 5:28).

2:36. Aunque el AT incluía profetizas, eran mucho menos prominentes que los profetas varones en la tradición judía de este período. El nombre "Ana" (Tobías 1:9) es el nombre hebreo que se usa en 1 Samuel 1:2.

2:37, 38. La cultura judía y la grecorromana con frecuencia consideraban piadosas y fieles a las viudas que nunca se volvían a casar. Se decía que Judit, una viuda famosa de la tradición judía, había vivido como tal hasta su muerte a los 105 años. Si se suman los dos números dados en el texto aquí, siete y ochenta y cuatro (considerando los ochenta y cuatro como la duración de la viudez de Ana en lugar de su edad), y si se casó a la edad habitual de catorce, se podría considerar que ella también tenía 105 años.

2:39, 40. Ver el comentario sobre 1:80.

2:41-52
El niño en el templo

En lo posible, los biógrafos antiguos contaban anécdotas significativas acerca de la juventud de sus personajes, a veces acerca de prodigios infantiles espectaculares (p. ej., Ciro, *Josefo). En el 2:21-40, Jesús tenía intrigados a los profetas; en el 2:41-52, tiene intrigados a los maestros de la ley.

2:41. La *ley exigía un peregrinaje anual a Jerusalén durante la Pascua (Deut. 16:6), aunque la mayoría de los judíos que vivían lejos no podían ir todos los años. Aunque los maestros judíos no siempre exigían la asistencia de las mujeres a las fiestas, muchas mujeres asistían. Es posible que este versículo sea otra alusión a Ana en 1 Samuel 1:7 y 2:19.

2:42. "Doce años" habría sido un año antes de que Jesús se convirtiera oficialmente en israelita adulto y aceptara la responsabilidad de cumplir la ley. (Aunque es posible que la ceremonia judía oficial del *bar mitzvah* no haya existido en la época de Jesús, su analogía con los rituales de la mayoría de edad romanos apoya otras evidencias de un ingreso oficial a la adultez alrededor de esta edad.)

2:43-45. Las caravanas, que ofrecían protección contra los asaltantes, eran comunes en los peregrinajes a las fiestas en Jerusalén.

Al viajar con una caravana, en la cual los vecinos del pueblo vigilarían juntos a los niños de la comunidad, María y José podrían dar por sentado que Jesús, quien ya era casi un "adulto", estaba con sus compañeros, especialmente si para entonces tenían hijos más jóvenes que cuidar. Si suponemos una distancia de treinta kilómetros por día (aunque tal vez menos, según el transporte y los niños), el camino más corto a Nazaret supondría un viaje de algo más de tres días.

2:46, 47. Algunos maestros judíos de este período supuestamente llevaban a cabo sus clases en los patios del templo. Es posible que los famosos *Hillel y *Shammai hayan sido dos de tales maestros. Se hacía uso de preguntas tanto para enseñar como para aprender, pero era importante que los oidores hicieran preguntas inteligentes, como lo hace Jesús. Los maestros podían contestar las preguntas con preguntas, y las respuestas de Jesús también son inteligentes.

2:48-51. El mandamiento de honrar al padre y a la madre se consideraba uno de los más importantes de la ley, y los hijos que todavía no eran considerados adultos debían expresar esta honra en parte mediante la obediencia. En cuanto al corazón de María, ver el comentario sobre 2:19.

2:52. Ver el comentario sobre 1:80; cf. Judit 16:23. Para la fraseología, cf. también Proverbios 3:4.

3:1-6
Presentación de Juan

3:1, 2. Se acostumbraba comenzar las narraciones históricas fechándolas de acuerdo con los años de los gobernadores y los oficiales, en la historiografía tanto grecorromana como del AT, así también como para presentar oráculos o libros proféticos (p. ej., Isa. 1:1; 6:1). Lucas muestra que Juan comenzó a predicar en algún momento entre septiembre del año 27 d. de J.C. y octubre del 28 d. de J.C. (o, con menos probabilidad, el año siguiente). Tiberio reinó del año 14 al 37 d. de J.C.; Herodes Antipas, hijo de Herodes el Grande (ver el comentario sobre 1:5), fue tetrarca de Galilea del 4 a. de J.C. al 39 d. de J.C.; Poncio Pilato ejerció del 26 al 36 d. de J.C. En cuanto a "Anás y Caifás", ver el comentario sobre Juan 18:13, 19.

3:3. Los no judíos que deseaban convertirse al judaísmo debían sumergirse en agua para remover su impureza como *gentiles. Juan requiere este acto de conversión aun de los judíos. Ver el comentario sobre Marcos 1:5.

3:4-6. En cuanto a la cita, ver Marcos 1:3. Isaías prometió un nuevo éxodo en el cual Dios volvería a salvar a su pueblo Israel. Lucas amplía la cita para incluir más de Isaías 40, posiblemente para concluir con ver la salvación de Dios; cf. Lucas 2:30.

3:7-20
La predicación de Juan

Ver el comentario sobre Mateo 3:7-12 para detalles adicionales.

3:7. Se creía comúnmente que las víboras (p. ej., la víbora de Nicander) salían del vientre de la madre comiendo para hacer un boquete. Por lo tanto, era más ofensivo que Juan llamara a las multitudes "generación de víboras" que "víboras". Las serpientes huían de los campos incendiados.

3:8, 9. Los judíos creían que eran salvos en virtud de su descendencia de Abraham, que los convertía en el pueblo escogido. La idea de levantar personas de piedras aparece en la mitología griega. Algunos estudiosos han sugerido que Juan hace un juego de palabras entre las palabras arameas para "hijos" y "piedras".

3:10, 11. La gente más pobre (como la mayoría de las personas en Egipto, que eran campesinos) solo tenía una túnica exterior. Según esta pauta, cualquiera que tenía dos túnicas tenía más de lo necesario. "¿Qué haremos?" se repite a lo largo de Lucas y Hechos como una pregunta acerca de cómo ser salvo.

3:12, 13. Los *publicanos o recaudadores de impuestos a veces juntaban dinero adicional y guardaban la ganancia. Aunque esta práctica no era legal, era difícil de impedir.

3:14. Algunos comentaristas piensan que estos "soldados" eran policías judíos que acompañaban a los recaudadores de impuestos o mercenarios herodianos, pero es más probable que fueran las tropas auxiliares no judías que Roma reclutaba en Siria. Aunque las legiones grandes estaban emplazadas en Siria, no en Palestina, algunos soldados estaban emplazados en Palestina (Cesarea y Jerusalén), y sin duda pasaban bandas más pequeñas. La frecuencia del concubinato ilegal de los soldados romanos con las mujeres nativas también indica que no todos los soldados permanecían en su cuartel todo el tiempo. Los judíos estaban exentos del servicio militar obligatorio especialmente por sus leyes dietéticas.

Los soldados a veces protestaban por sus sueldos, creando problemas con el gobierno (p. ej., el motín de la frontera del año 14 d. de J.C.). Eran famosos por extorsionar dinero de la gente local que intimidaban o por acusarla falsamente (ver, p. ej., los *papiros; *Apuleyo).

3:15-17. Acerca de la predicación *mesiánica de Juan, ver el comentario sobre Mateo 3:11, 12. Los profetas del AT habían declarado que en el tiempo final los justos estarían dotados del *Espíritu Santo y que los malvados serían quemados con fuego. Los judíos por lo general consideraban al Espíritu Santo el espíritu de *profecía, y algunos círculos consideraban que el Espíritu era una fuerza que purificaba de la impureza al pueblo de Dios.

3:18. En cuanto a sus "muchas otras cosas", ver el comentario sobre Hechos 2:40.

3:19, 20. La predicación de Juan a Herodes Antipas encuadra en la moralidad profética, pero es posible que Herodes y sus consejeros la consideren una declaración política, especialmente dado el costo político de la unión ilícita de Herodes con Herodía (ver el comentario sobre Mar. 6:17-20). La Némesis de Herodes, un rey nabateo, también halló aliados étnicos en el territorio de Perea, sujeto a Herodes, y es posible que Herodes haya considerado que la predicación de Juan en esa región (Juan 3:23) era especialmente perjudicial.

En el Israel antiguo los profetas normalmente disfrutaban de una inmunidad contra la persecución, virtualmente sin par en el antiguo Cercano Oriente (los profetas de otras naciones rara vez denunciaban a los reyes; cuando mucho sugerían más fondos para sus templos). Pero algunos gobernadores israelitas sí los encarcelaron (1 Rey. 22:26, 27; Jer. 37—38) e intentaron matarlos o callarlos (1 Rey. 13:4; 18:13; 19:2; 2 Rey. 1:9; 6:31; 2 Crón. 24:21; Jer. 18:18, 23; 26:11, 20-23). La costosa posición de Juan prefigura la muerte de Jesús a manos de las autoridades.

3:21, 22
Declaración de Jesús como Hijo

La tradición judía enfatizaba que Dios se comunicaba en esta era mediante voces del cielo; la mayoría de las personas creía que ya no hablaba mediante profetas, o por lo menos no como lo había hecho antes. El ministerio profético de Juan y la voz del cielo proporcionan así un testimonio doble de la identidad de Jesús. Ver el comentario adicional sobre Marcos 1:9-11.

3:23-38
La ascendencia de Jesús

Los biógrafos grecorromanos incluían listas de antepasados, especialmente antepasados ilustres en lo posible. Al igual que las genealogías grecorromanas, pero a diferencia de las genealogías de Mateo y del AT, Lucas comienza con los nombres más recientes y va hacia atrás. Este procedimiento le permite terminar con "Hijo de Dios" (cf. 1:35; 3:22; 4:3).

Para detalles adicionales acerca de las genealogías, ver el comentario sobre Mateo 1:2-16. Los estudiosos han propuesto diversas explicaciones para las diferencias entre las genealogías de Mateo y Lucas, de las cuales las más sobresalientes son las siguientes: (1) una (probablemente la de Mateo) registra la genealogía de José, la otra la de María; (2) una (probablemente la de Mateo) espiritualiza la genealogía en lugar de seguirla literalmente; (3) las líneas de descendencia se cruzan pero son distintas porque una lista incluye varias líneas adoptivas mediante matrimonios leviráticos (Deut. 25:5-10).

En la sociedad griega, los varones con frecuencia ingresaban al servicio público a la edad de treinta años; el servicio de los levitas también empezaba a los treinta años. Como buen historiador griego, Lucas dice "como treinta años" (3:23) en lugar de presentar un cálculo como número definitivo, según la costumbre en la historiografía judía tradicional.

4:1-13
Prueba en el desierto

Ver el comentario sobre Mateo 4:1-11 para detalles adicionales. Jesús resuelve los asuntos como todo buen *rabino lo haría, apelando a las Escrituras. Pero este texto también muestra que Jesús no solo usa las Escrituras para acomodar las ideas contemporáneas de su autoridad; las usa como su autoridad y como la palabra final sobre la ética al tratar con un adversario supracultural. (Debería darse por sentado que el escritor y los lectores originales habrían considerado al diablo un ser literal y personal; el tratamiento figurativo del diablo por parte de algunos lectores modernos como símbolo genérico del mal interpreta el texto de una manera totalmente ajena a él.)

Los tres textos de Deuteronomio (6:13, 16; 8:3) citados aquí (4:4, 8, 12) eran mandamientos dados a Israel cuando este estaba bajo prueba en el desierto. En contraste con Adán, otro "hijo" de Dios (3:38) que sí pecó, Jesús vence en las pruebas (cf. Gén. 3).

4:1, 2. Moisés también ayunó cuarenta días y cuarenta noches; Israel también estuvo en el desierto cuarenta años.

4:3. La primera prueba que le hace el diablo a Jesús es el tipo de hazaña que el pensamiento antiguo atribuía a los magos, que decían poder transformarse en animales y transformar otras sustancias, como piedras en pan.

4:4. Otros círculos judíos (en evidencia, p. ej., en los *Rollos MM y textos *rabínicos posteriores) también usaban la frase "escrito está" para presentar las Escrituras.

4:5-7. Técnicamente, el mundo no le pertenece al diablo (Dan. 4:32), quien es dueño de sociedades y corazones humanos solo como usurpador. Cuando mucho, podría haber convertido a Jesús en el tipo de *Mesías político y militar que esperaba la mayoría de los judíos.

4:8. Deuteronomio 6:13, citado por Jesús, prohíbe la idolatría (Deut. 6:14), un mandamiento obviamente violado por cualquiera que adora al diablo.

4:9-11. El diablo lleva a Jesús a una parte del templo con vista a un profundo valle; una caída desde allí habría significado la muerte segura. Los *rabinos posteriores reconocían que el diablo y los demonios podían manejar las Escrituras en forma experta; aquí el diablo cita el Salmo 91:11, 12 fuera de contexto, porque el 91:10 pone en claro que la protección de Dios es para acontecimientos que les suceden a sus siervos, no como excusa para buscar tales peligros.

4:12. Jesús cita Deuteronomio 6:16, que se refiere a la manera en la cual los israelitas habían probado a Dios en Masah al negarse a aceptar que Dios estaba entre ellos hasta que les diera una señal (Éxo. 17:7).

4:13. Para la mayoría de los lectores antiguos, la salida del diablo ha de haber supuesto su derrota, por lo menos temporal (cf. el *Testamento de Job 27:6; Vida de Adán 17:2, 3, de fecha incierta).

4:14-30
Predicación en la sinagoga de su propio pueblo

Lucas, quien sigue el orden de sus fuentes muy meticulosamente (probablemente según el patrón de biografía que usa), se aparta de ese orden aquí (cf. Mar. 6:1-6), porque esta sección se convierte en su declaración programática o su tesis para el *evangelio. (Cf. el sermón de Pedro en Hech. 2, que funciona en forma análoga para Hechos.)

El hecho de que Jesús citara las Escrituras en contra del diablo (4:1-13) no ha de haber molestado a sus coetáneos; sin embargo, el hecho de que las usara para desafiar tradiciones que sus coetáneos consideraban bíblicas los enfurece. Los maestros judíos oficialmente alentaban el debate, examinando todos los puntos de vista de las Escrituras; pero por lo general interpretaban las Escrituras de tal modo que apoyaban las ideas aceptadas por la tradición (una práctica frecuente en muchas iglesias actuales).

4:14, 15. Con frecuencia se les daban oportunidades de enseñar a los *rabinos visitantes; pero Nazaret, un pueblo de mil seiscientos a dos mil habitantes, ya conocía a Jesús y estaría menos abierto a pensar en él en forma nueva.

4:16. La gente ha de haber sabido que Jesús era devoto y experto en hebreo por sus lecturas anteriores en la *sinagoga de su pueblo. Por lo general, se enseñaban las Escrituras sentado (Mat. 5:1, 2) pero se las leía de pie.

4:17. Más adelante las sinagogas siguieron lecturas de lecciones regulares, pero durante este período los lectores tenían más libertad para escoger la lectura de los Profetas; aun más tarde se les permitía a los lectores de los Profetas "saltarse" pasajes. Se supone que el ayudante de la sinagoga (*chazan*, v. 20) escogía cuál libro leer (los diversos libros del AT estaban en distintos rollos). "Abrir" el libro significaba desenrollar el rollo hebreo en el lugar apropiado.

4:18, 19. En este pasaje Isaías (61:1, 2; cf. 58:6) parece describir el futuro de Israel en términos del año del Jubileo, o año de liberación, de Levítico 25; los *Rollos MM interpretan Isaías 61 de este modo. Algunos estudiosos han sugerido que un año de Jubileo reciente podría haber resultado en que este esto estuviera fresco en la mente de los oidores de Jesús; otros estudiosos se preguntan si seguía siendo una práctica actual en el judaísmo principal. El hecho de que Lucas terminara la cita en una nota de salvación probablemente haya sido intencional, pero los lectores que conocían bien las Escrituras seguramente sabían cómo seguía el pasaje.

4:20. Por lo general los maestros se sentaban para enseñar las Escrituras. El ayudante en la *sinagoga era el *chazan*, el funcionario responsable por el mantenimiento del edificio, los rollos, etc. Este puesto terminó siendo pago (pero con menos autoridad que los "principales" de una sinagoga). Es probable que las sinagogas hayan sido menos formales que la mayoría de las iglesias o las sinagogas actuales, de modo que la atención de los asistentes es significativa.

4:21, 22. La inmediatez ("hoy"; cf. 2:11; 19:5, 9; 23:43) es la clave inicial de la ofensa que seguiría. El texto que lee Jesús ha de cumplirse en la era mesiánica, y los habitantes de Nazaret no veían ni al *Mesías ni la era mesiánica ante ellos. Ya que vivían a solo 6 kilómetros de Séforis, estaban muy conscientes de la manera en la cual los romanos habían destruido esa capital galilea después de una insurrección de tipo mesiánico en el año 6 d. de J.C. El hecho de que esta región haya tratado los anuncios mesiánicos con cautela después de ello, se evidencia por el hecho de que la Séforis reconstruida no participó en la insurrección posterior del año 66 d. de J.C.

Los escritores de los *Rollos MM, quienes creían que vivían al borde del tiempo final, con frecuencia enfatizaban la inmediatez de las *profecías bíblicas, aplicando las descripciones de Nahúm, Habacuc y otros a su propia época. Por lo tanto, la interpretación de la Biblia en esta manera no era en sí ofensiva para los judíos palestinos del primer siglo; la ofensa radicaba en insinuar que el tiempo final había llegado en el propio ministerio de Jesús.

4:23, 24. La tradición de que Israel rechazaba a sus propios profetas era fuerte en el judaísmo; por ejemplo, Jeremías fue perseguido por su propio pueblo sacerdotal, Anatot (Jer. 1:1; 11:18-23). El proverbio en el 4:23 figura en alguna forma en la literatura clásica y médica griega, y algunos *rabinos citaban un proverbio *arameo similar.

4:25-27. Jesús menciona a los socialmente débiles (las viudas) y los marginados (leprosos), pero la idea principal es que los no judíos eran los que aceptaban dos de las señales más importantes de los profetas del AT. Sidón y Siria se encontraban entre las áreas especialmente despreciadas. El argumento de Jesús: Nazaret no lo recibirá, pero los no judíos sí lo harán.

4:28, 29. Una turba no podía ejecutar legalmente un castigo capital en la Palestina judía. Por lo tanto, la multitud está inusitadamente airada, especialmente al intentar esta ejecución durante el día de reposo (v. 16). Aunque no parece que Nazaret haya estado construida sobre un monte, como muchas ciudades antiguas estaba situada en una región montañosa con abundantes rocas escabrosas y precipicios cercanos. El apedreamiento comenzaba con tirar al criminal por un precipicio para luego tirarle encima piedras como del tamaño de la cabeza de una persona. Primero se apuntaba al pecho, pero a esa distancia la puntería no sería muy exacta.

4:30. Ya sea que el Señor lo esconda (cf. Jer. 36:26), que su actitud los calle o que sus conciudadanos se den cuenta de lo que le están por hacer a uno de los suyos, Jesús pasa ileso por entre la multitud: su hora todavía no había llegado.

4:31-37
Predicación en la sinagoga de Capernaúm

Un fragmento sobre la recepción inhospitalaria de Jesús en una casa de oración y estudio (4:16-30) es seguido por su confrontación con un endemoniado en otra. Sin embargo, la respuesta de la gente en Capernaúm, que para el siglo II d. de J.C. se había convertido en un centro del cristianismo judío contrasta con la de Nazaret en el 4:16-30. Ver el comentario sobre Marcos 1:21-28.

4:31. Los arqueólogos hallaron el sitio de la *sinagoga de Capernaúm.

4:32. La mayoría de los maestros trataban de exponer la *ley explicando la manera correcta de traducirla o haciendo referencia a sus tradiciones legales o *narrativas. Jesús va más allá de tales prácticas.

4:33, 34. Los demonios frecuentemente estaban asociados con la magia, y los magos intentaban someter otras fuerzas espirituales invocando sus nombres. Si el demonio está intentando someter a Jesús de este modo ("sé quién eres" se usaba en los textos mágicos para someter a los poderes espirituales), como lo han sugerido algunos estudiosos, su treta no funciona.

4:35-37. Los exorcistas tenían dos métodos principales para echar fuera demonios: (1) asustar al demonio o enfermarlo tanto que no se podía quedar (por ejemplo, poniendo una raíz maloliente en la nariz del poseído con la esperanza de que el demonio no la soportara), o (2) invocar el nombre de un espíritu mayor para sacar al menor. La gente está maravillada de que Jesús pueda ser eficaz con solo ordenarles a los demonios que se vayan.

4:38-44
Popularidad en aumento

Ver el comentario sobre Marcos 1:29-39 para detalles adicionales.

4:38. Es probable que el suegro de Simón hubiera fallecido, y que Simón y su esposa hayan traído a la madre viuda a su hogar. El cuidado de parientes fuera del núcleo familiar era más común en esa época que ahora.

4:39. Atender a los invitados era un elemento importante de la hospitalidad normalmente asignada a las mujeres adultas de la casa (tener esclavos no era asequible para la mayoría de familias libres).

4:40, 41. El día de reposo (4:31) terminaba al atardecer del sábado. "Al ponerse el sol" indica que el día de reposo está terminando; por lo tanto, la gente podía llevar a los enfermos a Jesús para que los sanara (cargar se consideraba trabajo y por lo tanto estaba prohibido durante el día de reposo). Los griegos utilizaban la imposición de manos como punto de contacto para la sanidad con mayor frecuencia que los judíos, pero también tenía un rico simbolismo en la tradición judía (ver el comentario sobre Hechos 6:6). Jesús también podía sanar sin imponer las manos si la gente creía (ver Luc. 7:6-9).

4:42-44. Era casi imposible encontrar un lugar para estar a solas en los pueblos antiguos, con sus calles angostas y a veces (con frecuencia en los lugares más pobres como Egipto) veinte personas que vivían en una vivienda simple de un solo cuarto. Por lo general, las casas en Capernaúm estaban agrupadas de cuatro en cuatro y compartían un mismo patio. Las aldeas con frecuencia también distaban poco entre sí, aunque se podía encontrar un lugar solitario levantándose lo suficientemente temprano (la mayoría de las personas se levantaba al amanecer).

5:1-11
Pescadores de hombres

Al igual que la experiencia de Moisés como pastor, David como comandante y José como administrador les proveyó a ellos una perspectiva que les ayudó en la tarea que Dios les encomendó, el entorno de estos *discípulos como pescadores les proveería una perspectiva que les ayudaría en su nueva tarea.

5:1, 2. Las redes juntaban otras cosas aparte de pescados comestibles, por lo que requerían limpieza. Los pescados comestibles del "mar" interno de Galilea (el lago de Genesaret) hoy incluyen variedades de carpas. *Josefo dice que el lago de Galilea tenía varios tipos de pescados.

5:3. La orilla del lago servía acústicamente de anfiteatro. El alejarse un poco de la multitud y hablarles desde el barco debió haber facilitado mucho la audición.

5:4, 5. La obediencia de Pedro es ejemplar. Es posible que un pescador confiara en la enseñanza de un *rabino en cuanto a asuntos religiosos, pero no necesariamente en su propio campo de pericia, la pesca. Los pescadores habían trabajado con una red barredera durante la noche, lo cual debería haber resultado en una pesca mucho más numerosa que la de las indicaciones de Jesús en el 5:5. Las fuentes sugieren que era más fácil pescar de noche que de día en el lago de Galilea. Los peces se venderían por la mañana.

5:6. La multiplicación de alimentos y criaturas tiene precedentes en el AT (p. ej., alimentos: Éxo. 16:13; 2 Rey. 4:1-7, 42-44; criaturas: Éxo. 8:6, 17, 24; 10:13).

5:7. Ya que el costo de los equipos era alto, los pescadores frecuentemente trabajaban juntos en cooperativas; a veces las familias trabajaban en conjunto para aumentar sus ganancias. Se conocen otras cooperativas pesqueras en la antigua Palestina, de modo que no es inusual que Simón y Andrés sean socios de la familia de Zebedeo (5:10). Los hombres que trabajaban desde más de un barco podían bajar redes más grandes que los que trabajaban desde solo uno. Luego se podían vaciar los pescados en el barco o arrastrar las redes a la orilla.

5:8, 9. Moisés, Gedeón y Jeremías fueron todos abrumados por su llamado inicial, pero la excusa de Pedro se parece especialmente a la de Isaías (Isa. 6:5) y encuadra con el énfasis de Lucas (Luc. 5:20, 30-32).

5:10. "Pescadores de hombres" podría hacer referencia a dos textos del AT (Jer. 16:16; Hab. 1:15), transformando una imagen del juicio inminente en una imagen del rescate de ese juicio; pero es probable que Jesús sencillamente esté transformando su vocación como pescadores, así como Dios convirtió a Moisés y a David en "pastores" de su pueblo.

5:11. Los pescadores tenían mejores ingresos que el trabajador promedio (aunque hubieran tenido una mala noche: 5:5), así que dejar su trabajo es un acto de consagración radical con consecuencias económicas adversas.

5:12-16
Limpieza de un leproso

Ver el comentario sobre Marcos 1:40-45 para detalles adicionales. Los leprosos estaban marginados de la sociedad, y la mayoría de los no leprosos no habrían querido tocarlos, aunque la ley judía lo hubiera permitido. La Biblia prescribía ciertos sacrificios si alguien era curado de la lepra (Lev. 14:1-32). Al cumplir estas reglas, Jesús no hace nada para violar la *ley ni para ofender a los sacerdotes. Los maestros a los cuales se les atribuían milagros por lo general atraían muchos seguidores, porque había mucha gente enferma; el número de personas que acudía a las aguas termales de Galilea, con supuestos poderes para aliviar los males, es testimonio del gran número de personas que sufría de diversas aflicciones.

5:17-26
Sanidad de un paralítico

Para detalles adicionales, ver el comentario sobre Marcos 2:1-12.

5:17. Aparentemente los *fariseos estaban concentrados especialmente en Jerusalén y Judea; por lo tanto, los galileos probablemente consistían principalmente del otro grupo que menciona Lucas, los maestros de la ley. Todos los pueblos galileos han de haber tenido *escribas versados en la ley judía, quienes ejecutarían documentos legales y entrenarían a los niños en la ley de Moisés.

5:18, 19. Es probable que la vivienda media de Capernaúm solo haya tenido lugar para unas cincuenta personas puestas de pie (el largo de las viviendas más grandes excavadas allí es de seis metros). El acceso al techo era por una escalera externa, de modo que estos hombres podían llegar allí sin impedimentos. El techo de la vivienda palestina de un piso era lo suficientemente fuerte como para que se pudiera caminar sobre él, pero normalmente estaba hecho de ramas y juncos colocados encima de las vigas del techo y cubiertos con lodo seco; por lo tanto se podía abrir paso a través del mismo.

Lucas cambia la estructura de este techo palestino a las tejas sobrepuestas más conocidas por sus propios lectores, así como los predicadores actuales cambian detalles al contar las historias bíblicas para que sean relevantes para sus oidores. Por el mismo motivo, Lucas no menciona cómo escarban en el techo. La "camilla" del paralítico pudo haber sido la estera en la cual siempre se acostaba.

5:20, 21. El judaísmo creía que solo Dios podía perdonar los pecados, pero la mayoría de los judíos aceptaba que algunos de los representantes de Dios podían hablar de parte de él. Técnicamente, la "blasfemia" involucraba pronunciar el nombre divino o tal vez invitar a la gente a seguir a otros dioses; menos técnicamente, tenía que involucrar por lo menos deshonrar a Dios. En términos estrictos, por lo tanto, estos estudiosos legales están equivocados al interpretar las palabras de Jesús como blasfemia, aun según sus propias reglas.

5:22-26. Algunos maestros judíos aceptaban los milagros como verificación de que un maestro verdaderamente era un representante de Dios; otros no consideraban los milagros como prueba suficiente si estos no estaban de acuerdo con la interpretación que ese maestro hacía de las Escrituras.

5:27-32
Festejos con pecadores

Ver el comentario sobre Marcos 2:13-17 para detalles adicionales. En el AT, Dios instruía a los "pecadores" en su camino (los humildes que conocían su necesidad, Sal. 25:8, 9).

5:27, 28. Los funcionarios de aduana eran empleados de la administración pública de Herodes; ganaban bien y no era probable que pudieran recuperar sus empleos si los dejaban, especialmente si lo hacían sin dar aviso previo.

5:29. La invitación de Jesús a Leví para que lo siguiera era un gran honor, especialmente para alguien que normalmente habría estado excluido de los círculos religiosos. El hecho de que Leví respondiera con una fiesta no es sorprendente; devolver un honor era parte importante de la vida social en la antigüedad. La comunión en la mesa indicaba una relación íntima entre los que la compartían, y dada la naturaleza de los banquetes antiguos era natural que una persona pudiente invitara a sus (antiguos) colegas y también a sus subordinados a una fiesta.

5:30. Los *fariseos (y los maestros que pertenecían a su partido) eran escrupulosos en cuanto a sus reglas especiales relacionadas con la comida, y no les gustaba comer con personas menos escrupulosas, especialmente personas como *publicanos o recaudadores de impuestos y pecadores. La mayoría de las personas consideraba que los recaudadores de impuestos eran colaboradores de los romanos, y la gente religiosa nacionalista los despreciaba. Ya que los fariseos solo atacan la comunión de Jesús en la mesa, podemos estar seguros de que Jesús y sus propios discípulos se comportaron correctamente al hablar, comer y beber (p. ej., el que no se hubieran emborrachado), a pesar de que no todos los otros invitados de Leví hayan hecho lo mismo.

5:31, 32. La respuesta de Jesús hace uso de una imagen común de la época (la comparación de médicos y maestros) para expresar su enseñanza.

5:33-39
¿Fiesta o ayuno?

Ver el comentario sobre Marcos 2:18-22. El AT también reconocía que algunas prácticas u objetos que una vez fueron apropiados en la adoración o la conmemoración habían dejado de serlo (2 Rey. 18:4; Jer. 3:16).

5:33. Aunque el AT mandaba un número mucho mayor de fiestas que de ayunos, el ayuno se había convertido en una práctica judía muy difundida. Los *fariseos frecuentemente ayunaban dos veces por semana. Aunque el ayuno *ascético estaba prohibido, muchas personas probablemente ayunaban por motivos ascéticos. El ayuno era una práctica importante para unir con la oración o la penitencia, de modo que habría sido inusual que los *discípulos (futuros *rabinos) lo hubieran evitado del todo. Se consideraba que un maestro era responsable por la conducta de sus discípulos.

5:34, 35. Las celebraciones de las bodas requerían siete días de festividades; no se permitía ayunar ni participar en otros actos de duelo o trabajo difícil durante una boda. Jesús hace una analogía acerca de la inoportunidad similar de ayunar en su propio tiempo.

5:36-38. Jesús usa dos hechos conocidos para hacerse entender. La ropa vieja ya se había encogido debido a las múltiples lavadas. Se podía guardar el vino en jarras u odres. A diferencia de las jarras, los odres se estiraban. Los odres viejos ya se habían estirado a su capacidad máxima debido al vino fermentado en ellos. Si se llenaban con vino no fermentado, también se dilataría y los odres viejos, que ya habían llegado al límite, se romperían. Se tomaba vino aguado con las comidas.

5:39. Aunque todavía no se había desarrollado la destilación y el vino solo podía lograr cierto nivel de contenido alcohólico, por lo general se prefería el vino añejo al vino fresco que todavía no había comenzado a fermentar (un proverbio, p. ej., Eclesiástico 9:10; *rabinos). Es probable que Jesús esté indicando por qué la gente religiosa se opone al gozo de los *discípulos de Jesús: es algo nuevo.

6:1-5
Señor del día de reposo

Ver Marcos 2:23-28 para detalles adicionales. Algunos estudiosos han sugerido que, por extensión, "restregándolas con las manos" (v. 1) constituía trillar, una categoría de trabajo prohibido en el día de reposo. Aunque la ley de Moisés era especialmente autoritaria para los expertos legales judíos, a veces las *narraciones de otras partes del AT ilustran principios del espíritu de la *ley que tienen precedencia sobre su práctica habitual (p. ej., 2 Crón. 30:2, 3).

Si Jesús podía probar su postura a partir de las Escrituras, técnicamente sus opositores no podían acusarlo con éxito, debido a la variedad de opiniones de los judíos palestinos acerca de cómo observar el día de reposo.

6:6-11
Es lícito hacer el bien

Ver el comentario adicional sobre Marcos 3:1-6.

6:6. Los músculos y los nervios de una mano "seca" o "paralizada" estaban inactivos; por lo tanto la mano, más pequeña por causa del padecimiento, era inútil e incurable.

6:7-10. Una vez más, Jesús no hace nada para violar la *ley. Aunque muchos maestros religiosos se oponían a las curas menores el día de reposo, "extender la mano" no se consideraba trabajo, y Dios podía contestar la oración el día de reposo.

6:11. Por lo general se trataban en forma liviana las violaciones no intencionales del día de reposo, así como las cuestiones de desacuerdo acerca de lo que constituía el día de reposo (los asuntos debatidos). Se consideraba que la pena de muerte (Éxo. 31:14; 35:2) era apropiada solo para aquellos que rechazaban el día de reposo a sabiendas. Los opositores de Jesús van mucho más allá de sus propias enseñanzas en esta oportunidad.

6:12-16
La elección de los Doce

Ver el comentario sobre Marcos 3:13-19.

6:12. Es posible que Jesús esté siguiendo un patrón del ministerio de Moisés. Moisés oró en un monte, y recibió indicaciones acerca de ayudantes (Éxo. 19:24; 24:1, 2; cf. 31:1, 2) y sucesores (Núm. 27:15-23; cf. 20:23-29).

6:13-16. Con frecuencia la gente tenía un nombre secundario, a veces un apodo, que puede explicar las ligeras diferencias entre las listas de los doce en los *Evangelios, así como la diferenciación de dos Simones, dos Judas y el segundo Santiago en la lista (estos nombres eran comunes durante este período).

6:17-26
Bienaventuranzas y ayes

Ver el comentario sobre Mateo 5:3-12. Las bienaventuranzas y los ayes representaban una forma literaria común, especialmente en el AT y el judaísmo; aquí pueden ser paralelos a las bendiciones y las maldiciones del pacto dado en los montes en Deuteronomio 27—28. Para las bendiciones y maldiciones específicas que figuran aquí, compare tal vez Isaías 65:13-16.

6:17-19. Acerca de esta introducción al "Sermón de la llanura" (o "lugar plano"), ver el comentario sobre Mateo 4:23-25.

6:20. Algunos de los *discípulos de Jesús que no habían sido pobres en términos económicos se volvieron pobres para seguirlo (ver 18:28). Es probable que detrás de los "pobres" de Lucas y los "pobres en espíritu" de Mateo se halle un término *arameo particular que signifique ambas cosas. El término "los pobres" se había convertido en una designación de los piadosos en algunos círculos judíos, porque ellos eran los oprimidos que confiaban exclusivamente en Dios. La devoción de los pobres se enfatizó especialmente después de que el general romano Pompeyo redistribuyó las tierras judías alrededor de un siglo antes de Jesús. Al igual que la mayoría de las personas del mundo mediterráneo antiguo, la mayoría de los judíos era pobre. Los judíos anhelaban el *reino.

6:21. Estar "saciado" (sustentado) era una bendición anhelada de la era *mesiánica. El hambre golpeaba a las familias pobres en las épocas de escasez (la situación en la Palestina rural era mejor que la del Egipto rural, pero peor que la de Corinto o Italia). El llanto era una señal de duelo o arrepentimiento.

6:22, 23. La tradición del AT de que la mayoría de los verdaderos profetas sufrieron el rechazo se amplió aún más en el judaísmo, de modo que los oidores de Jesús han de haber captado el punto. Esta separación u ostracismo tal vez se refiera a ser separado oficialmente de la *sinagoga (cf. el comentario sobre Juan 9:22), pero probablemente tenga un significado más general.

6:24, 25. El "consuelo" era una bendición de la era mesiánica (p. ej., Isa. 40:1; cf. Luc. 16:25). La mayoría de los oidores de Jesús eran pobres, pero es probable que los lectores urbanos grecorromanos de Lucas hayan estado en mejor situación (1:3, 4). Lucas no suaviza nada para su propio público (cf. *1 Enoc 96:4, 5). Frecuentemente se asociaba la risa con el desprecio.

6:26. Los filósofos griegos, que frecuentemente se burlaban de las opiniones de las masas, a veces se quejaban si las multitudes hablaban bien de ellos. Pero la comparación de Jesús con los profetas es aún más apropiada; el peso de la prueba siempre estaba con los profetas que le decían al pueblo lo que quería oír (Jer. 6:14; 28:8, 9). Aunque los oidores frecuentemente sospechaban que había algo de verdad en las declaraciones de los profetas genuinos (Jer. 21:1, 2; 37:3; 42:2; cf. 1 Rey. 22:27), por lo general los profetas falsos eran más populares (1 Rey. 22:12, 13; Jer. 5:31; 23:13, 14).

6:27-38
Tratar a los demás con misericordia

6:27. El AT específicamente mandaba amar al prójimo (Lev. 19:18), pero nadie mandaba amar al enemigo.

6:28. Aunque Jesús (23:34) y sus discípulos (Hech. 7:60) practicaban esta regla de bendecir y orar por los enemigos, las oraciones pidiendo vindicación por venganza eran comunes en el AT (2 Crón. 24:22; Sal. 137:7-9; Jer. 15:15; cf. Apoc. 6:10) y en los textos de execración (maleficio) antiguos.

6:29. El golpe en la mejilla derecha era el peor insulto en el antiguo Cercano Oriente. La ropa en el versículo se refiere a las túnicas exterior e interior, respectivamente. La gente más pobre (como el campesino típico de Egipto) tal vez tendría solo una de cada una; por lo tanto Jesús se refiere, tal vez en imágenes *hiperbólicas, a una no resistencia absoluta.

6:30. Es posible que Jesús se refiera a los mendigos, muy comunes en el antiguo Oriente y a la gente más pobre que buscaba préstamos. En la Palestina judía, los mendigos por lo general eran solo los que padecían una necesidad genuina, y la mayoría no podía trabajar. Los granjeros generalmente buscaban préstamos para poder cultivar. La sociedad judía enfatizaba tanto la caridad como la responsabilidad.

6:31. En su forma negativa ("No hagáis a los

demás lo que no queréis que hagan con vosotros"), este era un dicho ético común en el mundo antiguo.

6:32, 33. Las ideas como amar a los enemigos y prestar sin esperar que devolvieran lo prestado eran insólitas, aunque muchos de los *fariseos abogaban por la paz con el estado romano (tolerando a los enemigos al menos en cierto sentido).

6:34, 35. En el mundo romano, las tasas de interés a veces llegaban al 48 por ciento, pero el AT prohibía la usura o el cobro de intereses. Como muchos prestamistas judíos temían que perderían su inversión si prestaban demasiado cerca del séptimo año (cuando la *ley exigía la cancelación de todas las deudas), entonces dejaban de prestar, lo cual perjudicaba a los pequeños granjeros que debían tomar prestado para poder plantar. Los maestros judíos, por lo tanto, encontraron una manera de esquivar esta ley para que los pobres pudieran tomar dinero prestado siempre que lo devolvieran. Jesús argumenta que esta práctica no debería ser necesaria; los que tienen recursos deben ayudar a los que no los tienen, pierdan dinero o no al hacerlo.

Las leyes bíblicas acerca de prestarles a los pobres antes del año de liberación (Deut. 15:9; se perdonaban las deudas cada séptimo año; cf. Lev. 25) apoyan el principio de Jesús, pero Jesús va más allá al enfatizar el dar sin egoísmo. Aunque la ley limitaba el egoísmo, Jesús va al corazón de la ley y aboga por el sacrificio a favor del prójimo. Se esperaba que los "hijos" de un buen hombre fueran ejemplos del carácter del padre; por lo tanto, los hijos de Dios deben actuar como él.

6:36. El hecho de que la misericordia humana debía reflejar la misericordia de Dios se convirtió en un dicho judío común (p. ej., la *Epístola de Aristeas 208; *rabinos). Es posible que la palabra "misericordiosos" refleje la misma palabra *aramea traducida como "perfectos" en Mateo 5:48.

6:37. "Juez", "condenar" y "perdonar" pertenecen al lenguaje del día del juicio, prefigurado en los juicios de Dios para con su pueblo (p. ej., en el Día de Expiación).

6:38. La imagen es de un recipiente para medir en el cual se aprieta todo el grano posible; luego se sacude para que el grano se asiente y se vierte más hasta que el recipiente rebose. La acción de verterlo "en el regazo" se refiere al pliegue en la ropa usado como bolsillo o bolsa. Ya que los judíos a veces utilizaban la tercera persona del plural "ellos", reflejado en español por la voz pasiva, como una manera de evitar el nombre de Dios, es posible que "se os dará" signifique que Dios lo hará; o tal vez la idea sea que Dios recompensará a la persona por medio de otros. El AT con frecuencia muestra que Dios juzga a las personas según sus propias medidas (p. ej., Isa. 65:7). Proverbios y otros textos hablan de sus bendiciones para los generosos (p. ej., Deut. 15:10; Prov. 19:17; 22:9; 28:8).

6:39-45
Maestros verdaderos y maestros falsos

6:39. Otros también usaban esta imagen proverbial acerca de los ciegos. La idea es que hay que aprender el camino correcto (6:40) y recibir corrección antes de tratar de enseñar a otros (6:41).

6:40. En el judaísmo, el propósito de la capacitación del *discípulo era convertirlo en un maestro, o *rabino, competente. Por definición, el discípulo no tenía más conocimiento de la ley que su maestro.

6:41, 42. Jesús utiliza la *hipérbole, y la exageración probablemente ocasionaría la risa, y por lo tanto la atención, de los oidores de Jesús.

6:43-45. Ver el 3:9. Los higos y las uvas con frecuencia se cultivaban juntos y eran dos de los productos agrícolas más comunes en Palestina, vinculados con frecuencia en los textos del AT. Los espinos y las zarzas siempre causaban problemas para los granjeros (cf., p.

ej., Gén. 3:18; también Isa. 5:2, 4 *LXX).

6:46-49
Cimientos buenos y cimientos malos

Jesús vuelve a usar la imagen del día de juicio. La idea de ser juzgado en última instancia por oír pero no obedecer era conocida (Eze. 33:32, 33). Pero ningún maestro judío aparte de Jesús adjudicaba tanta autoridad a sus propias palabras; tal autoridad estaba reservada para la *ley misma.

Algunos comentaristas han sugerido que "cavar profundo" (v. 48) implica que construyó un sótano. Aunque los sótanos no eran nada fuera de lo común en las casas palestinas, se usaban con mayor frecuencia en la arquitectura griega; cf. el comentario sobre el 5:19.

7:1-10
La fe asombrosa de un pagano

7:1, 2. La legión romana más cercana estaba estacionada en Siria, pero también había muchas tropas emplazadas en Cesarea, en la costa mediterránea. Tal vez haya habido grupos más pequeños emplazados o establecidos (¿después de su jubilación?) en diversos lugares de Palestina. Los centuriones comandaban una "centuria" (100), que *en la práctica* consistía de sesenta a ochenta soldados. Los centuriones eran la espina dorsal del ejército romano, los encargados de la disciplina.

7:3-5. Los no judíos que temían a Dios y donaban sumas importantes a la comunidad judía eran muy respetados. Los salarios de los centuriones eran mucho más altos que los de sus tropas, pero el hecho de que este centurión haya construido la *sinagoga local representaba un gran sacrificio económico. El énfasis principal está en las ideas contrastadas del mérito (7:4, 6).

7:6. El centurión no era un converso pleno al judaísmo y por lo tanto retenía algo de su impureza como *gentil, especialmente en cuanto al alimento en su hogar. Habría sido ofensivo invitar a un maestro judío a tal hogar en circunstancias normales, pero en este caso los ancianos de la comunidad quieren hacer una excepción (7:3).

7:7. Durante sus aproximadamente veinte años de servicio en el ejército romano, les estaba prohibido a los soldados contraer matrimonio. Muchos tenían concubinas locales ilegales, un arreglo que el ejército dejaba pasar y que era provechoso para las concubinas. Pero era menos probable que los centuriones, que eran cambiados de lugar con mayor frecuencia, tuvieran tales relaciones. Con frecuencia se casaban solo después de jubilarse. Sin embargo, según las definiciones antiguas, el hogar podía incluir a los siervos, y a veces los siervos y los amos llegaban a ser muy unidos, especialmente si representaban toda la unidad familiar.

7:8. El centurión muestra que entiende el principio de la autoridad ejercida por Jesús. Los soldados romanos eran muy disciplinados y salvo en raros casos de motines obedecían las órdenes meticulosamente.

7:9. Por lo general "*gentil" era sinónimo de pagano, sin fe en el Dios de Israel.

7:10. Había algunas historias judías en circulación acerca de personas que obraban milagros, pero los relatos de sanidades a larga distancia eran raros y se consideraban más extraordinarios que los otros milagros. Por lo tanto, la gente consideraría que esta sanidad era especialmente milagrosa.

7:11-17
Interrupción de un funeral

La interrupción de un funeral era una violación flagrante de la ley y las costumbres judías. El hecho de tocar el féretro exponía a Jesús a un día de impureza (Núm. 19:21, 22); el hecho de tocar el cuerpo lo exponía a una semana de impureza (cf. Núm. 5:2, 3; 19:11-20). Pero en el caso de Jesús, la influencia va en el sentido contrario.

7:11, 12. La gente acostumbraba dejar lo

que estaba haciendo para unirse a un cortejo fúnebre cuando pasaba. Se consideraba que era extremadamente trágico que falleciera el hijo único de una viuda; ella dependería de la caridad pública para su sustento a no ser que tuviera otros parientes pudientes.

7:13. De acuerdo con la costumbre, la madre enlutada caminaría delante del féretro, de modo que Jesús se encontraría primero con ella. Los filósofos con frecuencia intentaban consolar a los enlutados con las siguientes palabras: "No llores, porque no servirá de nada". El enfoque de Jesús es totalmente distinto: remueve la causa de luto (1 Rey. 17:17-24).

7:14. El solo hecho de tocar el féretro, una camilla en la cual se llevaba el cuerpo (la costumbre judía no incluía un cajón cerrado), haría que Jesús contrajera impureza por tocar un cadáver, la forma más severa de impureza ritual en el judaísmo. Solo se esperaba que los más allegados al finado se expusieran a esta impureza. El joven no había estado muerto mucho tiempo, porque había que lavar, ungir, envolver, llorar y luego enterrar el cuerpo lo más rápidamente posible para evitar el hedor de la descomposición.

7:15-17. Dios había usado a varios profetas anteriores (Elías y Eliseo) para resucitar muertos, pero era un milagro muy raro. Las pocas historias paganas de resucitaciones, especialmente del siglo III d. de J.C. (de Filostrato y *Apuleyo) son posteriores y no están validadas por testigos oculares como los relatos de los Evangelios; además, con frecuencia también tienen características que no se encuentran aquí, como informes del infierno.

7:18-23
Aliento para Juan

7:18-20. A lo mejor a Juan le inquieta que Jesús se exponga a una posible impureza ritual (p. ej., con *gentiles y cadáveres) por causa de las sanidades. Por otra parte, es posible que las palabras de Jesús no encuadren con la imagen mental que tenía Juan del que había proclamado en el 3:15-17, aunque Juan no duda que Jesús por lo menos es un profeta que le dirá la verdad.

7:21-23. La respuesta de Jesús usa el lenguaje de Isaías 35:5; estas sanidades son señales de la era *mesiánica. Algunos maestros comparaban a los ciegos, los cojos y los leprosos con los muertos porque no tenían esperanza de recuperarse.

7:24-35
Vindicación de Juan

Los estilos de ministerio de Jesús y de Juan difieren, pero ambos son válidos, y la comunidad religiosa rechaza a los dos por igual.

7:24. Las cañas eran frágiles (Isa. 42:3), de modo que "una caña sacudida por el viento" sería notoriamente débil (1 Rey. 14:15) y poco confiable (2 Rey. 18:21; Eze. 29:6).

7:25, 26. Los profetas rara vez eran pudientes, y en épocas de maldad nacional se veían obligados a funcionar fuera de los límites de la sociedad. Encarcelado ahora por Herodes Antipas, Juan no es ningún profeta de la corte que sencillamente les dice a los poderosos lo que quieren oír.

7:27. Al cumplir Isaías 40:3, Juan es más que un sencillo heraldo de Dios; es el anunciador directo del Señor, quien actuará de manera decisivamente nueva conduciendo a su pueblo a un nuevo éxodo. (El nuevo éxodo, un regreso del cautiverio, es uno de los temas de Isaías.)

7:28. Esta comparación eleva a los *discípulos de Jesús en lugar de empequeñecer a Juan. Se puede hacer la comparación con el dicho *rabínico antiguo de que Johanan ben Zakkai, uno de los estudiosos más respetados del primer siglo, era el "menor" de los ochenta discípulos de *Hillel. Este dicho no tenía la intención de disminuir la posición social de Johanan, sino de aumentar aquella de sus contemporáneos y por lo tanto de su maestro.

7:29, 30. Ya que el tipo de *bautismo "una vez por todas" estaba reservado esencialmente para los paganos que se convertían al judaísmo, la gente religiosa no estaba dispuesta a aceptarlo para sí misma. Cuestionaban la consagración religiosa de los judíos menos observadores, especialmente los *publicanos o los recaudadores de impuestos.

7:31, 32. La plaza era el lugar más público del pueblo. Los niños malcriados jugando a las bodas y los funerales (un juego posterior se llamaba "entierra el saltamontes") representan a los opositores insatisfechos de Jesús y de Juan. Molestos con los otros niños que no juegan a uno o al otro, no hay nada que los satisfaga.

7:33, 34. Juan el Bautista encuadra en el rol de un profeta *ascético, como Elías (cf. 1:14, 15 para la abstención de Juan en cuanto al vino); Jesús sigue un modelo más parecido al de David, pero ambos son correctos en su contexto. La posesión demoníaca (v. 33) estaba asociada con la locura. "Comilón y bebedor de vino" (v. 34) era una acusación grave con pena de muerte (Deut. 21:20, 21).

7:35. La tradición judía frecuentemente personificaba la sabiduría como divina, por lo general una mujer santa que exhortaba a los justos a seguirla; aquí es la madre de los justos.

7:36-50
El fariseo y la mujer de mala fama

Jesús violó los tabúes sociales para alcanzar a los marginados no solo en lo racial (7:1-10), lo económico (7:11-17) y lo religioso (7:24-35), sino en lo moral (7:36-50). Desde el período griego clásico, los banquetes se habían convertido en un ambiente para la instrucción moral.

7:36. Se consideraba virtuoso invitar a un maestro a comer, especialmente si el maestro venía de otro pueblo o acababa de enseñar en la *sinagoga. Aunque las traducciones al español modernizan el contexto al decir que Jesús "se sentó a la mesa" (RVA), los comensales estaban reclinados, usando divanes en lugar de sillas, lo cual indica que se trata de un banquete, tal vez en honor al famoso maestro.

7:37. La frase "es una pecadora" tal vez implique que la mujer es prostituta (seguramente judía, cf. Salmos de Salomón 2:11, aunque muchas prostitutas en Palestina no eran judías) o por lo menos que tenga mala fama y esté buscando algo no muy respetable. Si el *fariseo es pudiente, tal vez tenga un siervo como portero para recibir las visitas en la puerta, pero la gente religiosa con frecuencia abría su hogar a los pobres, y la mujer consigue entrar. En los banquetes donde podía entrar gente no invitada, esta debía permanecer callada y lejos de los divanes, observando las conversaciones del anfitrión y sus huéspedes. Se consideraba que el alabastro era el recipiente más apropiado para el perfume.

7:38. Los judíos no consideraban que el perfume fuera pecaminoso, pero ya que esta mujer es "pecadora" y usa el perfume como herramienta en su "profesión", el hecho de que Jesús aceptara el regalo del perfume ofendía las sensibilidades religiosas. Ella está parada "detrás de Jesús" y unge sus pies en lugar de su cabeza debido a la posición de los invitados reclinados en los divanes. Él ha de haber tenido el brazo izquierdo sobre la mesa y los pies hacia atrás apuntando hacia la pared.

7:39. Se esperaba que las mujeres adultas religiosas estuvieran casadas y por lo tanto tendrían la cabeza cubierta. Cualquier mujer con el cabello expuesto a la vista pública sería considerada promiscua. El hecho de que esta mujer limpie los pies de Jesús con su cabello indica no solo su humildad sino su condición religiosa marginal, aunque Jesús no hubiera sido profeta y ella no hubiera sido tema de los chismes de la comunidad. El hecho de que el anfitrión aceptara que Jesús podría ser un profeta sugiere un gran respeto, porque por lo general los judíos creían que no había habido más profetas después del período del AT.

7:40-42. Algunos estudiosos han argumentado que el *arameo no tiene un vocablo para gratitud, lo cual explica la expresión "¿cuál de estos le amará más?" en lugar de "¿cuál de estos estará más agradecido?". Aunque se debía perdonar las deudas durante el séptimo año, los expertos en la ley habían descubierto una manera de evitar ese requisito. Los que no podían pagar podían ser encarcelados, esclavizados temporalmente o perder ciertos bienes; pero este acreedor va más allá de la letra de la ley y actúa con misericordia.
7:43-46. La hospitalidad habitual incluía proveer agua para los pies (aunque los dueños de casa pudientes dejaban la tarea del lavado para los siervos); el ejemplo frecuentemente citado de la hospitalidad de Abraham (Gén. 18:4) dejaría al anfitrión sin excusa. También sería considerado proveer aceite para el cuero cabelludo reseco. El beso era un saludo afectuoso o respetuoso. Jesús finalmente se vuelve hacia ella en el versículo 44; compare el comentario sobre el 7:38.
7:47-50. Aunque los sacerdotes podían pronunciar el perdón de Dios después de una ofrenda por pecado, Jesús pronuncia el perdón sin la restitución clara de un sacrificio a Dios en el templo. Esta pronunciación contradecía la ética *farisaica, y la mayor parte del judaísmo antiguo la habría considerado cuanto mucho una conducta marginal. (Una historia en los *Rollos MM es una rara excepción a pronunciar el perdón acompañado con un exorcismo, pero no parece reflejar la práctica judía en general.)

8:1-3
Las discípulas

Para el tipo de apoyo mencionado aquí, cf. 2 Reyes 4:8-10. Las mujeres a veces funcionaban de *protectoras, o auspiciadoras, de maestros religiosos o asociaciones religiosas del antiguo Mediterráneo. (Sin embargo, los varones las superaban considerablemente en número, más de diez varones por cada mujer, porque los varones controlaban más de los recursos económicos.) Pero se habría considerado escandaloso que estas mujeres viajaran con el grupo. La educación conjunta de adultos de ambos sexos era insólita, y no hay duda de que el hecho de que estas mujeres estuvieran aprendiendo las enseñanzas de Jesús a la par de sus *discípulos varones también molestaría a los de afuera. Las familias de clase alta tenían mayor libertad, pero eso no impedía que los plebeyos hablaran como lo hacían cuando se acusaba a otros maestros (como los filósofos griegos) de tener mujeres entre sus seguidores.

8:4-15
El sembrador, la semilla y los terrenos

Ver el comentario sobre Marcos 4:3-20 para detalles adicionales.
8:4-7. Con frecuencia se sembraba antes de arar el suelo; por lo tanto era común cualquiera de las suertes descritas aquí para las semillas.
8:8. Treinta, sesenta y ciento por uno eran cosechas tremendamente buenas para el suelo galileo.
8:9, 10. Era normal que los maestros judíos utilizaran *parábolas para ilustrar y explicar las ideas, no para esconderlas. Pero si se relataban historias sin declarar la idea que ilustraban, como lo hace Jesús aquí, solo los que escuchaban con mucha astucia y contaban con cierto conocimiento al respecto se darían cuenta de cuál era. Los maestros griegos como *Platón dejaban algunos puntos oscuros para esconderlos de los de afuera; a veces los maestros judíos hacían lo mismo. Por lo tanto, solo aquellos con la dedicación suficiente para perseverar llegarían a entenderlos.
8:11-15. Muchos de los oidores de Jesús eran granjeros que podían identificarse bien con estas imágenes agrícolas. Aunque Galilea (que estaba llena de pueblos) era más urbana que mucho del imperio, los granjeros inquilinos que formaban gran parte del

Imperio romano también abundaban en la Galilea rural.

8:16-18
Responsabilidad por la Palabra

8:16. Jesús es un maestro de las ilustraciones gráficas en las cuales buscaban destacarse los maestros judíos: la luz invisible no tiene sentido, y Dios desea que la gente reciba la luz de su Palabra. Las lámparas mencionadas por Jesús eran pequeñas lámparas de arcilla que debían ponerse sobre una base para que alumbraran bastante. Cualquier cosa que se colocara encima de la lámpara la apagaría.

8:17, 18. Si las multitudes no obedecen la luz que reciben, nunca recibirán más. El lenguaje de la "medición" es el lenguaje utilizado para medir alimentos y otros artículos en el mercado; a veces se utilizaba para referirse a los justos juicios de Dios en el día final.

8:19-21
La verdadera familia de Jesús

Era común pensar en los correligionarios como hermanos y hermanas; también era común respetar a las personas mayores como madres o padres. Pero el permitir que los vínculos de la comunidad religiosa tomaran precedencia sobre los vínculos familiares era insólito en el judaísmo, salvo cuando un pagano se convertía y consideraba que su nueva familia era más importante que la antigua.

8:22-25
Amo de los vientos y del mar

Algunas historias antiguas contaban de personas poderosas que podían subyugar hasta las fuerzas de la naturaleza, pero casi siempre eran dioses o, menos común, héroes del pasado lejano. En la tradición judía, el que gobernaba los vientos y el mar era Dios mismo (Sal. 107:29), aunque algunos hombres piadosos habían podido persuadirlo a enviar lluvia. En consecuencia, es fácil de entender la sorpresa de los *discípulos ante el poder de Jesús.

Con frecuencia se levantaban tormentas repentinas en el lago llamado el mar de Galilea. Estos pescadores generalmente se quedaban más cerca de Capernaúm y no estaban preparados para una borrasca tan lejos de la orilla. El único lugar donde se podía dormir en un pequeño barco pesquero cuando había una tormenta era la popa elevada, donde se podía usar el asiento del timonel que era de madera o cubierto de cuero, o una almohada que a veces se guardaba debajo de ese asiento, como cojín donde apoyar la cabeza.

8:26-39
Sometimiento de la legión demoníaca

Ver el comentario más detallado sobre Marcos 5:1-20.

8:26. La "Gadara" de Mateo (Mat. 8:28), a 12 kilómetros del lago, y Gerasa, a unos 45 kilómetros del lago, estaban en la misma región general, el área de Decápolis, un área predominantemente no judía.

8:27. Los judíos consideraban que los sepulcros eran impuros y que estaban frecuentados por los espíritus inmundos. Muchas culturas antiguas llevaban ofrendas para los muertos, las cuales también podían atraer a esos demonios.

8:28. En la magia antigua, se podía intentar obtener el control de un espíritu llamándolo por su nombre. El intento de autoprotección mágica falla contra Jesús.

8:29. La fuerza mostrada por este endemoniado también es una característica referida en muchos casos de posesión demoníaca en diversas culturas actuales.

8:30, 31. Una legión incluía de cuatro a seis mil tropas. Por lo tanto, este hombre aloja a un gran número de demonios. Según la tradición judía, muchos demonios estaban atrapados en la atmósfera o, como aquí, bajo la tierra (en el "abismo").

8:32. Solo los *gentiles, o judíos no practicantes considerados "apóstatas" criaban cerdos, que los lectores judíos considerarían entre los animales más impuros y por lo tanto anfitriones aptos para espíritus inmundos. Los exorcistas antiguos habían descubierto que los demonios a veces pedían concesiones si la presión para evacuar su anfitrión se volvía demasiado fuerte.

8:33. La tradición judía frecuentemente enseñaba que los demonios podían morir. Por lo tanto, ante la ausencia de evidencia contraria, muchos de los lectores antiguos darían por sentado que los demonios habían sido destruidos (o por lo menos inhabilitados) junto con sus anfitriones.

8:34-37. La oposición a Jesús surge de causas tanto económicas, la pérdida de un gran hato de cerdos, como ciertos conceptos griegos acerca de magos peligrosos que obraban maravillas, temidos por la mayoría de la gente.

8:38, 39. Porque se interpretaría mal su *mesiazgo, Jesús lo mantuvo en secreto en las áreas predominantemente judías. Sin embargo, en la Decápolis predominantemente no judía, donde la gente podía percibirlo equivocadamente como mago, anima a su nuevo discípulo a hacer correr la voz de lo que Dios había hecho, corrigiendo así el malentendido de la gente.

8:40-56
La muerte y el flujo de sangre

Ver el comentario más detallado sobre Marcos 5:21-43.

8:40, 41. Los "principales de la *sinagoga" eran los funcionarios más importantes de las sinagogas y eran miembros prominentes de sus comunidades.

8:42. La hija del funcionario había sido menor hasta ese año y en razón tanto de su edad como de su género virtualmente no tenía ninguna posición social, a gran diferencia de su destacado padre (vv. 40, 41).

8:43. La enfermedad de esta mujer era tal que se consideraba que menstruaba todo el mes; la hacía continuamente impura bajo la *ley (Lev. 15:19-33), un problema no solo físico sino social. Del mismo modo en que los intérpretes judíos unían textos con una palabra común, es posible que la fuente de Lucas utilice "doce años" para enfatizar el parecido entre los relatos (vv. 42, 43).

8:44, 45. Si tocaba a alguien o la ropa de alguien, esa persona se volvía ceremonialmente impura el resto del día (cf. Lev. 15:26, 27). Por lo tanto, ni siquiera debería haber estado entre esta muchedumbre. Muchos maestros directamente evitaban todo contacto con las mujeres, para no contaminarse por accidente. En consecuencia, esta mujer no podía tocar ni ser tocada, probablemente estaba divorciada o nunca se había casado, y estaba marginada del resto de la sociedad judía.

8:46-48. Por lo general los judíos creían que solo los maestros más cercanos a Dios tenían un conocimiento sobrenatural. Jesús utiliza su conocimiento sobrenatural para identificarse con la mujer que lo había tocado, a pesar de que a los ojos del público esto significaba que había contraído una impureza ritual. Para que nadie pudiera pensar que la sanidad se había realizado por medio de una típica magia pagana, operada sin el conocimiento de Jesús, él declara que ocurrió en respuesta a la "fe" (v. 48).

8:49. Una vez ocurrido un acontecimiento, era demasiado tarde para revertirlo. Por ejemplo, los *rabinos decían que si alguien oía una procesión fúnebre, era demasiado tarde para orar que no fuera la de un pariente.

8:50-56. Hacían falta varias plañideras en el funeral aun de la persona más pobre; el funeral de un miembro de una familia prominente como esta tendría muchos dolientes. Ya que los cuerpos se descomponían rápidamente en Palestina, había que juntar a los dolientes lo más rápidamente posible, y se habían reunido aun antes de que Jairo recibiera la noticia de que su hija había muerto.

9:1-6
Autorización de los doce

9:1, 2. Bajo la ley judía, una persona podía autorizar a los mensajeros para actuar con su plena autoridad legal en la medida del alcance de la comisión dada.

9:3. Jesús indica a los *discípulos que viajen sin equipaje, al igual que otros grupos: (1) los campesinos, que con frecuencia solo tenían una túnica; (2) los filósofos ambulantes llamados *cínicos; (3) algunos profetas, como Elías y Juan el Bautista. Deben estar totalmente consagrados a su misión, no atados por asuntos mundanos. La "bolsa" ha de haber sido utilizada para mendigar (como lo hacían los cínicos).

9:4. Los viajeros judíos dependían de la hospitalidad que sus compatriotas judíos les solían extender.

9:5, 6. "Sacudirse el polvo" significa en esencia tratar a esas ciudades judías como si fueran ciudades paganas impuras, cuyo polvo profanador ningún judío piadoso querría llevar a la Tierra Santa. Un lugar como el templo era tan santo que los que entraban (por lo menos en la teoría piadosa) no querían el polvo del resto de Israel en sus pies.

9:7-9
¿Regreso de Juan?

Aunque unos pocos judíos influenciados por *Platón y otras fuentes aceptaban la reencarnación, la mayoría de los judíos palestinos creían en la *resurrección corporal. Es probable que la idea aquí sea las resurrecciones temporales realizadas por Elías y Eliseo en el AT (1 Rey. 17:22; 2 Rey. 4:34, 35) en lugar de la resurrección permanente prevista al final de los tiempos (Dan. 12:2). El tetrarca Herodes era hijo de Herodes el Grande; este había sido rey cuando nació Jesús.

9:10-17
Alimentación masiva

9:10-12. El campo galileo estaba lleno de aldeas, pero Jesús se había retirado con sus seguidores a cierta distancia de las aldeas más cercanas. Aun los pueblos más grandes tendrían menos de tres mil habitantes; habría sido difícil alimentar a la multitud en las aldeas (9:12). (Si estaban más allá de Betsaida en el territorio *gentil, habría sido aún más difícil encontrar hospedaje.)

9:13. Habrían hecho falta doscientos días de un salario medio (alrededor de siete meses de trabajo intenso) para alimentar a la gran multitud que se había reunido.

9:14. Se organiza a la gente en filas como los ejércitos. El propósito es facilitar la distribución de la comida, pero es posible que algunas personas en la multitud hayan pensado que Jesús las estaba organizando en filas para formar un ejército *mesiánico (cf. Juan 6:15).

9:15. Es posible que hayan estado "sentados" en lugar de "reclinados"; por lo general la gente se reclinaba en los banquetes y se sentaba para las comidas habituales.

9:16. Se acostumbraba empezar las comidas dando gracias por el pan, partiéndolo luego. La gente frecuentemente oraba "alzando los ojos al cielo" (Dan. 4:34; Juan 17:1).

9:17. La multiplicación de los alimentos hace recordar el milagro que Dios hizo al proveer maná para Israel en el desierto, y especialmente la multiplicación de los alimentos por Eliseo (2 Rey. 4:42-44, donde también sobró comida).

9:18-27
El precio de seguir al verdadero Mesías

9:18, 19. Como muchos judíos palestinos creían que ya no había profetas en el sentido del AT, clasificar a Jesús entre los profetas habría sido radical, pero no era lo suficientemente radical para entender su verdadera identidad.

9:20, 21. Había muchas opiniones distintas acerca del *Mesías (o los mesías) en la época de Jesús, pero todas giraban alrededor de una liberación en la tierra y un reino terrenal.

9:22. Los escritores del NT consideraban que algunos textos del AT se referían al sufrimiento del Mesías, pero la mayoría de los judíos del primer siglo no reconocían que estos textos se refirieran al Mesías, el cual había de gobernar como rey. La mayoría de los judíos creía en la *resurrección de todos los justos muertos al final de la edad seguida por la inauguración de un *reino bajo el gobernante designado por Dios.

9:23-25. La cruz era un instrumento de ejecución violenta y dolorosa. "Tomar la cruz" era llevar el travesaño (el *patibulum*) de la cruz al sitio de la ejecución, pasando por lo general en medio de una multitud burlona. En términos retóricamente fuertes, Jesús describe lo que los verdaderos *discípulos deben estar dispuestos a enfrentar si lo siguen: el desprecio literal en el camino al martirio final, porque han de seguir hasta la cruz. Desde el momento de fe, los creyentes deben contar su vida perdida a favor del *reino.

9:26. Es posible que el *"Hijo del Hombre" aquí se refiera a Daniel 7:13, 14. El *reino que esperan los *discípulos vendrá en última instancia, pero será precedido por un período de gran sufrimiento y maldad. Muchos otros en la época de Jesús enseñaron que habría gran sufrimiento y pecado antes del reino; pero Pedro y sus colegas preferían la idea más cómoda de que el reino vendría sin sufrimiento (tal vez, como creían algunos, mediante un triunfo sobrenatural y sin costo).

9:27. La gloria futura de los versículos anteriores está anticipada por medio de una revelación de la gloria que experimentarían en el 9:32-35. Como el futuro *Mesías ya había venido, la gloria de su futuro *reino ya está presente también.

9:28-36
Un anticipo de la gloria futura

Dios había revelado su gloria a Moisés en el monte Sinaí, y Moisés había bajado del monte reflejando la gloria de Dios (Éxo. 32—34).

9:28. Dios reveló su gloria a Moisés en un monte (ver arriba).

9:29. La literatura judía con frecuencia describía a los ángeles y otros seres celestiales como vestidos de blanco. Lucas omite el término "transfigurado" de Marcos por las connotaciones paganas que podría tener para sus lectores (los dioses y magos griegos se transformaban en otras formas, aunque Marcos, al igual que Lucas, estaba aludiendo a Moisés, no a magos).

9:30. Aparentemente, Elías no había muerto nunca (2 Rey. 2:11; Mal. 4:5; tradición judía); Moisés fue sepultado por Dios mismo (Deut. 34:6), y algunas tradiciones judías (no bíblicas) hasta aseveraban que Moisés seguía viviendo (cf. el comentario sobre Apoc. 11:6). Se esperaba que ambos personajes regresaran de algún modo antes del tiempo final.

9:31. La partida de Jesús aquí es literalmente su "éxodo". Aunque este término era una forma natural de describir la muerte (Sabiduría de Salomón 7:6), es posible que represente una alusión a la salvación futura de Israel, que los profetas y los judíos posteriores con frecuencia consideraban un nuevo éxodo.

9:32, 33. La sugerencia de Pedro de construir "albergues" (NVI) en el monte tal vez se refiera a los tabernáculos de Israel en el desierto, con los cuales los israelitas reconocían la presencia de Dios entre ellos en la época de Moisés.

9:34-36. "A él oíd" posiblemente se refiera a Deuteronomio 18:15, donde se les advirtió a los israelitas que escucharan al "profeta como Moisés", el nuevo Moisés que había de venir.

9:37-43a
Liberación de un endemoniado

9:37, 38. Un hijo único era extremadamente importante para un padre en esta cultura, por razones sociales, económicas (sostenimiento en la vejez) y hereditarias (incluyendo la extensión de la línea ancestral).

9:39. La falta de control de la persona endemoniada sobre sus propias respuestas motrices es un paralelo de los ejemplos de la posesión demoníaca en muchas culturas a lo largo de la historia, y está atestiguada en los estudios antropológicos de la posesión demoníaca actual. Los textos médicos griegos mencionan "espuma" en relación con las convulsiones epilépticas, los síntomas de las cuales en este caso (pero no siempre, Mat. 4:24) están causados por la posesión demoníaca.

9:40, 41. La respuesta de Jesús presupone que esperaba que sus *discípulos tuvieran la fe suficiente para obrar milagros como él. Algunos maestros judíos antiguos se consideraban obradores de milagros, pero no era común que esperaran que sus discípulos también pudieran obrarlos.

9:42, 43a. Por lo general, los exorcistas intentaban dominar a los demonios con conjuros que invocaban espíritus superiores, o usando raíces malolientes o técnicas de sometimiento por dolor. Jesús aquí se limita a usar su orden, mostrando así su gran autoridad.

9:43b-50
Atenuación de ideas falsas de la gloria

9:43b-45. La gloria en el monte y el poder de Jesús sobre los demonios confirmaría las sospechas *mesiánicas de los *discípulos (9:20), de modo que Jesús necesita volver a enfatizar su definición de la misión mesiánica en contraste con la suya (ver 9:22).

9:46-48. La posición social era una inquietud preeminente en la sociedad antigua; los niños no tenían ninguna. Pero Jesús declara que a los ojos de Dios son como los mensajeros de la tradición judía, que tenían la autorización plena de la persona que representaban (ver el comentario sobre 9:1, 2), de modo que no necesitaban el estatus terrenal. Los representantes de una persona con gran autoridad ejercían más autoridad que otros que actuaban por su propia cuenta.

9:49, 50. Los exorcistas antiguos frecuentemente invocaban espíritus más poderosos para echar fuera espíritus menores. Si este exorcista es genuinamente eficaz (contraste Hech. 19:15, 16), es probable que esté de su parte.

9:51-56
Jerusalén vía Samaria

9:51. Este es un momento decisivo en el movimiento del argumento, al igual que en Hechos 19:21. Como los escritores modernos, los escritores antiguos hábiles daban indicios del movimiento de la trama. "Afirmar el rostro" normalmente daba a entender una determinación resuelta, como la que mostraría un profeta (cf. Eze. 21:2).

9:52. Los peregrinos galileos que iban a la fiesta de la Pascua en Jerusalén con frecuencia tomaban el camino más corto por Samaria, aunque algunos tomaban un camino más largo que la rodeaba. Pero este versículo sugiere que Jesús buscó hospedaje allí, lo cual habría ofendido a muchos *fariseos devotos y a la mayoría de los nacionalistas judíos.

9:53. Aun antes de que Juan Hircano, un rey judío, hubiera destruido el templo *samaritano en el siglo II a. de J.C., tanto samaritanos como judíos habían sentido una aversión por el sitio santo de sus rivales. Los samaritanos intentaron más adelante profanar el templo de Jerusalén. También eran conocidos por estorbarles a los peregrinos que viajaban a Jerusalén, una práctica que a veces terminaba en violencia.

9:54. Jacobo y Juan quieren hacer descender fuego del cielo como lo hizo Elías en el altar del monte Carmelo cuando dos compañías de tropas del rey se opusieron a él (1 Rey. 18:38; 2 Rey. 1:10, 12). Elías lo hizo en circunstancias mucho más severas que las que Jesús enfrenta aquí. Los tres casos representaban peligro de muerte, y sus opositores en el Carmelo habían sido responsables por el martirio de la mayoría de sus discípulos.

9:55, 56. Los lectores judíos antiguos probablemente considerarían que la reprensión misericordiosa de Jesús era piadosa (1 Sam. 11:13; 2 Sam. 19:22), a pesar de cuanto odiaban ellos a los *samaritanos.

9:57-62
El verdadero discipulado

9:57, 58. Por lo general los *discípulos buscaban sus propios maestros. Algunos filósofos radicales que rechazaban las posesiones trataban de repeler a posibles discípulos con enormes demandas, para probarlos y adquirir a los más dignos. Muchos judíos palestinos eran pobres, pero pocos carecían de vivienda. Jesús hasta había sacrificado su vivienda para viajar y dependía completamente de la hospitalidad y el apoyo de otros.

9:59, 60. Los familiares no estarían afuera hablando con los *rabinos durante el período de luto, la semana inmediatamente después de la muerte. La sepultura inicial se realizaba poco después de la muerte y ya habría ocurrido cuando este hombre habló con Jesús. Pero un año después de la sepultura inicial, una vez que la carne se había consumido y dejado solo los huesos, el hijo volvía para sepultar los huesos en una caja especial en una ranura de la pared del sepulcro. Por lo tanto es posible que el hijo esté pidiendo una demora de hasta un año.

Una de las responsabilidades más importantes del hijo mayor era la sepultura de su padre. Por lo tanto, la exigencia de Jesús de que el hijo lo pusiera a él antes que a esta responsabilidad ha de haber sonado a herejía: en la tradición judía, honrar al padre y a la madre era uno de los mayores mandamientos, y seguir a Jesús de forma tan radical sería como romper este mandamiento.

9:61, 62. Había que mantener la vista en el camino del arado para que los surcos no salieran torcidos. El arado manual era liviano, de madera, y con frecuencia tenía una punta de hierro.

Cuando Elías encontró a Eliseo arando, le pidió que lo siguiera pero le permitió despedirse primero de su familia (1 Rey. 19:19-21). El llamado de Jesús aquí es más radical que el de un profeta radical.

10:1-16
Autorización de los setenta (y dos)

10:1. Si Jesús escogió a doce *discípulos para representar las doce tribus de Israel, tal vez haya escogido el número de este grupo mayor para representar las setenta (a veces setenta y dos) naciones de la tradición judía, prefigurando la misión a los *gentiles. (Algunos manuscritos griegos dicen setenta, otros setenta y dos.) Compare también los setenta ancianos con dones proféticos en Números 11:24, 25, más Eldad y Medad (Núm. 11:26).

Por lo general se enviaba a los heraldos de "dos en dos". El término "enviar" sugiere que estos son *apóstoles, al igual que los doce (ver el comentario sobre 9:1, 2; cf. 1 Cor. 15:5-7).

10:2. Un *rabino de entre fines del primer siglo y principios del segundo hizo una declaración similar a la de Jesús aquí, refiriéndose a la capacitación de la gente en la *ley. La urgencia de cosechar mientras los campos estaban maduros era una imagen natural para los granjeros del primer siglo.

10:3. Los judíos a veces se consideraban a sí mismos (Israel) como ovejas entre lobos (los *gentiles). La imagen de un cordero entre lobos era proverbial para describir al indefenso.

10:4. Estos apóstoles deben viajar sin equipaje, al igual que algunos otros grupos; cf. el comentario sobre 9:3. Se dice que los *esenios recibían tal hospitalidad de parte de sus colegas en diversas ciudades que no les hacía falta llevar provisiones cuando viajaban. El no saludar a nadie en el camino indica la urgencia de su misión profética, representando a Dios y no a sí mismos (cf. 1 Rey. 13:9, 10; 2 Rey. 4:29; 9:3); era ofensivo no saludar, y la gente piadosa trataba de ser la primera en saludar a una persona que se acercaba. (Sin embargo, los maestros judíos estaban de acuerdo en que no se debían interrumpir los deberes religiosos como la oración para saludar a alguien.)

10:5-9. La hospitalidad hacia los viajeros era una virtud crucial de la antigüedad mediterránea, especialmente en el judaísmo. A quién y en qué circunstancias se debía saludar eran asuntos importantes del protocolo social, porque el saludo "Paz" era una bendición que debía comunicar paz. Jesús corta este protocolo con directrices nuevas.

10:10, 11. Los judíos religiosos que regresaban a suelo santo no querrían que ni el polvo del territorio pagano se adhiriera a sus sandalias.

10:12. Tanto los profetas bíblicos como la tradición judía posterior establecía a Sodoma como lo máximo en pecaminosidad (p. ej., Deut. 32:32; Isa. 1:9; 3:9; 13:19; Jer. 23:14; 50:40; Lam. 4:6; Eze. 16:43-46; Amós 4:11; Sof. 2:9). El pecado particular que Jesús menciona aquí probablemente es el rechazo de los mensajeros de Dios, aunque son menores que Jesús (cf. Gén. 19).

10:13. Los judíos pensaban en Tiro y Sidón como ciudades puramente paganas (cf. 1 Rey. 16:31), pero los que habían sido expuestos a la verdad a veces se habían arrepentido (1 Rey. 17:9-24). "Saco y ceniza" eran característicos del luto, que a veces expresaba *arrepentimiento.

10:14. Según algunas historias judías acerca del tiempo final ("el día del juicio" como se llamaba con frecuencia), los justos entre las naciones testificarían en contra del resto de su pueblo, poniendo en claro que nadie tenía excusa para haber rechazado la verdad acerca de Dios.

10:15. La literatura judía frecuentemente describía el juicio en términos similares a los que Jesús utiliza aquí (Isa. 5:14; *Jubileos 24:31), especialmente en contra de un gobernador que se exaltaba como deidad (p. ej., la referencia a la muerte del rey babilonio en Isa. 14:14, 15).

10:16. Ver el comentario sobre 9:48.

10:17-24
El verdadero motivo de gozo

10:17. Normalmente los exorcistas debían emplear varios conjuros para persuadir a los demonios a que salieran; por lo tanto, los *discípulos están asombrados por la eficacia inmediata del nombre de Jesús.

10:18. Aunque los textos citados con frecuencia hoy como descripciones de la caída de *Satanás (Isa. 14; Eze. 28) se refieren en el contexto solo a reyes que pensaban que eran dioses, mucha de la tradición judía creía que había ángeles caídos (especialmente con base en Gén. 6:1-3).

Pero el contexto y el tiempo imperfecto del verbo griego ("yo veía") tal vez sugieran que hay otra cosa en mente aquí: el gobernador autoproclamado de esta edad (Luc. 4:6) que se retracta de su posición ante los representantes de Jesús. (Se podría comparar, p. ej., la tradición judía de que el ángel de la guarda de Egipto cayó al mar cuando Dios hirió a los egipcios a favor de Israel; la imagen de caer del cielo normalmente no es literal, p. ej., Lam. 2:1.)

10:19. La protección que Jesús promete es similar a la que Dios a veces prometía en el AT (cf. Deut. 8:15; Sal. 91:13; para escorpiones como metáfora de los obstáculos humanos al llamado, ver Eze. 2:6). Aquí las serpientes, a veces asociadas con *Satanás, los demonios o la magia, probablemente representan las huestes de Satanás.

10:20. El libro con el nombre de los justos en el cielo era una imagen común en la literatura judía (p. ej., *Jubileos; *1 Enoc), con amplios precedentes en el AT (Éxo. 32:32; Isa. 4:3; Dan. 12:1; Mal. 3:16; tal vez Sal. 56:8; 139:16).

10:21. Es posible que esta oración de Jesús ofendiera a los *escribas, quienes habían trabajado larga y duramente para estudiar la *ley.

10:22. Los textos judíos hablaban de mediadores únicos de la revelación (p. ej., Moisés), pero durante este período el rol asignado al Hijo como el único revelador del Padre y como el contenido de la revelación del Padre solo aparece en los textos judíos como la Sabiduría, personificada como un poder divino segundo solo en relación con Dios.

10:23, 24. Algunos textos judíos describen la manera en que los justos del AT anhelaban ver la era de la redención *mesiánica y una revelación más plena de Dios. Era una técnica *retórica aceptada de la época hacer una declaración acerca de alguien (en este caso, Jesús) bendiciendo a otro (en este caso, los que lo habían visto).

10:25-37
Amar al prójimo

10:25. La pregunta del maestro de la ley acerca de heredar la *vida eterna era una pregunta teológica judía común, y eran comunes los desafíos legales y de otros tipos a los *rabinos en los debates rabínicos antiguos.

10:26. Los maestros frecuentemente respondían a las preguntas usando contrapreguntas. "¿Cómo lees?" era una pregunta rabínica bastante habitual.

10:27. El experto legal ofrece las respuestas a veces dadas por los maestros judíos (y por Jesús; ver Mar. 12:29-31), citando Deuteronomio 6:5 y Levítico 19:18.

10:28. Algunos textos de la *ley prometían vida para los que cumplían la ley. Esta "vida" significaba larga vida en la tierra que el Señor les había dado, pero muchos intérpretes judíos posteriores la interpretaban como una promesa de *vida eterna. Jesús aplica el principio a la vida eterna también (cf. el v. 25). "Has respondido bien" sirve de preludio apto para la aplicación de una *parábola, haciendo entender la idea en el caso del que ha respondido (*4 Esdras 4:20; cf. 2 Sam. 12:7; 1 Rey. 20:40-42).

10:29. Los maestros judíos normalmente usaban "prójimo" para significar "compatriota israelita". Levítico 19:18 claramente significa "compatriota israelita" en el contexto inmediato, pero el contexto menos inmediato también aplica el principio a cualquier no israelita en la tierra (19:34).

10:30. Al igual que la mayoría de las *parábolas, esta historia tiene una idea principal que contesta la pregunta del interlocutor; los detalles son parte de la historia y no deben alegorizarse. Jericó estaba a una menor altura sobre el nivel del mar que Jerusalén; por lo tanto, se "descendía" a Jericó. Los ladrones eran comunes en el camino y atacarían especialmente a una persona que viajara sola. Muchas personas no tenían ropa extra, y por lo tanto las prendas de vestir eran artículos valiosos para robar.

10:31. Los sacerdotes debían evitar la impureza, especialmente la de un cadáver; los *fariseos pensaban que se la contraía aun si la sombra tocaba el cadáver. Al igual que el hombre que sufrió el robo, el sacerdote "descendía" (v. 31); por lo tanto venía de Jerusalén y no tenía que preocuparse por no poder realizar sus tareas en el templo. Pero las reglas eran reglas; aunque la regla de la misericordia tomaría precedencia si fuera evidente que el hombre estuviera vivo, parecía que el hombre podría estar muerto (v. 30), y el sacerdote no quería arriesgarse. Era mejor dejar la tarea para un levita o un israelita común. La crítica que hace Jesús aquí al sacerdocio es más suave que la de los *esenios y con frecuencia que la de los profetas (Ose. 6:9).

10:32. Las reglas de los levitas no eran tan estrictas como las de los sacerdotes, pero el levita también quería evitar la profanación.

10:33. Tradicionalmente, los judíos y los *samaritanos se odiaban; aunque la violencia era la excepción y no la regla, la literatura de ambos grupos muestra una actitud de hostilidad hacia el otro. La ilustración de Jesús ofendería a los oidores judíos, golpeando el corazón de su patriotismo que estaba justificado por la religión.

10:34, 35. Se usaba el aceite en forma medicinal y para lavar las heridas; aparentemente también se usaba el vino para desinfectar las heridas. Los judíos comúnmente evitaban el aceite *gentil, y probablemente el samaritano. "Yo te lo pagaré" era una fórmula estándar para garantizar una deuda.

10:36, 37. El interrogador de Jesús seguramente odiaba a los samaritanos y, sin embargo, se vio forzado a seguir el ejemplo moral de un samaritano en la historia de Jesús. Esta parábola lo obligó a contestar su propia pregunta: "¿Quién es mi prójimo?" (10:29).

10:38-42
La discípula

Este pasaje desafía los roles asignados a las mujeres en el primer siglo; el rol de *discípulo y futuro ministro del mensaje de Jesús es más crítico que el de ama de casa y anfitriona, y también está abierto a las mujeres.

10:38. El ser una de las anfitrionas de Jesús representaba mucho trabajo para Marta: Jesús había traído muchos discípulos para alimentar. Es posible que la acción de Marta quede corta en comparación con la de María en esta narración, pero su trabajo representa la mejor oferta de devoción que conoce.

10:39. Por lo general la gente se sentaba en sillas o, en los banquetes, se reclinaba en divanes; pero los discípulos se sentaban a los pies de sus maestros. Los discípulos serios estaban preparándose para ser maestros, un rol que les estaba prohibido a las mujeres. (Una excepción notable en el segundo siglo fue la de una erudita, hija de *rabino, que se había casado con otro rabino erudito; pero la mayoría de los rabinos rechazaban las opiniones de ella.) La postura de María y su entusiasmo por absorber la enseñanza de Jesús a costa de un rol tradicionalmente femenino (10:40) puede que haya ofendido a la mayoría de los varones judíos.

10:40-42. A pesar de la importancia cultural de la hospitalidad (la preparación de la comida para los invitados normalmente recaía en la matrona de la casa), el rol de María como *discípula de Jesús es más importante que cualquier otra cosa que pudiera hacer.

11:1-13
Jesús y la oración

11:1. Los *discípulos comúnmente pedían instrucción a sus maestros, y algunos preguntaban por bendiciones u oraciones apropiadas para diversas ocasiones. Sin embargo, se consideraba descortés e impío interrumpir la oración de alguien; por lo tanto aquí los discípulos esperan hasta que Jesús termine sus propias oraciones antes de preguntar. Los distintos maestros podían enseñar formas especiales de oración a sus propios grupos de discípulos, aunque todos los judíos palestinos tenían algunas oraciones en común, salvo los sectarios radicales como los *esenios.

11:2. Los judíos comúnmente se referían a Dios como "Nuestro Padre celestial" cuando oraban, aunque eran raros los títulos tan íntimos como "Abba" (Papá) (ver el comentario sobre Mar. 14:36). Una oración judía estándar de la época proclamaba: "Exáltese y santifíquese tu... nombre... y que tu reino venga rápidamente y con prontitud".

El nombre de Dios sería "santificado", es decir "mostrado santo", en el tiempo final, cuando viniera su *reino. Esta idea era bíblica (Isa. 5:16; 29:23; Eze. 36:23; 38:23; 39:7, 27; cf. Zac. 14:9). En el presente el pueblo de Dios podría santificar su nombre viviendo en forma recta; los maestros judíos decían que si vivían de manera equivocada, "profanarían" su nombre, o sea, lo harían caer en descrédito entre las naciones.

11:3. Esta petición alude a la provisión que Dios hizo para su pueblo del "pan de cada día" (maná) después de haberlos redimido (Éxo. 16:4). Eran comunes las oraciones pidiendo que Dios supliera las necesidades básicas, de las cuales se consideraba que el pan y el agua eran los ejemplos supremos (cf. Prov. 30:8).

11:4. Los judíos consideraban que los pecados eran "deudas" ante Dios; se podía usar la misma palabra *aramea para las dos cosas. Por lo menos en teoría, la ley judía exigía el perdón periódico de los deudores monetarios (cada siete y cincuenta años), de modo que la ilustración de perdonar las deudas tiene sentido. Los paralelos con las oraciones judías antiguas sugieren que "No nos metas en tentación" significa "No nos permitas pecar cuando somos tentados", en lugar de "No nos permitas ser tentados" (cf. el 22:46 en contexto).

11:5, 6. La hospitalidad era una obligación crucial; el anfitrión debía alimentar al viajero que había honrado su hogar al venir a pasar la noche. Aunque muchos hogares habrían usado el pan del día para el anochecer, en una aldea pequeña la gente sabría a quién le sobraba pan. En las aldeas modernas de esa región, el pan podría durar varios días, pero hay que servirle al huésped un pan fresco, sin partir, como acto de hospitalidad.

11:7. Los niños dormían en esteras en el piso de la vivienda de una sola habitación. Sería una molestia correr la barra pesada que se ponía entre anillos fijados a la puerta, y haría un ruido que los despertaría.

11:8. Los golpes repetidos despertarían a los niños de todos modos; por lo tanto abrir la puerta ya no representaría tanto problema. La palabra traducida como "importunidad" (RVR-1960; "insistencia", RVA) significa "descaro" (a veces como la insolencia característica de los *cínicos). Este término se refiere ya sea a la audacia del que llama a la puerta, para no ser avergonzado por no tener nada para darle a su huésped, o tal vez a la vergüenza del padre que está adentro, porque toda la aldea será humillada por un informe negativo acerca de su hospitalidad.

11:9, 10. En el contexto de la *parábola, estos versículos significan que el que golpea recibe debido a la audacia, o porque el honor de Dios está vinculado inseparablemente con el honor de su siervo, el que golpea.

11:11-13. Este es un argumento judío clásico de "cuánto más" (*qal vahomer*). La mayoría de la gente creía que el Espíritu Santo (1) se había retirado, (2) solo estaba disponible para algunas de las personas más santas, o (3) pertenecía a la comunidad (*Rollos MM). Por lo tanto, la promesa del versículo 13 ha de haber sonado profunda. Dadas las creencias comunes acerca del Espíritu en el judaísmo antiguo (basados en el AT), en esencia era una promesa de que Dios los convertiría en profetas, voceros ungidos de Dios.

11:14-26
¿Quién es el verdadero vasallo de Satanás?

11:14-16. La mayoría de los exorcistas paganos intentaban sacar los demonios con conjuros mágicos. Los *rabinos del segundo siglo seguían acusando a Jesús y a los cristianos judíos de usar hechicería para lograr los milagros que realizaban. "Beelzebul" está relacionado con el nombre del dios pagano llamado "Baal-zebub" en 2 Reyes 1:2. Usado como equivalente de "Belial" (2 Cor. 6:15), era un nombre judío común para el diablo en el Testamento de Salomón. (Los *rabinos solían llamarlo Samael; *Jubileos lo llamaba Beliar o Mastema; los *Rollos MM, Belial; sea cual sea el nombre, los judíos antiguos entendían quién era el príncipe de los demonios.)

11:17, 18. Jesús no niega la existencia de otros exorcistas aquí, pero tampoco significa que esté validando a la mayoría: el hecho de que un demonio se retirara para atraer la atención a otro siervo de *Satanás solo sería una retirada estratégica. Sus exorcismos contrastan con el exorcismo en masa llevado a cabo por Jesús, lo cual claramente significa una derrota para Satanás (11:20).

11:19. "Vuestros hijos" significa "miembros de vuestro propio grupo" (así como, p. ej., "hijos de profetas" significaba "profetas"); ya que algunos de sus asociados también echaban fuera demonios (mediante métodos que parecerían más mágicos que los de Jesús), deberían considerar su acusación cuidadosamente.

11:20. El "dedo" de Dios representaba su poder. Aunque la frase ocurre en otros lugares, Jesús alude especialmente a Éxodo 8:19, donde los magos del faraón, que intentan imitar los milagros de Moisés, se ven obligados a admitir que el verdadero Dios está obrando a través de Moisés pero no a través de ellos.

11:21-23. Muchas fuentes judías tempranas refieren que *Satanás o los demonios fueron "atados", o encarcelados, después de que Dios los sometió. Aunque son menos relevantes a este contexto, los textos mágicos antiguos también hablan de "atar" a los demonios mediante procedimientos mágicos. Esta *parábola acerca de vencer a un propietario protector y armado (considerado tal vez un soldado o veterano romano, o sencillamente un propietario especialmente celoso) significa que Jesús había derrotado a Satanás y por lo tanto podía saquear sus posesiones, o sea, libertar a los endemoniados.

11:24-26. Aquí Jesús invierte la acusación: ellos, y no él, son siervos de Satanás. Él echa fuera los demonios, pero ellos los invitan de vuelta en números aún mayores. Los abogados y *retóricos hábiles se deleitaban en subvertir la acusación de un opositor mostrando que el opositor mismo era culpable y no estaba en condiciones de hacer la acusación.

11:27-36
Los verdaderamente bienaventurados

11:27, 28. Se acostumbraba alabar al niño bendiciendo a la madre; esta figura retórica ocurre en la literatura grecorromana (p. ej., el satírico romano del primer siglo Petronio), los textos *rabínicos (p. ej., dichos atribuidos a Johanan ben Zakkai) y en otros lugares (p. ej., *2 Baruc 54:10).

11:29, 30. La predicación de Jonás era un sencillo mensaje de juicio, pero eso era todo lo que Nínive requería en su generación.

11:31, 32. Las discusiones judías acerca de los tiempos finales incluían a los conversos de entre los pobres que podían testificar en contra de aquellos que decían que eran demasiado pobres para seguir a Dios, así como conversos de entre los ricos, conversos de entre los *gentiles, etc. Aquí Jesús se refiere a paganos que se convirtieron. Los judíos probablemente pensaban en la "reina del Sur", la reina de Saba, como la reina de Etiopía, que se consideraba la parte más austral de la tierra (cf. Hech. 8:27).

11:33. La mayoría de las viviendas palestinas no tenían "sótanos", pero Lucas está relatando la imagen a su público; muchas viviendas griegas sí los tenían. Las casas griegas frecuentemente tenían la lámpara en el vestíbulo, y muchas casas palestinas solo tenían una habitación. Cualquiera que haya sido el estilo arquitectónico, "los que entran" verían la lámpara inmediatamente.

11:34-36. Jesús habla literalmente de un ojo "sano" contrastado con un ojo "malo". Un ojo "sano" por lo general significaba un ojo generoso. Un ojo "malo" en esa cultura podía significar un ojo enfermo o mezquino. Muchos creían que la luz era emitida por el ojo, permitiendo ver, en lugar de que la luz entrara por el ojo; aquí parece entrar por el ojo.

11:37-54
Denuncia de colegas religiosos

Al igual que en el 7:36-50, una comida se convierte en la ocasión para la instrucción moral (esta práctica era tan común en la antigüedad que se convirtió en un marco frecuente de un tipo de literatura filosófica llamada simposio). Aún más que en el 7:36-50, también se convierte en la ocasión para una confrontación.

11:37. La conducta del *fariseo ha de haber parecido honorable; ver el comentario sobre 7:36. Se invitaba a maestros prominentes a dar una conferencia durante tales comidas, hablando acerca de temas sabios con otros a quienes también les gustaba hacer alarde de su educación.

11:38. Los fariseos eran especialmente escrupulosos en cuanto a lavarse las manos, una tradición no practicada en el AT.

11:39, 40. La pureza ritual era importante para los *fariseos, así que se lavaban ellos, y lavaban sus recipientes, en baños rituales. La escuela de *Shammai, la mayoría farisaica en este período, decía que la parte externa de una copa podía estar limpia aunque la parte interna no lo estuviera; la opinión minoritaria de los seguidores de *Hillel era que había que limpiar la parte interna de la copa primero. Jesús se alinea con la escuela de Hillel en este punto, pero lo hace como declaración figurada de la parte interna del corazón.

11:41. La palabra *aramea por "limpiar" (Mat. 23:26) es similar a la que significa "dar con misericordia"; es posible que Lucas adopte un matiz de un juego de palabras *arameas de Jesús, mientras que Mateo adopta otro.

11:42. Se utilizaban los diezmos especialmente para mantener a los sacerdotes y los levitas. La "ruda" y el "eneldo" de Mateo (23:23) son palabras similares en el *arameo, y posiblemente reflejen una fuente aramea original. La ley escrita no requería explícitamente el diezmo de estas hierbas verdes secas del huerto; la cuestión entre los *fariseos era si contaban como productos alimenticios.

11:43. Se consideraba que los fariseos eran meticulosos en su observancia de la *ley, y los que se consideraban superiores en su conocimiento de la ley eran saludados con respeto especial en las plazas.

11:44. No había nada que propagara la impureza ritual tan severamente como un cadáver; los *fariseos creían que se contraía la impureza aun si la sombra tocaba un cadáver o un sepulcro. Se blanqueaban los sepulcros poco notables (o los osarios de piedra caliza) todas las primaveras para advertir a los transeúntes que los evitaran, eludiendo así la impureza, pero a los fariseos les falta esta señal de advertencia. Son impuros por dentro, pero parecen religiosos por fuera.

11:45. A Lucas le preocupa más diferenciar a los fariseos de los expertos legales profesionales que a Mateo (cf. Mat. 23:13-29). Aunque algunos fariseos trabajaban como expertos legales y algunos expertos legales eran fariseos, estos grupos no eran idénticos.

11:46, 47. El judaísmo antiguo enfatizaba con mayor frecuencia que el AT que Israel había martirizado a sus profetas; la comunidad judía en este período construyó sepulcros como monumentos para los profetas y los justos (incluyendo algunos siervos de Dios del AT que no fueron martirizados, como David o Hulda).

11:48. El dicho de Jesús significa "de tal palo, tal astilla"; el pecado y la culpa colectivos seguían entre los descendientes de los malvados si no se arrepentían (Éxo. 20:5; Deut. 23:2-6; 1 Sam. 15:2, 3; Isa. 1:4).

11:49-51. Los judíos comúnmente creían que los profetas plenamente ungidos habían dejado de aparecer al final del período del AT y solo serían restaurados en el tiempo final. La culpa de la sangre era un asunto serio, el cual afectaba a toda la comunidad no solo a las personas directamente responsables (Deut.

21:1-9). Dios tomaría la venganza (Deut. 32:43; Sal. 79:10). Los *rabinos consideraban que el lugar entre el pórtico y el altar era el lugar más santo del mundo después del lugar santísimo y el santuario sacerdotal.

La Biblia hebrea está dispuesta en una secuencia distinta a la de nuestras versiones modernas del AT; en ella Zacarías es el último mártir (2 Crón. 24:20-22) y Abel es el primero, igual que en nuestra Biblia (Gén. 4:8). La tradición judía ampliaba los relatos de ambos martirios, declarando que después de la muerte de Zacarías una fuente de sangre apareció en el templo y no pudo ser aplacada ni siquiera con la matanza de miles de sacerdotes. Zacarías oró pidiendo venganza (2 Crón. 24:22) y la sangre de Abel clamó desde el suelo (Gén. 4:10). Por lo tanto, decir que su venganza se llevaría a cabo en la generación de Jesús era prometer horrores inimaginables. Este juicio es porque su generación representaría el colmo de los terribles pecados de sus antepasados espirituales.

11:52-54. Los expertos en la ley supuestamente aumentaban el conocimiento de la ley; el hecho de que Jesús declarara que en lugar de ello sus exposiciones detalladas volvían inaccesible su significado claro, era una acusación seria.

12:1-12
Palabras sanas y el día del juicio

Jesús advierte a sus oidores que deben evaluar todos sus valores y prioridades a la luz del día del juicio: sus palabras, su vida y (en el 12:13-34) sus posesiones. Aunque la hostilidad del mundo parece algo menos pronunciada en Lucas (quien, como *Filón y *Josefo por parte de los judíos, quiere que su fe tenga sentido en una cultura más amplia) que en Marcos (quien, como muchos escritores *apocalípticos, solamente experimentó la oposición del mundo), Lucas refiere las advertencias de Jesús en forma igualmente clara que los otros escritores: seguir a Jesús es costoso. Sin embargo, las consecuencias de no seguirlo son eternas.

12:1. Un orador potente podía dirigirse a una muchedumbre desde marcos acústicos naturales (p. ej., ensenadas o montes). Una multitud de "miles y miles" era inusual; si los romanos hubieran sabido que había muchedumbres tan grandes en el desierto, tal vez habrían detenido a Jesús. No confiaban en grandes agrupaciones de personas que se reunían sin su permiso y cuya *retórica potencialmente revolucionaria no podían controlar. (El teatro en la ciudad galilea de Séforis tenía asientos para 4.000 a 5.000 personas, pero al no estar en el campo, se habría comunicado cualquier retórica antirromana.) Sin embargo, la probabilidad de interferencia romana a esta altura no es muy grande; no patrullaban el campo galileo, y sus altos funcionarios todavía no sabían nada de Jesús.

12:2, 3. Los techos planos han de haber provisto el foro más notable para gritar las noticias a los vecinos; estaban al aire libre, en contraste con las habitaciones interiores. Se consideraba que la oscuridad de la noche era el momento más fácil para comunicar secretos. En este contexto, es posible que el 12:2, 3 advierta que la confesión o la negación de Cristo será comunicada por delatores engañosos (12:1, 4, 5), o que será comunicada en el día del juicio (12:4-10). El día del juicio llevaría todos los hechos a la luz (cf., p. ej., Isa. 29:15); los malvados serían avergonzados y los justos vindicados (p. ej., Isa. 45:16, 17).

12:4, 5. Todos los lectores judíos entenderían que "aquel que tiene poder de echar en el infierno" es Dios, el juez, cuyo poder los sabios deben "temer" respetuosamente.

12:6, 7. Los gorriones eran unas de las cosas más baratas vendidas como alimento para los pobres en el mercado, y eran las más baratas de todas las aves. Según Mateo 10:29, se podían comprar dos gorriones por un asarión, una pequeña moneda de cobre de poco valor; aquí parece que son aún más baratos si se compran en cantidades mayores. Este es un argumento judío clásico de "cuánto más": si Dios cuida de algo tan barato como los gorriones, ¿cuánto más no se ocupará de los seres humanos? Tener los cabellos de la cabeza contados era una forma en la cual el AT decía que no le podía pasar nada a una persona sin que Dios lo permitiera (cf. 1 Sam. 14:45; 2 Sam. 14:11; 1 Rey. 1:52).

12:8, 9. Jesús es presentado tanto como intercesor (abogado por la defensa) y fiscal ante la corte celestial, una imagen judía conocida. En muchos relatos judíos, la corte celestial consistía en ángeles; por cierto los ángeles se reunirían para el día del juicio. Dios daría el fallo final, pero el texto implica que Jesús nunca pierde un caso ante él.

12:10. Cuando Jesús dice que la gente "será perdonada", quiere decir que Dios la perdonará (los judíos a veces usaban construcciones pasivas para no usar el nombre de Dios). Ver el comentario sobre Marcos 3:23-30. En este contexto, es posible que la blasfemia contra el *Espíritu se refiera a una negación de Jesús de la cual el negador nunca se arrepiente (a diferencia de Pedro).

12:11. Las *sinagogas funcionaban como lugares de reunión para las cortes locales judías; a veces se golpeaba a los transgresores allí. Los castigos impuestos por las autoridades romanas solían ser aún más severos que los castigos judíos.

12:12. Los judíos pensaban en el *Espíritu Santo especialmente como el espíritu de *profecía; por lo tanto, cuando los creyentes eran llevados ante las autoridades (12:11), tenían el poder de hablar el mensaje de Dios tan claramente como lo hicieron los profetas del AT. (Por supuesto que la inspiración no implica una falta de preparación o disciplina general en el tema acerca del cual se habla; los discípulos memorizaban los dichos de sus maestros tanto en la cultura judía como en la griega, y los discípulos de Jesús conocían su enseñanza además de estar inspirados por el Espíritu.)

12:13-21
El materialismo y el infierno

12:13. La gente frecuentemente les pedía a los *rabinos que arbitraran en disputas legales. El hijo mayor siempre recibía el doble de lo que recibía cualquiera de los otros hijos. La proporción de la herencia era fija, y en este caso el demandante tiene todo el derecho legal de recibir su porción de la herencia.

12:14, 15. La respuesta haría un impacto fuerte en los oidores del primer siglo: la cuestión no es si el demandante tiene razón legalmente; la cuestión es que lo importante es la vida, no las posesiones. Aun la mayoría de los campesinos tenían algo de propiedad (una vivienda), de modo que las palabras de Jesús llegan al corazón de los deseos humanos. Solo unos pocos filósofos griegos (p. ej., Epicteto) pronunciaron palabras acerca de las posesiones que sonaban tan fuertes como las de Jesús aquí.

12:16-18. Los arqueólogos han descubierto enormes silos en granjas donde vivían propietarios ricos ausentes, como en Séforis que era una de las ciudades judías más grandes y más *helenizadas de Galilea. La imagen en esta *parábola es la de un hacendado rico, parte de la clase ociosa extremadamente pequeña (calculada generalmente en menos del 1 por ciento) que no necesitaba trabajar en sus propios campos. Aunque muchos campesinos se enorgullecían de su trabajo y pocos podían cambiar su condición social, el estilo de vida de los ricos y famosos proveía modelos naturales para la envidia popular.

12:19. La complacencia *epicúrea del hombre que dice "come, bebe, alégrate" probablemente se refiere a la insensatez análoga de los judíos pudientes en Isaías 22:13, 14. Era lo mejor que la vida mortal podía ofrecer a una persona (Ecl. 2:24; 3:12; 5:18, 19), pero también había que considerar las demandas de Dios (11:7—12:14). Muchos otros textos judíos también critican a la persona autosuficiente que piensa que lo tiene todo y no toma en cuenta la muerte (p. ej., Eclesiástico 11:18, 19; las Sentencias de Menandro Siríaco 368-76; *Seudo-Focílides 109-10; *1 Enoc 97:8-10).

12:20. La idea de dejar el fruto de la labor a otros más dignos aparece en la tradición de sabiduría del AT (p. ej., Ecl. 2:18); el temor de dejarlo a alguien que lo desperdiciaría también es común en la literatura antigua. La imagen de la vida prestada a una persona y pedida de vuelta en el momento de la muerte también había sido conocida (Sabiduría de Salomón 15:8).

12:21. Jesús dice que el pecado no es la forma en que se ganó sus ingresos, sino sencillamente que los acumuló en lugar de dar generosamente; el mismo énfasis aparece en Proverbios.

12:22-34
La falta de importancia de las posesiones

12:22, 23. Jesús razona a nivel básico: las necesidades esenciales tienen que ver con la supervivencia. Algunos filósofos enseñaban que la gente solo debía buscar las necesidades esenciales, aunque la mayoría de los filósofos creía que la gente podía adquirir posesiones siempre y cuando no se esmerara por buscarlas. Sin embargo, los *cínicos no poseían nada, y entre los judíos palestinos, los *esenios compartían todas sus posesiones en forma comunitaria. Jesús nunca prohíbe las posesiones, pero enseña prioridades que desafían los estilos de vida de sus seguidores; mientras que las personas y sus necesidades importan, las posesiones más allá de las necesidades no valen nada.

12:24-28. Los maestros de sabiduría judíos (y griegos) con frecuencia ilustraban sus ideas con la naturaleza. El esplendor de Salomón, durante lo que indudablemente fue el período materialmente más próspero de la historia de Israel, era impactante bajo cualquier concepto humano (1 Rey. 10:4, 5).

12:29, 30. Un oyente judío no desearía ser peor que las "naciones", los *gentiles impíos. Los judíos creían que Dios era su padre (no de los gentiles).

12:31, 32. Aquí Jesús probablemente usa un argumento judío de "cuánto más" (si Dios les da el *reino, cuánto más no suplirá todas las otras necesidades); pero es posible que Jesús quiera decir que la bendición del reino futuro incluye la provisión fiel de Dios ahora.

12:33, 34. Se debería invertir en la vida eterna en lugar de las posesiones; ver el comentario sobre Mateo 6:19-21.

12:35-40
Preparados para su venida

En el contexto (12:22-34), este pasaje sugiere que solo aquellos que viajan sin equipaje estarán preparados. Aunque la mayoría de los contemporáneos judíos de Jesús anhelaba y oraba por el momento de la redención futura, también parece haber estado más preocupada con las necesidades diarias que con una preparación extraordinaria para el juicio futuro (las excepciones eran los *esenios y los seguidores de figuras y revolucionarios *mesiánicos).

12:35. Al igual que los vigilantes militares u otros que se mantienen preparados mientras los demás duermen, los seguidores de Jesús deben estar vestidos y listos para la acción (Éxo. 12:11). Mantener las lámparas encendidas significaría literalmente tener una provisión de aceite y mantenerse despierto para poder ir usando esta provisión. Es una figura de la preparación (cf. Mat. 25:3-10).

12:36. Los hacendados prósperos con frecuencia tenían un esclavo o esclavos especiales encargados de vigilar la puerta; estos porteros esclavos mantenían alejadas a las personas indeseables, pero dejaban pasar a los miembros de la familia. Si los banquetes judíos se parecían a los banquetes griegos y romanos, la celebración podía durar hasta bien entrada la noche. Fuera o no que el hacendado rico hubiera permanecido para los siete días completos de la fiesta, sería inusual que regresara de un banquete lejano (en contraste con uno en la misma ciudad) durante la noche. Los ladrones hacían que fuera más peligroso viajar de noche, aunque el peligro se veía reducido por un séquito grande.

12:37. Aunque algunos filósofos argumentaban que los esclavos eran los pares morales de sus amos, y se sabe de un romano pudiente que comía en el mismo nivel que sus esclavos libertos, era insólito que un amo les sirviera a los esclavos. Esta imagen ofendía a los ricos, pero era un símbolo fuerte de la manera en que Jesús trataría a los que permanecieran fieles hasta el fin.

12:38. Aquí Jesús sigue una división judía de la noche en tres vigilias; contraste la división para los deberes de la guardia romana en Marcos 13:35.

12:39, 40. El término traducido como "forzar" significa literalmente "cavar". Las paredes frecuentemente estaban construidas de barro seco y por lo tanto se podía cavar a través de ellas (aunque habría sido más rápido romper la puerta). Las viviendas de la gente más pudiente solían tener piedras en lugar de barro.

12:41-48
Para los ministros también

Los líderes de la *iglesia deben reconocer que están designados solo para servir a sus consiervos, el resto de la iglesia.

12:41. Los *discípulos frecuentemente pedían clarificaciones a sus maestros haciéndoles preguntas.

12:42. Muchos hacendados pudientes tenían un esclavo llamado "mayordomo", una especie de gerente que administraba la propiedad. Este esclavo de alto nivel podía estar encargado de las raciones de los otros sirvientes.

12:43, 44. Los siervos de una casa podían ser promovidos; de hecho, muchos de estos siervos ocupaban puestos más altos que los campesinos libres en términos de poder real o posición social, y hasta ganaban más dinero (que después podían usar para comprar su libertad).

12:45. Tal esclavo podía abusar de su autoridad solo si el amo no estaba presente. No era raro que los hacendados estuvieran ausentes, especialmente si tenían otras propiedades a mucha distancia. En otros relatos de la época, los reyes, propietarios o maridos ausentes preparaban situaciones que tentaran a los que quedaban a cargo de sus bienes. Se despreciaba la ebriedad, especialmente cuando los esclavos se embriagaban a expensas del amo. Se consideraba que un esclavo que abusaba de otros esclavos maltrataba la propiedad del amo (ver el comentario sobre 12:47, 48); en algunos casos, los esclavos también eran objeto de atención personal por parte del amo.

12:46. El castigo "duro", literalmente "cortar en pedazos", aparece en otras partes en un período anterior en el Oriente griego pagano. Los lectores de Lucas, que se verían a sí mismos como más civilizados, indudablemente considerarían horroroso este detalle. Tomado en forma literal, el destierro posterior con los incrédulos podría significar que le fue negado un entierro decente; pero en la parábola señala especialmente la doctrina judía del infierno (*Gehena) para los idólatras.

12:47, 48. Algunas leyes antiguas consideraban a los esclavos como personas; otras leyes los consideraban propiedad. Aunque los amos podían golpear a los esclavos (así como por lo general lo hacían con sus hijos), no les convenía económicamente hacerlo con frecuencia ni severamente. Los muchos azotes (12:47), la ejecución y la desfiguración del cuerpo reflejaban la severidad del crimen; el amo tenía legalmente el poder de conservarles la vida a sus esclavos o de quitársela. La *parábola indica que un mayor conocimiento conlleva mayor responsabilidad (ver Lev. 26:18; Amós 3:1, 2).

12:49-53
Portador de división

La ética de Jesús difiere en forma tan radical de la del mundo que la división es inevitable.

12:49. El fuego probablemente se refiere al juicio inminente en el tiempo final. El fuego en el AT podía simbolizar el juicio y la purga del tiempo final; cf. el comentario sobre el 3:16.

12:50. El *"bautismo" inminente de Jesús probablemente se refiere al bautismo de fuego (12:49; juicio, 3:16) a favor de otros, así como lo hace su copa (cf. el comentario sobre Mar. 10:38).

12:51-53. Dado el gran énfasis en la armonía de la familia en el judaísmo, las palabras de Jesús aquí tendrían un impacto fuerte en los oidores. La familia extendida vivía en el mismo hogar con mayor frecuencia que hoy, aunque no todos han de haber tenido suegros presentes.

12:54-59
Las señales de los tiempos

12:54. Una nube del poniente vendría del mar Mediterráneo y por lo tanto traería lluvia.

12:55. Un viento del sur llevaría aire caliente del desierto.

12:56, 57. Estos pronosticadores del tiempo (12:54, 55) eran obvios; Jesús dice que la verdad de su mensaje es igualmente obvia.

12:58, 59. Aquí Jesús se refiere a la práctica antigua del encarcelamiento por deudas (mencionada también en el AT, p. ej., Lev. 25:39-41; Amós 2:6). En el encarcelamiento por deudas, había que depender de los amigos para conseguir los fondos necesarios para pagar; no se podía salir si no lo hacían. Lucas reemplaza al funcionario judío de Mateo (Mat. 5:25) por uno griego para que el relato sea más fácil de entender para sus propios lectores.

13:1-9
Arrepentimiento o muerte

13:1-5. Al igual que en la mayoría de las culturas, en el judaísmo antiguo, cuando le pasaba algo malo a alguien, la gente se preguntaba qué mal había cometido aquella persona. La crueldad de Pilato aquí encuadra con el tipo de conflictos que tenía con la comunidad judía y la presencia de peregrinos galileos en los días santos celebrados en Jerusalén. (Pilato estaba presente en las fiestas para asegurar que se mantuviera el orden.) Es posible que la "torre de Siloé" haya estado en el muro de Jerusalén a la altura del estanque de Siloé; tal vez haya estado asociada con la construcción por parte de Pilato de un sistema mejorado de abastecimiento de agua para la ciudad.

13:6. Las viñas palestinas con frecuencia contenían árboles frutales además de las vides.

13:7. El hecho de que algunas higueras no dieran fruto un año dado no significaba que nunca lo harían (cf. el comentario sobre Mar. 11:12-14); en esta *parábola el viñador le pide al amo que espere hasta el cuarto año para asegurarse de que era un árbol inútil (cf. Isa. 65:8). Según la interpretación *rabínica de Levítico 19:23, estaba prohibido durante tres años el fruto de los árboles recién plantados (aunque es posible que la tradición judía se haya aplicado más estrictamente a las aceitunas que a los higos). En la enseñanza judía posterior, Dios examinaba los pecados de Israel una vez por año para decidir su futuro para el año siguiente; pero no está en claro si Jesús alude aquí a tal idea.

13:8. El viñador es responsable ante el dueño, tal vez como siervo, y sin embargo intercede por la higuera. Cavar alrededor de un árbol y ponerle estiércol para fertilizarlo eran procedimientos comunes, pero por lo general las higueras no necesitaban estiércol; el trabajador hace todo lo posible para salvar el árbol. Los maestros judíos debatían si el *arrepentimiento de Israel podía cambiar el tiempo fijado para el fin, pero estaban de acuerdo en que Dios podía suspender su juicio si veía arrepentimiento.

13:10-17
Sanidad en el día de reposo

13:10. Era común que se invitara a los maestros visitantes a hablar en las *sinagogas el día de reposo.

13:11, 12. Los escritores médicos antiguos usaban palabras como "quedar libre" para describir la eliminación de la curvatura de la columna y dolencias afines. También se utilizaba la frase en relación con librar a la gente de las garras de un demonio.

13:13, 14. El argumento del principal de la sinagoga suena lógico: está prohibido trabajar el día de reposo, pero todavía quedan seis días en la semana para sanar. El problema es que las leyes bíblicas del día de reposo no limitaban la actividad de Dios, y el único trabajo físico que Jesús realiza en la mujer enferma es ponerle las manos (aunque algunos *fariseos consideraban que aun esto era trabajo). Aunque las reglas farisaicas oficialmente prohibían la sanidad por intermedio de un médico; debatían si convenía o no orar por los enfermos durante el día de reposo. Pero, en todo caso, es posible que no haya habido fariseos presentes en esta ocasión, ya que aparentemente la mayoría de los 6.000 fariseos vivía en Judea.

13:15, 16. Jesús usa nuevamente el argumento judío común de "cuánto más" (*qal vahomer*): si se podía desatar a un animal para su propio bien el sábado (una de las pocas actividades de atar y desatar que se permitían entonces), ¿cuánto más no se podría desatar a una "hija de Abraham" (una israelita) de sus ataduras satánicas?

13:17. Se aceptaban los argumentos por analogía en los debates legales judíos; Jesús fue más hábil que sus opositores. Las narraciones de controversias tanto griegas como *rabínicas típicamente culminaban con una respuesta del protagonista sabio que hacía callar a sus opositores, de modo que el triunfo de Jesús debió haber sido obvio para los lectores de Lucas.

13:18-30
La naturaleza del reino

13:18. "¿A qué lo compararé?" era una forma *rabínica común de presentar una *parábola para ilustrar un punto.

13:19. Todos consideraban que la semilla de mostaza era muy pequeña; de hecho, habría sido difícil ver algo más pequeño. Sin embargo, daba un arbusto del tamaño de un árbol (en la zona del mar de Galilea, puede alcanzar una altura de 3 a 4 metros), con lugar para que las aves se posaran en él (usando el lenguaje de Dan. 4:12, el esplendor del reino de un gobernador mortal). Según los maestros palestinos del segundo siglo, no se plantaba la semilla de mostaza en los huertos (cf. Mat. 13:31); pero fuera de Palestina (donde vivían los lectores de Lucas) se podía hacer.

13:20, 21. Se mezclaba la levadura con la harina en toda la masa. La idea de las dos *parábolas (13:18-21) es que el poderoso *reino que todos esperaban podía surgir de comienzos aparentemente oscuros, como Jesús y los *discípulos.

13:22-24. La imagen de "los dos caminos" era común en la literatura judía (y otra literatura antigua); algunos textos también enfatizaban que más gente seguiría el camino de la destrucción. Otros grupos judíos además de los cristianos, como los *esenios, también creían que eran el único grupo salvo. Pero la creencia judía general era que casi todo Israel sería salvo en el tiempo por venir (cf. Mishnah Sanedrín 10:1).

13:25. Era una regla social esencial saludar a los conocidos por nombre o título. Negar que sabían de dónde eran sería negar que se los conocía.

13:26, 27. La comunión en la mesa creaba

un vínculo social; la hospitalidad obligaba al que la recibía a la amistad (cf. el comentario sobre 14:1). En esta *parábola los fugitivos de la destrucción intentan recordarle al dueño de la casa quiénes son, pero él reitera que no los conoce, y por lo tanto no entrarán a su casa. La línea final es del Salmo 6:8 (cf. 119:115; 139:19), donde los hacedores de iniquidad son los perseguidores del salmista, de quienes se venga el Señor para vindicar al salmista.

13:28. Los judíos daban por sentado que Dios había preparado el *reino para Israel; esperaban participar en él junto con los patriarcas (Abraham, Isaac y Jacob) y los profetas.

13:29, 30. Aquí Jesús podría referirse a la reunión de los judíos dispersos fuera de Palestina, pero en el contexto de Lucas y Hechos (y el paralelo en Mat. 8:11, 12) la idea es de mucho más impacto: los *gentiles participarán en el *reino recostados (la postura utilizada en las fiestas) en el banquete *mesiánico, del cual estarán excluidas muchas de las personas que esperaban participar. Se utilizaban los cuatro puntos cardinales juntos para significar "de todas partes".

13:31-35
El lamento del amante rechazado

13:31. Herodes Antipas tenía bastante más autoridad en Galilea que la aristocracia sacerdotal en Jerusalén; había ejecutado a Juan y podía hacer lo mismo con Jesús. Sin embargo, si Jesús sale de la jurisdicción de Antipas (como los *fariseos bien intencionados le aconsejan aquí), estará a salvo.

13:32. Llamar a alguien "zorro" en la antigüedad no implicaba necesariamente que la persona fuera astuta; en lugar de ello, podía representar a la persona como despreciable, calumniadora, traicionera o (con frecuencia) maliciosa. Por lo tanto, Jesús no le está ofreciendo un cumplido (cf. Eze. 13:4). Tal vez la idea que se tenía en mente era que los zorros también atacaban a las gallinas (v. 34) cuando tenían la oportunidad de hacerlo.

13:33. En el AT algunos profetas fueron martirizados, y la tradición judía aplicaba este destino también a muchos otros profetas. Jesús hace un juego de palabras con esta tradición; en varios días entrará a la ciudad que más profetas ha matado (va a morir pronto, con o sin la participación de Herodes). Aunque el martirio de los profetas encuadraba en la tradición judía, el hecho de que Jerusalén fuera el sitio más apropiado para ello era chocante para muchos oidores judíos, porque la mayoría de los judíos, con excepción de los *esenios, consideraban que Jerusalén era el centro de la devoción judía.

13:34. La tradición judía decía que los judíos estaban bajo las alas de Dios, y cuando una persona judía convertía a un *gentil, "llevaba al gentil bajo las alas de la presencia de Dios". El AT también presenta a Dios como un águila que revolotea sobre sus crías (Deut. 32:11; cf. Éxo. 19:4) y protege a Israel bajo sus alas (Sal. 17:8; 36:7; 57:1; 61:4; 63:7; 91:4), además de aterrorizar a los enemigos de Israel (Jer. 49:22). No es sino una imagen del amor de Dios por su pueblo. Aquí Jesús aplica esta imagen y este rol divinos a sí mismo.

13:35. La desolación de la "casa" probablemente se refiere a la destrucción del templo en el año 70 d. de J.C. (cf. Luc. 21). La cita es del Salmo 118:26, que se cantaba durante esta época en la Pascua y que las multitudes le cantarán a Jesús cuando entre en Jerusalén (19:38).

14:1-6
Sanar en el día de reposo

14:1. Se suponía que compartir el pan era una ocasión para la comunión íntima; la traición o motivaciones no amistosas entre los que compartían una comida era algo repugnante para los lectores antiguos. Este sentimiento sería aún más fuerte en una comida del día de reposo, al cual los judíos consideraban especialmente virtuoso invitar a un maestro prominente.

14:2. La hidropesía hace que el cuerpo se hinche con fluidos excedentes, según lo comúnmente mencionado en los textos médicos antiguos. Ya que el hombre hidrópico está frente a Jesús y no en la periferia de la sala, tal vez sea un invitado.

14:3-6. Los expertos legales judíos debatían entre sí las leyes pertinentes al día de reposo; si un lado callaba y no podía responder, se suponía que estaba equivocado o por lo menos que era demasiado ignorante de la *ley como para defender su posición. Los *esenios no permitían rescatar a un animal durante el día de reposo, pero los *fariseos sí. Jesús argumenta por analogía con un principio con el cual sus opositores están de acuerdo, extrapolando un argumento de tipo "cuánto más"; cf. 13:15, 16.

14:7-14
Indicaciones para invitados y anfitriones

14:7. Los maestros conocidos acostumbraban disertar o participar en diálogos durante los banquetes. Los escritores antiguos a veces disponían las discusiones literarias como monólogos o diálogos en el marco de tales banquetes; estas escrituras se llamaban simposios. La posición social era importante en la antigüedad y se remarcaba en la forma de sentar a los invitados en los banquetes. Esta posición era problemática especialmente en los círculos grecorromanos pudientes (ver el comentario sobre 1 Cor. 11:21), pero la disposición de asientos por rango está bien documentada en la sociedad judía de Palestina, incluso en los *Rollos MM.

14:8-10. Jesús pronuncia un principio directamente de Proverbios 25:6, 7 al cual no prestaban mucha atención los invitados. Este principio se repite en otros textos judíos antiguos. Sin embargo, al igual que en los círculos romanos, no se invitaba a nadie de una posición social inferior a que avanzara arbitrariamente; solo se hacía avanzar a la persona que se había sentado en una posición demasiado baja.

14:11. Aquí Jesús repite una promesa clásica del AT aplicada especialmente al día del juicio (cf. Isa. 2:12; Eze. 17:24; 21:26; cf. también el comentario sobre Luc. 1:52, 53).

14:12. El no invitar a la gente de la misma posición social ofendería a los invitados; pero Jesús dice que la necesidad del otro, no la posición social propia, debe determinar lo que se da. El AT prohibía cobrar intereses en un préstamo y así aprovecharse del prójimo; pero el principio de Jesús excluye esperar pago alguno; cf. 6:34, 35.

14:13. Las personas pudientes del mundo grecorromano por lo general invitaban a personas de una posición social algo menor a cambio de recibir honor, pero estos invitados serían relativamente respetables, no dependientes absolutos o mendigos, como lo serían los mancos, los cojos y los ciegos en esa sociedad, o los campesinos (aunque es posible que muchos maestros judíos consideraran un acto de devoción el invitar a mendigos y campesinos). No se permitían mancos, cojos ni ciegos en el predio de la comunidad probablemente *esenia de *Qumrán.

14:14. El judaísmo enseñaba que los justos recibirían su recompensa final en la *resurrección de los muertos; aquí Jesús aplica esta verdad a la distribución de los recursos. El hecho de que Dios pagaba a los que ayudaban a los pobres ya se enseñaba en el AT (Prov. 19:17).

14:15-24
El banquete máximo

Aquellos cuya presencia se habría esperado en el banquete de Dios lo habían rechazado; por lo tanto, tiene todo el derecho de invitar a los marginados de la sociedad cuya presencia ofendería a los poderosos.

14:15. Los textos que reflejaban las expectativas judías (tan antiguos como Isa. 25:6-9) con frecuencia presentaban el *reino de Dios como un banquete.

14:16. El hombre de la *parábola invitó a muchas personas pudientes, aunque es probable que fueran menos pudientes que él.

14:17. Las invitaciones se enviaban frecuentemente pidiendo el favor de contestar, de modo que estos invitados ya habían confirmado que iban.

14:18. Se pensaría que este hombre habría examinado el campo de antemano, aunque lo hubiera comprado por medio de un agente. Es posible que el comprador haya estado legalmente obligado a ir a completar la compra; a veces los tratos dependían de una inspección posterior. Pero al igual que las excusas siguientes, este aviso tardío se interpretaría como una excusa débil que serviría de grave insulto a la dignidad del anfitrión, quien había preparado la fiesta incurriendo en muchos gastos.

14:19. El hecho de tener un total de cinco yuntas de bueyes significaría que este hombre tenía mucha tierra para arar; debía ser un hacendado rico. Sería inconcebible que no tuviera a nadie que trabajara para él.

14:20. La excusa de este hombre es válida para no ir a la guerra durante el primer año del matrimonio (Deut. 20:7; 24:5; cf. 1 Macabeos 3:56), pero no es válida para dejar de concurrir a una fiesta cuya asistencia se había prometido, aunque con frecuencia no se invitaba a las mujeres (incluyendo su nueva esposa) a tales comidas. Por lo general los banquetes duraban hasta muy entrada la noche. Las fiestas de casamiento (que probablemente sea el caso aquí; cf. Mat. 22:2) se planificaban con mucha anticipación, y el hombre debería haber sabido que no debía programar dos acontecimientos al mismo tiempo.

14:21-24. El traer mendigos de la calle era algo insólito (ver el comentario sobre el 14:13).

14:25-35
El costo de seguir a Jesús

La exigencia de que todos los *discípulos de Jesús valoraran a los necesitados más que la respetabilidad (14:7-24) les quita el derecho de seguir siendo socialmente respetables; en el costo de seguir a Jesús, había que tomar en cuenta que no se podía valorar la aprobación de la familia (14:26) ni las posesiones (14:33) más que el llamado de Dios, comunicado mediante la necesidad del mundo.

14:25, 26. "Aborrecer" podía funcionar como una forma semítica *hiperbólica de decir "amar menos" (Mat. 10:37), pero esta consideración no disminuye la ofensa de este dicho en una sociedad donde honrar a los padres se consideraba virtualmente la mayor obligación, y la familia solía ser el mayor gozo para una persona. Los maestros regularmente exigían gran respeto y afecto, pero en la tradición judía solo Dios exigía abiertamente una devoción tan completa como la que reclama Jesús aquí (Deut. 6:4, 5).

14:27. El criminal condenado "llevaba la cruz" (el travesaño de la cruz) hasta el sitio donde estaba el palo levantado donde sería crucificado, pasando por lo general entre una multitud burlona. Nadie escogería este destino para sí mismo, pero Jesús pide que los verdaderos *discípulos lo escojan, y así aborrezcan su propia vida al expresar completa devoción a él (14:26).

14:28-30. Varios años antes (27 d. de J.C.), un anfiteatro mal construido se había derrumbado, con lo cual murieron unas cincuenta mil personas. Las fallas de las estructuras inadecuadas o a medio terminar eran bien conocidas. Sin embargo, la idea central aquí es la vergüenza del constructor en una sociedad obsesionada con el honor.

14:31, 32. Herodes Antipas acababa de perder una guerra con un vasallo romano vecino, de modo que la imagen de una guerra insensata tendría sentido para los oidores de Jesús. El objetivo de Jesús (al igual que en el

14:28-30) es que hay que reconocer el costo cuando uno se inscribe como *discípulo de Jesús (cf. Prov. 20:18; 24:6).

14:33. Los *esenios dedicaban toda su propiedad a la comunidad; algunos filósofos griegos radicales propugnaban el mismo tipo de enseñanza. Pero el resto del judaísmo antiguo y, aún más, la sociedad grecorromana en general rechazaban tal fanatismo; el judaísmo enfatizaba la caridad pero no deshacerse de las posesiones. Los *discípulos de Jesús no se despojaron de su propiedad sino que compartieron todo lo que tenían (Hech. 2:44, 45; cf. el comentario sobre el 12:12). Sin embargo, las palabras de Jesús han de haber sonado como las de uno de los maestros radicales, al aseverar que cualquiera que valora más las posesiones que a la gente, y por lo tanto se aferra a ellas en lugar de suplir las necesidades conocidas, no es su discípulo.

14:34, 35. La sal se usaba especialmente como agente saborizante, y a veces (aunque probablemente no en Palestina) se mezclaba con estiércol para mantenerlo fresco para usar como abono (aunque la sal en sí sería contraproducente para fertilizar el suelo). La idea es que los discípulos que no viven como discípulos valen lo mismo que la sal insulsa: nada.

15:1, 2
Amigos pecaminosos

15:1. Los *publicanos y los pecadores estaban excluidos de la comunidad religiosa; cf. el comentario sobre 5:29-32. Proverbios (1:15; 13:20; 14:7) advierte contra el peligro de asociarse con pecadores. Pero este texto pone en claro que la influencia moral pasa de Jesús a los pecadores, no a la inversa. Muchos judíos religiosos enfatizaban el hablar de la *ley en todo momento posible; nadie podía quejarse legítimamente de Jesús, quien aquí comunica el mensaje de Dios a sus oidores durante la comunión en la mesa (acerca de las conferencias en las comidas, cf. el comentario sobre 14:7).

15:2. Los *fariseos y los maestros de la ley no consideraban que fuera correcto sentarse con los que estaban excluidos de la comunidad religiosa; aparte de peligros tales como comer alimentos no diezmados, el compañerismo íntimo en la mesa implicaba aceptación. La "murmuración" podía recordar a los lectores antiguos que conocían las Escrituras la infidelidad y la murmuración de Israel en el desierto.

15:3-7
La oveja perdida

Jesús dirige tres *parábolas a sus acusadores religiosos, invirtiendo las cosas y mostrando que no eran verdaderamente amigos de Dios. Los *fariseos consideraban que los pastores pertenecían a una profesión impura, y por lo tanto no se identificarían fácilmente con el protagonista del relato (pero cf. 2:8-20).

15:3, 4. Cien era posiblemente el número promedio para un rebaño. Como los pastores frecuentemente viajaban juntos, este pastor probablemente podía dejar a su rebaño con sus compañeros sin arriesgarlo. El hecho de que permanecieran en el campo abierto de noche indica que probablemente se trata de la estación veraniega, no del invierno. Otros maestros judíos enfatizaban el perdón de Dios para con los *arrepentidos, pero no enfatizaban el hecho de que Dios buscara a los pecadores.

15:5. La manera más fácil de cargar un cordero era en los hombros, con las patas cruzadas sobre el pecho (cf. cuando Dios carga sus corderos en Isa. 40:11).

15:6, 7. La moraleja del relato es la siguiente: así como los amigos del pastor se regocijan cuando halla lo perdido, los amigos de Dios se regocijan cuando él recupera lo que había perdido; por lo tanto, los acusadores de Jesús, que sienten resentimiento por su compañerismo con los pecadores que intenta restaurar, tal vez no sean verdaderamente amigos de Dios (15:1, 2).

15:8-10
La moneda perdida

El valor relativo del artículo perdido aumenta en cada *parábola: uno de cien, uno de diez y finalmente (15:11) uno de dos. Por lo general los *fariseos no sentían ningún respeto por el carácter moral de las mujeres y no se identificarían fácilmente con la protagonista de este relato (pero cf. 24:1-11).

15:8. Es probable que las diez monedas de plata sean el *ketubah,* o sea la dote de la mujer, el único dinero que lleva al matrimonio que es técnicamente suyo aunque se disuelva el matrimonio. El hecho de que solo tenga diez monedas (que valían unos diez días del sueldo de un obrero) sugiere que la familia de su padre no es muy próspera. Se supone que al casarse pasó a una familia igualmente pobre.

Esta lámpara es una pequeña lámpara de mano que usaba aceite y que emitía poca luz, pero ayuda más que la pequeña ventana que podría haber tenido la pared. Los rústicos pisos de piedra de las casas pobres tenían muchas hendiduras entre las piedras, en las cuales caían monedas y fragmentos de cerámica con tanta frecuencia que los arqueólogos ahora pueden usar las monedas en esas hendiduras para determinar la fecha en la cual la gente vivió en esas casas. Al barrer tal vez puede haber oído la moneda raspar contra el piso.

15:9, 10. Ver el comentario sobre 15:6, 7 para la moraleja. En la tradición judía, los ángeles en el cielo por lo general se interesaban grandemente en las obras de Dios en la tierra; cada persona tenía asignado específicamente por lo menos un ángel de la guarda.

15:11-32
El hijo perdido

15:11, 12. El pedirle al padre la porción de la herencia de antemano era algo insólito en la antigüedad; en efecto, se estaría diciendo: "Padre, quisiera que ya estuvieras muerto". Tal declaración no caería bien ni siquiera hoy, y en una sociedad que enfatizaba la obediencia al padre significaría un acto serio de rebeldía (Deut. 21:18-21) por el cual el padre lo podía haber golpeado o hasta algo peor. El hecho de que el padre conceda el pedido significa que la mayoría de los oidores no se identificarán con el padre en esta *parábola; desde el comienzo, lo considerarían falto de carácter al consentir a un hijo tan inmoral.

El hijo mayor siempre recibía una porción doble (Deut. 21:17); en este caso, habría recibido dos tercios de la herencia y el hermano menor un tercio.

15:13. La ley judía permitía que el padre determinara cuáles bienes (especialmente la tierra) serían para cuáles hijos antes de morir, pero solo podían tomar posesión cuando el padre muriera: el padre era el administrador y recibía las ganancias hasta entonces. Por lo tanto este hijo podía saber lo que sería suyo pero legalmente no podía vender sus bienes; sin embargo, lo hace.

Muchos judíos palestinos emigraban para buscar su fortuna en áreas de menor apremio económico. Se presume que el hijo menor no tenía más de 18 años (no estaba casado) y tenía un hermano mayor; por lo tanto, tendría poca experiencia en administrar las finanzas. Los moralistas consideraban que el desperdicio era muy malo.

15:14. El hambre era una característica devastadora común de la economía antigua. La gente frecuentemente consideraba que las hambrunas eran juicios divinos, pero ya que la historia de Jesús no trata el tema del hambre en general, esta perspectiva no se aplica al relato.

15:15. Los oidores judíos de Jesús están listos para que termine la historia a esta altura (al igual que un relato judío parecido del segundo siglo): el hijo recibe su merecido, queda reducido al nivel horrendo de alimentar a los animales más impuros. En este momento el hijo está separado de la comunidad judía y de toda caridad económica que de otro modo le podría ofrecer.

15:16. Algunos comentaristas han sugerido que estas "algarrobas" eran un tipo de vaina de algarrobas que Israel solo comería en una hambruna, lo cual decían algunos maestros que impulsaba a Israel al *arrepentimiento. Otros argumentan que son vainas silvestres espinosas que solo los hocicos de los cerdos podían alcanzar. Ninguna de las dos vainas se consideraba apetitosa, y dados los hábitos alimentarios proverbialmente impuros de los cerdos, el solo pensar en comer el alimento de los cerdos repugnaría a los oidores de Jesús. El hecho de que el joven deseara el alimento de los cerdos también sugiere que no está recibiendo un salario justo (cf. 15:17).

15:17. Los "jornaleros" podían ser esclavos contratados o siervos libres que trabajaban a sueldo; cualquiera de los dos casos sugiere que el padre es próspero.

15:18, 19. Los judíos frecuentemente usaban "cielo" como una forma respetuosa de decir "Dios". El hijo aquí regresa sencillamente por hambre, creyendo que el padre lo podrá alimentar como siervo, no porque esté genuinamente arrepentido de haber deshonrado a su padre. Dada la magnitud de su pecado y el desperdicio de un tercio de las ganancias de toda la vida del padre, es posible que los oidores judíos hayan considerado su regreso como un acto de increíble atrevimiento en lugar de humildad.

15:20. Correr era una violación a la dignidad de un varón judío anciano, aunque el amor familiar podía tomar precedencia sobre la dignidad después de una larga ausencia (cf. Tobías 11:9, madre e hijo). Dada la vestimenta habitual, el padre tendría que haberse levantado la túnica para correr. Era apropiado besar a parientes o amigos íntimos.

15:21, 22. El mejor vestido en la casa pertenecería al padre mismo. El anillo probablemente sería un anillo con el sello familiar, un símbolo de la restauración al puesto de hijo en una casa pudiente. Por lo general los esclavos no usaban sandalias, aunque llevaban y ataban las sandalias del maestro. El padre está diciendo: "No te recibiré como siervo. Solo te recibiré como hijo".

15:23. El ternero sería lo suficientemente grande como para alimentar a toda la aldea: ¡sería una fiesta importante! Las familias aristocráticas con frecuencia invitaban a todo el pueblo a un banquete cuando un hijo alcanzaba la mayoría de edad (alrededor de los trece años) o cuando un hijo se casaba.

15:24. Los escritores antiguos a veces enmarcaban una sección de su obra repitiendo una línea en particular; este enmarcado se llama *inclusio*. Hasta ahora esta *parábola ha seguido el patrón de las dos anteriores (15:3-10), pero el 15:24-32 está enmarcado para tratar el asunto culminante: el hijo mayor representa a los religiosos acusadores de Jesús (15:2).

15:25-28. Se solía danzar en las celebraciones tanto religiosas como no religiosas. Los hermanos mayores debían conciliar las diferencias entre padres y hermanos menores, pero aquí cuando el hermano mayor regresa después de un largo día de trabajo, se niega hasta a entrar en la casa. Esto también es un insulto grave a la dignidad del padre y podría haber merecido una paliza (cf. 15:12).

15:29, 30. El no saludar al padre siquiera con un título (p. ej., "Padre", "Señor"; contrástese con 15:12) era un insulto grave a la dignidad del padre. El hermano mayor aquí es una metáfora clara de los *fariseos, y el hermano menor otra metáfora clara de los pecadores con quienes Jesús estaba comiendo (15:1, 2).

El judaísmo religioso de este período consideraba que la prostitución era pecaminosa; las fuentes tanto judías como no judías consideraban que era pecaminoso desperdiciar la propiedad, especialmente la de otro (16:1).

15:31, 32. Como la herencia ya había sido dividida, el hermano mayor ya tenía su parte asegurada, que entraría en vigencia al morir el padre (15:12); no tenía nada que perder con el regreso del hijo. No figura la respuesta final del hermano mayor, dándoles la oportunidad a los *fariseos de *arrepentirse si están dispuestos a hacerlo.

16:1-13
El mayordomo infiel

16:1. Muchos propietarios prósperos tenían administradores para supervisar sus propiedades; estos administradores, o mayordomos, podían ser esclavos o, como aquí (16:3, 4), personas libres. Desperdiciar posesiones ajenas se consideraba una falta particularmente despreciable (cf. 15:13).

16:2-4. Aunque el amo ha despedido a este administrador, le da tiempo para poner los libros en orden antes de irse. El administrador usa este tiempo para buscar el favor de otros con cuya casa podría asociarse más adelante; los antiguos eran muy conscientes de los favores que debían. Utiliza la autoridad del amo aunque ya no la puede ejercer legalmente.

Tanto cavar como mendigar se consideraba indigno. Por lo general los esclavos cautivos o aquellos que no conocían ningún otro oficio cavaban, y se consideraba la forma de trabajo más difícil.

16:5. Es posible que estos deudores debieran cantidades fijas de sus cosechas. No se les exigía pagar la suma hasta la cosecha.

16:6, 7. La medida de aceite de oliva (100 barriles, alrededor de 3.200 litros), representaba la producción de casi 150 árboles y valía unos 1.000 denarios, una suma no pequeña. La medida de trigo (100 medidas, alrededor de 35.000 dm3) representaba lo que rinden unas 40 hectáreas y valía unos 2.500 denarios. Tal vez difieran los porcentajes de deuda, pero se perdona aproximadamente la misma cantidad de dinero en cada una de las transacciones mencionadas (alrededor de 500 denarios). Estos deudores son todos relativamente prósperos y por lo tanto posiblemente necesiten un administrador en el futuro.

En tiempos difíciles, los amos a veces perdonaban parte de la deuda, considerándola una pérdida, a cambio de ser considerados benévolos.

16:8. Todos estos cambios se podían hacer con solo unas pequeñas marcas en los documentos, realizadas por los *clientes mismos; y si el ingreso proyectado aparentaba ser menos, era más difícil darse cuenta de que las ganancias del amo afectadas por el fraude del administrador habían disminuido.

Lo que es más importante, el administrador se ha ganado el favor público para sí mismo y para su amo como benefactor; si el amo castiga al administrador ahora, el público creerá que lo está haciendo por su acto benévolo. El administrador criminal podría ser enviado a la cárcel, pero sabiamente arriesga todo por el honor de su amo como hombre generoso. Los relatos antiguos frecuentemente muestran a personas poderosas que aprecian y premian la astucia, aun cuando ha sido usada en contra de ellos ("sagazmente", RVA, puede significar "astutamente", NVI; cf. Éxo. 1:10). Algunas historias (indudablemente populares entre los esclavos) muestran cómo los esclavos burlan a sus amos. Aunque este mayordomo aparentemente es libre (de ahí, "mendigar" en el 16:3), es posible que la historia se parezca a alguna conocida por los oidores de Jesús.

16:9-13. La moraleja del relato es que se deben usar las posesiones para servir a la gente, porque solo somos administradores de Dios para todo lo que tenemos. "Mamón" ("las riquezas") es una palabra *aramea que significa posesiones o dinero.

16:14-18
Las exigencias radicales de la ley

16:14. Aunque muchos de los *fariseos hayan pertenecido a la clase ociosa, esa descripción se aplicaba mucho más a los *saduceos.

La mayoría de los fariseos alababa la devoción de dar y se ejercitaba en ella. Sin embargo, en este contexto, "avaros" se refiere a todos los que valoran el dinero demasiado como para dar lo que hace falta para satisfacer las necesidades humanas que los rodean.

16:15. Jesús cita un principio clásico del AT (1 Sam. 16:7; Job 10:4), que se aplica especialmente a la práctica de la religión (Isa. 1:10-17; 58:1-14; Jer. 6:13, 14, 20; Ose. 4:4-9, 19; 6:6; Amós 5:21-27).

16:16. Los judíos a veces resumían la Biblia como "la Ley y los Profetas"; muchos creían que después de la era de los profetas la voz profética había sido enmudecida hasta la época *mesiánica. Por lo tanto, Juan introduce la era mesiánica.

16:17. Los *rabinos menos antiguos contaban la historia de que cuando Dios cambió el nombre de Sarai a Sara, la *yod* (la letra más pequeña del alfabeto hebreo) se quejó ante Dios por generaciones hasta que él la volvió a introducir en el nombre de Josué. Los maestros judíos usaban estas ilustraciones para enseñar que la *ley era sagrada y no se podía considerar que ninguna parte fuera tan pequeña que no se debería guardar.

16:18. La ley judía permitía que los hombres ejercieran el derecho a divorciarse por casi cualquier motivo, aunque muchos *rabinos desaprobaban el divorcio por motivos ligeros. Sin embargo, el enunciado de Jesús declara que el divorcio es inválido a los ojos de Dios, de modo que un matrimonio posterior es adúltero. Aquí Jesús expresa un concepto mucho más fuerte del vínculo matrimonial que cualquiera que se conozca en la antigüedad, y su declaración intensifica así la ley de Moisés. Al igual que la mayoría de las otras declaraciones de principios generales en el mundo antiguo (p. ej., Prov. 18:22 con Prov. 11:22; 12:4; 21:9; o Prov. 10:15, 13:8; 14:20 con Prov. 10:2; 11:4; o Prov. 14:24, 16:6 con Prov. 15:16; 16:8; 30:7-9; o Prov. 11:8; 12:13, 21 con principios como los de 2 Tim. 3:12), este no excluye excepciones (para la persona inocente que no tuvo voz en el asunto, cf. Mat. 5:32; 19:9; 1 Cor. 7:15). El propósito de Jesús es proteger del divorcio a la persona inocente, no castigar a la persona traicionada. Su declaración trata especialmente a la mujer, porque en la Palestina judía (en contraste con la costumbre romana) solo el marido tenía el derecho pleno al divorcio.

16:19-31
El hombre rico y el hombre pobre

Este relato se parece a una historia *rabínica de fecha incierta, salvo que allí el hombre rico realizó un acto bueno y llegó al mundo venidero; aquí permite que alguien se muera de hambre mientras él vive en el lujo, y así hereda el infierno. Algunos detalles acerca de la vida después de la muerte son característicos clásicas de la tradición judía; algunos sencillamente son necesarios para que la historia funcione (una práctica aceptable al relatar *parábolas).

16:19. La púrpura era una forma de vestido especialmente cara (cf. el comentario sobre Hech. 16:14); el estilo de vida que Jesús describe aquí es de un lujo ostentoso. Aunque es posible que este hombre haya llegado a ser rico por medios inmorales (como ocurría con frecuencia), el único crimen que Jesús le atribuye es que permitió que Lázaro muriera de hambre cuando lo podría haber impedido.

16:20. Algunas *parábolas judías (incluyendo la *rabínica mencionada al principio de esta sección) nombraban a un personaje o dos.

16:21. Estas migajas pueden ser las migas o los pedazos de pan usados para limpiar la mesa. Si Lázaro hubiera podido comérselos, estos restos todavía habrían sido insuficientes para alimentarlo. Los perros parecen ser del tipo habitual conocidos por los judíos palestinos: carroñeros, considerados en el mismo nivel que las ratas u otras criaturas insalubres (en el AT también, p. ej., 1 Rey. 14:11; 16:4;

21:24; 22:38). Eran impuros, y sus lenguas habrían hecho arder las llagas.

16:22, 23. La tradición judía con frecuencia describe a los justos llevados por ángeles; Jesús no da a sus oidores la imagen correspondiente tradicional de los malvados llevados por los demonios. Cada persona, por pobre que fuera, debía ser sepultada, y no ser sepultado se consideraba algo terrible (p. ej., 1 Rey. 14:13). Pero Lázaro, que no tenía ni parientes ni un *protector caritativo, no tuvo sepultura, mientras que el hombre rico seguramente recibió grandes elogios. Se esperaba que los verdaderos israelitas, y especialmente los mártires, compartirían con Abraham en el mundo venidero. El lugar de mayor honor en un banquete sería el más cercano al del anfitrión, reclinado en tal manera que la cabeza estuviera cerca de su pecho.

16:24-26. La literatura judía frecuentemente representaba el infierno como un lugar de llamas. El hombre que solía ser rico espera misericordia porque es descendiente de Abraham (ver el comentario sobre 3:8), pero el juicio aquí se basa en una inversión futura de la posición. Los judíos esperaban una inversión de la posición, donde los justos oprimidos (especialmente Israel) serían exaltados por sobre los malvados opresores (especialmente los *gentiles), y también creían que las personas caritativas serían grandemente recompensadas en el mundo venidero. Pero esta *parábola solo especifica la inversión económica, y su crudeza habría sido tan ofensiva para la mayoría de los oidores prósperos del primer siglo como lo sería para la mayoría de los cristianos occidentales de clase media si la oyeran con su fuerza original.

16:27-31. Si los que decían creer la Biblia no vivían de acuerdo con ella, ni siquiera una *resurrección (Jesús señala la suya propia) los persuadiría. La literatura judía también enfatizaba la responsabilidad moral de toda la gente para obedecer la medida de luz que ya tenía.

17:1-4
Las relaciones correctas

17:1, 2. Aquellos que hacen tropezar ("pecar", DHH) a otros están condenados, igual que el hombre rico de la *parábola anterior; en contraste, los *discípulos deberían buscar el bien de los otros. Con frecuencia se utilizaba "tropezar" metafóricamente para referirse a pecar o apartarse de la fe verdadera. Las piedras de molino, usadas para moler trigo y aceitunas, eran extremadamente pesadas, y el término utilizado aquí se refiere al tipo de piedra más pesada girada por un burro, en lugar del tipo más liviano que usaría una mujer. Ya que los judíos consideraban que este era un castigo del tipo horrible que los paganos podrían ejecutar, la imagen es todavía más espantosa.

17:3, 4. La reprensión privada, el *arrepentimiento con restitución y el perdón eran doctrinas clásicas de la devoción judía. Los maestros judíos cuestionaban la sinceridad del arrepentimiento si se pensaba volver a pecar, pero al igual que los expertos legales judíos que exploraban los principios legales, Jesús ofrece un caso teórico: si alguien se arrepiente repetidamente en forma genuina, hay que perdonarlo.

17:5-10
La fe de los siervos

17:5, 6. Los escritores judíos antiguos a veces observaban que las raíces del sicómoro estaban extendidas, lo cual lo convertía en un árbol difícil de desarraigar. Las semillas de mostaza eran proverbialmente pequeñas.

17:7-10. Muchos dueños de esclavos tenían pocos esclavos; por lo tanto estos trabajaban tanto en el campo como en la preparación de la comida. Los amos consideraban que este trabajo era el deber de sus esclavos, no una opción. Tampoco se consideraba que fuera honroso que los amos comieran con sus esclavos, y casi nunca ocurría. La idea de la ilustración parece ser que la fe crece a medida que se la usa como siervo; su propósito es el servicio, nunca es un fin en sí misma.

17:11-19
La gratitud de un samaritano

17:11, 12. La lepra era una repugnante enfermedad de la piel (no limitada a lo que actualmente se denomina lepra) para la cual la Biblia había prescrito cuarentena lejos del resto de la sociedad (Lev. 13:45, 46), aunque la Biblia no iba tan lejos como muchos maestros judíos que culpaban el pecado del leproso como causa de la enfermedad. Por lo tanto, los leprosos estaban marginados del resto de la sociedad; eran del tipo de personas que la mayoría de la gente sana prefería pasar por alto.
17:13. Los leprosos se acercan a Jesús con humildad, que era la manera correcta en el AT de acercarse a Dios o a uno de sus representantes para pedir oración.
17:14. La Biblia había prescrito sacrificios específicos en el caso de que se curara la lepra (Lev. 14:1-32). Al cumplir con estas reglas, Jesús no hace nada que viole la *ley ni ofenda a los sacerdotes.
17:15-19. A sus propios ojos, los *samaritanos eran muy devotos, pero los judíos los consideraban irreligiosos, y los judíos religiosos evitaban el trato íntimo con ellos. Esta tensión provee la mayor parte del impacto del relato. El hecho de que un samaritano viajara con leprosos judíos en la zona entre Samaria y Galilea (v. 11) también ilustra lo extremo de la condición marginada de los leprosos: borra las otras diferencias sociales.

17:20-37
La naturaleza del reino inminente

17:20, 21. Aunque los judíos reconocían que Dios gobernaba en el presente, la mayoría esperaba el gobierno o *reino de Dios sin oposición en el futuro. Los maestros judíos discutían acerca de cuándo vendría el reino: en un momento fijo desconocido por los mortales o cuando todo Israel se *arrepintiera. Al enseñar que el reino de Dios de algún modo está presente, Jesús implica que algo del reino, como el rey *mesiánico, ya está entre ellos.
17:22. La literatura judía a veces hablaba de un período futuro llamado "los días del *Mesías". Algunos textos hablaban de un período (a veces cuarenta años) cuando el Mesías conduciría a Israel en la guerra contra sus enemigos antes del final, y otros, de que el Mesías vendría a reinar durante un período después de que esos enemigos fueran subyugados.
17:23, 24. La venida final del *reino no podía ser introducida por una guerra sencillamente terrenal (como pensaban algunos), sino por una revelación cósmica a toda la tierra. (Varios textos judíos adoptaban cualquiera de los escenarios.) "En su día" (de Jesús), de ser original, tal vez aluda al "día del Señor" del AT, el tiempo final cuando Dios juzgaría la tierra y traería la justicia eterna.
17:25. Cf. el contexto de Daniel 7:13, 14 (el futuro *Hijo del Hombre) para el sufrimiento que precede la gloria (en Dan. 7:21, 22, se refiere a los santos).
17:26, 27. La literatura judía frecuentemente usaba la generación de Noé como una imagen típica del mal. Ninguna de las actividades que Jesús menciona aquí es mala (aunque los maestros judíos consideraban que algunas eran respuestas necesarias al impulso malvado). El crimen de esta gente es que sencillamente ignora el asunto más importante.
17:28-30. Muchos textos judíos usaban a Sodoma (Gén. 19) como una imagen típica del mal (cf. el comentario sobre 10:12) y con frecuencia la vinculaban con la generación de Noé (cf. el comentario sobre 17:26, 27).
17:31. Se utilizaba el techo plano para una variedad de fines. Ya que la escalera de la azotea bajaba por una pared externa de la

casa, no hacía falta entrar al descender. Es una imagen del apuro: olvidarse de las posesiones, la propiedad y los asuntos mundanos para llegar a la calle y saludar al rey que regresa o para huir de la fatalidad inminente.

17:32, 33. Cuando la esposa de Lot miró hacia atrás a su hogar destruido en Sodoma, le costó la vida que había sido de más valor para Dios que sus posesiones (Gén. 19:15, 16, 26).

17:34. Al igual que el español, el idioma griego usaba pronombres masculinos si había algún varón en el grupo; por lo tanto los "dos" probablemente se refiera al marido y la mujer. No hay duda de que Jesús se refiere a que uno será llevado a juicio (al igual que en la historia análoga del segundo siglo acerca de los israelitas y los egipcios que estaban en la cama durante la última plaga).

17:35. Parte del trabajo de la mujer judía palestina era moler; con frecuencia lo hacía con otra mujer. Normalmente estas mujeres podían trabajar juntas sin importar sus convicciones religiosas. Siempre que la mujer no religiosa no estuviera violando las reglas *farisaicas, hasta la esposa de un fariseo y la esposa de alguien que no diezmaba (a quienes los fariseos despreciaban) podían moler juntas.

17:37. La venida del *Hijo del Hombre traería juicio al igual que en las generaciones de Noé y Lot (17:26-30), dejando a sus enemigos como comida de buitres (Eze. 32:4-6; 39:17-20), lo cual los judíos consideraban un destino horrible (Deut. 28:26; 1 Sam. 17:44; Sal. 79:2). Algunos comentaristas han sugerido que las "águilas" (RVR-1960) aquí se refieren a los estandartes romanos, que podían representarse así. En el año 70 d. de J.C. los romanos ofrecieron sacrificio a estos estandartes en el sitio del templo después de destruirlo.

18:1-8
Dios, el juez fiel

18:1-5. Bajo la ley del AT, los jueces debían temer a Dios (debían considerar que él juzgará a los que quebrantan su ley y maltratan a otros) y por lo tanto defender a los oprimidos. Muchas sociedades antiguas tenían sanciones legales severas para los jueces injustos.

En la *ley, la viuda era el ejemplo máximo de la persona oprimida, porque no tenía ningún medio de sostén (p. ej., Éxo. 22:22-24; Sal. 146:9; Isa. 1:17, 23; Jer. 7:6, 7). Era imposible que pudiera pagar un soborno. En la parábola de Jesús el opositor de la viuda supuestamente está amenazándola con algo como tomar su tierra en pago por una deuda (cf., p. ej., 2 Rey. 4:1).

18:6, 7. Esta parábola es un clásico argumento judío del tipo "cuánto más" (*qal vahomer*): si un juez injusto a quien no le importan las viudas puede hacer justicia, ¿cuánto más no hará el juez justo de toda la tierra, conocido como el defensor de las viudas y los huérfanos? En el contexto, Dios administraría su justicia especialmente cuando Jesús viniera a juzgar la tierra (17:22-37). El principio es conocido del AT: Dios es fiel para actuar en nombre de su pueblo, y para vindicarlo mediante actos en el presente y especialmente en el día del juicio final.

18:8. Muchos escritores judíos predecían grandes sufrimientos en el tiempo final, a causa de los cuales muchos se apartarían de la verdad; Jesús advierte a los suyos que perseveren (21:8-19, 34-36; 22:31, 32, 40, 46).

18:9-14
El fariseo y el recaudador de impuestos

18:9, 10. Los *fariseos eran los más devotos de la sociedad judía palestina; los *publicanos o recaudadores de impuestos eran los más despreciados, frecuentemente considerados traidores de su pueblo. Los fariseos no querían que los publicanos fueran aceptados como testigos ni que recibieran puestos honoríficos. Para darse cuenta del impacto de esta *parábola en la actualidad, se podría pensar en estos personajes como el diácono o maestro de Escuela Dominical más activo contra un traficante de drogas, un activista homosexual o un político deshonesto.

18:11. Los judíos pensaban que era piadoso agradecer a Dios por la justicia propia, en lugar de adscribírsela. Los oidores de esta parábola no pensarían que el fariseo era jactancioso, sino que estaba agradecido a Dios por su piedad.

18:12. Muchos de los más piadosos ayunaban sin agua, a pesar del peligro para la salud, dos días completos por semana (lunes y jueves), por lo menos durante la época seca. Los *fariseos eran meticulosos en cuanto a diezmar en la medida completa que se podía inferir de la *ley (varios diezmos distintos juntos representaban más del 20 por ciento de los ingresos).

18:13. Una postura común para la oración era de pie con los ojos y las manos alzados hacia el cielo. El golpearse el pecho era una señal de gran duelo o tristeza, en este caso en *arrepentimiento por el pecado (que en la usanza judía se expresaba con duelo). La oración del *publicano pidiendo misericordia no involucra ningún acto deliberado de restitución, y por lo tanto muchos de los contemporáneos de Jesús considerarían que era inválida.

18:14. La conclusión que hace Jesús de la *parábola ha de haber sido chocante para los oidores originales (cf. el comentario sobre 18:11). No les choca a los cristianos actuales solo porque están muy acostumbrados a la parábola. Acerca de la inversión futura de los roles actuales, cf. el 14:11 y el 16:25.

18:15-17
El reino es de los niños

Los niños eran personas sin ninguna posición social, y los *discípulos no querrían que su *rabino desperdiciara su valioso tiempo bendiciéndolos. Pero Jesús dice que el *reino es de los que no son nadie, de los que no se acercan a él por los méritos de su propia posición.

18:18-30
El sacrificio de las riquezas por el reino

18:18. Algunos *discípulos hacían preguntas a sus maestros, como esta que el hombre principal hace a Jesús acerca de la *vida eterna. "Obtener la vida eterna" significa compartir en la vida del mundo venidero (la vida del *reino de Dios).

18:19, 20. Sin negar que él es justo, Jesús le recuerda al hombre el concepto judío clásico de la bondad de Dios (otros podían ser buenos, pero nadie se comparaba con Dios). Luego nombra mandamientos seleccionados del AT.

18:21. Si solo Dios es bueno, el hombre deberá admitir que ha quebrantado algún mandamiento; pero los mandamientos nombrados por Jesús eran guardados por la mayoría de los judíos bien educados.

18:22, 23. El judaísmo ponía un énfasis grande en la caridad, pero otros maestros judíos normalmente no exigían que un candidato a *discípulo se despojara completamente de sus fondos. Unos pocos maestros, especialmente algunos de los maestros radicales griegos (Antístenes, Zenón y Diógenes), tenían este tipo de exigencias para los alumnos ricos para ver si valorarían la enseñanza verdadera más que sus riquezas. De vez en cuando un rico renunciaba a sus bienes, pero por lo general los candidatos a discípulos ricos desilusionaban a estos maestros radicales al fallar la prueba del discipulado y regresar a sus riquezas.

18:24. Jesús invierte el orden social. Con frecuencia se alababa a los ricos por su generosidad (tenían más para dar) y se pensaba que los pobres, al ser menos instruidos en la *ley, eran menos piadosos (aunque la pobreza en sí no era considerada señal de impiedad, especialmente por los mismos pobres).

18:25-27. Este dicho de Jesús refleja una figura retórica judía por hacer algo imposible (pasar un animal grande por el ojo de una aguja). El dicho, una *hipérbole, usa la imagen de una aguja literal (no una puerta, como han pensado incorrectamente algunos).

18:28-30. La mayoría de los *discípulos de Jesús no habían sido pobres (por ser pescadores y *publicanos), sino que habían abandonado su seguridad económica para seguirlo. Su recompensa sería que los creyentes compartirían sus posesiones en este mundo (cf. Hech. 2:44, 45) y la vida del *reino en el mundo venidero.

18:31-34
El sufrimiento inminente de Jesús

Los conceptos mesiánicos judíos clásicos no tenían en cuenta a un *Mesías sufriente (la mayoría de las referencias judías a esa idea son del segundo siglo o más tarde). Aunque Jesús veía esta idea en las Escrituras (24:44-46), el modo distinto de leer la Biblia en la tradición judía (normalmente no se aplicaban los pasajes acerca del sufrimiento al Mesías triunfante) hace que les sea difícil a los *discípulos armonizar su fe en Jesús como el Mesías con las palabras claras que pronuncia.

18:35-43
La sanidad de un mendigo ciego

18:35. Los ciegos, los cojos y otros que no podían participar en los oficios tradicionales de la época solo podían vivir de la mendicidad, por lo general al lado de un camino transitado. Los judíos consideraban que ayudarles era un acto justo. Jericó era un pueblo próspero con buen clima, y este ciego (hijo de Timeo, Mar. 10:46) sin duda recibía un amplio sostén allí, especialmente cuando los peregrinos pasaban de camino al festival de Jerusalén.

18:36-38. El hecho de que el ciego gritara "Hijo de David" significa que reconoce a Jesús como el *Mesías. Jesús describe su súplica, insistente y obstinada (v. 39), por misericordia como "fe" (v. 42).

18:39-42. Los ciegos carecían de poder social, y los seguidores de Jesús consideran que sus gritos son una intrusión, al igual que con los niños (18:15).

18:43. Otros relatos de milagros de este período frecuentemente terminaban con la respuesta de la multitud, una respuesta generalmente caracterizada, como es de esperarse después de un milagro, por el asombro reverencial.

19:1-10
El arrepentimiento de un recaudador de impuestos

19:1, 2. Al estar cerca de la frontera, Jericó tenía un puesto aduanero. Ya que era una de las ciudades más prósperas de Palestina, ubicada en la parte más fértil de Judea, y jactándose de tener un palacio herodiano, otros impuestos a las ganancias también serían fuertes. El *publicano "principal" sería el concesionario de los impuestos a las ventas y de aduana, y quien contrataba a los recaudadores. Dado este rol, Zaqueo podría haberse enriquecido sin estafar; pero parecería que de todos modos había estafado (19:8).

19:3, 4. Para que Zaqueo fuera "pequeño de estatura" para la cultura mediterránea antigua, es probable que haya medido más o menos un metro cincuenta. Con un clima placentero todo el año, Jericó era conocida especialmente por sus palmeras, pero también tenía muchos otros árboles, incluyendo el famoso sicómoro. El tipo de "sicómoro" descrito aquí está emparentado con la higuera y es fácil de trepar; no es el "sicómoro" norteamericano ni el "sicómoro arce" europeo y asiático. La Jericó del AT tenía muchas casas apretujadas, pero la próspera ciudad del período *neotestamentario tenía villas y parques espaciosos, donde era más fácil treparse a un árbol que subir a una azotea.

19:5. Por alta que haya sido su posición, la gente normalmente no se invitaba al hogar de otra persona. Los judíos devotos se resistirían a entrar en la casa de un *publicano y a comer su comida (lo cual también está sugerido por el lenguaje de Jesús). Ya que alguien lo suficientemente irreligioso como para recaudar impuestos no se hubiera preocupado por diezmar sus alimentos, los *fariseos no habrían tenido confianza en lo que ofrecía. Por lo general los judíos consideraban la habilidad de llamar por nombre a alguien que nunca se había visto, como lo hace Jesús aquí con Zaqueo, algo que solo un profeta podía hacer.

19:6-8. El hecho de que Zaqueo haga restitución en respuesta a la *gracia, en lugar de recibir gracia, encuadra con el ministerio de Jesús, pero difiere de la opinión común de su época (y en la práctica, probablemente también de la nuestra). Su promesa de hacer restitución reconoce que su crimen administrativo es tan serio como otros tipos de robo (Éxo. 22:1-4). Su restitución va más allá de la ley farisaica, que requería una restitución cuadruplicada o quintuplicada solo para bueyes y ovejas robados, solo si se habían carneado o vendido, y solo si un número suficiente de personas testimoniaban el acto. En los relatos antiguos del *discipulado una respuesta radical en cuanto a los bienes era una señal cierta de la devoción recién adquirida hacia el maestro.

19:9, 10. La mayoría de los judíos creía que la salvación pertenecía a todos los israelitas en virtud de su descendencia de Abraham, salvo los excluidos por crímenes atroces. En Ezequiel 34:6 y 11, Dios se encargó de la misión de buscar las ovejas perdidas porque los líderes judíos habían fallado (cf. también Sabiduría de Salomón 6:16, aunque es algo menos directamente relevante).

19:11-27
Aprovechamiento de la demora

19:11. La Jericó del NT queda a unos 27 kilómetros de Jerusalén y alrededor de un kilómetro y medio del sitio de la Jericó del AT. Si Jesús era el *Mesías, quien proclamaba el *reino y decía cosas como que la salvación había venido "hoy" (19:9), los oidores judíos naturalmente habrían esperado que el reino llegara enseguida (Hech. 1:6). La expectativa más común del reino hubiera incluido la subyugación de Roma y los demás *gentiles.

19:12. La imagen que Jesús utiliza aquí debió haber sido familiar: Herodes el Grande (40 a. de J.C.) y su hijo Arquelao (4 a. de J.C.) tuvieron que ir a Roma para recibir el derecho de gobernar Judea.

19:13. Cada uno de los esclavos recibió una mina, el equivalente al sueldo de unos cien días, que probablemente pondrían en manos de los cambistas. Debido a los intereses exorbitantes del mundo grecorromano, y porque solo unos pocos tenían un capital significativo, los que hacían negocios podían multiplicar sus inversiones rápidamente.

19:14. Lo descrito por este versículo le sucedió al hijo de Herodes, Arquelao, quien no gozaba de ninguna popularidad con el pueblo. Una embajada de cincuenta representantes de su pueblo fue a Roma para oponérsele. En forma similar, su padre Herodes el Grande tuvo que luchar hasta el 37 a. de J.C. antes de que su reino (ya otorgado oficialmente por los romanos) estuviera bajo su control seguro.

19:15-19. No era nada fuera de lo común que los inversionistas tuvieran ganancias como las referidas por estos siervos; tampoco era nada fuera de lo común que los gobernantes premiaran a los siervos que producían ganancias y así probaban su habilidad administrativa. Roma permitía que sus reyes súbditos designaran sus propios funcionarios locales.

19:20. Este siervo no solo había ido en contra de las órdenes del rey y el sentido común al no invertir el dinero (19:13), sino que ni siquiera lo había protegido, dándolo por ejemplo a los cambistas, almacenándolo en la tesorería del templo o aun guardándolo en una caja fuerte. Envolver el dinero en un pañuelo perecedero se consideraba una de las formas más irresponsables de cuidar el dinero y sugiere que el siervo era tonto o traicionero (cf. v. 14), o (probablemente) ambas cosas.

19:21. El objetar que el amo "toma lo que no puso" significa que tomó dinero que no había depositado, malversando tal vez los fondos.

19:22-26. Sabiendo que al amo le gustaba tomar dinero que no había depositado, el esclavo debería haber entendido que el amo indudablemente querría buenos intereses por un depósito.

19:27. Los reyes orientales que llegaban al poder frecuentemente eliminaban a los enemigos de este modo. Herodes el Grande había tomado algunas medidas despiadadas para suprimir la oposición y establecer la paz, y su hijo Arquelao también había reaccionado brutalmente en contra de sus opositores.

19:28-40
La entrada real

19:28, 29. Era normal enviar a los mensajeros de dos en dos. Cuando el grupo de Jesús llega al monte de los Olivos, están justamente afuera de Jerusalén.

19:30-34. Los lectores podrían interpretar el uso que Jesús (como rey) hace del animal en términos de los romanos o de los emisarios reales, los cuales hacían una requisa (exigían el servicio) temporal. Es probable que los dueños del asno lo hayan considerado parte de la hospitalidad hacia los visitantes a la fiesta, o tal vez como el honor de ayudar a un *rabino famoso.

En la antigüedad, la gran mayoría de las personas, incluso los cristianos, eran pobres; el saber que su Señor Jesucristo había tenido que pedir prestado su transporte real los ha de haber alentado.

19:35. Los oficiales usaban los asnos para procesiones civiles, no militares (1 Rey. 1:38). Por lo tanto, este texto no representa una entrada triunfal en el sentido de las procesiones triunfales romanas; es la recepción que le hace Jerusalén a un rey manso y pacífico.

19:36, 37. Con frecuencia se recibía a los peregrinos de las fiestas con gritos de júbilo, pero el 19:37-40 sugiere que se estaba llevando a cabo un reconocimiento mayor.

19:38. Con el agregado de "el rey", la primera parte del clamor del pueblo está tomada del Salmo 118:26. El Halel, compuesto por los Salmos 113—118, era cantado regularmente durante la época de la Pascua y estaría en la mente de todo el mundo. Las generaciones posteriores aplicaron estos salmos a la redención futura que esperaban. Jesús citará el salmo en forma *mesiánica en Lucas 20:17.

19:39, 40. Las "piedras" podrían significar cualesquiera piedras (3:8), pero también podrían referirse a las piedras del templo (ver 19:44; 20:17).

19:41-44
El destino de Jerusalén

19:41, 42. Al igual que Jeremías u otro profeta que llora por su pueblo (p. ej., Jer. 6:26; 8:18—9:3; Lam. 1:1-4), Jesús exclama un lamento por su pueblo.

19:43. "Vendrán días" era una frase común usada por los profetas del AT (p. ej., 1 Sam. 2:31; 2 Rey. 20:17; Jer. 31:31). Los romanos sitiaron y destruyeron Jerusalén en la guerra de los añs 66-70 d. de J.C., unos cuarenta años después de que Jesús pronunciara estas palabras.

19:44. Aquí Jesús utiliza la clásica *hipérbole profética; la ciudad fue destruida en el año 70 d. de J.C., pero no fue totalmente arrasada. Hubo un allanamiento adicional (incluyendo el relleno de un valle entero) después de la insurrección de Bar Kochba, suprimida finalmente en el año 135 d. de J.C. El AT decía que Dios "visitaría" (RVA; cf. "se ocupará de", NVI) a su pueblo con actos de liberación o juicio (p. ej., Isa. 23:17); aquí el término se refiere a la misión de Jesús.

19:45-48
La transformación del templo

Ver el comentario más extenso sobre Marcos 11:15-19.

19:45. Hacían falta vendedores en el templo para que los judíos extranjeros pudieran comprar sacrificios para ofrecer allí. Los salmos, los profetas y los maestros judíos de la época de Jesús estaban de acuerdo en que la oración y un corazón puro contaban más que los sacrificios, pero no se oponían a los sacrificios en sí. Se supone que Jesús se opondría no a los sacrificios (cf. Hech. 21:26), sino a un énfasis en el ritual sin la verdadera relación con Dios que había exigido en su propia enseñanza (cf. Luc. 19:47). Sin embargo, aunque hubiera despejado el templo entero, los vendedores no habrían quedado afuera.

19:46. Uno de los textos que Jesús cita en parte, Isaías 56:7, se refiere al templo futuro restaurado cuando los *gentiles piadosos también irían a adorar en él; en lugar de ello el templo se ha convertido en la "cueva de ladrones" de Jeremías 7:11. Jeremías lo llamó de esa manera porque Israel pensaba que el templo era un refugio contra el juicio divino a pesar de los pecados del pueblo; había injusticia en la tierra, pero la gente se creía protegida del juicio por su devoción ritual (Jer. 7:1-15).

19:47. Otros maestros también enseñaban en los patios del templo. La aristocracia judía que controlaba el templo tenía intereses escondidos en callar a los supuestos *Mesías (por lo general revolucionarios) y cualquiera que desafiara el templo. La profanación de los patios internos sagrados del templo era la única ofensa por la cual los romanos permitían a las autoridades judías ejecutar una pena de muerte automática. Aunque la acción de Jesús en el patio exterior no llegaba a ser una profanación del predio sagrado, posiblemente enfureció a las autoridades y sirvió de desafío directo a su poder allí.

19:48. Estos líderes tenían autoridad oficial, pero les faltaba la medida de popularidad con el común del pueblo en la Palestina judía de la cual gozaban los *fariseos y Jesús.

20:1-8
¿Con qué autoridad?

20:1, 2. La poderosa aristocracia sacerdotal que administraba el templo ejercía su propia autoridad sobre él; sabrían que Jesús no había recibido autoridad ni de ellos ni de los romanos. No aceptarían ninguna otra autorización humana como legítima, ni considerarían que otros seres humanos tendrían autorización divina. Supuestamente creían que Dios los había autorizado a ellos en lugar de otros para estar a cargo de los aspectos religiosos del templo.

20:3, 4. La pregunta de Jesús acerca de Juan el Bautista tiene que ver con el principio de agencia: en la ley judía, un agente autorizado actuaba en nombre del que lo enviaba, respaldado por su autoridad plena. "Cielo" era una circunlocución judía por Dios.

20:5-8. Las autoridades del templo, que debían complacer por un lado a los romanos y por el otro al pueblo, ya estaban acostumbradas a considerar las consecuencias políticas de sus declaraciones.

20:9-18
El juicio de los líderes malvados

Jesús sigue dirigiéndose a los que se consideran gobernadores de Israel, recordándoles que no son más que cuidadores designados por Dios en su viña (como los pastores del rebaño de Dios en Jer. 23 y Eze. 34).

Los hacendados ricos controlaban mucho del imperio Romano rural, incluyendo las zonas rurales de Galilea; sus tierras eran trabajadas por labradores que las alquilaban. Los hacendados tenían una alta posición social, mientras que los arrendatarios tenían una posición baja; por lo tanto, los arrendatarios por lo general trataban a los hacendados con mucho respeto.

20:9. Era muy común que los dueños se ausentaran.
20:10. Se realizaban los pagos en la época de la cosecha. Algunos contratos especificaban que los arrendatarios pagarían un porcentaje de la cosecha al dueño; otros contratos tenían una cantidad fija.
20:11, 12. Los hacendados siempre tenían el poder social y legal de hacer que los labradores cumplieran su voluntad; inclusive se dice que algunos hacendados tenían cuadrillas que se ocupaban de aquellos labradores problemáticos. Aquí los labradores actúan como si ellos fueran los que tuvieran el poder, y lo explotan sin piedad (en contraste con el ideal antiguo de un *protector o propietario benévolo). Esta descripción encuadra en la tradición judía de que Israel había martirizado a muchos de los profetas enviados por Dios.
20:13. A la luz del 3:22, el "hijo amado" claramente representa a Jesús. Los oidores antiguos de la *parábola han de haber considerado que el propietario era anormal: ingenuamente benévolo, contaba con una bondad en sus arrendatarios que ya había sido negada por su conducta. Ricos o pobres, todos los oidores a esta altura estarían de acuerdo en que el propietario tenía la razón y que era benévolo, de hecho, asombrosa e imprudentemente benévolo.
20:14, 15. Los arrendatarios asumen con demasiada esperanza que la herencia será de ellos; aunque podrían haberse apoderado de ella en ciertas condiciones legales, el propietario también podía estipular, y sin lugar a dudas lo hará después de las maldades de ellos, que otro heredará la viña; o podría ser confiscada por representantes del emperador. Si se dejaba un cadáver en la viña, volvería impuro el alimento cosechado si se mojaba (la interpretación judía de Lev. 11:38).
20:16. Los oidores antiguos se preguntarían por qué el propietario no había venido antes para matar a los arrendatarios. La respuesta negativa de la gente solo se debe a que sabe la aplicación que Jesús le da: en contra de sus propios líderes (v. 19).
20:17. Aquí Jesús cita el Salmo 118:22, 23, otro texto del Hillel (la multitud se refirió al 118:25, 26 en Luc. 19:38). Este edificio es el templo (Sal 118:18-21, 25-27). Como piedra angular de un nuevo templo, Jesús es una amenaza para los constructores del antiguo.
20:18. "Caer sobre" la piedra refleja Isaías 8:14, 15 (cf. 28:16); la piedra que cae sobre el ofensor refleja Daniel 2:34, 44, donde el *reino de Dios, presentado como piedra, aplasta a sus desafiadores terrenales. Jesús usa la práctica judía clásica de exponer un texto (cf. Luc. 20:17) citando a otros que comparten la misma palabra o concepto clave, en este caso la piedra divina.

20:19-26
Las dos caras de la moneda

20:19-21. Aquí los opositores de Jesús tratan de obligarlo a escoger entre ser un revolucionario, lo cual le traería problemas con Roma, o el acomodarse al régimen romano, a lo cual suponen que se opone (porque se opuso a su liderazgo en el templo).
20:22. Enfrentan las obligaciones de la paz con Roma con el fervor nacionalista y *mesiánico que suponen que Jesús ha generado. Una desastrosa insurrección impositiva dos décadas antes había mostrado adónde podía conducir este tipo de fervor. Si apoya públicamente el punto de vista caracterizado por los que más adelante se llamaron *zelotes (ningún rey fuera de Dios), puede ser arrestado; si rechaza ese punto de vista (lo cual hace), tal vez comprometa a sus seguidores (cf. 23:18, 19).
20:23-26. La Palestina judía tenía sus propias monedas de cobre, que llevaban el nombre pero no la imagen del emperador divinizado. No obstante, las monedas extranjeras, que llevaban la imagen del emperador y una mención de su posición divina, circu-

laban comúnmente en Palestina, donde no se podían acuñar monedas de oro o plata. Los revolucionarios del 6 d. de J.C. habían protestado violentamente contra el uso de tales monedas y habían experimentado una represalia romana terrible.

20:27-40
Dios de los vivos

20:27. En el judaísmo antiguo los *saduceos eran especialmente notorios por no creer en la *resurrección, y los *rabinos que se consideraban sucesores de los *fariseos calificaban a los saduceos como herejes por este punto de vista.

20:28. La pregunta que los saduceos le hacen a Jesús tiene que ver con la ley del matrimonio levirático, practicado en muchas culturas tanto en la antigüedad como en la actualidad. Proporciona protección económica y social a las viudas en las sociedades donde las mujeres no pueden percibir salarios. Los estudiosos de la ley judía todavía enunciaban este principio del AT (Deut. 25:5) en la época de Jesús y posteriormente.

20:29-32. Los saduceos toman prestada la historia del libro judío de Tobías, donde el demonio celoso Asmodeo mató a los primeros siete esposos justos de Sara.

20:33. La literatura *rabínica está llena de ejemplos de la "pregunta burlona" hecha por paganos, apóstatas o herejes como los *saduceos.

20:34-36. Los judíos estaban de acuerdo en que los ángeles no procreaban (no hacía falta reabastecer sus números porque no morían, y también porque en algunas otras tradiciones Dios iba creando ángeles nuevos), y normalmente no comían ni bebían.

20:37, 38. Los *fariseos comúnmente intentaban probar la *resurrección, partiendo de la ley de Moisés, para contrarrestar la posición de sus opositores *saduceos; Jesús hace aquí lo mismo. Argumenta que Dios no diría ser el Dios de los que ya no existen; de hecho, su fidelidad a su pacto exige que si es su Dios después de la muerte, la muerte no es el final para ellos. Una de las oraciones judías más comunes del período recita la fidelidad de Dios hacia Abraham, Isaac y Jacob como una realidad viviente para su propio tiempo (cf. también *4 Macabeos 7:19; 16:25).

20:39, 40. La literatura contemporánea comúnmente hace referencias a oidores impresionados por la sabiduría del orador (por lo general el protagonista).

20:41-44
El Señor de David

Por definición, el Cristo, o sea el ungido, era descendiente real de David (Isa. 9:7; 11:1; Sal. 2; 89; 132). Pero este punto de vista del *mesiazgo con frecuencia se veía como un punto de vista revolucionario del *reino (ver el comentario sobre 17:20-24), y era inadecuado. El que gobernaría en el reino de Dios era el "Señor" de David, no tan solo su descendiente; por lo tanto, sería mayor que el David resucitado.

Cuando los maestros judíos desafiaban a sus oidores a resolver aparentes discrepancias en las Escrituras, daban por sentado que ambos textos eran verdad (en este caso, Jesús sabe que es tanto hijo de David como Señor de David), y preguntaban cómo armonizarlos. Aparentemente los opositores de Jesús no tienen una respuesta, porque otros intérpretes judíos no aplicaban el Salmo 110:1 al Mesías (en reacción contra la interpretación cristiana, algunos intérpretes judíos posteriores incluso aplicaron este texto a Abraham).

20:45—21:4
Los fuertes y los débiles

Algunos maestros judíos estaban tan preocupados por evitar la explotación de los pobres que criticaban a los colectores de caridad que pedían contribuciones a los pobres. Pero entonces, al igual que ahora, algunos usaban su religión para explotar a otros.

20:45, 46. Al igual que sus contrapartes griegas, algunos maestros judíos usaban una vestimenta especial que los identificaba, en este caso una larga túnica de lino blanco, similar a la de los sacerdotes y los funcionarios del templo. La gente normalmente saludaba a los maestros con títulos honoríficos. Las plazas, que estaban llenas de gente, proveerían muchas oportunidades para que los maestros recibieran tal reconocimiento. El orden en el cual se sentaba la gente en los banquetes indicaba su posición en la sociedad.

20:47. Las viudas tenían pocos medios de sostenimiento, carecían de poder social y debían ser protegidas bajo la ley judía (ver el comentario sobre 18:1-5). Jesús tal vez quiera decir que estos maestros explotan los recursos de las viudas exigiendo diezmos onerosos (que podían fijar entre el 20 y el 30 por ciento, más allá de los fuertes impuestos a la propiedad cobrados por el gobierno); o tal vez quiera decir que siguen la letra de la ley en las decisiones legales, en lugar de mostrar misericordia a los pobres como lo exigía la *ley.

Es posible que estos maestros hayan tomado mucho tiempo para sus oraciones individuales en las *sinagogas. Jesús no está criticando la duración de las oraciones sino el motivo de esta duración. Al igual que los profetas del AT, Jesús considera que la injusticia social y la hipocresía religiosa están unidas de modo inextricable.

21:1-4. Una tradición posterior asevera que había trece receptáculos para ofrendas para la tesorería del templo en el Patio de las Mujeres, y estaban accesibles a las mujeres israelitas así como a los hombres. El templo ostentaba una gran riqueza, y es probable que sus oficiales malgastaran el dinero de esta viuda. Pero, a los ojos de Dios, esa mujer indefensa que ignora esa probabilidad, actúa de buena fe y es la persona que más da.

21:5-7
Introducción al discurso acerca del futuro

Jesús toma mucho del lenguaje de este discurso del AT.

21:5. El templo de Jerusalén era una de las estructuras más espléndidas de toda la antigüedad, y parecía fuerte e invencible (cf., p. ej., la *Epístola de Aristeas 100-10); compare el comentario sobre Marcos 13:1.

21:6. Otros grupos también creían que el templo sería juzgado, pero la mayoría de los judíos, sin importar sus otras diferencias, hallaban en el templo un símbolo de su unidad judía y se habrían horrorizado de pensar que Dios permitiría su destrucción (al igual que en Jer. 7:4-15). Algunas piedras quedaron una encima de la otra (p. ej., hay una pared todavía en pie), pero este hecho no quita la fuerza de la *hipérbole: el templo fue demolido casi totalmente en el 70 d. de J.C., unos cuarenta años después de que Jesús lo predijera (Luc. 21:32).

21:7. Los profetas del AT con frecuencia agrupaban los acontecimientos por temas en lugar de hacerlo por proximidad cronológica, y en este discurso Jesús hace lo mismo. Trata dos cuestiones distintas: el tiempo de la destrucción del templo y el tiempo del fin.

21:8-19
Sufrimientos inminentes

21:8. Los falsos *mesías eran comunes y reunieron grandes grupos de seguidores judíos en Palestina hasta la época de Bar Kochba, a quien el Rabí Akiba calificó del Mesías después del año 130 d. de J.C.

21:9-11. Los maestros de *profecía antiguos por lo general nombraban estos acontecimientos entre las señales del fin; con frecuencia se representaba el fin precedido por grandes sufrimientos o una guerra final. Por el contrario, Jesús dice que estos acontecimientos serán típicos de la vida normal hasta el fin.

21:12. Las *sinagogas eran los lugares de reunión pública y por lo tanto proveían un lugar natural para audiencias y disciplina pública. A veces se administraba la disciplina en forma de azotes; bajo las reglas del segundo siglo, esto significaba trece golpes fuertes en el pecho y veintiséis en la espalda. Las cárceles generalmente eran lugares para aguardar los juicios antes que lugares de castigo. Los castigos incluían ejecución, esclavitud, exilio, confiscación de la propiedad, etc.

21:13-15. En el contexto, esta predicación se realizará ante los funcionarios de todas las naciones ("reyes", v. 12, podría referirse sencillamente a los príncipes vasallos de Roma, pero "todas las naciones" sugiere que también incluye gobernadores partos y de otros lugares de Oriente), indicando una persecución y una proclamación virtualmente universales.

21:16. Ver Miqueas 7:5-7. En una cultura con un fuerte énfasis en la fidelidad familiar, la traición por un miembro de la familia sería especialmente cruel.

21:17-19. Aquí Jesús ofrece una promesa de protección (cf. 1 Sam. 14:45; 2 Sam. 14:11). Ya que cientos, y probablemente miles, de cristianos habían sido asesinados públicamente bajo Nerón en Roma en el año 64 d. de J.C., probablemente menos de dos décadas antes de que Lucas escribiera, es evidente que esto no es hiperbólico, ni es una promesa vaga (9:23, 24; 21:16). (Al igual que la mayoría de los estudiosos, doy por sentado que Lucas no escribió antes del 64 d. de J.C., aunque la defensa de esta fecha no es concluyente.) Esta promesa sugiere o la supervivencia espiritual (12:4, 5) o que Dios muchas veces proveerá una liberación física, como lo hizo en muchos casos en el AT (p. ej., Dan. 3:27).

21:20-24
La caída de Jerusalén

21:20. El lenguaje de Lucas es menos ambiguo que la "abominación desoladora" de Marcos: la guerra con Roma comenzó en el 66 d. de J.C., y pronto los ejércitos romanos habían marchado por el resto de Palestina y sitiado Jerusalén; la sitiaron hasta que cayó en el año 70 d. de J.C. Los que intentaron huir poco después del sitio de Jerusalén descubrieron que era demasiado tarde; algunos de los que escaparon de los *zelotes en Jerusalén fueron acuchillados afuera por reclutas sirios, los cuales estaban buscando joyas que podrían haberse tragado.

21:21. Los montes de Judea eran el lugar más seguro para evadir a los ejércitos invasores, como lo había comprobado muchas veces el pueblo de Judea (p. ej., David y los guerrilleros *macabeos del siglo II a. de J.C.). Cuando la gente en el campo veía que se acercaban los ejércitos, con frecuencia huían a la seguridad de los muros de la ciudad; pero los que quedaban atrapados dentro de los muros de Jerusalén estaban perdidos (v. 24).

21:22. Los profetas frecuentemente hablaron de juicio contra Jerusalén. Aunque por lo general señalaban especialmente el cautiverio babilonio (unos seis siglos antes de Jesús), su principio de juicio y su exigencia de *arrepentimiento antes de la restauración final seguían en vigencia.

21:23. Las dificultades de dar a luz o amamantar a un niño en estas circunstancias son obvias en cualquier cultura. Es posible que el texto también indique dolor por la pérdida de los niños (cf. *2 Baruc 10:13-15). El lenguaje de "grande calamidad" hace eco de las *profecías acerca de la tribulación que precedería el arrepentimiento final de Israel (Dan. 12:1). El AT describe repetidamente los juicios de Dios en la historia como "ira" (p. ej., contra Jerusalén, Lam. 1:12), así como su ira futura en el día del Señor (p. ej., Sof. 1:14, 15).

21:24. Todos los habitantes de Jerusalén murieron en la guerra (por hambre, enfermedad, fuego, luchas entre las facciones judías o luchas con los romanos) o fueron esclavizados en el año 70 d. de J.C. Jerusalén quedó en ruinas. Después de la segunda destrucción en el año 135 d. de J.C., Jerusalén fue reconstruida como ciudad pagana, con un templo pagano en el sitio donde había estado el templo de Dios.

21:25-38
Estén preparados

La destrucción de Jerusalén representa la última señal terrenal universalmente visible antes del regreso de Jesús; después de esta señal, los seguidores de Cristo deben estar listos para su regreso inminente.

21:25, 26. *Josefo y los escritores que dependían de él hablaron de presagios en los cielos antes de la caída de Jerusalén. Estos presagios debían causar temor en los malvados (Isa. 19:16; Jer. 4:9). Este es el lenguaje del fin (Isa. 13:10; 34:4; cf. 24:23; Eze. 32:7, 8). Cierta literatura judía antigua usaba este lenguaje catastrófico para acontecimientos históricos (los *Oráculos sibilinos lo usaban para un terremoto; cf. Sal. 18:6-19; Jer. 4:20-28), pero la mayoría lo reservaba para el final o para la transformación del orden mundial actual y el establecimiento del *reino eterno de Dios.

21:27. Jesús a veces describe la venida del *Hijo del Hombre en los términos que la literatura judía generalmente reservaba para Dios (cf. Isa. 19:1). Aquí Jesús hace una alusión clara a Daniel 7:13, 14, donde "uno como un Hijo del Hombre" (como un ser humano) recibe el *reino de la mano de Dios.

21:28. A diferencia de los demás, los creyentes no deben temer estas señales celestiales (Jer. 10:2); sencillamente indican que la "redención" está cerca. Durante las insurrecciones en contra de Roma, los patriotas judíos declararon la llegada de su "redención", o liberación de Roma; pero Jesús enseña que esta redención vendrá exclusivamente por intervención celestial.

21:29-31. Las señales enumeradas por Jesús muestran que el fin es inminente, del mismo modo que las hojas de la higuera revelan la estación. (En invierno la higuera se veía más desnuda que los otros árboles.)

21:32, 33. La duración de una generación variaba pero frecuentemente estaba representada por cuarenta años en el AT (en los *Rollos MM, 40 años representan el sufrimiento de la generación final). Jesús pronuncia estas palabras alrededor del 30 d. de J.C.; el templo fue destruido en el año 70 d. de J.C.

21:34-36. "Fuerzas para escapar" (v. 36) podría referirse al "huyan" del versículo 21 o al hecho de soportar las persecuciones de los versículos 12-19; es posible que "estar en pie delante del Hijo del Hombre" signifique perseverar o ser presentado triunfante ante él.

21:37. Al acercarse el atardecer, alrededor de las 18:00 h en abril, cada vez menos gente estaría en los patios del templo. Ya que miles de peregrinos iban a la fiesta de la Pascua, muchos tenían que hospedarse de noche en las aldeas circundantes.

21:38. "Temprano" podía significar el amanecer, que ocurriría alrededor de las 6:00 h en Jerusalén en abril.

22:1-13
Preparación de la Pascua

22:1. La fiesta judía de la Pascua técnicamente era seguida inmediatamente por la fiesta de los panes sin levadura; pero ya que los peregrinos hacían un viaje a Jerusalén para celebrar ambas, en el habla popular habían llegado a describirse como una sola entidad.

22:2-6. La literatura judía refiere que los principales sacerdotes intimidaban a aquellos que se oponían a ellos; de seguro no tolerarían a alguien que aseveraba que Dios le había indicado que atacara su culto en el templo. Pero debían tener cuidado debido a la popularidad de Jesús (22:2; cf. el comentario sobre 20:5-7).

22:7. Ver el comentario sobre 22:1.

22:8, 9. Representantes de cada familia llevarían un cordero para que los sacerdotes lo sacrificaran por ellos en el templo, y luego regresarían con él para alimentar a toda la familia esa noche.
22:10. Los cántaros de agua (en contraste con los odres de vino de cuero) casi siempre eran llevados por las mujeres; por lo tanto, el hecho de que un hombre cargara un cántaro sería una señal clara.
22:11-13. Cualquiera que tuviera una casa de dos pisos, el segundo de ellos con un "gran" aposento alto, sería considerado próspero. Se supone que esta familia vivía en el alto Jerusalén, cerca del templo, en lugar del bajo Jerusalén, viento abajo de la cloaca de la ciudad. Ya que la Pascua debía comerse dentro de los muros de Jerusalén, la mayoría de las casas estarían llenas de huéspedes, pero los arreglos para la última comida de Jesús con sus *discípulos serían muy adecuados.

22:14-23
La cena de la Pascua

Tanto la preparación de la Pascua como la comida en sí están combinadas con promesas y presagios de traición, porque la Pascua en sí aquí prefigura la muerte de Jesús. Siguiendo a los profetas del AT, el judaísmo esperaba un nuevo éxodo cuando Dios volvería a librar a su pueblo de la esclavitud, aunque el judaísmo contemporáneo esperaba un nuevo Moisés, no un nuevo cordero.
22:14. La Pascua debía comerse de noche. El atardecer de abril en Jerusalén llegaba a las 18:00 h, de modo que la comida habría comenzado entonces. La comunión en la mesa era íntima en la fiesta; por lo general una o dos familias compartían la comida, pero aquí Jesús y sus *discípulos más cercanos conforman la unidad familiar. La gente se "sentaba" para la mayoría de las comidas pero se "reclinaba" para las fiestas como la Pascua. La traducción al español moderniza la costumbre.
22:15, 16. Los votos de abstinencia eran comunes en el judaísmo palestino: "No comeré tal o cuál hasta que suceda esto" o "juro que no usaré esto hasta que ocurra aquello". Con frecuencia la tradición judía representaba el tiempo del *reino como un banquete. Se acostumbraba dar gracias con la copa de vino en las comidas habituales y también en la Pascua.
22:17-19. Normalmente el jefe de familia daba gracias por el pan y el vino antes de cualquier comida, pero pronunciaba bendiciones especiales por el pan y el vino en la comida de la Pascua. No deberíamos interpretar "Esto es mi cuerpo" literalmente, así como no interpretamos literalmente el dicho judío clásico pronunciado con el pan de la Pascua: "Este es el pan de aflicción que nuestros antepasados comieron cuando salieron de Egipto".
22:20. Se ratificaban los pactos con la sangre del sacrificio. Dios había redimido a su pueblo de Egipto por la sangre del cordero de la Pascua. "Por vosotros" ("por muchos" en Mar. 10:45; ver el comentario) probablemente haga alusión a Isaías 53. El ritual de la Pascua interpretaba la mayoría de los elementos de la comida e incluía bendiciones sobre la copa. Pero el ritual no interpretaba la copa como sangre, porque la ley y las costumbres judías rechazaban la idea de tomar la sangre de cualquier criatura, especialmente sangre humana.
22:21. Los antiguos lectores judíos han de haber considerado especialmente escandalosa la traición de alguien que compartía una comida, porque estimaban que la hospitalidad y la comunión en la mesa constituían un vínculo íntimo.
22:22, 23. La mayoría de las personas en el judaísmo antiguo enfatizaban tanto la soberanía de Dios como la libre voluntad humana, consideradas complementos. (Las opiniones modernas que las consideran contradictorias se basan más en la lógica griega que en el pensamiento judío o la Biblia.)

22:24-30
Exaltación de los siervos

22:24, 25. Los judíos conocían bien el modelo *gentil de la autoridad: hacía mucho que los reyes antiguos del Cercano Oriente se habían proclamado dioses y habían gobernado en forma tirana. Los gobernantes griegos habían adoptado la misma postura en mucho del Mediterráneo oriental. Los judíos veían al emperador romano y sus agentes provinciales (que frecuentemente mostraban poco interés por las sensibilidades judías) del mismo modo. Los gobernantes y otros que otorgaban favores desde el poder se llamaban "benefactores"; la práctica de la beneficencia se alababa ampliamente en los círculos griegos. El hecho de que Jesús recuerde a los *discípulos que buscar poder es una práctica gentil (pagana) equivale a decirles que no deberían hacerlo.

22:26. En la antigüedad la edad con frecuencia determinaba el rango; el más joven tenía menos respeto. El esclavo siempre carecía de poder y posición social en comparación con el amo (a pesar de la posición que los esclavos tuvieran en relación con los campesinos y otros que eran socialmente inferiores a sus amos).

22:27. Los esclavos atendían a los amos en la mesa. "Reclinarse" ("sentarse", RVA) era la postura griega habitual para comer, que los judíos palestinos adoptaron en las fiestas.

22:28-30. La literatura judía frecuentemente representaba el *reino como un tiempo futuro en el cual Israel participaría de un banquete preparado para él. Una expectativa judía clásica en esa época era que las tribus perdidas de Israel serían restauradas. En el AT los que "juzgaban" a Israel lo gobernaban.

22:31-38
Preparación para la traición

22:31, 32. Se zarandeaba el trigo para separarlo de las otras cosas que se habían mezclado con él; para la imagen, ver Amós 9:9. Para el aventamiento de la cizaña, ver el comentario sobre Mateo 3:12. Se supone que el trasfondo del pedido de *Satanás es Job 1:6-12 y 2:1-6, donde intenta acusar a Job en la corte celestial (el hebreo dice "el satanás", literalmente "el adversario", el acusador).

22:33, 34. Las fuentes antiguas típicamente consideraban que el gallo era un anunciador fiable del advenimiento del amanecer (atestiguado por Apuleo, *Metamorfosis* 2:26; *3 Macabeos 5:23; el Talmud babilonio *Berakot* 60b). Pero los comentaristas informan que los cantos nocturnos en Palestina son habituales para los vigilantes comenzando a las 24:00 h; el segundo ocurría alrededor de la 1:30 h. En cualquiera de los dos casos, el significado es que la negación es inminente.

22:35. Ver el comentario sobre el 9:3.

22:36-38. Al mencionar la "espada" aquí, Jesús no está invitando a una revolución como lo hicieron los *zelotes (cf. *Seudo-Focílides 32-34). En lugar de ello, Jesús pide un acto temporal y simbólico, con dos es suficiente (v. 38) para que pueda ser acusado como revolucionario, y por lo tanto "contado con los transgresores" (BA) de acuerdo con Isaías 53:12. (Acerca del significado *mesiánico de Isa. 53, ver el comentario sobre Mat. 12:15-18.) El no tener el manto externo de noche dejaría a la persona expuesta al frío; sin embargo, Jesús sugiere que eso es mejor que no estar preparado para el conflicto que estos *discípulos están por enfrentar.

22:39-46
Los preparados y los desprevenidos

22:39. La caminata desde el aposento alto hasta el monte de los Olivos tardaba por lo menos quince minutos.

22:40. Tal vez hayan llegado al Getsemaní a las 22:00 h o las 23:00 h (normalmente considerado tarde por la noche, ya que la agricultura y el comercio funcionaban de día). Los judíos acostumbraban mantenerse despiertos la noche de la Pascua para hablar de la redención de Dios. Los *discípulos deberían haber podido mantenerse despiertos para vigilar; es probable que se hayan quedado hasta tarde todas las otras Pascuas de su vida. "Tentación" aquí significa "prueba"; dados los usos religiosos judíos comunes de la palabra, Jesús está diciendo: "para que no sean víctimas de las pruebas que están por enfrentar".

22:41, 42. En cuanto a la "copa de juicio", ver el comentario sobre Marcos 10:39.

22:43-46. Los *discípulos deben "vigilar" como los porteros (esclavos encargados de la puerta) o los centinelas. Algunos textos antiguos refieren el extraño fenómeno de sudar sangre. Es posible que Lucas se refiera a ese fenómeno o sencillamente que el sudor de Jesús es profuso y gotea como lo haría la sangre.

22:47-53
La traición

22:47. Como había sido enviada por hombres prominentes de Jerusalén, es probable que la banda que viene a arrestar a Jesús sea la guardia del templo. Se sabe que esta guardia tenía las armas que se mencionan aquí (espadas y palos). Se decía que los palos eran característicos de la corrupta aristocracia sacerdotal, además de ser útiles para controlar a los sediciosos.

22:48. El beso era una señal de afecto especial entre familiares y amigos íntimos, o del honor y afecto que el *discípulo sentía hacia su maestro. Por lo tanto, el beso traidor de Judas es un acto especial de hipocresía (cf. Prov. 27:6).

22:49, 50. Al ser pudientes, los sumos sacerdotes tenían muchos siervos. Aunque es probable que el siervo mencionado aquí no haya sido levita, y por lo tanto no hubiera podido ministrar en el templo de todos modos, es digno de señalarse que a los que les faltaban apéndices como las orejas les estaba prohibido servir en el santuario. El ataque contra el siervo confirmaría las sospechas de la expedición armada (22:47) de que los seguidores de Jesús eran revolucionarios violentos (22:36-38).

22:51. Muchos asociaban al *Mesías con la insurrección popular y la derrota de los reinos *gentiles que oprimían a Israel; un Mesías que sanaba a sus agresores no encuadraba en la imagen mesiánica de nadie.

22:52, 53. Los subversivos (p. ej., los asesinos posteriores que mataron a los aristócratas judíos escondidos entre las multitudes en el templo) realizaban sus actos en secreto o en una forma que evitaría la captura; la supuesta subversión de Jesús era pública y abierta. La noche se asociaba comúnmente con el mal; en la superstición popular (que más adelante también se encontró en las enseñanzas *rabínicas), la noche era cuando reinaban los demonios y se llevaban a cabo las hechicerías.

22:54-62
Las negaciones de Pedro

22:54. Este juicio viola varias reglas legales judías, si los documentos posteriores indican correctamente el estado de la ley judía en esta época. Llevar a Jesús a la casa del sumo sacerdote de noche estaba en contra de las reglas.

22:55. Hacía falta un compromiso serio de parte del pescador galileo para entrar en propiedad privada ajena, la del sumo sacerdote mismo. Es probable que los guardas pertenezcan a la guardia del templo y que estuvieran esperando el resultado del juicio que se estaba llevando a cabo adentro. Es posible que hubieran planeado quedarse levantados hasta tarde de todos modos para la Pascua.

22:56-58. Los esclavos en las casas aristocráticas ejercían más poder y tenían una posición más alta que el común de las personas libres. Aunque el sumo sacerdote haya tenido muchos siervos, la criada se ha de haber dado cuenta de que Pedro y los guardas no pertenecían a la casa; además, Pedro no estaba vestido como los guardas. Como criada en una casa sacerdotal aristocrática cerca del templo, sin duda había estado en el templo y seguramente había visto bien a los *discípulos de Jesús en los patios del templo.

22:59. Los acentos galileos eran distintos a los acentos de Judea, indudablemente en *arameo y supuestamente (como aquí) en griego; los galileos tenían fama de pronunciar mal los sonidos guturales. Los siervos del sumo sacerdote y la guardia del templo vivían en Jerusalén y se considerarían oriundos de Judea. Los acentos regionales eran difíciles de disimular (cf. Jue. 12:6).

22:60-62. Para la mayoría de la gente en el Mediterráneo antiguo, el cantar del gallo marcaba el alba. Algunos estudiosos han sugerido que este canto se refiere a un canto de gallo palestino más temprano, entre las 00:30 h y 2:30 h.

22:63-71
El decreto del Sanedrín

22:63-65. La ley judía permitía azotar públicamente a una persona condenada; no permitía el tratamiento descrito aquí, burlas y golpes, especialmente antes de que se probara en un juicio que una persona era culpable. La ley judía protegía meticulosamente los derechos del acusado y se inclinaba por la misericordia en las decisiones oficiales; por lo tanto la conducta descrita aquí ha de haber ofendido a los *fariseos y a otros devotos.

22:66. Al esperar por lo menos hasta la mañana para una audiencia oficial (en contraste con las interrogaciones informales que podrían haberse realizado antes), los representantes del *Sanedrín presentes mantuvieron cierta semblanza de legalidad en el procedimiento; los juicios nocturnos eran ilegales.

Los "principales sacerdotes", "ancianos" y *"escribas" eran los tres grupos representados en el Sanedrín, la corte religiosa que gobernaba Israel. El Sanedrín completo, compuesto por setenta y un miembros, normalmente se reunía en una sala en el templo llamada la Cámara de Piedra Tallada, donde se sentaban en un semicírculo con el sumo sacerdote en el centro. Aunque el cuerpo funcionaba como una entidad, no todos sus miembros asistían (23:51). Los escritores frecuentemente hacían una declaración general acerca de un grupo sin nombrar las excepciones explícitas (cf. Jer. 26:16, 24).

22:67, 68. Si los informes existentes de la ley judía antigua son correctos, el sumo sacerdote no podía legalmente obligar a Jesús a condenarse por su propia boca. No obstante, le pregunta a Jesús si se considera el *Mesías y, por lo tanto, un revolucionario a los ojos del sumo sacerdote.

22:69. Jesús responde que no se considera tan solo un mesías mortal sino el gobernador cósmico de Daniel 7:13, 14. A veces se usaba "poder" como un título judío para Dios. Lucas simplifica la frase para sus lectores griegos como "poder de Dios".

22:70, 71. Las autoridades religiosas actúan como sus propios testigos de que Jesús dice ser un subversivo, un revolucionario (23:2).

23:1-12
Acusaciones ante Pilato y Herodes

23:1. La visita a Pilato ha de haber sido temprano por la mañana, porque los funcionarios romanos solo recibían al público entre el amanecer y el mediodía.

23:2. El "Rey *Mesías" se convirtió en un título clásico del Mesías; "Mesías" significaba sencillamente "el ungido", pero en el habla popular se usaba por lo general en referencia al rey de la línea de David que estaría asociado con la restauración del *reino a Israel.

A pesar del 20:22-25, los líderes interpretan el reclamo mesiánico de Jesús de la única forma que conocen: según la categoría de los revolucionarios proféticos. Estos revolucionarios eran comunes en su época, y llegarían al punto culminante con Bar Kochba, el supuesto guerrero mesiánico que conduciría a su pueblo a una derrota sangrienta en los años 132-135 d. de J.C. Estos mesías políticos amenazaban el poder y la seguridad de las autoridades religiosas, y eran especialmente molestos para Roma.

23:3, 4. Aparentemente Pilato entiende el reclamo de Jesús en un sentido religioso antes que político, y por lo tanto no considera que encuadra en la jurisdicción civil romana. Además, parecería ser que la relación de Pilato con la aristocracia sacerdotal era tirante. En cuanto al tema de Lucas sobre la exoneración de los cristianos por parte de las autoridades romanas, ver la discusión del propósito legal de Lucas en la introducción a Hechos.

23:5. Un galileo había liderado la insurrección impositiva del año 6 d. de J.C. Los habitantes de Judea también tenían la tendencia de considerar inferiores a los galileos, aunque mucho de Galilea era urbana y estaba en contacto con la cultura mediterránea más amplia, como lo estaba Jerusalén.

23:6, 7. Puede ser que Herodes Antipas estuviera en Jerusalén para la fiesta y probablemente se estaba quedando en el antiguo palacio asmoneo (*macabeo). Pilato tenía la autoridad de juzgar a Jesús si había cometido un crimen en su área de jurisdicción, pero a veces se permitía el derecho de extradición, y así tal vez Antipas tendría la libertad de juzgar a Jesús por un crimen cometido en Galilea. Al rechazar la jurisdicción, Pilato podía quitarse el asunto de encima.

23:8-10. Este Herodes era el que había asesinado a Juan; compare el comentario sobre Marcos 6:14-29. Mucha gente quería ver señales; en algunos relatos populares, su curiosidad los metió en problemas con los hechiceros. De los cuatro Evangelios, solo Lucas refiere dos audiencias ante el gobernador separadas por una ante un Herodes; Hechos refiere dos juicios de Pablo ante procuradores con un proceso ante otro Herodes, Agripa II. A los historiadores grecorromanos antiguos les gustaba señalar los paralelos entre figuras afines en la historia.

23:11. La ropa "espléndida" (RVA; "lujosa", NVI) puede ser un manto blanco, característico de los reyes judíos. Esta vestimenta sería una burla apropiada por parte de la guardia de Antipas.

23:12. Herodes y Pilato habían tenido muchas oportunidades para enemistarse; por ejemplo, Antipas había intervenido en un asunto que involucraba escudos votivos (referido por *Filón); en otra oportunidad Pilato había tomado fondos de la tesorería del templo para un acueducto. Hasta el acontecimiento de Lucas 13:1 podría haber sido una provocación. El darle al ambicioso Herodes Antipas una señal de influencia en Jerusalén debió haber creado una "amistad", que en las clases superiores con frecuencia significaba una alianza política.

23:13-25
Pilato y las multitudes

23:13-17. Acerca del motivo lucano de la exoneración de los cristianos por parte de las autoridades romanas, ver la introducción a Hechos.

23:18-25. Como revolucionario claramente violento, para Pilato, Barrabás representaba un mayor peligro que Jesús. Los romanos eran conocidos por su énfasis en la justicia, pero los políticos romanos también estaban interesados en controlar las masas: el emperador mismo había pacificado a la plebe con entretenimientos en el estadio y grano gratis, y la reacción pública ya había obligado a Pilato a retirar los estandartes romanos de Jerusalén. La eficiencia en la gobernación de las provincias y la paz tenían precedencia sobre la justicia individual; por ejemplo, para apaciguar el antagonismo judío se ejecutó a un soldado romano que había quemado un rollo de la ley, no porque a los romanos les importara que se quemara un libro religioso.

23:26-32
El camino a la cruz

23:26. Los criminales condenados normalmente cargaban su propia cruz (el travesaño de la cruz), pero en este caso se recluta a otro, tal vez a raíz de la severa golpiza que frecuentemente se administraba antes de la crucifixión, lo cual Jesús había recibido según informan los otros Evangelios.

Cirene se encontraba en lo que ahora es Libia en el norte de África, e incluía una gran comunidad judía; "Simón" es un nombre judío típico. Peregrinos judíos devotos de todo el Mediterráneo iban a Jerusalén durante la Pascua. Los soldados romanos podían obligar a cualquiera para el servicio de cargar sus cosas. Ya que es una fiesta y el trabajo está prohibido, Simón no viene "del campo" (literalmente) como obrero; tal vez haya llegado tarde para el festival, y recién esté llegando de Cirene, o tal vez ha regresado a las festividades del día desde su residencia temporal en el campo.

23:27. Por lo general se reunían multitudes para ver las ejecuciones. Las mujeres piadosas de Jerusalén frecuentemente iban a llorar por los ejecutados y a proveer una bebida narcótica para aliviar el dolor de la víctima. (Una vez muertas las personas condenadas, no era legal llorarlas en público; pero los judíos nacionalistas simpatizarían con sus compatriotas ejecutados por los romanos por ser revolucionarios.) En la antigüedad las mujeres solían expresar el duelo en forma más dramática que los varones.

23:28. "Hijas de Jerusalén" designa a las mujeres jerosolimitanas pero podría referirse también a ciertos oráculos de juicio (Isa. 3:16, 17). La advertencia "llorad por vosotras mismas" era también una declaración profética de juicio.

23:29. La declaración de Jesús es el tipo de lamento que las madres ofrecían cuando morían sus hijos (*2 Baruc 10:13-15). *Josefo refiere que algunas madres terminaron comiéndose a sus hijos durante la hambruna del sitio de Jerusalén por Roma en el 66-70 d. de J.C. (cf. Lev. 26:29; Deut. 28:53; 2 Rey. 6:29).

23:30. Los profetas habían usado la misma imagen de Jesús como representación de un juicio terrible (cf. Ose. 10:8; Isa. 2:10, 19-21).

23:31. A diferencia de uno verde, un árbol seco prendería fuego fácilmente. La idea tal vez sea que Jesús es madera "verde", no realmente un revolucionario; ¿cuánto mayor sería el juicio romano contra la madera seca, los verdaderos revolucionarios? O que si mataban a los inocentes, ¿cuánto más se destruirían entre sí (los líderes judíos lucharon los unos en contra de los otros, además de luchar contra los romanos en el 66-70)? O tal vez el dicho sencillamente signifique que Jerusalén se está volviendo madura para el juicio. Es posible que Jesús también aluda a los árboles y la caída de Jerusalén en el 21:24, 29, 30, aunque esta opción es menos probable.

23:32. Era menos trabajo para los soldados si podían ejecutar a varios condenados al mismo tiempo.

23:33-43
En la cruz

23:33, 34. A pesar del precedente de las oraciones del AT por venganza (p. ej., 2 Crón. 24:22; Sal. 137:7-9; Je. 15:15; 17:18; 18:23; 20:12), Jesús ora para que Dios perdone a sus perseguidores. Los ejecutados debían decir: "Que mi muerte expíe todos mis pecados"; pero en lugar de ello Jesús confiesa el pecado de los que lo condenaron falsamente, quienes bajo la ley del AT eran responsables por su pena ante Dios. Los biógrafos antiguos con frecuencia hacían paralelos entre diversas figuras, y Lucas muestra un paralelo entre Jesús y el primer mártir de su segundo tomo, Esteban (Hech. 7:60). En la costumbre romana se daba la ropa de la víctima a los soldados.

23:35. La burla era uno de los sufrimientos infligidos al hombre desnudo que colgaba de una cruz. A los escritores antiguos les gustaba la ironía; la doble ironía aquí es que Jesús sí salva a otros, y que los líderes pronuncian palabras como las de *Satanás (4:3, 6, 7, 9).

23:36. Se podría considerar el ofrecimiento que hacen los soldados de "vino agrio" (DHH; "vinagre", RVA) como un acto de misericordia, porque el vino agrio podía actuar como analgésico y también se usaba con frecuencia como remedio para la sed; pero Lucas declara que solo se hizo como parte de la burla.

23:37. Es posible que la burla de los soldados incluya una pizca del cinismo romano referente al judaísmo; dicho cinismo estaba difundido a pesar (o tal vez en parte debido a) las conversiones romanas al judaísmo.

23:38. Con frecuencia la persona condenada llevaba la acusación (en latín *titulus*) al sitio de ejecución.

23:39-42. La interacción de Jesús con su compañero en desgracia es el ejemplo máximo de Lucas de la forma en que Jesús recibe a los pecadores y marginados, aunque Lucas (a diferencia de Marcos) los llama "malhechores" o "criminales" (NVI) sin especificar que eran revolucionarios.

23:43. La literatura judía típicamente contrastaba el "paraíso" con el *"Gehena" o infierno. Aunque los textos judíos diferían en cuanto a la ubicación del paraíso (p. ej., en el tercer cielo o en los perímetros del círculo de la tierra, como la perspectiva griega de los Campos Elíseos), lo mencionaban frecuentemente como la habitación de los justos después de la muerte o después de la *resurrección. En consecuencia, tanto Jesús como este hombre condenado irían directamente a la habitación de los justos después de la muerte.

23:44-49
La muerte de Jesús

23:44. La "hora sexta" era poco antes del mediodía, la "hora novena" poco antes de las 15:00 h. Las crucifixiones rara vez terminaban tan rápidamente. La hora más tardía, cuando muere Jesús, está cerca del momento de la ofrenda vespertina en el templo. La oscuridad fue una de las plagas de Egipto (Éxo. 10:22) y ocurre en los profetas como juicio para el tiempo final (con frecuencia debido a lluvia, langostas, humo, etc.; Isa. 13:10; Eze. 30:3, 18; 32:7, 8; Joel 2:2, 10, 31; 3:15; Amós 5:18; Zac. 14:6).

23:45. Es probable que el "velo" (RVA; "cortina", NVI) sea el velo entre el lugar santísimo, habitado solo por Dios, donde ningún mortal podía entrar salvo el sumo sacerdote una vez por año, y el santuario donde los sacerdotes ministraban (Éxo. 26:33). Aunque la idea de que se rompa el velo puede ser que Dios provee acceso para toda la gente a su presencia, es más probable que indique la salida de Dios del templo, como en Ezequiel 10—11.

23:46. Se refiere que esta línea del Salmo 31:5 se recitaba con frecuencia en el período de la ofrenda vespertina, alrededor de la hora de la muerte de Jesús. (Es posible, pero no probable, que los lectores romanos leyeran este versículo a la luz de una costumbre romana en la cual el pariente más cercano recibía el aliento de la persona moribunda en su propia boca, asegurando así la supervivencia del espíritu.)

23:47. Mientras que Marcos tiene *"Hijo de Dios", Lucas enfatiza la implicación de ese reclamo: "justo". Los pronunciamientos romanos de inocencia eran importantes para el público de Lucas; ver la introducción a Hechos.

23:48. El golpearse el pecho era una señal característica de duelo (cf. 18:13); las mujeres judías ofrecerían este acto como el único luto público permitido a los criminales, porque estaba prohibido una vez que se habían retirado los cuerpos.

23:49. Normalmente los familiares y los amigos estaban presentes en la ejecución; solo los *discípulos varones correrían peligro como posibles revolucionarios. Nadie se paraba demasiado cerca de la cruz, porque eso podía obstruir la vista; la mayoría de las cruces estaba más cerca del suelo de lo que indican muchas de las representaciones modernas. Para los judíos palestinos, el hecho de que estas mujeres hubieran acompañado al grupo de discípulos de Jesús ha de haber sido escandaloso.

23:50-56
La sepultura de Jesús

23:50, 51. Lucas, cuyos lectores no tienen conflictos con los líderes judíos de Palestina (como los de Mateo), tiene una mayor tendencia que Mateo a distinguir entre los elementos dentro de ese liderazgo. En la época de Jesús, el judaísmo era muy diverso, porque ningún grupo podía adscribirse todo el poder; pero después del 70 d. de J.C., cuando mucha de la competencia había sido eliminada por la destrucción del templo (la base de poder de los saduceos) y la dispersión de los otros grupos, algunos de los líderes palestinos trataron de consolidar su poder religioso.

23:52, 53. Por lo general, los criminales condenados no recibían una sepultura tan honrosa; pero aparentemente se hacían excepciones ante la intercesión de familiares o amigos pudientes, según lo atestigua el esqueleto de un hombre crucificado que se halló en una tumba judía aristocrática de este período.

23:54-56. Ya que los cuerpos se descomponían rápidamente, se permitía a los enlutados ungir, lavar y envolver el cuerpo en su sudario aun en el día de reposo. Sin embargo, los arreglos más elaborados que estas leales *discípulas deseaban brindar a Jesús podían esperar hasta después de que hubiera pasado el día de reposo (desde el anochecer del viernes hasta el anochecer del sábado).

24:1-12
El primer anuncio

24:1. El día de reposo termina a la puesta del sol al entrar la noche de nuestro sábado; en cuanto amanece (alrededor de las 6:00 h en esta época del año) estas mujeres se dirigen al sepulcro. (En la superstición popular, la noche era peligrosa debido a la predominación de los demonios, pero es probable que las mujeres no hayan viajado de noche porque habría sido demasiado difícil encontrar el sepulcro.)

24:2, 3. Es probable que la piedra haya sido una piedra grande, en forma de disco, la cual se hacía girar en una ranura delante del sepulcro. El hecho de que estuviera removida debió sugerir que alguien había forzado la entrada para robar el sepulcro, aunque no se había sepultado nada de valor junto con el cuerpo.

24:4, 5. Los ángeles se presentaban con frecuencia como seres humanos en el AT (Jos. 5:13, 14) y también aparecían muchas veces en vestidos o cuerpos radiantes (cf. 2 Rey. 6:17; Dan. 10:5, 6). Lo último se daba especialmente en los textos judíos contemporáneos (en las expectativas de la gente a quien se le está dando esta revelación).

24:6-12. Parte de la razón para la incredulidad de los apóstoles es que una *resurrección de esta naturaleza contradecía sus expectativas *mesiánicas; otra razón podría haber sido que los funcionarios judíos consideraban que el testimonio de las mujeres prácticamente carecía de valor, porque creían que las mujeres eran inestables y caprichosas.

24:13-35
La aparición en Emaús

24:13. Sesenta estadios eran alrededor de 11 kilómetros. Más de un lugar en Palestina se llamaba Emaús (1 Macabeos 3:57; 4:3; *Josefo refiere uno distinto). Ya no se conoce el sitio exacto del Emaús de Lucas.

24:14-17. Los viajantes judíos no considerarían extraño que un desconocido, también judío, se uniera a su pequeña compañía para caminar cierta distancia, especialmente si creían que era un peregrino de la Pascua que regresaba a su hogar. El hecho de que Jesús finja ignorancia para hacer una pregunta no significa que no sepa la respuesta (cf. Gén. 3:9, 11; 4:9, 10). Acerca de su falta de reconocimiento, ver el comentario sobre 24:31-35.

24:18. Las noticias se difundían rápidamente de boca en boca, y las ejecuciones públicas durante una fiesta han de haber sido tema de mucha discusión. Sin importar de dónde era un peregrino de habla griega que visitaba Jerusalén con motivo de la fiesta, probablemente habría oído algo acerca de estos asuntos. (La descripción del asombro de Cleofas recuerda a personajes atónitos en historias antiguas que se enfrentan con personas que despiertan después de muchos años de sueño sin conocer los acontecimientos recientes.) Sin embargo, Cleofas da demasiado por sentado al suponer que todo el mundo consideraría que estos acontecimientos eran los más sobresalientes de los últimos días.

24:19-21. Las palabras de Cleofas reflejan la confusión que deben haber sentido todos los seguidores de Jesús: Jesús era un profeta, como en el AT, o tal vez el *Mesías; pero los líderes religiosos de la nación, quienes de entre toda la gente deberían haberlo recibido con los brazos abiertos y haberlo seguido, lo habían rechazado. En Galilea, y fuera de Palestina, donde la aristocracia sacerdotal no se conocía tan directamente como en Judea, indudablemente había mayor respeto por el liderazgo del templo.

24:22-24. Ver el comentario sobre 24:6-12.

24:25-27. No hay duda de que Jesús incluyera referencias a Deuteronomio 18:15-18, Isaías 9, 11 y 53; pero la implicación es que Jesús adujo principios que se aplicaban a su *mesiazgo de todo el AT. La literatura *rabínica alababa a los intérpretes con el conocimiento profundo de las Escrituras que Jesús muestra aquí.

24:28. Jesús demuestra buenos modales al mostrar la intención de que va a seguir de largo, salvo que lo inviten a quedarse; esta conducta también probaba la hospitalidad de la persona (Gén. 19:2).

24:29. La hospitalidad no exigía nada menos que el alojamiento que estos *discípulos ofrecen a Jesús, especialmente porque se aproxima el anochecer. Era peligroso viajar de noche, especialmente al alejarse de Jerusalén, debido a los ladrones. Los judíos en todo el mundo antiguo invitaban a sus compatriotas a pasar la noche, y la insistencia era parte de la hospitalidad (p. ej., Jue. 19:5-9; 1 Sam. 28:23).

24:30. También era parte de la hospitalidad ofrecer pan a un invitado, por más tarde que fuera (ver el comentario sobre 11:5, 6). De todos modos, después de una larga caminata, estos *discípulos tendrían hambre. Pero al dar gracias por el pan y al darles a ellos, Jesús toma el papel generalmente desempeñado por el jefe de familia; un papel que había ejercido entre sus discípulos.

24:31-35. Se decía que a veces los ángeles venían en secreto y se revelaban solo al final de su misión (p. ej., Rafael a Tobías padre e hijo en el libro de Tobías). Pero este no era el caso de los seres humanos, incluyendo a las personas muertas restauradas a la vida terrenal en el AT. Aunque uno de los motivos por los cuales estos discípulos no reconocen a Jesús puede ser que sus ojos han sido cegados (24:31; cf. 2 Rey. 6:17), la desaparición posterior de Jesús parece indicar que tiene un nuevo tipo de cuerpo, el tipo de cuerpo prometido a los justos en la *resurrección futura.

24:36-43
La naturaleza de la resurrección de Jesús

24:36-38. Como todavía no había ocurrido la resurrección de todos los muertos, los *discípulos pensaban que Jesús podía ser un fantasma u otro "espíritu". A nivel popular, algunas personas creían en fantasmas sin considerar que contradecían la idea de una vida después de la muerte en el paraíso o en el infierno (*Gehena) y la doctrina de la resurrección del cuerpo. Pero Jesús les asegura que no es un ejemplo de un fantasma sino de la resurrección corporal.

24:39, 40. Algunas víctimas eran atadas a las cruces; otras eran clavadas. Posiblemente se acostumbraba pasar los clavos a través de las muñecas (que se podrían considerar parte de las manos). Tal vez no haya sido común un clavo a través de los tobillos (la evidencia de un ejemplo excavado está bajo disputa), pero no había nada que hubiera impedido que los soldados lo hicieran.

24:41-43. En la mayoría de las tradiciones judías los ángeles no comían alimentos terrenales.

24:44-53
La comisión final

24:44-46. Ver el comentario sobre 24:25-27. Otros escritos judíos mencionan la división tripartita del AT. Los intérpretes judíos a veces decían que Dios les "abría los ojos" a sus verdades, un lenguaje con precedente en el AT (Sal. 119:18). Aunque los Evangelios refieren el desacuerdo de Jesús con sus contemporáneos en cuanto a muchos asuntos, todos los niveles de la tradición del Evangelio informan de su base en el AT para definir su misión. Aunque haya estado en desacuerdo con muchos de sus contemporáneos en cuanto a la interpretación del AT, está de acuerdo con ellos en cuanto a su autoridad.

24:47-49. Isaías habló de Israel como testigo a (o en contra de) todas las naciones en el tiempo final (43:10; 44:8), por medio del don del *Espíritu (42:1; 44:3). El Espíritu estaba asociado especialmente con la habilidad de profetizar, de hablar como Dios inspira a la persona a hablar.

24:50. Los sacerdotes levantaban las manos para dar la bendición sacerdotal al pueblo ("Jehovah te bendiga y te guarde..." [Núm. 6:24-27]).

24:51. Ver el comentario sobre la ascensión en Hechos 1:9-11.

24:52, 53. Se usaban muchos de los patios del templo para la oración. Los escritores antiguos con frecuencia encuadraban las unidades literarias comenzando y terminando en el mismo punto; Lucas encuadra todo su Evangelio al comenzar y terminar en el templo.

JUAN

Introducción

Paternidad literaria. La tradición antigua es casi unánime en afirmar que "Juan" escribió el cuarto Evangelio. El mismo Evangelio afirma que proviene de un testigo ocular (19:35); la evidencia interna sugiere que es el "discípulo amado". Ese papel encaja bien con Juan, hijo de Zebedeo, en los otros Evangelios. En el siglo XIX el erudito B. F. Westcott presentó argumentos que todavía son válidos en favor de Juan como el autor (basados en el testimonio interno de un testigo ocular, evidencia que se resume al punto de considerar como posible autor solamente a uno de los miembros del círculo íntimo de Jesús), aunque muchos académicos no están convencidos con tales argumentos. (Una solución intermedia ha sido la proposición de que una "escuela" juanina compuso el Evangelio, usando las tradiciones que Juan les había entregado; los maestros más famosos tenían discípulos a los que transmitían sus enseñanzas.)

Los descubrimientos arqueológicos desde la época de Westcott han demostrado aún más lo adecuado de las tradiciones del cuarto Evangelio en una ubicación judío-palestina; es decir, el lugar donde tanto Jesús como Juan habían vivido. Las dos objeciones más fuertes a la autoría juanina del Evangelio son la fecha y las diferencias con los otros Evangelios. El argumento basado en la fecha pone como objeción que el hijo de Zebedeo hubiera estado en sus ochentas o noventas cuando fue escrito el Evangelio. Sin embargo, este desafío no es particularmente convincente; aunque la mayoría de la gente no vivía tantos años, la mortalidad era más elevada en la niñez. No es inherentemente improbable que uno de los doce sobreviviera hasta sus noventas y se sintiera impulsado a registrar sus experiencias con Jesús. La otra objeción, basada en las diferencias con Mateo, Marcos y Lucas, es más persuasiva, pero pierde la mayor parte de su fuerza si Juan representa una tradición independiente y escribe en su propio estilo (ver la discusión sobre género literario).

Aunque en la antigüedad existían obras *seudónimas, estas declaraban su autor supuesto en lugar de implicarlo; a menos que afirmáramos que se trata de un seudónimo en el caso de Juan, la evidencia interna apoya a un autor que es un testigo ocular. Por esta razón, creo que el atribuir la autoría del cuarto Evangelio a Juan tiene mayor fuerza y sustento de los que podemos encontrar en la atribución de las autorías de los otros Evangelios, que dependen solo de la tradición cristiana externa al texto mismo.

Fecha. La tradición afirma que el Evangelio fue escrito en la década de los 90 d. de J.C.; que no podría haber sido escrito más tarde (contra algunos enfoques de eruditos del siglo XIX) ha sido confirmado por un fragmento de manuscrito del Evangelio fechado a principios del siglo II. Se ha propuesto una fecha en la década de los 60 d. de J.C., pero la mayoría de los académicos sostiene la de mediados de la década de los 90; esta encaja mejor con la ubicación que se describe más adelante y con la ubicación probable del libro de Apocalipsis, el cual proviene de los mismos círculos cristianos que el cuarto Evangelio.

Dónde fue escrito Juan. Porque Juan está preocupado con los *fariseos como adversarios, es razonable suponer que su Evangelio fue escrito en Galilea o Siria, donde los conflictos con los fariseos de Judea habrían sido más fácilmente experimentados en la década de los 90 d. de J.C.

Sin embargo, la tradición afirma fuertemente que Juan vivió en Éfeso, aunque había llegado originalmente desde Palestina y probablemente se mantenía informado de los asuntos allí por medio de sus contactos. Dos de las siete iglesias en el libro de Apocalipsis sufrían precisamente los temas que ataca su Evangelio: Esmirna (Apoc. 2:9, 10) y Filadelfia (3:7-9). La iglesia en Esmirna, un centro de tradición juanina en la generación siguiente, puede ser su audiencia principal. Es posible que el Evangelio circulara en diferentes formas tanto en Galilea como en estas iglesias en Asia Menor (Turquía occidental).

Circunstancias. Luego del año 70 d. de J.C., la fortaleza de muchos grupos religiosos judíos fue quebrantada; los *fariseos comenzaron a tener más liderazgo en asuntos religiosos y la influencia de sus sucesores se hizo notar entre los judíos en la zona del Mediterráneo. Ellos entraron en conflicto con sus principales competidores, los judíos cristianos, y (de acuerdo con la lectura más probable de la evidencia) hasta agregaron una línea a la oración común que maldecía a los sectarios, entre los que incluyeron a los judíos cristianos. El antagonismo de Juan hacia los fariseos en su Evangelio sugiere que su oposición se relacionaba de alguna manera con los adversarios que sus lectores enfrentaban en sus propias comunidades.

Después de la guerra del año 70 d. de J.C., muchos judíos en el imperio romano querían distanciarse de las sectas que ponían énfasis en los *mesías, el *reino y la *profecía. Los cristianos juaninos (los lectores de Juan) no se habían sentido bienvenidos por las autoridades de las *sinagogas locales; eran tratados como si su condición de judíos fuera puesta en tela de duda porque creían en Jesús como el Mesías y el que traía el reino. Las autoridades romanas también sospechaban de la gente que no adoraba al emperador pero que no era judía (ver el tratamiento acerca de la ubicación en la introducción al Apocalipsis). Juan escribe su Evangelio para animar a estos judíos cristianos, indicándoles que la fe de ellos en Jesús es judaísmo genuino y que sus adversarios son los que han representado mal el judaísmo bíblico.

Género literario. Para el *género literario de los Evangelios en general ver la introducción a los mismos. Aunque los cuatro Evangelios caen en la antigua categoría general de biografía, este género es suficientemente amplio como para permitir diferencias considerables de estilo. Lucas, por ejemplo, escribe como un antiguo historiador griego; el profuso uso que Mateo hace del AT muestra su interés en interpretar aquella historia. Pero Juan parece ser el más interpretativo de todos, como se lo ha reconocido desde los antiguos Padres de la iglesia.

Los discursos de Jesús en este Evangelio requieren también un comentario especial. El estilo de discurso de Jesús en Juan difiere de sus palabras en los primeros tres Evangelios; puede ser útil observar que los escritores antiguos estaban entrenados en parafrasear los discursos en sus propias palabras. Algunos eruditos han argumentado también que Juan aplica las palabras de Jesús a la situación de sus lectores bajo la guía del *Espíritu. Los maestros judíos y (en forma más plena) los narradores a menudo desarrollaban diferentes clases de *narraciones del AT, describiéndolas en términos más relevantes a su audiencia. La mayoría de los discursos de Jesús en Juan 3—12 son debido a conflictos con las autoridades judías; tienen por ello algún parecido con los relatos *rabínicos más breves de argumentos con los adversarios. Pero, en general, Juan es un evangelio, una biografía antigua de Jesús (ver la introducción a los Evangelios en este comentario).

Mensaje. Un énfasis en el cuarto Evangelio es la ley y la Palabra de Dios. Los *fariseos afirmaban que la ley de Dios apoyaba lo que ellos defendían; pero Juan pone énfasis en que Jesús mismo es la Palabra (el Verbo, 1:1-18) y el mensajero ungido del Padre; rechazarlo a él es rechazar al Padre.

Otra área de énfasis es el *Espíritu. Los fariseos no creían que el Espíritu, al que ellos asociaban especialmente con la habilidad de profetizar, estaba activo en su propio tiempo; por lo tanto, ellos no afirmaban tener el Espíritu. En contraste, Juan anima a los creyentes a afirmarse no solo en la ley sino también en la posesión que tenían del Espíritu. Los fariseos afirmaban conocer la ley a través de sus interpretaciones y tradiciones; los cristianos afirmaban conocer a Dios en forma personal, y por ello decían entender la ley mejor de lo que lo hacían sus adversarios.

Una frase repetida en el Evangelio, que se identifica con estos adversarios de Jesús, es "los judíos". Aunque Jesús y los *discípulos son claramente judíos, Juan comúnmente usa la palabra "judíos" en un sentido negativo refiriéndose a las autoridades de los judíos en Jerusalén, con quienes identifica (para actualizarlo con el lenguaje de su propio tiempo) a "los *fariseos". Los antisemitas a veces han abusado del Evangelio de Juan para negar el carácter judío de Jesús, ignorando la situación en la cual Juan escribe. Pero Juan a menudo usa la ironía (una técnica común en la literatura antigua); al llamar a las autoridades "judíos" probablemente esté respondiendo en forma irónica a esas autoridades que decían que los judíos cristianos ya no eran fieles a Israel. Les concede a ellos el título, pero todo lo demás en su Evangelio tiene el propósito de argumentar justamente lo opuesto: que los herederos de la fe de Israel son los judíos cristianos, aunque ellos habían sido expulsados de sus comunidades judaicas.

Juan usa muchas imágenes comunes en su cultura, especialmente contrastes entre luz y tinieblas (común en los *Rollos MM), arriba y abajo (común en la literatura *apocalíptica judía), y otras por el estilo.

Comentarios. El comentario en dos volúmenes por Raymond Brown, *El Evangelio según Juan* (Madrid: Ediciones Cristiandad, 1978) y Rudolf Schnackenburg, *The Gospel According to St. John,* 3 vols. (Nueva York: Herder & Herder/Seabury/Crossroad, 1968-1982) (hay traducción al castellano) y el comentario del texto griego en un volumen por C. K. Barrett, *The Gospel According to St. John,* 2ª ed. (Filadelfia: Westminster, 1978) son especialmente provechosos para estudios avanzados; un comentario muy útil para el lector laico es J. R. Michaels, *John,* NIBC 4 (Peabody, Mass.: Hendrickson, 1989).

1:1-18
El Verbo se hizo carne

La palabra griega que se traduce "Verbo" (o "palabra") también era usada por muchos filósofos para significar "razón", la fuerza que estructura el universo. *Filón combinaba esta imagen con los conceptos judíos del "verbo". El AT había personificado a la sabiduría (Prov. 8); el judaísmo antiguo llegó a identificar a la sabiduría personificada, al Verbo y a la *Ley (la Torá).

Al llamar a Jesús "el Verbo", Juan afirma que él es la forma corpórea de toda la revelación de Dios en las Escrituras; de esa forma declara que solo aquellos que aceptan a Jesús honran plenamente la ley (1:17). Los judíos consideraban que la Sabiduría —el Verbo era divino pero distinto de Dios el Padre; de modo que el Verbo era el término más cercano que Juan tenía disponible para describir a Jesús.

1:1, 2. Comenzando como Génesis 1:1, Juan alude al AT y al cuadro judío de Dios creando a través de su Sabiduría o Verbo preexistente. De acuerdo con la doctrina judía ortodoxa de su tiempo, esta sabiduría existía antes del resto de la creación pero era en sí misma creada. Al declarar que el Verbo "era" en el principio, y especialmente al llamar al Verbo "Dios" (v. 1; también la lectura más probable de 1:18), Juan va más allá del concepto judío común para implicar que Jesús no es creado (cf. Isa. 43:10, 11).

1:3. Al desarrollar las ideas del AT (p. ej., Sal. 33:6; Prov. 8:30), los maestros judíos ponían énfasis en que Dios había creado todas las cosas por medio de su Sabiduría-Verbo-Ley, y las sostenía porque los justos practicaban la ley. (Algunos hasta señalaban que Gén. 1 había declarado "dijo Dios" diez veces cuando estaba creando, y que esto significaba que Dios había creado todas las cosas con sus Diez Mandamientos.) Los maestros judíos antiguos hubieran estado de acuerdo con el versículo 3.

1:4. Al desarrollar las promesas del AT de larga vida en la tierra si Israel obedecía a Dios (p. ej., Éxo. 20:12; Deut. 5:16; 8:1; 11:9), los maestros judíos enfatizaban que la recompensa por obedecer la palabra de Dios era vida *eterna. Juan declara que esta vida había estado siempre disponible a través de la Palabra de Dios, que es la misma Palabra (Verbo) que él identifica con Jesús. Los maestros judíos llamaban a muchas cosas "luz" (p. ej., los justos, los patriarcas, Israel, Dios), pero este término era aplicado más comúnmente a la ley de Dios (una figura también en el AT, p. ej., Sal. 119:105).

1:5. "Y las tinieblas no la vencieron" (a la luz) puede ser un juego de palabras (puede significar "vencieron" (RVA) o "extinguirla" (NVI). En manera similar, en los *Rollos MM, las fuerzas de la luz y las de las tinieblas estaban enfrentadas en un combate a muerte, pero la luz estaba predestinada a triunfar.

1:6-8. "Testimonio" era un concepto principalmente legal en el mundo grecorromano y en los círculos judíos. Isaías lo usó en relación con el tiempo del fin, cuando el pueblo de Dios que fuera liberado testificaría a las naciones acerca del Señor delante del tribunal divino (43:10; 44:8). Esta imagen se repite a lo largo del Evangelio. Sobre Juan el Bautista ver 1:15.

1:9, 10. La tradición judía declaraba que Dios había ofrecido la ley a las setenta naciones en el monte Sinaí, pero se lamentaba de que todas habían elegido rechazar su palabra; solo Israel la había aceptado. En la misma manera, el mundo del tiempo de Juan había fallado en reconocer la Palabra (Verbo) de Dios entre ellos.

1:11. Aquí Juan se separa de la imagen en la tradición judía, de acuerdo con la cual solamente Israel, entre todas las naciones, había recibido la ley. El pueblo judío esperaba que los fieles de Israel aceptaran la revelación cuando Dios les diera la ley nuevamente en el tiempo del fin (Isa. 2:3; Jer. 31:31-34). En la mayoría de la tradición judía la ley, si es que iba a ser cambiada, sería más estricta en el mundo venidero.

1:12, 13. El énfasis está no en la descendencia étnica (v. 11) sino en el renacimiento espiritual; ver el comentario sobre 3:3, 5 para más detalles de cómo oiría el mundo antiguo el lenguaje del renacimiento.

1:14. Ni los filósofos griegos ni los maestros judíos podían concebir que el Verbo se hiciera carne. Desde la época de *Platón, los filósofos griegos habían puesto énfasis en que el ideal era aquello que era invisible y eterno; la mayoría de los judíos ponía tanto énfasis en que un ser humano no podía convertirse en un dios que nunca consideró que Dios podía convertirse en humano.

Cuando Dios reveló su gloria a Moisés según Éxodo 33—34, esta era "grande en misericordia y verdad" (Éxo. 34:6), que puede traducirse también "llena de gracia y verdad". Como Moisés en la antigüedad (ver 2 Cor. 3:6-18), los *discípulos vieron la gloria de Dios, revelada ahora en Jesús. Como lo explica el Evangelio, la gloria de Jesús se revela en sus señales (p. ej., Juan 2:11) pero especialmente en la cruz, su acto supremo de amor (12:23-33). El pueblo judío estaba esperando que Dios revelara su gloria en algo parecido a un espectáculo cósmico de fuegos artificiales; pero Jesús, para la primera venida, revela el mismo aspecto del carácter de Dios que fue enfatizado a Moisés: su pacto de amor.

"Habitó" (RVA; "vivió", DHH) es literalmente "tabernaculizó". Significa que así como Dios "tabernaculizó" con su pueblo en el desierto, así el Verbo "tabernaculizó" entre su pueblo en Jesús.

1:15. Los eruditos han sugerido que algunos pueden haber pensado de forma demasiado elevada en cuanto a Juan el Bautista, un simple profeta, a expensas de Jesús el *Mesías (p. ej. Hech. 19:3-5); una situación como esta invitaría al escritor a poner a Juan en su lugar. En el cuarto Evangelio, Juan siempre remite a la gente a Jesús, como debería hacerlo un profeta verdadero.

1:16, 17. *Gracia y verdad estaban claramente presentes en la ley (Éxo. 34:6), pero su expresión cumbre vendría en el Verbo (la ley) encarnado.

1:18. Incluso Moisés pudo ver solo parte de la gloria de Dios (Éxo. 33:20), pero en la persona de Jesús el corazón completo de Dios es encarnado para que el mundo lo pueda ver. "En el seno del Padre" significa que Jesús estaba en la posición de mayor intimidad posible ("y que vive en unión íntima con el Padre", NVI; cf. Juan 13:23). Los escritores antiguos algunas veces enmarcaban una narración comenzando y terminando con la misma frase o declaración; este marco artificial se llama *inclusio.* En Juan 1:1 y 1:18 (según la lectura más probable del texto) Juan llama "Dios" a Jesús (ver RVA y NVI, que adoptan esta lectura).

1:19-28

El testimonio de Juan a los líderes judíos

1:19. Aunque unos pocos sacerdotes eran *fariseos en el tiempo de Jesús, había poca colaboración entre ellos (v. 24), y los fariseos ciertamente nunca habían tenido el poder de enviar sacerdotes en misiones desde Jerusalén. Para la época en que Juan escribe, los fariseos representaban la principal oposición de los cristianos palestinos. Juan pone al día su lenguaje dentro de la tradición de los escritos judíos, en la misma manera en que los predicadores hacen hoy para enfocar la esencia del texto. Juan se enfoca en el elemento farisaico de la oposición a Jesús.

1:20, 21. Elías había sido llevado vivo al cielo; el pueblo judío esperaba su regreso, que estaba anticipado en Malaquías 4:5. (Los *rabinos menos antiguos pensaban de él como un maestro de la ley judía que a veces aparecería para resolver disputas rabínicas, o que sería enviado en viajes angélicos para librar a rabinos en dificultad. Ellos esperaban que Elías resolvería asuntos legales cuando regresara; otros esperaban que realizara grandes milagros o presentara al *Mesías.) "El profeta" significa indudablemente un profeta como Moisés (Deut. 18:15-18).

1:22, 23. La aplicación a sí mismo de Isaías 40:3 significa que él es el heraldo de un nuevo éxodo; anuncia que Dios está a punto de redimir a su pueblo de la cautividad, como lo había hecho en los tiempos de Moisés. Este tema aparece en muchos de los profetas del AT y era parte de las expectativas judías en la época de Jesús. Es indudable que los posibles líderes proféticos ganarían seguidores en el "desierto".

1:24, 25. De las muchas clases de lavamientos ceremoniales en el tiempo de Jesús, la más significativa de "una vez y para siempre" era el *bautismo de *prosélitos. Era común que los *gentiles fueran bautizados cuando se convertían al judaísmo; esto era bien conocido y hasta es mencionado por el filósofo griego *Epicteto. Al informarnos que Juan pide a los judíos que sean bautizados en un acto de conversión, los escritores de los Evangelios declaran que Juan trata a los judíos como si fueran paganos, lo cual nunca se había escuchado (ver el comentario sobre 3:3-5). El cuarto Evangelio contrasta frecuentemente los rituales de agua y el *Espíritu (3:5; ver el comentario sobre 4:7-26).

1:26. Juan emplea la técnica de la ironía, común en la antigüedad: que no "conozcan" al que viene, habla mal del conocimiento espiritual de ellos (1:10, 33, 34).

1:27. Los esclavos llevaban las sandalias de su maestro; Juan afirma que él no es digno de ser siquiera el esclavo de Cristo. Los profetas frecuentemente eran llamados siervos de Dios en el AT (p. ej., 2 Rey. 18:12; 19:34; 20:6; 24:2; Jer. 35:15; 44:4).

1:28. "Al otro lado del Jordán" significa Perea, uno de los territorios controlados por Herodes Antipas. Puesto que *Josefo nos cuenta que Juan fue encarcelado más tarde en la fortaleza Macaerus en la misma región, cobra significado que allí es donde Juan ministra y posteriormente es arrestado.

1:29-34
El testimonio de Juan a sus discípulos

1:29. El dicho de Juan alude probablemente al Cordero pascual (19:36), quizá con el agregado de la imagen de los corderos sacrificados del AT. Puede estar aludiendo también a Isaías 53:7, 11.

1:30, 31. El propósito completo del *bautismo de Juan es preparar el camino (cf. v. 23). El venir "después de" una persona a veces significaba ser su *discípulo; por ello, algunos eruditos sugieren que Jesús realmente siguió a Juan por cierto tiempo, así como fue bautizado por él; otros interpretan "después de" en este pasaje solo cronológicamente.

1:32-34. La mayoría de los grupos judíos creían que el *Espíritu no estaba tan activo en la inspiración profética como en el período del AT. El movimiento *rabínico emergente y muchos de sus aliados, quienes asociaban al Espíritu casi exclusivamente con la *profecía, ponían énfasis en que la dotación profética directa del Espíritu había terminado cuando murieron los últimos profetas del AT (Hageo, Zacarías y Malaquías). Para muchos de los oyentes de Juan, declarar que el Espíritu está siendo restaurado sería una afirmación de que la era *mesiánica estaba cerca.

1:35-39
Los discípulos de Juan caen en el lazo

1:35-37. Ver 1:29. Los maestros normalmente entrenaban a los *discípulos, y estos iban luego a enseñar a otros. Era raro que se recomendara a los discípulos que fueran tras un maestro más grande; esto requería gran humildad y denotaba confianza en la superioridad del otro maestro.

1:38, 39. Formular preguntas indirectas como esta (ellos querían ir a la casa con él) era característico de los modales y la hospitalidad en la antigüedad. "La hora décima" sería alrededor de las 16 h; posiblemente era demasiado tarde como para andar un largo camino de regreso al hogar antes de que anocheciera, e implicaba que una persona hospitalaria los invitaría a pasar la noche. (Siguiendo otra manera de contar las horas, improbable aquí, la "décima hora" podía ser las 10 de la mañana; este sistema es más adecuado para 19:14, pero no para 4:6.)

1:40-51
Los discípulos también testifican

Como Juan el Bautista, los *discípulos aprendieron que el mejor testimonio era presentar a la gente a Jesús y dejar que él hiciera el resto.

1:40, 41. De los cuatro Evangelios, solo Juan usa el título en hebreo o *arameo, *Mesías, aunque también lo traduce al griego porque ese es el idioma de sus lectores judíos. (Fuera de Palestina, la mayoría de los judíos en el imperio romano hablaban griego.)

1:42. "Cefas" es arameo y "Pedro" es griego, y significa "piedra". Los apodos eran comunes; los rabinos a veces ponían apodos característicos a sus *discípulos. En el AT Dios a menudo cambiaba el nombre de una persona para describir alguna nueva característica de ella (Abraham, Sara, Jacob, Josué; como una declaración negativa ver Jer. 20:3).

Los griegos y los romanos atribuirían conocimiento sobrenatural (como saber el nombre de una persona a la que nunca se había visto, como Jesús hace aquí) a los obradores de milagros (comúnmente magos); los judíos lo atribuirían a profetas o a maestros dotados proféticamente; ver especialmente el comentario sobre 2:24, 25 para la enseñanza de Juan en este aspecto.

1:43. Se dice que algunos maestros griegos radicales habían llamado a discípulos a seguirlos (p. ej., Sócrates llamó a Xenofón), pero normalmente eran los antiguos estudiantes o sus padres quienes elegían a sus maestros. Frecuentemente en Mateo y en Juan "seguir" podía significar "llegar a ser un discípulo", porque los discípulos podían mostrar respeto a los maestros de la Torá (*ley) caminando tras ellos. En el cuarto Evangelio, sin embargo, este término también tiene un significado más grande (ver 10:4).

1:44. Betsaida era conocida por su industria pesquera. Marcos dice que Simón y Andrés eran de Capernaúm (1:21, 29; 2:1); las excavaciones confirman que los cristianos primitivos creían que la casa de Pedro estaba allí. No es improbable que, como pescadores en una cooperativa pesquera con Jacobo y Juan (Mar. 1:19), viajaran con sus barcos de ida y de vuelta entre Capernaúm y Betsaida.

1:45. Para aquel anticipado en "la Ley, y los Profetas" (una designación común entre los judíos para el AT), Felipe sin duda quería decir el *Mesías (p. ej., Deut. 18:15-18; Isa. 9; 11; 53).

1:46. Nazaret parece haber sido un pueblo muy tradicional y ortodoxo; los sacerdotes más tarde lo consideraron ritualmente limpio como para mudarse allí. Sin embargo, Nazaret era relativamente pequeño y oscuro, con alrededor de 1.600 a 2.000 habitantes. Estaba a unos 7 km. de la gran ciudad de Séforis, que rivalizaba con Tiberias (6:23) por su carácter griego en la Galilea judía.

1:47. Jesús hace un juego de palabras con el Jacob del AT, o "Israel", quien *era* un hombre de engaño (Gén. 27:35; 31:26).

1:48. Los maestros frecuentemente enseñaban a sus *discípulos bajo los árboles, los que eran populares para este y otros propósitos debido a su sombra. Pero que Jesús supiera debajo de *cual* árbol estaba sentado Natanael es una demostración de conocimiento sobrenatural genuino (cf. Susana 54, 58). Sobre este conocimiento ver el comentario sobre 1:42 y 2:24, 25.

1:50, 51. La apertura de los cielos señalaba a una revelación importante (p. ej., Eze. 1:1). Las palabras de Jesús aluden a Génesis 28:12. Jesús es el nuevo camino entre el cielo y la tierra (la escalera de Jacob) por la cual los ángeles ascienden y descienden; como el Jacob de la antigüedad, este "verdadero israelita", Natanael (Juan 1:47), recibiría esta nueva revelación.

2:1-11
La primera señal de Jesús

2:1. "Al tercer día" no se refiere al tercer día de la semana, porque las vírgenes se casaban en el cuarto día (miércoles) y las viudas en el quinto; ni tampoco parece adecuarse a la cuenta de los días en 1:29, 35, 43. Los escritores antiguos a veces separaban segmentos de su obra comenzando y terminando con la misma nota (una práctica llamada *inclusio*); de modo que Juan puede estar usando esta designación para señalar hasta 2:19 y unir este relato (2:1-11) con la predicción de la muerte y resurrección de Jesús (ver el comentario sobre 2:4).

"Caná" puede ser Kefar Kanna (a unos 5 km de Nazaret), pero la mayoría de los académicos prefiere Khirbet Cana (a unos 13 km de Nazaret). Cualquiera de estos sitios sería suficientemente cercano a Nazaret como para explicar por qué los anfitriones conocían a la familia de Jesús.

2:2. Las bodas duraban siete días, y los anfitriones invitaban a la mayor cantidad de personas posible, especialmente invitados distinguidos como los maestros importantes.

2:3. Que se acabara el vino en una fiesta de bodas era un error social que se convertiría en motivo de broma por muchos años; el anfitrión era responsable por la provisión adecuada de vino para siete días para sus huéspedes.

El lugar para las mujeres estaba cerca de donde se almacenaba el vino; de ese modo María advirtió la escasez del vino antes de que la noticia llegara hasta Jesús y los otros hombres. Las palabras de ella sugieren probablemente que Jesús debía hacer algo; los invitados debían ayudar de alguna manera a sufragar los gastos de la boda con sus regalos, y parece que el amigo de Jesús necesitaba ahora algunos regalos adicionales.

2:4. "Mujer" era una manera respetuosa de trato (como "señora") pero poco acostumbrada de un hijo hacia la madre. La declaración de Jesús establece una amable distancia (aunque "qué tiene que ver eso conmigo o contigo" comúnmente es una expresión dura, no amable, en el lenguaje bíblico). Puesto que "hora" en Juan se refiere especialmente a la cruz, Jesús aquí está efectivamente diciendo: "Una vez que comience a hacer milagros, comenzaré el camino hacia la cruz".

2:5. Como muchos que buscaban a Dios en el AT quienes no tomarían el "no" como una respuesta (Gén. 32:26-30; Éxo. 33: 12—34:9; 1 Rey. 18:36, 37; 2 Rey. 2:2, 4, 6, 9; 4:14-28), María actúa en la confianza de que Jesús escuchará su ruego. Los lectores judíos de la antigüedad, que leían relatos de obradores de milagros quienes insistían en que Dios enviaría la lluvia, leerían la acción de María como una demostración de una fe fuerte.

2:6. La descripción de las tinajas de piedra indica que contenían agua suficiente como para llenar una pileta judía de inmersión, que se usaba para la purificación ceremonial. Aunque los *fariseos prohibían almacenar esa agua en tinajas, algunos judíos eran menos estrictos; de modo que estas grandes tinajas estaban siendo reservadas para propósitos ceremoniales. Las tinajas de piedra eran comunes porque era menos probable que se contaminaran ritualmente que las fabricadas con otros materiales.

2:7. El uso de las tinajas para otros propósitos las contaminaría temporalmente; Jesús muestra más interés por la boda de su amigo que por el ritual de la época.

2:8. Ser "encargado del banquete" era una posición de honor (Eclesiástico 32:1, 2). Uno de sus deberes principales era regular la distribución del vino para prevenir excesos que podrían, especialmente en un contexto judío, arruinar la fiesta. Se sabe que en los banquetes entre los griegos los invitados elegían a esta persona para que presidiera sobre el entretenimiento y controlara el nivel de dilución del vino; de modo que algunos observadores podrían hacerlo responsable parcialmente por la falta prematura de vino de parte del anfitrión.

2:9, 10. Poco después de la vendimia todo el vino contendría algo de alcohol (no existía ni refrigeración ni sellado hermético). Pero el nivel de alcohol del vino no era aumentado artificialmente (no estaba en uso la destilación); más bien, el vino era aguado con dos a tres partes de agua mezcladas con una parte de vino. En las fiestas de los griegos, a veces se inducía a la embriaguez por medio de una dilución menor o por el agregado de hierbas tóxicas, pero los maestros judíos desaprobaban esas prácticas. Es improbable que la borrachera fuera una parte en la celebración de Caná. Normalmente se serviría el mejor vino primero porque, borrachos o no, los sentidos de los invitados se adormecerían más y más durante los siete días del banquete.

2:11. Dios había manifestado su gloria por medio de señales (Éxo. 16:7; para "gloria" cf. el comentario sobre Juan 1:14). La primera señal de Moisés fue convertir el agua en sangre (Éxo. 7:20; cf. Apoc. 8:8); la primera señal de Jesús fue convertir el agua en vino.

2:12-25
El levantamiento de un nuevo templo

2:12, 13. Todos los judíos que podían asistir a la Pascua en Jerusalén acostumbraban hacerlo; a diferencia de los judíos que vivían en tierras lejanas, los galileos podían hacer este peregrinaje en forma regular.

2:14. Las ovejas y las palomas (y en una manera menor los vacunos; cf. Lev. 1:3-9; 4:2-21; 8:2; 22:21) eran necesarias para los sacrificios de parte del pueblo; los cambistas eran necesarios para cambiar las monedas extranjeras y galileas a monedas que fueran accesibles a los vendedores de los animales para el sacrificio.

2:15, 16. Jesús insiste en una prioridad diferente para la actividad en el templo; cf. Malaquías 3:1-6.

2:17. Los *discípulos recordaron el Salmo 69:9, un salmo del justo sufriente. El Salmo 69:21 habla del vinagre que le es dado a beber (cf. Juan 19:29). En el contexto de Juan, el celo de Jesús lo consume por poner por obra su muerte por el mundo (cf. 6:51).

2:18-20. Muchos grupos en el judaísmo esperaban un templo nuevo y transformado, pero el antiguo templo era uno de los edificios más majestuosos de la antigüedad y era el símbolo al cual miraba el resto del judaísmo. Para la mayoría de los judíos, y especialmente para la aristocracia que controlaba el templo de Jerusalén, las palabras de Jesús aquí deben haber sonado blasfemas. Herodes el Grande comenzó el trabajo en el templo en los años 20-19 a. de J.C., y el trabajo continuó hasta el año 64 d. de J.C. Los "cuarenta y seis años" mencionados aquí ubican las palabras de Jesús en el año 27 d. de J.C.

2:21, 22. A menudo una palabra profética se entendía solo en una mirada retrospectiva (p. ej., 2 Rey. 9:36, 37). Muchos intérpretes judíos (como lo prueban especialmente los *Rollos MM interpretaban las Escrituras de esta manera.

2:23-25. Muchos pensaban que los obradores de milagros conocían algunos corazones, pero solo Dios, a quien se llamaba "Escudriñador de corazones", podía conocer los corazones de todas las personas.

3:1-8
Conversión como nacimiento de arriba

Jesús le explica a Nicodemo que el conocimiento religioso y el carácter étnico no son base suficiente para la relación con Dios; uno debe nacer en la familia de Dios por el *Espíritu. Juan a menudo contrasta los rituales de agua y el Espíritu (3:5; ver el comentario sobre 4:7-26).

3:1. Se sabe de un Nicodemo rico y prominente en Jerusalén en este período, aunque no podemos estar seguros de que Juan se esté refiriendo a la misma persona. Al ser una persona altamente educada, un "gobernante" o líder en la comunidad judía, el Nicodemo de Juan seguramente era alguien de buena posición económica.

3:2. Alguien puede llegar "de noche" para no ser visto, o porque los maestros judíos que trabajaban durante el día podían estudiar solo por la noche (cf. Sal. 119:148); este último indudablemente no sería el caso de Nicodemo, quien no necesitaría trabajar (v. 1). Pero Juan incluye el detalle porque sirve al tema de la luz y las tinieblas (11:10; 13:30) que separa a esta narración (3:19-21).

3:3, 4. Jesús habla literalmente de nacer "de arriba" (ver notas de la RVA y la NVI), que significa "de Dios" ("arriba" era un circunloquio judío, o una expresión indirecta, para hablar de Dios). Se podría también construir la frase con el significado de "renacer", lo cual Nicodemo tomó en forma literal. (Los escritores antiguos, incluyendo a los del AT [Jer. 1:11, 12; Miq. 1:10-15] a menudo usaban juegos de palabras, y Juan incluye bastantes retruécanos; a veces también usaban otros caracteres como un contraste menos inteligente para el vocero principal de una *narración.) Puesto que los maestros judíos hablaban de los convertidos gentiles al judaísmo que comenzaban una vida nueva como "niños recién nacidos" (así como los hijos adoptados bajo la ley romana renunciaban a toda posición legal en su anterior familia cuando llegaban a formar parte de una nueva), Nicodemo debía haber entendido lo que Jesús quería decir con conversión. Quizá nunca se le ocurrió que algún judío necesitara convertirse a la fe verdadera de Israel.

3:5. Se decía que los convertidos al judaísmo llegaban a ser "como niños recién nacidos" cuando eran *bautizados para quitarles la impureza como *gentiles. Nacer "de agua" clarifica para Nicodemo que "nacer de arriba" significa conversión, no un segundo nacimiento físico.

Las palabras en griego en 3:5 pueden significar "de agua y del *Espíritu" (así RVA y NVI) o "de agua, esto es, el Espíritu". En Ezequiel 36:24-27 el agua es usada simbólicamente para la limpieza del Espíritu (cf. especialmente los *Rollos MM), de modo que aquí es posible que Jesús quiera decir "convertido por el Espíritu" (cf. 7:37-39), un bautismo *espiritual* de *prosélitos. Mientras los maestros judíos generalmente hablaban de los convertidos al judaísmo como "recién nacidos", solo en el sentido de que estaban legalmente separados de sus antiguas relaciones, un renacimiento verdadero por el Espíritu produciría un nuevo corazón (Eze. 36:26).

3:6, 7. El "espíritu" que nace del Espíritu de Dios puede reflejar el "nuevo espíritu" de Ezequiel 36:26.

3:8. Se podría traducir el "sonido" del viento como la "voz del Espíritu" (para los juegos de palabras, ver el comentario sobre 3:3, 4). El viento es impredecible e incontrolable (ver Ecl. 8:8; cf. Ecl. 1:6, 8, 14, 17; 2:11, 17, 26; 4:4, 6, 16; 6:9). El Espíritu es simbolizado como viento en Ezequiel 37, lo que algunos intérpretes judíos relacionaron con Génesis 2:7 (cf. Juan 20:22).

3:9-21
El revelador de arriba

Jesús, como la Sabiduría encarnada (ver el comentario sobre 1:1-18) es el único plenamente calificado para revelar a Dios y reconciliar al mundo con él.

3:9, 10. La necedad de Nicodemo lo convierte en un contraste con Jesús el revelador. Para este asunto en cierta literatura antigua, ver la exposición sobre el mensaje de Marcos en la introducción a ese Evangelio.

3:11-13. Solo un testigo ocular del cielo puede testificar plenamente acerca del cielo. La literatura judía brinda otros paralelos a Juan 3:11-13, pero los más cercanos son los textos judíos que hablan acerca de la Sabiduría divina que desciende de Dios, buscando revelar los valores del cielo (Dios) al pueblo. Jesús puede implicar un contraste con la tradición judía, que afirmaba que Moisés no solo había subido al monte Sinaí sino hasta el cielo para recibir la ley de Dios; ahora la Sabiduría-Verbo-Ley ha descendido del cielo en la carne (ver el comentario sobre 1:14-18).

3:14, 15. "Levantado" es otro juego de palabras (3:3, 4): Jesús regresa al cielo por vía de la cruz, "levantado" como la serpiente que Moisés levantó para traer sanidad (Núm. 21:4-9; para "levantado", ver el comentario sobre Juan 12:32, 33).

3:16-18. Los tiempos de los verbos en griego indican el sentido: "Esta es la manera en que Dios amó al mundo: él dio a su Hijo". "Unigénito" literalmente es "especial, amado"; en la literatura judía se había aplicado frecuentemente a Isaac, para poner énfasis en la grandeza del sacrificio de Abraham al ofrecerlo. *Vida eterna literalmente es "la vida del mundo venidero"; el tiempo verbal presente en Juan ("tenga") indica que los que confían en Jesús comienzan a experimentar esa clase de vida ahora, en el tiempo presente.

A pesar de la mención en la literatura antigua del amor de Dios por la humanidad, y del énfasis en el amor especial de Dios por Israel, no hay nada que se compare con este sacrificio, especialmente por el "mundo", que en Juan normalmente significa aquellos que no están siguiendo la voluntad de Dios. El AT enfatiza también el inmensurable amor de Dios (p. ej., Éxo. 34:6, 7; Deut. 7:7, 8; Jue. 10:16; Isa. 63:9; Ose. 11:1-4, 8-11; cf. Isa. 16:11; Jer. 48:36).

3:19-21. Los textos antiguos (especialmente los *Rollos MM) contrastan a menudo la luz y las tinieblas como el bien y el mal, en la misma manera en que Juan lo hace aquí. Todos entenderían lo que Juan quería decir. El marcar una *narración con un comienzo y un final con el mismo asunto (3:2) era un artificio literario antiguo.

3:22-36
El testigo y el Hijo

3:22-24. Sobre el *bautismo de Juan ver el comentario sobre Marcos 1:4, 5. Aparte del río Jordán, el agua no era abundante; de modo que en su ministerio itinerante los *discípulos de Jesús (4:2) probablemente no bautizaban en todas partes, aunque había suficientes piletas ceremoniales de inmersión esparcidas por Palestina.

3:25, 26. Sobre la purificación ceremonial de los judíos, cf. 2:6 y 11:55. Este tema aparece por todo el Evangelio: lavamiento ceremonial (2:6), bautismo de *prosélitos (3:5), quizás el pozo de Jacob (cap. 4) y las aguas sanadoras de Betesda (cap. 5), el estanque de Siloé para la fiesta de los Tabernáculos (7:37, 38; 9:7) y quizá 13:5-11 y 19:34.

3:27, 28. En la ley judía una persona que representa a otra actúa con base en la autoridad de la que la envía, pero debe estar de acuerdo con los límites de su misión; la autoridad verdadera siempre se origina en el que envía.

3:29, 30. El "amigo del novio" se refiere a la costumbre judía del *shoshbin,* quien era semejante al padrino en algunas bodas de hoy en día. El énfasis más importante de las bodas judías era el gozo.

3:31. La idea de uno que se origina en el cielo en contraste con otros que son de la tierra se aplica muy naturalmente, en los textos judíos, a la sabiduría divina (ver el comentario sobre 1:1-18).

3:32, 33. Las personas importantes tenían marcas distintivas en sus anillos usadas como sello; presionaban estos anillos sobre cera caliente en el exterior de los documentos, afirmando así que eran testigos de la ejecución del documento.

3:34. Puesto que muchos pensaban que el *Espíritu había sido apagado en Israel hasta su restauración futura, y como muchos pensaban que solo unos pocos merecían el Espíritu, decir que alguien tenía acceso ilimitado para dar el Espíritu indicaba que él era más grande que cualquier persona que hubiera jamás vivido (lo *más* que alguien podía tener sería acceso ilimitado para *recibir* el Espíritu).

3:35, 36. El lenguaje del Padre al autorizar al Hijo y al juzgar al mundo por su respuesta a él, presenta al Hijo en un nivel más alto que en el que se veía a cualquier simple ser humano en la literatura judía; cf. 3:31.

4:1-6
Jesús viaja a través de Samaria

En Juan 4:1-42 Jesús cruza límites estrictamente culturales que separaban razas (en el sentido general de pueblos culturalmente distintos), géneros y condición moral, señalando así a la unidad nueva y final en el Espíritu.

4:1, 2. Sobre los *bautismos realizados por Jesús, ver el comentario sobre 3:22, 23. Aunque los lavamientos ceremoniales eran comunes en el judaísmo, los que practicaban los bautismos de iniciación (quienes introducían a la gente a un grupo judío particular) eran considerados sectarios por otros judíos.

4:3, 4. Era posible viajar dando un rodeo que evitara Samaria, pero muchos peregrinos hacia o desde las fiestas en Jerusalén tomaban la ruta más corta que pasaba directamente por Samaria. Los *samaritanos y los judíos adoraban al mismo Dios, y ambos usaban la ley de Moisés (aunque los samaritanos le hicieron algunos cambios). Pero ambos despreciaban el lugar de adoración del otro y habían permanecido hostiles por siglos.

4:5, 6. Todavía se conoce el lugar del pozo de Jacob: está a la vista del monte Gerizim, el cual era sagrado para los samaritanos. Este sitio comienza una *narración que pone énfasis en la geografía santa (especialmente 4:20). Aunque este concepto es extraño para la mayoría de los lectores occidentales modernos, los pueblos antiguos estaban muy atraídos por los "lugares santos" especiales, que Jesús aquí invalida.

La "hora sexta" normalmente significa el mediodía; de modo que Jesús y los *discípulos habían estado viajando por unas seis horas. (De acuerdo con otro sistema de medir el tiempo, menos probable aquí, la "hora sexta" podrían ser las 18 h —cf. 19:14—, en cuyo caso Jesús y sus discípulos estarían listos para descansar por la noche y acampar allí; 4:40.) Las mujeres de la zona no vendrían a buscar agua bajo el calor del mediodía, pero esta mujer lo tenía que hacer porque tenía que venir sola (para las razones, ver el comentario sobre 4:7).

4:7-26
Un don para una pecadora samaritana

En el cuarto Evangelio el don de Jesús del *Espíritu invalida las aguas rituales de Juan el Bautista (1:26, 33), la purificación ceremonial (2:6), el *bautismo de *prosélitos (3:5) y la fiesta de los Tabernáculos (7:37-39; 9:7). También aparentemente invalida el agua en el sentido de que tenga otros simbolismos religiosos asociados con los lugares santos, tales como los santuarios de curación (5:2-8) y el pozo de Jacob (4:7-26). Para los lectores de Juan, que tienen el Espíritu pero les faltan muchos de los rituales de sus adversarios, estos contrastes constituyen un estímulo.

4:7. Que esta mujer *samaritana venga al pozo sola más bien que en la compañía de otras mujeres, probablemente indica que el resto de las mujeres de Sicar no la querían, en este caso debido a las actividades sexuales de ella (cf. el comentario sobre 4:18). Aunque los maestros judíos advertían contra hablar mucho con las mujeres en general, ellos especialmente evitarían a las mujeres samaritanas, las que ellos afirmaban que eran impuras desde su nacimiento. Otros antiguos registros muestran que aun el pedir agua a una mujer podía interpretarse como estar coqueteando con ella, especialmente si ella había venido sola debido a su reputación como "mujer fácil". Jesús quebranta aquí todas las reglas de la religiosidad judía. Además, tanto Isaac (Gén. 24:17) como Jacob (Gén. 29:10) hallaron a sus esposas en pozos; esos precedentes creaban la clase de ambigüedad potencial en este pozo que los religiosos deseaban evitar.

4:8. Los *fariseos consideraban indignas muchas de las comidas de los *samaritanos.

4:9. La mujer primero enfrenta este encuentro en términos raciales; bajo la ley judía, hasta su cántaro (usó el mismo término en 2:6) era considerado impuro para que los judíos bebieran del mismo. Es irónico que en el Evangelio de Juan solo los que no son judíos reconocen el carácter judío de Jesús (aquí y en 18:33-35).

4:10. "Agua viva" quiere decir simplemente "fresca" o "que fluye" como opuesto al agua estancada o de pozo; pero dada la tendencia de Juan a significados dobles (ver 3:5) el término aquí puede significar también "agua de vida". Algunos académicos han señalado que los *rabinos se referían a la Torá, la *ley, como el don de Dios y como agua viva. Pero Juan usa el simbolismo en manera diferente para referirse al *Espíritu (7:37-39). El trasfondo aquí es Dios como el proveedor de la fuente de vida verdadera (Isa. 12:3; Jer. 2:13).

4:11. Jesús no tiene un recipiente para sacar agua del pozo; además, con un recipiente no podía tener agua "viva" (o sea, fresca o que fluye) de un pozo (ver el comentario sobre 4:10).

4:12. Las palabras "nuestro padre Jacob" son una afrenta a la enseñanza de los judíos, quienes afirmaban que ellos eran hijos de Jacob y que los *samaritanos eran a lo sumo mestizos. Aquel que era mayor que Jacob no discute ese punto con ella; eso es periférico al tema que él desea plantear.

4:13-15. En la antigüedad, las imágenes del agua y de los pozos frecuentemente se usaban en forma simbólica. Sin embargo, como muchos otros personajes en Juan, ella toma las palabras de Jesús literalmente cuando él estaba hablando figurativamente.

4:16, 17. En vista de la ambigüedad de la situación (ver el comentario sobre 4:7), la declaración de ella ("No tengo marido") podría significar: "Estoy disponible". Jesús quita la ambigüedad, que surge del rechazo de él en observar las costumbres que reflejaban etnicidad o prejuicio de género, no de ningún galanteo de su parte.

4:18. Jesús clarifica la ambigüedad de la declaración: ella había estado casada cinco veces y no estaba casada con el hombre con el cual vivía en ese momento. Los *samaritanos no eran menos piadosos y estrictos que los judíos, y el comportamiento de ella habría resultado en ostracismo de parte de la comunidad religiosa samaritana, el cual se habría extendido a toda la comunidad samaritana.

4:19. Se consideraba que los profetas eran capaces de conocer los pensamientos de los demás (ver el comentario sobre 1:42). Aunque esta designación frecuente de Jesús no es adecuada (4:44; 6:14; 7:40; 9:17), por lo menos ayuda a mover la conversación más allá de 4:17. Sin embargo, los samaritanos no esperaban simplemente a cualquier profeta, sino al más grande de los profetas, uno como Moisés (Deut. 18:15-18); ver Juan 4:25.

4:20. El monte Gerizim, el lugar santo de los *samaritanos, equivalente a Jerusalén para el judaísmo, se podía observar perfectamente desde el pozo de Jacob. Ella usa el tiempo pasado ("adoraron") precisamente por estar continuamente consciente de la separación racial de los judíos y los samaritanos. Unos 200 años antes un rey judío había destruido el templo samaritano en ese monte, y permanecía en ruinas desde entonces. Los samaritanos se burlaban del lugar santo de los judíos; cierta vez, al amparo de la noche, aun buscaron contaminar el templo de Jerusalén. Los judíos igualmente ridiculizaban el monte Gerizim. También construían muchas de sus *sinagogas de modo que los adoradores pudieran mirar hacia Jerusalén.

4:21. "La hora viene" era una expresión profética común (1 Sam. 2:31; 2 Rey. 20:17; Jer. 31:31); porque ella lo ha aceptado como un profeta (4:19) tiene que escuchar el mensaje de Jesús.

4:22. Jesús no es neutral; acepta que la posición de los judíos es la correcta, aunque no permite que eso permanezca como una barrera final a la reconciliación racial (4:23). Este aspecto es significativo en un Evangelio que se dirige a judíos cristianos que están siendo rechazados por sus * sinagogas (ver la introducción).

4:23, 24. Cuando Jesús habla de adorar "en espíritu y en verdad" puede tener en mente la identificación común del *Espíritu con la *profecía en el judaísmo antiguo, tanto como los pasajes del AT acerca de la adoración carismática y profética (especialmente 1 Sam. 10:5; 1 Crón. 25:1-6). Dada la creencia general de que el espíritu profético ya no estaba activo, las palabras de Jesús seguramente golpearían en los oídos de los antiguos. La hora futura (4:21) es presente tanto como futura; Jesús hace que el carácter del mundo futuro esté disponible a *sus discípulos en la vida presente (ver el comentario sobre 3:16). Para los judíos y samaritanos oprimidos, y que anhelaban la promesa futura, esta es también una declaración chocante.

4:25, 26. Documentos *samaritanos posteriores explican el concepto que ese pueblo tenía en cuanto a un *mesías: el *Taheb,* o restaurador, era un profeta como Moisés (Deut. 18:15-18).

4:27-42
Cosecha entre los samaritanos

4:27. La piedad judía advertía que los hombres no debían hablar mucho con las mujeres (algunos *rabinos agregaban: ¡hasta con la propia esposa!); esto era debido a la tentación y a lo que otros pudieran pensar. El hecho de que los *discípulos estaban asombrados, pero confiaron en su maestro lo suficiente como para no preguntar sobre esta situación, es una señal del respeto que le tenían; es una actitud que se consideraba adecuada para los discípulos fieles. (Algunas pocas tradiciones judías posteriores informan de rabinos que desintegraban con su mirada a los discípulos irrespetuosos hasta convertirlos en cenizas; pero esos relatos tenían solamente el propósito de ilustrar el principio general de que el discípulo no debía desafiar al maestro.)

4:28-30. El judaísmo no tenía mucha consideración para el testimonio de una mujer, y el testimonio de una adúltera no tendría ningún valor; probablemente entre los *samaritanos la situación era la misma. A pesar de todo, ella testificó en la manera en que lo había hecho Felipe (1:46). Que ella se distrajera de su propósito original para ir al pozo (4:28) y que dejara allí su cántaro sugiere que el agua de Jesús había reemplazado para ella el agua del pozo de Jacob.

4:31-33. Los maestros antiguos a veces usaban la comida como una metáfora para la comida espiritual (ver el comentario sobre 6:32). En el AT esta metáfora a veces se relacionaba con el llamado de una persona (Jer. 15:16; cf. Eze. 2:1-3).

4:34. Los maestros judíos consideraban, en un sentido, que la obra de Dios estaba terminada (su obra creadora, Gén. 2:2), pero que en otro sentido continuaba (su obra de sustentamiento de la creación; ver el comentario sobre Juan 5:17). El Señor se refiere aquí a un trabajo que culmina toda la obra de Dios: Jesús completa en la cruz el trabajo del Padre (19:30; cf. 17:4).

4:35. "¡Alzad vuestros ojos!" (RVA) era una expresión común en el AT, aunque llegaría a ser más rara en el hebreo posterior; a veces simplemente significaba mirar ("¡Abran los ojos", NVI). La cosecha principal de trigo corría desde mediados de abril hasta finales de mayo; la cosecha de cebada, que convertía los campos en "blancos" (literalmente, como en RVA; "madura", NVI) era en marzo. Algunos eruditos creen que Jesús cita aquí un proverbio judío que se refiere a los cuatro meses entre la siembra y la cosecha.

4:36-38. En este contexto, Jesús y la mujer *samaritana sembraron, y los *discípulos ven la cosecha (v. 39). El v. 37 parece adaptar un proverbio popular basado en ideas como la de Eclesiastés 2:18: cambiar una imagen de tristeza a una de gozo.

4:39-42. Los samaritanos creen porque se encuentran con Jesús (cf. 1:46-49); pero la relación de la mujer con su comunidad también cambia al convertirse ella en la primera testigo de Jesús en ese lugar.

El hecho de que Jesús se alojara allí, que comiera de la comida de los *samaritanos y que les enseñara (v. 40) sería más o menos equivalente a desafiar la segregación racial en los Estados Unidos de América en la década de 1950, o el *apartheid* en Sudáfrica en la década de 1980: algo asombroso, muy difícil y en cierta manera peligroso. El Jesús de los Evangelios está más interesado en la gente que en las costumbres.

4:43-54
Fe y curación en Galilea

4:43-45. Ver el comentario sobre Marcos 6:4; pero aquí "su propia tierra" es aparentemente Judea (cf. Juan 1:11).

4:46. Para Caná, ver 2:1. Capernaúm estaba más o menos a un día completo de camino desde allí. "Oficial del rey" (RVA), o "funcionario real" (NVI), probablemente significa que este hombre es uno de los oficiales de la corte de Herodes Antipas, aunque el título oficial de Herodes era tetrarca en vez de rey. La disposición de Jesús hacia Antipas era completamente desfavorable (Luc. 13:32; 23:9; para las razones, cf. Mar. 6:17-29). Este hombre que llega ante Jesús sería un rico aristócrata, probablemente muy influenciado por la cultura grecorromana y no muy religioso (de acuerdo con los patrones generales de los judíos palestinos).

4:47. "Descendiese" (RVA), o "bajara" (NVI), es más correcto que "fuera" (DHH) porque Capernaúm, a orillas del mar de Galilea, estaba a un nivel más bajo que Caná.

4:48, 49. Sobre el reproche de Jesús y la insistencia del oficial, ver el comentario sobre 2:4, 5.

4:50-54. Los milagros a larga distancia eran raros de acuerdo con los patrones del AT y de otras costumbres judías o grecorromanas. La gente generalmente creía en los profetas y en los magos griegos con más facilidad si estaban presentes al realizar el milagro. Las raras ocasiones de milagros a larga distancia sugerían a los lectores de la antigüedad que estos obradores de milagros tenían un poder extraordinario. Para Jesús, el único requisito para esta clase de milagros era que aquel que lo buscaba tuviera fe en su poder.

5:1-9a
Curación en Betesda

Los santuarios de sanidad eran comunes por todo el mundo antiguo, especialmente para la adoración de Esculapio y otras deidades de renombre por sus poderes curativos. La mayoría de estos santuarios requerían que los suplicantes se purificaran en la fuente anexa o en algún otro estanque cercano. Este pasaje presenta a Jesús como más grande que ese tipo de santuarios de su tiempo.

5:1. Juan no especifica cuál fiesta judía es la

ocasión para el viaje de Jesús a Jerusalén, aunque algunos manuscritos tienen "la fiesta", que significaría la fiesta de los Tabernáculos, como en la tradición judía (no la Pascua). Pero el asunto central de esta narración es que el día para la sanidad obrada por Jesús es un sábado (5:9b).

5:2. Aunque los eruditos no están de acuerdo en cuanto a la ubicación de Betesda (o acerca del deletreo correcto del nombre), el lugar que la mayoría favorece hoy en día está bajo el monasterio de Santa Ana en Jerusalén. El lugar tiene dos estanques mellizos rodeados por cuatro galerías o pórticos, y una galería en medio, separando los estanques. Aunque Juan escribe después de que Jerusalén fuera destruida en el año 70 d. de J.C., su recuerdo del lugar es bastante certero.

5:3. El lugar fue usado posteriormente como un santuario pagano de curación; dada la tendencia en la antigüedad a usar de nuevo los antiguos santuarios, la comunidad judía del tiempo de Jesús probablemente consideraba este estanque como un lugar de sanidad. Las autoridades del templo indudablemente no aprobaban esto (los estanques sagrados y los santuarios de sanidad caracterizaban los cultos griegos como el de Esculapio); pero la religión popular frecuentemente ignora las contradicciones religiosas que son más claras para los líderes religiosos oficiales.

5:4. Este versículo parece que no era original (ver su omisión en RVA, NVI y DHH, y las notas explicativas); pero probablemente fue agregado por un escriba que estaba familiarizado con la tradición de curación en Betesda; este agregado ayuda a explicar el v. 7, que de otra manera sería enigmático.

5:5. El hombre había estado enfermo allí más tiempo que el que vivía mucha gente en la antigüedad, por casi tantos años como Israel había vagado por el desierto. Los reportes antiguos de sanidad a menudo especificaban por cuánto tiempo la persona había estado enferma, dando énfasis de ese modo a la grandeza de la curación por medio del sanador. Es obvio que nada, incluyendo el estanque, había tenido éxito en restaurarlo.

5:6-9a. En 2:6 y 3:5 Jesús reemplaza el agua de la purificación ceremonial; en 4:13, 14 reemplaza el "agua santa" de un sitio sagrado de los *samaritanos. Aquí es Jesús, no las supuestas aguas curativas, quien restaura al hombre.

5:9b-18
Traición en el sábado

Las *narraciones frecuentemente establecían sus enseñanzas haciendo un contraste de caracteres; Juan contrasta al hombre sanado en 5:1-9 con el que es sanado en 9:1-7. Las autoridades locales pueden haber estado presionando a los lectores de Juan a seguir el ejemplo del primero; Juan los insta a emular al segundo (cf. 1 Jn. 3:16; unas pocas décadas después, una carta romana indica que los cristianos apóstatas en la región de Asia Menor estaban traicionando a otros).

5:9b, 10. Las reglas bíblicas prohibían el trabajo en el día sábado, aun el juntar leña para el fuego (Núm. 15:32). Para la época de Jesús, la ley judía prohibía explícitamente cargar cosas el sábado, considerándolo como una forma de trabajo.

5:11-13. Muchos maestros prohibían también curaciones menores, como las realizadas por los médicos, que no necesariamente eran para salvar una vida, el sábado. El hecho de que Jesús actuara en el nombre de Dios realizando un milagro, en lugar de la curación por medio de un médico, haría que la discusión fuera irrelevante. Pero frecuentemente la ley se argumentaba por analogía; estas autoridades razonaban que la curación hecha por Jesús era igual a la realizada por un médico.

5:14. El hombre puede haber estado en el templo para la adoración. De acuerdo con la Biblia, a veces (no siempre; cf. 9:2, 3; p. ej., 2 Sam. 4:4; 1 Rey. 14:4; 2 Rey. 13:14) se sufría como juicio por el pecado (p. ej., 1 Rey.

13:4; 2 Rey. 1:4; 2 Crón. 16:12). Jesús advierte aquí acerca de un juicio más grande: la *resurrección para juicio (cf. 5:29).

5:15, 16. Este hombre hace simplemente lo opuesto (9:30-34) del hombre fiel que fue sanado, con el cual lo contrasta Juan. El comportamiento de él es como el de los que dejaron las *iglesias de los lectores de Juan y tomaron partido con sus adversarios, traicionándolos hasta la persecución (ver la introducción a 1 Jn. en este comentario).

5:17. Todos reconocían que Dios había continuado obrando desde la creación, sosteniendo al mundo aun en el día sábado. Jesús razona, por analogía, que lo que es correcto para Dios al sostener su creación es también correcto para él.

5:18. Puesto que Jesús parece usurpar las prerrogativas que se le atribuyen solo a Dios (5:17, el derecho a trabajar el sábado), sus oyentes creen que él reclama una posición igual a la de Dios; ese reclamo naturalmente les suena blasfemo. Los *rabinos del siglo II acusaban a muchos judíos cristianos de creer en dos dioses. Alguien podía "anular" una ley bíblica por no tenerla en cuenta, pero ellos creían que Jesús "quebrantaba" (lit. "destruía") el sábado.

5:19-29
La relación de Jesús con el Padre

Jesús busca calificar la comprensión que ellos tenían de la relación de él con el Padre. Lejos de usurpar el honor de Dios (5:18) Jesús actúa solo con base en la autoridad del Padre y de acuerdo con la voluntad de él.

5:19, 20. Jesús califica la comprensión de ellos aplicando otra analogía. Era de conocimiento popular que los hijos imitaban a los padres. Pero la ofensa que permanece es que Jesús afirma ser el Hijo de Dios en una manera singular que no incluye a los que lo oyen.

5: 21, 22. Aunque algunos textos del AT hablaban de un rey que reinaría bajo la autoridad de Dios (Dan. 7:13, 14; cf. Juan 5:27), el resucitar y juzgar a los muertos era una prerrogativa divina; así se recitaba diariamente en las oraciones de los judíos ("Dios quien resucita a los muertos").

Pero al afirmar que el Padre le había dado esta autoridad, Jesús reclama ejercer una autoridad delegada como el agente del Padre (el judaísmo aceptaba el principio legal de agencia). La idea del Hijo como el agente del Padre se presenta a lo largo de esta sección y desarma la objeción de ellos en el v. 18. (En términos trinitarios, Jesús es una deidad igual con el Padre pero diferente en persona, y se somete en su función al Padre.)

5:23. Dios algunas veces dio a otros el honor de ser sus representantes, pero ninguno había de ser honrado al mismo grado que Dios (Isa. 42:8; 48:11; cf. Éxo. 20:5). Los oyentes de Jesús podían interpretar fácilmente la declaración de Jesús aquí como un reclamo de deidad.

5:24, 25. La *vida eterna, la vida del mundo venidero, se suponía que estaría disponible solo cuando los muertos fueran resucitados; pero Jesús brinda nueva vida ahora para los que confían en él.

5:26. Los textos judíos no palestinos sostenían que Dios era el único que tenía "vida en sí mismo" ("increada", "generada en sí mismo", etc.); como en algunos textos griegos, describían al Dios supremo como existente sin ninguna fuente fuera de sí mismo. Aunque Juan puede usar también la frase en forma más general en otros contextos (6:53), este pasaje compara las prerrogativas de Jesús con aquellas del Padre; sugiere que, como en las fuentes judías de la *Diáspora, el término se refiere aquí a la eternidad increada de Jesús.

5:27. El *Hijo del Hombre en Daniel 7:13, 14 iba a reinar para Dios en el *reino futuro; el gobierno incluía la ejecución de juicio.

5:28, 29. El AT (Dan. 12:2) y mucho del judaísmo antiguo enseñaban una *resurrección de ambos, los justos y los injustos, la cual ocurriría en el día final. (Algunos círculos en el judaísmo antiguo enseñaban solo una resurrección de los justos; otros enseñaban que los malos serían resucitados solo temporalmente para juicio y luego serían destruidos; aun otros sostenían que los malos serían resucitados para juicio eterno.)

5:30-47
Los testimonios en favor de Jesús

5:30. Jesús es, por lo tanto, un fiel *shaliach,* o agente. La ley judía enseñaba que el agente de un hombre era como ese hombre mismo (respaldado por toda su autoridad), hasta el punto en que el agente lo representara fielmente. Moisés y los profetas del AT a veces eran considerados como agentes de Dios.

5:31. Aquí Jesús cita el principio del AT, central a la ley judía posterior (tanto la de los *rabinos como la de los *Rollos MM), de que son necesarios dos testigos para probar un caso (capital) (Deut. 17:6; 19:15).

5:32. Los maestros judíos a veces hablaban acerca de Dios en términos indirectos (aquí "otro").

5:33-35. Sobre Juan el Bautista como un testigo, ver el comentario sobre 1:6-8. La "lámpara" (NVI; "antorcha", RVA) de aceite del período herodiano era demasiado pequeña para producir mucha luz (normalmente tanto como una vela); de modo que uno simbolizaría solo una reflexión pequeña de "la luz".

5:36-38. El testimonio del Padre debería ser todo lo que se necesita. Israel, en Sinaí, supuestamente vio su forma, oyó su voz y aceptó su palabra por medio de su agente Moisés. Jesús dice que su propia generación rechaza la revelación más plena que Dios les envió (cf. 1:11, 14-18).

5:39, 40. Las Escrituras decían: "Haced esto y viviréis". Los maestros judíos la leían como: "Haced esto y tendréis vida en el mundo venidero". De esa forma ellos creían que alguien tenía *vida eterna por medio de las Escrituras; pero Jesús dice que las Escrituras dan testimonio de él, y por ello rechazarlo es desobedecer las Escrituras.

5:41-44. El agente del Padre viene en el nombre del Padre, no en el suyo propio. Rechazar al agente de una persona era rechazar la autoridad de la persona misma.

5:45-47. Moisés testifica de Jesús en sus escritos (se le atribuían los primeros cinco libros del AT). El judaísmo antiguo consideraba a Moisés como un intercesor en favor de Israel (p. ej., *Josefo, los *rabinos, el *Testamento de Moisés); pero Jesús dice que Moisés sería el acusador de ellos. Los maestros judíos consideraban a Moisés como la figura profética central de su historia; aun muchos paganos sabían de Moisés como el legislador de Israel.

6:1-15
Una nueva comida pascual

Después de hablar de Moisés (5:45-47), Jesús sigue adelante y realiza una señal que podía esperarse de un nuevo profeta como Moisés (Deut. 18:15): proveer maná.

6:1, 2. Aquellos que se creía que eran obradores de maravillas atraían multitudes de seguidores en el mundo antiguo, pero la mayoría de los obradores de maravillas de este período no enfatizaban la enseñanza por sobre los milagros, en contraste con Jesús (6:26, 27).

6:3, 4. Si los eventos del capítulo 5 ocurrieron durante la fiesta de los Tabernáculos (ver el comentario sobre 5:1) y los de este pasaje durante la Pascua, y si esta sección de Juan está en orden cronológico, ha pasado medio año entre estos capítulos.

6:5, 6. Los maestros probaban a sus *discípulos por medio de preguntas; ocasionalmente probaban la resolución de ellos o la comprensión de un asunto proponiéndoles una situación difícil.

6:7. El pan que se necesitaría para alimentar a la multitud costaría la paga de 200 días para un agricultor o un obrero no calificado. Aunque los pescadores podían ganar la misma cantidad más rápidamente, aun representaba un sacrificio sustancial para las finanzas que tenían en común los discípulos (12:6; 13:29).

6:8, 9. Los "panes de cebada" nos recuerdan 2 Reyes 4:42-44, donde Eliseo multiplica esa clase de panes. El escepticismo de Andrés y de Felipe hace eco de aquel de los discípulos del profeta Eliseo (2 Rey. 4:43). (Algunos eruditos señalan también la presencia del ayudante de Eliseo en 2 Rey. 4:38, 41; la *LXX allí usa la misma palabra para "muchacho" que la que usa Andrés aquí.) Pescado y pan eran alimentos básicos; poca gente podía permitirse el lujo de comer carne de res u otra clase de carne.

6:10. La hierba florecería especialmente en la época de la Pascua (cf. 6:4); también haría que el suelo fuera un lugar más confortable para sentarse. Juan cuenta cinco mil "hombres" (RVA). El griego aquí es específico en cuanto a género, de modo que es mejor "varones" (NVI); normalmente solo se contaba a los varones. Toda la multitud, incluyendo a las mujeres y los niños, puede haber sido cuatro veces esa cantidad. De modo que Jesús se dirigió a una multitud casi tan grande como la que se podía sentar en el teatro para la asamblea de ciudadanos en una ciudad importante como Éfeso, y por lo menos cuatro veces más grande que la que cabía en el teatro en Séforis, una ciudad importante de Galilea. El dirigirse a tamaña multitud no era una hazaña pequeña.

6:11. El cabeza de una familia judía era el que daba gracias antes (y normalmente después) de la comida. Hay milagros de multiplicación de comida en el AT (cf., p. ej., 1 Rey. 17:16; 19:8) y ocasionalmente en la tradición judía (cf. el aceite en tradiciones posteriores en cuanto a los macabeos) y en los textos grecorromanos. El trasfondo aquí es 2 Reyes 4 (ver el comentario sobre Juan 6:8, 9) y especialmente el maná de Éxodo 16 (ver el comentario sobre Juan 6:31-33).

6:12. Los moralistas grecorromanos y los maestros judíos aborrecían el desperdicio; aunque el pan que sobró había sido provisto en forma milagrosa, su provisión no debía darse por sentada y ser malgastada.

6:13. Las sobras son considerablemente superiores a aquello con lo que habían comenzado. La costumbre romana era que siempre hubiera sobras después de una comida para indicar que habían tenido una provisión más que adecuada. Jesús se revela como el anfitrión modelo.

6:14. "El profeta" implica un profeta como Moisés (Deut. 18:15-18). En la época de Moisés Dios había provisto pan del cielo, maná, en forma milagrosa. En la época de la Pascua (Juan 6:4) las esperanzas de liberación eran muy altas, porque el pueblo repasaba cómo Dios los había librado de sus opresores por mano de Moisés.

6:15. Algunos otros líderes del primer siglo reunían muchos seguidores en el desierto, quienes creían que podían realizar señales como Moisés o Josué y vencer a los romanos; ver el comentario sobre 6:14. Las multitudes querían un obrador de milagros terrenales y un líder terrenal como Moisés (ciertas tradiciones judías [*Filón, los *rabinos, etc.] consideraban a Moisés como un rey; cf. Deut. 33:4, 5); pero esta no era la misión de Jesús (6:63). Los lectores de Juan pueden haber tomado una advertencia de este pasaje, quizás al estar amenazados por los reclamos terrenales de autoridad de parte del emperador (ver la introducción al Apocalipsis).

6:16-21
Señor del mar

En el contexto de la exposición de Juan en cuanto a Jesús como la nueva Pascua, el nuevo maná y uno más grande que Moisés, el milagro de Jesús en el mar puede haber recordado a sus primeros lectores del cruce de Israel por el mar en el tiempo de Moisés.

6:16, 19. Las borrascas eran frecuentes en el lago. Dado el rumbo que llevaban, probablemente ya habían avanzado la mitad de la distancia cuando fueron sorprendidos en medio de la tormenta; volver atrás ya no era una opción. Los barcos pesqueros estaban equipados con remos; la vela sería contraproducente en esta tormenta.

6:20. "Soy yo" (NVI) es literalmente "Yo soy" (RVA). "Soy yo" es una manera legítima de traducir la frase, y sin duda Jesús tiene la intención de que los *discípulos lo entiendan; pero dado el contexto de Jesús caminando sobre el agua, probablemente en "Yo soy" esté presente el matiz de deidad (cf. Éxo. 3:14; Isa. 41:4; 43:10, 13). Varios paganos obradores de milagros afirmaban que podían caminar sobre el agua, pero esto no era parte de la tradición judío palestina. En el AT Moisés, Josué, Elías y Eliseo partieron cuerpos de agua, pero solo Dios caminó sobre el agua (Job 9:8; cf. Sal. 77:19, 20).

6:21. El barco que llega instantáneamente a destino no tiene paralelos exactos en el AT, pero el *Espíritu había llevado a veces a los profetas de un lado a otro en forma casi instantánea (p. ej., Eze. 8:3; 11:24, probablemente en una visión; cf. 1 Rey. 18:12; 2 Rey. 2:16).

6:22-29
Motivos adecuados

6:22, 23. Tiberias, una ciudad culturalmente orientada hacia lo griego, había sido llamada así en honor al emperador Tiberio y construida por Herodes Antipas en el lugar de un cementerio. El sitio mantenía a los judíos más religiosos fuera de la ciudad, lo que permitía a Herodes entregar favores a sus aliados sin interferencia de parte de otros judíos poderosos. No aparece registro en el NT aparte de esta mención y, como Séforis, la otra ciudad grande de Galilea (también muy *helenizada), no parece haber sido frecuentada por Jesús.

6:24-26. La multitud parece estar siguiendo a un profeta que proveerá comida gratis y liberación política, otro Moisés. Pero fallan al no ver el propósito central de la misión de Jesús (cf. 6:15).

6:27-29. El diálogo entre Jesús y la multitud juega con el término *obra.* El judaísmo ponía énfasis en las obras religiosas, pero Jesús destaca una obra: fe en él (los maestros judíos alababan la "obra" de la fe de Abraham en Dios, pero la demanda de Jesús es más específica). Ellos entonces demandan de Jesús una "obra", que ahora significa una señal (v. 30), como a veces se hace en la literatura judía. El "sello" (v. 27) significa que Dios ha aprobado a Jesús ("su sello de aprobación", NVI); compare el comentario sobre 3:33.

6:30-59
Jesús como el nuevo maná

Este pasaje es una **midrash* (homilía) judía regular sobre Éxodo 16:15 y el Salmo 78:24, que Jesús cita en Juan 6:31. Jesús parafrasea, explica y expone en una manera característica de los antiguos maestros judíos, pero sus oyentes no alcanzan a entenderlo. Los maestros antiguos a veces presentaban conferencias difíciles de entender para seleccionar a los seguidores genuinos de entre las masas.

6:30, 31. La multitud aun quiere que él actúe como el nuevo Moisés que ellos esperaban, en un nivel terrenal y político. Muchos judíos esperaban que el maná fuera restaurado en el mundo venidero. Como otros escritores antiguos, Juan estaba en libertad de parafrasear el material en sus propias palabras. Aquí la multitud cita las Escrituras como si ellos fueran *rabinos en un debate (Éxo. 16:4, 15; cf. Sal. 78:24; Juan parece conocer y usar las versiones hebrea y griega de estos textos).

6:32, 33. Un método de exposición de los judíos era: "Usted lee este texto como diciendo *x,* pero más bien es *y*". Jesús dice: "No es Moisés sino Dios el que les dio este pan". Sus oyentes debieron haber estado de acuerdo; esa era la forma en que Moisés lo había puesto (Éxo. 16:4, 15; cf. Deut. 8:3). Como muchos otros intérpretes de su época (ver, p. ej., los *Rollos MM), Jesús está interesado en aplicar el texto bíblico a su situación presente.

6:34. Ellos escuchan a Jesús en un nivel diferente del significado que él intenta (cf. 4:15), de modo que les explica un poco más. En la literatura antigua, la ignorancia de los adversarios o los caracteres menores se usaban a menudo como un contraste para continuar un argumento principal (*Platón, *rabinos, novelas, etc.).

6:35-40. Los expositores judíos ya habían usado frecuentemente el maná como un símbolo para la comida espiritual, la *ley de Dios o Torá-Sabiduría-Verbo. Los muertos serían resucitados a *vida eterna "en el día final", el día del Señor, cuando Dios transformaría al mundo e inauguraría su *reino eterno.

6:41-43. Ellos continúan oyéndolo en el nivel equivocado, aunque él se refiere claramente a la *vida eterna y no al pan literal. La murmuración de ellos alude a la murmuración de Israel en el desierto contra el primer Moisés.

6:44-46. La mayoría de los judíos creía en la elección humana y en la soberanía de Dios. El argumento aquí enfatiza que aquellos que están en relación con el Padre reconocerán a Jesús; aquellos que no lo reconocen tampoco conocen al Padre.

6:47-51. Jesús contrasta el maná nuevo y el antiguo en un buen estilo *midrashico, como un buen expositor judío.

6:52. Otra vez, ellos lo interpretan muy literalmente. Los judíos tenían muchas comidas prohibidas, pero todo el mundo grecorromano aborrecía el canibalismo (este ocasionalmente era practicado por algunos cultos abominables y algunos pueblos bárbaros). Los romanos posteriormente interpretaron mal el lenguaje cristiano acerca de la cena del Señor: "comer el cuerpo y la sangre del Señor" sonaba como canibalismo para los de afuera, y despertó mucha persecución contra la *iglesia.

6:53. Se requería que se comiera la carne del cordero pascual (Éxo. 12:8); pero beber la sangre del cordero (o de cualquier criatura) estaba siempre prohibido (Lev. 17:10, 11). Un intérprete investigador, sin embargo, podría recordar la expresión "y en sangre de uvas..." (Gén. 49:11), que significaba vino, el cual era esencial para la comida de la Pascua.

6:54-59. Obedecer la declaración de Jesús en un nivel literal (canibalismo y beber sangre) ameritaría juicio en vez de salvación; por eso ellos están confundidos.

6:60-71
Perseverancia y apostasía

6:60, 61. El murmurar de los discípulos recuerda cómo los israelitas habían tratado a Moisés en el desierto. "Tropiezo" (NVI) era una figura de dicción común para pecar o caer.

6:62. Aquí Jesús puede estar usando un argumento común de los judíos de "cuánto más": Si usted no puede recibir el mensaje de la cruz, ¿cuánto más difícil será que acepte mi *resurrección y mi regreso al Padre?

6:63. Jesús brinda aquí la clave interpretativa para lo que precede: él no está hablando en forma literal, como si ellos fueran a comer literalmente su carne; está hablando de darles el *Espíritu. Muchos intérpretes judíos eran maestros de la interpretación figurada; pero sus seguidores aún no lo entienden (6:66).

6:64, 65. Sobre el conocimiento de Jesús, ver 2:23-25.

6:66. Juan describe la salida de estos *discípulos como apostasía, lo que el judaísmo consideraba como uno de los peores pecados.

6:67-71. Aun entre sus seguidores más cercanos hay uno que es traidor. El que hasta Jesús enfrentara la traición animaría a los lectores de Juan, quienes habían experimentado la presencia de algunos apóstatas en sus propias iglesias (ver el tratamiento de la ubicación en la introducción a 1 Jn.).

7:1-9
La incredulidad de los hermanos de Jesús

7:1. En el tiempo de Jesús, Galilea y Judea estaban bajo jurisdicciones separadas (la de Antipas y del prefecto romano, respectivamente), de modo que algunos que tenían dificultad en alguna parte del país podían estar más seguros quedándose en la otra parte. En la época de Juan las diferencias religiosas regionales parecen haber ido aumentando: los cristianos estaban concentrados en Galilea y el movimiento *rabínico ganaba más adeptos en Judea.

7:2. La fiesta de los Tabernáculos era una de las tres fiestas más importantes del año judío; se la celebraba durante ocho días en Jerusalén. Posiblemente, se reunían los peregrinos judíos de todo el mundo romano y parto. Los hombres vivían en cabañas construidas en las terrazas o en otras partes; conmemoraban la fidelidad de Dios para con su pueblo cuando vivían en cabañas en el desierto (no se requería que las mujeres y los niños vivieran en las cabañas). La fiesta era conocida por su celebración gozosa.

7:3, 4. Desde el punto de vista de la teoría política de la antigüedad, el consejo de los hermanos de Jesús es correcto; puede que ellos no conozcan el tema específico de la oposición de las autoridades de Jerusalén. La mayoría de los maestros enseñaba en lugares públicos. Un discurso franco o abierto (v. 4) era considerado virtuoso; la actuación secreta se consideraba engañosa.

7:5. Pero a los hermanos de Jesús les faltaba la fe adecuada para entender la misión de él; la incredulidad de ellos podía animar a los lectores de Juan en sus propias luchas con las familias incrédulas.

7:6-9. Los varones judíos piadosos que vivían tan cerca como Galilea se suponía que debían ir a la fiesta. Sería normal que Jesús viajara con su familia extendida (*Josefo escribió acerca del viaje de pueblos enteros). El asunto no es que él no iría, sino que iría solo "en secreto" al principio, de una forma que no acelerara la época apropiada de su ejecución (cf. 7:6 con 2:4).

7:10-36
Opiniones divididas

7:10. A los biógrafos grecorromanos a menudo les gustaba describir la apariencia de sus personajes, halagüeña o no. El hecho de que ninguno de los Evangelios lo haga sugiere que la apariencia de Jesús puede haber sido suficientemente común como para permitirle pasar desapercibido en una multitud. Es probable que tuviera pelo negro y crespo, piel morena, quizá un poco más de 1,50 m de estatura; bien diferente de los cuadros de una persona aria que circulan en algunas iglesias occidentales. (El *Manto de Turín, que se pretende que fuera la sábana de entierro de Jesús, lo pone más alto como en la tradición épica hebrea [1 Sam. 9:2]. Pero la autenticidad del manto es disputada.) Aunque los varones judíos de la *diáspora, como los hombres griegos y romanos, normalmente estaban afeitados, las monedas retratan a los judíos palestinos de este período con barbas largas y cabello hasta los hombros.

7:11, 12. "Engaña a la gente" es una seria acusación, y se aplicaba a quienes guiaban a otros judíos a la idolatría o apostasía. Deuteronomio 13 prescribe la muerte como castigo para ello; algunos *rabinos creían que a personas así no se les debía dar siquiera la oportunidad de *arrepentirse, a menos que fueran capaces de asegurar el perdón aunque sus seguidores hubieran perecido. Algunas fuentes judías antiguas (incluso desde el siglo II) acusaron a Jesús de este crimen.

7:13. "Los judíos" aquí son claramente las autoridades de Jerusalén, las que correspondían en la época de Juan a los líderes que reprimían no solo a los judíos cristianos, sino también a cualquier otro enfoque dentro del judaísmo que consideraran como competidor de la posición de ellos.

7:14. La enseñanza se impartía frecuentemente en lugares públicos, incluyendo los atrios del templo. Algunos maestros populares atraían allí grandes multitudes.

7:15. La mayoría de los niños en el mundo grecorromano no podían solventar siquiera una educación primaria. Pero los niños judíos palestinos, salvo aquellos de las familias más pobres (que no era la familia de un carpintero), aprenderían cómo leer y recitar la Biblia, pudieran o no escribir. El asunto aquí no es que Jesús fuera iletrado (no lo es), sino que él nunca había estudiado formalmente las Escrituras con un maestro avanzado; sin embargo, él las expone tan bien como cualquiera de los académicos sin citar opiniones de eruditos antiguos.

7:16, 17. Aprender haciendo era una parte normal de la educación judía, e incluía imitar al maestro. (Puede ser que a veces esto haya ido demasiado lejos. Se cuenta de un *discípulo que se escondió debajo de la cama del *rabino para aprender la manera adecuada de realizar el acto conyugal. Cuando el rabino lo descubrió, sin embargo, no elogió a este discípulo por su dedicada aspiración al aprendizaje.)

7:18, 19. Técnicamente, los falsos profetas debían ser ejecutados; pero había que seguir a un profeta como Moisés (Deut. 18:9-22).

7:20. Se creía comúnmente que los endemoniados actuaban en manera insana; en este caso la multitud piensa que Jesús está paranoico. Pero aun esta acusación implicaba la sospecha de que él era un falso profeta (7:12): se pensaba también que los falsos profetas eran canales para los espíritus (por cierto, muchos magos paganos reclamaban tal guía de los espíritus). El castigo para los falsos profetas era la muerte. *Josefo cuenta acerca de una figura verdaderamente profética en este período (ciertamente no lo rotula "profeta") quien era considerado insano y poseído por los demonios. Los Evangelios mencionan otra figura profética, Juan el Bautista (Mat. 11:18).

7:21-24. Jesús pide a la multitud que razone consecuentemente (un juicio sano y justo era importante en la enseñanza de los judíos): ¿Por qué era malo que él curara en forma sobrenatural el día sábado cuando la circuncisión (que hiere) se permitía ese día? Un *rabino de finales del siglo I argumentó en manera similar: Si la circuncisión en el octavo día toma precedencia sobre el sábado (y lo hace), salvar una vida completa también lo hace (como en general se acordaba). Algunas prácticas en las fiestas (tales como matar el cordero pascual y agitar la rama de palmera en la fiesta de los Tabernáculos) igualmente tomaban precedencia sobre el sábado.

7:25-27. Algunos académicos han señalado una tradición atestada en fuentes posteriores, que dice que el *Mesías estaría escondido por un tiempo antes de aparecer, y de ese modo nadie sabría de dónde era él (cf. la ironía en 9:29).

7:28, 29. Jesús declara que es algo obvio de dónde es él: es enviado del Padre. La expresión "él me envió" significa que es un agente comisionado, un representante autorizado del Padre.

7:30, 31. En la mayoría de las tradiciones judías, el Mesías no era un obrador de milagros, salvo que las obras de una nueva figura como Moisés validarían su reclamo profético para guiar al pueblo.

7:32. En el tiempo de Jesús los *fariseos como un cuerpo no tenían autoridad para arrestar a nadie, aunque sí lo hacían los principales sacerdotes; pero Juan actualiza el lenguaje para los lectores de su propia época. La principal oposición palestina que enfrentaban los judíos cristianos en las décadas posteriores al año 70 d. de J.C. provenía de los fariseos. Los "guardias" son los levitas que guardaban el templo.

7:33-36. Juan emplea nuevamente el motivo de mala interpretación: si las autoridades judías interpretaban tan mal a Jesús, ¿cómo podían reclamar que interpretaban correctamente las Escrituras? La "dispersión" se refiere a los judíos dispersos que estaban esparcidos por el mundo griego ("nuestra gente dispersa entre las naciones", NVI). Los oyentes de Jesús sospechaban que él usaría a los judíos en el extranjero como una base de operaciones para alcanzar a los *gentiles, a los cuales ellos buscaban testificar. (El libro de Hechos indica que esta expansión realmente ocurrió.)

7:37-39
Ríos de agua viva

7:37. El "último y gran día" de la fiesta de los tabernáculos (7:2) probablemente se refiere al octavo. Por lo menos durante los siete primeros días de la fiesta, los sacerdotes marchaban en procesión desde el estanque de Siloé al templo y derramaban agua sobre la base del altar. Los peregrinos que iban a la fiesta observaban el ritual, que era conocido por los judíos de todo el mundo romano; incluso se lo conmemoraba con jarras que se podían llevar a sus casas como recuerdo.

7:38. La lectura pública de la Escritura en esta fiesta incluía el único pasaje de los profetas que la enfatizaban, Zacarías 14, que era interpretado junto con Ezequiel 47. Unidos, estos textos enseñaban que las aguas vivas fluirían desde el templo (en la enseñanza judía, eso era en el mismo centro de la tierra, desde la piedra fundamental del templo), para llevar vida a toda la tierra. La ceremonia de extraer agua (7:37) (originalmente destinada a asegurar la lluvia) dirigía la mente hacia esta esperanza.

Como el agua del versículo 38 fluía hacia y no desde el creyente (v. 39), el pasaje de 7:37, 38 puede ser puntuado de modo que se lea: "Si alguno tiene sed, venga a mí; y el que cree en mí beba. Como dice la Escritura..." (El manuscrito original no tenía puntuación.) De ese modo el versículo 38 podía declarar que Jesús cumple las Escrituras leídas en la fiesta, como piedra fundamental de un nuevo templo, la fuente del agua de vida (cf. 19:34; Apo. 22:1).

7:39. En el judaísmo, la mayoría no creía que el Espíritu estaba activo proféticamente en su tiempo, pero esperaba el pleno derramamiento del mismo en la era *mesiánica o en el mundo por venir. Generalmente, el agua simbolizaba la Torah (la *ley) o la sabiduría en los textos judíos, pero Juan sigue el precedente *veterotestamentario al usarla para el *Espíritu (Isa. 44:3; Ez. 36:24-27; Joel 2:28).

7:40-52
La división se profundiza

7:40. "El profeta" es "el profeta como lo fue Moisés" (ver el comentario sobre 6:14, 15), en cuyo tiempo Dios también dio agua viva en el desierto.

7:41-44. Contradiciendo lo que otros habían dicho en 7:27, algunos citaban el lugar donde había de nacer el *Mesías, basándose en Miqueas 5:2; unánimemente se sostenía que el Mesías era de descendencia davídica. Aunque Juan no incluyó *narraciones del nacimiento, la conjunción de Mateo, Lucas y tradiciones cristianas muy esparcidas, conocidas desde principios del siglo II (por los paganos interrogados por Adriano), sugieren que los lectores de Juan sabían que Cristo nació en Belén. Por esa razón, aquí los opositores de Jesús eran vistos como ignorantes.

7:45, 46. En la antigüedad, era muy considerado el discurso poderoso y sabio; en esa época, escuchar a las oradores públicos era una forma de entretenimiento así como de aprendizaje (la primera función ha sido ampliamente reemplazada por la televisión en las sociedades opulentas). Los guardas del templo seguramente habían oído a muchos maestros allí, pero estaban especialmente impresionados por este.

7:47. Sobre "engañados", ver el comentario sobre 7:12.

7:48. Es claro que aquí los *fariseos estaban equivocados (cf. 3:1, 2). Juan usa la ironía, una técnica literaria muy común antiguamente, para subrayar este punto: los opositores de

Jesús eran de mente estrecha y oscura.
7:49. Los *rabinos capacitados a menudo miraban por sobre el hombro a los *'amme ha'aretz* , la "gente de la tierra", personas comunes que ni siquiera trataban de seguir las interpretaciones rabínicas de la *ley. Muchos pasajes indican la animosidad entre los rabinos y los *'amme ha'aretz* (p. ej., Akiba admitía que antes de llegar a ser rabino había sido un *'am ha'aretz* y había querido golpear a los rabinos). En menor escala, actitudes análogas pueden observarse a veces entre las élites educadas en la actualidad, pero los rabinos creían razonablemente que no se podía vivir la ley sin conocerla y no creían que los *'amme ha'aretz* la conocieran.
7:50, 51. Debido a su actitud hacia aquellos que no conocían la ley (7:49), aquí resulta elocuente la ironía de Juan (ver el comentario sobre 7:48). Nicodemo atrae su atención hacia un tema básico del procedimiento legal aceptado por Moisés y todos los intérpretes judíos.
7:52. Esta respuesta refleja más el prejuicio regional que el conocimiento de las Escrituras: 2 Reyes 14:25 demuestra que estaban equivocados. Más tarde, los *rabinos admitieron que los profetas surgían de todas las tribus de Galilea.

7:53—8:11
La mujer sorprendida en adulterio

Omitido por todos los manuscritos más antiguos, en general hay acuerdo en que este pasaje es un agregado posterior al cuarto Evangelio. Aunque puede ser una historia verdadera, como piensan muchos estudiosos, no se la debe leer como una parte del contexto de Juan.
7:53—8:1. En cuanto a que Jesús pasaba las noches en el monte de los Olivos, cf. 18:1, 2; Lucas 22:39; cf. también Marcos 11:1, 11.
8:2. A menudo los maestros enseñaban en los patios del templo; cf. 7:14.
8:3. Juan, que se refiere solo a los "fariseos" nunca menciona a los "escribas", que se encuentran con mucha frecuencia en los otros Evangelios; los escribas actuaban como maestros de la *ley.
8:4, 5. La ley exigía la ejecución de esa mujer, pero Roma había retirado de las cortes judías la jurisdicción para la pena capital, excepto para la violación del templo. De ese modo, los líderes judíos ponían a prueba a Jesús para ver si rechazaría la ley, comprometiendo su seguimiento del patriotismo judío, o rechazaría las normas romanas, que les hubieran permitido acusarlo ante esas autoridades.
8:6-8. Dios escribió los Diez Mandamientos con su dedo (Éxo. 31:18; Deut. 9:10); quizá Jesús escribió la primera línea del décimo mandamiento de Éxodo 20 en la *LXX: "No codiciarás la mujer de tu prójimo". Ese texto los hubiera declarado culpables de adulterio a todos (Mat. 5:28). Esta idea es la mejor especulación que se puede proponer, pero no tenemos claves mejores en cuanto a lo que Jesús pudo haber escrito con su dedo; quizá la otra opción más razonable sea que él simplemente estaba dejando pasar el tiempo hasta que se fueran.
Normalmente los testigos eran los primeros en tirar las piedras, pero los testigos falsos pagarían la misma pena que habían querido infligir a su víctima (Deut. 17:7; 19:19).
8:9-11. Era común en la enseñanza judía la idea de que aun los más piadosos habían cometido pecados. Dios tenía el poder de juzgar o perdonar los pecados.

8:12-29
Aceptación del testimonio de la luz

Si se supone que 8:1-11 no es parte del contexto, 8:12—10:21 sigue con lo ocurrido en el último día de la fiesta de los tabernáculos (7:2, 37).
8:12. La literatura judía era generosa con el título "luz del mundo", aplicándolo a Israel, a los patriarcas, al *Mesías, a Dios, a los rabi-

nos famosos y a la ley (cf. 1:4, 5), pero siempre se refiere a algo de gran significación. Una de las celebraciones más espectaculares de la fiesta de los Tabernáculos incluía antorchas que iluminaban la ciudad; esta fiesta, junto con la de Hanukkah (10:22), era reconocida por su espléndida iluminación. El hecho de que Jesús ofreciera su luz a todo el mundo puede sugerir una alusión a Isaías 42:6. Caminar en tinieblas (cf. Juan 9:4; 11:9) es una metáfora natural para tropiezo (Isa. 59:10; Jer. 13:16), salirse del buen camino (Jer. 18:15; Mal. 2:8) o ser destruido (Sal. 27:2; Jer. 20:11).

8:13-18. La ley de Moisés requería dos testigos para confirmar cualquier caso (Deut. 19:15; cf. 17:6), y la interpretación judía posterior hizo más estricto este requisito; Jesús emplea el argumento judío clásico de "cuánto más": si basta el testimonio de dos hombres, ¿cuánto más el del Padre y el Hijo? Jesús habla de la *ley como "la ley de Dios" o "nuestra ley"; los *rabinos presentaban sus retos paganos y heréticos llamándola "vuestra ley" (8:17). Sin embargo, en Juan (quien argumenta que Jesús cumplió la ley) esta expresión seguramente es irónica; ver la introducción sobre "los judíos".

8:19, 20. Su respuesta (v. 19) es: Si él es un testigo, debe presentarse en la corte. Pero ellos se quejaban de que no tenían acceso a la voz de Dios. La respuesta de Jesús es: Lo sé y allí está el problema. El "lugar de las ofrendas" (v. 20) estaba junto al patio de las mujeres, donde tenía lugar la ceremonia de la iluminación (8:12) y las danzas a lo largo de las noches de la fiesta. Ese lugar puede haber sido usado solo como almacén, pero 8:20 puede ser leído "cerca del tesoro".

8:21, 22. La mayoría de los pietistas judíos desaprobaban el suicidio; aquí se nota que ellos no veían a Jesús como una persona especialmente piadosa. Pero la ironía de Juan sigue en juego: efectivamente Jesús volvió al Padre por medio de su muerte en la cruz.

8:23. El contraste entre la esfera superior (el ámbito de Dios) y la esfera inferior (donde viven los mortales) era común en la literatura *apocalíptica judía, y su significado sería claro para los oyentes si tenían la mente abierta para este punto.

8:24, 25. Era algo serio morir en pecado, porque al morir ya había pasado la oportunidad final para el *arrepentimiento (cf. Ez. 18:21-32). (Por esta razón, los maestros judíos exhortaban a quienes eran ejecutados a que confesaran sus pecados y creyeran que su muerte los expiaría.) Jesús está de acuerdo con que uno debe arrepentirse, pero insiste en que el arrepentimiento genuino debe incluir la fe.

8:26, 27. De acuerdo con la ley judía, un agente debía representar correctamente a quien lo enviaba para que lo que dijera estuviera respaldado por la total autoridad del remitente.

8:28, 29. "Levantado" (cf. 3:14; 12:32) está tomado del libro de Isaías 52:13 en la *LXX, que en el contexto se refiere a la crucifixión (Isa. 52:14—53:12).

8:30-47
Debate sobre la paternidad

8:30, 31. Aunque los oyentes de Jesús habían creído en el primer momento, al final del pasaje (8:59; cf. Éxo. 4:31; 5:21) estaban dispuestos a matarlo. Los lectores de Juan podían reflexionar sobre este relato y ser alentados al ver que su Señor había enfrentado lo mismo que ellos; algunos miembros de sus *iglesias habían desertado y comenzado a traicionar a los cristianos por causa de la persecución (ver el comentario sobre 6:67-71; 1 Jn.).

8:32. El concepto griego de verdad enfatizaba la realidad; la palabra *veterotestamentaria traducida "verdad" tenía que ver más con la integridad o fidelidad a la propia palabra o carácter. El pensamiento judío caracterizaba a Dios como la Verdad, de modo que los oyentes de Jesús se darían cuenta de que él se refería específicamente a la verdad de Dios en el sentido judío.

8:33. Aunque los interlocutores de Jesús nunca habían sido ellos mismos, su referencia a Abraham demuestra que sí entendieron que él se refería al pueblo judío en su conjunto. Generalmente, los maestros judíos reconocían que su pueblo había estado al menos bajo el yugo de cuatro reinos: Babilonia, Persia, Grecia y Roma. Pero muchos maestros creían que estos reinos eran solo siervos de Dios, y que al final él rompería los yugos de otras naciones (una forma extrema de esa creencia llevó a la revuelta de los años 66-70 d. de J.C.). Enseñaban que las otras naciones eran gobernadas por ángeles guardianes y las estrellas, pero que Israel era gobernada solamente por Dios.

8:34. A menudo los filósofos usaban la palabra "libre" para referirse a ser libre de ideas falsas o de preocupación; en el judaísmo se hablaba de ser libre del pecado. Los maestros judíos creían que, como Israel tenía la *ley, el mal impulso que hizo tan pecadores a los *gentiles no los esclavizaría a ellos.

8:35. La ley *veterotestamentaria ordenaba que los esclavos judíos fuesen liberados en ciertos años y, bajo las leyes gentiles, podían efectivamente ser liberados o vendidos a otras casas (familias); sin embargo, un hijo siempre era parte de la familia. Quizá aquí Jesús hace otra alusión: "casa" (que puede significar "familia" u "hogar") puede incluir un juego de palabras con la casa de Dios, el templo (2:16); solo los "hijos" tendrán allí una parte permanente (Eze. 46:16, 17; cf. también Isa. 56:5).

8:36, 37. En la creencia popular judía, el ser descendiente de Abraham virtualmente garantizaba la salvación, excepto para los más malvados; Israel había sido escogido y destinado para la salvación en él.

8:38, 39. "Padre" podía significar "antepasado" y, en ese sentido, Abraham lo era (v. 37; aunque muchos tenían a algunos conversos *gentiles entre sus ancestros). Pero metafóricamente un padre era alguien cuyos caminos uno imitaba, a menudo un maestro o alguien cuya naturaleza le era revelada como un progenitor espiritual.

8:40. Abraham era usado como modelo definitivo para la piedad y la hospitalidad judías, y la tradición judía rememoraba cómo había recibido a los mensajeros ocultos (Gén. 18).

8:41. Sugerir que alguien tenía un padre por la ley y otro por naturaleza era sugerir que la madre era culpable de adulterio. Al reconocer esta implicación, los interlocutores insistían en la pureza de su descendencia; "hijos de Abraham" era equivalente, en la literatura judía, a "hijos de Dios" (cf., p. ej., Éxo. 4:22), porque Dios había adoptado a los descendientes de Abraham. (Algunos eruditos también han visto aquí una alusión a la posterior acusación *rabínica contra Jesús de que su madre lo tuvo de su relación con un soldado romano y no que haya sido una virgen, aunque esto no es claro en la discusión.)

8:42-47. Es irrefutable que el diablo fue el asesino original (cf. 8:37, 40) así como quien negó la verdad (cf. 8:32); la tradición judía subrayaba que Adán había sido llevado a la muerte por su mentira (cf. Gén. 3). Como los interlocutores de Jesús querían matarlo y rechazar su verdad, su conducta demostraba quién era su verdadero padre; el tema no es étnico sino espiritual.

8:48-59
Mayor que Abraham

8:48. La fraternidad de Jesús con los samaritanos (4:40) no complacía a la audiencia de Jerusalén, pero es posible que sus oyentes no tuvieran conciencia de ella. La base para esta acusación es aparentemente una teología similar: los samaritanos ofendían el templo y negaban que el pueblo judío tuviera la herencia exclusiva de Abraham (cf. el comentario sobre 4:12). La acusación de posesión demoníaca (también 10:20) desafiaba su credibilidad profética (ver el comentario sobre 7:20). La discusión, por lo tanto, se vuelve un poco hostil en este punto. También refleja la ironía de Juan: solo los samaritanos (4:9) y Pilato (18:35) reconocían que Jesús sí era judío.

8:51-53. La mayoría de los judíos, excepto los saduceos, hubiera estado de acuerdo con que Abraham y los profetas estaban espiritualmente vivos con Dios; pero los oponentes de Jesús aquí toman su referencia a la muerte de una forma literal, como muerte física. (Inclusive en una tradición judía donde Abraham no quería morir, Dios hace arreglos especiales para que él ceda.)

8:54, 55. "Es nuestro Dios" era la declaración básica del pacto en el AT (p. ej., Éxo. 6:7; Lev. 26:12; 1 Crón. 17:22; Jer. 31:33; Eze. 36:28); quienes eran leales al pacto, o sea los que guardaban de verdad la ley de Dios, según el AT "conocían" a Dios (p. ej., Jer. 9:24; 31:31-34; Ose. 2:20).

8:56. La tradición judía enfatizaba que a Abraham se le habían mostrado los reinos que en el futuro oprimirían a Israel así como la era *mesiánica posterior.

8:57, 58. Cincuenta años era la edad mínima para dedicarse a ciertos servicios públicos.

Si Jesús solamente hubiera querido dar a entender que existía antes que Abraham, hubiera dicho: "Antes que Abraham fuera, yo *fui*". Pero "Yo Soy" era un título de Dios (Éxo. 3:14), lo que sugiere que Jesús está declarando más que simplemente que él existía antes que Abraham. Este título de Dios puede haber estado claramente en el pensamiento de los que lo oían en la fiesta: Durante la fiesta de los Tabernáculos, los sacerdotes declaraban las palabras de Dios en Isaías "Yo Soy" (Isa. 43:10, 13). (Sin embargo, no es seguro que esta tradición fuera tan antigua como para servir de fondo al cuarto Evangelio.)

8:59. Los oyentes de Jesús no dejaron pasar lo que dijo en 8:58 y consideraron que sus palabras eran blasfemas (una simple pretensión de *mesianismo no era considerada blasfema, aunque sería ofensiva, porque entendían que él reclamaba deidad para sí). Pero su reacción hacia Jesús lo pone a él en la misma posición en que se hallaban otros personajes (Éxo. 17:4; Núm. 14:10; 1 Sam. 30:6). El templo fue construido con bloques macizos de piedra, o sea no del tipo que la gente pudiera tirar, pero en el tiempo de Jesús la construcción aún estaba en proceso y una turba podría haber encontrado objetos para arrojar como, según *Josefo, hicieron más tarde los *celotes en el templo y una multitud hizo en una *sinagoga.

En tiempos anteriores, Dios había ocultado a algunos de sus siervos en circunstancias similares (Jer. 36:26); aquí Jesús se oculta a sí mismo. Su salida del templo es descrita como *Ichabod*: la gloria ha salido (Eze. 10—11); la salida de la presencia de Dios a causa del pecado de Israel era un tema común en los textos judíos posteriores.

9:1-12
Curación del ciego

9:1. Los ciegos solo podían sobrevivir de la caridad pública, lo que podían hacer mejor cerca del templo, donde pasaba mucha gente que podía sentirse inclinada a pensamientos caritativos (cf. Hech. 3:2). Los *discípulos vieron a este ciego cuando estaban saliendo del área del templo (8:59).

9:2. Los maestros judíos creían que el sufrimiento, incluyendo la ceguera, se debía a menudo al pecado; uno podía sufrir por los pecados de sus padres o aun por un pecado cometido por la madre o el feto durante el embarazo.

9:3-5. Jesús usa imágenes que eran comunes: nadie (excepto los guardas o los pastores) trabaja en la oscuridad (v. 4); sobre la luz del mundo, ver el comentario sobre 8:12.

9:6. En los círculos paganos a veces se usaba la saliva para sanar, de modo que eso representaba naturalmente un medio curativo en el pensamiento popular. Pero la saliva era considerada aún más vulgar y grosera, y su aplicación pudo haber hecho que el hombre se sintiera incómodo si sabía de qué se trataba.

9:7. No está claro que "Siloé" signifique "enviado", pero los maestros griegos así como los judíos desde *Filón hasta los *rabinos comúnmente presentaban argumentos basados en juegos de palabras, que a menudo se basaban en etimologías fantasiosas.

Aunque el Siloé era usado como depósito de agua y para el *bautismo de conversos al judaísmo, aquí tiene un significado más directo. Probablemente ese era el último día de la fiesta de los Tabernáculos (7:2, 37) y el agua del Siloé era el agua sagrada que se usaba en aquella fiesta (ver el comentario sobre 7:37, 38). Aquí Jesús emplea el agua ritual (cf. 2:6; 3:5), pero esta actúa solo porque el hombre fue "enviado".

9:8-12. No se conocía que se recuperara (9:32) un ciego de nacimiento (9:1), por lo menos sin una intervención sobrenatural directa. Sobre la sanidad por lavamiento, cf. 2 Reyes 5:10-14.

9:13-23
Interrogatorio de los testigos

La palabra clave en 9:12-31 es "saber": todo el mundo declaraba repetidamente que sabía o que no sabía. Resultó que los *fariseos, que supuestamente sabían la ley, no sabían nada, mientras que el hombre sanado, que solo sabía de Jesús, había tenido una experiencia con Dios que sus interrogadores más eruditos no podían refutar.

9:13. Los ancianos locales actuaban como jueces en las comunidades locales antes del año 70 d. de J.C. (en algunos lugares como las comunidades de los *esenios, los sacerdotes cumplían ese papel); pero los maestros *fariseos gradualmente comenzaron a asumir ese papel en Palestina después de esa fecha. Escribiendo en los años 90, Juan usa el lenguaje de su tiempo para comunicar este punto a sus lectores, muchos de los cuales habían enfrentado la oposición o la expulsión de sus propias *sinagogas (cf. el comentario sobre 9:24-34).

9:14-16. Esta es una respuesta farisea natural sobre el sábado (5:9-12; ver el comentario sobre Mar. 2:23—3:6). Amasar (masa y, por analogía, barro) era una de las treinta y nueve clases de trabajos prohibidos el día sábado. En el tiempo de Jesús, los fariseos estaban divididos sobre muchos temas y aún no habían definido estos al final del siglo, cuando Juan estaba escribiendo.

9:17. "Profeta" era un título inadecuado pero positivo (cf. 4:19, 44; 6:14; 7:40).

9:18-21. Es posible que el ciego se quedara bajo el techo paterno durante la noche y ganara su pan mendigando durante el día, aunque esto no es claro. Pero la razón por la cual los líderes judíos les preguntaron a sus padres por la ceguera es que ellos podían saber si había nacido así. Tanto las cortes griegas como las judías podían obligar a una persona a testificar contra su voluntad. Después de los trece años, un muchacho judío llegaba a ser responsable por su cumplimiento de los mandamientos (este punto es especialmente claro en textos *rabínicos posteriores pero probablemente ya estaba implícito en los rituales de madurez de este período).

9:22, 23. La ley *farisea era escrupulosa para que se hiciera adecuadamente y sin prejuicios el examen cruzado de testigos, de modo que estos interrogadores estaban violando las enseñanzas éticas de los *fariseos. La excomunión era una de las formas más severas de disciplina que se administraban en la comunidad de la *sinagoga y, aparentemente, en los tiempos de Jesús era rara y por lo mismo muy dura.

9:24-34
Excomunión de un discípulo

Los lectores de Juan habían enfrentado el

peligro o la realidad de ser expulsados de sus *sinagogas (Juan 16:2; cf. 12:42, 43). La fidelidad de este hombre (en contraste con la traición del hombre de 5:14-16) los alentaría a permanecer fieles ellos también.

9:24. "Da gloria a Dios" puede ser una fórmula de juramento o de confesión para reclamar un testimonio auténtico (cf. Jos. 7:19).

9:25-27. En la ley judía era muy importante una examinación cruzada diligente.

9:28. Los *rabinos hablaban de los estudiantes de las Escrituras como de *discípulos de Moisés; *Filón a menudo decía ser estudiante de Moisés. Sin embargo, el punto de Juan es que estos interrogadores estaban errados (5:45).

9:29, 30. Los interrogadores confiesan que no saben de dónde es Jesús. A veces eran investigadas las circunstancias del nacimiento de una persona acusada de desviar a otros para determinar si el mal líder era hijo ilegítimo; si eso es lo que se contempla aquí, puede ser que los interrogadores hayan fallado en la investigación del asunto.

9:31. Este criterio refleja la piedad judía: todos enseñaban que Dios oye al piadoso pero rechaza las oraciones del impío (cf. Sal. 34:15; Prov. 15:8, 29; 21:27; 28:9). Esta es la mayor premisa en el argumento del hombre sanado.

9:32, 33. La premisa menor del argumento (9:31) era que se había hecho un milagro extraordinario; la conclusión: Jesús era un hombre justo. El silogismo, la práctica de demostrar una conclusión a partir de dos premisas aceptadas, era una forma común de argumentar un caso en la antigüedad.

La ceguera desde el nacimiento era vista como un padecimiento especialmente difícil de curar; en los raros casos en que esas extraordinarias curaciones habían sido declaradas en los altares paganos de sanidad (p. ej., que se llenara una cuenca de ojo vacía) llegaban a ser causa de mucha alabanza del dios pagano que tenía el mérito de ello. (La declaración del hombre de que "desde la eternidad nunca se oyó" es enfática y probablemente una fuerte afirmación *retórica; había unas pocas excepciones declaradas en el mundo *gentil de las que probablemente él no era consciente.)

9:34. *Rabinos posteriores enfatizaron que se debía ser humilde y estar dispuesto a aprender, pero a pesar del adecuado argumento judío que presentó este hombre en 9:31-33, las autoridades lo expulsaron sobre la premisa de que había nacido en pecado, lo que el lector sabe que es falso (9:2, 3). No es claro cómo eran las excomuniones formales en ese tiempo, pero él ciertamente fue expulsado de la participación en el centro local de la vida religiosa (cf. comentario sobre 9:22, 23).

9:35-41
Los que ven y los ciegos

9:35-38. El hombre sanado respondió como los lectores cristianos de Juan: en fe, a diferencia de sus opositores.

9:39-41. La contraposición de ceguera física y espiritual es un tema de los profetas (p. ej., Isa. 42:16-19; Jer. 5:21); las autoridades religiosas, que estaban seguras de que no estaban espiritualmente ciegas, eran las más ciegas.

10:1-18
El pastor, las ovejas y los ladrones

El texto original de la Biblia no tiene divisiones en capítulos; este pasaje continúa las palabras de Jesús a los *fariseos en 9:41. Se basa en imágenes del AT sobre Dios como pastor de Israel (Gén. 48:15; 49:24; Sal.23:1; 28:9; 77:20; 78:71; Isa. 40:11; Eze. 34:11-31), de Israel como su rebaño (Sal. 74:1; 78:52; 79:13; 100:3) y de los líderes religiosos abusivos o infieles como destructores del rebaño (Jer. 23:1, 2; Eze. 34). Los pastores humanos fieles (Jer. 3:15) incluían a Moisés, David (2 Sam. 5:2; Sal. 78:71, 72) y al *Mesías davídico (Miq. 5:4).

10:1, 2. Durante los fríos meses de invierno las ovejas eran guardadas dentro de un corral por la noche; generalmente, tenía una pared de piedra, que podía tener zarzas en la parte superior. (Al tiempo de esta fiesta se acercaba el invierno.) La ley judía distinguía los ladrones de los bandoleros; los primeros entraban por la fuerza a las casas o las propiedades, mientras que los últimos a menudo vivían en el desierto y asaltaban a los transeúntes. Los pastores tenían que vigilar continuamente para no perder ovejas a manos de cualquier tipo de enemigo.

10:3, 4. En el AT Israel "oía la voz de Dios" cuando obedecía la *ley y su mensaje por medio de los profetas. Aquellos que eran realmente sus ovejas (en una relación de pacto con Dios) lo conocían (ver el comentario sobre 10:14, 15). (Los lectores de Juan lo oyeron por medio del *Espíritu, una práctica que la mayor parte del judaísmo no creía posible en sus días; cf. 16:13-15.) Se dice que generalmente los pastores conocían por nombre a cada oveja. En el AT Dios llamaba a los que eran especiales para él, sus servidores más cercanos, "por nombre" (Éxo. 33:12, 17; cf. Isa. 43:1).

10:5. En este contexto los extraños eran los ladrones y los bandoleros (v. 1) (los fariseos) que habían tratado de guiar mal a las ovejas (9:40, 41). Los líderes de la *sinagoga que expulsaron a los lectores judíos cristianos de Juan pretendían ser verdaderos pastores, pero cuando el auditorio de Juan oyó este mensaje pensó de ellos de manera muy diferente.

10:6-9. Las ovejas eran guiadas para entrar y para salir del corral a las pasturas (Núm. 27:17; 2 Sam. 5:2). Varios eruditos han citado un ejemplo moderno de pastores que duermen a la entrada del redil para servir tanto de pastor como de puerta, pero probablemente Jesús alternaba ambas imágenes simplemente porque él mismo cumplía más de un papel; como Dios en el AT, él es el pastor de Israel y también el camino al Padre.

10:10, 11. El ladrón (en el contexto, los líderes infieles; cf. v. 5) actúa para su propio bien y no el del rebaño (los ladrones hambrientos robaban ovejas para comer); un pastor arriesga su vida para proteger a su rebaño de los animales y de los ladrones. Los *fariseos consideraban a los pastores como miembros de una profesión impura, y los aristócratas los despreciaban como obreros de una clase baja vulgar; de ese modo, los opositores de Jesús no se identificarían fácilmente con el protagonista de esta historia. "Vida" es una abreviatura de *"vida eterna", la vida del mundo por venir, en el lenguaje judío; Jesús aportó esta relación consigo mismo en el presente; ver el comentario sobre 3:16.

10:12, 13. Un asistente asalariado no era responsable de los ataques de animales salvajes (Éxo. 22:13) y trabajaba por paga, no porque las ovejas fueran suyas. Los líderes religiosos que permitían que se esparcieran las ovejas de Dios no eran verdaderos agentes o representantes suyos, porque no les preocupaba lo que le preocupaba a él (Jer. 23:1; Eze. 34:6).

10:14, 15. El AT a menudo describía la relación de pacto de Israel con Dios como una forma de conocerlo, lo que significaba una relación íntima y obediente con él (p. ej., Jer. 31:34; Ose. 6:6); ver Juan 10:3, 4 y 16:13-15.

10:16-18. En el lenguaje del AT la imagen de reunir los rebaños en uno solo significaba reunir las ovejas dispersas de Israel, que estaban diseminadas entre las naciones (cf. Eze. 37:21-24; Miq. 2:12). La reunión de Israel en el tiempo del fin era una de las esperanzas básicas del judaísmo antiguo reflejada en los escritos y las oraciones. Pero aquí Jesús puede estar refiriéndose a los *gentiles.

10:19-21. Una vez más, la comunidad judía experimenta el cisma sobre la identidad de Jesús (cf. también 7:43; 9:16), como se experimentó también en el tiempo de Juan. Sobre las acusaciones contra Jesús por posesión demoníaca, ver el comentario sobre 7:20.

10:22-42
Hanukkah en el templo

10:22. Hanukkah, la fiesta de la Dedicación,

no era una fiesta de peregrinación obligatoria, pero la celebración de ocho días de luces en el templo era hermosa y muchos judíos piadosos de la cercana Galilea llegaban hasta Jerusalén. Era la siguiente fiesta después de la celebración de la fiesta de los Tabernáculos (7:1—10:21).

10:23. La parte exterior del templo tenía pórticos en los cuatro costados; el pórtico real (o pórtico del trono) estaba del lado sur del templo, con cuatro filas de pilares. El Pórtico de Salomón estaba del lado este del templo, con dos filas de pilares (así como a los lados oeste y norte). El pórtico sur era llamado "de Salomón" porque la gente pensaba que contenía los restos del templo de Salomón. A menudo, los edificios públicos griegos incluían esos pórticos y por mucho tiempo habían sido lugares populares para conferencias y lecturas públicas. Hacía frío en Jerusalén en invierno, de modo que la gente acostumbraba caminar especialmente bajo las columnadas.

10:24. Ver 8:25; compare también la discusión sobre el tema del secreto *mesiánico en la introducción de Marcos. Estos judíos podían haber entendido mal su reclamo o haberlo utilizado para acusarlo de sedición (cf. 18:29-35).

10:25-27. Sobre escuchar la voz de Jesús, cf. 10:3, 4.

10:28, 29. Un pastor que protegía su rebaño contra cualquier ladrón o predador debía estar listo para pagar un alto precio (10:12, 15), pero ese era el precio de la fidelidad (Jer. 23:4).

10:30. Sus oyentes podían pensar en la relación entre Israel y Dios, pero las palabras usadas por Jesús sobre su unidad con el Padre eran demasiado explícitas para ello: más bien él repitió la confesión básica del judaísmo de que Dios es uno (Deut. 6:4). El hecho de que Jesús sea uno con el Padre (aunque distinto de él) es equivalente a una declaración de deidad.

10:31-33. Compare 5:18; 8:59; como en los otros casos, los opositores de Jesús captaron su reclamo de deidad, aun cuando no comprendieran todas sus implicaciones.

10:34. Sobre "vuestra ley" cf. 8:17. Según el contexto, el Salmo 82:6 se refiere al pueblo poderoso, probablemente los reyes de la tierra vistos como un concilio divino de Dios; esos reyes se consideraban divinos en sí mismos, pero perecerían como mortales. Sin embargo, en la tradición judía este versículo a veces era aplicado fuera de contexto a Israel como recipiente de la ley divina, lo que evidentemente Jesús sabía.

10:35, 36. Jesús responde con un argumento de "cuánto más" (*qal vahomer*) tradicional judío: si (tal como ustedes lo leen) a Israel se lo podía llamar "dioses" en un sentido amplio, ¿cómo me objetan que diga que yo soy el Hijo de Dios, sin siquiera entender mi punto? Muchos comentaristas han argumentado que el hecho de que Jesús fuera "santificado", o separado para su misión (cf. también 17:17), puede relacionarse con el contexto de la fiesta de Hanukkah, o "dedicación" (10:22). Hanukkah conmemora la consagración, rededicación y separación (o santificación) del templo de Jerusalén en el tiempo de los *macabeos en el siglo II a. de J.C.

10:37, 38. La tradición judía enfatizaba los motivos correctos, pero permitía obedecer un mandamiento por motivos inadecuados en lugar de no obedecer de modo alguno.

10:39-42. "Al otro lado del Jordán" presumiblemente significa Perea, gobernada al igual que Galilea por Herodes Antipas en los tiempos de Jesús, y bien fuera de la jurisdicción de los líderes de Jerusalén.

11:1-16
Anuncio de la enfermedad de Lázaro

11:1. Betania estaba cerca de Jerusalén (v. 18); al enfatizar el ministerio galileo de Jesús, Marcos omite este milagro y es seguido por Mateo y Lucas.

11:2-5. La visita y la oración por los enfermos era una piadosa obligación en el judaísmo, pero sin duda la reputación de Jesús como sanador fue la principal razón por la que se le informó de la enfermedad de Lázaro. Informarle era una forma delicada de hacerle un pedido (cf. 2:3).

11:6. Hay una larga caminata desde donde estaba Jesús hasta Betania, pero Lázaro ya estaba muerto, quizá para el tiempo en que el mensajero llegó hasta Jesús (11:14, 17); solo había un día de camino en cada sentido, más o menos cerca de 32 kilómetros. Sobre reprimendas temporales para probar la fe, cf. 2:4.

11:7, 8. Aunque los sacerdotes de Jerusalén eran respetados en Galilea, tenían más poder e influencia en Judea; Antipas, el gobernador de Galilea, no toleraba una interferencia directa en su territorio. (En el tiempo de Juan, el oficialismo *fariseo también se había establecido en Judea, donde sin duda tenía más poder que en Galilea.)

11:9, 10. Sobre caminar en las tinieblas y tropezar, ver el comentario sobre 8:12.

11:11-16. Una vez más, los *discípulos interpretaron a Jesús demasiado literalmente (v. 12); aunque el sueño era una metáfora común para la muerte en los textos judíos y a lo largo del mundo antiguo (un mito griego incluso retrataba el Sueño y la Muerte como mellizos). Pero aun cuando no entendieron que la muerte de Jesús era el precio de dar la vida a Lázaro (y a otros), estaban preparados a morir por él (v. 16). Por mucho que los discípulos amaran a sus maestros, esta es una rara expresión de entrega en la práctica; en general, los judíos enfatizaban que solo estaban dispuestos a morir por Dios y por su *ley.

11:17-37
Consuelo a los dolientes

11:17-19. En la piedad judía era un deber esencial visitar y consolar a los dolientes en los días inmediatamente después de la pérdida de un familiar cercano. Los vecinos proveían la primera comida después del funeral. Lázaro debe haber sido enterrado el mismo día de su muerte.

11:20. La primera semana de profundo dolor después del entierro de un familiar cercano era pasada en duelo en la casa, sentándose en el suelo y siendo visitado por los amigos. Esta costumbre, llamada *shivah* (por los "siete" días) aún se practica en el judaísmo y es muy útil para aliviar la pena. Los enlutados se abstienen de usar adornos las tres semanas siguientes y de las diversiones comunes durante el año siguiente.

11:21-24. Eran habituales las oraciones para pedir consuelo y esto puede ser lo importante del versículo 22. Por el otro lado, Marta puede haber estado pidiendo la resurrección de su hermano, y en el 24 puede que haya puesto a prueba a Jesús, presionándolo más para obtener ese favor (2 Reyes 4:16; cf. 4:28). En la antigüedad los pueblos del Cercano Oriente buscaban favores de sus benefactores de una manera muy indirecta, contrariamente a la modalidad más directa del Occidente moderno (¡Eh!, ¿me puede dar…?).

11:25-27. En ese período, la creencia común en el judaísmo era que los muertos resucitarían corporalmente al final de los tiempos; por cierto, los *fariseos consideraban que aquellos que negaban esa doctrina (especialmente los *saduceos) eran condenados por ello.

11:28-37. El tiempo y el consuelo de un importante maestro religioso que había llegado desde muy lejos tenían un significado muy especial; aunque los estudiantes y maestros de la ley se unían a la procesión fúnebre cuando les era posible hacerlo. Los filósofos, griegos y romanos, enfatizaban la sobriedad y el mantenerse sosegado y sin perturbarse por el duelo; Jesús prefirió la forma judía tradicional de expresar tristeza.

11:38-44
Lázaro es levantado

11:38. A menudo, las personas eran enterradas en cuevas; generalmente se hacía rodar una piedra en forma de disco a lo largo de una ranura para colocarla delante de la tumba y protegerla de la entrada de animales, las inclemencias del tiempo y ocasionalmente de ladrones.

11:39. El cuerpo era envuelto y dejado en el suelo de la antecámara de la tumba; solo después de un año, cuando la carne se había corrompido, los familiares volvían para recoger los huesos en una caja, que entonces colocaban en un nicho en la pared. Después de cuatro días (11:17), la descomposición ya había avanzado, especialmente porque ya no era invierno (11:55). Aunque se hubieran usado especias para retardar el hedor (cf. comentario sobre Mar. 16:1), ya no eran efectivas.

11:40-42. Sobre la oración preliminar, cf. 1 Reyes 18:36.

11:43, 44. El muerto era envuelto en largas tiras de tela. Este envoltorio era muy complejo: se ponía alrededor de los miembros para mantenerlos derechos e incluía aun las mejillas para que la boca quedara cerrada; el sudario para el rostro podía ser de un metro cuadrado. Este apretado envoltorio hacía más difícil que una persona viva caminara (sin mencionar que había estado muerto y que además debía salir desde la entrada de la tumba); esta dificultad subraya aún más la naturaleza milagrosa de este hecho. Los hombres no envolvían los cuerpos de las mujeres, pero las mujeres podían hacerlo tanto con hombres como con mujeres, de modo que posiblemente Lázaro haya sido envuelto por sus hermanas.

11:45-57
El complot de los religiosos para matar a Jesús

11:45, 46. Sobre los *fariseos aquí, ver el comentario sobre 7:32.

11:47, 48. Los fariseos y los sumos sacerdotes convocaron literalmente un "sanedrín", refiriéndose probablemente aquí a la corte suprema de Israel o a aquellos de sus representantes que estaban accesibles.

Su preocupación era legítima, convalidada por la historia: los que eran considerados *mesías políticos amenazaban su propio poder y la estabilidad de Judea, invitando a la intervención de los romanos, que aceptaban solo a un rey: el César. *Josefo testificó de esta preocupación de la aristocracia sacerdotal, y una razón por la cual José Caifás mantuvo su puesto más tiempo que cualquier otro sumo sacerdote del primer siglo (18-36 d. de J.C.) fue que mantuvo la paz para los romanos. Pero este es otro toque de ironía de Juan (un artificio literario común en la antigüedad): este era su criterio, no el de los romanos (18:38; 19:12) y aunque ellos mataron a Jesús, en última instancia, de todos modos los romanos eliminaron el templo y la nación en el año 70.

11:49. El puesto de sumo sacerdote, así como el de algunos griegos (p. ej., en Eleusis) había sido originalmente de por vida. Nunca había sido reducido a una designación anual, como muchos puestos de sacerdotes en Siria o Asia Menor, pero la frase de Juan "sumo sacerdote en aquel año" podía ser una burla sobre cómo el gobernador romano tenía poder para cambiar los sumos sacerdotes o cómo los parientes de estos, aun ya depuestos, todavía podían entremezclarse tanto en estos asuntos (18:13) o simplemente quiere decir "sumo sacerdote en el año del que estamos hablando en particular", porque los términos de los funcionarios eran usados para fechar los hechos.

El sumo sacerdote presidía el *sanedrín. Que un sumo sacerdote dijera a sus colegas "vosotros no sabéis nada" es el compendio de la ironía de Juan.

11:50-53. Aquí el sumo sacerdote quiere decir algo en el nivel de sus propios oyentes, pero sus palabras tenían otro significado del que hubiera sido obvio para los lectores de Juan: otros (tanto griegos como judíos) también creían que quienes habían sido designados como representantes de Dios a veces podían profetizar (decir la verdad de Dios) sin pretender que lo hacían. Algunas tradiciones judías parecen asociar la *profecía con el sacerdocio.

Sacrificar a unos pocos por el bien de muchos puede ser bueno en política pero malo en religión: *Josefo asegura que el rey Agripa II urgió a su pueblo a que no buscara venganza por la injusticia en bien de la paz, pero los maestros judíos decían que no se debía traicionar a un solo israelita para violar o matar aun cuando el resultado fuera la violación o la ejecución de todos.

11:54, 55. Los patios del templo tenían numerosos estanques para la purificación ritual; sobre este punto compare también 2:6 y 3:25.

11:56, 57. No podían creer que alguien tan piadoso como un maestro religioso, lo que se suponía que era Jesús, no se haría ver en la peregrinación de las grandes fiestas exigidas por la *ley, especialmente cuando solo tenía que venir desde Galilea.

12:1-8
Gratitud de María. Morir para vivir

Para más detalles, ver el comentario sobre Marcos 14:1-11

12:1, 2. Los comensales "estaban sentados" en las comidas normales y se reclinaban en divanes en comidas especiales como fiestas o banquetes. A menos que los autores de los Evangelios simplemente adoptaran en forma constante el lenguaje griego para las comidas (los griegos normalmente se reclinaban), Jesús estuvo invitado a muchos banquetes (este probablemente fue en su honor). Los primitivos maestros itinerantes eran invitados a menudo a disertar en las comidas como retribución por tener casa y comida gratis.

12:3. La "libra" puede haber sido alrededor de "medio litro" (NVI) o "trescientos gramos" (DHH). Los frascos de perfume habitualmente contenían una onza, de modo que María fue exagerada al extremo.

Era costumbre ungir la cabeza de los huéspedes importantes, pero el anfitrión podía ofrecer solo agua para los pies. Además, los judíos religiosos se disgustaban con las mujeres casadas que no se cubrían la cabeza y exponían su cabello a las miradas masculinas; como se menciona al hermano y la hermana de María, pero no a su marido, ella puede haber estado soltera (y por lo tanto ser joven, si no viuda o divorciada) pero actuar de ese modo con un *rabino famoso (aunque soltero) podía provocar que algunos levantaran piadosamente las cejas.

12:4, 5. Algunos *rabinos delegaban las preocupaciones financieras de su escuela a sus *discípulos; otros grupos, como los *esenios y algunos filósofos griegos, tenían las propiedades en común. Solo se permitía que guardaran los fondos del grupo aquellos cuya virtud era más confiable (cf. 13:29); por ese motivo, la traición de Judas es escandalosa al extremo.

12:6, 7. Sobre el ungimiento de cadáveres, ver el comentario sobre Marcos 16:1; primero eran ungidos para limpiarlos y luego lavados con agua. María realizaba así un acto importante; a veces se negaba el ungimiento antes del entierro a los que eran ejecutados como criminales (aunque no a Jesús; ver 19:39).

12:8. La respuesta de Jesús probablemente contiene una alusión a Deuteronomio 15:11, que urge a la generosidad para con los pobres que siempre estarán en la tierra. De ese modo, él no minimiza la ayuda a los pobres sino que enfatizaba su muerte inminente; él debía ser la primera preocupación de sus seguidores.

12:9-11. Ironía de Juan: quienes reciban vida por medio de la muerte de Jesús deben morir a causa de ella; los testigos serán martirizados. Otra ironía radica en que los líderes religiosos pusieron precio a la cabeza de Lázaro. La ironía era un artificio literario común en la antigüedad.

12:12-22
El mundo tras él

12:12-18. Ver el comentario sobre Marcos 11:8-11.

12:12, 13. Era típico que quienes ya estaban en Jerusalén dieran la bienvenida a los peregrinos que iban a la fiesta y pusieran palmas a su paso. Las palmas eran usadas en la fiesta de los Tabernáculos, pero tenían que ser llevadas desde Jericó. Habían sido uno de los símbolos nacionalistas de Judea desde los días de los *macabeos; se las usaba continuamente para celebrar las victorias militares y probablemente despertaban algunas esperanzas políticas *mesiánicas en la gente, "Hosanna" significa "Oh salva"; tanto esto como la línea siguiente en el versículo 9 provienen del Salmo 118:25, 26. Los Salmos 113 a 118, llamados el Hallel, eran cantados regularmente en la temporada de la Pascua, de modo que estas palabras estaban frescas en la mente de todos.

12:14-16. Se suponía que los héroes militares cabalgaran a caballo o fueran llevados en carrozas; Jesús entró como lo haría un funcionario manso y no militar, de acuerdo con Zacarías 9:9. (Más adelante, los*rabinos también tomaron Zac. 9:9 como *mesiánico debido a la mención del rey.)

12:17-19. Volviendo a emplear la ironía (una técnica literaria común en la antigüedad, tal como lo es hoy), Juan permite que los fariseos se maldigan a sí mismos: "¡Nada ganáis!". Su queja de que el mundo había comenzado a seguir a Jesús lleva a 12:20.

12:20. Aunque podía tratarse de judíos que vivían en el Oriente griego, más probablemente eran griegos, temerosos de Dios pero aún no convertidos plenamente al judaísmo, pero que, sin embargo, iban a Jerusalén a adorar (cf. Hech. 8:27). Los judíos y los griegos eran reconocidos por su hostilidad mutua en Palestina, la cercana Siria y Egipto.

12:21, 22. Felipe es el único de los *discípulos de Jesús con un nombre griego; por ser de Betsaida, también pudo haber tenido relaciones comerciales con los *gentiles, porque estaba cerca de las ciudades predominantemente gentiles que incluían Decápolis. El anuncio del versículo 21 expone el conocimiento de Jesús de que su hora había llegado (v. 23); su misión había comenzado a tocar a "todo el mundo".

12:23-34
Se acerca la muerte de Jesús

12:23-27. Sobre "la hora", ver 2:4; sobre la "gloria", ver 1:14. "Glorificado", así como "levantado" (v. 32) vuelve a Isaías 52:13 en la *LXX de, a la muerte del siervo sufriente (Isa. 53), en quien los primeros cristianos reconocieron a Jesús.

12:28-30. La tradición judía a menudo discutía sobre las voces de los cielos, que frecuentemente eran vistas como un sustituto de la *"profecía" (ver el comentario sobre Mar. 1:11 para más detalles). En las antiguas historias judías, a menudo Dios contestaba las oraciones mandando ángeles, lo que a algunos de los oyentes pudo haber parecido menos dramático que una voz desde el cielo. (Sobre la persistente mala interpretación de las multitudes, ver el comentario sobre 3:9, 10.)

12:31. Dios es quien gobierna el mundo según casi todos los textos judíos, pero estos también hablan de ángeles caídos que gobiernan gran parte del mundo de acuerdo con sus decretos y reconocen que el príncipe de los ángeles malos (equivalente a *Satanás) gobernó gran parte del mundo excepto Israel. Juan estaba de acuerdo en que, en última instancia, Dios siempre ha sido soberano sobre todo, pero aquí habla del dominio de

Satanás en los asuntos humanos y de la actual derrota de las fuerzas espirituales demoníacas, que en el judaísmo solo se esperaba en el tiempo del *reino.

12:32, 33. El ser "levantado" (también 3:14; 8:28) alude a Isaías 52:13 y se refiere a ser levantado en la cruz.

12:34. El AT predecía que el gobierno del *Mesías sería eterno (Isa. 9:6, 7; cf. 2 Sam. 7:16); del mismo modo, el *Hijo del hombre (Dan. 7:14). (Especialmente en el tiempo de Juan, y posteriormente, algunos maestros judíos se alejaron de la identificación del Hijo del hombre con el Mesías; nada menos que un *rabino como Akiba fue reprendido por sus colegas por suponer que el Hijo del hombre, como Dios, recibiría su propio trono.)

12:35-50
Fe e incredulidad

12:35, 36. Los *Rollos MM también contrastan la luz (que simboliza el bien) con las tinieblas (que simbolizan el mal), llamando "hijos de luz" a los justos e "hijos de las tinieblas" a sus opositores. Los oyentes de Jesús podrían entender fácilmente este mensaje.

12:37, 38. El versículo de Isaías 53:1 pertenece al mismo pasaje al que "glorificado" y "levantado" hacen referencia (Isa. 52:13). El punto es que la misma incredulidad de Israel en el *Mesías-Siervo se cumple en la Escritura.

12:39-41. Sobre el pasaje (Isa. 6:10), ver el comentario sobre Marcos 4:12. Isaías 6:1-5 se refiere claramente a que Isaías vio una visión de Dios, el Señor de los ejércitos, en su gloria cuando recibió este mensaje, pero Juan explica que esta manifestación de Dios era el Hijo, Jesús (v. 41).

12:42. Como Juan selecciona los detalles más aplicables a su propio tiempo, se hace evidente que no todos los líderes de la *sinagoga de entonces tenían el mismo pensamiento sobre los creyentes en Jesús. Sin embargo, parece que aquellos que no eran hostiles a los judíos cristianos se mantenían en silencio al respecto. La admisión de que incluso algunos de sus opositores reconocían la verdad alentaba a los lectores de Juan.

12:43. La palabra griega traducida "gloria" (RVA; "honores", NVI; "honra", DHH) también puede traducirse como "reputación", pero aquí es un contraste con la glorificación de Jesús (12:23). Los antiguos moralistas a menudo condenaban a los que buscaban demasiada gloria, pero el honor era la meta de la alta sociedad, lo que era considerado un punto crítico en una cultura consciente de su estatus y obsesionada con la vergüenza y la dignidad.

12:44, 45. La literatura judía describía la personificada y preexistente sabiduría divina como imagen de Dios; otros, como Moisés, podían reflejar su gloria, pero Jesús es la gloria que vieron Moisés y otros (12:41, 46; cf. 1:18).

12:46. Acerca de la "luz", ver el comentario sobre 8:12; acerca del contraste entre la luz y las tinieblas como una imagen común del reino de Dios frente a sus opositores, ver el comentario sobre 12:35, 36.

12:47. En el judaísmo se creía que la *ley de Dios era el patrón por el cual él juzgaría a su pueblo en el tiempo del fin; de ese modo, Jesús presenta sus palabras como equivalentes a las de Dios.

12:48, 49. Un agente o un embajador debía ser recibido con el honor debido a quien lo enviaba. También se esperaba que un agente o un embajador lo representara adecuadamente.

12:50. A veces los *rabinos explicaban que guardar aun el menor de los mandamientos de Dios aseguraba la *vida eterna (con lo cual querían referirse a la vida en el mundo por venir), mientras que desobedecer aun el más pequeño cerraba las puertas a esa vida. Jesús describe su misión personal de parte del Padre en los mismos términos.

13:1-11
Lavamiento de los pies

Juan entrelaza presagios de la traición y la cruz con el lavamiento de los pies. Jesús continúa el ejemplo de servicio de María (12:3).

13:1, 2. Las comidas eran ámbitos frecuentes para las sesiones de enseñanza.

13:3-8. Los divanes eran acomodados alrededor de las mesas que tenían la comida, de modo que la parte superior del cuerpo de cada persona estuviera frente al alimento y sus pies lejos de la mesa. Jesús se salió de ese círculo para lavarles los pies a cada uno.

Después de que los viajeros habían recorrido una larga distancia, el anfitrión debía proveer agua como señal de hospitalidad, como lo mostró Abraham (Gén. 18:4). Pero quitarle las sandalias y lavarle personalmente los pies a otro era considerado servil y, en general, era trabajo de un sirviente, de esposas muy sumisas o de los niños (cf. también 1 Sam. 25:41). Las sandalias de los viajeros no estaban cubiertas de estiércol, como han sugerido algunos estudiosos. Los caminos laterales eran muy polvorientos; sin embargo, las calles principales de Jerusalén eran conservadas limpias en lo posible, especialmente en la ciudad alta donde Jesús comió la cena pascual. Quitarse la ropa exterior para servirlos también sería una señal de gran humildad ante ellos.

Sirviendo de ese modo, Jesús prefiguraba su muerte como el siervo sufriente de Isaías 53 en favor de muchos. A diferencia de la sociedad grecorromana, el judaísmo subrayaba la humildad, pero como otras sociedades, también reforzaba los papeles sociales. Jesús invierte incluso las posiciones de estatus social. Se decía que el rabino Judá ha-Nasi (alrededor del año 220 d. de J.C.) era capaz de hacer cualquier cosa por otro, excepto dejar a un lado su rango superior; era crucial sentarse de acuerdo al rango. Jesús, incluso, va más allá de ello.

13:6-8. El acto de Jesús violaba tan seriamente los límites culturales sobre el estatus (ver el comentario sobre vv. 3-5) que Pedro lo consideró impensable.

13:9-11. Presumiblemente la idea de un baño general alude al lavado ceremonial por el que habían pasado Jesús y los *discípulos antes de la fiesta (11:55), pero Jesús lo aplica en un sentido espiritual. Este sentido figurado de limpieza era bastante común como para que los discípulos pudieran entender su significado.

13:12-20
Significado del lavamiento de los pies

13:12-14. Normalmente, los *discípulos servían a sus maestros de acuerdo con el modelo de Eliseo sirviendo a Elías, y de Josué sirviendo a Moisés.

13:15. Los discípulos aprendían especialmente imitando a sus maestros.

13:16, 17. Algunos esclavos estaban en buena situación si se los comparaba con sus coterráneos libres, pero cualquier autoridad que ejercieran los esclavos era derivada de sus amos y siempre estaban subordinados a ellos. Un agente ("apóstol", RVA; "mensajero", NVI; "enviado", DHH) siempre estaba subordinado a quien lo enviaba y su autoridad estaba limitada por el alcance de su autorización.

13:18. Aquí Jesús cita el Salmo 41:9, que se refiere a un justo sufriente; un erudito ha señalado que levantar el talón era un acto de desdén en las culturas similares al antiguo judaísmo. La fraternidad en la mesa era considerada un vínculo íntimo y la traición después de ella particularmente perversa.

13:19. Cf. Isaías 41:26; 44:7, 11 y 48:3-7. Dios predice el futuro de modo que, cuando llegue, su pueblo finalmente reconocerá que él es verdadero a diferencia de los dioses de las naciones.

13:20. En las culturas antiguas, se respondía a los agentes, embajadores y otros representantes de acuerdo con los sentimientos que se tenían para con la persona que los había enviado.

13:21-30
La misión del traidor

13:21, 22. Los filósofos griegos subrayaban que había que permanecer siempre tranquilo y sin perturbación en el espíritu, pero en la antigüedad no todos compartían ese valor. Aunque el cuarto Evangelio subraya la deidad de Jesús, también subraya e ilustra frecuentemente su humanidad (1:14). En el AT, los profundos sentimientos de Dios también afloran con frecuencia (p. ej., Jue. 10:16; Isa. 63:9, 10; Jer. 2:30-32; 9:13; Ose. 11:8).

13:23. En las fiestas, los hombres se reclinaban en divanes (las mujeres no cenaban en la misma habitación con un grupo de hombres que no fueran de su familia). Cada persona se reclinaba ligeramente detrás de la que estaba a su derecha; de ese modo, Juan pudo reclinar su cabeza al nivel del pecho de Jesús. (Se apoyaban en el codo izquierdo, con el brazo derecho libre, y como así no podían cortar la comida, esta debía llegar ya cortada al banquete.) Este *discípulo amado (presumiblemente Juan) tenía una de las más honrosas posiciones en la fiesta, junto con la persona que estaba a la izquierda, quizá Judas, como han sugerido algunos comentaristas, teniendo en cuenta el v. 26.

13:24-27. Normalmente, era una señal de honra para cualquiera recibir un trozo de pan que el anfitrión mojaba en la fuente común (o en la pascua, sin duda, hierbas amargas en un recipiente con algo dulce). Jesús está aquí completamente en control (Mar. 14:20).

13:28-30. Algunos piadosos hacían alguna obra de caridad antes de la Pascua para asegurarse el favor de Dios. No debió ser común salir en la noche de Pascua (Éxo.12:22), pero en el *relato de Juan (a diferencia de Mateo, Marcos y Lucas) aparentemente la Pascua comienza al día siguiente (ver el comentario sobre 18:28).

13:31-35
Definición de gloria y amor

El contexto de estos versículos es la traición y la muerte de Jesús.

13:31, 32. Sobre la glorificación, ver el comentario sobre 1:14 y 12:23-27.

13:33. A veces los maestros llamaban "hijitos" a sus *discípulos (cf. 1 Jn. 2:1) y los discípulos les decían "padre mío" a los maestros. La literatura judía también incluía "testamentos" de héroes famosos del pasado que morían o partían dando importantes enseñanzas a sus hijos, que debían ser leídas por las futuras generaciones. Como Jesús se estaba yendo, era natural que diera instrucciones finales a sus discípulos, sea o no que aquí Juan siga conscientemente la forma de un testamento.

13:34, 35. El AT ya había ordenado amar al prójimo (Lev. 19:18); lo que hizo que el mandamiento de Jesús fuera nuevo es el nuevo modelo y ejemplo: "como yo os he amado", según el contexto, al extremo de entregar la propia vida por otros.

13:36—14:1
¿Seguir hasta la cruz?

13:36, 37. Aunque Pedro estaba seguro de que seguiría a Jesús hasta la muerte, no entendió qué clase de muerte era precisamente adonde Jesús iba (14:5). Para la causa de esa mala comprensión, ver, p. ej., 3:4; para el trasfondo, ver la introducción de Marcos.

13:38. El primer canto del gallo en Jerusalén ocurría alrededor de las 0:30 h, de acuerdo con algunos informes (otros lo colocan más tarde), aunque solo los vigilantes nocturnos estaban despiertos como para oírlo (la mayor parte de la gente se acostaba al ponerse el sol). Hay muchos más informes de que el gallo cantaba para señalar la llegada de la aurora, porque ese era su canto más conocido. En cualquier caso, el punto es que la negación de Pedro seguiría casi inmediatamente después de su promesa a Jesús de que no lo negaría.

14:1. En el AT, a menudo Dios les decía a sus siervos que no tuvieran miedo. Pero hacer un paralelo entre la fe en Jesús y la fe en Dios sonaría blasfemo a la mayoría de los antiguos lectores judíos (aunque podrían haber encontrado una forma menos ofensiva de interpretar la frase; ver 2 Crón. 20:20).

14:2-7
Adónde iba Jesús, versión enigmática

Al avanzar en el capítulo, se llega a saber que el "regreso" del versículo 3 se refiere al regreso de Jesús después de la *resurrección para dar el *Espíritu (v. 18), pero este punto no es claro inmediatamente al comienzo (v. 5).

14:2. La "casa del Padre" sería el templo (2:16), donde Dios moraría por siempre con su pueblo (Eze. 43:7, 9; 48: 35; cf. Juan 8:35). Las "moradas" (RVA; "viviendas", DHH) puede ser una alusión a las cabañas construidas para la fiesta de los Tabernáculos, pero más probablemente se refiere a "habitaciones" en el nuevo templo, donde solo los ministros incontaminados podían tener lugar (Eze. 44:9-16; cf. 48:11). Presumiblemente, Juan quiere usar figurativamente este lenguaje para referirse al hecho de estar en Cristo, donde mora la presencia de Dios (2:21); el único otro lugar del NT donde aparece el término traducido por "moradas" es en 14:23, donde se refiere al creyente como lugar de habitación de Dios (cf. también el verbo "permanecer" en 15:4-7).

14:3, 4. En este contexto, probablemente Juan no quiere referirse a la segunda venida sino al regreso de Cristo después de la *resurrección para otorgar el *Espíritu (14:16-18). En la enseñanza judía, tanto la resurrección de los muertos (que Jesús inauguró) como el otorgamiento del Espíritu indican la llegada de una nueva era en el *reino. En 14:6, 7 Jesús explicó adónde iba y cómo ellos irían a estar con él.

14:5. Los *discípulos hacían preguntas a sus *rabinos para clarificar sus enseñanzas. Puede ser una mera coincidencia que esas cuatro preguntas también fueran hechas en la reciente celebración pascual familiar (13:36, 37; 14:5, 8, 22).

14:6, 7. En muchos textos judíos, el "camino" se refiere a la manera justa de comportarse, pero posiblemente aquí haga eco del camino de regreso a la nueva Jerusalén a través del desierto según Isaías (cf. Juan 1:23). Sin embargo, en ese caso, el trasfondo es menos crítico que la fuerza de la imagen. Jesús contesta así la pregunta de Tomás: El Padre está adonde yo voy y yo soy la forma como irán ustedes.

"Verdad" llegó más tarde a ser un título para Dios entre los judíos; es incierto si estaba en uso en época tan temprana. Sin embargo, el significado primario de la afirmación es que Jesús es la forma corpórea de la verdad, la fidelidad del pacto de Dios (1:17), que estaba encarnado en la "Palabra" de Dios en el AT (17:17; Sal. 119:142, 151). Así como en el judaísmo se afirmaba que había un solo Dios y por lo tanto un solo camino verdadero (su *ley, sea en la versión corta que se había dado supuestamente a los gentiles o en la versión completa dada a Israel), aquí Jesús afirma que él es el único camino al verdadero Dios.

14:8-17
Clara revelación del Padre

14:8. El deseo de Juan puede ser que sus lectores, la mayor parte de los cuales estaban más empapados de la Biblia que los de la actualidad, piensen en Éxodo 33:18, donde Moisés pide ver la gloria de Dios; cf. el comentario sobre Juan 1:18 y 14:21, 22.

14:9-11. El AT a veces habla de que el *Espíritu de Dios inspiraba o ungía a los profetas para su trabajo. Las palabras de Jesús aquí van más allá de esa idea, pero es el paralelo más cercano a nuestro alcance.

14:12-14. Aquí "obras" puede referirse a hechos de justicia, como sucedía a menudo en el judaísmo (p. ej., 8:39), o a obras milagrosas como las que hizo Jesús (5:17; 10:32), o a ambas cosas. (Las obras son cuantitativamente mayores porque la obra de Cristo es multiplicada por medio de *todos* sus seguidores.) En este contexto, las palabras de Jesús son una invitación a una fe radical: la tradición judía admitía que muchos maestros piadosos podían recibir de Dios casi cualquier cosa que pidieran debido a su íntima relación con él, pero nunca se aplicaba esta posibilidad a la mayoría, ni aun a los piadosos. Esta promesa también va más allá de los reclamos hechos en la mayoría de los encantamientos de la magia pagana. La magia no ponía énfasis en una relación con el poder al cual se dirigía y solo buscaba manipular las fuerzas para los fines del manipulador, en contraste con 14:15.

En el antiguo judaísmo "nombre" se usaba en tantos sentidos superpuestos que el contexto aquí nos dice más que el trasfondo. En el AT "nombre" a menudo significaba reputación o renombre, y cuando Dios actuaba "por causa de su nombre" era para defender su honor. "En el nombre de Dios" podía significar que un representante actuaba en su lugar (Éxo. 5:23; Deut. 18:19-22; Jer. 14:14, 15), de acuerdo con sus mandatos (Deut. 18:5, 7), con su ayuda (Sal. 118:10, 11; Prov. 18:10) o usando su nombre en un acto milagroso (2 Rey. 2:24). (Cuando los *rabinos transmitían las tradiciones "en el nombre de" otros rabinos simplemente querían decir que estaban citando sus fuentes, su base de autoridad para la tradición.) En la oración, apelar al nombre de una deidad simplemente significaba que uno estaba dirigiéndose a ella (1 Rey. 18:24-26, 32; 2 Rey. 5:11; Sal. 9:2; 18: 49). En el AT, y más tarde en el judaísmo, "nombre" podía ser también simplemente una forma delicada y perifrástica de decir "Dios" sin pronunciar su nombre.

En este contexto, "nombre" significa algo como: aquellos que buscan su gloria y hablan correctamente sobre él, que son genuinamente sus representantes autorizados. Nada podía estar más lejos del uso mágico pagano de nombres que trataban de manipular fuerzas espirituales para fines propios.

14:15. Aquí Jesús cita otra idea *veterotestamentaria (p. ej., Éxo. 20:6; Deut. 5:10, 29; 6:5; 11:1, 13, 22; 13:3, 4; 19:9; 30:6, 14). En Ezequiel 36:27, el don del Espíritu capacita para guardar los mandamientos (Juan 14:16).

14:16. El trasfondo para llamar "Consolador" (RVA; "Defensor", DHH) al *Espíritu es discutido, pero probablemente es una imagen judicial, ya que en un sentido es "abogado defensor", "intercesor"; ver el comentario sobre 16:8-11. En las descripciones judías de la corte celestial de Dios, los ángeles podían servir como acusadores o abogados, pero *Satanás es el principal acusador, y Dios (o su predilecto atributo de la misericordia, o Miguel) defiende a Israel. Aquí el Espíritu es "otro" abogado como Jesús (cf. 9:35-41, donde Jesús defiende al hombre que es echado de la *sinagoga y acusa a sus acusadores); en el judaísmo también era familiar la idea de un "sucesor" que continuaba el trabajo de su predecesor.

14:17. El Espíritu de verdad guía al pueblo de Dios en el camino de la verdad, hacia la plena revelación de Jesús, quien es la verdad (14:6; 16:3). Los *Rollos MM contrastan el espíritu de verdad con el espíritu de error (cf. 1 Jn. 4:6).

14:18-31
La venida y la revelación de Jesús

14:18-20. En el AT, los "huérfanos" carecían de todo poder y necesitaban un defensor legal. Aquí el contexto se refiere a cómo

Jesús fue a ellos y dejó en ellos su presencia por medio del *Espíritu (20:19-23).

14:21, 22. En Israel se creía (correctamente) que Dios les había dado una revelación especial en la *ley que las naciones no tenían. El lenguaje de "manifestaré" (RVA; "mostraré", DHH) a ellos les recuerda la revelación de Dios, de sí mismo, a Moisés en el monte Sinaí (ver el comentario sobre 1:14).

14:23, 24. Los maestros judíos decían que la presencia de Dios residía de una manera especial entre aquellos que estudiaban su ley; Jesús dice que la presencia de Dios reside en cada creyente en forma continua como templo individual para esa presencia. En la enseñanza *veterotestamentaria era común decir que Dios habitaba en su templo y entre su pueblo; en el AT también era enseñado que sus leyes fueron escritas en los corazones de sus fieles y que su *Espíritu se movía entre los profetas. Pero Jesús amplía y personaliza esta perspectiva en una manera sin paralelo en la literatura antigua que circulaba entonces. Los *Rollos MM hablaban del Espíritu como alguien activo entre el pueblo de Dios, pero esta actividad no es tan extensa como la actividad profética y carismática que se encuentra en el NT.

14:25, 26. Algunas de las funciones del *Espíritu, cuya lista da aquí Jesús, eran atribuidas en el judaísmo a la Sabiduría divina, que era asociada con el Espíritu de Dios así como su ley en algunos escritos judíos populares anteriores a la era cristiana (cf. también Neh. 9:20; Sal. 143:10). En un contexto judío, "enseñar" podía incluir elaborar y exponer; la memorización pura era también algo importante del aprendizaje antiguo.

14:27. Los maestros judíos exaltaban la paz en gran manera (especialmente en términos de relación con otros).

14:28-31. Acerca del versículo 29, ver el comentario sobre 13:19; para el 30, ver el comentario sobre 12:31; Acerca de "amor" y "mandamientos" en el versículo 31, ver el comentario sobre 14:15; la obediencia de Jesús al padre incluía su misión en la cruz en 14:31, donde él también apela a que sus discípulos participen de ese llamado ("Vamos"). De ese modo el mundo podía conocer la verdadera identidad de Jesús (12:32, 33; 17:21).

15:1-8
Permanecer en la vid

La palabra "permanecer" es la forma verbal de "lugar de morada" (ver el comentario sobre 14:2, 23). En el AT, Dios había prometido morar siempre con el pueblo obediente al pacto (Éxo. 25:8; 29:45; Lev. 26:11, 12; Eze. 37:27, 28; 43:9).

15:1. A veces el AT y la literatura judía retrataban a Israel como un viñedo (p. ej., Isa. 5:7) y con menos frecuencia como una vid (p. ej., Sal. 80:8; Ose. 10:1), y a Dios como viñador. Una vid de oro en el templo simbolizaba el poder de Israel y aquí Jesús retrata a los *discípulos como remanente de Israel (ver el comentario sobre 15:16). El punto fundamental de la imagen es la obvia dependencia de las ramas en relación con la vid para que continúen con vida.

15:2, 3. Aquí aparece otro de los juegos de palabras de Juan (cf. el comentario sobre 3:3); la idea de la limpieza o poda es un tema en Juan (cf., p. ej., 2:6; 13:10). Los profetas del AT a menudo llamaban a Israel a "llevar fruto" para Dios (p. ej., Isa. 27:6; Ose. 14:4-8).

15:4-8. Las ramas muertas e infructíferas obviamente no sirven para la carpintería; su único valor posible es como combustible. Los maestros judíos creían que Dios tenía reservados terribles castigos para los apóstatas, porque aquellos que habían conocido la verdad y la habían rechazado luego no tenían excusa (cf. 15:22-24).

15:9-17
Permanecer en amor

15:9-11. Se suponía que guardar los mandamientos (resumidos aquí en la idea del amor) produciría gozo (Sal. 19:8 y a menudo en enseñanzas judías posteriores).

15:12, 13. En las historias grecorromanas, morir por otros era considerado heroico y la amistad hasta la muerte era considerada un alto valor moral (ver el comentario sobre 14, 15). Pero el judaísmo no compartía esta perspectiva general griega, aunque enfatizaba el morir por la ley si era necesario. El rabino Akiba (unas décadas después de Juan) argumentaba que la propia vida tenía prioridad sobre la de otros. Aunque es improbable que Jesús haya sido influenciado directamente por el concepto griego de amistad, los lectores de Juan en la *diáspora estarían familiarizados con él y por ello captarían rápidamente este punto.

15:14, 15. En la antigüedad había diferentes tipos y niveles de amistad y los escritores grecorromanos a menudo trataban el tema. La amistad podía incluir alianzas políticas o militares y a menudo era buscada por propio interés; especialmente en los círculos romanos, a menudo se decía que los reyes o *protectores inferiores, que sostenían a dependientes llamados *protegidos, estaban participando en la "amistad"; los fariseos además se reunían en círculos de "amigos". El concepto griego tradicional de amistad enfatizaba la igualdad entre compañeros, y algunas escuelas filosóficas, como los *epicúreos, enfatizaban especialmente tales amistades.

Los principales ideales de la amistad en la literatura antigua incluían la lealtad (a veces hasta la muerte), la igualdad y el compartir todas las posesiones, así como una intimidad en la cual cada amigo compartía todo en confianza. Jesús enfatizó especialmente el último punto en el versículo 15, cuando distinguía a un amigo de un siervo, que podría ser leal, pero no compartía los secretos íntimos. A veces escritores judíos como *Filón contrastaban el ser amigos de Dios con ser siervos de Dios.

El AT da a dos personas el título de "amigo de Dios": Abraham y Moisés. La tradición judía se extendió sobre la amistad y la intimidad de ambos con Dios. Si aquí hay una alusión al AT, puede ser a Moisés (cf. el comentario sobre 14:8). Si este texto enfatiza que Jesús compartía su corazón con sus seguidores, el contexto hace saber el contenido de su corazón: el amor.

15:16, 17. Los maestros judíos enfatizaban repetidamente que Israel había sido escogido y comisionado por Dios (en Abraham, la otra posible alusión del v. 15); ver el comentario sobre 15:1. Sobre pedir "en el nombre", ver el comentario sobre 14:12-14.

15:18—16:4
El odio del mundo

15:18-21. El pueblo judío creía que las naciones *gentiles los odiaban por haber sido escogidos y enviados por Dios y que sufrían a causa de eso. Posiblemente resintieron que Jesús agrupara a la mayoría de aquellas naciones en "el mundo", pero otras sectas minoritarias perseguidas en el judaísmo (como los esenios en *Qumran) también incluían entre sus enemigos, de entre todo el mundo, a la mayor parte de Israel, al que consideraban apóstata.

15:22-24. En el judaísmo se enseñaba que un mayor conocimiento exigía mayor responsabilidad; las naciones debían rendir cuenta de cómo guardaban sus siete mandamientos, mientras que Israel, que había recibido la *ley, tenía 613 mandamientos. Jesús también enseña que la revelación aumenta la responsabilidad moral (en otras partes, p. ej., Luc. 12:41-46).

15:25. Aquí Jesús cita el lamento de un justo sufriente (Sal. 69:4; cf. 35:19), que en otro lugar Jesús aplicó a sus sufrimientos (cf. Juan 2:17). Sobre "la ley de ellos", ver 8:17 y 10:34.

15:26. Sobre la obra forense del *Espíritu como abogado, ver 14:16; aquí no solo es abogado sino también testigo.

15:27. Los creyentes también son testigos de

Jesús delante de la corte del mundo (cf. 16:2) y del tribunal de Dios. El pueblo judío veía al *Espíritu Santo especialmente como espíritu de profecía (generalmente en el AT y aún con más frecuencia en la literatura judía posterior); así es como Dios ungía a los *discípulos para que hablaran como profetas. (Esta promesa también concuerda con la idea de que el pueblo de Dios sería ungido por el Espíritu para testificar la verdad de Dios contra las naciones delante del tribunal final de Dios; cf. Isa. 42:1; 43:10-12; 44:3, 8.)

16:1. Las advertencias previas eran de ayuda; cf. el comentario sobre 13:19.

16:2-4. En los tiempos de Juan, los cristianos estaban siendo expulsados de muchas *sinagogas locales, quizá bajo la influencia de la propaganda *fariseo-palestina (ver la introducción a Juan; cf. el comentario sobre 9:34 y 12:42). Los hostiles judíos no cristianos en Asia Menor no parecía que hubieran matado directamente a Cristo, pero su participación en las muertes de los cristianos no era menos significativa. Al traicionar a los cristianos judíos ante las autoridades romanas y declarar que los cristianos no eran judíos, los dejaban sin la exención legal de adorar al emperador. Con el temor de que los cristianos fueran un movimiento *mesiánico y *apocalíptico que los metiera en problemas con Roma, muchos líderes de sinagogas pueden haber pensado que al traicionar a los cristianos protegían al resto de la comunidad (cf. 11:50). Sobre la persecución considerada como un culto a Dios, ver Isaías 66:5.

16:5-15
El testimonio del Espíritu

El *Espíritu testifica de Jesús al mundo (16:8-11, duplicando el testimonio terrenal de Jesús) y a sus seguidores (16:13-15). Los opositores de los lectores de Juan no pretendían tener el Espíritu ni haber oído que hablara en su corazón como lo había hecho a los profetas (muchos habían pretendido estar cerca de Dios, pero no haberlo oído directamente, en contraste con los cristianos y algunos visionarios *apocalípticos). Juan alienta a sus lectores al decir que su relación íntima y personal con Dios en el Espíritu los distingue de sus opositores.

16: 5-7. El Abogado ("Consolador", RVA; "Defensor", DHH) viene a los creyentes, lo que implica que su ministerio al mundo (16:8-11) es por medio de ellos (cf. Neh. 9:30). Esta idea se adecua a la perspectiva del *Espíritu de Dios como espíritu de *profecía que es común en la perspectiva del AT y la posterior judía.

16:8-11. El Abogado de los creyentes se convierte en fiscal del mundo, como aparece a veces en el AT (Jer. 50:34; 51:36; Lam. 3:58-66; cf. Sal. 43:1). En el pueblo judío muchos creían que Dios haría que Israel prevaleciera sobre las demás naciones delante de su tribunal en el día del juicio; para Juan, el juicio ya ha comenzado (Juan 3:18, 19). Las cortes romanas no tenían ministerio público y dependían de una parte interesada para presentar cargos, aunque *retóricos capacitados debatían en favor de aquellos que podían pagarles. Aquí el *Espíritu presenta cargos contra el mundo delante de la corte celestial de Dios (ver Mat. 5:22).

Los versículos 9-11 probablemente significan que el pecado del mundo es su incredulidad; Cristo como el Abogado celestial (1 Jn. 2:1) constituye la justicia de los creyentes y el juicio del gobernante del mundo (ver el comentario sobre 12:31) representó el juicio del mundo. De ese modo, para Juan no es Jesús y su pueblo (caps. 18—19) sino el mundo lo que está ahora bajo juicio. Se puede comparar un motivo común en los profetas *veterotestamentarios: el juicio del pacto donde Dios convoca a su pueblo para dar cuenta de las rupturas del pacto.

16:12, 13. Los Salmos hablan de que Dios dirige a su pueblo en verdad, en su camino de fidelidad (Sal. 25:5; 43:3; cf. 5:8); en

Juan, ese lenguaje implica una mayor revelación del carácter de Jesús (14:6). El *Espíritu relacionará a los *discípulos de la misma manera que Jesús (15:15), de modo que la relación de los creyentes con Jesús en los días de Juan (y en las generaciones siguientes) no debe ser menos íntima de lo que lo era antes de la cruz.

16:14, 15. Esta intimidad (v. 13) se expresa al compartir las posesiones que caracterizaban una amistad ideal en la antigüedad (ver el comentario sobre 15:15); sin embargo, en este contexto el punto central del lenguaje es que Dios comparte su corazón con todo su pueblo, como una vez compartió su palabra con sus profetas (Gén. 18:17; Amós 3:7).

16:16-33
Ver de nuevo a Jesús

Después de su *resurrección, Jesús volvería a los *discípulos para impartirles vida (14:18, 19) y, por medio del don de su *Espíritu, permanecería con ellos para siempre (20:19-23).

16:16-22. A menudo las mujeres morían en el parto. Era común que los profetas usaran los dolores del parto como imagen del sufrimiento, a menudo como consecuencia del juicio (Isa. 13:8; 21:3; 26:17; 42:14; Jer. 4:31; 6:24; 13:21; 22:23; 30:6; 49:22-24; 50:43; Miq. 4:9, 10; cf. Sal. 48:6). En algunos pasajes del AT, estos dolores representaban a los del nacimiento de una era nueva: la era *mesiánica (Isa. 66:7-10; Miq. 5:1-4; cf. Isa. 9:6, 7; 53:12—54:1; 62:5; Ose. 13:13, 14).

A veces, el judaísmo antiguo llegó a aplicar estos dolores de parto específicamente al período final de sufrimiento antes del fin de la era, que sería seguido por la *resurrección de los muertos. La tumba de Jesús es el seno natal de su resurrección y esta inaugura una era nueva; la resurrección de Jesús significa que la vida en el mundo por venir es accesible a los *discípulos en el presente (ver el comentario sobre 3:16).

16:23, 24. Ver el comentario sobre 14:12-14, especialmente sobre el uso del "nombre" al orar.

16:25-28. Siguiendo la tradición de sabiduría del AT, los maestros judíos a menudo usaban proverbios y adivinanzas. Aunque los *discípulos aún no estaban listos para la plena comprensión de la nueva relación con Dios que describe Jesús (16:12), él está haciendo que lo estén.

16:29, 30. En el contexto del cuarto Evangelio, la visión especial de Jesús se revela en que él conoce la pregunta antes de que la hagan; ver comentarios sobre 1:42 y 2:24, 25.

16:31, 32. La dispersión de las ovejas puede referirse a Zacarías 13:7 (cf. Mat. 26:31). El AT a menudo habla de que el rebaño de Dios fue esparcido por falta de un pastor consagrado (cf., p. ej., Isa.53:6; Jer. 23:1; 50:17; Eze. 34:6, 12, 21), como se esperaría que hubiera en los rebaños (p. ej., Sal. 119:176; 1 Macabeos 12:53).

16:33. Este versículo revela la dramática situación de los cristianos primitivos que reconocían que vendría la victoria final, como dijeron los profetas y los maestros judíos, cuando viniera el *Mesías en el futuro, pero también reconocían que el Mesías ya había venido y, por lo tanto, había inaugurado el triunfo en medio de la tribulación de aquel momento.

17:1-5
Jesús repasa su misión

Aquí Jesús revela su relación única con el Padre, compartiendo su gloria como divina sabiduría (cf. 1:1-18). Desde 12:23-33 es claro que vuelve a esta gloria plena solo por el camino de la cruz.

17:1. Levantar los ojos al cielo era una posición común en la oración (cf. quizá Sal. 121:1; 123:1). Aquí "gloria" tiene un doble sentido, lo que es otro caso de juego de palabras; ver el comentario sobre 1:14 y 12:23-27. Moisés reflejó la gloria de Dios en Éxodo 33—34, pero Jesús ha de ser "glorificado" en el mismo sentido que el Padre, con su gloria preexistente (17:5).

17:2. El AT también usa con frecuencia "carne" (NVI); en el sentido de humanidad ("hombre", RVA). Solo al final, en el *reino de entonces, Dios ha prometido delegar su autoridad a un gobernante particular (Isa. 9:6, 7; Dan. 7:13, 14); este trasfondo sugiere que la muerte y *resurrección de Jesús no representan simples hechos temporales sino el clímax de la inauguración de una nueva era.

17:3. Sobre conocer a Dios, ver 10:4, 5. Otros textos judíos, escritos en griego, también identifican el conocer a Dios con la *vida eterna (p. ej., Sabiduría de Salomón 15:3); aquí se muestra que cada uno debe tener una relación personal con Jesucristo.

17:4, 5. Sobre concluir la obra, ver 4:34 y 19:30. El AT declara que Dios no dará su gloria a otro (Isa. 42:8; 48:11); el reclamo de Jesús de que comparte la gloria del Padre en este sentido es declarar que es divino. El judaísmo tenía una categoría por medio de la cual comprender el reclamo que Jesús hace aquí: la Sabiduría de Dios estaba relacionada y en algunos pasajes identificada con su gloria (Sabiduría de Salomón 7:25-29). Los lectores judeocristianos de Juan pueden haber entendido la identidad de Jesús en términos análogos (si bien superior; ver el comentario sobre 1:1-18).

17:6-19
Jesús ora por sus discípulos

Este pasaje trata sobre el inevitable conflicto entre los seguidores de Jesús y el mundo. Aquí asumen el papel asignado a Israel en la mayoría de las descripciones que quedan de los judíos sobre los últimos tiempos y las que se asignan al remanente (los hijos de la luz) en los *Rollos MM; constituyen la totalidad de los justos y como tales eran una minoría perseguida dentro de la sociedad.

17:6. Dios había dicho a Moisés que revelara su nombre (Éxo. 3:13, 15); cuando Dios reveló su nombre, reveló su carácter y atributos (Éxo. 33:19; 34:5, 14; para el futuro, ver Isa. 52:6).

"Santificar" el nombre de Dios era demostrar su santidad y lo sagrado de ese nombre. En las enseñanzas judías contemporáneas, las acciones justas santificaban el nombre de Dios y las malas lo deshonraban: la mayor parte del pueblo judío oraba por un tiempo futuro cuando Dios santificaría su nombre sobre toda la tierra (ver el comentario sobre Mat. 6:9).

17:7-11. Moisés recibió las palabras de Dios y las transmitió a Israel, que fue única entre las naciones en cuanto a recibir su *ley; las ideas sobre Jesús siendo glorificado entre los *discípulos y el uso del nombre de Dios (17:11), también exponen las tradiciones judías relacionadas con Moisés en el libro del Éxodo. Sobre la unidad, ver el comentario sobre Juan 17:20-26.

17:12. Aquí Jesús puede estar aludiendo al Salmo 41:9, que ha citado en Juan 13:18. La enseñanza judía reconocía que Dios trata más severamente a los apóstatas que a quienes han nacido paganos, porque los apóstatas han conocido la verdad pero se han alejado de ella.

17:13-19. El AT y la tradición judía enfatizaban la separación y a menudo el odio a Israel de parte del mundo. Dios había "santificado" o "separado" para sí mismo como santo a Israel, especialmente dándole sus mandamientos (p. ej., Lev. 11:44, 45). (Hoy el pueblo judío aún celebra esta santificación por medio de los mandamientos en la bendición sobre la iluminación de las velas del sábado.) Si Dios ha santificado a su pueblo, o los ha separado de las naciones dándoles la ley, cuánto más han de ser separados los seguidores de Jesús por su venida como ley hecha carne (ver el comentario sobre 1:1-18); Jesús aquí trata a sus *discípulos como el verdadero remanente de Israel, o sea la comunidad del pacto salvada dentro de Israel. (A lo largo de la mayor parte del AT, en cada generación determinada solo parte de Israel seguía a Dios; en algunos tiempos, como los de Josué y David, el remanente era numeroso, pero en otros, como la generación de Moisés o la de Elías, era pequeño.) Otros grupos judíos, como los *esenios, que aparentemente fueron los autores de los *Rollos MM, también sentían que el resto de su nación se había apartado y que ellos eran el verdadero remanente; el tema aparece en los profetas del AT (cf. Isa. 10:20-22; Joel 2:32; Amós 9:8-12).

17:20-26
Jesús ora por los futuros discípulos

La unidad del Padre y el Hijo es el modelo de la unidad que debe ser experimentada por su pueblo, en el cual ellos moran. Israel reconocía que su Dios era "uno", así como la importancia de este elemento en su propia solidaridad entre las naciones, en un mundo que les era hostil. Este pasaje subraya la misma idea pero de una manera más relacionada con la idea de una morada personal de Dios introducida en el capítulo 14 (ver especialmente el comentario sobre 14:23, 24). Para un ejemplo de la transmisión de la gloria a un pueblo en el cual Dios pudiera ser glorificado, ver Isaías 46:13; Dios también santifica sus lugares de morada con la gloria de su presencia (Éxo. 29:43).

El énfasis sobre la unidad también podría ser un mensaje para los lectores de Juan, que estaban perturbados por la oposición desde la *sinagoga, y quizá por parte de los secesionistas de sus propias filas (ver introducción a 1 Jn.); también es probable que la unidad étnica o cultural (quizás entre los miembros [¿emigrantes?] de Galilea y Asia, ver la introducción a Juan) es algo que se considera parcialmente (10:16; 11:52; 12:20-23); Juan enfatiza claramente la reconciliación étnica en Cristo en el capítulo 4 (los samaritanos). De cualquier modo, los seguidores de Jesús constituyen una pequeña minoría en un mundo hostil y se necesitan entre sí para sobrevivir como ocurre con muchas otras minorías. Sobre la preocupación por las generaciones venideras cf., p. ej., Salmo 78:3-7.

18:1-11
Llega el traidor

18:1, 2. El "arroyo de Quedrón" (RVA; Cedrón, RVR-1995) es literalmente "el Quedrón que se inunda en invierno": fluía solo en la estación lluviosa (el invierno) de modo que en abril no había necesidad de mojarse para cruzarlo. El lugar es todavía identificable. Jesús y sus *discípulos se habían encontrado allí otras veces; cf. Lucas 22:39.

18:3. Muchos eruditos han hecho notar que este contingente militar es descrito de una manera muy similar a las cohortes romanas. Sin embargo, el mismo lenguaje también era usado para unidades judías y ésta indudablemente lo era, porque se trataba de la guardia del templo. (Las tropas romanas no eran usadas para una acción policíaca de rutina como esta, y los romanos no hubieran llevado a Jesús a la casa de Anás [18:13] a quien ellos habían depuesto.)

Una cohorte en el sentido romano pudo haber incluido ochocientos soldados, pero un destacamento de la cohorte es a lo que Juan necesita referirse aquí. Tanto la guardia del templo como los soldados llevaban antorchas (se mencionan dos clases aquí) en la noche, aunque solo era necesario que unos pocos llevaran antorchas, especialmente porque para la Pascua ya era casi luna llena.

18:4-6. "Yo soy" puede significar "Yo soy (el que buscáis)", pero también puede aludir a Éxodo 3:14, transliterado. Una tradición judía, supuestamente de antes de la era cristiana (atribuida a Artapano, un escritor judío de la diáspora primitiva), decía que cuando Moisés pronunció el nombre de su Dios, el Faraón cayó de espaldas. (Si los oyentes de Jesús pensaron que había pronunciado el nombre divino, también pueden haber caído

por temor, porque se decía que los magos hacían encantamientos usando ese nombre.)
18:7-9. El rango divino y la misión de Jesús son sugeridos por su palabra (17:12) de que se cumpliría del mismo modo que la Escritura. Aunque algunos escritores judíos admitían que la *profecía continuaba en su tiempo, nunca estuvieron de acuerdo en que tales revelaciones tenían la misma jerarquía que la Escritura.
18:10. Como esclavo del sumo sacerdote, Malco debe haber sido una persona importante, con mucha autoridad. Sobre el efecto simbólico de esta desfiguración, ver el comentario sobre Marcos 14:47.
18:11. Sobre el posible trasfondo de la "copa", ver el comentario sobre Marcos 10:39.

18:12-27
En la casa de Anás

18:12. El oficial mencionado aquí es literalmente "uno a cargo de mil hombres" (una cohorte, que en la práctica probablemente era de menos de ochocientos hombres), pero ver el comentario sobre 18:3.
18:13, 14. Anás fue sumo sacerdote desde el año 6 d. de J.C. hasta el año 15, cuando los romanos lo depusieron. De acuerdo con la ley judía, el sumo sacerdote era vitalicio, por lo cual sin duda algunos judíos consideraban que la deposición de Anás por los romanos no era válida y él seguía reteniendo mucho respeto. Era rico y poderoso, pero la literatura judía posterior (escrita por los sucesores de aquellos a los que él se oponía) no habla bien de él. El sumo sacerdocio había sido la función más poderosa en la Palestina judía hasta el período romano.
Los casos de pena capital debían ser escuchados por una pluralidad de jueces (de acuerdo con la tradición posterior, al menos 23 jueces). Ningún individuo podía actuar legalmente como juez en uno de esos casos, pero la ley no detuvo a Anás para ejercer su poder político e interrogar privadamente a Jesús. Quizá se haya excusado de acuerdo con una ley de que quienes eran juzgados por el supremo *sanedrín por desviar al pueblo debían ser juzgados primero por dos cortes inferiores. Pero esa ley puede haber sido *farisea y posterior al primer siglo, siendo dudoso que Anás estuviera siguiendo cualquier ley. La predominante aristocracia sacerdotal *saducea ciertamente no se guiaría por reglas de los fariseos: debían complacer a los romanos y no a los fariseos.
18:15-18. Ver el comentario sobre Marcos 14:66-69. De acuerdo con la enseñanza *rabínica posterior, se permitía al pueblo judío negar su condición judaica, especialmente con evasivas (cf. Mar. 14:68) para salvar su vida. Sin embargo, una negación que directamente permitiera que el nombre de Dios fuera menospreciado era considerada vergonzosa. Probablemente Pedro no conocía esas normas específicas, pero pueden ilustrar su ambiente cultural, que no siempre consideraba una negación tan severamente como lo hacía Jesús. Como la mayor parte de la gente, Pedro estaba influenciado por su cultura y aún no había captado las demandas radicales de Jesús en la práctica.
18:19. El cambio de escena una y otra vez era una técnica habitual de crear suspenso en las novelas antiguas; al igual que hoy, era buena literatura entonces.
Juan no pretende que aquí el "sumo sacerdote" fuera el funcionario reconocido por Roma (ver 18:13, 24); como otros escritores del NT y *Josefo, Juan sigue la práctica común de rotular como "sumo sacerdote" a todos los miembros prominentes de la aristocracia sacerdotal.
18:20. Aunque los *rabinos presentaban sus enseñanzas particulares especiales solo a pequeños grupos de *discípulos (p. ej., las enseñanzas sobre la creación o la carroza-trono de Dios), tenían una tradición de que se debía enseñar la ley abiertamente, en contraste con los falsos profetas que enseñaban "en secreto".
18:21. De acuerdo con lo que sabemos de la ley judía, los interrogadores no debían forzar

al acusado a que se incriminara. Pero si esta ley estaba en vigencia en los tiempos de Jesús, la aristocracia sacerdotal no se preocupaba por eso, ya que estaba sostenida por Roma y actuaba de acuerdo con lo que creía mejor para el pueblo.

18:22-24. Por cierto que golpear a un prisionero era contra la ley judía. Este hecho muestra cuan insultador y desinteresado de cualquier forma de legalidad judía era Anás; su interés en el caso era político y no legal. Esto también se adecua al cuadro de los sumos sacerdotes que presentan otras minorías en el judaísmo, que no los apreciaban (los *fariseos y los *esenios). Ver el comentario sobre Marcos 14:1, 43. Jesús no había violado Éxodo 22:28; cf. Hechos 23:3-5.

18:25-27. Sobre el canto del gallo, ver el comentario sobre 13:38.

18:28-38a
Jesús ante Pilato

18:28. Los oficiales romanos comenzaron a reunirse con el público (especialmente sus *protegidos) al rayar el día; no hay exageración en "al amanecer". La aristocracia sacerdotal, que controlaba Judea en favor de los romanos, debía ser capaz de asegurarse un auditorio a breve plazo. Generalmente, era efectivo ir en gran número a reclamar ante Pilato, porque un tumulto era lo último que él quería. Aquí el "pretorio" se refiere al antiguo palacio de Herodes el Grande ("palacio del gobernador", NVI), que era usado por el prefecto romano cuando iba, para las fiestas, a Jerusalén desde Cesarea. Iba precisamente para asegurar que se mantuviera el orden durante ellas, cuando Jerusalén estaba colmada y era muy fácil que surgieran tumultos.

Estaba de acuerdo con las prácticas judías que los que eran practicantes (incluyendo la aristocracia sacerdotal) no entraran al palacio, por temor a contaminarse y no poder entonces comer la Pascua. Pero un posible conflicto con los otros Evangelios en este punto ha producido un considerable debate sobre cuándo tuvo lugar la Pascua descrita en los relatos de la pasión. De acuerdo con Mateo, Marcos y Lucas, Jesús ya había comido la Pascua con sus *discípulos esa noche, mientras que, de acuerdo con Juan, los sacerdotes planeaban comerla la noche siguiente. Entre las muchas explicaciones para esta clara discrepancia, las dos más destacadas probablemente son estas: (1) Algunos grupos judíos tenían diferentes calendarios y no celebraban la Pascua el mismo día. Un debate sobre cuándo había empezado el mes (basado en la aparición de la luna nueva) también afectaría cuándo se debía comer la Pascua. Algunos eruditos han sugerido que los *discípulos de Jesús la celebraron un día antes, o sea sin un cordero sacrificado en el templo. (2) Ya sea Juan o los otros Evangelios (más probablemente Juan) está presentando un punto simbólico (Juan subraya que Jesús es el cordero pascual; cf. 19:14, 36). Una tradición judía posterior también informa que Jesús fue crucificado en la Pascua, pero esta información pudo haberse basado en el tiempo aproximado de la tradición anterior. Otra propuesta es que aquí Juan usa "Pascua" en forma amplia refiriéndose a la fiesta de los panes sin levadura, que seguía inmediatamente, pero aunque ese uso era común, "comer la Pascua" resulta una forma muy extraña de hablar de comer el pan durante el resto de la fiesta.

18:29. Existe el precedente de que un oficial romano tenía que salir al exterior para respetar la sensibilidad judía (sobre las sensibilidades, ver el comentario sobre 18:28). Se requería de una acusación oficial para presentarse ante Pilato para que escuchara el caso. La ley romana no tenía fiscal oficial en el sentido moderno y dependía de los acusadores privados que presentaran acusaciones (aunque podían contratarse *retóricos para debatir un caso, no eran provistos por el estado).

18:30-32. Pilato consideraba que el asunto era de la ley religiosa y que, por lo tanto, debía ser tratado por una corte judía si la persona declaraba ser judía y por ello sometida a la jurisdicción de dicha corte; esa era la práctica romana en todo el imperio (también, p. ej., Hech. 18:14, 15). También se sabe que Pilato no siempre cooperaba cuando se trataba de asuntos religiosos judíos; salvo cuando la situación se le iba de las manos, no necesitaba cooperar siempre que Seyano, su *protector, controlara al emperador Tiberio en Roma (ver el comentario sobre 19:12).

Aunque algunos eruditos han discutido el asunto, aparentemente Roma no permitía que las cortes judías tuvieran derecho a aplicar la pena capital, excepto en el caso de un *gentil que se introdujera en un patio interior del templo. Podían azotar y probablemente declarar que una persona era digna de muerte, pero eran ilegales las ejecuciones no autorizadas por los romanos. Los romanos debían tratar todas las demás ofensas capitales; no usaban la lapidación sino la crucifixión para ejecutar a los no ciudadanos que eran acusados de traición (cumpliendo así las palabras de Jesús de que sería "levantado"; 12:32, 33). Algunas fuentes *rabínicas posteriores ubican en el año 70 d. de J.C. la abolición del derecho a ejecutar le pena de muerte por las cortes judías (otros rabinos la colocan en el año 30 d. de J.C.), pero eso hubiera dado a los líderes judío-palestinos un derecho que no era compartido por otros funcionarios locales bajo la ley romana, derecho que por ende hubieran destacado los apologistas contemporáneos del judaísmo tales como *Josefo. Normalmente, solo los gobernadores y los gobernantes protegidos ejercían el "derecho de la espada". No está registrado que el sanedrín lo tuviera en fecha temprana y los rabinos posteriores a menudo idealizan la situación legal primitiva, aun haciendo retroactiva su autoridad al período previo al año 70. El derecho a ejecutar a quienes violaban el templo también era aplicado en el caso de quienes lo hacían en otros lugares sagrados, como el santuario de Eleusis, pero pocas veces se extendía más allá de esa violación.

18:33-35. Pilato sigue un procedimiento romano llamado *cognitio*, una investigación para establecer lo que ha ocurrido realmente. Como prefecto, podía tomar la decisión final y no dar cuenta a nadie a menos que se mandara un reclamo a Roma, pero de todos modos investigaba el asunto.

Los sacerdotes acusaron a Jesús de declararse rey, lo que era un cargo de traición contra el emperador. (Herodes Antipas fue exiliado simplemente por pedir el título que Augusto, el emperador anterior, le había concedido a Herodes el Grande.)

18:36-38a. La idea de que el *reino de Jesús no se basaba en una fuerza política o militar es repetida a lo largo de los Evangelios, pero los oyentes judíos de Jesús nunca captaron el significado de sus palabras (después de todo, ¿por qué llamarlo "reino" si era algo no político?). Pilato oyó el término "verdad" e interpretó a Jesús en otro sentido: como un filósofo o alguna otra clase de maestro. Al ser un romano educado, Pilato puede haber sabido que muchos filósofos se describían a sí mismos como gobernantes ideales (ver el comentario sobre 1 Cor. 4:8); aunque probablemente él mismo tenía poca relación con filósofos, debió haberlos visto como algo inocuo. Nadie podía ser menos revolucionario que un filósofo *cínico o *estoico, no importa lo antisociales que pudieran ser las enseñanzas de los cínicos. En el AT y en la tradición judía, la "verdad" era la integridad del pacto de Dios; el concepto era mucho más abstracto a oídos griegos y quizá no era práctico para muchos romanos.

18:38b—19:3
Pilato frente a las masas

18:38b. La ley romana prohibía la traición,

pero no a los filósofos itinerantes y antisociales. Desde la perspectiva romana de Pilato, él no tenía motivo para condenar a Jesús.

18:39. Aunque no es atestiguada en las fuentes palestinas existentes (como ocurre con muchas costumbres), la costumbre que es mencionada aquí específicamente era del tipo que los romanos habrían permitido. La ley romana permitía dos tipos de amnistía, la *indulgencia* (perdonar a una persona condenada) y la *abolitio* (indultar a una persona antes del juicio), que es quizá lo que Pilato tenía entonces en mente. Al parecer, los griegos y los romanos habían otorgado amnistías masivas en ciertas fiestas regulares y los romanos ocasionalmente indultaban a los prisioneros en respuesta al clamor de la multitud; los funcionarios romanos provinciales también estaban autorizados para seguir los precedentes de funcionarios anteriores o las costumbres de la provincia.

18:40. El término traducido "bandido" (NVI; "asaltante", RVA) sugiere que Barrabás era un revolucionario, el tipo de persona que Roma sí habría querido ejecutar. La ironía es muy profunda: la gente prefería a un verdadero revolucionario en vez de Jesús, que era denunciado por traición como presunto rey, pero no tenía antecedentes reales de haber participado en una insurrección.

19:1. Los fuertes azotes a menudo precedían a la crucifixión. Los golpes eran un castigo habitual por sí mismos, pero las palizas y las flagelaciones eran mucho más severas y parte de la condena a muerte. Como Pilato aún no había pronunciado su sentencia, los golpes que Jesús recibió fueron menos fuertes. Quizá Pilato esperaba que la sangre aplacara a los acusadores de Jesús (19:5), pero es una suposición improbable (18:31).

En las provincias, los soldados normalmente eran quienes administraban ese castigo. Los romanos libres eran azotados con varas y los soldados con palos, pero los esclavos y posiblemente los no romanos con látigos cuyas tiras de cuero tenían agudas piezas de metal o hueso. La ley judía solo permitía treinta y nueve latigazos; la ley romana permitía golpear hasta que el soldado se cansara, y hay textos que informan de huesos u órganos que quedaban expuestos.

19:2. Los soldados jugaban con huesecillos, monedas o dados; la posibilidad de jugar con ese prisionero sería un respiro bien recibido del tedio acostumbrado en un país extranjero. Parece que los frecuentes y toscos mimos callejeros incluían a menudo imitaciones de reyes engalanados con burlesco esplendor; el gobernante judío Agripa I fue ridiculizado de este modo en Alejandría.

Era típico que los príncipes vasallos griegos usaran una clámide púrpura (la tinta púrpura era la más cara) y una guirnalda de hojas dorada. El "manto de púrpura" que los soldados pusieron a Jesús puede haber sido una túnica descolorida escarlata de un lictor (especie de alguacil que precedía a los cónsules y otros magistrados) o una alfombra vieja. La corona de espinas, tomada quizá de las ramas de espinosos arbustos acantos o de una palmera datilera (la segunda sería más realista) puede haber tenido por intención una burla exterior (imitando las guirnaldas de los reyes helenistas) más que producir sufrimiento; sin embargo, algunas espinas deben haberse introducido, haciendo salir sangre de la cabeza de Jesús. Solo el rey más importante usaba una verdadera corona en vez de una guirnalda, de modo que lo estaban disfrazando como un príncipe vasallo.

19:3. "Viva" (RVA; "salve", RVR-1995) era un sarcasmo derivado de la salutación acostumbrada para el emperador romano: "*¡Ave* (viva) *César!*".

19:4-6
La política sobre la justicia

19:4. La investigación del gobernador había llegado a un veredicto: no culpable (18:35-38). En circunstancias normales, este veredicto quedaría firme.

19:5. El aspecto de un rey en burla, como en el caso del alejandrino vestido para ridiculizar a Agripa I (ver el comentario sobre 19:2) no presentaba a Jesús ante la turba como un verdadero rey sino como un loco inofensivo. Su título "hombre" contrasta irónicamente con la acusación en su contra de "Hijo de Dios" (19:7); puede haber sido una aclamación de burla a un rey, como "¡He aquí el rey!" (contrastar la aclamación inicial del Evangelio, 1:29).

19:6. El desafío de Pilato era burlesco: las autoridades judías no tenían el derecho legal de ejecutar a los reos de pena capital y, si lo hubieran tenido, normalmente lo habrían apedreado en vez de crucificarlo.

19:7-9. El AT llamaba *Hijo de Dios al *Mesías (y a toda la línea davídica; 2 Sam. 7:14; Sal. 2:7; 89:27); en un sentido más general, todo Israel era llamado hijo de Dios (Éxo. 4:22; Deut. 8:5; Ose. 11:1). Pero incluso una falsa declaración de ser el Mesías no era una ofensa capital en la enseñanza judía habitual, en tanto no se tratara de un falso profeta que abogara por otros dioses. Según sus propios criterios, por lo tanto, los acusadores de Jesús estaban equivocados en cuanto a la enseñanza de la *ley sobre él (10:34-36), pero Juan puede tener la intención de una nueva ironía: creía que el AT predecía que el Hijo de Dios moriría (cf. Isa. 53).

Pilato escuchó la acusación de un modo muy distinto. Aunque muchos filósofos itinerantes pretendían ser hijos de dioses y no eran tomados seriamente, de algunos maestros se pensaba que realmente poseían sabiduría o poder divino, y Pilato puede haber tenido el cuidado de no ofender a alguien tan poderoso. Algunos romanos eran cínicos en cuanto a los dioses, pero la mayoría creía en ellos, y Pilato puede haber sido especialmente cauteloso, dada la reputación que tenían los magos judíos de ser de los mejores de la antigüedad.

19:10. Un decreto de Pilato era legalmente obligatorio en todos los casos de pena capital y no necesitaba siquiera la recomendación de su *consilium,* o consejo. Estaba autorizado para juzgar en todos los casos relacionados con el orden público, aun cuando no hubiera sido violada una ley específica. La ley romana no aceptaba el silencio como admisión de culpa, pero el problema con Pilato ya no era el de culpabilidad o inocencia sino el pesar las consecuencias religiosas y políticas de ambas decisiones.

19:11. En el judaísmo se entendía que los gobernantes solo tenían una autoridad temporal delegada a ellos por Dios, que juzgaría al final; "de arriba" era una forma usada a veces entre los judíos para hablar de Dios (es frecuente en Juan). Aquí Jesús puede implicar que la autoridad de Caifás, a diferencia de la de Pilato, era ilegítima; el sumo sacerdote debía ser vitalicio, pero algunos habían sido depuestos y otros instalados en su lugar según el antojo y para la conveniencia política de los romanos.

19:12. Los romanos respetaban el valor ante la muerte (p. ej., fue alabado un antiguo muchacho espartano que permitió en silencio que un zorro le comiera las entrañas, antes de romper las reglas del entrenamiento militar). La respuesta de Jesús también podía confirmar el temor de Pilato de que fuera genuinamente un mensajero divino y no simplemente un iluso filósofo callejero que se creía divino.

El 18 de octubre del año 31 d. de J.C. cayó Seyano, el apoyo político de Pilato en Roma, y este tenía mucha razón de temer cualquier informe negativo sobre él. Pero el juicio de Jesús bien puede haber tenido lugar antes del año 31 d. de J.C., y la acusación de 19:12 sería de temer aun con Seyano en el poder: el emperador Tiberio tenía sospechas ante la menor palabra de traición, y una delegación que fuera a Roma con la más mínima evidencia de que Pilato había apoyado a un autoproclamado rey podía llevar a su decapitación. *Filón nos cuenta que Pilato también retrocedió mucho antes en su carrera cuando los líderes judíos amenazaron ir al emperador con una petición contra él.

"Amigos" de los *protectores poderosos eran sus dependientes políticos y ser "amigo del emperador" (DHH) o "el amigo de César" (RVR-1995) era un honor especial. Ser "amigo del rey" había sido una función en los palacios de Grecia y el antiguo Cercano Oriente (incluyendo Israel, desde David hasta Herodes el Grande); "amigo del emperador" era de igual manera un título oficial con implicaciones políticas.

19:13. Algunos comentaristas han pensado que "El Enlosado" (RVA; "El Empedrado", DHH) es el pavimento de la fortaleza Antonia en el monte del templo, pero parece datar de un período posterior. En vez de eso, el pasaje se refiere sin duda al área exterior elevada y pavimentada cerca del palacio de Herodes, donde residía el gobernador. Se sabe que tanto Pilato como un gobernador posterior se dirigían a su auditorio desde esta plataforma. La evidencia sugiere que el gobernador tenía que pronunciar las sentencias a muerte desde el trono de juicio (ver el comentario sobre Rom. 14:10-12).

19:14. El "día de la Preparación" (RVA) era cuando debía ser sacrificado el cordero pascual para ser comido esa noche (ver el comentario sobre 18:28). (El pueblo judío contaba los días desde una puesta del sol hasta la siguiente, de modo que podemos considerar que lo que ellos reconocían como comienzo del sábado era la noche del viernes.) *Rabinos posteriores estimaron que las ofrendas empezaran más temprano la víspera de la Pascua, pero el sacrificio de los corderos probablemente tenía que continuar todo el día y era completado finalmente cerca del momento cuando era sacrificada la ofrenda de esa tarde, aproximadamente cuando murió Jesús (alrededor de las tres de la tarde).

La "hora sexta" podría referirse al mediodía, pero de acuerdo con otra forma de contar, podría ser las seis de la mañana, o sea cerca del amanecer. Es posible que Juan lo usara como una conexión simbólica con 4:6 o con la Pascua (muchos eruditos argumentan aquí que el sacrificio de los corderos pascuales comenzaba alrededor del mediodía). La otra obra extensa de Juan, el Apocalipsis, también hace uso simbólico del tiempo.

19:15, 16. El hecho de que Pilato liberara a alguien acusado de traición o de ofender la *maiestas* del emperador podía producir que se hiciera la misma acusación contra él, especialmente en el tiempo de Tiberio, uno de los gobernantes más paranoicos del primer siglo. Aunque no se adaptaba a la situación cuando no necesitaba hacerlo, se conoce a Pilato como quien cedió a las demandas de la turba en otras ocasiones. Como gobernador provincial, tenía oficialmente pleno poder discrecional para decretar la sentencia. La crucifixión era la forma romana habitual de ejecutar a los esclavos, revolucionarios y a otros provincianos que no fueran ciudadanos romanos (como la mayoría de los judíos palestinos).

El reclamo de las autoridades es típico de la ironía de Juan: el pueblo judío oraba diariamente por un *Mesías de la realeza y una oración judía que llegó a ser parte de la celebración de la Pascua, por lo menos en tiempos posteriores, no reconoce otro rey fuera de Dios (cf. también el comentario sobre 8:33).

19:17-22
La crucifixión

19:17. Los criminales condenados generalmente llevaban su propia cruz (el madero horizontal, el *patibulum*, no el vertical) hasta el sitio de la ejecución; generalmente la víctima era desnudada para la procesión y también para la ejecución, aunque esta desnudez total debe haber ofendido algunas sensibilidades judías en Palestina.

El sitio probable del Gólgota era fuera de los muros de la ciudad y no lejos del palacio de

Herodes, quizá a unos trescientos metros hacia el nornordeste. La costumbre romana era que las crucifixiones fueran hechas fuera de las ciudades más bien que en su centro, así como también las lapidaciones judías (en el AT, cf. Lev. 24:14, 23; Núm. 15:35, 36; Deut. 17:5; 21:19-21; 22:24; en el NT, cf. Luc. 4:29; Hech. 7:58).

19:18. Varios maderos de unos tres metros de alto estaban colocados en el Gólgota, listos para un nuevo uso cada vez que había ejecuciones. En la parte más alta del madero había una ranura algo más abajo del extremo, en la que se insertaba el madero horizontal de la cruz después de que el condenado hubiera sido sujetado con sogas o clavos.

De acuerdo con la tradición judía del siglo II o antes, los corderos pascuales debían ser colgados en ganchos de hierro y desollados. Aquí Jesús es colgado.

19:19. A menudo se exigía que el condenado llevara un *titulus* declarando la causa de su crucifixión, aunque no es claro que en aquel tiempo haya sido usual exponerlo en la parte superior de la cruz. La acusación contra Jesús era que había intentado usurpar las prerrogativas de la realeza, que eran solo dispensadas correctamente por decreto del César. Jesús es acusado de alta traición contra la majestad imperial.

19:20. Necesariamente, el sitio de la ejecución era fuera de la ciudad, aunque los soldados preferían que fuera cercano (ver el comentario sobre 19:17). En el imperio romano, el pueblo judío se manejaba con cuatro idiomas básicos: griego, latín, *arameo y hebreo (de estos, el griego era hablado especialmente fuera de Palestina y compartía el primer lugar con el arameo dentro de ella). Las inscripciones judías para los extranjeros eran escritas en griego y latín.

19:21, 22. Habiendo desaparecido el peligro de una revuelta popular o una queja a Tiberio, Pilato vuelve a su característica falta de cooperación. Más o menos el mismo año, Pilato acuñó una moneda de bajo precio con la imagen de Tiberio con la "varita mágica" de augur en su mano, lo que era un símbolo pagano ofensivo para la sensibilidad judía.

19:23-37
Muerte de Jesús

19:23. La ley romana, tal como fue codificada más tarde en sus códigos legales, garantizaba a los soldados su derecho a la ropa del ejecutado; era costumbre que el condenado fuera desnudado. La unidad básica del ejército romano era el *contubernium*, compuesto de ocho soldados que compartían una tienda; a veces las mitades de unidad recibían encargos especiales, como el de ser cuadrillas de ejecución.

19:24. La mención de Juan de que los soldados no querían partir la túnica puede aludir a la vestimenta del sumo sacerdote en el AT (Lev. 21:10), que *Josefo menciona que también era sin costura, pero esta interpretación probablemente pretenda poner demasiado en el texto. Juan encuentra dos hechos distintos en el Salmo 22:18 (un método muy judío de interpretación), como hace Mateo en Zacarías 9:9 (ver el comentario sobre Mat. 21: 4-7).

19:25, 26. Se discute la evidencia de si se permitía o no a los parientes y amigos cercanos estar cerca de las crucifixiones; probablemente sí se lo permitían. En cualquier caso, los soldados que supervisaban la ejecución atenderían a la costumbre en práctica si no tenían razón para prohibirlo; las prerrogativas de la maternidad eran muy respetadas en el mundo antiguo. Como es probable que Jesús no haya sido levantado muy lejos del suelo, su madre y su *discípulo podrían haberlo oído sin estar demasiado cerca de la cruz.

19:27. Jesús hace un testamento oral delante de testigos, lo que lo hace obligatorio, y coloca formalmente a su madre bajo la protección de su *discípulo, proveyendo para ella después de su propia muerte. Al morir, los padres podían exhortar a los hijos a que cuidaran de las madres que los sobrevivían (lo que regularmente hacían); era un gran honor para un discípulo que se le concediera un lugar en la familia del maestro (a veces los discípulos llamaban "padre" a sus maestros). La costumbre judía incluía como responsabilidad primordial en cuanto a "honrar al padre y a la madre" el proveer para ellos en su ancianidad (cf. 1 Sam. 22:3). Probablemente la madre de Jesús estaba acercándose a los cincuenta años, y quizá también era viuda, y vivía en una sociedad en la que normalmente las mujeres no tenían muchos ingresos; por lo tanto, dependía oficialmente de Jesús, su hijo mayor, para su sostén, aunque después de la muerte de este sus hijos menores debían sostenerla.

19:28. Algunos eruditos han sugerido que Jesús puede haber recitado el resto del Salmo 22, luego del versículo citado por Marcos (15:34), a la luz de Marcos 15:35. Esta no es una sugerencia muy probable, pero de todos modos Juan puede haber aludido aquí al mismo salmo (Sal. 22:15).

19:29, 30. El "hisopo" no era el instrumento más natural para este propósito. Si esta planta debe identificarse como el *Origanum maru l.*, su tallo tiene más de un metro; otros creen que es una planta muy pequeña que no podría haber alcanzado tan lejos y sugieren que hay un juego de palabras con "jabalina", que tiene un sonido muy similar. En cualquier caso, Juan menciona el hisopo por causa de su significado en la Pascua (Éxo. 12:22), adecuándose al simbolismo de Juan 19 en su conjunto. El "vino agrio" (DHH; "vinagre", RVA) consistía en vinagre de vino mezclado con agua, que era usado a menudo por los soldados para calmar su sed.

19:31-33. A menudo, los que eran sujetados con cuerdas podían sobrevivir en la cruz varios días. El agonizante podía apoyarse en un soporte de madera (*sedile* en latín) en medio de la cruz. Este soporte le permitía respirar y prolongaba la agonía de su muerte. Cuando los soldados necesitaban acelerar la muerte por asfixia, quebraban las piernas de las víctimas con varas de hierro de modo que ya no pudieran empujarse hacia arriba; el esqueleto de un crucificado, que se recuperó en 1968, confirma esta práctica que es mencionada en la literatura antigua. Los romanos hubieran permitido que los cuerpos se pudrieran en la cruz, pero Deuteronomio 21:23 y las sensibilidades judías sobre el sábado requerían que estas ejecuciones se aceleraran y los romanos se acomodaron a los deseos judíos, en especial durante los festivales masivos. (*Josefo declara que el pueblo judío siempre enterraba a las víctimas de una crucifixión antes del atardecer.)

19:34. De acuerdo con la tradición judía que probablemente es del primer siglo, se suponía que los sacerdotes atravesaban los corderos pascuales con una vara de madera desde la boca hasta la parte posterior.

La tradición judía requería la certificación de que una persona estaba muerta antes de que se la considerara como tal, pero los observadores judíos no trataban los cuerpos con tanta falta de respeto como este romano lo hace.

Un soldado de infantería iba armado con una espada corta y un *pilum* o lanza; este *pilum* era de madera liviana con una punta de hierro, de algo más de tres metros de largo. Una de esas lanzas fácilmente podía penetrar por el pericardio que rodea y protege el corazón y contiene un líquido aguado. Un griego podía leer esta descripción como si se refiriera a un semidiós, porque los dioses griegos, en vez de sangre, tenían *icor* (que tenía apariencia de agua). Pero quien hubiera leído el Evangelio desde el principio hasta el fin podía ver en ello un símbolo enraizado en el AT y en esperanzas judías; ver el comentario sobre 7:37-39.

19:35. Los relatos de los testigos visuales

eran considerados más valiosos que los de segunda mano y los narradores que lo eran (como *Josefo) hacían notar el hecho.

19:36. Aunque aquí Juan pudo aludir al Salmo 34:20, probablemente se refiere más bien al cordero pascual (Éxo. 12:46; Núm. 9:12). La ley judía (del segundo siglo o antes) estipulaba cuál era el máximo castigo corporal por quebrar los huesos del cordero pascual.

19:37. Aunque un pasaje rabínico posterior interpretó Zacarías 12:10 con criterio *mesiánico, el pasaje mismo parece referirse a que Dios había sido traspasado por el pueblo de Jerusalén (antes de la venida de Jesús se podría haber asumido un sentido figurado como el de ser "atravesado por la tristeza"). (Al parecer los pronombres con referencias divinas parecían cambiar fácilmente en Zac.; cf. 2:8-11 y 4:8, 9, a menos que estuviera refiriéndose a un ángel, 4:4-6.)

19:38-42
Entierro de Jesús

19:38. Por lo general, las víctimas de la crucifixión eran arrojadas a una fosa común para criminales y no se hacía públicamente luto después de su muerte; si los romanos hubieran procedido según su criterio, los cadáveres no habrían sido enterrados del todo. Pero parece que a veces había excepciones si la familia o *protectores poderosos solicitaban el cuerpo. En el judaísmo, el entierro de los muertos era un importante acto de amor; no ser enterrado era demasiado horrible como para que se lo permitiera, aun para los criminales. José de Arimatea debía apresurarse para cumplir esta tarea antes del atardecer y de la llegada del sábado.

19:39. Si esta medida del compuesto de Nicodemo era de peso, fue como de unos 34 kg (las libras romanas eran más livianas); si es una medida de volumen, identificada con el *log* *veterotestamentario, debió pesar menos de 30 kg. En cualquier caso, es una generosa expresión de devoción, como en 12:3, pero se conocen otros relatos ocasionales de devoción generosa hacia maestros amados (de un converso *gentil se dice que quemó ochenta libras de especias en el funeral del primer Gamaliel, el maestro de Pablo), de modo que no hay razón para dudar de las cifras. Se usaba mirra para embalsamar a los muertos y áloe como perfume.

19:40. Juan menciona la costumbre judía; el pueblo judío no quemaba a sus héroes muertos, como hacían los griegos y los romanos, ni los mutilaban para embalsamarlos como hacían los egipcios. Los cuerpos eran envueltos en mortajas, a veces muy costosas, preparadas especialmente para los entierros. Las fuentes judías ponen énfasis en que ninguna de estas acciones debía ser llevada a cabo a menos que fuera evidente que la persona estuviera muerta; así que las personas que entierran a Jesús no tienen ninguna duda de que él está muerto. En este caso, se usaron tiras de lino más bien que una mortaja, quizá por la inminente proximidad del sábado al atardecer.

Los sacerdotes judíos usaban vestimentas blancas de lino, así como otros sacerdotes antiguos (los devotos de Isis) y los ángeles en la tradición judía (p. ej., 2 Macabeos 11:8); también había envolturas para los justos que morían.

19:41. En cuanto al lugar, cf. "cerca de la ciudad" en el versículo 20: de acuerdo con la costumbre judía, los entierros debían ser fuera de los muros de las ciudades (se puede comparar con el ultraje infligido a los judíos piadosos por Antipas al edificar Tiberias sobre un cementerio). Sin duda, era un honor muy especial el ser enterrado en una tumba que no había sido usada y debe haber hecho que fuera difícil confundirla con otras de las cercanías.

19:42. El sábado (o en este caso la llegada de la Pascua; 18:28) interrumpía toda otra actividad. José y Nicodemo no necesitaban "poner" a Jesús allí muy cuidadosamente; aun cuando no hubiera estado cercano el sábado, esto debe haber sido solo un entierro preliminar, que sería completado un año después, cuando la carne ya se hubiera desintegrado de sobre los huesos.

20:1-10
El descubrimiento

Algunos han puesto en duda la historia de la tumba vacía simplemente porque Pablo no la menciona (aunque la da por supuesta; cf. 1 Cor. 15:3, 4), pero los *discípulos no hubieran proclamado creíblemente la *resurrección en Jerusalén si el cuerpo de Jesús hubiera estado aún en la tumba. Aunque las leyes de la antigüedad para una evidencia diferían de las modernas (dependían fuertemente de la probabilidad), tanto los antiguos como los modernos ¡no hubieran puesto en juego su vida con base en un informe sin investigar en la tumba! Considerando cuán rápidamente eran venerados los sitios sagrados, por esto los mismos creyentes en la resurrección hubieran al menos verificado la tumba. Algunos eruditos críticos modernos, que han sugerido que los primeros *discípulos solo querían decir que habían tenido una experiencia espiritual pero no aseguraron que Jesús resucitó corporalmente, colocan su propia cultura moderna en el NT. "Resurrección" significaba la resurrección corporal y nada más; nadie hubiera perseguido a los discípulos meramente por pretender haber tenido una experiencia espiritual. La creencia en fantasmas y apariciones estaba muy extendida y nada de eso les hubiera traído problemas.

20:1. Los familiares más cercanos se quedaban en sus hogares haciendo duelo durante siete días; María Magdalena, que también estaba de duelo tanto como la familia, pudo haberse quedado en su casa si no hubiese sido necesario completar la tarea que había quedado inconclusa debido al sábado (19:42). Se sabe que tanto los judíos como los paganos cuando estaban de duelo a menudo visitaban las tumbas dentro de los tres días después del entierro.

El primer día de la semana comenzaba a la puesta del sol, lo que nosotros llamaríamos sábado por la noche, de modo que el sábado había terminado horas antes de que ella fuera a la tumba; su profunda devoción hacia Jesús se demuestra en el hecho de que María fuera a la tumba antes del amanecer. A menudo se hacían rodar piedras en forma de disco delante de la entrada de las tumbas y eran tan pesadas que con frecuencia requerían a varios hombres para hacerlas rodar.

20:2, 3. Era perturbador suponer que las autoridades hubieran movido incluso el cuerpo, quizá a la tumba de un criminal. Los hombres judíos antiguos no aceptaban a las mujeres como testigos confiables para la mayoría de los fines legales (su testimonio era limitado, pero no tanto en las cortes romanas), y esa tendencia cultural puede haber movido más aún a que Juan y Pedro miraran por sí mismos.

20:4, 5. La comparación de los caracteres era importante en los escritos antiguos así como era una técnica *retórica habitual. Que el discípulo amado (Juan, de acuerdo con el criterio tradicional y adoptado en este comentario, pero quizá también queriendo decir *discípulos en general por medio de este anonimato) fuera más rápido que Pedro se adecua a otras comparaciones en el Evangelio (13:23, 24; 21:7). La descripción de la proeza física era parte de las *narraciones que destacaban caracteres (p. ej., *Josefo nadaba más rápido que la mayoría, según su "Vida" 15:3), de modo que la comparación puede estar aquí a la vista, mostrando que un discípulo normal era tan importante como el famoso Pedro.

20:6, 7. Si los ladrones hubieran robado el cuerpo (lo que era una práctica rara) lo hubieran llevado con sus envolturas; si las hubieran dejado, habrían quedado desordenadas. Cualquiera que las haya dejado, lo hizo cuidadosamente. El sudario o paño para la cara, separado de la mortaja, no estaba meramente "doblado" (RVA), sino "enrollado" (NVI), lo que podría ser una indicación de cuidado o de que estaba enrollado de la misma manera que cuando estuvo alrededor de la cabeza de Jesús, o sea que su cuerpo se había levantado directamente fuera de las envolturas y de ese paño.

La propuesta de los escépticos de que Jesús solo se había desvanecido y luego recobrado no solo no explicaría cómo puede haberse liberado de las tiras de tela envueltas alrededor de su cuerpo o escapado de una tumba sellada, sino que también ignora la naturaleza de la crucifixión: *Josefo vio cómo tres de sus amigos eran bajados con vida de la cruz, pero dos de ellos murieron luego *a pesar de la atención médica*, porque su cuerpo había quedado muy debilitado por causa de la crucifixión.

20:8-10. La fe de los *discípulos quizá se debía a los paralelos con Juan 11 o a la forma en que quedaron las telas (20:6, 7); Juan da a entender que ellos ya habrían creído a la luz de las Escrituras si las hubiesen entendido.

20:11-18
La primera aparición: María Magdalena

El testimonio de las mujeres tenía poco valor en el judaísmo; nadie habría inventado que Jesús apareció primero a una mujer, y eso muestra cómo los valores de Jesús diferían de los de su cultura. Aun en tiempos posteriores la iglesia no siempre ha mantenido la posición contracultural de Jesús, y aquellos difícilmente habrían escogido este testimonio inicial en un ambiente en el que este relato hubiera reforzado los prejuicios paganos contra los cristianos (ver los comentarios sobre Ef. 5:22-33).

20:11. El pueblo judío tomaba tan seriamente los primeros siete días de duelo que los dolientes no lavaban, ni trabajaban, ni tenían relaciones íntimas, ni siquiera estudiaban la *ley. La cultura judía era muy seria en cuanto a expresar el dolor más que a reprimirlo. Que el cuerpo desaparezca y que la gente sea impedida de dar sus últimas pruebas de aprecio, se hubiera considerado intolerablemente trágico; incluso los ladrones de tumbas generalmente dejaban el cuerpo en su lugar.

20:12, 13. Sobre las vestiduras "blancas", ver 19:40; las vestiduras negras eran usadas para el luto.

20:14. En la tradición judía, los ángeles podían aparecer de distintas maneras. En el *Seudo Filón también se dice que Dios cambiaba la apariencia de algunos personajes humanos del AT como para que no fueran reconocibles, y esta evidencia podría reflejar la tradición judía más propagada.

20:15. Los jardineros estaban en lo más bajo de la escala social, y uno que estuviera allí se habría dedicado a cuidar el jardín y no la tumba misma. Pero María no tuvo mejor idea en cuanto a su identidad. (No se le ocurrió que pudiera ser un ladrón de tumbas; era difícil que fueran durante el período de duelo, cuando aún eran frecuentes las visitas a la tumba, y si él hubiera sido uno de ellos, habría reaccionado con más temor aún o con hostilidad al verla.)

20:16. "Rabboni" significa "mi maestro" y es más personal y menos formal que el título *"Rabí".

20:17, 18. El verbo traducido "suéltame" (RVA; "no me detengas", DHH) es un imperativo presente y quizá sea mejor traducido como "deja de estar aferrándote a mí". La razón por la que ella debía soltarlo era que debía ir a testificar de él en el corto tiempo que faltaba para su ascensión, a pesar de la oposición cultural en cuanto a mandar a una mujer a testificar de un hecho importante y tan imposible de aceptar para los no creyentes. "Hermanos" sugiere que 3:3 está ya en efecto.

20:19-23
Aparición a los demás discípulos

20:19. Los *discípulos debían quedarse en su casa para el duelo; la fiesta de los panes sin levadura aún estaba en proceso, de modo que, de cualquier manera, ninguno se hubiera ido de Jerusalén a Galilea. Las residencias adecuadas estaban equipadas con cerraduras y cerrojos, para prevenir que entrara cualquiera (un cerrojo pesado podía deslizarse entre aros sujetos a la puerta y su marco), salvo que alguien pudiera pasar a través de las puertas cerradas. La aparición de Jesús de ese modo en la habitación cerrada sugiere un cuerpo *resucitado superior a lo que se consideraba en la antigua literatura judía. "¡Paz a vosotros!" era el saludo judío habitual, pero tenía el sentido de transmitir paz (como hoy en día un "Dios lo bendiga", pero bien razonado).

20:20. A veces se mostraban las heridas como evidencia en la corte; aquí su función es la de identificar que era el mismo Jesús que había muerto. En gran parte de la tradición judía, los muertos serían resucitados con el mismo aspecto que cuando murieron antes de que Dios los sanara, de modo que todos reconocerían que la persona que tenían frente a ellos era la misma que había muerto. Las "manos" incluían las muñecas, que era donde se habían colocado los clavos, pues a través de la palma no habría asegurado que la persona se mantuviera en su lugar en la cruz, dado que el peso de la víctima habría desgarrado la mano abierta.

20:21. En la tradición judía, a menudo los profetas designaban a sus sucesores. En el judaísmo a veces se concebía a los profetas como agentes de Dios; el que los enviaba los dotaba con su autoridad en la medida en que lo representaban adecuadamente.

20:22. El soplo de Jesús sobre ellos recuerda Génesis 2:7 cuando Dios sopló aliento de vida en Adán (también puede ser relevante que la tradición judía posterior a veces relacionaba este pasaje con Ezequiel 37 cuando el Espíritu de Dios o el viento revivió a los muertos). La literatura judía conectaba especialmente al *Espíritu Santo con el poder de profecía o de hablar en nombre de Dios.

20:23. Al actuar como agentes de Dios (20:21) los *discípulos podían declarar la prerrogativa divina de su autoridad (p. ej., declarándola cuando él lo habría hecho).

20:24-31
Aparición a Tomás

20:24, 25. Solo por la evidencia de sus sentidos Tomás podía convencerse de que los otros discípulos no habían visto meramente un fantasma o una aparición; un espíritu o una visión espiritual en la tradición pagana, o una imagen producida por un mago, no sería corpórea. En contraste, el cuerpo de la *resurrección era claramente corpóreo, aunque entre los primeros cristianos puede haber sido discutida la exacta naturaleza de tal corporalidad. Tomás no dudaba de que sus amigos pensaran que habían visto algo; dudaba de la naturaleza de esa experiencia.

20:26. Ver el comentario sobre 20:19. Ahora que había pasado una semana, la fiesta había terminado y los *discípulos pronto estarían listos para volver a Galilea, a menos que recibieran órdenes de hacer lo contrario.

20:27, 28. La respuesta de Tomás es una confesión de la deidad de Jesús; cf. Apocalipsis 4:11. Plinio, un gobernador que escribía cerca de la probable ubicación de los lectores de Juan, dos o tres décadas después que él, informaba que los cristianos cantaban himnos a Cristo "como a un dios".

20:29-31. La bendición de Jesús (v. 29) se aplica a los lectores de Juan que creían a través del testimonio apostólico (v. 31); el versículo 30 es la culminación del tema de las señales en Juan: a veces las señales llevan a la fe y a veces a la oposición.

21:1-14
Aparición en Galilea

Algunos eruditos modernos han pensado que Juan 21 no era parte del Evangelio original de Juan porque parece un anticlímax. Pero también lo es la conclusión del libro más popularmente leído de la antigüedad grecorromana, el libro 24 de la "Ilíada"; los lectores y escritores antiguos no hubieran visto los epílogos en estos términos.

21:1-3. A veces la pesca se hacía de noche (cf. Luc. 5:5). Algunos han informado que en el mar de Galilea (que aquí es llamado de Tiberias) los peces se capturaban más fácilmente de noche que de día; luego se los podía vender en la mañana.

21:5, 6. La tradición judía reconocía a Dios como soberano sobre los peces (p. ej., Tobías 6:2-5), lo que sin duda alentaba las oraciones de muchos pescadores. Probablemente, las redes eran hechas con sogas entrelazadas con materiales como lino o cáñamo; se cree que tenían un extremo angosto del que tiraban los hombres desde el bote y otro más amplio que se hundía con pesas.

21:7. Pedro no debiera haber necesitado ayuda para reconocer a Jesús, pero cf. 20:14, 15. "Sin ropa" (NVI) era un término relativo (podría significar "sin prenda exterior"); los judíos palestinos religiosos detestaban la desnudez en público. Pedro ha de haber tenido una prenda de ropa interior o al menos un pedazo de tela a manera de falda, pero aun en el fresco de la aurora debe haber trabajado lo suficiente como para que el sudor lo hiciera quitarse la ropa exterior. (El mar de Galilea está a menor altura que Jerusalén.) Su ropa exterior estaba enrollada alrededor de la cintura o amontonada sobre su cinto.

21:8. "Doscientos codos" (casi cien metros) es demasiada distancia como para que Pedro la vadeara; debe haber estado nadando cuando saltó del bote la primera vez.

21:9, 10. Aunque Jesús provee como lo hizo en el capítulo 6, esta vez les da una oportunidad de compartir como al muchacho de 6:9. La muy pequeña clase de terratenientes ricos y sin ocupación en el imperio romano despreciaban el trabajo manual, pero parece que los que se dedicaban a tales labores se enorgullecían de hacerlo (su ocupación era mencionada en las lápidas sepulcrales); Jesús confirma que eran pescadores, aun cuando eso también había sido su provisión (21:5, 6).

21:11. Jerónimo aseguraba que los zoólogos de la antigüedad contaban 153 especies de peces, pero las copias que se conservan de sus escritos no apoyan esa hipótesis, que puede haber sido un intento suyo de explicar ese versículo. Se han dado varias interpretaciones alegóricas de la cifra 153 (desde compararla con las palabras hebreas que totalizan 153, cuando se reconoce su valor numérico, hasta identificarla con un número triangular que debe haber impresionado a los antiguos filósofos *pitagóricos). Pero las antiguas historias de milagros subrayaban los números para incrementar la realidad del milagro (p. ej., 2 Rey. 19:35); sin duda, el número 153 es usado porque los *discípulos deben haber estado lo bastante impresionados como para contar los peces. El Señor resucitado había provisto para ellos más peces de los que posiblemente podrían comer ellos mismos.

21:12-14. El anfitrión o dueño de casa generalmente pasaba el pan; cf. 6:11.

21:15-23
Dos comisiones

21:15-17. Las dos palabras griegas para "amar" son usadas aquí en forma intercambiable como a todo lo largo de Juan y en general en la literatura de ese período; el punto no está (pese a algunos intérpretes) en los diferentes términos, sino en que el amor hacia Jesús debe demostrarse por la obediencia a su llamado y el servicio a su pueblo. Como alguien que seguía a Jesús, Pedro mismo era una de las ovejas (10:4; sobre "ovejas", ver los comentarios sobre Juan

10:1-18; para el trasfondo de los pastores fieles que las alimentan, ver Jer. 23:4; cf. Eze. 34).

21:18, 19. En la antigüedad, a menudo las predicciones eran enigmáticas; esta indica que Pedro no tenía control ni siquiera sobre cómo vestirse para un viaje; en este caso, para prepararse para la ejecución. Sobre "glorificar" a Dios como Jesús en el martirio, ver 12:23-27; una tradición muy categórica asegura que Pedro fue crucificado en Roma bajo Nerón alrededor del año 64 d. de J.C.

21:20-23. La tradición sobre el llamado del discípulo amado es que Jesús dijo a Pedro: "No es asunto tuyo", pero esta tradición fue mal interpretada en el sentido de que el discípulo amado viviría hasta el regreso de Jesús. El punto está en que Jesús tenía el derecho de elegir quién sería martirizado y quién sobreviviría. De acuerdo con una fuerte (aunque no unánime) tradición, Juan fue uno de los pocos *apóstoles originales que escaparon del martirio.

21:24, 25
Confirmación de los testigos

21:24. Era típico que los documentos legales grecorromanos y judíos terminaran con la confirmación de los testigos. "Sabemos que su testimonio es verdadero" puede ser una posdata añadida por los mismos *discípulos de Juan, confirmando la veracidad de que fue testigo ocular, aunque no es imposible para Juan escribir él mismo esas palabras (19:35; cf. el testimonio plural en 1 Jn., p. ej., 1:1-4).

21:25. Cuando los escritores tenían delante de sí más datos de los que podían registrar, a menudo señalaban que habían sido selectivos. Los escritores griegos, judíos y *samaritanos también incluían *hipérboles como esta, a veces hablando de cómo el mundo no podía contener el conocimiento que un *rabino en particular tenía sobre la *ley, y cosas por el estilo.

HECHOS

Introducción

Paternidad literaria. La tradición de que Lucas es el autor de Lucas-Hechos no se contrapone y encaja muy bien con lo que sabemos acerca de Lucas. El estilo y los temas del libro de Hechos reflejan claramente que se trata del mismo autor del Evangelio de Lucas. Lucas alterna entre el estilo de la prosa literaria griega y un estilo judío del griego influenciado grandemente por la *LXX.

Cierto número de términos en Lucas-Hechos es frecuente en la literatura sobre medicina, aunque la mayoría de estos términos también se encuentran en otros escritos, por lo tanto, esta terminología por sí sola no probaría que Lucas fuera su autor. Los médicos podían provenir de una clase baja, incluso de esclavos, pero por lo general eran muy educados. La presencia de mujeres en ese campo (especialmente en la obstetricia) pudo haber hecho que los médicos estuvieran más conscientes de los asuntos de la mujer (como lo está Lucas-Hechos).

Fecha: Debido a que el libro de Hechos surge antes de la muerte de Pablo, algunos eruditos han sugerido que Hechos (y, por lo tanto, Lucas o su anterior anteproyecto hipotético, proto-Lucas) fue escrito antes del año 64 d. de J.C. Otros, al leer Lucas 21, sugieren una fecha posterior al año 70 d. de J.C., argumentando que el libro de Hechos surge aproximadamente en el 62 d. de J.C. por razones literarias o debido a que Lucas solo necesitaba precedentes legales positivos. La evidencia no es concluyente en ninguno de los casos, sin embargo, debido a que Lucas utilizó claramente a Marcos como fuente, fechar el libro de Lucas-Hechos en el año 62 d. de J.C. cuestionaría la fecha del año 64 d. de J.C. que comúnmente se le asigna a Marcos. Por lo tanto, la mayoría de los eruditos asignan una fecha posterior al libro de Lucas-Hechos, en algunas ocasiones después del año 70. Ninguna de las fechas asignadas a Marcos ni a Lucas-Hechos es segura, no obstante, este comentario acepta, tentativamente, la fecha de este a principio del año 70 d. de J.C.

Propósito: Legal. Uno de los propósitos de la obra es registrar precedentes legales consecuentes en favor de los cristianos primitivos. En Hechos todas las cortes romanas declaran inocentes a los cristianos, y este registro ha impresionado de tal forma a algunos eruditos que han sugerido que Lucas escribió el libro de Hechos como una defensa judicial en favor de Pablo. Muy probablemente, Lucas cita una gran gama de precedentes legales de diferentes cortes locales (que serían útiles pero no valederas) por la misma razón que *Josefo lo hace a favor del judaísmo: para argumentar que el cristianismo debería disfrutar de protección legal continua en el imperio. De este modo, Lucas da a los cristianos apoyos legales (Luc. 21:15) y prepara el camino para abogados y filósofos cristianos como Tertuliano y *Justino, quienes abogarían por la tolerancia del cristianismo.

Propósito: Apologético. Toda historia ha sido escrita con un propósito, influida por reglas convencionales literarias del teatro y también utilizada para ilustrar principios morales. *Josefo utiliza la historia para justificar a Dios y a Israel después de la guerra del año 70 d. de J.C. *Plutarco y *Livio la usan para enseñar ética; incluso *Tácito escribe como un aristócrata que anhela el esplendor de la Roma antigua. La historia con un tema o un punto central (historia de la iglesia, historia social, historia afroamericana, etc.) no deja de ser historia por tener un interés o una perspectiva editorial. El propósito apologético de Lucas está formulado especialmente en los discursos del libro.

Hechos opera en diversos campos: el evangelio confronta a las cortes romanas, a los filósofos griegos, a los granjeros asiáticos rurales y a otros bajo sus propios términos, y nada puede detenerlo. Un tema muy importante es la relación del cristianismo con el judaísmo. Las religiones antiguas fueron respetadas en virtud de su edad, y los cristianos necesitaron demostrar que el AT era su libro y que ellos eran la voz auténtica del judaísmo (a pesar de la oposición de la mayor parte de la comunidad judía a esta afirmación en los días de Lucas). Lucas desarrolla este tema por medio de la exhibición del cumplimiento de asuntos sobresalientes del AT.

Género literario: Historia. A los historiadores se les permitía un amplio margen de libertad en los detalles, aunque se esperaba que obtuvieran la mayor parte de su historia hasta donde sus fuentes fueran fidedignas. Lucas es minuciosamente cuidadoso con sus fuentes en el Evangelio (Luc. 1:1-4), podemos verlo igualmente confiable en Hechos, en donde a menudo se puede cotejar con las cartas de Pablo (pocas de las cuales, si es que alguna, estuvieron disponibles para Lucas). Algunas secciones de Hechos también incluyen testimonios de alguien que viajó con Pablo. Contraria a la opinión de algunos eruditos, la palabra "nosotros" normalmente sí significaba literalmente "nosotros" en las *narraciones antiguas. Lucas es un redactor tan cuidadoso que si no hubiera tenido la intención de incluirse como compañía de Pablo, no hubiera permitido que una fuente anterior escribiera la palabra "nosotros". Esta palabra aparece en escritos históricos (como *Josefo) así como en novelas; sin embargo, solo las obras históricas tenían prólogos históricos (Luc. 1:1-4; Hech. 1:1, 2). Además, muchos escritores de eventos históricos buscaban un estilo entretenido y realista como el de los novelistas. En estos términos, la mención de "argumentos literarios" en el siguiente comentario quiere decir solamente que Lucas era un buen escritor, no que era un historiador inexacto.

La cuestion de la historicidad de los discursos invita a un comentario especial. Los escritores de la antigüedad nunca registraban sus discursos palabra por palabra (cf.

Hech. 2:40); tomaban notas si acaso estaban presentes, captaban la esencia y eran guiados por el conocimiento (cuando lo había) del estilo del orador y de su propia técnica de redacción. En ocasiones, los historiadores elaboraban discursos (como *Josefo lo hace en un discurso en Masada en donde no hubo ningún testigo sobreviviente) pero utilizaban la misma fuerza del discurso cuando contaban con datos suficientes. El estilo de redacción de Lucas saca a relucir algunos temas consecuentes en los discursos de proclamación apostólica encontrados en el libro, pero también podemos tener la seguridad de que reflejan la esencia de los mensajes dados en esas ocasiones, a los que Lucas debió haber tenido acceso. Los discursos del libro de Hechos son importantes para el propósito mismo del libro; integran aproximadamente una cuarta parte del libro.

Lucas-Hechos quizá está más apegado a las formas comunes de los escritos históricos grecorromanos que a los Evangelios, que se asemejan a una biografía antigua. Mientras que Mateo, Marcos y Juan escribían utilizando un estilo de biografía antigua, este segundo volumen de Lucas muestra que también escribió historia. El Evangelio de Lucas y Hechos tienen aproximadamente la misma longitud que Mateo; Marcos tiene la mitad y Juan cuenta con dos terceras partes de esa longitud, lo que indica que son rollos con una longitud común (Mateo, Lucas y Hechos estaban cerca de la longitud máxima de los rollos, entre 9,75 y 10,66 m). En el primer volumen, Lucas escribe acerca de Jesús, en el segundo volumen, Lucas escribe acerca de la actividad del *Espíritu en las *iglesias judías y *gentiles, especialmente a través de las figuras de Pedro y Pablo. Muchos escritores de la antigüedad hacían comparaciones entre las figuras como parte de su técnica historiográfica. (*Plutarco es conocido por el paralelismo que establece entre las figuras griegas y romanas en sus biografías; quizá, más específicamente, en 1 Rey. 17—2 Rey. 13 parece comparar a Elías con su sucesor Eliseo.)

Mensaje. Además de los temas ya mencionados y el énfasis típico que Lucas pone en la oración, en los signos y las maravillas, y en el *Espíritu, el libro de Hechos está estructurado alrededor de la evangelización del mundo (1: 8), con seis u ocho declaraciones concisas a lo largo del libro en las que se destaca la propagación del evangelio (ver 6:7; 9:31; 12:24; 16:5; 19:20; 28:31). Para Lucas, la meta final es la comunicación entre las culturas y la evangelización mundial, y el poder indispensable para poder llevar a cabo esta tarea se encuentra únicamente en el *Espíritu Santo.

Comentarios. Los comentarios particulares que fueron más útiles al preparar este comentario fueron Kirsopp Lake y Henry J. Cadbury, *The Acts of the Apostles: English Translation and Commentary,* vol. 4 de *The Beginnings of Christianity,* ed. F. J. Foakes Jackson y Kirsopp Lake, 5 vols. (Grand Rapids, Mich.: Baker Book House, reimpresión, 1979); y F. F. Bruce, *The Book of the Acts* (hay traducción al castellano), NICNT, rev. Ed. (Grand Rapids, Mich.: Eerdmans, 1988). Otros comentarios útiles incluyen a David J. Williams, *Acts,* NIBC (Peabody, Mass.: Hendrickson, 1990); I. Howard Marshall, *The Acts of the Apostles,* TNTC (Grand Rapids, Mich.: Eerdmans,1980).

1:1-5
Preparativos para salir

En una obra de dos volúmenes era costumbre recapitular el tema o el final del primer volumen al comienzo del segundo. Así Lucas 24:36-53 es recapitulado en Hechos 1:1-14, repitiendo muchos puntos con gran detalle. Los historiadores tenían la libertad de arreglar los elementos con sus propias palabras y parafrasearlos, y los lectores habrían observado una redacción diferente en dos volúmenes de la misma obra más como una variación por el bien de la amenidad de estilo, no como una omisión accidental.

1:1. Esta no es una forma común para comenzar un segundo volumen. "Comenzó" puede indicar que el libro de Hechos continúa un informe de las obras que realizó Jesús por medio de la *iglesia, sin embargo, es común en el estilo de Lucas y simplemente puede reflejar una figura del discurso semítico o koiné (el dialecto griego común). Teófilo, a quién Lucas dedica formalmente la obra parece ser el *protector o patrocinador de la misma (como era la costumbre; ver el comentario sobre Luc. 1:3, 4).

1:2, 3. En Lucas 24 se registran evidencias, y los cuarenta días que aquí se mencionan son considerados como el ministerio del Galileo registrado en otros evangelios. Además, los griegos requerían testigos oculares que documentaran las epifanías (o apariciones) de sus dioses o diosas, no obstante, esas apariciones no fueron claramente físicas y tampoco fueron sostenidas por un período tan largo de contacto personal.

1:4. "Reuniéndolos" (BA) significa literalmente "tomaron sal juntos", un modismo utilizado en la convivencia alrededor de la mesa. Este acto fue la última señal de cualidad física (en muchas tradiciones judías, los ángeles no podían verdaderamente comer alimentos terrenales) e intimidad (ver el comentario sobre Luc. 5:29-32).

1:5. El *Espíritu Santo estaba asociado tanto con la purificación (por ejemplo, el *"bautismo") como con la sabiduría o *profecía en segmentos del judaísmo antiguo. Sin embargo, por lo común, el énfasis se ponía sobre el don de profecía (hablar por Dios estando bajo su inspiración), y Lucas enfatizaba este aspecto del *Espíritu casi hasta el punto de excluir a los demás.

1:6-11
Ir y venir

1:6. Era lo más natural que los *discípulos hicieran esta pregunta a Jesús. Él había estado hablando del *reino (1:3), y las referencias sobre el derramamiento del *Espíritu en el AT fueron todas dentro del contexto de la restauración de Israel (Isa. 32:15; 44:3; Eze. 36:25-28; 37:14; 39:29; Joel 2:28—3:2a).

1:7. Ver Mateo 24:36. Los escritores judíos *apocalípticos a menudo veían la historia como dividida en épocas determinadas por Dios, aun así, en ocasiones utilizaban sus cálculos de las épocas para predecir que estaban cerca del fin. Jesús dice que el Padre ha determinado el tiempo pero no lo ha revelado.

1:8. A pesar de que el tiempo de la restauración de Israel puede ser desconocido, la misión del tiempo final que se le dio a Israel: ser testigo ungido por el *Espíritu (Isa. 42:1, 4, 6; 43:10-12; 44:3, 8), es dada hoy en día. Así, los *discípulos son los que tienen que servir como el remanente profético en Israel. (Cuando Israel desobedecía a Dios, él siempre dejaba un remanente; ver el comentario sobre Romanos 11:1-5.) Los diferentes textos antiguos hacen referencia a diferentes lugares con la frase "hasta lo último de la tierra". Los escritores comúnmente se refieren a Etiopía (8:27), sin embargo, en el libro de Hechos la meta estratégica a corto plazo es Roma (por ejemplo, el libro de los *Salmos de Salomón 8:15 utiliza "confines de la tierra"), para crear un impacto urgente en el imperio. No obstante, desde una amplia perspectiva, todas las naciones están incluidas (Sal. 67:1, 7; Isa. 45:22; 49:6; 52:10; y también Hech. 13:47).

1:9-11. En las historias griegas, varios héroes ascendieron al cielo, por lo común al morir y volverse dioses (como Hércules en su pira). Sin embargo, para Lucas la ascensión es solo una confirmación de la condición de Jesús en la *resurrección, una coronación para el rey que era tanto humano como Dios desde el principio. Los registros judíos de Elías (del AT) y otros (de tradiciones posteriores) del momento cuando fue llevado al cielo muestran que los lectores judíos entenderían la ascensión, sin embargo, una vez más existe una diferencia entre la exaltación de un hombre piadoso y la exaltación del Señor, en quien se debe llamar a la humanidad a que ponga su fe. Los ángeles ascendían y descendían, no obstante los contemporáneos de Lucas no consideraban estos movimientos angelicales como eventos especiales. (El judaísmo también hablaba en forma figurativa de la sabiduría divina que ascendía o descendía, pero nunca dentro de un contexto *narrativo, debido a que la sabiduría era una personificación, no un personaje histórico.)

Moisés transmitió su obra a Josué, Elías a Eliseo, y los *rabinos y los filósofos a sus *discípulos. Este modelo de sucesión creó "narraciones de sucesión" que describían la transmisión del llamamiento de un maestro a su discípulo. La ascensión de Jesús inmediatamente después de la comisión de 1:8 deja a los creyentes como sucesores suyos, responsables del trabajo de evangelizar al mundo, hasta su regreso en el mismo cuerpo glorificado (1:11).

1:12-14
La reunión de oración

Dados los cincuenta días que hay de la Pascua a Pentecostés, y quitando el tiempo que pasó Jesús en la tumba y los 40 días referidos en 1:3, esta reunión pudo haber durado cerca de una semana. (En la tradición de la iglesia, posiblemente basada en este pasaje, son diez días antes de Pentecostés.)

1:12. El monte de los Olivos fue el lugar en donde se esperaba la llegada del *Mesías (Zac. 14:4). Estaba aproximadamente a 800 m al este del templo y a varias decenas de metros por encima de él (aproximadamente "camino de un sábado", que eran 863 m; esta expresión se utiliza como una medida de longitud, no para indicar que era sábado).

1:13. La parte más opulenta de Jerusalén era la Ciudad Alta, en donde los aposentos altos eran más grandes y más comunes. A pesar de que los aposentos altos en muchas casas palestinas no eran más que meros áticos, los textos antiguos registran reuniones de grandes números de sabios en aposentos altos más espaciosos.

La lista de los nombres de los doce varía ligeramente en los diferentes textos del NT, lo que indica que la lista no ha sido uniformada. Sin embargo, algunos documentos comerciales de ese período muestran que era común que las personas tuvieran dos nombres que los identificaban, podían usar cualquiera de ellos o incluso ambos. La inserción de "hermano" junto al nombre de Judas en la RVR-1960 es incierta; las inscripciones antiguas utilizan frases griegas como "Judas de Jacobo" para decir "Judas hijo de Jacobo".

1:14. Dada la poca importancia cultural de la mujer en responsabilidades públicas, la igual participación de la mujer es notable, especialmente su aparente asociación con el hombre. (Sin embargo, la mujer no fue necesariamente aislada del hombre en los servicios dentro de la *sinagoga, como algunos han sostenido.) A menudo, "oración" significaba, en las afueras de Palestina, "casa de oración", o "sinagoga", y algunos comentaristas han sugerido ese significado aquí; no obstante, Lucas por lo común utiliza el término "sinagoga" para ese significado. El texto no necesita indicar una oración ininterrumpida, sino más bien debe significar más oración de la usual, es decir, más que solo algunas horas al día, o Lucas no hubiera tenido ninguna razón para mencionarlo.

1:15-26
Reemplazo de un apóstol apóstata

Cuando la probable comunidad *esenia de los *Rollos MM escogió a un grupo de líderes en el que se incluían a doce funcionarios especiales, quería simbolizar que esta comunidad era el verdadero remanente de Israel, fiel a Dios incluso a pesar de que el resto de la nación era apóstata. Jesús había escogido a doce *discípulos especiales para establecer este mismo punto; así que el número debía ser restaurado a doce funcionarios líderes al menos hasta que el hecho de tener doce se hubiera transmitido eficazmente. Judas perdió su lugar por apóstata.

1:15. De acuerdo con una tradición judía de fecha incierta, 120 ancianos transmitieron por primera vez la ley en los tiempos de Esdras. Por otro lado, una vez más, los *Rollos MM requerían de un sacerdote por cada diez hombres, así que 120 podía ser el número de personas que un equipo de doce líderes podía acomodar mejor; quizá otros discípulos no estuvieron presentes al mismo tiempo. Sin embargo, el punto que Lucas quiere establecer puede ser simplemente que el aposento alto está lleno (ver el comentario sobre 1:13).

1:16, 17. Los judíos creían que las Escrituras "tenían que cumplirse" y que Dios tenía soberanía sobre los eventos de la historia. Los escritores grecorromanos utilizaban el destino como un dispositivo que hacía funcionar la historia, pero Lucas considera que la historia se mueve conforme a los propósitos revelados por Dios en las Escrituras.

1:18, 19. Las *digresiones eran comunes en la literatura antigua; Lucas intercala aquí una digresión breve. Este relato tiene algunos aspectos comunes y otros discrepan con los de Mateo 27:1-10; estas similitudes y diferencias pueden explicarse sobre la base de dos autores que están informando detalles diferentes y la libertad que tenían los antiguos historiadores para relatar estos detalles. (Algunas burlas antiguas sobre los intentos de suicidio registran cuerdas que se rompían mientras la persona estaba tratando de ahorcarse, sin embargo, esos relatos normalmente eran ficticios y, en el mejor de los casos, ¡habrían sido poco comunes en la vida real!)

1:20. Aquí Pedro utiliza el principio interpretativo judío *qal vahomer*, o el argumento de "cuánto más": si el salmista (Sal. 69:25; 109:8) pudo hablar así de los acusadores del justo en general, ¿cuánto más se aplica este principio al epítome de iniquidad, al traidor del *Mesías? (De manera adecuada, los escritores del NT aplican a Jesús muchos de los puntos del Salmo 69, un salmo del justo sufriente.)

1:21, 22. Los testigos oculares (cf. 1:8) eran muy importantes en los tiempos antiguos, como lo son en la actualidad. De aquí la necesidad de seleccionar a alguien que hubiera estado con Jesús desde su *bautismo hasta su *resurrección.

1:23-26. En el AT (1 Crón. 24:7; 25:8) y en los *Rollos MM se acostumbraba echar suertes para seleccionar a las personas que tendrían cargos especiales. También se utilizaban para decidir sobre ciertos asuntos (así lo hacían los *rabinos, el historiador judío *Josefo y otros), y como forma de adivinación en las esferas griegas. Los judíos echaban suertes porque creían en la soberanía de Dios (incluso Dios hizo que eso funcionara para los paganos en Jon. 1:7, para exponer la desobediencia de Jonás), a pesar de que prohibían toda forma de adivinación.

Los nombres dobles (triple en el caso de José Barsabás) eran muy comunes, especialmente con nombres muy usados (como José) que requerían una modificación. "Barsabás" es arameo y significa "hijo del sábado", quizá porque nació en un día sábado.

2:1-4
La prueba de Pentecostés

Los judíos asociaban el derramamiento del *Espíritu especialmente con el fin de la era (1:6), y algunas señales que Dios dio en el día de Pentecostés indicaban que en cierto modo, a pesar de que el *reino no estaba consumado todavía (1:6, 7), sus poderes habían sido iniciados por la primera venida del *Mesías (2:17).

2:1. En los *Rollos MM, Pentecostés se celebraba como una fiesta de renovación del pacto; algunos textos posteriores celebran la entrega de la ley en el monte Sinaí. (Algunos comentaristas han sugerido que Lucas intenta establecer un paralelo entre el momento en que Moisés entrega la ley y el momento en que Jesús entrega el *Espíritu, pero la conexión relacionada con la ley en Pentecostés puede ser posterior a Lucas, y en Hechos 2 casi nada sugiere que Lucas haga esta conexión, aun si algunos cristianos judíos pudieran haberlo hecho antes que él. Más importante aún es la multitud que fue atraída por la fiesta; ver el comentario sobre 2:5.)

2:2. En todas partes Dios utilizó el viento para simbolizar su *Espíritu, quién reviviría a los muertos en la restauración futura de Israel (Eze. 37). Este símbolo muestra la irrupción en la historia de lo que se anticipaba para el futuro.

2:3. Dios derramaba su gloria en cada tabernáculo en el que decidía morar antes del exilio (Éxo. 40:34, 35; 1 Rey. 8:10, 11). No obstante, el fuego también era utilizado para describir el juicio inminente de Dios en el día de su ira y por lo tanto podía servir como una señal del futuro (Isa. 66:15; cf. el comentario sobre Luc. 3:16). (Otros han establecido un paralelo con el fuego en el Sinaí cuando Dios entregó la ley [Éxo. 19:18] o con el uso del fuego en la purificación de los metales.)

2:4. Algunos eruditos han citado instancias en las que se incluye un lenguaje incoherente en otras culturas como paralelos a este hablar en lenguas, sin embargo, los supuestos paralelos de los antiguos grecorromanos son débiles. Lucas no presenta este lenguaje como incoherente sino como una adoración en lenguas que ellos no conocían, y señala un antecedente del AT en el don de *profecía (ver el comentario sobre 2:16-18).

2:5-13
Las naciones de Pentecostés

El marco más sensible que describe aquí Lucas para el encuentro son los patios del templo. Si los *discípulos se seguían reuniendo en el "aposento alto" del 1:13 (este punto es debatido), estarían cerca del templo; solo se han encontrado grandes aposentos altos en la Ciudad Alta de Jerusalén, cerca del templo.

2:5. Los judíos de Roma y Partia se reunirían para las tres fiestas principales (Tabernáculos, Pascua y Pentecostés). Debido a que Pentecostés se celebraba solo cincuenta días después de la Pascua, los que habían hecho un largo peregrinaje a Jerusalén permanecían para las dos fiestas. Probablemente, Pentecostés era la menos popular de las tres fiestas de peregrinación, no obstante, *Josefo afirma que, aun así, era muy concurrida.

2:6-8. Los judíos de Partia conocían el *arameo; los del imperio romano, el griego. Pero muchos de ellos también estarían familiarizados con las lenguas locales que se hablaban en áreas distantes de sus ciudades. (Incluso la mayoría de los judíos palestinos eran bilingües, como lo es, en la actualidad, mucha gente en muchas partes del mundo.)

2:9-11. Aunque estos son judíos también son, cultural y lingüísticamente hablando, miembros de muchas naciones; por lo tanto, incluso desde el comienzo de la *iglesia como una comunidad fácilmente identificable, el *Espíritu ya había llevado a la iglesia a una diversidad de culturas bajo el señorío de Cristo.

Algunos comentaristas han pensado que esta tabla de naciones corresponde a algunas listas astrológicas antiguas, sin embargo, los paralelos no son muy cercanos. Es muy probable la propuesta de que Lucas haya actualizado simplemente los nombres de las naciones en la tabla de naciones (Gén. 10). Aquellas naciones fueron esparcidas después de la torre de Babel, en donde Dios las juzgó al hacer que no pudieran entenderse entre sí (Gén. 11); aquí Dios transforma el juicio en un milagro que trasciende la barrera del idioma.

2:12, 13. A menudo, los escritores (ya sea que escribieran hechos reales o ficticios) utilizan preguntas para establecer una respuesta. En ocasiones, los escritores antiguos describían la inspiración desde el punto de vista de la embriaguez. Los griegos creían en la inspiración frenética por parte de los dioses, y *Filón, un escritor judío que estaba plenamente en contacto con las ideas griegas, escribió acerca de la "intoxicación divina" más que cualquier otro escritor existente. Así, a veces les parecía a los extranjeros que las experiencias de lo trascendente (ya fueran inspiradas por Dios o movidas por una posesión espiritual) eran un éxtasis similar a la embriaguez. (A pesar de que la embriaguez era común entre los griegos, hubiera sido una acusación grave en la Palestina judía, donde esta se veía como un acto detestable y pecaminoso.)

2:14-21
La profecía de Pentecostés

2:14, 15. En la sociedad grecorromana, los oradores públicos normalmente se pondrían de pie para hablar. Pedro responde a las preguntas (2:12, 13) en orden inverso. Por lo común, la gente se embriagaba en la noche (cf. 1 Tes. 5:7), en los banquetes, no a las 9:00 h; quizás tendrían una resaca en la mañana, pero difícilmente actuarían como borrachos.

2:16-18. "Esto" (2:16) se refiere al hablar en lenguas (2:6, 12), lo cual Pedro señala como el cumplimiento del mensaje acerca del *Espíritu de *profecía, quizá por medio de un argumento *qal vahomer* judío ("del menor al mayor"): Si el Espíritu puede inspirarlos para hablar en lenguas que ellos no conocen, ¿cuánto más podía inspirarlos para profetizar la palabra del Señor en su propio idioma? En especial, las visiones y los sueños eran una actividad profética, y Pedro subraya este punto al añadir "y profetizarán" al final del 2:18 (que no aparece en Joel).

Pedro lee el "después de esto" de Joel (2:28) como "en los postreros días", una frase que en los profetas significaba normalmente después del día del Señor (Isa. 2:2; Miq. 4:1), que encaja dentro del contexto de Joel (Joel 2:30—3:3). Debido a que la era futura iba a ser inaugurada con la llegada del *Mesías, esta ya había sido inaugurada, al menos en algún sentido, debido a que Jesús, el Mesías, había llegado (un punto que pretendía demostrar el derramamiento del *Espíritu sobre sus seguidores).

2:19. Joel 2:30 dice "prodigios" pero no "señales"; Pedro puede haber añadido "señales" debido a que él deseaba mostrar que al menos algunas señales necesarias habían tenido lugar en la Tierra (Hech. 2:22; cf. Deut. 26:8). "Sangre, fuego y columnas de humo" son el lenguaje de la guerra.

2:20, 21. En Joel (2:2, 10; 3:15) el sol y la luna se oscurecerían especialmente por la invasión de langostas (y/o humana). Pedro sugiere que en un sentido previsor este tiempo final de la salvación de Dios para Israel ha comenzado. Las lenguas prueban que el *Espíritu de *profecía ha llegado, esto demuestra que la salvación es una realidad presente, lo que a su vez prueba que la era mesiánica ha llegado y por ende también el *Mesías.

Pedro interrumpe aquí la cita de Joel, pero continúa con la línea final de Joel 2:32 ("para cuantos el Señor nuestro Dios llame") al final de su sermón (Hech. 2:39). De esta manera su sermón es una exposición judía común (*midrash) de la última línea que citó, y responde a la pregunta: ¿Cuál es el nombre del Señor en quien ellos son llamados? En el texto hebreo, la palabra "Señor" es el nombre sagrado de Dios (Jehová), que los lectores en la *sinagoga pronunciarían como la palabra "Señor" (Adonai). En el texto griego que Pedro probablemente cita para comunicarse con los oyentes de diversas naciones, es simplemente la palabra griega para "Señor", pero todo el mundo sabría que aquí significa "Dios".

2:22-40
La predicación de Pentecostés

Como lo ha señalado Kenneth Bailey, el sermón de Pedro incluye aquí un quiasmo extensivo, una estructura literaria con un paralelo entrecruzado: A. Jesús a quien ustedes crucificaron (2:23, 36b); B. David dijo: "El Señor... está a mi diestra" (2:25, 34b); C. David murió/no subió a los cielos (2:29, 34a); D. David profetizó/se puso en evidencia el *Espíritu (2:30a, 33c); E. Dios había jurado/la promesa del Espíritu (2:30b, 33b); F. Cristo sentado en el trono (2:30c, 33a); G. David lo vio antes/los once testificaron (2:31a, 32b); H. *Resurrección de Jesús (2:31b, 32a); I. El cuerpo de Jesús no se descompuso (2:31cd). El punto G conecta el testimonio de los discípulos con la habilidad de profetizar (ver el comentario sobre 1:8).

2:22-28. Pedro cita el Salmo 16 para establecer su punto (desarrollado en Hech. 2:29-32): Dios levantaría de los muertos al *Mesías. Algunos antisemitas han utilizado textos como el 2:23 para atacar a los judíos en general, sin embargo, la crítica de Pedro sobre su responsabilidad colectiva (cf. 2 Sam. 12:9) no es más severa que la de los profetas del AT (p. ej., Amós, Isaías, Jeremías), y no puede utilizarse como si lo fuera.

2:29-31. Pedro argumenta que el salmo no puede referirse a David, porque el cuerpo de David sí vio corrupción (se descompuso). (En las afueras de Jerusalén, se ha dedicado una tumba en honor de David, junto a una de Hulda la profetisa.) Más bien, el salmo se refiere al último descendiente de David, en quien todos están de acuerdo que es el *Mesías (el rey ungido), por definición (Hech. 2:30; Sal. 132:11; cf. Sal. 89:3, 4).

2:32. Las Escrituras fueron claras; ellos fueron testigos oculares de que Jesús lo cumplió, y su testimonio se confirma por el derramamiento del *Espíritu, el cual no tiene otra explicación bíblica (2:16-21, 33).

2:33-35. Los intérpretes judíos a menudo vinculan los textos utilizando la misma palabra o frase (el principio fue llamado *gezerah shavah*). Así, Pedro presenta el Salmo 110:1, un pasaje claramente *mesiánico que incluye la palabra "diestra" y habla de la exaltación al igual que lo hace el Salmo 16. (Aquellos comentaristas que observan un vínculo con Moisés señalan aquí una tradición judía que dice que Moisés ascendió al cielo para recibir la ley; no obstante, el texto tiene mayor sentido como una simple exposición del salmo en cuestión.)

2:36. A partir del Salmo 110:1, Pedro muestra que el *resucitado es aquel a quien David llamó "el Señor". Por lo tanto, él ostenta el nombre de "el Señor" que Joel mencionó (2:32; ver el comentario sobre Hech. 2:21).

2:37, 38. Pedro instruye a la gente en la forma en la que debe invocar el nombre del Señor (2:21): ser *bautizados en el nombre de Jesús. Debido a que el bautismo era una señal de conversión al judaísmo normalmente reservado para los paganos, la petición de Pedro ofendería a los judíos que lo escuchaban y les restaría respetabilidad. Él hace un llamado a un testimonio de conversión radical y público, no a una petición de salvación privada, sin compromisos ni condiciones. "En el nombre de Jesucristo" distingue esta clase de bautismo, que requería fe en Cristo, de otras formas de bautismo antiguo; esta frase simplemente significa que la persona que iba a ser bautizada debía confesar a Cristo. (El libro de Hechos siempre utiliza esta frase con "bautícese", la forma pasiva nunca la activa; no denota una fórmula dicha sobre la persona que se está *bautizando, sino más bien indica la confesión de fe de la persona que está recibiendo el bautismo; ver 2:21 y 22:16.)

A pesar de que diferentes segmentos del judaísmo tienden a enfatizar diferentes aspectos del *Espíritu (p. ej., purificación y sabiduría en los *Rollos MM, o *profecía por los *rabinos y muchos otros), y los escritos de Lucas enfatizan específicamente el espíritu de inspiración y profecía, Lucas concuerda con otros escritores del NT en que la obra del Espíritu es un solo paquete, teológicamente hablando (cf. 8:14, 15).

2:39. Quienes lean el libro completo de Hechos se imaginarán que aquellos que "están lejos" son los *gentiles (Isa. 57:19; cf. Hech. 2:17), sin embargo, Pedro sin duda está pensando en los judíos esparcidos fuera de Palestina. Este derramamiento universal del *Espíritu estaba reservado en el AT para el tiempo final y se esperaba que continuara a lo largo de ese tiempo.

2:40. Los historiadores antiguos editaron y adaptaron discursos; no los citaron palabra por palabra (ni nadie hubiera podido hacerlo a menos que el discurso fuera corto, los oradores elocuentes algunas veces continuaban por horas, y el orador le proporcionaba al autor el manuscrito que había preparado antes). Así, Lucas resume el punto que establece Pedro.

2:41-47
El poder de Pentecostés

2:41. Considerando la estimación que hizo *Josefo de seis mil *fariseos en toda Palestina, tres mil conversiones al nuevo movimiento cristiano en Jerusalén ¡no es un mal comienzo! El templo tenía muchas piletas de inmersión que utilizaban los adoradores para cumplir el rito de la purificación; por lo tanto, los *bautismos masivos podían llevarse a cabo de manera rápida.

2:42. La mayoría de los grupos especiales de la antigüedad comían juntos (*religiones de misterio, comunidades fariseas, funerales, etc.). Sin embargo, muchas asociaciones griegas se reunían en comidas comunales solo una vez al mes (cf. con 2:46). Por lo tanto, es digna de mencionar esta antigua práctica cristiana de las comidas diarias (más tarde fueron semanales).

La convivencia alrededor de la mesa denotaba intimidad, y eran comunes las discusiones o incluso las predicaciones. Dado el tema de discusión recomendado por los judíos piadosos y lo que dice este texto acerca de la enseñanza y la oración (posiblemente incluían la participación de oradores del templo, 3:1), sin duda, el compañerismo de los primeros cristianos se centraba más en la adoración íntima, compartiendo y aprendiendo las Escrituras, que lo que tiende a hacer ahora su homólogo occidental.

2:43-45. El lenguaje griego que Lucas utiliza aquí es el lenguaje que los seguidores de *Pitágoras y otros utilizaban para la comunidad utópica ideal. Aquellos que argumentaron que la *iglesia primitiva cometió un error en 2:44, 45 están leyendo sus propios puntos de vista acerca de la Biblia, no están escuchando el mensaje de Lucas, debido a que él describe este estilo de vida radical como resultado del derramamiento del *Espíritu.

Algunos grupos judíos, como el que vivía en *Qumrán, siguieron el modelo de Pitágoras y entregaron todas sus posesiones a los líderes de la comunidad para que todos pudieran apartarse de la sociedad. Difícilmente este es el caso aquí, a pesar de que el compartir lo económico no es menos radical. Los cristianos primitivos reconocían que Jesús era dueño de ellos y de sus propiedades (cf. 4:32); vendían las propiedades para satisfacer las necesidades conforme iban surgiendo (4:34, 35) y abrían sus hogares como lugares de reunión para sus amigos cristianos (2:46). Estas acciones no reflejan un ideal *ascético, como en algunas sectas griegas y judías, sino más bien la práctica de valorar, de manera radical, a las personas por encima de sus posesiones. Tal comportamiento continuó, según se informa, entre los cristianos del siglo II, y fue muy ridiculizado por los paganos hasta que los valores paganos finalmente inundaron la iglesia.

2:46, 47. Los templos se encontraban entre los mejores lugares públicos donde podían reunirse, y la gente a menudo se congregaba allí. Había horas de oración pública en los cultos de adoración de la mañana y de la tarde (3:1).

3:1-10
Sanidad en el nombre de Jesús

Aquí Lucas proporciona el ejemplo más destacado de las maravillas que mencionó en 2:43.

3:1. Había horas de oración en los cultos de la mañana y de la tarde (cf. 2:42). La hora de oración para el culto de la tarde que aquí se menciona es aproximadamente a las 15:00 h. (Los *Rollos MM y fuentes posteriores sugieren, además, una tercera hora de oración probablemente al atardecer.)

3:2, 3. La "puerta la Hermosa" fue probablemente un nombre popular para la puerta de Nicanor (llamada así en honor de su donante alejandrino), era la puerta principal y la más grande, hecha del bronce más caro. Estaba en el patio de las mujeres hacia el este, frente a la puerta del santuario, y debe haber sido especialmente hermosa bajo la luz del sol naciente. Estaba situada sobre quince escalones, más allá de los cuales ni mujeres, ni lisiados, ni inmundos podían pasar, quizás en sus escalones alojaba pordioseros que podían pedir limosna a aquellos que iban al patio de Israel.

En la antigüedad, era común encontrar limosneros en lugares públicos, a pesar de que otros pueblos no practicaban la caridad de la misma manera que lo hacían los judíos. En el judaísmo solo aquellos que no podían trabajar se mantenían de esta manera, sin embargo, la caridad era considerada en gran manera, y el inválido o el ciego no tendrían que pasar hambre, especialmente si estaban cerca del templo. Se pensaba que era más difícil curar enfermedades congénitas que de otro tipo (Juan 9:32).

3:4-10. Por lo común, los antiguos hacedores de milagros oraban e invocaban espíritus en vez de ordenarle al enfermo que fuera sanado (el NT recomienda también oración, Stg. 5:14); no obstante, el AT tiene un precedente amplio en la realización de milagros al declarar simplemente la palabra del Señor, como un profeta expresa la voluntad de Dios (p. ej., 2 Rey. 1:10; 2:14, 21, 22, 24; 4:43; 5:10). "En el nombre de Jesucristo" significa aquí probablemente "actuar como su representante", (te lo digo a ti) o "Jesús te cura" (Hech. 3:16; 4:10-12; cf. el comentario sobre Juan 14:12-14).

3:11-26
Una oportunidad para predicar

A menudo, las señales y las maravillas proporcionan la oportunidad para testificar en Hechos, sin embargo, el énfasis siempre está en la proclamación misma de las buenas nuevas.

3:11. Desde los escalones de la puerta la Hermosa, Pedro, Juan y el pordiosero pasaron a través de los patios del templo hacia el pórtico oriental, patios que supuestamente quedaron del templo de Salomón (ver el comentario sobre Juan 10:23).

3:12. A menudo, los judíos pensaban que los magos hacían milagros (p. ej., provocaban la lluvia) por su gran piedad, lo que requería que Dios les prestara atención. Lucas enfatiza que los *apóstoles son personas comunes, llenas del *Espíritu de Dios (Hech. 14:15).

3:13. El "Dios de Abraham, de Isaac y de Jacob" era exaltado en las oraciones diarias; "siervo" hace alusión aquí a Isaías (ver el comentario sobre Mat. 12:15-18).

3:14. El "Santo" se aplicaba especialmente a Dios en la literatura judía; el "Justo" también era un título común para Dios, a pesar de que se aplicó a Enoc, a Noé, a algunos *rabinos y a otros también. Los *Rollos MM hablan de su fundador como el "maestro de la justicia". El contexto indicaría a quién se aplica el título.

Debido a que la sanidad no ocurrió durante una fiesta, la mayoría del público de Pedro es ahora de Jerusalén o de Palestina (cf. 2:23); no obstante, la acusación colectiva en contra de sus oyentes aquí no es más fuerte que las denuncias de los profetas del AT (p. ej. Amós 2:6—3:8). El llamar "homicida" a un revolucionario (Barrabás) podría haber enemistado a aquellos que simpatizaban con ideas revolucionarias (cf. Luc. 23:19).

3:15. "Príncipe" (PB) o "autor" (RVA) fue utilizado por los fundadores y *protectores de las ciudades griegas, para jefes de clanes o jueces militares (AT), o para comandantes que los guiaban en el camino; en ocasiones se aplicaba a los héroes griegos divinos como Heracles. Aquí puede significar el líder que exploró el camino de la (*resurrección) vida (contraste con el homicida del 3:14), quien avanzó delante de otros para preparar el camino para que ellos vivieran también. El lenguaje que Lucas emplea es irónico (un recurso literario): cuando el pueblo de Jerusalén aceptó al homicida (3:14), mató al autor de la vida.

3:16, 17. El AT y el judaísmo consideraban al pecado intencional (Núm. 15:30, 31) mucho más horrendo que los pecados por ignorancia (Núm. 15:22-29), sin embargo, ambos eran pecados, y también consideraban como pecado la ignorancia de la verdad de Dios (p. ej. Isa. 1:3; 29:11, 12; Ose. 4:6).

3:18. Maestros judíos posteriores en ocasiones decían *hiperbólicamente que el mensaje completo de los profetas versaba sobre la era mesiánica o la restauración de Jerusalén, o con otros temas favoritos. Los maestros posteriores a menudo decían que el *Mesías sufriría, y hablaban de dos Mesías: uno que sufriría y uno que reinaría; no obstante los cristianos parecen haber sido los primeros que proclamaron el concepto de un *Mesías que sufriría.

3:19. Los maestros judíos diferían acerca de si el *arrepentimiento de Israel tendría que preceder a su restauración final, o si Dios simplemente lo ocasionaría en un tiempo predeterminado. En los profetas del AT, el arrepentimiento de Israel tenía que precederlo; siguiendo el AT, algunas tradiciones judías posteriores (p. ej., *Libro de Jubileos 1:15-18; 23:26, 27) acentuaban el arrepentimiento de Israel como la meta final de la historia.

3:20, 21. Cristo no regresaría otra vez hasta que hubiera llegado el momento de restaurar a Israel (1:6) y al mundo. Muchos escritores griegos hablaban de los "ciclos" del universo: era destruido por fuego periódicamente y volvía a nacer. No obstante, los judíos esperaban la restauración de Israel; este era un mensaje central en los profetas del AT (p. ej. Isa. 40:9-11; Jer. 32:42-44; Eze. 37:21-28; Ose. 11:9-11; 14:4-7; Amós 9:11-15), y Pedro parece tenerlo en mente aquí.

3:22, 23. Otros textos del NT también aplican a Jesús el pasaje de Deuteronomio 18:15, 18. Algunas otras fuentes (p. ej., documentos *samaritanos y los *Rollos MM; generalmente los *rabinos no) también aplicaban este texto a un profeta futuro como Moisés. Algunos líderes, cuyos seguidores pensaban que eran profetas, trataron de duplicar los milagros de Moisés o de Josué, lo que indicaba probablemente que aspiraban a este cargo. Sin embargo, *Josefo declara que sus milagros fallaron.

3:24-26. Los oyentes de Pedro son espiritualmente "herederos de los profetas"; sobre las *profecías ver 3:18. Debido a que las bendiciones de Abraham para las naciones (Gén. 12:3) tendrían que llegar a través de ellos, el siervo (3:13) había sido enviado para ser de bendición para ellos en primer lugar.

4:1-12
Acusado por las autoridades del templo

4:1. Los *saduceos controlaban la jerarquía y a la mayor parte del clero residente del templo. El sagan, o jefe de la guardia del templo (una fuerza policíaca local permitida por los romanos e integrada por levitas) es conocido a partir de otras fuentes y probablemente es el mismo funcionario llamado "el capitán del rey" en los días de Herodes el Grande.

4:2. Los *saduceos no estaban de acuerdo con la doctrina *farisea de la *resurrección, sin embargo, los fariseos representaban una amenaza menor que los cristianos, ya que la doctrina farisea era solo una esperanza teórica para el futuro. Desde la perspectiva judía el testimonio apostólico de que una persona ya había sido levantada proclamaría que la resurrección ya había sido inaugurada. Al garantizar, en vez de simplemente enseñar, la futura esperanza de la resurrección, los *discípulos amenazaron la seguridad de los saduceos como líderes del pueblo.

4:3. Pedro y Juan habían subido al templo aproximadamente a las 15:00 h (cf. 3:1), por lo tanto, la puesta del sol estaba cerca. Ya no iban a tratar con alguien que derribara mesas en el templo, la aristocracia está complacida por obedecer la ley y esperar hasta el día siguiente para juzgarlos (los juicios nocturnos eran ilegales).

4:4. Las estimaciones de la población de Jerusalén en ese tiempo varían de 25.000 a 85.000, y *Josefo comentó que solo había 6.000 fariseos en Palestina. Es muy considerable el total de 5.000 "varones" judíos cristianos en Jerusalén, sin incluir a las mujeres ni a los niños (ni a los griegos aquí). Debido a que estaban en el patio exterior, con seguridad dentro de los conversos también había mujeres.

4:5. Las autoridades judías que se mencionan aquí representan la corte judía gobernante de Jerusalén; probablemente se congregaban en el salón de reuniones en las cercanías del templo.

4:6. Estos funcionarios eran muy conocidos. Al igual que otros escritores de la época, Lucas utiliza libremente "sumo sacerdote" para cualquier funcionario de la casa del sumo sacerdote. Oficialmente, Caifás era el sumo sacerdote en este tiempo (ver el comentario sobre Juan 11:49; 18:13). Los *rabinos y los *Rollos MM (al igual que otras fuentes como *2 Baruc) ofrecen un panorama poco halagüeño de las generaciones finales de la aristocracia del templo, con quienes no se llevaban bien.

4:7. Escenas de juicios, así como de piratas y otras penurias, eran los forjadores del suspenso y eran comunes en las historias antiguas.

4:8. En el AT, el *Espíritu a menudo venía sobre los siervos de Dios para realizar tareas específicas (p. ej., Éxo. 35:31; Jue. 14:6) y se asocia especialmente con la *profecía y el discurso profético (p. ej., el don de hablar lo que Dios está diciendo).

4:9-12. Salvación "en el nombre" (v. 12) alude a la exposición anterior de Pedro sobre Joel 2:32 (Hech. 2:21); el término traducido "salvos" implica en su totalidad (p. ej., sanidad del hombre, al igual que v. 9, de manera literal). Pedro aprendió de Jesús esta aplicación del Salmo 118:22, citado aquí en el versículo 11; ver Lucas 20:17.

4:13-22
La autoridad de Dios y no de la jerarquía

4:13. La frase "hombres sin letras" significa que no estaban capacitados en la *retórica griega (discurso público), como lo estaría la aristocracia sacerdotal. (También puede significar que ellos no habían sido capacitados por un *rabino reconocido, en el caso de que los aristócratas fueran demasiado arrogantes para considerar a Jesús como un *rabino reconocido.) Los filósofos griegos populares acostumbraban vanagloriarse por no haber sido educados en la retórica y haber vivido vidas simples. De este modo, lo que se considera una debilidad de Pedro y de Juan, los lectores de Lucas lo considerarían su punto fuerte. Pero la razón de su valentía "sin letras" es obvia: habían sido educados por Jesús, quien era por sí mismo valiente y "un hombre sin letras". (Era muy sabido que los discípulos regularmente reflejaban el estilo de vida y el carácter que habían aprendido de sus maestros.)

4:14-18. Tanto los discípulos como la aristocracia sacerdotal reconocen que no existen bases válidas para un cargo legal. Aún así, como guardias del templo, la aristocracia sacerdotal tiene el poder policial para controlar las enseñanzas de lo que ellos consideran sus cimientos. Algunos maestros judíos argumentaron que los milagros no validaban la enseñanza de otro si no concordaban con su propio razonamiento de las Escrituras y de la tradición.

4:19-22. A menudo, los filósofos hacían hincapié en la obediencia a Dios y no a la gente, en obedecer la verdad y no la conveniencia social; Sócrates, quien rehusó permanecer callado aun bajo pena de muerte, fue un ejemplo notable. Los profetas del AT (tales como Natán, Elías y Jeremías, quienes se enfrentaron a los reyes, o Urías, quien sufrió martirio, Jer. 26:20-23) son ejemplos aún más claros. Ya sea que el trasfondo de los lectores sea griego o judío, les quedaría claro quién está del lado de la justicia.

4:23-31
La alabanza frente a la persecución

4:23, 24. A pesar de que en el drama griego los coros recitaban las líneas al unísono, aquí "unánimes" (RVR-1995, BA) simplemente significa "juntos, en unidad" (la misma palabra aparece en 1:14; 2:46; 5:12). Esta no es una liturgia unificada, como a la larga llegó a ser común en las *sinagogas; ni siquiera están de acuerdo todos los eruditos en que las oraciones fueran recitadas al unísono en la mayoría de las sinagogas palestinas en este período. Más bien, es muy probable que el texto se refiera simplemente a que alguien inspirado por el *Espíritu condujo la oración.

La oración comienza confesando la soberanía de Dios (su poder para responder a la oración) con líneas del Salmo 146:6 sobre la fidelidad de Dios para libertar al oprimido; él es mayor que sus adversarios.

4:25-28. El Salmo 2 se refiere totalmente a la descendencia real de David, en particular al *Mesías en contra de quien los gobernantes fueron convocados. (Más tarde, los *rabinos aplicaron este texto a Gog y Magog, naciones reunidas en contra del Mesías y de Israel.) En el versículo 27 los creyentes reconocen el cumplimiento de esa oposición en los adversarios de Jesús. Este es un reconocimiento de que la oposición a Jesús (y a sí mismos) estaba de acuerdo con la voluntad de Dios.

4:29-31. Las oraciones de liberación eran comunes en el AT y en el judaísmo (ver 2 Crón. 24:21, 22; Sal. 109:6-20; ver también Apoc. 6:10), sin embargo, esta es una oración para pedir fidelidad y valentía (cf. Sal. 138:3). Si bien el judaísmo ostentaba historias de extraños hacedores de milagros y el paganismo tenía santuarios locales de sanidad además de algunos magos, no existe ningún paralelo en un movimiento que confía en Dios respecto a esos milagros tan difundidos (cf. Hech. 2:43; 5:12).

4:32-37
Reavivamiento continuo

Como en 2:41-47, el derramamiento del

*Espíritu de Dios aquí conduce no solo a los milagros y a un testimonio verbal inspirado sino, además, a la preocupación de unos por otros y a compartir las posesiones de manera activa. Para el trasfondo ver el comentario sobre 2:43-45.

4:32, 33. En el AT, el favor de Dios y el *Espíritu podían estar "sobre"los individuos (cf. Núm. 11:24-29; Eze. 11:5).

4:34, 35. En los *Rollos MM, los funcionarios de la comunidad distribuían las contribuciones en la comunidad; en la mayor parte del judaísmo palestino, los despenseros distribuían los fondos que les eran entregados.

4:36. Muchos judíos vivían en Chipre. El "Bernabé" *arameo puede significar "hijo de refrescamiento" o quizás "hijo del profeta". Comúnmente, se utilizaban los sobrenombres para describir atributos personales.

4:37. Las donaciones como la de José ocurrían a menudo (4:34), sin embargo, Lucas desea establecer un ejemplo positivo antes de uno negativo (5:1-11) y presentar un personaje importante aquí (9:27). Una técnica recomendada de la escritura antigua era la de contraponer los ejemplos positivos con los negativos. A pesar de que los levitas no poseían tierras bajo la ley del AT, comúnmente sí las poseían en los días de Jesús (cf. los parientes de Bernabé en 12:12, 13), e incluso algunos, como los sacerdotes saduceos, eran ricos.

5:1-11
Confrontación del pecado en el campamento

El pecado de un hombre que había guardado para sí algo de un botín había traído en una ocasión juicio sobre todo Israel y la muerte de muchos, y solo la muerte del transgresor permitió a Israel volver a avanzar (Jos. 7). Dios tomó la pureza colectiva de su pueblo, y la importancia de la sinceridad en las afirmaciones de su compromiso total, con mucha más seriedad que los cristianos en la actualidad.

5:1-4. Por lo general, los grupos antiguos que requerían que sus miembros cedieran sus posesiones tenían un período de espera durante el cual alguien podía recuperar sus cosas y marcharse (ver los *Rollos MM y los seguidores de *Pitágoras). Los cristianos primitivos actuaban no por causa de una ley sino a partir del amor, sin embargo, este pasaje trata, con mucha más seriedad que otros, la ofensa causada por mentir y no haber entregado todo a la comunidad. Los Rollos MM excluyen a un infractor como este de las comidas comunitarias durante un año y reduce las raciones de comida a una cuarta parte; aquí Dios ejecuta la sentencia de muerte. Tanto en 2 Reyes 5:20-27 como en una inscripción de Epidauro se muestra que la mayoría de la gente de la antigüedad sabía del peligro que corría al mentirle a Dios o a uno de sus representantes.

5:5. La tradición judía decía que cuando una adúltera bebiera las aguas amargas del templo (Núm. 5) inmediatamente moriría; se relatan otras historias sobre *rabinos que pronunciaron juicio o (en historias posteriores) desintegraron a estudiantes necios con una mirada dura. Los milagros de juicio también aparecieron en las tradiciones griegas y son frecuentes en el AT (p. ej., Núm. 16:28-35; 2 Rey. 2:24; 2 Crón. 26:16-21).

5:6. Era costumbre sepultar a las personas el mismo día que morían, aunque normalmente la esposa tendría conocimiento del funeral (5:7). Quizás Ananías y Safira no poseían una tumba familiar debido a que habían donado muchas de sus propiedades a la *iglesia.

5:7-11. En muchos casos, el AT (p. ej. Deut. 21:21) y el judaísmo posterior (Los *Rollos del MM, *rabinos, etc.) aplicaron la pena de muerte para que otros pudieran "temer" (v. 11); así, sirvió como una medida de disuasión.

5:12-16
Incremento de milagros

A pesar de que pocos maestros ancianos fueron conocidos como hacedores de milagros, solo se informó que el más notable había hecho milagros como los que se les atribuyen a los *apóstoles aquí, y estos registros no provienen de fuentes contemporáneas. Fuentes más contemporáneas dan el crédito de dichos milagros a deidades guardadas en templos (sobre el punto de vista del cristiano primitivo, ver 1 Cor. 10:20).

5:12. En el "pórtico" de Salomón (NVI; "portal", BAD), ver 3:11 y el comentario sobre Juan 10:23.

5:13. "De los demás ninguno" (RVR-1995) parece referirse a los no creyentes y no a otros cristianos (2:42, 47) (en contraste con algunas sectas griegas como la de *Pitágoras, que según se dice tomaban en cuenta solo a gente selecta para entrar en su presencia). Muchos que no eran judíos asistían a la *sinagoga y creían en el Dios de Israel sin llegar a convertirse plenamente ni obedecer las leyes judías (ver el comentario sobre 10:2); es posible que se trate aquí de un grupo similar de judíos forasteros que respetaban el movimiento cristiano pero sin llegar a convertirse.

5:14-16. En la antigüedad, las personas pensaban que la sombra estaba conectada a la persona. En la ley judía, si la sombra de una persona tocaba un cadáver esa persona se volvía tan impura como si hubiera tocado el cuerpo físicamente. El énfasis público sobre la necesidad de tocar a las personas que sanaban puede haberse derivado de supersticiones sobrenaturales (el poder como una sustancia era un concepto pagano mágico), sin embargo, Dios sigue supliendo esa necesidad por medio de los representantes que ha designado (cf. 19:11; Mar. 5:28-30).

5:17-32
Arrestados otra vez

5:17. Los *saduceos eran poderosos pero nunca obtuvieron la popularidad de la que disfrutaban los *fariseos. A pesar de que la situación política requería que ellos mantuvieran una relación con los fariseos, no es de sorprender que "se llenaran de celos" (cf. Mar. 15:10) y actuaran con hostilidad hacia los *apóstoles. *Josefo describía a los saduceos como una "secta", aquí Lucas utiliza el mismo término (al igual que la mayoría de las traducciones; cf. "partidarios", NVI; ver también Hech. 15:5; 26:5). Josefo también escribió para una audiencia griega, para quienes el término podría significar una escuela filosófica.

5:18. Normalmente, las cárceles se utilizaban para la detención del preso antes del juicio, no para un encarcelamiento como castigo.

5:19. Ocasionalmente, en la tradición griega aparecen historias de milagrosos escapes de la cárcel (p. ej., Dionisio, la deidad griega, encarcelado por el rey Penteo) y en una historia anterior a la era cristiana acerca de Moisés del escritor Artapanus en la *diáspora judía. Por supuesto, incluso el éxodo de Egipto fue una liberación milagrosa de la cautividad (cf. Lev. 26:13; Sal. 107:10-16).

5:20, 21. Las puertas del templo se abrían a medianoche, sin embargo, la gente regresaba hasta el amanecer. La audiencia para los *apóstoles había sido programada para el amanecer, debido a que los juicios no debían ser llevados a cabo en la noche (4:3, 5).

5:22-26. Estos guardias fueron afortunados al ser levitas que vigilaban la aristocracia judía del templo y no reclutas bajo el gobierno romano o de Herodes Agripa I, quien posiblemente los hubiera ejecutado (ver 12:18, 19).

5:27. El sumo sacerdote presidía sobre el Sanedrín, o concilio judicial gobernante.

5:28. El cargo levantado en contra de los *apóstoles era que estaban tratando de incitar al desorden en contra de la aristocracia municipal sustentada por los romanos, al acusarlos de tener responsabilidad en la ejecución de Jesús. (El Sanedrín vio la ejecución de Jesús como la eliminación de un revolucionario que estaba provocando disturbios.)

5:29, 30. Ver el comentario sobre 4:19, 20. Los apóstoles afirman que el Sanedrín es responsable de la ejecución.

5:31. Ver el comentario sobre 3:15. Los líderes *saduceos del Sanedrín podían ver como un error la afirmación de los *apóstoles de que Jesús es rey después de todo, que reina en representación de Dios y que fue reivindicado por él después de que el Sanedrín lo había ejecutado; no obstante, es mucho más significativo en este caso que vieran esta afirmación como un reto directo a su poder político y a su sabiduría.

5:32. Sobre los testigos, ver 1:8; el *Espíritu Santo es el Espíritu de la *profecía que los inspira a testificar, y se suponía que solo estaría disponible en los últimos tiempos o para la gente extremadamente devota. La respuesta de los apóstoles indica que no consideraban que el Sanedrín obedeciera a Dios.

5:33-42
Apoyo por parte de un fariseo moderado

Ya fueran *saduceos aristócratas con agendas políticas o maestros *fariseos con agendas pietistas, todos los miembros del Sanedrín afirmaban ser seguidores del Dios de Israel y no querrían oponerse a él.

5:33. Debido a que no es una fiesta y, por lo tanto, el procurador no estaba en la ciudad, los líderes religiosos probablemente pudieron haber logrado su propósito, sin importar que hubiera sido ilegal y hubiera estado fuera de todo protocolo (cf. caps. 6—7). Las tradiciones fariseas describen que las familias sacerdotales gobernantes en este período utilizaban, en ocasiones, la fuerza para garantizar que se hiciera su voluntad.

5:34, 35. Decir que Gamaliel I, el alumno más destacado de *Hillel, era ampliamente respetado es subestimarlo; probablemente fue el líder *fariseo más influyente de ese tiempo y también tenía fama de ser un aristócrata de Jerusalén. Los *rabinos posteriores ensalzaron su devoción y su conocimiento, y le otorgaron el título de "Rabán", que más tarde perteneció a los gobernantes de las cortes fariseas. *Josefo mencionó al hijo aristócrata de Gamaliel, Simón, indicando el poder que tenía la familia en Jerusalén. (Probablemente, es inexacta la tradición posterior de que Gamaliel era el hijo de Hillel.)

Los fariseos tenían muy poco poder político y no creían en la ejecución de alguien por razones políticas. Aun si los cristianos estaban en un gran error, mientras ellos obedecieran la ley de Moisés los fariseos no pensarían en castigarlos. A diferencia de muchos fariseos de los que se habla en los Evangelios, aquí se describe a Gamaliel I como una persona que vivía de acuerdo con las normas en las que creían los fariseos (ver 22:3).

5:36. Si *Josefo es acertado, Teudas surgió aproximadamente en el año 44 d. de J.C., diez años después del discurso de Gamaliel. El nombre "Teudas" no es un nombre lo suficientemente común como para hacer creíble que había un revolucionario anterior llamado Teudas, aunque el nombre sí aparece (p. ej., en la inscripción de una tumba en Jerusalén). Quizás Lucas simplemente está citando los nombres de los líderes revolucionarios más destacados y conocidos en su propio período, y no a un nombre menos conocido que Gamaliel hubiera citado (en ocasiones, los historiadores ajustaban los discursos de sus personajes a sus propias palabras); la alternativa sería que Lucas está equivocado o Josefo lo está.

Teudas era un mago judío que reunía seguidores en el río Jordán, prometiendo que lo dividiría. El gobernante romano Fado envió tropas que mataron y capturaron a miembros de la multitud; Teudas fue decapitado.

5:37. Judas, el galileo, encabezó la revuelta a causa de los impuestos en el año 6 d. de J.C. Los romanos se vengaron destruyendo Séforis; el modelo de Judas marcó la tónica para los revolucionarios que más tarde llegaron a llamarse los *zelotes. Los hijos de Judas también se sublevaron en la guerra del 66 al 70; fueron crucificados. A Judas lo ayudó un cierto Sadoc, un *fariseo. Naturalmente, Gamaliel vería a estos revolucionarios de una manera más favorable que los *saduceos, ya que los saduceos tenían más intereses establecidos en el gobierno romano.

5:38, 39. A menudo, la persistencia era considerada como una prueba de la ayuda divina. "Luchando contra Dios" puede ser un dicho griego familiar, tal vez se originó con el dramaturgo griego Eurípides solamente citado en antologías para los estudiantes del idioma griego. Muchos de los que estaban en el Sanedrín debieron haber usado esas antologías y por lo tanto estaban familiarizados con esta expresión.

A quienes les sería más atractivo esperar a que los romanos se hicieran cargo de este problema era a los *fariseos, quienes en este período estaban más convencidos, que los *saduceos, de que un futuro *Mesías intervendría para establecer la causa de Dios y derrocar el orden actual. Como muchos de sus sucesores, Gamaliel no quiere tener problemas con Roma, pero está seguro de que los romanos pueden encargarse de los revolucionarios por sí solos, a menos que Dios esté con los revolucionarios. No obstante, al comparar el movimiento cristiano con los seguidores de Teudas y de Judas, Gamaliel muestra que sigue malentendiendo y confundiendo al cristianismo con las cuestiones políticas.

5:40. La parte farisea escucharía especialmente a Gamaliel, ya que tenía gran respeto por la enseñanza de sus ancianos; quizás al reconsiderar el extremismo de un linchamiento ilegal, la parte saducea predominante también estaría de acuerdo. Eran muy conocidos los azotes como castigo civil y estaban desligados de la ejecución (Luc. 23:16; ver el comentario sobre Juan 19:1); debido a que los *fariseos se opondrían a que los romanos aplicaran el azotamiento, quizá aquí se observa la disciplina de 39 latigazos administrados por los tribunales judíos tradicionales (ver el comentario sobre Mat. 10:17).

5:41, 42. En la tradición judía, el justo podía regocijarse en medio del sufrimiento debido a que su recompensa la tendría en el mundo por venir; sin embargo, la persona que desobedecía el decreto de un gobernante era considerada audaz, y el judaísmo ensalza a los mártires que lo hicieron. (Es especialmente temerario el hecho de que los *apóstoles continuaran enseñando públicamente en los patios del templo.) Los lectores de la antigüedad respetarían esta descripción de los apóstoles. "Enseñar" es instrucción en primera instancia; "predicar" es la proclamación especial del *evangelio que salva.

6:1-7
Los siete distribuidores de ayudas

Por lo general, los que tenían poder político reprimían a las minorías inconformes; aquí los *apóstoles entregan el sistema completo a las minorías ofendidas. Por lo tanto, esta puede ser la primera instancia registrada de lo que en la actualidad podemos llamar "acción afirmativa".

6:1. Algunos eruditos piensan que aquí los "helenistas" (BA) son simplemente judíos palestinos que hablaban griego, sin embargo, la mayoría de los judíos de Palestina eran bilingües; y probablemente el griego fue el primer idioma que hablaba la mayoría de los nativos de Jerusalén. La propuesta más probable es que este texto se refiere a judíos de la *diáspora que se habían establecido en Jerusalén, como opositores de los nativos de la Palestina Judía.

La Biblia ordenaba que se debían hacer cargo de las viudas, quienes si no contaban con familiares cercanos no tenían otros medios de manutención. El judaísmo tomó esta responsabilidad seriamente, en contraste con las culturas de los *gentiles. No obstante, debido a que ser enterrado en la tierra de Israel se consideraba decoroso, muchos de los judíos extranjeros llegaban a pasar sus últimos días allí, entonces morían y dejaban a sus viudas. (Los *rabinos palestinos a la larga proporcionaban incentivos teológicos adicionales a los inmigrantes; de acuerdo con una tradición común, los muertos serían *resucitados solo en Israel, de esta manera los justos muertos en otras tierras tendrían que rodar, por debajo de la tierra, hasta llegar a Israel, y se pensaba que esta era una experiencia muy desagradable.)

Así, un número desproporcionado de viudas judías extranjeras vivía en Jerusalén, en donde no había suficientes *sinagogas para judíos extranjeros (6:9) para que sus distribuidores de ayudas pudieran suplir a todas las viudas de una manera adecuada. Este problema social urbano en Jerusalén llegó a la *iglesia.

6:2-4. Los distribuidores de ayudas ocuparon un cargo en el judaísmo palestino posterior. La reputación era importante por el bien de la credibilidad pública; ver el comentario sobre 1 Timoteo 3:7. Había un precedente en el AT en donde la gente escogía a esos distribuidores de ayudas y el líder ratificaba su elección (Deut. 1:13), y presuntamente, los *esenios elegían a sus funcionarios.

6:5. Las inscripciones en las tumbas muestran que mucha gente de Jerusalén tenía nombres griegos, ya fuera que sus padres o abuelos hubieran vivido fuera de Judea o no. No obstante, incluso en Roma, menos del 40% de los judíos tenía en su nombre algo de griego, y solo uno o dos de los *apóstoles tenían un nombre griego. Estos siete hombres tenían nombres griegos, lo que sugiere que se les conocía como helenistas (6:1), primera o segunda generación de judíos inmigrantes en Palestina, por consiguiente, eran miembros de la minoría ofendida. Incluso, uno de ellos es un *prosélito, o sea un *gentil que se había convertido al judaísmo; muchos de ellos vivían en Antioquía (cf. 11:19).

6:6. La imposición de manos transmitía bendiciones en el AT (alguna vez confirmada en el período apostólico), pero aquí la idea parece ser la de una ordenación, como en Números 27:18, 23, similar a la práctica posterior de ordenamiento de *rabinos, llamada semikah (cf. 1 Tim. 4:14; 2 Tim. 1:6). (Los rabinos aplican este ritual de la imposición de manos solo a los sacrificios y para ordenar eruditos.) Si fue así, los *apóstoles consideraron que era muy importante el cargo de servicio social de sus amigos.

6:7. A pesar de que la mayoría de los sacerdotes de la clase social alta era *saducea, no lo eran los sacerdotes más pobres, muchos de los cuales iban a Jerusalén solo algunas semanas al año; incluso algunos sacerdotes eran *fariseos. A los sacerdotes se los otorgaba un nivel alto dentro de la comunidad *Qumrán. Los sacerdotes no representaban ninguna ideología dada, ni ningún nivel económico, pero aquí su conversión muestra que los cristianos estaban haciendo incursiones incluso dentro del edificio del templo, o al menos en la jerarquía más baja de sacerdotes que servían allí.

6:8—7:1

Esteban comparece

A pesar de las órdenes de Jesús de que se involucraran en la misión hacia los *gentiles (1:8), los *apóstoles habían permanecido en Jerusalén y se quedaron allí hasta el 15:2. A fin de cuentas, la minoría, resultado de la mezcla de dos culturas, que había en la *iglesia de Jerusalén es la que posee la promesa para el futuro. Lucas nos da ejemplos de dos líderes provenientes de esa minoría (6:5): Esteban (cap. 7) y Felipe (cap. 8).

6:8-10. Los amigos helenistas de Esteban sintieron la hostilidad de los judíos locales con mayor intensidad que por parte de la facción hebrea de la *iglesia (ver el comentario sobre 6:1). Jerusalén tenía muchas *sinagogas (aunque no las 480 de la tradición posterior), incluyendo algunas de las que se mencionan aquí. Los arqueólogos encontraron la inscripción de una dedicatoria en una "sinagoga de los *libertos", aquellos que descendían de anteriores esclavos romanos. (Constituían una clase particular en la sociedad grecorromana de la primera generación; el judaísmo los colocaba apenas por debajo de los *prosélitos.) Fuentes posteriores confirman la existencia de la sinagoga de Alejandría y de la de Cilicia; la capital de Cilicia era Tarso, pueblo natal de Pablo. Otras ciudades antiguas con grandes poblaciones de inmigrantes judíos también ostentaban diversas sinagogas.

6:11. Parece haber sido una situación ideal que la gente fuera juzgada por uno de sus iguales (un juez en una corte local); la crítica por parte de sus amigos helenistas sería de más peso que la de aquellos que probablemente no conocían a Esteban. Aquí, la "blasfemia" no tiene el sentido técnico que más tarde se le dio: pronunciar el nombre de Dios; sino en un sentido más general el de faltarle el respeto a Dios.

6:12. Probablemente, el Sanedrín no estaba inclinado a favor de Esteban; la ley judía de amonestación requería una advertencia. Sin embargo, el Sanedrín ya había advertido a los líderes de este movimiento (5:40), y partiendo de este punto, el Sanedrín tendría que actuar.

6:13-15. En la antigüedad, el perjurio era considerado como una afrenta hacia el dios en cuyo nombre los testigos falsos habían hecho el juramento. Los testigos falsos, en un caso de juicio capital, debían ser ejecutados si se descubría la verdad (Deut. 19:18, 19; también bajo la ley romana), pero en este caso, Esteban parecerá aceptar la mitad de su cargo en respuesta al interrogatorio del sumo sacerdote (7:1). Él está a favor de la *ley (cf. la mayoría de sus citas en el cap. 7) pero, en cierto sentido, en contra del templo (cap. 7). La tradición judía elogiaba a aquellos que habían sufrido por preservar las tradiciones ancestrales basadas en las Escrituras; sus defensores considerarían a Esteban como un apóstata. Los acusadores eran los que hablaban primero en un caso.

7:1. El sumo sacerdote abre el interrogatorio del acusado; su amplia declaración le daría a Esteban la oportunidad de negar el cargo que había en su contra.

7:2-7
La narración de Abraham

Era común recitar la historia de Israel para establecer una posición (retrospectiva histórica, p. ej., 1 Sam. 12:7-12; 1 Macabeos 2:49-69; Eclesiástico 44—50), y uno no necesita estudiar Hechos 7:2-53 mucho tiempo antes de que el punto se aclare: Esteban responde a los cargos (6:11, 13, 14) y niega que el templo o incluso la tierra de Israel sean, necesariamente, el punto central de la obra de Dios en la historia a corto plazo. Si bien los profetas del AT expusieron el mismo caso (p. ej., Jer. 7; Jonás), él está obligado a presentar al menos la misma oposición que presentaron ellos. En general, en donde sus puntos difieren del texto hebreo común, allí concuerdan con el texto samaritano o de la *LXX.

7:2-4. La tradición judía palestina pone un gran énfasis en lo especial que era la tierra de Israel, e incluso algunos de los maestros han afirmado que Dios se reveló a sí mismo directa y exclusivamente en la tierra de Israel. Aquí, aunque Dios llama a Abraham a la Tierra Prometida, él se revela a sí mismo a Abraham en Mesopotamia, más al este.

7:5-7. Si bien Abraham era el hombre ideal de Dios, durante cuatro siglos, ni él ni sus descendientes pudieron poseer la Tierra Santa.

7:8-16
La narración de José

Los *samaritanos consideraban a José y a

Moisés como los más grandes líderes del pasado. La literatura judía también hablaba de ellos en gran manera.

7:8, 9. Los patriarcas que se opusieron a José, el hombre de Dios, fueron los ancestros de la mayoría de los judíos. Así, Esteban comienza el énfasis secundario de su sermón: ustedes se opusieron a los líderes que Dios les dio.

7:10. El lugar en donde Dios exaltó y bendijo a José fue Egipto, no Palestina.

7:11-13. José rescató a su familia, pero al principio ellos no lo reconocieron.

7:14. Al hacer referencia al número de personas que conformaban la familia de José (75) en el AT en griego ante una audiencia judía cuyo primer idioma es el griego, Esteban sigue la *LXX y no el texto hebreo (el texto común hebreo posterior indica 70; un texto hebreo de los *Rollos MM concuerda con la *LXX).

7:15,16. Jacob, José y sus hermanos murieron en tierra extranjera, aunque sus huesos fueron trasladados posteriormente a la Tierra Santa (cf. el comentario sobre 6:1). Las Escrituras no registran que todos fueron sepultados en Siquem. (Jacob fue sepultado cerca de Hebrón, Gén. 23; 49:29-32; 50:13; José fue enterrado en Siquem, Jos. 24:32. *Josefo afirma que los otros hijos fueron sepultados en Hebrón, sin embargo, debido a que murieron después del entierro de Jacob, parece más probable que su entierro haya tenido lugar en la misma fecha y en el mismo lugar que el de su hermano José.) No obstante, aquí Esteban está de acuerdo con la tradición *samaritana, que concede a Siquem este honor ya que se había convertido en la principal ciudad de los samaritanos (ver el comentario sobre 8:5).

7:17-34
La narración de Moisés

Esteban sigue muy de cerca el AT, evitando la extensiva explicación sobre la vida de Moisés encontrada en otros autores de este período. Aquí, une sus dos temas precedentes: Dios se revela a sí mismo fuera de la Tierra Santa, e Israel rechaza a sus libertadores.

7:17-19. Los tiempos difíciles de Israel en Egipto, durante los cuales se necesitaba a un libertador, se asemejan a las dificultades de la Palestina del primer siglo. Mucha gente estaba buscando a otro profeta como Moisés para que los libertara de la opresión. En el período del NT, los que no eran judíos a menudo exponían a la muerte a sus hijos, pero los judíos aborrecieron esta práctica. Lucas aquí utiliza el mismo término usado regularmente para el abandono de infantes, incrementando así la repulsión para el Faraón.

7:20. Algunos escritores (especialmente *rabinos posteriores, quizá al adaptar historias previas acerca de Noé) relataron historias fantásticas acerca del nacimiento de Moisés (que su belleza al nacer era tal que iluminó el cuarto, que nació circuncidado, etc.); Esteban declara exactamente lo que el AT dice acerca del nacimiento de Moisés.

7:21. *Josefo también interpreta como adopción la acción de la hija del Faraón en Éxodo 2:10 (aunque utiliza una frase menos técnica que la de Esteban, quien juega con el estilo de la *LXX).

7:22. Al igual que *Josefo, otros escritores desarrollaron ensayos sobre Moisés en forma extensa, acerca de su educación egipcia y de los abusos legendarios como general egipcio. Esteban simplemente narra lo que se necesita decir, pero su énfasis en la educación *gentil de Moisés no molestaría a sus oyentes de habla griega de la manera en que lo había hecho su geografía (p. ej., 7:2-4, 10). La mención que hace acerca de la educación gentil de Moisés, aunque breve, contribuye a la polémica de Esteban acerca del hecho de que desde el principio Dios planeó alcanzar a las demás naciones más allá de Israel.

7:23-29. Aun cuando Moisés sacrificó su estancia en Egipto para identificarse con su pueblo, como un portador de la liberación (la palabra comúnmente traducida "salvación") para ellos, lo rechazaron. Ver el comentario sobre 7:35-37. (Al igual que los *rabinos y escritores grecorromanos como *Filón y Artapanus, Esteban presenta el asesinato del egipcio que llevó a cabo Moisés bajo una luz positiva. Al escribir historia judía para lectores *gentiles, *Josefo omite totalmente este incidente.)

7:30-34. Dios no solo se reveló a sí mismo ante Moisés en el monte Sinaí y lo envió a Egipto, sino que, además, llamó a esa montaña "tierra santa" (v. 33), un término que los acusadores de Esteban reservaban para el templo (6:13).

7:35-41
Un salvador rechazado como Moisés

7:35. Al igual que Jesús, Moisés fue rechazado por su pueblo como libertador.

7:36. Al igual que Jesús, Moisés hizo señales y maravillas.

7:37. Como reconocieron muchos judíos y *samaritanos, Dios mandaría a un salvador como Moisés (Deut. 18:18). Con el estilo de un buen expositor judío de las Escrituras, Esteban pregunta: "¿En qué forma el profeta es igual a Moisés?". Él responde: será rechazado por su pueblo (7:35, 39); la oposición de sus oyentes demuestra su punto (cf. Isa. 53:1-3).

7:38. Los judíos celebraban que Moisés había recibido la *ley y la había trasmitido a Israel (Esteban utiliza términos que pueden traducir aquellos términos utilizados por los maestros judíos que recibían y transmitían las tradiciones, aunque no tan impactantes como aquellos en, p. ej., 1 Cor. 11:23).

7:39. Sin embargo, la propia generación de Moisés lo rechazó; ¿por qué es tan difícil creer que aquel a quien los líderes judíos, de la generación de Jesús, rechazaron no pueda ser también su libertador?

7:40, 41. El episodio del becerro de oro fue el incidente en la historia de Israel del que estaban más avergonzados los *rabinos; sentían que era el mayor pecado de Israel. Sin embargo, se colocaron más a la defensiva cuando los paganos los interrogaron al respecto (incluso anteriormente, *Josefo omitió este incidente), y varios siglos después argumentaron que los paganos que acompañaban a Israel, no Israel, fabricaron el becerro (en contraste con Éxo. 32:1-6). Israel había adorado ídolos justo después de la liberación llevada a cabo por Moisés; aun así, Esteban va a insinuar que sus acusadores también siguen las "obras de sus manos", una expresión utilizada a menudo para los ídolos en la Biblia y en otras fuentes judías, pero igualmente aplicada a su templo hecho por humanos (Hech. 7:48).

7:42-50
Opinión de Dios acerca del templo

Ahora Esteban responde al cargo directamente: las Escrituras no apoyan la importancia que sus adversarios le otorgan al templo. Para los guardas del templo (que eran el símbolo de la unidad de los judíos a lo largo del imperio) la acusación de Esteban sonaba como el tipo de acusación que harían los *samaritanos. Incluso los *esenios condenaron la impureza del liderazgo en el templo, mientras que deseaban un templo restaurado.

7:42, 43. En una *profecía también apoyada en los *Rollos MM (Amós 5:25-27), Esteban juega con el término traducido "tabernáculo" (RVR-1995, BA) o "santuario" (DHH): Israel cargó el tabernáculo de un dios pagano en el desierto.

7:44-47. Rápidamente, Esteban aclara que Dios sí le dijo a Moisés que construyera un tabernáculo de una manera en particular (ver el comentario sobre Heb. 9), y el tabernáculo permaneció hasta los tiempos de David; el templo no fue construido hasta la época de Salomón. Esteban no niega que Dios bendijo y aprobó la construcción de un templo en el AT; sin embargo, niega que Dios hubiera querido que fuera el ídolo que sus oyentes hicieron de él.

7:48-50. Isaías 66:1, 2 declara que Dios no necesita un templo hecho con manos humanas; sus propias manos lo hicieron todo. Se hizo costumbre exponer la Ley haciendo referencia a una lectura de los Profetas, no obstante, las citas relevantes que hace Esteban de los Profetas (Amós e Isaías) son tan contundentes en este contexto como lo eran en la generación de Amós y de Isaías.

7:51-53
El reclamo del altar

La conclusión de un discurso grecorromano deliberativo era para producir un cambio o una acción decisiva. Sin embargo, el discurso de Esteban también incluye elementos del discurso del foro, más para condenar a sus oyentes que para defenderse a sí mismo.

7:51. "Duros de cerviz" e "incircuncisos de corazón" son insultos proféticos comunes en el AT; Moisés enfatizaba la circuncisión (7:8), pero aquellos que eran incircuncisos espirituales estaban especialmente separados del pacto (p. ej., Deut. 10:16; 30:6). Esteban no pudo haber escogido palabras más fuertes. Su punto es que sus oyentes, al igual que sus ancestros, rechazan a los mensajeros de Dios. El *Espíritu Santo era considerado especialmente como el Espíritu que había inspirado a los profetas.

7:52. La tradición judía había incrementado la responsabilidad de Israel por la muerte de los profetas más allá de lo que se encontró en el AT, así los oyentes de Esteban no podían negar este cargo. Al igual que Sócrates en la tradición griega, pero más relevante aún como Jesús, Esteban deliberadamente provoca a sus acusadores para que lo maten, por consiguiente, confirma su punto: son como sus antepasados, matan a los profetas.

7:53. Aparte del ángel que se le apareció a Moisés en la zarza, el AT no dice que Dios transmitía la ley por medio de ángeles; la tradición judía los ha añadido para incrementar la reverencia por la ley (cf., además, Gál. 3:19; Heb. 2:2). Esteban concluye que sus acusadores están equivocados; ellos, y no él, son culpables de quebrantar la ley, y por lo tanto son incircuncisos de corazón. Al igual que Sócrates, quién volcó en sus acusadores el cargo de impiedad en contra de los dioses, él sabe cuál será el resultado: martirio.

7:54—8:4
El primer mártir

Los romanos no permitían que sus súbditos ejecutaran la pena capital, sin embargo, los oyentes de Esteban estaban tan enfurecidos que lo lincharon de acuerdo con su propia ley judía. La muerte de Esteban confirma su punto, estableciendo el fundamento para la expansión del movimiento cristiano fuera de Palestina. También lleva a una persecución posterior y por lo tanto a la dispersión directa de la fe (8:1); y planta la semilla en un cierto Saulo (7:58), una semilla cuyo fruto más tarde sería cosechado en el camino a Damasco (9:3, 4; cf. los temas similares compartidos en la predicación de Esteban y de Pablo en Hechos).

7:54, 55. Los jueces normalmente se ponían de pie para dar sus veredictos; Jesús, el verdadero juez, está ahora reivindicando a su siervo mientras sus adversarios se preparan para condenarlo. Al igual que en cualquier parte de la narración, Lucas no deja lugar a duda de quién realmente está siendo juzgado ante Dios (ver el comentario sobre 7:57, 58, 60; cf. Isa. 54:17).

7:56. En Daniel 7:13, 14, la llegada del *Hijo del Hombre reivindicaría al justo (Israel) de sus opresores (las naciones); los oyentes de Esteban sabrían en cuál categoría se colocaría a sí mismo y en cuál categoría los colocaría a ellos.

7:57, 58. De acuerdo con las regulaciones judías, un criminal condenado sería llevado al límite de la ciudad y debía ser echado por una pendiente de por lo menos el doble de su estatura. Los testigos serían los primeros en arrojar grandes piedras encima de él, apuntándole al pecho (aunque la precisión era imposible), hasta que la víctima moría. Bajo la ley judía, debían desnudar al criminal antes de matarlo; aquí los acusadores de Esteban se desnudaron ellos mismos, probablemente debido a que tenían calor, como se desvestían los griegos para actividades atléticas. Sin embargo, Lucas registra el detalle para identificar a la parte culpable, los que están apedreando a Esteban admiten, en forma figurativa, su propia culpa al desnudarse. Bajo la ley Mosaica, tendrían que ejecutar a los testigos falsos en un caso capital.

Probablemente, los que han leído por primera vez a Lucas conocen el nombre de Pablo, pero no su otro nombre, Saulo (13:9); al igual que un buen escritor antiguo (o moderno), Lucas guarda una revelación importante para después. "Hombre joven" o "joven" no es muy preciso; el significado común de "joven" se extiende de los 14 (o 21) a los 28 años, pero la palabra utilizada aquí puede extenderse hasta los 40. En la tradición judía (basada en Núm. 4:35) uno no calificaba para algunos cargos antes de la edad de 30 años, pero este punto es probablemente irrelevante para la misión de Saulo en el 9:2, especialmente si es soltero (una tradición judía común también alentaba a los hombres a casarse cerca de la edad de 20 años). Es razonable que Saulo esté entre los 20 y los 30 años (la edad más común a la que el término traducido "joven" se refiere).

7:59. La oración de Esteban pone en un plano paralelo el clamor de Jesús en Lucas 23:46. A los escritores antiguos a menudo les agradaba establecer paralelos entre diversas figuras; Lucas quiere que sus lectores vean que Esteban, un representante ideal de la *iglesia, sigue los pasos de su Señor en el martirio.

7:60. Su clamor final establece un paralelo con Lucas 23:34; ver el comentario sobre Hechos 7:59. En una lapidación, la persona ejecutada tenía que confesar su pecado y orar: "Que mi muerte expíe todos mis pecados". Esteban no confiesa su pecado sino el de sus acusadores falsos (ver 7:57, 58).

8:1. Se necesitó que hubiera persecución (principalmente el esparcimiento de los judíos extranjeros de ambas culturas) para lograr que la *iglesia comenzara a hacer lo que Jesús les había ordenado en 1:8. Como lo señaló el teólogo africano del siglo II Tertuliano: "la sangre de los cristianos es la semilla" en el crecimiento de la *iglesia.

8:2. Morir y no ser sepultado era el mayor deshonor posible en el mundo mediterráneo antiguo; incluso, arriesgar la vida para sepultar a los muertos era considerado honorable y heroico. Los hijos adultos o aquellos más cercanos al difunto se encargarían de la sepultura. La ley judía prohibía el luto público por un criminal condenado, pero para otras personas era considerado un deber piadoso. Los amigos devotos de Esteban ignoraron la ley del supremo tribunal judío para honrar a su amigo.

8:3. La cárcel era normalmente un lugar en donde se mantenía a los acusados hasta el juicio; el hecho de que Saulo detuviera mujeres al igual que hombres indica que era más celoso que la mayoría de sus contemporáneos (Gál. 1:13, 14; Fil. 3:6). El único cargo, producido como respuesta al discurso de Esteban, en contra de los miembros de la iglesia parece ser la suposición de que se oponían al templo.

8:4. La mayoría de las religiones antiguas fueron más esparcidas por medio de los comerciantes que viajaban u otros viajeros que por individuos distinguidos.

8:5-13
La conversión de Samaria

Después de haber terminado con el primer ejemplo de los Siete (Esteban), Lucas ahora regresa a su segundo ejemplo, uno de los "esparcidos" en el 8:4.

8:5. "La ciudad de Samaria" puede referirse a la localidad de Samaria del AT, ahora una ciudad griega pagana llamada Sebaste, dedicada a la adoración del emperador y llena de influencias ocultistas (cf. el comentario sobre 8:10, 11). Pero la gente de Sebaste era griega y no *samaritana, así que la frase probablemente se refiere a la principal ciudad samaritana del distrito de Samaria, Neápolis, en la localidad de Siquem (cf. 7:15, 16). Este fue el centro religioso de los samaritanos.

8:6-8. En la antigüedad, se consideraba que las señales eran de gran valor probatorio. Que la moderna y educada elite del occidente tienda a denigrarlos es más un comentario sobre nuestra cultura que sobre la de ellos. La mayoría de las culturas en el mundo de hoy (prácticamente todas las culturas que no han sido influidas por el racionalismo deísta o el ateísmo marxista) aceptan diversas formas de actividad sobrenatural. Por lo tanto, aquellos que rechazan los milagros solamente sobre la base de un a priori filosófico puede deberse a un dogmatismo etnocentrista y no a una intelectualidad genuina con criterio amplio.

8:9. Por lo común, los magos atraían grandes multitudes en la antigüedad. Dada la importancia de los magos judíos en la antigüedad grecorromana, un mago samaritano no debería sorprendernos. Al igual que en el AT, los funcionarios líderes de la corriente principal del judaísmo se oponían a la magia, sin embargo, incluso algunos *rabinos subsecuentes permitieron la hechicería, argumentando simplemente que querían sacar provecho y entender los secretos de las leyes de Dios acerca de la creación.

8:10, 11. Cerca de Sebaste muchos griegos estaban sintetizando los diferentes dioses griegos en una deidad masculina universal y a las diosas en otra deidad femenina. Esta síntesis siguió una tendencia que ha sido desarrollada entre algunos griegos educados durante siglos. Un escritor cristiano del segundo siglo sugirió que Simón había afirmado ser el avatar, o encarnación, de la forma masculina de la deidad, mientras que su consorte Helena era la forma femenina de esa deidad.

8:12. Familiarizados con la oposición *samaritana al judaísmo, los judíos han de haber encontrado extraordinario este escenario. Ya circuncidados, los samaritanos se habrían convertido al judaísmo únicamente por medio del *bautismo; pero dicha conversión sucedía rara vez, si es que ocurría, debido a que era el equivalente a negar a su propio pueblo. Para Felipe, un judío, presentar el *evangelio en términos tales que el samaritano pudiera seguir a un *Mesías proclamado por los judíos, sería visto por muchos judíos como una traición al judaísmo. Felipe sigue el mismo programa teológico de testigos descentralizados argumentado por Esteban en el capítulo 7 y esbozado por Jesús en el 1:8.

8:13. El judaísmo reconocía que los hechiceros paganos podían hacer milagros, que la mayor parte de los segmentos del judaísmo atribuiría a Belial (*Satanás). El AT enseñaba que los hechiceros paganos podían duplicar, a pequeña escala, algunas de las señales de Dios (Éxo. 7:11, 22; 8:7), sin embargo, su poder era definitivamente limitado (Éxo. 8:18, 19; 9:11). Algunos escritores han argumentado que Simón no se había convertido en forma genuina, dado su comportamiento subsecuente (8:18-24), no obstante, este asunto depende del significado de la palabra "conversión". Al igual que el judaísmo del mismo período, los cristianos primitivos no solo lamentaron la existencia de conversos falsos sino también de apóstatas (p. ej., 1 Sam. 10:6; 16:14; 2 Ped. 2:21; 1 Juan 2:19).

8:14-25
Ratificación apostólica de las conversiones de samaritanos

El ministerio de Felipe, a lo largo de diferentes culturas, se ha dispersado a una tierra nueva, tierra en la que algunas partes conservadoras de la *iglesia de Jerusalén presentarían oposición (8:12). De esta manera, resulta importante para Lucas describir la respuesta de los *apóstoles de Jerusalén y la bendición de Dios sobre la obra.

8:14, 15. Desde el punto de vista teológico, la obra del *Espíritu es un solo paquete (2:38, 39), sin embargo, en la experiencia de la *iglesia, no todos los aspectos de su obra necesitan manifestarse en forma simultánea. Lucas enfatiza tanto la dimensión del poder profético del Espíritu que rara vez menciona otros aspectos de la obra del Espíritu conocidos en el AT y en el judaísmo primitivo; sin duda, aquí se ve este aspecto del poder profético, aunque ya los oyentes de Felipe se habían convertido en 8:12.

8:16. "Dentro del nombre" es una traducción literal del griego que puede reflejar el idioma de los documentos comerciales antiguos, y que significa que los conversos habían transferido el título de propiedad de su vida a Cristo (o simplemente puede reflejar la creciente ambigüedad de las preposiciones griegas de ese período).

8:17. El judaísmo antiguo proporciona ejemplos extraños de imposición de manos para orar (uno en los *Rollos MM), no obstante en el AT se imponían las manos para impartir bendiciones durante la oración (Gén. 48:14-20).

8:18-24. La única categoría en la que muchos griegos podían situar los milagros realizados por los *apóstoles hubiera sido la de las obras mágicas, sin embargo, este texto distingue claramente una interpretación mágica y amoral de los milagros de los apóstoles, que son mucho más parecidos a los de los profetas del AT. Los hechiceros podían comprar fórmulas mágicas; nadie podía comprar el *Espíritu.

8:25. Después de que la nueva misión fue iniciada por los testigos que pertenecían a ambas culturas de Hechos 6, los *apóstoles finalmente comienzan a comprender su propia misión (1:8). Lejos de que los apóstoles arreglen o corrijan la conversión inadecuada de los *samaritanos por parte de Felipe (como algunos comentaristas han sugerido), toda la *narración indica que reconocen y ratifican lo adecuado de su obra.

8:26-40
Conversión de un funcionario africano

Lucas dedica casi el mismo espacio a la conversión de este extranjero, que puede funcionar como un testigo autóctono en su propia cultura, como al avivamiento en Samaria. Debido a que los *samaritanos eran considerados mestizos, este es el primer *gentil totalmente convertido al cristianismo (probablemente desconocido para la mayor parte de la *iglesia de Jerusalén, 11:18).

8:26. Dos caminos llevaban al sur desde Jerusalén, uno a través de Hebrón hasta Idumea (Edom) y el otro que se unía con el camino costero antes de llegar a Gaza y que se dirigía a Egipto, ambos llenos de piedras miliarias romanas (columnas de piedra, que antiguamente indicaban la distancia de mil pasos), como señales en el camino. La vieja Gaza era una ciudad desierta cuyas ruinas yacían cerca de las ciudades griegas, ahora culturales, de Ascalón y Nueva Gaza. Quizás Felipe no tenía a quién predicarle en un camino de poco tránsito que llevaba a una ciudad desierta, y después del avivamiento en Samaria esta orden debió haberle parecido absurda; sin embargo, Dios a menudo ha probado la fe por medio de dichas órdenes (p. ej., Éxo. 14:16; 1 Rey. 17:3, 4, 9-14; 2 Rey. 5:10).

8:27. Etiopía figuraba en las leyendas, y en la geografía mítica del Mediterráneo, como ubicada en los confines de la tierra (extendiéndose, a veces, desde el lejano sur hasta el lejano oriente), y la característica que se mencionaba comúnmente de los etíopes en la literatura judía y grecorromana (también registrada en el AT, Jer. 13:23) es su piel negra.

"Candace" *(kan-dak'a)* parece haber sido un título dinástico de la reina de Etiopía y se menciona en todas partes en la literatura grecorromana; la tradición afirma que la reina madre gobernó esa tierra. Ella parece haber gobernado un reino negro de Nubia al sur de Egipto en parte de lo que es ahora Sudán; un reino que ha permanecido desde el año 750 a. de J.C. aproximadamente, y cuyas ciudades principales fueron Meroe y Napata (esta no debe confundirse con Abisinia, que llegó a ser llamada Etiopía en tiempos más recientes y se convirtió al cristianismo en el cuarto siglo d. de J.C.). Este reino tenía cierto comercio con Roma, sin embargo, este funcionario y su séquito debieron haber estado entre los pocos visitantes etíopes en este norte lejano. Él es probablemente un *gentil "temeroso de Dios" (ver el comentario sobre 10:2). Como tesorero de la reina, este hombre es un alto funcionario y es muy poderoso.

Cuando su significado es literal (el cual no siempre fue el caso, Gén. 39:1 *LXX), "eunuco" se refería a un hombre castrado. Si bien los eunucos eran preferidos como funcionarios de la corte en el este, los judíos se oponían a esa práctica, y la ley judía excluía a los eunucos de Israel (Deut. 23:1). Las leyes fueron instituidas, sin duda, para evitar que Israel castrara a los niños (Deut. 23:1). Sin embargo, Dios sí podía aceptar eunucos (Isa. 56:3-5, incluso eunucos extranjeros; Sabiduría de Salomón 3:14). Un "eunuco" etíope en el AT se convirtió en uno de los pocos aliados de Jeremías y salvó su vida (Jer. 38:7-13).

8:28. La mayoría de la gente caminaba, los más acomodados iban montados en animales, pero solo los más adinerados tenían carros. Se sabía que algunas personas leían ocasionalmente mientras iban sentados en carruajes caros; de esta manera, el carro pudo ir moviéndose mientras el eunuco leía.

8:29, 30. Aunque se enseñaba mientras se leía en voz alta en los tiempos modernos, la habilidad de leer en silencio no se desarrolló en la antigüedad; aquellos que podían leer, casi siempre leían en voz alta. Aquí, la situación obviamente es arreglada por un poder divino (cf., p. ej., Gén. 24:13 27).

8:31. A menudo solo un asistente acompañaría a un funcionario en el carro; el acaudalado eunuco quizá haya tenido más, sin embargo, todavía hay espacio para Felipe.

8:32-35. Pasajes anteriores sobre el siervo en Isaías se refieren explícitamente a Israel, pero en Isaías 49:5 distingue al siervo del resto de Israel, y en 53:1-3 él es rechazado por Israel; en 53:4 12 lleva el pecado de Israel, a pesar de que no es culpable (53:9) y sufre voluntariamente (53:12). La confusión del funcionario es comprensible, no obstante, la exposición de Felipe es correcta. (Lucas no registra todo Isa. 53, pero el contexto queda implícito; ya que el capítulo y las referencias bíblicas todavía no habían sido asignadas, se tenía que citar parte de un pasaje para hacer saber a los lectores en dónde se estaba leyendo.)

8:36-38. Hay varios lechos de ríos secos cerca de Gaza (que se llenan de agua durante la temporada de lluvias); debido a que el *bautismo judío presuponía la inmersión total, no hay duda alguna de lo que Lucas intenta decir aquí. Como hombre temeroso de Dios, el etíope podía entender el punto de vista judío acerca de que la conversión total incluye el bautismo, aunque Felipe no le pide que se circuncide. (Si es un eunuco, literalmente hablando, de todas maneras la circuncisión sería imposible en su caso; aunque en ocasiones la castración solo incluía los testículos, esto no sucedía con los eunucos de esta región en este período.)

8:39. En especial, el cristianismo comenzó a expandirse en Abisinia por medio de testigos laicos en el tercer siglo, y ese imperio fue declarado "cristiano" casi al mismo tiempo en que lo fue el imperio romano. Nubia se convirtió más tarde; no hay ya ningún registro confirmado de este testigo etíope, pero con Lucas podemos suponer que testificó acerca de su fe en lugares importantes.

Algunos magos aseveran tener la habilidad de volar, sin embargo, el lenguaje que se utiliza en el arrebatamiento de Felipe sugiere un movimiento sobrenatural más parecido al que se menciona en el AT (1 Rey. 18:12; 2 Rey. 2:16; Eze. 3:12, 14).

8:40. La Azoto judía, la antigua Asdod, estaba 40 km al norte de Gaza y cerca de 54 km al oeste de Jerusalén. Cesarea Marítima (la Cesarea de la costa, no Cesarea de Filipos) estaba aproximadamente a 80 km al norte de Azoto, frente al mismo camino costero; esta ciudad llegaría a ser importante en 10:1 (cf. 21:8).

9:1-9
Jesús detiene a Saulo

Las tres narraciones acerca de la conversión de Pablo en el libro de Hechos presentan algunas diferencias (caps. 9, 22, 26; todas ellas encajan con las narraciones de sus cartas). A menudo, la literatura clásica registra mensajes dados a mensajeros y luego, estos últimos las repiten palabra por palabra al transmitirlos. Afortunadamente, el estilo *retórico de los días de Lucas prefería la variación, lo que hace menos repetitivas y por lo tanto más interesantes las *narraciones repetidas.

9:1, 2. Las cartas oficiales de presentación, donde se autorizaba o recomendaba al portador, eran comunes y *Josefo confirma que los agentes palestinos podían recibir órdenes del Sanedrín de Jerusalén. Las comunidades judías a las afueras de Palestina respetaban al sumo sacerdote, y las cartas que provenían de él autorizaban a Saulo para llevar a cabo su misión con la cooperación plena de las *sinagogas que allí había. Debido a que el sumo sacerdote había ejercido los derechos de extradición sobre los judíos fugitivos cuando gobernaba Palestina bajo el gobierno romano, es posible que las sinagogas locales de Siria siguieran reconociendo este derecho, aunque el gobernante local probablemente no. Estas comunidades de la sinagoga podían cooperar con Saulo en la misión de eliminar a los judíos cristianos.

La secta de los *esenios en *Qumrán también se describía a sí misma como "el Camino"; esta era una designación natural para un grupo que creía que solo él seguía el camino de la rectitud. Aparentemente, los *esenios también se habían establecido en Damasco, si es que sus escritos sobre este punto lo manifiestan de manera literal. Decenas de millares de judíos vivían en Damasco (no menos de ocho mil fueron aniquilados ahí en el año 66 d. de J.C.).

9:3. El resplandor de luz del cielo indica la Shekiná, la presencia de Dios (relacionado con el concepto de *yeqarah*, "gloria"), como Dios revelaba a menudo su gloria en el AT.

9:4. En el AT y en la literatura judía, a menudo la gente caía en tierra cuando se enfrentaba a revelaciones angélicas o divinas. Por lo general en la literatura judía, los nombres son repetidos cuando Dios llama a alguien, atrayendo atención especial a lo que estaba a punto de decirse. Dada la naturaleza de la revelación, aquí "Señor" significa más que "Caballero". Quizá Saulo se pregunta si es Dios o algún ángel el que se dirige a él, o tal vez, simplemente no puede creer que esté oponiéndose a Dios.

9:5, 6. Perseguir a sus seguidores es perseguir a Jesús, ya que ellos son sus representantes (Luc. 10:16).

9:7. La reacción de los acompañantes de Saulo es similar a aquella que encontramos en Daniel 10:7.

9:8. En ocasiones, Dios manda ceguera a la gente para detenerla cuando tiene una mala intención o como una medida temporal para llamar su atención (Gén. 19:11; 2 Rey. 6:18-20, cf. con 6:17).

9:9. No era raro pasar tres días de ayuno; pero sin tomar agua podía deshidratarse, y a la larga, continuar sin agua llevaría a la muerte. Por lo general, los ejemplos del NT combinan el ayuno con la oración, sin embargo, el ayuno era, por lo común, una expresión de luto o de *arrepentimiento. De acuerdo con esta *narración, Saulo no cambia de religión; aprende la forma verdadera de continuar con su religión judía.

9:10-19a
La misión de Ananías

9:10. Hay otro individuo que lleva el nombre de Ananías en otra parte del libro de Hechos (23:2), ya que este nombre era muy común en la forma griega del Ananías hebreo (p. ej., Jer. 28:1, Dan. 1:6). Su respuesta es la propia de un siervo obediente a Dios y que está listo para obedecer sus órdenes (1 Sam. 3:10; Isa. 6:8). (Damasco, capital de la moderna Siria, era entonces la capital de los árabes nabateos.)

9:11, 12. Cada uno fue informado acerca de la visión del otro. Tales visiones dobles ocurren muy rara vez en la literatura antigua (p. ej., *Apuleyo Metamorphoseon libri XI 11.13; cf. Tobías 3); cuando estas ocurrían no dejaban duda alguna de que era un evento que había sido coordinado de manera divina (cf. Gén. 41:32). La antigua hospitalidad judía era destacable, y a Saulo no le era difícil encontrar hospedaje con algún compañero judío en Damasco, ya sea que Judas estuviera enterado con antelación o no de la llegada de Saulo. La calle llamada La Derecha es probablemente la calle larga que cruza Damasco de este a oeste, en donde la tradición ubica todavía la casa antigua de Judas.

Se confirmó que los judíos se encontraban en la antigua Tarso, la capital y ciudad más importante de Cilicia, que contaba con escuelas importantes y se vanagloriaba de ser la cuna de muchos filósofos. No obstante, compare el comentario sobre 22:3.

9:13, 14. Naturalmente, Ananías no está tan ansioso por obedecer sus órdenes (9:10) después de descubrir cuáles son estas. Sobre órdenes que parecen absurdas, ver 8:26.

9:15, 16. El lenguaje que se utiliza aquí es el de las *narraciones de comisión o llamamiento encontradas en el AT; aparentemente Saulo ya se convirtió y está a punto de ser llamado al ministerio. "Por mi nombre" (RVA), "por mi causa" (DHH) significa o por el honor de Jesús o que estos sufrimientos ocurrirían mientras Saulo actuara como su representante (cf. el comentario sobre Juan 14:12-14).

9:17. A menudo, la palabra "hermano" se utilizaba para compañeros correligionarios de la misma asociación griega o para condiscípulos judíos.

9:18, 19a. La curación de Saulo se asemeja a la curación de la ceguera de Tobías en una popular historia judía, que subrayaría el sentido de lo milagroso que resultaría este hecho para Saulo.

9:19b-31
Enfrentamientos en Damasco y en Jerusalén

9:19b-21. A pesar de que Saulo traía consigo las cartas que lo autorizaban para llevar a cabo su misión (9:2) y que presumiblemente no las había entregado, la noticia acerca de su misión había llegado a la comunidad judía de Damasco. *"Hijo de Dios" es característico del estilo de Pablo, no de Lucas. Los escritores trataban de imitar los estilos de aquellos cuyos discursos registraban, y no existe la posibilidad de que Lucas conociera tan pronto el estilo de Pablo, a menos que lo conociera personalmente (lo que sin duda hizo; ver la introducción al libro de Hechos).

9:22. La posición de Saulo presupone que ya es un experto en las Escrituras; ahora utiliza esta habilidad en contra de su misión anterior.

9:23, 24. Los enemigos judíos de Saulo planean asesinarlo, no ejecutarlo de manera legal; no obstante su propio relato en 2 Corintios 11:32, 33 indica que obtuvieron la cooperación de altos funcionarios del gobierno de Damasco. La predicación de Saulo en otras ciudades griegas durante el gobierno de Aretas IV de Nabatea (9 a. de J.C.—40 d. de J.C.) durante tres años (Gál. 1:17) posiblemente acarreó oposición.

9:25. En ocasiones, las casas estaban construidas dentro de los muros de la ciudad; el método de escape de Saulo tiene un precedente bíblico (Jos. 2:15; 1 Sam. 19:12). El hecho de que se haya granjeado *discípulos allí indica que había trabajado como *rabino, o maestro cristiano, y que contaba con la capacitación necesaria para presentarse como tal (cf. 22:3).

9:26-31. Tan provocador como su predecesor Esteban, Saulo parece estar dirigido hacia el mismo destino, hasta que es enviado a Tarso. Debido a que había nacido allí (22:3), posiblemente tenía parientes en ese lugar; no obstante, su capacitación había sido completamente judía palestina (Fil. 3:5), así que, es durante este período de su vida que Saulo comienza a relacionarse especialmente con los *gentiles de Asia Menor (la moderna Turquía). Los únicos representantes de los *apóstoles a los que llega a conocer muy bien son Pedro y Jacobo (Gál. 1:18, 19).

9:32-43
Continúan los milagros a través de Pedro

9:32. Lida era la capital de una de las provincias judías que incluían a los no judíos, y que posteriormente albergaron a muchos *rabinos distinguidos y a una escuela rabínica.

9:33-35. Sarón no es una ciudad, sino la planicie costera que se extendía desde Lida hasta el monte Carmelo al norte. La presencia cristiana seguía siendo notable en Lida en el siglo segundo d. de J.C.

9:36. Jope, ahora parte de Tel-Aviv-Jafa, era una ciudad portuaria próspera. Estuvo bajo el gobierno judío durante cerca de cuarenta años hasta que llegó a estar bajo la autoridad directa de Roma en el año 6 d. de J.C. Tabita es el nombre semítico para la palabra griega Dorcas (ambas con el mismo significado: "gacela").

Las mujeres judías estaban involucradas en proyectos de caridad. En general, dentro de la cultura grecorromana las mujeres eran, en ocasiones, *protectoras, y se ha sugerido que Tabita pudo haber sido una benefactora de las viudas mencionadas en el versículo 41. Sin embargo, ya sea de manera oficial (como benefactora) o extraoficial, ella velaba por los intereses de ellas.

9:37. Siempre se lavaba a los muertos judíos antes de sepultarlos. Solo las mujeres preparaban los cuerpos de mujeres para su sepultura.

9:38. Es importante que Lida esté cerca de Jope, debido a que los cadáveres tenían que ser enterrados de inmediato. La distancia de 16 km significaba quizás tres o cuatro horas de camino en ambos sentidos (para que los mensajeros llegaran hasta Pedro y que Pedro llegara a Jope); ya que era costumbre enterrar los cadáveres antes de la puesta del sol, incluso si Tabita había muerto por la mañana no podían permitirse ningún retraso.

9:39. Por lo general, los aposentos altos eran pequeños (1:13 es una excepción), y eran áticos construidos en las azoteas; por lo menos, este es lo suficientemente grande para albergar a unas cuantas personas. Una de las tareas domésticas asignadas a la mujer en esa cultura era la elaboración de prendas de vestir. Las mujeres romanas acaudaladas tenían sirvientas que lo hacían pero se las seguía considerando responsables de su elaboración.

9:40. De acuerdo con el recato judío, el cuerpo de Tabita se cubriría antes de que Pedro entrara al cuarto. Sobre el hecho de que Pedro saque a todos, compare 2 Reyes 4:33.

9:41, 42. El resucitador normalmente presentaba a la persona viva a las personas que le habían pedido la resucitación (1 Rey. 17:23; 2 Rey. 4:36; Luc. 7:15).

9:43. Era costumbre nombrar a la gente de acuerdo con su ocupación o ascendencia. Los observadores conservadores de las opiniones *fariseas evitaban a los curtidores cuando era posible, debido a que el retirar el cuero de los animales continuamente requería que tuvieran contacto con cadáveres inmundos. Los maestros del segundo siglo registraron (no necesariamente de manera precisa) que los curtidores estaban prohibidos en Jerusalén (muchos *rabinos eran más indulgentes si las curtidurías estaban cerca del agua, como lo está la casa de Simón, 10:6). No obstante, el judaísmo hacía hincapié en la hospitalidad, y Pedro, quien de todos modos probablemente nunca siguió las opiniones *fariseas, está feliz de poder ser objeto de ella.

10:1-8
La visión de Cornelio

Compare con el comentario sobre las visiones dobles de Pablo y Ananías en el 9:12.

10:1. Herodes el Grande había denominado a la Torre de Estratón "Cesarea" en honor del emperador. La residencia del emperador romano de Judea (23:23, 24) poseía una guarnición militar romana regular. Los centuriones comandaban unidades de apenas 8 hombres (en vez de su designación oficial de 100). De manera distinta a los aristócratas que podían llegar a ser directamente tribunos o legados, los centuriones eran generalmente soldados que se abrían camino a través de los rangos.

Este centurión era parte de un "regimiento" (NVI) o "cohorte" (BA), o sea un décimo de una legión, constituido por 600 hombres. Cinco regimientos estaban apostados en Cesarea y otro más en Jerusalén. Se sabía que este regimiento en particular había estado en Palestina en el año 69 d. de J.C., aunque no se ha confirmado específicamente en este período. Del año 41 d. de J.C. al 44, Agripa I tenía sus propias tropas en Cesarea, por lo tanto estos eventos debieron suceder antes del año 41 d. de J.C.

El servicio militar era la ocupación preferida; solo la mitad de los que se enrolaban sobrevivían los veinte años de servicio (generalmente las edades eran de 17 a 37 años; más tarde, en el siglo I, el servicio llegó a ser de 25 años), no obstante, las recompensas para los sobrevivientes eran grandes. Los que no eran ciudadanos no podían unirse a las legiones pero podían pertenecer a tropas auxiliares que recibirían su ciudadanía después de su licenciamiento.

10:2. Evidentemente, Cornelio todavía no estaba plenamente convertido al judaísmo (10:28), sin embargo, su caridad y el aprecio de los judíos que lo conocían (10:22) son testimonio de su devoción. A pesar de que el término "temeroso de Dios" tenía un uso más amplio, generalmente funciona en forma técnica en el libro de Hechos y en algunas otras fuentes judías, para referirse a *gentiles justos que no habían sido circuncidados. *Josefo, *Filón, algunas inscripciones e incluso el filósofo pagano *Epicteto mencionan esta clase de conversiones incompletas. Las inscripciones indican el alto nivel de interés religioso que existía entre muchos de los soldados.

Si estos eventos son antes del año 41 (ver el comentario sobre el 10:1), probablemente Cornelio estaba ya retirado (los centuriones podían retirarse a la edad de 60 años) para la guerra del 66-70. No obstante, la mayoría de los lectores judíos de Lucas, después del año 70 d. de J.C., no apreciarían a los funcionarios romanos apostados en Siria Palestina, y este relato cambiaría sus prejuicios. Todos los reclutas habían hechos votos de lealtad hacia el emperador divino.

La "casa" (RVA) o la "familia" (NVI) de Cornelio es de gran interés. Ciertamente, Lucas sabía que al personal militar no se le permitía casarse. Por lo común, los soldados tenían concubinas ilegales cosa que sus superiores ignoraban, sin embargo, los centuriones eran trasladados con frecuencia y por lo tanto rara vez podían mantener un matrimonio informal a largo plazo con concubinas locales. De esta manera, mientras Cornelio pudo casarse extraoficialmente con una concubina, el peso de esta probabilidad no favorece este hecho. Se consideraba apropiado que la esposa compartiera la religión de su esposo, así que si él estaba casado, aquí su devoción compartida sería natural. Sin embargo, el término traducido "casa" podía incluir a los sirvientes o a los *libertos; aunque un esclavo barato costaría aproximadamente un tercio del sueldo anual de un soldado regular, los centuriones recibían quince veces la paga de los soldados rasos. Quizá, aquí el término "casa" puede significar solamente "sirvientes" (v. 7).

10:3. La "hora novena" (RVA, BA) es aproximadamente a las 15:00 h, él observa las horas judías de oración, que correspondían a los servicios matutinos y vespertinos en el templo (3:1).

10:4-8. También en el AT, Dios prestó atención a muchos *gentiles que lo estaban buscando, ya fueran conversos plenos o no (p. ej., Jos. 6:25; 2 Sam. 12:9, 10), y se reveló a sí mismo a los individuos que no eran descendientes de Abraham (Gén. 5:24; Núm. 22—25). "Memorial" (RVA v. 4) puede ser el lenguaje de sacrificio (Lev. 2:2), que se adecuaría a las oraciones ofrecidas durante el tiempo del sacrificio en el templo.

10:9-16
La visión de Pedro

Compare la visión de Cornelio del 10:1-8. Para casos tales como la "visión doble", compare con el comentario sobre el 9:12.

10:9. Cesarea estaba a 48 km al norte de Jope. Aun si los mensajeros de Cornelio salieron inmediatamente después de las 15:00 h (10:3), debieron viajar a pie parte de la noche, o (menos probablemente) Cornelio debió encontrar caballos para ellos, debido a que aquí se acercan a Jope al mediodía ("la hora sexta", RVA). Por lo tanto su tarea debió ser urgente.

Las azoteas eran utilizadas para secar vegetales y para orar. Si uno se reclinaba bajo la marquesina, notaría que las azoteas eran más frías, incluso al mediodía, que los cuartos escasamente ventilados de la mayoría de las casas palestinas (a pesar de que esta casa debió ser más grande que la mayoría; cf. 10:17). Al mediodía no era una hora regular para orar (3:1), así que Pedro oraba más que las horas tradicionales cuando oraban sus contemporáneos.

10:10. Pedro no está hambriento porque haya llevado a cabo algún ayuno especial; el mediodía era una hora común para comer en Roma y quizás también en Jope. *Filón describió el estado que aquí se le atribuye a Pedro como "intoxicación divina", cuando el alma está tan llena de Dios que pierde el contacto con lo que la rodea; no obstante, en contraste con *Filón y con los *apocalípticos, quienes buscaron experiencias místicas, Pedro no ha hecho nada intencional para provocarlo.

10:11-13. Incluso los judíos palestinos más indulgentes en otras consideraciones se guardaban limpios (kosher). Por lo tanto, esta visión presentaría una situación horripilante para cualquier judío palestino del primer siglo (y también para la vasta mayoría de los judíos extranjeros): Dios ordena a Pedro que coma todas estas criaturas prohibidas e impuras. Por hambriento que estuviera (10:10), ¡no lo estaba tanto!

10:14-16. En otra visión, medio milenio antes, Dios había llamado de manera similar a Ezequiel, un sacerdote, para que comiera algo impuro, y él le había expresado la misma protesta; la respuesta de Dios no fue sino una pequeña mejora (Eze. 4:13-15). Los judíos habrían preferido morir que comer comida impura (que no fuera kosher) en el tiempo de los *Macabeos. De esta manera, los lectores judíos se horrorizarían al pensar que Dios requiriera algo tan repugnante (desde la perspectiva del arte culinario cultural) e impío (desde la perspectiva del AT). El propósito de la visión, que Dios puede declarar cualquier cosa limpia, se aplica especialmente a los *gentiles que Pedro estaba por conocer (10:28; 15:9). La repetición de una revelación no es un hecho inusual (1 Sam. 3:4-10).

10:17-23a
Bienvenida para los gentiles

10:17. Jope era una ciudad grande, pero el conocer la profesión de Simón y que su casa estaba cerca del mar facilitaría que Pedro lo encontrara. (En muchas ciudades del mundo romano, la gente del mismo oficio vivía en el mismo distrito.) El hecho de que Simón tuviera una puerta exterior indica que era un hombre de recursos.

10:18. Al estar informados acerca del judaísmo (10:2), los mensajeros de Cornelio "llamaron y preguntaron" en vez de subir y entrar a la casa (10:28), aunque como representantes de un centurión romano, bajo la costumbre romana, podían haberlo hecho sin ser castigados.

10:19-21. Pedro "descendió" hacia ellos por la escalera exterior que llevaba a la azotea.

10:22. A pesar de que muchas historias cuentan acerca de maestros judíos que hablan con los *gentiles, los judíos conservadores no entrarían a la casa de un *gentil ni permitirían que un gentil entrara a la suya. Por lo tanto, Pedro enfrenta un problema al ser invitado a la casa de Cornelio. A pesar de que la mayoría de los judíos liberales probablemente no tendrían objeción alguna (v. 23a), Pedro tiene que estar preocupado por la parte conservadora dentro de la *iglesia judía, que eventualmente incluiría hasta a los *fariseos (15:5).

10:23a. Los fariseos y otros piadosos estaban preocupados por la convivencia impura en la mesa; hospedar a los gentiles durante la noche, sin importar qué cansados pudieran estar los huéspedes, contradecía la piedad de los judíos conservadores. El comer en compañía de ellos estaba prohibido sobre el principio de que eran compañía inicua (*Libro de Jubileos 22:16). Tal vez Simón, por ser un curtidor, está menos preocupado por las reglas conservadoras; aunque la mayoría de sus clientes eran probablemente judíos, Jope era una ciudad mixta y, de cualquier manera, su profesión era despreciada por los pietistas conservadores. (Incluso, *rabinos subsecuentes permitían algunos negocios a corto plazo con los gentiles y reconocían que algunas tiendas empleaban tanto a gentiles como a judíos.) Sin embargo, la visión de Pedro probablemente tenía algo que ver con el trato que recibían los huéspedes.

10:23b-33
Cornelio recibe a Pedro

10:23b. Sin duda, los acompañantes de Pedro fueron traídos para servir como testigos de que él se había comportado de manera adecuada (10:45; cf. Deut. 17:6; 19:15).

10:24. Si hubieran salido cerca del amanecer, después de que los *gentiles se habían hospedado en su casa durante la noche ("se levantó", RVA, v. 23), y hubieran caminado sin parar, habrían llegado a la casa de Cornelio en la noche. "Al otro día" significa aquí que todos se detuvieron a pasar la noche en alguna parte del camino (v. 30), presumiblemente en una ciudad mixta (quizás en Apolonia, justo a la mitad del camino a lo largo de la costa mediterránea). El hecho de que Cornelio los estuviera "esperando" (RVA) significa no solo que confiaba en que sus sirvientes no escaparían sino que, además, él estaba ansioso de escuchar el mensaje de Pedro.

El término traducido "parientes" (RVA, NVI) también puede significar "compatriotas" y probablemente ese sea el significado aquí. Si significa parientes, pueden ser parientes lejanos quienes eran soldados apostados en la misma ciudad, aunque esa coincidencia es improbable. No es la manera usual de describir a la familia inmediata (cf. 10:2), sin embargo, es incluso mucho menos probable incluir a los sirvientes. El hecho de que los haya "convocado" sugiere que no eran niños (cf. v. 46), y no hay nada en este pasaje que apoye la referencia al *bautismo de infantes que algunos escritores han visto aquí (v. 48).

10:25, 26. El paganismo grecorromano creía no solo en dioses sino en hombres casi divinos, a menudo hijos de dioses, quienes tenían poderes sobrenaturales (14:11; 28:6). Se podía ofrecer obediencia a los dioses postrándose a sus pies y adorándolos, como Cornelio hizo con Pedro aquí. Cornelio debía saber bien (10:2) que no debía tratar a Pedro con esa reverencia; tal vez solo intentaba hacer una forma especial de homenaje, el cual encontraría inadecuado un siervo de Jesús (cf. Luc. 22:25-27).

10:27-29. Los judíos devotos no entrarían a la casa de idólatras para no participar inconscientemente en la idolatría; aparentemente, extendieron esta costumbre a no entrar en la casa de ningún *gentil. Se consideraba algo impuro comer los alimentos o beber el vino de los gentiles; a pesar de que esta regla de pureza no prohibía el contacto social, sí impedía que comieran juntos en los banquetes y provocó que la mayor parte del mundo romano sintiera que los judíos eran antisociales. Sin duda, Cornelio estaba acostumbrado a aceptar desaires (10:22), así que la aseveración de Pedro en el 10:28 significaría mucho para él.

10:30-33. Ver el comentario sobre 10:3-6.

10:34-43
El mensaje de Pedro

10:34, 35. El judaísmo enfatizaba mucho la imparcialidad de Dios; cf. Romanos 2:11.

10:36. En general, los judíos llamarían a Dios "Señor de todos". El "evangelio de la paz" alude al concepto de la redención de Israel, encontrada en Isaías 52:7 y en pasajes similares, aunque los *gentiles que temían a Dios no podían discernir esta alusión (pero quizás cf. Isa. 57:19 en Hech. 2:39).

10:37. "Judea" aparentemente aquí incluye Galilea y se utiliza en el sentido más amplio de "la tierra judía" en vez de su sentido más estrecho y usual como la región sur de Palestina.

10:38. "Haciendo bienes" (RVR-1960) es literalmente "haciendo obras de beneficencia", la clase de cosas que un gobernante, una deidad, o alguna persona poderosa haría cuando ofreciera regalos o misericordia a aquellos de una clase social más baja. Dependiendo de cuánto supiera Cornelio acerca del judaísmo, podría reconocer que cualquiera que estuviera ungido con el *Espíritu Santo sería considerado extraordinario por los judíos contemporáneos.

10:40, 41. Algunos griegos parecen haber creído que los héroes o dioses que habían fundado ciudades los visitaban pero permanecían invisibles. No obstante, el punto de vista de Pedro aquí no es que Jesús permanezca invisible de una manera selectiva; sino más bien, que solo viene a aquellos a quienes Dios ha escogido.

10:42. En la mayor parte de la literatura judía, Dios mismo es el juez.

10:43. Muchos profetas tuvieron *profecías mesiánicas, pero solo pocos de ellos (p. ej., Isa. 53) relacionaron directamente al *Mesías con el perdón de los pecados. Probablemente, Pedro quiere decir esto en un sentido general: todos los profetas testifican del perdón por medio de la *gracia de Dios, que sería suministrada en los tiempos del *Mesías (cf., p. ej., Jer. 23:5, 6).

10:44-48
Gentiles salvos

10:44. La interrupción era un recurso literario común; cuando ya se ha dicho bastante, el autor permite que el orador sea interrumpido. (Por supuesto, sucedía en la vida real así como en la literatura; a menudo individuos de la multitud interrumpían a los oradores públicos.) "Cayó sobre" es aquí el equivalente a "llenó" (cf. 2 Crón. 7:2, 3).

10:45-47. La mayoría de los maestros judíos sentían que el *Espíritu inspiraba con declaraciones divinas solo a los más devotos, o que el Espíritu pondría una marca al pueblo de Dios en una era futura. Obviamente, los *gentiles no podían recibir este regalo si Dios no los aceptaba, así que claramente los había aceptado, incluso sin circuncisión.

10:48. El *bautismo era usado como una declaración pública de conversión; ver el comentario sobre el 2:37, 38. El hospedaje de Pedro en una casa *gentil durante varios días agravaría la ofensa a la piedad judía, pero llevaría a casa la lección de Pedro (10:28).

11:1-18
Petición de cuentas

11:1. Acerca de "hermanos", ver el comentario sobre 9:17.

11:2, 3. Los colegas de Pedro no objetan que los miembros de la casa de Cornelio no teman a Dios (10:2); el problema es que no son totalmente judíos, los *gentiles tenían que ser circuncidados para convertirse plenamente al judaísmo. (Este requerimiento es una inferencia natural proveniente de la *ley y continúa siendo un asunto importante hasta 15:1, 5.) Tampoco objetan el que Pedro predicara a Cristo a los gentiles; el asunto es que él comió con ellos aunque, como gentiles, eran ritualmente impuros (10:28; cf. Gál. 2:12).

11:4-15. Ver el comentario sobre 10:9-46. Sobre la repetición de una historia en palabras ligeramente distintas, ver la introducción sobre 9:1-9. En la antigüedad, pedir (de forma verdadera o falsa) la autorización o la sanción divina (v. 12) era un medio común de defender los actos propios. Por lo tanto, la última evidencia de Pedro está en el 11:16, 17.

11:16, 17. Debido a que el judaísmo utilizaba el *bautismo junto con la circuncisión para representar la conversión, si Dios había bautizado a alguien en su *Espíritu, con seguridad había aceptado su conversión, con o sin circuncisión.

11:18. Los creyentes de Jerusalén se maravillaban de que Dios hubiera dado el regalo "aun a los *gentiles" ("también" RVR-1995, NVI, RVA). Los judíos creían que los gentiles podían ser salvos al convertirse al judaísmo; además, muchos creían que los gentiles podían ser salvos simplemente al ser justos y obedecer las siete leyes que Dios había dado a Noé (de acuerdo con la tradición judía). Pero hasta ahora, nadie había creído que los gentiles pudieran ser salvos bajo los mismos términos que los judíos, quienes habían sido escogidos para salvación por medio de la *gracia soberana de Dios.

11:19-30
El ministerio en Antioquía

El movimiento cristiano cambia de un movimiento predominantemente rural en Galilea a un movimiento urbano en Jerusalén y a un movimiento cosmopolita en Antioquía. Esta transición rápida no tiene prácticamente ningún paralelo en la antigüedad e indica una flexibilidad social considerable. El hecho de que el judaísmo ya se hubiera adaptado a estos ambientes diversos a lo largo de los siglos proporciona un conducto para estas transiciones rápidas dentro de la comunidad judío-cristiana.

11:19. Las grandes comunidades judías en Fenicia, Chipre (4:36) y en Antioquía eran lugares naturales para que se establecieran los judíos cristianos después del 8:1-4.

11:20, 21. Antioquía, que estaba sobre el río Orontes en Siria, era el tercer centro urbano más grande de la antigüedad (después de Roma y Alejandría), contaba con una población estimada en medio millón, y era el cuartel general de la legión siria de Roma. Con un famoso centro de culto a Apolo, a poca distancia, y Seleucia, su ciudad portuaria en las afueras de la costa del Mediterráneo, a tan solo una breve travesía por el río, Antioquía ostentaba numerosas *religiones de misterio y era conocida por su diversidad de religiones paganas.

Debido a su pluralismo cultural, incluía una parte judía móvil y generalmente aceptada con muchos "hombres temerosos de Dios" (ver 10:2) y estaba mucho menos segregada que Alejandría. Algunos judíos no palestinos más liberales veían su testimonio acerca del Dios de Israel entre los *gentiles como la elaboración de un monoteísmo razonable y el contacto con lo mejor de la filosofía pagana; la circuncisión era para ellos un asunto de menor importancia. Así, Antioquía era un lugar más natural que Judea para que los *gentiles escucharan el *evangelio sin circuncisión (15:1).

11:22-24. Bernabé confía en la obra de Dios en la gente (9:27; 15:37-39). A menudo, fuentes posteriores exaltan a un profeta judío llamado *Hillel por su generosidad y por estar dispuesto a aceptar a los *gentiles tal y como eran, y a guiarlos de allí en adelante, de manera distinta a muchos de sus contemporáneos.

11:25. Tarso estaba aproximadamente a 160 km hacia el norte; este viaje sería una gran empresa.

11:26. La palabra "cristianos" aparece en el NT solo aquí, como un sobrenombre dado por los forasteros, y en 1 Pedro 4:16, como algo parecido a un cargo legal. El título está formado por la analogía de los seguidores de un partido político: los "cesareos", los "herodianos", los "pompeyanos", etc. Los habitantes de Antioquía eran conocidos por las burlas que hacían de la gente, sin embargo, los cristianos del segundo siglo decidieron adoptar el título con orgullo. Nadie se hubiera imaginado ¡cuánto tiempo duraría el nombre!

11:27. El hecho de que el movimiento tuviera varios *profetas impresionaría a los que permanecían fuera del movimiento; pocos movimientos tenían muchos profetas que actuaban juntos, a pesar de que los *oráculos griegos seguían operando en los centros de culto (menos populares que en el pasado), y *Josefo relata que muchos *esenios podían profetizar. Siria era conocida por sus oráculos, así que los habitantes de Antioquía, probablemente, también estaban impresionados por los profetas cristianos.

Algunos comentaristas han señalado que estos eran profetas que viajaban y los comparaban con los filósofos *cínicos errantes, pero dada la movilidad frecuente de otras muchas personas en la antigüedad grecorromana, su movilidad no necesitaba ser relacionada con su oficio. Probablemente, muchos de los profetas eran sedentarios.

11:28. Una serie de hambrunas devastaron la agricultura mediterránea en el tiempo de Claudio: los papiros muestran que el grano tenía un alto precio alrededor del año 46 d. de J.C. Una escasez de grano en Roma casi provoca que Claudio fuera atropellado en las calles (aproximadamente en el año 51 d. de J.C.); la reina Helena de Adiabena llevó grano egipcio "en grandes cantidades" (debido a la hambruna que allí había) para ayudar a Judea (aproximadamente en el año 45-46 d. de J.C.) Algunos comentaristas han conectado esta *profecía con la imagen de la hambruna de los tiempos finales que es común en los textos *apocalípticos; a pesar de que esa sugerencia es posible, esta profecía se cumplió durante el reinado de Claudio.

11:29, 30. La mayoría de los esfuerzos de los judíos para mitigar los problemas eran locales excepto en casos severos, por ejemplo, cuando la reina Helena ayudó a los judíos palestinos que padecían hambre. Sin embargo, este enfoque local se debió más a la naturaleza del imperio romano (en donde se desconfiaba de las organizaciones que abarcaban muchas provincias) que a la naturaleza del judaísmo; cf. el comentario sobre 2 Corintios 8—9. Lo que es importante aquí es que los creyentes se anticipan a la hambruna por medio de la fe en la *profecía (cf. Gén. 41:33 36).

12:1-17
Liberación de Pedro

12:1. Este Herodes es Agripa I, cuñado e hijo de un medio hermano de Antipas, el Herodes de los Evangelios cuyo intento por ganar tanto poder como Agripa le costó su propio reino. (Los celos fatales de Antipas sobre Agripa fueron instigados por su propia consorte Herodías, *Josefo *Antigüedades Judías* 18.7.1, 2, 240-44, 250-54, a pesar de que ella había ayudado a su hermano Agripa después de que él desperdiciara todo su dinero en Roma y regresara endeudado a Palestina, Antigüedades Judías 18.6.1, 2, 143-49). Herodes Agripa I había hecho fiestas con Cayo Calígula en Roma; cuando Calígula llegó a ser emperador, Agripa I llegó a ser el primer "rey" oficial judío desde su abuelo Herodes el Grande. Debido a que su abuela Mariamne era una princesa asmonea, él era judío y también idumeo (en contraste con Herodes el Grande). De esta manera, era muy popular con el pueblo, a beneficio de quien utilizaba su influencia. Él estaba a favor de los *fariseos y frecuentaba el templo.

12:2. Anteriormente, la decapitación se llevaba a cabo con un hacha, en este período se realizaba con la espada y era la forma más misericordiosa de ejecución dada a los ciudadanos romanos y a otros para quienes la crucifixión era considerada demasiado cruel. Como rey, Agripa tenía el derecho de la vida y la muerte que había sido negado al Sanedrín antes y después de él. Al igual que el judaísmo, los cristianos primitivos creían que la muerte no estaba separada del soberano propósito de Dios.

12:3. Lucas puede mencionar la fiesta de los Panes sin levadura para recordarle al lector el tiempo de la ejecución de Jesús (Luc. 22:7) o porque Pedro no podía evitar ser visto en Jerusalén durante la fiesta. Si Lucas lo hubiera mencionado solo como un detalle cronológico, probablemente también hubiera indicado el año del reinado de Agripa. Aunque Agripa daba de manera generosa a los *gentiles que estaban en las afueras de Judea, sus políticas lo hicieron mucho más popular entre sus súbditos judíos (a quienes les concedía la mayoría de sus caprichos) que entre sus súbditos paganos.

12:4. Agripa I residía en Jerusalén. Lucas no menciona el lugar específico del encarcelamiento de Pedro, no obstante, la fortaleza Antonia sobre el monte del templo es una posibilidad. Como un gobernador confiable y *protegido de Roma, Agripa también tenía su propio ejército, de esta manera, los soldados que aquí se mencionan no son necesariamente romanos, aunque se describen como una organización romana. La unidad básica del ejército romano era el *contubernium*, compuesto de ocho soldados que compartían una tienda de campaña; en ocasiones, la mitad de las unidades era asignada a tareas especiales, como aquí (dieciséis soldados en total). Tal vez, Agripa temía una resistencia armada. Lucas utiliza la palabra "Pascua" en su sentido general en este período para referirse a toda la Fiesta de los Panes sin levadura. La expresión "llevarlo ante el pueblo" (BA) era utilizada para las asambleas judiciales públicas en las ciudades griegas.

12:5, 6. Los prisioneros que estaban encadenados entre guardas (como a menudo lo estaban, 21:33; cf. 28:16, 20) no tenían ninguna esperanza humana de escapar.

12:7-11. Sobre escapes milagrosos ver el comentario sobre 5:19, 20. Agripa ejerció mucho más poder directo que el Sanedrín, y sus guardas eran mucho más eficientes. En una historia griega popular, Dionisio había hecho que las cadenas cayeran y que se abrieran las puertas que estaban cerradas con llave; las puertas que se abren "por sí mismas" aparecen en la literatura antigua desde Homero hasta *Josefo. De este modo, podemos comprender por qué Pedro podía pensar que estaba soñando.

12:12, 13. Una casa con una puerta exterior, una sirvienta que podía servir de portera y una reunión en la parte posterior de la casa sugeriría la casa de un residente muy acaudalado de la Ciudad Alta de Jerusalén. (Para otro indicio de la riqueza de la familia, cf. Col. 4:10 con Hech. 4:36, 37. Como levitas, 4:36, debieron haber tenido vínculos con la aristocracia sacerdotal; muchos sacerdotes acaudalados vivían en la Ciudad Alta.) Así, la casa no estaba lejos del monte del templo (y por lo tanto no estaba lejos de la fortaleza Antonia, en donde quizás Pedro haya estado encarcelado). Durante los tres primeros siglos de la iglesia los creyentes se reunían en casas y no en los edificios de la *iglesia (p. ej., Rom. 16:5), de la misma manera que lo hacían los judíos pobres que no podían darse el lujo de construir *sinagogas. "Marcos" es un nombre latino, pero como es un *praenomen* no necesita indicar la ciudadanía romana; aún así, el uso del nombre indica, difícilmente, la antipatía hacia Roma o hacia los intereses de esta última en Jerusalén, y una vez más, puede sugerir la riqueza de la familia.

12:14-16. Debido a que estos creyentes probablemente oraron después de la captura de Jacobo, y este había sido ejecutado, su fe incierta es quizás comprensible. Pero dado el propósito de esta reunión de oración (12:5), su sorpresa (y la de Pedro, ya que tuvo que golpear la puerta, lo que pudo despertar a varios vecinos que eran probablemente de familias sacerdotales aristócratas y por lo tanto peligrosas) es lo suficientemente irónica y quizás provocó que los lectores de la antigüedad se hubieran reído. En algunas tradiciones judías populares los justos llegarían a ser como ángeles después de la muerte.

12:17. "Jacobo" era un nombre común; no es el Jacobo de 12:2, sino el Jacobo de 15:13, 1 Cor. 15:7 y Gál. 2:9. Las fuentes judías nos dicen que este Jacobo, el hermano menor de Jesús, tenía una gran reputación de ser un judío devoto (cf. Hech. 21:18-20), y cuando más tarde fue sometido al martirio, la gente de Jerusalén protestó por su muerte. Por lo tanto, él estaría a salvo de Agripa, quien agasajaba a las masas judías (12:1-3).

12:18, 19. Dadas las precauciones de los soldados (cadenas, puertas y diversos guardas apostados a cada lado, 12:6), era humanamente imposible para Pedro escapar sin contar con la ayuda de todos los guardas. Agripa los interroga para recibir información, quizás bajo tortura, pero no tienen nada que decir. Bajo la ley romana, un guarda al que se le escapara un prisionero pagaría por ello con la pena establecida para el prisionero; en este caso, con su propia vida (cf. 16:27; 27:42), una costumbre que Agripa, privado del favor de las masas, decidió seguir.

12:20. Las ciudades helenísticas (culturalmente griegas) de Tiro y Sidón dependían de los territorios de Agripa para el suministro vital de alimentos; él les había retirado el comercio.

12:21. A Agripa I le gustaba hacer alarde de su poder; desdichadamente, la exhibición que hizo de sí mismo provocó disturbios anteriormente en contra de los judíos en Alejandría. La reunión pública que tuvo con estos emisarios fue en el teatro de Cesarea, construido por su abuelo Herodes el Grande; los cimientos de este teatro todavía permanecen hasta hoy. De acuerdo con *Josefo, este discurso se dio en una fiesta celebrada en honor del emperador (probablemente su cumpleaños, o quizá una fiesta extraña celebrada en marzo del año 44 d. de J.C.).

12:22-24. El historiador judío del primer siglo, *Josefo, registra que en esta ocasión Agripa hizo alarde de su poder, y sus aduladores lo alabaron como a un dios, la clase de adulación hecha a *protectores reales que era común durante siglos en el oriente griego. No obstante, en el período romano, César esperaba que incluso los paganos que no eran emperadores (tales como el general Germánico en Egipto) evitaran dicha alabanza. Debido a que Agripa no repudió su alabanza, cayó inmediatamente. *Josefo registra que fue llevado al palacio, en donde murió a la edad de 54 años, después de cinco días de dolores estomacales provocados por gusanos. Se pensaba que las muertes por enfermedades intestinales y por gusanos eran las más horribles.

12:25—13:3
Antioquía envía misioneros

A pesar de la comisión de 1:8, los *apóstoles palestinos todavía permanecían en Jerusalén (15:6). Sin embargo, los líderes de la iglesia de Antioquía descubrieron que la misión hacia los *gentiles había tenido éxito (11:19-26) y son movidos a ratificar el llamado apostólico de dos de ellos.

12:25. El viaje de Jerusalén a Antioquía era de aproximadamente 643 km. Era costumbre que los maestros de la antigüedad llevaran *discípulos con ellos, y era mucho más seguro viajar en grupos.

13:1. Probablemente, todos los líderes de esta *iglesia eran tanto profetas como maestros. Lo que sonaba normal en el cristianismo primitivo sonaría fenomenal para su cultura, ya que se pensaba que los profetas eran algo fuera de lo común. Simón y Manaén (Menahem) son nombres judíos, lo que sugiere que todavía había una fuerte representación judía dentro del liderazgo de la iglesia (no hay duda, ya que tenían un mejor trasfondo para enseñar las Escrituras). Sin embargo, el sobrenombre de Simón, "Niger", era un nombre romano común y muy respetable; quizá era un ciudadano romano, aunque esto no está del todo claro, el nombre era utilizado también por los judíos y aquí es un *sobrenombre*. Los sobrenombres eran comunes y por lo general muy importantes en la antigüedad; el significado del sobrenombre latino de Simón sugiere una complexión oscura y puede indicar que era descendiente de los *prosélitos de la costa romanizada de África del Norte (tal vez también Lucio). Cirene, ubicada en la costa de África del Norte, tenía una gran población judía.

El hecho de que Manaén "se había criado" con Herodes puede significar que ambos tenían la misma nodriza. Los esclavos que crecían en la casa del amo junto con el hijo que los heredaría, a menudo eran liberados más tarde por el hijo, quien había sido su compañero de juego; incluso como esclavos eran poderosos debido a su relación con el dueño. Otros niños que crecían con príncipes en la corte real también alcanzaban cierta importancia. Especialmente en la cultura griega, las amistades de la juventud determinaban las alianzas y los favores políticos. Por lo tanto, hasta la caída de Herodes Antipas ("el tetrarca") tal vez una década antes, Manaén había sostenido una posición social importante (y probablemente es la principal fuente de Lucas con respecto al material único de Antipas en su Evangelio).

13:2, 3. Los judíos ayunaban para llevar luto o en señal de *arrepentimiento, y algunos ayunaban para buscar una revelación. Los ayunos especiales para orar, o con respecto al luto, eran convocados para enfrentar grandes crisis como la sequía. Aquí, probablemente solo estén buscando a Dios en oración. Al *Espíritu Santo se lo conocía especialmente como el Espíritu de *profecía, así que la expresión "dijo el Espíritu Santo" probablemente significa que alguno de los profetas profetizó. Acerca de la imposición de manos, ver el comentario sobre 6:6.

13:4-12
El procónsul de Chipre se convierte

Se acostumbraba que los mensajeros viajaran

en parejas. Los estudiantes de la *ley también preferían tener compañeros con los cuales estudiar: Saulo, Bernabé y Marcos (v. 13) sin duda discutieron sobre las Escrituras durante muchos de sus largos viajes. Los caminos romanos eran buenos y, por lo general, eran seguros durante el día, y viajar era mucho más fácil de lo que había sido alguna vez o de lo que sería hasta el período moderno.

13:4. Seleucia era la ciudad portuaria de Antioquía en el Mediterráneo, a menos de 32 km al oeste. La isla de Chipre era un destino natural si Bernabé conocía la cultura y tenía parientes allá (4:36).

13:5. Salamina, la ciudad principal de Chipre, era una ciudad portuaria a tan solo 160 km de Seleucia, un viaje en barco en línea recta. Como maestros visitantes y expertos en la ley, a Bernabé y a Saulo les pedirían que hablaran en las *sinagogas locales (ya que Salamina tenía una gran comunidad judía, debió contar con varias *sinagogas). A principios del segundo siglo, se dice que la comunidad judía chipriota había atacado Salamina en una revuelta y que se había destruido a sí misma.

13:6. La nueva Pafos, una ciudad en la bahía griega al noroeste de Chipre, había sido por mucho tiempo la capital jurisdiccional y había mantenido ciertas relaciones comerciales con Judea. Los magos judíos tenían la reputación de estar entre los mejores del imperio romano (aunque estaban prohibidos en las Escrituras y eran causa de desconfianza entre los judíos devotos). No era inusual para los aristócratas romanos tener filósofos en la corte; si bien los magos eran menos atractivos, el procónsul probablemente veía a Barjesús ("hijo de Josué") como un consejero útil desde una perspectiva "judía". (Generalmente los romanos desconfiaban de la magia, sin embargo, *Josefo decía que Félix, un romano que gobernó Judea, contaba entre sus amigos a un judío chipriota que tenía la reputación de ser mago. Su nombre no era Barjesús, pero Barjesús y él son testimonio de la misma actividad de magos judíos en Chipre y de lo atractivo que resultaban para algunos oficiales romanos.)

13:7, 8. Sergio Paulo era procónsul de Chipre (el funcionario romano de más alto rango en la isla) aproximadamente del año 45 al 46 d. de J.C. Como siempre, Lucas tiene el título correcto y específico del funcionario romano, aunque estos títulos variaban de lugar en lugar y de década en década, y la única manera para cotejar todos los títulos adecuados sería ir a aquellos lugares. No se sabe si este es el Sergio Paulo cuya familia es conocida a partir de inscripciones posteriores.

13:9. Los ciudadanos romanos tenían tres nombres. Como ciudadano, Saulo tenía un *cognomen* ("Pablo", que significa "pequeño"); sus otros nombres romanos permanecen desconocidos para nosotros. Como lo muestran las inscripciones era un nombre común; su nombre romano sonaba similar a su nombre judío (Saulo, a partir del nombre del más famoso benjamita del AT). Este no es un cambio de nombre; ahora que Pablo se mueve en un ambiente predominantemente romano, comienza a conocerse por su nombre romano, y algunos lectores de Lucas reconocen por primera vez que Lucas está escribiendo acerca de alguien de quien ya habían oído antes.

13:10, 11. La amonestación de Pablo a Elimas suena como un oráculo de juicio del AT, o como la declaración de las señales de un profeta. En la literatura judía, la ceguera temporal era, en ocasiones, un juicio para prevenir un daño posterior provocado por el pecado (*Carta de Aristeas 316); ver el comentario sobre 9:8.

13:12. El hecho de que el procónsul haya empleado a un "profeta" judío demuestra su apertura al judaísmo (v. 6), no obstante, Pablo y Bernabé muestran un poder superior y una mejor presentación del judaísmo que Barjesús.

13:13-41
Sermón en Antioquía de Pisidia

Las ciudades que visitaron Pablo y sus acompañantes en el 13:13—14:26 estaban ubicadas a lo largo del mismo camino militar romano, la vía Augusta, que fue construida aproximadamente medio siglo antes.

13:13. Probablemente, desembarcaron en Atalia, la bahía principal, luego prosiguieron por el camino a Perge, a 19 km al norte y a menos de 8 km de agua navegable. Era parte de la provincia de Licia Panfilia en este período (del año 43 d. de J.C. hasta aproximadamente el año 68).

13:14. La Antioquía que estaba cerca de Pisidia era una colonia romana; si Sergio Paulo (13:12) les hubiera extendido cartas de recomendación (cf. 9:2) para la aristocracia local, hubieran disfrutado de una hospitalidad inmediata. En este período, las reuniones judías públicas regulares en la *sinagoga eran, generalmente, solo los sábados y días festivos.

13:15. En un período posterior, las lecturas bíblicas (especialmente de la ley) serían preparadas, y el sermón de la *sinagoga sería una homilía sobre los textos leídos, similar a la de este capítulo; probablemente, ya se usaban las homilías (exposiciones sobre los textos) en este período. "Los altos dignatarios de la sinagoga" eran los funcionarios de mayor jerarquía de las sinagogas locales, y se confirma su existencia por las inscripciones judías a lo largo del imperio.

13:16. Muchos eruditos han establecido paralelos entre el discurso de Pablo aquí y la forma de enseñanza de la *sinagoga que llegó a ser conocida como la "homilía de introducción". Otros han cuestionado si la homilía de introducción puede documentarse en tiempos tan remotos en un lugar tan lejos de Palestina. Cualquiera que sea el caso, la exposición ligada a las escrituras que hizo Pablo en el 13:16-43 contrasta plenamente con el 14:15-17 y con el 17:22-31, mostrando que en sus discursos, Pablo se adaptaba a diferentes audiencias, como lo hizo en sus cartas. En la Palestina judía, uno se sentaba para exponer la *ley; aquí Pablo se pone de pie debido a que está exhortando y no explicando, o tal vez porque la costumbre podía haber diferido fuera de Palestina.

13:17-19. Cuatrocientos cincuenta años es un número redondo, aparentemente se presupone que Israel estuvo en Egipto durante cuatrocientos años (ver 7:6) y vagó en el desierto por cuarenta años.

13:20, 21. Los cuarenta años del reinado de Saúl son tomados a partir de una tradición judía anterior, también preservada en *Josefo.

13:22-25. El reinado de David es la culminación de siglos de esperar otros modelos de liderazgo; Jesús es el descendiente de David, el *Mesías de quien hablaron los profetas. De esta manera, proclaman a uno mayor que el antiguo héroe David.

13:26. "Hijos del linaje de Abraham" son sus oyentes judíos; "los que entre vosotros teméis a Dios" puede referirse aquí a los *gentiles interesados (cf. 10:2) o quizás a *prosélitos plenos (cf. 13:43).

13:27-29. Acerca del cumplimiento de las Escrituras sobre la condenación de Jesús por parte del pueblo de Jerusalén, ver especialmente Isaías 53, que declara que el siervo sería rechazado por su propio pueblo. Los cristianos primitivos también citaban salmos acerca de víctimas justas (Sal. 22 y 69). Lucas no cita todas las referencias de Pablo, debido a que no tendría espacio en su pergamino para registrar todo el discurso (ver el comentario sobre 2:40).

13:30-32. En especial, Pablo necesitaba reforzar esta sección de su proclamación con las Escrituras (13:33-35), ya que el judaísmo no esperaba la muerte y la *resurrección de un *Mesías *dentro* de la historia.

13:33. El Salmo 2:7 ya se había aplicado a la entronización mesiánica en el judaísmo (más claramente en los *Rollos MM). El Salmo 2 celebraba la promesa hecha a David de una dinastía eterna, una promesa que fue repetida regularmente en la adoración en el templo, con la esperanza en el último rey del linaje de David, quien la cumpliría cabalmente.

13:34. Pablo cita a Isaías 55:3 (quizá originalmente el 55:4, que contiene la esperanza para los *gentiles) para indicar que la esperanza futura de Israel estaba ligada a la promesa hecha a David.

13:35-37. Los *rabinos utilizaban una técnica llamada *gezerah shavah* para conectar los pasajes que utilizaban la misma palabra clave; de esta manera, Pablo puede utilizar aquí "Santo" en Isaías 55:3 para llevar a una cita del Salmo 16:10, la cual garantiza que el objeto de la promesa de David nunca se corrompería (cf. también Hech. 2:25-28).

13:38-41. Pablo concluye con Habacuc 1:5. Él dice "en los profetas" (BA) debido a que los libros de los profetas menores estaban agrupados juntos y se trataban como si fueran un solo libro. Habacuc se refiere al juicio inminente bajo el gobierno de los caldeos (1:6), el cual solo el remanente de justos resistirá por fe (2:4); aquí el principio se aplica al juicio final. Los *Rollos MM aplican el texto a aquellos que violaron el pacto de Dios al no creer en el Maestro de Justicia (el fundador de la comunidad de *Qumrán).

13:42, 43. De acuerdo con *Josefo, muchos *gentiles asistían a las *sinagogas con gran interés. Incluso todavía en el siglo IV, el predicador cristiano Juan Crisóstomo se quejaba de que los gentiles, en este caso cristianos, siguieran asistiendo a los servicios en las *sinagogas. Aquellos que estaban interesados en el judaísmo, pero no en la circuncisión, pudieron haber encontrado atractivo el mensaje de Pablo.

13:44. Cuando oradores famosos (p. ej., Dión Crisóstomo) llegaban a la ciudad, la mayoría de sus habitantes iba a escucharlos. Las palabras, acerca del nuevo orador en la sinagoga de Antioquía, se difundían rápidamente, y Pablo, quizás sintiéndose más cómodo al realizar exposiciones sobre las Escrituras que discursos públicos con un estilo griego, es anunciado como un *retórico o como un filósofo.

13:45, 46. Aquí, la respuesta que dan Pablo y Bernabé a sus adversarios tiene algún precedente en el AT (cf. Luc. 4:24-27; Amós 9:7) pero va más allá. Siempre había sido el propósito de Dios bendecir a los gentiles en Abraham (Gén. 12:3), no obstante, es muy conocida la tenacidad de las religiones ancestrales como parte de la tradición cultural; cuando la religión étnica pierde su único componente étnico puede atraer a extranjeros pero simultáneamente debilita su propia membresía.

13:47. Aquí citan la misión del siervo de Isaías 49:6. Claramente, el siervo es Israel en el 49:3, 4; en el 49:5-7 se refiere al que llevaría a cabo la misión del siervo y sufriría en representación de Israel (como en el 52:13—53:12), a quien los cristianos primitivos reconocieron que era Jesús. Como seguidores de Jesús, Pablo y Bernabé asumen la misión del siervo, parte de la cual estaba revelando el camino de la salvación para los gentiles.

13:48, 49. Debido a que los judíos creían que estaban predestinados a la salvación en virtud de haber descendido de Abraham, la idea de que muchos *gentiles hubieran sido "ordenados para *vida eterna" (RVR-1995) podía ser ofensiva, sin embargo, era exactamente a lo que hacía alusión Isaías 49:6 (ver Hech. 13:47).

13:50. Las fuentes antiguas registran que muchas mujeres distinguidas estaban interesadas en el judaísmo (en parte porque su riqueza les dejaba tiempo libre para tomarlo en consideración, y en parte porque no tenían que enfrentarse a la circuncisión, como los hombres, si es que realmente llegaban a tomarlo en serio); estas mujeres a su vez podían influir en sus esposos poderosos. Las aristocracias locales constituían una fracción de la población pero poseían grandes riquezas y la mayor parte del poder político; a partir de ellas vinieron los decuriones para los concilios locales, y su oposición podía lograr que alguien fuera expulsado de la ciudad. Sin embargo, su autoridad era solo local, y, al ir a Iconio, Pablo y Bernabé salieron de su jurisdicción.

13:51, 52. Iconio estaba situada más adelante por el mismo camino, al extremo este de Frigia-Galacia (asumiendo, como es probable aun cuando es discutible, que esa región fuera llamada "Galacia" en este período).

Muchos judíos al regresar a Tierra Santa sacudirían el polvo de la tierra pagana de sus pies; debido a que el templo era considerado más santo que el resto de Israel, también sacudirían el polvo de sus pies cuando entraran al templo. Lo que probablemente insinúan Pablo y Bernabé es que aquellos que rechazaron su mensaje eran paganos y permanecían bajo el juicio de Dios. Jesús había ordenado a sus *discípulos que siguieran esta práctica aun en la Palestina judía (Luc. 10:10-12).

14:1-7
La oposición en Iconio

14:1-4. Si bien Iconio era una ciudad opulenta y próspera, difícilmente tenía el tamaño de una ciudad como Éfeso o Esmirna. Ya que la cultura urbana en el imperio pretendía ser uniformemente grecorromana, la sociedad rural preservaba el idioma y las costumbres locales, y una ciudad como Iconio tendría una parte de ambos. Sin duda alguna, los maestros que viajaban llamarían más la atención en una ciudad como Iconio que en otras ciudades más grandes. Debido a que el idioma nativo de Iconio era el frigio, Pablo y Bernabé pudieron haberse dirigido principalmente a la clase social alta que hablaba griego, o quizás pudieron haber hablado por medio de intérpretes (cf. 14:11, 14); no obstante, es más probable que la mayoría de la multitud entendiera el griego, incluso si este no fuera su idioma materno.

De entre las deidades que adoraban los *gentiles de Iconio, la más importante era Cibeles, la diosa madre frigia; las *religiones de misterio frigias también eran comunes. Sin embargo, las inscripciones confirman que la fe cristiana se diseminó y que, más tarde, Iconio llegó a ser un gran centro del cristianismo en Asia Menor.

14:5. Bajo la ley, los magistrados de la ciudad podían realizar lo que fuera necesario para suprimir los disturbios; en el caso de Pablo y Bernabé, los funcionarios pudieron suprimir el disturbio simplemente al sacarlos legalmente de la ciudad. De esta manera, la conspiración para matarlos está fuera de la ley.

14:6, 7. Iconio estaba situada en Frigia cerca de la frontera de Licaonia, la cual incluía Listra y Derbe. Algunas personas consideraban que la fuga era poco digna, pero los maestros judíos prefirieron esto a la muerte, a no ser que la fuga requiriera negar la *ley de Dios.

14:8-20a
Predicación en Listra

14:8. Durante medio siglo Listra había sido una *colonia romana; sus propios ciudadanos disfrutaban de privilegios como ciudadanos de Roma. Esto enfatiza su cultura local y su carácter romano al lado de Antioquía de Pisidia y en contra de las ciudades griegas de la región.

Aunque algunos filósofos dieron conferencias en auditorios o sirvieron a *protectores acaudalados, la mayoría predicaba sus artículos filosóficos en las esquinas de las calles o en los mercados; oradores poderosos como Dión Crisóstomo criticaron a filósofos como *Epicteto, quien reservaba sus conferencias para el salón de clases. Al igual que un filósofo de la antigüedad, aquí Pablo predica en las calles y no en una *sinagoga (quizás Listra no tiene ninguna; ver 14:19). El enfoque de Pablo no debe sorprendernos; sus propias cartas indican que comparte algo de este ideal filosófico (1 Cor. 4:11-13), y a menudo utiliza el estilo *cínico *estoico de predicación en ellas. Lo que sí es sorprendente, no es que Pablo provocara ocasionalmente de esta manera sino que lanzara una respuesta tan vigorosa; tal vez, la controversia que crearon sus adversarios le ayudaba. Filósofos retirados tendían al discurso académico, mientras que aquellos que predicaban en las calles estaban listos a denunciar la necedad de sus oyentes para asegurar su atención.

14:9-11. Una leyenda frigia local relata una visita antigua de Zeus y Hermes a Frigia. En la historia solo una pareja, Bausis y Filemón, los recibieron amablemente; el resto de la población fue destruida en una inundación. Al conocer de alguna manera la historia en su propio idioma, los habitantes de Licaonia no quieren cometer el mismo error que la antigua Frigia; quieren honrar a Pablo y a Bernabé, a quienes erróneamente consideran dioses. En ocasiones, la gente considera dioses a los hacedores de milagros.

14:12. Hermes era el mensajero de los dioses del Olimpo quien hablaba en nombre del más exaltado Zeus (aunque en otras historias Zeus era menos exaltado y conocido por perseguir a las mujeres y ocasionalmente a jóvenes varones para sus placeres sexuales). Al igual que la mayoría de los escritores judíos y cristianos primitivos (cf. también Isa. 46:5-7), Lucas no está más que burlándose de la necedad del paganismo.

14:13. Las inscripciones muestran que Hermes y Zeus eran adorados juntos en Frigia. A menudo, los animales para el sacrificio eran decorados con guirnaldas antes de ser ofrecidos. Los templos "fuera de las puertas de la ciudad" o "en las afueras de la ciudad" (NVI) eran muy comunes en Asia Menor. Probablemente, el cojo fue sanado en la puerta, ya que los lisiados se ganaban la vida mendigando, y normalmente los mendigos recibían sus mejores ingresos en dichos lugares de tránsito (cf. 3:2).

14:14. Por lo general, los pueblos del oriente conservaban su propio antiguo idioma después de que el griego se había convertido en el idioma de las ciudades. Los terratenientes, ciudadanos de Listra, hablaban latín, pero Pablo y Bernabé están predicando a las masas, a las numerosas personas que vivían en Anatolia que no eran ciudadanas; solo en el versículo 14 es que son informados de lo que la multitud está diciendo. Se requería que los judíos rasgaran sus ropas cuando escuchaban una blasfemia.

14:15, 16. A pesar de que usan lenguaje bíblico, Bernabé y Pablo predican a estos granjeros de Anatolia de tal manera que no necesitaban conocer la Biblia para comprender, enfatizando al Dios que gobierna la naturaleza, que ya había sido reconocido por el paganismo. A menudo, los judíos señalaban las enseñanzas filosóficas paganas sobre el dios supremo, las mismas que los judíos sentían que contradecían la adoración pagana de los ídolos. Los judíos llamaban a los ídolos "vanidades" (fútiles), en contraste con el Dios "viviente". Los judíos creían que Dios permitía que hubiera un nivel bajo en la moral de los *gentiles, quienes tenían solo siete leyes que obedecer; sin embargo, la idolatría, al igual que la inmoralidad sexual, no eran asuntos con los que Dios permitiera que alguien se comprometiera.

14:17. Frigia era fértil, y, en especial, los frigios adoraban a la diosa madre quien se suponía proporcionaba fertilidad a la Tierra. Algunos filósofos, especialmente los *estoicos, creían que la naturaleza por sí misma era testimonio del carácter del dios supremo. Los maestros judíos estaban de acuerdo con que la naturaleza da testimonio del carácter de Dios (esto es bíblico; cf. Sal. 19:1; 89:37) y enseñaban que él proporciona a todos salud, alimento, etc.

14:18-20a. Los visitantes que provenían de Antioquía no tenían autoridad legal fuera de su territorio, sin embargo, podían persuadir a la multitud para que llevara a cabo lo que había fracasado en Iconio (14:5, 6). Una multitud puede cambiar su perspectiva rápidamente (cf. Luc. 23:18), especialmente en un caso como este: cuando Pablo y Bernabé niegan a los dioses, se los considera impíos y por lo tanto parecían ajustarse a una categoría diferente de paganismo antiguo: no eran dioses después de todo, pero sí magos peligrosos. (En vista de que a los dioses se los consideraba generalmente benéficos, los hechiceros eran vistos como algo oculto y por lo general nocivo.)

Antioquía estaba casi a 160 km de Listra por carretera, no obstante, es sabido que las ciudades mantenían contacto entre sí, considerándose a sí mismas ciudades hermanas. Cf. 7:58 para ver los detalles sobre la lapidación judía, sin embargo, la lapidación era también la forma más común de violencia urbana por parte de las multitudes en el mundo *gentil. Las piedras, ladrillos y adoquines estaban disponibles en las calles de la antigüedad. Cuando las multitudes judías apedreaban a un transgresor, buscaban su muerte. El hecho de que Pablo haya sobrevivido señala, sin duda, la protección divina. Normalmente, estas ejecuciones se realizaban en las afueras de la ciudad, y debieron arrastrarlo fuera de la ciudad por cuestiones de pureza. Se debe ver como un milagro que él no solo haya sobrevivido, sino que pudiera caminar después de eso.

14:20b-28
Consolidación de la obra

14:20b. Derbe era la ciudad fronteriza sobre el camino imperial y, por lo tanto, probablemente se beneficiaba de los impuestos de aduana que ahí se cobraban. A pesar de eso, era una ciudad ruda y muy pobremente educada que reflejaba el lenguaje griego y quizá algo de la cultura griega, pero muy poco contacto con la sociedad romana.

14:21, 22. Muchas de las enseñanzas tradicionales judías hablaban de un período de intenso sufrimiento antes del tiempo del *reino; tal vez, Pablo hace alusión a esta idea del versículo 22, a pesar de que la palabra "tribulaciones" (RVA) aquí puede ser más genérica.

14:23. Los ancianos siempre habían gobernado y juzgado en las ciudades y villas en el AT (y también en gran parte del mundo del Mediterráneo), y existe abundante evidencia de que esta forma de gobierno continuó en el período del NT. Las *sinagogas más antiguas tenían varios ancianos que cumplían con un cargo religioso (actuar como consejeros). Por lo común, el título era por respeto; en el oriente griego la Gerousia, o sea las asambleas de ancianos tenían mucha influencia.

14:24. Se sabía que Panfilia estaba cerca de Pisidia; se decía que ambos pueblos eran especialmente adeptos a las auguraciones (predecir el futuro por medio del vuelo de los pájaros), condenadas por la prohibición de la adivinación en el AT (Deut. 18:10).

14:25. Atalia era el puerto principal de Panfilia sobre la desembocadura del río Cataractes.

14:26-28. Cuando regresaron a Antioquía, Pablo y Bernabé rindieron un informe de su obra misionera ante la *iglesia que los había enviado. Si bien los judíos en la *diáspora estaban preocupados por propagar una impresión favorable de su religión y ganar conversos cuando fuera posible, no parecen haber hecho un esfuerzo concertado en lo que nosotros llamamos "misiones". Aún así, de manera informal, las comunidades de las *sinagogas a lo largo de la diáspora permanecían en contacto por medio de los viajeros que informaban los eventos nuevos, y noticias de un gran número de convertidos al judaísmo cuando estos ocurrían. Probablemente, el compromiso de la iglesia de Antioquía va más allá de dichos intereses, debido a que el interés de los cristianos primitivos en las misiones era mucho más central que los de otras sectas judías; en Hechos queda claro que las misiones están en el corazón del propósito que Jesús tiene para su iglesia.

15:1-5
La controversia

15:1. Muchos judíos creían que los *gentiles eran salvos simplemente al obedecer las siete leyes dadas a Noé (prohibían la idolatría, la inmoralidad sexual, etc.); otros creían que los gentiles tenían que convertirse al judaísmo al ser circuncidados (en el caso de varones) y (de acuerdo con la mayoría de este grupo) *bautizados (ya fueran mujeres o varones). (*Josefo registró que algunos de sus colegas demandaron la circuncisión de los gentiles que habían llegado a ellos para refugiarse, no obstante, el mismo *Josefo prohibió este requerimiento. Este informe ensalzaría a *Josefo ante sus lectores gentiles.) Por supuesto, incluso aquellos judíos que creían que los gentiles justos podían ser salvos sin convertirse al judaísmo no los aceptaban como parte de Israel, pueblo de Dios, a menos que se convirtieran (cf. el comentario sobre Gálatas, en donde tal vez se habla más de la inclusión en el pueblo de Dios que de la salvación).

15:2. Estos creyentes "subieron" debido a que Jerusalén tiene una elevación mayor que Antioquía (la imagen de "ascender" a Jerusalén se repite a menudo en el AT). Las *iglesias de la *diáspora, al igual que las *sinagogas, eran regidas por ancianos locales, no por una jerarquía de Jerusalén; sin embargo, de la misma manera en la que las sinagogas respetaban a los mensajeros que llegaban de parte de las autoridades del templo en su tierra natal, las iglesias no palestinas necesitan resolver los asuntos provocados por aquellos que pretendían defender a los judíos cristianos (15:1). (*Josefo señaló que los habitantes de Jerusalén, los sacerdotes y aquellos que conocían bien la *ley eran muy respetados por los demás. Él escribió que algunos que estaban capacitados de esta manera fueron enviados para arruinar las aptitudes de él como funcionario en Galilea.)

15:3, 4. Sus testimonios, al igual que el de Pedro (11:12; 15:8), apelan a un testimonio divino que era ampliamente aceptado tanto en los círculos judíos como en los de los *gentiles. No obstante, muchos *fariseos conservadores creían que las señales no eran testimonio suficiente si contradecían las interpretaciones tradicionales de la ley (15:5).

15:5. Entre los fariseos, la escuela conservadora de *Shammai pudo haber prevalecido hasta este tiempo; la escuela de *Hillel, que predominó más tarde, era mucho más generosa hacia los gentiles. Otros judíos respetaban a los fariseos por su piedad, y sin duda, la *iglesia de Jerusalén les otorgaba un nivel alto por su conocimiento de la ley.

15:6-11
La respuesta de Pedro

Contando con el respaldo del ministro principal que encabezaba a los miembros tradicionales (Gál. 2:7) del lado de uno (Hech. 10—11), era ciertamente estratégico otorgar credibilidad al ministerio de la *iglesia de Antioquía que tenía muchas diferencias.

15:6, 7. Los *apóstoles no gobernaban sin los ancianos, y ambos se involucraban en debates vigorosos, como los maestros judíos lo hacían en sus escuelas. En las escuelas rabínicas subsecuentes, a menudo los *rabinos tenían que estar de acuerdo con discrepar; esta asamblea busca alcanzar un consenso (v. 22).

15:8, 9. Continuamente, los *gentiles eran impuros en virtud de su estado como gentiles, por esta razón, se esperaba que fueran sometidos al *bautismo de *prosélitos cuando se convertían al judaísmo. Aquí, sin embargo, Pedro dice que Dios establece que "les había limpiado" (BAD), que "purificó" (RVA, NVI; cf. 10:15) simplemente por medio de la fe.

15:10, 11. Tal vez, Pedro se refiera aquí a la tradición judía común del "yugo" de la *ley de Dios, o de su *reino opuesto al yugo del interés en las cosas del mundo. La mayoría de los judíos no veía la ley como una carga, sino como un regalo de gracia; creían que su obligatoriedad los liberaba de las cargas reales (cf. Mat. 11:29, 30). Si Pedro se refiere aquí a la ley, quizás esté considerando su insuficiencia solo en el sentido que se encuentra en Jeremías 31:32: los padres la quebrantaron, pero bajo el nuevo pacto Dios escribiría la ley en sus corazones (Jer. 31:33, 34). En ocasiones, los *rabinos siguientes ofrecían reglas más indulgentes por el bien de la mayoría de su pueblo; quienes no podían vivir bajo las reglas estrictas.

15:12-21
Respuesta de Jacobo

15:12. Ver el comentario sobre 15:3, 4. "La multitud" (RVR-1995, BA) significa "la asamblea" (RVA), como en los *Rollos MM.
15:13, 14. En el AT "pueblo para su nombre" (RVA, BA, literalmente; o "para honra de su nombre", NVI) significa normalmente Israel, Jacobo obtiene este para los cristianos *gentiles de Amós, a quien cita en el versículo 17.
15:15, 16. Jacobo se refiere a "los profetas" (plural) en este caso ya que está hablando del rollo que contiene los doce libros menores de los profetas, incluyendo a Amós.
"Tabernáculo de David" (Amós 9:11) probablemente significa "casa (línea) de David", que había llegado a un estado tan lamentable que es llamada simplemente tabernáculo (RVR-1995, RVA) o "choza" (NVI). Reconstruir la casa de David significaría levantar un *Mesías después de que había sido cortado el gobierno de la línea de David. Los *Rollos MM también citan este texto como mesiánico, junto con 2 Samuel 7:10b-14. (Ya que el AT rara vez asocia, de manera explícita, al tabernáculo con la alabanza profética que David instituyó en 1 Crón. 25, la interpretación que tiene este pasaje como una restauración de adoración davídica es mucho menos probable. Amós y Hechos se refieren a la restauración del esplendor del reino de David, y la adoración carismática de 1 Crón. 25 presumiblemente ya estaba ocurriendo alrededor de la época de Hech. 15; cf. 1 Crón. 14.)
15:17, 18. Amós 9:12 dice "resto de Edom" (RVR-1995), pero al cambiar levemente las palabras (como a menudo lo hacían los intérpretes judíos para establecer algunos puntos; Jacobo, o Lucas, sigue aquí la *LXX) Jacobo puede decir "el resto de Adán", para dar a entender "el resto de la humanidad" (NVI). Amós 9:12 se refiere a "posean" Edom, y las naciones que "son llamadas por mi nombre (el de Dios)" (BA); puede referirse a la conquista de esas naciones, no que estén dispuestas a someterse. Sin embargo, el punto es que las naciones vendrán a estar bajo el gobierno de Dios, y el contexto (Amós 9:7) sugiere que Dios está preocupado por las naciones en sí.
15:19, 20. Los pocos requerimientos que Jacobo sugiere que impusieron ellos son representativos del puñado de leyes que Dios dio a Noé según la tradición judía. De acuerdo con la posición judía más liberal, cualquier *gentil justo que obedeciera estas leyes básicas tendría una parte en el mundo por venir. Debido a que incluso los *fariseos más conservadores tenían que mantener buenas relaciones con la mayoría de la gente liberal, estos maestros no trataban de invalidar las resoluciones de otros maestros si la mayoría lo consentía.
15:21. Aquí, la declaración de Jacobo puede significar que Moisés ya tenía suficientes observadores de su *ley; pero es más probable que signifique que los creyentes deben abstenerse de las prácticas que señala el versículo 20, a fin de que no ofendan a las muchas personas del versículo 21.

15:22-35
El decreto de la iglesia

15:22. Cuando los puntos de vista eran disputados en las academias *rabínicas posteriores, siempre prevalecía el punto de vista de la mayoría; aquí un compromiso parcial (a favor de la *iglesia de Antioquía) parece ordenar un consenso. También, otros grupos judíos celebraban "sesiones generales" tales como las de *Qumrán, en donde se reunían los sacerdotes, los ancianos y el pueblo. "Silas" es la forma *aramea para el nombre hebreo "Saúl"; su nombre latín más cercano es "Silvano" (1 Tes. 1:1).

15:23. El hecho de que a la etnia de los *gentiles se les debiera llamar "hermanos y hermanas" es muy importante. Las salutaciones eran normales en las cartas grecorromanas; la dirección muestra que es una carta circular, para ser copiada y distribuida por sus mensajeros en estas regiones diferentes. En ocasiones, tanto las novelas como las obras históricas citaban los contenidos de las cartas.

15:24-27. Los mensajeros que ellos enviaron para entregar el decreto eran respetados en gran manera ya que eran dignos de confianza y representaban al consejo (las analogías aparecen en otras partes, p. ej., la *Carta de Aristeas 40).

15:28. Debido a que el *Espíritu Santo se asociaba comúnmente con la inspiración profética o con una iluminación espiritual especial, los lectores comprenderían que los apóstoles y los ancianos están afirmando que Dios dirigió, de una manera directa, la decisión de su comunidad. "Ha parecido bien" (también v. 22) aparece en los decretos griegos en ese sentido; "se acuerda", se asocia a menudo con los votos en las asambleas de ciudadanos.

15:29. Ver el comentario sobre el versículo 20. Se permitía que la suprema corte judía dictara decretos temporales para aliviar problemas específicos que no estaban establecidos en las Escrituras, y quizás la asamblea de Jerusalén actúe en forma análoga a esta tradición. Normalmente, las cartas grecorromanas terminaban con "Pasadlo bien" (RVR-1995), como aquí.

15:30-35. La frecuencia con la que los *profetas aparecen en el libro de Hechos parecería descomunal para los lectores antiguos. A pesar de que algunas personas en el judaísmo antiguo afirmaban ser profetas, este era un raro fenómeno y ningún grupo presumía de la actividad profética al grado que lo hacían los cristianos; los judíos sentían que no había profetas genuinos en su propio tiempo.

15:36-41
Regreso a las misiones

Podría ser digno de mención que la literatura israelita registrara las caídas de sus héroes aun durante el período épico, pero por este tiempo era normal que los biógrafos grecorromanos admitieran la debilidad de sus héroes. Con seguridad, Lucas pretende que veamos la bendición de Dios sobre el nuevo equipo conformado por Pablo y Silas (15:40, cf. 16:37), no obstante, esto no indica que aprobó la disputa entre Pablo y Bernabé, manejada de una manera tan distinta en el concilio (15:22).

16:1-5
Propagación de la Palabra

Sobre Derbe y Listra ver 14:8, 20. Los judíos palestinos consideraban como pecado horrible el casamiento entre judíos y paganos (Tobías 4:12; 1 Esdras 8:68-96; 9:7-9), pero, sin duda, estos puntos de vista eran más liberales en lugares como Listra, en donde la comunidad judía era menor. Al menos bajo la ley judía en el siglo II, se presumía que una persona era judía si su madre era judía; pero incluso si esa ley estaba vigente en los días de Pablo, Timoteo no hubiera sido aceptado como un judío total, debido a que no había sido circuncidado. (Se esperaba que las esposas se sometieran a la religión de su marido y probablemente el padre de Timoteo se había negado a que fuera circuncidado.)

Pablo lo hizo completamente judío a favor de su testimonio ante la comunidad judía (cf. la situación diferente a la que hace referencia Gál. 2:3, 4, en donde la cuestión no es de testimonio sino de coerción). La comunidad *gentil ya había reconocido a los cristianos como proclamadores de una forma de judaísmo; así, ofendidos como lo estaban muchos de ellos por la idea de la circuncisión, no se ofenderían más por un judío cristiano que por un cristiano incircunciso.

16:6-10
La dirección del Espíritu

16:6. Aquí, la frase griega puede considerar a Frigia y a Galacia juntas como una unidad (no obstante cf. 18:23); muchos eruditos creen que la carta de Pablo a los Gálatas cubre las regiones frigias incluidas en Hechos 14. La mayoría de los grupos judíos creía que el *Espíritu Santo ya no estaba activo como lo estaba en el AT, y nadie estableció un paralelo en la magnitud de la obra del *Espíritu considerada normal entre los cristianos primitivos.
16:7, 8. Troas estaba directamente al este de Misia; Bitinia era una provincia senatorial al noreste de Misia. Por lo tanto, Pablo y sus compañeros fueron desde Misia del este (cerca de Bitinia y justo al norte de Frigia) hacia el oeste hasta llegar a Alejandría de Troas, que estaba a 16 km al sur de la famosa antigua Troya. Troas tenía una población mixta de ciudadanos y nativos romanos quienes nunca se ajustaron a la presencia de unos y otros; además, también era donde convergían dos rutas principales que provenían del este hacia Roma, y aquellos que viajaban de Asia a Macedonia, o en sentido inverso, pasaban regularmente a través del puerto de Troas.
16:9. Macedonia había sido una provincia romana desde el año 146 a. de J.C. Estratégicamente, era más importante para Roma que Acaya (la mayor parte de Grecia), debido a que era el vínculo entre Roma y toda la parte oriental del imperio junto con la vía Ignacia, un camino que se construyó originalmente cerca del año 148 a. de J.C. La estrecha extensión de agua entre Troas y Tracia era el famoso distribuidor de Asia y Europa. Ya que las deidades de la religión griega utilizaban visiones para enviar a algunas personas a las misiones, aun lectores *gentiles inconversos podrían comprender el punto que aquí establece Lucas.
16:10. En contraste con los puntos de vista de algunos eruditos (quienes consideran que el utilizar la primera persona del plural en "procuramos" y "nos había llamado" es un recurso literario ficticio que aparece en las novelas así como en las obras históricas), normalmente la primera persona del plural "nosotros" se utilizaba en los textos antiguos y significaba "nosotros". Lucas estaba escribiendo una obra histórica (las novelas no tenían prólogos históricos), así que sin duda está informando que él estaba con Pablo como testigo ocular en esta y en otras ocasiones subsecuentes cuando utiliza este término. La experiencia personal como testigo ocular era considerada como la fuente de información más confiable para la historia.

16:11-15
Una respuesta en Filipos

16:11. La isla montañosa, y por lo tanto fácil de distinguir, de Samotracia es el primer puerto al que llegarían los viajeros; era un gran punto sobresaliente. Neápolis era uno de los dos puertos principales del sur de Macedonia, que prestaba servicio directamente a Filipos (el otro era Tesalónica). Una travesía de dos días indica vientos favorables (cf. 20:6), probablemente del noreste. Excepto durante el invierno (de mediados de noviembre hasta principios de marzo), los viajes por mar eran más rápidos y menos caros que los viajes por tierra, lo que permitía que uno cubriera quizás 160 km por día.
16:12. Neápolis era el puerto de Filipos, que estaba situado aproximadamente a 16 km hacia el noroeste a través del monte Símbolo. Este monte estaba en el extremo oriental de

la vía Ignacia, que llevaba hacia el oeste a Dirraquio, un puerto adriático desde el que se podía navegar a Italia. Filipos había sido una colonia romana (ver el comentario sobre Fil. 3:20) desde el año 42 a. de J.C.; de esta manera, los ciudadanos de Filipos eran ciudadanos honorarios de Roma. Era más un centro agrícola que un centro comercial, muy distinto de las zonas urbanas que Pablo visitó.

Tesalónica, no Filipos, era la capital de Macedonia, sin embargo, se consideraba a Filipos en la "primera parte" o "primer distrito" de Macedonia, la cual estaba dividida en cuatro distritos. Filipos era también la "primera" ciudad o "principal" de la provincia en el sentido que era una de las más importantes en ese lugar (junto con Tesalónica).

16:13. "Lugar de oración" era un término convencional judío no palestino para *sinagoga, no obstante, la reunión aquí parece llevarse a cabo sin un edificio. De acuerdo con los pietistas judíos preocupados por la asimilación, un mínimo de diez judíos varones era necesario para constituir una sinagoga regular y, por lo tanto, indica una ciudad en donde los judíos probablemente pudieran conformar su propia comunidad; quizás este número de varones judíos no ha vivido en Filipos. Sin embargo, sin una sinagoga oficial, los judíos preferían reunirse en un lugar ritualmente puro cerca del agua; el lavado ritual de manos antes de la oración parece haber sido común en el judaísmo de la *diáspora, y las excavaciones muestran la importancia del agua en las sinagogas.

La extensión de agua más cercana, el Gangites (un tributario del Estrimón), estaba aproximadamente a 2 km de Filipos. Por lo tanto, era más que el "camino de un sábado" establecido por las normas *fariseas, que sugieren que estaban más preocupados en reunirse cerca de un lugar puro que con los aspectos técnicos de los ideales legales palestinos. La "puerta" es probablemente el arco colonial de la ciudad, por el cual pasaba la vía Ignacia (cf. 16:9) hacia el Gangites.

16:14. Los escritores conservadores romanos se quejaban de que las mujeres buscaban con afán religiones del oriente del Mediterráneo, y *Josefo afirma que grandes números de mujeres (mucho más que de varones) eran atraídos al judaísmo. La esfera de la religión era la esfera dentro de la cultura griega en donde se les otorgaba a las mujeres cierta responsabilidad pública, y el culto a Diana en Filipos pudo haber hecho que la mujer destacara más que en otros centros griegos (tradicionalmente, las mujeres macedonias tenían más libertad que las mujeres griegas). No obstante, la religión griega estaba compuesta de rituales, no de enseñanzas. Por esto, estas mujeres habrían tenido muy poca capacitación en la *ley y recibirían con agrado la enseñanza de Pablo, a pesar de que el hecho de que se enseñara a un grupo de mujeres podría violar el protocolo tradicional palestino.

El nombre "Lidia", aunque era común, era especialmente natural para una mujer de Tiatira, que estaba ubicada en la región de la antigua Lidia. Tiatira era conocida por el teñido de telas, y las inscripciones muestran que otros agentes de Tiatira también vendían la tintura púrpura en Macedonia y llegaron a ser muy prósperos (a pesar de que los macedonios, al igual que los habitantes de la mayor parte del imperio, eran generalmente pobres, históricamente Macedonia había sido una de las provincias más prósperas). El nombre de Lidia y su oficio podrían indicar que ella era una *liberta (antes esclava); muchas comerciantes de la tintura púrpura eran libertas que continuaban trabajando como agentes de los comercios de sus anteriores amos.

16:15. Durante este período, algunas mujeres eran empleadas en negocios; incluso las mujeres esclavas podían llegar a ser administradoras, al igual que los esclavos varones. Probablemente, Lidia no se hizo rica al quedar viuda; la ley romana permitía que una viuda solo heredara el 10 por ciento; aunque las viudas podían heredar más que eso por parte del fallecimiento de un padre. Es mucho más probable que Lidia fuera próspera como vendedora de púrpura, un artículo de lujo asociado con la riqueza a lo largo de la cultura mediterránea durante casi mil años. (La tintura había sido obtenida del marisco múrice cerca de Tiro, pero en Macedonia pudo haber sido obtenida a partir de los moluscos que había cerca de Tesalónica.) En ocasiones, las mujeres acaudaladas llegaban a ser *protectoras, o patrocinadoras de asociaciones paganas religiosas; aquellas que eran atraídas al judaísmo ayudaban a sostener las causas judías.

Pablo y sus acompañantes pudieron haber permanecido en un mesón hasta el sábado, pero inmediatamente Lidia les ofrece la hospitalidad judía debida e invita a los *apóstoles a su casa, de esta manera sirve como protectora de su empresa (cf. 1 Rey. 17:13-24; especialmente 2 Rey. 4:8-11). Ella parece ser la cabeza de la casa que estaba compuesta principalmente de sirvientes, no obstante, también es posible que esté casada y su esposo la deje sola en sus actividades religiosas (contraste con la costumbre usual en Hech. 16:31, 32; cf. 2 Rey. 4:8-23).

16:16-22
Exorcismos y economía

16:16. Esta esclava (como en el 12:13, el griego implica que es muy joven) tiene literalmente un "espíritu de pitonisa", la misma clase de espíritu que permanecía detrás del más famoso de todos los *oráculos griegos, el *oráculo délfico de Apolo, cuya sacerdotisa era llamada pitonisa (se llamaba así en honor del "Apolo Pitio", asesino de la gran Pitón). De este modo, aquí Pablo y sus acompañantes se enfrentan a un demonio poderoso.

16:17. "Dios Altísimo" es una designación común para Dios en los textos judíos, sin embargo, también aparece en fuentes paganas para Zeus o para el Dios judío con el que algunas veces los paganos identificaban a Zeus. Los textos sobre magia muestran que los paganos respetaban a este Dios supremo, identificado en forma típica con el Dios judío, como el más poderoso de todos.

16:18. Por lo general, los exorcistas trataban de usar nombres de espíritus más poderosos para expulsar espíritus menores (ver el comentario sobre 19:13); no obstante, para el uso del "nombre de Jesucristo" aquí, ver el comentario sobre 3:6 (cf. también el comentario sobre Juan 14:12-14).

16:19. Aquí, las "autoridades" son los "magistrados" (v. 20), el título griego más común para el latín *duoviri*, los dos funcionarios romanos de Filipos, quienes probablemente se referían a sí mismos con el título más solemne de "pretor". El mercado, el ágora rectangular en el centro de una ciudad griega, era el centro de toda actividad cívica.

16:20. El contraste judío romano (16:20, 21) es una prueba de la antigua oposición al judaísmo, a pesar de que la suposición de que nadie podía ser judío y romano no se sostendría en este caso (16:37). Los proponentes de lo tradicional siempre demandaban la anulación de dioses nuevos o extranjeros, y una de las principales quejas que los romanos levantaban en contra de los judíos era que siempre estaban convirtiendo gente a su religión. A pesar de que la población judía de Filipos era muy pequeña, había una gran población de nativos que no eran romanos, y otros inmigrantes del oriente se habían establecido allí, lo que incrementó la xenofobia (rechazo a los extranjeros) oficial.

16:21. Filipos estaba extremadamente romanizada; a pesar de su ubicación, aproximadamente el 80 por ciento de sus inscripciones están en latín (dos veces el porcentaje en la Antioquía de Pisidia, también una *colonia romana). Como colonia romana (16:12), los ciudadanos disfrutaban de los derechos romanos, utilizaban la ley romana, estaban exentos del tributo y tomaban como modelo la constitución romana. Los extranjeros y los que no eran ciudadanos residentes no adquirían los derechos romanos por el solo hecho de establecerse en Filipos.

16:22. A menos que los acusados fueran ciudadanos romanos, eran normalmente azotados antes del juicio como un medio para asegurar la evidencia (esto era llamado el *coercitio*); en la práctica, las personas de clases sociales bajas tenían pocas protecciones legales. Los asistentes de los magistrados romanos, llamados lictores, cargaban varas con las que golpeaban a los extranjeros. Algunas veces, como aquí, los acusados eran desvestidos primero. Los azotes públicos servían no solo para asegurar la evidencia sino también para humillar a los azotados y desalentar a sus seguidores.

16:23-34
Ministerio en la cárcel

16:23. El trabajo de un carcelero pudo haber sido asignado a un soldado retirado que se había establecido en esta *colonia romana; a menudo, los veteranos se establecían en colonias como esta. Sin embargo, resulta ambigua la evidencia de que el carcelero haya sido un veterano; a los veteranos también se les daban tierras, reduciendo así la necesidad de otros recursos.

16:24. Por lo general, se utilizaban los cepos para tortura así como para la detención, se les añadían agujeros para que así las piernas fueran forzadas a permanecer en posiciones dolorosas.

16:25. Las fuentes judías alababan la habilidad de glorificar a Dios en medio del sufrimiento y la desgracia, y los filósofos grecorromanos alababan la sabiduría de permanecer contento y agradecido en situaciones así. Comúnmente, la mayoría de la gente estaba ya dormida cerca de la medianoche, y no era una hora acostumbrada para las oraciones judías; los otros prisioneros que escuchaban a Pablo y a Silas, o estaban molestos por la hora en la que los misioneros oraban o estaban contentos porque les proporcionaban algo de distracción en la monotonía de la cárcel.

16:26. Las liberaciones milagrosas son comunes en las tradiciones judías y en otras (cf. la desproporcionada liberación de Abram por medio de un terremoto en *Seudo-Filón 6:17). Un terremoto lo suficientemente fuerte para que las armellas de las cadenas se separaran de la pared podría haber derrumbado también el techo, pero milagrosamente no lo hizo.

16:27. Cuando los romanos se enfrentaban a la ejecución (en este caso por dejar escapar a los prisioneros) consideraban el suicidio como una alternativa noble (cf. con Mat. 27:5).

16:28. Tal vez, los otros prisioneros se quedaron por miedo a los guardias (el carcelero "pidió" antorchas, v. 29, ya que tenía subordinados) o debido al testimonio de los misioneros (v. 25).

16:29, 30. Preguntar la forma en la que se puede ser salvo es un tema recurrente de Lucas-Hechos (Luc. 3:10; 10:25; 18:18; Hech. 2:37); en este caso, quizás el carcelero vio a Pablo y a Silas como representantes de los dioses, quienes podían "salvar, liberar, curar" (potencialmente, todo está implícito en la palabra griega); muy probablemente, él está familiarizado con su enseñanza del único Dios verdadero conocido en el judaísmo.

16:31, 32. Los romanos esperaban que toda la casa siguiera la religión del jefe de la misma; además, esperaban que el jefe hiciera que su casa adorara a los dioses romanos. Aquí la conversión no es automática; toda la casa debió escuchar la palabra.

16:33, 34. En vista del 16:20, 21, el carcelero se arriesga a tener serios problemas aquí. Si es un soldado retirado (lo que no está muy claro, v. 23), debe tener hijos pequeños (a los soldados no se les permitía casarse oficialmente hasta su retiro); pero eso está lejos de ser cierto y por lo tanto no puede ser utilizado para probar el *bautismo de infantes (como algunos lo han intentado).

16:35, 36. Los magistrados pudieron haber visto el terremoto como una señal, tal vez de los dioses o de algunos magos peligrosos; entonces, una vez más, la intercesión de la acaudalada Lidia pudo haber ayudado; o quizás los magistrados sintieron que la humillación pública habría sido suficiente para callar a esos hombres problemáticos.

16:37. En este período, la ciudadanía romana, en las provincias, era una señal de clase social alta (especialmente debido a que la familia de Pablo era de Tarso, no una *colonia romana, y por eso debió haberla recibido por algún servicio especial o como *liberto de un romano acaudalado). La ley Juliana prohibía atar o golpear a los ciudadanos romanos sin un juicio. Declararse ciudadano de manera falsa era una ofensa capital.

16:38. *Cicerón y *Quintiliano hablan de un ciudadano romano que afirmó ser ciudadano durante una redada, y por lo tanto humilló a sus opresores, quienes no reconocieron su clase alta. Por el hecho de haberse esperado hasta después del azotamiento (cf. 22:29) para informar a las autoridades que eran ciudadanos, los misioneros colocaron a los magistrados en una posición legal comprometedora: ahora los magistrados, no los misioneros, eran forzados a negociar. Si su acción era sabida, podían incluso hasta ser suspendidos de su cargo y (en teoría al menos) provocar que Filipos fuera despojada de su carácter de *colonia romana. Esta estrategia ayudaría a garantizar la futura seguridad de la novata comunidad cristiana.

16:39, 40. Los magistrados no tenían autoridad legal para expulsar a ciudadanos romanos sin un juicio, no obstante, un juicio ocasionaría que se supiera la propia violación de los magistrados a la ley; de esta manera, todo quedó reducido a meras súplicas.

17:1-9
Alboroto en Tesalónica

17:1. Anfípolis en el río Estrimón, Apolonia (un día de camino al otro lado de Anfípolis) y Tesalónica (a 56 km al oeste de Apolonia), todas estas ciudades estaban sobre la vía Ignacia (16:9, 12); este camino continuaba hacia el oeste hasta Ilírico (Rom. 15:19), pero el libro de Hechos registra solo el giro de Pablo hacia el sur, fuera de este camino, hacia Berea (17:10). Por lo general, los caminos no tenían más de 7 m de ancho, pero eran mejores y más seguros que la mayoría de los caminos europeos antes del año 1850, y especialmente eran atractivos para aquellos que viajaban a pie, en burros o mulas.

En este período, Tesalónica era una ciudad importante, el puerto más grande de Macedonia, la capital de su antiguo segundo distrito y ahora residencia del gobernador jurisdiccional.

17:2, 3. Las importaciones religiosas de Tesalónica (que no provenían de Grecia) incluían no solo el judaísmo, sino también el culto egipcio de Serapis y de Isis. Pablo tuvo que estar ahí el tiempo suficiente para recibir apoyo por parte de Filipos (Fil. 4:15, 16) aproximadamente a 160 km de distancia; su ocupación, que le permitiría abrir una tienda en el ágora, debió haberlo sostenido hasta entonces (1 Tes. 2:9).

17:4. Anteriormente, las mujeres macedonias se habían ganado una reputación por su influencia, la que probablemente seguían ejerciendo en este período. Como *protectoras dentro de la *iglesia o *sinagoga, las mujeres de la clase alta también podían disfrutar, sin restricciones, de un nivel más alto del que estaba disponible para ellas en la sociedad debido a su género. Por eso, las condiciones sociales facilitaron más la conversión de las mujeres acaudaladas que de los hombres.

17:5. Los ociosos del mercado podían ser instigados para armar un alboroto, como lo confirman otros ejemplos en la antigüedad.

Los habitantes judíos eran una pequeña minoría en Tesalónica, así que aquellos judíos a quienes Pablo no persuadió (v. 4) necesitarían ayuda para oponerse a Pablo de una manera efectiva. "Al pueblo" (RVA) significa al cuerpo de ciudadanos (cf. "consejo municipal", BAD); como "ciudad libre", el cuerpo de ciudadanos de Tesalónica reunido llevaba a cabo funciones judiciales.

17:6. Jasón era un nombre griego común, pero también era común entre los judíos *helenizados, como lo confirman las inscripciones y los documentos comerciales. Probablemente, era un mesonero con quien Pablo y Silas permanecieron mientras trabajaban allí. Bajo la ley romana, se necesitaban los delatores o acusadores para abrir un caso.

17:7. Los romanos podían considerar el hecho de que se proclamara a otro rey (p. ej., al *Mesías, v. 3) como una traición en contra de la majestad del emperador; podían hacer mención de las señales que indicaban la llegada de este nuevo rey (ver 1-2 Tesalonicenses) como las predicciones de la sucesión del emperador actual, y dichas predicciones violaban los edictos imperiales. El hecho de que Jesús haya sido crucificado por el cargo de sedición solo le otorgaba más credibilidad al cargo que existía en contra de Pablo y sus asociados. Los ciudadanos que prometían lealtad al César también se comprometían a informar de cualquier posible traición. Al igual que a Juan, a Lucas le gusta mostrar la necedad de los adversarios del *evangelio; cf. 17:18.

17:8. Lucas utiliza la designación precisa para los funcionarios de la ciudad de Tesalónica, "politarcas" (también v. 6, RVA "gobernadores"), un término prácticamente restringido para Macedonia; había cinco o seis en los días de Pablo. Roma les dio manos libres para gobernar la ciudad, aunque, a fin de cuentas, tenían que responder a Roma por sus acciones indebidas. La evidencia indica que los funcionarios locales en el Mediterráneo del oriente eran responsables por imponer la lealtad al César.

17:9. Como su anfitrión (v. 6), Jasón fue hecho responsable por lo que hicieron y tuvo que dar fianza por ellos, como si fueran miembros de su casa. Una multa era un castigo indulgente de las cortes romanas, y fijar una fianza para reprimir a los agitadores no sería algo inusual. Sin embargo, dado el tipo de acusación (v. 7) quizás Jasón había sido tan afortunado de pagar solamente una fianza. La decisión de los politarcas permanecería hasta que dejaran su puesto (cf. 1 Tes. 2:18).

17:10-15
Respuesta en Berea

17:10. La vía Ignacia (17:1) continuaba hacia el oeste, pero el camino del sur, hacia Grecia, llegaba hasta Berea, 96 km al oeste de Tesalónica y de la vía Ignacia.

17:11. El judaísmo consideraba nobles a aquellos que cotejaban todo con las Escrituras, y que de manera diligente escuchaban a sus maestros. De igual forma, los filósofos griegos alababan a aquellos que escuchaban atentamente.

17:12. Para una mención especial de la mujer (particularmente ante el hombre), ver el comentario sobre 17:4.

17:13. Los tesalonicenses no tenían jurisdicción legal en Berea, sin embargo, las multitudes no eran propensas a obedecer la ley.

17:14, 15. Rara vez los mensajeros viajaban solos, y los viajeros de grandes distancias iban más seguros en compañía de conocidos. Cf. 1 Tesalonicenses 3:1.

17:16-21
Entrada a Atenas

La fama de Atenas descansaba principalmente en las glorias de su pasado; incluso como centro filosófico, su supremacía fue desafiada por otros centros del Oriente como Alejandría y Tarso. No obstante, Atenas permaneció siendo el símbolo de los grandes filósofos para la opinión popular, tanto así que a *rabinos posteriores les gustaba narrar historias de rabinos anteriores que habían vencido en debate a los filósofos atenienses. Los romanos no siempre confiaban en los filósofos, sin embargo, el libro de Hechos registra otros discursos para atraer a aquellos con menos gustos filosóficos. Este discurso es la defensa que hace Pablo del *evangelio ante los intelectuales griegos.

17:16. A menudo, las calles de la ciudad estaban llenas de estatuas de hombres y de dioses, y Atenas estaba especialmente decorada con los Hermae, pilares montados con cabezas de Hermes; muchos visitantes escribieron evidencias de la piedad de Atenas. Desde un punto de vista estético, Atenas no tenía rival en cuanto a su exquisita arquitectura y sus estatuas. Sin embargo, la preocupación de Pablo no es estética, sino el impacto que tenían los ídolos en las vidas humanas.

17:17. Las inscripciones confirman la existencia de la comunidad judía en Atenas, no obstante, esta no era muy importante.

17:18. Los *epicúreos tenían influencia solo en las clases altas educadas, y sus puntos de vista acerca de Dios eran similares al deísmo (no estaba inmerso en el universo y era irrelevante); si había dioses, solo eran aquellos conocidos por medio del conocimiento de la apreciación, como las estrellas o los planetas. La meta de la vida era el placer, la falta de dolor físico y de disturbios emocionales. Los *estoicos eran más populares, se oponían al placer, y criticaban a los epicúreos (no tanto como en tiempos anteriores). Aquí, como en 23:6, Pablo practica la máxima "divide y vencerás": se calcula que el 17:22-29 ganó una audiencia estoica, pero Pablo y los epicúreos tenían muy pocas bases en común.

A pesar de que los estoicos seguían profesando su creencia en los dioses, por lo general los filósofos eran considerados impíos, debido a que cuestionaban las viejas tradiciones, aunque las permitían para las masas. El cargo en contra de Pablo, "proclamador de divinidades extrañas" (BA), recordaría a los lectores griegos el cargo de irreligiosidad hecho en contra de Sócrates (cf. 17:19, 20). Muchos siglos antes, una sacerdotisa fue apedreada hasta morir por este asunto, y este cargo seguía violando la psique ateniense en los días de Pablo.

"Palabrero" (BA) traduce una expresión griega aplicada originalmente a los pájaros cuando recogen grano, pero llegó a aplicarse a personas sin ningún valor; un equivalente en español para este reproche sería "cabeza de chorlito". Sin embargo, en el mismo versículo, Lucas deja que estos críticos demuestren su propia necedad: piensan que Pablo está enseñando *dioses* (plural), porque estaba enseñando a Jesús y la *resurrección, "Resurrección" (Anastasis) era también un nombre de mujer.

17:19, 20. Como era bien sabido, Sócrates también había sido "llevado" o "traído" al Areópago muchos siglos antes. Sócrates era el filósofo ideal, y Lucas puede describir a Pablo como un nuevo Sócrates para esta audiencia griega; dado el resultado del discurso de Sócrates (el cual, al igual que a Esteban, provocó que sus oyentes lo martirizaran), esta alusión provoca suspenso.

El Areópago es aquí el concilio, no el sitio que se utilizó anteriormente para este concilio (la literal colina de Ares). En este período, el consejo pudo haberse reunido en la Stoa Basilicos, en el Ágora en donde Pablo había ya estado ministrando (v. 17). Algunos eruditos han sugerido que el concilio era una junta de acreditación que probaba a los conferenciantes; ya sea que esto sea verdad o no, es claro que ellos seguían ejerciendo cierta función oficial, y el discurso de Pablo es de fundamental importancia.

17:21-31
Ante el concilio del Areópago

Los puntos de vista de Pablo son muy diferentes a los de los *estoicos, sin embargo, enfatiza los puntos de contacto, aunque son solo verbales (p. ej., Pablo creía que la presencia de Dios estaba en todas partes, pero no en el sentido *estoico, que podría divinizar a la propia creación), hasta el punto culminante de su discurso. Los defensores del judaísmo habían trabajado durante siglos para hacer que su fe fuera respetada de manera filosófica, y aquí, al igual que en sus cartas, Pablo recurre, en gran escala, a los argumentos de sus predecesores judíos.

17:21. Atenas era legendaria por la curiosidad de sus habitantes. Durante el siglo I, el deseo ateniense de entretenimiento también se extendió a las exhibiciones de gladiadores, acarreando consigo la crítica de varios moralistas famosos.

17:22. Era costumbre comenzar un discurso halagando a los oyentes en el exordium, diseñado para garantizar su favor. Esta práctica parece haber sido prohibida en el Areópago, pero esto no impediría que Pablo comenzara con un comentario respetuoso. "Religiosos" quiere decir religiosamente cuidadosos, no que él estuviera de acuerdo con su religión. Tal vez, sus oyentes no habían sido extremadamente religiosos, a pesar de que los estoicos aceptaban la existencia de los dioses. En los tiempos romanos, los filósofos se encargaban principalmente de la ética, aunque la religión pagana incluyera rituales en vez de ética.

17:23. Durante una plaga mucho antes de los tiempos de Pablo, ningún altar había sido propicio a los dioses; finalmente, Atenas había ofrecido sacrificios a un dios desconocido, aplacando inmediatamente la plaga. Estos altares todavía estaban en pie, y Pablo los utiliza como fundamento para su discurso. Sin embargo, Pablo sí evita la práctica de acusar a los filósofos paganos de ¡plagiar a Moisés sus buenas ideas!, como lo practicaban algunos de sus predecesores judíos y algunos sucesores cristianos del segundo siglo.

17:24. Algunas tendencias filosóficas en esta era combinaban las deidades, moviéndose hacia un solo dios supremo. En ocasiones, los judíos no palestinos identificaban a su Dios con el Dios supremo de los paganos, esperando mostrar a los paganos que sus más altas aspiraciones religiosas eran suplidas de mejor manera en el judaísmo. Los *estoicos creían que Dios penetraba en todas las cosas y por lo tanto no se localizaba en los templos (cf. Isa. 66:1, citado en Hech. 7:49).

17:25. Los *estoicos y los judíos que hablaban griego enfatizaban que Dios "no necesita nada", utilizando la misma palabra que Pablo utiliza aquí.

17:26. Los judíos y muchos griegos estaban de acuerdo con que Dios era creador y distribuidor de los confines de la Tierra y de los períodos de las estaciones. Los *estoicos también creían que el universo se disolvía periódicamente y volvía a Dios, no obstante, en esta creencia no tenían ningún punto de contacto con el judaísmo.

17:27-29. Por lo común, los judíos hablaban de Dios como de un padre para su pueblo (en el AT, cf., p. ej., Deut. 32:6; Isa. 63:16; 64:8; Jer. 3:4). Pero los griegos, los judíos de la *diáspora y algunos escritores cristianos del segundo siglo hablaban de Dios como del padre del mundo en el sentido de creador, como aquí. La cita del poeta griego Epiménides (v. 28) aparece en las antologías judías de textos de prueba útiles para mostrar a los paganos la verdad acerca de Dios, y Pablo pudo haberla aprendido a partir de dicho texto. (Los griegos citaban a Homero y a otros poetas como textos de prueba de manera similar a la forma en la que los judíos citaban las Escrituras.) Algunos filósofos criticaban a los poetas por ser demasiado mitológicos, pero otros utilizaban sus palabras libremente para establecer su propio argumento.

17:30. Aquí, Pablo se separa de los puntos de vista de su audiencia; a pesar de que los filósofos hablaban de la conversión a la filosofía por medio de un cambio de pensamiento, aquí Pablo comunica claramente la doctrina judía del *arrepentimiento.

17:31. El punto de vista griego sobre el tiempo decía que simplemente continuaría, no que la historia tendría un punto futuro culminante en el día del juicio. Mucho más ofensiva era la doctrina de Pablo acerca de la *resurrección; ver el comentario sobre el versículo 32.

17:32-34
Respuesta de los intelectuales

Si bien el mensaje de Pablo a la comunidad intelectual de sus días no produjo resultados masivos inmediatos, su ministerio ante el Areópago es claramente efectivo.

17:32. Entre las más grandes escuelas de pensamiento griego, solo los *epicúreos negaban la inmortalidad del alma: creían que el alma era material, al igual que el cuerpo, y que moría con él. La mayoría de los griegos creía en una vida sombría en el infierno después de la muerte (quizás similar al *rephaim* del AT), a veces combinado con la reencarnación (como en *Platón). Bajo la influencia de Platón algunos griegos buscaban liberar el alma inmortal de la existencia en el mundo para que así pudiera escapar y regresar a los cielos desde los cuales había sido creada. Los *estoicos creían que el alma seguía viviendo después de la muerte (a pesar de que, como todo lo demás, a la larga era absorbida otra vez por Dios), pero al igual que otros griegos no podían concebir una *resurrección del cuerpo.

17:33, 34. El Areópago incluía solo a aquellos que tenían el nivel más alto dentro de esta comunidad intelectual, así que la conversión de Dionisio es significativa. Los lectores modernos, quienes juzgan la obra de Pablo en Atenas como un fracaso sobre la base de 1 Corintios 2:1, no han comprendido completamente el punto de vista de Lucas (el énfasis de Hechos es sobre su éxito, y los lectores originales de Hechos simplemente no podrían recurrir a la primera carta a los Corintios).

No es probable que se permitiera que la mujer estuviera presente en las reuniones del Areópago; de hecho, las mujeres más educadas y las que se veían públicamente en Atenas seguían siendo probablemente las prostitutas y las extranjeras. Cualquiera que haya sido su trasfondo, Dámaris pudo haber estado en el mercado escuchando el discurso de Pablo ante el Areópago (ver 17:19, 20).

18:1-11
La iglesia en Corinto

18:1. Corinto era una de las antiguas rivales de Atenas; la capital de Acaya había dejado atrás a Atenas desde hacía mucho tiempo. La Corinto romana era el centro político y económico de Grecia, y era también famosa por su inmoralidad.

18:2. Al igual que Tiberio, un emperador anterior, Claudio, expulsó a la comunidad judía de Roma (posiblemente alrededor del año 49 d. de J.C.). A menudo se dice que *Suetonio, historiador romano, indica que la comunidad judía fue expulsada debido a los disturbios acerca del *Mesías, quizás provocados por la oposición a los cristianos judíos. Dado el énfasis que pone Lucas sobre los precedentes legales a favor del cristianismo (18:14-16), es fácil ver por qué omitiría ese detalle.

18:3. En la economía antigua, la gente del mismo oficio no competía entre sí como lo hace hoy en día. Por lo general, vivía en la misma parte de la ciudad y formaba gremios. Normalmente, sus gremios adoptaban un dios *protector, y comían juntos la comida de sacrificio en sus banquetes normales. Esta orientación ritual de gremios excluiría de esta confraternidad a los judíos practicantes, haciendo que los judíos se gozaran al encontrar a otros judíos de su misma profesión.

Por este período, el término traducido "hacedor de tiendas" también se aplicaba a los que trabajaban con pieles, en general. Como peletero, Pablo habría sido un artesano. Los artesanos estaban típicamente orgullosos de su trabajo, a pesar de las largas horas que tenían que invertir para alcanzar el éxito. Tenían una jerarquía más alta que los campesinos, tanto en nivel como en ingreso; sin embargo, eran depreciados por clases más altas que pensaban que el trabajar con las manos era degradante (ver los conflictos descritos en la introducción a la primera carta de los Corintios). Las largas horas en sus talleres les proporcionaban mucho tiempo para platicar mientras trabajaban, sin embargo, aparentemente Pablo puede suspender su trabajo (1 Cor. 4:12) cuando sus compañeros traen un regalo de la *iglesia de Macedonia (v. 5; 2 Cor. 11:7, 8; 12:13; Fil. 4:15). El ágora de Corinto (mercado central) tenía la línea más larga de tiendas con columnatas del imperio.

18:4, 5. Muchas religiones extranjeras se habían establecido en Corinto, incluyendo las religiones egipcias (proliferaron en popularidad en el siglo II). Una inscripción de una *sinagoga de Corinto ha sido también recuperada cerca del ágora en donde probablemente Pablo trabajara; su ubicación sugiere que algunos miembros de esta sinagoga eran ricos y tenían un buen nivel social (ver vv. 7, 8).

18:6, 7. Durante los tres primeros siglos, la *iglesia se reunía en casas (12:12; Rom. 16:5). También las *sinagogas se reunían en casas hasta que la comunidad judía pudo pagar un edificio especial, y de todas maneras, en medio de la persecución y la necesidad de fondos para liberar esclavos, para dar de comer a los pobres y sostener a los misioneros, las iglesias ya no contaban con dinero para sus edificios. Por lo general, en las casas de los *protectores en Corinto se podían sentar nueve en el *triclinium* (el mejor salón) y cuarenta más en el *atrium* anexo (el salón amueblado más grande).

El nivel social y el nombre completo en latín de "Ticio Justo" lo identifican como un ciudadano romano y parte de la cultura romana (Corinto era tanto griega como romana en este período); quizás provenía de una de las familias romanas establecidas allí en el tiempo de Julio César. Su primer nombre puede ser Gayo (Rom. 16:23; 1 Cor. 1:14).

18:8. "Crispo" es un nombre típicamente romano. Era común que los judíos tuvieran nombres latinos ("Crispo" y "Crispina" aparecen varias veces en las inscripciones judías), pero la proporción de nombres latinos entre los compañeros de Pablo es mucho más alta que en las inscripciones en general (aunque las inscripciones eran hechas normalmente por los acaudalados), esto quiere decir que probablemente cierto número de compañeros de Pablo, judíos y griegos, también eran ciudadanos romanos. El hecho de ser un "dignatario de la *sinagoga" significaba que Crispo era una persona de un nivel social alto y por lo tanto rico, responsable de los servicios de la sinagoga.

18:9-11. Las revelaciones para dar confianza, tales como "yo estoy contigo", eran comunes en el AT (p. ej., Gén. 15.1; 26:24; 28:15; Jer. 1:8; 15:20). En la literatura griega, los dioses y diosas se aparecían a menudo a la gente en la noche, con frecuencia mientras dormían; pero tales revelaciones por parte de Dios o de sus ángeles no son menos comunes en el AT (p. ej., Gén. 26:24; 28:12-15; 31:24).

18:12-17
Rechazo de Galión

18:12. Un procónsul gobernó Acaya (la mayor parte de Grecia) del año 27 a. de J.C., al 15 d. de J.C. y del año 44 d. de J.C., en adelante. Galión comenzó su período de dos años de gobierno el 1° de julio del año 51 d. de J.C.; este período se vio reducido por enfermedad, así que podemos fechar razonablemente su aparición entre el año 51 y 52 d. de J.C., probablemente antes del final del 51. Al igual que su hermano, el filósofo *estoico Séneca, finalmente fue asesinado por Nerón. Lucas no podía haber tenido acceso a nombres de dichos funcionarios en fechas tan precisas a menos que lo hubiera sabido por Pablo; no había referencia escrita que los nombrara.

Como procónsul, Galión tomaría decisiones sobre casos importantes en este tribunal por la mañana. Este "tribunal" es probablemente la tribuna ceremonial en el extremo oriental del foro en Corinto, con vista total al público, a pesar de que algunos eruditos han sugerido un tribunal en un edificio administrativo. Los jurados decidían acerca de los casos sobre asesinato, adulterio y algunas otras ofensas; un magistrado tenía que juzgar otros delitos.

18:13. Si el punto de vista de Pablo lo colocaba fuera del judaísmo, sus seguidores no tendrían la protección que la tradición romana daba al judaísmo en virtud de su antigüedad.

18:14. La primera decisión de un magistrado romano era si debía aceptar un cargo y luego tomar decisiones acerca de un caso.

18:15. Galión desecha el caso. Las cortes romanas decidían sobre violaciones a la ley romana; sin embargo, algunos edictos individuales a lo largo del imperio habían dado a las cortes judías jurisdicción sobre asuntos judíos internos, y Galión no va a interferir en ellos. De esta manera, Galión acepta la religión de Pablo como una variante del judaísmo, y no como una religión nueva e ilegal (*religio illicita*). Si bien un precedente no era obligatorio en la ley romana, sí era importante y probablemente sería seguido por otros gobernadores jurisdiccionales, si acaso se veían involucrados en casos legales, los lectores cristianos de Lucas podían citar este caso para su propio beneficio.

18:16. El hecho de que Galión los "echó" (BA), quizá con la fuerza de las varas de sus lictores (asistentes), deja traslucir más que un matiz de impaciencia romana para las disputas religiosas judías. Muchos romanos de la clase alta veían a los judíos como agitadores incultos, clasificándolos junto con otras religiones de Siria y de Egipto (cf. 16:20, 21).

18:17. Los tribunales de justicia (especialmente si se llevaban a cabo en el foro o ágora) eran típicamente estrepitosos y muy concurridos, y los ánimos se calentaban. Tal vez Lucas quiera decir que la comunidad judía disciplinó al líder que era un simpatizante de los cristianos (si este es el mismo Sóstenes que en 1 Cor. 1:1, ya que era un nombre común), o que ellos habían golpeado a su líder por meterlos en problemas políticos. O quizás Lucas quiera decir que, dada la expresión de Galión sobre sus sentimientos en contra de los judíos, algunos griegos locales se sintieron con la libertad de ventilar sus propios problemas. Otros funcionarios romanos los habían alentado o habían hecho algo peor. Si los funcionarios de la *sinagoga habían levantado públicamente un cargo en contra de Pablo para separarse de un agitador potencial, la conspiración tuvo un efecto contraproducente.

18:18-23
Pablo regresa a casa

18:18. Cencrea era el puerto principal de Corinto en el itsmo; además, albergaba los templos de Isis, de Artemisa (Diana), de Afrodita, de Esculapio y de Poseidón. Viajar por barco era mucho más fácil, rápido y barato que por tierra. No obstante, por lo general, los barcos se consideraban como transportes de carga, así que los navegantes tenían que llevar su propia cama.

Algunos sacerdotes paganos (p. ej., de Isis) se rapaban la cabeza; por lo tanto, un observador pagano que no conociera a Pablo podría haberlo confundido con un sacerdote de esos. No obstante, los judíos se rapaban la cabeza después de terminar un voto nazareo, y la fe de Pablo en Jesús no había disminuido su propia calidad de judío en lo más mínimo (21:23, 24). El hecho de que los maestros palestinos demandaran que los nazareos cumplieran sus votos en Jerusalén muestra solo que Pablo había tomado el enfoque menos centrado en Jerusalén de los judíos (no palestinos) de la *diáspora, quienes no tenían ni el dinero ni el tiempo para viajar a Jerusalén con mucha frecuencia.

18:19-21. Éfeso tenía una gran comunidad judía. "Si Dios quiere" era una declaración común de griegos piadosos y de algunos judíos.

18:22. Por lo común los vientos del verano eran del noreste, no obstante, a menudo eran de este a norte, lo que hacía que Cesarea fuera más fácil de alcanzar que Seleucia, la ciudad portuaria de Antioquía.

18:23. Solo a finales de la primavera o a principios del verano se encontraba abierta la ruta que iba de Antioquía a través de Galacia y Frigia, otro indicio de la estación del año.

18:24-28
La educación de Apolos

18:24. Muchos judíos de Alejandría tenían nombres compuestos con "Apolo", un importante dios griego (Apolos quizás sea la contracción de Apollonius). Al igual que en otros usos antiguos del término, "elocuente" (RVA) o "ilustrado" (NVI) significa muy probablemente "capacitado formalmente en *retórica", la forma más práctica de aprendizaje avanzado al cual los estudiantes acaudalados podían tener acceso (la otra era la filosofía).

Tal vez, Alejandría haya tenido la comunidad judía más grande del imperio fuera de Siria palestina, con numerosas *sinagogas. La aristocracia judía había trabajado arduamente para ser culturalmente aceptable ante la clase griega privilegiada, y estaba resentida por su propio nivel inferior. (La mayoría de los griegos etnocéntricos en Alejandría despreciaban a los judíos y a los egipcios, que constituían los otros dos tercios de su ciudad; así, ellos hablaban de "Alejandría cercana a Egipto".) El choque de culturas y la opresión de los judíos llevaron a la larga a una revuelta judía y la matanza de la comunidad judía entera.

18:25. Los lectores antiguos tomarían de manera natural la frase "ferviente de espíritu" (RVA) como si se refiriera al propio espíritu de Apolos.

18:26. Aparentemente, Aquila y Priscila acompañaban a Pablo en su viaje, y luego permanecieron para ayudar en la *sinagoga en Éfeso, que estaba abierta a la enseñanza sobre Jesús.

18:27, 28. Las cartas de recomendación eran comunes en la sociedad grecorromana. La educación de Apolos pudo haber sido muy atractiva para la elite educada de la *iglesia de Corinto (ver la introducción a la primera carta a los Corintios).

19:1-7
Derramamiento del Espíritu en Éfeso

19:1. Éfeso proporcionó la oportunidad de influir en toda Asia (no el continente, sino la provincia romana de "Asia" en lo que ahora es Turquía occidental). Era la ciudad más habitada de la provincia más próspera y poblada del imperio. Aunque Pérgamo seguía siendo la capital oficial de Asia, Éfeso se convirtió en la ciudad principal con la sede real de la administración jurisdiccional. El acercamiento de Pablo a las "regiones superiores" (RVA) probablemente significa que tomaron un camino más alto desde el norte, en vez del camino de costumbre que pasaba por los valles de Lico y de Meandro.

Aquí la palabra *"discípulos" quiere decir estudiantes o aprendices, aparentemente de Juan (19:3; sin embargo, cf. 18:25). El mundo romano era cosmopolita, y otros judíos palestinos también se establecieron en Éfeso, la cual tenía una gran comunidad judía antigua e influyente.

19:2. En la mayor parte del judaísmo antiguo y en el libro de Hechos, el *Espíritu Santo es el *Espíritu que inspiró a los *profetas. De alguna manera, Pablo puede hacerles ver a estos discípulos que carecen de esta medida de inspiración, a pesar de su conocimiento tan sonado (18:25).

19:3-5. Sobre el *bautismo de Juan, ver el comentario sobre Marcos 1:5. Sobre el bautismo en el nombre de Jesús, ver el comentario sobre Hechos 2:38.

19:6, 7. Las lenguas y la *profecía como discurso inspirado son evidencia de que recibieron el Espíritu de profecía; ver el comentario sobre el 19:2.

19:8-12
La palabra se difunde en Éfeso

19:8, 9. Por lo general, los filósofos dictaban conferencias en auditorios rentados; este pudo haber sido un ayuntamiento así como un "salón de conferencias" (BAD). (Si es el primero, Tirano es simplemente el dueño; si es el último, es el conferencista acostumbrado. La vida pública en Éfeso, incluyendo las conferencias filosóficas, terminaba al mediodía; así que si Tirano daba conferencias en la mañana, Pablo lo utilizaba en las tardes; si nadie más daba conferencias ahí, probablemente Pablo daba conferencias en la mañana, y más tarde hacía su trabajo artesanal.) De cualquier manera, los residentes de Éfeso verían a Pablo como un filósofo o sofista (oradores públicos profesionales). Muchos observadores grecorromanos primitivos pensaban que los cristianos eran una asociación religiosa o una hermandad (al igual que otras asociaciones en la antigüedad), o una escuela filosófica que tomaba la forma de una asociación como esas.

19:10. Éfeso era un centro cosmopolita desde donde la palabra se extendería rápidamente, en especial si Pablo estaba capacitando *discípulos (como lo hacían los filósofos y los *rabinos) y los enviaba a difundir el mensaje.

19:11, 12. Los "pañuelos o delantales" (RVA) de Pablo son pedazos de tela atados alrededor de su cabeza para atrapar el sudor y su delantal de trabajo atado alrededor de su cintura; pudieron haber sido tomados sin su conocimiento. A menudo, los magos sanaban por dichos medios; los ejemplos del AT son raros pero sí ocurren (p. ej., 2 Rey. 13:21; contrasta con impureza, que regularmente se transmitía por medio del contacto físico en el AT).

19:13-20
La incompetencia de la magia

A pesar de que algunos efesios, que no sabían mucho, pudieron considerar que Pablo era un mago, Dios parece haberlos sanado de todas maneras para atraer su atención al mensaje (19:11, 12); no obstante, Dios no toleraría el uso no autorizado del nombre de Jesús. Éfeso tenía una amplia reputación por su gremio de magos y por la necesidad de exorcismos y protección en contra de espíritus malignos.

19:13. Por lo común, los magos exorcistas invocaban nombres de espíritus mayores para expulsar espíritus menores. De acuerdo con la teoría de la magia, los exorcistas podían obligar a una deidad o espíritu a hacer lo que ellos quisieran al invocar su nombre. Antiguos textos sobre magia muestran que muchos exorcistas eran judíos o tenían algún conocimiento sobre el judaísmo, y en estos textos se podía encontrar cualquier cambio de vocales como queriendo adivinar la pronunciación del nombre impronunciable de Dios (cf. el comentario sobre 2:20, 21). Algunos textos antiguos sobre magia invocan el nombre de Jesús junto con otras fórmulas reconociendo, como lo hacen los exorcistas en esta narración, su eficacia cuando lo em-

pleaban los cristianos para expulsar demonios.
19:14. "Esceva" es un nombre latino; casi de la misma manera como los judíos de Jerusalén utilizaban ampliamente el nombre "sumo sacerdote" para los miembros principales de la aristocracia sacerdotal, es muy probable que el mismo Esceva se haya apropiado del título. Las inscripciones y textos son testimonio de otras irregularidades en los reclamos sacerdotales fuera de Palestina. Ya que se creía que los principales sacerdotes judíos tenían acceso al nombre sagrado (v. 13) y a nombres ocultos, especialmente del dios supremo, y también se creía que ejercían gran poder en los círculos de magia, probablemente Esceva contaba con una gran reputación en aquellos círculos. "Hijos" puede significar que ellos eran parte del gremio de Esceva, aunque tal vez lo diga en forma literal.
19:15. La literatura de la antigüedad indica que los demonios no se impresionaban con las órdenes de aquellos que no tenían poder sobre ellos, aun cuando temían a Dios y podían ser controlados por medio de la manipulación de espíritus más poderosos que ellos (a quienes aparentemente les gustaba la influencia que esto les daba con los magos).
19:16, 17. El incidente indica que Pablo, el humilde peletero, tenía más poder que los magos (cf. Gén. 41:8, 39; Éxo. 7:11).
19:18. A pesar de la popularidad de los magos judíos, los maestros judíos más importantes condenaron de manera oficial a la magia. Cuando la gente reconoció que el Jesús de Pablo no podía ser manipulado como los espíritus menores, comprendieron que Pablo era un siervo de Dios y no un simple mago. "Confesaban públicamente sus prácticas" (NVI), puede traducirse como "dando a conocer sus hechizos", una actividad que se creía privaba a los hechizos de su poder.
19:19, 20. Los papiros sobre magia eran enrollados en pequeños cilindros o medallones usados como amuletos alrededor del cuello; el término que usa Lucas, "libros", probablemente hace referencia a estos papiros. Estos conjuros mágicos eran tan comunes en Éfeso que a los rollos de estas fórmulas se los llamaba, en otra literatura grecorromana, *Ephesia grammata* o escritos efesios. Por lo común, en la antigüedad se quemaban los libros para repudiar su contenido (en el AT, cf. análogamente 1 Crón. 14:12). El precio total de lo que fue quemado equivale aproximadamente a cincuenta mil salarios diarios de un trabajador promedio.

19:21-22
Cambio de curso

Ya Pablo tenía en sus planes salir de Éfeso antes de saber que surgirían problemas (19:23-41); aquí Lucas establece el ritmo del resto del libro (cf. Luc. 9:51), bosquejado como un viaje más por Grecia, y luego a Roma vía Jerusalén. Los filósofos y los *rabinos esperaban que los *discípulos les sirvieran, un modelo que también tiene un precedente en el AT cuando Josué le sirve a Moisés; Eliseo a Elías; Giezi a Eliseo. Erasto pudo haber sido el *aedile* o comisionado de las obras públicas en Corinto por un tiempo (ver el comentario sobre Rom. 16:23); si es así, este texto muestra que el nivel social en el *reino y en el mundo no están determinados sobre las mismas bases.

19:23-41
Artemisa y economía

Como sucedía a menudo, la piedad religiosa se convertía en una capa delgada debido a los intereses económicos personales. El templo de Artemisa servía como un banco así como un templo, y la gente de todas partes del mundo depositaba sus fondos allí. Aproximadamente por el año 44 d. de J.C. (apenas una década antes de la llegada de Pablo), las inscripciones que allí se encuentran muestran que el procónsul tenía que involucrarse en la tesorería del templo debido a algunas irregularidades financieras serias: los dineros estaban siendo canalizados a individuos privados. En Éfeso, la política y la religión estaban tan entrelazadas como la religión y la economía, y el orgullo cívico local era inseparable de la adoración a la Artemisa efesia.

19:23. El mes en el que se creía había nacido Artemisa fue llamado Artemisium y se celebraba una gran fiesta en su honor, en la que los asiarcas (ver el comentario sobre 19:30, 31) estarían presentes (v. 31). Algunos eruditos han sugerido que esta *narración tiene más sentido si sucedió en ese tiempo; aun cuando esta teoría es posible, durante todo el año la lealtad a Artemisa era muy fuerte, y de todas maneras, los asiarcas que conocían mejor a Pablo eran aquellos que residían en Éfeso.

19:24, 25. Los miembros del mismo oficio se unían para formar gremios profesionales, o *collegia,* los cuales establecían las normas para su propio oficio, y se unían para defender sus intereses económicos. Los templecillos eran elaborados como recuerdos y amuletos. La mayoría de los que conocemos eran color terracota, así que parece que Demetrio está reuniendo a otros artesanos que hacían templecillos, y no a otros plateros. Las pequeñas imágenes de Artemisa hechas de oro y plata, que pesaban de uno a tres kilogramos, también eran elaboradas para ser dedicadas en su templo.

19:26. "No son dioses" era el estribillo de Isaías (p. ej., 44:9-20; 46:1-11) y del judaísmo. Pero a principios del segundo siglo, el gobernador romano de una provincia cercana se quejó de que los templos de los dioses habían sido abandonados por las conversiones al cristianismo. Después del arresto de muchos cristianos, el gobernador informó que otra vez mucha gente había comprado animales para los sacrificios.

19:27. "El mundo entero" refleja el hecho de que la Artemisa efesia, diferente a otras formas de Artemisa, tenía centros de culto dedicados a ella en al menos treinta y tres lugares en el mundo mediterráneo. Su fama es ampliamente confirmada en la antigüedad: comandaba en visiones a sus seguidores para que propagaran su culto; su templo, de alrededor de 106 m de largo y aproximadamente 45 m de ancho, estaba considerado como una de las siete maravillas del mundo antiguo; cuarenta y cinco residentes de Sardis, acusados de asaltar a un grupo de seguidores de la Artemisa efesia, recibieron la pena de muerte; los textos judíos también mencionan su templo. Estaba aproximadamente a dos y medio km del nordeste de Éfeso.

19:28. Gritar "Grande es (tal y tal deidad)" parece ser una forma normal para expresar devoción.

19:29. Las noticias y los problemas se propagaban rápidamente en las ciudades de la antigüedad, las cuales estaban muy pobladas (quizá doscientas personas por acre, una densidad de población encontrada hoy en día en Occidente solo en los barrios pobres). La asamblea de ciudadanos llevaba a cabo sus reuniones normales en este teatro al aire libre, en el que podían caber veinticinco mil personas, tenía casi 152 m de diámetro y tenía muchas estatuas de deidades.

19:30, 31. Los asiarcas eran los hombres más distinguidos de la provincia, los cuales estaban presidiendo o habían presidido, en períodos de un año, el culto del emperador y de la diosa Roma. Las diferentes ciudades en el oriente griego competían por el honor de tener el mayor culto del imperio, así los asiarcas eran importantes para el orgullo cívico local. Ejercían autoridad sobre el teatro, pero aquí no podían reprimir este disturbio; solo podían tratar de impedir que entrara su amigo judío cristiano. (De acuerdo con la costumbre romana, debieron haber considerado la "amistad" de Pablo desde el punto de vista de prestarle apoyo como *protectores; en cualquier caso, Lucas quiere que reconozcamos que su preocupación por Pablo indica los altos círculos sociales a los que Pablo había comenzado a afectar de algún modo.)

19:32. Con frecuencia, la comedia griega parodiaba la estupidez de la gente; los lectores de Lucas se reirían de la multitud que se da cuenta de que no conoce el propósito del disturbio, aunque esta ignorancia caracteriza muy bien la psicología de las multitudes. Sin duda, aquí Lucas utiliza irónicamente el término griego "asamblea de ciudadanos": de hecho es una muchedumbre, no una asamblea legalmente constituida (v. 39).
19:33, 34. Los judíos en el Asia romana tenían cuidado de no ofender a los residentes locales, y, sin duda, Alejandro trata de explicar que la comunidad judía no provoca la actual confusión. Sin embargo, el antisemitismo griego y el conocimiento de que la comunidad judía aceptaba solo un Dios nos lleva a la suposición de que la comunidad judía, en lugar de eso, desea explicar su responsabilidad en el disturbio. (Este evento puede ayudar a explicar el disgusto que Pablo ocasionaba a la comunidad judía en el 21:27.) Los juicios públicos controvertidos eran a menudo acentuados también con gritos.
19:35, 36. Aquí, el escribano da un discurso ponderativo, intentaba cambiar el curso de acción de la muchedumbre (v. 36). El "secretario del consejo municipal" (NVI) era el funcionario civil de rango más alto, quien dio a conocer las normas de la asamblea de ciudadanos y representaba la ciudad ante los funcionarios jurisdiccionales romanos; quienes tenían su oficina general en Éfeso. El término que se emplea para Éfeso como "guardiana" del templo de Artemisa es técnico y también se encuentra en las inscripciones. Otras estatuas adoradas en Asia Menor supuestamente también cayeron del cielo.
Los apéndices bulbosos en las pinturas de la estatua han sido identificados de diversas formas: como senos, como apéndices castrados, como frutas o como huevos de abeja o de avestruz; estas interpretaciones sugieren a una diosa de la fertilidad asiática relacionada con la diosa madre local y muy diferente de la virgen griega Artemisa. (Otros eruditos sugieren que los objetos representan planetas, lo que encaja con la imagen de Artemisa como salvadora de Fátum y de sus agentes astrológicos.)
19:37. El "saqueo de templos" era considerado uno de los crímenes mayores, y, a la larga, el término llegó a significar sacrilegio en un sentido más amplio.
19:38. En este momento, el escándalo financiero que rodeaba al templo de Artemisa estaba siendo dirigido a las cortes y al procónsul; la disputa económica que había provocado esta reunión ilegítima debía ser dirigida de la misma manera.
El procónsul se reunió con las asambleas de ciudadanos en diversos días, en nueve ciudades diferentes de la provincia. Cada provincia tenía un solo procónsul, no obstante, Lucas pudo utilizarlo en plural debido a que el procónsul de Éfeso murió cerca del año 54 d. de J.C., y varios funcionarios pudieron haber estado llevando a cabo las funciones administrativas en tanto llegara el nuevo procónsul.
19:39. Una fuente posterior declara que esta asamblea se reunió tres veces en un mes. La asamblea legítima de ciudadanos difirió significativamente de la de la muchedumbre (como aquí): la primera se reunió con la aprobación de Roma, pero la última pudo haber causado que Roma tomara medidas disciplinarias en contra de la ciudad.
19:40, 41. Otros ejemplos muestran que los líderes de la ciudad advirtieron a su gente que Roma escucharía sus revueltas; se registraron otros disturbios en Éfeso, aunque Roma no tomó medidas enérgicas contra ella. Sin embargo, los privilegios especiales que Éfeso disfrutaba como "ciudad libre" (incluyendo su propio senado) dependían completamente del favor de Roma, y a otras ciudades les habían sido revocados dichos privilegios. Un famoso *retórico de finales del primer siglo llamado Dión Crisóstomo

advirtió a los ciudadanos de otra ciudad asiática que a aquellos que abusaran del derecho de libertad de expresión les sería retirado este derecho.

20:1-6
Ir y venir de Grecia

Las *narraciones de Hechos 20 y 27 presuponen datos correctos sobre la distancia de los viajes entre los lugares referidos y toman en cuenta los patrones de viento de las estaciones y así sucesivamente. En resumen, se leen como si fueran el informe de un testigo ocular.

20:1, 2. Sugerido solamente en el libro de Hechos (24:17) pero claro en sus cartas, el propósito de Pablo es recolectar las ofrendas de Macedonia (Filipos, Tesalónica) y de las *iglesias de Acaya (Corinto) para ayudar a los cristianos pobres de Jerusalén y para demostrar la unidad de los *gentiles judíos y cristianos (ver el comentario sobre Rom. 15:26; 1 Cor. 16:1, 5; 2 Cor. 8—9). Tal vez, pudo haber viajado a través de Ilírico desde la vía Ignacia de Macedonia (Rom. 15:19; cf. el comentario sobre Hech. 16:9); si fue así, pasaron muchos meses antes de que llegara a Acaya.

20:3. Pablo escribió la Carta a los Romanos desde este lugar (Rom. 15:26-28). Aunque algunos marineros y dueños de barcos eran judíos, la mayoría era *gentil. Sin embargo, en un barco a Siria muchos de los viajeros pudieron ser judíos, especialmente si la nave tenía el propósito de llegar a Siria Palestina para la Pascua.

20:4, 5. Así como los representantes distinguidos de cada una de las comunidades judías traerían el impuesto anual del templo a Jerusalén, así Pablo tiene compañeros de viaje provenientes de diferentes comunidades cristianas que sirven a los pobres de Jerusalén (20:1, 2). Esta ofrenda mostraría a la *iglesia de Jerusalén que los gentiles cristianos seguían reconociendo la naturaleza judía de su fe (ver Rom. 15:26, 27).

20:6. La palabra "nosotros" retoma el punto donde se quedó; Pablo había dejado a Lucas en Filipos. En Filipos pasaron la semana de la Pascua y de la fiesta de los Panes sin levadura. Cuando se suman los días que presuntamente sobraron (con partes de los días considerados completos, como sucedía generalmente en la antigüedad) en la *narración, desde su arribo a Filipos hasta su llegada a Jerusalén se requirió de treinta días aproximadamente. Por lo tanto, llegarían a Jerusalén antes de Pentecostés (cincuenta días después de la Pascua) y todavía llegaría a ser una de las tres fiestas de peregrinación más grandes (20:16). "Cinco días" (p. ej., parte de cinco, quizá cuatro) era un viaje lento a Troas (16:11) pero quizá incluya el viaje por tierra que les tomó medio día desde Filipos a Neápolis.

20:7-12
La resurrección en Troas

20:7. La mayoría de las asociaciones religiosas del mundo grecorromano se reunían una vez al mes. Aunque algunos cristianos primitivos pudieron haberse reunido diariamente (2:46), parece que se reunían de manera especial el primer día de la semana (domingo), probablemente debido a la *resurrección (Luc. 24:1) y para evitar conflictos con las reuniones del *sabbath* (sábado) en la *sinagoga.

Los cristianos pudieron haberse reunido muy temprano, antes del amanecer, sin embargo, tendrían que trabajar los domingos por la mañana como lo hacía todo el mundo en el imperio; así que esta reunión pudo haber comenzado ya avanzada la tarde del sábado o después del atardecer del sábado. (Dependiendo de si los días se consideraban de medianoche a medianoche, como los romanos y los occidentales modernos, o de atardecer a atardecer, como los judíos antiguos. En el primer caso, el primer día es el domingo; en el último, el día empezaría en lo que nosotros consideramos la noche del sábado.) Cualquiera que sea el punto de vista, debido a que la mayoría de la gente se acostaba muy poco tiempo después del atardecer, la medianoche estaba dentro del horario para dormir, y ciertamente Pablo está siendo muy prolijo.

20:8. El olor o el calor de las lámparas de aceite pudieron haber ayudado a producir el adormecimiento.

20:9. Por lo general, las ventanas abiertas eran bloqueadas en el invierno, sin embargo, durante el verano se podían sentar en ellas para refrescarse. Ya sea que el calor de las lámparas (normalmente, en Troas no hace calor en las noches de abril) o la aglomeración en el cuarto había forzado a Eutico a sentarse en la ventana. Si era lo suficientemente viejo (cf. v. 12; sin embargo, el término traducido "joven" o "muchacho" allí también podía significar "esclavo"), quizás estaba ya cansado por un día de trabajo arduo. En la mayor parte del imperio, las casas eran de un piso, sin embargo, en áreas urbanas más pobladas eran a menudo de dos pisos. Esta es una caída desde lo que en la mayoría de los idiomas se le llama el "tercer piso", lo que no es necesariamente fatal; no obstante, Eutico pudo haber caído de cabeza o habérsela golpeado con algún objeto duro.

20:10. Sobre la acción de Pablo, compare 1 Reyes 17:21, 22 y 2 Reyes 4:34, 35.

20:11, 12. Cuando las personas no se habían visto por mucho tiempo era costumbre desvelarse para poner al otro al corriente sobre su vida.

20:13-17
El viaje continúa

20:13. Asón estaba aproximadamente a 32 km por tierra de Alejandría de Tróade, el puerto principal, a un día de viaje a pie. Para distancias cortas, especialmente si se tenía que esperar en los puertos a los barcos que llevaban pasajeros, un viaje por tierra no tomaría tanto tiempo, y el viajar a pie resultaba más barato que comprar un pasaje en un barco.

20:14. Mitilene era la ciudad principal de la isla de Lesbos.

20:15, 16. Tomaron la ruta marítima de costumbre, atravesando la isla de Quío (probablemente cerca del cabo Argennum), permitiendo así que evitaran un largo viaje costeando por el gran promontorio que sobresale hacia el Mar Egeo entre Esmirna y Éfeso. Desde Quío era mucho más rápido navegar por la isla de Samos y directo a Mileto, en vez de cortar hacia la costa asiática que va a Éfeso. Hicieron escala en el puerto de Lion en Mileto, en la que se encontraba el templo de Apolo; la ciudad también tenía una comunidad judía grande (como en Samos, donde los cultos a Afrodita y a Isis eran importantes).

20:17. Su barco había evitado pasar por la concurrida bahía de Éfeso, que estaba fuera del camino por la ruta que atravesaba Quío y Samos; este barco había sido el único disponible que iba en la dirección correcta, pero no iban hacia su destino exacto. Para los mensajeros, la ruta terrestre hacia Éfeso era aproximadamente de 48 km, así que debían viajar rápidamente para llegar al tercer día de viaje de Pablo; para aquellos que podían dejar su trabajo, el hacer esto sería un gran sacrificio. Sin embargo, la misión de Pablo para Jerusalén era urgente; necesitaba presentar la ofrenda en la fiesta, cuando Jerusalén estaría llena y este símbolo de la unidad étnica de la *iglesia haría que el discurso fuera más atractivo.

20:18-35
Discurso de despedida de Pablo

En la antigüedad, los discursos de despedida desarrollaban una forma común relacionada con la forma literaria llamada "testamentos" (en la cual una figura que moría, o que se iba, dejaba instrucciones sabias e importantes para sus hijos o seguidores). El lenguaje del discurso es más parecido a los discursos de Pablo que a los de Lucas. Aunque los historiadores tienden a volver a escribir los discursos con sus propias palabras, la instrucción *retórica normal incluía la práctica de imitar los estilos de otros (*prosopopoia*). Ya que se supone que Lucas tenía acceso a las cartas de Pablo (no fueron recopiladas de diversas iglesias hasta mucho después de la muerte de Pablo), debió haber aprendido el estilo de este último a partir del contacto directo con él.

20:18-21. Muchos filósofos tenían por costumbre dirigirse a sus oyentes con términos atractivos, tales como los que usa Pablo aquí, y les recordaban que cualquier reproche que se hacía era un signo de verdadera amistad, completamente opuesto a las adulaciones de los falsos amigos. El hecho de que este lenguaje sea común solo significa que era culturalmente relevante para las necesidades de los oyentes, no que fuera una forma *retórica vacía. Pablo y muchos otros que utilizaban este lenguaje también lo dicen sinceramente.

20:22. En la tradición grecorromana, los verdaderos héroes intelectuales eran aquellos que creían de tal modo en su enseñanza que estaban dispuestos a morir por ella; los filósofos que morían por sus creencias eran considerados nobles y valientes. Pablo permanece en la tradición profética del AT al decir el mensaje de Dios sin importar cuál sea el costo, no obstante, también presenta su mensaje de una manera que resuena con lo mejor de la cultura de sus oyentes.

20:23. Con seguridad, el testimonio del *Espíritu Santo significa seguramente las *profecías (21:4); en especial, el judaísmo primitivo veía al *Espíritu como el agente que había inspirado a los profetas.

20:24. "Terminar mi carrera" (BA) o "Termine la tarea" (NVI) son imágenes atléticas; por lo general, los filósofos utilizaban esas imágenes para describir su propia misión.

20:25-27. La imagen de culpabilidad de segunda mano por la sangre de alguien es común en el AT (p. ej., Deut. 21:1-9), pero aquí Pablo se refiere en especial al atalaya que no advierte a los impíos que se vuelvan de su camino (Eze. 3:18-20; 33:8, 9).

20:28. La palabra "obispos" era generalmente un término griego para un gobernante, a pesar de que los *Rollos MM incluyen un equivalente hebreo. Aunque la imagen de un pastor como líder no es exclusiva de los judíos, en especial, es un término del AT para los líderes del pueblo de Dios. Dios llamaría a los pastores para que rindieran cuentas de la forma en la que vigilaban el rebaño; ver el comentario sobre Juan 10:1-18. "Mirad por vosotros" era el lenguaje común para las exhortaciones morales.

20:29, 30. Jesús advirtió sobre los falsos profetas, y los textos judíos *apocalípticos vislumbran grandes pruebas para los justos antes del fin; la predicción de Pablo es difícilmente original. Sin embargo, en el sentido bíblico lo que hacía que una persona fuera profeta era la precisión, no la novedad, de su predicación (Deut. 13:1-5; 18:20-22).

20:31. A menudo, la exhortación resultaba atractiva y la gente la recordaba. "De noche y de día" era una forma común de decir "todo el tiempo"; parte de la noche y del día podían considerarse como un todo. Se suponía que los buenos oradores públicos sentían de tal manera sus discursos que expresaban su emoción y movían, de manera emocional, a las multitudes.

20:32. "Herencia entre todos los santificados" (RVA) (p. ej., "separar" o "separados" para Dios) se refiere a la esperanza judía de que ellos, como pueblo de Dios, heredarían el mundo por venir, del mismo modo que Israel había "heredado" la Tierra Prometida.

20:33. A menudo, los filósofos eran acusados de buscar el beneficio económico personal, y muchos (especialmente aquellos que actuaban por motivos sinceros) tenían que negarlo demostrando evidencia sustentadora de su negativa. "Ropa" (BA) era parte de la esencia de una persona en el antiguo Oriente, del mismo modo que lo eran las monedas de plata.

20:34, 35. El trabajar con las manos no era humillante para un artesano, pero la pequeña clase alta (que obtenía su ingreso a partir de sus propiedades) y la mayor parte de la elite filosófica despreciaban el trabajo manual. Muchos *rabinos tenían oficios, sin embargo, los filósofos preferían cobrar honorarios viviendo a costa de los nobles ricos o mendigando. Los motivos de aquellos que daban libremente (lo que los antiguos llamaban actos caritativos) eran difíciles de cuestionar, como a menudo lo señalaban los filósofos que vivían de la caridad y los moralistas que demandaban que no hubiera devolución.

20:36—21:6
El afecto de los amigos de Pablo

20:36-38. Tal vez se utilizaban los besos breves en saludos momentáneos, sin embargo, los besos repetidos y los abrazos eran signos de gran afecto, como los que se les conferían a un miembro de la familia, a un maestro querido o a un amigo cercano; así, Pablo estaba unido profundamente a estos cristianos (cf. 1 Sam. 20:41). Muchos filósofos romanos y griegos creían que no era apropiado que los hombres lloraran, pero las fuentes de la *narración a menudo lo registran en circunstancias extremas, tales como una partida triste.

21:1, 2. Llegaron a Cos y pasaron allí la noche; era una isla pequeña que estaba sobre la ruta usual a Rodas y tenía una gran comunidad judía. Rodas era la parada regular de los barcos; también tenía una comunidad judía grande. Los barcos de grano alejandrinos se mantenían cerca de la costa sur de Asia Menor, frecuentemente hacían paradas tediosas en cada puerto debido a lo incierto de las corrientes de aire terrestres. Así, después de haber estado en el puerto licio de Pátara en la parte sur de Asia Menor, Pablo y sus compañeros encontraron un barco que navegaba cortando a lo largo del sur de Chipre, todavía bajo apremio por falta de tiempo (20:16).

21:3. La playa sur de Chipre, por la que pasaron, era poco profunda y no tenía bahías, así que el barco no trató de hacer escala allí. La provincia romana de Siria comprendía no solo Antioquía al norte sino también Fenicia y Judea al sur; habían ahorrado un tiempo considerable al navegar a través del mar abierto hacia Tiro, el cual les proporcionaría una bahía segura a lo largo del año.

21:4. Los judíos y cristianos podían esperar la hospitalidad de los suyos dondequiera que fueran; era una parte requerida de su cultura, honraban a sus huéspedes y era una alternativa incomparablemente superior a la de pasar la noche en posadas, que por lo general también servían como burdeles.

A la luz del punto de vista común de los judíos de que el *Espíritu de Dios inspiraba de manera especial la *profecía, seguramente, esta última está de alguna manera involucrada con su exhortación. Aunque esta frase no sea la descripción usual que utiliza Lucas para la profecía y probablemente indica que simplemente estaban advirtiéndole que no fuera sobre la base de las profecías que ellos habían hecho acerca de lo que pasaría (20:23; 21:11).

21:5, 6. Tiro era conocida por la arena suave de sus playas.

21:7-16
La profecía de Agabo

21:7. Tolomeo II había construido Tolemaida, una gran fortaleza y ahora una colonia romana (una vez llamada Aco), una bahía importante.

21:8. Cesarea estaba aproximadamente a 64 km al sur de Tolemaida, y si el texto indica que hicieron el viaje en un día, debieron haber ido en barco.

21:9. Algunas veces el paganismo asociaba la virginidad con el poder espiritual (como en una especial orden romana de mujeres célibes llamada Vírgenes de Vestal), pero el punto de vista de "doncellas" aquí es probablemente que las hijas de Felipe eran jóvenes, tenían menos de dieciséis años. El tiempo del verbo utilizado indica que profetizaban regular o habitualmente. La tradición judía acerca de la especial habilidad de profetizar concedida a las hijas de Job (en el *Testamento de Job) puede ser posterior, pero ilustra la gran estima que en la antigüedad se les otorgaba a dichas profetisas.

21:10. Agabo podría haber salido de Cesarea para ir a Jerusalén (él "descendió" de la región montañosa de Judea, incluyendo Jerusalén) aproximadamente en el tiempo en el que Pablo llegó a Cesarea y fácilmente pudo haber llegado allí en unos días. (Cesarea era el cuartel general romano para Judea, sin embargo, Lucas utiliza aquí "Judea" en el sentido de la Palestina judía o de la antigua Judá y no en el sentido romano estricto.)

21:11. A menudo, los profetas del AT representaban sus *profecías en formas similares a la representación que hace Agabo aquí (p. ej., Jer. 27:2). Algunos comentaristas señalan que todos los detalles no se cumplieron de manera literal (fueron los *gentiles los que lo ataron, aunque sus acusadores eran judíos), pero no se necesita estudiar mucho a los profetas del AT para que quede claro que se les otorgaba una gran cantidad de permiso poético, aunque el mensaje esencial tenía que ser preciso (p. ej., 2 Rey. 19:7, 28, 33, 35). El cinto era un pedazo de tela largo envuelto varias veces alrededor de la cintura y utilizado como bolsillo.

21:12-14. Los judíos y los griegos bajo la influencia del pensamiento del *oráculo griego veían los oráculos proféticos como advertencias preventivas; no obstante, el texto no da indicio alguno de que el propio Agabo deseara que Pablo evitara lo que tenía que enfrentar. Con frecuencia, los registros de mártires incluyen exhortaciones para evitar el martirio (en registros de edad, de juventud, etc.). Sin embargo, los amigos de Pablo sabiendo a lo que se iba a enfrentar, actuaron por amor a él, aunque resultaron estar equivocados (v. 14).

21:15. El viaje desde Cesarea a Jerusalén tomaría dos días; por la noche se hospedaron con Mnasón (v. 16).

21:16. Chipre tenía una comunidad judía grande, algunos de los que habían migrado a Jerusalén y estaban entre los primeros *discípulos (4:36). El nombre "Mnasón" era más común entre los romanos, y "Jasón" entre los judíos y griegos, sin embargo, los judíos utilizaban también "Mnasón" en algunas ocasiones (p. ej., un *rabino posterior en Roma).

21:17-26
Se afirma la identidad judía de Pablo

21:17. Necesariamente, esta amable recepción comprendía la hospitalidad para toda la delegación, incluyendo la oferta de hospedaje en casa de judíos cristianos para los cristianos *gentiles incircuncisos (a pesar de que el mismo Pablo pudo haber estado con la familia de su sobrino, 23:16). Así, esta línea tiene más trascendencia de lo que normalmente impresionaría a los lectores modernos (ver el comentario sobre 10:28).

21:18, 19. Parece que en este momento Pablo entrega la recaudación de los gentiles cristianos (24:17; cf. el comentario sobre 20:1-4).

21:20-22. Los cristianos de Jerusalén aceptan la obra de los *gentiles, pero al hacerlo se enfrentan a un conflicto con su cultura. Jerusalén ya no es lo que solía ser en Hechos 2; surgen tensiones, y en el templo los *sicarii* o asesinos están dando muerte a los aristócratas que supuestamente colaboraban con los gentiles. El nacionalismo judío está aumentando, y la exclusividad nacionalista hace intolerante que los miembros supuestamente fieles de su pueblo mantengan relación con miembros de otros pueblos. Por lo tanto, resulta obligatorio para Pablo probar la integridad de su naturaleza judía. No podía comprometer la misión hacia los gentiles, no obstante, a cualquier costo afirmaría de manera intencional su herencia judía a excepción del exclusivismo no bíblico.

La *iglesia de Jerusalén está proporcionando un testigo nativo efectivo dentro de su cultura. Los gentiles cristianos modernos que se oponen a que los judíos cristianos observen la *ley, mientras que estos cristianos gentiles observan las tradiciones culturales y propias de la iglesia, no están de acuerdo con el espíritu del NT, el cual llama a la gente a abandonar su pecado, no a elementos positivos o neutrales de su cultura. (En su tiempo, el apologista cristiano del segundo siglo Justino Mártir advierte esta controversia, sin embargo, mantiene claramente el punto de vista cristiano primitivo de que los judíos podían practicar la ley y también seguir a Jesús, *Diálogo con Trifón 47.*)

Jacobo dice literalmente que "cuántos miles" han creído (v. 20), un mínimo de cincuenta mil, los cuales, si se tomara al valor nominal, equivaldría a un décimo de la población judía estimada en Palestina y aproximadamente ocho veces el número estimado de *fariseos. El propio Jacobo fue martirizado por la aristocracia que estaba en favor de los romanos unos años después de este tiempo, pero su testimonio hacia su cultura ha sido tan efectivo que la clase baja de Jerusalén demandó que su asesino fuera removido de su cargo.

21:23-26. Estas precauciones son para proteger a Pablo de las acusaciones falsas, en especial si él iba a moverse de aquí para allá en forma pública dentro de las cortes del templo. Pablo paga los gastos de los cristianos devotos de Jerusalén, quienes están terminando su voto nazareo; el lenguaje griego aquí sugiere que también debe estar pagando por un voto anterior que llevó a cabo mientras no podía ir a Palestina (18:18). Se rapaban la cabeza en el séptimo día de un voto y ofrecían sacrificio en el templo en el octavo día (Núm. 6:1-21), no obstante, el período mínimo del voto de acuerdo con la ley ritual parece haber sido de treinta días, así que no se unió a ellos en los votos solo en este punto. Se consideraban personas piadosas a aquellas (como Agripa I) que utilizaban sus propios fondos para pagar los gastos de los nazareos.

21:27-36
Alboroto en el templo

Bajo el gobierno de Cumano, el gobernador romano que precedió a Félix (23:24), un soldado romano se expuso de manera libidinosa en el área del templo; *Josefo estimaba que diez mil personas fueron pisoteadas hasta morir en el alboroto subsecuente. Cuando otro soldado quemó un rollo de la ley judía, Cumano accedió a las demandas de la multitud y lo ejecutó. La hostilidad en contra de los *gentiles y de sus colaboradores se había estado acumulando, y en menos de una década llevaría a una guerra que produciría masacres (aproximadamente veinte mil judíos fueron muertos en Cesarea en una hora) y culminó con la destrucción del templo.

21:27. Ver 19:34. "Asia" se refiere a la provincia romana de Asia, en lo que es ahora Turquía Occidental.

21:28. La barrera entre el patio exterior, abierto a los gentiles y al patio de las mujeres, era de aproximadamente 1,21 m de alto, con señales de advertencia en griego y en latín situadas a intervalos: "Cualquier extranjero que pase de este punto será responsable de su propia muerte" (las inscripciones están registradas en la literatura antigua y los arqueólogos encontraron una de ellas). Esta fue la única ofensa por la cual las autoridades judías podían ejercer la pena capital, aun en ciudadanos romanos, sin consultar a Roma. (Este privilegio especial fue también otorgado al templo griego en Eleusis; sin embargo, Roma delegaba el derecho de ejecución solo en casos raros como estos, debido a que los nacionalistas locales podrían utilizar de otra manera la pena en contra de los propios partidarios de Roma.)

21:29. Éfeso era la ciudad principal de la provincia romana de Asia, y la comunidad judía de allí conocía bien a Pablo y a sus compañeros (19:33, 34; cf. 18:19-21, 26). Aunque la suposición de estos judíos provenientes de Asia era falsa, es ocasionada por la relación que Pablo sostiene con los *gentiles cristianos, a los cuales él no comprometería.

21:30. Arrastraron a Pablo "fuera del templo" al patio de los gentiles. El *sagan*, o jefe de la guardia del templo, aparentemente ordenó que cerraran las puertas del patio de las mujeres para impedir que la violencia llegara al propio templo. (*Josefo consideraba el derramamiento de sangre en el santuario como la "abominación de la desolación", por lo tanto, era importante evitar el derramamiento de sangre en los recintos sagrados.)

21:31. En la parte norte del monte del templo estaba la fortaleza Antonia, la cual albergaba una guarnición militar permanente de seiscientos hombres (una cohorte); desde sus torres, los guardas podrían notar rápidamente los disturbios. Para llegar con rapidez al patio exterior del templo, solo tenían que bajar apresuradamente las escaleras de la fortaleza. El "comandante" es un *chiliarch* o tribuno, literalmente comandante de mil tropas, pero realmente de seiscientas tropas. Los tribunos eran extraídos de la pequeña y acaudalada clase "media" romana.

21:32. Debido a que la palabra "centuriones" (RVA, NVI) está en plural, debemos pensar en al menos 160 soldados (un centurión comandaba aproximadamente ochenta tropas) y probablemente más. Estas tropas serían suficientes para dispersar una multitud, aunque no siempre habían sido efectivas en el pasado.

21:33. Aparentemente, Pablo está atado a dos soldados (12:6). Lógicamente, pide testigos coherentes con cargos específicos, pero no hay ninguno.

21:34. La "fortaleza" cerca del templo es la llamada Baris por los asmoneos pero vuelta a nombrar fortaleza Antonia, en honor a Marco Antonio por su amigo Herodes el Grande.

21:35. Los escalones de la fortaleza Antonia llevaban directamente al patio exterior.

21:36. A algunos escritores griegos de este período les gustaba establecer paralelos de figuras históricas análogas; aquí el registro de Lucas establece un paralelo entre Jesús y Pablo (Luc. 23:18).

21:37—22:2
Pablo y el tribuno

21:37. En la parte oriental del imperio, el latín fue confinado a ser utilizado en la milicia y en documentos que se relacionaban con los ciudadanos romanos. La administración pública de Siria Palestina utilizaba el griego, que era también el primer idioma de la aristocracia de Jerusalén; la mayoría de los judíos de Palestina sabían al menos algo de griego. El "tribuno" (RVA) o "comandante" asume que Pablo es un agitador específico (v. 38); la mayoría de los agitadores que él conociera habrían hablado arameo por elección. No obstante, la mayoría de los documentos comerciales egipcios de este período estaban en griego, el cual parece haber sido el idioma principal aquí; por lo tanto, no debe sorprenderse de que el hombre que supone es egipcio hable griego. El punto no es que Pablo hable griego, sino que lo habla sin acento, como alguien que estudió el idioma y lo habla con fluidez, quien el tribuno asumiría que no era el judío egipcio que había causado los problemas.

21:38. *Josefo escribió acerca de un falso profeta de Egipto que obtuvo aproximadamente 30 mil seguidores (una cifra menos realista que las dadas en el libro de Hechos). Félix, el gobernador romano (23:24), lo derrotó, pero el egipcio escapó. La mayoría de las figuras mesiánicas proféticas registradas en este período obtenían seguidores en el "desierto", tal vez esperando una liberación futura, como un nuevo éxodo bajo el liderazgo de un nuevo Moisés.

La palabra "asesinos" (RVA) aquí es *sicarii*. Estos eran terroristas judíos que cargaban dagas curvas bajo sus mantos y mataban brutalmente a puñaladas a aristócratas en medio de las multitudes que había dentro del templo, y luego desaparecían. Pocos años después de este encuentro, secuestraron a algunas personas para asegurar la liberación de sus propios partidarios que estaban bajo la custodia del procurador. Los registros finales de Josefo sobre ellos los ubica en la fortaleza de Masada, en donde finalmente murieron en el año 73. d. de J.C.

21:39. En una ciudad griega, una persona con ciudadanía tenía un nivel social más alto que los que eran simplemente "residentes" de la ciudad (que a su vez, estaban considerados en un nivel social más alto que los transeúntes y que la gente rural). Solamente se podía llegar a ser ciudadano por haber nacido dentro de una familia ciudadana, o como una concesión de las autoridades de la ciudad. En la antigüedad, el orgullo y la rivalidad de la ciudad eran encarnizados, especialmente en el Asia Menor, y Tarso era una ciudad importante. Los ciudadanos de Tarso no eran automáticamente ciudadanos romanos (no era una *colonia romana), no obstante, Pablo se guarda lo de su ciudadanía como un as en la manga en caso de que lo necesite después.

21:40. El tribuno le otorga a Pablo permiso de hablar, probablemente esperando que aclare su identidad ante una multitud, ya que él cree que la multitud lo confundió con el líder de los asesinos del templo. Aquí, "lengua hebrea" es probablemente una expresión inexacta para *"arameo" (NVI), la lengua vernácula de la mayor parte rural de Siria Palestina y de las tierras al este. Es realmente significativo para los propósitos de Pablo que el arameo fuera la lengua vernácula de los nacionalistas judíos, y que Pablo lo hable tan bien como ellos. Sin embargo, el tribuno no comprende nada de lo que Pablo está diciendo; el arameo es similar al hebreo, pero tiene muy poca relación con el latín y con el griego (ver 22:24).

22:1. Esta forma típicamente griega de comenzar un discurso refleja el grado en el que la cultura griega había invadido Palestina (incluso, las voces tomadas del griego aparecen en todas partes del hebreo rabínico; los oyentes de Pablo no asociarían de manera automática sus palabras con la cultura *gentil). El paralelo con Esteban (7:2), quien provocó que su audiencia lo martirizara, también crea una atmósfera de suspenso en los lectores de Lucas.

22:2. Aquellos que pensaron que habían atrapado a un colaborador de la *diáspora con los *gentiles debieron haberlo reconsiderado después de que escucharon su *arameo fluido (ver el comentario sobre 21:40).

22:3-21
Discurso de Pablo en el templo

De los tres registros del llamamiento de Pablo, este es el que está diseñado claramente para una audiencia judía nacionalista. Sin embargo, a pesar de su clara naturaleza judía, al final su negativa para comprometer el llamado de Dios hacia los *gentiles incita la ira de la multitud. Pablo siempre fue sensible con su audiencia pero nunca estuvo dispuesto a comprometer el *evangelio. Por lo general, los discursos incluían un componente de la *narración; este componente aborda todo el discurso de Pablo tal vez, porque no le fue permitido terminarlo.

22:3. En las declaraciones antiguas, "criado" y "educado" (BA) se refiere normalmente a períodos diferentes en la vida de una persona; por lo tanto, Pablo fue criado en Jerusalén (cf. 23:16; ver el comentario sobre Fil. 3:5) y estudió para llegar a ser maestro de la *ley bajo la enseñanza de Gamaliel I, el famoso alumno de *Hillel (ver el comentario sobre Hech. 5:34, 35). A pesar de haber nacido en otro país, podía explicar que realmente era un habitante de Jerusalén por crianza y un maestro *fariseo ortodoxo por educación. Como hijo de un hogar instruido y quizás aristócrata (su padre era ciudadano; cf. 9:1), probablemente Pablo comenzó a aprender la ley cuando tenía cerca de cinco años y otras tradiciones fariseas aproximadamente a los diez, y fue enviado a proseguir con su educación para poder enseñar la ley algún tiempo después de cumplir los trece (cf. también Gál. 1:14 y el estilo de debate de sus cartas). Normalmente, las personas se sentaban en sillas (o se reclinaban en divanes para los banquetes); el sentarse a los pies de un maestro era tomar la postura de un *discípulo. El modelo del "celo" de Pablo pudo haber sido Finees, quién mató por Dios (Núm. 25:13), y sus sucesores en los *Macabeos. Ocho años después del discurso de Pablo, los revolucionarios se llamaron a sí mismos *"zelotes", aquellos celosos de Dios; por lo tanto, este título pudo haber resultado atractivo para los oyentes de Pablo que eran más nacionalistas.

22:4, 5. Ver el comentario sobre 9:2. El hecho de invocar el testimonio del sumo sacerdote y del Sanedrín puede indicar que confiaba en su integridad; pero Pablo ignoraba que, de todas maneras, un sumo sacerdote diferente estaba ahora en funciones (23:5).

22:6. Por lo general, la gente trataba de evitar el sol del mediodía cuando era posible, pero era inevitable en misiones urgentes y en jornadas largas que requerían que se pasara la mayor parte del día viajando.

22:7-16. Esencialmente, el trasfondo es el mismo que en el 9:4-17, a pesar de que este discurso enfatiza figuras diferentes, como la piedad judía de Ananías, las cuales se encomendarían a los oyentes de Pablo que eran nacionalistas.

22:17. El antiguo cercano Oriente tenía una larga tradición por recibir revelaciones (a menudo sueños) en santuarios o lugares santos. Dios se había revelado a sí mismo a sus siervos en dichos lugares en el AT (1 Sam. 3:3-10; 1 Rey. 3:4, 5), y los oyentes de Pablo considerarían el templo como el lugar más adecuado para recibir revelaciones (cf. el comentario sobre 7:2-7).

22:18. Si acaso Pablo hubiera estado en peligro en el pasado, ahora está en mayor peligro, ya que están surgiendo hostilidades hacia los colaboradores *gentiles; Pablo no iba a poder hablar mucho después de este punto y no podría intentar lograr que la *narratio* de su discurso pasara inadvertida (la parte de la *narración ocurrió al principio de su discurso).

22:19, 20. Normalmente, el *chazan* o encargado de la sinagoga era el responsable de golpear a los judíos desobedientes como una clase de disciplina pública por sus crímenes, después de que los jueces (probablemente ancianos; *rabinos en un período posterior) pronunciaran la sentencia. Si a Pablo se le había dado esta responsabilidad era debido a alguna autorización concedida (similar a la mencionada en el 22:5).

22:21. Al igual que Jesús (Luc. 4:22-30), Pablo sabe que su declaración ofenderá a sus oyentes, dado el recrudecimiento de las tensiones entre judíos y *gentiles en Palestina en estos años. Sin embargo, siente que es una parte crucial del *evangelio el incluir a diversas etnias.

22:22-29
Interrogatorio de Pablo

22:22. La reacción es predecible; ver el comentario sobre 21:20-22.

22:23. Lanzar polvo sobre la cabeza era una señal de duelo; el sacudirlo de los pies significaba retirar lo que era impío (13:51);

aquí quizás era simplemente que no tenían nada más que lanzarle en ese momento (cf., p. ej., 2 Macabeos 4:41). También pudieron haber lanzado sus mantos por la misma razón (tal vez, también los rasgaron, como se hacía después de escuchar una blasfemia), aunque Lucas sin duda lo registra de manera irónica como queriendo indicar la culpabilidad que había en ellos: ver el comentario sobre 7:58.

22:24, 25. Incluso, si Pablo no hubiera sido ciudadano romano, el tribuno no hubiera tenido autoridad para enjuiciar a un provinciano que pertenecía a otra jurisdicción (21:39), después de que había mitigado el malestar. No obstante, era legal azotar a los esclavos o a los extranjeros para forzarlos a confesar o para determinar la verdad concerniente a una situación. Pablo había experimentado azotes y varazos por parte de los lictores en la *sinagoga judía. Pero este azotamiento es con el *flagellum*, correas de cuero en las que iban entretejidas piezas de metal o hueso. Fácilmente podía llevar a la víctima a la muerte, ciertamente lo dejaría con cicatrices y probablemente lo dejaría lisiado. En ocasiones, a los centuriones se los dejaba supervisar las ejecuciones y todo lo relacionado con ellas.

Sin embargo, las leyes de Juliano y de Porcio eximían a los ciudadanos romanos del azotamiento sin juicio. La ciudadanía de Pablo lo excluía de ser torturado para sacarle información, y junto con el hecho de que no había sido enjuiciado lo excluía del castigo.

22:26, 27. Pablo espera hasta que ha sido encadenado por la misma razón que en 16:37. Ahora tenía cabida legal para actuar en contra de *ellos*.

22:28. Los eruditos registran que uno podía alcanzar la ciudadanía romana de diversas formas: (1) haber nacido de padre romano (como Pablo); (2) ser ciudadano de una *colonia romana; (3) ser un soldado auxiliar retirado; (4) ser parte de la aristocracia municipal o de otro grupo honrado por Roma; o (5) (y esto era lo más común después de haber nacido en Roma o en una colonia) ser un esclavo dejado en libertad por su dueño o dueña.

Este tribuno o comandante pudo haber sido un anterior esclavo que adquirió los fondos suficientes para comprar su libertad (como a menudo sucedía), o compró su ciudadanía por medio de un soborno, cosa común bajo el gobierno del anterior emperador, cuyo nombre tomó para sí (23:26). Él tenía que ser ciudadano antes de poder ser parte de una legión; para tener el nivel de un tribuno, debía haber tenido un *protector poderoso o haber sido uno de los raros individuos que escalaron con dificultad los rangos para llegar a su puesto.

Normalmente, nacer libre proporcionaba a la persona un nivel social más alto que el de un *liberto, y el ciudadano que había nacido como esclavo tenía derechos limitados. (Esto sucedía desde el punto de vista aristócrata del nivel social, aunque no sucedía necesariamente en la parte económica. Todavía ligados a sus anteriores dueños como *protegidos, los esclavos liberados tenían ventajas económicas de las que carecían los campesinos que nacían libres.) Por lo tanto, Pablo tiene un nivel superior en algún sentido. Tal vez contestó en latín: él era un *ingenuus*, ciudadano por nacimiento (aunque cf. su familia en 16:37).

22:29. Ver el comentario sobre 22:26, 27. No todos los funcionarios se cuidaban de no violar la ley, algunos procuradores romanos crucificaron aristócratas de Jerusalén que eran ciudadanos romanos, sin embargo, este tribuno o comandante ya había mostrado su interés en la ley romana (21:38-40).

22:30—23:10
Ante el Sanedrín

El Sanedrín era el tribunal religioso más importante de la Palestina judía. Los *fariseos y los *saduceos estaban en desacuerdo en muchos puntos. Los fariseos tenían menos poder y representación en el concilio, no obstante algunos de ellos (como el aristócrata Simón hijo de Gamaliel I) habían tenido algún poder.

22:30. Debido a que la ofensa de Pablo era claramente religiosa y estaba relacionada con el templo, el perplejo funcionario va a tratar de verificar el cargo consultando al Sanedrín.

23:1. Aquí, la afirmación de Pablo (cf. 24:16) puede sugerir que, incluso cuando perseguía cristianos, hacía lo que él creía que estaba bien y no se oponía intencionalmente a la verdad (Fil. 3:6). En cualquier momento, el acusado podía afirmar que anteriormente había vivido su vida libre de cualquier reproche, dentro de la *retórica eso contaba a su favor.

23:2, 3. Ananías fue sumo sacerdote del año 47 al 52 y aproximadamente del 53 al 59 d. de J.C. De esta manera, aquí Pablo conoce a Ananías un poco antes de que Agripa II lo removiera de su cargo (ver el comentario sobre 24:27). Ananías era un vasallo romano, conocido por su codicia y por robar los diezmos que pertenecían a los sacerdotes más pobres. Los revolucionarios *zelotes lo mataron en el año 66 d. de J.C., aproximadamente ocho años después de esta audiencia. La ley Judía prohibía que el acusado fuera condenado antes de que se demostrara su culpabilidad. Una "pared blanqueada" era aquella cuya debilidad y fealdad podían ser encubiertas por un baño de cal, pero no renovadas: una censura muy apropiada para los líderes de Israel (Eze. 13:10, 11). Por lo general, en el Mediterráneo oriental las paredes que daban a la calle eran blanqueadas.

23:4, 5. Normalmente, el sumo sacerdote se sentaba en un lugar especial y vestía ropa distintiva; aquí, no la utilizó debido a que la reunión era informal, o Pablo responde de manera irónica por la corrupción del funcionario y la pretensión inadecuada de poder. Sócrates y otros más se esforzaron por mostrarse más piadosos que sus jueces sobre el asunto del que se les acusaba, lo cual naturalmente llevó a que fueran condenados por un tribunal enfurecido. Pablo estaba complacido por mostrar su devoción al citar las Escrituras.

23:6. El Sanedrín se sentaba en un semicírculo, así la mayoría de los miembros de la corte podían verse unos a otros. Otros estrategas judíos ingeniosos de este período, al igual que *Josefo no muchos años después (*Vida de Flavio Josefo 28*), también practicaban este método de "divide y vencerás". La esperanza de la *resurrección era el punto central del judaísmo, y muchos mártires depositaron su esperanza en ella. Los puntos de vista de Pablo no violaban ninguna doctrina central del movimiento fariseo; ahora él era "mucho más fariseo", y enseñaba que la *resurrección ya había sido inaugurada en Jesús. Los fariseos sabían que ningún fariseo verdadero hubiera cometido el crimen del que la multitud (21:28) acusaba a Pablo.

23:7. Los *fariseos y los *saduceos se caracterizaban por sus desacuerdos mutuos, especialmente sobre la doctrina de la *resurrección. Los fariseos enseñaban que los saduceos no tenían parte alguna en el mundo por venir, debido a que no creían en la vida después de la muerte (al menos no de una forma aceptable para la mayoría de los demás judíos palestinos).

23:8. Algunos eruditos sostienen que los saduceos creían solo en los cinco libros de Moisés; pero aun si este fuera el caso, debieron haber creído en los ángeles que aparecieron en Génesis. El comentario entre paréntesis que hace Lucas aquí probablemente se refiere al rechazo que los saduceos hacían del estudio de los ángeles y del demonio por parte de los fariseos (12:15 no es fariseo). Los saduceos no creían en la vida después de la muerte.

23:9 Desde el punto de vista fariseo, si Pablo estuviera siendo condenado por ser congruente con su doctrina de la *resurrección, entonces era natural que los saduceos lo quisieran condenar y era igualmente natural que los *fariseos y los *saduceos se opusieran unos a otros en este asunto.

23:10. A pesar de que la tragedia griega proporciona algunos paralelos con el temor que Pablo inspiraba al comandante (p. ej., la historia de dos pretendientes que en un descuido mataron a su amada al tirar de ella), los griegos leerían con naturalidad este registro a la luz de la comedia griega, riéndose ante el carácter ridículo de la situación. Rara vez las disputas en los tribunales presididos por altos funcionarios llegaban a los golpes.

23:11-22
La confabulación en contra de Pablo

23:11. Ver el comentario sobre 18:9, 10.

23:12, 13. Los judíos revolucionarios consideraban algunos asesinatos como actos piadosos; en una ocasión, Herodes el Grande ejecutó a diez *fariseos que habían formado una asociación por medio de un juramento con el propósito de matarlo. Si los enemigos de Pablo a la larga rompieron los votos que habían hecho para matarlo, la ley judía simplemente requeriría que llevaran ofrendas expiatorias al templo; por lo tanto, aquí su voto no significa que literalmente se estuvieran muriendo de hambre.

23:14, 15. Eran comunes las emboscadas por parte de los ladrones y los terroristas, especialmente en la noche. Durante estos años muy poco antes de la guerra judía con Roma, los *sicarii* (21:38) regularmente asesinaban a judíos que eran sospechosos de colaborar con los romanos, y toda Palestina estaba intranquila; por lo tanto, este informe es muy creíble. No es de sorprender el hecho de que los sacerdotes aristócratas, quienes en la guerra del año 66 al 70 d. de J.C. resultaron tener sus propias agendas de violencia, cooperaran en este complot. (Estos sacerdotes serían altos miembros *saduceos del concilio, no *fariseos.)

23:16-22. El escritor Artapanus de la *diáspora judía registró que Moisés supo de un complot similar en su contra y por lo tanto pudo frustrarlo. Si la hermana de Pablo fue criada con él en Jerusalén, presumiblemente toda la familia había dejado Tarso y se había mudado allí después del nacimiento de Pablo, en vez de haber sido enviado allí solo a estudiar.

23:23-32
El comandante toma medidas en favor de Pablo

23:23. La asignación que hizo el comandante de doscientos soldados con los centuriones (tal vez pocos efectivos; dos centuriones podían comandar solo 160 tropas en la práctica) para custodiar a Pablo debilitaría, casi en un tercio, la guarnición en la fortaleza Antonia en Jerusalén; así, debían regresar rápidamente (23:32). Los doscientos hombres de reserva eran de la infantería ligera y no eran romanos. Si la cohorte de Antonia tenía una unidad de caballería regular, tendría más de cien jinetes, por consiguiente, el comandante envía la mayoría de ellos con Pablo. Dada la intranquilidad en Palestina y los ataques nocturnos de los ladrones, un pequeño contingente no estaría a salvo por la noche en las colinas de Judea.

El procurador o gobernador romano residía en Cesarea, y solo visitaba Jerusalén para las fiestas (para garantizar el orden). Cesarea era el cuartel general militar de Judea (el supervisor de toda Siria Palestina residía en Siria). Al salir a las 9:00 h (la "tercera hora" de la noche), solo una marcha prolongada los mantendría a salvo en su jornada nocturna; Cesarea estaba a 96 km de distancia.

23:24. Muy poco tiempo después de que Antonio Félix (*Tácito lo llama Antonio Félix; *Josefo, Claudio Félix; una inscripción puede apoyar la posición de Josefo pero todavía se discute este asunto) llegó a ser procurador de Palestina, convenció a

Drusila para que se divorciara de su esposo y se casara con él (24:24). Félix aseguró su posición debido a que su hermano era Palas, un poderoso *liberto del Emperador Claudio. Tácito registra que Félix era corrupto, tenía la autoridad de un rey pero la mente de un esclavo (de un aristócrata romano, lo último era difícilmente un halago). Igualmente, Josefo lo denunció como un hombre completamente corrupto, acusándolo de matanzas sangrientas y de represión. Permaneció como procurador desde el año 52 al 59 ó 60 d. de J.C.

23:25. El imperio (a excepción de Egipto quizás) no tenía servicio postal excepto para asuntos oficiales del gobierno; la mayoría de las personas enviaban cartas a través de esclavos o de amigos. El comandante envía esta carta con los soldados.

23:26. Este era el saludo común en las cartas, y el título respetuoso era el adecuado para un oficial de la caballería (los oficiales de caballería era la tan llamada clase de los caballeros). Aunque Félix no pertenecía a la caballería, su poder y su nivel como procurador hacían irrelevante esa situación. De hecho, a pesar de haber nacido en un nivel bajo, sus tres esposas sucesivas (Drusila, probablemente era la última) eran todas de la realeza.

23:27-30. En ocasiones, los funcionarios subordinados incluían su punto de vista en una historia para poder sonar buenos ante sus superiores. Este comandante, que probablemente escaló con dificultad los rangos para llegar a su puesto (22:28), conoce la forma de jugar bien ese juego. Los oficiales locales (y como representante en jefe de Roma en Jerusalén, este tribuno militar era un oficial) tenían que determinar los casos que debían ser referidos al procurador. Este era obviamente un caso de esos.

23:31. Las tropas podían y estaban entrenadas para emprender marchas durante toda la noche cuando fuera necesario, como lo declara *Josefo. Antípatris estaba a unos 40 km al sur de Cesarea, aproximadamente a un día de camino. Sin embargo, por la ruta más corta Antípatris estaba de 56 a 60 km (afortunadamente colina abajo) de Jerusalén, por ello, las tropas tendrían que marchar toda la noche a un paso mucho más veloz que los viajeros comunes.

23:32. El viaje de regreso no necesitaba ser tan rápido, ni necesitaba tanta protección, debido a que sería a la luz del día y los bandoleros atacaban con mayor frecuencia y peligrosidad en la noche.

23:33—24:9
La audiencia ante Félix

Los detalles técnicos de los juicios de este pasaje concuerdan muy bien con otra evidencia existente, sobre el procedimiento legal romano que célebres historiadores romanos utilizan como fuente principal para comprender los procedimientos judiciales jurisdiccionales romanos.

23:33, 34. Era un buen protocolo revisar la jurisdicción a la que pertenecía una persona antes de tomar decisiones acerca de un caso. Los funcionarios tenían la autoridad de juzgar al acusado, sin importar cuál fuera su procedencia, por crímenes cometidos en su región de jurisdicción; sin embargo, también sucedía así a la inversa, y resultaría más fácil para Félix expulsar a Pablo de su propia región que tomarse la molestia de juzgarlo. A algunos escritores de la antigüedad les gustaba establecer paralelos entre figuras históricas relacionadas; aquí, cf. con Lucas 23:6-9. Cilicia era una provincia imperial, la capital era Tarso. No obstante, durante el período de Pablo (sin embargo, no en el período de Lucas), Cilicia era gobernada como parte de Siria. El legado sirio tenía mucho territorio para preocuparse por un caso relativamente menor, así que Félix asume la jurisdicción que de otra manera podía haber referido.

23:35. Las audiencias para los ciudadanos romanos acusados de cargos capitales requerían una investigación concienzuda, si es que Félix quería obedecer la ley. La residencia del procurador en Cesarea era un palacio construido por Herodes el Grande; de esta manera, Pablo estaba preso en alguna parte de la propia residencia de Félix.

24:1. A pesar de que Tértulo lleva un nombre en latín común, muy probablemente puede ser un ciudadano romano judío al igual que Pablo.

24:2, 3. La acusación siempre se haría al principio, tanto en los juicios romanos como en los judíos. Tértulo comienza su discurso con un común *captatio benevolentiae*, adulación para asegurar el favor de Félix. (Los manuales sobre *retórica enfatizaban que se debía ganar el favor del juez, y los discursos ante funcionarios públicos siempre comenzaban adulándolos.) Aunque la adulación era real en algunos casos, este ejemplo es claramente falso: habían aumentado los revolucionarios bajo la administración corrupta y represiva de Félix, lo que provocó que no hubiera paz ni reformas.

24:4. Los oradores se disculpaban por aburrir al funcionario como si realmente no hubieran terminado de alabarlo (p. ej., *Carta de Aristeas 8); esta era una técnica de *retórica para adular a alguien aún más allá de los límites de la habilidad y la credibilidad retóricas del orador.

24:5, 6. Compare la analogía del triple cargo de Lucas 23:2; a algunos historiadores les gustaba establecer paralelos entre diferentes figuras históricas. Los acusadores de Pablo se convirtieron en aliados de los romanos, quienes en esos años estaban preocupados, en especial, por el malestar judío en el imperio. Profanar el templo era un cargo capital, y el incitar a la gente a levantarse en contra de Roma era *maiestas*, gran traición. Tértulo podía acusar a Pablo solo por *tratar* de profanar el templo, debido a que no había ningún testigo que demostrara que realmente había metido a Trófimo (21:29). Si se sabía con antelación que el oponente era un orador persuasivo, era común advertir acerca de su artera habilidad de hablar; y la difamación del carácter era una estrategia importante para ganar los juicios romanos. "Secta" no es por sí mismo un término peyorativo. "Nazarenos" (por lo general, era un término que los judíos cristianos de ese tiempo aplicaban a sí mismos) era quizás originalmente un insulto intencional en contra de la oscuridad del "pueblo natal" de Jesús (cf. Juan 1:46).

24:7, 8. El texto de los versículos 6b-8a tiene problemas textuales (ver nota en RVA); si estos versículos son originales, se refieren al conflicto que existía acerca de quién tenía jurisdicción sobre el caso, el Sanedrín o el comandante romano; a partir de todo lo que sabemos acerca de Félix, ciertamente él se colocaría del lado del comandante.

24:9. Este versículo significa que hay un clamor popular de consentimiento o que los otros que estaban presentes apoyaban los argumentos; dados los procedimientos comunes en los que el acusador hablaba primero y el acusado después, es más probable que haya ocurrido lo primero.

24:10-21
Defensa de Pablo ante Félix

Las habilidades *retóricas de Pablo muestran ser igual de efectivas, o más efectivas que las de su acusador pagado Tértulo.

24:10. El acusado hablaba después del acusador en los juicios romanos, tan pronto como se le otorgaba el permiso para hacerlo. También Pablo incluye un *captatio benevolentiae* (ver el comentario sobre 24:2, 3), aunque era mucho más modesto y creíble que el de Tértulo. Proclamar la confianza que tenía en la justicia del juez era una afirmación implícita de inocencia por parte del acusado, y otros oradores entrenados también utilizaban esta técnica en casos legales.

24:11. Aquí, Pablo comienza una *narratio*,

un relato de los hechos del caso. Pablo se muestra bastante versado en la *retórica de su tiempo.

24:12. Este versículo es un *propósito*, el alegato o tesis del discurso de Pablo; esta era una parte normal de los discursos de la antigüedad.

24:13. Aunque los tribunales antiguos preferían los argumentos de probabilidad sobre los relatos de testigos oculares, las pruebas eran esenciales. Por ejemplo, Antípater, hijo de Herodes, después de muchas pruebas acerca de su culpabilidad, ofreció solo declaraciones juradas a favor de su inocencia, así que el legado sirio Varo lo mandó ejecutar.

24:14. Los abogados romanos también tenían defensas para aquellos que confesaban su culpabilidad, admitiendo que su acción había sido incorrecta (*concessio*); podían alegar que tenían buenas intenciones (*purgatio*) o simplemente implorar el perdón (*deprecatio*). Sin embargo, cuando Pablo acepta una acción, no admite que es incorrecta, ni pide perdón por ella. En vez de eso, crea una defensa magistral. Primero, este es un asunto de la ley judía interna, no un crimen bajo la ley romana, y por lo tanto, no necesitaba de un juicio romano o de una ejecución romana por instigación judía. Más aún, la fe cristiana emana del AT y por lo tanto es una religión antigua, la cual debe ser protegida como una forma de judaísmo bajo la tolerancia romana. Confesar algo que no era un crimen era un movimiento *retórico magistral típico; aumentaría la credibilidad del acusado mientras que no ayudaría en nada a la acusación que había hecho el oponente de que el acusado había quebrantado la ley.

24:15. El movimiento *fariseo y el resto del judaísmo que creía en la *resurrección de los justos se encontraban divididos respecto a la resurrección del impío. Algunos creían que el impío sería levantado para juicio (ya sea una tortura temporal seguida del exterminio o una tortura eterna); otros creían que no serían levantados. Los cristianos primitivos que comentaron sobre este tema aceptaban la resurrección del impío para juicio (Juan 5:29; Apoc. 20:5), la manera más natural de leer Daniel 12:2.

24:16. Aquí Pablo quiere decir que aquel que realmente crea en la esperanza establecida en el versículo 15 tendrá mucho cuidado de hacer lo correcto ante Dios y ante la gente. Este es un argumento implícito, probablemente una línea de argumento fuertemente apoyada en los tribunales judiciales de la antigüedad.

24:17. Dentro del judaísmo se tomaban muy en cuenta las limosnas, pero no impresionarían a Félix, aunque las considerara inofensivas. Mucho más impresionante aún es el valor que tenían como prueba clara de la solidaridad de Pablo hacia su pueblo y hacia sus costumbres atávicas. Otra vez, con un argumento de probabilidad (v. 16), este punto haría que resultara absurdo el cargo de profanación del templo.

24:18, 19. Pablo había aparecido públicamente pero no había hablado en público antes de la revuelta, y la falta de testigos oculares en un lugar público como ese refuta el argumento de sus adversarios, especialmente cuando el testigo en jefe había regresado de manera conveniente a Asia después de la fiesta. El levantamiento fue una falta de ellos, no de Pablo.

24:20, 21. Los magistrados romanos verían esto como un asunto de disputas religiosas internas de los judíos, nada sobre lo que pudieran juzgar como un caso de la ley romana.

24:22-27

Desidia de Félix

24:22. Lisias, el comandante, es el testigo independiente de quien no se esperaba parcialidad hacia ningún lado.

Ni Pablo ni sus acusadores mencionan a Jesús, y las palabras de Pablo son del movimiento *fariseo aceptable; sin embargo, Félix reconoce el asunto religioso aquí involucrado. Hubiera sido muy difícil que Félix no supiera nada del movimiento cristiano judío masivo (21:20), no obstante, él y los romanos de este período lo trataban como un movimiento políticamente inocuo; al final, era muy clara la diferencia entre los cristianos y los bandidos que estaban asesinando gente.

24:23, 24. Es probable que Pablo todavía siga encerrado en el palacio del procurador (23:35), facilitando así que Félix lo visite, y también que los amigos de Pablo le proporcionen dinero, del que podía ser utilizada una parte para beneficio de Félix (v. 26). Los funcionarios corruptos podían mantener a alguien encarcelado para sus propios fines; una historia posterior, y parcialmente análoga acerca del emperador romano Domiciano que perdonó a un filósofo por su sabiduría y luego lo tuvo detenido para poder cuestionarlo en privado.

Drusila era la hija menor de Herodes Agripa I y hermana de Agripa II. Se casó con el rey de una pequeña región de Siria, pero a la edad de dieciséis años se divorció por instigación de Félix para que se casara con él. Aunque esto violaba la política romana común acerca de que un gobernador debía casarse con una mujer de su provincia, Félix tenía mucho poder mientras su hermano Palas permaneciera con el favor de Roma (cf. el comentario sobre 23:24). Aquí, Drusila tiene aproximadamente veinte años y quizás su fe judía influya en su esposo para que escuche a Pablo.

24:25. Si bien las familias acaudaladas a menudo tenían filósofos a su alrededor por sus enseñanzas interesantes, los profetas de Dios no eran tan agradables como la mayoría de los filósofos (Jer. 38:14-23). El dominio propio era uno de los temas favoritos de muchos moralistas, pero el juicio futuro era una enseñanza estrictamente judía y probablemente el procurador no estaba acostumbrado a oírla de los judíos. (Aunque había *oráculos de juicio judíos egipcios, la mayoría de los judíos de la clase alta, bajo la influencia griega, pensarían como los *saduceos o como un puñado de *fariseos aristócratas tales como *Josefo, quien se podía adaptar a los puntos de vista de *Platón sobre la vida después de la muerte, o como *Filón, cuyos puntos de vista se adaptaban al *helenismo hasta el grado más amplio posible.)

24:26. Félix no era conocido por ser particularmente justo; *Josefo se quejaba de que enviaba sacerdotes al César por acusaciones triviales. Josefo también se quejaba de que el procurador Albino, varios años después de Félix, liberaba a cualquiera, incluso a revolucionarios, si sus parientes le hubieran pagado algo. Aunque Félix no era *tan* corrupto, todas las fuentes antiguas estaban de acuerdo con que era corrupto, y este versículo no debe sorprendernos.

24:27. A menudo los casos se acumulaban, y parece ser poco usual que los procuradores que eran removidos se preocuparan por juzgar antes de su salida todos los casos pendientes. Cuando Félix fue reemplazado por Porcio Festo (probablemente en el verano del año 59 d. de J.C.), los líderes judíos de Cesarea finalmente fueron a Roma y lo acusaron (la ley romana permitía que provincianos acusaran a sus gobernadores desde el año 149 a. de J.C.). Felizmente, para su bien, su poderoso hermano Palas, aunque ya no estaba en el poder en la corte de Nerón, pudo conservar suficiente influencia como para protegerlo del castigo judío que merecía. Aquí, "deseando hacer un favor a los judíos" (BA) puede significar que necesitaba de toda la misericordia judía posible.

25:1-12
Audiencia ante Festo

La descripción que hace *Josefo de Festo es mucho más positiva que la que hace de Félix o de Albino. Festo corrigió los disturbios y capturó a muchos de los revolucionarios. Josefo también parece mencionar que Festo murió en su cargo, habiendo servido en Palestina solo uno o dos años. Los grandes paralelos entre las audiencias de Jesús en Lucas 23 y las de Pablo en Hechos 25—26 indican que Lucas desea establecer un paralelo entre ellas, de la misma forma en la que algunos historiadores establecen paralelos entre algunas figuras; su punto es que los cristianos deben seguir los pasos de Jesús.

25:1. La residencia de Festo estaría ubicada en Cesarea, sin embargo, era apropiado, políticamente hablando, visitar a las autoridades locales concentradas en Jerusalén.

25:2. Las relaciones entre Félix y las autoridades judías habían sido tensas, sin embargo, un nuevo gobernador representaba una nueva oportunidad para presentar las agendas que se habían aplazado anteriormente.

25:3-5. Ellos querían que Pablo fuera trasladado, dados los asaltos frecuentes por parte de revolucionarios a lo largo del país, la aristocracia sacerdotal no necesitaría aparecer como patrocinadora de la violencia en contra de Pablo (se registró que eran tan violentas como algunas de sus propias agendas, de acuerdo con fuentes judías anteriores).

25:6. "Se sentó en el tribunal" (RVA), *pro tribunali*, significa que es una audiencia oficial.

25:7, 8. Las acusaciones hechas por los actos en contra de la ley judía y del templo (21:28) serían relevantes para un magistrado romano solo si Pablo hubiera violado la santidad del templo, un cargo que no había sido demostrado. Sin embargo, una implicación de traición (*seditio*) en contra del César sería fatal.

25:9. La historia registra que Festo era un gobernador más justo y cooperativo que la mayoría de los que gobernaron Judea; aquí, sin duda, quería establecer buenas relaciones con los provincianos.

25:10, 11. Los ciudadanos romanos tenían el derecho de apelar al tribunal de César (*provocatio ad Caesarem*), aunque el emperador en este período normalmente delegaba la audiencia y los juicios a otros. Más tarde, el gobernador Plinio en Bitinia ejecutó a muchos cristianos, pero mandó a Roma a los que eran ciudadanos para que fueran juzgados. Los provincianos que no eran ciudadanos no tenían el derecho automático para apelar la decisión del gobernador (excepto para acusar al gobernador por extorsión o en un cargo capital).

25:12. Normalmente, un juez romano tenía un consilium o concilio con quien dialogar; debido a que un gobernador podía no ser instruido en la ley (*iuris prudentes*), era importante para él tener algunos consejeros que sí lo fueran, aunque finalmente era libre para hacer caso omiso de su consejo. Un ciudadano podía apelar una sentencia capital (*appelatio*), sin embargo, era poco común apelar antes de que el caso fuera escuchado (*provocatio*), como Pablo lo hace aquí, ya que no era necesariamente ventajoso. Festo tiene motivos para acceder a la petición de Pablo. Las implicaciones políticas al desechar una apelación al César eran desagradables, ya que los beneficios de enviar a Pablo a Roma liberarían a Festo del hecho de tener que decepcionar a los líderes de Jerusalén si sus propias conclusiones jurídicas diferían de las de ellos.

25:13-22
Festo y Agripa II

25:13, 14. Cuando Agripa I murió (12:23), su hijo, Agripa II (aquí), tenía solo diecisiete años; sus hijas eran Berenice (dieciséis), Mariamne (diez) y Drusila (seis). Agripa II gobernó una pequeña parte de Palestina y trabajó con la administración romana. Era defensor de su pueblo pero también era leal a Roma y más tarde acuñó una moneda en el año 89 d. de J.C. conmemorando el triunfo de Roma sobre los rebeldes judíos. El registro de *Josefo muestra que Agripa visitaba con frecuencia a los funcionarios romanos, en especial cuando ellos llegaban por primera vez. Más tarde, Festo se colocó del lado de Agripa en una disputa con los sacerdotes.

Berenice era la hermana de Agripa. Algunos escritores de la antigüedad denigran la cercana relación que tuvo con su hermano Agripa, desprestigiándola como incestuosa, sin embargo, esa acusación es improbable. Más tarde, Berenice llegó a ser la amante del general romano Tito, quien sitió Jerusalén, pero una vez que fue emperador, surgió un escándalo tan grande debido a que su consorte era una judía que se vio forzado a ignorarla; finalmente, ella salió de Roma con el corazón roto. Ella era quince años mayor que Tito.

25:15, 16. La ley romana requería que se le permitiera al acusado confrontar en una audiencia pública a sus acusadores y defenderse a sí mismo en contra de las acusaciones.

25:17-21. Aquí el asunto real es acerca de la ley judía, un asunto que no juzgaban los tribunales romanos. Otra vez, Lucas muestra la impresión romana de que el cristianismo era parte del judaísmo y por lo tanto debía concedérsele tolerancia legal.

25:22. Compare Lucas 23:8. Como recién llegado, Festo quería naturalmente el consejo de Agripa, quien conocía el judaísmo pero sentía más simpatía por los intereses romanos que lo que trataba de demostrar la aristocracia sacerdotal. Agripa tenía una buena educación griega, y Festo recurrió a él como si fuera una de las pocas personas con quien pudiera hablar.

25:23—26:1
Comienza la audiencia ante Agripa

25:23. La pompa que Lucas menciona aquí era característica de las familias reales, incluso de las judías (p. ej., 1 Macabeos 11:6). Los "comandantes" (BA) u "oficiales" (NVI) son los cinco tribunos, los comandantes romanos de las cinco cohortes en Cesarea e iguales en rango al único tribuno de Jerusalén. (21:31).

25:24-26. Cuando los griegos llamaban al emperador Nerón "señor" (v. 26), a menudo lo hacían como un título divino; pero ningún romano lo utilizaría de esta manera.

25:27. La acusación en contra de Pablo es política, sin embargo, toda la evidencia involucra a la religión judía, la cual sería incomprensible para los procuradores romanos. Agripa II es el primer funcionario competente, tanto en la ley romana como en la judía, para escuchar la defensa de Pablo; de esta manera, proporcionará la evaluación de la carta de Festo a Nerón.

26:1. Al recibir permiso de un juez (en este caso, extraoficialmente Agripa), uno podía hablar. La mano de Pablo se extiende en un estilo *retórico común. Los gestos eran una parte importante de la capacitación antigua para hablar en público.

26:2-11
Antecedentes piadosos de Pablo

Los discursos comunes de defensa variaban un poco en la forma, pero tenían una consistencia general, como se exhibe aquí: se dirige al juez (26:2, 3), la *narratio* (narración de los eventos, 26:4-18) y finalmente el *argumentio* (pruebas del caso, 26:19-23).

26:2, 3. Aquí, Pablo ofrece el *exordium* del discurso, en el cual era costumbre alabar al juez (*captatio benevolentiae*). Pablo puede hacerlo de manera honesta; era conocido el interés de Agripa en la *ley, y su reino llegó a ser un refugio seguro para la práctica judía después de la guerra de judíos y romanos del 66 al 70 d. de J.C.

26:4. Sobre la juventud de Pablo en Jerusalén, ver 22:3.

26:5. La invocación que hace de muchos testigos potenciales no es inusual; aparece incluso en la versión de *Platón sobre la defensa de Sócrates.

26:6, 7. Dos de las esperanzas futuras básicas de la mayoría de los judíos eran la *resurrección de los cuerpos de los justos y al mismo tiempo la restauración de las doce tribus.

26:8. Los tribunales antiguos consideraban de más peso los argumentos de probabilidad que la fuerte evidencia (tal como los testigos confiables); así, Pablo debe contrarrestar la suposición de que una resurrección es improbable al recordarles a sus oyentes el poder de Dios y que la resurrección está enraizada en la esperanza judía básica.

26:9, 10. "Dar un voto" también pudo utilizarse para decisiones extraoficiales; probablemente, el propio Pablo era demasiado joven para pertenecer al Sanedrín, sin embargo, aun pudo haber ejercido su influencia sobre las opiniones de otros. Si Pablo se refiere a más ejecuciones aparte de la de Esteban, tal vez los miembros del Sanedrín o de tribunales extraoficiales pudieron haber votado para su ejecución mientras que el procurador estaba en Cesarea; no obstante, las ejecuciones por sí mismas, como la de Esteban, eran ilegales. Por lo tanto, aquí el relato de Pablo delinea a sus acusadores, por cuya causa trabajó él alguna vez, más bien desde un punto de vista antirromano.

26:11. Plinio, gobernador de Bitinia en el segundo siglo, advirtió que los cristianos anteriormente podían ser movidos fácilmente a adorar a los dioses, sin embargo, se quejó de que los cristianos genuinos no podían ser forzados a hacerlo, aun bajo pena de muerte. Los gobernadores paganos, que anteriormente habían tratado de forzar a los judíos a abandonar sus costumbres atávicas, habían encontrado la misma resistencia que los funcionarios paganos consideraban generalmente obstinada.

26:12-23
El Cristo resucitado llama a Pablo para alcanzar a los gentiles

26:12, 13. A "mediodía", ver 22:6. En el 26:13 Pablo utiliza claramente el lenguaje judío para una teofanía, una revelación de la gloria de Dios.

26:14. "Caer en tierra" era una respuesta común para tales revelaciones en el AT y en la tradición judía. A menudo se pensaba que la "voz celestial" (que algunos segmentos del judaísmo pensaban que había reemplazado a la *profecía) hablaba hebreo o *arameo. "Dar coces contra el aguijón" era un proverbio griego acerca de pelear con un dios, originado posiblemente a partir del dramaturgo clásico griego Eurípides. No está citado en los otros relatos de la conversión de Pablo, sin embargo, es adecuado cuando se dirige a Agripa, que tenía una vasta educación griega.

26:15-18. Las palabras que Jesús le dijo a Pablo evocan pasajes del AT acerca de los llamamientos proféticos (Jer. 1:5-8) y el llamado de Israel hacia los *gentiles (Isa 42:7, 16). "Herencia entre los que han sido santificados" (BA), o "los santificados", se refiere a la esperanza judía que ellos, como pueblo separado de Dios, heredarían el mundo por venir de la misma manera en la que Israel había "heredado" la tierra prometida.

26:19-21. A un aristócrata romano como Festo puede disgustarle la misión de Pablo de llevar a los *gentiles al arrepentimiento, sin embargo, no podría comprender la oposición judía. Agripa II, quien tenía amigos paganos y conocía bien la creciente hostilidad del pueblo judío en contra de los gentiles, comprendería a Pablo demasiado bien, y es a él a quien Pablo dirige esas palabras.

26:22, 23. En este punto, Pablo comienza ordenando la evidencia (26:8) de que la fe que él representa va en continuidad con la religión del AT, tolerada por los romanos como una religión antigua y étnica.

26:24-32
La evaluación de la corte

26:24. Sin duda alguna, al referirse a la instrucción judía de Pablo (26:4, 5), pero quizás también a su dominio de la *retórica grecorromana, Festo da la respuesta usual que los romanos instruidos daban a los conceptos que les parecían extraños y bárbaros como la *resurrección. En ocasiones, en los círculos griegos, la locura era asociada con la inspiración profética, sin embargo, Festo, un romano, sin duda lo decía de una manera menos benévola.

26:25. Un término en la respuesta de Pablo ("hablo", RVA; "digo", NVI) puede implicar que él está hablando bajo inspiración (el mismo término se utiliza en Hechos únicamente en el 2:4, 14). No obstante, el hablar con "cordura" (o "sensato", NVI) era una virtud apreciada por los romanos, relacionada con las ideas de dignidad y respetabilidad.

26:26. La acusación de "hablar en un rincón" había sido muy utilizada para ridiculizar a los filósofos que rehuían una vida pública. En el segundo siglo, los cristianos a menudo eran acusados por ser sigilosos (aunque algunas veces se reunían secretamente para evitar ser arrestados), no obstante, Pablo argumenta que las demandas de los cristianos son hechos públicos, desechados o ignorados por unos cuantos solamente por los prejuicios de otros.

26:27. Pablo regresa a su argumento sobre las Escrituras, dirigido hacia Agripa aunque incomprensible para Festo (26:22-24).

26:28, 29. A pesar de que algunos comentaristas han leído esto como una pregunta irónica (ver, p. ej., DHH), toda la estructura apologética de la *narración sugiere que Agripa en vez de eso, sí toma el caso de Pablo de manera seria; por lo tanto, esta puede ser una afirmación muy enérgica ("¡Eres tan convincente que pronto vas a convertirme!").

26:30, 31. Pablo no es culpable ante la ley romana, y esta es la única conclusión a la cual los oyentes romanos podrían llegar. Tampoco ofende la forma más liberal de judaísmo de Agripa, la cual no estaba interesada en los revolucionarios y no accedía a las demandas de la aristocracia de Jerusalén.

26:32. Debido a que Pablo había utilizado su derecho como romano para apelar al tribunal de César, Agripa y Festo solo pueden referirlo allá con una carta en la que se especifica su propia opinión. Esta apelación ya había salvado la vida de Pablo anteriormente (25:3), y ahora le proporcionaba un pasaje gratis a Roma (19:21) y un foro público para predicar el *evangelio allí.

27:1-8
Comienza el viaje a Roma

Algunos comentaristas han sugerido que hablar en primera persona del plural "nosotros" aquí caracteriza los viajes marítimos ficticios; no obstante, era utilizado tan a menudo como en la *narración histórica genuina. Durante mucho tiempo los escritos griegos incluyeron pasajes que describían otras tierras desde la posición ventajosa de barcos que navegaban por sus costas, y esos incluían relatos históricos genuinos. Esta narración es claramente una historia de un testigo ocular. Los detalles del viaje, incluyendo los días que les llevó alcanzar ciertas bahías dados los vientos mencionados, encajan perfectamente con el informe de alguien que había realizado ese viaje. Este punto ya había sido demostrado en el siglo XIX por un experimentado marinero del Mediterráneo, James Smith, cuyos comentarios subsecuentes siguieron los detalles náuticos.

27:1. "Augusta" (RVA) era a menudo un término honorario, y una legión conocida en Siria Palestina antes y después de este período llevaba ese nombre. Los centuriones podían ser trasladados; este en particular había tenido su compañía completa de 80 tropas (27:31), aunque sería difícil colocar a 80 personas más en un barco de carga promedio del Mediterráneo (cf. 27:37). Los "otros presos" pudieron haber sido enviados para un juicio como ciudadanos romanos, pero un número mayor de los que eran enviados normalmente eran criminales convictos para ser asesinados en los juegos como entretenimiento del público romano.

27:2. Los fletadores tenían un nivel social bajo, pero a menudo tenían grandes ganancias. Los barcos antiguos del Mediterráneo eran muy pequeños comparados con las especificaciones modernas comunes; la mayoría de ellos pesaban menos de 250 toneladas, aunque los barcos alejandrinos de cereal (27:6) eran mucho más pesados (a menudo se estimaba que pesaban ochocientas toneladas o más). Adramitio estaba al sureste de Troas. Normalmente, los mensajeros imperiales viajaban por tierra, a menos que fuera conveniente un barco, y este demostró serlo.

27:3. Sidón tenía una bahía doble y estaba aproximadamente a 112 km al norte de Cesarea, en donde comenzaron.

27:4. Este barco iba contra los vientos usuales de verano que venían del oeste o noroeste. Por lo tanto, el permanecer cerca de la costa siria al este de Chipre, y hacia el norte a la parte sur de Asia Menor, haría que su viaje fuera mucho más lento que el viaje de regreso a través de mar abierto (21:1-3), aunque lo ayudaran las corrientes de aire que venían de la parte continental.

27:5. Mira estaba a tres kilómetros de su bahía. Los soldados y sus prisioneros debieron haber continuado por tierra (27:2), pero el centurión pudo encontrar otro barco (27:6).

27:6. Las flotas de cereal romanas dominaban el comercio del Mediterráneo; los barcos de Alejandría, Egipto, viajarían hacia el norte y luego hacia el oeste para llevar sus cargas a Roma. Este viaje les llevaba un mínimo de cincuenta días hasta un máximo de dos meses, aunque el viaje de regreso de Roma a Alejandría podría llevar de nueve a doce días. Los barcos de grano egipcios tenían cerca de 55 m de largo, 14 m de ancho y (en su parte más profunda) 12 m de profundidad; la flota pudo haber transportado 150.000 toneladas de grano egipcio a Italia cada año. Esta era la flota mercante más grande conocida en Europa antes del año 1700. La flota alejandrina era el medio más rápido de transporte de Siria a Roma.

27:7. Los barcos que navegaban hacia Gnido se mantenían hacia el norte de Rodas. Creta era la isla más grande del Mar Egeo. Tenía pocas bahías al norte, y un viento del norte proveniente del Egeo podía hacer que un barco naufragara contra la costa. Un viento que dirigiría su barco hacia Salmón (en el extremo este de Creta) sería el viento del noroeste, este viento era común a finales del verano. No obstante, la costa sur de Creta tenía más bahías, y los vientos del sur eran más suaves.

27:8. A una pequeña distancia de Buenos Puertos, la costa sur de Creta se desvía abruptamente hacia el norte, exponiendo a un barco al rigor de los vientos del noroeste que soplan a lo largo de la tierra.

27:9-19
La crisis en el mar

27:9. Aquí, "ayuno" se refiere al Yom Kipur, "Día de la Expiación", que se celebra en septiembre o en octubre. Los viajes marítimos se hacían más peligrosos conforme se acercaba el invierno (2 Tim. 4:21; Tito 3:12). La navegación se cerraba completamente cerca del 10 de noviembre hasta el 10 de marzo, sin embargo, también eran períodos de riesgo del 15 de septiembre al 10 de noviembre y del 11 de marzo al 26 de mayo.

27:10. Los paganos que realizaban viajes por mar siempre ofrecían sacrificios a los dioses y buscaban su protección. Si se tomaban con seriedad los malos presagios, las interpretaciones astrológicas o los sueños, en ocasiones impedían que un barco navegara. Antes de ir a la guerra, los romanos consultaban las entrañas de los animales, el vuelo de las aves y otras formas de adivinación; siempre era importante el consejo religioso para aquellos que contemplaban un riesgo potencial. Pablo les sonaría como la clase de vidente que podía predecir el futuro sin sus técnicas de adivinación. A diferencia de los griegos, los romanos respetaban más la adivinación que esta clase de profecía.

27:11. Por ser un romano práctico, el centurión respeta el conocimiento náutico del capitán más que los puntos de vista religiosos del prisionero judío. Sin embargo, esa decisión se tomaba a menudo más por cuestiones económicas que por cuestiones náuticas. Por lo general, los barcos de grano navegaban juntos; este barco está navegando solo y, probablemente, es el último barco de la temporada de navegación. No obstante, en el mejor de los casos el capitán espera llegar a una bahía mejor antes de que los mares cierren debido al invierno; no puede desear llegar a Italia pues el año está muy avanzado (27:9). Probablemente, el capitán es también dueño del barco, pero debido a que su barco es parte de la flota de grano imperial, el centurión ejerce como funcionario romano con mayor autoridad que como dueño del barco, de la misma manera que lo haría en tierra en Egipto.

27:12. Probablemente, Fenice era una bahía común como refugio en invierno; su ubicación puede ser ya sea en el sudoeste de Creta o, muy probablemente, al norte de Creta.

27:13, 14. Un viento del sur es lo que necesitaban y debió haberlos llevado a su destino en unas cuantas horas. Sin embargo, el viento del sur a menudo cambia repentinamente a un viento peligroso del norte en esta región, las corrientes de aire conflictivas incrementan el peligro.

27:15. Con un viento favorable en su vela mayor, estos barcos podrían cubrir cerca de 50 millas marítimas a la luz del día, o 90 millas en 24 horas; pero presentaban muy poca resistencia a un viento poderoso que iba en la dirección que ellos querían evitar.

27:16. El único lugar para anclar en Cauda también estaba expuesto al viento que iba del este al nordeste y por lo tanto no podía ayudarlos. El "esquife" o "bote salvavidas" (NVI) era utilizado para desembarcar, para maniobrar el barco para cambiar de bordada, etc. Algunas veces, estos botes eran guardados en cubierta; en otras ocasiones, como aquí, eran remolcados. Aquí, lleno de agua o corriendo el peligro de soltarse del barco, tenía que ser subido a cubierta para poder rescatarlo.

27:17. Las "amarras" (BA) o "sogas" (NVI) eran utilizadas para reforzar el casco del barco y protegerlo del mar embravecido en los momentos de tormentas feroces; debieron haber estado deslizadas sobre la proa y haber operado hacia atrás para asegurar todo el casco.

Si continuaban en su curso actual demasiado lejos del sur, a la larga serían destruidos en la Sirte Mayor (moderno golfo de Sidra), un banco de arena al oeste de Cirene a lo largo de la costa africana. Aun con buen clima, los barcos alejandrinos de cereal navegaban hacia el norte a Asia y luego hacia el oeste hasta Italia, en vez de navegar hacia el noroeste, ya que un repentino cambio en los vientos podía enviarlos a este banco de arena.

27:18. En este punto, el paso natural es deshacerse de la carga: en crisis como esta no se hace distinción alguna entre la carga valiosa y la barata (Jon. 1:5; también *Josefo, *Aquiles Tacio).

27:19. Se necesitaría la mayor parte de la fuerza de trabajo humana en cubierta para arrojar los aparejos, y bajar el mástil, que podía medir casi la propia longitud del barco, a la cubierta. Se podía asegurar si era posible, pero con el rigor de la tormenta, no podían darse el lujo de retenerlo puesto que era mucha carga.

27:20-44
El Dios de la seguridad en el mar

27:20. Los paganos sentían que aquellos que morían en el mar nunca entraban en el reino de los muertos; en vez de eso sus almas vagaban errantes para siempre por encima de las aguas en las que habían perecido.

27:21, 22. Los hombres de la antigüedad evaluaban la sinceridad de los filósofos (p. ej., Aristipo) de acuerdo con la calma que mos-

traran bajo presión. Un verdadero filósofo consecuente con sus enseñanzas permanecería tranquilo en una tormenta peligrosa dentro del mar (al igual que Pirrón el Escéptico), mientras que un falso profeta como Peregrinus no lo haría. La falta de apetito de los otros puede haberse debido al mareo.
27:23-25. No era inusual que los escritores de la antigüedad informaran en medio de una historia eventos anteriores que no habían mencionado.
Se cuenta una historia de que incluso algunos hombres irreligiosos comenzaron a suplicar a los dioses durante una fuerte tormenta, el filósofo Bías, a bordo del mismo barco, los urgió a que se tranquilizaran, ¡por miedo a que los dioses supieran que estaban a bordo y hundieran el barco! Al igual que la conducta de Jonás en el AT (Jon. 1:6-16), esta actitud contrasta tajantemente con la preocupación que Pablo siente por todos los que están a bordo. (Se dice que otras pocas personas, como César, afirmaban que el barco no se podía hundir con ellos a bordo, no obstante, la afirmación de Pablo es debido a la misión y al mensaje que Dios le había dado, no porque él personalmente fuera indispensable.) Diversas deidades afirmaban tener el papel de protectores del mar, como Isis o los Dióscuros (28:11); sin embargo, el verdadero protector es Dios.
27:26. El hecho de encallar no era una noticia buena; la percepción anticipada de Pablo de esa crisis facilitaría su fe cuando el tiempo llegara.
27:27, 28. El mar alrededor de Malta (28:12) está a una gran distancia al sur de lo que hoy es llamado el "Mar Adriático", sin embargo, estaba incluido en el "mar de Adria" en la antigüedad. Ha sido calculado en días lo que duraron a la deriva y la trayectoria que siguieron desde Cauda para evitar Sirte; fueron exactamente catorce días para llegar a Malta (28:1). Los sondeos del versículo 28 indican que en este punto estaban cerca de Koura, al este de Malta. Aquí, podían oír el romper de las olas en la playa, debido a que estaban a tan solo media hora de lo que ahora es la Bahía de San Pablo.
27:29. Las anclas eran utilizadas como frenos y normalmente eran lanzadas por la proa. Aquí son lanzadas desde la popa, como se hacía en las ocasiones en que los vientos soplaban y hacían girar el barco.
27:30. Se conocen otros casos de intento de escape por parte de los miembros de la tripulación en un bote pequeño debido al naufragio de un barco; estos botes no estaban diseñados como botes salvavidas y solo tenían cabida para un puñado de personas.
27:31. Hasta este punto Pablo (cuyos consejos fueron dejados a un lado originalmente, tal vez considerados como preocupaciones poco prácticas de un maestro judío excéntrico) ahora está prácticamente al mando del barco, ya que él contaba con la confianza del centurión.
27:32. Al siguiente día pudieron haber utilizado el pequeño bote para transportar a la gente a tierra (aunque eso requiriría muchos viajes); sin él, tendrían que encallar el barco.
27:33, 34. "Ni un cabello de la cabeza de ninguno" (RVA) era una expresión proverbial del AT (1 Sam. 14:45; 2 Sam. 14:11; 1 Rey. 1:52); pero también tendría sentido para los oyentes que no estaban familiarizados con ello.
27:35, 36. Aquí comieron a la manera judía tradicional: el jefe de la casa agradecía a Dios y distribuía el pan.
27:37. Frecuentemente, los barcos grandes llevaban varios cientos de personas; incluso *Josefo afirmó que había viajado a bordo de un barco con seiscientos hombres.
27:38. Necesitaban aligerar el barco otro poco más (27:18) para poder encallar en tierra tan cerca como fuera posible. Hasta aquí habían guardado algo de la carga como lastre (material pesado guardado en la cala de un barco para mantenerlo estabilizado). La car-

ga de un barco alejandrino sería de trigo.

27:39. El lugar tradicional de la Bahía de San Pablo al norte de Malta encaja en todos los detalles con la *narración.

27:40. Estas acciones son las normales de un barco inhabilitado tratando de acercarse a tierra.

27:41. Entre la Bahía de San Pablo y la isla de Salmonetta al noroeste hay un canal de aproximadamente 274 m de ancho. Los extremos del barco encallaron sobre un banco de arena allí, mientras que las olas golpeaban la parte posterior del barco.

27:42, 43. Los guardas eran responsables de la custodia de los prisioneros. Serían menos responsables de sus cargos si los prisioneros "morían en el mar" que si escapaban.

27:44. En la literatura grecorromana, el escape de alguien en un desastre marítimo servía como evidencia de la pureza religiosa de esa persona, incluso ante un tribunal.

28:1-10
Milagros en Malta

28:1. Malta (la antigua Melita) estaba sobre la ruta de navegación de Roma a Egipto, con lo cual, los barcos vacíos navegarían rápidamente a Alejandría para cargar de nuevo. Era la parada inmediata después de Siracusa en Sicilia. El sitio alternativo propuesto para esta isla cerca de Dalmacia (Meleda, la moderna Mljet) está basado en una mala interpretación de "Adria" en el 27:27 y carece de valor alguno; los vientos del norte no pudieron haberlos llevado hasta ese lugar.

28:2. Los habitantes de Malta eran de descendencia fenicia, y los plebeyos que allí había hablaban y leían solo púnico (el posterior dialecto fenicio de los cartagineses). Sin embargo, los ciudadanos romanos y los soldados retirados también vivían allí, y ciertamente no se consideraba que la isla tuviera una cultura primitiva. Cualquiera que no hablara griego era llamado "bárbaro", y los griegos no esperaban que se les tratara con amabilidad. No obstante, el término traducido "bárbaro" (PB) que usa Lucas en este contexto (cf. "Habitantes", BA; "isleños", NVI) no es sarcástico; inculpa el prejuicio racial griego al mismo tiempo que muestra el cuidado providencial de Dios a través de ellos.

28:3. En clima frío algunas víboras pueden parecer ramas hasta que el calor del fuego las hace retorcerse.

28:4. Los hombres de la antigüedad argumentaban en los tribunales que el hecho de que habían sobrevivido en las dificultades del mar demostraba su piedad y por lo tanto su inocencia; sobre la importancia de sostener la inocencia de Pablo, ver la introducción al libro de Hechos. En algunas historias, el impío escapaba de una muerte terrible (p. ej., en el mar) para luego enfrentarse con algo peor (además de las historias griegas, ver Amós 5:19). "Justicia" era una diosa que ejecutaba la voluntad de Fortuna o de Fátum; a pesar de que los observadores malteses se refieren a cierta deidad púnica, Lucas traduce su idea al idioma de los poetas griegos. Se han encontrado en la isla algunos grupos de catacumbas judías fechadas entre los siglos II y V d. de J.C.; no obstante, si acaso había judíos en la isla en el siglo I, esta *narración no los menciona.

28:5. La autoridad que tenía Adán sobre las bestias (Gén. 1:26) se acabó con el diluvio, sin embargo, los intérpretes judíos de Isaías 11:6-9 creían que esta autoridad sería restaurada en la era *mesiánica, y se creía que solo unos pocos santos tenían ese poder en la era presente. Algunos griegos iniciados en las *religiones de misterio pudieron haber practicado el manejo de serpientes. Pablo simplemente maneja por fe una situación que le habían impuesto.

28:6. Cada vez que se contaban historias similares, aquellos que sobrevivían a la mordida de serpientes venenosas eran considerados como santos (p. ej., el santo judío devoto Hanina ben Dosa); a menudo, el paganismo grecorromano consideraba que tal santo era divino o casi divino. El cambio de criterio por parte de los observadores de Pablo podía causar la risa de los lectores antiguos, como en el caso de algunos relatos similares de la antigüedad en donde un humano fue confundido con una divinidad particular.

28:7. La hospitalidad era una virtud importante, especialmente hacia la gente que había naufragado y estaba varada sin ninguna posesión. Publios es un *praenomen* en latín, y como el oficial en jefe, probablemente había recibido la concesión de la ciudadanía romana; el título que se le asignó aquí se ha encontrado en las inscripciones en griego y en latín como el propio título del gobernador de la isla.

28:8-10. En épocas subsecuentes, los malteses sufrían de una enfermedad especial debido a un microbio en la leche de las cabras que había allí; aunque dichos organismos habrían sufrido una mutación con el paso de los siglos, quizá aquí tenemos una enfermedad similar. Los ataques eran intermitentes, y la enfermedad descrita aquí es similar a la malaria.

28:11-16
Viaje a Roma

28:11. La navegación comenzaba en febrero 8 o hasta el 10 de marzo, dependiendo del clima; durante el año que aquí transcurre, parece que se va a comenzar en la fecha anterior. Sobre los barcos alejandrinos, ver el comentario sobre 27:6; al igual que la mayoría de los barcos, este debió haberse refugiado al otro lado de la isla. Los barcos eran llamados de acuerdo con su dios patrono (p. ej., "el Isis") en cuya protección confiaban y cuya imagen utilizaban como el mascarón de proa. Los Dióscuros (Cástor y Pólux, héroes gemelos, hijos de Zeus que habían sido deificados) eran considerados como protectores especiales de los barcos, a quienes uno podía clamar en una tormenta.

28:12. Siracusa era la ciudad principal de Sicilia, con una rica herencia tanto griega como romana.

28:13. Regio era la bahía italiana más cercana a Sicilia. En el primer siglo, los barcos mercantiles, incluyendo la flota de cereal alejandrina, hacían escala en Puteoli justo al oeste de Nápoles; el hecho de haber llegado en dos días significaba que había hecho un tiempo óptimo (aproximadamente 144 km por día).

28:14. La comunidad judía de Puteoli había estado allí por mucho tiempo y tenía cultos egipcios y fenicios. Debido a que su puerto recibía visitantes provenientes del Este, naturalmente recibía religiones extranjeras al igual que productos. De esta manera, no es sorprendente encontrar cristianos allí; pero los lectores de los días de Lucas podían haber estado más sorprendidos por el hecho de que estos cristianos ofrecieran hospitalidad a los custodios de Pablo, quienes la aceptaron.

28:15. En tiempos antiguos, los mesones apartados habían crecido hasta llegar a ser grandes asentamientos que llevaban el nombre de los mesones. Uno de esos era las Tres Tabernas, o los Tres Mesones, a 53 km de Roma sobre la antigua y famosa vía Apia. El "Mercado de Apio" o el foro de Apio estaba aproximadamente a 69 km de Roma sobre el mismo camino empedrado. Las comunidades judías habían existido en Italia por mucho tiempo y pudieron haber formado las bases de los primeros grupos de cristianos allí (cf. 2:10).

28:16. A lo largo de la vía Apia, Pablo y los otros entrarían a la Puerta Capena de Roma. Pablo estaba encadenado holgadamente por la muñeca a un soldado (28:20), quien sería un miembro de la guardia pretoriana, guardia personal de la elite del César en Roma, la cual consistía de nueve o doce cohortes.

La guardia pretoriana estaba comandada por el prefecto pretoriano, uno de los hombres más poderosos de Roma, que en este tiempo era Afranio Burro. Burro era responsable oficialmente de todos los prisioneros de las provincias que serían juzgados en el tribunal del César, aunque la tarea por sí misma era probablemente delegada a un oficial de menor rango, el *princeps castrorum* quien administraba el *officium* de la guardia pretoriana. Más tarde, Burro murió junto con el filósofo *Séneca (tutor de Nerón) durante las purgas llevadas a cabo por Nerón (62 d. de J.C.).

28:17-31
Pablo, judíos y gentiles en Roma

28:17. Los "dirigentes de los judíos" (NVI) son líderes de diferentes comunidades de la *sinagoga; ningún cuerpo único gobernaba sobre toda la comunidad judía de Roma. Las congregaciones judías en Roma eran todas autónomas, y los cristianos podían difundir sus puntos de vista entre las diversas *sinagogas con relativa libertad. La comunidad judía de ese lugar también había tenido muchos conversos y simpatizantes romanos (para disgusto de muchos varones aristócratas romanos). Muchos de estos simpatizantes estarían felices de aceptar una versión de la fe judía que los aceptara totalmente, sin la circuncisión.

28:18-20. El encarcelamiento y las cadenas no eran utilizados como castigo sino como un medio de detención antes del juicio. Pablo continúa enfatizando la continuidad entre el mensaje del AT y el suyo; este punto sería importante para los líderes judíos y también para los lectores romanos, quienes necesitaban entender que el movimiento cristiano estaba arraigado en una religión antigua digna de tolerancia (aunque, después del 70, el judaísmo era poco popular en algunos círculos).

28:21, 22. Incapaces de ganar su caso en Judea, los acusadores de Pablo tendrían aún menos oportunidad en Roma. Por el año 62 d. de J.C., la comunidad judía en Roma tenía un intercesor ante el emperador en la persona de su esposa (antes amante) Popea Sabina, hasta que Nerón la pateó hasta matarla cuando estaba embarazada. Por ningún medio queda claro que la comunidad judío romana fuera hostil con el movimiento cristiano (28:24), sin embargo, naturalmente ellos tenían preguntas, en especial si su expulsión previa en el 18:2 se debió a enseñanzas cristianas.

28:23-29. La cita que hace Pablo de Isaías 6 lleva a la culminación de un tema recurrente a lo largo del libro de Hechos: el hecho de que la mayoría del pueblo escogido de Dios rechazara a su *Mesías, mientras que los *gentiles lo aceptaban, no es algo sorprendente sino más bien el cumplimiento de las Escrituras.

28:30. Al final de dos años, si ningún acusador había llegado y no se había establecido ninguna acusación en contra de él (28:21), normalmente Pablo sería automáticamente liberado. Más tarde, Pablo fue nuevamente arrestado y fue decapitado, pero Lucas desea terminar con una nota de un precedente legal positivo, antes de la corrupción de la ley romana introducida por la tiranía de Nerón. Un gran número de obras antiguas tiene finales repentinos; y siguiendo el patrón de otras obras judías y cristianas (pero en contraste con muchas obras griegas), Lucas desea terminar de una manera feliz.

28:31. El hecho de que Pablo haya podido predicar en las narices de la guardia pretoriana sugiere que, antes de que Nerón instituyera su persecución en contra de los cristianos por razones políticas, eran tolerados por la ley romana. La defensa que hace Lucas del cristianismo sobre bases legales y filosóficas preparó el camino para los defensores del cristianismo del siglo II y señala el camino para los abogados, los estadistas y otras personas cristianas que trabajan en la sociedad de hoy.

CARTAS DEL NUEVO TESTAMENTO

Retórica. Las buenas cartas se escribían de acuerdo con los convencionalismos regulares de la *retórica, que era el estudio y uso de las formas apropiadas para el discurso público. La alta educación griega por lo general se concentraba en la retórica, aunque algunos estudiantes se especializaban más bien en filosofía. Los que podían pagarlo aprendían lectura y escritura básicas de un *grammatikus,* empezando al cumplir los 11 o 12 años, y los pocos que podían darse el lujo de la siguiente etapa procedían al *sofistés,* o retórico, más o menos a los 18 años.

La retórica era la herramienta indispensable de políticos, abogados y otras figuras públicas, y enfoque esencial de la educación de las clases altas. Su preparación incluía imitación de discurso y composición, oratoria, práctica en exposición improvisada sobre diversos temas, ademanes, gramática, técnica para citar adecuadamente y cosas por el estilo. Los que no se preparaban específicamente en la retórica captaban sus bosquejos básicos al escuchar los discursos públicos; los que deseaban aprender detalles técnicos tenían una variedad de manuales entre los cuales escoger.

Tipos de retórica. Había tres tipos principales de retórica: encomiástica, para elogiar o acusar a alguien en el presente; deliberativa, para convencer a alguien a actuar de una manera particular (dirigida hacia el futuro); y judicial (o forense), la retórica de las cortes judiciales (que trataba con acciones del pasado). Los intentos para clasificar estrictamente las cartas de Pablo de acuerdo con alguna de estas formas, por lo general, fracasan porque en la práctica sus cartas mezclaban las tres formas.

Cartas. Las cartas imitaban las formas orales de la retórica. Los retóricos seguían la predilección griega para la categorización, y proveían pautas para que los educados escribieran diferentes tipos de cartas: cartas de reprensión (p. ej., Gálatas), cartas de amistad o de familia, cartas estéticas (leídas entre la élite para diversión), cartas oficiales y cartas de ensayo. La mayoría de cartas del NT (excepto Filemón, 2 y 3 Juan y Judas) son largas incluso según las normas de las cartas literarias. Algunas, como Romanos, son extremadamente largas (alrededor de siete mil cien palabras, comparadas con alrededor de trescientas en *Cicerón, y más o menos mil en *Séneca.

La retórica en las cartas del Nuevo Testamento. Debido a que ciertos convencionalismos retóricos eran sencillamente parte del hablar formal en sus días, muchos escritores como Pablo tal vez no hayan estado conscientes de su propia habilidad retórica. No obstante, es útil para el lector moderno, acostumbrado a diferentes formas de discurso público y argumentación, comprender las técnicas retóricas que usan a menudo los escritores del NT. Pablo sin duda alguna estaba más consciente y preocupado por su técnica en sus cartas más formales (p. ej., Romanos), o cuando lo desafiaban sus lectores de clase más alta (p. ej., en 1 y 2 Corintios), y mi tratamiento de la retórica de estas cartas es, por lo tanto, más detallado que el de sus otras cartas.

Propósito de las cartas. Algunas se escribieron con un propósito de largo alcance, con intención de publicarlas y de hacerlas circular ampliamente, incluso cuando estaban dirigidas a un solo individuo. Las cartas proféticas del AT (2 Crón. 21:12-15; Jer. 29; 36; cf. también Apoc. 2—3) muestran que en los círculos judíos las cartas podían verse como inspiradas si las dictaba un profeta (1 Cor. 7:40; 14:37).

Las cartas ensayos eran tratados generales que dependían más del contexto del autor que de la situación de los lectores. La mayoría de las cartas, sin embargo, trataban de la situación de los lectores; los teóricos epistolarios antiguos recalcaban que se adaptaran las cartas a la situación de los lectores. Santiago es probablemente una carta ensayo; probablemente todas las epístolas existentes de Pablo (incluyendo Romanos) trataron situaciones específicas.

Formas estereotípicas en las cartas. Diferentes tipos de cartas trataban de diferentes temas (ahora en forma amplia llamados *topoi*). Los retóricos proveían formas regulares para los temas diferentes de modo que los oradores y los escritores pudieran adaptar mejor su mensaje a la situación que necesitaban atender. Por ejemplo, cartas antiguas de consolación repetían algunos temas básicos, al igual que lo hacen las tarjetas modernas de condolencia, elogios y los epitafios. Pero retóricos como Cicerón recalcaban que uno debía sentir lo que estaba predicando, en lugar de meramente reproducir sin ninguna emoción formas estereotipadas. Para mayor información sobre las introducciones y conclusiones de las cartas, ver el comentario sobre Romanos 1:1-7; 16:21-24 y 25-27.

Recepción de cartas. De acuerdo con algunos cálculos la tasa de alfabetización del mundo romano era aproximadamente del diez por ciento; aun cuando leer era más común que escribir, y las regiones urbanas tenían más educación que los sectores rurales, muchas personas en las congregaciones no sabían leer. La lectura era hecha casi siempre en voz alta, incluso en privado; las *iglesias que recibieron las cartas de Pablo posiblemente las leían públicamente en los cultos de las congregaciones, y probablemente las leían aquellos que por lo general leían las Escrituras en los cultos.

Cómo comprender las cartas. Cuando las cartas se escribieron, originalmente no tenían divisiones ni en capítulos ni en versículos (todo esto se añadió más tarde); por consiguiente, uno tenía que leer la carta entera para captar el flujo del pensamiento y nunca extraer versículos de su contexto. Los lectores antiguos reconocían que uno debía tratar de comprender el propósito del autor al escribir, y ellos ya conocían su propia situación cultural. Cuando leemos las cartas, debemos tratar de ponernos en la situación original y captar el flujo del pensamiento del autor al leer el contexto completo.

Colección de cartas. Algunas veces se coleccionaban las cartas de una persona famosa para publicarlas. Las cartas de Pablo fueron recopiladas algún tiempo después de su muerte, pero posiblemente para principios del fin del primer siglo, conforme las iglesias locales compartían sus propios tesoros.

Tensión entre las cartas. Debido a que la mayoría de las cartas trataban situaciones específicas, frases similares se podían usar para tratar diferentes problemas. La mayoría de escritores eran filosóficamente eclécticos, haciendo acopio de toda una variedad de fuentes diferentes; incluso los *Rollos MM testifican que los mismos lectores podían aceptar diferentes formas de lenguaje religioso (ley, ritual, apocalíptico, himnos, *narraciones). Por consiguiente, es difícil determinar las diferencias de autoría, o discutir respecto a la presencia de supuestas contradicciones teológicas, basándose en las diferencias entre las cartas de Pablo y las de otros escritores.

Obras sobre la escritura de cartas antiguas. Las introducciones más legibles del género son: Stanley K. Stowers, *Letter Writing in Greco-Roman Antiquity* LEC 5 (Filadelfia: Westminster, 1986); y David E. Aune, *The New Testament in Its Literary Environment,* LEC 8 (Filadelfia: Westminster, 1987), pp. 158-225.

ROMANOS

Introducción

Paternidad literaria. Todos los estudiosos del NT aceptan que esta es una carta genuina de Pablo. Las *iglesias preservaron naturalmente las cartas de Pablo; hubiera sido antinatural que alguien hubiera falsificado cartas a su nombre durante su vida, o mucho después de que sus cartas genuinas habían llegado a ser ampliamente conocidas y circulado como autoritativas. Con base en las cartas claramente escritas por Pablo para tratar situaciones específicas de su día (p. ej., 1 Corintios) y otras cartas que tienen un estilo común con ellas, incluso los eruditos más críticos rara vez cuestionan la autoría paulina de las cartas particulares (incluyendo Romanos, Gálatas, 1 y 2 Corintios, Filipenses, 1 Tesalonicenses y Filemón).

La comunidad judía en Roma. La comunidad judía en Roma era predominantemente pobre, aunque algunos grupos de judíos allí eran más acomodados que otros y mejor educados; diferentes grupos vivían en diferentes partes de la ciudad y tenían sus propios líderes. Se piensa que muchas de las iglesias judías que se reunían en casas existían en el gueto judío al otro lado del Tíber.

El idioma primordial de la comunidad judía en Roma no era el latín sino el griego, lenguaje en el que Pablo escribe (el 76 por ciento de los epitafios están en griego, el 23 por ciento en latín, y el 1 por ciento en hebreo o *arameo). La comunidad judía allí probablemente ascendía a unas cincuenta mil personas; muchas conversiones de romanos al judaísmo crearon resentimiento entre otros aristócratas romanos y eso condujo a la tensión entre judíos y *gentiles en la ciudad.

Circunstancias. Muchos de los fundadores de la iglesia en Roma fueron cristianos judíos (Hech. 2:10). Pero en algún momento en el año 40 d. de J.C., el emperador Claudio, como Tiberio el anterior emperador, expulsó de Roma a la comunidad judía (ver Hech. 18:2 y los historiadores romanos Suetonio y Dio Casio). Por lo tanto, la iglesia de Roma se componía enteramente de gentiles hasta la muerte de Claudio, cuando su edicto quedó automáticamente anulado, y los judíos cristianos regresaron a Roma (Rom. 16:3). Los cristianos judíos y gentiles tenían culturalmente maneras diferentes de expresar su fe en Jesús; Pablo, por lo tanto, tuvo que dirigirse a una iglesia que experimentaba tensión entre dos expresiones culturales válidas de la fe cristiana.

Tema. Dada esta situación, lo que los cristianos en Roma necesitaban era lo que podríamos llamar una reconciliación racial y una sensibilidad que cruzara las culturas. Pablo les recuerda a los lectores judíos que sin Cristo están tan condenados como los gentiles (caps. 1—3); que la herencia espiritual, no la racial, de Abraham es lo que importa (caps. 4, 9); que los judíos también descienden del pecador Adán (5:12-21); y que la *ley no justifica a Israel (caps. 7, 10). Les recuerda a los gentiles que ellos fueron injertados en el judaísmo y por consiguiente no se atrevan a ser antisemíticos (cap. 11), y que deben respetar las prácticas de sus hermanos judíos (cap. 14). Cristo (15:1-13) y Pablo (15:14-33) son agentes de reconciliación racial, y la unidad (16:17-20) es la cuestión de mayor importancia.

Género literario. Algunos estudiosos han opinado que la carta de Pablo a los Romanos es una carta ensayo, en la que explica su *evangelio sin relación a las necesidades específicas de la iglesia en Roma. En vista de lo que ya hemos dicho anteriormente respecto a las circunstancias y al tema, no obstante, parece que Pablo expone los hechos del evangelio en los capítulos 1—11, y entonces llama a sus lectores a la reconciliación y al servicio mutuo en los capítulos 12—15; así la carta es retórica "deliberativa", un argumento con la intención de persuadir a los lectores a que cambien de conducta.

Historia subsecuente. Los protestantes tradicionalmente han hecho hincapié en la justificación por la fe, doctrina recalcada en Romanos y Gálatas, porque Lutero halló esta doctrina útil al tratar con las indulgencias y otras corrupciones eclesiásticas de su día. Pero es importante comprender no solo esta doctrina, sino también por qué Pablo necesita recalcarla. La mayoría de judíos ya creían que su pueblo, como un todo, era salvo por la gracia de Dios, y los cristianos judíos reconocían que esta gracia estaba disponible solamente por medio de Cristo; la cuestión era en qué términos los *gentiles* podían llegar a ser parte del pueblo de Dios. Al argumentar a favor de la unidad étnica en el cuerpo de Cristo, Pablo dice que todas las personas llegan a Dios en los mismos términos, sin que importe su trasfondo étnico, religioso, educativo o económico; únicamente Jesús es la respuesta para el pecado de toda la humanidad. Pablo recalca la justificación por fe, verdad que la mayoría de sus lectores seguramente sabía, especialmente para poder recalcar la reconciliación de unos con otros, realidad que ellos todavía necesitaban aprender.

Comentarios. Dos de los comentarios breves más útiles son A. M. Hunter, *The Epistle to the Romans,* Torch Bible Commentaries (Londres: SCM, 1955), y John A. T. Robinson, *Wrestling with Romans* (Filadefia: Westminster, 1979). James D. G. Dunn, *Romans,* WBC 38A y B, 2 vols. (Dallas: Word, 1988), es un comentario detallado de mucha ayuda. Para nociones sobre el trasfondo, ver especialmente Karl P. Donfried, ed., *The Romans Debate,* ed. rev. (Peabody, Mass.: Hendrickson, 1991); Krister Stendahl, *Paul Among Jews and Gentiles and Other Essays* (Filadelfia: Fortress, 1976). E. P. Sanders, *Paul and Palestinian Judaism* (Filadelfia: Fortress, 1977), provee una corrección útil a la crítica anterior de las nociones judías sobre la *ley; para el punto de vista de Pablo sobre la ley en Romanos, ver especialmente C. Thomas Rhyne, *Faith Establishes the Law,* SBLDS 55 (Atlanta: Scholars, 1981).

1:1-7
Introducción

Las cartas normalmente empezaban con el nombre de quien las enviaba, sus títulos (si eran necesarios), el nombre de los destinatarios, y un saludo. Por ejemplo: "Pablo... a la iglesia en... saludos". Las cartas o discursos persuasivos empezaban estableciendo la credibilidad de quien hablaba, lo que los griegos llamaban *ethos*. Este principio no demostraba el punto del que hablaba, pero predisponía al público para oírlo respetuosamente.

1:1. Un esclavo de alguien en alta posición tenía mejor status, autoridad y libertad que un ciudadano común libre; los esclavos del emperador eran algunas de las personas de más alta alcurnia en el imperio, algo que de seguro ya sabían los cristianos en Roma. En el AT, a los profetas, empezando con Moisés, generalmente se les llamaba "siervos" o "esclavos" de Dios.

Pablo, que en un tiempo había sido agente o mensajero comisionado (*apóstol) del sumo sacerdote (Hech. 9:1, 2), ahora era representante de Dios. Las ideas de "llamado" y "apartado" se remontan al lenguaje del AT para Israel y, más importante aquí, a los profetas de Israel.

1:2, 3. Las palabras de Pablo aquí apelarían a los lectores judíos. "Mediante sus profetas" concuerda con la doctrina judía de la inspiración y autoridad final del AT; "según la carne" (RVA) quiere decir sencillamente que Jesús descendía físicamente de David.

1:4. "Espíritu de santidad" era un nombre judío común para el *Espíritu Santo, el Espíritu de Dios. Una oración regular en la *sinagoga consideraba la futura *resurrección de los muertos como la demostración máxima del poder de Dios. La frase "Hijo de Dios" quería decir muchas cosas para muchas personas diferentes en el mundo antiguo, pero podía hacer impacto en los paganos romanos al pintar a Jesús como rival del emperador; en el AT se refería a la línea davídica, y por ello, consecuentemente, al rey judío prometido (ver el 1:3; cf. 2 Sam. 7:14; Sal. 2:7; 89:27). Pablo aquí considera la resurrección de Jesús como su coronación por parte del Espíritu como el *Mesías y como el anticipo de prueba para la humanidad de la resurrección futura y del *reino.

1:5, 6. El AT prometía que un remanente representativo de entre las naciones se volvería a Dios; Isaías asoció este remanente con la misión del siervo (42:6; 49:6; 52:15). Debido a que la *iglesia en Roma incluía a cristianos judíos, *"gentiles" (BA) se traduce mejor como "naciones" (RVA); el término se usaba para significar tanto "naciones", excluyendo a Israel, y "gentes", incluyendo a Israel. Representantes de todas las culturas mediterráneas residían en este gran centro urbano: Roma.

1:7. "Santos" o "los que han sido apartados" se remonta a la imagen del AT del pueblo de Dios como separado para sí mismo. Como Pablo (ver el comentario sobre 1:1), ellos también eran "llamados" (1:6, 7); Pablo los recibe como coherederos en la misión, no como inferiores.

El saludo griego normal era "saludos" (*cairein;* Stg. 1:1), término griego relacionado con "gracia" (*caris*); los judíos se saludaban entre sí con "paz", y las cartas judías con frecuencia empezaban: "saludos y paz". Pablo adapta este saludo regular, un deseo de parabién, a una oración cristiana: "Gracia a vosotros y paz, de parte de Dios y del Señor Jesucristo". (Respecto a "oraciones de parabienes" ver el comentario sobre 1 Tes. 3:11). Colocar al Padre y a Jesús en igualdad como proveedores de la gracia y la paz elevaba a Jesús por sobre el papel dado a cualquier simple ser humano en la mayoría del judaísmo. "Padre" era también un título para Dios en el judaísmo (usualmente "nuestro Padre").

1:8-17
Acción de gracias de Pablo

Si uno sigue los "porque" o los "por esta

causa" (en algunas traducciones, p. ej., RVA, RVR-1960), el argumento de Pablo continúa sin pausa en todo el capítulo. Como las oraciones, las acciones de gracias eran relativamente comunes en la apertura del cuerpo de las cartas de la antigüedad, y cuando Pablo omite una (Gálatas) es conspicuo.

1:8. "Todos los caminos conducen a Roma"; debido a las conexiones de todo el imperio con Roma, los cristianos en todas partes sabían de la fe de los creyentes de la capital.

1:9. Para la frase "en mi espíritu" (RVA) el modismo moderno sería "de todo corazón", "de corazón" (NVI). Era común llamar como testigo a alguien que conocía el corazón de uno, es decir, Dios, aunque Pablo evita las fórmulas de juramentos como las mencionadas en Mateo 5:33-37 (jurar por algo). La oración recurrente algunas veces se la describía como "acordarse", o mencionárselo a Dios.

1:10. Los judíos devotos podían pasar varias horas al día en oración; muchos lo hacían a la hora de las ofrendas de la mañana y de la tarde en el templo. Para la frase "por la voluntad de Dios" ver el comentario sobre Hechos 18:20; respecto a los planes de Pablo para ir a Roma ver Hechos 19:21 (los siguientes capítulos de Hechos relatan cómo finalmente llegó allá).

1:11, 12. Mencionar el deseo de ver a un amigo era un convencionalismo en las cartas antiguas, que se usaba para indicar un sentido de la presencia de uno cuando el escritor y el lector se hallaban (como sucedía a menudo) a gran distancia.

1:13. Expresiones tales como "amados" o "hermanos y hermanas" eran comunes en las cartas. Sobre *"gentiles" ver el comentario sobre el 1:5, 6, aunque en el 1:13-15 uno debe tener presente el llamado especial de Pablo a ir a los gentiles (11:13). Las ciudades antiguas eran cosmopolitas, pero la interrupción de la navegación durante el invierno, las necesidades de otras *iglesias y el costo del viaje bien pueden haber impedido la venida de Pablo.

1:14, 15. Los griegos consideraban a todos los demás en el mundo como "bárbaros" (RVA; cf. "no griegos", RVR-1960); también por lo general se consideraban sabios a sí mismos, e insensatos a los demás. Algunos judíos educados se catalogaban como griegos, pero los griegos los consideraban bárbaros. En el versículo 16 Pablo presentará la división judía de la humanidad, pero aquí usa la griega; en ambos casos afirma que Dios es para todos, sin que importe la raza o la nacionalidad.

1:16. Los versículos 16, 17 parecen ser la *propositio*, o declaración de tesis, con que empieza el argumento de Pablo. Pablo recalca que las buenas nuevas son para todos (ver la explicación de la situación en la introducción a Romanos); y si son para judíos y griegos (los griegos en su mayoría eran antijudíos), entonces para todos entre judíos y griegos.

1:17. En el AT (y en los *Rollos MM) la "justicia de Dios" es ese aspecto de su carácter en virtud del cual vindica a su pueblo y muestra que la fidelidad de ellos a él es lo debido. De este modo se relaciona directamente con la "justificación", o absolución legal y vindicación. (En Romanos, muchas versiones en inglés traducen la misma palabra griega como "justicia" y "justificación".) Las versiones hebrea y griega de Habacuc 2:4 difieren en un pronombre, que Pablo por tanto omite (puesto que el detalle en disputa es, de todas maneras, irrelevante para su argumento). En el contexto de Habacuc 2:4 los justos son los que sobreviven al juicio porque tienen fe (son fieles a Dios). (La fe bíblica salvadora no era una aceptación pasiva sino que uno entregara activamente su vida a las demandas de Dios. Era una certeza suficiente como para afectar el estilo de vida de uno; cf. Rom. 1:5.) Pablo aplica este texto a los que confían en Cristo y son así salvos del juicio final. El que sus lectores contemporáneos comprenderían su aplicación queda claro mediante una aplicación similar de Habacuc 2:4 en los *Rollos MM.

1:18-23
Idólatras a propósito

El argumento de Pablo es similar al de la Sabiduría de Salomón, obra judía popular que circulaba ampliamente en ese período. Por tal razón sus argumentos han de haber sido muy oportunos y fáciles para que sus lectores los siguieran.

1:18. "Cielo" era un circunloquio judío para Dios, y la frase es una manera típicamente judía de decir "Dios está enojado". (Pablo usa "se manifiesta" para hacer un paralelo con el v. 17.) La verdad que los malos reprimen es la verdad del carácter de Dios (1:19, 20), que ellos distorsionan mediante la idolatría (1:23).

1:19-22. Los filósofos *estoicos discutían que la naturaleza de Dios era evidente en la creación; *Cicerón en ese tiempo podía incluso aseverar que ninguna raza de la humanidad era tan incivilizada como para negar la existencia de los dioses, y junto con otros opinaba que la mente humana entiende a Dios. Los judíos esparcidos por todo el mundo grecorromano usaban este argumento para persuadir a los paganos a volverse al Dios verdadero. Incluso los *rabinos contaban encantadoras historias sobre como Abraham razonó sobre la primera causa y mostró a sus compatriotas *gentiles que había solamente un Dios verdadero. Según la tradición judía Dios le había dado a Noé siete leyes, por las cuales la humanidad era responsable (incluyendo la prohibición de la idolatría). Pero a diferencia de Israel, que tenía que guardar todos los 613 mandamientos de la *ley (según el conteo rabínico), la mayoría de los gentiles desobedecía incluso las siete leyes de Noé.

1:23. En la tradición judía posterior la idolatría era la etapa final del pecado al cual el impulso al mal (ver el comentario sobre el 7:10, 11) reduciría a una persona; era uno de los peores pecados. Sin embargo, el lenguaje que Pablo usa para describir la idolatría pagana se deriva de pasajes del AT respecto a la idolatría de Israel (Deut. 4:16-19; Sal. 106:20; Jer. 2:11); esto es una preparación para su argumento para los lectores judíos en el capítulo 2.

1:24-32
Otras obras paganas

En los mitos populares los dioses paganos actuaban inmoralmente; quien los adoraba (1:23) acabaría actuando de la misma manera. Pablo argumenta que la noción distorsionada que uno tiene respecto al carácter de Dios pervierte la manera en que uno trata sexualmente a otras personas; los judíos antiguos reconocían que tanto la idolatría como la inmoralidad sexual caracterizaban a los *gentiles.

1:24, 25. La frase "Dios los entregó" (1:24, 26, 28) indica cómo obra la ira de Dios (1:18): deja que las personas se condenen a sí mismas al deformar su propia humanidad. Como en el AT, Dios puede entregar a la gente a su propia dureza de corazón (p. ej., Isa. 6:9-11; 29:9-12; Jer. 44:25-27); algunos escritores han llamado a esto "ceguera penal"; cf. Salmo 81:12 (en cuanto a Israel).

1:26, 27. Los griegos eran comúnmente bisexuales; no solo se aprobaba la conducta homosexual (algunos escritores, como los oradores en el *Simposio* de Platón, la preferían por sobre la conducta heterosexual), sino que había elementos en la cultura que socializaban a los muchachos en esa dirección. Hombres y mujeres crecían segregados, y los vínculos entre varones eran estrechos. Evidentemente debido a una deficiencia en el número de mujeres (que muchos atribuyen al infanticidio de niñas), los matrimonios con frecuencia se daban entre hombres de treinta años y mujeres de catorce, a quienes los hombres veían como niñas. Los hombres tenían acceso solo a tres formas de desahogo sexual hasta llegar a esos matrimonios tardíos: esclavos, prostitutas y otros hombres. (Despertar a los muchachos al placer erótico entre los de su mismo género era un pasatiempo favorito de los hombres griegos en ese período.)

Aun cuando muchos romanos de clase alta fueron afectados por los ideales griegos, muchos otros, especialmente filósofos romanos, consideraban la práctica homosexual como repulsiva. Los moralistas grecorromanos algunas veces se opusieron a la inversión de géneros como "contra naturaleza", lo que se asemejaría al argumento judío de los propósitos originales de Dios en la creación (Gén. 2:18). Aunque algunos textos judíos hablan de adúlteros y ladrones judíos, casi siempre tratan la conducta homosexual como una práctica *gentil. (La socialización claramente afectaba el desarrollo sexual.)

Pablo no escogió estos ejemplos de pecado para despertar una controversia con sus lectores; sus lectores cristianos judíos y romanos por igual han de haber concordado con él en que tanto la idolatría como la conducta homosexual eran pecado. Pero estos ejemplos son una preparación para su crítica de pecados denunciados con menos frecuencia (Rom. 1:28-32).

1:28-32. Los escritores antiguos (griegos, romanos, judíos; cf. también Lev. 18) algunas veces empleaban "listas de vicios", como aquí. Pero a diferencia de la idolatría y la homosexualidad (Rom. 1:18-27), pecados tales como la codicia, los celos, la calumnia, la arrogancia y la ignorancia también aparecen en las listas judías como pecados que cometían algunos judíos. Como Amós (ver Amós 1—2), Pablo aquí prepara a sus lectores para el capítulo 2: los paganos no son los únicos que están condenados.

2:1-11
Imparcialidad

Pablo empieza un estilo vivaz de *diatriba (estilo que con frecuencia adoptaban los filósofos antiguos), retando a un opositor imaginario, pulverizando así de una manera vívida posibles objeciones a su posición.

2:1-3. Los oradores típicamente discutían con base en silogismos, que consistían en una premisa mayor (2:1), una premisa menor (2:2) y una conclusión (2:3). Tanto filósofos como maestros judíos aceptaban que la gente debía vivir lo que predicaba, por consiguiente pocos podían disputar el punto de Pablo. Los filósofos veían el pecado como necedad moral, y los maestros judíos lo veían como una afrenta a Dios pero como algo que todo mundo hacía. Pablo exige que la gente sea consistente con sus denuncias, lo que quiere decir tomar el pecado más seriamente de lo que la mayoría lo tomaba.

2:4. El AT y el judaísmo concuerdan en que solo la *gracia de Dios hace posible el *arrepentimiento (p. ej., Deut. 30:6). Este principio nunca negó la responsabilidad de la persona para responder a esa gracia una vez que le era ofrecida (p. ej., Deut. 5:29; 10:16).

2:5. Los profetas del AT con frecuencia se referían al "día de la ira" (el "día del Señor"), cuando Dios tomaría asiento en su tribunal y juzgaría al mundo según su justicia (p. ej., Isa. 2:11, 12; 13:6, 9, 13; Eze. 30:2, 3; Joel 1:15; 2:1, 2, 31; 3:14; Amós 5:18-20; Abd. 15; Sof. 1:7; 1:14—2:2; Mal. 3:2; 4:5). Algunas tradiciones judías hablan de atesorar buenas obras para el día de la ira, pero el opositor *retórico a quien Pablo se dirige aquí había almacenado lo opuesto (cf. Deut. 32:34, 35; Ose. 13:12).

2:6-11. Sobre el versículo 6 cf. Salmo 62:12 y Proverbios 24:12. La estructura de este pasaje es un quiasmo (paralelismo invertido; antigua forma literaria): la imparcialidad de Dios (vv. 6, 11); a los que hacen lo bueno (vv. 7a, 10b), recompensas futuras (vv. 7b, 10a); a los malos (vv. 8a, 9b), castigo (vv. 8b, 9a).

La justicia al juzgar era recalcada ampliamente, y la imparcialidad de Dios era una de las doctrinas más comúnmente recalcadas en el judaísmo (aun cuando el tratamiento de preferencia a Israel en el día del juicio también se explicaba como justo). El judaísmo también reconocía que el sabio trabajaba por recompensas a largo alcance (2:7, cf. Prov. 21:21; 22:4).

2:12-16
Juicio más estricto

El punto de Pablo es que todo el mundo debe saber más como para no pecar, pero los que tienen más acceso a la verdad serán juzgados más estrictamente que los que no lo tienen. ¡Ay de los que se piensan justos comparándose con otros! El judaísmo tenía razón en que la mayoría de paganos hacía lo malo; pero los judíos conocían las normas de Dios mejor que los paganos, y sin embargo hacían lo malo. Este punto subraya el argumento de Pablo del predicamento común de los judíos y *gentiles bajo pecado.

2:12. Aquí Pablo es más estricto que la mayoría del judaísmo. La mayoría de los judíos reconocía que los gentiles podían ser salvos sencillamente guardando los mandamientos de Noé (ver el comentario sobre el 1:19, 20), porque no tenían toda la *ley. Pablo argumenta que cualquiera que ha pecado con la ley o sin ella, será juzgado estrictamente (a menos que se acepte la expiación por el pecado en Cristo, como lo argumenta en 3:24-26).

2:13. Los maestros judíos concordaban en que el oír la ley no era suficiente; uno debe también obedecerla. Pocos cuestionarían el argumento de Pablo en este punto.

2:14-16. Pablo juega con la noción filosófica grecorromana de la ley de la naturaleza escrita en los corazones de las personas, de acuerdo con la cual todos tienen alguna medida de conocimiento innato en cuanto al bien y al mal, aun cuando es menos explícito que la ley escrita. (Los moralistas griegos y especialmente los pensadores *estoicos enfatizaban fuertemente el conocimiento de la "conciencia".) El hecho de que ellos debían saber lo suficiente como para hacer el bien algunas veces los dejaba sin excusa por hacer el mal alguna vez. Solo cuando la ley de Dios está escrita plenamente en el corazón en Cristo (8:2; Jer. 31:33) es interiorizada lo suficiente para que la gente ponga en práctica la justicia de Dios.

2:17-24
La desobediencia a la ley

Este estilo de *diatriba a menudo usado por los filósofos tenía el propósito de enseñar y exhortar en lugar de atacar; el opositor imaginario representa una posición errada e idealizada, que el que habla o el que escribe destruye *reductio ad absurdum* (reduciéndola a su conclusión lógica absurda). El opositor de 2:17-29 es el hipócrita idealizado pero señala los males de toda medida de hipocresía. (Ataques similares se hicieron en las diatribas grecorromanas sobre los "filósofos pretenciosos".)

2:17, 18. Los sabios judíos a menudo advertían que los sabios debían ser humildes y no jactarse de su conocimiento. Pero Israel podía jactarse en su sola posesión de la *ley, porque solo ellos adoraban al único Dios verdadero.

2:19, 20. Algo del lenguaje de Pablo aquí procede del AT (cf. Isa. 42:6, 7, 18-20) y algo de la terminología cínico-estoica típica, que probablemente fue adaptada por los maestros judíos fuera de Palestina. Pablo de nuevo demuestra su maestría para relacionarse con sus antiguos lectores.

2:21-23. La *diatriba a menudo usaba preguntas retóricas breves e incisivas. Los filósofos típicamente denigraban a sus oyentes por la inconsistencia de su estilo de vida. Robar templos se consideraba uno de los crímenes más impíos, y aun cuando los maestros judíos advertían en contra de perturbar los templos paganos, los paganos algunas veces pensaban que los judíos se inclinaban hacia esos crímenes (Hech. 19:37). Pero los que robaban templos tendrían que valorar su contenido.

2:24. Ver Ezequiel 36:20-23. Los maestros judíos se quejaban de que el pecado público profanaba el nombre de Dios entre los *gentiles; los judíos que se portaban mal acarreaban reproche sobre la comunidad judía entera. (Un caso que viene al punto fue un charlatán en Roma en la primera parte del siglo cuya conducta había conducido a la expulsión de los judíos de Roma bajo Tiberio.)

2:25-29
El verdadero judaísmo

Moisés se había quejado de que Israel era incircunciso de corazón (Lev. 26:41), y los profetas habían reforzado esta convicción (Jer. 4:4; 9:25, 26; cf. Isa. 51:7). El pueblo de Dios era responsable por circuncidar sus corazones (Deut. 10:16), y algún día Dios circuncidaría sus corazones (Deut. 30:6). Los *rabinos comentaban poco sobre este asunto; Pablo lo hace central y define el judaísmo religioso en términos de la posesión del *Espíritu (Rom. 2:29; una ley interiorizada, 8:2; cf. Eze. 36:27). Escritores tanto judíos como greco romanos recalcaban el preocuparse por lo que la deidad piensa, no por lo que otros piensan (Rom. 2:29).

3:1-8
La justicia de Dios: ¿Qué sucede con Israel?

El ser judío era algo especial, pero no para salvación. Alguien pudiera objetar que Pablo piensa que Dios había sido infiel a su pacto, en cuyo caso Dios hubiera sido injusto; pero el asunto aquí es que Israel había sido infiel al pacto, no que Dios lo hubiera sido.

3:1. Estas son las objeciones del interlocutor imaginario, un artificio común para reforzar el argumento que uno presenta en una *diatriba (ver el comentario sobre 2:1-11). Las objeciones son razonables: ¿No era Israel un pueblo especial, escogido? Determinar el "provecho" (RVR-1960) o "beneficio" (RVA) era un recurso común entre los filósofos para evaluar la validez de una conducta o idea.

3:2. La *digresión, incluso una digresión larga, era una parte normal de los escritos grecorromanos; Pablo desarrolla y completa este "primeramente" solo en el capítulo 9. El judaísmo a menudo recalcaba que Dios le había confiado su *ley a Israel, y Pablo aquí concuerda con eso.

3:3. "¿Qué, pues?" (RVA) era una pregunta *retórica común usada para reforzar el argumento en una *diatriba. La fidelidad de Dios a su pacto significaba buenas noticias a largo alcance para Israel como un todo; como en el AT (p. ej., en la generación de Moisés, contrario a algunas tradiciones judías), sin embargo, no salvó a los israelitas como individuos que rompieron su pacto con él.

3:4. "¡De ninguna manera!" (RVA) era una respuesta retórica común a las preguntas retóricas de los opositores imaginarios (especialmente en algunos filósofos como *Epicteto). Se la usaba para mostrar lo absurdo de la objeción del oponente. Pablo declara que la justicia de Dios es al final irrebatible, como los malhechores debían confesar (Sal. 51:4; cf. 116:11).

3:5, 6. "Como hombre" (RVA) o "en términos humanos"(NVI) es similar a una frase rabínica que quiere decir "argumento secular". La "justicia" de Dios aquí es su justicia definida en términos de su fidelidad a su palabra en el pacto con Israel (3:3).

3:7. "Pecador" era un insulto terrible en círculos judíos; y el que Pablo llamara pecador a todo mundo (Rom. 1—2) ha de haber causado un fuerte impacto. Dios podría ser glorificado y su justicia vindicada incluso mediante su contraste con la rebelión humana, pero este punto de ninguna manera vindica la rebelión.

3:8. Los filósofos a menudo también tenían que aclarar cuando sus enseñanzas eran desvirtuadas.

3:9-18
Prueba tomada de la Biblia

Concatenar textos ("hileras de perlas") era común en la apertura de las homilías en la *sinagoga y en los *Rollos MM.

3:9. Otra objeción de parte del opositor imaginario le permite a Pablo regresar a su argumento de que el judío y el *gentil están igualmente necesitando salvación. Estar "bajo" pecado era un modismo para indicar que se estaba sujeto a su control.

3:10-12. Aquí Pablo cita el Salmo 14:1-3 (Sal. 53:1-3; cf. 1 Rey. 8:46; Sal 130:3; 143:2; Prov. 20:9; Ecle. 7:20).

3:13-18. El principio de concatenar estos textos de prueba es similar al principio *rabínico general de *gezerah shavah* (que ligaba textos del AT por medio de una palabra clave). Todos estos versículos mencionan partes del cuerpo: garganta, lengua, labios y boca (Rom. 3:13, 14; respectivamente: Sal. 5:9; 140:3; 10:7); pies (Rom. 3:15-17; Isa. 59:7, 8); y ojos (Rom. 3:18; Sal. 36:1). Los maestros judíos enfatizaban que el impulso al mal (ver el comentario sobre Romanos 7:10, 11) controlaba las partes del cuerpo (mediante enumeración posterior, 248 partes). La preponderancia de los pecados relacionados con la boca aquí puede ser intencional, especialmente si los cristianos de Roma se quejaban unos de otros (ver el cap. 14).

3:19-31
La ley y la justicia

3:19. Los judíos eran los que estaban "bajo" (ver el comentario sobre el v. 9) la *ley; "la ley" podía incluir en forma amplia los salmos y los profetas (el resto del AT), como en 3:10-18. La gente se quedaba con la boca "cerrada" en la corte legal cuando no podía presentar objeción en su propia defensa (cf. Sal 107:42; Job 40:4, 5; 42:6).

3:20. La mayoría del judaísmo también concordaba en que todas las personas pecaban algunas veces y que necesitaban la *gracia de Dios; aun cuando algunos judíos sugerían excepciones, las consideraban extremadamente raras. Pablo aquí fuerza a sus lectores a ser consistentes y a reconocer que los *gentiles serían de esta manera salvos en los mismos términos que los judíos. Este versículo hace eco del Salmo 143:2, Salmo que pasa a alabar la justicia y fidelidad de Dios. El texto griego tiene literalmente "toda carne no será justificada" (para lo cual la mayoría de traducciones usa algunas variantes menos rebuscadas del español "ninguna carne se justificará" (RV); "toda carne" es una expresión común del hebreo para referirse a toda la humanidad (o, en algunos contextos, a toda criatura).

3:21. "La Ley y los Profetas" era una manera de hablar del AT entero; en el capítulo 4 Pablo argüirá cómo estos textos enseñan la justicia por la fe (v. 22). Pero la justicia de Dios no depende del apego humano a la ley y por lo tanto no se basa en una ventaja disponible solo para Israel (3:2). Los maestros judíos creían que Israel era especial con respecto a la salvación, y que el haber recibido la Ley en el Sinaí vindicaba el que Dios los hubiera escogido.

3:22. "No hay distinción" se refiere al judío y al *gentil; ambos deben acercarse a Dios en los mismos términos, por medio de Jesucristo. Esta declaración desafía directamente a los valores que hay detrás de las tensiones en la *iglesia de Roma (ver la explicación de la situación en la introducción a Romanos).

3:23. El judaísmo veía el "pecado" como una ofensa moral contra Dios (en contraste al sentido griego usual menos dramático del término). Las fuentes judías concordaban en que todos pecaban (con raras excepciones, p. ej., un infante); los moralistas griegos decían que algunas faltas eran inevitables. "No alcanzar la gloria de Dios" puede aludir a la idea judía de que la humanidad perdió la gloria de Dios cuando Adán pecó (cf. 5:12-21), y de aquí que cada generación repite el pecado de Adán; o puede indicar sencillamente que nadie llega a la altura de la norma de justicia divina.

3:24. "Redención" (libertar a un esclavo) era un concepto regular en el AT; los términos del AT siempre incluyen el pago de un precio, algunas veces para recuperar algo. Dios "redimió" a Israel, haciéndolos pueblo suyo por *gracia y al pagar un precio por su libertad (el cordero pascual y el primogénito de Egipto), antes de darles sus mandamientos (cf. Éxo. 20:2). En los días de Pablo los judíos esperaban la redención *mesiánica, cuando serían libertados de sus gobernantes terrenales; pero el gobernante malévolo aquí es el pecado (3:9).

3:25. Para "propiciar" (RVR-1960; "expiar", RVA) Dios debía alejar su ira; aun cuando en la tradición judía las oraciones, ofrendas y otras buenas obras podían alejar la ira (Eclesiástico 3:3, 20; 32:1-3; Sabiduría de Salomón 18:20, 21), la *ley también requería el derramamiento de sangre: algo tenía que morir para aplacar apropiadamente la ira que la persona se merecía por su pecado. El término aquí puede referirse al propiciatorio (Éxo. 25:22). Dios misericordiosamente "pasó por alto" (Éxo. 12:13) los pecados ante la cruz, con antelación al sacrificio que tendría lugar allí. (Uno pudiera comparar la noción *rabínica de que el *arrepentimiento demora el juicio hasta que en el Día de la Expiación expíe el pecado, aun cuando nada en el texto sugiere que Pablo tenga aquí en mente esta idea.)

3:26. Para la mente griega la justicia quiere decir "distribución pareja, pero no necesariamente igual" (la desigualdad de la justicia se puede ilustrar en que la ley romana asignaba penas más elevadas a las clases sociales más bajas); sin embargo, se aceptaba que los magistrados debían gobernar de acuerdo con la "justicia". El judaísmo enfatizaba la justicia de Dios y reconocía que él, como juez justo, no podía sencillamente absolver al culpable. Los textos judíos con el correr del tiempo desarrollaron una división en el carácter de Dios: su atributo de misericordia suplicaba ante él a favor de Israel, triunfando sobre las acusaciones de su atributo de justicia.
Pablo no permite tal división; dice que Dios puede ser justo y simultáneamente vindicar como justos a los que dependen de Jesús, solo debido a que la sentencia de la ira fue ejecutada en Jesús en su lugar (3:25). El resto del judaísmo creía en la *gracia de Dios; las diferencias entre Pablo y sus contemporáneos judíos aquí son que Pablo insiste en que esta gracia vino a costa de un gran precio para Dios, y que los *gentiles pueden recibirla en los mismos términos que los judíos.

3:27, 28. "Principio" (NVI) es una traducción errada: Pablo propone dos maneras de abordar la *"ley" (RVA): por esfuerzo humano o por la fe (cf. 7:6; 8:2; 9:31, 32). La fe es la manera correcta, la cual la misma ley enseña (3:21, 31).

3:29, 30. La confesión básica del judaísmo era la unicidad de Dios. Pablo por tanto argumenta: Si hay solo un Dios, debe ser también el Dios de los *gentiles (ver Isa. 45:21-25).

3:31. La enseñanza judía contrastaba "invalidar" con "confirmar" la ley. Debido a que la ley enseña la justicia por medio de la fe (como Pablo va a demostrar en el cap. 4), cualquiera que enseña esta idea respalda la ley.

4:1-22
Abraham fue justificado por medio de la fe

Como antepasado de Israel, Abraham era considerado como modelo para su fe; también se le consideraba como el *prosélito modelo (convertido al judaísmo), porque se le consideraba *gentil antes de su circuncisión. Los lectores judíos creían que habían sido escogidos en Abraham y que implícitamente todo israelita sería salvo por la *gracia de Dios si mantenían el pacto. Los gentiles que deseaban llegar a ser parte de la comunidad escogida, sin embargo, tenían que circuncidarse y unirse a Israel haciendo las obras justas de la *ley, como lo había hecho Abraham.

Este capítulo es un buen *midrash judío, o comentario, sobre Génesis 15:6. En sus debates, judíos y grecorromanos probaban sus casos mediante ejemplos, y este texto era un ejemplo favorito usado por los maestros judíos antiguos.

4:1. Las *diatribas típicamente usaban preguntas retóricas tales como: "¿Qué diremos, pues?" como transiciones al siguiente punto. La tradición judía hablaba repetidamente de "nuestro padre Abraham".

4:2. Si alguien fue justo en la tradición judía, de seguro fue Abraham. Como *fariseo modelo sirvió a Dios por amor; como *prosélito modelo trajo a muchos otros *gentiles a la fe en el Dios único y verdadero. Destruyó ídolos y defendió la verdad de Dios. Estas tradiciones judías extrabíblicas a menudo declaraban que el mérito de Abraham sostuvo o rescató a Israel en las generaciones subsecuentes.

4:3. Los *rabinos apelaban a citas bíblicas, algunas veces anunciándolas con el prefacio: "¿Qué dice la Escritura?". Los maestros judíos a menudo comentaban sobre la fe de Abraham según se refleja en Génesis 15:6, que ellos leían como "fidelidad", una de sus obras. Pablo lo lee en su contexto como dependencia en la promesa de Dios y recalca la palabra "contar" (RVA) o "tomársele en cuenta" (NVI), término de contabilidad usado en documentos mercantiles antiguos para acreditar el pago a la cuenta de uno.

4:4, 5. Todavía exponiendo Génesis 15:6 Pablo se refiere aquí a Abraham. Este "considerar como justicia" es comparable a la clase de justificación que uno tiene en una corte judicial: absolución como no culpable. Pero la idea va más allá de una mera declaración de perdón, y ningún lector judío antiguo hubiera limitado el pronunciamiento absolutorio divino meramente a términos legales: cuando Dios habla, crea una nueva realidad (Gén. 1:3); ver Romanos 6:1-11.

4:6-8. Usando el principio judío de interpretación *gezerah shavah*, que liga diferentes textos que contienen la misma palabra o frase clave, Pablo introduce el Salmo 32:1, 2, que explica lo que quiere decir "considerar". Omitiendo la siguiente línea sobre la justicia moral (que todavía no es relevante en este punto), Pablo reconoce que el "considerar" del Salmo se basa en la gracia de Dios antes que en la perfección del salmista (Sal. 32:5). El Salmo 32 ha sido adscrito a David.

4:9. La "felicidad" (RVA) o "dicha" (NVI) aquí es de la que habló en el 4:7, 8; en una forma judía regular Pablo explica los detalles del texto que ha citado.

4:10. Aquí Pablo apela a otra regla judía de interpretación: el contexto. Abraham fue declarado justo por fe más de trece años antes de circuncidarse (Gén 15:6; 16:3, 4, 16; 17:24, 25; algunos intérpretes judíos alargan más el período: veintinueve años). Este hecho era un desafío a la gran significación que el judaísmo asignaba a la circuncisión, aunque los maestros judíos tenían razón en que el AT la había usado como la señal del pacto.

4:11, 12. La circuncisión era la "señal" del pacto (Gén. 17:11; *Jubileos 15:26); pero Pablo lo interpreta también como una señal de la justicia anterior de Abraham, según Génesis 15:6. El argumento de Pablo ha de haber rechinado en los oídos de los judíos, pues este hacía que los cristianos *gentiles fueran plenos herederos de Abraham sin la circuncisión. Una cosa es decir que los gentiles incircuncisos podían ser salvos si guardaban las leyes de Noé, como muchos judíos creían; otra muy diferente es ponerlos en el mismo nivel que los judíos.

4:13. A Abraham le fue dicho que heredaría la "tierra", en el sentido de territorio; pero en hebreo la palabra para "tierra" también significa "el globo terráqueo", y los intérpretes judíos por largo tiempo habían declarado que Abraham y sus descendientes heredarían todo el mundo por venir.

4:14-16. Pablo obliga al lector a escoger entre la justicia completa por fe (basada en la *gracia de Dios; el judaísmo reconocía la gracia) y la justicia completa mediante un conocimiento de la *ley, lo que hubiera hecho a Israel más justo que los gentiles, independientemente de la fe.

4:17. El judaísmo concordaba en que Dios podía crear cosas por medio de su palabra (p. ej., Gén. 1:3). Pablo dice que la promesa de Dios a Abraham fue, por lo tanto, suficiente para hacer de los gentiles sus hijos (especialmente debido a que Dios decretó que Abraham sería padre de muchas naciones justo antes de decirle que se circuncidara, Gén. 17:5).

4:18-22. La fe, según se define en la experiencia de Abraham, no es asentimiento pasivo a lo que Dios dice; es una dependencia duradera en la promesa de Dios, a la cual uno entrega la vida y por la cual se vive. En el nivel del significado Pablo y Santiago (Stg. 2:14-16) concuerdan. Es posible, aunque lejos de ser cierto, que la analogía de Pablo aquí aluda a la ofrenda y la supervivencia de Isaac, hijo de Abraham (Gén. 22).

4:23—5:11
El creyente declarado justo

Nadie puede jactarse delante de Dios (2:17; 3:27; 4:2), pero es razonable una jactancia diferente: aquella por causa de la esperanza de la gloria restaurada (5:2; cf. 3:23), la que se produce en medio de la tribulación (5:3) o aquella jactancia en Dios por medio de Cristo (5:11).

4:23-25. Pablo empieza a aplicar su exposición en cuanto a Abraham a sus lectores (la aplicación va hasta el 5:11). Los maestros antiguos (judíos y grecorromanos) a menudo usaban ejemplos para exhortar a sus lectores u oyentes a pensar y actuar diferentemente.

5:1. "Paz" quiere decir una relación de concordia entre dos personas mucho más a menudo que tranquilidad individual; por lo que aquí Pablo quiere decir que el creyente siempre está del lado de Dios.

5:2. "Esperanza de la gloria de Dios" tal vez implica la restauración de la "gloria" de Adán (3:23); probablemente alude a las profecías del AT de que Dios sería glorificado entre su pueblo (p. ej., Isa. 40:3; 60:19; 61:3; 62:2).

5:3, 4. Progresiones como esta (tribulaciones, perseverancia, carácter, esperanza) representan una forma literaria y *retórica especial llamada concatenación, también hallada en otros textos. De nuevo Pablo demuestra su habilidad para recalcar su punto de manera culturalmente relevante. Los filósofos enfatizaban que las tribulaciones demostraban la cualidad de la persona sabia, que conocía lo suficiente como para no dejarse mover por ellas; la persona verdaderamente sabia estaría tranquila en la adversidad. El AT y la tradición judía muestran a hombres y mujeres de Dios siendo probados y madurando en las pruebas (aun cuando el AT también incluye las luchas internas de sus héroes, tales como David y Jeremías, en vez de su continua tranquilidad).

5:5. Los judíos veían al *Espíritu Santo especialmente como el Espíritu que había capacitado a los profetas para oír a Dios y hablar en nombre de él. En este contexto Pablo quiere decir que el Espíritu apunta a la cruz (5:6-8) y de esa manera capacita a los cristianos para oír el amor que Dios les tiene. En muchas tradiciones judías el Espíritu estaba disponible solo para los más dignos; aquí es otorgado como un don. Sobre el "derramamiento" del Espíritu ver Joel 2:28.

5:6-9. Los lectores grecorromanos bien educados conocían la tradición griega en la cual "el bueno" era extremadamente raro. Los griegos consideraban que poner la vida de uno por alguna otra persona era heroico, pero tal sacrificio no era común; entre los judíos no se lo elogiaba.

5:10, 11. Los griegos hablaban de personas que se "reconciliaban" y reanudaban su amistad después de estar en desacuerdo, pero no hablaban de que la gente se reconciliara con Dios. Los judíos miembros de la *iglesia en Roma seguramente estaban más familiarizados con esta clase de lenguaje (del AT y de algunos textos judíos más antiguos tales como 2 Macabeos), por lo cual este podía hacer un impacto más fuerte en los miembros *gentiles (si todavía no lo habían oído en la iglesia).

5:12-21
Una herencia común en el pecado y la justicia

Los lectores judíos de Pablo pudieran haber defendido su descendencia única del justo Abraham, pero Pablo les señala más bien que descienden en común con los *gentiles del linaje del pecador Adán. Su argumento tenía mayor fuerza para los lectores judíos del que Génesis podía implicar por sí solo, porque sus tradiciones habían hecho a Adán mucho más prominente de lo que había sido en el AT (casi ni se lo menciona fuera de Génesis). Los judíos en este período algunas veces hablaban del inmenso tamaño de Adán (¡llenaba toda la tierra!), o más a menudo de su gloria, la cual perdió en su caída. Creían que su pecado había introducido al mundo el pecado y por ello la muerte, y que todos sus descendientes participaban de su culpa.

Los intérpretes judíos generalmente creían que la gloria de Adán sería restaurada a los justos en el mundo venidero. (La estructura de Génesis, de Adán a Noé [Gén. 5:29; 9:1, 2, 7] a Abraham [Gén. 12:1-3], y así sucesivamente, sugiere que Dios estaba obrando para restaurar a la humanidad, y del linaje de Abraham vendría finalmente el libertador de Génesis 3:15.)

5:12-14. "Todos pecaron" (v. 12), incluso los que, a diferencia de Adán (v. 14), no tenían ley directa que desobedecer (v. 13). Sin embargo, Pablo no está negando la responsabilidad personal por el pecado de parte de los descendientes de Adán. Los escritores judíos aducían que Adán había traído al mundo el pecado y la muerte (4 Esdras 7:118; *2 Baruc 54:15), pero también creían que cada uno de sus descendientes tomaba sus propias decisiones para seguir en los pasos de Adán (4 Esdras 7:118-26; 2 Baruc 54:15), llegando así a ser cada uno "nuestro propio Adán" (2 Baruc 54:19).

5:15. "Muchos" aquí se podría referir, como en los *Rollos MM, solo a los elegidos; pero si Pablo quería decir eso, también hubiera estado indicando que los elegidos estaban condenados en Adán. Más probablemente "muchos" es una alusión a Isaías 53:11, en donde el siervo sufriente justificaría "a muchos" llegando a ser sacrificio a su favor. Todos los que estuvieron en Adán por nacimiento llegaron a ser pecadores; todos los que estuvieron en Cristo mediante el verdadero *bautismo (6:4) llegaron a ser justos.

5:16-21. Una gran parte del argumento de 5:15-21 es un argumento judío regular, *qal vahomer,* argumento de lo menor a lo mayor ("cuánto más"). La lógica grecorromana también usaba esta técnica de interpretación; muchas maneras judías de argumentar partiendo de las Escrituras eran parte de la metodología interpretativa de la antigüedad. Los judíos creían que Israel reinaría en la vida del mundo venidero (cf. 5:17), así como Adán y Eva reinaban antes de la caída (Gén. 1:26, 27).

6:1-11
Muertos al pecado

6:1-5. Para los judíos el *bautismo era el acto mediante el cual los no judíos se convertían al judaísmo, la remoción final de la impureza *gentil; mediante eso uno le daba la espalda a la vida de paganismo y pecado, prometía seguir los mandamientos de Dios, y llegaba a ser una nueva persona con respecto a la ley judía. Una persona que se convertía en seguidor de Jesús de la misma manera dejaba atrás su vida vieja; mediante su participación en la muerte de Cristo, dice Pablo, la muerte de esas personas a la vida vieja de pecado, que fue crucificada en Cristo, es un hecho completo.

Las religiones antiguas del Cercano Oriente por largo tiempo habían tenido tradiciones de dioses que morían y volvían a la vida, deidades generales de la vegetación que se renovaban anualmente en la primavera. Algunas fuentes antiguas, especialmente interpretaciones cristianas de estas religiones, sugieren que los iniciados en varias *religiones de misterio "morían y resucitaban" con la deidad. Los eruditos a principios del siglo XX naturalmente vieron en esta tradición el trasfondo para el lenguaje que Pablo usa aquí. Aun cuando la evidencia todavía está en discusión, no se sabe a ciencia cierta si aquellos que participaban en las religiones de misterios vieron una muerte y una resurrección de una vez por todas en el bautismo, como en Pablo, hasta después de que el cristianismo llegó a ser una fuerza religiosa ampliamente extendida en el imperio romano, lo cual otros grupos religiosos imitaron. Más importante todavía, la noción cristiana más antigua de la *resurrección ciertamente se deriva de la doctrina judía antes que de la revivificación según las estaciones que sostenían las religiones griegas.

6:6, 7. El "viejo hombre" es la vida en Adán versus la vida en Cristo (5:12-21). Cuando un esclavo gentil se escapaba de un dueño judío y se convertía al judaísmo mediante el bautismo, en la teoría legal judía su nueva persona lo hacía libre de su dueño anterior.

6:8-11. Los maestros judíos creían que los "malos deseos" (ver el comentario sobre 7:14-25) serían un problema incluso para los más piadosos hasta el tiempo del *Mesías, cuando los malos deseos serían eliminados. Para Pablo, el Mesías ya ha venido, y el poder del pecado ha muerto. La obra terminada de Cristo quiere decir que el creyente ya ha muerto al pecado y ahora debe reconocer esto y por fe "considerarlo" hecho (6:11; este es el mismo término del capítulo 4 para referirse a Dios considerando la justicia). Tal fe en la obra completa de Dios no era común en la religión antigua, ni lo es en la mayoría de religiones de hoy en día.

6:12-23
Libres del pecado, siervos de la justicia

6:12, 13. "Instrumentos" (RVA, NVI) se pudiera traducir más específicamente como "armas", como en el 13:12. Si esa es la imagen que se tiene a la vista aquí, la imagen de presentarse uno mismo (más que en el 12:1) pudiera aludir a los soldados que se presentan para la batalla (aunque es como esclavos que se presentan para la tarea en el v. 16).

6:14-21. Algunos eruditos han visto aquí la idea de una "manumisión (conceder la libertad) sagrada": un esclavo podía ser libertado del servicio a un amo convirtiéndose oficialmente en propiedad de un dios y del templo de ese dios. Lo que es mucho más claro es que muchos filósofos regularmente usaban "esclavitud" y "libertad" en el sentido de esclavitud a ideas falsas y al placer, y libertad de tales ideas y placer tanto como de sus consecuencias, como la ansiedad. Los filósofos a menudo recalcaban que uno era su propio amo.

El judaísmo podía hablar de ser libre de pecado. Los maestros judíos creían que debido a que Israel tenía la *ley, los malos deseos que hacían pecaminosos a los gentiles no podían esclavizarlos a ellos. También enseñaban que Israel se había convertido en esclavo de Dios al salir de la esclavitud en Egipto.

6:22. En el AT Israel fue "santificado" (RVA) o apartado como especial para Dios; en la enseñanza judía normal la *vida eterna era la vida del mundo venidero, inaugurada en la *resurrección de los muertos.

6:23. Los esclavos podían recibir, y a menudo recibían, alguna "paga". Aun cuando el dueño del esclavo legalmente era dueño de las posesiones del esclavo, el esclavo podía usar esas posesiones o dinero (llamado *peculio*), algunas veces incluso para comprar su libertad. El hecho de que esa paga era normalmente un símbolo positivo les da mayor impacto a las palabras de Pablo aquí.

7:1-6
Muertos a la ley y libertados de ella

Los judíos creían que eran salvos por la elección de la gracia de Dios, y no por meticulosa observación de los mandamientos. No obstante, con pocas excepciones guardaban los mandamientos lo mejor que podían, y esto (según ellos) los separaba de los *gentiles, que no se conducían tan rectamente como lo hacía Israel. Pablo aquí trata de otras de las principales divisiones entre judíos y gentiles, en su esfuerzo por reunirlos (ver la introducción a Romanos), porque incluso a los gentiles que se convertían al judaísmo les llevaría años conocer la *ley tan bien como un judío que se había criado en ella.

7:1. Algunos maestros judíos posteriores opinaban que el que se convertía al judaísmo era una nueva persona, al punto de que a los parientes anteriores ya no se los consideraba parientes. Pablo puede usar esta línea de razonamiento en forma diferente: así como una persona muere a su antiguo amo (aquí el pecado), en la conversión (ver el comentario sobre el 6:1-5), esa persona muere a la vieja ley a la cual estaba sujeta.

7:2-4. Según la ley bíblica, tanto la muerte como el divorcio cercenaban las relaciones previas; Pablo recalca la que encaja en su analogía en el contexto. (Debido a que uno nunca se refería como "esposo" al ex esposo de una mujer después del divorcio, nadie debía comprender las palabras de Pablo aquí como si estuviera descartando ciertas clases de divorcios; cf. 1 Cor. 7:15.)

7:5. Los filósofos a menudo contrastaban la razón (que era buena) con las pasiones (que eran malas); los maestros judíos llegaron a hablar de ellas en términos de deseos buenos y deseos malos. Ver el comentario sobre el 7:15-25.

7:6. La mayoría del judaísmo pensaba que el *Espíritu había salido de Israel con los profetas y regresaría solo con la venida del *Mesías; aquí Pablo contrasta el nuevo acto de Dios en la venida del Espíritu con las antiguas instrucciones solo escritas en tablas (cf. Eze. 36:26, 27). Los intérpretes griegos habían distinguido tradicionalmente entre interpretar las leyes según los principios y según la fraseología exacta; la interpretación judío-palestina se interesaba mucho en la fraseología exacta (algunas veces incluso literalmente a la "letra" y al deletreo de las palabras).

7:7-13
El pecado tomó ventaja de la ley injustamente

Los eruditos discuten si Pablo aquí se refiere literalmente a su propio pasado o usa el "yo" genéricamente para los pecadores bajo la *ley. Debido a que hay más precedente de maestros usándose a sí mismos en ilustraciones (p. ej., Fil. 3:4-8) que usando el "yo" (a diferencia del *retórico "tú" o "uno") genéricamente (pero cf. 1 Cor. 13:1), Pablo probablemente usa su propia experiencia previa bajo la ley, vista en retrospectiva, para ilustrar la vida bajo la ley en general.

7:7, 8. La pregunta retórica de apertura es la natural después del paralelismo del 6:1-23 con el 7:1-6. "No codiciarás" es el décimo de los Diez Mandamientos, el único que va directamente más allá de las acciones de uno al estado del corazón de uno. El punto es que uno pudiera no considerar la codicia como transgresión a la ley de Dios si la ley no lo informara así.

7:9. Cuando un muchacho judío llegaba a la mayoría de edad alrededor de los trece años (como más tarde en la *bar mitzvah*, similar a los ritos romanos de llegar a la mayoría de edad), llegaba a ser oficialmente responsable por guardar los mandamientos. Pablo tal vez se refiere a algo incluso más temprano en su vida, porque los muchachos judíos de hogares de clase alta empezaban a ser instruidos en la ley a los cinco años.

7:10, 11. Los maestros judíos reconocían el poder del pecado humano (los malos deseos), pero decían que el estudio de la ley lo capacitaba a uno para superarlo, y que la ley traía vida. Pablo dice que la ley más bien llegó a ser el vehículo de su muerte. (Algunos eruditos piensan que "engañó" alude a Génesis 3:13, en donde Eva fue engañada y la muerte entró en el mundo. Si Adán estuviera hablando en el versículo, encajaría mejor en Romanos 5:12-21. Aun cuando "pecó y murió" alude de nuevo a 5:12-21, es menos claro que Pablo aluda aquí a Adán.)

7:12, 13. Pablo argumenta en Romanos que tanto el judío como el *gentil vienen a Dios en los mismos términos (ver la introducción a Romanos), y que la ley no es una ventaja directa para la salvación (2:12-15), aun cuando es valiosa para saber más acerca de la salvación (3:2). Su propósito global en esta sección es explicar que el problema no es la ley; es el pecado humano el que lleva a la gente a desobedecer la ley en su corazón.

7:14-25
La lucha del esfuerzo humano bajo la ley

Muchos comentaristas han pensado que 7:14-25 describe la lucha de Pablo con el pecado al momento en que estaba escribiendo el pasaje, porque usa verbos en presente. Pero el estilo de la *diatriba, que Pablo usa en gran parte de Romanos, era gráfico en sus imágenes, y Pablo en el contexto ha estado describiendo su vida pasada bajo la *ley (7:7-13). Así, es más probable que Pablo contraste la inutilidad espiritual de la introspección religiosa y el egocentrismo (cuente los "yo" y "a mí") en Romanos 7 con "la vida del *Espíritu por *gracia" en Romanos 6 y 8.

Los maestros judíos decían que el *arrepentimiento y el aprender la ley eran las únicas curas presentes para los malos deseos; aquí Pablo replica que saber la verdad moral no lo había libertado del pecado. Pero el judaísmo también creía que en el día del juicio los malos deseos serían erradicados. Como algunos *rabinos lo dijeron más tarde: "Dios quitará los malos deseos de la vida de las naciones y los eliminará"; o, como Pablo lo dice, los cristianos están muertos al pecado y libres de su poder (cap. 6). El punto de Pablo en el contexto es que uno debe recibir justicia (incluyendo el poder para vivir correctamente) como una dádiva de la gracia de Dios, y no como logro del esfuerzo humano (cf. 1:17; 8:4). (Esta lectura del pasaje concuerda con la mayoría de los padres griegos de la iglesia, tanto como está en contra de los padres latinos.)

7:14. Sobre "carnal" (RVA) en el sentido de lo pecaminoso de la humanidad, ver el comentario sobre 8:1-11. En el AT leemos que Dios vendió a su pueblo como esclavos a sus enemigos, y que Dios redimió a su pueblo de la esclavitud de sus enemigos. Vender como esclavos es lo opuesto de redención, de la libertad del pecado en el 6:18, 20 y 22. Que la ley es "espiritual" quiere decir que es inspirada por el *Espíritu (ver el comentario sobre el Espíritu en 8:1-11).

7:15-22. Los filósofos hablaban de un conflicto interno entre la razón y las pasiones; los maestros judíos hablaban de un conflicto entre el bien y los malos deseos. Cualquiera se podría identificar con el contraste que Pablo hace entre la mente o razón (saber lo que es bueno) y sus miembros en los cuales obran las pasiones o malos deseos.

7:23. Otros maestros morales también describían la lucha entre la razón y las pasiones (o contra los malos deseos) en términos militares; ver el comentario sobre 13:12 (cf. también 7:8, 11: "ocasión" se usaba algunas veces en términos de estrategia militar).

7:24. "¡Miserable hombre de mí!" era el clamor común de desesperanza, lamento o reproche de uno mismo; algunos filósofos se quejaban de que este era su estado, prisioneros en un cuerpo mortal. Sin embargo, cuando hablaban de ser libertados de sus cuerpos mortales querían decir que serían libres sencillamente por la muerte; la libertad de Pablo vino por la muerte en Cristo (6:1-11).

7:25. Pablo resume aquí 7:7-24: la doble lealtad de la persona que trata de lograr justicia solo por esfuerzo humano, sin llegar a ser una nueva criatura en Cristo.

8:1-11

Personas del Espíritu contra personas de la carne

En el AT "carne" podía hacer referencia a cualquier criatura mortal pero designaba especialmente a los seres humanos. Llevaba la connotación de debilidad y mortalidad, especialmente al ser contrastada con Dios y su *Espíritu (Gén. 6:3; Isa. 31:3; cf. Sal. 78:39). Para el período del NT, esta connotación de debilidad se extendía a la debilidad moral, como en los *Rollos MM, y se podía traducir como "susceptibilidad humana al pecado", o "egocentrismo" como opuesto a "centrado en Dios". Una vida gobernada por la carne es una vida dependiente del esfuerzo y recursos humanos finitos, una vida egoísta, a diferencia de una dirigida por el Espíritu de Dios. La forma en que Pablo usa "carne" y "Espíritu" se refiere a las dos esferas de la existencia: en Adán o en Cristo, no a las dos naturalezas de la persona.

En los escritos del NT "carne", en sí misma, no es mala; Cristo "se hizo carne" (Juan 1:14), aunque no "carne de pecado" (Rom. 8:3). La traducción "naturaleza pecaminosa" de la NVI puede dar lugar a equivocaciones, porque algunas personas hoy piensan del espíritu y la carne como dos naturalezas dentro de la persona, mientras que aquí "Espíritu" es el Espíritu de Dios; no es una parte especial de la persona, sino el poder de la presencia de Dios. Romanos 7:15-25 describe una lucha de dos aspectos de la personalidad humana: razón y pasiones, tratando de cumplir la moralidad divina mediante el esfuerzo humano; pero esta lucha no la vemos aquí, en donde la gente o bien vive esa lucha por la carne o acepta la dádiva divina de justicia por el Espíritu. La bifurcación radical del ser humano en una parte moralmente vertical "espiritual" contra una parte inmoral "corporal" es una idea neoplatónica ajena a Pablo. La introdujeron los *gnósticos en la interpretación del NT y no hubiera sido la interpretación natural de los lectores judíos o de los cristianos *gentiles que sabían del Espíritu.

Pero la carne, la mera existencia corporal y fuerza humana, es mortal e inadecuada para resistir contra el pecado (que maltrata a los miembros del cuerpo que podían más bien ser controlados por el Espíritu). Aun cuando el término se usó en la Biblia con flexibilidad, en un sentido somos carne (especialmente en el uso del término en el AT); el problema no es que la gente sea carne, sino que vive su vida a su manera en lugar de vivirla mediante el poder y la *gracia de Dios. El NT algunas veces distingue entre el cuerpo humano y el alma, pero esta distinción no es el punto de contraste entre andar conforme a la carne y andar conforme al Espíritu (8:4).

En el AT el Espíritu ungió al pueblo de Dios especialmente para profetizar, pero también los dotó con poder para hacer otras cosas. Aquí, como en los *Rollos MM, y ocasionalmente en el AT, el Espíritu capacita a la persona para vivir justamente (ver especialmente Eze. 36:27). En el judaísmo el Espíritu indicaba la presencia de Dios; aquí el Espíritu comunica la misma presencia, poder y carácter de Cristo.

8:1-4. El punto de Pablo aquí es que si la ley trae vida o muerte depende de si el Espíritu la ha escrito en el corazón de uno (Eze. 36:27), o si se la practica como una norma externa de justicia, lo cual no se puede conseguir mediante esfuerzo humano (cf. 3:27; 9:31, 32; 10:6-8).

8:5-8. Los filósofos a menudo instaron a la gente a fijar su mente en las cosas eternas antes que en los asuntos transitorios del mundo. *Filón condenaba a aquellos que se dedicaban solo a los asuntos del cuerpo y sus placeres. Los filósofos dividían a la humanidad en los iluminados y los necios; el judaísmo dividía a la humanidad en Israel y los *gentiles. Pablo aquí divide a la humanidad en dos clases: Los que tienen el *Espíritu (cristianos) y los que están librados a sus propios recursos.

Algunas personas creían que la inspiración venía solamente cuando la mente humana quedaba vacía, como en un sector del misticismo oriental. Pero Pablo habla de la "intención del Espíritu" tanto como de la "intención de la carne". En lugar de oponer la razón y la inspiración, contrasta el razonamiento meramente humano (y por lo tanto susceptible a pecar) con el razonamiento dirigido por la inspiración divina.

8:9. La mayoría de judíos no aducía tener el Espíritu; creía que el Espíritu estaría a su disposición solo en los tiempos del fin. Después de que el *Mesías hubiera venido, todos los que fueran verdaderamente pueblo de Dios tendrían el Espíritu obrando en ellos (cf. Isa. 44:3; 59:21; Eze. 39:29).

8:10. Los judíos en este período por lo general distinguían alma y cuerpo, al igual que los griegos, aun cuando para los judíos la división por lo general funcionaba solo a la muerte (algunos escritores judíos fueron influenciados más por las categorías griegas que por otras). Pero Pablo no dice aquí que el "espíritu (humano) vive"; literalmente, afirma que el "Espíritu es vida" (NVI). Así quiere decir que el cuerpo seguía todavía bajo sentencia de muerte, pero que el Espíritu que mora en los creyentes a la larga resucitará sus cuerpos (8:11).

8:11. Los judíos creían que Dios levantaría a los muertos al final de los tiempos. Pablo modifica esta enseñanza solo un paso: Dios ya ha resucitado a Jesús, y este evento es una señal segura de que el resto de la *resurrección ocurrirá un día.

8:12-17
Guiados por el Espíritu

Los judíos miraban hacia atrás, a su liberación de Egipto como su primera redención, y miraban hacia adelante a la venida del *Mesías como un nuevo éxodo, la culminante acción divina de redención. En esta esperanza ellos quedaban prefigurados por los profetas, que a menudo pintaban la liberación futura en términos del éxodo de Egipto (p. ej., Ose. 11:1, 5, 11).

8:12, 13. Los que vivían según la carne (como criaturas corporales en su propia fuerza) morirían, pero los que vivían por el *Espíritu *escatológico (el Espíritu que en la mayor parte del pensamiento judío y a menudo en los profetas del AT caracteriza la vida de la edad venidera) serían *resucitados por él; ver el comentario sobre 8:1-11 y 8:10, 11.

8:14. El AT a menudo comenta que Dios "guió" a Israel por el desierto (Éxo. 15:13; Deut. 3:2; Sal. 77:20; 78:52; 106:9; 136:16; Jer. 2:6, 17; Ose. 11:4; Amós 2:10; para el nuevo éxodo, ver Isa. 48:20, 21; Jer. 23:7, 8) y llamó a Israel sus "hijos" cuando los redimió de Egipto (Éxo. 4:22; Deut. 14:1; 32:5, 18-20; Sal. 29:1; Isa. 1; 2; 4; 43:6; 45:11; 63:8; Jer. 3:19, 22; Ose. 1:10; 11:1, 10). Tanto en lenguaje devocional como histórico la dirección de Dios iba algunas veces asociada con su Espíritu (Neh. 9:20; Sal. 143:10; Isa. 63:14).

8:15. Aquí Pablo de nuevo juega con la idea del éxodo de Egipto; la gloria de Dios guió a su pueblo para avanzar, no para volver a la esclavitud (cf. Éxo. 13:21; Neh. 9:12; Sal. 78:14; para el nuevo éxodo, ver Isa. 58:8; Zac. 2:5). Él los adoptó como sus hijos (cf. 9:4). Sobre "Abba" ver el comentario sobre Marcos 14:36; aunque solo unos pocos romanos hablaban *arameo, el vocativo especial de Jesús para su Padre como "Papá" se había convertido en un nombre para Dios en las primeras oraciones cristianas (Gál. 4:6), tal vez siguiendo el modelo de Jesús (Mat. 6:9). La adopción romana, que podía tener lugar a cualquier edad, cancelaba todas las deudas y relaciones previas, definiendo al nuevo hijo completamente en términos de su nueva relación con su padre, de quien llegaba de esta manera a ser su heredero.

8:16. Los filósofos hablaban de que la conciencia testificaba (cf. 2:15; 9:1); los judíos creían que el *Espíritu había testificado de la verdad divina mediante los profetas contra Israel y las naciones. Pero aquí el mensaje profético del Espíritu son buenas nuevas para el corazón del creyente. Como acción legal la adopción romana (cf. 8:15) tenía que ser atestiguada; el Espíritu es aquí el testigo de que Dios adopta como hijos suyos a los que creen en Jesús.

8:17. Dios le había prometido a Israel una "herencia" en la tierra prometida, y los judíos hablaban de "heredar el mundo que vendría"; acerca de herencia y adopción, ver el comentario sobre 8:15. Muchos judíos creían que un período de sufrimiento precedería a la revelación divina de la gloria al final.

8:18-27
Dolores de parto de un nuevo mundo

8:18. Los lectores judíos han de haber concordado con Pablo en que los justos recibirían gran recompensa por sus sufrimientos en este mundo. (Muchos maestros judíos fueron más allá que Pablo e incluso dijeron que los sufrimientos de uno expiaban el pecado; pero Pablo aceptaba solo la expiación por el pecado hecha por Cristo como suficiente; 3:25.)

8:19. Siguiendo la tradición del AT (Isa. 66:17, 18) los judíos generalmente pensaban que el orden mundial entero sería transformado en el tiempo del fin (aun cuando no todos creían que sería cósmico en alcance y catastrófico en escala).

8:20. La tradición griega declaraba que el mundo había estado declinando desde su edad de oro pasada hasta el presente. La tradición judía debatía si era bueno que la humanidad hubiera sido creada, y sugerían que el pecado de Adán había hecho daño y traído el dominio de los poderes del mal sobre toda la creación. Los filósofos *estoicos creían que los elementos se destrozarían y nada sino el fuego primitivo era realmente eterno. El pesimismo cósmico abundaba en el primer siglo; la mayoría de personas creían que la declinación y el destino reinaban con supremacía. El punto de Pablo de que Dios ha sujetado a la creación a este estado temporal de vanidad se puede sostener solo a la luz de la esperanza futura que le asigna (v. 21); como la mayoría de profetas del AT, incluye la seguridad de la fidelidad de Dios.

8:21. El mundo grecorromano le tenía pavor a la "corrupción"; solo las cosas eternas, inmutables en los cielos durarían; el cuerpo humano y todo lo demás en la tierra se descompondría. El lenguaje de "ser librada de la esclavitud", "hijos de Dios" y probablemente "gloria" alude a la *narración del éxodo en el AT (ver el comentario sobre 8:12-17).

8:22. En el éxodo el pueblo de Dios "suspiraba" o "gemía", y sus gemidos bajo la adversidad eran una oración no intencional que apresuró el que Dios los redimiera (Éxo. 2:23). Pablo también conecta aquí "gemidos" (Rom. 8:22, 23, 26) con los dolores de parto. Algunas tradiciones judías describían el tiempo justo antes del fin como dolores de parto (ver el comentario sobre Mat. 24:6-8), el gran sufrimiento que traería al *Mesías y la era mesiánica. Para Pablo, los sufrimientos de todo el tiempo presente son dolores de parto, sufrimientos significativos que prometen un nuevo mundo venidero.

8:23-25. "Primicias" era el verdadero principio, la primera entrega de la cosecha palestina (Lev. 23:10); la presencia del *Espíritu en los creyentes es por lo tanto el verdadero principio del mundo futuro. Los creyentes han experimentado la redención (Rom. 3:24) y la adopción (8:15), pero todavía esperan la plenitud de esa experiencia en la *resurrección de sus cuerpos por el Espíritu (8:11).

Los israelitas fueron redimidos de Egipto, pero la consumación de su salvación se demoró una generación debido a su desobediencia en el desierto; pasaron casi cuarenta años antes de que entraran en la tierra prometida. Pablo puede explicar la salvación en Cristo de la misma manera, porque es un nuevo éxodo (ver el comentario sobre 8:12-17): el principio y la conclusión de la salvación están separados por el período de la conducción divina al atravesar las pruebas de la edad presente (8:14-18).

8:26. El judaísmo por lo general veía al *Espíritu como una expresión del poder de Dios antes que como un ser personal; como Juan (caps. 14—16), Pablo ve al Espíritu como un ser personal (cf. 2 Cor. 13:14). Los maestros judíos pintaban la misericordia de Dios personificada o ángeles como Miguel como intercesores a favor del pueblo de Dios ante su trono; Pablo asigna este papel a Cristo en el cielo (Rom 8:34) y a su Espíritu en su pueblo (8:26). El Espíritu se une aquí en los dolores de parto, anhelando tan fervientemente la nueva creación como los hijos de Dios (ver el comentario sobre 8:22, 23).

8:27. Todos los judíos concordaban en que Dios examina los corazones (1 Rey. 8:39; 1 Crón. 28:9), una idea que aparece repetidamente en el NT, y en algunos textos *rabínicos posteriores incluso aparece como título para Dios ("Examinador de corazones").

8:28-30
El propósito eterno de Dios

8:28. Los filósofos *estoicos creían que todo resultaría para bien, desde el punto de vista de Dios, aun cuando ningún otro ser individual (incluso los dioses inferiores) subsistiría. El judaísmo creía que Dios era soberano y que estaba llevando la historia a su clímax, cuando vindicaría a su pueblo y convertiría sus sufrimientos pasados para provecho de ellos al recompensarlos (ver el comentario sobre 8:18). Para Pablo el último bien de estas adversidades es su obra al conformar al final a los creyentes a la imagen de Cristo (8:29).

8:29. Algunos pensadores griegos recalcaban el llegar a ser como la deidad, pero la idea de la "imagen" es más prominente en fuentes judías. En el pensamiento judío la sabiduría era la imagen más pura de Dios (ver el comentario sobre Col. 1:15), pero los textos judíos a menudo hablan de Adán o de la humanidad en general como hecha a imagen de Dios (siguiendo Gén. 1:26, 27; para el sentido de Génesis, cf. Gén. 5:3). Los hijos de Dios serán todos conformados a imagen del primogénito de la nueva creación, el nuevo Adán (Rom. 5:12-21).

8:30. Sobre la predestinación, ver el capítulo 9. La predicación de la predestinación o conocimiento previo (8:29) no cancela el libre albedrío; la mayoría del judaísmo aceptaba tanto la soberanía de Dios como la responsabilidad humana. (La idea de que uno tiene que escoger entre ellos es una idea posterior al NT basada en la lógica griega.)

8:31-39
El amor triunfante de Dios

8:31. El AT a menudo habla de que Dios está "con" o "por" su pueblo (Sal. 56:9; 118:6; Isa. 33:21; Eze. 34:30; 36:9); cualquiera que los desafiaba lo desafiaba a él (ver Isa. 50:8; cf. 54:17).

8:32. Sobre la idea de heredar todas las cosas en el mundo venidero, ver el comentario sobre 4:13; cf. el comentario sobre 5:17.

8:33, 34. Aquí Pablo aplica la intercesión divina en 8:31 a la corte celestial de Dios en el día del juicio. Los textos judíos expresan confianza en que Dios finalmente vindicaría a Israel, como lo hacía cada año en el Día de la Expiación; Pablo basaba su confianza de la vindicación de los creyentes en la intercesión de Cristo (ver el comentario sobre 8:26).

8:35, 36. Las listas de adversidades eran comunes en la literatura grecorromana (especialmente usadas para mostrar que el sabio había pasado todas las pruebas y vivía lo que creía). "Desnudez" se aplicaba a vestido insuficiente, no solo a desnudez completa. "Espada" era el modo regular de ejecución ciudadana en este período, y la cita del Salmo 44:22 (aplicada por los *rabinos del segundo siglo al martirio), refuerza la certidumbre de que el martirio se contempla aquí (8:36).

8:37. Los versículos 35-39 forman un quiasmo (estructura de la literatura antigua que se basaba en el paralelismo invertido): nada puede separarnos del amor de Cristo (8:35a, 39b), sin importar de lo que se trate (8:35b, 36, 38, 39a), lo que hace que los creyentes superen sobremanera cualquier oposición (8:37). El centro de un quiasmo, este versículo, ha de haber sido especialmente significativo para el lector antiguo. Israel creía que triunfarían en el día del juicio porque Dios estaba de su lado; Pablo les asegura a los creyentes que ellos triunfan en las pruebas presentes gracias a lo que Dios ya ha hecho a su favor (8:31-34).

8:38. Dado el contexto de la oposición cósmica aquí, debemos tomar "principados" y "poderes" con "ángeles" refiriéndose a las fuerzas espirituales que rigen las naciones y levantan oposición contra el pueblo de Dios. Muchos escritores judíos antiguos usaban estos términos de esta manera.

8:39. "Alto" y "bajo" puede sencillamente personificar los cielos arriba y el Hades (el campo de la muerte) abajo. Otros eruditos han sugerido que son términos astrológicos; con frecuencia se creía que las fuerzas espirituales que gobernaban a las naciones lo hacían mediante las estrellas, y la mayoría de los griegos del primer siglo temían el poder inevitable del destino que obraba mediante las estrellas. Para Pablo no es el destino, ni las estrellas, ni los poderes angelicales, ni el cielo ni el infierno lo que determina las vidas de los creyentes; sino que más bien las determina la fidelidad de Jesús (8:31-34).

9:1-5
El lugar apropiado de Israel

9:1-3. El amor de Pablo y su disposición a sacrificarse por su pueblo haría que sus oyentes informados bíblicamente recordaran a Moisés (Éxo. 32:33), aun cuando Dios tampoco permitió que Moisés se sacrificara (Éxo. 32:33, 34).

9:4, 5. "Pactos" puede ser plural para incluir una alusión a los pactos de Dios con los patriarcas, o su frecuente renovación de su pacto con su pueblo en el AT, también reconocida en los textos judíos posteriores. Las bendiciones que Pablo había asignado a los creyentes en Jesús (8:2, 15, 18, 29) le pertenecían a Israel, según el AT. Al reconocer a Cristo como Dios (cf. 1:25 para la misma construcción), Pablo recalca el punto incluso más enfáticamente: Dios mismo vino a la humanidad por medio de Israel.

9:6-13
Salvados no por descendencia étnica

La mayoría de judíos creían que su pueblo como un todo sería salvo, en contraste con los *gentiles. La salvación de Israel empezó cuando Dios escogió a Abraham (cap. 4). Pablo argumenta que la etnicidad es base insuficiente para la salvación, como también enseñaba el AT (p. ej., Núm. 14:22, 23; Deut. 1:34, 35; Sal. 78:21, 22; 95:8-11; 106:26, 27); Dios puede salvar en cualesquiera términos que desee.

9:6-9. Abraham tuvo dos hijos mientras Sara vivía, pero solo uno recibió la promesa (Gén. 17:18-21).

9:10-13. Isaac tuvo dos hijos, pero solo uno recibió la promesa. Esto fue determinado antes de que nacieran (Gén. 25:23; cf. Mal. 1:2, 3). Aun cuando Dios pudo haber escogido a Jacob porque conocía de antemano su corazón (8:29), el punto aquí es que Dios tenía el derecho de escoger entre el linaje escogido. No todos los descendientes de Abraham recibieron la promesa; el resto del AT decía claramente que muchos israelitas habían roto el pacto (Éxo. 32:33-35; Núm. 11:1; 14:37; 16:32-35; 25:4, 5; Deut. 1:35). ¿Por qué la mayoría de contemporáneos de Pablo actuaban como si las cosas fueran diferentes en su propio tiempo?

9:14-18
La elección divina en tiempo de Moisés

9:14, 15. En Éxodo 33:19 Dios tiene el derecho de escoger a quien él quiera. En el contexto, había perdonado a Israel como un todo debido a que Moisés encontró favor a sus ojos (33:12-17), y Dios le mostraría a Moisés su gloria (33:18-23) debido a que Moisés era su amigo (33:11). Sin embargo, la elección divina de individuos no era arbitraria sino que se basaba en la respuesta de las personas a Dios (32:32-34), aun cuando Dios había inicialmente llamado tanto a Israel y a Moisés incondicionalmente.

9:16-18. Dios levantó a un faraón en particular con el propósito de mostrar su poder, para que "los egipcios sepan que yo soy el Señor", como lo dice Éxodo repetidamente (p. ej., 9:16). Dios claramente endureció el corazón del faraón (Éxo. 9:12, 35; 10:27; 11:10), pero no fue sino hasta después de que el faraón había endurecido su corazón varias veces (Éxo. 7:22; 8:15, 32). En otras palabras, Dios elevó a una persona en particular para luchar contra él; pero esa persona también tomó sus propias decisiones, las cuales Dios conocía de antemano, antes de castigarla con un corazón continuamente endurecido (cf. Rom. 1:24, 25; 2 Tes. 2:10-12). El AT afirma tanto la soberanía de Dios (p. ej., Deut. 29:4) como la responsabilidad humana (p. ej., Deut. 29:4), dando por sentado que Dios es lo suficientemente soberano como para asegurar ambas cosas (aun cuando la decisión humana no puede anular la palabra de Dios; cf., p. ej., 1 Rey. 22:26-30, 34, 35).

9:19-29
Dios escoge a los gentiles

9:19-21. Pablo aquí usa el lenguaje de Isaías 29:16; 45:9 y 64:8, que los *Rollos MM a menudo usaron en oraciones. El punto es que Dios hizo a la gente, y por consiguiente Dios puede hacer con ellos como él desee. En este contexto esto quiere decir que puede escoger bien a los judíos o a los *gentiles, y no que su predestinación sea arbitraria.

Algunas personas del siglo XIX que asistían a la iglesia razonaron que Dios los salvaría si quería, y por consiguiente no hicieron ningún esfuerzo para buscar la salvación. Su punto de vista difiere mucho del punto de este pasaje. Aun cuando Pablo enseña la "predestinación", debemos comprender lo que quiere decir con este término a la luz de lo que significaba en su propio día, no de lo que ha llegado a significar en la teología de los siglos recientes o, como en el caso que acabamos de mencionar, en las distorsiones de esa teología.

La mayoría de judíos creía que su pueblo como un todo había sido escogido para la salvación; veían la predestinación en términos corporativos, étnicos. Pablo aquí habla de la predestinación solo en el contexto de la salvación de Israel (9:1-13) y de los gentiles (9:23-29); así quiere decir solo lo que el contexto y la cultura sugieren: Dios puede escoger soberanamente a quien quiera, y eso no necesita ser con base en la descendencia de Abraham. La soberanía de Dios quiere decir que es libre para escoger con base en otro criterio diferente de su pacto con Israel como raza (3:1-8); puede escoger con base en la fe (conocida de antemano) en Cristo (4:11-13; 8:29, 30).

Algunos eruditos del NT, como Rudolf Bultmann, pensaban que Romanos 9—11 no tenía nada que ver con el argumento de la carta; pero estos expertos entendieron mal Romanos. En esta carta Pablo pone a los judíos y a los *gentiles en el mismo terreno espiritual (ver la introducción), y Romanos 9—11 es, de hecho, el clímax de su argumento.

9:22, 23. Aquí Pablo quiere decir que Dios toleró a los que seguirían en el mal por amor a los que serían salvos, antes que poner fin al mundo inmediatamente (cf. 2 Ped. 3:9; cf. Prov. 16:4).

9:24-26. En el contexto de Oseas 2:23, que Pablo cita aquí, se hace referencia a la restauración divina de Israel, a pesar de que temporalmente Dios los abandonó (1:9). Si Dios podía abandonar y luego restaurar a Israel, podía también injertar a los gentiles en Israel si así lo quería.

9:27, 28. Aquí Pablo cita Isaías 10:22, 23: el profeta advirtió que solo un remanente sobreviviría y regresaría a la tierra después del juicio. Si Dios salvó solo a un remanente en el AT y prometió que solo un remanente sobreviviría al juicio, Pablo pregunta qué hacía que los judíos de sus días se sintieran seguros del hecho de que ser judíos por raza los salvaría.

9:29. Ahora Pablo cita Isaías 1:9, que establece el mismo punto que Isaías 20:22, 23 (que acaba de citar). En el contexto de Isaías, Israel ha actuado como Sodoma, epítome de pecado (1:10); son afortunados al tener algún sobreviviente (1:7-9), porque Dios exige justicia (1:16, 17), no meros sacrificios (1:11-15).

9:30—10:4
La justicia errónea de Israel

¿Por qué le había fallado Israel a Dios tan a menudo en el AT, con solo un remanente sobreviviendo? Porque siguieron la *ley en términos del esfuerzo humano (ver el comentario sobre 9:29) en lugar de confiar en Dios, quien transforma el corazón. Aun cuando el término "fe" es raro en las traducciones del AT (Pablo ya ha usado la mayor parte de las referencias en 1:17 y 4:3), Pablo cree que la idea permea el AT, en donde el pueblo de Dios debe responder de corazón a su *gracia.

9:30-32. Israel correctamente buscó la ley pero erró el punto al dar énfasis a las obras antes que a la fe (ver el comentario sobre 9:29); la fe era el punto de la ley (3:21, 31). Los dos enfoques a la ley (uno correcto y otro equivocado) son esenciales para el argumento de Pablo (3:27; 8:2; 10:5-8).

9:33. Aquí Pablo sigue una práctica interpretativa judía común de combinar textos (Isa. 8:14; 28:16). Debido a que Isaías 28:16 probablemente alude a Isaías 8:14, el que Pablo combine ambos textos es especialmente razonable, aun cuando tal vez solo sus lectores judíos captarían lo que estaba haciendo. El punto es que la misma piedra que hizo tropezar a Israel (8:14, que también habla de la piedra como santuario), salvaría a los que creyeron (Isa. 28:16).

10:1, 2. La literatura judía de este período a menudo elogia el celo por la ley, aun al punto de resistir violentamente a los que reprimían la práctica judía de la ley.

10:3, 4. Sobre la justicia de Dios ver el comentario sobre 1:17. "El fin de la ley" puede significar la "meta" o "clímax" al cual apunta la ley.

10:5-10
Dos enfoques a la justicia

10:5. Un enfoque se basaba en una interpretación judía en particular de Levítico 18:5: los que guardan los mandamientos merecen la *vida eterna. (Esta postura aparece en los textos judíos junto a la postura de que Dios elige a Israel como un todo para que sea salvo.) Esta clase de justicia no estaba disponible para los *gentiles sin años de estudio de la *ley. Pablo también estableció en Romanos 1—3 que esta clase de justicia no sirve (ver el comentario sobre 9:30-32).

10:6, 7. Pablo aquí hace un *midrash, exponiendo el texto a la manera judía. En el contexto, "¿Quién subirá?" en Deuteronomio 30:12 quiere decir: "¿Quién subirá de nuevo al monte Sinaí para traer de nuevo la ley?". "¿Quién cruzará?" en Deuteronomio 30:13 quiere decir: "¿Quién descenderá al Mar Rojo para cruzarlo de nuevo?" Dios había redimido a su pueblo en el Mar Rojo, según el AT y la tradición judía; ahora Dios ha consumado en Cristo sus actos salvadores, y el mismo principio se aplica a él.

10:8. Deuteronomio 30:14 se refiere a la ley; siempre y cuando esté escrita en el corazón (cf. 30:6), el pueblo de Dios puede practicar su justicia (cf. Jer. 31:31-34). Pablo dice que este principio se aplica mucho más al mensaje de la fe que lo que la ley enseña (3:31); la *gracia, no el esfuerzo humano, conduce a la justicia (8:2-4).

10:9, 10. Pablo enfatiza aquí la "boca" y el "corazón" porque está exponiendo Deuteronomio 30:14 (citado en el versículo previo), que habla del mensaje de la fe en la boca y el corazón de uno.

10:11-21
Salvación para todos

10:11, 12. Pablo de nuevo cita Isaías 28:16 (ver Rom. 9:33), que todavía está explicando. Su énfasis está en el "todo aquel", mediante lo cual argumenta que el texto se debe aplicar literalmente a los *gentiles tanto como a los judíos.

10:13. Los maestros judíos comúnmente exponían un texto citando otros textos que contenían la misma palabra clave; por esto Pablo lo liga con otro versículo (Joel 2:32) que tiene la palabra "todo aquel" (BA) para explicar que en Isaías 28:16 "no será perturbado" (BA) quiere decir "será salvo".

10:14. Pablo explica las implicaciones de Joel 2:32: la salvación tiene el propósito de ser para todo el que la busca, sea judío o *gentil, pero esta disponibilidad de la salvación presupone que ellos deben tener la oportunidad de oír el mensaje.

10:15. Pablo también tiene Escrituras para verificar que los que llevan las buenas nuevas deben ser "enviados" (este término es la forma verbal del sustantivo que se traduce *"apóstol", y por consiguiente, "apostolado"); la gente no se salva sin la oportunidad de oír. Isaías 52:7 anunciaba que había buenas nuevas, pero los heraldos tenían que llevarlas a la gente.

10:16. Varios versículos después de Isaías 52:7, Isaías informa la respuesta a las buenas noticias que llevan los heraldos (53:1), y los lectores de Pablo probablemente sabían cómo continuaba este texto: Israel rechazó las buenas nuevas (53:2, 3).

10:17. Pablo confirma su interpretación anterior de Deuteronomio 30:14 (en Rom. 10:8): el mensaje salvador no es otro que el mensaje de Cristo proclamado.

10:18. Los maestros judíos con frecuencia trabajaban con la cuestión de si se podía considerar responsables por la verdad a los *gentiles que no la habían oído. Concluyeron en que los gentiles por lo menos podían inferir la unicidad de Dios partiendo de la creación y de este modo evitar la idolatría (ver el comentario sobre Rom. 1:19, 20). Los gentiles tal vez no hayan oído todo el mensaje de Cristo (10:17), pero la creación misma los hacía oír lo suficiente como para ser responsables de hacer lo bueno. (El Salmo 19:4 se refiere en el contexto al testimonio de la creación.) La *diáspora judía tenía más conocimiento que los gentiles; al tener la *ley tenían toda razón para creer, y la palabra en cuanto a Cristo ya había empezado a penetrar en la mayoría de centros judíos del mundo antiguo.

10:19. Dios había prometido en la ley provocar a celos a Israel mediante otra nación. Israel había rechazado a Dios, y él los rechazaría como su pueblo para provocarlos a celos (Deut. 32:21; cf. Rom. 11:11, 14).

10:20, 21. Aquí Pablo cita Isaías 65:1, 2, que se da en el contexto del juicio de Dios sobre Israel (64:8-12), de que los *gentiles son aceptados en la familia de Dios (56:3-8) y que Dios restaura al remanente de Israel para sí mismo (65:8, 9).

11:1-10
Siempre un remanente

"Remanente" no presupone ningún porcentaje en particular; es sencillamente la situación corriente de "algunos" judíos que seguían a Jesús, antes que "todo Israel" (11:26). Otros pocos grupos de judíos, según se representa en los *Rollos MM, también pensaban que solo ellos estaban sirviendo a Dios y el resto de Israel estaba en apostasía. Debido a que los primeros cristianos creían que Jesús era el *Mesías, creían que rechazarlo era como rechazar la ley o los profetas, y al igual que los profetas acusaban a su pueblo de apostasía de la verdadera fe de Israel.

11:1. Los escritores antiguos a menudo presentaban ejemplos para sus argumentos, algunas veces usándose a sí mismos. Pero Pablo acude rápidamente a un ejemplo de las Escrituras (11:2-4).

11:2-4. La narración de Elías en 1 Reyes 19:10, 14 y 18 indica que al tiempo de la más profunda apostasía de Israel, un remanente había, sin embargo, evitado la idolatría. Puede ser relevante que algunas tradiciones judías presentaban a Elías como con intenso celo por Dios pero no lo suficientemente patriota en relación con Israel.

11:5-7. Pablo ahora explica 11:2-4: si hubo un remanente en los días de Elías, habrá siempre un remanente ("Así también, en este tiempo", forma común de argumento en tiempos antiguos). El hecho de que Dios elige al remanente sigue directamente de 9:19-29 y de otros textos que Pablo recalcará en 11:8-10.

11:8. Aquí Pablo cita Isaías 29:10, que deja en claro que Dios endureció a Israel; pero este endurecimiento de nuevo no excluye a Israel de su responsabilidad. Dios silenció a los profetas (Isa. 29:10) porque Israel rehusó oírlos (30:10, 11); así Dios aclararía este mensaje mediante la invasión asiria (28:9-13). Israel se había hecho ciego y sordo a la palabra de Dios (29:9, 10), teniendo excusas (29:11, 12) y pretendiendo justicia (29:13, 14); pero algún día volvería a ver y a oír (29:18-24).

11:9, 10. En el Salmo 69:22, 23 el salmista justo ora por el juicio de ceguera sobre sus perseguidores, implicando que Dios era soberano sobre la ceguera espiritual (Rom. 11:8) tanto como física.

11:11-14
Provocando a celos a Israel

Pablo aquí empieza a exponer Deuteronomio 32:21, que citó en Romanos 10:19. No dice que el único propósito para la salvación de los *gentiles sea hacer que Israel vuelva a Dios (cf. el propósito misionero de Israel en Gén. 12:2, 3), sino que reconoce que es el propósito primordial relativo a Israel. El argumento de Pablo en Romanos coloca al judío y al gentil en el mismo nivel respecto a la salvación (ver la introducción); pero ahora insta a los gentiles a recordar de quienes habían adoptado la fe. El racismo gentil contra los judíos es tan contrario al foco del cristianismo como el prejuicio judío contra los gentiles; el racismo de cualquier clase es contrario al mensaje del *evangelio. Los *retóricos antiguos consideraban aceptable elogiarse uno mismo solo si el propósito era estimular a otros a emularlo (como aquí) o a defenderse.

11:15-24
Lo judío del cristianismo

Los cristianos *gentiles debían recordar que habían sido injertados en una fe judía, y que al ser injertados en el pueblo de Dios del AT, no solo aceptaban la historia espiritual de Israel como suya propia sino también a los judíos como hermanos suyos en cierto sentido, aun cuando los que no siguen a Jesús sean hermanos caídos. Anteriormente, en Romanos Pablo se había opuesto a la arrogancia judía contra los gentiles; aquí se opone a la arrogancia gentil contra los judíos.

11:15. En los profetas bíblicos el que el pueblo judío se volviera a los caminos de Dios coincidía con la restauración de Israel y el fin del mundo (que incluía la *resurrección de los muertos).

11:16. La mención de la "masa" alude a las primicias de la ofrenda de harina en Números 15:20, 21, que santificaba la ofrenda entera; los principios de Israel fueron santos (Jer. 2:3), y Dios no se había olvidado de sus planes para ellos. La segunda ilustración de Pablo (raíz y ramas), sin embargo, es el foco de 11:17-24. (Las metáforas mixtas eran comunes en la antigüedad.)

11:17-24. En el AT los *gentiles podían llegar a ser parte del pueblo de Dios, y en efecto llegaron a serlo (p. ej., Rut, Rajab, los guardias quereteos de David, etc.); pero eran claramente una pequeña minoría. Ahora que los cristianos gentiles en Roma habían empezado a ser más numerosos que los cristianos judíos era fácil que ellos se olvidaran de su herencia en la historia de Israel.

A Israel algunas veces se le describía como un árbol, cuyas raíces eran los patriarcas (Abraham, Isaac y Jacob). Contrario a la enseñanza judía regular, Pablo había argumentado que los gentiles incircuncisos podían llegar a ser parte de ese pueblo de Dios mediante la fe en el *Mesías judío (cap. 4). Ahora les recuerda a los gentiles que respeten a los judíos, quienes los habían llevado a su fe. Era más fácil que las ramas judías fueran injertadas en la verdadera forma de su propia fe que los paganos que habían adorado ídolos antes de su conversión comprendieran la fe que ahora estaban aceptando. Como otros maestros judíos de su día, Pablo no considera la salvación de alguna persona en particular como garantizada desde la perspectiva humana mientras no hayan perseverado hasta el fin.

Tanto en la literatura judía como grecorromana se menciona el injerto de árboles (introducir en el tronco de uno un retoño de otro). Algunas veces los retoños de un olivo silvestre se injertaban en un olivo doméstico que estaba produciendo poco fruto, en un intento por fortalecer o salvar la vida del árbol. Se podaban las ramas improductivas originales, y el nuevo injerto era considerado "contrario a la naturaleza" (como en 11:24).

11:25-32
La salvación venidera de Israel

Dios había prometido que Israel como un todo (el remanente sobreviviente después de grandes aflicciones) un día se volvería a él (Deut. 4:25-31; 30:1-6); en ese tiempo Dios pondría el punto final (p. ej., Ose. 14:1-7; Joel 2:12—3:2). El punto de vista de Pablo del fin del tiempo aquí presupone este regreso.

11:25. Algunos profetas del AT habían predicho el testimonio de Dios esparciéndose entre los *gentiles; debido a que el *arrepentimiento final de Israel acarrearía el fin, Dios había postergado el arrepentimiento final de Israel hasta que se lograra recoger la plenitud del remanente gentil (cf. Mat. 24:14; 28:19, 20; 2 Ped. 3:9).

11:26, 27. La futura salvación de Israel se repite en todos los profetas del AT, aun cuando este es uno de los pocos pasajes del NT que tiene ocasión de tratar sobre este asunto. Los maestros judíos comúnmente decían que "todo Israel será salvo", pero luego pasaban a compilar una lista de los israelitas que no serían salvos. La frase por lo tanto significa "Israel como un todo (pero no necesariamente incluyendo a todo individuo) será salvo". En otras palabras, la gran mayoría del remanente judío sobreviviente se volvería a Cristo en fe. Pablo demuestra este punto de Isaías 59:20, 21: el remanente de Jacob que se volvería de su pecado será salvo por la venida del nuevo redentor, cuando él ponga en ellos su *Espíritu (Pablo parafrasea, como era común en las citas antiguas).

11:28, 29. A diferencia de algunos intérpretes de hoy, Pablo no considera canceladas las promesas de Dios al Israel étnico, solo pospuestas (cf. Deut. 4:25-31); Dios todavía tiene un pacto con los padres (Deut. 7:8). La mayoría de lectores de hoy están de acuerdo con uno de dos sistemas: Israel y la *iglesia son entidades separadas e irreconciliables, e Israel será restaurado; o los cristianos llegan a ser el verdadero Israel y el Israel étnico ya no tiene ningún propósito en los planes de Dios. Pablo ha de haber rechazado ambos extremos, al creer que el Israel étnico como un todo regresaría al pacto al final de los tiempos, uniéndose al remanente *gentil y judío que ya participaba en él.

11:30-32. El punto de Pablo aquí es que todos han pecado, y que todos deben venir a Dios por medio de su misericordia en Cristo. Este punto trata del conflicto cultural y étnico en la *iglesia de Roma (ver la introducción a Romanos).

11:33-36
Alabanza de la sabiduría de Dios

Como los escritores de algunos documentos judíos *helenísticos, Pablo concluye esta sección de su carta con una doxología, o alabanza a Dios. Usando el lenguaje de Isaías 40:13 y Job 41:11 (que se refieren a la soberanía de Dios en y sobre la creación), Pablo alaba la sabiduría de Dios al diseñar la historia como lo ha hecho para que la salvación pueda estar disponible a todas las personas (caps. 9—11).

Los filósofos *estoicos creían que Dios controlaba todas las cosas y que todo al final volverá a él. En este contexto las palabras de Pablo en 11:36 quieren decir más bien lo que los judíos normalmente querían decir con tales palabras: Dios es la fuente y el director de la historia humana, y todas las cosas, incluso las malas decisiones de los seres humanos pecadores, al final lo glorificarán a él y a la justicia de su sabiduría.

12:1-8
Servir unos a otros

Habiendo colocado el cimiento teológico para la reconciliación en la *iglesia de Roma (caps. 1—11), Pablo ahora pasa al consejo práctico. (Algunas otras cartas antiguas de exhortación seguían este patrón.) Recalca que la voluntad de Dios para los creyentes es que piensen rectamente: que reconozcan el igual valor de todos los miembros del cuerpo y que usen todos los dones para la edificación del cuerpo.

12:1. El judaísmo antiguo y algunas escuelas filosóficas a menudo usaban "sacrificio" figurativamente para la alabanza o para un estilo de vida de adoración; de aquí que sería difícil que los lectores de Pablo no captaran su punto aquí. Cuando habla de "vuestro culto racional", sus palabras para "culto" aluden al trabajo de los sacerdotes en el templo, y "racional" a la manera apropiada de pensar (como en 12:2, 3). El AT llamaba a los sacrificios que Dios aceptaba "agradables" o "aceptables"; la gente también hablaba de que los sacrificios eran "santos"; pero sacrificios "vivos" estira la metáfora a fin de presentar el estilo de vida sacrificial como una experiencia continua.

12:2. El judaísmo por lo general creía que los poderes del mal dominaban esta era pero que todas las personas reconocerían el gobierno de Dios en la era venidera. Aquí Pablo dice, literalmente: "No se conformen a esta era". En contraste con la adoración extática griega que desdeñaba la racionalidad y el formalismo ritual amoral de la mayoría de cultos romanos y muchos cultos griegos, Pablo hace hincapié en el uso apropiado de la mente: los que disciernen lo que es bueno, agradable (v. 1) y perfecto conocerán la voluntad de Dios. Los escritores judíos de sabiduría y los filósofos griegos puede ser que hayan concordado con el énfasis de Pablo respecto a la renovación del entendimiento; ellos comprendían que las actitudes y los valores de uno afectaban su estilo de vida. Pero la base de Pablo para la renovación es diferente de la de ellos; él se basa en la nueva clase de vida disponible en Cristo, lo que la mayoría del judaísmo esperaba solo en el mundo venidero.

12:3-5. El que cada clase en la sociedad tenía una función especial, como miembros de un cuerpo, había sido largamente discutido por los filósofos que defendían el statu quo del estado; los filósofos *estoicos también habían aplicado la imagen de la cabeza y el cuerpo a Dios y el universo. Pero Pablo tal vez fue el primer escritor en sugerir que cada miembro de la comunidad religiosa tenía una función especial dentro del cuerpo, aboliendo la distinción entre clero y laicos de la mayoría de religiones antiguas. Al afirmar que todo miembro se relaciona con los otros miembros para funciones diferentes (12:6-8), Pablo afirma la diversidad dentro de la unidad. En el capítulo 14 aplicará este principio al conflicto étnico en la *iglesia (ver la introducción).

12:6. La mayoría del judaísmo antiguo consideraba la *profecía como sobrenatural de una manera diferente a los demás dones que Pablo menciona aquí. Dios podía usar los otros dones aquí, pero la mayoría del judaísmo antiguo los veía como actividades que uno hacía para Dios, en tanto que pensaban que la profecía era una "posesión" divina que era muy rara en sus propios días. El que Pablo considere todos estos dones como poderes otorgados de lo alto, y la profecía como uno entre muchos, sugiere cuán completamente esperaba él que el Dios que obraba milagros en el AT continuara obrando de esta manera regularmente en la vida de la *iglesia.

12:7, 8. Aun cuando "servir" puede haber tenido un significado más amplio (cf. 15:25), su posición entre profecía y enseñanza sugiere que se refiere a un cargo en la iglesia (*diákonos*; ver el comentario sobre 16:1). "Hacer misericordia" probablemente se refiere al cuidado de los demás, es decir, cuidar de los enfermos, de los pobres, etc.; aun cuando todos los cristianos hacían esta obra hasta cierto punto, algunos tenían un don especial para hacerlo.

12:9-21
Parénesis general

Uno de los estilos que usaban los antiguos moralistas se llama parénesis, que concadena varias exhortaciones morales que tienen poca conexión entre sí. Pablo usa parénesis aquí pero tiene un tema general que aplica a la mayoría de sus exhortaciones: Llevarse bien unos con otros. Este tema encaja en la situación de los romanos (ver la introducción).

12:9, 10. Los antiguos hacían mucho hincapié en el honor. Los soldados juraban jamás "dar preferencia a otro", en cuanto a darle honor a nadie más que al césar. Algunos filósofos recomendaban que la gente "inferior" prefiriera a la gente "superior" por sobre sí mismos. La amonestación de Pablo suena más como la de los maestros judíos, que ponían énfasis en que cada uno de sus *discípulos debía mirar por el honor de los demás tanto como por el suyo propio.

12:11-13. Los judíos creían en suplir las necesidades de su comunidad, y los cristianos en los días de Pablo sin duda estaban de acuerdo (v. 13); el fenómeno moderno de cristianos acomodados y con hambre en la misma ciudad hubiera espantado la sensibilidad moral de los judíos y de los cristianos antiguos (aunque no la de los paganos). En la antigüedad la hospitalidad quería decir alojar a los viajeros (sin costo alguno) en la casa de uno mientras estuvieran en la ciudad; normalmente ellos llevarían consigo cartas de personas en quienes sus anfitriones confiaban, atestiguando que debía aceptárseles como huéspedes.

12:14. Como otras exhortaciones en el contexto, esta bien puede hacer eco de la enseñanza de Jesús (Luc. 6:28); era común repetir los dichos de maestros famosos, y los maestros judíos siempre citaban a sus propios maestros y la *ley. En un contexto *cínico o *estoico, la exhortación hubiera sonado como un llamado a ignorar el sufrimiento; pero aun cuando los filósofos cínicos descuidaban la reputación, eran dados a responder con palabras agudas. El consejo de Jesús y de Pablo tenía que ver más con la convicción judía de un juicio final y que los creyentes podían dejar esos asuntos en manos de la justicia divina (12:17-21).

12:15. En la mayoría de culturas antiguas llorar con los que lloran era una expresión apropiada de simpatía. Aun cuando filósofos y moralistas con frecuencia advirtieron en contra de llorar demasiado, debido a que “no era bueno”, las bodas judías y ceremonias de duelo (incluyendo las procesiones funerales a las cuales se unía el público) presuponía el principio que Pablo indica aquí.

12:16. La humildad era una virtud judía, y definitivamente no griega (excepto, según pensaban los griegos, para la clase social baja, quienes debían ser humildes). En tanto que muchos escritores hicieron hincapié en que uno supiera cuál era su lugar apropiado, la literatura cristiana va más allá del resto de la literatura antigua al sugerir que los creyentes deben hacer más allá de lo acostumbrado para asociarse con los humildes.

12:17, 18. No devolver mal por mal puede proceder de la enseñanza de Jesús (Mat. 5:39), aun cuando algunos otros maestros judíos también habían recomendado que no se ejecutara la venganza (tan anticipado como en Prov. 20:22). Hacer lo que era respetable en la opinión de los demás era una virtud no solo para los políticos ambiciosos grecorromanos, sino también para los judíos en su trato con los *gentiles. En tanto que los judíos adoptaron pautas más estrictas que la cultura circunvecina por causa del testimonio, nunca comprometieron acomodos con sus propias creencias; el punto de la amonestación es proteger su testimonio y prevenir la oposición innecesaria.

12:19. Los filósofos *estoicos se oponían a la venganza; creían que el destino era soberano, y que la mejor resistencia de uno al destino era cooperar con él y rehusar que las circunstancias manipularan la voluntad de uno. Los pietistas judíos, de la misma manera, condenaban la venganza; confiaban en que Dios los vindicaría. La práctica era, sin embargo, más difícil que el principio. Las masacres posteriores que cometieron gentiles contra judíos en Palestina trajeron represalias sangrientas; desafortunadamente, solo los más devotos por lo general pusieron en práctica lo que para otros eran teorías piadosas. Pablo cita Deuteronomio 32:35, pero el concepto aparece igualmente en otras partes del AT (2 Sam. 22:48; Prov. 20:22; Jer. 51:56).

12:20. Aquí Pablo cita Proverbios 25:21, 22; aun cuando Salomón pudo haber querido decir “ascuas de fuego amontonadas sobre su cabeza” como la angustia emocional del enemigo, en el contexto de Pablo hablando de la venganza (Rom. 12:19), esta expresión puede que signifique que el enemigo de uno será castigado mucho más severamente en el día del juicio. Este es también el sentido en el cual los *Rollos MM veían la abstención de la venganza.

12:21. Algunos pensadores griegos y judíos sugirieron que uno debería convertir al enemigo en amigo en lugar de desquitarse. Algunas veces, no obstante, el que hace el bien al que hace el mal será vindicado solo en el día futuro (12:20).

13:1-7
Sumisión a las autoridades civiles

La lealtad al estado era el tema literario normal entre los escritores antiguos (p. ej., el escritor estoico Hierocles, *Cómo conducirse hacia su madre patria*); aparece en listas y debates junto con el trato apropiado a los padres, ancianos y amigos. Filósofos y moralistas comúnmente escribían sobre cómo los oficiales del gobierno debían actuar, pero también escribían sobre cómo debían portarse los ciudadanos ante el gobierno. Según *Platón, Sócrates incluso rehusó escapar a la ejecución para no socavar al estado con sus buenas leyes tanto como con sus malas leyes.

Cuando los judíos se sentían oprimidos por sus prácticas étnicas o religiosas, la sumisión a las autoridades civiles era el último ejemplo de la no resistencia (12:17-21), actitud que no siempre lograron. Pablo está muy consciente de que aproximadamente una década antes de su carta la comunidad judía había sido expulsada de Roma, posiblemente por debates que la comunidad judía provocó sobre la identidad del *Mesías (ver el comentario sobre Hechos 18:2).

Los judíos debían preocuparse por la opinión pública, especialmente en Roma en donde los lazos económicos que mantenían con Palestina se veían con suspicacia. Debido a que mucha gente veía al cristianismo como una secta minoritaria del judaísmo, los cristianos tenían mucha mayor razón para ser cautos. Judíos y cristianos hacían públicamente hincapié en su buen comportamiento ciudadano, contra la difamación popular de que eran subversivos. Este énfasis no quiere decir, sin embargo, que evitaban denunciar la injusticia (cf. 2 Tes. 2; Stg. 5; *apocalíptica judía).

13:1, 2. Nerón era el emperador en este tiempo, pero todavía no había empezado a perseguir a los cristianos o a reprimir otros grupos; todavía estaba bajo la influencia benévola de *Séneca y Burro, en lugar del réprobo Tigelino. Nerón siempre fue popular en Grecia, desde donde Pablo estaba escribiendo.

Aun cuando algunos judíos palestinos ya habían apoyado la revuelta contra Roma que tomaría lugar en algo más de una década, se dice que otros judíos palestinos habían jurado no resistir, creyendo que Dios había establecido a todas las autoridades civiles (en el AT, cf. Isa. 45:1; Jer. 25:9; Dan. 4:32). Los judíos en Roma ciertamente sostendrían esta posición y se hubieran avergonzado por cualquier otra. El judaísmo por lo general creía en la sumisión (que es cuestión de no resistencia o no violencia, no siempre de obediencia), a menos que incluyera conflicto con la obediencia a las *leyes de Dios. El AT claramente enseñaba la soberanía de Dios sobre los gobernantes terrenales (Prov. 16:10; 21:1).

13:3-5. Aquí Pablo ofrece una exhortación antigua regular. El estado romano hizo muchas cosas perversas; incluso su sistema judicial se basaba en las clases sociales. Pero los romanos por lo general abogaban por la justicia y la tolerancia, y en este punto los cristianos no tenían nada que temer de parte de ellos. Pablo, por lo tanto, no necesitaba calificar el principio general que articula en este momento. "La espada" se refiere al método regular de ejecución en este período (decapitar); en tiempos anteriores se había usado el hacha. Los oficiales romanos por lo general llevaban la espada al frente para indicar su autoridad sobre la vida y la muerte.

13:6, 7. El imperio como un todo impuso un impuesto a la propiedad (a menudo aproximadamente el uno por ciento) y un impuesto por individuo; las provincias y reinos locales añadieron más impuestos; había también impuestos de aduanas. Se usaban los impuestos para financiar las carreteras y para los gastos del gobierno y de los templos dedicados a la adoración del emperador. Los oficiales esperaban y recibían honor en virtud de su posición.

13:8-10
El cumplimiento de la ley

Pablo les recuerda a sus lectores judíos preocupados por la poca observancia a la *ley de parte de los *gentiles, que lo mejor que podrían hacer para cumplir la ley era llevarse bien unos con otros (ver el análisis de la situación en la introducción a Romanos).

13:8. Los moralistas a menudo daban énfasis a no endeudarse (cf. Prov. 22:7); algunas veces se escribieron ensayos enteros sobre el tema (p. ej., por *Plutarco). El judaísmo siempre recalcó el amor al prójimo y algunas veces lo reconoció como un mandamiento que resumía la ley de Dios.

13:9, 10. Ningún lector, fuera griego, romano o judío, discreparía con los mandamientos que Pablo cita aquí, excepto por algunos *gentiles que tal vez discreparían en cuanto a codiciar. Tratar al prójimo como uno se trata a uno mismo es una amonestación recurrente en la ética antigua, aun cuando los moralistas antiguos hallaron muchas maneras diferentes de resumir la ética; Pablo sigue el resumen específico por el que abogó Jesús (Mar. 12:31).

13:11-14
Despertarse al amanecer

13:11. Los filósofos algunas veces decían que un alma desatenta a las cosas espirituales estaba dormida. La imagen que Pablo presenta de dormir a la luz del inminente retorno de Cristo probablemente hace eco a la propia enseñanza de Jesús (Mat. 24:43; Mar. 13:36). La mayoría de griegos esperaba que la historia continuara como siempre, o creían que el universo se movía en ciclos; pero la mayoría de judíos, como Pablo, aguardaban su clímax en el futuro inminente.

13:12. Muchos judíos palestinos aguardaban una batalla del fin de los tiempos que incluiría el derrocamiento de los *gentiles, pero Pablo aquí usa esta imagen mucho más en el sentido en que los judíos fuera de Palestina la habrían usado. Los filósofos a menudo describían su batalla con las pasiones en imágenes atléticas y militares. Esta imaginería también influyó a los escritores judíos no palestinos; por ejemplo, un documento muestra la armadura o armas de Moisés como la oración y el incienso (Sabiduría de Salomón 18:21). Algunos de estos documentos también usan la imagen de vestirse uno mismo espiritualmente, y el judaísmo podía hablar de que las personas "se vestían" con el *Espíritu de Dios (cf. también las imágenes del AT mencionadas en el comentario sobre Ef. 4:20-24).

13:13, 14. Los judíos a menudo caracterizaban la conducta gentil en términos de orgías desenfrenadas y relaciones sexuales prematrimoniales, y en general no estaban tan equivocados. Estas actividades se hacían por la noche (las orgías por lo general duraban hasta bien entrada la noche), como el dormir (v. 11) y los robos.

14:1-23
No se dividan por causa de comidas o días santos

La exhortación de Pablo a la unidad entre los cristianos judíos y *gentiles en Roma ahora revela algunas de las divisiones culturales que se experimentaban allí. Los judíos no esperaban que la mayoría de los gentiles observaran sus leyes sobre las comidas o los días santos, pero sí esperaban que los convertidos gentiles al judaísmo lo hicieran, tal vez incluyendo a los cristianos gentiles. (Lev. 11:44, 45 trata de la santidad como separación y puede sugerir que Dios le dio a Israel leyes especiales sobre la comida particularmente para mantenerlo separado de las demás naciones, porque la mayoría de culturas tenía sus propias prácticas dietéticas especiales. Este método ya no sería útil en el período del NT a la luz de la estrategia misionera de Pablo. Su principio de separación moral se podría retener sin separación cultural.)

Los gentiles, particularmente en Roma, habían ridiculizado por largo tiempo a los judíos por sus peculiaridades, especialmente respecto a estos dos asuntos (además de la circuncisión, que parece no haber sido problema en la *iglesia en Roma). Pablo recalca primordialmente las prácticas de las comidas. (Aunque en 1 Cor. 8 trata una diferente clase de división sobre alimentos, aplica principios similares.)

14:1-4. La mayoría de las distintas culturas en el mundo antiguo tenían sus propias costumbres alimentarias; algunas escuelas filosóficas también tenían sus propias reglas en cuanto a los alimentos. Pero pocas culturas insistían tanto como los judíos en que una deidad había decretado sus leyes sobre los alimentos; en los dos siglos antes de Pablo muchos judíos habían muerto por rehusar comer cerdo, cuya carne los griegos consideraban deliciosa. Aun cuando sabemos que algunos judíos helenistas educados en Egipto consideraban simbólicas las leyes sobre los alimentos, la mayoría de judíos siguió guardando estas leyes en cualquier lugar del imperio a donde iban.

14:5, 6. El tiempo preciso para las fiestas era una cuestión tan importante en el judaísmo que grupos diferentes de judíos rompieron su compañerismo mutuo por este asunto. (No mucho después en la historia, grupos diferentes de cristianos los imitaron.) Los paganos tenían sus propias fiestas, y diferentes naciones tenían sus propias costumbres y calendarios ancestrales. Pero los escritores *gentiles denigraban especialmente el *shabbath* judío. Los romanos razonaban que los judíos eran sencillamente holgazanes y querían un día en que no tuvieran que trabajar. (Esta no fue la primera vez en la historia en que alguien vio la adoración judía en tales términos, Éxo. 5:17.) Pablo alude a la costumbre judía de dar gracias por los alimentos.

14:7-9. Al igual que sus leyes alimenticias separadas, sus regulaciones para el *shabbath* obligaron a los judíos a formar sus propias comunidades moderadamente autosuficientes en el mundo grecorromano, y los gentiles con frecuencia consideraban a los judíos como separatistas e insociables. Esta situación aumentaba la distancia social entre la mayoría de judíos y gentiles.

14:10-12. Los "tribunales" eran comunes en el mundo grecorromano; funcionarios como Pilato o Galión decretaban sus juicios desde el *bema* o tribuna (Hech. 18:12). Dios juzgando a toda persona ante su trono era una imagen común en la descripción judía del fin. Es natural que Pablo aplique Isaías 45:23 al juicio final, porque los capítulos que lo circundan hablan de que Dios libra a Israel al fin y llama a las naciones a rendir cuentas ante él para que reconozcan que él es Dios.

14:13. Otros textos antiguos también usaron "tropiezo" como una metáfora. Los judíos se llamaban "hermanos" entre sí, al igual que los miembros de los clubes religiosos griegos. Los cristianos se consideraban hermanos espirituales, y Pablo refuerza la convicción de que los cristianos judíos y *gentiles deben considerarse mutuamente en estos términos.

14:14. Los judíos clasificaban los alimentos como "limpios" o "inmundos" basándose en la Biblia (Lev. 11). Al decir Pablo que esta clasificación ya no es relevante, estaría poniéndose de acuerdo con algunos judíos de mente filosófica en el mundo grecorromano (no obstante, la mayoría de los cuales guardaba las leyes sobre los alimentos), pero sería chocante para la vasta mayoría de judíos antiguos.

14:15, 16. Precisamente debido a que los alimentos no importan, uno debe estar dispuesto a dejar de comerlos por amor a lo que sí importa: preservar la unidad del cuerpo de Cristo. Pablo no está diciéndoles a los *gentiles que coman *kosher*; más bien les está diciendo que no traten de convencer a los cristianos judíos de que no lo hagan.

14:17-19. Los judíos a menudo hablaban del tiempo futuro perfecto del *reino de Dios (ver 1 Cor. 6:9), cuando el *Espíritu estará disponible y todos estarán en paz unos con otros (Rom. 14:17). Para Pablo la venida del *Mesías y la venida del Espíritu también inauguraban la obra del reino, por lo cual los creyentes debían estar en paz unos con otros (14:19).

14:20, 21. La cuestión aquí no es exactamente comer carne o beber vino, sino que la carne *gentil (de la que se sospechaba que había sido ofrecida a los ídolos o que no se le había sacado la sangre de modo apropiado) y las bebidas gentiles (parte de las cuales posiblemente se usó como libación para los dioses) despertaba sospechas en los judíos. Pero como buen *retórico Pablo llama a sus lectores a que admitan su punto incluso en el caso más extremo, requiriendo abstinencia de toda carne o vino (y si se aplica al extremo, "cuánto más", siguiendo un estilo regular de argumentar, a todos los casos menores). Aun cuando algunos grupos judíos se abstenían de vino por períodos (Núm. 6:3; cf. Jer. 35:5, 6) el vino diluido era parte normal de las comidas; así que el lenguaje aquí es probablemente *hiperbólico; ver el comentario sobre Juan 2:9, 10.

14:22, 23. Los maestros judíos erigieron una "cerca alrededor de la ley" para resguardar a la gente de los aspectos de "duda", aspectos que no eran claros y en donde podrían pecar. El punto de Pablo es que la consagración total a Dios quiere decir hacer lo mejor que uno pueda para hallar lo que es debido, y evitar lo que uno sabe que no es correcto.

15:1-13
Cristo como ministro de reconciliación racial

Los escritores antiguos comúnmente usaban ejemplos para demostrar sus puntos. Los oponentes se mostraban más vacilantes para cuestionar el ejemplo de un maestro virtuoso. Continuando con su argumento del capítulo 14, Pablo empieza con el ejemplo último e indisputable para los cristianos: Cristo.

15:1-3. El Salmo 69:9 tiene buen sentido en este contexto; el Salmo 69 es un salmo del justo sufriente; así el NT a menudo lo aplica apropiadamente a Cristo (el justo sufriente por excelencia).

15:4. Pablo puede decir que las Escrituras se escribieron "para nuestra enseñanza" porque cree, como sus contemporáneos judíos, que es la Palabra de Dios, y sigue siendo relevante para las nuevas situaciones. Esta afirmación no quiere decir que pensaba que tenía un propósito solo para su propia generación, como algunos comentaristas han sugerido en una analogía con sus puntos de vista de comentarios bíblicos sobre los *Rollos MM; en verdad "para nuestra enseñanza" podría fácilmente referirse directamente a las palabras de Moisés en Éxodo 24:12. Los judíos hallaban consuelo en la enseñanza de las Escrituras (2 Macabeos 15:9).

15:5. Tener "el mismo sentir" quiere decir pensar en la unidad (1 Crón. 12:38); en este caso una unidad de amor, no de completo acuerdo (cap. 14).

15:6. Alabar a Dios "a una sola voz" quiere decir unánimemente; cf. Éxodo 24:3 (este capítulo puede haber estado fresco en la mente de Pablo; cf. Rom. 15:4) y 2 Crónicas 5:13.

15:7-12. El que Cristo aceptó no solo a los judíos sino también a los *gentiles Pablo lo demuestra a partir de las Escrituras (Sal. 18:49; 2 Sam. 22:50; Deut. 32:43 [cf. Rom. 12:19]; Sal. 117:1; Isa. 11:10). Pablo provee citas de diferentes partes del AT y podría haber provisto otras para reforzar su argumento de que Dios busca la alabanza de los gentiles tanto como la de los judíos (p. ej., 1 Crón. 16:31; Sal. 22:27; 96:10; 102:22; Isa. 49:23; 60:3, 9-14). Su última cita, Isaías 11:10, era una *profecía clara de los gentiles acudiendo al *Mesías y siendo salvos al final de los tiempos; Isaías también tiene otras profecías en cuanto a los gentiles siendo incorporados en el pueblo de Dios (19:23-25; 56:3-8).

15:13. Las cartas a menudo incluían una oración o un deseo de bienestar por la salud de alguien, especialmente en su apertura; las cartas de Pablo, que enfocan asuntos espirituales, naturalmente incluían más oraciones que la mayoría de cartas antiguas (15:5, 6, 33, etc.). Los judíos por costumbre solían expresar oraciones como estas de la misma manera en que usaban la intercesión directa, y Pablo sin duda quiere que Dios tanto como su público romano oiga esta oración.

15:14-33
Pablo como ministro de reconciliación racial

A menudo el epílogo de un discurso repetía los puntos dichos en el proemio (apertura); Pablo emplea tal repetición en esta carta pero con un tono característico personal de cartas o discursos especialmente afectuosos. El final de un discurso a menudo es el lugar de tensión que los griegos llamaban *pathos*, o apelación emocional.

15:14. Los escritores griegos a menudo expresaban su confianza en sus destinatarios; esta expresión ayudaba a los lectores a escuchar más favorablemente el resto de la carta, y algunas veces servía como una manera diplomática de hacer alguna petición. Aun cuando se acostumbraba en las cartas de consejo, era menos apropiado en las cartas de reprensión (cf. Gálatas). "Aconsejar" era la forma más suave de corrección que ofrecían los oradores públicos y los escritores expertos en las "cartas de acusación", y Pablo aquí nota que podían suplirse esta instrucción unos a otros.

15:15. "Haceros recordar" era un rasgo común de la exhortación moral antigua.

15:16. Una expectativa judía popular para el final de los tiempos era que Israel gobernaría a los *gentiles, quienes finalmente reconocerían al Dios verdadero, y enviarían su tributo a Jerusalén (p. ej., Isa. 60:11-14). Los cristianos de Jerusalén tal vez hayan visto la colecta que hizo Pablo allí para los santos (15:25-27) como un cumplimiento de esta vindicación de la fe de Israel.

15:17, 18. Los filósofos usaban su forma de vida tanto como su enseñanza para demostrar sus principios, y podían llamar la atención a eso como ejemplo. Pablo limita sus credenciales a lo que había sido demostrado en su vida y ministerio.

15:19. El Ilírico era el norte de Macedonia, al otro lado de Italia en la costa oriental del mar Adriático, en el oeste de las regiones de Yugoslavia, Servia y Croacia. La provincia romana se llamaba Ilírico; los griegos incluían esta región y una parte del territorio más al sur (incluyendo Diraquium sobre la Vía Ignacia en Macedonia) en lo que llamaban Iliria.

15:20. El Ilírico (15:19) puede haber sido una de las regiones que anteriormente no estaban evangelizadas; España sería otra (15:28).

15:21. Aquí Pablo cita Isaías 52:15, que en su contexto claramente se refiere a los *gentiles ("reyes"), quienes están en contraste con el propio pueblo del *Mesías, Israel, quienes no lo reconocieron (53:1-4).

15:22, 23. Las cartas antiguas a menudo trataban negocios, incluyendo visitas planeadas.

15:24. "Ser encaminado" o "ayuden" (NVI) implica que ellos cubrirían sus gastos para el viaje. Esto sería una gran expresión de hospitalidad, y la *iglesia en Roma probablemente lo consideraría un honor si pudieran afrontarla. Hay escasa evidencia de que existiera algún asentamiento judío importante en España durante el tiempo del Imperio romano, antes del siglo tercero d. de J.C.; de ser así, la obra misionera de Pablo allí probablemente hubiera sido entre los que no sabían nada de la Biblia. En el extremo más occidental del Mediterráneo los geógrafos, tales como Estrabo, contaban a España como el fin de la tierra (con India en el extremo opuesto más oriental del mundo); cf. Hechos 1:8.

15:25, 26. "Los pobres" llegó a ser en algunos círculos un título para los creyentes de Judea (especialmente miembros de la comunidad de *Qumram); tal vez principalmente porque la mayoría de ellos eran pobres. Los maestros judíos consideraban las leyes que exigían que se cuidara de los pobres una prueba principal de si un convertido *gentil había aceptado genuinamente la *ley de Dios. Enviar dinero a Jerusalén era una práctica común judía en el Mediterráneo, especialmente respecto al impuesto anual del templo. Los judíos por todo el mundo expresaban su solidaridad con Jerusalén y la madre patria mediante el impuesto del templo; aquí la ofrenda de cristianos gentiles para Jerusalén expresa solidaridad entre el cristianismo judío y gentil. Este es un ejemplo práctico de reconciliación racial humilde, importante para el caso de Pablo en Romanos.

Las cartas de Pablo más frecuentemente identifican a las *iglesias por las ciudades en que se ubicaban, antes que por las provincias. Las iglesias probablemente se veían a sí mismas en estos términos porque los habitantes de las áreas urbanas grandes se identificaban más por las ciudades en que vivían que por los linderos políticos de las provincias romanas. Sin embargo, existían lazos culturales regionales, y este pasaje puede indicar cooperación regional entre las iglesias.

15:27. Los lectores judíos empapados del AT tenían un sentido mucho mayor de responsabilidad corporativa entre los miembros de su pueblo que el que comúnmente se encuentra en la sociedad individualista occidental (Deut. 23:3, 4; 2 Sam. 21:1-9). El gobierno romano recaudaba tributos del resto del mundo, pero en el siglo segundo la *iglesia en Roma era conocida porque enviaba fondos a las iglesias necesitadas en otras partes del imperio, para libertar de las minas a los esclavos cristianos y para otras necesidades.

15:28. Las cartas antiguas a menudo anunciaban posibles visitas personales. Era imposible que algún viajero hallara una ruta directa de Siria o del Oriente a España; las naves orientales navegaban a Roma, desde donde el viajero tenía que transbordar a España. El que viajaba por mar navegaría a Tarraco usando esa ruta; también se podía viajar por tierra por las carreteras de Galia del sur y atravesar los Pirineos a Tarraco. Era un viaje de más de mil seiscientos kilómetros; por tierra de Roma a Córdoba eran algo así como dos mil setecientos kilómetros. "Entregado oficialmente" (RVA) se refiere al sello que se usaba en los documentos comerciales, garantizando el contenido correcto de la mercancía (de aquí "en sus manos", NVI); Pablo inspeccionaría y supervisaría la entrega de la ofrenda.

15:29-33. El que el viaje de Pablo a Jerusalén podía representar algún peligro queda atestiguado por el relato en Hechos 21—22; ver el comentario sobre ese pasaje.

16:1, 2
Carta de recomendación para un ministro

Los viajeros judíos normalmente llevaban cartas de recomendación atestiguando que se les debía recibir; generalmente ellos mismos llevaban estas cartas. (El único servicio de correos eran los mensajeros imperiales para el gobierno; Pablo, por lo tanto, tenía que enviar la carta por medio de algún viajero.) Pablo sin duda recalca las cualidades espirituales de Febe por dos razones: los círculos judíos y grecorromanos por lo general no tenían en alta estima a las mujeres con sabiduría espiritual; y ella necesitaría ministrarles, explicándoles cualquier cosa de la carta de Pablo que los oyentes no comprendieran.

16:1. "Diaconisa" (RVA) es el término griego *diákonos*, que algunas veces se traduce "diácono", probablemente el dueño de la casa en la cual se reunía la *iglesia. El término "diácono" probablemente corresponde al *chazán* de la *sinagoga, quien estaba a cargo del edificio (ver el comentario sobre 1 Tim. 3:8 para el significado de "diácono"). Si los diáconos ocupaban ese oficio y el cargo de supervisores de beneficencia, ocupaban un cargo que era respetado en las sinagogas judías (y normalmente no asignado a mujeres). Pero el NT por lo general aplica el término *diákonos* a los "ministros" de la palabra de Dios, como Pablo y sus colegas; Pablo puede haber tenido este significado en mente aquí (aun cuando el judaísmo antiguo no permitía que las mujeres enseñaran públicamente la ley a los varones).

Cencrea era el puerto más oriental de Corinto, cerca del istmo. Naturalmente había llegado a albergar una variedad de religiones foráneas, por lo cual tenía una atmósfera de tolerancia a las religiones.

16:2. "Ha ayudado" (RVA) traduce un término griego aplicado especialmente a los *protectores. Un patrono de una asociación religiosa era normalmente una persona acomodada que permitía que los miembros de un grupo religioso se reunieran en su casa. El protector generalmente era un miembro prominente y honrado por el grupo, y por lo general ejercía alguna autoridad sobre el mismo. Aun cuando la mayoría de los protectores de asociaciones religiosas eran hombres, también se sabe que había algunas mujeres protectoras.

16:3-16
Saludos a los amigos en Roma

"Todos los caminos conducen a Roma", y mucha gente en el Mediterráneo antiguo emigraron hacia allá; esto pudo haber sido especialmente cierto respecto a los cristianos judíos que habían regresado después de que la muerte de Claudio anuló su orden de expulsión, tales como Aquila y Priscila (16:3; cf. Hech. 18:2). Muchas cartas antiguas concluían con saludos a amigos, a menudo por nombre, y esta carta deja en claro cuántos amigos tenía Pablo, incluso en una ciudad que nunca antes había visitado.

Muchos de los nombres son griegos o judíos, pero eso no es raro; tal vez el 80 por ciento de los habitantes de la Roma imperial eran descendientes de esclavos libertos procedentes del Oriente. Uno podía llevar un nombre latino sin ser ciudadano romano, aun cuando la lista probablemente incluye varios romanos nativos.

Es digno de notarse que aun cuando Pablo saluda aproximadamente a veintiocho individuos, y solo a once mujeres, específicamente elogia la obra de seis (más de la mitad) de las mujeres y de seis (algo así como un tercio) de los hombres. Esta desproporción puede deberse a que, en esa cultura, las mujeres necesitaban más afirmación en su ministerio (ver el comentario sobre 16:1, 2).

16:3. Por lo general se mencionaba primero al esposo, a menos que la esposa tuviera una posición social más elevada, lo que pudiera sugerir la categoría superior de Priscila en la sociedad (por nacimiento) o en la *iglesia. "Prisca" es el diminutivo latino de "Priscila".

16:4. "Expusieron sus cuellos" (RVA) parece haber sido una figura de dicción para indicar que arriesgaron sus vidas a favor de alguna otra persona, figura derivada probablemente del método romano de ejecución mediante decapitación.

16:5. Las *sinagogas pequeñas a veces tenían que reunirse en casas antes de poder comprar edificios; muchas asociaciones religiosas griegas hicieron lo mismo; las *iglesias lo hicieron así en los primeros tres siglos, usando sus ingresos para comprar la libertad de los esclavos, alimentar a los pobres y cosas por el estilo, antes que construir edificios. En Roma existían muchos departamentos muy convenientes sobre almacenes en los edificios de varios pisos; Aquila y Priscila probablemente vivían en la parte superior de su taller de artesanía. Las iglesias en casas de Roma posiblemente se veían amenazadas por la desunión entre ellas, porque Roma (a diferencia de las ciudades orientales) no permitía que los judíos se reunieran a ningún nivel más numeroso que las sinagogas locales, y a los cristianos se les consideraba judíos. "Epeneto" era un nombre común entre esclavos y *libertos.

16:6. "María" podría ser una forma latinizada del judío "Miriam" (normalmente es traducido "María" en el NT), o posiblemente un *nomen* latino, probablemente indicando ciudadanía.

16:7. "Andrónico" se menciona en otras partes como un nombre judío *helenístico. "Junias" es un *nomen* latino que debe indicar su ciudadanía romana. Contra los intentos de hacer "Junias" una contracción del masculino "Juniano", esta forma no es atestiguada en Roma; los lectores cristianos antiguos reconocieron que Junias era una mujer. Debido a que ella y Andrónico viajaban juntos sin que eso causara escándalo, y la soltería era rara, sin duda eran un equipo de esposo y esposa; los equipos de esposo y esposa eran conocidos en algunas profesiones, tales como médicos y mercaderes de baja clase. La manera más natural de leer la frase griega es que ambos eran *apóstoles (cf. NVI); algunos intérpretes modernos han rechazado esta lectura principalmente porque presuponen que las mujeres nunca ocuparon ese cargo. "Parientes" (RVA) puede significar compatriotas (ver también 9:3 y 16:11).

16:8, 9. "Amplias" y "Urbano" eran nombres comunes de esclavos en Roma.

16:10. "La casa de Aristóbulo" puede referirse a los esclavos libertos de Aristóbulo, nieto de Herodes el grande, quien vivió toda su vida en Roma. Pero "Aristóbulo" es un nombre griego común, así que la frase pudiera referirse a una *iglesia en alguna casa o una familia encabezada por un Aristóbulo diferente.

16:11. "La casa de Narciso" puede referirse a *libertos que anteriormente le habían pertenecido a Narciso, siendo él mismo un liberto que fue uno de los individuos más poderosos del imperio bajo Claudio.

16:12. "Trifena" y "Trifosa" son nombres griegos que algunas veces usaron mujeres judías así como griegas. Un erudito, notando que ambos nombres proceden de una raíz que significa "delicada", piensa que Pablo puede haber estado haciendo un juego de palabras con sus nombres en forma irónica al decir que ellas "han trabajado arduamente"; esta propuesta es debilitada por la misma frase en 16:6. "Pérsida" también queda atestiguado como nombre de esclava pero también usado por personas libres.

16:13. "Rufo" es nombre romano, algunas veces usado por judíos (algunos comentaristas piensan que es el Rufo de Mar. 15:21); era un nombre común entre los esclavos. Los saludos al concluir las cartas podían incluir términos de afecto e intimidad tales como "padre" o "madre" (p. ej., una carta antigua se dirige a dos ancianos como "padres"). De aquí que "madre" podría ser sencillamente un rasgo de cariño hacia alguna anciana, o puede tal vez implicar que fue una *protectora que ayudó a sostener el ministerio de Pablo.

16:14. Como los griegos, los judíos en el antiguo Mediterráneo a menudo usaban nombres compuestos de nombres de dioses paganos, tales como Hermes o Apolos. "Patrobas" es apócope del nombre raro "Patrobio"; algunos eruditos han ligado este nombre con la casa de uno de los libertos pudientes de Nerón. "Flegonte" era también un nombre común de esclavos.

16:15. "Julia" es un *nomen* latino (no sencillamente un *praenomen*) y puede indicar que era ciudadana romana. (En contraste, otros comentaristas han notado que era más bien un nombre común para esclavas.)
16:16. Los besos eran una forma común de saludo cariñoso entre familiares, amigos íntimos o los que eran objeto de respeto (p. ej., Gén. 33:4; 45:15; 1 Sam. 20:41). Debido a los abusos, en los siglos subsecuentes la *iglesia limitó la práctica al beso litúrgico de comunión de manera que se practicara solo hombres con hombres y mujeres con mujeres, aun cuando esta no era la práctica inicial.

16:17-20
Exhortación de conclusión

16:17. Siguiendo con el punto de la carta (ver en la introducción la explicación de la situación), los que causaban cismas y divisiones son el principal blanco de la advertencia de Pablo.
16:18. Los filósofos ridiculizaban a los que eran "esclavos" de sus pasiones (sobre la frase de Pablo aquí ver el comentario sobre Filipenses 3:19). Los filósofos y moralistas también se distanciaban de los oradores públicos populistas que buscaban lisonjear a sus auditorios; pero recalcaban que ellos mismos le decían a la gente lo que necesitaban oír antes que lo que querían oír.
16:19. Pablo probablemente alude aquí a Adán y Eva buscando fruto de árbol del conocimiento del bien y del mal (Gén. 2:9; 3:6); ver el comentario sobre Romanos 16:20. También puede haber tenido la intención de contrastar con Jeremías 4:22: "Son expertos para hacer el mal, pero no saben hacer el bien".
16:20. Génesis 3:15 prometía que la serpiente que engañó a Adán y a Eva para que tomaran del fruto (cf. Rom. 5:12-21) al final sería destrozada bajo los pies de la simiente de Eva. En muchas tradiciones judías la serpiente representaba a *Satanás o sus instrumentos. Algunos textos parecen haber entendido la "simiente" de Eva como Israel, otros (tal vez incluyendo la *LXX de Gén. 3:15) como el *Mesías; pero aquí Pablo lo aplica más ampliamente a los seguidores del Mesías por igual. Su punto es que deberían perseverar hasta el fin, y su oposición será derrotada.

16:21-24
Saludos a la iglesia en Roma

No era raro añadir saludos suplementarios; estos, sin embargo, eran de los colegas de Pablo en Corinto a la *iglesia en Roma. Aun cuando esta es una lista básica de saludos, puede también haber tenido el propósito de certificar a los testigos, lo cual también venía al final de los documentos.
16:21. "Lucio" era un nombre grecorromano algunas veces usado por judíos; su apócope griego es "Lucas". Para los nombres "Jasón" y "Sosípater" (posiblemente pero no necesariamente la misma persona), ver Hechos 17:6, 9 y 20:4 ("Sópater" era otra forma de "Sosípater").
16:22. "Tercio" era un nombre romano (a menudo usado para el tercer hijo), algunas veces usado por judíos. La mayoría del mundo antiguo era demasiado analfabeto como para escribir cartas, y ciertamente cartas tan sofisticadas como esta; dependían más bien de escribanos. Los que tenían suficiente alfabetización también eran lo suficientemente acomodados como para poder dictar cartas a escribanos, algunas veces sus propios secretarios, que por lo general eran esclavos letrados. El que hospedaba a Pablo puede haberle prestado su escribano, o Tercio puede haber sido un escribano profesional; en cualquier caso, Tercio parece haber sido creyente, porque los escribanos normalmente no añadían sus propios saludos. El que Pablo siguiera la práctica común de firmar las cartas que se dictaban (1 Cor. 16:21; Gál. 6:11; Col. 4:18; 2 Tes. 3:17) indica que regularmente usó escribanos.

16:23, 24. La *iglesia en Corinto se reunía en la casa de Gayo; Pablo probablemente se alojó allí. Para que esta casa acomodara a "toda la iglesia" debe haber sido más grande que la mayoría de las casas en que se reunían iglesias. Los "tesoreros de la ciudad" eran a menudo esclavos públicos o *libertos, pero generalmente eran ricos. En otros casos los cargos públicos como este se asignaban a personas acomodadas como parte de sus responsabilidades cívicas. Si este es el mismo "Erasto" de quien se habla en una inscripción en Corinto como *aedile* en este período (y esto es probable), debe haber sido un *protector muy pudiente de la ciudad, parte de la aristocracia municipal.

16:25-27
Bendición de conclusión

Las conclusiones en las cartas grecorromanas variaban considerablemente, pero a menudo terminaban con un deseo por la salud de los destinatarios y luego el "adiós". Las *sinagogas, no obstante, concluían las oraciones, lecturas y cultos con bendiciones, y Pablo esperaba que esta carta se leyera públicamente en los cultos de adoración en las iglesias en hogares.

16:25, 26. Algunos textos judíos antiguos como Daniel y los *Rollos MM hablaban de que Dios había revelado lo que antes había sido un misterio, un conocimiento especial previamente no disponible excepto mediante revelación divina. Para Pablo, este misterio de la reunión de los *gentiles ya estaba enseñado en las Escrituras (Pablo cita muchas de ellas en su argumentación en Romanos; cf. también, p. ej., Isa. 19:18-25; 56:3-8; Zac. 2:11) y finalmente se estaba comprendiendo.

16:27. Aquí Pablo ofrece la doxología regular judía usada para concluir las obras religiosas judías *helenistas (excepto, por supuesto, el "mediante Jesucristo"). "Amén" era la conclusión regular al final de las oraciones y de un buen número de libros judíos.

1 CORINTIOS

Introducción

Retórica. Todos los eruditos aceptan 1 Corintios como carta paulina.

Corinto. Corinto era uno de los principales centros urbanos del antiguo Mediterráneo y una de las ciudades con mayor diversidad cultural en el imperio. Ciudad griega por su ubicación, capital de Acaya (que comprendía la mayor parte de la Grecia antigua). Corinto había sido una *colonia romana por aproximadamente un siglo, colonizada nuevamente por los romanos después de su destrucción; las culturas griega y latina coexistían y algunas veces chocaban allí. Su ubicación en el istmo de Corinto, que constituía una ruta corta por tierra atravesando Grecia y que evitaba a los navegantes el viaje más traicionero alrededor del sur de Grecia, la convirtió en una comunidad mercantil próspera. Su carácter mercantil contribuyó a la presencia de religiones foráneas y puede haber acelerado el nivel de promiscuidad sexual, aunque la promiscuidad era característica de la cultura griega masculina en general. Corinto se conocía por su prosperidad, y el proverbial libertinaje sexual de la antigua Corinto griega parece haber continuado igualmente en la Corinto romana.

Idioma. Aunque se usaba el latín para los asuntos oficiales, la mayoría de la gente hablaba griego, especialmente la mayoría de la gente que constituía la *iglesia en Corinto.

Circunstancias. En la antigüedad las responsabilidades las determinaba la posición social, y los que tenían riqueza y poder preferían ideologías religiosas, filosóficas y políticas que respaldaban su base de poder. Una lectura de 1 Corintios teniendo como trasfondo un conflicto de posición social reduce gran parte de la especulación de los comentarios más antiguos; aunque había errores teológicos involucrados, el asunto mayor era que la gente no se llevaba bien. Los cristianos corintios eran básicamente como la mayoría de cristianos de hoy. Tenían sus propios intereses sociales, que parecían naturales desde su propia perspectiva, pero Pablo los llama a pensar más bien como siervos.

De este modo, los miembros de alta categoría de la comunidad parecen haber preferido a un orador de mejor *retórica como Apolos; y compartiendo con los valores de sus iguales que esperaban alcanzar con el *evangelio, rechazaban la labor manual como ocupación apropiada para un maestro moral. Los obreros de la *iglesia, sin embargo, apreciaban a un maestro trabajador como Pablo, de condición más baja por su propia voluntad, aunque en su entrega personal de sus discursos dejara algo que desear (caps. 1—4). Los ideales filosóficos sostenidos por algunos de los miembros de más alta categoría pueden haber justificado las ofensas sexuales (caps. 5—7); surgieron conflictos por los puntos de vista de los de alta categoría y los de baja categoría respecto a las comidas comunitarias (caps. 8—11), puntos de vista entre los de alta y los de baja categoría respecto a cubrirse la cabeza (11:2-16), y posiblemente la susceptibilidad de los de alto rango a las corrientes filosóficas místicas (caps 12—14) y nociones del cuerpo e inmortalidad (cap. 15). En otras palabras, los valores en conflicto de los diversos grupos en la sociedad más amplia habían sido llevados a la iglesia como cuestiones que producen división.

Comentarios. El mejor comentario es Gordon F. Fee, *The First Epistle to the Corinthians,* NICNT (Grand Rapids, Mich.: Eerdmans, 1987) (hay traducción al castellano); C. K. Barrett, *A Commentary on the First Epistle to the Corinthians,* HNTC (Nueva York: Harper & Row, 1968), es también útil. Obras más concentradas en textos o temas específicos, tales como Gerd Theissen, *The Social Setting of Pauline Christianity* (Filadelfia: Fortress, 1982), o Dale B. Martin, *Slavery as Salvation: The Metaphor of Slavery in Pauline Christianity* (New Haven, Conn.: Yale University Press, 1990), son útiles para estudios específicos sobre las relaciones sociales en Corinto. También son útiles las obras generales sobre las relaciones sociales en la antigüedad, tales como Ramsay MacMullen, *Roman Social Relations* (New Haven, Conn.: Yale University Press, 1974); para tales relaciones en el NT, ver Wayne E. Meeks, *The First Urban Christians* (hay traducción al castellano); *The Social World of the Apostle Paul* (New Haven, Conn.: Yale University Press, 1983); Abraham J. Malherbe, *Social Aspects of Early Christianity, 2ª ed.* (Filadelfia: Fortress, 1983); y otras obras en la serie LEC citada en la bibliografía en la introducción a este volumen. Sobre 1 Corintios 7, ver los capítulos cinco y seis de mi libro previo *...And Marries Another: Divorce and Remarriage in the Teaching of the New Testament* (Peabody, Mass.: Hendrickson, 1991); para 1 Corintios 11:2-16 y 14:34-36 ver mi *Paul, Women and Wives* (Peabody, Mass.: Hendrickson, 1992), pp. 19-100; para 1 Corintios 8 y 10, ver Wendell L. Willis, *Idol Meat in Corinth: The Pauline Argument in 1 Corinthians 8 and 10,* SBLDS 68 (Chico, Calif.: Scholars, 1985); para partes de 1 Corintios 2—3 y 15, cf. Birger A. Pearson, *The "Pneumatikos-Psychikos" Terminology in 1 Corinthians: A Study in the Theology of the Corinthian Opponents of Paul and Its Relation to Gnosticism,* SBLDS 12 (Missoula, Mont.: Scholars, 1973).

1:1-9
Saludos iniciales

Estos versículos siguen una manera antigua típica de empezar cartas; ver la introducción a las cartas del NT y los comentarios sobre Romanos 1:1, 7.

1:1. Las cartas en la antigüedad por lo general no tenían dos autores; Pablo puede haber sido el autor de la carta y Sóstenes el escribano (cf. 16:21); Sóstenes puede haber contribuido al contenido de la carta o (más probablemente) meramente concordaba con el mensaje de Pablo.

1:2. "Santos" significa "los puestos aparte", y "santificados" quiere decir "apartados", "santos o separados para Dios". En el AT este lenguaje se aplicaba a Israel; quería decir que Dios había apartado a Israel para sí mismo cuando los redimió, y por consiguiente debían vivir para Dios, no como las naciones que los rodeaban.

1:3. "Gracia" adapta un saludo griego común, y "paz" uno judío. Al igualar a Jesús con el Padre como la fuente de gracia y paz en una oración deseando bienestar (tales oraciones por los lectores eran comunes al empezar las cartas), Pablo declara la divinidad de Jesús.

1:4. Las acciones de gracias eran comunes en las cartas. Como en los discursos, las cartas podían empezar con un proemio o prólogo alabando al lector, lo que tenía el propósito de ganarse el favor del lector para el resto de la carta. Los moralistas que pronunciaban discursos de reprensión y escribían cartas de reprensión también mezclaban elogios para hacer que su consejo fuera más fácil de aceptar.

1:5. Las secciones de apertura de las cartas comúnmente introducían algunos de los temas que se repetirían en toda la carta. El "discurso" y el "conocimiento" eran importantes para los corintios. De hecho, en los juegos ístmicos vecinos (ver el comentario sobre 9:24, 25) incluían competencias de discursos, y el conocimiento se asociaba con la sabiduría filosófica o la capacidad de hablar de improviso sobre cualquier tema (habilidad en que se adiestraban los *retóricos, u oradores públicos). Aquí Pablo quiere decir dones espirituales, no meramente naturales, pero los corintios habían llegado a sobresalir en estos dones particulares precisamente porque en su cultura eran muy importantes para ellos.

1:6-8. "La manifestación de nuestro Señor Jesucristo" aquí cumple el papel asignado a "el día de Dios" en la tradición judía común. Algunos elementos del judaísmo, especialmente en la *diáspora, restaban importancia a los aspectos futuros de la esperanza bíblica; Pablo quiere invertir esta tendencia entre los cristianos corintios.

1:9. Los filósofos antiguos a menudo hablaban del "compañerismo" o la "comunión" con otras personas. Aunque Pablo puede haber querido indicar compañerismo con otros en Cristo, probablemente quiere decir algo mucho más inusual en la antigüedad: intimidad con el mismo Señor. La religión grecorromana tendía a enfatizar el ritual (o, en algunas sectas, éxtasis no relacional). El judaísmo veía a Dios en intimidad con su pueblo, pero no aducía experimentarlo como si morara en el creyente o le hablara por el *Espíritu, como Pablo lo hace en otros lugares.

1:10-17
Cristo no está dividido

Los *retóricos antiguos hubieran clasificado por lo menos 1 Corintios 1:10—4:21 (que trata de la unidad), y tal vez la carta entera, como una carta de amonestación. Pablo no se está defendiendo contra oponentes (como en 2 Corintios), sino que está tratando del mal comportamiento de los corintios. El contexto muestra que favorecían a maestros específicos (Pablo y Apolos) con base en sus respectivas habilidades retóricas y filosóficas (1:18—4:21).

1:10. Durante los primeros tres siglos de su existencia, la *iglesia se reunía principalmente en casas; aquellas cuyos dueños eran miembros más pudientes de la congregación podían, naturalmente, alojar más personas (ver el comentario sobre 11:17-34). Debido a que el tamaño de estas casas limitaba el tamaño de las congregaciones y obligaba a los cristianos a reunirse en diferentes "iglesias en hogares", fácilmente podían surgir las divisiones entre ellos. Conforme la carta avanza, sin embargo, es cada vez más claro que la base principal para la división se deriva de las diferencias en la estratificación social dentro de las congregaciones. Un tipo de discurso antiguo (conocido como el discurso *homonoia*) lamentaba las divisiones y hacía un llamado a la unidad; los lectores de Pablo reconocerían de inmediato la naturaleza de su argumentación.

1:11. Estos informantes pueden haber sido agentes de Cloé, una adinerada mujer de negocios en Corinto o Éfeso (16:8), que viajaban entre las dos ciudades por asuntos de negocios. Como tales, pueden haber sido esclavos de alta categoría o *libertos que pertenecían a la casa de ella. Los miembros de una *iglesia en Corinto le habían llevado a Pablo las noticias; las noticias y las cartas con mayor frecuencia las llevaba la gente que viajaba por otros negocios. (Si hubieran sido los hijos de Cloé en vez de sus criados, se les hubiera mencionado por la casa de su *padre*, aunque ya hubiera muerto.)

1:12. La gente con frecuencia era atraída hacia ciertos maestros. Los filósofos estimulaban el vínculo emotivo consigo mismos como una parte necesaria del desarrollo moral e intelectual. Los *rabinos tenían sus propias escuelas, y los *discípulos normalmente propagaban los puntos de vista de sus maestros. Pablo probablemente menciona a "Cefas" y a "Cristo" solo hipotéticamente (cf. 3:5, 6); su punto es que toda división es mala, incluso la que se basa en el reclamo de ser solo de Cristo y rechazar por eso a los seguidores de Pablo o de Apolos.

1:13. Aquí Pablo usa un método común en la argumentación: *reductio ad absurdum*, reducir la posición del contrincante a su conclusión natural pero absurda.

1:14, 15. En algunas *religiones de misterio el iniciado llamaba "padre" a quien lo había introducido a la secta. "Crispo" y "Gayo" son nombres latinos y pueden reflejar a personas de un nivel social alto en la congregación.

1:16. Pablo puede haber recordado a Estéfanas separadamente porque tal vez lo conoció y lo bautizó en algún otro lugar (16:15). Una "casa" normalmente seguía la religión del jefe de familia; 16:15 implica que Estéfanas era un creyente y una persona de buena posición económica.

1:17. El judaísmo usaba el *"bautismo" como el acto final de conversión para los *gentiles; los primeros cristianos siguieron este modelo. Pero Pablo rehúsa recalcar el acto mismo; su énfasis recae sobre el mensaje. El bautismo simplemente da testimonio de la recepción de dicho mensaje. Los moralistas comúnmente negaban que ellos usaran la *retórica experimentada para persuadir a sus oyentes, y recalcaban que apelaban solo a la verdad.

1:18-25
La sabiduría de Dios en la cruz

El judaísmo enfatizaba la importancia de la sabiduría divina que Dios reveló en su palabra; algunas veces se personificaba a la sabiduría (1:30). Dado el respeto popular griego por la filosofía y la *retórica, es probable que algunos miembros educados de la *iglesia se interesaban especialmente en el "discurso sabio". Apolos puede haber encajado en su estilo favorito de discurso mejor que Pablo (1:12; ver el comentario sobre Hechos 18:24).

1:18. Los griegos creían que algunos dioses habían muerto y regresado (por lo general eran deidades relacionadas con la agricultura que volvían anualmente), pero relegaban su creencia a mitos antiguos y algunas veces alegorizaban los mitos. Los romanos consideraban la crucifixión como muerte apropiada para esclavos; los judíos también la veían como vergonzosa (Deut. 21:23). Aquellos que eran vistos como "salvadores" normalmente eran dioses, reyes, benefactores pudientes u obradores de milagros. La sociedad romana estaba edificada sobre el poder y el nivel social; el poder se concentraba en el varón jefe de familia, en las familias pudientes y aristócratas, y así por el estilo. Por eso, el asociar el poder con un crucificado, epítome de debilidad, no tenía más sentido para los antiguos que el que tiene para la gente moderna que está sin Cristo.

1:19. Aquí Pablo cita Isaías 29:14 para mostrar que la sabiduría de los que vivían según la tradición humana (Isa. 29:13, 14), en lugar de hacerlo según la revelación de Dios (Isa. 29:9-12), perecerá; cf. Jeremías 8:9.

1:20. Los comentaristas correctamente hallan modelos para la fraseología de Pablo en textos como Isaías 19:12; 33:18 y Job 12:17 (cf. además el principio en Prov. 21:30; Isa. 29:14; 44:25; 47:10; Jer. 8:8, 9; 9:12, 23). El "disputador (o razonador) de este siglo" probablemente se refiere a un *retórico diestro, a quien los filósofos despreciaban por considerarlo sin contenido auténtico. Pero Pablo desafía a los filósofos ("sabios") por igual.

1:21. En la comedia griega el héroe pretendía ser tonto, pero demostraba ser sabio al final; en contraste a este héroe estaba el necio que aducía ser sabio y quería el crédito por el triunfo del sabio, pero quedaba desairado. *Platón dijo que la sabiduría humana no servía para nada, y que la gente debía buscar más bien la sabiduría de Dios.

1:22, 23. Los griegos eran conocidos por su anhelo de aprender. Griegos y judíos por igual pudieran haber deseado presenciar milagros, pero Pablo mantiene la distinción entre judíos y griegos aquí por el efecto *retórico. Sobre la necedad de la cruz para ambos, ver el comentario sobre 1:18.

1:24, 25. En la antigüedad, el poder divino típicamente se asociaba con los obradores de milagros. Pablo usa "lo necio de Dios" y "lo débil de Dios" irónicamente: lo más pequeño de la sabiduría de Dios es superior a lo mejor de la sabiduría humana. La ironía era un recurso retórico común.

1:26-31
Inversión de la condición social

1:26-29. Las clases sociales romanas se basaban en el nacimiento ("la nobleza") antes que en la riqueza; pero según cualquiera de los dos criterios, la mayoría de los cristianos corintios surgieron de los estratos más bajos de la sociedad, que constituían la vasta mayoría de la sociedad antigua. El lenguaje precavido de Pablo aquí ("no muchos", NVI) sugiere que algunos, no obstante, pertenecían a clases más altas, sin duda incluyendo a los dueños de las casas en donde se reunían las *iglesias. Este pasaje refleja Jeremías 9:23, y prepara el camino para la cita explícita de parte de Pablo de Jeremías 9:24 en 1 Corintios 1:31.

1:30. Tanto la literatura judía como la griega algunas veces personificaban a la sabiduría. Cristo como Sabiduría divina (8:6; cf. Juan 1:1-18) funciona como justicia, santificación y redención, cambiando a la persona completamente para Dios. La *ley se consideraba tanto sabiduría (Deut. 4:6) como justicia (Deut. 6:25).

1:31. Aquí Pablo parafrasea Jeremías 9:24: uno debe jactarse de conocer y comprender a Dios antes que de la sabiduría humana.

2:1-5
Salvos por la cruz, no por la retórica

Pablo aquí apela a la propia conversión de los corintios. Era la poderosa predicación de la debilidad de la cruz, no la *retórica humana poderosa, lo que los había salvado (1:18). Incluso la mayoría de los defensores de la retórica, o discurso experto, admitían que algunas veces se abusaba de ella. Pero aducían que era necesaria, porque tener la verdad pero ser incapaz de persuadir a otros en cuanto a ella no era útil. Los filósofos por lo común criticaban a los retóricos, aduciendo que se debía enfatizar la verdad, y no la habilidad para el discurso; pero estos mismos filósofos usaban formas de argumentación desarrolladas por los retóricos. Pablo aquí desaprueba la mera retórica, pero sus propios escritos, incluyendo 1 Corintios, muestran amplio conocimiento y uso de las formas retóricas. Aunque Pablo tal vez no haya igualado la destreza retórica de Apolos o las normas de los líderes corintios, era escritor diestro por derecho propio.

2:1, 2. Incluso los más renombrados oradores (p. ej., Dión Crisóstomo) regularmente restaban importancia a su propia habilidad para hablar a fin de reducir las expectativas de sus auditorios; luego hablaban brillantemente. Los *retóricos recomendaban esta técnica. Debido a que Pablo en este contexto está jactándose de su debilidad, no elogia su habilidad para hablar o para filosofar (cf. Éxo. 4:10). Pero esta reserva no quiere decir necesariamente, y la destreza de su argumentación muestra que no puede significar, que su estilo de argumentación sea débil, incluso si su presentación (calidad de la voz y ademanes) fueran inadecuados (lo cual es probable; 2 Cor. 10:10).

2:3. "Temor y temblor" aparecen juntos como expresión en el AT y en la literatura judía; aunque la expresión era un formulismo, se la usaba de maneras diferentes. En este contexto la expresión sugiere que la debilidad de Pablo estaba en su presentación, no en su conocimiento del estilo *retórico contemporáneo.

2:4, 5. En la *retórica la "demostración" era una forma de argumentación probada a partir de premisas ciertas e indisputables; Pablo no ofrece un mero silogismo (forma que era lógica pero que podía basarse en premisas inadecuadas) o dialéctica (a la que *Platón trataba como datos definidores y clasificadores) o trucos retóricos.

Aquí "poder" es el poder de Dios que reside en la predicación de la debilidad de la cruz (1:18, 24). Este poder puede implicar atestiguación milagrosa (2 Cor. 12:12; 13:4; Rom. 15:19).

2:6-16
Sabiduría genuina por medio del Espíritu

Pablo se apresura a explicar que no se opone a la sabiduría genuina; pero esta sabiduría está más allá de la comprensión humana y la pueden aceptar solo los que conocen el corazón de Dios por medio del *Espíritu.

2:6. Los filósofos usaban el término "maduro", o "perfectos" (RV), para los que habían progresado a una etapa avanzada en la sabiduría. (Su uso para los plenamente iniciados en las *religiones de misterio es menos relevante aquí.) El contraste en 2:6-9 es entre la sabiduría temporal de los grandes en esta edad y la sabiduría eterna de Dios.

2:7. El judaísmo creía que la sabiduría de Dios existía en el mundo, y que Dios había creado el mundo a través de esa sabiduría.

2:8. Muchos eruditos sugieren que "príncipes de esta edad" aquí se refiere a los poderes angelicales en los cielos (cf. 15:24; Rom. 8:38; Ef. 1:21). No obstante, en el contexto, es más probable que se refiera a gobernadores terrenales; estos son los poderosos de esta edad (1 Cor. 1:26-28).

2:9. Aquí Pablo cita Isaías 64:4, que era parte de una oración de petición a Dios para que interviniera en la historia de nuevo a favor del remanente que esperaba en él; Pablo adapta ligeramente la fraseología de la cita, como era común en las citas antiguas. (Tal vez también combina ligeramente este texto con Isa. 65:17 de la *LXX, que habla de que el presente es olvidado en el mundo venidero.) El punto es que las cosas del eterno Dios son inaccesibles para los mortales excepto por los medios que Pablo articula en el versículo 10.

2:10-13. Solo el *Espíritu de Dios conoce lo que hay en su corazón, pero debido a que los creyentes tienen el Espíritu de Dios, pueden conocer su corazón también. Esta era una afirmación radical para la mayoría del judaísmo antiguo, porque la mayoría de maestros judíos no creían que el Espíritu estaba activo en su día. "Espíritu" tenía una amplia variedad de significados, incluyendo "actitud" y "disposición"; de aquí que "espíritu del mundo" no necesariamente se refiere a algún ser espiritual en particular (a diferencia del Espíritu de Dios).

2:14, 15. La persona espiritual puede evaluar todas las cosas, pero la "natural" (RVA; "animal", RV) no puede evaluar las cosas o personas del Espíritu. El uso de Pablo de "natural" (literalmente "de alma") tal vez se basa en una interpretación en particular de Génesis 2:7 común en círculos judíos *helenistas; ver el comentario sobre 15:45, 46. (Este uso judío helenista puede tomar prestado el lenguaje de algunos filósofos griegos, que contrastaban la parte "natural" o terrenal del alma con la mente. La distinción paulina es entre los gobernados por su alma terrenal y los gobernados por el Espíritu de Dios. Los *gnósticos en el siglo II incorrectamente usaron 1 Cor. 2:14, 15 como texto de prueba para distinguir entre el alma y el espíritu humanos, y aducir que eran un grupo élite que seguía al espíritu incorruptible e inmortal.)

2:16. Pablo acude a la pregunta retórica de Isaías 40:13 (cf. Rom. 11:34) a la luz de la venida del *Espíritu; los creyentes en efecto conocen algo de la mente del Señor porque saben lo que el Espíritu ha revelado.

3:1-9
No sigan a los servidores

Con sus cultos partidistas a celebridades los cristianos corintios estaban actuando como gente "natural", "carnal" antes que como pueblo del *Espíritu. Pablo y Apolos eran meros servidores; Dios era a quien los corintios debían seguir.

3:1, 2. Los escritores antiguos a menudo comparaban a la persona sin mayor conocimiento desarrollado con niñitos que debían empezar con lo básico, con leche (*Filón, *Epicteto, etc.). Si Pablo tiene la intención de que la imagen evoque todo lo posible, se pinta a sí mismo como una madre o nodriza (cf. 4:15; 1 Tes. 2:7). Los maestros siempre esperaban que sus alumnos empezaran con lo básico, pero también esperaban que progresaran más allá de lo básico.

3:3. "Carnales" es ligeramente diferente de "como a carnales" (RVA) del versículo 1: quiere decir que estaban actuando carnalmente, no que eran carnales por naturaleza. Sobre "carne" y Espíritu, ver el comentario sobre Romanos 8:1-11.

3:4. La cultura griega algunas veces divinizaba a los héroes convirtiéndolos en dioses; algunos eruditos también han aducido que se decía que los iniciados de algunas *religiones de misterio se convertían en dioses. Tradiciones posteriores divinizaban a los filósofos, y estos a menudo afirmaban que la gente podía ser divinizada por la virtud, porque consideraban el alma una parte divina en cada persona. Aunque algunos escritores judíos en el mundo griego adoptaron el idioma de la deificación, el principio de un solo Dios por lo general evitó que judíos y cristianos siguieran este concepto hasta ese extremo (Gén. 3:5). Aquí Pablo dice: Si ustedes siguen a los humanos, entonces no solamente no son divinos, sino que ni siquiera están siguiendo al *Espíritu de Dios.

3:5-9. Pablo usa la imagen conocida de sembrar; al final del versículo 9 introduce la también conocida imagen de construir, que dominará su exposición hasta 3:17. Otros escritores como *Filón también describen a

Dios como sembrador o constructor; en el AT, cf. Rut 4:11; Salmos 28:5; 51:18; 69:35; 147:2; Jeremías 1:10; 18:7; 24:6; 31:4, 28; 45:4.

3:10-20
La verdadera prueba de los servidores de Dios

Los corintios debían seguir a Dios, no a sus ministros (3:1-9), porque solo el día del juicio mostrará el carácter genuino de los ministros (3:10-15). El edificio en el que los siervos de Dios están trabajando es el templo de Dios, representando al pueblo de Dios (3:16, 17).

3:10, 11. Un "perito arquitecto" dirigía la construcción; así, Pablo era una especie de estratega.

3:12-15. Unas pocas historias antiguas destacaban la competencia entre las substancias que Pablo menciona aquí; además, todo el mundo sabía cuáles substancias resistirían una prueba de fuego (cf., p. ej., Núm. 31:23). Los escritores judíos antiguos algunas veces comparaban a los malos con paja que sería consumida en el juicio (en el AT, cf., p. ej., Isa. 33:11). Solo el juicio probaría el valor final de la obra de cada siervo.

3:16, 17. Los *Rollos MM también pintaban al pueblo de Dios como un edificio: el templo. Esta imagen probablemente era conocida ampliamente, lo suficiente como para que los lectores de Pablo la comprendieran inmediatamente.

3:18-20. Pablo cita Job 5:13 y Salmo 94:11. El primero es un principio sabio, aunque Elifaz, quien lo articuló primero, lo usó de una manera perversa contra Job (Job 4—5). El Salmo 94:11 en su contexto hace hincapié en que solo Dios enseña correctamente a la gente; lo mejor de la sabiduría humana es necedad. Pablo entonces continúa demostrando por medio de las Escrituras la necedad humana (p. ej., 1 Cor. 1:19).

3:21-23
Todas las cosas son de los corintios de todas maneras

Este pasaje tendría buen sentido para los lectores antiguos. Dios les había dado incluso a Pablo y a Apolos; ¿por qué seguir solo a Pablo o a Apolos, cuando deberían seguir a Dios quien les da todo? El pueblo de Dios tomará posesión del mundo venidero (Zac. 8:12; Rom. 4:13); actualmente son herederos del mundo e hijos del Dios que lo gobierna.

Los filósofos *estoicos y *cínicos a menudo alababan el "no tener nada" (ver el comentario sobre 2 Cor. 6:10), mientras enfatizaban que el mundo entero les pertenecía, así que podían tomar lo que necesitaban. A menudo citaban el proverbio: "Los amigos tienen en común toda propiedad", y aducían que debido a que eran amigos de los dioses, quienes lo poseían todo, todo era de ellos.

4:1-5
No evalúen antes de la verdadera prueba

Un estilo de vida de pecado siempre indicaba motivos de pecado, pero un modo de vida santo podía algunas veces enmascarar motivos egoístas. Solo Dios conoce el corazón, y a las personas cristianas famosas se las podía evaluar acertadamente solo a la luz del juicio final (3:5-15). Pablo adapta el lenguaje de los filósofos respetados por los cristianos corintios.

4:1. Los "mayordomos" ("encargados de administrar", NVI), eran con frecuencia siervos, como aquí, o *libertos. Estos siervos o libertos estaban encargados de administrar los bienes del amo, especialmente sus asuntos financieros, y tenían gran autoridad y prestigio. Algunos filósofos se veían a sí mismos como mayordomos o administradores de las verdades divinas.

4:2. Debido a que a los mayordomos se les había encargado manejar las finanzas del amo, comprando esclavos y bienes y haciendo inversiones sabias, era de suma importan-

cia que fueran "fieles" o "dignos de confianza".
4:3, 4. El AT habla del día del tribunal divino del juicio como "el día de Dios". "Día" algunas veces quiere decir "corte", como Pablo lo usa aquí y muchas versiones lo traducen así aquí. Pablo usa en estos versículos varias expresiones legales. La mayoría de filósofos, especialmente los *cínicos, expresaban desdén por lo que cualquier otra persona pensara de ellos.
4:5. Jesús y otros maestros judíos hablaron de que Dios en su juicio sacaría a la luz los pensamientos secretos (cf. Isa. 29:15). Los *retóricos antiguos se preocupaban por la "alabanza" de los que recibían honor; Pablo dice que el único honor que cuenta es el que Dios asignará en el juicio final.

4:6-13
Los apóstoles en último lugar

En el *reino de Jesús, en donde el mayor es el último y el Rey murió por su pueblo, nadie es más importante que otro. En realidad, los verdaderos *apóstoles tomaban el papel más ínfimo, no el mayor; no debían ser objeto de culto.
4:6. Los filósofos que abogaban por la armonía a menudo le advertían a la gente que "no pasaran más allá de lo que estaba escrito" sino que se ajustaran a un acuerdo anterior; Pablo puede de esta manera llamarlos a la unidad, recordándoles el contrato implicado en su aceptación de Cristo. Algunos comentaristas han sugerido que "no pasar más allá de lo que está escrito" se refiere al aprendizaje de los escolares, que aprenden cómo escribir al imitar lo que está escrito. Otros piensan que Pablo se refiere a las Escrituras, tal vez a los textos que ha citado hasta aquí en 1 Corintios sobre la inutilidad de la necedad humana.
4:7. Todo lo que tienen ellos se los ha dado Dios; no se han ganado nada. Los filósofos a menudo recalcaban este punto para impedir que la gente se jactara.
4:8. La ironía era un artificio *retórico y literario normal. Los filósofos a menudo aducían ser los únicos reyes verdaderos, afirmando que solo ellos tenían un carácter lo suficientemente noble como para gobernar justamente. También aducían poseer la única riqueza genuina. Pablo irónicamente concede lo que aducían sus lectores más educados: "Ustedes son verdaderos filósofos; yo, su maestro en Cristo, soy un necio".
4:9. Los filósofos *estoicos creían que se ganaban la admiración de los dioses y mortales al perseverar cuando atrevesaban por un sufrimiento; pero Pablo declara que los *apóstoles que sufrían habían llegado a ser "espectáculo", objeto de escarnio en el teatro del mundo. La persona a cargo de los juegos en los anfiteatros exhibía a los gladiadores que lucharían allí contra las bestias; aquí Dios mismo exhibe los sufrimientos de los apóstoles. "En último lugar" quiere decir que eran el espectáculo final del día; normalmente reservado para los criminales más miserables condenados a morir en la arena de combate. El teatro de Corinto tenía capacidad para dieciocho mil personas.
4:10. Los filósofos aducían ser sabios, poderosos y verdaderamente honorables, a diferencia de las masas necias. Querían decir que su conducta era sabia, que eran moralmente fuertes, y que eran honorables en virtud. Pero la sociedad en su mayoría pensaba lo opuesto, especialmente de los *cínicos indigentes; ellos eran mendigos necios y débiles. Los detractores de Pablo pensaban que su conducta carecía de verdadera sabiduría; Pablo usa la ironía para sugerir que la verdadera sabiduría está de su lado.
4:11. Los moralistas griegos a menudo se presentaban como modelos para que otros los imitaran; unos pocos filósofos, especialmente los *cínicos, vagaban como indigentes y dependían de la caridad. Pablo presenta sus propios sufrimientos y sacrificios por el *evangelio como modelo para que los corintios imiten (4:9-16). Todo lo que Pablo describe en 4:11 encaja en la descripción anti-

gua típica del filósofo cínico vagabundo.

4:12. Aquí Pablo hace una distinción entre sí mismo y la mayoría de las clases de filósofos y de los ideales más aristocráticos de la facción de alta categoría dentro de la *iglesia en Corinto. Los filósofos podían mendigar, cobrarles a sus estudiantes o recibir sostenimiento de un *protector; para ellos, el trabajo manual era la opción menos honorable. Debido a que los terratenientes adinerados también consideraban que el trabajo manual no era digno, las personas pudientes en la iglesia se abochornarían al invitar a amigos de su propio círculo social a oír las enseñanzas de Pablo, quien trabajaba como artesano (obrero diestro). Pablo aquí respalda a la facción mayoritaria, de la clase más baja, en la congregación, y se jacta de su posición social baja.

4:13. Los filósofos a veces pensaban de las masas como "desperdicio" (RVA) y "basura" (NVI); más a menudo las masas pueden haber pensado lo mismo en cuanto a los filósofos cínicos vagabundos. Era una imagen universalmente repugnante para algo indigno y rechazado (Lam. 3:45). Siguiendo a Jesús, Pablo va más allá de los cínicos al responder con suavidad a la difamación (cf. Prov. 15:1; 29:8); muchos cínicos disfrutaban al insultar a su público, aun sin provocación, para demostrar su independencia. Los filósofos *estoicos y cínicos creían que su perseverancia en el sufrimiento los autenticaba como filósofos genuinos, y Pablo quiere que sus lectores filosóficamente educados reconozcan que en igualdad de condiciones él puede competir con los mejores de ellos.

4:14-21
La amenaza de un padre

4:14. "Cartas acusadoras" se podían escribir ya fuera para avergonzar a los que habían actuado deshonrosamente o (menos severamente) para amonestarlos. Excepto en las circunstancias más extremas, los filósofos preferían amonestar antes que reprender y por ello humillar. Los moralistas por lo general enfatizaban que amonestaban a la gente solo porque se interesaban por ellos, algunas veces describiendo su preocupación en términos paternales. En 3:1, 2 Pablo ya se había presentado a sí mismo como padre; llamar a sus lectores "hijos amados" aquí puede reflejar el hecho de que los padres eran responsables por la educación de sus hijos.

4:15. "Tutor" se refiere al esclavo que acompañaba al niño en el camino a la escuela; aunque respetado por el niño y responsable por enseñarle modales, este tutor no era un maestro propiamente. Los estudiantes podían llamar cariñosamente y tratar a maestros especiales como "padres"; el que Pablo aquí se llame a sí mismo "padre en el evangelio" de alguna manera denigra a los demás maestros, porque ningún auxiliar esclavo se asemejaba en nada a los padres.

4:16. Los filósofos, *rabinos y maestros en general eran modelos a quienes imitar tanto como escuchar. Esta es una de las ideas más comunes en la literatura griega.

4:17. A un *discípulo de un maestro se le podía llamar su "hijo" (4:15); Timoteo como imitador de Pablo podía llegar a ser modelo para los "hijos" de Pablo en Corinto. "Mis caminos" (RV) o "manera de comportarme" (NVI) puede aludir al uso judío de "caminos" para significar las leyes divinas o la conducta debida.

4:18-21. En este pasaje Pablo continúa en su papel de "padre" (4:14-17). Con frecuencia se describía a los padres como más amables que las madres, pero también usaban la vara para disciplinar, y en la *retórica política romana la figura patriarcal apropiada era severa y sin componendas.

5:1-5
Disciplina para la inmoralidad sexual

Pablo ahora deja el asunto de la unidad de la iglesia (caps. 1—4) para enfocarse en cuestiones sexuales (caps. 5—7). Aunque la mayoría de relaciones incestuosas de hoy tienen víctimas inocentes (el abuso sexual nunca es culpa de la víctima; cf. Deut. 22:26), en el capítulo 5 Pablo trata respecto al pecado que se había permitido entre dos adultos.

5:1. El matrimonio entre hermanos y hermanas de sangre se consideraba inmoral en todo el imperio romano excepto en Egipto; en todo el mundo romano el incesto entre padres e hijos era aborrecible. De la repulsión contra la idea exhibida en las leyendas griegas de Edipo, hasta las calumnias que se lanzaban contra los emperadores, era uno de los pocos crímenes respecto a los cuales todas las culturas concordaban en que eran terribles. El castigo legal romano era destierro a una isla. Las relaciones con madrastras se trataban como relaciones con las madres; igual de incestuosas. Aquí Pablo usa el lenguaje de Levítico 18:6-8.

5:2. Estas personas pueden haber estado jactándose de su libertad espiritual. Cometer un crimen se consideraba malo en la antigüedad; pero jactarse de él además de cometerlo se consideraba incluso peor.

Las *sinagogas que funcionaban como centros sociales en sus comunidades disciplinaban a sus miembros, especialmente a aquellos cuya inmoralidad amenazaba acarrear el reproche *gentil sobre toda la comunidad judía. La disciplina podía incluir el castigo corporal (azotes), pero el castigo máximo era la exclusión de la comunidad judía: destierro espiritual. Esta expulsión tenía el propósito de ser el equivalente espiritual de la sentencia de muerte, ejecutada solo por Dios; pero era reversible si la persona desterrada se *arrepentía.

5:3. Algunas veces los que escribían cartas expresaban su preocupación íntima por sus lectores diciendo que, aunque estaban "ausentes en el cuerpo", estaban con ellos "en espíritu" o mentalmente. En algunos casos la misma carta comunicaba el efecto de la presencia del escritor. Pero esta expresión siempre quería indicar una afirmación de intimidad, no de una presencia metafísica.

5:4. Los judíos creían que los jueces en sus tribunales juzgaban casos por autoridad de la corte celestial (ver el comentario sobre Mat. 5:22). El judaísmo parece haber usado la excomunión, o exclusión oficial de la comunidad (atestiguada en los *Rollos MM y en la literatura *rabínica), para reemplazar a la pena de muerte señalada en el AT; los cristianos adoptaron la práctica del judaísmo.

5:5. Uno puede comparar la antigua costumbre pagana de execración mágica al dedicar a la persona a los dioses del mundo subterráneo u otras deidades vengadoras; las tabletas de maldiciones empleadas con este propósito eran usadas ampliamente. En el AT los siervos de Dios debían poner bajo maldición los artículos idólatras; aquí Pablo les instruye a los corintios que entreguen a este hombre a *Satanás, el agente de destrucción. Pablo espera que el sufrimiento resultante (11:30) llevará al *arrepentimiento y así a la salvación. Los maestros judíos a menudo pensaban que el sufrimiento más el arrepentimiento expiaba el pecado, y que (como aquí) el sufrimiento podía conducir al arrepentimiento.

5:6-13
Quitar la inmoralidad de la iglesia

La inmoralidad dentro de la *iglesia, al parecer aprobada por esta, con mucha mayor probabilidad haría descarriar a los cristianos más que la inmoralidad de los no cristianos.

5:6. La característica más obvia de la levadura es que penetra en la masa y la hace crecer cuando se la hornea. Pablo usa aquí la levadura como símbolo del pecado.

5:7, 8. Pablo les dice a los corintios que deben mantenerse sin levadura, así como el pan durante la temporada de la Pascua. (Los judíos salieron de Egipto con tanta prisa que no tuvieron tiempo para dejar que el pan leudara, y a las generaciones subsecuentes se les ordenó celebrar la fiesta con panes sin levadura en conmemoración a ese evento.) Los judíos esperaban una nueva redención, como su primer éxodo de Egipto, cuando vendría el *Mesías; Pablo cree que el Mesías ya ha venido, y que este Mesías es el nuevo cordero pascual.

5:9, 10. Los judíos típicamente consideraban a los *gentiles inmorales sexualmente, y probablemente tenían razón respecto a la mayoría de los hombres gentiles.

5:11. La excomunión judía (5:3-5) también excluía a las personas de las comidas comunitarias, como en los *Rollos MM.

5:12. Roma permitía que las comunidades judías locales juzgaran a los judíos que ofendían las leyes judías. Este juicio y la disciplina tenían lugar en las *sinagogas, centros comunitarios de los grupos judíos locales (cf. el comentario sobre 2 Cor. 11:24). Pablo espera que los cristianos de su día sigan el mismo modelo, corrigiendo la conducta de sus hermanos cristianos errados.

5:13. En el AT a menudo se le ordenaba al pueblo de Dios sacar de sus filas a los malvados, normalmente mediante ejecución (Deut. 13:5; 17:7; 19:19; 21:21; 22:21, 24; 24:7). De otra manera el ofensor no arrepentido podía quitar la bendición divina de sobre toda la comunidad y acarrear la muerte de otros (Jos. 7:15, 25). Aquí el malvado es sacado de la comunidad al ser desterrado; el destierro era castigo común en el período romano. En el judaísmo ser excluido de la comunidad era el equivalente espiritual de la ejecución, aplicada en el período del NT a los crímenes capitales del AT (ver el comentario sobre 1 Cor. 5:2; la pena capital en los tribunales judíos no podía ser aplicada legalmente sin permiso romano).

6:1-11
Los cristianos en los tribunales seculares

Después de abogar porque la *iglesia actúe como corte respecto a las ofensas sexuales (cap. 5), Pablo trata de la necesidad de que la iglesia sirva como tribunal en su sociedad (6:1-8) y después vuelve a las ofensas sexuales (6:9, 12-20). Es posible que los litigantes de 6:1-8 sean el padre y el hijo de 5:1; si es así, tal litigio podría estar claramente mostrando a ojos de todo el mundo los trapos sucios de la iglesia. "Defraudar" (6:7, 8) favorece esta sugerencia (cf. 1 Tes. 4:4-6); "sufrir la injusticia" (6:7) puede estar en contra de eso.

Las comunidades judías en todo el mundo mediterráneo tenían sus propios tribunales en sus *sinagogas. Traer disputas internas de las comunidades judías o cristianas ante los magistrados seculares era un lujo que estas religiones minoritarias difícilmente podían darse; ya había demasiadas calumnias contra ellos en la vasta sociedad. Ver el comentario sobre Hechos 18:12-17.

6:1. Como la sociedad moderna de Norteamérica, la sociedad romana era extremadamente litigiosa. Los casos se comenzaban a oír al amanecer y a veces se debatía hasta que se ponía el sol. Los jueces siempre eran escogidos entre los pudientes, y la mayoría de disputas legales giraban alrededor del dinero.

6:2. Los miembros de la clase alta recibían mejor trato en las cortes legales; en verdad, esta preferencia estaba escrita en las penas prescritas en las leyes. Es más, los socialmente inferiores no podían demandar a los miembros de la clase alta. Pero para Pablo incluso los creyentes más inferiores estaban equipados para juzgar.

6:3. En muchas tradiciones judías los justos juzgarían a las naciones; este juicio podía también implicar juzgar a los ángeles de quienes se creía que gobernarían a las naciones. "Las cosas de esta vida" (RVA) normalmente se refería a asuntos de propiedad, particularmente respecto a personas pudientes; pero el adulterio (considerado como robarse a la esposa) podía también encajar en esta categoría general en el pensamiento antiguo (ver el comentario sobre 6:5).

6:4. Este versículo se puede leer como un mandamiento (RV) antes que como una pregunta (RVA): "nombren a los de poca estima", en contraste con el mundo (ver el comentario sobre 6:2); esta lectura refuerza la idea de que el menor de los cristianos debería ser más competente en la justicia que el más sabio de los paganos (cf. 2:14, 15).

6:5. Las disputas de familia tales como las herencias podían resolverse en un arbitraje privado, aunque los mediadores por lo general eran terratenientes socialmente prominentes. Los jurados juzgaban casos como el adulterio, asesinatos y traición; los magistrados juzgaban otros casos. Este caso aparentemente había sido llevado ante un jurado en un tribunal secular, y, dado el contexto (5:1-13; 6:12-20), el adulterio o incesto voluntario podía ser la ofensa que se juzga aquí.

6:6. Las comunidades judías fuera de Palestina estaban muy conscientes de su situación minoritaria y no querían reforzar los conceptos paganos negativos de su moralidad. Consecuentemente, por lo general lidiaban con los problemas judíos dentro de su propia comunidad. Los cristianos eran una minoría incluso más reducida en ese tiempo.

6:7, 8. Muchos filósofos que creían que la propiedad no importaba podían abogar porque se ignoraran las ofensas en lugar de llevarlas ante el tribunal. Pablo prefiere el método judío de resolver las disputas dentro de la comunidad, lo que sirve tanto a la justicia como al testimonio de la comunidad ante el mundo exterior.

6:9, 10. Que el injusto no "heredaría el *reino de Dios", es decir, que no tendría parte en él, era enseñanza judía y cristiana común. Las "listas de vicios" tanto judías como paganas a menudo definían al "injusto"; Pablo sigue esta práctica. "No os engañéis" aparece en la exhortación moral antigua y es común en el NT. Los eruditos han debatido el significado del término "homosexuales" (RVA), pero parece que quiere decir los que participaban en actos homosexuales, que eran un rasgo común de la vida del varón griego en la antigüedad. Como los *rabinos, Pablo entra en una condenación *retórica: aunque en la práctica ha expulsado de la comunión solo al más extremo ofensor (5:1-5), los que continúan en el estilo de vida que menciona aquí (sea relación sexual prematrimonial o materialismo) no entrarán en el reino.

6:11. A diferencia de los antiguos moralistas, Pablo razona partiendo de lo que los corintios son (por acción de Dios) a cómo deben vivir, antes que a la inversa.

6:12-20
El cuerpo es para Dios, no para la inmoralidad

La *ley bíblica prohibía las relaciones sexuales entre personas no casadas; la pena por tener relaciones sexuales con una persona y después casarse con otra era la misma como la pena por el adulterio al estar casado: la muerte. Aunque este castigo ya no se imponía estrictamente en los días de Pablo, tenía la intención de subrayar la seriedad de la ofensa; la inmoralidad sexual prematrimonial era adulterio contra la esposa futura de uno (Deut. 22:13-29).

Muchos pensadores griegos, sin embargo, razonaban que las relaciones sexuales fuera del matrimonio ("fornicación") estaban bien en tanto no controlaran a la persona; los *cínicos más vulgares incluso liberaban públicamente sus pasiones sexuales. Para la mayoría de hombres griegos menores de treinta años, las relaciones heterosexuales estaban disponibles con esclavas o prostitutas. La ley romana permitía la prostitución, y prohibía la fornicación solo si ambas partes eran de nacimiento aristócrata. La respuesta de Pablo muestra su dominio maestro de la cultura de sus lectores y su capacidad para comunicar la verdad bíblica en forma relevante.

6:12. Los filósofos usaban varias pruebas para saber si uno debería realizar algún acto, tales como si era "lícito" (RVA; "permitido", NVI) y, más importante, si era "para bien" (NVI; "convenía", RVA). Muchos filósofos disculpaban el liberar con prostitutas sus apetitos sexuales, explicando que estaban en completo control de sus emociones.

Como es común en la *diatriba (antigua forma de enseñanza), Pablo cita la opinión de un opositor imaginario similar a la de sus lectores, y entonces la refuta o la califica: "Puedo salirme con la mía en cualquier cosa". Tal vez, pero "no todo es bueno para ti".

6:13, 14. "La comida es para el estómago, y el estómago para la comida" era una manera griega típica de debatir por analogía que el cuerpo era para las relaciones sexuales y las relaciones sexuales para el cuerpo (cf. también el uso general de la metáfora del "estómago" en el comentario sobre Fil. 3:19). El que "Dios destruirá tanto al uno como a la otra" reflejaba el desdén típico griego de la doctrina de la *resurrección (cap. 15), porque los griegos creían que uno ya no tendría más uso para su cuerpo al morir. Pablo responde a esta posición griega con la perspectiva judía del AT de que el cuerpo es para Dios y que él lo resucitará.

6:15, 16. Aquí Pablo argumenta basándose en Génesis 2:24. Los intérpretes judíos normalmente aplicaban este texto al matrimonio, pero debido a que en la ley judía una relación sexual sellaba la unión matrimonial o la traicionaba, el argumento de Pablo de Génesis 2:24 tendría sentido para los lectores judíos o *gentiles que tenían buen conocimiento del AT.

La prostitución era vista como un negocio más, pero se consideraba que era vergonzosa (para las prostitutas, no para los hombres que tenían relaciones sexuales con ellas). Estaba fácilmente a la disposición en mesones y tabernas. El número de prostitutas era abundante, ellas eran esclavas que procedían de los muchos niños abandonados. Los judíos se oponían fuertemente a la prostitución (aunque unos pocos participaban de ella), y *Filón dijo que era una ofensa capital a los ojos de Dios; pero esta noción judía difícilmente era la posición pagana. Algunos paganos incluso consideraban que la prostitución les ayudaba a evitar el adulterio.

6:17. El AT habla de que las personas se "unían" a Dios (Jer. 50:5; Zac. 2:11; cf. Núm. 25:3; Ose. 4:17). Pablo trabaja aquí especialmente con la doctrina del AT en donde Dios se casa con su pueblo del pacto. Aplicando la analogía de Génesis 2:24 Pablo no puede decir que Dios es "una carne" con ellos (el AT y el judaísmo no creían que Dios tenía carne), pero puede decir que son "un espíritu", unidos en una relación muy estrecha de pacto, como esposo y esposa. Así los cristianos que se unen con una prostituta violan la santidad de su relación con Dios, como en la prostitución religiosa tan común en la Corinto prerromana.

6:18. Los moralistas con frecuencia exhortaban a la gente a huir de los vicios (también en 10:14); un ejemplo *narrativo en este caso sería el de José (Gén. 39:12). "Cualquier otro pecado... está fuera del cuerpo" (RVA) puede representar la posición opuesta (6:12-14), a la que Pablo responde, "el que comete inmoralidades sexuales peca contra su propio cuerpo" (NVI).

6:19. Compare el comentario sobre 3:16, 17; pero aquí la aplicación al cristiano individual (y de allí a su santidad sexual) es propia de Pablo.

6:20. Glorificar a Dios con el cuerpo iba contra el pensamiento griego de muchos de los lectores de Pablo; ver el comentario sobre 6:12-14. "Comprados" se refiere a la redención de la esclavitud (7:23); aquí es posible que Pablo haga un juego de palabras sobre el precio de libertar a una prostituta esclava.

7:1-7
Cumplimiento de los derechos conyugales

En el mundo antiguo existían diferentes nociones en cuanto al celibato. La mayoría de los escritores antiguos lo condenaba; muchos maestros judíos incluso lo consideraban pecado, porque la reproducción era esencial y el matrimonio era lo apropiado para dejar de cometer ofensas y distracciones sexuales. Todos los judíos consideraban que "llenar la tierra" era un mandamiento bíblico. El aborto y el abandono de infantes era práctica ampliamente extendida en la antigüedad; bajo la ley romana el recién nacido no era legalmente una persona hasta que el padre lo aceptara como miembro de la familia. Pero los antiguos judíos y cristianos, así como algunos moralistas paganos, unánimemente condenaban ambos como acabar con una vida humana.

Algunos grupos de filósofos y sectas religiosas minoritarias, no obstante, así como muchos *esenios entre los judíos, abogaban por el celibato o el rechazo al matrimonio. Algunos filósofos rechazaban el matrimonio pero creían que el liberar el deseo sexual con prostitutas era aceptable puesto que no ataba a la persona (cf. el comentario sobre 6:12-20).

Se podrían dividir algunas de las opiniones antiguas a grandes rasgos de la siguiente forma: (1) El matrimonio y la procreación son vitales para todos los físicamente capaces de ellos (noción mayoritaria). (2) El matrimonio es una distracción, y el sabio no debe entrar en ella excepto en instancias raras cuando uno pudiera hallar una esposa igualmente dedicada a su forma de vida filosófica (posición *cínica). (3) El matrimonio es bueno para la mayoría de personas, pero uno debe hacer excepciones para los que están demasiado comprometidos con otros esfuerzos espirituales como para dedicarle tiempo (un *rabino de principios del siglo II). Pablo combina los elementos de la segunda y tercera nociones.

7:1. Ahora Pablo responde a la posición de la carta que había recibido: "Bueno es para el hombre no tocar mujer" (RVA; "no tener relaciones sexuales", NVI). Algunos miembros de la *iglesia pueden haber estado siguiendo una idea común entre muchos pensadores griegos: las relaciones sexuales estaban bien siempre y cuando uno no se atara al matrimonio (cf. 6:12-20). Otros, a quienes Pablo se dirige aquí, ya estaban casados (7:2-5) y se abstenían de tener relaciones sexuales con sus respectivos cónyuges. Pablo dice que es demasiado tarde para escoger el celibato una vez que uno se ha casado (cf. v. 5).

7:2. "Cada hombre tenga" refleja un refrán griego que quería decir: "Déjenlos que tengan relaciones sexuales." Los judíos veían la intimidad sexual con el cónyuge como el mejor modo de guardarse de la inmoralidad sexual, y Pablo aquí concuerda (ver también Prov. 5:19, 20).

7:3. El matrimonio judío estipulaba ciertos deberes para el esposo y ciertos deberes para la esposa; uno de los principales deberes que se requerían del esposo era la relación sexual. Pablo la ve como una obligación mutua; el significado de "deber conyugal" aquí es claro.

7:4. Los escritores griegos algunas veces describían el someterse a las relaciones sexuales o la pasión sexual como ponerse uno mismo bajo el control de otro.

7:5. Los maestros judíos que estaban tratando de formular las leyes en este período diferían respecto a cuánto tiempo podía el hombre hacer voto para abstenerse de tener relaciones sexuales con su esposa; una escuela decía que dos semanas, y la otra decía que una semana. Aunque Pablo no señala una abstinencia más prolongada como base para el divorcio, como ellos lo hacían (7:10-13), claramente desea limitar incluso la abstinencia debida a consentimiento mutuo, dejando los detalles específicos al albedrío de la pareja. Para "tentación" aquí, ver el comentario sobre 7:2, 9.

7:6. La ley judía permitía concesiones debido a la debilidad humana; aquí Pablo permite pero no exige períodos de abstinencia, implicando que los que desean abstenerse (a diferencia de los que no lo desean) son los débiles. La abstinencia dentro del matrimonio era idea de ellos, no de Pablo.

7:7. Pablo reconoce que no todos han sido llamados a ser solteros, ni equipados para ello.

7:8-16
Permanecer soltero, permanecer casado

Los versículos 8 y 9 son una *digresión que Pablo usa para establecer un contraste entre los solteros que querían seguir solteros (7:8, 9), y los casados que querían ser solteros (7:10-16). Las digresiones eran un artificio común en los escritos antiguos.

7:8. La soltería tiene sus ventajas; ver el comentario sobre 7:32-34. Pero no todo el mundo está equipado para este estilo de vida; otros deben procurar casarse (7:9).

7:9. "Quemarse" (RVA; NVI interpreta correctamente al agregar "de pasión") se usaba en los romances antiguos para describir el despertar de la pasión, a menudo (metafóricamente) mediante los dardos de fuego de Cupido. En tanto que la literatura grecorromana en general no veía nada de malo con la pasión, Pablo cree que su lugar apropiado es solo el matrimonio, y aboga por dos alternativas: o bien el dominio propio o el matrimonio.

7:10, 11. Esta prohibición de divorciarse, prácticamente única en la antigüedad, es "del Señor", de un dicho de Jesús (Mar. 10:11, 12). Los términos que se traducen "separe" y "abandone" (RVA) a menudo eran sinónimos para divorcio, y probablemente funcionan como tales en este contexto. En 7:10, 11, sin embargo, en donde Pablo se refiere a la enseñanza de Jesús, puede ser significativo que la esposa en la Palestina judía solo podía "dejar" y no "divorciarse"; en la sociedad romana, cualquier cónyuge podía divorciarse del otro.

7:12, 13. En 7:12-16 Pablo debe tratar cómo la enseñanza de Jesús se relaciona con una situación específica; las afirmaciones generales del principio por lo general se condicionaban para situaciones específicas. ¿Qué tal en cuanto a la parte que se ve divorciada contra su voluntad? (Bajo la ley judío-palestina, las mujeres podían ser divorciadas por la acción unilateral del esposo; bajo la ley romana, cualquier parte podía divorciarse de la otra.) Debido a que la mayoría de cristianos de la primera generación se había convertido después de haberse casado (el matrimonio por lo general era arreglado por los padres), este texto no es indicación de que los cristianos escogieron casarse con paganos a sabiendas.

7:14. La ley tanto grecorromana como judía debatía la situación de los hijos de las uniones socialmente mixtas; la ley judía también debatía el estatus de los hijos de uniones religiosamente mixtas. Aquí Pablo afirma que los hijos de uniones religiosamente mixtas están dentro de la esfera de la influencia del *evangelio y no se los puede usar como excusa para el divorcio. En la sociedad romana los hijos normalmente le pertenecían al padre en la eventualidad de un divorcio; una esposa cristiana que se veía ante un divorcio perdía su oportunidad para influenciar en sus hijos en cuanto a Dios.

7:15. Pablo trata sobre la situación específica que no se trata en el principio general dado por Jesús que acaba de citar (7:10, 11): la parte inocente es libre para volver a casarse (ver el comentario sobre 7:12, 13). "Bajo servidumbre" alude a las frases judías en los documentos de divorcio, que le decían a la mujer: "Eres libre para volver a casarte con cualquier hombre", y aplicaban además al divorcio el preciso lenguaje de la libertad de la esclavitud.

7:16. Aunque el AT hace hincapié en la fidelidad de Dios a las familias de sus siervos, también es claro que los padres consagrados podían tener hijos malvados, y los padres perversos podían tener hijos piadosos (cf., p. ej., 2 Crón. 23—36 *passim*). Aquí Pablo concuerda en que no hay garantía de la conversión del cónyuge.

7:17-24
Conténtense en las circunstancias presentes

Sea que las personas estén casadas o solteras, deben aceptar su situación actual aunque esta aceptación no quiere decir que uno jamás puede cambiar su condición (7:21). La argumentación de Pablo aquí es tan similar a la enseñanza *estoico-cínica, que sus lectores educados e inclinados a la filosofía probablemente le concederían su punto con respeto.

7:17. Los filósofos griegos, especialmente los estoicos, recalcaban el aceptar la situación de uno. Pero mientras los estoicos identificaban al dios que dirigía su vida como el destino, Pablo confía en Dios como un Padre amoroso.

7:18-20. Los griegos hacían desnudos sus ejercicios, y tanto griegos como romanos consideraban la circuncisión como mutilación. Por varios siglos algunos judíos, avergonzados de su circuncisión en una cultura predominantemente griega, habían optado por una operación quirúrgica menor que podía halar hacia adelante lo que les quedaba del prepucio y hacerlos verse como si no estuvieran circuncidados.

7:21. Muchos filósofos antiguos creían que los esclavos y los amos podían ser iguales moral y espiritualmente, pero los filósofos también tenían que tratar con la situación en que vivían los esclavos. Incluso cuando tales filósofos ascendían al poder (tales como Marco Aurelio, emperador en el siglo II), no imponían su moralidad *estoica sobre la sociedad. Todo intento de revuelta de esclavos había sido reprimido brutalmente, así que el consejo de Pablo es el más práctico que puede dar.

7:22. Un *liberto tenía algunas obligaciones continuas con su antiguo amo, pero era legalmente libre. Aquel amo seguía siendo su *protector, y podía ayudar al liberto financiera y políticamente; el liberto permanecía como *protegido, y también podía cuidar de los intereses y la reputación del que había sido su amo. Se consideraba a los libertos una parte de la casa o familia de su antiguo amo.

7:23, 24. Los esclavos eran caros. Se los podía comprar para entregarlos al templo ("libertarlos" para servicio a un dios) o, más a menudo, a un nuevo dueño humano.

7:25-38
Consejo especial a los solteros (vírgenes)

Aunque esta sección se dirige principalmente a las personas solteras (NVI; "las vírgenes", RVR-1960), Pablo vuelve a una *digresión aquí como en otras partes (7:8, 9; 11:2-16), en este caso para relacionar a los solteros con los grupos de quienes acaba de hablar (7:27, 28, aludiendo de nuevo a 7:12-16).

7:25. El término que se traduce "vírgenes" (RVR-1960) aquí se usaba por lo general para las mujeres, que eran las únicas en la sociedad grecorromana de quienes se esperaba que evitaran las relaciones sexuales prematrimoniales (fuera del judaísmo). Pablo parece aplicar el término tanto a hombres como a mujeres, como unos cuantos escritores posteriores.

7:26. Muchos judíos esperaban un tiempo de gran sufrimiento justo antes del fin del mundo; en ese tiempo el matrimonio y la procreación serían de escaso valor. En otros períodos de gran sufrimiento, cuando era posible que uno sufriera la pérdida de la esposa o los hijos, se aplicaba el mismo principio (p. ej., Jer. 16:2; esta no era la norma; cf., Jer. 29:6).

7:27, 28. En el lenguaje de los contratos antiguos de divorcio "no procures desligarte" quería decir "no procures divorciarte" (NVI). "Libre de esposa" (RVA), no simplemente "soltero" (NVI), puede significar "divorciado" o "viudo", y en el pasaje inmediato por lo menos incluye lo anterior (su significado en el renglón precedente). Pablo desalienta ambos nuevos matrimonios (v. 27) como el primer matrimonio para los solteros (vírgenes) por razones dadas en el contexto, pero permite ambos.

7:29-31. Los tiempos peligrosos que se avecinaban afectarían todas las relaciones humanas normales; ver el comentario sobre 7:26.

7:32-35. Como cuestión de principio los filósofos *cínicos se abstenían del matrimonio (aunque no se abstenían de tener relaciones sexuales) para evitar las "distracciones"; uno podía hacer una excepción, sin embargo, si hallaba una esposa que compartía estas convicciones y que así no lo distraería a uno respecto al estilo de vida cínico (la única excepción que se registra es la de Hiparquia, esposa de Crates). El contexto indica que Pablo está haciendo aquí una declaración general, no una regla sin excepciones; ver el comentario sobre 9:5. Pablo concede que algunos se distraerán más al no estar casados (7:2, 5, 9), pero reitera el valor de la soltería para los que pueden vivir así.

7:36-38. Los eruditos debaten si este pasaje se dirige a los padres de los solteros (vírgenes) (ver BA y RVR-1960) o a sus prometidos (RVA); la evidencia dentro del texto se puede leer en cualquier sentido. Los padres arreglaban el matrimonio de sus hijos, por lo general considerando en algo la opinión de los hijos; el padre tenía la mayor medida de autoridad en el asunto. "Flor de edad" (7:36, RVA) puede significar mediados de la adolescencia (el arreglo de parte de los padres respecto a los matrimonios les permitía a las parejas casarse a una edad mucho más temprana que en nuestra cultura); pero el término normalmente quiere decir "más allá de la juventud" y por lo tanto probablemente se refiere a una persona soltera (virgen) de mayor edad que lo usual. No hay evidencia en este período de "compromisos espirituales" no consumados, que llegaron a ser comunes posteriormente en el cristianismo, tal vez mediante la consideración del término "prometido" en este pasaje.

7:39, 40
Las viudas y el volver a casarse

7:39. En cuanto a "ligada" y "libre" (RVA), ver 7:27; en las explicaciones sobre el divorcio y la viudez "libre" siempre quiere decir "libre para volver a casarse". (Se usan palabras griegas diferentes para "ligar" y "libre" en 7:27, pero son sinónimos; la variación era un método *retórico común, y aparece a lo largo del NT.) Los que discuten que el primer renglón de este versículo excluye un nuevo matrimonio de todos los divorciados ignoran no solo 7:28, sino también el lenguaje de la antigüedad: nadie consideraba a su antiguo cónyuge "su esposo o esposa" después de que el divorcio legítimo había tenido lugar. El que un viudo se case solo "en el Señor" quiere decir que Pablo está en contra de que los cristianos se casen con no cristianos (cf. Deut. 7:3; Jue. 3:6; Esd. 9:2); las viudas y las divorciadas, a diferencia de las vírgenes (cuyos padres arreglaban sus matrimonios), tenían mucho que decir respecto a con quién se casarían.

7:40. Aunque Pablo indica su "opinión" mucho menos fuerte de lo que proclama las palabras de Jesús (7:10-12), lo hace no porque crea que esta razón es menos autoritativa. El *Espíritu normalmente era asociado con los profetas del pasado, y Pablo aquí afirma escribir bajo inspiración como lo haría un profeta (cf. 14:37).

8:1-13
Alimento ofrecido a ídolos

La carne se ofrecía a los ídolos antes de que la sirvieran en los comedores de los templos (a menudo como parte de la adoración) o que se la usara para comidas comunitarias; una parte de la carne que se vendía en el mercado también había sido ofrecida a los ídolos. Quien comía en el templo sabía la fuente de donde provenía la carne; el que comía en la casa de algún amigo pagano nunca podía saberlo a ciencia cierta. En las ciudades paganas con población judía numerosa, los judíos normalmente tenían sus propios mercados. Los maestros judíos palestinos debatían qué hacer en muchos casos de incertidumbre (tales como el alimento del que no se había dado el diezmo), pero nunca correrían riesgo respecto a alimentos que habían sido ofrecidos a ídolos. Creían que los judíos fuera de Palestina se comprometían involuntariamente con la idolatría al ser invitados a banquetes paganos para sus hijos, incluso cuando llevaran su propia comida. Seguir estrictamente tales enseñanzas (como algunos lo hacían) limitaría grandemente sus relaciones con sus colegas paganos. El asunto era más problemático para los cristianos convertidos de trasfondos paganos: ¿podían reunirse para comer con colegas de negocios o compañeros de su gremio artesanal, o asistir a una recepción en un templo para la boda de algún pariente?

En los capítulos 8—10 Pablo trabaja en un acuerdo complejo entre las dos facciones de la *iglesia en Corinto. El grupo más educado y socialmente elitista, que a diferencia del pobre comía carne regularmente y no solo cuando se la ofrecía en los festivales paganos, tenían amigos pudientes que servían carne. Probablemente representaban la facción liberal, que se consideraban los "fuertes", y al grupo más bajo consideraban los "débiles".

8:1-3. Pablo probablemente empieza con el asunto de que el conocimiento trae libertad, porque era algo mencionado en la carta que los corintios le habían escrito (cf. 7:1); aducían que su "conocimiento" superior en cuanto a que los ídolos no eran reales les permitía comer. Pablo discrepa de ellos en esa aplicación.

8:4, 5. Los versículos 4-6 constituyen una buena afirmación monoteísta de que los "fuertes" estaban usando su reclamo de que el alimento de los ídolos no importaba, y por lo tanto podían comerlo. Pablo concuerda con el contenido de estos versículos, pero no con la aplicación del contenido que hacían los corintios (8:7-13).

8:6. Los *estoicos y otros usaban fórmulas similares a esta (muchos dioses, pero solo un Dios verdadero o supremo), que naturalmente explotaban los apologistas (defensores) judíos del monoteísmo. Pero la posición de Pablo difiere tanto de la posición de los estoicos como de la de los judíos. La creencia básica del judaísmo era que había solo un Dios, quien era también el único Señor (Deut. 6:4); aquí Pablo describe tanto al Padre como al Hijo como deidad. Algunos textos judíos decían que Dios había creado el mundo por medio de la sabiduría personificada; aquí Pablo le asigna el mismo papel a Cristo (cf. 1 Cor. 1:30).

8:7. No había carne disponible para la mayoría de los corintios que no eran ricos, excepto en los festivales paganos, cuando se la repartía a las masas. Así, muchos de los que socialmente carecían de poder (los "débiles") inevitablemente asociaban la carne con la idolatría.

8:8. Aquí Pablo probablemente indica la posición de los "fuertes", la élite de Corinto, con la que concuerda excepto en su respuesta en 8:9.

8:9. Los filósofos por lo general creían que "todas las cosas" eran suyas y que tenían libertad y autoridad para hacer lo que se les antojaba. Algunos, como los *cínicos, no prestaban ninguna atención a las costumbres sociales. Pero los antiguos *rabinos judíos, que pensaban con certeza que tenían razón, de todas maneras limitaban sus propios derechos y se sometían a la opinión de la mayoría de sus colegas, en pro de la paz. Los maestros judíos consideraban que hacer que alguien "tropezara" en el camino de Dios era peor que matar a la persona, porque la privaba de la vida en el mundo venidero.

8:10-13. La persona que asociaba la carne con los ídolos podía pensar que comerla estaba bien aunque eso significara participar en la idolatría, así que comprendía mal las convicciones de los "fuertes". (Similarmente, los *fariseos decían que si alguien veía a un fariseo aceptando alimentos de una persona irreligiosa, eso no quería decir que se podía dar por sentado que se había entregado el diezmo de ese alimento; el fariseo podía sencillamente haber comprometido en su corazón entregar el diezmo cuando llegara a casa.)

9:1-14
Digno de sostenimiento

Habiendo llamado a los cristianos corintios más pudientes a dejar a un lado sus derechos (cap. 8), Pablo ilustra este principio mediante la manera en que él mismo había cedido sus derechos (cap. 9), y luego continúa su explicación respecto a la carne ofrecida a los ídolos (cap. 10). Los antiguos maestros de moralidad comúnmente usaban su propia vida como ejemplo para enseñar puntos morales, y sus seguidores observaban su vida igualmente como sus enseñanzas para aprender cómo vivir. Algunos *rabinos posteriores incluso usaban la vida de algunos maestros judíos como precedentes legales.

9:1, 2. Por "libre" los filósofos normalmente querían decir libres de falsos valores o libres de preocupaciones por propiedades, y por lo tanto autosuficientes. La idea de libertad a menudo estaba ligada con la "autoridad" o los "derechos"; Pablo, quien llama a sus lectores a limitar su "libertad" (8:9), también sacrifica sus propios derechos (9:4, 5).

9:3. El propósito primordial de Pablo aquí es proveer un ejemplo que respalde su exhortación dada en el capítulo 8; pero para este propósito adapta la forma de una "carta apologética (defensa)". Algunos miembros pudientes de la congregación se habían estado quejando del estilo de vida sencillo y de artesano de Pablo, que lo distinguía de la mayoría de maestros viajeros (ver el comentario sobre 9:6). Lo que es un asunto periférico aquí, más tarde se convierte en un asunto central cuando otros maestros viajeros explotan la insatisfacción de este grupo (ver el comentario sobre 2 Cor. 12:13-18).

9:4. Aquí Pablo indica un derecho sencillo al sustento; ver el comentario sobre 9:1, 2, 6.

9:5. Los *discípulos judíos que se iban a estudiar bajo un maestro distante no traían consigo a sus esposas; esto también fue cierto con los discípulos en los *Evangelios. Pero igual de raro como el *cínico que halló una esposa dispuesta a compartir su estilo de vida y la llevó consigo (ver el comentario sobre 7:32-35), así los *apóstoles llevaban a sus esposas como colaboradoras. Pablo se presenta a sí mismo y a Bernabé como excepciones a la regla general de que los apóstoles eran casados.

Aunque los cantos de amor egipcios y hebreos antiguos (Cant. 4:9-12; 5:1) llamaban "hermanas" a las esposas como término de cariño (también Tobías 8:4, 7), el término aquí sencillamente significa una hermana en Cristo (es decir, una cristiana; y por eso algunas traducciones dicen "una esposa creyente", NVI).

9:6. Los filósofos se sostenían de una de diferentes maneras: apegándose a un *protector rico, que los usaba para ostentosas conferencias en las cenas; cobrando por su instrucción, mendigando (generalmente despreciada, pero practicada por los *cínicos), o, la menos deseable de todas, trabajando en labores manuales. Aunque los artesanos normalmente se enorgullecían de su propio trabajo, los aristócratas y los que compartían sus valores menospreciaban la labor manual. La facción socialmente "fuerte" en la *iglesia indudablemente deseaba que su maestro no trabajara.

9:7. Si a los obreros en los oficios seculares se les paga, ¿por qué no a los *apóstoles?

9:8-10. Deuteronomio 25:4 tenía el propósito de ser un principio para enseñar que el obrero debía recibir su comida; aquí Pablo puede argumentar en el sentido del argumento judío común *qal vahomer*: si para el buey, cuánto más para una persona. Algunos maestros judíos opinaban que la enseñanza de Dios acerca de los animales servía solo para enseñar principios a la gente.

9:11, 12. Pablo rehúsa usar el derecho a sostenimiento material para que nadie se ofenda por el *evangelio. Muchos maestros viajeros dependían de otros para su sostenimiento, y si los oyentes pensaban que Pablo era un maestro así, podían cuestionar sus motivos para predicar el evangelio, o verlo como un *protegido de la facción de alta categoría en la iglesia. Los filósofos debatían entre sí si debían preocuparse por la opinión pública. Algunos *estoicos y la mayoría de *cínicos vivían como se les antojaba, argumentando que no importaba lo que alguien pensara; otros filósofos opinaban que no debían causar ofensa innecesaria, porque querían atraer a otros a la sabiduría de la filosofía.

9:13. Los sacerdotes y los levitas recibían su sostenimiento mediante los diezmos del pueblo (cf., p. ej., 2 Crón. 31:4) pero también tenían derecho a ciertas porciones de los sacrificios ofrecidos sobre el altar (como los sacerdotes en muchos templos paganos antiguos).

9:14. Aquí Pablo alude a un proverbio que dijo Jesús (Mat. 10:10; Luc. 10:7; cf. 1 Tim. 5:18).

9:15-27
Pablo sacrifica sus derechos

Lejos de complacer a todos sus oyentes (9:19; cf. 10:13) aquí, la táctica explícita de Pablo de ponerse del lado de la clase trabajadora (9:12-15) ofendería a los terratenientes de mente aristócrata que nunca habían hecho ninguna labor manual. Su uso de la imaginería populista política en 9:19-23 alejaría todavía más a esta parte de su público, que es la columna vertebral financiera de la *iglesia. Las prioridades de Pablo son alcanzar a toda la gente con el *evangelio, y no el satisfacer los gustos de la élite social.

9:15. La autosuficiencia era una característica básica altamente exaltada entre los filósofos.

9:16. "¡Ay de mí!" era una frase común del AT y griega, pronunciada cuando uno confrontaba terribles noticias.

9:17, 18. Los filósofos *estoicos decían que el destino imponía su voluntad ya fuera que uno la aceptara o no; de ahí que uno haría mejor en aceptarla. El AT enseña que uno debe someterse al llamamiento de Dios, incluso si (como en el caso de Moisés, Gedeón, Isaías y Jeremías) uno no se siente preparado o adecuado para eso.

9:19-23. Los pensadores aristócratas menospreciaban a los demagogos que trataban de complacer a las masas; a tales demagogos los consideraban "esclavos". Pablo toma prestado el lenguaje de los políticos populistas, con lo que indudablemente ofende a los defensores del elemento aristócrata en Corinto. Algunos maestros judíos, tales como *Hillel, eran dados a los acomodos para ganar a cuantos fuera posible para la verdad.

9:24, 25. Los filósofos (seguidos por fuentes judías de la *diáspora como *Filón y *4 Macabeos) comúnmente usaban ilustraciones atléticas para describir sus esfuerzos por la verdad y la vida sabia. Pablo describe la disciplina y el sacrificio propio, necesarios para vivir la vida cristiana, mediante la analogía de las carreras (9:24-26a) y del boxeo (9:26b, 27). (La carrera pedestre precedía las otras cuatro competencias atléticas en el pentatlón de los juegos panhelénicos.) La cláusula "pero solo uno lleva el premio" (una guirnalda para la cabeza, que en cualquier momento se pudriría) enfatiza cuán duro tiene uno que trabajar para ganar la carrera. Un largo período de intensa disciplina era obligatorio para cualquiera que planeara participar en los eventos. Por ejemplo, los que participaban en los juegos olímpicos tenían que jurar por Zeus que seguirían diez meses de estricto entrenamiento antes de las competencias.

Cada dos años, Corinto misma era sede de los principales juegos para toda Grecia en el istmo; eran los festivales griegos de mayor concurrencia después de los juegos olímpicos, que se celebraban cada cuatro años. La guirnalda de pino se otorgaba en estos juegos ístmicos (olivo silvestre en los juegos olímpicos, perejil en los nemeos, etc.).

9:26, 27. El boxeo era una de las principales competencias en los juegos griegos; los boxeadores usaban guantes de cuero que cubrían la mayor parte del antebrazo excepto los dedos, era un deporte violento. Luchar contra la sombra o "golpear el aire" era preparación insuficiente para una competencia de boxeo; el boxeador tenía que disciplinar su cuerpo mejor que eso para ganar. De la misma manera, Pablo tenía que disciplinar su vida para sacrificar lo que fuera necesario por causa del *evangelio, para no ser él mismo descalificado de la carrera y quedarse lejos de la corona de la *vida eterna (9:25).

10:1-13
La historia de Israel como advertencia

Habiendo establecido que los que comían carne dedicada a ídolos debían dejar a un lado sus derechos, Pablo ahora procede a presentar un argumento bíblico: la inmoralidad sexual de los cristianos corintios y su asociación con la idolatría no era nada diferente de lo que había ocurrido en el antiguo Israel e invitaba el juicio divino. Las conclusiones de Pablo tal vez sorprenderían a sus lectores, pero no su estilo de argumentación; los maestros antiguos usaban muchos ejemplos del pasado, especialmente de libros sagrados; el judaísmo naturalmente sacaba sus ejemplos de las Escrituras.

10:1, 2. Algunos maestros judíos posteriores también establecieron paralelos entre el mar Rojo y el *bautismo de *prosélitos, pero Pablo podía usar esta ilustración ya fuera que algún otro en su período hubiera pensado en eso o no. Él hace un paralelo entre la experiencia de la salvación en el primer éxodo y la salvación en Jesús para mostrar que la salvación no lo hace a uno invulnerable a caer (10:6-12). (Los judíos esperaban un nuevo éxodo, prometido por los profetas para el tiempo del *Mesías.)

10:3, 4. Es cierto que los israelitas en el desierto tenían alimento y bebida sagrada, tal como los corintios (10:16) pero eso no los salvó (10:6-12). En algunas tradiciones judías el pozo seguía a los israelitas por el desierto (algunos añadieron, por causa del mérito de la hermana de Moisés, María). En la aplicación *midráshica de Pablo, lo que la roca hizo por Israel corresponde a lo que Cristo hizo por los corintios.

10:5. Los maestros judíos por lo general consideraban que la muerte prematura era señal del juicio de Dios (en su opinión los expertos de la *ley, para quienes Dios tenía una norma más elevada, podían ser juzgados así incluso por no estudiar la ley con suficiente diligencia).

10:6. Los eventos anotados en la *ley tenían el propósito de ser señal o advertencia para otros (Núm. 26:10). La codicia de los israelitas consistió en desear "mejor" comida que el maná, el alimento espiritual que Dios les había provisto (Núm. 11:4-6); querían carne (Núm. 11:18; cf. el comentario sobre 1 Cor. 8:7).

10:7. Ver Éxodo 32:4, 6. Así como Israel había comido una vez en la presencia de Dios (Éxo. 24:11), así en Éxodo 32:6 comieron y bebieron ante un ídolo a quien llamaron Dios. Más adelante los *rabinos consideraron esto como el episodio más bochornoso en la historia de Israel (con el tiempo algunos incluso hallaron la manera de echarles la culpa a los *gentiles que viajaban con los israelitas). Los intérpretes judíos apropiadamente tomaron el término "divertirse", en este texto, con el significado de idolatría (cf. "desenfreno", NVI).

10:8. Los hombres israelitas tuvieron relaciones sexuales con las madianitas, que actuaban como prostitutas sagradas, sin haberse casado con ellas (Núm. 25:1-8), y Dios envió una plaga como juicio (Núm 25:9). Las tradiciones judías unánimemente informan que murieron veinticuatro mil, como lo dice el texto del AT; tal vez Pablo intenta una alusión a los levitas contados (Núm. 26:62), o mezcla esto con una alusión a los tres mil que murieron en un juicio anterior (Éxo. 32:28). Pero los escritores antiguos no se hubieran detenido ni expresado preocupación por este tipo de detalles, aunque ha despertado el interés de los lectores modernos (quienes por lo general sugieren bien que es un error garrafal, o

que los otros mil murieron al día siguiente).
10:9, 10. Las tradiciones judías unánimemente lamentan la conducta de Israel en el desierto, incluyendo sus quejas contra la provisión de Dios. Los filósofos también advertían contra el rezongo, notando que uno debía aceptar lo que fuera que los dioses y el destino enviaran.
10:12, 13. Los maestros antiguos a menudo recalcaban que las adversidades caían sobre todos, y que uno no debía ser orgulloso, sino someterse a lo que le salía al encuentro. Pero en tanto que los escritores paganos daban énfasis a la voluntad humana, Pablo hace hincapié en la fidelidad de Dios.

10:14-23
La carne idolátrica respalda a los demonios

Aquí Pablo presenta un argumento religioso en contra de comer carne ofrecida a los ídolos.
10:14. "Huir" de los vicios era una exhortación moral bastante frecuente en la antigüedad (cf. 6:18).
10:15. Los discursos antiguos y las cartas de amonestación con frecuencia empezaban con un elogio destinado a ganarse el favor del público. El propósito de Pablo es persuadir a los corintios, no meramente amonestarlos.
10:16, 17. Para honrar a los dioses paganos en las ceremonias religiosas griegas, se derramaban pequeñas libaciones de vino de las copas antes de que la gente bebiera de ellas. Pero aquí la "copa" y el "pan" aluden a la comida pascual, que se celebraba en la cena del Señor (11:23-26). No solo en la comida pascual, sino en las comidas en general el padre de la familia judía decía una bendición (daba gracias) por la copa de vino. Los comentaristas informan que la última copa al concluir la comida se llamaba la "copa de bendición".
10:18. Los sacerdotes comían algunas partes de las ofrendas que se presentaban en el templo; otras clases de ofrendas (tales como el cordero pascual, que Pablo también considera sacrificio, 5:7) las comía el resto del pueblo. "Participan del altar" (RVA) quiere decir que Israel estaba ligado en su sacrificio al Dios único.
10:19, 20. Como Isaías, Pablo dice que los ídolos físicos no son nada (cf. Isa. 44:12-20; 45:20-25; 46:1-11). Pero como la mayoría de pasajes del AT que mencionan a los demonios (por lo menos en las traducciones al griego; Lev. 17:7; Deut. 32:17, 37-39; Sal. 106:28, 37) y la mayoría de la literatura judía y cristiana aparte de los *rabinos, Pablo cree que los falsos dioses que buscan la adoración humana son demonios.
10:21. Los paganos hablaban de mesas de ofrendas a sus dioses (p. ej,. la mesa de Serapis); la mayoría de templos del antiguo Cercano Oriente habían sido equipados con tales mesas. La expresión "la mesa del Señor" aparece en el AT para dar a entender "el altar" (p. ej., Mal. 1:7; cf. 1 Cor. 9:13). Participar de la mesa connota relaciones muy estrechas.
10:22. Pablo de nuevo provee una objeción retórica contra su propia posición, pero sus lectores que están familiarizados con el AT saben que el Señor es un Dios celoso que no permite la adoración de ningún otro dios (p. ej., Deut. 32:17, 21; ver el comentario sobre 1 Cor. 10:19, 20).
10:23. Los maestros griegos usaban criterios tales como "utilidad" para determinar si tomaban ciertas acciones. Pablo levanta una objeción *retórica ("Todo me es lícito") y luego da respuesta ("pero no todo conviene"), como era común en las enseñanzas morales antiguas.

10:24—11:1
Instrucciones por el bien de otros

10:24, 25. Lo que quedaba de la carne de los sacrificios se llevaba al mercado en la gran ágora en Corinto (no lejos de donde Pablo había trabajado una vez, Hech. 18:3). No toda la carne que se vendía en el mercado había sido ofrecida a los ídolos, pero una parte sí. En las ciudades relativamente grandes se permitía a los judíos tener sus propios mercados para que pudieran evitar tales alimentos. En otras ciudades ellos preguntarían de dónde provenía la carne. Pero los maestros judíos consideraban "ligeros" los pecados inadvertidos; de este modo Pablo puede confiar en que la voluntad escrupulosa quedará satisfecha con "lo que no sabes no te hará daño". Debido a que la mayoría de la gente no podía darse el lujo de comprar carne, y subsistían más bien con pescado y granos, Pablo aquí se dirige a los ricos en la congregación.

10:26. Aquí Pablo cita el Salmo 24:1, que exalta la majestad y la grandeza de Dios; él es el único Dios vivo y verdadero, y todo le pertenece, y no a los ídolos o demonios. Los maestros judíos, posiblemente desde el tiempo de Pablo, usaban este texto para demostrar la necesidad de dar gracias por las comidas.

10:27-29. La mayoría de templos tenía sus propios comedores, y se invitaba a la gente a las comidas "a la mesa de Serapis" y otros dioses paganos. La carne en estas comidas obviamente había sido ofrecida a los ídolos. Pero la gente también era invitada a banquetes en casas de personas pudientes, en donde no se podía tener certeza en cuanto a la procedencia de la carne. Los judíos que evitaban alimentos inmundos (como el cerdo) quedaban prácticamente excluidos de tales banquetes, pero no desdeñaban a los *gentiles que comían cerdo siempre y cuando se abstuvieran de la carne ofrecida a los ídolos. Los judíos habían enfrentado a veces el martirio por evitar comer alimentos impuros, y esperaban que los gentiles que decían creer en Dios por lo menos evitaran los alimentos que sabían a ciencia cierta que habían sido ofrecidos a los ídolos.

10:30. Como los judíos, los cristianos siempre daban gracias por los alimentos antes (y, por lo menos en los hogares judíos palestinos consagrados, después) de las comidas.

10:31. Algunos maestros judíos enfatizaban que todo debía hacerse por amor a Dios, como Pablo lo dice aquí; algunos filósofos afirmaban que uno debía invertir la vida solo en lo que tiene significación eterna. En el AT Dios claramente deseaba que su pueblo viviera solo para él (Deut. 6:4, 5; Sal 63:1). Pablo considera tales convicciones como apropiadas y las aplica a la credibilidad del *evangelio (1 Cor. 10:32, 33).

10:32, 33. Ver el comentario sobre 9:19-23.

11:1. Pablo ya se había presentado a sí mismo (cap. 9) como ejemplo de este principio, que articula en 10:32, 33; los filósofos a menudo usaban su propio estilo de vida como modelo para sus alumnos.

11:2-16
Los velos de las mujeres

En 11:17-34 Pablo vuelve al tema de los alimentos (cf. caps. 8—10), pero aquí se aparta del tema brevemente para tratar otro asunto de la *iglesia corintia que tenía que ver con los que estaban voluntariamente haciendo a un lado sus derechos (11:10). Las *digresiones eran normales en la literatura antigua. El cabello de las mujeres era un objeto común de lujuria en la antigüedad, y en un gran sector del Mediterráneo oriental se esperaba que las mujeres se cubrieran el cabello. Se pensaba que el no cubrirse el cabello era provocar los deseos de los hombres, así como en algunas culturas de hoy se piensa que el traje de baño es provocación para los hombres. Los velos para cubrirse la cabeza prevalecían en la Palestina judía (en donde se extendía incluso con un velo sobre la cara) y en otras regiones, pero las mujeres de clase alta, con ansia de hacer gala de sus peinados a la moda no lo usaban. Así que Pablo tiene que tratar de un choque cultural en la iglesia entre la moda de la clase alta y la preocupación de la clase baja respecto a que se estaba violando el decoro sexual. (El que los griegos se descubrían la cabeza para la adoración, mientras que los romanos se la cubrían, también puede ser significativo, dada la afiliación doble de Corinto como ciudad griega y romana. Pero debido a que esta costumbre no estaba dividida por la línea de género masculino y femenino, probablemente esto es irrelevante aquí.)

Así Pablo provee una serie de argumentos breves, cada uno de los cuales tiene que ver directamente con la cultura a la que se dirige. Sus argumentos no funcionan bien en toda cultura (ni el mismo Pablo está completamente satisfecho con ellos; 11:11, 12), pero es a las mujeres corintias, no a las mujeres modernas, a quienes desea persuadir a que se cubran la cabeza.

11:2. Las cartas con frecuencia se escribían para "alabar" o "echarles la culpa" a los destinatarios; algunas veces estos puntos caracterizaban la carta entera en la que se trataban. "Enseñanzas transmitidas" (RVA; "tradiciones", DHH) eran relatos o regulaciones transmitidas oralmente; por ejemplo, los *fariseos en Palestina transmitían de esta manera sus tradiciones especiales.

11:3, 4. Los escritores antiguos con frecuencia basaban sus argumentos en juegos de palabras, como Pablo lo hace aquí. Usa "cabeza" literalmente (porque eso es lo que hay que cubrir) y figurativamente (para la figura autoritativa en la familia antigua). (Algunos comentaristas han aducido, tal vez con razón, que "cabeza" no significa "autoridad" sino "fuente"; ver 11:12; pero la cuestión es debatida vigorosamente y no se la puede decidir aquí.) Sobre los velos de las mujeres para cubrirse, ver la introducción a esta sección. Las mujeres no dirigían la oración en la mayoría de las *sinagogas, y la tradición judía tendía a restar importancia a las *profetizas del AT; las *iglesias de Pablo permitían considerablemente mucha más libertad al ministerio de las mujeres.

11:5, 6. Pablo usa el principio del debate antiguo del *reductio ad absurdum*: Si ellas se preocupaban tanto por descubrirse la cabeza, ¿por qué no quitarse también su cubierta natural, el pelo? Pablo de esta manera reduce al absurdo su insistencia: la vergüenza física más grande de una mujer sería raparse el cabello, o recortárselo como un hombre.

11:7. Pablo aquí empieza un argumento del orden de la creación. No puede negar que las mujeres también son imagen de Dios (Gén. 1:27 claramente indica que tanto varón como mujer fueron creados a imagen de Dios.) Tal vez lo que quería decir era que las mujeres con la cabeza descubierta estaban atrayendo la atención de los hombres a la humanidad en lugar de a Dios; como uno diría hoy, estaban haciendo que los hombres "regresen a ver a las mujeres".

11:8, 9. Según Génesis 2:18 Dios creó a la mujer distinta del hombre parcialmente para que el hombre no estuviera solo; la frase que se traduce "ayuda idónea" alaba la fortaleza de la mujer en lugar de subordinarla a ella. ("Ayuda" se usa más a menudo para referirse a Dios que a cualquier otro personaje en el AT; "idónea" quiere decir "correspondiente", o "apropiada para", como igual, en contraste con los animales.) La mujer fue entonces creada porque el hombre necesitaba su fortaleza, no (como algunos han interpretado incorrectamente este versículo) para que fuera su criada.

11:10. Aquí Pablo literalmente dice: "ella no debe tener autoridad sobre su propia cabeza debido a los ángeles"; Pablo quiere decir que ella debe ejercer sabiamente su derecho a decidir si se cubre la cabeza de manera que dé honor a su esposo (11:8, 9), dada la situación con "los ángeles". "Ángeles" se ha interpretado como (1) los ángeles que (de acuerdo con las interpretaciones judías antiguas de Gén. 6:1-3) miraron con lujuria a las mujeres y por eso cayeron; (2) los ángeles presentes en la adoración divina, que se ofenderían por una violación al decoro o una afrenta a los esposos (cf. los *Rollos MM); y (3) los ángeles que gobiernan las naciones pero al final estarán subordinados a todos los creyentes, incluyendo estas mujeres (6:3, es decir, como futuro gobernante la mujer u hombre debe ejercer decisiones sabias en el presente, incluso en lo que tiene que ver con el vestir).

11:11, 12. Pablo califica su argumento precedente sobre la creación (11:7-10); quiere demostrar su caso respecto a los velos sobre la cabeza, y nada más. Las mujeres y los hombres son interdependientes (cf. también 7:2-5).

11:13-15. A los escritores antiguos, especialmente a los filósofos *estoicos, les gustaba usar argumentos de la naturaleza. La naturaleza les enseñaba: decían que solo lo hombres podían tener barba y que el cabello de las mujeres naturalmente parecía crecer más que el de los hombres. Como todos los habitantes urbanos, Pablo está muy consciente de las excepciones a la regla (bárbaros, filósofos y héroes del pasado épico, así como los nazareos bíblicos); pero el argumento de la "naturaleza" podría apelar al orden general de la creación como lo experimentaban sus lectores.

11:16. Pablo reserva un argumento final para los que no se han persuadido con sus puntos anteriores. Un grupo filosófico llamado los escépticos rechazaban todos los argumentos excepto el aceptado casi universalmente: el argumento de la costumbre "sencillamente no se hace así".

11:17-34
Compañerismo dividido

Las *iglesias en Corinto se reunían en las casas de *protectores acomodados (ver el comentario sobre Hech. 18:6, 7). En la sociedad grecorromana los protectores a menudo hacían sentar a los miembros de su propia clase social alta en un *triclinium* especial (la mejor habitación), mientras que a otros se les servía a plena vista de este salón, en el *atrium* (cuyos cojines podían sentar hasta cuarenta personas). A los invitados en el salón más grande, el *atrium*, se les servía alimento y vino de inferior calidad, y a menudo se quejaban de la situación. El problema social se desbordó y pasó a la iglesia.

El trasfondo para la comida en sí misma es la Pascua judía: comida y celebración sagradas; ver el comentario sobre Mateo 26:17-30. Pero los corintios parecen haber perdido de vista este trasfondo; trataban la comida como un banquete festivo como los que habían conocido en los festivales griegos o las reuniones de las asociaciones religiosas griegas.

11:17-19. Pablo podía elogiar a los corintios en algunos puntos (ver el comentario sobre 11:2) pero no en este; al igual que las divisiones debido a prejuicios raciales o culturales (ver la introducción a Romanos), la división por clases sociales es contraria al *evangelio.

11:20. Respecto a la "cena del Señor" ver "la mesa del Señor" en 10:21. Pablo intenta presentar un contraste irónico entre la cena del Señor (11:20) y la de ellos (11:21).

11:21, 22. En la comida trataban a algunos más honorablemente que a otros, y este tratamiento refleja los valores y la situación del mundo. Ver la introducción a esta sección.

11:23. "Recibir" y "enseñar" (RVR-1960) se usaban especialmente para transmitir tradiciones (11:2; 15:3). Algunos *rabinos posteriores hablaban de las tradiciones recibidas "de Moisés", aunque creían que las habían recibido por medio de sus predecesores, querían decir que la tradición a final de cuentas se remontaba hasta Moisés. Pablo probablemente quiere decir que *discípulos anteriores le hablaron de la última cena. Tuvo lugar en "la noche" como siempre tenía lugar la Pascua.

11:24, 25. El pan pascual sin levadura normalmente se interpretaba figurativamente como el "pan de aflicción que comieron nuestros antepasados" en tiempos de Moisés; Jesús lo aplicó a sí mismo (ver el comentario sobre Mar. 14:22-24). Los paganos algunas veces comían durante los funerales "en memoria de" la persona fallecida, pero el sentido aquí es como en el AT, en donde la Pascua conmemoraba los actos redentores de Dios en la historia (p. ej., Éxo. 12:14). Como en el rito pascual, el "vosotros" se aplicaba a todas las generaciones futuras.

11:26. "Hasta que él venga" es la limitación temporal de la cena del Señor que se remonta a Jesús (Mar. 14:25). Las celebraciones pascuales miraban hacia adelante a la redención futura de Israel tanto como hacia atrás a cómo Dios los había redimido en el éxodo del día de Moisés.

11:27-29. "Comer de manera indigna" aquí se refiere a comer conscientes de la situación social que estaba dividiendo a la *iglesia (11:21, 22). Al rechazar a otros miembros del cuerpo de Cristo, la iglesia (10:17), también rechazaba la dádiva salvadora de su cuerpo representado por el pan (11:24).

11:30-34. Los maestros judíos recalcaban que en este mundo Dios castigaba a los justos por sus pocos pecados, pero que en el mundo venidero castigaría a los malos por sus muchos pecados; así los maestros judíos creían que el sufrimiento podía librarlo a uno del castigo futuro. Pablo concuerda por lo menos con que el sufrimiento puede ser castigo del Señor; la idea aquí puede ser que los que no aceptan a otros miembros de la *iglesia no podrán recibir ya sanidad mediante la iglesia (12:9).

12:1-3
Cómo calificar los dones

Debido a que los dones cristianos tales como el de *profecía son dados por el *Espíritu de Dios (tanto en el AT como el NT), el trasfondo cultural es menos importante aquí que en algunas partes de 1 Corintios (p. ej., respecto a la carne ofrecida a los ídolos). Pero puede ayudar al lector moderno apreciar cómo los primeros lectores pueden haber visto el funcionamiento de algunos de los dones en su cultura.

Pablo indica que profetizar no es necesariamente una señal de consagración; los paganos también profetizaban, y en los santuarios de oráculos griegos personas endemoniadas o poseídas profetizaban en éxtasis, inspiradas por dioses diferentes al Dios de los cristianos. Aunque el interés en los oráculos había declinado en este período, los oráculos y otras formas de adivinación seguían siendo una fuerte influencia en la cultura pagana. Pablo puede de este modo señalar la conducta anterior de sus lectores en el paganismo como una advertencia de que la actividad de esos éxtasis en sí misma no constituye una prueba de que estén obedeciendo a Dios. (El versículo 3 probablemente en forma hipotética contrasta dos ejemplos extremos de pronunciamientos, uno malo y otro verdadero.)

12:4-11
Diversos dones

Pablo hace hincapié en que todos los dones son diferentes pero todos son útiles; de aquí que el cristiano con un don no es ni más ni menos importante que otro cristiano que tiene un don diferente. Al igual que otros escritores en la antigüedad, Pablo compila una lista al azar. Dado el uso de "palabra", "sabiduría" y "conocimiento" (12:8) anteriormente en 1 Corintios, aquí es seguro que estos términos se refieren a la provisión divina de la habilidad de hablar y enseñar (ver el comentario sobre 1:5). (Algunos lectores modernos han tomado estos términos como si se refirieran a conocimiento revelado sobrenaturalmente. Aunque en el contexto de 1 Corintios estos términos probablemente no tienen ese significado, tal conocimiento revelado sobrenaturalmente queda ilustrado a menudo por los profetas en el AT, y puede considerarse una forma del don de *profecía.) Algunos magos trataban de realizar sanidades y milagros (12:9, 10), pero fuera del cristianismo no hay paralelo con estos eventos como algo que ocurriera regularmente dentro de una congregación local. El don de "discernimiento de espíritus" era particularmente útil para juzgar la profecía (cf. 14:29; 1 Jn. 4:1). Aunque el parloteo extático ocurre en algunas culturas paganas actuales, el antiguo Mediterráneo tiene escasa evidencia de este fenómeno, y ningún paralelo con las "lenguas" (discurso inspirado en un idioma que uno no sabe; 14:2) o de "interpretación" inspirada de las lenguas (el término puede significar ya sea traducción o comunicación en el sentido general).

12:12-26
Todos los miembros del cuerpo son necesarios

Pablo adapta una imagen usada comúnmente para el estado romano o para el universo y lo aplica a la *iglesia (como en Rom. 12:3-5). Cuando los plebeyos (la clase más baja en la Roma antigua) habían propuesto rebelarse, el aristócrata Menenio Agripa los convenció de que aunque eran miembros menos notorios (como el estómago), eran necesarios; las clases superiores y más bajas tenían diferentes papeles pero igual importancia. Este argumento era mera sofistería aristocrática para mantener oprimidas a las masas; pero después de él otros escritores, especialmente filósofos *estoicos, tomaron prestada la imagen. Los estoicos decían que el universo era como un cuerpo, y que el logos de Dios, o razón, era la mente o cabeza que lo dirigía. Pablo aquí se refiere a la unidad del cuerpo no para mantener oprimido a un grupo sino para decirles a todos los cristianos en Corinto que se respetaran y apreciaran unos a otros. Así como un ojo o un pie solitario es inútil, así es cualquier miembro de la iglesia separado de otros cristianos.

12:27-31
Nuevamente dones diferentes

12:27, 28. "Primero... en segundo lugar... en tercer lugar", era normalmente una designación de rango; la mayoría de los dones después de los primeros tres parecen ser mencionados al azar.

12:29, 30. Los judíos y los paganos antiguos consideraban extraordinario que alguna persona en una congregación tuviera algunos de estos dones, tales como *profecía o hacer milagros, que se consideraban raros. El término traducido *"apóstoles" probablemente significa "mensajeros comisionados", respaldados por la plena autoridad del que los enviaba en tanto representaran su mensaje apropiadamente; aunque algunos filósofos se consideraban a sí mismos mensajeros de los dioses y los judíos a menudo veían a los profetas del AT de esa manera, los primeros cristianos respetaban esta posición como un cargo actual en la *iglesia. (Ver el comentario sobre Ef. 4:11.)

12:31. Los dones mayores (también 1 Cor. 14:1) los define la necesidad del resto del cuerpo (cap. 13). La mayoría de judíos creía que solo un pequeño número de hombres muy consagrados podía hacer milagros; la idea de que cualquier creyente podía pedirle a Dios los dones que fueran más útiles para su pueblo ni siquiera se oía. Los primeros cristianos democratizaron lo sobrenatural; creían que Dios podía obrar activamente en la vida diaria de todo creyente.

13:1-3
Nada sin amor

Este capítulo se asemeja a las alabanzas de varias virtudes que se encuentran en la literatura grecorromana; pero esta virtud en particular que Pablo escoge por sobre todas las demás no depende de su cultura: el amor aparece regularmente como la virtud suprema en la literatura cristiana más antigua. Como una breve *digresión entre 12:31 y 14:1 (las digresiones son comunes en la literatura antigua), este capítulo explica la manera de evaluar cuál don es el "mayor".

13:1. En algunas tradiciones judías los ángeles preferían hablar hebreo, pero la mayoría de judíos concordaba con que los ángeles comprendían los idiomas humanos, especialmente porque a los ángeles se les había asignado sobre varias naciones. Pablo tal vez creía que había idiomas angelicales además de los humanos, en cuyo caso diría: "Aunque conociera fluidamente las lenguas de modo que pudiera hablar en todo idioma concebible..." (Las hijas de Job al final del *Testamento de Job hablaban en éxtasis en lenguas angelicales al ser inspiradas a pensar en cosas celestiales; pero no es claro si ese texto es prepaulino o fue añadido por algún cristiano del siglo II que hablaba lenguas.) Aunque los címbalos se usaban en la adoración pagana (tanto como en la adoración judía), el punto de la comparación de Pablo es sencillamente que, aunque ruidosos, por sí mismos no comunicaban nada (como algunos *retóricos de su día). Corinto era famosa por su "bronce" y los vasos de bronce a menudo se usaban como amplificadores en los teatros al aire libre de este período.

13:2, 3. "Mover montañas" parece haber sido una figura de dicción para hacer lo imposible (cf. el comentario sobre Mar. 11:23; cf. Zac. 4:7). Aunque un lector romano podría pensar en leyendas tales como el suicidio del amante rechazado Dido en una épica romana famosa, o los filósofos de India que se incineraban a sí mismos, "el entregar el cuerpo para ser quemado" sin duda alude más bien a la tradición judía regular respecto a los mártires, algunos de los cuales se lanzaron al fuego para evitar que se los forzara a contaminarse.

13:4-13
Lo que es el amor

13:4-7. El punto de la descripción *retórica pulida de Pablo sobre el amor es su contraste con lo que ha dicho anteriormente respecto a las actitudes de los corintios. Ver el comentario sobre 13:1-3.

13:8-13. Como en los versículos 1-3, Pablo demuestra aquí que el amor es una virtud mayor que los dones; en este caso es debido a que el amor es eterno, en tanto que los dones son temporales. Algunos profetas del AT predijeron el derramamiento del *Espíritu en el tiempo final, acompañado de la capacidad de hablar bajo la inspiración del Espíritu (Joel 2:28); pero otras *profecías notaban que todos los ciudadanos del mundo venidero conocerían a Dios, por lo tanto no habría razón para la exhortación (Jer. 31:33, 34). Pablo cree que el tiempo de los dones del Espíritu, incluyendo el mero conocimiento humano, es ahora, entre la primera y la segunda venida de Jesús (cf. 13:10, 12).

Los espejos (13:12) con frecuencia se hacían de bronce, y dado el renombre mundial del bronce corintio, tal vez impactaría a los corintios por tratarse de un producto local (también 2 Cor. 3:18). Pero incluso los mejores espejos reflejaban las imágenes imperfectamente (algunos filósofos usaban espejos como analogía para describir la búsqueda de la deidad por parte de los mortales). Contraste la revelación más abierta de Éxodo 33:11, Números 12:8 y Deuteronomio 34:10.

14:1-20
Hablar inteligible contra hablar ininteligible

Debido a que los dones cristianos tales como *profecía son dados por el *Espíritu de Dios, el trasfondo cultural es menos importante aquí que en otras partes de 1 Corintios (p. ej., sobre el velo que las mujeres usaban para cubrirse la cabeza en 11:2-16). Pero puede ayudar al lector moderno apreciar cómo los primeros lectores pueden haber visto el funcionamiento de algunos dones en su cultura.

Aunque Pablo claramente no está opuesto a que se hable en lenguas (14:5, 18), recalca que el valor de los dones debe ser su utilidad en un ambiente dado; el hablar inteligible aprovecha a otros en la adoración pública, mientras que el hablar en forma ininteligible, por inspirado que sea, es provechoso solo privadamente o si se lo interpreta. Ni el sombrío ritual romano ni la celebración extática griega es la regla de la espiritualidad; el interés por otros lo es (cap. 13). El término para "lenguas" normalmente significa sencillamente "idiomas", pero aquí es claro (14:2, 14) que la persona inspirada para orar en estos otros idiomas no sabe los idiomas; como en Hechos, el don presupone una capacitación sobrenatural.

14:1-3. En el AT la *profecía también servía para las funciones que Pablo menciona aquí: "edificación" (y destrucción, p. ej., Jer. 1:10, en donde la palabra de Dios derroca y restaura naciones); "exhortación", (RVA; "animarlos", NVI), que puede incluir reprensión; y casi todos los profetas del AT, sin que importara cuán enfocado fuera el juicio, incluían un mensaje de "consolación" (NVI) y esperanza.

14:4, 5. El deseo de Pablo de que todos puedan profetizar (cf. Núm. 11:29) es probablemente realista; Dios ha prometido capacitar a todo su pueblo para profetizar una vez que el tiempo del fin (inaugurado por Jesús, según el NT) haya llegado (Joel 2:28). Si las lenguas se interpretaban, podía también servir como forma de discurso inspirado útil para la *iglesia.

14:6, 7. La inteligibilidad es la clave para edificar a otros (14:6-12). Pablo menciona aquí dos instrumentos musicales principales de la antigüedad: la "flauta", instrumento de viento que sonaba como el oboe y con frecuencia tenía dos tubos unidos a la boquilla, era común en la música religiosa y emotiva; el "arpa", instrumento de cuerdas, se consideraba más armonioso y con frecuencia acompañaba al canto.

14:8, 9. "Trompetas" o "cornetas" se usaban para llamar a los ejércitos a la batalla, para marchar, y así por el estilo; un toque de trompeta incierto confundiría a los soldados (v. 8).

14:10-12. Los griegos tradicionalmente menospreciaban a los no griegos, llamándolos "bárbaros" o "extranjeros"; los llamaban "bárbaros" porque hablaban idiomas "inferiores" (es decir, no griego), pero incluso los que no creían en la superioridad de los griegos dividían al mundo en "griegos y bárbaros" (p. ej., Rom. 1:14), a menudo con base en la raza pero a veces con base en el idioma. Pablo sencillamente observa que los que no pueden comunicarse inteligiblemente pueden verse el uno al otro como extranjeros (v. 11).

14:13, 14. El filósofo griego *Filón al describir la inspiración divina decía que Dios poseía a sus profetas y anulaba sus facultades racionales durante el período de inspiración. En contraste, Pablo cree que la inspiración profética utiliza las facultades racionales (como también lo hace la interpretación); incluso con respecto a la glosolalia o lenguas inspiradas, que son las oraciones de un componente diferente, no racional, de la naturaleza humana, Pablo no indica que la mente sea forzada a estar inactiva. Pablo cree que ambas clases de adoración y ambos componentes de la naturaleza humana son importantes. (En términos modernos, estos componentes de la naturaleza humana son tal vez similares a los componentes afectivos y cognoscitivos, o a la mente subconsciente y consciente. En cualquier caso, ni la pura racionalidad de algunas iglesias modernas ni el puro emocionalismo de algunas iglesias en otras tradiciones le hubieran agradado a Pablo; su noción de la adoración abarcaba a la persona completa.)

14:15. La adoración carismática, es decir, adoración inspirada por el *Espíritu, también era practicada por las escuelas de los profetas en el AT (1 Sam. 10:5; cf. 2 Rey. 3:15); transferida a la adoración en lo que llegó a ser el templo (1 Crón. 25:1-5), generó muchos de los cánticos del libro de Salmos. Aunque la adoración en lenguas no había sido practicada en el AT, la adoración carismática en un sentido más general sí lo había sido.

14:16, 17. Los oficiales romanos seguían exactamente las oraciones habituales; los servicios judíos permitían más libertad. Pablo aquí expresa espontaneidad en la oración y ni siquiera objeta el orar en lenguas ("con el espíritu de uno"), siempre y cuando se interprete. "Amén" era la respuesta judía común a una bendición con la que se concordaba.

14:18-20. En las *sinagogas los que oraban no siempre podían hacer públicamente lo que hacían en privado; Pablo de igual manera distingue entre las prácticas privada y pública de hablar en lenguas (diez mil es el número más grande en griego). Incluso así, claramente no lo prohíbe en público (14:39), siempre y cuando haya intérprete (14:28).

14:21-25
Efectos del hablar inteligible e ininteligible sobre los visitantes

14:21. Aquí Pablo cita Isaías 28:11 que en el contexto se refiere a una señal de juicio; debido a que su pueblo no podía oír nada más, Dios le hablaría por medio de los asirios (cf. 33:19; Deut. 28:49). (Muchos maestros judíos usaban *"ley" en forma amplia para referirse al AT; más tarde fue aplicada incluso a las antiguas tradiciones judías anteriores.

14:22. Desde cierto punto de vista, Pablo aquí se refiere a las lenguas como señal de juicio que hace que los no creyentes tropiecen (cf. 14:21); desde otro, Pablo cita a los corintios en 14:22 y los refuta en 14:23-25 (cf. 6:12-14).

14:23-25. La *profecía era un fenómeno conocido en el mundo antiguo, mientras que las lenguas no (o por lo menos sus paralelos eran extremadamente raros); los antiguos respetaban la profecía, pero si no sabían de antemano que podían esperar oír hablar en lenguas, no sabrían lo que estaba ocurriendo (cf. Hech. 2:13). Tal vez Pablo no objetaría que todo el grupo simultáneamente adorara carismáticamente bajo otras circunstancias (p. ej., Hech. 2:4-21), como si estuvieran solos (cf. 1 Sam. 10:5; 19:20); pero estas no eran las circunstancias en las *iglesias en hogares en Corinto.

14:26-33
Reglas para mantener el orden

El que Pablo haya pasado más de año y medio con ellos (Hech. 18:11, 18) y que aparentemente no les haya comunicado estas reglas antes sugiere que las mismas son dirigidas a la situación específica en Corinto. Las reglas necesarias para mantener la adoración edificante para todo el mundo varían de acuerdo con la cultura y el ambiente, pero el principio de mantenerla edificante para todos es mucho más universal.

14:26. Aunque las oraciónes en las *sinagogas pueden haber sido más espontáneas en días de Pablo que posteriormente, él aboga aquí por más participación individual de la que habría sido natural en otros ambientes de adoración en su día. Debemos tener presente, sin embargo, que las *iglesias en hogares en Corinto probablemente se componían a lo más de cincuenta miembros. En la adoración judía se usaban regularmente salmos (aquí Pablo tal vez quiere decir salmos bíblicos u otros que habían sido compuestos recientemente), tanto como la enseñanza; pero las revelaciones, lenguas e interpretaciones eran rasgos distintivos de la adoración cristiana.

14:27. El orden era muy importante en los ambientes de conferencias y asambleas públicas en la antigüedad, como es claro a partir de la práctica de sentar a la gente de acuerdo con su rango. En las asambleas de *esenios, uno debía tener permiso para hablar, y uno hablaba según su rango. Pablo no es tan estricto aquí, pero desea equilibrar la espontaneidad con el orden; no todo lo que era inherentemente bueno era necesariamente bueno para la asamblea reunida. En el AT la adoración carismática no era incompatible con el orden (1 Crón. 25:1-5; cf. también la descripción dada por *Filón de una secta egipcio-judía de adoradores llamada los terapeutas).

14:28. "Hable a sí mismo y a Dios" probablemente quiere decir "para que solo él y Dios puedan oírlo". Es también posible, no obstante, que la expresión implique que las lenguas se podrían usar no solo como oración sino también como vehículo del *Espíritu de Dios para hablar al espíritu del individuo (cf. *profecía que vino de este modo en 2 Sam. 23:2, 3; Ose. 1:2; cf. Sal. 46:10; 91:14), aunque tal vez este hablar sea principalmente en forma de oración inspirada.

14:29. La mayoría de profetas del AT al parecer recibieron su preparación en grupos de profetas, con profetas más experimentados como Samuel presidiendo sobre ellos (1 Sam. 19:20; también en las *narraciones de Elías y Eliseo). Las *iglesias nacientes de los días de Pablo tenían pocos profetas tan experimentados y confiables como Samuel, así que la experiencia y la prueba de los dotados proféticamente debían darse en el servicio público. Probar, examinar e interpretar profecías no se consideraba necesariamente incompatible con su inspiración general (cf. *Platón en cuanto a poetas inspirados, y los sabios judíos que respondían a la Escritura con la Escritura).

14:30. Los maestros antiguos practicaban varias costumbres con respecto a sentarse y ponerse de pie; por lo menos en tiempos posteriores los *rabinos solían sentarse y los *discípulos estar de pie al enseñar; los que leían las Escrituras se pondrían de pie. Entre los *esenios cada uno hablaba por turno; a menudo la persona que hablaba en la asamblea se ponía de pie, mientras que los demás estaban sentados.

14:31. Sobre "todos podéis profetizar", ver el comentario sobre 14:5; Pablo aquí añade "enseñanza" a las posibles funciones de la *profecía (es decir, los oyentes podían aprender de ella).

14:32. En la mayoría de la enseñanza judía, la profecía involucraba una posesión completa del *Espíritu; uno no se atrevía a controlar lo que decía. Para Pablo, no obstante, la inspiración podía ser regulada, y regular el tiempo y manera de lo que uno decía no era lo mismo que apagarlo por completo. En cuanto a regular el espíritu de uno, cf. Proverbios 16:32 y 25:28.

14:33. Respecto a la referencia que se hace sobre la conducta de las *iglesias, ver el comentario sobre 1 Corintios 11:16.

14:34, 35
Interrupción en las conferencias

Mientras trata el tema del orden en la iglesia, Pablo brevemente se aparta del tema acerca del contraste de la *profecía y las lenguas, y las reglas respecto a ellas, para tratar sobre las interrupciones de parte de algunas mujeres que tenían lugar durante los períodos de enseñanza en los cultos de la iglesia. A menos que Pablo cambie el tema del silencio universal de las mujeres (v. 34) a hacer preguntas (v. 35a) y de regreso al silencio universal (v. 35b), su declaración general respecto al silencio de las mujeres en la iglesia trata solo de una cuestión específica del cuestionamiento de ellos en el versículo 34a. El asunto aquí es su debilidad en el conocimiento de las Escrituras, no porque sean mujeres.

14:34. La *ley bíblica no incluye ningún texto específico que ordene silencio o sumisión a las mujeres, aunque Pablo podría referirse de nuevo al argumento de la creación en 11:8, 9, o a los efectos de la maldición en Génesis 3:16. Pero también puede usar "ley" en forma general (1 Cor. 14:21); de manera que aquí se podría estar refiriendo solo a la posición generalmente subordinada de las mujeres en tiempos del AT. (Respecto a esta lectura, Pablo contrarresta una objeción de las profetizas corintias, quienes no creen que deben estar en sujeción; aunque Pablo tal vez no creía que deberían sujetarse en todas las culturas, el que lo estuvieran en el período del AT sugiere que no está mal que ellas se sujeten en algunos ambientes culturales. De acuerdo con otra perspectiva, Pablo cita el parecer corintio en 14:34, 35 y la refuta en 14:36; cf. el comentario sobre 14:22. Otros objetan que 14:36 es demasiado débil para proveer una refutación para 14:34, 35).

14:35. Era costumbre que los oyentes informados hicieran preguntas durante las conferencias, pero se consideraba de mala educación que el ignorante lo hiciera. Aunque según las normas modernas la alfabetización era generalmente baja en la antigüedad (era mejor en las ciudades), las mujeres recibían mucha menos educación en las Escrituras y en el razonamiento público que los hombres. Pablo no espera que estas mujeres sin educación se abstengan de aprender (en efecto, el que mucho en su cultura les impidiera aprender era el problema). En lugar de eso provee el modelo más progresista de su día: sus esposos debían respetar sus capacidades intelectuales y darles instrucción privada. Sin embargo, Pablo quiere que dejen de interrumpir el período de enseñanza durante el culto en la iglesia, porque mientras no supieran más estaban distrayendo a todos los demás y perturbando el orden en la iglesia.

14:36-40
Exhortaciones finales sobre los dones

14:36-38. Algunos profetas del AT se levantaron como portavoces de Dios más fuertes que otros colegas suyos (Elías, Eliseo, Samuel, y otros por el estilo). La mayoría de profetas en la *iglesia naciente no se comparaba en autoridad con los profetas del NT como Agabo, y con *apóstoles como Pablo; si algunos de los profetas en Corinto apelaban a sus capacidades proféticas para promover sus puntos de vista, Pablo puede hacer incluso más para refutar sus puntos de vista; él afirma hablar por Dios.
14:39, 40. Aquí Pablo resume el resto del capítulo; no eran raros los resúmenes de conclusión, aunque no siempre se los usaba.

15:1-11
Jesús resucitó

Algunos de los corintios disputaban sobre la futura *resurrección de los creyentes. No podían, sin embargo, disputar la resurrección de Jesús, por ser un hecho establecido y el mismo cimiento de su fe. No obstante, Pablo señala que este hecho no puede ser separado de la resurrección futura de los creyentes (15:12-14).
15:1, 2. Pablo sigue la técnica normal de argumentación de empezar con una premisa con la que se está de acuerdo; los corintios deben convenir con el mismo *evangelio mediante el cual se convirtieron (ver también 2:1-5; Gál. 3:2-5).
15:3. "Os he enseñado lo que también recibí" (RVA) es el lenguaje que los eruditos llaman "hacer tradición": Los maestros judíos transmitían sus enseñanzas a sus estudiantes, quienes a su vez las enseñaban a sus propios estudiantes. Los estudiantes podían tomar notas, pero se deleitaban especialmente en la memorización oral y llegaban a ser realmente hábiles en eso; la memorización era una característica central de la educación antigua. En la primera generación, la tradición sería muy precisa; esta tradición puede incluso ser una cita palabra por palabra en 15:3-5 ó 15:3-7. Que Jesús murió por nuestros pecados "conforme a las Escrituras" puede referirse especialmente a Isaías 53:4-6, 8, 11, 12.
15:4. La mención de la sepultura presupone una tumba vacía después de la *resurrección, porque por definición "resurrección" quiere decir un nuevo cuerpo que no deja un cadáver detrás; las fuentes judío-palestinas de Pablo no podían haber entendido el término de ninguna otra manera. A diferencia de los Evangelios, Pablo no menciona la tumba vacía, porque los testigos proveyeron evidencia fuerte de lo que le ocurrió a Jesús (15:5-8). "Las Escrituras" probablemente se refieren a una variedad de textos, tales como el Salmo 16 e Isaías 53:12. Si el "tercer día" también se considera en "conforme a las Escrituras", tal vez alude a Oseas 6:2, Jonás 1:17 y otros textos, aunque Pablo tal vez incluye la frase sencillamente para decir, de acuerdo a la costumbre judía, que Jesús resucitó antes de que pudiera "ver corrupción" (Sal. 16:10).

15:5. Aunque los argumentos de probabilidad contaban mejor en las cortes legales antiguas, los relatos de testigos oculares eran valorados también en alto grado. Se decía normalmente que las antiguas epifanías (revelaciones) de dioses o espíritus habían sido presenciadas por testigos oculares, pero estos testigos generalmente habían muerto mucho tiempo atrás. (En tiempos posteriores las "epifanías" de dioses a menudo se refería sencillamente a sueños o actividades milagrosas. La iniciación del misterio en Eleusis puede haber llegado a su clímax con algún tipo de encuentro extático con la deidad, pero este evento también difiere significativamente del tipo de revelaciones históricas, no solicitadas y en masa que Pablo describe aquí.) Revelaciones múltiples como esta, y revelaciones en masa como en 15:6, especialmente defendidas por una secta perseguida, prácticamente no tienen paralelo. Debido a que por definición *resurrección significa un cuerpo nuevo, y a que los cristianos no hubieran sido perseguidos por aducir haber visto simplemente un espíritu (en la antigüedad la mayoría de la gente creía en fantasmas), están afirmando algo que nadie más había afirmado. "Apareció" se usaba en la antigüedad tanto para visiones como para apariciones reales (a menudo de Dios o de ángeles); pero en todas las definiciones judías de la resurrección, especialmente en una tradición palestina como la que Pablo cita aquí, Pablo seguramente quiere decir una aparición literal.
"Cefas" es "Pedro" en *arameo; para "los doce", ver el comentario sobre Hechos 1:13 y la introducción a Hechos 1:15-26.

15:6. El propósito de Pablo al apelar a testigos todavía vivos es invitar a sus lectores a verificar sus hechos si dudan de sus palabras. Podemos en forma segura descartar la sugerencia de que las apariciones de la resurrección fueron alucinaciones en masa, porque tales alucinaciones en masa de una persona demostrablemente física no tienen paralelo en la historia. (Si se citara esta evidencia para una guerra, acerca de la cual a menudo tomamos la palabra de un único autor antiguo, o cualquier otro evento de la historia, nadie pensaría hoy en negarlo; que algunos consideran esta evidencia como prueba insuficiente de la historicidad de la resurrección puede indicar más acerca de sus propias presuposiciones respecto a la existencia o actividad de Dios, o su vindicación de Jesús.)

15:7. "Los *apóstoles" claramente incluye a un grupo más numeroso que los "doce" (15:5); ver el comentario sobre 12:29, 30.

15:8. "Uno nacido fuera de tiempo" (RVA) o "un niño nacido anormalmente" (DHH) usualmente quería decir un feto muerto, ya fuera mediante el aborto provocado o espontáneo. Pablo puede estarse llamando un monstruo en comparación con los otros apóstoles (15:9); probablemente está reprobándose a sí mismo de alguna manera. Esta expresión puede referirse a haber nacido en el momento inoportuno (después de tiempo en vez de antes de tiempo), después de que las apariciones iniciales del Jesús resucitado quedaron completas; otros comentaristas han sugerido que Pablo fue escogido desde el vientre, pero su persecución de la iglesia había anulado ese propósito, haciéndolo más como un abortivo hasta su conversión.

15:9-11. Los griegos no tenían objeción en jactarse, siempre y cuando no fuera demasiado notable; la piedad judía enfatizaba la necesidad de agradecer a Dios por la bondad o situación social de uno. El judaísmo y las religiones más antiguas creían en la retribución por el pecado; Pablo cree que Dios lo exaltó a pesar de su pecado sencillamente debido al corazón amoroso de Dios.

15:12-19
La resurrección de Cristo y de los creyentes

15:12-17. Con excepción de los *saduceos y algunos judíos grandemente influenciados por conceptos griegos, la mayoría de judíos palestinos creía en la *resurrección futura del cuerpo (Dan. 12:2). La resurrección de Jesús fue el acto inicial del cumplimiento de esa esperanza; y de allí que si uno rechazaba la futura resurrección, también tenía que rechazar la resurrección de Jesús. Siguiendo una forma *retórica típica, la argumentación de Pablo obliga a los corintios a aceptar la resurrección de todos los creyentes, porque ya han concordado con él (y objetivamente no podía hacer otra cosa, 15:1-11) que Jesús había resucitado. Los maestros judíos con frecuencia usaban lo particular para probar el principio general que presuponían.

15:18, 19. Estos versículos sugieren que Pablo rechaza la idea griega de una inmortalidad del alma sin una resurrección corporal; si no hay resurrección, también sigue la negación *epicúrea de la vida después de la muerte (15:32). (A pesar de una noción del juicio, la noción griega típica que tenía la mayoría de personas respecto a la vida después de la muerte como sombras bajo la tierra era pavorosa e infeliz, para empezar, y proveía muy poco del incentivo que Pablo hallaba en la resurrección.) Pablo podía haber creído en la resurrección y en una existencia intermedia para el alma, como creían muchos *fariseos. Pero si Dios no había provisto una esperanza futura para la persona completa, judíos como Pablo, que reconocían la naturaleza corporal de la existencia humana, hubieran dudado de que hubiera provisto alguna esperanza para el futuro a fin de cuentas.

15:20-28
El plan de Dios para la historia

15:20. Las primicias eran el principio de la cosecha en Palestina (ya conocidas de la fiesta de las primicias en el AT, Pentecostés; Lev. 23:15-21), lo que garantizaba la inminente recolección del resto de la cosecha.

15:21, 22. Ver especialmente el comentario sobre Romanos 5:12-21. Pablo tal vez se basa aquí en una tradición judía no palestina (atestiguada por *Filón), posiblemente adoptada por algunos de los cristianos corintios, de que el hombre ideal, espiritual, formado en Génesis 1:26, 27 difería del hombre natural, Adán, formado en Génesis 2:7.

15:23, 24. Aunque el lenguaje de Pablo aquí no es claro, puede implicar que él, como muchos escritores judíos de su día, aceptaban una era *mesiánica intermedia entre la edad presente y la edad por venir; ver el comentario sobre Apocalipsis 20. Sobre "primicias", ver el comentario sobre 1 Corintios 15:20.

15:25. Pablo empieza a explicar el Salmo 110:1, que citará más explícitamente en 15:27.

15:26. Muchos filósofos rehusaban hacer duelo o ver la muerte como enemiga. Los escritores judíos por lo general pintaban a la muerte como enemiga, algunas veces como un ángel enviado por Dios, pero nunca agradable. Pablo ve a la muerte como el enemigo final que será subyugado; la *resurrección de los creyentes será, por lo tanto, el evento final que preceda al *reino de Cristo.

15:27, 28. Como en los textos del AT, Pablo afirma aquí que el Hijo reinará sobre todos los demás como el virrey de Dios pero permanecerá subordinado en su papel al Padre (Sal. 110:1; Isa. 9:6, 7; Dan. 7:14). Si Pablo fuera un *estoico, el que Dios sea "el todo en todos" significaría que todas las cosas serían absorbidas de nuevo en el fuego primitivo, siendo parte de su ser; pero cuando escritores judíos como Pablo usaban tal lenguaje, querían decir meramente que Dios es creador y gobernador de todo (Eclesiástico 43:27).

15:29-34
El sufrimiento en esperanza de la resurrección

Los primeros cristianos testigos de la *resurrección estaban tan convencidos de la verdad de sus propias afirmaciones de haber visto a Jesús vivo que no tenían miedo de sellar su testimonio con el martirio.

15:29. Aquí "bautizarse por los muertos" tal vez quiera decir que algún amigo cristiano se bautizaba por el efecto simbólico a favor de algún nuevo convertido que había muerto (tal vez por martirio, aunque no sabemos de alguna persecución seria en Corinto; o tal vez en su lecho de muerte, lo que no daba tiempo para el bautismo) antes de poder bautizarse. (Aunque no hay evidencia de bautismo vicario en el judaísmo antiguo, se podían usar símbolos póstumos. Por ejemplo, si alguien iba a ser ejecutado, los maestros judíos decían que su muerte podía expiar sus pecados; sin embargo, si moría antes de que fuera ejecutado, se colocaba una piedra en el ataúd, ejecutando simbólicamente su lapidación de modo que su ejecución todavía contara ante Dios.) Esta expresión puede referirse al lavamiento del muerto antes de sepultarlo, costumbre judía común; los grupos religiosos del Mediterráneo antiguo supervisaban los entierros de sus propios miembros. Podría ser también una manera indirecta de decir "bautizarse para poder participar de la *vida eterna con los cristianos que ya han muerto", y de aquí, bautizarse a la luz de su propia mortalidad. Muchos paganos en la antigüedad procuraban rendir honor a los muertos, por ejemplo, poniendo comida en sus tumbas. Cualquiera que sea la práctica a la que Pablo alude, no es claro si concuerda con la práctica corintia; incluso aunque no concuerde, sin embargo, puede usarla para recalcar su punto.

15:30. Respecto al riesgo continuo, cf. Salmo 44:22 y 119:109.

15:31. En este contexto "cada día muero" (RVA) es lenguaje figurado para referirse a la anticipación que experimentaba (prolepsis) Pablo respecto del martirio a través de sus repetidos sufrimientos por el *evangelio.

15:32. Los romanos a menudo se entretenían viendo a los criminales, prisioneros de guerra o esclavos siendo destrozados por bestias salvajes en la arena, en forma muy parecida a como la gente hoy disfruta de la violencia en la televisión o los cines (aunque los primeros cristianos rehusaban asistir a tales eventos excepto cuando los obligaban a ser las víctimas). Los espectáculos romanos de gladiadores también se realizaban en el teatro en Éfeso durante muchos festivales (al igual que en Corinto). Es improbable, sin embargo, que Pablo haya sido literalmente arrojado a las bestias en esa arena. Se suponía que las víctimas no sobrevivirían al ataque de las bestias, y como ciudadano romano Pablo habría estado exento de este castigo. Los filósofos empleaban la imagen de batallar contra bestias, y Pablo aquí probablemente describe su oposición en términos igualmente gráficos (cf. similarmente Sal. 22:6, 12, 13, 16, 20, 21). "Como hombre" en el versículo 32 quiere decir "figurativamente" (contrario a la mayoría de traducciones, cf. 9:8; Rom. 6:19; Gál. 3:15).

Pero si Pablo no tenía esperanza futura, en lugar de enfrentar aflicción podía igual y sencillamente haberse entregado a sus pasiones, sentimiento a menudo atribuido (con alguna distorsión) a los filósofos *epicúreos y que era practicado por muchos hombres griegos y romanos en orgías; cf. especialmente Isaías 22:13 y Lucas 12:19. (El AT a menudo usa el lenguaje de comer y beber de una manera neutral [Ecle. 2:24; 5:18, 19; cf. 3:12], pero sin Dios nunca es suficiente para vivir; Isa. 22:12-14; Ecle. 11:7—12:14; cf. 7:2, 14.)

15:33, 34. Aquí Pablo cita un proverbio popular, atribuido por primera vez al dramaturgo cómico Menandro, pero en circulación común en días de Pablo. Era el consejo común de los moralistas grecorromanos y los maestros de sabiduría judíos para evitar la compañía de los moralmente inferiores (en el AT, Sal. 119:63; Prov. 13:20; 14:7; 28:7). Pablo tal vez se refiere aquí a los que no creían en la *resurrección futura y por lo tanto no tenían la base moral como los que creían en un juicio divino final; otros maestros judíos que creían en la resurrección asociaban con la inmoralidad el no creer en esa doctrina.

15:35-49
La naturaleza del cuerpo de resurrección

El judaísmo antiguo enseñaba la *resurrección del cuerpo, no sencillamente la inmortalidad del alma; Pablo concuerda pero define la naturaleza del nuevo cuerpo en forma diferente de muchos de sus contemporáneos.

15:35-38. Los escritores antiguos a menudo levantaban objeciones *retóricas de oponentes imaginarios; los maestros judíos presentaban preguntas como las que Pablo hace aquí como objeciones comunes que los no creyentes levantaban contra la doctrina de la resurrección. Por ejemplo, ¿qué ocurre si alguien muere en el mar, o si el cuerpo queda totalmente carbonizado por el fuego? Los *rabinos decidieron que el cuerpo resucitaría de un hueso del cuello en particular, que ellos consideraban que era indestructible. Pablo más razonablemente argumenta que, independientemente del material físico que quede, por lo menos el modelo del viejo cuerpo siempre quedará como semilla del nuevo cuerpo. Su argumento de analogía, argumento común, es eficaz, y los rabinos posteriores usaron la analogía de la "semilla". "¡Necio!" (15:36) era un insulto retórico común, judío tanto como griego, para alguien que levantaba una objeción ignorante o inmoral.

15:39-41. Se afirmaba que no todos los cuerpos estaban hechos de carne; algunos estaban hechos de gloria. Se pensaba que los cuerpos celestiales, a veces identificados con ángeles, estaban hechos de fuego. Pablo describe las diferentes clases de gloria que tienen algunos cuerpos terrenales y celestiales para explicar cómo el cuerpo *resucitado vendrá en gloria; sin embargo, cada persona seguirá siendo distinta de todas las demás. Así que hay continuidad entre el cuerpo nuevo y el viejo, tanto como discontinuidad. El argumento de Pablo aquí tal vez no encaje muy bien con la astronomía moderna propiamente dicha; su argumento tiene el propósito de persuadir a lectores antiguos, cuyas nociones de los cuerpos celestiales difieren de las que tiene la mayoría de la gente de hoy.

15:42, 43. Muchos maestros judíos creían que el cuerpo resucitaría exactamente en la misma forma en que había muerto, incluso mutilado, y solo entonces sería curado; esta creencia tenía el propósito de demostrar la continuidad entre el cuerpo viejo y el nuevo. Pero Pablo claramente ve el cuerpo de resurrección en términos diferentes.

15:44, 45. Un cuerpo "natural" o "físico" es literalmente un cuerpo "con alma", en contraste con un cuerpo "espiritual". Pablo no enseña que el cuerpo futuro esté hecho de "espíritu" (aunque los *estoicos enseñaban que el espíritu era una substancia material), de la misma manera que el cuerpo actual no está hecho de "alma". Más bien, el cuerpo actual está adaptado para la existencia normal natural, y el cuerpo futuro para la vida incluso gobernada desde ahora por el *Espíritu de Dios. En el versículo 45 Pablo cita Génesis 2:7, en donde Dios hizo a Adán un alma, un hombre natural; pero muchos judíos no palestinos pensaban que Génesis 1:26, 27 se refería a un hombre diferente, ideal, la forma y el modelo puros para la humanidad, y puede que Pablo se base aquí en esta tradición.

15:46-49. El filósofo judío de la *dispersión, *Filón, contrastaba el "hombre celestial" incorruptible de Génesis 1 con el "hombre terrenal" de Génesis 2; el primero representaba el estado espiritual ideal de la mente que busca las cosas celestiales, el otro a la persona carnal dedicada a las cosas temporales. Pablo vuelve a aplicar el lenguaje de esta posición, que los corintios probablemente habían adoptado, al cuerpo de *resurrección, cambiando el orden (natural y luego espiritual). Los maestros judíos con frecuencia explicaban que los descendientes de Adán habían sido creados como él; su pecado trajo pecado y muerte al mundo para todos (ver el comentario sobre Rom. 5:12-21). Pero también a menudo enseñaban que Adán había tenido gloria y poder incomparables antes de su pecado, y que esta gloria y poder serán restaurados en el mundo venidero.

15:50-58
La esperanza de la resurrección

15:50. "La carne y la sangre" era una figura de dicción común para referirse a mortales.
15:51. "Dormir" era un eufemismo común para muerte.
15:52. Los profetas del AT a menudo empleaban la imagen de la trompeta, que se usaba para congregar al pueblo para alguna convocación o guerra; aquí, como en la oración judía diaria del período, se refiere a la reunión final del pueblo de Dios en la conclusión de los tiempos (cf. similarmente Isa. 27:13). Pablo sin duda toma la imagen de Jesús (Mat. 24:31).
15:53, 54. Aquí Pablo cita Isaías 25:8, que se refiere al triunfo de Dios sobre la muerte en el tiempo del fin, en la restauración final de Israel.
15:55. Los intérpretes judíos a menudo ligaban diferentes textos con base en una palabra clave común; "muerte" y "victoria" aparecen en Isaías 25:8 y también en Oseas 13:14, por lo que Pablo puede haberlas aplicado igualmente a la *resurrección. Aunque el segundo pasaje mencionado se halla en un contexto de juicio, parece decir lo mismo que Isaías 25:8 (a menos que se lo lea como pregunta).
15:56. Los maestros judíos típicamente exponían puntos de un texto una vez que lo habían citado. Pablo explica aquí el significado de "aguijón" y "victoria" ("poder") en Oseas 13:14 (cf. el comentario sobre 15:55).
15:57, 58. Como en 14:39, 40, Pablo concluye con una especie de resumen; aquí es una exhortación para concluir. Así como el judaísmo a menudo ligaba el no creer en el mundo futuro con la vida inmoral, y la fe en el juicio futuro con la perseverancia, Pablo anima a los creyentes a perseverar en la verdad de la resurrección y por lo tanto a vivir correctamente.

16:1-4
La ofrenda recogida por Pablo

16:1, 2. El que uno deba dar "como esté prosperando" indica que Pablo está aplicando la enseñanza que se halla en Deuteronomio 15:14 en cuanto a servir al pobre (cf. también 16:10, 17). Acerca del "primer día" de la semana, ver el comentario sobre Hechos 20:7.
16:3, 4. Cuando los judíos de todo el mundo estaban listos para enviar a Jerusalén el requerido impuesto anual del templo, escogían a miembros respetados de sus propias comunidades, y dignos de confianza, para que llevaran a Jerusalén el dinero. Los viajeros judíos con frecuencia llevaban cartas indicando su autorización, lo que les permitía recibir hospitalidad donde quiera que iban; los cristianos parecen haber continuado esta práctica.

16:5-9
Planes de viaje de Pablo

16:5. La manera más fácil de viajar de Éfeso a Corinto era cruzar por mar de Troas en Asia Menor a Filipos en Macedonia, luego tomar el camino hacia el oeste para después descender hacia el sur a Grecia (como en el segundo viaje misionero de Pablo en Hechos, ver Hch. 16:7-9).
16:6. Los mares se cerraban para la navegación durante el invierno; si Pablo estaba en Corinto al momento en que se cerraban los mares, tendría que haberse quedado allí hasta que se abrieran en la primavera. Pablo estaba escribiendo en la primavera (16:8), por lo

tanto esperaba pasar tiempo considerable con ellos (desde cuando llegara hasta la primavera siguiente). La hospitalidad era importante en la antigüedad, y los corintios se sentirían honrados al poder hospedar a un maestro prominente (especialmente al fundador de su *iglesia). "Me encaminéis" (RVA) quiere decir que la iglesia proveería para el viaje de Pablo.

16:7, 8. El que Pablo mencione Pentecostés presumiblemente indica que planeaba observar la fiesta judía. Tal vez se iba a quedar en Éfeso para la fiesta, en parte para refutar las acusaciones de sus adversarios (16:9).

16:9. Una "puerta grande" (RVA) se usaba figurativamente para indicar libertad de movimiento o decisión; aquí Pablo se refiere a su ministerio.

16:10-18
Recomendaciones y exhortaciones

16:10-12. Las personas de alta categoría a menudo escribían cartas de recomendación, usando su posición social para abogar por las necesidades de aquellos a favor de quienes escribían. Ver el comentario sobre 2 Corintios 3:1.

16:13. "Portaos varonilmente" (BA, RVR-1960) por lo general quería decir "sed valientes" (RVA); la expresión no necesariamente connota masculinidad, a pesar de que se la usaba para referirse al valor porque la mayoría de la gente en la antigüedad asociaba el valor con la masculinidad.

16:14. Aunque los escritores antiguos a menudo recalcaban las virtudes, el supremo lugar del amor (cap. 13), que era enfatizado repetidamente en toda la literatura cristiana antigua, es desusado en la antigüedad y especialmente caracterizaba al cristianismo.

16:15-18. Aquí Pablo hace otra recomendación (cf. 16:10-12). Debido a que el correo en la antigüedad debía ser llevado por viajeros, y estas personas estaban regresando a Corinto después de haber visitado a Pablo, podemos con seguridad dar por sentado que fueron ellos quienes llevaron a Corinto la carta que conocemos como 1 Corintios.

16:19-24
Saludos finales

16:19. Los corintios conocían a Aquila y a Priscila y sabían que ellos se habían mudado a Éfeso (Hech. 18:2, 3, 18, 24-27). Las *iglesias se reunían en hogares, al igual que muchas asociaciones religiosas paganas; esto era cuestión de conveniencia, economía y, a la larga, seguridad.

16:20. Las cartas a menudo terminaban con saludos debido a que el correo llegaba con poca frecuencia y había que incluir saludos cada vez que se enviaba una carta. Los parientes y amigos íntimos usaban besos como señal de afecto (p. ej., 1 Sam. 20:41); ver el comentario sobre Romanos 16:16.

16:21. La mayoría de cartas eran escritas por amanuenses, o escribas, y por lo general firmadas por su autor. Una firma autorizaba la carta, como sucede hoy en día.

16:22. Los antiguos, incluyendo los judíos, usaban invocaciones de maldiciones como lo opuesto a una bendición. "¡Maranatha!" (RVA) es una oración *aramea: "Ven, Señor nuestro". Que los corintios la entendieran significa que era parte de la tradición común transmitida de la iglesia inicial siro-palestina, que ya reconocía a Jesús como "Señor" y como el que vendría (cf. Apoc. 22:20). (Así los cristianos describen su venida de la manera en que la tradición judía esperaba la venida de Dios para juicio.)

16:23, 24. Las cartas griegas a menudo incluían el saludo *chairein*, "saludos"; Pablo consistentemente transforma esto a *charis*, "gracia".

2 CORINTIOS

Introducción

Paternidad literaria y unidad. Aunque prácticamente todos los expertos concuerdan en que Pablo escribió 2 Corintios, difieren en si se trata de una sola carta o una compilación de varias. Algunas de las divisiones propuestas para el libro tienen más a su favor que otras, el cambio de tono más obvio está entre los capítulos 1—9 y los capítulos 10—13, cambiando estos últimos a una acalorada defensa directa. Pero aunque las colecciones de cartas antiguas a menudo eliminaban las aperturas y las conclusiones de las cartas, tales colecciones por lo general retenían la distinción entre una carta y la siguiente (p. ej., *Cicerón, *Séneca). Dividir 2 Corintios en dos cartas es una manera posible de leer la evidencia, pero la carga de la prueba debe quedar en los que desean dividirla antes que en los que sostienen su unidad.

Circunstancias. Los eruditos debaten vigorosamente el ambiente preciso de algunos de los libros del NT, incluyendo 2 Corintios. La reconstrucción del problema exacto depende en algún grado del asunto de la unidad del libro. Prácticamente todo el mundo concuerda en que Pablo trata sobre tensiones causadas por sus oponentes, por lo menos en los capítulos 10—13, pero las opiniones sobre la naturaleza de sus oponentes varían. Los gnósticos (aunque el *gnosticismo desarrollado aparece en fuentes existentes más de medio siglo después de Pablo), se ha sugerido que tanto los cristianos judíos palestinos como los no palestinos y otros eran los que se oponían a Pablo aquí. La referencia de Pablo a su descendencia de Abraham en 11:12 por lo menos deja en claro que eran judíos, pero esto no necesariamente hace de la división una cuestión particularmente judía. El asunto que causaba división parece haber sido sobre puntos de vista acerca del ministerio más que en cuanto a teología, como se lo define por lo regular: Pablo vino como servidor y trabajó entre ellos, mientras que sus acusadores tenían de sí mismos una opinión elevada más apropiada a los ideales de la clase alta del liderazgo en la antigüedad que la de Pablo.

Propósito. Pablo desea volver a establecer la confianza en él de parte de los corintios y su estrecha amistad. De este modo escribe una carta de autorecomendación, forma particular de carta de recomendación necesaria si uno tenía que defenderse contra acusaciones. Los capítulos 10—13 son una autodefensa irónica ante los cristianos corintios. La carta incluye elementos de varios estilos antiguos de cartas: de reprensión, de consuelo, y especialmente de amistad. Otra preocupación también está en juego: por el bien de los pobres en Jerusalén, Pablo necesita el dinero de los cristianos corintios (caps. 8—9). A diferencia de los misioneros que se le oponían y que habían tratado de reemplazarlo, Pablo nunca les había pedido a los corintios dinero *para sí mismo*, y esto había ofendido a los miembros de la clase alta en la congregación quienes creían que la comunidad debía pagarles a sus maestros, que no debían ser artesanos que se sostuvieran a sí mismos (los pudientes menospreciaban a los artesanos).

Comentarios. Entre los más útiles están: C. K. Barrett, *A Commentary on the Second Epistle to the Corinthians,* HNTC 8 (Nueva York: Harper & Row, 1973); y F. F. Bruce, *I and 2 Corinthians,* NCB (Grand Rapids, Mich.: Eerdmans, reimpresión, 1980). Obras más detalladas como Victor Paul Furnish, *II Corinthians,* AB 32 (Garden City, N.Y.: Doubleday, 1984); y Ralph P. Martin, *2 Corinthians,* WBC 40 (Waco, Tex.: Word, 1986), son útiles para estudiantes más avanzados. De las obras más técnicas y especializadas, John T. Fitzgerald, *Cracks in an Earthen Vessel,* SBLDS 99 (Atlanta: Scholars, 1988), es una de las más útiles (algunas de sus nociones se incorporan en este comentario); H. D. Betz, *2 Corinthians 8—9,* Hermeneia (Filadelfia: Fortress, 1985), también es útil en muchos puntos en los capítulos 8—9; ver también Peter Marshall, *Enmity in Corinth: Social Conventions in Paul's Relations with the Corinthians* (Tübingen, Germany: J. C. B. Mohr, 1987).

1:1-7
Saludos iniciales

1:1, 2. Pablo empieza siguiendo los convencionalismos regulares para escribir cartas; ver la introducción a las cartas del NT y el comentario sobre Romanos 1:1-7.

1:3. Se acostumbraba en el mundo antiguo incluir una oración o acción de gracias a una deidad en las cartas considerablemente largas (como son la mayoría de las cartas paulinas existentes). Una de las formas más comunes de oración judía era una bendición o alabanza que empezaba con: "Bendito [alabado] sea Dios, quien..."; esta era una manera de glorificar a Dios por sus obras. Una oración regular en la *sinagoga se dirigía a Dios como "Padre misericordioso" que es lo que quiere decir "Padre de misericordias" (cf. "Padre que nos tiene compasión", DHH).

1:4. Dios daría su consuelo final a su pueblo con la venida del *Mesías (p. ej., Isa. 40:1; 49:13), pero también los consolaba en sus adversidades en el presente (p. ej., Sal. 94:19). El principio de que el sufrimiento le enseña a uno cómo tratar a otros se arraiga en el AT (Éxo. 23:9). El consuelo específico de Pablo en este versículo es que halló bien a Tito y con buenas noticias acerca de los corintios (2 Cor. 7:4, 6, 7, 13; cf. 2:2, 3).

1:5. Algunos judíos hablaban de las "aflicciones del Mesías" como un período de tribulación para el pueblo de Dios antes del fin, y los comentaristas naturalmente leen: "los sufrimientos de Cristo se desbordan sobre nosotros" (DHH) en estos términos (Pablo parece haber querido decir esto también en Rom. 8:22, 23). Pero hay más aquí que solo esta imagen. Los judíos también creían que participaban como un cuerpo de la experiencia de los que habían partido antes que ellos. Eran los escogidos en Abraham, redimidos junto con sus antepasados en el éxodo de Egipto y así sucesivamente. Pablo creía que los seguidores de Cristo llegaban a participar en su cruz en una manera incluso más íntima por su *Espíritu que vivía en ellos. Los filósofos griegos a menudo enseñaban que uno debía ignorar el dolor; Pablo enseñaba que el dolor debía empujarlo a uno a confiar en que Dios lo ayudaría.

1:6, 7. En la tradición grecorromana la manera en que un sabio soportaba los sufrimientos enviados por Dios ayudaba a otros al poner un ejemplo de conducta virtuosa. Pablo incluye a los corintios en la misión de Cristo llevada a cabo por él mismo y otros testigos; ellos participaban de los sufrimientos y de la victoria de Pablo mediante la oración (1:11). Tal expresión de solidaridad puede tener paralelos, pero son raros; y en la práctica los corintios tal vez no hayan respaldado la misión de Pablo como él lo deseaba (caps. 10—13). Un tipo normal de carta en la antigüedad era la "carta de consuelo"; Pablo tal vez esperaba comunicar consuelo con esta carta (2:7), después de haberles escrito una triste (2:4; 7:7-13).

1:8-11
Los sufrimientos de Pablo

Los discursos y las cartas a menudo incluían una breve sección *narrativa (1:8—2:13), usualmente después de la introducción, que explicaba las circunstancias que hacían necesario el discurso o la carta.

1:8. "Asia" es la provincia romana que lleva ese nombre, y que ahora es el oeste de Turquía. Su capital era Éfeso, sede misionera de Pablo durante este período de su vida (1 Cor. 16:8). Algunos eruditos discuten sobre si Pablo estaba preso en Éfeso durante este período, pero es más probable que se refiera sencillamente a la oposición crónica que tuvo su clímax en el motín de Hechos 19:23-41.

1:9, 10. "Teníamos en nosotros mismos la sentencia de muerte" (RVA) o "Nos sentíamos como condenados a muerte" (DHH) puede ser una alusión figurada a la manera en que los condenados llevaban en su camino hacia la cruz la sentencia que ordenaba su ejecución; por lo menos quiere decir que Pablo ya había aceptado el llamado al martirio que Jesús demanda de todos los que lo siguen (Mar. 8:34-38). Las oraciones judías diarias alababan el poder de Dios al notar que era "poderoso para levantar a los muertos". Pablo había aceptado una experiencia anticipada (prolepsis) del poder de la *resurrección tanto como del martirio, atestiguada en sus escapes de la muerte; el pensamiento de anticipación (prolepsis) era natural para los lectores cristianos del AT que veían los actos divinos redentores previos como una historia de la salvación que alcanzó su clímax en Jesús.

1:11. El que las oraciones de los cristianos corintios podían afectar la obra de Pablo, y que la gloria última de Dios mediante la obra era su meta presupone una confianza radical en la actividad de Dios en el mundo. Muchos paganos en la antigüedad trataban de regatear con los dioses mediante sacrificios y ofrendas; no hay nada de eso aquí. Pero incluso según las normas judías, la fe y consagración de Pablo deben haber mostrado que era muy devoto.

1:12-22
Pablo tenía razón para no ir

La hospitalidad era importante en la antigüedad, y era un honor alojar a un huésped prominente. El que Pablo no hubiera ido pudiera haber parecido tanto como haber faltado a su palabra, y de esta manera a su honor e integridad, y como un insulto a la hospitalidad de ellos. Los *retóricos (oradores públicos entrenados) recomendaban que la defensa de uno mismo disipaba las actitudes negativas del público antes de tratar sobre las acusaciones más serias (caps. 10—13).

1:12-14. Muchas cartas antiguas se concentraban en el elogio o en la acusación; muchos moralistas hacían bromas o animaban a sus seguidores. Era también normal empezar un discurso o una carta con elogios, lo que ayudaba a los oyentes a estar más abiertos al punto del discurso o la carta. Los escritores antiguos a veces se alababan a sí mismos discretamente (así ensayos como el de *Plutarco: "Cómo elogiarse uno mismo inofensivamente"), pero Pablo se jacta (1:12a) en sus *seguidores.* Para este período los moralistas acostumbraban defender sus motivos ya fuera que hubieran sido atacados o no, porque existían demasiados charlatanes; pero si los capítulos 10—13 son parte de 2 Corintios (ver la introducción), Pablo ya está defendiéndose aquí contra una oposición real.

1:15. Este versículo quiere decir que Pablo había estado en Corinto una vez y había tenido el propósito de regresar para beneficiarlos espiritualmente a ellos. Los benefactores ricos eran grandemente ensalzados al conceder regalos a personas de menos recursos; por lo tanto, la certidumbre de Pablo de que podía darles beneficios espirituales era realista, no arrogante. Pero a diferencia de los benefactores terrenales (o los oponentes de los capítulos 10—13), no pide una categoría social más alta a cambio.

1:16. Desde Troas en Asia (1:8) uno podía navegar a Macedonia, y viajar por tierra hasta Corinto como Pablo lo había hecho antes (Hech. 16:11, 12) y planeaba hacerlo de nuevo (1 Cor. 16:5). Más tarde, Pablo concretó ese viaje (Hech. 20:1-3).

1:17. Pablo no había podido cumplir lo que se había propuesto. Como dice en 1:23, su decisión de no detenerse en Corinto era "en consideración a ellos"; en lugar de esto envió a Tito por adelantado con una carta severa (1:23—2:11; 7:7-12). Cuando Tito no regresó a la reunión convenida en Troas, Pablo se angustió por él (dados los peligros de los viajes en la antigüedad) y se fue a Macedonia (2:12, 13). Allí Pablo encontró a Tito de nuevo, quien le dio las buenas noticias respecto a los corintios (7:5-16).

1:18-20. Las *digresiones eran normales en los escritos antiguos, y Pablo aquí se aparta del tema (1:18-22) para asegurarles que en verdad tuvo buenas razones para no ir; era un representante de Dios que siempre guardaba su palabra y proclamaba un *evangelio fiel. "Amén" funcionaba como afirmación positiva al final de una oración, y Cristo llegó a ser el amén y el sí a todas las promesas bíblicas de un Dios verdaderamente fiel.

1:21. El término que se traduce "confirmar" (RVA; "mantener firmes", NVI; "afirmar", DHH) era con frecuencia un término comercial que confirmaba una venta; así se relaciona con la "garantía" (RVA, NVI) en el versículo 22. En la "unción", en el AT, el derramamiento de aceite de oliva sobre la cabeza de alguien atestiguaba que Dios había apartado a esa persona para el ministerio (real, sacerdotal, etc.); Pablo adopta aquí esa imagen. Tanto 1:21 como 1:22 significan que Dios atestigua de la integridad de Pablo.

1:22. Los documentos y los envases de mercadería se sellaban para mostrar que nadie había metido mano en su contenido. El sello de la persona que servía de testigo para un documento se imprimía en cera caliente, que luego se secaba sobre la cuerda que ataba el documento enrollado. Pablo quiere decir que Dios atestiguaba del contenido de su ministerio y del de sus colegas (cf. 3:2, 3). El judaísmo generalmente asociaba el *Espíritu con el final de los tiempos (p. ej., Eze. 39:28, 29; Joel 2:28); Pablo dice que ellos tenían el Espíritu en la edad presente como "garantía", el primer bocado de prueba de la vida en el mundo venidero.

1:23—2:13
Pablo demoró su viaje en consideración a ellos

La razón por la que Pablo cambió sus planes de viaje y solo envió a Tito con una carta fue ahorrarles su severidad (1 Cor. 4:21).

1:23, 24. Los superiores socialmente a menudo actuaban con arrogancia hacia sus inferiores y esperaban de ellos elogios e incluso servilismo. Al contrario de los modelos de autoridad en el mundo (y de los de sus oponentes en los caps. 10—13), Pablo considera a sus seguidores como colaboradores.

2:1-4. La carta de Pablo sugería disciplina severa para el ofensor (2:5-10). Los eruditos discuten si este ofensor es el mismo de 1 Corintios 5:1-5; pero ya sea que se trate del mismo o no, Pablo les había escrito una carta después de 1 Corintios para decirles que lo disciplinaran (esta fue la que envió con Tito). Esta carta probablemente se perdió. (Algunos eruditos piensan que esta carta severa entre 1 y 2 Corintios es 2 Corintios 10—13, que creen que era originalmente una carta separada. No obstante, este pasaje no menciona nada de un ofensor en particular, y por consiguiente es más probable que la carta intermedia sencillamente se haya perdido. Nadie podría echarles la culpa a los corintios por extraviarla.)

2:5-7. "La mayoría" indudablemente es una manera de referirse a la comunidad de creyentes (como en los *Rollos MM). El judaísmo *farisaico también recalcaba el recibir de nuevo a los ofensores arrepentidos. Grupos como el que se refleja en los Rollos MM, sin embargo, requerían que pasara un tiempo de castigo antes de que el arrepentido pudiera ser restaurado plenamente a la comunidad, y tanto la ley romana como la griega daban por sentado el cumplimiento de una sentencia. Los cristianos corintios tal vez por eso se preguntaban qué hacer con el hombre que ya se había arrepentido.

2:8. "Confirmar" (RVR-1995; "reafirmar", RVA) se usaba a menudo en ambientes legales con relación a confirmar el veredicto; aquí los corintios debían más bien confirmar su amor.

2:9-11. Participar en los "propósitos" de Satanás ("maquinaciones, RVR-1960; "artimañas", NVI) tal vez quiere decir entregar en las manos de Satanás a la persona disciplinada después de su *arrepentimiento (cf. 1 Cor. 5:5). Una de las convicciones más básicas del judaísmo en cuanto a Satanás consistía en afirmar que era un engañador y podía aparecerse con varios disfraces.

2:12. Pero Pablo recibió buenas noticias por medio de Tito respecto a que ellos acataron su sugerencia y que el hombre se había arrepentido (2:12, 13; 7:5-16). Troas es Troas Alejandrina, el puerto de Asia desde donde uno zarpaba para navegar a Macedonia, y de allí caminar o navegar a Corinto. La "puerta abierta" parece ser libertad para ministrar (ver el comentario sobre 16:9); Pablo se quedó en Troas lo suficiente como para dejar allí algunas de sus posesiones (2 Tim. 4:13).

2:13. Pablo y Tito podían buscarse el uno al otro en las diferentes iglesias en el camino con el propósito de saber sobre su bienestar, así como los judíos sabían cómo encontrar a otros judíos en las comunidades judías cuando viajaban.

2:14-17
Testigos del triunfo de Cristo

Las *digresiones eran comunes en los escritos antiguos. Pablo empieza aquí una digresión defendiendo la sinceridad de su ministerio, tema común de los moralistas romanos, que dura hasta 7:4.

La opinión de que 2:14—7:4 no es una digresión sino una carta separada insertada accidentalmente en medio de otra carta paulina tiene poco a su favor, porque las primeras copias eran rollos (más tarde, códices), lo cual excluye las inserciones accidentales. Esta sección tiene más sentido como una digresión natural que como una carta separada.

2:14-16. Los conquistadores romanos conducían a sus cautivos humillados en una "procesión triunfal". Cristo había triunfado y ahora conduce a los que creen en él como sus cautivos (la imagen es similar a la de ser siervos de Cristo); cf. Salmo 68:18, usada en Efesios 4:8. El senado romano normalmente decretaba acciones de gracias públicas antes de las procesiones triunfales, así que había grandes celebraciones para los vencedores y grandes humillaciones para los vencidos. Pero Pablo se gloría en el cuadro de los cristianos como pueblo llevados cautivos por Cristo (cf. 1 Cor. 4:9), y ¡es el mismo prisionero de guerra quien ofrece las acciones de gracias!

En el AT cuando se ofrecían sacrificios se quemaba incienso para aminorar el hedor de la carne quemada, y lo mismo ha de ser cierto que sucedía en las procesiones triunfales romanas. (Eclesiástico 24:15 describe a la sabiduría como con un "aroma" agradable; Pablo y sus compañeros testigos de Jesucristo cumplen aquí el papel que ese libro le adscribe a la sabiduría, pero es improbable que Pablo tenga la intención de hacer una alusión aquí a tal libro; el cuadro es natural.) El AT ofrece precedentes para reconocer la insuficiencia de uno mismo (Éxo. 3:11) pero la suficiencia de Dios (Éxo. 3:14; cf. 2 Cor. 3:5).

2:17. Por largo tiempo se había acusado a los oradores profesionales de cambiar la verdad en error para obtener ganancias (como el comerciante que provee productos impuros para ahorrar dinero). Los filósofos habían caído bajo la misma acusación en algunos círculos, porque la mayoría se ganaba la vida mediante la enseñanza o, en el caso de los *cínicos, mediante la mendicidad pública. El público con frecuencia percibía a los maestros ambulantes y a los hombres santos como charlatanes, sin duda porque muchos de ellos lo eran. Así muchos filósofos y moralistas sentían la necesidad de repudiar la acusación, como Pablo lo hace aquí.

3:1-6
Suficiencia que viene de Dios

3:1. Los viajeros judíos a menudo llevaban cartas de recomendación para indicar a los hogares judíos que podían confiar en ellos y darles alojamiento. En la sociedad grecorromana los *protectores de clase alta escribían cartas para recomendar a sus subordinados; tales recomendaciones naturalmente tenían más peso que las propias afirmaciones de la persona. Cualquier persona en quien se confiaba podía escribir cartas a favor de otro (Hech. 15:25-27; 18:27; 1 Cor. 16:3), y mediante tales cartas el que las enviaba podía también autorizar a un mensajero (Hech. 9:2). Las recomendaciones de uno mismo se consideraban aceptables cuando era necesario defenderse o para recalcar algún punto (ver el comentario sobre 5:12).

3:2, 3. Dios escribió la primera *ley en tablas de piedra con su dedo (Éxo. 31:18; Deut. 5:22), pero los profetas habían prometido una nueva emisión de la ley (Isa. 2:3) que sería escrita en el corazón (Jer. 31:31-34), como siempre había sido el propósito (Deut. 30:6, 11-14). Ezequiel había profetizado que Dios quitaría de su pueblo el corazón duro, el corazón de piedra, y escribiría su palabra en corazones blandos de carne por su *Espíritu (Eze. 11:19, 20; 36:26, 27). Los profetas del AT apelaban a su llamamiento divino, y algunos filósofos griegos, con ansia de distinguirse de los charlatanes (2:17), también aducían ordenación divina antes que meramente humana.

3:4, 5. Los judíos fuera de Palestina a veces hablaban de Dios como "el Suficiente" (ver v. 5; cf. 2:16).

3:6. Los eruditos grecorromanos expertos en la ley distinguían entre la letra y la intención de la ley. Tal vez más relevante aquí, los maestros judíos a veces daban atención detallada incluso a las letras mismas en la ley; la letra era de este modo la ley escrita en sí misma, lo que "mataba" sencillamente al pronunciar su sentencia de muerte sobre el moralmente culpable. El *Espíritu, sin embargo, escribió la moralidad de la ley en los corazones del pueblo de Dios mediante el don de gracia del mismo Dios (Eze. 36:26, 27).

3:7-18
La gloria de dos pactos

Cualquier persona del imperio romano que sabía algo del judaísmo sabía que Moisés había sido un líder judío importante; muchos lo veían como "divino", uno de aquellos héroes antiguos con poderes especiales recibidos de Dios. Pero la gloria revelada en Cristo es mucho mayor, aunque más sutil, que la revelada a Moisés; así *apóstoles como Pablo son en cierto sentido superiores a Moisés. Aquí Pablo responde a las críticas de los corintios (tal vez fomentadas por los arrogantes opositores de 11:13); Pablo es superior a Moisés, pero solo porque predica un mensaje superior al de Moisés. Si sus opositores apelaban a Moisés por su autoridad (cf. 11:22), Pablo aquí eficazmente hace un corto circuito a sus reclamos.

3:7. Cuando Moisés regresó después de contemplar la gloria de Dios, su piel brillaba tanto que la gente le tuvo miedo (Éxo. 34:29, 30, 35). La tradición judía había ampliado extensamente esta *narración, y así los lectores de Pablo probablemente habían oído anteriormente otras exposiciones de este pasaje, aunque podían comprender su exposición sencillamente partiendo de Éxodo en la *Septuaginta.

3:8. Los profetas habían comparado favorablemente el nuevo pacto con el antiguo (Jer. 31:31-34) y hablado del *Espíritu, y la *ley internalizada que vendría como el ideal (Eze. 36:26, 27). Así, nadie podía negar que el Espíritu de Dios en el corazón de uno era mejor que un rollo de la ley ante los ojos de uno.

3:9-11. Pablo razona de acuerdo con el principio judío de *qal vahomer*, "cuánto más": si la emisión de la ley en tablas de piedra fue revelada en gran gloria, ¿cuánto más la mayor emisión de la ley del Espíritu?

3:12. Pablo continúa explicando su confianza en toda esta sección de la carta (4:1, 16). Los moralistas y otros oradores comúnmente usaban su palabra para "plena confianza" (NVI) aquí para explicar que hablaban con franqueza; de este modo afirmaban que no eran lisonjeros como los demagogos que buscaban el sostenimiento popular pero que no se interesaban por las masas.

3:13. La gloria de Moisés tuvo que ser cubierta, a diferencia del discurso franco de Pablo (v. 12), y siempre se desvanecería, a diferencia de la gloria del mensaje de Pablo revelada por medio del *Espíritu que vino a residir en los creyentes. Los judíos en días de Pablo no se cubrían la cabeza a menos que se avergonzaran o hicieran duelo.

3:14. La *ley de Moisés se leía regularmente en las *sinagogas. Solo en el nuevo pacto en Cristo podía la gloria ser revelada abiertamente, cuando viniera internamente por el *Espíritu. La futura venida del Espíritu (en contraste con la ausencia presente del Espíritu en el mundo) era una creencia judía común.

3:15, 16. Pablo dice que la plena gloria presente en la *ley todavía no puede ser oída (la naturaleza humana no ha cambiado desde el día de Moisés), mientras uno no se vuelva a Cristo (3:14, 16) y tenga la ley escrita en su corazón (Jer. 31:31-34). De la misma manera Moisés, quien tenía una íntima relación con Dios, no necesitaba velo (Éxo. 34:34).

3:17. Siguiendo un método judío regular de interpretación Pablo muestra la correspondencia entre las figuras en la primera emisión de la ley y las del nuevo pacto: "El Señor" en el texto acerca de Moisés corresponde al *"Espíritu" hoy.

3:18. Los griegos contaban muchas historias de gente que experimentaba una "metamorfosis" o "transformación", pero los filósofos griegos hablaban de ser transformados hacia la divinidad al contemplar las cosas divinas. Los *Rollos MM hablan de que los justos reflejan el esplendor divino. Pero aunque Pablo podría estarse relacionando con sus lectores en tales imágenes culturalmente relevantes (menos la divinización), la base de su ilustración es sencillamente cómo Moisés reflejaba la gloria de Dios, como en el contexto. Los que estaban bajo el nuevo pacto contemplaban la gloria de Dios incluso más claramente que Moisés (Éxo. 33:20); así que, como Moisés, ellos eran transformados para reflejar la gloria de Dios por el Espíritu. Sobre "espejo", ver el comentario sobre 1 Corintios 13:12.

4:1-6
Mensajeros verdaderos de la gloria de Dios

4:1, 2. Los comerciantes a veces "adulteraban" (RVR-1960) las sustancias añadiéndoles algo más barato para engañar a sus clientes; los filósofos a menudo acusaban a los oradores profesionales de hacer lo mismo, porque se preocupaban más por su capacidad para hablar que por el contenido correcto. Como buen maestro grecorromano, Pablo niega que la acusación se aplique a él o a sus colegas.

4:3, 4. Pablo continúa su exposición sobre 3:1-18: las buenas noticias siguen veladas (3:13) para algunos; Cristo es la revelación completa de la gloria de Dios (cf. 3:18). Cristo de este modo llena el lugar asignado a la sabiduría preexistente, divina, en la tradición judía. Otros maestros judíos no hablaban explícitamente de *Satanás como el "dios de esta edad", pero la mayoría de ellos reconocía que las naciones (todo el mundo excepto ellos mismos) estaban bajo el gobierno de los poderes espirituales a órdenes de Satanás.

4:5. Ser esclavo de un alto oficial en el mundo grecorromano a menudo significaba tener más alto honor y controlar más riqueza que la mayoría de gente libre. Cuando Pablo se llama "esclavo de Cristo" (p. ej., Rom. 1:1), es un título de honor, similar a cuando en el AT se llama "siervos de Dios" a los profetas. Pero aquí Pablo usa la imagen de un siervo contratado: Jesús les había prestado a Pablo para que les sirviera en su nombre. Los maestros moralistas como Pablo siempre debían estar listos para refutar las acusaciones que se lanzaban contra algunos filósofos que se proclamaban a sí mismos, acusación que Pablo parece refutar aquí.

4:6. Dios creó la luz con su palabra en la primera creación (Gén. 1:3); en forma similar podía hacer que la luz de su gloria brillara en los corazones de los que habían visto una gloria mayor que la que vio Moisés, la gloria en Cristo. En varias tradiciones judías la luz de Génesis 1:3 representaba la luz de la ley de Dios, del justo o de Dios mismo; cf. el comentario sobre Juan 1:4.

4:7-18
Carne que se desvanece pero gloria duradera

El mensaje de los testigos de Jesús es mayor que el mensaje de Moisés porque la gloria de Moisés se desvanecería y la *ley se podía ignorar, en tanto que la gloria de Dios vive por medio de los testigos de Jesús incluso después de muertos.

4:7. Muchos escritores griegos sentían que el contentamiento de los filósofos en el sufrimiento exhibía un poder especial. Pero en tanto que a los filósofos a menudo se los elogiaba como fuertes e inquebrantables en las pruebas, Pablo les recuerda a sus lectores que su poder viene solo de Dios.

Los vasos "de barro", a diferencia de los de bronce, eran descartados fácilmente; debido a que siempre había barro disponible, tales envases eran baratos y desechables si se rompían o se contaminaban con alguna impureza ceremonial (era un recipiente extraño para un rico tesoro). Algunos escritores griegos similarmente describen al cuerpo como el recipiente del alma; para Pablo, sin embargo, el contraste no es entre el cuerpo y el alma, sino entre la humanidad y Dios.

4:8, 9. Como ejemplo para otros los filósofos *estoicos a menudo mencionaban una lista de sus varios sufrimientos para mostrar su consagración a una vida de contentamiento y perseverancia. Así que, se contentaban en la enfermedad, en la adversidad, en la muerte, y demás penalidades. Los judíos con frecuencia usaban a los profetas y mártires del pasado como ejemplos de perseverancia.

4:10-12. Sobre la experiencia anticipada (prolepsis) de Pablo con respecto a la muerte y *resurrección de Cristo, ver el comentario sobre 1:9, 10; aquí la gloria es Cristo mismo viviendo en Pablo y en los otros creyentes por medio del *Espíritu, como el contexto lo indica claramente. El término de Pablo para "por todas partes", RVA (cf. "siempre se nos entrega", NVI) con relación a llevar la muerte de Jesús, se usaba típicamente para los que llevaban el féretro, e implica que Pablo no solo predicaba sino que también llevaba por todas partes la muerte de Jesús en las persecuciones que enfrentaba diariamente. La palabra que usa para la "muerte" de Jesús incluye el hedor y la podredumbre de la persona que ya estaba muerta o estaba muriéndose; y así Pablo describe muy gráficamente su participación en los sufrimientos de Cristo.

4:13. Pablo aquí ofrece una manera de traducir el Salmo 116:10, la manera seguida por la recensión más común de la *LXX en los días de Pablo. Los maestros judíos aceptaban argumentos basados incluso en frases breves, y Pablo sencillamente usa la cita para establecer un principio explicando por qué proclama intrépidamente a Cristo a pesar de la oposición que recibe.

4:14. El judaísmo creía en una *resurrección en el tiempo del fin, cuando todo el mundo resucitado se presentará ante Dios para el juicio (cf. 5:10). A pesar de reconocer la resurrección de Cristo en el pasado, algunos de los cristianos corintios habían sido más escépticos respecto a la resurrección y al juicio futuros, especialmente del cuerpo; no obstante, la idea era ajena al pensamiento griego (ver el comentario sobre 1 Cor. 15).

4:15. El AT había profetizado que los *gentiles también darían gracias a Dios en el tiempo del fin, y Pablo anhela ver esta *profecía cumplida en su día (1:11).

4:16. Siguiendo la guía de *Platón algunos pensadores griegos (y unos pocos escritores greco-judíos) hacían distinción entre la descomposición física y la supervivencia del alma. Los sabios *estoicos enfatizaban que lo que importaba eran las decisiones internas, no las circunstancias externas. Adaptando el propio lenguaje de los corintios en donde es relevante, Pablo, el misionero maestro, procura convencerlos con su propio lenguaje de que la gloria de la resurrección anticipada (prolepsis) está presente incluso en la muerte anticipada (ver el comentario sobre 4:7-12).

4:17, 18. *Platón y muchos filósofos después de él con toda razón contraponían lo temporal y lo eterno para mostrar su contraste. (Para los días de Pablo muchos platónicos pensaban que las cosas corporales eran un peso y un lastre para el alma, pero que el alma era ligera; una vez libre de la muerte corporal, se elevaría a los cielos puros desde donde se había originado. Pablo aquí invierte la imagen pero tal vez parcialmente para hacer un juego de palabras que unos pocos lectores judíos hábiles en la exposición hebrea podían captar: "gloria" y "peso" representan la misma palabra hebrea.)

Platón también creía que el mundo de las ideas era el mundo real, inmutable, en tanto que el mundo temporal y cambiante del conocimiento de los sentidos no era más que un mundo de sombras. Pablo no niega la realidad del mundo visible pero concuerda en que está sujeto a decadencia, en tanto que el mundo invisible es eterno. Al hacer esta afirmación, sin embargo, Pablo está todavía contraponiendo su ministerio con el de Moisés: Pablo no enseña una ley externa escrita en piedras, sino la ley escrita por el *Espíritu en la persona interior (caps. 3—4).

5:1-10
La vida presente y la futura

Los *fariseos aceptaban tanto la inmortalidad del alma como la *resurrección futura del cuerpo, y muchos escritores judíos describían la experiencia del cielo después de la muerte como una experiencia de anticipación (prolepsis) a ser completada en el paraíso después de la resurrección. A diferencia de algunos lectores modernos, Pablo no tiene problema en aceptar tanto la continuidad del alma después de la muerte como la resurrección corporal. (Los que piensan que la noción de Pablo cambió después de 1 Cor. 15 deben comparar Fil. 1:21-23 con Fil. 3:20, 21, en donde Pablo incluye ambos puntos de vista en lo que es casi con certeza la misma carta.)

Aunque Pablo halla algún terreno común con los lectores griegos respecto a la continuidad del alma del justo (4:16-18), rápidamente los lleva de nuevo de regreso a la esperanza futura que es la base de ella. Como los sabios griegos, Pablo está listo para enfrentarse a la muerte; a diferencia de ellos, tiene una esperanza de vida corporal futura.

5:1. Los escritores griegos describían el cuerpo como un vaso, una casa, una tienda de campaña y a menudo como una tumba; Pablo dice que un cuerpo mejor nos espera.

5:2-4. "Gemimos" puede aludir a Éxodo 2:23 (la misma palabra en la *LXX); o puede relacionarse con los dolores de parto (Rom. 8:22, 23), a la luz de algunas enseñanzas judías de que la *resurrección sería precedida por un período de sufrimiento descrito como dolores de parto. En cualquier caso, gemir era un comportamiento característico adscrito solo a los que estaban en agonía.

Lo que Pablo desea fervientemente aquí no es la muerte (como en las nociones griegas del cuerpo como una tumba, que incluso haría aceptable el suicidio si la vida llegara a ser demasiado difícil) sino la resurrección, cuando recibirá un nuevo cuerpo. Aunque los griegos regularmente hacían desnudos sus ejercicios, todos los judíos, excepto los que se habían sometido a la costumbre griega, aborrecían la desnudez en público. Para Pablo el cuadro de la "desnudez" es desagradable.

5:5. El término que se traduce "garantía" (RVA) se usaba en documentos comerciales para la "cuota de entrada", un primer pago. Debido a que el AT (p. ej., Isa. 44:3; Eze. 39:29) y un gran sector del judaísmo antiguo asociaban el derramamiento del *Espíritu con la edad futura, la experiencia presente del Espíritu es la experiencia inicial de los corintios de la vida de *resurrección venidera, con "garantía" (RVA, NVI) de su cumplimiento (1:22).

5:6-9. Los relatos judíos de los muertos justos en el cielo los describían en el sentido de que ya experimentaban una medida de la gloria futura, mientras que esperaban la resurrección. Aunque este estado era inferior al de la resurrección (5:4), significaba el fin de las adversidades presentes, y la experiencia continua de Pablo del martirio gradual (4:8-10).

5:10. Como los corintios sabían, Pablo había comparecido ante el "tribunal" del gobernador (Hech. 18:12), pero aquí Pablo alude directamente a la imagen común del AT y judía del día del juicio, en el cual el trono de Dios llega a ser el tribunal final. El énfasis de Pablo en el juicio por las obras en el cuerpo reitera su oposición a cualquier elemento restante de las ideas griegas comunes despectivas del cuerpo, que él había refutado en 1 Corintios 6:12-14.

5:11-19
El ministerio de Pablo de la reconciliación

5:11. En los textos judíos el "temor del Señor" era una motivación común para la justicia, a menudo asociado con un reconocimiento de que Dios juzgaría (5:10).

5:12. En la cultura antigua el elogio de uno mismo era generalmente ofensivo (ver también 3:1; cf. Prov. 25:27; 27:2); uno necesitaba una buena razón para emplearlo, como defenderse o hacer enorgullecer a un grupo de personas que debía identificarse con el que hablaba. Pablo aquí emplea el contraste entre exterior e interior de 4:16-18 contra sus jactanciosos opositores.

5:13. Los sabios griegos a menudo indicaban que otros consideraban "locura", RVR-1960, (significado regular de "fuera de nosotros", RVA) su modo usual de vivir, aunque creían que ellos mismos eran los únicos cuerdos (cf. también Sabiduría de Salomón 5:4); similarmente, los extáticos a menudo describían sus experiencias en estos términos. El contraste que hace Pablo entre su conducta hacia los corintios y su conducta hacia Dios probablemente se deriva de la conducta de Moisés en Éxodo 34:33, 34 (ver el comentario sobre 2 Cor. 3:7-18); les habría revelado más de su experiencia extática si hubiera pensado que les sería útil (ver el comentario sobre 12:1-7; cf. 1 Cor. 14:18, 19).

5:14, 15. Aquí Pablo quiere decir que todo el que está en Cristo participa en su muerte y su *resurrección, y debe de este modo experimentar esto de manera anticipada (prolepsis) en el ministerio; ver el comentario sobre 4:10-12.

5:16, 17. La nueva persona en su interior, que participa en la *resurrección de Cristo, significa más que la persona exterior en decadencia, que es observable a los ojos humanos (ver el comentario sobre 4:16-18). El judaísmo aplicaba el lenguaje de "nueva creación" de varias maneras. (Por ejemplo, en los textos *rabínicos posteriores se consideraba a quien hacía un *prosélito como si hubiera creado al prosélito; al Año Nuevo también se le daba cierta significación como un nuevo comienzo, porque los pecados quedaban absueltos poco después en el Día de la Expiación.) Pero en los textos más antiguos como los *Jubileos y los *Rollos MM, el lenguaje de "nueva creación" se aplica especialmente al mundo venidero.

Esta era la aplicación más obvia del lenguaje de nueva creación, puesto que en el AT se refería a la vida del mundo venidero (Isa.

65:16-18). Para Pablo el que Jesús el *Mesías haya venido significa que los creyentes ya han empezado a participar en la vida de *resurrección del mundo venidero (ver el comentario sobre 4:10-12).

5:18, 19. Al decir "nosotros" como "ministros de reconciliación", Pablo se refiere a sí mismo y a sus compañeros, no a los corintios en su estado presente (5:20). Pablo estila aquí sus palabras de una manera relevante a un público griego; los oradores griegos a menudo hablaban sobre el tema de la "concordia", para instar a la reconciliación y a la unidad. El término que se traduce "reconciliación" se aplicaba especialmente a las relaciones entre personas; pero aquí, como en el AT, reconciliación entre las personas y Dios presupone *arrepentimiento y expiación mediante sacrificio de sangre (aquí, mediante la muerte de Cristo).

5:20—6:10
Un ruego de los embajadores de los sufrimientos de Cristo

Habiendo establecido que él y sus colegas eran representantes de Cristo, Pablo ruega nuevamente a los cristianos corintios que se reconcilien con Dios al reconciliarse de nuevo con él (7:2; cf. Mat. 10:40); el trato que se la daba al heraldo reflejaba la actitud hacia quien lo había enviado.

5:20. Un "embajador" era un representante de un estado ante otro, usualmente se aplicaba el término en este período a los legados del emperador en el Oriente. Esta imagen encaja en los *"apóstoles" como mensajeros nombrados (ver el comentario sobre 1 Cor. 12:29, 30), así como lo habían sido los profetas del AT (Éxo. 7:1). (Los profetas frecuentemente entregaban a reyes mensajes en forma de una demanda de pacto o en palabras, que eran usadas por los mensajeros de reyes soberanos [supremos] para dirigirse a los gobernantes vasallos [protegidos].) En el contexto de un ruego por reconciliación, Pablo como embajador insta a los corintios a hacer la paz con Dios el Rey; los emperadores normalmente actuaban contra los estados protegidos impenitentes que los habían ofendido, y nadie tomaría con ligereza tales advertencias.

5:21. Aquí Pablo quiere decir que Cristo llegó a ser representante del pecado cuando llevó su juicio en la cruz, y Pablo y sus colegas llegaron a ser representantes de la justicia cuando proclamaron su mensaje. Este versículo lleva establecida la idea del representante en 5:20.

6:1, 2. Pablo cita Isaías 49:8, que se halla en el contexto de la redención *mesiánica, tiempo que Pablo dice que ha llegado en Cristo (5:17). Su argumentación también sería muy relevante para sus lectores: los sabios griegos frecuentemente debatían sobre los momentos apropiados para hablar, especialmente para hablar intrépidamente sobre la reconciliación (concordia, armonía; ver el comentario sobre 5:18, 19).

6:3. "No dar a nadie ocasión de tropiezo" (RVA) era importante para los que ocupaban cargos públicos o para aquellos cuya conducta influiría en las percepciones públicas de su grupo; este tema lo discutían ampliamente los teóricos políticos antiguos, los oradores públicos y las religiones minoritarias. (El "ministerio" es el ministerio de la reconciliación; 5:18.)

6:4, 5. Los filósofos a menudo hacían una lista de sus adversidades, a veces en tercetos, como Pablo lo hace aquí; estos catálogos de adversidades verificaban su consagración al contentamiento y así de la sinceridad de su mensaje. Algunas de las palabras de Pablo son esencialmente sinónimos; como en el estilo *retórico antiguo, se repiten para aumentar el efecto.

6:6, 7. Los filósofos también a menudo se describían a sí mismos mediante catálogos de virtudes, que hacían de su vida un modelo para la de sus lectores. Debido a que abundaban los charlatanes, los verdaderos maestros tenían que recalcar sus motivos puros y que habían actuado sabiendo lo que era real. La defensa de Pablo aquí impresionaría a un público griego que pensaba que él estaba fuera de contacto con los convencionalismos propios de un discurso en su cultura (ver 1 Cor. 2). Por "armas" Pablo puede referirse al escudo que se llevaba en el brazo izquierdo, y la lanza o espada que se llevaba en la mano derecha.

6:8, 9. Pablo de nuevo trata de temas que otros que hablaban sobre asuntos morales enfrentaban en la sociedad grecorromana. La paradoja, contraponiendo opuestos evidentemente irreconciliables, era una técnica regular *retórica y literaria. Algunos filósofos (particularmente los *cínicos) a menudo usaban paradojas y la técnica similar de la ironía, especialmente para volver contra ellos mismos los comentarios de sus acusadores (locos, necios, vergonzosos), proclamándose verdaderamente sabios y ricos (ver el comentario sobre 1 Cor. 4:8). Proclamaban que las opiniones de los necios (no filósofos) no les molestaban; los *estoicos a menudo reflexionaban en su falta de honor.

Pero muchos filósofos evitaban la crítica innecesaria cuando era posible, para que su mensaje no fuera deshonrado; los moralistas a menudo procuraban aprender algo de verdad en las acusaciones falsas que se lanzaban contra ellos. Las tradiciones tanto griegas como judías recalcaban el ser honorable e irreprochable, y a la mayoría le importaba la opinión pública. "Bien conocidos" aquí presumiblemente significa conocidos por aquel que cuenta: Dios. Sobre "morir" y "vivir", ver 4:10-12 y tal vez Salmo 118:17, 18.

6:10. Aunque usualmente mucho más que los campesinos, los artesanos (Pablo se ganaba la vida trabajando en cuero, Hech. 18:3) trabajaban arduamente, seguían siendo pobres y tenían una baja posición social; esto era especialmente cierto en los que andaban de un lugar a otro, como Pablo. Los filósofos *cínicos abandonaban todas sus posesiones para dedicarse a su estilo de vida pero se consideraban ricos espiritualmente. Los filósofos cínicos y los *estoicos aducían lo mismo, aunque poseían poco o nada, porque eran amigos de los dioses que lo poseían todo; como siervo del Dios verdadero Pablo tiene mucha mayor razón para aplicarse a sí mismo esta frase "poseyéndolo todo".

6:11—7:4
Reciban a los embajadores de Cristo

Al rehusar reconciliarse con Pablo los corintios en efecto estaban rehusando reconciliarse plenamente con Dios, cuyo agente era Pablo (cf. Mat. 10:40). En 6:14—7:1 Pablo llama a los corintios a dejar sus lazos estrechos con el mundo; en el contexto de 6:11-13 y 7:2-4, su punto es que ellos deberían más bien restablecer sus lazos íntimos con él y otros verdaderos representantes de Dios. Así Pablo aquí ofrece un insulto calculado contra su oposición espiritual en Corinto.

6:11-13. Una "boca que ha sido franca" y un "corazón abierto" encajan en el énfasis que pone Pablo en hablar con franqueza, motivo importante en los discursos antiguos (ver el comentario sobre 3:12). Las palabras de Pablo aquí son profundamente cariñosas, de nuevo suplicándoles que le devolvieran su cariño. Anotar profundos sentimientos y razonar a nivel emotivo no estaba fuera de lugar sino que era parte normal en la antigüedad del discurso público y al escribir. Los que hablaban en público a propósito apelaban a las emociones de sus oyentes; a menudo incluso aducían no saber qué decir porque se sentían muy conmovidos por su tema (cf. Gál. 4:20). Por supuesto, se suponía que estos oradores sentían genuinamente estas emociones, y no meramente pretendían sentirlas.

6:14. En 6:14—7:1 Pablo hace una *digresión, artificio literario común; dados los estrechos paralelos con los *Rollos MM y las diferencias aquí con el mismo estilo de Pablo, en esta sección él puede estar usando algún material de sermones o ideas que había recopilado de alguna otra fuente anterior. Basa 6:14 ("yugo desigual", RVA) en Deuteronomio 22:10 (cf. Lev. 19:19), que puede haber querido indicar un refuerzo de la prohibición de la *ley de matrimonios con paganos (cf. Deut. 7:3; Esd. 9:12; Neh. 13:25). La falta de concordia entre el sabio y el necio era un proverbio griego; más prominentemente, la división entre el sabio y el necio, el justo y el malo, e Israel y los *gentiles era central en el pensamiento judío y del AT. Judíos muy religiosos y no tan religiosos podían trabajar juntos, pero los judíos más religiosos imponían algunas limitaciones. Las preguntas retóricas eran parte común del estilo *retórico, y Pablo tiene varias preguntas sucesivas en los versículos 14-16.

6:15. "Belial" era otro nombre judío para *Satanás.

6:16, 17. La *ley judía prohibía negociar con los *gentiles en los días de fiestas paganas o en cualquier otra manera que pudiera sugerir asociación con la idolatría. Los judíos no trataban de interferir con los templos paganos, pero cuando un emperador planeó erigir un ídolo en el templo de Jerusalén, menos de dos décadas antes de que Pablo escribiera 2 Corintios, los judíos se dispusieron a la revuelta antes que permitirlo.

Al describir a los cristianos corintios como el templo de Dios (1 Cor. 3:16; 6:19) que no tiene comunión con los ídolos (1 Cor. 10:20, 21), Pablo puede citar textos relevantes del AT: el versículo 16 cita Levítico 26:12 (en el contexto de que Dios mora entre su pueblo; 26:11); cf. similarmente Ezequiel 37:27, 28 y 43:7. El versículo 17 cita Isaías 52:11, que trata del tiempo del nuevo éxodo de la salvación *mesiánica (52:7-15); cf. Levítico 11:31, 44, 45 y 22:4-6.

6:18. El pueblo de Dios eran sus hijos e hijas (p. ej., Isa. 43:6; Jer. 3:19), que sería restaurado a su relación especial con él en el tiempo del fin. Pablo combina el lenguaje de varios textos (probablemente incluyendo 2 Sam. 7:14), como lo hacían a veces los escritores judíos; aquí también tal vez añade su propia palabra profética (cf. 1 Cor. 14:37, 38).

7:1. Los judíos no palestinos a menudo hablaban de corazones puros y sin contaminación; la carne no contaminada normalmente se refería a pureza ceremonial (lavamiento de manos o inmersión ritual). Aquí Pablo se refiere a la pureza en el cuerpo tanto como en el espíritu (ver el comentario sobre 5:10 y sobre 1 Cor. 6:20): abstención del pecado.

7:2, 3. Pablo usa un lenguaje de mucho cariño; ver 6:11-13. La mayor expresión de devoción en la literatura grecorromana era estar dispuesto a morir con alguien (que también tenía sentido fuera de la cultura griega; ver 2 Sam. 15:21; Juan 13:37; 15:13).

7:4. Los oradores grecorromanos a menudo enfatizaban su confianza en sus oyentes con el propósito de establecer intimidad y asegurarse de que estarían dispuestos a obedecerles.

7:5-16
La reconciliación entre Pablo y los corintios

7:5-7. Los textos del AT a menudo enfatizaban el consuelo de Dios para su pueblo (p. ej., Isa. 49:13; 51:3; 52:9); Pablo aquí continúa su tema inicial (1:3-6). Pablo cruzó de Troas a Macedonia para buscar a Tito, a quien había enviado a Corinto con una carta severa (2:12, 13). Recibió consuelo no solo al ver a Tito sano y salvo sino también por la respuesta de los corintios.

7:8, 9. Los maestros antiguos que enseñaban a hablar y a escribir cartas advertían que una reprensión abierta debía reservarse para las circunstancias más extremas; la gente con mayor probabilidad prestaría atención si uno mezclaba los elogios con el regaño. En el lenguaje técnico de tales maestros, las "reprensiones" tenían el propósito de generar vergüenza y *arrepentimiento.

7:10. Como el AT (p. ej., Amós 5:6-11) y el judaísmo, los filósofos paganos a veces reconocían que los juicios divinos no eran solamente actos de justicia sino también intentos de llevar al culpable al *arrepentimiento.

7:11, 12. Apilar temas relacionados era una expresión aceptable de la *retórica griega y sencillamente añadía énfasis al punto.

7:13. Tito recibió gran hospitalidad; en la antigüedad se ponía gran énfasis en la hospitalidad a los viajeros, especialmente en círculos judíos y cristianos.

7:14. Mientras que el autoelogio debía hacerse discretamente, jactarse respecto a los amigos de uno siempre se consideraba aceptable en la antigüedad.

7:15, 16. Si los cristianos corintios recibieron a Tito con tanto respeto, quería decir que lo vieron como representante del mismo Pablo; uno siempre debía recibir al representante con el mismo honor que le daría a la persona a quien representaba.

8:1-9
Modelos para ofrendar

Interesado en un símbolo activo de la unidad de las *iglesias, tanto judías como *gentiles (Rom. 15:25, 26), Pablo se ve obligado a hacer exactamente lo que había estado tratando tan asiduamente de evitar en su propio ministerio (1 Cor. 9): pedir fondos. Aunque previamente les había contado la necesidad a los corintios (1 Cor. 16:1-3), los miembros de clase alta de su congregación se ofenderían en lo que verían como inconsistencia suya. Habían querido que Pablo aceptara que se le pagara como maestro filosófico regular en lugar de que se sostuviera a sí mismo como artesano de clase baja (12:13; cf. 1 Cor. 9); al identificarse con los pobres en la congregación, Pablo había corrido el riesgo de alienar a sus amigos pudientes que menospreciaban a los artesanos. Pablo así, en los capítulos 8—9 defiende la ofrenda.

8:1. Los escritores de moralidad frecuentemente ofrecían modelos positivos. Los oradores públicos usaban una técnica *retórica regular llamada "comparación", que a menudo servía para estimular la competencia moral. Muchos oradores, incluyendo a Pablo, estaban dispuestos a apelar a las antiguas rivalidades geográficas o entre ciudades para acicatear a sus lectores a un mayor celo. Macedonia y Corinto eran rivales de esa clase.

8:2. Algunos aristócratas grecorromanos ridiculizaban a los que vivían con sencillez, pero otros escritores elogiaban el estilo de vida sencillo que permitía a sus seguidores dar generosamente. Macedonia no era pobre al extremo, pero la persecución y el ostracismo pueden haber aumentado la adversidad financiera de los cristianos allí.

8:3. Uno debía dar limosnas de acuerdo con su propia capacidad (Deut. 15:14; cf. Esd. 2:69; Tobías 4:8, 16), pero los macedonios habían ido más allá de esta regla.

8:4, 5. El término que se traduce "participar" (RVA), o "comunicación" (RV) se usaba técnicamente en documentos de negocios en los días de Pablo para "sociedad". Podría también significar una institución en el comercio romano conocida como *societas,* mediante la cual los miembros contraían el compromiso de proveer lo que fuera necesario para cumplir su objetivo. Sea que Pablo conciba esta "sociedad" oficial o no oficial, es claro que los macedonios dieron su apoyo, como la hospitalidad, como un privilegio. El judaísmo usaba el término que aquí se traduce "servicio" (RVR-1960) o "ayuda" (RVA) técnicamente para la distribución de las limosnas a los pobres.

8:6. Tito había levantado la cuestión del sostenimiento así como el asunto de la carta severa cuando estuvo entre ellos.

8:7. Ellos tenían dones espirituales importantes (1 Cor. 1:5-7; 12:28) y otras expresiones de la obra de Dios entre ellos. Pablo usa el elogio como base para la exhortación, como los moralistas lo hacían a menudo.

8:8. Debido a que los contribuyentes en la antigüedad a menudo se veían forzados a respaldar las obras públicas (ocasionalmente este sostenimiento forzado podía llevar a la bancarrota a alguien que no fuera tan rico como indicaba las lista de imposición tributaria), los oradores y escritores que solicitaban fondos debían tener especial cuidado para recalcar la naturaleza voluntaria de las contribuciones. (Maestros judíos posteriores incluso acusaron a los que recolectaban las ofrendas de caridad de "oprimir a los pobres".) Pablo alude a la técnica *retórica de comparación que ya ha usado (8:1).

8:9. Los moralistas a menudo apelaban a modelos, y Pablo aquí usa el supremo, insistiendo en que los cristianos corintios sigan el ejemplo de Cristo de usar su prosperidad para enriquecer a los pobres. Como los escritores judíos y no judíos de su día, Pablo puede usar el lenguaje de la riqueza tanto figurada como literalmente, pero tal vez quiso indicar el enriquecimiento que Cristo dio a los creyentes literalmente, como provisión de unos a otros (8:14).

8:10-15
Dar de acuerdo con lo que se tiene

8:10-12. Los corintios ya se habían comprometido a respaldar a la *iglesia de Jerusalén (1 Cor. 16:1-3). (Los comentaristas notan que la frase que se traduce "el año pasado" o "hace un año" podría indicar de nueve a quince meses antes.) Debido a que su iglesia era más próspera que otras (8:1, 2), sin embargo, habían contribuido más, y algunos pensaban que estaban contribuyendo con un desordenado porcentaje a la colecta. Pablo emplea un argumento común para indicar por qué debían continuar lo que habían empezado: a muchos argumentos antiguos se les añadía peso mediante un principio que aquí se traduce "conviene", RVA (ver, p. ej., 1 Cor. 6:12); Pablo explica la conveniencia en 8:13-15. El AT normalmente describía las ofrendas y los sacrificios como "aceptables" solo si reflejaban lo mejor que uno tenía para dar (p. ej., Lev. 1—4).

8:13. A los cristianos corintios tal vez no les gustaba tener que proveer una porción elevada de la ofrenda, pero Corinto era una ciudad próspera. Una definición común de amistad era que "los amigos tienen todas las cosas en común" y que son "iguales", aunque este principio llegó a aplicarse incluso a los *protectores ricos que auspiciaban a los *protegidos más pobres. Los oradores y escritores antiguos hacían hincapié tanto en la "igualdad" como en la "concordia" (ver el comentario sobre 5:18, 19), y los corintios no podrían perderse el punto de Pablo: su conversión los hizo "amigos" de otros cristianos y exigía una distribución más equitativa de la provisión dentro del cuerpo de Cristo.

8:14. Los escritores judíos de sabiduría exhortaban a sus lectores a recordar la hambruna cuando estaban prosperando (Eclesiástico 18:25); aunque Corinto era extremadamente próspera y los cristianos allí probablemente no podían concebir su propia pobreza, el principio de Pablo puede ser análogo a algunas formas de seguros médicos de la actualidad: si *ellos* alguna vez tuvieran necesidad, alguien más supliría su necesidad. Dios siempre suple lo suficiente al cuerpo entero de Cristo, pero depende de los cristianos asegurarse de que lo "suficiente" se distribuya adecuadamente.

8:15. En caso de que 8:14 sonara demasiado bueno para ser verdad, Pablo introduce el principio de la provisión divina mediante el maná en el desierto: el propósito de Dios era que todo el mundo tuviera exactamente lo que necesitaba, ni más ni menos (Éxo. 16:18).

8:16-24
Enviados para la colecta

8:16-18. Aquí Pablo provee una carta de recomendación (3:1) para Tito y su compañero.

8:19. Así como las *sinagogas en todo el Mediterráneo enviaban su tributo anual al templo de Jerusalén por manos de representantes locales de alta reputación, esta ofrenda también sería administrada de una manera irreprochable: los enviados serían "designados por las iglesias". El término "designado" podría indicar elección mediante alzar la mano o (más ampliamente) votos, como era común en la administración griega.

8:20, 21. En una cultura obsesionada por la vergüenza y el honor, los escritores grecorromanos se apresuraban a recalcar que los líderes y otros beneficiarios de la confianza pública debían ser transparentes y de credenciales morales irreprochables. El judaísmo también recalcaba que los que recogían limosnas de caridad debían actuar irreprochablemente para evitar incluso acusaciones falsas. El versículo 21 hace eco de Proverbios 3:4 en la *LXX y del dicho proverbial que resultó de allí; los maestros judíos recalcaban el hacer el bien a la vista tanto de Dios como de la gente.

8:22. Los moralistas tanto judíos como grecorromanos recomendaban que se "probara" a los líderes potenciales en cargos menores antes de que llegaran a cargos públicos. Este hermano (distinto del mencionado en 8:18) ya había sido probado en el ministerio.

8:23, 24. Como "mensajeros" (literalmente *"apóstoles") de las iglesias, eran los representantes comisionados de esas iglesias. Como tales, eran como representantes de las comunidades judías locales que se juntaban y viajaban juntos a Jerusalén para entregar cada año el impuesto del templo. Tito es el representante de Pablo en el grupo. De este modo debían recibir hospitalidad, como Pablo y otras iglesias han de haber recibido. En todo el antiguo Mediterráneo se respetaba a los enviados y se los recibía con honor. Sobre "jactarse", ver el comentario sobre 7:14.

9:1-5
Jactarse de antemano

Las primeras lealtades de los ciudadanos se debían a sus ciudades, y surgían con frecuencia rivalidades amargas entre ciudades. Pablo apela a su orgullo cívico para asegurarse de que los corintios pudientes hagan su parte. Corinto era la capital de la provincia de Acaya, al sur de la provincia de Macedonia (que incluía a Filipos y Tesalónica). Así Pablo emplea aquí las técnicas *retóricas de cariño (al jactarse de ellos) y comparación. Al jactarse respecto a los corintios, sin embargo, Pablo pone su honor en la línea. Si los capítulos 10—13 son parte de la misma carta, ¡Pablo puede haber tenido razón para preocuparse (cf. especialmente 12:16-18)!

9:6-15
Sembrar y cosechar

9:6. Segar lo que uno había sembrado refleja un proverbio antiguo relacionado con muchos otros cuadros agrícolas que prevalecían en la antigüedad (cf., p. ej., Job 4:8; Prov. 11:18; 22:8; Ose. 8:7; 10:12; Eclesiástico 7:3; *Cicerón; *Aristóteles); el cuadro específico de sembrar y consecuentemente segar escasamente también parece haber sido de circulación general.

9:7. Pablo cita aquí la sabiduría judía común; la primera parte de su exhortación puede aludir a Éxodo 25:2; 35:5, 21, 22 y Deuteronomio 15:10 (cf. 1 Crón. 29:6-9; Esd. 2:68), sugiriendo que Pablo tenía una teología del dar bastante desarrollada, que se basaba en el AT. "Dios ama al dador alegre" procede de una añadidura a Proverbios 22:8 en la *LXX ("Dios bendice a la persona alegre y que ofrenda"). El término que se traduce "alegre" a menudo se aplicaba en los textos judíos a las ofrendas para los pobres.

9:8. "Abundancia" (RVA) es especialmente un término técnico de los filósofos griegos, usualmente aplicado al contentamiento de los sabios en toda circunstancia. Aunque algunas tradiciones griegas enfatizaban que uno debía ser autosuficiente sin tener nada con qué vivir, la mayoría de pensadores griegos hubieran concordado con Pablo en que las necesidades básicas debían ser cubiertas antes de que la persona pudiera ser autosuficiente. Para las nociones sobre las posesiones y la riqueza en la antigüedad, ver el comentario sobre 1 Timoteo 6:3-10.

9:9. Esta cita del Salmo 112:9 se refiere en el contexto de ese salmo a la conducta del justo; así Pablo tal vez esté diciendo en 9:8, 9 que su recompensa al sembrar (dar dinero) al pobre es que su justicia permanecerá para siempre.

9:10. Debido a que los corintios deben ser "sembradores" justos ("esparcir" semilla, v. 9), Pablo cita Isaías 55:10: "El que da semilla al que siembra y pan al que come", que demuestra que Dios continuará supliéndoles para que continúen dando y así tengan una mayor recompensa de justicia (v. 9). Pablo usa el segundo texto (Isa. 55:10) para aplicar el primero (Sal. 112:9, citado en 9:9) a la situación de ellos; ligar textos con una palabra clave o concepto similar era una práctica común en la interpretación judía.

9:11-15. Los judíos creían que Dios oía los clamores del pobre (Deut. 15:9, 10); los lectores de Pablo comprenderían su punto de que la ayuda de ellos a los pobres daba directamente gloria a Dios en alabanza (2 Cor. 9:11, 12; cf. 1:11) y también beneficiaría a los corintios mediante las oraciones de los pobres en Jerusalén (9:14). (El "don" de Dios, v. 15, puede así ser su provisión estratégica para los corintios mediante la cual ellos pueden beneficiar a los pobres en Jerusalén.)

10:1-18
No como los opositores de Pablo

El cambio drástico de tono de Pablo aquí, de un afecto cauto a dirigirse a sus opositores, ha llevado a muchos estudiosos a creer que los capítulos 10—13 pertenecen a una carta separada. Otros creen que Pablo recibió nueva información justo antes de escribir estas palabras, o que guardó su *diatriba para los capítulos finales de la carta.

10:1, 2. La carta severa de Pablo (2:4; 7:8; las cartas exhortatorias se reservaban para las circunstancias más severas) había provocado una reacción muy fuerte entre algunos de los miembros de la congregación; los *retóricos antiguos insistían en que las cartas debían reflejar la misma personalidad que la persona exhibía cuando estaba presente. La "mansedumbre y ternura" de Cristo probablemente alude a los dichos de Jesús registrados más tarde en Mateo 11:29; esta era una buena respuesta a las quejas de los corintios de que Pablo era demasiado manso (1 Cor. 2:3); la cultura griega por lo general no consideraba la mansedumbre una virtud (cf. la expresión popular actual "pelele").

10:3-5. Los sabios griegos a veces describían como guerra su batalla contra las ideas falsas, en términos similares a los que Pablo usa aquí. Como esos sabios, Pablo aduce que va a batallar contra las ideas falsas. "Argumentos" (RVA) es un término técnico para los razonamientos *retóricos o filosóficos; los prisioneros de guerra en esta metáfora extendida son los pensamientos humanos. Cf. Proverbios 21:22.

10:6. Los gobernantes por lo general ejecutaban venganza contra los que se habían rebelado contra ellos después de que la guerra había concluido (p. ej., 2 Sam. 12:31). Pablo tal vez quiso decir que los creyentes deben trabajar más duro para recuperar el tiempo perdido por la desobediencia.

10:7. La preocupación de los corintios por las apariencias externas se igualaba a la preocupación de los sofistas por hablar en forma apropiada y persuasiva, pero los filósofos verdaderos constantemente ridiculizaban esta actitud (4:16-18). Los miembros más pudientes de la *iglesia en Corinto estaban enamorados de la filosofía griega; Pablo, por lo tanto, los reprende con sus propios términos.

10:8. La "autoridad" de Pablo fue el tema en

1 Corintios 9:5 (en donde el mismo término generalmente se traduce "derecho"); algunos de los corintios más ricos estaban atacándolo por no conformarse a sus normas culturales (es decir, por trabajar como artesano aunque era maestro de moral). Los profetas del AT fueron llamados tanto para edificar como para derribar (p. ej., Jer. 1:10), pero Pablo fue llamado solo para edificar a los corintios (2 Cor. 12:19; 13:10).

10:9, 10. Una regla básica al escribir cartas en la antigüedad era que la carta debía corresponder con la personalidad de uno cuando estaba presente, porque las cartas de alguna manera comunicaban la presencia de uno. A los filósofos que no eran consistentes en esto generalmente se les atacaba verbalmente.

Cartas "duras y fuertes" (RVA) por lo general serían escritas por alguna figura de autoridad (los romanos valoraban una virtud llamada *gravitas*, que incluía severidad), mientras que el habla de Pablo refleja insuficiente preparación *retórica como para impresionar a la gente poderosa de la sociedad. Su (literalmente) "presencia física" (RVA) tampoco era nada impresionante, tal vez para indicar que no se vestía tan bien como se vestiría un filósofo, o (más probablemente) que era torpe en sus ademanes, elemento importante al hablar en público que recalcaban los retóricos. En otras palabras, Pablo era mejor escritor que orador público.

10:11. Los filósofos y los maestros judíos a menudo mostraban el contraste entre palabras y acciones; las acciones pesaban mucho más. Incluso si Pablo era un orador inferior, su vida respaldaba todo lo que decía.

10:12. La "comparación" era una técnica *retórica y literaria común; aquí Pablo se mofa de sus opositores: son tan necios que no se dan cuenta de que uno no puede compararse consigo mismo. Los *protectores de clases más altas por lo general escribían cartas de recomendación para los *protegidos de clase social inferior, pero a veces algunas personas se veían forzadas a recomendarse a sí mismas; la recomendación de uno mismo se aceptaba si se la hacía discretamente, pero Pablo pinta a sus opositores como pretensiosos, que era un vicio en la cultura griega.

Pablo satíricamente declina compararse a sí mismo con tales maestros; la sátira era un artificio común en la argumentación. Una de las reglas de la "comparación" era que uno no podía comparar artículos no similares; sin embargo, la falta de similitud favorecía a Pablo en 10:13-18.

10:13-16. Los maestros de retórica y filosofía en las ciudades en todo el Mediterráneo competían por estudiantes y su paga. Uno de los medios para hacer publicidad de uno mismo era compararse favorablemente con otros maestros rivales; Pablo usa el artificio de la ironía, de la literatura antigua, para poner de cabeza la publicidad de sus opositores, refutándolos mientras satiriza su forma de jactarse. El lenguaje de la "esfera" o "límites" (RVA) a veces se aplicaba a la extensión del servicio de un servidor público en un distrito o región; Pablo tal vez quería indicarlo en términos del lenguaje de la conquista de la Roma imperial (cf. 10:3-6).

10:17. Sobre Jeremías 9:23, 24, ver el comentario sobre 1 Corintios 1:26-31.

10:18. Aplicando Jeremías 9:24 Pablo nota que la recomendación de uno mismo obviamente está fuera de lugar; a menos que, como él, uno se viera forzado a hacerlo debido a circunstancias desagradables (p. ej., para defenderse). Los que hablaban en público solían recomendarse a sí mismos, pero reconocían que era ofensivo a menos que se lo hiciera con cuidado y por razones apropiadas.

11:1-15
Respuesta a la jactancia de los falsos apóstoles

A diferencia de Pablo, que se humillaba a sí mismo asumiendo un papel socialmente denigrante (11:7), sus opositores se jactaban.

Pablo por consiguiente parodia su jactancia con su propia hoja de arrogancia, siguiendo la forma antigua de alabanza de uno mismo. Al mismo tiempo, no obstante, invierte los valores de sus opositores a la luz de los valores del *reino de Dios, usando otra técnica literaria común llamada sátira (11:16-33).

11:1. En la literatura griega la "locura" era a veces un castigo divino por la insolencia arrogante, y por eso algunos comentaristas han sugerido que los opositores corintios habían acusado a Pablo de ser arrogante y estar loco. Más probablemente, sencillamente Pablo está implicando que mientras asume la apariencia de un loco, con propósitos *retóricos (ser capaz de asumir varios estilos era parte de la preparación retórica), son sus opositores los que generalmente se jactan y por lo tanto están realmente locos.

11:2. Celar al pueblo de Dios con celos divinos (cf. Éxo. 20:5) habría sido visto como santo (cf. Núm. 25:11). Los padres normalmente comprometían a sus hijas en matrimonio, y Pablo compara a la *iglesia en Corinto con una hija (1 Cor. 4:14, 15) a quien él ha comprometido en matrimonio con Cristo (cf. las descripciones judías donde Dios casa a su hijo Israel con la *ley). (Otros comentaristas ven a Pablo como si estuviera entregando a la novia, como lo haría el padrino, en lugar de verlo como un padre que compromete a su hija en matrimonio.)

11:3. En algunas tradiciones judías *Satanás, disfrazado como ángel bueno (cf. 11:14), engañó sexualmente a Eva. Dada la imagen de una doncella comprometida (11:2, tal vez comprometida con Cristo, el nuevo Adán), es probable que Pablo estuviera considerando aquí esta noción parcialmente. Más segura es la alusión bíblica a Génesis 3, en donde la serpiente engañó a Eva. Pablo presenta a sus opositores como adúlteros que corrompen a las doncellas comprometidas, crimen castigable con el destierro bajo la ley romana y con la muerte bajo la ley del AT (Deut. 22:23-27).

11:4. El AT y más tarde la literatura judía a menudo describían a los falsos profetas como quienes aducían tener el *Espíritu de Dios, pero a quienes en realidad movía un espíritu diferente. Pablo elogia en son de mofa la forma en que ellos aceptan los malos tratos (cf. también 11:19, 20), usando el antiguo recurso de la sátira.

11:5, 6. La *retórica era importante en la sociedad grecorromana, incluyendo Corinto (ver el comentario sobre 1 Cor. 1:5). Mediante la retórica uno demostraba que era educado y verdaderamente digno de que lo oyeran los ricos. Los filósofos, sin embargo, hacían hincapié en su conocimiento genuino por sobre el discurso persuasivo de otros, y sus ideas también ganaron influencia en la sociedad griega; Pablo apela a este último modelo a diferencia del anterior para defenderse.

La afirmación de Pablo de que era "pobre en elocuencia" (RVA) no quiere decir necesariamente que era un terrible orador; incluso los mejores oradores restaban importancia a sus habilidades oratorias para disminuir las expectativas del público. Parece que lo acusaban de habilidades retóricas inadecuadas; sin embargo, sus escritos dan testimonio de un nivel de sofisticación retórica más alto del que poseía la mayoría de la gente de su día, pero sin que importara cuánto se esforzara, no tenía el entrenamiento retórico previo del aristócrata, y algunos elementos de su discurso no brotaban en él tan naturalmente como habrían surgido en otros (ver el comentario sobre 10:10).

11:7. Se suponía que los maestros debían recibir su sostenimiento mediante los auspicios de un *protector, cobrándoles a sus estudiantes o mendigando, pero jamás dedicándose a algún trabajo de la clase obrera (1 Cor. 9:6). Los opositores de Pablo apelan a los cristianos corintios de clase alta que se avergonzaban del trabajo de Pablo como artesano; ellos, por lo menos, eran profesionales lo suficientemente como para recibir paga. Pablo puede que haya evitado el recibir paga para evitar aparecer como un sofista común que enseñaba por ganancia monetaria, o para evitar parecer que dependía de ellos como *protegido. La "humildad" era una virtud judía, pero los griegos la veían como "humillación" y la consideraban apropiada solo para los de condición social más baja.

11:8. Pablo *acepta* la condición social baja: se hizo servidor de los corintios (y contrasta con aquellos a quienes sirven sus opositores, 11:15). Aceptar paga de un empleador mientras que genuinamente se trabajaba solo para otro se veía naturalmente como falta de honradez, y por esto Pablo usa "despojar"; robar, naturalmente, se consideraba incluso más bajo que la labor manual. (El término también se podía usar para "saquear" los despojos del enemigo derrotado después de una campaña militar. En conjunción con este sentido, "sostenimiento" (RVA) puede que tenga que ver con "el salario del soldado".)

11:9. Los *protectores podían ver a sus *protegidos, sus dependientes sociales, como "cargas". Algunas veces los maestros eran protegidos de protectores acomodados, pero Pablo no dependía, y por lo tanto no era protegido, de la *iglesia en Corinto. Así que no necesitaba responder ante ellos.

11:10-12. Jactarse se consideraba aceptable si era por amor a algún otro, y no sencillamente por uno mismo. Por ejemplo, *Plutarco permitía el alabarse uno mismo si iba mezclado con elogios del público.

11:13-15. En algunas tradiciones judías *Satanás se disfrazaba como ángel o de otras maneras (p. ej., como una mujer hermosa a algunos *rabinos, o como mendigo a la esposa de Job; para otra tradición, ver el comentario sobre 11:3); el judaísmo consideraba a Satanás como engañador. Aunque Isaías 14 y Ezequiel 28 en su contexto no se refieren específicamente a Satanás (contra un punto de vista común actual), una gran parte de la tradición judía enseñaba que Satanás y otros espíritus malos originalmente habían sido ángeles que habían caído en Génesis 6:1-3.

11:16-21
Apología de Pablo por jactarse

11:16-18. Maestros *retóricos tales como *Quintiliano, y moralistas como *Plutarco advertían a sus lectores que nunca se jactaran de sí mismos a menos que se vieran obligados a hacerlo por necesidad de una defensa u otra muy buena razón (como presentarse como modelo para ser imitado moralmente). Aunque algunos sabios consideraban apropiado jactarse, a la opinión popular no le gustaba eso. Los autobiógrafos tenían que concebir maneras de reducir la potencial ofensa de sus propias afirmaciones. Los opositores de Pablo aparentemente se habían expuesto al ataque de Pablo, con lo que indicaban su propia falta de habilidad *retórica.

11:19, 20. La ironía era una técnica retórica común. Un golpe en la cara, como un escupitajo, era un grave insulto al honor de uno (ver el comentario sobre Mat. 5:39). "Aprovecharse" (RVA) algunas veces connotaba explotación sexual, una horrible ofensa. La ideología de las clases superiores (compartida por los opositores de Pablo) sostenía que las personas de carácter verdaderamente noble, los que habían nacido para ser libres, jamás tolerarían el ser esclavos.

11:21. Al continuar con la ironía (11:19, 20), Pablo confiesa su "vergüenza", una de las más graves ofensas que uno podía soportar en una sociedad consciente de la condición social de uno. Usa de nuevo la técnica *retórica de la "comparación" para mofarse de la jactancia de los *apóstoles autonombrados que llegaron a Corinto y socavaron su propio prestigio.

11:22-33
Jactancia en los sufrimientos

Los aristócratas típicamente se jactaban de su linaje, sus logros y cosas por el estilo; pero normalmente no se jactaban de sus sufrimientos. Algunos filósofos mencionaban una lista de los sufrimientos que habían soportado como modelo para emular. (En otros contextos, una lista de sufrimientos podía demostrar la devoción de uno a alguna otra causa; p. ej., en la novela romántica por Caritón, la carta de Leucipe relata lo que sufrió por su amada Clitofón.) Pero los que hacen una lista de sufrimientos para probar su perseverancia lo hacen para jactarse de su fuerza, no de su debilidad. Para Pablo, si uno se jacta, debe jactarse en los valores del *reino (10:17), humillándose por la gloria de Dios.

11:22. Incluso en la Corinto grecorromana la *iglesia reconocía sus raíces judías; y los cristianos judíos viajantes, especialmente los que tenían raíces palestinas, podían reclamar autoridad en una tradición anterior a Pablo. (Este razonamiento "¿Son ellos...? Yo también" parece haber sido persuasivo en la antigüedad; cf., p. ej., *Vida* de *Josefo, 40, 199.) "Israelitas" y "descendientes de Abraham" se refiere a la manera acostumbrada del judaísmo antiguo para referirse a cualquier judío; "hebreos" puede que quiera decir lo mismo, aunque pudiera aplicarse especialmente a los judíos palestinos (ver el comentario sobre Fil. 3:5).

11:23. El término que se traduce "ministros" (RVA; "siervos", DHH) aquí puede ser un término de respeto; si significa "esclavos de Cristo" en este caso, son esclavos de alta categoría (ver el comentario sobre Rom. 1:1). Sobre "delirando" (RVA) ver el comentario sobre 2 Corintios 11:1. Pablo empieza jactándose de lo mismo que causa el reproche corintio: sus "trabajos" de baja categoría (ver el comentario sobre 11:7). Algunos filósofos se jactaban de ignorar los azotes; los judíos alababan a los que habían sido azotados y martirizados por causa de su fe.

11:24. Bajo la ley judía algunos pecados (tales como la violación del día de descanso o ser falso profeta) ameritaba la lapidación (porque los judíos no podían legalmente imponer la pena de muerte en este período debido a las restricciones romanas, por lo general sencillamente excluían de la comunidad a los ofensores capitales). Otros pecados menos graves requerían solo el látigo (Deut. 25:2, 3); una corte de una *sinagoga decidía tales casos, y el que dirigía la sinagoga aplicaba los azotes. Como en los casos de violaciones de las fiestas o las leyes rituales, este castigo se administraba solo después de que la persona había sido advertida y sin embargo persistía en la conducta ofensiva.

11:25. Se suponía que los ciudadanos romanos no debían ser azotados con varas, pero los oficiales algunas veces se hacían de la vista gorda respecto a estas reglas (ver el comentario sobre Hech. 16:22). Sobre el apedreamiento de Pablo, ver Hechos 14:19. Los viajeros frecuentes también estaban bien conscientes del peligro de los naufragios, y la muerte en el mar era la forma más aterradora de muerte en la antigüedad (en parte debido a la creencia pagana de que los espíritus de los que morían en el mar vagaban para siempre porque no habían sido sepultados apropiadamente). Debido a que no había botes salvavidas propiamente dichos (ver el comentario sobre Hech. 27:30) o chalecos salvavidas, las víctimas de naufragios podían pasar en el agua largo tiempo y a menudo no sobrevivían.

11:26. Viajar era una de las actividades más peligrosas en la antigüedad; una tradición posterior incluso habla de que los sacerdotes oraban y ayunaban dos días a la semana por la seguridad de los viajeros. Los ríos a menudo se usaban para navegar tierra adentro desde la costa a las ciudades, y los ladrones ocasionalmente atacaban los barcos que llegaban, especialmente en Asia Menor; o Pablo puede haberse referido aquí al peligro de cruzar ríos crecidos. Los ladrones eran uno de los peligros más temidos al viajar por tierra, y una de las razones por las que muchos grupos no viajaban de noche. Los piratas habían llegado a ser menos comunes en el mar que en tiempos anteriores; aunque los ladrones en tierra también habían disminuido en el período del imperio, seguían siendo un peligro frecuente. El clímax de los "peligros" de Pablo, sin embargo, apunta probablemente con ironía a sus opositores: "peligros entre falsos hermanos" (RVA).

11:27. El desvelo se debía probablemente a los potencialmente peligrosos viajes por la noche (el ministerio en sí mismo se limitaría por la noche porque casi todo el mundo se iba a la cama temprano excepto los vigilantes y los que iban a borracheras, aunque algunas personas pueden haberse quedado despiertas para contar historias y conversar); el insomnio es posible (cf. 11:28, 29) pero menos probable en este punto en la lista (uno esperaría eso con las ansiedades del v. 28). El que viajaba al interior de Asia Menor enfrentaba "frío"; unido a "desnudez" (a veces usado, como aquí, para referirse a ropa inadecuada), esto era una seria adversidad.

11:28. La "preocupación" (RVA) de Pablo (el mismo término se traduce "afán" en Mateo 6:34) por el estado del pueblo de Dios es motivada por el amor (11:29, 30), como los profetas del AT se habían preocupado por Israel. Los filósofos enfatizaban que uno nunca debería dejarse llevar por la ansiedad (también Fil. 4:6), pero la ansiedad de Pablo es de amor, no de tipo egoísta (2 Cor. 2:13; 7:5, 6; 1 Cor. 7:32; la misma palabra; 1 Tes. 3:5).

11:29-31. El que Pablo se identifique con los "débiles" ofendería nuevamente a los líderes socialmente poderosos de la *iglesia en Corinto, quienes lo verían como señal de baja condición social. Jactarse en su debilidad invierte la posición entera de sus opositores.

11:32. Aretas IV controlaba Nabatea, región alrededor de Damasco de Siria, y puede haber controlado Damasco misma alrededor de los años 34-39 d. de J.C. (murió alrededor del 39-40). Si en realidad no controlaba Damasco, ciertamente ejercía influencia política más allá de su esfera inmediata de jurisdicción legal. Debido a que la mayoría de caravanas mercantes del este pasaban por su reino, era el reino más fuerte y más rico de los reinos menores del Cercano Oriente.

11:33. La "ventana" que Pablo menciona ha de haber pertenecido a alguna casa construida sobre la muralla de la ciudad; muchas casas estaban construidas sobre tales muros. Pablo toma prestada su estrategia del AT (Jos. 2:15; cf. 1 Sam. 19:12). Hechos 9:25 menciona este escape. Esta era difícilmente la clase de heroísmo del que se jactarían las personas de alta categoría social, porque no valoraban el estar en problemas con las autoridades, aunque fuera por la causa de Cristo.

12:1-10
Revelaciones y debilidad

12:1. Aunque Pablo hablaba de sus experiencias espirituales solo cuando se veía obligado a hacerlo (p. ej., 1 Cor. 14:18), es claro que él, como muchos profetas del AT, regularmente experimentaba visiones y revelaciones. Algunos escritores judíos de los días de Pablo diligentemente cultivaban las experiencias visionarias con ayuno y privación del sueño, pero no hay indicación de que Pablo *buscara* visiones; más bien, "fue arrebatado" (v. 2; ver el comentario sobre Apo. 4:2).

12:2-4. "Hace catorce años" era tal vez una década después de la conversión de Pablo. Debido a que maestros judíos posteriores usaban "esa persona" como "tú" o "yo", es posible que Pablo aquí esté relatando su propia experiencia en tercera persona para evitar jactarse. Algunos escritores griegos sugerían que uno debía escribir la experiencia de uno mismo como si fuera la de otro si se abochornaba de hablar de ella abiertamente; en forma analógica, algunos *apocalípticos judíos pueden haber transferido sus propias visiones a los héroes del pasado en cuyo nombre compusieron sus escritos. Al estar dispuesto a jactarse solo en su debilidad, Pablo no acepta ninguna alabanza por sus revelaciones personales (cf. Prov. 27:2).

Los escritores griegos hablaban de ascensos del alma, especialmente después de la muerte, como lo hacían los místicos y los apocalípticos judíos. Los visionarios judíos a veces describían sus experiencias místicas del cielo como "ser arrebatados"; aunque tal vez querían decir que solamente sus almas habían visto el cielo, la experiencia a veces era tan vívida que la persona entera parecía haber sido arrebatada (Eze. 2:2; 3:14, 24; 8:3; 11:1, 24), y algunos textos explícitamente incluían el cuerpo en esta experiencia (como en *1 Enoc). (Las historias judías de ascensiones a veces recalcaban el peligro de la ascensión, como en el caso de los cuatro *rabinos de los cuales se dice que solo uno escapó ileso. Pero excepto por las de *Filón, todas las historias judías son ya sea seudónimas o posteriores a Pablo, así que es difícil reconstruir la naturaleza exacta de la experiencia mística judía en los días de Pablo.)

Las visiones dadas por Dios no son lo mismo como la práctica de algunos hechiceros y milagreros griegos y experiencias espiritistas en muchas culturas de hoy, en donde el alma puede viajar lejos en proyecciones astrales; incluso Filón, el filósofo judío más influyente en el pensamiento griego, veía el éxtasis como la experiencia del alma con *Dios,* no simplemente andar deambulando alrededor de la tierra.

En los textos judíos "paraíso", el nuevo Edén que era lo opuesto al infierno (*Gehena), existiría en la tierra en el mundo venidero pero estaba reservado en los cielos al presente. Diferentes textos varían en el número de cielos que vieron en visiones (de 3 a 365); tres y siete eran los números más comunes, y se pensaba que el paraíso se ubicaba en uno de estos tres cielos. El "tercer cielo" de Pablo probablemente significa que él pensó en términos de tres cielos, con el paraíso en el más alto. (A la atmósfera más baja generalmente se la consideraba el "cielo" más bajo.) Muchos lectores griegos pensaban que el alma pura ascendería al cielo más alto al morir, así que los cristianos corintios probablemente no tendrían problema para comprender las palabras de Pablo aquí.

Las revelaciones de las deidades en las *religiones de misterio griegas tampoco "era permitido expresarlas"; algunos escritores judíos como *Josefo y *Filón aplicaron esta descripción a la sabiduría más alta de Dios o al nombre divino.

12:5, 6. Un artificio *retórico común era decir: "Yo podría decir esto, pero no voy a decirlo"; Pablo usa este recurso aquí (también en Film. 19). Si sus opositores se jactan de sus visiones, Pablo aquí los sobrepasa mientras mantiene la necedad de su jactancia.

12:7, 8. "Carne" aquí no tiene por qué indicar algún defecto físico (como el indicado en Gál. 4:13), como a menudo se supone; Pablo tal vez alude a la "espina en el costado de Israel", los cananeos que Dios dejó en la tierra para impedir que Israel se jactara (Núm. 33:55; Jue. 2:3; cf. Jos. 23:13; Eze. 28:24). Los eruditos debaten qué era exactamente la "espina" de Pablo, pero en vista del contexto y el que Pablo sea "abofeteado" en estos versículos (cf. 1 Cor. 4:11), puede tratarse de las continuas persecuciones; o este "mensajero de Satanás" puede ser un insulto irónico contra sus opositores (11:14, 15). Como en el AT, y en la mayoría del pensamiento judío, Dios aquí es soberano incluso sobre Satanás y sus ángeles.

12:8-10. Los filósofos hablaban de autosuficiencia, ya fuera para soportar las pruebas o a veces porque no había ninguna. La idea de Pablo aquí es muy diferente: La gracia de Dios es suficiente y provee el poder que Pablo necesita. En el paganismo el poder divino se exhibía especialmente en maravillas mágicas; para Pablo es el poder de Dios el que capacita al débil en sí mismo para resistir. Los informes de milagros en los templos paganos con frecuencia seguían la misma forma de la petición de Pablo (v. 8), pero concluían con la aparición de la deidad para sanar a la persona. Aunque Pablo había realizado muchos milagros (12:12), no se gloriaría en sus milagros, como sus opositores probablemente se gloriaban en los suyos; en lugar de eso, se gloría en su debilidad.

12:11-18
Ironía final de Pablo

12:11. Muchos escritores antiguos aconsejaban que uno podía alabarse a uno mismo inofensivamente solo si se veía obligado a hacerlo, especialmente para defenderse. Los filósofos por lo general consideraban a los oradores públicos "don nadies", y alguien puede haber aplicado este término a Pablo.

12:12. Apelar al propio conocimiento de testigos oculares de los lectores era una manera de reducir la ofensa de la jactancia propia (así, p. ej., el *retórico griego anterior Isócrates).

12:13. Los ricos en la *iglesia en Corinto querían un *apóstol del que pudieran enorgullecerse, uno que se conformara con sus expectativas de alta sociedad respecto a un maestro de moral. Así querían que Pablo dejara de trabajar y aceptara sostenimiento de ellos, que se hiciera su *protegido o dependiente (ver 1 Cor. 9). Pablo evita caer en manos de la facción pudiente de la iglesia (ver la situación en la introducción a 1 Corintios) aceptando más bien de otros su sostenimiento; aquí responde con ironía: "¡Perdonadme!".

12:14, 15. Los corintios ricos querían que Pablo fuera su *protegido y ser ellos sus *protectores (12:13), pero Pablo les recuerda que él es su padre (1 Cor. 4:15). Por lo tanto, él invierte la propia posición de ellos: rehusó sostenimiento no porque fuera socialmente ignorante, sino porque ellos dependían de él en lugar de que él dependiera de ellos. (Una vez que un padre romano declaraba que un hijo era suyo, los padres sostenían al niño mientras crecía y ayudaban a las parejas jóvenes a establecerse. A protegidos y a niños se les veía como dependientes en la familia romana.)

12:16-18. Los mismos que criticaban a Pablo por no aceptar su sostenimiento, para que su fe pudiera parecer más aceptable a sus iguales sociales, también evidentemente aceptaban los argumentos de sus opositores contra sus ofrendas para los pobres de Jerusalén (caps. 8—9). Ocurriendo tan cerca del final de la argumentación de Pablo, su petición de fondos para los pobres pudo haber sido el centro de las acusaciones que le lanzaban sus opositores: este Pablo no acepta su sostenimiento por cuanto es socialmente aceptable, pero ahora quiere dinero para ayudar a otros que ustedes ni siquiera conocen.

12:19—13:4
La visita de Pablo para disciplinar

Pablo, que había sido "débil" entre ellos antes, ahora sería fuerte (13:3).

12:19. Una "apología" o discurso de defensa era un tipo común de escrito, pero Pablo explica que su defensa irónica y su exhibición de *retórica están motivadas solo por el amor a los corintios, en lugar de ser una genuina defensa de sí mismo.

12:20. Un tema común de los moralistas grecorromanos era la "armonía"; comúnmente atacaban la disensión, la envidia y cosas por el estilo. Los escritores antiguos también atacaban la ira, entre otras actitudes. Los corintios posiblemente no podían defender su conducta incluso con base en la ética de su propia cultura.

12:21. Los poderosos miembros de la *iglesia en Corinto despreciaban la humildad, como la mayoría de sus colegas paganos; pero si se preocupaban de que Pablo había sido demasiado humilde anteriormente (11:7), su lamentable estado espiritual (12:20) está a punto de humillarlo más. ¡Era demasiado para lo que él se jactaba de ellos (9:3)!

13:1, 2. La ley de Moisés (Deut. 17:6; 19:5) y toda la ley subsecuente judía (y cristiana,

Mat. 18:16; 1 Tim. 5:19) requería un mínimo de dos testigos en el caso de alguna acusación contra alguien. Pablo trata su próxima visita a Corinto como una batalla en un tribunal (cf. 1 Cor. 6:3, 4), y les promete que va a ganar el caso.

13:3, 4. Debido a que el judaísmo hablaba de que Dios se comunicaba por medio de los profetas, la apelación de Pablo a que "Cristo habla" en él es probablemente una apelación a su don profético. Pablo a menudo les recalca a los corintios el poder de Dios revelado en la debilidad de la cruz (1 Cor. 1:18—2:8), principalmente porque los cristianos corintios, como su cultura pagana, valoraban el poder *retórico y milagroso que atraía la atención a los oradores y milagreros, y no al Dios supremo.

13:5-10
Poder y debilidad verdaderos

13:5, 6. Los filósofos a menudo instaban a la autoevaluación o prueba. Pablo, quien predica el verdadero *evangelio, tiene a Cristo en él (13:3, 4), pero los corintios deben decidir si Cristo está en ellos; si Cristo está en ellos, entonces él ciertamente está en Pablo, su padre espiritual.

13:7-9. Los filósofos por lo general argumentaban que no importaba lo que otros pensaran de ellos; pero muchos razonaban que debían cuidar lo que otros pensaran de ellos, no por amor a sí mismos sino para atraer a otros a la filosofía. Pablo no se preocupa por lo que otros piensan de él pero quiere que sus amigos sean edificados.

13:10. Sobre la autoridad de Pablo en este respecto, ver el comentario sobre 10:8.

13:11-14
Palabras finales

13:11. Esta exhortación final a la unidad encaja tan bien en los discursos grecorromanos sobre la "armonía" que incluso los paganos en Corinto concordarían con su mensaje moral.

13:12. Los besos se usaban como señal de afecto entre familiares o amigos.

13:13. Las cartas a menudo incluían saludos de otros que estaban junto al escritor.

13:14. La mayoría de los judíos pensaba del *Espíritu Santo como una fuerza de Dios profética y divina. Así, el que Pablo ponga en paralelo a Jesús, el Padre y el Espíritu Santo como lo hace aquí, probablemente indica su creencia de que Jesús es también divino y que el Espíritu es también un ser personal como el Padre y el Hijo.

GÁLATAS

Introducción

Paternidad literaria: Prácticamente todos los eruditos reconocen que Gálatas es una epístola paulina.

Tipo de carta: Aunque Gálatas tiene elementos apologéticos (o sea puntos en los que Pablo parece defenderse a sí mismo), el Apóstol no se concentra en el tipo de *retórica usado en los tribunales. Más bien, Gálatas es predominantemente "retórica deliberativa", o sea el tipo de argumentación que los oradores y escritores antiguos usaban para convencer a la gente de que cambiara su conducta. La argumentación misma es muy racional, y el lenguaje emocional de la carta era la característica retórica habitual de las cartas severas (Gálatas incluye elementos de las antiguas "cartas de reprensión").

Fecha: Algunos eruditos han argumentado en favor de una fecha muy temprana, lo que haría que esta fuera una de las primeras cartas paulinas, dado que Pablo no apela explícitamente al Concilio de Jerusalén de Hechos 15. Pero como se refiere a haber llevado consigo a Tito a Jerusalén (Gál. 2: 1), eso implica que ya había completado su primer viaje misionero (Hech. 13—14) y, por lo tanto, que probablemente el Concilio ya había ocurrido (Hech. 15). Por lo tanto, Gálatas debe ser fechada al final de la década del año 50.

Circunstancias: Es claro que Pablo está luchando con opositores que se habían establecido en Galacia (sobre la ubicación, ver el comentario sobre 1:2; si se adopta la teoría de Galacia del Sur para la ubicación de los lectores de Pablo, en Hechos 13—15 se encuentra un trasfondo para la carta especialmente útil). Estos eran judíos cristianos que probablemente circuncidaban a los gálatas (alienándolos así de su propia cultura *gentil), antes que permitir que los judíos de Judea en su país pensaran que los misioneros cristianos tenían una actitud laxa (4:29; 5:11; 6:12, 13). A diferencia de Pablo, que era un misionero que se adaptaba con más facilidad a las nuevas situaciones, estos querían imponer su propia cultura a los gálatas.

Tema: En una época inicial, algunos judíos cristianos habían insistido en que los creyentes frigios (quizás gálatas; ver el comentario sobre 1:2) fueran circuncidados para ser salvos (Hech. 15:1). Aunque aparentemente el Concilio de Jerusalén ya había fallado sobre el tema, permanecían en pie algunos aspectos colaterales: ¿podían los *gentiles ser parte del pueblo de Dios sin la circuncisión? Es posible que algunos de los *fariseos más estrictos hayan requerido la circuncisión para ser salvos, pero muchos fariseos creían que serían salvos todos los gentiles que guardaban las pocas leyes dadas a Noé. Pero aun este tipo más abierto de fariseos (cf. Hech. 15:5) creía que no se podía ser parte del *pueblo de Dios* sin la circuncisión; muy pocos judíos eran tan abiertos como para aceptar gentiles en esa condición. En realidad, la circuncisión había llegado a ser un símbolo de fidelidad, especialmente cultural, al judaísmo; y los intentos de restringir la práctica llevaron a revueltas tanto antes como después del tiempo de Pablo.

Algunos judíos cristianos argumentaban, entonces, que era necesario ser judío culturalmente para llegar a ser un cristiano pleno, totalmente justo; después de todo, la Biblia misma planteaba este requisito para quien quería pertenecer al pueblo de Dios (Gén. 17:10-14). Además, podrían haber razonado que si Pablo abogaba por el *bautismo (una adición a la circuncisión posterior al AT), ¿por qué los judíos cristianos no podían exigir la circuncisión, aun cuando eso pudiera alejar conversos potenciales? Pablo argumenta fuertemente contra ese criterio.

Comentarios: Entre los comentarios más útiles sobre Gálatas están los de Donald Guthrie, *Galatians*, NCB (Grand Rapids, Mich.: Eerdmans, reimpresión, 1981); F. F. Bruce, *The Epistle to the Galatians*, NIGTC (Grand Rapids, Mich.: Eerdmans, 1982); y Richard N. Longenecker, *Galatians*, WBC 41 (Dallas: Word, 1990). Un útil trabajo especializado incluye a George Lyons, *Pauline Autobiography: Toward a New Understanding*, SBLDS 73 (Atlanta: Scholars, 1985). Hans Dieter Betz, *A Commentary on Paul's Letter to the Churches in Galatia*, Hermeneia (Filadelfia: Fortress, 1979), tiene ayudas valiosas, aunque su modelo de *retórica judicial fue fuertemente criticado por George Kennedy, *New Testament Interpretation Through Rhetorical Criticism* (Chapel Hill: University of North Carolina, 1984), y otros (ver el comentario inicial sobre "Tipo de carta").

1:1-5
Introducción

Como en muchas cartas corteses antiguas, las de Pablo incluían característicamente, al comienzo, una acción de gracias, pero eso falta en Gálatas. Esa falta sugiere que él estaba enojado y, de acuerdo al estilo *retórico adecuado a una carta destinada a avergonzar, no le importaba demostrar explícitamente su enojo.

1:1. Normalmente, las cartas comenzaban con el nombre del remitente y, con menos frecuencia, incluían una descripción suya, cuando era necesaria. Un *"apóstol" era un mensajero comisionado, aunque Pablo lo había sido en un tiempo por designio humano (Hech. 9:2), pero ya no lo era. Ahora desafía a sus opositores que pretendían tener una autoridad emanada en Jerusalén (cf. también Judea en general, Hech. 15:1). (La posición que los jerosolimitanos tenían a ojos de muchos otros judíos puede ser ilustrada por la autoridad que otros concedieron a los opositores de *Josefo, que provenían de Jerusalén, según uno de sus relatos.)

1:2. Los eruditos discuten si aquí Pablo se dirige a los de Galacia propiamente dicha (que a menudo llaman Galacia del Norte, una región de Asia Menor habitada por celtas, que no se menciona en Hechos y que solo fue cristianizada lentamente) o a la región llamada Galacia del Sur (que algunos llama Galacia Frigia). Si Pablo usaba el término en forma técnica, debe referirse a Galacia del Norte, lo que incluía Ancira, Tavium y Pessinus; si lo usaba en forma general, como hacían otros autores antiguos, puede haber cubierto, al contrario, la región frigia mencionada en Hechos 13—14 (que incluía Antioquía, Iconio, Listra y Derbe).

1:3. Aquí Pablo apela a los habituales saludos judíos; ver el comentario sobre Romanos 1:7.

1:4, 5. Casi todos los judíos en esa época dividían la historia en dos eras principales: la presente (bajo el dominio de naciones perversas) y la futura (cuando Dios gobernaría sin ser desafiado). Como el futuro *Mesías ya había venido en la primera era, Pablo puede argumentar que los cristianos ya son ciudadanos de la era futura del *reino de Dios. Sobre el rescate, cf. Isaías 53:10 y 43:3, 4.

1:6-9
Evangelios verdaderos y falsos

En estos versículos, Pablo no ahorra palabras; aunque a menudo los discursos y las cartas se abrían con una alabanza a los oyentes o un agradecimiento amable, Pablo comienza directamente con una reprensión. Este convencionalismo literario se encuentra solo en las cartas antiguas más duras.

1:6. Era típico que las cartas para avergonzar, especialmente en sus formas más duras, usaran la expresión "Estoy asombrado" (RVA). Los lectores de Pablo no deben haber tenido dudas de que él estaba disgustado.

1:7. Los enviados que distorsionaban el contenido de sus mensajes eran sometidos a penas legales. Los que estaban familiarizados con el AT pensarían en aquellos que distorsionaban el mensaje divino como falsos profetas (p. ej. Jer. 23:16), para los cuales la pena era la muerte (Deut. 13:5; 18:20).

1:8, 9. Algunos místicos judíos de esa época pretendían tener revelaciones de ángeles (especialmente en la literatura *apocalíptica). Los juramentos y las maldiciones eran comunes en las religiones antiguas, en la magia y en la vida cotidiana. Quizás aquí Pablo alude a las maldiciones del pacto dirigidas contra aquellos que no cumplían la *ley mosaica (Deut. 27—28); más significativo es el uso de la misma palabra "anatema" en la *LXX en Deuteronomio 13, donde se dice que los falsos profetas y quienes los escuchaban serían destruidos.

1:10-17
No por revelación humana

A menudo, los discursos y las cartas incluían una larga sección *narrativa, normalmente en orden cronológico. A veces la narración podía ser autobiográfica, y Pablo usa aquí temas habituales de las autobiografías antiguas para reforzar su argumentación. Los temas de las argumentaciones antiguas incluían la confirmación divina, el examen del carácter y la conducta, y las comparaciones entre figuras que personificaban diferentes valores o aspectos del debate. En los discursos deliberativos, el orador tenía que demostrar primero la integridad de su carácter y conducta si estaban en cuestión.

1:10. La idea de agradar a Dios antes que a los hombres reitera un tema común en los filósofos. Los demagogos que adulaban a las masas eran impopulares en los círculos aristocráticos y generalmente eran denunciados en público. Pablo retrata a sus opositores como quienes quieren tener el visto bueno de la gente (6:12, 13).

1:11. "Os hago saber" (RVA; "Quiero que sepan", NVI) se usaba a veces para introducir la porción *narrativa de un discurso. Del mismo modo que los filósofos y moralistas se presentaban a sí mismos como modelos de vida virtuosa, Pablo puede presentarse como modelo del *evangelio. Pero cualquier cosa que pudiera ser interpretada como jactancia o autoelogio era ofensiva a los oídos en la antigüedad, a menos que uno tuviera motivos adecuados para ello; sin embargo, se consideraba que defenderse a sí mismo o declarar que uno se jactaba en beneficio de un tercero (en este caso Dios) eran razones suficientes.

1:12. En una argumentación, el conocimiento de primera mano era altamente considerado. "Recibí" a veces se usaba para transmitir tradiciones humanas, como hacían los eruditos judíos; aquí Pablo se refiere a su experiencia de Hechos 9.

1:13, 14. "Me destacaba" (v. 14) es el lenguaje técnico de las escuelas filosóficas para el progreso en los estudios, pero también era común en el judaísmo de la *diáspora y podía aplicarse naturalmente, como aquí, a un estudiante *rabínico. La imagen judeo-palestina de tener "celo" estaba por lo común arraigada en los modelos de Fineas (Núm. 25:11) y de los *macabeos, que estaban dispuestos a matar por Dios. Las "tradiciones" podían referirse a las costumbres de la comunidad, pero dado el fariseísmo de Pablo (Fil. 3:5), probablemente se refiere a la tradición de los fariseos, sobre las cuales ellos hacían sus comentarios en sus discusiones. (Los fariseos eran reconocidos por su adhesión a la tradición oral.) De hecho, Pablo entendía la piedad judeo-palestina de su tiempo mucho mejor que sus opositores. Su posición y actividades son relatadas en mayor detalle en Hechos 8:1-3 y 9:1, 2.

1:15. En Jeremías 1:5 es claro que Dios separa a sus siervos aun desde antes del nacimiento (ver también Gén. 25:23; Sal. 71:6; Isa. 44:2; 49:1). Pablo presenta su propio llamamiento a la luz de los *profetas del AT.

1:16. "Ni a la carne ni a la sangre" (BJ; "ningún hombre", RVA) era una figura de dicción común para referirse a los mortales.

1:17. "Arabia" se refiere a Nabatea, la zona alrededor de Damasco, en Siria. Era una zona próspera. Ciudades griegas como Petra (la capital de Aretas), Gerasa y Filadelfia (la moderna Ammán en Jordania) pertenecían a los árabes nabateos y a los beduinos que viajaban por la región. Damasco estaba cerca de Nabatea y en aquella época es probable que haya estado bajo el control del rey nabateo Aretas IV (ver el comentario sobre 2 Cor. 11:32).

1:18-24
Regreso a Judea

En 1:11-24 Pablo deja en claro que no recibió su *evangelio como una tradición de los *apóstoles de Jerusalén y que, por lo tanto, no era su subordinado, como si fuera un *discípulo que transmitiera la tradición de sus maestros. Si sus opositores reclamaban tener una tradición directamente de Jerusalén, Pablo podía contrarrestar sus reclamos señalando que él era igual a los apóstoles de Jerusalén y que su información era de primera mano.

1:18, 19. De acuerdo con los métodos antiguos para computar los años, cuando parte del primero se consideraba como uno completo, "tres" puede considerarse tanto dos como tres. La hospitalidad era algo importante en los hogares judíos.

1:20. Juramentos como este ("delante de Dios") podían ser usados en un tribunal para subrayar la integridad personal. Si se quebrantaba el juramento, se estaba invitando al juicio divino y la mayoría tenía suficiente piedad como para creer que Dios (o los dioses) ejecutaría su juicio sobre aquel que hiciera en vano tal juramento.

1:21. Ya sea que Pablo se esté o no refiriendo a toda la provincia de Siria y de Cilicia (como pudo haber sido en este período), lo cierto es que él pasó tiempo tanto en Cilicia (Tarso) como en Siria (su capital Antioquía); cf. Hechos 9:30; 11:25, 26 y 13:1.

1:22. Pablo alude a las *"iglesias de Judea" en general y no solo a la de Jerusalén; su fluida relación con los círculos de la educación judeopalestina más elevados y *helenizados (evidente según 1:14 y la *retórica de Pablo) ubica su educación en Jerusalén casi con certeza, como también lo sugiere Hechos 22:3.

1:23, 24. Las pocas historias judías que culminan en la conversión de un perseguidor siempre enfatizan la grandeza y el poder de Dios. El genuino *arrepentimiento de Pablo produciría naturalmente la misma respuesta entre los judíos cristianos.

2:1-10
El Concilio de Jerusalén

Aunque el tema es debatible, parece probable que aquí Pablo se refiere a los destacados hechos del Concilio que Lucas narra en Hechos 15. En este pasaje Pablo usa una variedad de elementos literarios antiguos para probar su criterio (p. ej. la elipsis y la antítesis). Teniendo en cuenta los probables reclamos de sus opositores en cuanto a que Pablo estaba aligerando los requisitos bíblicos con el fin de ganar más convertidos, y que sus conceptos provenían de Jerusalén, los *apóstoles de Jerusalén darían su apoyo positivo para el caso de Pablo.

2:1. Los "catorce años" se refieren probablemente a su visita anterior a Jerusalén, unos tres años después de su conversión; si el Concilio se reunió alrededor del 48 d. de J.C., la conversión de Pablo debe haber ocurrido alrededor del 31 d. de J.C., quizás un año después de la *resurrección de Cristo.

2:2. Pablo comenzó por buscar el apoyo de los líderes de Jerusalén sobre su revelación, antes que la asamblea se reuniera para tomar una decisión. Sobre la importancia del gobierno de las mayorías en los antiguos grupos judíos, con énfasis sobre el consenso, ver el comentario sobre Hechos 15:22.

2:3-5. Aunque muchos judíos creían que los *gentiles no idólatras serían salvos, casi ninguno creía que serían adoptados en el pacto, en términos iguales al pueblo judío, hasta que se circuncidaran. Por lo tanto, no es sorprendente que algunos cristianos judíos quisieran forzar la circuncisión de Tito (cf. Hech. 15:5). El hecho de que el sector paulino venciese en la *iglesia de Jerusalén significa que, en este punto, los cristianos judíos se habían alejado significativamente de los conceptos mayoritarios en su cultura. Gráficamente, Pablo describe al otro lado como "espías", infiltrados que buscaban traicionar al campamento cristiano y finalmente esclavizarlos como prisioneros de guerra.

2:6-8. Quienes tenían "reputación" (2:2, 6, RVA) eran los *apóstoles de Jerusalén (2:9). Pero Pablo daba un valor mucho más alto a la opinión de Dios que a cualquier opinión humana, por muy alta que esta fuera considerada. Cuando un orador grecorromano argumentaba contra la tradición o la costumbre, debía aportar las pruebas; sin embargo, las revelaciones divinas eran consideradas como evidencia importante entre los paganos. Entre los maestros judíos, la opinión mayoritaria de los sabios tenía valor normativo y pesaba más cuando había llegado alguna voz directa desde el cielo; pero Pablo pasa de largo tal tradición apelando al contrario a la habitual doctrina judía de que Dios es un juez imparcial. En 2:7-9, aun las mismas "columnas" (RVA) reconocían que Pablo tenía una tarea igual aunque diferente.

2:9. Los escritores antiguos a menudo usaban la idea de "columnas" como lo hace Pablo aquí (ocasionalmente para *rabinos prominentes). Quizás Pablo se refiere al lugar de estos apóstoles en el nuevo templo (cf. Ef. 2:20). Dar a otro la diestra generalmente implicaba saludo y bienvenida, pero a veces, como aquí, indicaba un acuerdo o trato. "Cefas" (RVR-1960) es el nombre en *arameo para Pedro.

2:10. A veces, en el judaísmo palestino, se llamaba "pobres" a los piadosos, pero es probable que aquí deba verse la pobreza literal de las masas judeocristianas de Jerusalén. El AT y el judaísmo enfatizaban fuertemente en la ayuda para los pobres; la colecta paulina (p. ej., 2 Cor. 8—9) fue realizada para aliviar esa necesidad.

2:11-14
Confrontación en Antioquía

2:11. Pablo amplía la técnica *retórica de la comparación (usada en sentido positivo en 2:7, 8), contrastando la negativa de Pedro de cumplir con la decisión del Concilio de Jerusalén con la defensa del mismo que él hacía. De ese modo, los gálatas reconocerían que aun si los opositores de Pablo hubieran sido autorizados por los *apóstoles de Jerusalén, lo que en realidad no era así (2:1-10), los apóstoles de Jerusalén hubieran estado equivocados al haberlos autorizado. Antioquía era la ciudad más grande de Siria-Palestina, a pocos cientos de kilómetros al norte de Jerusalén y centro de la misión judeocristiana a los *gentiles (Hech. 11:20; 13:1-3; 14:26, 27).

2:12. Se suponía que los judíos piadosos no se sentarían a compartir las mesa con gentiles (Hech. 10:28; 11:3). Los líderes judíos de Jerusalén podrían haberse colocado al lado de Pablo en el papel (en teoría), pero también tenían que mantenerse en paz con su propia gente en esa ciudad y resguardar su testimonio en su propia cultura, con los crecientes sentimientos antigentiles. Probablemente, Pedro vio esta forma de actuar entonces, de la manera que Pablo vio la suya en 1 Corintios 9:19-22, apelando a todos, pero la diferencia cualitativa es enorme: retirarse de la mesa fraternal de cristianos culturalmente distintos transformaba a estos en ciudadanos de segunda clase, violaba la unidad de la *iglesia y por ende ofendía la cruz de Cristo. Aunque sin duda Pedro y los demás se declaraban opuestos al racismo, se acomodaban a él en lo que consideraban una ofensa menor para mantener la paz, a la vez que Pablo sentía que cualquier grado de separatismo o segregación era un desafío al mismo corazón del *evangelio.

2:13, 14. La piedad judía exigía que una reprensión se hiciera en privado, pero el hecho de que Pablo reprendiera a Pedro públicamente sugiere que consideraba que la ofensa era seria y urgente. La "hipocresía" o asumir una actitud insincera era considerada universalmente en forma negativa; tanto los filósofos como los escritores de sabiduría judía la atacaban. (Algunos eruditos han argumentado que antes del período neotestamentario el término solo aparecía en su uso literal referido a los actores del teatro, pero este criterio es contradicho por un uso más temprano en fuentes de sabiduría judía.)

2:15-21
El caso de Pablo en Antioquía

Parece que Pablo resume aquí la esencia de

Gálatas, sea o no que este párrafo es la tesis de afirmación del libro (como piensa Betz, que clasifica a Gálatas como *retórica judicial). La respuesta de Pablo a Pedro puede continuar hasta el versículo 21 (como en NVI), pero esto no es claro.

2:15, 16. Pablo argumenta que los judíos cristianos también son hechos justos por la fe, lo que no les da ninguna ventaja sobre los *gentiles, quienes deben llegar a Dios sobre la misma base. Los judíos consideraban a los gentiles como algo diferente por naturaleza, porque creían que los antepasados de los gentiles no fueron liberados de la tendencia al mal en el Sinaí como lo había sido Israel.

2:17, 18. A continuación, Pablo argumenta, refutando de antemano los argumentos de los opositores, que la justicia por la fe no lleva a una vida pecaminosa. Para establecer su punto de vista, él usa la objeción de un interlocutor imaginario, como era habitual en una *diatriba antigua.

2:19, 20. La misma *ley le enseñó a Pablo dos cosas: el camino hacia Cristo y la muerte al pecado en Cristo. Las referencias más cercanas al poder de Dios, que se recibe por la presencia de Cristo, son las enseñanzas del AT sobre el poder recibido por medio del *Espíritu de Dios (aunque los escritores del NT desarrollaron estas enseñanzas mucho más adelante).

2:21. Pablo continúa su exposición de que la justicia (tanto delante de Dios como en la propia conducta) viene por medio de la presencia de Cristo en la vida del creyente (por medio del Espíritu, 3:1, 2; cf. 5:13-25). Cristo no hubiera muerto si la salvación pudiera haber sido provista de otro modo. El pueblo judío normalmente creía que todos los judíos habían sido escogidos para salvación en Abraham, y eran salvos a menos que fueran muy desobedientes; al contrario, los *gentiles podrían ser salvos sin convertirse al judaísmo, pero solo si se convertían podían alcanzar la plena posición israelita como miembros del pacto. Al insistir en que la justicia es solo por medio de Cristo, Pablo coloca a los judíos y a los gentiles en los mismos términos en cuanto a la salvación.

3:1-5
Coherencia con su conversión

Aquí el estilo de Pablo es el de una *diatriba, un estilo didáctico vívido, caracterizado a menudo por interlocutores imaginarios, preguntas retóricas y un razonamiento intenso que sigue hasta 4:31.

3:1. Los buenos oradores públicos eran conocidos por sus gestos dramáticos y sus relatos vívidos, poniendo en acción delante del auditorio los mismos hechos que narraban. Todos los principales escritores antiguos que trataron sobre la oratoria en público enfatizaban esta forma vívida de hablar, en la cual parecía que los hechos narrados se presentaban ante los "propios ojos" (DHH) de los oyentes. Sin duda, aquí Pablo quiere decir que él puso en acción la crucifixión por medio de su propio estilo de vida (2:20). El término traducido "hechizó" (RVA; "fascinó", RVR-1995) se refiere al impacto nocivo de los encantamientos o al "mal de ojo", una mirada envidiosa con eficacia mágica.

3:2. Muchas fuentes judías relacionan al *Espíritu con el mérito humano; por ejemplo, se decía que, en una determinada generación, nadie recibiría el *Espíritu si la generación anterior había sido indigna de él, aun cuando el receptor potencial fuera digno. Pero los gálatas cristianos tenían una experiencia diferente, porque ellos habían recibido el *Espíritu poco después de dejar el paganismo, por haber guardado la enseñanza cristiana de que el futuro del *Espíritu sobre el pueblo de Dios había estado al alcance de todos en Cristo.

3:3. Aunque no pareciera que los opositores de Pablo hubieran negado que los gálatas habían recibido a Cristo y al *Espíritu antes de conocer la *ley, insistían en que el cristianismo "perfecto" o completo incluía la obediencia a la ley. En el judaísmo se subrayaba que el pueblo judío había sido salvo por medio de la *gracia, pero que los judíos que rechazaban la ley estaban perdidos; según ese criterio, los *gentiles convertidos al judaísmo también debían probar que su conversión era genuina obedeciendo todos los detalles de la ley. Muchos filósofos y cultos paganos hablaban de la "perfección" o "madurez" como el nivel final de la moral o (en el caso de las diferentes religiones) el progreso religioso.

3:4. Aquí Pablo les pregunta si carecían de sentido su conversión por la gracia y la persecución consecuente. La apelación a la propia experiencia de los lectores constituiría el argumento definitivo de un testigo visual y tenía eficacia *retórica.

3:5. No solo su conversión sino también los milagros que continuaban entre ellos tenían lugar por medio de la *gracia. Aunque los pueblos antiguos eran más abiertos a los milagros que los modernos secularistas, la idea de una comunidad religiosa (en contraste con el altar pagano sanador de Esculapio) donde los milagros se producían regularmente debe haber sido algo espectacular aun en la antigüedad.

3:6-14
La bendición de Abraham y la maldición de la ley

Aquí Pablo se refiere cinco veces a la ley de Moisés y una a los profetas, apelando a la Escritura que debían aceptar todos los que pretendían respetar la *ley. Contrasta el mensaje de la fe (3:6-9, 14) con las obras dirigidas hacia la ley (3:10-13), como en 3:5. (Las dos interpretaciones básicas de este pasaje son que los cristianos *gentiles creían como lo hizo Abraham [criterio tradicional, que se sigue aquí] o que eran salvos por la fe de Abraham [como en el judaísmo] y por lo tanto por la fe de Cristo, o sea la fidelidad de Abraham y de Cristo al pacto.)

3:6. Pablo cita Génesis 15:6, un versículo de prueba muy popular para mostrar cómo Abraham adaptó la obra de fe. Pablo expondrá esto en forma distinta de la interpretación judía tradicional.

3:7. El pueblo judío usaba el término "hijos", tanto literal (o sea genéticamente) como espiritualmente (los que actuaban como sus antepasados espirituales). Normalmente aplicaban el título "descendientes de Abraham" (NVI; "hijos", RVA) al pueblo judío, pero ocasionalmente se referían en forma específica a aquellos que se destacaban por su justicia, aunque el pueblo judío nunca hubiera aplicado esta designación a los *gentiles. Aquí Pablo demuestra que quienes creen como Abraham son su descendencia espiritual (Gén. 15:6, citado en Gál. 3: 6).

3:8, 9. Dado que los gentiles podían creer como lo hizo Abraham (3:7), también podían ser hechos justos como él. (Los maestros judíos veían a Abraham como el modelo de converso al judaísmo, y en consecuencia se veían forzados a respetar el argumento de Pablo en mayor medida de lo que hubieran querido.) Como buen expositor judío, Pablo demuestra su inferencia de este pasaje, apelando a otro pasaje que se refiere a la promesa hecha a Abraham (Gén. 12:3 = 18:18; cf. 17:4, 5; 22:18). El propósito de Dios había sido siempre alcanzar también a los gentiles, como se declaró desde el principio en el *relato de Abraham. En el pensamiento judío, los justos (Israel) eran salvos en Abraham; aquí, los creyentes gentiles son salvos ("benditos") con él.

3:10. Tanto Génesis 12:3 como las bendiciones de la ley en Deuteronomio 28 contrastan con las maldiciones para aquellos que se oponen a Abraham, o los que quebrantan el pacto con las bendiciones para los descendientes de Abraham, o los que guardan el pacto. Era común entre los judíos el razonamiento por oposición como método judío de interpretación. De ese modo, Pablo da el veredicto sobre la justicia que es buscada por las "obras de" (RVA; "las obras que demanda", NVI) la ley, pues la obediencia imperfecta atrae la maldición (Deut. 27:26, resumen de las maldiciones). De acuerdo con la enseñanza judía, la obediencia humana siempre es imperfecta y, por lo tanto, Dios podía no requerir la obediencia perfecta como condición para la salvación. Pero como buen *rabino, Pablo interpreta Deuteronomio 27:26 en relación con todos los que podría incluir, pues después de todo, Dios está en posición de exigir la perfección.

3:11. Pablo cita Habacuc 2:4 (sobre lo cual ver el comentario en Romanos 1:17) como evidencia de que una justicia basada meramente en la obediencia humana es inadecuada. Pablo tiene un conocimiento profundo del AT: ha seleccionado los únicos dos pasajes de todo el AT que hablan a la vez de la justicia y la fe (en el v. 6, Gén. 15:6; aquí, Hab. 2:4).

3:12. Como Habacuc 2:4 relaciona la justicia y la vida, Pablo cita el otro pasaje del AT que se refiere a ambas, demostrando de nuevo su capacidad exegética judía (los intérpretes judíos regularmente relacionaban pasajes sobre la base de palabras clave que aparecían en ambos). Pablo contrasta el método de la fe (3:11) con el método de las obras de Levítico 18:5 (cf. Éxo. 20:12, 20; Lev. 25:18; Deut. 4:1, 40; 5:33; 8:1; 30:16, 20; 32:47; Neh. 9:29; Eze. 20:11, 13; 33:19). Aunque estos pasajes *veterotestamentarios hablan de una larga vida en la tierra prometida, Pablo sabía que muchos intérpretes judíos los aplicaban a la vida en el mundo por venir y por ello responde: "Este es el método de las obras". Sus opositores pueden haber estado usando este pasaje para presentar su posición de que la fe no era suficiente. Pablo está de acuerdo en que la justicia de la *ley tenía que ser cumplida, pero creía que se la cumplía al estar en Cristo y vivir por su *Espíritu (5:16-25); sus opositores creían que un *gentil solo podía alcanzarla obedeciendo todos los detalles de la ley, especialmente el acto inicial de la circuncisión.

3:13. Siguiendo de nuevo el principio judío de relacionar los pasajes del AT sobre la base de las palabras clave, Pablo cita Deuteronomio 21:23 para mostrar que Cristo llevó la "maldición" que corresponde a todos los que no alcanzan a cumplir con toda la *ley (Gál. 3: 10).

3:14. Según las expectativas judías, la "bendición de Abraham" incluye a todo el mundo por venir; aquí Pablo dice que los creyentes tienen el pago adelantado de ese mundo (cf. Ef. 1:3, 13, 14) en la bendición del *Espíritu (cf. Isa. 44:3). (Sobre la relación de la promesa de tierra con la promesa del Espíritu, cf. también Hag. 2:5 con Éxo. 12:25; 13:5.)

3:15-20
La ley no anula el pacto de Abraham

Generalmente, los griegos utilizaban el término que Pablo usa para "pacto" en el sentido de "testamento" o "legado" (un documento legal que se abre al ocurrir la muerte de alguien). Aunque Pablo quiere decir "pacto" en el sentido del AT, más bien que "testamento", puede estar haciendo un juego de palabras sobre las implicaciones legales del último significado. En el judaísmo se subrayaba el pacto hecho en Sinaí, pero la mayoría de los autores judíos veían ese mismo pacto como perspectiva (o menos exactamente desde un punto de vista *veterotestamentario, de hecho practicado por adelantado) en Abraham (Gén. 17:9-14).

3:15. Como otros documentos legales, los "testamentos" (BJ; "pacto", RVA; "trato", DHH) eran sellados para que no se los pudiera alterar. En la ley griega, los testamentos eran irrevocables; no se podían poner nuevas condiciones o remover a un heredero, aun cuando se añadiera un testamento suplementario. (Ya no era así en la ley romana de aquel período, pero se aplicaba a algunos testamentos judíos; compare un posible precedente en Deut. 21:15-17.) De acuerdo con la ley griega, los testamentos se confirmaban depositándolos en la oficina municipal de registros; un testamento era rechazado si se oponía a otro anterior.

3:16. Pablo quiere decir que Cristo es la última etapa de la descendencia de la promesa por medio de la cual serán bendecidas las naciones; esta tesis se relaciona bien con el motivo de la promesa en la historia de Israel. Pero argumenta su criterio en la misma forma que lo hacían a menudo los *rabinos: prestando atención a una peculiaridad gramatical que de hecho no era peculiar. (Como en castellano, el término hebreo para "descendencia" [PB, "simiente"] tenía un sentido para singular y para plural [colectivo], lo que Pablo sabía bien; cf. 3:29.) Pero los *rabinos argumentaban también de ese modo; "hijos de Israel" significaba tanto "hijos e hijas" o solo los hombres, dependiendo de lo que necesitan expresar en un texto determinado. Sin duda, los opositores de Pablo leían la Escritura de esa manera y Pablo responde igualmente; usa "descendencia" como singular, sentido que el término puede tener en general, pero que no parece adecuarse a ninguno de los pasajes del Génesis a los que pueda referirse [13:15, 16; 17:8; 24:7], porque desde otro punto de vista, él ya sabía que Cristo es el compendio de la línea de Abraham. Cuando los rabinos posteriores aplicaron "descendencia de Abraham" a una persona, era naturalmente a Isaac, su hijo.) Casi siempre, en el judaísmo se consideró que "descendencia de Abraham" significaba "Israel", y Pablo estaría de acuerdo en que eso es lo que significaba generalmente (Rom. 9:7, 29; 11:1). Pero en Gálatas 3:6-9 su argumento le permite aplicar esta expresión a cristianos *gentiles que están en Cristo y, por ende, en Abraham.

La ley romana permitía que los testamentos estipularan que la propiedad fuera dejada primero a un heredero y luego a otro después de la muerte del primero. Si Pablo esperaba que sus lectores conocieran este tipo de costumbre, eso puede explicar cómo el argumento que les presentaba pasaba en principio de Cristo, como heredero, a todos los que están en él.

3:17, 18. De acuerdo con el principio legal de 3:15, Dios no instituiría una ley basada en la fe que se retractara de sus promesas anteriores. Pablo podía estar respondiendo a un argumento opuesto de que el nuevo pacto no podría alterar el anterior; si es así, responde que el nuevo pacto (Jer. 31:31-34) vuelve al pacto *original.* "Cuatrocientos treinta años" proviene de Éxodo 12:40.

3:19. Para los lectores no judíos también tendría sentido la función de la *ley de restringir transgresiones: los filósofos grecorromanos sentían que la ley era necesaria para las masas, pero que los sabios eran ley en sí mismos. En su imagen del tutor en 3:23-25, Pablo trabaja con esta función de la ley que habría de durar hasta que se cumpliera la promesa; un agregado tal no cambiaría el pacto previo (3:15). De acuerdo con la tradición judía posterior al AT, la ley fue dada por medio de ángeles y (como en el AT) el mediador era el mismo Moisés.

3: 20. Los mediadores interceden entre dos o más partes; si la ley era dada a través de un mediador (3:19), por ende se adaptaba a las necesidades de ambas partes. Pero la promesa no fue dada a través de un mediador; fue una acción unilateral del Dios único. (La unicidad de Dios era la creencia básica por excelencia en el judaísmo.) Pablo vuelve a argumentar por analogía en un tema que resultaría atractivo para la cultura de sus lectores.

3:21-29
Antes de la fe

3:21. Los maestros judíos decían que la vida vino realmente por la *ley, tanto en este mundo como en el por venir (cf. 3:12). Pero aquí Pablo concluye su argumentación (3:15-20) diciendo que la ley nunca tuvo por fin realizar la obra de la promesa.

3:22. En contraste con Romanos 3:10-18, Pablo no ha argumentado la pecaminosidad universal de la humanidad a partir de la Escritura. Pero en Gálatas (Gál. 3:10-12 y lo que allí está implicado), la pecaminosidad humana, sin embargo, puede ser dada por sentado sin temor, porque los maestros judíos de su tiempo estaban de acuerdo en que todos han pecado. Pablo simplemente toma las consecuencias de ese pecado con mucha más seriedad que los otros maestros, en cuanto a que la muerte del Hijo de Dios fue necesaria para cancelarlo.

3:23. Las tradiciones judías dividían la historia humana en varias etapas; Pablo hace lo mismo, considerando la ley como un guardia temporario hasta que fuera cumplida la promesa original.

3:24. La palabra "tutor" (RVA) podría traducirse mejor como "persona a cargo" o mejor aún "guardián" ("esclavo que conduce a los niños", DHH; "guía", NVI; "pedagogo", BJ). El esclavo asignado a esta función debía vigilar a los estudiantes en su camino a la escuela y ayudarlos con su conducta y sus trabajos escolares, pero no era el maestro mismo. Los alumnos se molestaban con él, pero a menudo se encariñaban con el esclavo y más tarde le daban la libertad. Generalmente, esos guardianes tenían mejor educación que el vulgo libre, por lo que la imagen no es necesariamente peyorativa. Pero es difícil que aquélla fuera la forma en que otros maestros judíos hubieran descrito la ley. (Ocasionalmente describían a Moisés como el "guardián" hasta que Israel creciera en edad. Los filósofos hablaban de la filosofía como de un "maestro moral" y en el judaísmo se hablaba de la *ley como de un "maestro".)

3:25. La llegada de la fe es descrita como la llegada de la adultez, o sea cuando un muchacho alcanza la madurez (a los 13 ó 14 años en varias culturas mediterráneas).

3:26. En el AT y a menudo en el judaísmo, Israel era llamado "hijo" de Dios. Contrastando con la enseñanza judía habitual, aquí Pablo dice que uno llega a ser descendiente de Abraham (3:29) e hijo de Dios por medio de la fe y no por la participación étnica en el pacto.

3:27. A veces los escritores antiguos hablaban de estar espiritualmente "revestidos"; en el judaísmo se hablaba ocasionalmente de estar "revestidos" por el *Espíritu (ver también el comentario sobre Rom. 13:12; Ef. 4:20-24). Los *gentiles que querían convertirse al judaísmo era *bautizados. Revistiéndose de Cristo al convertirse al cristianismo, los gentiles se colocaban dentro de la simiente de Abraham (3:16, 29) y como hijos de Dios (3:26).

3:28. Algunas religiones grecorromanas pretendían ignorar las divisiones sociales del tipo de las que Pablo menciona aquí, aunque pocas veces las eliminaban (como la mayoría de las religiones eran demasiado costosas, incluían solo a los de buena posición). Pero los primitivos cristianos se distinguían especialmente por haber sobrepasado esas divisiones. Formaban el único puente entre judíos y *gentiles y tenían pocos aliados en el desafío a los prejuicio de clase (esclavos *versus* libres) y de género.

3:29. El pueblo judío era llamado "descendencia de Abraham" (RVA; "simiente", PB; ver el comentario sobre 3:16), herederos de la promesa; el argumento de Pablo en este capítulo ha transferido ese papel a los cristianos *gentiles.

4:1-11
Hijos y no esclavos

Bajo las leyes de la antigüedad los hijos eran herederos, destinados a recibir lo que había pertenecido a sus padres; por lo contrario, los esclavos eran parte de la propiedad heredada. El contraste entre esclavos e hijos aparece con frecuencia en la literatura antigua. Pero en las costumbres de los hogares que dejaban ver las relaciones reales de todos los miembros de la familia, los hijos menores estaban tan subordinados como los esclavos; en la práctica, solo después de dejar la casa, un hijo alcanzaba una verdadera libertad. Aquí Pablo continúa con la imagen del guardián esclavo frente al hijo (3:24).

4:1. Según la ley romana, la posición del menor bajo un guardián era realmente como la de un esclavo.

4:2. Se requería que los menores estuvieran bajo guardianes legales, aun cuando su padre hubiera fallecido; normalmente este guardián era escogido en el testamento del padre, pero si no había sido especificado, ese papel recaía en el pariente masculino más cercano del lado paterno. A menudo, los "mayordomos" (RVA; "administradores", NVI) de la propiedad eran esclavos o *libertos, pero tenían una autoridad muy amplia.

4:3. En su previo estado pagano, los gálatas habían reverenciado como deidades los elementos del universo. (En el judaísmo, desde mucho antes, se los había desmitologizado como ángeles que gobernaban la naturaleza, como se implica en el Sal. 148:2-4.) La mayoría de los antiguos temía al personificado y tiránico poder del destino, del que se pensaba que ejercía su voluntad por medio de espíritus astrales, o sea dioses que gobernaban las estrellas. Pablo creía que incluso los miembros del pueblo judío estaban esclavizados por poderes espirituales malignos por estar separados de Cristo; ver el comentario sobre 4:9.

4:4. A menudo los textos judíos hablan del cumplimiento de tiempos preseñalados en la historia como una forma de reconocer la sabiduría perfecta de Dios y su soberanía sobre la historia. (Algunos comentaristas han comparado "la plenitud del tiempo" ["el cumplimiento del tiempo" RVR-1960] al hecho de que la cultura grecorromana estaba madura para el esparcimiento del cristianismo; pero otros lo van a contradecir mencionando los casi insuperables obstáculos que esa cultura presentó a los primeros cristianos.) Aquí Pablo compara esta plenitud con el momento en que un muchacho alcanza la madurez y es considerado adulto (alrededor de los 13 ó 14 años). "Nacido bajo la *ley" significa que Jesús estuvo obligado a guardar la ley de Moisés.

4:5. La ley griega combinaba la adopción con la capacidad de heredar; parece que fue lo mismo en el caso de las personas sin hijos en la antigua ley del Cercano Oriente (cf. Gén. 15:2). Pablo usa las imágenes habituales del AT para sostener este punto; sin embargo, Dios ha convertido a Israel en su hijo (p. ej., Éxo. 4:22) y el AT habla repetidamente de la tierra como la "heredad" de Israel, otorgada a ellos por Dios (por supuesto, sin pensamiento alguno sobre una muerte de Dios).

4:6. En Roma el trámite de las adopciones requería un testigo: aquí el *Espíritu Santo cumple esa función. Es natural que el Espíritu testifique, porque en el judaísmo se lo veía especialmente como quien inspiraba a los profetas; aquí inspira a los creyentes, hablándoles como lo hizo con aquellos, para recordarles su llamamiento como hijos de Dios. "Abba" es la palabra *aramea para "papá", un término de profunda intimidad, poco o nada usado en el judaísmo para referirse directamente a Dios (ver el comentario sobre Mar. 14:36; Rom. 8:15).

4:7. Ahora los gálatas están libres del esclavo guardián de 3:24, 25, porque el tiempo se ha cumplido (4:4).

4:8. A menudo el pueblo judío decía que los paganos "no conocían a Dios" y que sus dioses, que eran creaciones del Dios verdadero, "no eran dioses para nada". (A menudo los filósofos decidían el valor moral de una idea o acción por la forma en que se correspondían con la naturaleza; Pablo y otros escritores judíos y cristianos señalaban que adorar un objeto creado como si fuera el Creador era una contradicción. Algunos pensadores paganos, siguiendo a un antiguo filósofo griego llamado Euhemero, distinguían entre los verdaderos dioses, que eran evidentes "por naturaleza" [el sol, la luna, los planetas y las estrellas] y los que habían sido inventados por los humanos [otras deidades].) Por el hecho de tener un pacto con Dios, el pueblo judío decía que ellos "conocían" verdaderamente a Dios.

4:9. Como correspondía en una reprensión *retórica, Pablo usa un lenguaje duro: Él ni siquiera está seguro de que los gálatas "conocían" a Dios aun ahora. Los "principios elementales" (RVA; "principios", NIV) de la naturaleza a los que estaban volviendo son presumiblemente los "espíritus" de la naturaleza a los que se habían acostumbrado a adorar como dioses (4:8). Entre ellos, se destacaban los espíritus astrales (4:3), asociados con días especiales y rituales estacionales (4:10).

4:10. El judaísmo tenía su propio calendario especial de días sagrados, lunas nuevas, años sabáticos, etc. Pablo dice que, al volver a una religión ceremonial calendarizada, los gálatas volvían a la servidumbre pagana bajo estos espíritus celestiales (4:3, 9). Desde un punto de vista técnico, este argumento es una habitual exageración *retórica: en el judaísmo y el paganismo sentían que ambos tenían muy poco en común. Sin embargo, desde el punto de vista de la experiencia, estaban abandonando al *Espíritu (3:2; 4:6) por la tradición y la costumbre. Algunos comentaristas creen que aquí Pablo relaciona los elementos deificados del paganismo (4:8, 9), que correspondían a los ángeles de la naturaleza del judaísmo, con los ángeles que dieron la *ley (3:19). Aunque esta vinculación es incierta, aquí la imagen de Pablo es negativa, por lo menos como la de un adulto que volvía a estar bajo la custodia de un esclavo.

4:11. A veces los profetas se quejaban de estar clamando a Israel sin éxito; los desilusionados siervos de Dios habían esperado que su devoción no hubiera sido "en vano" (RVA), o sea que no recibía retribución (Sal. 73:13; cf. Isa. 49:4; 65:23); aun los juicios de Dios eran "en vano" cuando Israel no se volvía a él (Jer. 2:30). La imagen era siempre la de un gran trabajo invertido sin recompensa, debido a la obstinación de los receptores (Fil. 2:16; cf. 1 Tes. 3:5) o a la ineficacia del mensaje (1 Cor. 15:2, 14, 17, 58).

4:12-20
Alegato de Pablo

Aunque Gálatas es claramente una "carta para avergonzar", no asume el tono más fuerte para lograrlo, pues Pablo no quiere quebrar la fraternidad con sus lectores. En esta sección, emplea temas habituales que se encuentran en las "cartas fraternales", enfatizando que aún amaba profundamente a los gálatas. Los *retóricos de la antigüedad enfatizaban las expresiones adecuadas de su emoción, así como la lógica persuasiva, y reconocían la necesidad de aligerar el tono después de una reprensión severa. Por lo tanto, las palabras de Pablo aquí suenan como muy adecuadas.

4:12. Especialmente en la cultura griega los amigos ("hermanos", RVA) eran considerados como iguales (aunque la idea romana de amistad entre los *protectores y sus *protegidos también estaba muy diseminada). "Yo me hice como vosotros" significa que Pablo se relacionó con ellos como con iguales y no solo como su padre en la fe (4:19).

4:13. La primera visita de Pablo (Hech. 14:1-20, en oposición a 14:21-25, si seguimos la teoría de la Galacia del Sur; ver el comentario sobre 1:2) o su predicación fue ocasionada por alguna "debilidad física" (RVA); el término bien podría referirse a un mal orgánico o a heridas causadas por la persecución. Los filósofos *estoicos decían que la enfermedad no podía afectar las actitudes, y los gálatas quizá se impresionaron por la forma en que Pablo sobrellevó esa debilidad. Algunos eruditos sugieren (sobre la base de que se trata de Galacia del Sur; ver la introducción) que Galacia era una buena zona para que un enfermo fuera allí a recuperarse.

4:14. A menudo, las debilidades físicas eran consideradas como una maldición o castigo de los dioses; este concepto de la enfermedad como una retribución divina aparece con frecuencia en los textos judíos. El recibir a Pablo como "ángel" de Dios (cf. Hech. 14:12) o "mensajero" (el término puede referirse tanto a mensajeros humanos como sobrenaturales) significaba recibirlo con la hospitalidad que se merecía aquel que lo mandaba: Cristo Jesús. (Las palabras usadas no implican necesariamente que Cristo está presente como un ángel; cf. 1 Sam. 29:9; 2 Sam. 14:17, 20; 19:27; Zac. 12:8. En efecto, muchos judíos cristianos del segundo o tercer siglo retrataban a Cristo como el mayor de los ángeles, porque el judaísmo disponía de limitadas categorías para comunicarlo a su cultura. La imagen fue descontinuada en el siglo IV debido al abuso que hicieron de ella los arrianos, quienes consideraban a Cristo como una deidad pero creada, aunque la imagen fue usada anteriormente por los ebionitas quienes rechazaban la divinidad de Cristo. Algunos autores judíos, como *Filón, describían el Verbo como el ángel supremo, pero en el cristianismo primitivo no se encuentran evidencias de esa descripción.)

4:15. Sacrificar un ojo en favor de alguien era una figura de dicción que revelaba un gran sacrificio (*Petronio la atribuye a algunos *retóricos). Por ello, la afirmación paulina de que los gálatas se habrían "sacado vuestros ojos para dármelos" no implica necesariamente que su debilidad (4:13, 14) era una dolencia ocular, como han sugerido algunos comentaristas. En la cultura griega, la amistad se demostraba especialmente por el sacrificio; aquí Pablo reafirma el vínculo que existía entre él y los gálatas.

4:16, 17. Los demagogos, que le dicen a la gente lo que esta quiere oír, llegan a ser populares por su adulonería. Por ello, los moralistas siempre han señalado que los adulones no se preocupan por el bien de sus oyentes; sino que quienes les dicen la verdad abiertamente son aquellos que los aman de verdad (cf. la similitud con Prov. 27:6).

4:18. En contraste con la respuesta de los gálatas a la adulación de sus opositores (4:17), ellos habían buscado en Pablo un amor genuino (4:13-15), en cuanto él estaba a su lado para defenderse (4:16). En el pensamiento antiguo, las cartas eran un reemplazo de la propia presencia; aquí Pablo espera revertir el cuestionamiento que hacían de sus enseñanzas.

4:19. A menudo se veía a los maestros como a un padre. Los gálatas entendían bien la costumbre romana de que el padre tenía una autoridad absoluta sobre sus hijos. Pero Pablo apela a un aspecto diferente de la antigua paternidad: el del afecto y la intimidad. Aunque la imagen del afecto también se aplicaba al padre, aquí Pablo asume igualmente el papel de la madre. Los dolores de parto eran considerados los más severos que podía experimentar un ser humano, y aun cuando había parteras idóneas, a menudo las madres morían al dar a luz. No podía ser más gráfica la imagen de Pablo con su amor y sacrificio, así como era la apostasía de ellos.

4:20. Los *retóricos como Isócrates recomendaban confesar honestamente: "Estoy perdido, pues no sé qué decir", cuando confrontaban una situación emocionalmente difícil y dolorosa. Se consideraba que las cartas eran un reemplazo de la presencia (4:18) y se suponía que reflejaban el mismo carácter que la persona exhibiría si estuviera presente. Pero era más fácil para Pablo escribir cartas duras que ser duro personalmente (2 Cor. 10:10, 11); ciertamente, aun cuando estaba escribiendo una carta para causar vergüenza, él se sentía más herido de lo que los hería a ellos (2 Cor. 2:4).

4:21—5:1
Analogía de Agar y Sara

Si Génesis proviene del período de Moisés y el éxodo, la función literaria de la *narración de

Agar incluye una advertencia a los israelitas en contra de un regreso a Egipto (Gén. 16:1), aunque en última instancia Agar es un personaje más positivo que negativo. Además, toda la sección de Génesis (caps. 16—21) enfatiza que el hijo que llegó según la promesa de Dios (a la cual creyó Abraham según Gén. 15:6; cf. Gál. 3:6, 14) era la clave para todo lo que Dios había prometido a Abraham; el hijo concebido "según la carne", por medios estrictamente humanos, fue bendecido por Dios, pero no tenía nada que ver con la promesa. A diferencia de las interpretaciones de *Filón y algunos otros intérpretes de su tiempo (y de no pocas ilustraciones de sermones modernos), la "alegoría" de Pablo es una analogía controlada por el texto bíblico y no meramente por lo que él pretende decir.

4:21. "Decidme" era una forma de dirigirse a un opositor imaginario en una *diatriba. En el habla común de los judíos, "la *ley" incluía el Génesis y, por lo tanto, la historia de Agar y Sara.

4:22, 23. Cuando Abraham y Sara trataron de tener un hijo por medios humanos (dejando de lado la intervención divina), hicieron que Agar diera un hijo a Abraham (Gén. 16:1-4, 15). (Algunos eruditos han sugerido que estaban siguiendo una antigua costumbre del Cercano Oriente de usar la doncella de la esposa estéril como madre sustituta.) Pero Dios seguía planeando mandar un hijo milagrosamente, un hijo que pudiera heredar el pacto que él había hecho con Abraham (Gén. 17:15-21). Pablo aún está usando la imagen del esclavo y el libre de 3:23—4:11.

4:24. En razón de sus criterios pedagógicos, *Filón interpreta naturalmente a Agar como a alguien capacitada imperfectamente, mientras que Sara era la virtud perfecta. Por lo contrario, Pablo saca una analogía entre la esclava, que produjo según la carne, y aquellos que aún tratan de cumplir la justicia de la ley según la carne. Agar era de Egipto (Gén. 16:1) y por eso podía haber recordado a los primeros lectores israelitas del Génesis su propia esclavitud allí; el monte Sinaí estaba cerca de Egipto.

4:25. "Arabia" incluía el monte Sinaí, al sur de Judea, así como la zona al norte mencionada en 1:17. En los días de Pablo, los árabes nabateos eran considerados ismaelitas, descendientes de Agar, lo que los colocaba en una clara conexión con los lectores de entonces relacionados con la geografía del oriente mediterráneo. Los comentaristas han sugerido que aquí Pablo responde a las pretensiones de sus opositores, porque es raro en él este estilo alegórico de argumentación. Sus opositores pueden haber identificado el Sinaí con la nueva Jerusalén, el lugar de donde saldría la ley en el futuro (Isa. 2:2-4; cf. 65:17-19).

4:26. En el tiempo de Pablo, muchos textos judíos confirmaban la esperanza *veterotestamentaria de una nueva Jerusalén, hablando a menudo de una Jerusalén celestial que bajaría del cielo a la tierra. Asimismo, a veces estos textos hablaban de Jerusalén (la presente o la futura) como "nuestra madre". Como en el judaísmo se asociaba al *Mesías y al *Espíritu con el tiempo del fin, es natural que Pablo identificara a los seguidores del Mesías Jesús con la futura Jerusalén más bien que con la presente.

4:27. Era natural que algunos maestros judíos conectaran Isaías 54:1 (que Pablo cita aquí) con Génesis 21:2: el hecho de que Sara diera a luz tipificaba a sus descendientes dando a luz, después del sufrimiento de la cautividad, a un Israel y a una Jerusalén restaurados. Por lo menos, es posible que el mismo Isaías haya tenido en mente tal alusión (Isa. 51:2).

4:28. Los opositores de Pablo argumentaban que uno debe ser circuncidado para entrar al pacto de Abraham e Isaac y llegar a ser su descendiente espiritual. Aunque podía tener un fuerte punto de partida en Génesis 17:10-14, Pablo va más allá de la tradición judía (que en general esperaba que, en el tiempo del fin, la *ley fuera fortalecida y no cambiada radicalmente). Él creía que la venida del Mesías había inaugurado una nueva era en la cual las antiguas normas ya no se aplicaban estrictamente (Gál. 4:4, 26). Bajo este nuevo pacto, aquellos cristianos *gentiles son hijos de Isaac, y sus opositores circuncidados son ismaelitas espirituales.

4:29. En la antigüedad, era una idea frecuente la de que los inferiores tienen envidia de los superiores; cf. 1 Juan 3:12 o la obra de *Filón titulada: "Que lo peor ataca lo mejor"; del mismo modo el AT a menudo ilustra que los malos perseguirán a los justos (p. ej., Sal. 37:32). Pablo usa esta idea para explicar por qué sus opositores judeocristianos están sucumbiendo a la presión de la opinión de los judíos no cristianos (cf. 5:11; 6:12, 13).

4:30, 31. Los opositores de Pablo sentían que los *gentiles incircuncisos estaban excluidos del pacto; aquí él argumenta lo contrario. Completando su analogía, cita Génesis 21:10: la línea de Agar no podía heredar como si fuera la de Sara y por eso ella exigió que Abraham expulsara a Agar e Ismael. Pablo apela a que sus lectores hicieran lo mismo: que expulsaran a sus opositores, los ismaelitas espirituales.

5:1. Sobre el "yugo", ver el comentario en Hechos 15:10.

5:2-6
La verdadera ley

En 5:2—6:3, Pablo enfatiza que la verdadera ley es la del *Espíritu y del amor, y no la de la carne.

5:2, 3. La mayoría de los maestros judíos admitía que los *gentiles justos podían ser salvos guardando solo las siete leyes que se creía que habían sido dadas a Noé, pero que cualquier gentil que se convirtiera al judaísmo era responsable de guardar todos los 613 mandamientos dados a Israel en el monte Sinaí (de acuerdo con el cálculo rabínico). Los *rabinos decían que la *ley era un todo, y que se la debía guardar en su totalidad; el rechazo de cualquiera de sus partes era equivalente al rechazo del todo.

5:4. Aunque la mayoría del pueblo judío creía que ellos nacían dentro del pacto por el hecho de ser judíos, también reconocían que uno podía ser eliminado de él si se negaba a obedecerlo. Pero como la salvación es solo por Cristo (2:21), Pablo declara que buscar cualquier otro camino lleva a quedar "desligados" (RVA; "apartado", BJ).

5:5, 6. La mayoría del pueblo judío creía que el *Espíritu había estado activo en el AT y volvería a estarlo en el tiempo del fin. Para Pablo, el Espíritu activa el poder del futuro *reino en la vida de los creyentes en el presente, capacitándolos así para experimentar la "justicia" o "justificación" que será revelada plenamente en el regreso de Cristo. Ver el comentario sobre 6:15.

5:7-12
Pablo corrige a sus opositores

5:7, 8. Los escritores que en la antigüedad trataban temas morales, comparaban la vida moral con una carrera que se debía correr. Aquí Pablo habla de alguien que "estorbó" (RVA; literalmente: interrumpir; en el griego [*egcopto*] viene de la palabra que significa cortar), que desequilibran a los corredores y que quizás los eliminan de la carrera. Los *retóricos gustaban de hacer juegos de palabras y aquí Pablo alude a la circuncisión (mutilar o castrar [en griego es *apocopto*], que implica un corte) como en 5:12.

5:9, 10. Una de las propiedades básicas de la levadura es que se esparce por la masa; Pablo usa la misma idea, quizás un antiguo proverbio, en 1 Corintios 5:6 para advertir sobre los efectos negativos de una perturbación espiritual maligna que no sea controlada.

5:11. Si Pablo hubiera estado simplemente convirtiendo *gentiles al judaísmo de la manera habitual (la circuncisión para los hombres, el *bautismo tanto para hombres como para mujeres), él no hubiera experimentado la oposición judía, a la cual sus opositores en Galacia, más sensibles a las expectativas de su propia cultura, habían sucumbido (6:12, 13). (Si los lectores eran de Galacia del Sur, Hech. 13—14 registra algunas de esas persecuciones.)

5:12. "Se mutilasen" (RVA) puede significar cortar los vínculos con la comunidad ("se cortasen completamente de vuestra comunión", VM), pero la mayoría de los comentaristas consideran que esas palabras significan que "se castrarán" (DHH) a sí mismos: a la vez que estaban circuncidando a otros, ellos debían hacer todo el camino consigo mismos y cortarse todo el miembro ("del todo", NVI; "se amputen", PB). Aunque elude deliberadamente un lenguaje explícito, no hay razón para pensar que un insulto tal era demasiado bajo para él; los insultos con agudeza eran una señal de los buenos oradores públicos en el calor del debate y Pablo está más apasionado en su crítica contra los opositores que en avergonzar a los mismos gálatas. Muchos paganos pensaban que la circuncisión era una forma de mutilación, y el emperador romano Adriano la hizo ilegal por medio de una ley anticastración. Pero Pablo sabía que el pueblo judío aborrecía particularmente a los eunucos, los hombres castrados (Deut. 23:1).

5:13-18
Cumplir la ley

5:13, 14. Otros maestros judíos también resumían los mandamientos dirigidos al hombre en la *ley en los términos de esta cita de Levítico 19:18; sin embargo, Pablo prefiere este resumen a cualquier otro, porque era el que presentó Jesús (Mar. 12:31).

5:15. Los antiguos (en especial en el AT y fuentes judías, p. ej., Prov. 30:14) usaban la metáfora de ser devorado por otros como una descripción grotesca de un destino horrible o una maldad inconcebible (el canibalismo literal horrorizaba la sensibilidad de los antiguos aún más que en los tiempos modernos).

5:16. En el AT y el judaísmo se hablaba de "andar" (RVA; "vivan", NVI) en el camino del Señor, en justicia, en la *ley, etc. (p. ej., Lev. 26:3); significaba "compórtense" de esta manera. Los maestros judíos describían sus leyes morales, derivadas del AT, como *halakah*, lo que literalmente significa "andar". Aunque esta expresión no era común en griego, los lectores de Pablo (especialmente los que estaban más acostumbrados al AT y al judaísmo) lo entenderían. Aquí puede aludir a Ezequiel 36:27: cuando Dios ponga su *Espíritu en su pueblo en el tiempo del fin, ellos andarán en todos sus mandamientos, aun cuando no hayan logrado guardar la justicia de la ley con sus propias fuerzas.

5:17. La "carne" (RVA) es la debilidad y mortalidad humanas (no solamente "naturaleza pecaminosa", NVI [v. 16]) y se refiere a lo mejor (o lo peor) que cualquiera puede hacer por sí mismo. Como la carne no tiene nada en común con el poder de Dios, uno puede ser una persona del *Espíritu (un cristiano) o una persona de la carne (alguien que sigue su propia vida sin depender de Dios); no se puede ser ambas cosas a la vez (5:16, 18). Ver el comentario en la introducción a Romanos 8:1-11.

5:18. A menudo, los filósofos decían que el sabio no necesita leyes, porque naturalmente él escogerá hacer lo que es bueno de acuerdo con la ley escrita en su corazón; el AT también habla de la ley que es escrita en el corazón de cada uno, beneficio que caracteriza especialmente al nuevo pacto (Jer. 31:31-34). A menudo, el AT describe cómo Israel fue dirigido por Dios, especialmente en el desierto después de haber sido redimido de la esclavitud en Egipto.

5:19-26
La carne contra el Espíritu

Cuando, en el AT, la palabra "carne" se refiere a personas, quiere decir lo humano visto en cuanto su finitud, su condición de ser creado y su mortalidad. A menudo, los *Rollos MM aplican esta idea especialmente a la debilidad moral de los humanos en sí mismos, así como a su inclinación al pecado. Sin embargo, en el AT el *Espíritu de Dios daba energías a la gente para hablar y obrar las maravillas de Dios. En el AT la carne y el Espíritu no tenían nada en común (Gén. 6:3). (El criterio de que Pablo contrasta el cuerpo humano con el espíritu humano, más bien que con la debilidad humana y el Espíritu de Dios, se basa en una errada lectura *platónica de Pablo, del tipo que llevó al *gnosticismo. A pesar de la fuerte condenación al gnosticismo, posteriormente la *iglesia fue influida por algunas de las mismas ideas filosóficas griegas.) De ese modo, Pablo declara que aquellos que tienen la presencia de Dios en su interior por medio del Espíritu tienen una nueva capacidad moral y pueden reflejar el mismo carácter de Dios; para Pablo, este era el único camino por el que los creyentes podían vivir la nueva vida.

5:19-21. Los escritores antiguos solían usar listas de vicios como esta, aunque Pablo usa mucha más fuerza (v. 21) que los autores paganos (que decían que uno solo necesitaba evitar excesos en la mayoría de los vicios). Los moralistas de la antigüedad también usaban listas de virtudes (5:22, 23; en el AT, cf. Sal. 15). El ponerlas contrastadas a la par, también serviría para relacionar a Pablo con sus antiguos lectores; la imagen moral promedio de "dos caminos" (los buenos y los malos caminos) o de dos dominios es frecuente tanto en los textos judíos como no judíos. Las "obras" (RVA) recuerdan las "obras de la *ley" que Pablo había descartado a lo largo de esta carta (p. ej. 3:2), pero siendo "de la carne" (RVA, RVR-1960; no "naturaleza pecaminosa", NVI) nos indica el porqué: son meramente humanas, sin el poder de Dios.

5:22. El AT también usa la metáfora del pueblo de Dios que produce "fruto" (p. ej., Isa. 27:6; Ose. 10:1; 14.8). Aquí Pablo contrasta "fruto" con "obras" (5:19), porque el fruto es producido simplemente por la naturaleza del árbol y para él la naturaleza de los creyentes ha sido hecha nueva en Cristo (5:24).

5:23. El autocontrol era una de las virtudes que más enfatizaban los filósofos y más se respetaba en la sociedad romana. A menudo los filósofos enseñaban que los sabios no necesitaban leyes que los regularan, porque su virtud era ley en sí misma. Pablo dice que el pueblo del *Espíritu cumple la intención moral de la *ley (5:14) por medio del Espíritu que guía sus vidas.

5:24. Los filósofos advertían sobre los peligros de las pasiones descontroladas. Sin embargo, Pablo aquí no habla de controlar las pasiones, sino de una muerte completa en Cristo (2:20; 6:14). Casi siempre usa verbos en tiempo pasado al referirse a esta muerte; nadie muere gradualmente (lo que hubiera sugerido un tiempo imperfecto o "presente progresivo") por las obras, sino que uno acepta la justicia completada (los tiempos aoristo y perfecto [tiempos verbales griegos] que usa significan que la acción está completa) por la fe y aprende a vivir de acuerdo con ello (5:19-23).

5:25. Los creyentes viven (RVA) o tienen vida por medio del Espíritu; por lo tanto, deben andar, comportarse, en el camino del Espíritu que cumple los principios morales de la ley bíblica (5:16).

5:26. Pablo vuelve (5:15) a un llamado a la armonía, un tema habitual en los oradores de la antigüedad. Para él, la verdadera profundidad de la relación con Dios debe ser expresada en la relación con otros.

6:1-5
Restaurar con mansedumbre

Pablo continúa su exposición sobre la verdadera ley del *Espíritu, la ley de Cristo (6:2). La benignidad que viene del Espíritu (5:23) es el camino adecuado para corregir faltas; por el otro lado, el legalista que se obsesiona con orientar su propia espiritualidad por medios carnales tendrá poca paciencia con las necesidades espirituales de los demás.

6:1. Una variedad de fuentes antiguas, incluyendo las tradiciones de la sabiduría griega y judía y los *Rollos MM, subrayan la sabia reprensión por el bien del otro y a menudo insisten en examinarse uno mismo antes de corregir a otros. En el judaísmo (a diferencia de la cultura griega) se consideraba a la humildad como una de las mayores virtudes y quizás la más noble de todas.

6:2. La imagen de llevar "cargas" o "pesos" (el término se aplicaba también metafóricamente a las penas) podía hacer que los lectores pensaran en los esclavos o los presos (los soldados romanos podrían requerir que cualquier persona local les transportara algo). En cualquier caso, es una imagen de sometimiento que exige algo más que la conveniencia. En este contexto, "llevar cargas" debe incluir la ayuda a un hermano cristiano para enfrentar el pecado (6:1). Muchos suponen que la "ley de Cristo" se refiere a un dicho de Jesús, pero en el contexto de Gálatas es más probable que se refiera a su ejemplo y al carácter de Jesús que es impartido por el *Espíritu (2:20; 5:14).

6:3-5. La literatura griega incluye algunas máximas similares a "cada cual llevará su propia carga" (6:5; RVA; "su propia responsabilidad", NVI), lo que por lo común subraya la autosuficiencia, pero Pablo da a la idea un giro diferente. En este contexto que procura destacar la humildad en el trato con otros (6:1, 3, 4), llevar la propia carga (6:5) significa responder ante Dios mismo por lo que uno ha hecho (6:7, 8).

6:6-10
Proveer para otros

Este pasaje parece tener un énfasis financiero, aunque probablemente no esté limitado a la colecta para la *iglesia en Jerusalén (1 Cor. 16:1), como algunos comentaristas han sugerido.

6:6. Muchos maestros cobraban por su enseñanza; muchos maestros griegos insistían en que ellos y sus estudiantes debían tener todas las cosas en común, y algunos grupos de maestros y *discípulos vivían en comunidad. En Asia Menor (incluyendo Galacia) se les hacía pagar una cuota a quienes entraban al templo. Aquí Pablo urge a los cristianos gálatas a que apoyen a sus maestros, los cuales podrían proveer una sana enseñanza (diferente de la de sus oponentes).

6:7. Arrancar aquello que alguien había plantado era una imagen familiar en la antigüedad (en el AT, p. ej., Job 4:8; Prov. 22:8; Ose. 8:7; 10:12; cf. Prov. 11:18; Isa. 3:10; Jer. 12:13; muy difundida en otra literatura judía). Pablo en otra parte usó "sembrar" para referirse figurativamente al apoyo económico (2 Cor. 9:6); por lo tanto, es posible que aquí él continúe ese mismo pensamiento del 6:6. "No os engañéis" era una frase familiar en la exhortación moral antigua.

6:8, 9. En cuanto a la mortalidad de la carne, ver la introducción a 5:19-26; Pablo a menudo asocia al *Espíritu con la *resurrección del cuerpo.

6:10. Con excepción de los *cínicos, los filósofos y los moralistas abogaban porque se trabajara en pro del bien común; nadie se quejaba de un grupo que vivía bajo tales principios. El énfasis de Pablo está especialmente en (aunque no se limita a) ministrar las necesidades de los compañeros creyentes.

6:11-18
Crucifixión, no circuncisión

Los griegos y los romanos consideraban que la circuncisión era una mutilación de la carne, pero que de ninguna manera se comparaba con la crucifixión, la más vergonzosa y dolorosa forma de morir empleada en el mundo romano.

6:11. La mayor parte de las cartas de esta extensión eran dictadas a escribas, quienes lo hacían con trazos pequeños para terminar más pronto. Pablo, quizás no estaba acostumbrado a escribir cartas enteras (o cuyas manos pueden haberse debilitado por el trabajo con cuero en talleres fríos durante el invierno) y no podía escribir con trazos pequeños y rápidos. Pareciera que algunos documentos también llamaban la atención a puntos especialmente importantes al comienzo o al final usando letras más grandes. Cualquiera que haya sido aquí el propósito de las "grandes letras", lo principal es que no fue un escriba sino Pablo mismo el que escribió esta parte, como lo demostraba la caligrafía. Aquel esfuerzo especial de Pablo indica que ellos debían prestar una atención especial.

6:12, 13. Aquí hay una metáfora grotesca: Pablo ha estado atacando a los que viven "según la carne", basados en un poder meramente humano y mortal, ignorando a Dios; generalmente se decía que la circuncisión física era "en la carne" (RVA; "en lo humano", VHA). Aquí Pablo habla de aquellos misioneros atados a la cultura como si ellos quisieran devolver sus prepucios a los gálatas. Ver el comentario sobre 4:29 y 5:11.

6:14. Pablo se jacta de una herida mucho más severa que la circuncisión: la crucifixión. Por ello no teme enfrentar la persecución de parte de los líderes judíos insatisfechos; ver la introducción de esta sección.

6:15. "Nueva creación" (NVI) significa que la vida en el mundo futuro ha comenzado ya para los creyentes (ver el comentario sobre 5:5, 6; 2 Cor. 5:17). Una vez más, Pablo apela a lo que es producido por el poder de Dios, en oposición a cualquier esfuerzo humano.

6:16. Pablo bendice a los que "andan según esta regla" (RVA), en oposición a la "regla" de la *halakah* judía (ver el comentario sobre 5:16). La frase "paz sea con, o sobre" alguien era común en el judaísmo; y era la frase más usada sobre las tumbas judías. "Paz sea sobre Israel" también era una oración regular en la *sinagoga, la bendición final del *Amidah* (su base es tan antigua como el Sal. 125:5; 128:6); es una antítesis adecuada a la maldición contra los que distorsionan la *ley en 1:8, 9. Los eruditos discuten si aquí "Israel" significa el remanente judío fiel o todos los creyentes como herederos espirituales de Abraham (cap. 3), aunque son más los que están en favor de este último sentido.

6:17. Algunos esclavos, criminales y prisioneros de guerra eran tatuados, como lo hacían también los devotos de algunos cultos religiosos en Egipto y Siria. Los griegos y los romanos normalmente asociaban el tatuaje con los bárbaros y las marcas eran usadas solo para los caballos. El término de Pablo es el que normalmente se aplicaba solo a cualquier marca o herida punzante. En este contexto, simplemente quiere decir que él estaba crucificado con Cristo (6:14), lo que probablemente era evidenciado por "marcas" (RVA; "cicatrices", DHH) de sus persecuciones en el pasado (5:11; 6:12, 13).

6:18. El término traducido "hermanos" en griego, como en castellano, incluye a ambos sexos. Se aplicaba regularmente a los que pertenecían a la propia raza o nacionalidad, pero era típico que los miembros de asociaciones religiosas se dirigieran entre sí de esa manera; ver el comentario sobre Hechos 9:17.

EFESIOS

Introducción

Paternidad literaria. Aunque los eruditos discuten la autoría paulina de Efesios, la mayor parte de las palabras, frases y aspectos estilísticos presuntamente no paulinos aparecen, al menos ocasionalmente, en las cartas que todo el mundo reconoce como escritas por él. Muchas diferencias entre Efesios y las anteriores cartas paulinas son insignificantes. Por ejemplo, algunos señalan que el "Pablo genuino" habla de Cristo como la cabeza (1 Cor. 11:3) y de la *iglesia como su cuerpo (Rom. 12:4; 1 Cor. 12:12) solo separadamente. Pero los antiguos filósofos a veces usaban la metáfora del cuerpo incluyendo la cabeza y a veces sin ella. Por otro lado, no es lógico pretender que Pablo se exprese siempre de la misma manera en las pocas cartas que nos quedan de él, aunque lo hagan otros escritores.

A diferencia de sus primeras cartas, Efesios, Filipenses y Colosenses parecen haber sido escritas después de que Pablo había tenido experiencia en la presentación del cristianismo en el contexto académico de la antigüedad, donde pudo haber usado un lenguaje filosófico para comunicarse con sus oyentes (Hech. 19:9). Es evidente que, en todos sus escritos, Pablo podía adaptar el lenguaje a su auditorio, incluyendo a aquellos a quienes apelaría el tipo de lenguaje *estoico de Efesios (p. ej., Rom. 1; 1 Cor. 8). Ese lenguaje se encuentra más claramente en Efesios y Filipenses, con algo del lenguaje medio *platónico en Colosenses. Aunque el debate sobre la autoría de Efesios continuará en los círculos académicos, este comentario parte de la base de que fue escrita por Pablo.

Género literario. Las exhortaciones de Pablo en esta carta cubren varios temas principales, todos los cuales parecen haber pasado por alto la situación de los receptores (aunque usa formas habituales para describirlos). Este elemento es un argumento contra la idea de que Efesios es meramente un "ensayo epistolar" que comunica verdades generales.

La abundancia de paralelismos y repeticiones en esta carta ha sido comparada con la poesía hebrea, pero también eran usados en la *retórica epidéitica (o sea en discursos de alabanza relativos a dioses o humanos). El lenguaje de adoración es más frecuente en los primeros tres capítulos de la carta, que desarrolla el tipo de oración y acción de gracias introductorias frecuentes en las cartas antiguas. Como hace comúnmente, aquí Pablo combina las diferentes categorías de la *retórica antigua: los trozos exhortativos de la carta son "deliberativos", es decir destinados a persuadir a los lectores a un determinado curso de acción. Otras partes de la carta son "epidéiticas", como cuando alaba a Dios y a la iglesia que ha de reflejar la gloria de Dios a la creación.

Es posible que Pablo, esbozando otras cartas al mismo tiempo (p. ej., Colosenses), usara un escriba para que le ayudara a adaptar su mensaje básico a diferentes situaciones en diferentes iglesias.

Circunstancias. Pablo escribe esta carta desde la prisión, probablemente en Roma. Como deberían saber los lectores de la región de Éfeso, en Asia Menor, Pablo había sido arrestado por la acusación de haber llevado a un *gentil al templo (Hech. 21:28, 29; 28:16). La división étnica o cultural entre judíos y *gentiles era un tema básico en la *iglesia de Éfeso (cf. Hech. 19:17) y Pablo era uno de los autores más calificados de la antigüedad para dirigirse con inteligencia a ambos lados.

A partir de su detención bajo las autoridades romanas (probablemente en Roma), Pablo también tenía conciencia de la posibilidad de persecuciones inminentes y la necesidad de que la iglesia fuera un buen testigo en la sociedad (cf. Ef. 5:21—6:9). También tiene conciencia de la lucha de la *iglesia con su propio trasfondo de prácticas ocultistas de magia en el Asia Menor (Hech. 19:19), la astrología y los intentos de escapar del poder astrológico del destino (cf. el comentario sobre Ef. 1:8-11, 19-23; 3:9-11).

Comentarios. Los más exhaustivos y útiles son Markus Barth, *Ephesians*, AB 34, 32A, 2 vols. (Garden City, N.Y.: Doubleday, 1974); y A. T. Lincoln, *Ephesians*, WBC 42 (Dallas: Word, 1990). Para los que no conocen el griego, se pueden usar comentarios como G. B. Caird, *Paul's Letters from Prison*, New Clarendon Bible (Oxford, U.K.: Oxford University Press, 1976); George Johnston, *Ephesians, Philippians and Philemon*, Century Bible (Greenwood, S.C.: Attic, 1967). Para una completa discusión de Efesios 5:18—6:9, el lector puede consultar Craig S. Keener, *Paul, Women and Wives* (Peabody, Mass.: Hendrickson, 1992), págs. 133-224, 258-279.

1:1, 2
Introducción

Como señalan las notas de muchas traducciones, no todos los manuscritos incluyen las palabras "en Éfeso" (v. 1). Muchos eruditos han argumentado que Efesios fue enviada originalmente a un grupo de *iglesias, de las que Éfeso era solo la más prominente. (De ese modo, sería una "carta circular", como los edictos imperiales.) Pero como todas estas iglesias presumiblemente estaban en la zona alrededor de Éfeso, la historia de la iglesia allí ayudará a entender el trasfondo de esta carta (ver Hech. 19:1-41).

"Gracia" y "paz" eran variaciones de saludos habituales; lo que aquí es significativo es que son "de parte de Dios nuestro Padre y del Señor Jesucristo". Ver la introducción a las cartas paulinas y el comentario sobre Romanos 1:1-7.

1:3-14
Alabanza por la salvación

El comienzo o *exordio* de las cartas de Pablo incluye una bendición ("Bendito sea el Dios", RVA; "Alabado sea Dios", NVI) y una oración. Las cartas antiguas comúnmente incluían tanto oraciones como agradecimientos, aunque la forma asumida por Pablo aquí es inusual. Muchas oraciones judías comenzarían como "Alabado sea Dios quien (ayuda a su pueblo de tal manera)". En griego, 1:3-14 es una larga alabanza a Dios; como eran generalmente las oraciones judías, esta recuerda los planes redentores de Dios y los hechos en favor de su pueblo amado.

En estos versículos, se aplican a los creyentes en Jesús nada menos que once términos que aparecían para Israel en el AT. Dado que en la *iglesia de Éfeso había tanto judíos como *gentiles (Hech. 19:17) y ambos tenían una cultura diferente, en esta iglesia debe haber habido tensiones étnicas y culturales. Pablo recuerda a los creyentes que, cualquiera que fuera su trasfondo étnico o cultural, todos son un solo pueblo en Cristo y deben trabajar juntos para cumplir los propósitos de Dios.

1:3. Hoy distinguimos entre "los cielos" en un sentido científico (o sea la atmósfera exterior y el resto del universo excepto la tierra) y el lugar espiritual donde vive Dios. Pero en el tiempo de Pablo no era necesario hacer la distinción para comunicarse con sus lectores; ellos dividían los "lugares celestiales" ("regiones celestiales", NVI; "en los cielos", DHH) en forma diferente de lo que se hace en el día de hoy. En el mundo antiguo, casi todos creían que los cielos tenían numerosos niveles (a menudo tres o siete), que diferentes seres espirituales (varios tipos de ángeles, demonios, estrellas, etc.) vivían en diferentes niveles, y que Dios o los seres espirituales más puros vivían en el más alto. En gran parte de la enseñanza judía, los espíritus de los justos vivían allí con Dios después de la muerte. De allí que "regiones celestiales" (NVI) puede significar tanto "donde está Dios" (como en este pasaje) o "donde viven los poderes angelicales" (como a menudo en Efesios).

1:4, 5. El AT declara que Dios "predestinó" o (literalmente) "escogió" a Israel en Abraham para ser el pueblo de su pacto y los adoptó como hijos, pero que ese pueblo a menudo no estuvo a la altura del pacto. Pablo explica que, en un sentido práctico, uno llega a ser parte del pacto de Dios por *Cristo y no por sus propios antecedentes.

1:6. Una razón por la que Dios escogió a Israel fue para que ellos le trajeran gloria (Isa. 60:21; 61:3; Jer. 13:11); la revelación de su gloria era algo tan central que aun sus actos de juicio tenían como fin el hacer que el pueblo se volviera a él (Éxo. 7:5; Amós 4:6), que es la verdadera fuente de la vida (Jer. 2:13).

1:7, 8. Dios redimió a Israel (o sea que los liberó de la esclavitud) por medio de la sangre del cordero pascual. En el AT, la sangre de los sacrificios animales indicaba que una vida era el precio pagado por el perdón. Pablo combina aquí estas imágenes.

1:9-12. La creencia judía de que la historia se

movía a través de varios grados hacia su clímax, cuando todo será puesto bajo el gobierno de Dios, era común entre los judíos. Algunos filósofos argumentaban que todo el universo está permeado por Dios y que será reabsorbido en él. Al igual que los escritores judíos que adaptaron el lenguaje de aquellos filósofos, Pablo cree que la historia se mueve hacia un clímax de subordinación a Dios pero no de absorción en él. En el AT y en el judaísmo, se reconocía que Dios tenía un plan soberano en la historia para llevarla a su clímax. Sobre la "herencia" (RVA) ver el comentario sobre 1:13, 14. Sobre el propósito final de Dios aquí, ver el comentario sobre 3:8-11.

1:13, 14. Un sello de cera debía tener la señal de propiedad o identificación estampada, identificando así a quien ratificaba lo que había en el contenido de lo que había sido sellado. Dado que se entendía habitualmente que el *Espíritu estaría al alcance especialmente al final del los tiempos, aquí Pablo habla de él como de una "garantía" (RVA; "arras", RVR-1960; "prenda", BJ), que era un término usado en el comercio en la antigüedad, que implicaba un pago inicial a una cuenta. Los que han gustado del *Espíritu han comenzado a saborear la vida en el mundo futuro que Dios ha prometido a su pueblo.

Después de que Dios dio a Israel la "redención" (ver el comentario sobre 1:7, 8) de la esclavitud en Egipto, los guió a su "herencia" o "posesión" en la tierra prometida. La literatura judía posterior consideraba que el mundo por venir era la "herencia" definitiva de Israel, y los primeros autores cristianos usaban este lenguaje de la misma manera (Mat. 5:5; 25:34; Rom. 8:17; 1 Cor. 6:9; Stg. 2:5). Para Pablo, los cristianos son el pueblo de Dios, ya redimido, pero que está esperando que su redención sea completada. Como en el Israel de la antigüedad, la presencia de Dios entre ellos es la seguridad de lo que les ocurrirá en la tierra que él ha prometido (cf. Hag. 2:5).

1:15-23
Oración para pedir revelación

1:15, 16. Aparentemente, como los judíos piadosos, los cristianos piadosos tenían un tiempo separado para la oración todos los días. Muchos judíos piadosos oraban varias horas al día y, si Pablo continuaba con esa costumbre, podemos entender en qué medida oraba por las *iglesias.

1:17, 18. Era habitual que el pueblo judío orara para que sus ojos se iluminaran en el entendimiento de la Palabra de Dios. El AT también hablaba de abrir los propios ojos a la Palabra de Dios (Sal. 119:18) o a otras realidades espirituales (2 Rey. 6:17). Algunas fuentes judías caracterizaban al *Espíritu de Dios como "Espíritu de sabiduría" (esto es enfatizado especialmente en el AT; p. ej., Éxo. 28:3; 31:3; 35:31; Isa. 11:2; cf. Deut. 34:9).

Los escritores hábiles en *retórica a menudo incluían temas principales en su introducción y Pablo no es una excepción. Pablo está a punto de explicar los puntos por los que ha estado orando para que ellos los entiendan. Sobre "herencia", ver el comentario sobre 1:13, 14.

1:19, 20. Una oración judía diaria indica cómo Dios era capaz de levantar a los muertos en el futuro como ejemplo final de su poder. Pablo está de acuerdo, pero para él el hecho decisivo ya había tenido lugar: la primera "entrega" de la futura *resurrección ya ha ocurrido. Estar a la derecha de un gobernante era un lugar de gran honor y autoridad: estar sentado a la diestra de Dios era ser entronizado como gobernante del cosmos, aunque todos sus enemigos aún no hubieran sido destruidos (Sal. 110:1). Sobre los "lugares celestiales", ver el comentario sobre 1:3.

1:21-23. Los exorcistas y los magos trataban de manipular los espíritus poderosos invocando sus nombres (ver el comentario sobre Hech. 19:13). La supremacía del nombre de Jesús sobre todos los demás significa que está por encima de todos los poderes espirituales que pueden ser invocados y no podrían ser empleados.

Pablo utiliza términos de su tiempo para referirse a los poderes demoníacos y angelicales que actúan detrás de las estructuras políticas del mundo, poderes de los que se pensaba que dirigían a los gobernantes y pueblos de la tierra (v. 21). En los tiempos de Pablo, la mayoría creía que el mundo era gobernado por el destino, que generalmente se expresaba por medio de las estrellas (que eran consideradas seres celestiales), y casi toda la gente no creía que había forma de escapar del destino. Sin embargo, algunas de las *religiones de misterio, como la de Isis, se hicieron populares al declarar que tenían poder para liberar del destino a sus iniciados.

En general, los judíos creían que los poderes celestiales gobernaban todas las naciones excepto Israel; algunos maestros posteriores explicaron que, en su antepasado Abraham, Israel había sido elevado por encima de esos poderes celestiales. Las palabras paulinas serían de gran aliento para los cristianos que se habían convertido de un trasfondo de tinieblas (cf. Hech. 19:18-20).

Especialmente, el pueblo judío consideraba que estos poderes celestiales eran "ángeles de las naciones", seres espirituales que se levantaban detrás de los gobernantes terrenales y guiaban su gobierno (cf. Dan. 4:35; 10:13). (Aunque los detalles fueron más desarrollados en textos judíos posteriores, las raíces de esta idea están ya en época tan temprana como la de Daniel y la versión de Deut. en la *LXX).

Esos seres eran la expresión final de la división espiritual entre los diferentes pueblos, pero Pablo dice que esta distinción ha sido trascendida en *Cristo, con lo que vuelve a presentar un punto importante para una congregación que experimentaba las tensiones étnicas o culturales. De ese modo, el cuerpo de Cristo es "la plenitud de aquel que todo lo llena en todos", expresión en la que "todo" indica a quienes representan a cada uno de los pueblos en la *iglesia (4:6-10; cf. 3:19; 5:18).

2:1-10
Exaltados con Cristo sobre el pecado

Pablo continúa exponiendo la bondadosa exaltación del cristiano con *Cristo.

2:1, 2. La mayor parte del pueblo judío creía que *Satanás o el jefe de los ángeles celestiales de las naciones dominaba sobre todo el mundo excepto Israel. "Príncipe de la potestad del aire" (RVA; "el que gobierna las tinieblas", NVI; "aquel espíritu que domina en el aire", DHH); era un título natural para su dominio. Se creía comúnmente que los malos espíritus dominaban el ámbito más bajo de los cielos (o sea el atmosférico) muy lejos del ámbito de los más altos ángeles de Dios y de su trono. "Aire" era el término usual para el cielo atmosférico.

2:3. En el pueblo judío, muchos trataban de explicar todo el pecado como resultado directo de la actividad demoníaca (cf. especialmente el "espíritu de error" en los *Rollos MM). Pablo no ve el pecado como algo inspirado directamente por los demonios, sino que piensa que el mundo está infectado por una influencia menos directa del diablo (incluyendo las divisiones raciales, 1:2l-23); nadie se libra de su influencia por tener ascendencia israelita sino por la fe en Jesús (vv. 4-6).

2:4-7. Este cuadro del placer de Dios en otorgar su amor a su pueblo para siempre desarrolla los cuadros del AT sobre su especial amor por su pueblo (p. ej. Deut. 7:6-9). Los eruditos han comparado la imagen de la exaltación de los creyentes en 2:6 con la común imagen judía de los justos entronizados en el mundo por venir. Los cristianos han comenzado a experimentar la vida de la edad futura por anticipado (ver el comentario sobre l:14). El contexto puede llevar a un punto adicional de especial fuerza para los lectores que han estado esclavizados por el temor al destino o a las estrellas: "sentar en los cielos" significa en 2:6 lo mismo que en 1:20, 21: estar entronizado sobre los poderes malignos. Los cristianos no tienen por qué temer a los demonios, el destino o cualquier otra cosa; su vida está gobernada por Dios.

2:8-10. Las buenas obras fluyen de lo que Dios ha hecho en nosotros, y no la obra de Dios en nosotros fluye de nuestras obras. Dios redimió a Israel antes de dar los mandamientos (Éxo. 20:1). Su propósito siempre fue que las buenas obras fluyeran de su *gracia, aunque Israel (como muchos hoy) no siempre captan esto (Deut. 5:29; 30:6, 11-14). La mayoría del pueblo judío en el tiempo de Pablo estaba de acuerdo con que ellos eran salvos por la gracia de Dios en el pacto, pero no extendían esta idea a los no judíos, quienes no podían heredar el pacto por derecho de nacimiento.

2:11-22
Unidos en el nuevo templo

2:11-13. Según las antiguas creencias judías, los no judíos nunca podían participar en plenitud del pacto sin circuncidarse, aunque podrían ser salvos guardando algunos mandamientos básicos. Al ser circuncidado, se era introducido en la comunidad de Israel y entraba a ser parte del pueblo del pacto de Dios.

2:14-16. Pablo escribe esta carta desde la prisión porque ha sido acusado falsamente de llevar a un no judío dentro del templo de Jerusalén (Hech. 21:28). Hacerlo más allá de cierto punto divisorio era una violación tan importante de la ley judía que los romanos llegaron a permitir que los líderes judíos ejecutaran a los que violaran esa ley. Sin duda, los lectores de Pablo en Éfeso y Asia sabían por qué Pablo estaba en prisión (Hech. 21:27, 29); por cierto, para ellos, así como para Pablo, la barrera entre los judíos y los no judíos no podía ser un símbolo mayor que la "pared divisoria" del versículo 14. Pero Pablo dice que esta pared divisoria ha sido sacudida por Cristo. "Él es nuestra paz" puede, pero no necesariamente debe, reflejar el texto hebreo de Miqueas 5:5.

2:17, 18. El pasaje de Isaías 57:19 podría ser interpretado como una referencia a la simiente de Israel esparcida como aquellos que estaban "lejos", pero no mucho antes de este pasaje Dios había prometido que su casa también sería para los extranjeros (Isa. 56:3-8). De ese modo, este pasaje expresa adecuadamente la unidad de judíos y *gentiles en el nuevo templo (cf. Hech. 2:39).

2:19-22. En el AT, la única división en el templo era entre los sacerdotes y los laicos, pero en el tiempo de Pablo, los arquitectos habían agregado barreras para los no judíos y para las mujeres (cf. 1 Rey. 8:41-43). Pablo dice que estas barreras han sido abolidas en el verdadero y espiritual templo de Dios. Algunos otros escritores judíos hablaban del pueblo de Dios como su templo, pero solo Pablo y otros cristianos primitivos reconocieron que este nuevo templo incluía a los no judíos. (Pablo toma del Sal. 118:22 la imagen de *Cristo como la piedra angular, probablemente a partir de la enseñanza de Jesús; ver el comentario sobre Mar. 12:10.)

En el tiempo en que Pablo escribía estas palabras, dirigiendo la atención a la unidad racial en *Cristo, los judíos y los sirios se estaban matando en las calles de Cesarea, una ciudad donde él había estado poco antes (Hech. 23:23). Aquí Pablo no solo representa una postura habitual contra el racismo en su cultura; condena el racismo y la segregación de una institución religiosa, aunque tenga que desafiar también su propia cultura para hacerlo.

3:1-13
El misterio de un pueblo unificado

La Biblia ya había enseñado que Dios buscaría a los no judíos para que se unieran a su pueblo (Rom. 16:26; p. ej., Isa. 19:25); el rey David y otros habían dado la bienvenida a no judíos en la fraternidad de Dios (p. ej., 2

Sam. 6:10, 11; 8:18; 15:18-22; 18:2; 20:23; 24:18-24; 1 Crón. 11:41, 46; 18:17). Pero para ser miembros plenos del pacto, los no judíos debían ser circuncidados. En esa época, también se requería a hombres y mujeres que se sumergieran en agua para llegar a ser ritualmente puros. Pero la llegada de *Cristo había dejado en claro a los *apóstoles y profetas que, por medio de la fe en Cristo, ahora todos se podían acercar a Dios en los mismos términos.

Los oradores públicos y los escritores usaban frecuentemente un elemento común de persuasión llamado *pathos*, o sea una apelación emocional. Al recordar a sus lectores lo que él, su apóstol, había sufrido por aquel ideal de un pueblo multiétnico que Dios estaba construyendo, Pablo apela a que ellos no anulen sus trabajos. La *iglesia universal debía ser lo que estaba llamada a ser: un pueblo unido e interracial en toda su gloria.

3:1, 2. Los mayordomos eran los administradores de la casa, a menudo esclavos o libertos, con gran responsabilidad y prestigio cuando se trataba de una casa rica.

3:3-5. El término traducido "misterio" era usado en los *cultos de misterio y en todas partes, pero el trasfondo principal del uso paulino de este término está en Daniel 2 y en los escritos judíos (especialmente los *Rollos MM) que siguen a Daniel. Allí significa especialmente el plan de Dios para la historia, encerrado en la Escritura pero entendible solo por los sabios y los que tenían una visión dada por el *Espíritu. Como la mayoría del pueblo judío creía que la profecía en su mayor desarrollo había cesado después de que murieron los profetas del AT, el reclamo de Pablo de que Dios estaba entonces revelando activamente su verdad por medio de *"apóstoles y profetas" podía subrayar a sus oyentes el carácter único del reclamo cristiano.

3:6. "Herederos" se refiere a la idea *veterotestamentaria de que la tierra prometida era la heredad de Israel. La "promesa" era también posesión exclusiva de los descendientes de Abraham (y de aquellos que se han unido a esa nación por medio de la circuncisión). Debe haber sonado a herejía para muchos lectores judíos hacer que los cristianos *gentiles fueran parte del mismo pacto; ante esto se debe haber rebelado su sensibilidad étnica.

3:7. A menudo, el AT habla de que Dios da poder a sus siervos (p. ej., Éxo. 31:3; Jue. 15:14); ver el comentario sobre Efesios 3:16.

3:8-11. Algunos textos judíos precristianos también hablan de que Dios muestra su poder y su gloria a los ángeles por medio de su pueblo y de ese modo recibe su alabanza. Como estas "autoridades" celestiales eran vistas como ángeles de las diferentes naciones, la unidad de la *iglesia mostraba el gobierno divino, cuya autoridad trasciende la de los ángeles y todas las fronteras terrenales. Sobre la idea de "administración", ver el comentario sobre 3:1, 2; sobre "misterio", ver el comentario sobre 3:3-5. Lo importante es que la iglesia, un pueblo destinado a traer gloria eterna a Dios, representa el propósito final de Dios en la historia (ver 1:9-12) y todos los cristianos deben encontrar el propósito de su vida en el papel que les toca en ese propósito final (ver 4:11-13).

3:12. "Libertad" (NVI; "seguridad", RVR-1960; "valor", BJ) se aplica con frecuencia al tipo de discurso franco, adecuado entre amigos. Aquí, relacionado con "acceso... con confianza" (RVA), probablemente se relaciona con el lugar seguro que todos los miembros tienen en la familia de Dios (2:18).

3:13. Muchos escritores judíos y cristianos creían que debía cumplirse cierta medida de sufrimiento antes de que llegara el fin (cf. Apoc. 6:11). Si aquí Pablo alude a esa idea, quizá esté alentando a sus lectores porque, como su misionero, él está experimentando algunos de los sufrimientos requeridos a la *iglesia que los ha de llevar hasta el fin. También puede significar que comparten su gloria porque le han ayudado en su ministerio (cf. Mat. 10:41), o que él sufre con el propósito de servir al cuerpo de *Cristo como un todo.

3:14-21
Oración para pedir poder

3:14. Por lo común, los judíos oraban de pie, pero a veces se arrodillaban o postraban (en el AT cf. 1 Rey. 8:14, 22, 54; era típico de los *gentiles postrarse también delante de los gobernantes). Los griegos raras veces se arrodillaban para orar; como los judíos al suplicar, normalmente extendían los brazos con las manos dirigidas a los dioses que invocaban (en los cielos, en el mar o hacia estatuas).

3:15. Aquí quizás Pablo quiere decir que todos los pueblos y familias reflejan la misma paternidad de Dios sobre el mundo; de ese modo, se debe esperar el cuidado de Dios sobre todos los pueblos (p. ej., Gén. 12:3). (Las familias "en los cielos" puede referirse a los ángeles guardianes de las naciones.) Los escritores antiguos a menudo hablaban de Dios como padre y a veces de la autoridad paterna en las familias como algo derivado del ejemplo de Dios. El padre romano era también una figura de plena autoridad, con el derecho de gobernar a todos los descendientes mientras estuviera con vida.

3:16, 17. Aunque el lenguaje de Pablo se deriva del mundo griego (ver el comentario sobre 2 Cor. 4:16 sobre el "hombre interior"), aquí sus ideas no son particularmente griegas. Los relatos del AT se relacionan con el *Espíritu, especialmente con el don de la profecía, pero también con la pureza y el desarrollo o la capacidad de cumplir cualquier cosa que fuera requerida por Dios. A veces el AT también presenta la internalización de la Biblia como medio de vencer al pecado (p. ej., Sal. 119:11). La piedad israelita también reconocía a Dios como fuente de fortaleza (p. ej., Éxo. 15:2; Sal. 18:1, 2; 27:1; 59:17; 119:28; Jer. 16:19). Cuando Pablo habla de la capacidad de vivir correctamente porque el mismo *Cristo vive en el creyente por medio del Espíritu, probablemente estos puntos del AT son los paralelos más cercanos a su idea en la literatura antigua; pocas veces alguien ha sugerido que la propia vida moral pudiera recibir poder por la presencia y actividad de Dios. Pablo apela a una total dependencia de la *gracia, aun en cuanto a la capacidad del creyente de actuar justamente.

3:18, 19. Muchos han considerado que "la anchura, la longitud, la altura y la profundidad" sirven para describir cómo toda la creación está llena de la gloria de Dios, o como una descripción de la incomensurable vastedad de su amor. Algunos han sugerido que Pablo continúa con la imagen del templo (2:18-22), describiendo las perfectas proporciones cúbicas del lugar santísimo en el AT, aunque la idea no aparezca aquí explícitamente. Pero casi con seguridad el pasaje aplica el lenguaje de la sabiduría divina (p. ej., Job 11:5-9; cf. Job 28:12-28; Ecl. 1:3) al amor de Dios; compare la "multiforme" (multifacética) sabiduría en 3:10.

3:20, 21. El pueblo judío acostumbraba terminar sus oraciones con una bendición a Dios; a veces las bendiciones se cerraban diciendo "desde siempre y para siempre" (1 Crón. 16:36, NVI) o "eternamente y para siempre" (Sal. 106:48, NVI). También se acostumbraba responder a las oraciones y bendiciones con un "amén".

4:1-16
Un cuerpo y muchos miembros

A menudo, en los antiguos discursos y cartas que buscaban la persuasión se hacía una detallada argumentación, pero en este punto Pablo ha usado principalmente una *retórica "epidéitica" o "alabanza". Ha alabado a la *iglesia, llamándola a ser lo que Dios ha planeado que sea. Sin embargo, ahora se vuelve a una parte básica de la retórica persuasiva, la *exhortatio* o exhortaciones. Este tipo de argumento ocupa el resto del libro

hasta la *peroratio* final o conclusión de 6:10-20.
4:1, 2. Aunque la amabilidad era una virtud prestigiosa, la mayoría de los escritores griegos consideraban con criterio negativo la "mansedumbre", en el sentido de "humildad", a menos de que se tratara del reconocimiento de un inferior a un superior, lo que era socialmente apropiado. Sobre la cautividad de Pablo (probablemente en Roma), ver el comentario sobre 6:20.
4:4-6. Algunos textos judíos, especialmente en *Filón y *2 Baruc, sugieren que Israel estaba unido porque Dios es uno. Sin embargo, estos textos nunca habrían unido en un pueblo a judíos y *gentiles, aunque se admitiera que todas las naciones lo estaban en una humanidad común. El lenguaje de Pablo suena más cercano al de los *estoicos sobre la unidad de la creación. Pero aun el habitual tema de la *retórica griega de la concordia (unidad, paz) no encaja con el énfasis paulino de la unidad que comparten y deben vivir los creyentes en Jesús.
4:7, 8. Pablo adapta el texto del Salmo 68:18, como hacían a menudo los antiguos expositores de la Escritura, para subrayar su argumento (un posterior *targum de los Salmos lo parafrasea de la misma manera que él). Este salmo se refiere a cómo Dios "subió" al monte Sinaí, como reconocían los intérpretes judíos, y Pablo aplica este principio de la ascensión divina a Jesús. (En algunas tradiciones judías, Moisés ascendió todo el camino al cielo para recibir la *ley; si Pablo o alguno de sus lectores conocían tales tradiciones, resultaría más vívida la aplicación de este salmo a Jesús. Pero es discutible la medida en que era conocida esta tradición en los días de Pablo.) Su argumento armoniza con la imagen del salmo, aunque cambió su lenguaje; luego de haber recibido tributo y saqueo del derrotado (como en Sal. 68:18), un conquistador distribuía la mayor parte de los despojos entre sus soldados (como aquí).
4:9, 10. Pablo interpreta y aplica el texto que acaba de citar en la forma que lo haría un buen maestro judío. "Las partes más bajas de la tierra" probablemente quiere decir el ámbito de los muertos, dado que Jesús había muerto (Ez. 32:24), aunque podría referirse a su descenso desde el cielo para convertirse en siervo en la encarnación (Fil. 2:7; cf. Sal. 139:15).
4:11. Los "apóstoles" eran literalmente mensajeros encargados de cumplir con la misión de quien los enviaba; como tales, estaban respaldados por la autoridad del remitente siempre y cuando cumplieran exactamente con su misión; en el NT, el término se aplica a los agentes comisionados por *Cristo, autorizados de una manera especial (con más autoridad que otros) para declarar y propagar su voluntad. Los "profetas" eran personas que hablaban en nombre de Dios, cuyo papel era conocido a través del AT y continuado por la *iglesia; quizás los apóstoles eran en relación con los profetas como los jueces proféticos (p. ej., Samuel y Débora) o líderes (p. ej., Elías y Eliseo) lo eran a otros profetas del AT, con un rasgo y autoridad especiales.
Los "evangelistas", como proclamadores de las buenas nuevas (el mensaje de *Cristo), eran vistos como "heraldos", o sea otro tipo de mensajeros. Los "pastores" eran literalmente, como en castellano, cuidadores del rebaño (Jer. 23:2-4), identificados en otros lugares del NT como obispos o ancianos de las congregaciones locales (Hech. 20:17, 28; 1 Ped. 5:1, 2); eran llamados a pastorear al pueblo de Dios, declarando con exactitud su mensaje (Jer. 23:18-22). Los "maestros" eran expositores de las Escrituras y las enseñanzas de Jesús. Si actuaban como los maestros judíos, posiblemente daban instrucción bíblica a la congregación y capacitaban a otros para exponer las Escrituras.
Como en muchas listas de la antigüedad, algunos de estos términos pueden superponerse considerablemente (el griego indica una especial y fuerte superposición entre "pasto-

res" y "maestros"). Comparten un punto de vista y una base de autoridad comunes como portadores del mensaje de Cristo. La autoridad reside en su mensaje y sus dones espirituales; como en el caso de los maestros judíos del mensaje de Dios (en oposición a los sumos sacerdotes), ninguno representa una autoridad institucional en el sentido de una jerarquía eclesiástica supralocal, que al parecer no surgió hasta principios del siglo II. En conjunto, estos ministros de la Palabra de Dios debían capacitar a todo el pueblo de Dios para su ministerio (4:12-16).

4:12. El término "capacitar" (RVA; "perfeccionar", RVR-1960) era usado en el mundo griego para describir el trabajo de los filósofos y maestros,

4:13-16. Las imágenes de una persona que crecía hasta la madurez, y de un barco que era sacudido por las olas eran comunes en los tiempos de Pablo. La imagen de crecer hasta la madurez era raramente aplicada a la totalidad de una comunidad como lo es aquí, pero el argumento no habría sido menos fácil de captar. La imagen de Pablo es genérica, al no haber imágenes judías comunes para el tiempo del fin. Probablemente, se refiere a la necesidad de madurez de la iglesia en general, más bien que prediciendo específicamente su plenitud en el tiempo del fin.

4:17—5:2
Vivir la vida nueva

4:17-19. Los escritores griegos a menudo desarrollaban sus exhortaciones morales mostrando un contraste entre opuestos, como Pablo hace aquí. La literatura de ese período demuestra que la mayoría del pueblo judío hubiera descrito a los no judíos con un lenguaje similar al que usa Pablo (cf. Lev. 18:3, 24-30; 20:23, 24; Deut. 26:16-19). Lo que resulta significativo es que Pablo se niega a seguir llamando *"gentiles" a los cristianos gentiles; pueden ser étnicamente tales, pero ya son *éticamente* judíos. Las relaciones sexuales prematitales, las relaciones homosexuales y la idolatría eran pecados típicamente gentiles, de los que se abstenían casi todos los judíos. En contraste, los paganos eran criados de ese modo; muchos jóvenes griegos eran llevados a la "madurez masculina" por la vejación de un hombre mayor. "Os conduzcáis" (RVA; "andéis", RVR-1960), se refiere a la conducta; ver el comentario sobre Gálatas 5:16; "dureza de corazón" es común en el AT (p. ej., Éxo. 4:21; Sal. 95:8).

4:20-24. El "nuevo hombre" (RVA v. 24); es (literalmente) "creado a semejanza de Dios", lo que significa: de acuerdo a su imagen o apariencia. Probablemente, Pablo alude a la forma en que originalmente Dios hizo a Adán y a Eva a su imagen, y dice que la nueva persona (en la que se ha convertido el cristiano) está capacitada con pureza moral porque es hecha moralmente como Dios. De ese modo, señala que uno debe vivir según eso, o sea tan sin culpa como Adán y Eva antes de su desobediencia. "Vestíos" y "despojaos" son términos que proveen una imagen natural, usada en el AT y en la literatura griega para "colocarse" o "quitarse" algún tipo de conducta (Job 29:14; Sal. 109:18; especialmente Isa. 61:3, 10; ver el comentario sobre Rom. 13:12), otros atributos (2 Crón. 6:41; Sal. 93:1), etcétera.

Los escritores judíos de sabiduría y los filósofos griegos podrían haber estado de acuerdo con el énfasis paulino sobre renovarse "en el espíritu de vuestra mente"; entendían que las actitudes y los valores afectaban el propio estilo de vida. Pero la base de Pablo para la renovación difiere de la de ellos; se basa en el nuevo tipo de vida disponible en Cristo, un tipo de vida que la mayoría de los judíos esperaba solo para el mundo por venir (después de la *resurrección de los muertos).

4:25. Excepto 4:30 y 4:32—5:2, la mayor parte de las exhortaciones morales de Pablo en 4:25—5:2 son del tipo de las que presentaban los antiguos moralistas. Eran habituales las exhortaciones a la veracidad, el trabajo, la oposición al mal lenguaje y lo demás. No son pecados atribuibles solo a los *gentiles (cf. 4:17-19) sino también aquellos con los que luchaba el pueblo judío.

El camino paulino para vencer en los problemas morales difiere del de los otros moralistas antiguos (4:22-24, 32), pero puede presentar una base común con muchos de ellos en el hecho de que su cultura se oponía a los mismos errores que él. Sin embargo, a pesar de muchos puntos en común con la ética de su cultura, Pablo cita a menudo el AT como su autoridad en lo ético. Aquí su exhortación a la veracidad es un eco de la línea de mandamientos que figura en Zacarías 8:16, 17, en la cual la veracidad puede ser opuesta al falso testimonio en un ámbito legal.

4:26. La exhortación a evitar el pecado mientras se está enojado proviene del Salmo 4:4; sobre la maldad de aquellos que retienen su ira toda la noche compare Oseas 7:6; los *esenios y algunos filósofos griegos también requerían que las disputas se solucionaran el mismo día. También se enfatizaba el hablar de la manera más provechosa (4:29).

4:27. Probablemente esta imagen es de tipo bélico, o sea que quien peca cede terreno al bando del demonio (cf. 6:10-20).

4:28. En el judaísmo se valoraba el trabajo manual y el compartir con los pobres. Aunque sin duda los artesanos griegos se ufanaban de su trabajo, a lo largo del Mediterráneo la aristocracia despreciaba el trabajo manual, considerándolo un deber de las clases más bajas.

4:29. La antigua literatura de sabiduría enfatizaba a menudo que se debía aprender a hablar correctamente (cf. 4:25; 5:3, 4). Esta idea es enfatizada por muchos dichos de los Proverbios, incluso alentando a hablar con palabras amables y edificantes (p. ej., Prov. 12:25; 15:23; 25:11; cf. Zac. 1:13).

4:30. "Entristecer" al *Espíritu implica una seria ofensa; en Isaías 63:10 (uno de los dos únicos versículos del AT que usa el título "Espíritu Santo") se refiere a la rebelión de Israel en el desierto, que llevó al rechazo de parte de Dios. De la misma manera, la rebelión de Israel contra el *Espíritu llevó a Moisés a pecar con su boca, de acuerdo con el Salmo 106:33 (cf. Núm. 20:10; Deut. 3:26). Sobre "sellados", como señal que atestiguaba que nadie había violado la mercadería sellada, ver el comentario sobre Efesios 1:13, 14. Los efesios debían preservar su posición para el día cuando su redención estuviera completa (el "día del Señor" del AT, cuando él juzgará al mundo y reivindicará a su pueblo).

4:31. Las listas de vicios eran una forma literaria común en los escritos de los moralistas antiguos; a veces, todos los vicios enumerados pertenecían a un determinado aspecto, como aquí ocurre con la ira.

4:32—5:2. Otros moralistas, incluyendo a no cristianos griegos y romanos y a *Filón, apelaban a la imitación de Dios como un patrón para la ética. Pero los autores no cristianos del tiempo de Pablo no citaban el ejemplo de un dios que se hubiera sacrificado a sí mismo por su pueblo (4:32—5:2). (Algunos eruditos han apelado al ejemplo del titán Prometeo, que sufrió por su traición cuando dio al pueblo los secretos divinos. Pero no está claro que Prometeo esperara el severo castigo que recibió y entonces el ejemplo no hubiera sido digno de mención; dado el castigo de los titanes y las heridas infligidas a los inmortales en la mitología griega [p. ej., la herida de Ares en la *Ilíada*], Prometeo no presenta un paralelo precristiano de la idea cristiana de Jesús, quien, aunque divino, se ofreció voluntariamente a sí mismo por la humanidad. Además, la diferencia cualitativa entre las concepciones griegas y judías de la deidad hacen menos probable la comparación entre las historias de Prometeo y Jesús.)

Sobre la aceptación de parte de Dios de alguien como aroma fragante, compare Ezequiel 20:41 (su pueblo salvado); Efesios 5:2 significa que Dios aceptó a Jesús como un sacrificio (ver Gén. 8:21; Éxo. 29:18).

5:3-20
Más exhortaciones

5:3-6. Las relaciones prematrimoniales y otras inmoralidades sexuales, el habla grosera y las bromas sexuales eran tan comunes en la antigua sociedad pagana como lo son hoy. Pablo no disminuye los patrones divinos para acomodarse a la cultura; al contrario, advierte que quienes se envuelven en ese estilo de vida no formarán parte del pueblo de Dios en el mundo por venir. Sobre las listas de vicios y la "heredad" del *reino de Dios, ver el comentario sobre 1 Corintios 6:9, 10.

5:7. Aquí Pablo no aboga por una separación total (como la de la comunidad *esenia en el desierto) ni siquiera parcial como las que las leyes judaicas imponían a los judíos de la *diáspora sobre la comida y el sábado. Pero en la sociedad grecorromana muchos hubieran catalogado a los cristianos como antisociales por negarse a participar en conversaciones inmorales y, aun más, en los difundidos cultos cívico-religiosos que eran considerados una señal de lealtad local.

5:8-13. Los textos judíos a menudo usaban la "luz" y las "tinieblas" para contraponer el mal y el bien, y Pablo se alimenta de esa imagen aquí. Algunos grupos religiosos griegos, conocidos como *religiones de misterio, enfatizaban las iniciaciones nocturnas y algunos de ellos estaban conectados con la inmoralidad sexual. Como algunos críticos romanos de todas las religiones extranjeras asociaban a los cristianos con cultos inmorales, aquí Pablo tiene razón más que suficiente para buscar el disociar al cristianismo de los cultos a los que acaba de catalogar de paganos. La gente podía hacer en las tinieblas actos de los que se habrían avergonzado en público (cf. Isa. 29:15; 47:10).

5:14. Algunos comentaristas han sugerido que aquí Pablo está citando una paráfrasis expositora de la Escritura como un *targum o un texto como Isaías 60:1, o quizás Daniel 12:2. Otros piensan que cita una antigua *profecía o canción cristiana, compuesta ya sea por él mismo o por otro profeta (cf. 1 Cor. 14:37). Cualquiera de esas sugerencias es posible, así como una combinación de ambas (una profecía o canción basada en textos bíblicos). En cualquier caso, sin duda la cita era familiar tanto para Pablo como para los primeros oyentes de la carta.

5:15-17. "Redimiendo el tiempo" (RVA) probablemente significa "aprovechando el tiempo lo mejor posible"; cf. Sal. 90:12. La versión de Daniel 2:8 en la *LXX usa la frase para tratar de obtener una postergación. (La otra posible interpretación es la de llevar redención al presente siglo malo.) En Amós 5:13 también se expresa cómo los "días malos" pueden afectar una conducta prudente. En la tradición judía, ser "prudentes" o "imprudentes" (RVA); "sabios" o "necios" (RVR-1960) tenía más que ver con la moralidad que lo que se entendía en el pensamiento pagano (p. ej., Jer. 29:23).

5:18. En griego, los mandamientos de los versículos 19-21 surgen del mandamiento que Pablo ha dado para ser "llenos del *Espíritu" y expresan la naturaleza de la vida llena de él. La ebriedad era un comportamiento escandaloso en el judaísmo (cf. Prov. 23:20-35). En el mundo antiguo, mucha gente creía que la ebriedad podía producir una especie de inspiración o posesión de parte de Dionisio, el dios del vino. Sus adoradores más activos le entregaban el control de sí mismos y realizaban actos sexuales o llenos de simbolismo sexual (a menudo para disgusto de los romanos conservadores). Aquí es posible que Pablo contraste esta conducta con la inspiración que produce el *Espíritu de Dios. Pero no se pensaba en Dionisio cada vez que alguien se embriagaba. La ebriedad por lo general era asociada simplemente con la pérdida del autocontrol. Era una práctica común tanto en los banquetes nocturnos de los ricos como en las tabernas de los pobres.

5:19. Tanto los griegos como los judíos generalmente creían que la música llegaba por inspiración, idea que también aparece en el AT. Pablo enfatiza este tipo de adoración que el pueblo judío celebraba en el templo (o sea salmos e himnos). No podemos estar seguros de si, en este período, la mayoría de otras reuniones judías, como las de las *sinagogas, incluían el canto de salmos e himnos. "Canciones espirituales" probablemente se refiere a canciones inspiradas por el Espíritu (cf. 1 Crón. 25:1-6), posiblemente espontáneas, que distinguían claramente el culto cristiano de casi todo otro culto de la antigüedad (cf. 1 Cor. 14:15).

5:20. Los únicos autores antiguos (judíos y algunos grecorromanos, especialmente *estoicos) que insistían en la acción de gracias a Dios por todo eran los que creían que Dios gobernaba el curso de los acontecimientos, ya fuera el destino de los *estoicos o el Dios personal del judaísmo.

5:21-33
Esposas y esposos

La sección desde 5:21 hasta 6:9 trata de lo que llamaríamos "códigos del hogar". En los tiempos de Pablo, muchos romanos estaban perturbados por la difusión de "religiones orientales" (p. ej., el culto de Isis, el judaísmo y el cristianismo), de las que pensaban que podían socavar los valores familiares tradicionales de Roma. A menudo, los miembros de estas religiones minoritarias trataban de demostrar su apoyo a esos valores usando un patrón de exhortaciones que había sido desarrollado por los filósofos desde *Aristóteles. Se referían a cómo la cabeza del hogar debía tratar a los miembros de la familia, derivando en análisis de las relaciones de esposo y esposa, de padres e hijos y de amos y esclavos. Pablo adapta esta forma de exposición directamente del patrón de los escritos morales grecorromanos. Pero a diferencia de la mayoría de los escritores antiguos, socava la premisa básica de esos códigos: la absoluta supremacía de la cabeza masculina del hogar.

5:21. La demostración final de ser llenos con el *Espíritu es: "Someteos unos a otros" porque *Cristo es el Señor de cada uno. Todos los códigos para el hogar se basan en esa idea. Pero aunque la costumbre de apelar a que las esposas, los hijos y los esclavos se sometieran de diversas maneras, algo nunca oído era apelar a que *todos* los miembros de un grupo (incluyendo al *paterfamilias*, la cabeza masculina del hogar) se sometieran el uno al otro.

5:22-24. La mayor parte de los antiguos escritores esperaba que las esposas obedecieran a sus esposos, y deseaban que ellas tuvieran un comportamiento tranquilo y manso, incluso algunos contratos de matrimonio establecían un requisito de obediencia absoluta. Esto tenía sentido especialmente para los escritores griegos, que no podían concebir a las esposas como iguales. Las diferencias de edad contribuían a este desnivel: en la cultura griega, normalmente los esposos eran mayores que sus esposas, a menudo más de una década, pues los hombres solían casarse alrededor de los treinta años y las mujeres en su adolescencia, a veces en los primeros años de adolescencia.

Sin embargo, en este pasaje, lo más cerca que Pablo llega a definir la sumisión es "respeto" (v. 33), y en el texto griego la sumisión de la esposa a su marido (v. 22) es solo un ejemplo de la sumisión general mutua de los cristianos (el verbo del v. 22 está tomado directamente del v. 21 y por ello no puede significar otra cosa).

5:25. Aunque se daba por sentado que los esposos debían amar a sus esposas, los antiguos códigos del hogar nunca incluían el amor en la lista de los deberes del marido; tales códigos solo decían a los esposos que debían hacer que sus esposas les estuvieran sometidas. Aunque Pablo mantiene el antiguo ideal de la sumisión de las esposas en beneficio de su cultura, lo califica colocándolo en el contexto de la sumisión total: los maridos han de amar a sus esposas como *Cristo amó a la *iglesia, poniendo voluntariamente su vida por ella. Al mismo tiempo que relaciona al cristianismo con los patrones de su cultura, invierte los valores de la misma, yendo más allá de ellos. Tanto los maridos como las esposas deben someterse y amarse (5:2, 21).

5:26. Es probable que este "lavamiento" aluda figurativamente al lavamiento prenupcial de la novia (por supuesto, lavarse era natural antes de cualquier ocasión en la que alguien quería impresionar favorablemente a otro). Después de este lavamiento, la novia era perfumada, ungida y adornada con vestimentas nupciales. En el judaísmo, la ceremonia de bodas también llegó a ser llamada "santificación de la novia", o sea estar separada para su marido. "Palabra" se refiere naturalmente al *evangelio salvador de Cristo (1:13).

5:27. Después de la preparación de la novia (5:26), el siguiente paso en un casamiento judío era la salida de la novia de su casa paterna hacia la del novio, seguida por la presentación de aquella en la casa del novio. "Gloriosa" (RVA; "radiante", NVI; "resplandeciente", BJ), también se adecua a la imagen de este pasaje, pues es apropiada para el arreglo nupcial.

5:28-32. Aunque a veces los moralistas griegos y romanos aluden a la unidad entre esposo y esposa, esa imagen era especialmente destacada en el judaísmo, que compartía la forma en que Pablo y Jesús apelaban a Génesis 2:24, mencionado explícitamente en Efesios 5:31. La analogía de cabeza y cuerpo en 5:23 surge aquí como una imagen de unidad más que de autoridad.

5:33. A veces los escritores cerraban un libro o una sección con un resumen de conclusión; aquí Pablo resume el tema de 5:21-32: la esposa debe respetar a su marido y el marido debe amar a su esposa. Aunque los moralistas antiguos esperaban que las esposas respetaran a sus maridos (y los maestros judíos también esperaban la contraparte), generalmente también enfatizaban la "obediencia" de la esposa; la exhortación paulina que se hace aquí a las esposas llamaría la atención de la mayoría de los lectores antiguos por ser muy débil.

6:1-4
Hijos y padres

Los escritores judíos y grecorromanos estaban unánimes en que los hijos debían honrar a sus padres y que a la vez debían obedecerles, al menos hasta que crecieran. El mandamiento de honrar a los padres estaba en el AT (Éxo. 20:12; Deut. 5:16) e incluía vivir de tal manera que ellos fueran honrados por una sociedad piadosa (Deut. 21:18-21). Muchos escritores judíos creían que honrar a los padres era el mandamiento más importante. Al mismo tiempo, los hijos eran enseñados a menudo por medio de palizas, lo que era habitual en la crianza y educación de los niños. Se consideraba que los padres eran responsables de su educación. Pablo se cuenta entre la minoría de escritores antiguos que desaprobaba una disciplina excesiva (6:4). (La sociedad de griegos y romanos era aún más dura con los niños recién nacidos. Dado que un infante era aceptado como persona legal solo cuando el padre lo reconocía oficialmente, los bebés podían ser abandonados o muertos si eran deformes. Los primeros cristianos y los judíos se oponían unánimemente tanto al aborto como al abandono. Sin embargo, este pasaje orienta la disciplina de los menores en el seno del hogar.)

6:5-9
Siervos y amos

Los amos se quejaban con frecuencia de que los siervos ("esclavos", NVI) eran perezosos, especialmente cuando nadie los veía. Pablo alienta el trabajo duro, pero da a los siervos una nueva esperanza y un nuevo motivo para su trabajo.

Dice que los siervos, como las esposas, deben someterse a la cabeza del hogar como si fuera a Cristo, pero una vez más este deber es *recíproco.* Solo unos pocos escritores del mundo antiguo sugerían que los esclavos eran teóricamente iguales a sus amos en lo espiritual (cf. Job 31:13-15), y hasta donde se sabe, solo Pablo llegó a sugerir que en la práctica los amos hagan por los siervos lo mismo que los esclavos hacen por ellos (6:9).

Cuando *Aristóteles protestaba contra unos pocos filósofos que enseñaban que la esclavitud era algo malo, aquellos no declaraban las cosas con la claridad con la que lo hace Pablo aquí. Este confronta el tema práctico de cómo los esclavos deben enfrentar su situación, y no si la esclavitud debía ser abolida (tema que no era relevante a esa altura del contexto de códigos para la vida de hogar); ni siquiera una violenta revolución pudo haber terminado con la esclavitud en el imperio romano. Pero la forma en que trata el tema no deja lugar a dudas de dónde se hubiera ubicado si se le hubiera planteado la cuestion teórica de la esclavitud: las personas son iguales delante de Dios (6:9) y por lo tanto la esclavitud está contra la voluntad de Dios. Para más información sobre la esclavitud en general, ver la introducción a Filemón.

6:10-20
La armadura divina

Aunque en Efesios Pablo no sigue el bosquejo normal *retórico habitual, el pasaje de 6:10-20 funciona como una *peroratio*, una conclusión alentadora. A veces los filósofos describían su conflicto con las malas ideas como la lucha en un torneo atlético o una guerra; también usaban listas de virtudes, idea general que Pablo incorpora aquí. Algunos aspectos de la conclusión de Pablo se parecen a las exhortaciones que los generales daban a sus tropas antes de la batalla.

El AT tiene muchos cuadros de Israel como guerrero de Dios, y Dios mismo aparece como tal con toda su armadura, estableciendo su justicia (Isa. 59:17; cf. Sabiduría 5:17-20). Pero aunque Pablo toma su lenguaje del AT, a la mayoría de sus lectores la imagen de sus palabras en este párrafo les hubiera evocado la de un soldado romano y podrían haber relacionado esta imagen con su lucha espiritual contra los poderes demoníacos que actúan en el mundo. Dios, que luchaba en su favor, les había proporcionado su armadura. En su descripción, Pablo omite algunas partes de la armadura del soldado romano. Por ejemplo, solo menciona un arma ofensiva, por lo que usa la espada pero no la lanza (el *pilum*). Probablemente no tenían ningún propósito especial al relacionar las fuerzas específicas del cristiano con las partes del cuerpo de la armadura (cf. 1 Tes. 5:8); más bien, quiere que sus lectores sepan que para ser victoriosos necesitan de todas.

6:10, 11. En el día de batalla, los soldados romanos permanecían firmes en su terreno (sin retirarse). Mientras ellos permanecieran juntos en un campo llano y abierto, y no rompieran filas, sus legiones eran consideradas prácticamente invencibles.

6:12. En el AT algunas personas aprendieron que su batalla era de naturaleza espiritual (cf. Gén. 32:22-32; Dan. 10:10-21), aunque tanto en Daniel como en Pablo la batalla se llevaba a cabo en oración, sometiéndose a Dios y haciendo su voluntad, y no yendo directamente contra los poderes hostiles (Dan. 10:12, 13, 21). Algunas deidades paganas eran llamadas "gobernantes del mundo", y en aquel período se estaban haciendo populares para los rangos altos términos como buenos y malos ángeles; "espíritus de maldad" ("huestes espirituales de maldad", RVA; "fuerzas espirituales malignas", NVI) es una expresión idiomática griega por "malos espíritus"; que es un término judío y *neotestamentario.

6:13. El "día malo" puede referirse en general a cualquier tiempo de juicio o prueba (p. ej., Amós 6:3), pero algunos eruditos piensan que se aplica específicamente al período de intensa tribulación que los judíos esperaban antes del final de los tiempos (cf. Dan. 12:1), que en otros lugares Pablo ha considerado como algo presente (cf. Rom. 8:22, 23). Sobre "quedar firmes", ver el comentario sobre 6:10, 11.

6:14. El "cinturón" (RVA) puede referirse al delantal de cuero que se colocaba debajo de la armadura para proteger el bajo abdomen. La "coraza" normalmente consistía en un cuero revestido de metal y protegía el pecho en las batallas; como el yelmo (6:17), solo se usaba en combate y no comúnmente. Los soldados romanos debían avanzar hacia adelante en la lucha, lado a lado, de modo que la armadura debía protegerles el frente. Teniendo en cuenta Isaías 59:17 (cf. Sabiduría 5:18) esta "coraza de justicia" es ciertamente la "armadura de Dios" (6:13).

6:15. Los soldados necesitaban usar sandalias o botas (técnicamente la *caliga* o media bota) para poder avanzar hacia el enemigo sin distracciones sobre dónde pisaban; este atavío era esencial en su "preparación" para la batalla. Pablo toma esta imagen especialmente del heraldo de Isaías 52:7 que anunciaba las buenas nuevas: compartiendo el mensaje de Cristo, el ejército de Dios avanza contra la posición enemiga.

6:16. Los soldados romanos estaban equipados con grandes escudos rectangulares de madera, de 1,20 m de alto, con el frente recubierto de cuero. Antes de una batalla, en la que podían ser disparadas flechas encendidas, el cuero era humedecido para apagar cualquier dardo que se lanzara contra ellos. Después de que los soldados romanos cerraban filas, la línea del frente, que sostenía escudos adelante, y los que iban detrás con escudos sobre su cabeza eran virtualmente invulnerables a cualquier ataque con flechas encendidas.

Como se decía que el dios griego y romano de la pasión (llamados Eros y Cupido, respectivamente) atacaba con flechas encendidas, algunos de los lectores de Pablo pueden haber pensado específicamente que este versículo hablaba de la tentación de la lujuria, aunque probablemente pretendía que la imagen cubriera más que ese peligro (cf. Sal. 11:2; 57:4; 58:3-7; 64:3; quizás 120:1-4; Prov. 25:18).

6:17. El casco de bronce, equipado con piezas para las orejas, era necesario para proteger la cabeza; aunque era una pieza esencial para la batalla, normalmente no se la usaba fuera de ella. Sobre la frase "yelmo de salvación", ver Isaías 59:17; compare con el comentario a Efesios 6:14. La espada (*gladius*, de 60 a 80 cm) era un arma que se usaba solo en la batalla cuerpo a cuerpo, y las pesadas lanzas que llevaban los soldados de la primera línea ya no eran prácticas. De ese modo, Pablo da a entender que la batalla debe ser entablada enfrentando a los que no conocen la palabra de Dios (el *evangelio) con su mensaje, después de que uno esté espiritualmente preparado en las otras formas que se han enumerado aquí. De ese modo, el ministerio de Pablo era de carácter especialmente estratégico, porque incluía batallas de largo alcance hacia las filas enemigas (vv. 19, 20).

6:18, 19. Si la oración de unos por otros (v. 18) continúa la figura de la imagen bélica del contexto precedente, puede relacionarse con cómo los soldados debían mantenerse juntos en su formación de combate, cubriéndose unos a otros al moverse como una unidad sólida. Por sí mismo, un soldado romano era vulnerable, pero como ejército unificado, una legión romana era prácticamente invencible. "Vigilando" o "estando alertas" también puede ser un lenguaje militar (sugerido por Jesús; cf. Mar. 14:38). Orar en el *Espíritu probablemente implique la oración *inspirada* (cf. 1 Cor. 14).

6:20. Los embajadores debían ser recibidos con el mismo respeto que merecían quienes los enviaban; como heraldos, debían ser inmunes a la hostilidad aun si representaban a un reino enemigo. Al contrario, Pablo, un "embajador" del más grande de los reyes y del más grande de los *reinos, estaba encadenado por su misión de paz (6:15). En la literatura griega, un verdadero filósofo se caracterizaba por su "valentía" o su forma franca de hablar. Como en 3:1-13, esta sección añade *pathos* o sentimiento; aunque su razón de ser más importante es solicitar oración, también establece un ejemplo para la *iglesia.

6:21-24
Saludos de despedida

6:21, 22. El correo y otras noticias eran llevadas por los viajeros, porque el imperio romano no tenía un servicio postal oficial, salvo para asuntos imperiales.

6:23, 24. El AT prometía el pacto de amor de Dios a todos los que lo amaran (Éxo. 20:6; Deut. 5:10; Neh. 1:5; Dan. 9:4; cf. 1 Rey. 8:23); aquí la promesa se aplica específicamente a aquellos que aman al Señor Jesucristo.

FILIPENSES

Introducción

Paternidad literaria. La vasta mayoría de los eruditos neotestamentarios aceptan que Filipenses es una auténtica carta (o cartas) paulina.

Unidad. Algunos eruditos han dividido Filipenses en unidades menores. No era tarea fácil mandar cartas por medio de mensajeros y es más probable que Pablo mandara una más larga más bien que varias cortas, salvo que hubiera viajeros que fueran a Filipos por otros motivos. Sin embargo, la división de Filipenses no es imposible. En última instancia, dos factores sostienen la unidad de la carta: (1) el peso de la prueba está sobre aquellos que la dividirían porque era común que se pudieran distinguir diferentes cartas en colecciones epistolares; (2) los argumentos para la división se basan en las estructuras epistolares modernas que pasan completamente por alto las estructuras *retóricas y epistolares de la antigüedad.

Estructura. El capítulo 1 trata sobre temas del trabajo común de Pablo y de los filipenses en el *evangelio (usando elementos de antiguas cartas entre amigos). El capítulo 2 aporta modelos para ser imitados (entre los que se incluyen cartas de recomendación). El capítulo 3 contiene una *digresión (lo que era común en las cartas antiguas). El capítulo 4 vuelve al tema principal de la carta (una nota de agradecimiento encareciéndoles que eviten cualquier influencia de la ideología común en la antigüedad: la relación entre *protector y *protegido).

Circunstancias. Pablo declara que el propósito de Filipenses es agradecerles (4:10-20), pero como escribía desde la prisión (probablemente en Roma), él también quiere tratar otros asuntos, incluyendo la probable persecución posterior que enfrentaría la *iglesia y una exhortación a trabajar en armonía. En la misma medida que la *iglesia de Filipos amaba a Pablo, sus miembros estaban divididos entre sí; de allí las recurrentes exhortaciones a la unidad (1:27; 2:2, 14) y al servicio mutuo (2:3-11). Por lo menos, parte de la división giraba alrededor del desacuerdo entre dos colaboradoras de Pablo, (4:2, 3). Si existía alguna oposición a Pablo, probablemente implicaba a cristianos judíos que abogaban por la circuncisión, si es que Pablo creía que ya habían llegado a Filipos (3:2-21).

Comentarios. Los más útiles son Fred B. Craddock, *Philippians*, *Interpretation* (Atlanta: John Knox, 1985); y General F. Hawthorne, *Philippians*, WBC 43 (Waco, Tx.: Word, 1983). Ralph P. Martin, *Epistle of Paul to the Philippians*, rev. Ed. (Grand Rapids, Mich.: Eerdmans, 1988), y F. F. Bruce, *Philippians*, NIBC (Peabody, Mass.: Hendrickson, 1989), también pueden ser de ayuda.

1:1-2
Introducción

1:1. El título "siervos" no era despectivo para el ambiente judío (los profetas habían sido llamados "siervos de Dios") ni para el grecorromano (los esclavos del emperador y otros altos oficiales tenían mucho más poder que las personas libres). Sobre "obispos" y "diáconos", ver el comentario sobre 1 Timoteo 3:1, 8, donde estos términos también aparecen juntos.

1:2. Aquí Pablo cristianiza una forma de saludo acostumbrado en la antigüedad (ver el comentario sobre Rom. 1:7).

1:3-11
Gracias a Dios por los filipenses

Era común que hubiera agradecimientos en las cartas antiguas; a Pablo le gustaba usarlos, pero los omitió en las cartas congregacionales a los Gálatas y aquí por razones obvias.

1:3, 4. El lenguaje judío a veces relaciona las oraciones con "recuerdos" o "memorias" delante de Dios (como en Rom. 1:9); aquí probablemente Pablo quiere decir que agradece a Dios por los filipenses durante sus oraciones habituales (cf. Fil. 4:6).

1:5. El término traducido "participación" (RVA; "colaboración", BJ) se usaba a menudo con un sentido económico para aquellos que habían "compartido" monetariamente. Aquí incluye la ayuda financiera que le habían dado los filipenses (4:10-20).

1:6. "Día de Cristo Jesús" es una adaptación del lenguaje del AT para el "día del Señor", lo que da por sentado que Cristo es divino. La confianza de Pablo en su perseverancia se basa en 1:5, 7.

1:7. Las cartas a amigos a menudo mencionaban la nostalgia que el autor tenía por ellos. Debido a su encarcelamiento y situación legal, Pablo también usa naturalmente el lenguaje habitual en procedimientos legales: la "defensa" y la "confirmación" o reivindicación, la exoneración.

1:8. Generalmente, los antiguos llamaban como testigo a una deidad, presuponiendo su sabiduría; mentir en esas condiciones era atraer la ira de la deidad.

1:9-11. Como hace Pablo aquí, los filósofos también subrayaban la necesidad de discernir lo que era bueno de lo que era malo. Sobre la fuente de la "justicia" (v. 11), ver también el comentario sobre 3:9.

1:12-26
Provecho en la tribulación

Era típico que los filósofos griegos declararan que ni la prisión ni la muerte tenían importancia; solo la tenía la propia actitud. Pablo concuerda en parte con ese criterio, pero por razones muy diferentes: Dios en su soberanía usa la tribulación para su gloria (1:12-14, lo que era una creencia judía y *veterotestamentaria) y la superioridad de una devoción a Jesús sin variantes (1:21, 23). Las cartas, así como los discursos, generalmente incluían un elemento *narrativo que guiaba las circunstancias de la redacción, o completaba la información de los lectores sobre lo más reciente.

1:12. Los filósofos *estoicos argumentaban que tanto la prisión como la muerte no eran algo malo. Sobre el "adelanto" (RVA; "progreso", RVR-1960, BJ) ver el comentario sobre Gálatas 1:14, aunque la idea en Filipenses 1:12 (a diferencia de 1:25) evocaría más naturalmente la imagen del "avance" (NVI) de un ejército que el avance de un estudioso.

1:13. Algunos comentaristas han sugerido que "palacio" (NVI) o "pretorio" (RVA) se refiere aquí a una residencia de un gobernador provincial, como el lugar de detención de Pablo en Cesarea (Hech. 23:35); Pablo fue detenido con frecuencia (2 Cor. 11:23), y una detención en Asia o en Siria Palestina clarificaría la presencia de tantos colaboradores en Colosenses 4:10-15. Otros toman "la casa del César" (Fil. 4:22) literalmente, pensando que aquí el "pretorio" se refiere a una prisión romana a cargo de la guardia pretoriana, como en Hechos 28:16; el lugar central de Roma en el imperio atraía a muchos, lo que podría explicar la presencia de los ministros en Colosenses 4:10-15. No se permitía la presencia de un ejército en Italia, pero la guardia pretoriana consistía en unos trece o catorce mil soldados italianos libres. Era el cuerpo de guardia escogido del emperador, a las órdenes del prefecto pretoriano. Considerados como *protegidos del emperador (o sea parte de su casa), se los mantenía fieles por medio de la paga más alta entre los militares romanos, así como por el liderazgo de un prefecto que legalmente nunca podría llegar a ser emperador, ya que era un caballero y no un senador.

1:14-18. Lo maestros judíos admitían que era mejor servir a Dios por malos motivos que no servirle para nada. Sin embargo, también insistían sin dudar en que aquellos que usaban la *ley solo para su propia ganancia no compartirían el mundo por venir.

1:19. La "salvación" (DHH) a menudo significa la "liberación" (RVA) física de la prisión y, en este contexto, debe tener ese significado. Los ciudadanos de Filipos eran ciudadanos romanos (ver el comentario sobre 3:20) y por lo mismo disfrutaban de cierta protección legal. Pero el destino de Pablo en el tribunal, como cristiano que era además de ser un ciudadano romano, sentaría un precedente legal que podría afectar la posición legal de ellos, de modo que tenían más de una razón para preocuparse por la forma en que evolucionaba su caso.

1:20-23. A menudo los filósofos declaraban que la muerte no era un mal sino algo neutral; era más bien una aniquilación o la migración del alma de un lugar a otro. Pablo ve esto como algo malo (1 Cor. 15:26) pero también como una forma de seguir a Cristo sin vacilar. La mayor parte de los judíos palestinos enfatizaba la *resurrección futura del cuerpo de los justos, pero creían que el alma de los justos que morían estaba con Dios en el cielo mientras tanto; Pablo está de acuerdo con ellos. Muchos escritores grecorromanos expresaron un deseo de morir y ser librados de los sufrimientos; los autores del AT no tomaban generalmente esa posición (Sal. 30:9), sino que más bien algunos se deprimían bastante al respecto (1 Rey. 19:4) e incluso deseaban no haber vivido (Job 3:1-19; Jer. 15:10; 20:14-18).

1:24-26. Si Pablo permanecía, eso los ayudaría en virtud de su continuidad como maestro y quizá como precedente legal; ver el comentario sobre 1:19. Nerón no estaba especialmente interesado en las cuestiones legales, y en el año 62 d. de J.C. liberó a los rehenes judíos que el procurador Félix le había enviado previamente. Del mismo modo, Pablo fue liberado en aquella época (ver el comentario sobre Hech. 28:30, 31).

1:27-30
Persistencia en la esperanza

1:27. "Vuestra conducta" usa el lenguaje griego de un ciudadano en un estado libre (cf. 3:20), lenguaje que los escritores judíos usaban para describir cómo su pueblo obedecía la *ley de Dios (como en Hech. 23:1). En cuanto a la imagen atlética (implicada sin duda en la palabra griega que es traducida "combatiendo juntos", NVI, DHH), ver el comentario sobre Filipenses 1:30.

1:28. La confianza que Pablo da a entender aquí alude a la esperanza del AT y de los judíos de que Dios destruiría a los enemigos de su pueblo en el tiempo del fin, pero que reivindicaría y salvaría a su pueblo.

1:29. Aunque el pueblo judío trataba de evitar la persecución cuando era posible, exaltaba a los mártires que preferían la muerte antes que la desobediencia a Dios. (Quizás se puedan distinguir las actitudes públicas, como la alabanza a los héroes del pasado, de las actitudes personales, como el precio que los individuos pagaban en la vida cotidiana por sus convicciones. Sin embargo, en el caso de

Pablo, él confrontaba a diario una elección personal y en su propia vida presentaba un modelo de entrega hasta el extremo del martirio.) Pablo consideraba que el sufrimiento era un privilegio para el cristiano (cf. en la misma forma Hech. 5:41). También puede estar presente aquí la idea del sufrimiento que indica la proximidad del fin (como en el pensamiento judío).

1:30. Como muchos moralistas griegos, Pablo aplica el lenguaje de las antiguas competencias atléticas ("conflicto", RVA; "lucha", NVI) a la vida de la persona moral. El tema aquí es la persecución; sobre la forma en que los filipenses compartían el destino de Pablo, ver el comentario sobre 1:19.

2:1-11
Siervos como Cristo

Pablo continúa su exhortación de 1:27-30, abogando por la unidad (1:27) y la intrepidez delante de la recompensa del martirio (1:28; 2:9-11; cf. 3:20, 21). Los moralistas antiguos a menudo presentaban ejemplos para demostrar sus puntos, y aquí Pablo presenta a Jesús (2:5-11), a sí mismo (2:17, 18), a Timoteo (2:19-24) y a Epafrodito (2:25-30). La correspondencia entre 2:6-11 y 3:20, 21 indica hasta dónde Pablo usa aquí a Cristo como modelo para los creyentes. (La mayoría de los eruditos aceptan Fil. 2:6-11 como un himno prepaulino, basándose en la estructura y el lenguaje del pasaje. Otros señalan que Pablo mismo pudo ser el responsable de la producción hímnica. Los autores griegos salpicaban sus escritos con citas de poesía griega y es posible el uso paulino de un himno cristiano anterior, aunque no se puede decir que eso esté probado.)

2:1-4. Pablo toma el lenguaje que se usaba en los discursos griegos de *homonoía;* que apelaban a la armonía y unidad entre los oyentes.

2:5, 6. Algunos eruditos sugieren que el ser Cristo en "forma de Dios" alude a que Adán fue formado a la imagen de Dios (Gén. 1:26). A diferencia de Adán, quien siendo humano intentó ser divino (Gén. 3:5), Jesús, siendo divino, hizo a un lado su posición privilegiada de honor. Aún más, el tema aquí es el hecho de que los textos judíos describen la sabiduría divina como la imagen perfecta y arquetípica de Dios (aquí "forma" [NVI; "naturaleza", DHH; "condición", BJ] puede significar "papel" más bien que "imagen"; cf. 2:7b, "forma de siervo", aunque esta frase es paralela con "semejante" en 2:7c).

2:7. El "siervo" de Isaías 53 también fue "derramado" o "se vació a sí mismo", aunque no en la encarnación, pero sí en la muerte (Isa. 63:12; cf. Fil. 2:8). (Pablo, sin embargo, usa aquí una palabra griega más explícita para "esclavo" que la que aparece en Isaías (*LXX).

2:8. En el judaísmo se premiaba la obediencia que llegaba al extremo de la muerte en los relatos sobre mártires. La crucifixión era la forma más degradante de ejecución, reservada para los criminales no romanos que eran esclavos o personas libres de baja condición.

2:9. Algunos comentaristas creen ver en el lenguaje de este versículo una alusión a la exaltación de Isaías 52:13. Si, como es probable, ese versículo se refiere más al sufrimiento que a la gloria (52:14—53:11), Pablo no se refiere a esto aquí, o *contrapone* la exaltación llevada a cabo por Dios con los sufrimientos que Jesús experimentó entre los hombres.

2:10, 11. Isaías 45:23 ("se doblará toda rodilla y jurará toda lengua") se refiere a la sumisión final de todas las naciones delante de Dios; es llamativo que Pablo aplique el texto a Jesús (especialmente con un título del AT para la divinidad en el v. 11). Los que están "en los cielos" debe incluir a los ángeles, probablemente los ángeles rebeldes, que gobiernan las naciones paganas (ver el comentario sobre Ef. 1:19-23). Los griegos adoraban dioses en los cielos, la tierra, el mar y el mundo subterráneo; la mitología tradicional griega también colocaba en el mundo subterráneo la sombría existencia de las almas de los que habían partido. Pablo declara que cualquiera que sea la categoría de seres que exista, debe reconocer el gobierno de Cristo, porque él es exaltado sobre todo. Delante de un gobernante o un rey, se debe doblar la rodilla en obediencia.

2:12-16
Una vida correcta

Aquí Pablo continúa su exhortación a los creyentes para que vivan en unidad (2:1-11).

2:12, 13. A menudo las cartas actuaban como reemplazo de la presencia de alguien; así es como Pablo trata con los filipenses por medio de la carta para que obedezcan sus enseñanzas como si él estuviera presente. Por perseverar juntos ellos aseguran la "salvación" final (ver 1:27, 28). La retribución de esa obediencia está implícita en el paralelo con la obediencia de Jesús en 2:8, 9. La enseñanza de que están capacitados para obedecer por medio del poder de Dios prácticamente no tiene paralelo en la literatura precristiana, salvo por las enseñanzas del AT sobre el *Espíritu; ver el comentario sobre Gálatas 2:19, 20.

2:14. Las "murmuraciones y contiendas" (RVA; "quejas ni contiendas", NVI) habían caracterizado a Israel en el desierto y eran condenadas en el AT; ver el comentario sobre 1 Corintios 10:9, 10.

2:15. La tradición judía a menudo comparaba a los justos con "luminares" (RVA) en un mundo oscuro; cf. especialmente Daniel 12:3 (el término usado por Pablo se aplica especialmente a los cuerpos celestes, lo que refleja una imagen como la que usa Daniel).

2:16. El "día de Cristo" sigue el patrón *veterotestamentario del "día del Señor" (ver el comentario sobre 1:6).

2:17-24
Los ejemplos de Pablo y Timoteo

Pablo continúa presentando el modelo de estilo de vida del siervo por medio de ejemplos.

2:17, 18. Las religiones antiguas volcaban regularmente libaciones ante los dioses, por lo común vino, pero también a veces agua u otra sustancia. Pablo está siendo derramado (cf. 2:7) como una "libación" al verdadero Dios, como ofrenda benéfica a favor de aquellos que se le unen con su propio sacrificio.

2:19-21. Tanto los filósofos griegos como los profetas del AT se quejaban de que eran escasos los que estaban plenamente consagrados a la causa. Pablo presenta muchas "cartas [o pasajes] de recomendación", una forma común de escribir en la antigüedad (ver el comentario sobre Rom. 16:1, 2), pero coloca a Timoteo, su emisario especial, en una categoría que lo destaca, haciendo de él la más elevada recomendación.

2:22. A menudo, los mensajeros eran enviados como representantes personales, que debían ser recibidos con los mismos honores que se otorgaban al remitente (p. ej., 2 Sam. 19:37, 38). Con frecuencia, los maestros y los *discípulos desarrollaban una relación íntima que era descrita como de "padre" a "hijo".

2:23. Era difícil mandar noticias porque debían ser llevadas por un mensajero, lo que a veces era una tarea peligrosa que exigía condiciones de viaje según el momento del año (cf. 2:30). Por lo tanto, Pablo quiere esperar hasta poder dar un informe completo de cómo había terminado su juicio.

2:24. Las cartas eran usadas como reemplazo de la propia presencia, pero a menudo anunciaban la llegada del remitente.

2:25-30
El servicio sacrificial de Epafrodito

Epafrodito había sido el mensajero de los filipenses para llevar a Pablo el obsequio hasta la prisión (4:18); sin duda, fue él quien les llevó la carta de respuesta de Pablo. Las condiciones de viaje eran peligrosas y severas, especialmente en el mar a fines de otoño y principios de la primavera, y tales condiciones disminuían la propia resistencia a las muchas enfermedades de la antigüedad (vv. 26, 27). Como "Epafrodito" era un nombre común, no se pueden extraer conclusiones sobre su origen, pero el contexto sugiere que era de Filipos. Los paganos oraban pidiendo sanidad a sus dioses (especialmente a ciertas deidades asociadas con la sanidad, sobre todo a Esculapio); el pueblo judío oraba y alababa al verdadero Dios como sanador del cuerpo, así como perdonador del pecado. Las oraciones judías por sanidad a veces eran descritas como una petición de "misericordia". "Arriesgando" ("arriesgando su vida", v. 30) era a menudo usado como un término que se empleaba en los juegos de azar, y algunos eruditos han hecho notar que, como los jugadores invocaban a Venus, la diosa del juego, con el término *epafroditus*, quizá Pablo estaba haciendo un juego de palabras con el nombre de su amigo. Aunque por lo común Dios sanaba a los que en la Biblia aparecen orando a él, esta acción no puede considerarse un hecho dado; aun sus siervos más fieles habían muerto por alguna enfermedad (2 Rey. 13:14; cf. 1 Rey. 1:1; 14:4).

3:1-16
Justicia no por obras humanas

La sección desde 3:1 hasta 4:1 es claramente una *digresión. Muchos eruditos han sugerido que se trata de otra carta paulina insertada accidentalmente en medio de Filipenses, o una combinada con varias otras cartas paulinas dirigidas a los mismos. Pero las digresiones eran comunes en la oratoria y la escritura antiguas, y esta sección no tiene por qué ser otra cosa. Las conexiones literarias con el resto de la carta fortalecen la sugerencia de que es parte de una sola carta.

3:1. La expresión "Por lo demás" (RVA) que podría traducirse "finalmente", a veces indica el fin de una carta, pero con la misma frecuencia actúa como un elemento de transición dentro de un escrito.

3:2. Aquí los opositores no son perseguidores judíos, quienes difícilmente estarían en Filipos porque allí había una comunidad judía muy pequeña. Más bien, es probable que fueran los maestros judeocristianos itinerantes a quienes Pablo había encontrado en Galacia y que querían circuncidar a los *gentiles. No queda claro si ya habían llegado a Filipos, o si simplemente andaban viajando alrededor y Pablo advierte que ellos podrían llegar. Los filósofos *cínicos eran llamados comúnmente "perros", pero teniendo en cuenta el error específico que Pablo refuta en este pasaje, es evidente que él no usa la palabra como referencia a esos filósofos; su uso simplemente ilustra hasta qué extremo el término era despectivo. Tenía que ver más con la enseñanza judía que consideraba a los perros como impuros y a veces sexualmente inmorales; el AT aplica el título a la prostitución ritual masculina (Deut. 23:17). Sin duda, un título así haría retroceder a los piadosos que exigían la circuncisión. Había carteles que decían: "Cuidado con los perros", aun en la antigua Roma donde eran mascotas o guardianes (Petronio, *Satiricón* 29), lo que sin duda reforzaba el agudo sarcasmo de la frase paulina. Aquí Pablo usa otra palabra para "circuncisión", que quiere decir "mutilación" (RVA; cf. 1 Rey. 18:28 en la *LXX); ver el comentario sobre Gálatas 5:12 en cuanto al significado cultural de esta idea.

3:3. Pablo dice que lo que realmente le importa a Dios es la circuncisión espiritual (Deut. 10:16; 30:6; cf. Lev. 26:41; Jer. 4:4; 9:25, 26). Como en el antiguo judaísmo por lo común se asociaba al *Espíritu con la *profecía, servir a Dios "en espíritu" puede referirse al culto carismático del tipo descrito en 1 Crónicas 25:1-6; como la mayoría del pueblo judío creía que el *Espíritu ya no era accesible en su plenitud en aquel tiempo, Pablo presenta una experiencia de la *iglesia que confirma la llegada del *Mesías y que la mayoría de los judíos no pretendería equiparar.

3:4. En los discursos epidéiticos (de alabanza

o vergüenza) eran comunes las listas de virtudes o vicios y, en forma *narrativa, caracterizaban las biografías de ese tipo. La autorrecomendación era considerada adecuada si uno se estaba defendiendo, así como ponerse a sí mismo como ejemplo legítimo para otros. Al declarar que tiene más méritos que sus opositores, aun en sus propios términos, transforma esta autorrecomendación en una oportunidad para socavar la posición de aquellos; los oradores y los escritores profesionales a menudo usaban la técnica *retórica habitual de la "comparación" para lograr ese fin.

3:5. Era típico que las listas de virtudes incluyeran temas como el nacimiento noble o la belleza, así como rasgos de carácter como la prudencia o la firmeza. Los varones judíos eran circuncidados al octavo día; de acuerdo con eso, Pablo elimina cualquier competencia con *prosélitos convertidos por sus opositores a una mayor edad, pues en el judaísmo los prosélitos tenían una posición social más baja que aquellos que habían nacido judíos. "Hebreo de hebreos" podía indicar un origen judeopalestino, aunque esto no es claro; sin embargo, sí lo era el que había vivido en Palestina antes de su conversión por el hecho de que era *fariseo (en Hech., cf. el comentario sobre 22:3). Aunque la piedad farisaica estaba esparcida por todas partes, al parecer los mismos fariseos vivían solo en Palestina y se habían concentrado alrededor de Jerusalén. Se los reconocía por ser los observadores más meticulosos de la *ley, y ahora algunos pretendían ser los opositores de Pablo.

3:6. El "celo" por la *ley no siempre incluía la violencia, pero los principales modelos de ello incluían a Fineas (Núm. 25:7-13), y especialmente a los macabeos y los patriotas judíos que se llamaban a sí mismos *zelotes en la guerra contra los romanos, no mucho después de que Pablo escribió estas palabras. Al definir su justicia legalista en términos de su persecución de los cristianos, Pablo asocia la posición de sus opositores en su "celo" por la ley con la oposición a la fe de los cristianos filipenses.

3:7. Apelando a la fe cristiana que compartían con él, sus lectores y (según ellos mismos) incluso sus opositores, Pablo hace a un lado las credenciales del mundo (y de ese modo las únicas que sus opositores podían reclamar; ver el comentario sobre 2 Cor. 11:16-18). "Ganancia" (RVA; "lo que valía mucho para mí", DHH) y "pérdida" son términos que se usaban en el mercado, como otros que aparecen luego en la carta (4:10-20). Pablo tuvo que sacrificar todas sus ventajas espirituales previas para seguir a Cristo, que era lo que realmente interesaba.

3:8. "Basura" (RVA) o "desperdicios" generalmente se refiere al "estiércol" (NVI), o la comida que debe ser tirada y que disfrutarán los perros (3:2). (Los oradores antiguos valoraban la capacidad para producir insultos atrevidos.)

3:9. Como en 3:6, el problema no es la ley sino que la justicia era de Pablo mismo, o sea que era inadecuada. Tanto los salmistas bíblicos como los judíos posteriores, cuyos himnos aparecen en los *Rollos MM, esperaban en Dios para su reivindicación o recompensa, y del mismo modo Pablo había recibido su justificación solo de Dios.

3:10. La mayor ansia de los hombres y mujeres del AT era la de "conocerle" (Éxo. 33:13), una relación que es accesible a todo el pueblo del nuevo pacto (Jer. 31:34). Este lenguaje refleja tanto la relación del pacto (en un nivel corporativo) así como la íntima comunión con Dios (en el plano personal experimentada por los profetas). Pero Pablo también conecta el conocer a Cristo con compartir sus sufrimientos y su gloria.

3:11. El compartir en forma definitiva la *resurrección de Cristo aparece en la futura resurrección de los justos (en la que creía la mayoría de los judíos). En el pueblo judío, muchos creían que la resurrección sería precedida de un período de sufrimientos, y esto también parece ser el criterio de Pablo (lo que es claro en Rom. 8:18-22, posiblemente reflejado en Fil. 3:10, 11).

3:12, 13. En el lenguaje de las competencias atléticas, con frecuencia usado metafóricamente por los antiguos moralistas, Pablo describe su lucha por la esperanza futura de 3:11. Los hombres preparados entre los grecorromanos a veces admitían que no eran "perfectos", pero hablaban de sí mismos como "maduros" o sabios, contraponiéndolo a los que aún eran novicios. (Los comentaristas notan que las *religiones de misterio describían el grado más alto de la iniciación como "perfección" o "plenitud", pero posiblemente esto es menos relevante aquí que el lenguaje de los sabios.) "Lo que queda atrás" (RVA) corresponde a la imagen paulina de la carrera; para ganar, uno debe mantener la mirada en la meta; los corredores griegos normalmente corrían en una línea recta de ida y vuelta.

3:14. Al final de cada carrera, el oficial a cargo hacía que sus heraldos proclamaran al ganador y lo llamaran para recibir el premio (en los juegos olímpicos, una rama de palmera). En la metáfora de Pablo, el premio es la revelación plena de Cristo en la *resurrección (3:10, 11).

3:15. Los filósofos avanzados, al contrario de los estudiantes novicios, eran descritos como "maduros" (RVA; "perfectos", NVI).

3:16. Aunque sin mirar atrás al propio pasado (3:13), y sin haberlo alcanzado (3:12), ellos debían mantener lo que ya habían logrado. "Vivamos" (NVI) aquí puede significar "andemos" (VM); quizás Pablo adapta su metáfora de la carrera de 3:12-14, aunque no es seguro.

3:17—4:1
Juicio y salvación

Los maestros como Pablo trataban sobre la *resurrección de los justos basando su justicia solo en Cristo (3:9-11); sin embargo, sus opositores, como perros interesados en las sobras (3:2, 8), estaban destinados a la destrucción, como también todos los que los seguían (3:18, 19).

3:17. A menudo, los maestros antiguos se ponían ellos mismos como modelo. (Pablo ha dado cuatro ejemplos, usándose a sí mismo en uno, en el capítulo 2 y nuevamente en 3:4-14.)

3:18. Las demostraciones de emoción eran consideradas algo adecuado en la oratoria pública, pero las expresiones previas de Pablo sobre las ofensas recibidas (3:2) concuerdan mejor en la antigua norma que "llorando". "Con lágrimas" (NVI) o "llorando" (RVA) indica su amor por sus opositores.

3:19. Los filósofos grecorromanos y los escritores judíos no palestinos (especialmente *Filón) hablaban repetidamente contra los que eran gobernados por sus pasiones, a menudo señalando que eran gobernados por su "estómago" (RVA) o "sus propios apetitos" (sexuales o culinarios) (DHH), despreciando la forma en que cuidaban las cosas eternas. La glotonería había llegado especialmente a ser parte de la cultura romana y la forma en que la practicaba la aristocracia era un tema frecuente del humorismo de los satíricos. Pero ser gobernados por el propio "vientre" significaba más que glotonería; se lo usaba para indicar cualquier indulgencia física (cf. NVI, "sus propios apetitos"). Esto sería un insulto fuerte para aquellos que pensaban que eran celosos de la *ley, pero Pablo ya había lanzado "vergüenza" sobre su "gloria" con su propio ejemplo en 3:4-8.

3:20. Siendo Filipos una colonia romana, sus ciudadanos automáticamente lo eran de Roma, compartiendo todos los derechos y privilegios de los ciudadanos romanos aunque la mayoría de ellos nunca había estado en la capital del imperio. (No todos los que vivían en Filipos eran plenos ciudadanos de Filipos, pero la ciudadanía de muchos en la *iglesia, especialmente de los propietarios de las casas en que se reunían, hacía que todo el movimiento estuviera allí en una posición elevada.) Por lo tanto, los lectores de Pablo en Filipos entendían muy bien lo que significaba ser ciudadanos de la ciudad suprema aunque aún no estuvieran viviendo allí. En Filipos, muchas divinidades eran llamadas "salvadores", así como el emperador; aunque la aplicación de este título a Jesús deriva del lenguaje del AT al referirse a Dios, eso aporta un fuerte contraste con el paganismo que debían confrontar a diario los cristianos fuera de Palestina.

3:21. El concepto paulino de la *resurrección es que involucra el cuerpo, pero que en su naturaleza es distinto del actual. (La cultura griega consideraba como una superstición vulgar la idea de una resurrección corporal; ver el comentario sobre 1 Cor. 15.) Como en el judaísmo, la resurrección acontece en el tiempo de la batalla final, cuando Dios domine a todos sus enemigos (cf. también 1 Cor. 15:25-28).

4:1. El hecho de que Pablo considerara que los filipenses eran su "corona" indica que, en algún sentido, eran su premio (cf. 3:14; 1 Tes. 2:19 y el comentario sobre 1 Cor. 9:24, 25). Debían permanecer firmes contra los opositores de Pablo y perseverar si era que él había de recibir la recompensa que esperaba por su trabajo entre ellos: su salvación. Había diferentes clases de coronas, pero el término se aplicaba especialmente a las guirnaldas de los atletas; en el judaísmo, también se usaba la imagen para las recompensas en el tiempo final.

4:2-9
Trabajar juntos

A menudo, los moralistas acumulaban declaraciones breves e inconexas de advertencia moral. De la misma manera, Pablo enumera aquí varias amonestaciones, aunque hay un tema común que corre en ellas.

4:2. "Evodia" y "Síntique" son nombres griegos; como Filipos era una colonia romana, esos nombres pueden indicar que eran mercaderes extranjeras como Lidia (Hech. 16:14; ver el comentario sobre Hech. 16:21), aunque esto es solo una suposición (algunos comentaristas sugieren que una de ellas era realmente Lidia). Su prominencia como colaboradoras de Pablo puede haber sido más aceptable en Filipos de lo que habría sido en otras partes del imperio; las inscripciones indican una fuerte participación de las mujeres en las actividades religiosas de la ciudad.

4:3. Clemente puede haber sido el autor de 1 Clemente, una carta de fines del siglo I mandada desde Roma a Corinto, lo que es sugerido por la tradición, aunque Clemente era un nombre romano común. La imagen del "libro de la vida" proviene del AT y se desarrolló más adelante en el antiguo judaísmo (p. ej., Éxo. 32:32, 33; Dan. 12:1; Mal. 3:16; el documento *esenio de Damasco; *Jubileos 36:10).

4:4, 5. "El Señor está cerca" puede referirse a la segunda venida (3:10-21) pero es más probable que signifique que está cerca de su pueblo y que oye su clamor (Deut. 4:7; Sal. 145:18).

4:6, 7. "Paz" (v. 7) puede indicar tranquilidad, aunque en el contexto de unidad puede tener el significado usual de paz unos con otros como en los discursos *homonoía* de los grecorromanos, y aunque aquí están presentes algunas connotaciones de este último uso, es llamativa la imagen de que esta paz "guardará" (si se la aplica en sentido militar) los corazones y las mentes. Las oraciones judías (algunas de ellas basadas en Núm. 6:24) a menudo pedían a Dios que librara a su pueblo del mal.

4:8. Como muchos autores, Pablo reitera una completa lista de virtudes, incluyendo la *areté* ("excelencia", RVA), que era central en el concepto griego de virtud. Aunque esta lista toma el lenguaje de la ética griega, nada de lo que dice sería cuestionable para los lectores judíos o cristianos. (Él omite algunas virtudes tradicionales para los griegos como la belleza o la bondad *per se*, pero la última omisión no debe ser vista como algo significativo, porque tales listas nunca pretendieron ser completas.) Los filósofos griegos y romanos enfatizaron repetidamente que se debía pensar en tales virtudes, y los autores judíos repetidamente tomaron su lenguaje de la misma manera que lo hace Pablo para comunicarse con los lectores judíos de habla griega.

4:9. Los maestros a menudo exhortaban a los estudiantes a vivir lo que se les había enseñado siguiendo el ejemplo ofrecido por el maestro.

4:10-20
Nota final de gratitud de Pablo

Al expresar su reconocimiento, Pablo evita dar gracias directamente en esta sección. (La gratitud puede haber sido particularmente importante en Macedonia, de la que Filipos formaba parte; se dice que, en otra época, un hombre desagradecido habría sido sujeto de juicio allí; *Séneca, *De Beneficis* 3.6.2.) En el mundo antiguo, los *protectores mostraban hospitalidad y cuidaban de sus *protegidos; si Pablo hubiera dicho "gracias" directamente, se habría colocado a sí mismo en el papel de un protegido subordinado y dependiente.

4:10. Las cartas de amistad, cuando respondían a la de un amigo, generalmente comenzaban con una declaración de alegría por haber recibido una carta de aquél.

4:11-13. Los moralistas griegos, influidos por el pensamiento *estoico, alababan a aquellos que se contentaban con poco tanto como con mucho. (Los *cínicos llegaron, para demostrar su contentamiento en lo poco, a mostrar que en verdad lo que tenían era todo lo que siempre habían tenido.) Se decía que el sabio no necesitaba a nadie más que a sí mismo y que era independiente por completo. Pero aunque Pablo usa el lenguaje del contentamiento en todas las circunstancias (siendo capaz de hacer "todas las cosas" como en 4:13) como era común entre los filósofos *estoicos y otros, la idea de perseverar y continuar en el nombre de Dios era ya llevada a cabo por los profetas del AT, los mártires judíos y otros siervos de Dios.

La "abundancia" (RVA) de Pablo debe haber sido magra y sencilla si se la mide con patrones modernos; los artesanos estaban mejor que los pobres, pero muy por debajo de la vida que se disfruta en la clase media de algunos países, o en los que estaban bien en la antigüedad. (La "moderación", la búsqueda de un medio entre los extremos, era un tema central en la mayoría de las discusiones griegas sobre la virtud, especialmente en *Aristóteles; también aparece en la ética judía de la *diáspora. Pero en ningún caso, Pablo busca ese medio; como los mejores filósofos griegos, puede vivir en cualquier situación. De ese modo, su lenguaje es más bien *estoico-*cínico antes que peripatético [aristotélico]. Sin embargo, a diferencia de esos filósofos que dependían solo de sí mismos, él era "autosuficiente" solo por el poder de Cristo que actuaba en él.)

4:14-16. El lenguaje sobre compartir ("colaboración" 4:14, 15) es el de los antiguos documentos comerciales; incluso puede sugerir una cuenta especial de la que los filipenses mandaron ayuda a Pablo cuando él estaba en necesidad. "Para mis necesidades" (RVA) también aparece en documentos comerciales que especifican el propósito del desembolso. La forma que Pablo usa para designar a los "filipenses" es un mal griego, pero era la que usaban los ciudadanos romanos para designarse a sí mismos; era así una forma de demostrar sensibilidad a sus tradiciones y cultura locales.

4:17. "Donativo" (RVA; "ofrendas", NVI); "aumentar el crédito a su cuenta" (NVI), es literalmente "fruto" (RVA) pero como había muchos negocios relacionados con la cosecha, esta era una aplicación natural; Pablo confía en que Dios recompensará a los filipenses con intereses por sus sacrificios hechos para su bien.

4:18. "He recibido" era la frase habitual más común en los recibos; Pablo reconoce su donación en los términos comerciales habituales. Pero también usa el lenguaje *veterotestamentario para un sacrificio ("olor fragante", RVR-1960; "sacrificio acepto", RVA); siendo colaboradores con su ministerio, lo son con el Dios que lo envió.

4:19, 20. El versículo 19 puede ser un deseo expresado como una oración, como han sugerido algunos comentaristas (ver el comentario sobre 1 Tes. 3:11); otros lo toman como una afirmación. Cualquiera que sea la lectura que se elija, el punto es esencialmente el mismo: Pablo no puede pagarles a los filipenses, pero confía en que Dios lo hará. Aunque los escritores antiguos a menudo usaban la riqueza como una metáfora para las riquezas espirituales como la sabiduría, en este contexto, sin duda, Pablo quiere decir que él confía en que Dios los recompensará por su fidelidad en la obra (cf. Deut. 15:10; Prov. 19:17). En el caso de la mayoría de los creyentes filipenses, la "necesidad" era lo que genuinamente se requeriría para vivir (ver 2 Cor. 8:1, 2), y no "deseos", como lo toman algunos lectores hoy. "En gloria" puede ser traducido "riquezas en gloria" (RVA) o "gloriosas riquezas" (NVI).

4:21-23
Conclusión

4:21. Era común poner saludos en las cartas antiguas. Como Pablo conocía a la mayoría de los creyentes de Filipos, solo pone un saludo en general. Habitualmente, las cartas incluían saludos de otros, porque el correo debía ser enviado por medio de viajeros, y eso no era frecuente.

4:22, 23. La "casa del César" podría referirse a cualquiera en el servicio civil romano que dependiera directamente del César, incluso sus esclavos y *libertos; siempre era indicación de gran prestigio. Lo más probable es que se refiera aquí a la guardia pretoriana (ver el comentario sobre 1:13); si en ese momento Pablo estaba en Roma, cualquiera que lo custodiara (Hech. 28:16, 30) naturalmente debía escuchar sus enseñanzas. Aun los esclavos del César tenían más poder y prestigio que muchas personas libres; la misma guardia pretoriana tenía el prestigio de ser la élite militar romana, que a menudo recibía recompensas del mismo César. El saludo de Pablo debía impresionar a sus lectores: su prisión realmente había hecho progresar el *evangelio (1:12, 13).

COLOSENSES

Introducción

Paternidad literaria. No todos los estudiosos están de acuerdo en que Pablo escribió Colosenses. Algunos piensan que la carta fue escrita por un *discípulo de Pablo en su nombre (probablemente con su aprobación o póstumamente, siendo fiel a sus enseñanzas). Otros piensan que simplemente Pablo dictó esta carta a un escriba, como hizo con muchas de sus cartas anteriores (p. ej., Rom. 16:22); en cualquier caso, la fecha probable de la carta fue en vida de Pablo (ver luego "Circunstancias"). Aunque Pablo pueda tomar el lenguaje de algunos de los falsos maestros para presentar su posición contra ellos, la mayor parte del que usa en Colosenses tiene paralelos en las cartas cuya autoría no se discute (que también difieren entre sí). Dada la brevedad de la carta, el posible uso de un escriba, las similitudes con cartas indiscutiblemente paulinas y el paso de varios años desde sus primeras cartas, las diferencias entre Colosenses y las cartas indudablemente paulinas no requieren forzosamente que haya otro autor. Existían cartas firmadas con seudónimos, pero normalmente eran escritas mucho después de la muerte de la persona con cuyo nombre eran firmadas.

Colosas. Colosas estaba en Frigia, donde la religiosidad era intensa y a veces frenética (p. ej., el famoso culto a la diosa madre Cibeles). Hay evidencia de presencia judía en Colosas desde el siglo VI a. de J.C.; este judaísmo frigio parece haber influido con su cultura en medida significativa. Del mismo modo, en esta región en los siglos posteriores, el cristianismo presentaba tendencias heterodoxas. Colosas era una ciudad pequeña y socialmente sin importancia en ese tiempo; es probablemente una de las muchas ciudades en las cuales los discípulos de Pablo habían fundado *iglesias (Hech. 19:10). La ciudad fue severamente dañada o destruida por un terremoto en el año 61 d. de J.C., por lo que muchos eruditos piensan que Pablo escribió antes de esa fecha.

Circunstancias. Colosenses 2 puede indicar que los cristianos habían sido atraídos a elementos místicos o *apocalípticos que existían en un judaísmo grandemente influido por la cultura frigia. (Se han propuesto gran cantidad de trasfondos para el error de los colosenses: las *religiones de misterio, un misticismo *helénico amplio, el judaísmo helénico, un judaísmo de tipo Qumrán, y muchos más. El mérito de considerar estas fuentes es que todas ellas reflejan algunas ideas culturales amplias que actuaban en los problemas que Pablo enfrentó en Colosas; aun los paralelos con Qumrán, aunque limitados a Palestina, aportan evidencia sobre algunas creencias judías muy esparcidas en este período. La única sugerencia que no vale la pena sostener es la del *gnosticismo, ya que los sistemas gnósticos completos no pueden tener una fecha tan temprana. Pero es muy posible que el error de los colosenses refleje una síntesis de diferentes corrientes de pensamiento que evolucionaron más tarde hacia el *gnosticismo.)

Tanto el hecho de que algunos oráculos sibilinos judíos surgieron en esa región como la actividad posterior de los últimos montanistas cristianos sugieren la posibilidad de elementos extáticos en el judaísmo local (2:18). En Hechos se testifica que en ese tiempo Pablo estaba predicando a Cristo ante auditorios con mente filosófica (ver el comentario sobre Hech. 19:9), y cartas como Efesios y Colosenses nos dan una indicación de la forma en que él conocía la filosofía griega, y también algo de las ideas filosóficas populares que influían tanto el pensamiento *gentil como judío, a mitad del siglo I en el Asia Menor.

Comentarios. J. B. Lightfoot, *Saint Paul's Epistles to the Colossians and to Philemon* (Grand Rapids, Mich.: Zondervan, reimpresión, 1959), sigue siendo útil; Ralph P. Martin, *Colossians and Philemon,* NCB (Grand Rapids, Mich.: Eerdmans, reimpresión, 1981), también es de ayuda. Eduard Lohse, *Colossians and Philemon,* trad. W. R. Poehlman y R. J. Karris, Hermeneia (Filadelfia: Fortress, 1971), y Eduard Schweizer, *The Letter to the Colossians: A Commentary* (Minneapolis: Augsburg, 1982), son comentarios importantes y útiles que le proveen más detalles para investigaciones más profundas.

1:1, 2
Introducción

El comienzo de la carta sigue la forma habitual de las normas epistolares antiguas (nombre del remitente, nombre de los receptores y saludos). Como es costumbre en Pablo, los saludos (en griego *charein*) se transforman en "gracia" (en griego *charis*); "paz" era un saludo judío habitual, a veces combinado con "saludos" en las cartas judías.

1:3-13
Gratitud y oración por los que llevan fruto

La acción de gracias a Dios o dioses era lo habitual en el comienzo de las cartas antiguas. En las paulinas, a menudo aparecen temas principales que están en su mente desde el principio de la carta. De ese modo, a menudo juegan el papel de *exordia*, introduciendo lo que sigue y comenzando la carta con una relación positiva con los lectores.

1:3. En las oraciones regulares entre los judíos incluían muchas bendiciones, y es claro que en las de Pablo se incluían muchas acciones de gracias a Dios; por lo tanto, esto no es meramente una expresión convencional de gracias relacionada con el propósito de la carta.

1:4. La condición espiritual de los colosenses fue informada a Pablo por Epafras, aparentemente un discípulo suyo que trabajaba entre ellos (1:7; cf. Hech. 19:10), y que era originario de esa ciudad (Col. 4:12).

1:5. Los textos judíos hablaban de recompensas futuras ya reservadas para los justos, por lo que los lectores cristianos estarían acostumbrados a la idea.

1:6. La imagen del mensaje de Dios produciendo fruto podía tener sus raíces en la enseñanza de Jesús (Luc. 8:11); a menudo el AT compara a Israel con una viña u otra planta, y lo llama a dar fruto para Dios (p. ej., Ose. 10:1; 14:7, 8; cf. Gén. 1:28).

1:7, 8. "Epafras" era un nombre común; bien puede ser el mismo de Filemón 23. Pero Filipos y Colosas están geográficamente demasiado lejos para que pensemos que es la misma persona que el Epafrodito de Filipenses 2:25, aunque ese nombre bien podría haber sido contraído como "Epafras".

1:9. En cuanto a la oración incesante, ver Éxodo 28:30 y 1 Samuel 12:23. Aunque los filósofos buscaban "sabiduría" y "conocimiento" ("comprensión espiritual", RVA), aquí Pablo enfatiza el sentido moral de los términos en el AT (p. ej., Prov. 1:2-7).

1:10, 11. Sobre llevar fruto y crecer, ver Génesis 1:28 ("crecer" también aparece en la *LXX) y ver comentario sobre Colosenses 1:6. Sobre "andéis" (literalmente RVA; "vivan", NVI), ver el comentario sobre Gálatas 5:16. En los templos griegos se esperaba que los sacerdotes se condujeran de una manera apropiada a su condición, "digna del dios" en cuyo templo servían, aunque no es claro que aquí Pablo aluda a ese lenguaje. En la tradición judía, "digno" puede significar "adecuado (a)" (2 Macabeos 6:23, 24, 27); "mereciendo (recompensa)", (2 Macabeos 15:21); la sabiduría buscaba a los que eran dignos de ella (Sabiduría de Salomón 6:16) y los justos que perseveraban serían "dignos de Dios", como ofrenda aceptable (Sabiduría de Salomón 3:5).

1:12, 13. En el AT, los "santos" o "apartados" eran los de Israel. La "herencia" de Israel fue primero la tierra prometida, pero en la tradición judía se lo proyectaba hacia la posesión final del mundo por venir. Los cristianos llegaban a ser herederos de estas promesas en Cristo. La "luz" y las "tinieblas" eran contrapuestas regular y respectivamente como algo bueno y algo malo (p. ej., Sal. 27:1; Isa. 9:2; 42:6; 49:6; 58:8-10; 59:9; 60:1), y esto era aplicado con frecuencia al conflicto entre las esferas del bien y del mal (en los *Rollos MM y a menudo en la literatura antigua). (Como muchos pueblos del antiguo Cercano Oriente han sido desarraigados por poderosos gobernantes y establecidos por todas partes, algunos eruditos han sugerido que aquí esta imagen está tras la "transferencia" de un reino a otro. Pero la imagen de alcanzar la ciudadanía romana como logro provincial, o de los *gentiles aceptando el yugo del *reino de Dios en el judaísmo, puede ser una imagen más natural para los lectores de Pablo; ver también el comentario sobre 1:14).

1:14-23
La supremacía de Cristo

Algunos de los que estaban errados en Colosas querían enfatizar las formas de rigurosa espiritualidad humana que se encontraban en su cultura (ver el comentario sobre 2:16-23); Pablo insiste en que Cristo es suficiente (cf. 2:6-15) y lo describe en el lenguaje que el judaísmo reservaba normalmente para la sabiduría personificada. Esta imagen era natural entre los primeros cristianos para describir a Cristo; el judaísmo personificaba la sabiduría de Dios como algo divino y las raíces de la tradición judía se pueden rastrear al menos en tiempo tan temprano como Proverbios 8. (Como algunos han sugerido, es posible que Pablo cite un himno cristiano de dos estrofas en 1:15-20; citas como esas aparecen sin advertencia en la literatura antigua. Pero a pesar de la evidencia y del consenso erudito que lo favorece, la teoría no tiene pruebas ni en favor ni en contra.)

1:14. "Redención" significa liberar a un esclavo pagando un precio por él; en el AT, Dios redimió a Israel de la esclavitud en Egipto por medio de la sangre del primogénito de los corderos. Esto se adecuaría a la imagen de transferir un pueblo cautivo de un ámbito a otro (1:13). *Filón también creía que el Logos, la Palabra de Dios, participaba en la redención, pero este trasfondo podría ser más notorio si se lo mencionara como parte de 1:15-17.

1:15. Aquí Pablo describe a Cristo con términos que el judaísmo reservaba para la sabiduría divina, que era presentada como la imagen arquetípica de Dios por la cual él creó al resto del mundo. Filón describe al Logos de Dios, su Palabra, como su imagen y primogénito.

"Primogénito" puede referirse a la posición de autoridad y preeminencia que se daba al primer hijo en el AT (Gén. 49:3, 4). (Una palabra relacionada con "primogénito" pudo traducir la palabra hebrea que figura como "jefe" en 1 Crón. 5:12 de la *LXX. La mayoría de los textos judíos aplicaban el término a Israel. Los antiguos textos del Cercano Oriente aplicaban términos equivalentes a otras deidades, p. ej., Amón Ra en Egipto, y a veces los reyes eran aclamados como hijos de dioses al ser entronizados.) Este término también puede referirse al papel redentor del primogénito (cf. Col. 1:14) o ser otro título para el "Hijo" de Dios (1:18; ver Sal. 89:27, aunque David era el menor de ocho hijos). Tanto la religión griega como la judía describen a Dios o a las deidades supremas como "Primero".

1:16. Las creaciones "invisibles" de Dios se refieren especialmente a los ángeles en el cielo que corresponden a gobernantes terrenales (ver el comentario sobre Ef. 1:19-23). El antiguo judaísmo aceptaba que Dios creó tanto el mundo visible como el invisible. Muchos escritores judíos, incluyendo a *Filón, daban a los ángeles o poderes divinos subordinados un papel en la creación; otros escritores judíos y cristianos (como Pablo) están preparados para combatir ese criterio, como se hace aquí.

Muchos pensadores grecorromanos decían que todas las cosas derivadas de otras fueron mantenidas en unidad y volverían al Logos o naturaleza, o al fuego original. En la tradición judía todas las cosas fueron creadas por medio de y por la Palabra o sabiduría de Dios. (En variantes de esa tradición, fueron creadas para los justos que mantenían su palabra en práctica.)

1:17. Muchos filósofos grecorromanos decían que todas las cosas eran mantenidas juntas por Zeus o el Logos, la razón divina; con ello querían enfatizar la unidad del cosmos. Los escritores judíos de habla griega, como *Filón, también enfatizaban que el Logos de Dios mantenía unida su creación, identificando aún más al Logos con la sabiduría divina. En el pensamiento *estoico, el Logos dio forma al fuego original; en el judaísmo, la sabiduría existía antes de todas las cosas y por su intermedio, Dios creó y luego moldeó el mundo.

1:18. "Cabeza" puede significar "autoridad" (2:10), la "parte más respetada u honrada" o "fuente" (2:19); sobre "cuerpo", ver el comentario sobre Romanos 12:3-5 ó 1 Corintios 12:12-26. En la tradición judía, Dios a veces era llamado "el comienzo", y con más frecuencia el término era aplicado a la sabiduría o al Logos; era un término natural para aquel en quien todo tiene su comienzo. (Sin embargo, en el v. 18, puede aplicarse al comienzo de la nueva creación, como con "primogénito" aquí.) Sobre "primogénito", ver el comentario sobre 1:15. La *resurrección de los muertos era esperada al final de los tiempos; la resurrección de Jesús adelantándose a esa época era vista como el comienzo anticipado o inauguración de ese futuro acontecimiento (1 Cor. 15:23).

1:19. El AT habla de que Dios escoge un lugar para que more su nombre y se deleita en habitar en medio de su pueblo, en vivir en Sion y así sucesivamente. "Plenitud" puede referirse a la sabiduría o gloria de Dios que llena el mundo (como en el AT y en la tradición judía) o a la plenitud de la presencia o de los atributos de Dios (como en *Filón y otras fuentes judías).

1:20-22. La reconciliación, incluso de los poderes invisibles (1:16), se refiere a su subordinación más bien que a su salvación (2:15), pues la "paz" es el fin de las hostilidades. Pablo no niega que su actividad continuará en el mundo (2:8), sino su verdadero poder para desafiar el *reino de Cristo. (Se puede comparar la misión de Enoc de proclamar juicio contra los ángeles caídos en algunas historias judías antiguas.)

1:23. Quizás Pablo quiere afirmar que el *evangelio era anunciado por medio de la creación para contrarrestar a los falsos maestros que proclamaban revelaciones secretas y esotéricas (2:18). Si se quiere mencionar literalmente "toda la creación", puede referirse al testimonio de la creación (Sal. 8:1; 19:1; 89:37; 97:6; cf. Rom. 10:18). Pero aquí ciertamente hay una vía cósmica (Isa. 51:16) de describir que el evangelio de Cristo es para todos los pueblos (Rom. 1:8, 13; Mat. 24:14). Generalmente, el pueblo judío creía que una persona que rechazara el pacto sería cortada de su relación con Dios; del mismo modo, Pablo requiere la perseverancia de aquellos que profesan a Cristo.

1:24—2:5
El trabajo de Pablo por ellos

Como Pablo puede describir su trabajo en términos de conflicto adecuados a un torneo atlético (1:29), es significativo que los atletas griegos tradicionalmente luchaban en las competencias panhelénicas no solo por su propio honor sino también por el de las ciudades que representaban. De ese modo, los sufrimientos de Pablo son para el beneficio de la *iglesia (1:24; 2:1).

1:24. En el pueblo judío, muchos creían que debía padecerse cierto sufrimiento antes de que llegara el fin. Por eso, muchos estudiosos han creído que 1:24 dice que Pablo estaba llevando una carga extra de sus aflicciones, llamada a veces "dolores de parto del *Mesías", porque eso presagiaba la era mesiánica. (Sufría "por vosotros" [RVA], lo que aparentemente significaba como su representante, porque eran parte de la iglesia; ciertamente no es un sufrimiento vicario, porque Pablo creía claramente que los sufrimientos de Cristo eran suficientes a ese respecto; cf. 1:14; 2:8-10, 14.)

1:25. Los mayordomos ("ministro", RVA) eran administradores de grandes propiedades; a menudo eran esclavos o *libertos de posición elevada. La frase: "dar pleno cumplimiento a la palabra de Dios" (RVA), a veces era usada en el sentido de obedecer esa Palabra haciéndola correr; aquí Pablo a la vez obedece y cumple la Palabra de Dios haciéndola accesible a los *gentiles.

1:26. Los *Rollos MM y otros textos hablan de "misterios" en las Escrituras que solo pueden entender los espiritualmente iluminados; para Pablo, ahora los cristianos han sido iluminados (1:9, 12). Esta declaración refutaría a los místicos que reclaman una revelación especial y elitista que solo les pertenece a ellos (2:18).

1:27. Ya había sido profetizado que este misterio debía ser dado a conocer entre los *gentiles (p. ej., Isa. 66:19) y ahora estaba siendo cumplido (1:25). Los autores del AT a menudo decían que Dios moraba "entre" (en medio de) su pueblo Israel (Núm. 35:34), y a nivel personal "dentro" (en el interior) de algunos de ellos (Gén. 41:38; Núm. 27:18; Dan. 4:8, 18; 5:11, 14; 1 Ped. 1:11). Pero nadie esperaba que él habitara entre los gentiles; realmente, en un nivel personal, dentro de ellos (Col. 2:12; 3:4, 16).

1:28. Esta enseñanza lleva a la madurez o a la realización de ellos; cf. 1:22, 2 Cor. 11:2 y el comentario sobre Filipenses 3:12, 13. Así es como el enseñar sobre Cristo llevaría a los oyentes a estar preparados para el día final (1:22, 23). El "nosotros" incluye a Epafras (1:7) y a otros proclamadores, al igual que a Pablo; "todo hombre" vuelve a subrayar la libre inclusión de los gentiles en el plan de Dios (1:27).

1:29. Los filósofos usaban comúnmente metáforas tomadas de los torneos atléticos, como aquí "trabajo esforzándome" (RVA; "luchando", RV-1960) (la imagen es mucho más rara en el AT, p. ej., Jer. 12:5). El fortalecimiento divino por dentro, "en mí" (RVA), tiene pocos paralelos antiguos fuera de los textos *veterotestamentarios sobre cómo el *Espíritu capacita a los siervos de Dios; el lenguaje de Pablo aquí debe haber impresionado de manera especial a sus lectores de la antigüedad (ver la introducción a Rom. 8:1-11).

2:1. Pablo continúa usando la imagen atlética de 1:29 ("lucha" [RV-1960]). Aunque nunca se ha encontrado personalmente con la mayoría de los cristianos colosenses, él expresa su nostalgia por ellos; este era un elemento común en las antiguas "cartas de amistad".

2:2, 3. Los antiguos sabios (especialmente los del AT y los escritores judíos de sabiduría) a menudo hablaban de la sabiduría como la verdadera riqueza (en el AT, ver Job 28:12-19; Sal. 19:10; 119:14, 72, 127, 162; Prov. 3:13-15; Isa. 33:6). A veces los escritores también hablaban de tesoros "escondidos", lo que era un sueño especialmente valioso para las multitudes empobrecidas.

2:4. A menudo los sabios criticaban a los oradores públicos profesionales por su uso antiético de la persuasión a cualquier precio, al margen de la verdad. Muchas personas educadas en la antigüedad eran capacitadas y hábiles en el discurso persuasivo.

2:5. Las cartas eran consideradas como reemplazo de la propia presencia cuando uno estaba ausente, como señalaban a veces los escritores antiguos. Al decir que uno permanecía "en *espíritu", se estaba dando una expresión de intimidad y afecto. El punto está en la intimidad y no en la unidad metafísica (ver el comentario sobre 1 Cor. 5:3).

2:6-15
Completos en Cristo

2:6. "Andad" (RVA, RV-1960) o "vivan" (NVI) era un término regular para referirse a la conducta acorde con las leyes de Dios (ver el comentario sobre Gál. 5:16) y "recibir" era usado a menudo por los maestros judíos de la *ley que transmitían las tradiciones a sus estudiantes. De ese modo, Pablo exhorta a los colosenses a continuar en lo que (y en quien) fueron enseñados y no de acuerdo con meras tradiciones humanas (2:8).

2:7. Pablo combina aquí imágenes agrícolas y de construcción, como en 1 Corintios 3:9

(ver el comentario allí). Los profetas del AT usaban este lenguaje para Israel (si ellos obedecían a Dios, echarían raíces, serían plantados, edificados, etc.), y los primeros cristianos probablemente tomaron este lenguaje de la predicación del AT.

2:8. En sus cartas, incluso en esta, Pablo usa un lenguaje filosófico, pero su fuente de conocimiento es la revelación de Dios en Cristo (2:2, 3, 6) y no los razonamientos humanos y finitos de los filósofos (2:4). Aunque solo los más preparados iban a estudiar *retórica o filosofía, el predominio de estas disciplinas influía al mundo antiguo. Como en este período la filosofía se ocupaba especialmente de temas morales y éticos, los nuevos cristianos en esa cultura luchaban entonces con las mismas cuestiones y naturalmente estarían interesados en las ideas de los filósofos. Los escritores judíos de la diáspora alababan la "filosofía" y algunos, como *Filón, la combinaban rápidamente con las experiencias extáticas (cf. 2:18). (*Josefo, un judío palestino que escribía para un público de *gentiles no palestinos, llega a decir que el judaísmo es una "filosofía", y describe los diferentes movimientos judíos como sectas filosóficas. La *Carta de Aristeas, Filón y aun el Trifón de *Justino aprobaban la filosofía griega y estaban capacitados en ella, y muchos apologistas, incluyendo a *Filón y *Josefo, acusaban a los filósofos griegos de plagiar a Moisés.)

Sobre las "tradiciones" que caracterizaban especialmente a los maestros *fariseos en Palestina, ver el comentario sobre 2:6; los *discípulos griegos también "transmitían las tradiciones" de los dichos de sus maestros. Los "principios elementales" (RVA; "poderes", DHH) son las traducciones de un término que puede referirse a las fuerzas personificadas de la naturaleza, a seres espirituales o "espíritus", como traducen algunos, por ejemplo en Gálatas 4:9 (cf. Col. 2:10), pero aquí puede referirse, como es lo habitual, a principios elementales (el término se usa a menudo para el alfabeto). Si es así, Pablo afirma que el simple mensaje de Cristo es mucho más profundo que la más grande sabiduría secular que pudiera existir.

2:9. Los *estoicos hablaban de la deidad como aquello que lo llena todo, generalmente en un sentido panteista; los autores judíos de habla griega modificaron este lenguaje para referirse al gobierno de Dios abarcándolo todo. Para *Filón, la "plenitud" podía ser la suma total de los poderes que manifestaban el gobierno de Dios, señalando así la plena suficiencia de Dios en sí mismo; mucho después, los místicos judíos hablaron de la sabiduría o la gloria del *Espíritu de Dios, sabiduría o gloria que llena los cielos, como en el AT, lo que puede tener más relación con el punto tratado aquí.

Cualquiera que sea el significado preciso que Pablo da a "plenitud", es claro que quiere decir que el acceso a todo lo que Dios es y hace se alcanza solo por medio de Cristo, función que el antiguo judaísmo a menudo atribuía a la sabiduría divina.

2:10. "Principado y autoridad" (RVA) probablemente se refiere a los poderes angelicales de quienes se creía que gobernaban las naciones del mundo (ver 1:6; ver el comentario sobre Ef. 1:19-23), doctrina que de algún modo era central para las personas erradas que deseaban influenciar a los cristianos colosenses (ver el comentario sobre 1:16; 2:18). De los varios significados posibles para "cabeza" (1:18), lo que aquí parece tener más sentido es "autoridad" o "gobernante", aunque Jesús también sea la "fuente" (1:16).

2:11, 12. Generalmente se hablaba de la circuncisión física como algo hecho "en la carne" (Gén. 17:11). El AT y algunos textos judíos (principalmente los *esenios) hablan de la circuncisión "espiritual" (Deut. 10:16; 30:6), la que, según los *Rollos MM, puede capacitar para superar los malos impulsos (ver el comentario sobre Rom. 7:14-25). Aquí Pablo puede estar jugando con la idea griega del cuerpo como una "tumba" de la cual se debe huir por medio de experiencias místicas y por la liberación final de la muerte; si este criterio ha sido una tentación para los lectores, Pablo les dice que ellos ya han experimentado toda la liberación que necesitan del poder de la carne.

2:13, 14. El término traducido "acta" (v. 14, RVA) generalmente denota un "documento de deuda" (BA) con penalidades adscritas. Pablo intenta que sus lectores piensen en un pagaré delante de Dios; la tradición judía también presentaba los pecados como "deudas" delante de Dios. El pueblo judío usaba el término traducido "decretos" (RVA) o "regulaciones" para referirse a las leyes de Dios. Creían que sus pecados eran perdonados por medio del *arrepentimiento; su registro sería borrado en el día anual de expiación. Pablo dice que la expiación tuvo lugar cuando la deuda fue clavada en la cruz en Cristo y pagada de ese modo.

2:15. Sobre "principados y potestades", ver el comentario sobre 1:16 y 2:10. En 2:8, Pablo usó una palabra que podría significar "tomado como prisionero de guerra"; aquí los mismos poderes cósmicos son expuestos como cautivos en el desfile triunfal de Cristo, lo que era una imagen familiar entre los romanos, y presumiblemente conocida por otros a lo largo del imperio (ver el comentario sobre 2 Cor. 2:14). En los triunfos romanos, el general se vestía como Júpiter, el jefe de los dioses, y llevaba detrás de sí a los humillados cautivos, despojados de sus posesiones; los más destacados eran los más impresionantes. Aquí se presenta a Cristo desplegando su triunfo sobre los cautivos más destacados posibles.

2:16-23
Evitar la religión humana

Cristo es suficiente (2:6-15); los agregados ascéticos al *evangelio solo apartarían de la fe en él.

2:16. El *ascetismo estaba en auge en el paganismo, y muchos lo consideraban un medio de alcanzar poder espiritual o experiencias de revelación. Pero este texto se refiere claramente a las costumbres judías; aunque gran parte del judaísmo palestino se oponía al *ascetismo, en otras partes del imperio el judaísmo y el cristianismo a menudo adoptaban las características de la cultura circundante y a veces los paganos asociaban el judaísmo local con el *ascetismo (aun relacionando el sábado con el ayuno, aunque las formas de judaísmo que conocemos no hubieran ayunado el sábado). Los *gentiles tildaban a los judíos de separatistas, especialmente en tres puntos: la circuncisión (2:11), las leyes especiales sobre comida y bebida y en particular los días sagrados. La celebración de la "luna nueva" se usaba para saludar cada nuevo mes y el sábado era una fiesta semanal.

2:17. *Platón distinguía el mundo "real" de las ideas del mundo de sombras de la experiencia sensorial. *Filón desarrolló el concepto de Platón para argumentar que el Dios invisible era conocido por medio de "sombras", o copias, de su carácter, más que por la visión sensorial. En ese período, los autores distinguían la sustancia o cuerpo, la realidad original, de las sombras o meras copias; adaptando su lenguaje, Pablo creía que las prescripciones del AT testificaban de principios genuinos, pero que esos principios se habían cumplido en Cristo.

2:18. La literatura judía a menudo se refería a la "humildad" (RVA; "mortificaciones", BJ) en forma positiva, junto con el ayuno. Pero cuando era llevada al extremo, la "humildad" se refería a prácticas ascéticas destinadas a abrirse a sí mismo a "visiones" y experiencias extáticas. Esas prácticas se hicieron populares en el *ascetismo cristiano del siglo II. (Como se sabe, la insuficiencia de proteínas y la privación de sueño inducen a las alucinaciones también hoy.)

"Lo que ha visto" (RVA) es el lenguaje para referirse a las visiones. Sugiere que los que estaban errados en Colosas pueden haber sido como los místicos judíos que buscaban regularmente alcanzar la visión de Dios por medio de revelaciones extáticas del trono de Dios. Aunque estos eran intentos para simular la experiencia de quienes tenían visiones como Ezequiel, los ejemplos bíblicos muestran que solo buscaban andar cerca de Dios y no alcanzar experiencias místicas *per se*. Sobre las visiones vanas, cf. p. ej., Jeremías 23:32 y quizás Eclesiastés 5:7.

Los místicos judíos y a veces los *apocalípticos pretendían tener comunicaciones de los ángeles (cf. Gál. 1:8; en un tono positivo, Hech. 27:23; Apoc. 1:1). En Colosas probablemente eran venerados los ángeles; aunque esta veneración era contra las enseñanzas de los *fariseos, alguna evidencia indica que muchos judíos comunes de la *diáspora dirigían oraciones y peticiones a ángeles, práctica que se superponía con las invocaciones mágicas a los espíritus. (Alguna literatura judía, especialmente los *Rollos MM, pero también otros textos, hablaban de la comunidad terrenal entrando en el culto de la comunidad celestial, y algunos eruditos piensan que Pablo aquí ataca esta idea, pero parece que es aprobada por el libro de Apocalipsis y no está claro que Pablo tuviera motivos para atacar la práctica.)

2:19. La antigua literatura médica a veces describía la cabeza como la fuente de vida para el resto del cuerpo.

2:20, 21. La unión con Cristo en su muerte era suficiente (cf. 2:11, 12; agregar reglas ascéticas era inútil (2:18) (en cuanto a "principios elementales", ver el comentario sobre 2:8). Los "decretos" ("ordenanzas", RVA; "preceptos", NVI) pueden ser las reglas judías, como en 2:14. (Aunque el lenguaje con que Pablo las describe en el v. 21 ha sido comparado con las descripciones del *ascetismo *pitagórico, también podía ser adecuado para las reglas de pureza del AT.) La mayoría de los judíos fuera de Palestina aún guardaban las leyes de comida y algunos incluso prohibían que se tocaran ciertas comidas (Carta de Aristeas 129); otras leyes *veterotestamentarias decretaban explícitamente que uno se volvía impuro tocando ciertas cosas. (Esta aplicación sería especialmente apropiada si Pablo estuviera pensando en los que agregaban aquellas reglas, tal como los maestros judíos hacían notar que Eva o Adán aparentemente agregaron el "No toques" al mandato divino "No comas", Gén. 2:17; 3:3.)

2:22. Los que habían sido influidos por el pensamiento filosófico reconocían que las cosas transitorias y perecederas eran de mucho menos valor que las eternas. Los "mandamientos y doctrinas de hombres" (RVA; "reglas y enseñanzas humanas", NVI) es una alusión a Isaías 29:13, lo que podía ser reconocido por los oyentes de Pablo como parte de la tradición de Jesús (Mar. 7:7).

2:23. Los filósofos paganos (especialmente los *estoicos) a menudo hablaban de liberarse de los placeres corporales de modo que uno pudiera concentrarse en las contemplaciones del alma. Algunos elementos del paganismo tendían hacia el *ascetismo, lo que fue más predominante en el siglo II. (Los paganos convertidos a cristianos también pueden haber pensado que el cristianismo tendía hacia el *ascetismo, por su énfasis de evitar el sexo prematrimonial y la ebriedad, con lo que se iba contra la cultura de entonces; a veces el judaísmo también era mal interpretado como ascético. Esta mala interpretación de la moralidad judía y cristiana puede haber predispuesto a algunos de los convertidos hacia un *ascetismo genuino después de su conversión.) Pero para Pablo, "el duro trato del cuerpo" no tiene valor para enfrentar las pasiones carnales.

3:1-11

Dejar atrás la vida muerta

La premisa paulina es que los colosenses habían muerto con Cristo (2:20); por lo tanto, la vida santa se producirá por confiar en la obra completada de Cristo y por vivir como quienes están en él, más bien que por seguir regulaciones religiosas humanas (2:21-23).

3:1-4. En la famosa parábola de la caverna de *Platón, siglos antes de Pablo, las sombras de la pared simplemente reflejaban al mundo verdadero de más arriba. En el tiempo de Pablo, muchos creían que las esferas celestiales eran puras y eternas, en contraste con el mundo perecedero y temporal de abajo. Los escritores *apocalípticos judíos también distinguían entre las esferas celestiales y terrenales, enfatizando la pureza del ámbito divino en los cielos más altos.

Los místicos judíos que creaban problemas en Colosas probablemente estaban buscando esas escalas superiores por medio de experiencias místicas (2:18), pero Pablo solo menciona específicamente una cosa en el cielo: Cristo. En el contexto, incluye valores celestiales centrados en él, accesibles porque aquellos que murieron y resucitaron con Cristo también fueron exaltados con él (cf. Ef. 2:6). La frase "las cosas de arriba" (RVA; "cosas del cielo", DHH) a veces se usaba en ese sentido.

3:5-7. Otros autores grecorromanos (incluyendo a judíos como el autor de *4 Macabeos) también hacían listas de vicios y advertían contra las pasiones. Pablo habla de su cuerpo "terrenal" porque las personas erradas que influenciaban a los miembros de la iglesia habían adoptado un criterio griego en el cual el alma era celestial y eterna, pero el cuerpo era terrenal, perecedero y por lo tanto sin importancia. Pablo usa irónicamente su propio lenguaje para enfatizar que sí importa lo que uno hace con su cuerpo.

Pablo no creía que se debía dar "duro trato al cuerpo" (2:23), pero está dispuesto a hablar de la amputación de lo secundario, "poniéndolo a muerte" en un sentido figurativo. Tomando quizás una imagen de Jesús (Mar. 9:43, 45, 47), aquí describe las pasiones como "lo terrenal en vuestros miembros". (*Filón habla ocasionalmente de la necesidad del alma de extinguir el cuerpo, pero la mayoría de los pensadores reconocía que las amputaciones moralmente terapéuticas eran ineficaces, como la castración de los posadolescentes, que no eliminaba los deseos sexuales; daban a esas afirmaciones un sentido metafórico. El así llamado concepto órfico del cuerpo que miraba a este como una tumba [*sōma-sēma*] estaba muy difundido en aquel tiempo.) Pero se puede morir al estilo pecaminoso de vida cuando se depende de la propia muerte completa en Cristo (3:3, 4), no por un trato duro del cuerpo físico (2:18, 20-23). Los pecados cuya lista Pablo trae aquí eran típicamente los que habrían cometido los convertidos gentiles al judaísmo antes de su conversión.

3:8. Los maestros grecorromanos (como Zenón el *estoico) y judíos (ver *2 Macabeos y el comentario rabínico Sifra) a veces tenían una segunda lista de vicios subordinados o menos obvios, a continuación de la primera, haciendo saber que estos también debían ser eliminados. En contraste con los vicios más obvios de 3:5, practicados primordialmente por los gentiles, aun los judíos caían en los pecados cuya lista es dada aquí.

3:9, 10. "Despojado" y "vestido" (RVA; "quitado" y "puesto", NVI) pueden reflejar la imagen de la armadura usada por los moralistas grecorromanos, o la imagen judía tradicional de ser "revestido" por el *Espíritu. Pero es posible que Pablo simplemente haya forjado su propia imagen de vestidura espiritual (que usa con frecuencia; ver el comentario sobre Rom. 13:12); no hay aquí nada profundo en el hecho de que los pueblos antiguos tenían que quitarse y ponerse la ropa. (Algunos eruditos han argumentado que es una imagen *bautismal. Como los bautismos *fariseos en los baños rituales judíos se realizaban estando desnudos, tendría sentido el desvestirse y volverse a vestir. Sin embargo, apenas podemos imaginar que los bautismos públicos de Juan en el Jordán [Mar. 1:5], que

probablemente incluían tanto a hombres como a mujeres, eran hechos desnudándose, y no tenemos evidencia clara de cómo practicaban el bautismo las *iglesias no palestinas en ese período.)
Las expresiones "viejo hombre" y "nuevo" probablemente aluden respectivamente a Adán, en quien vivía la vieja humanidad (a la luz de los conceptos judíos de personalidad corporativa y el uso de *'adam* como término para "hombre" en hebreo), y a Cristo. Lo más probable es que haya una alusión a Adán en "imagen" y "creó" en 3:10 (ver Gén. 1:26). El lenguaje de "renovación" se adecua a la enseñanza judía sobre una nueva creación que aparecerá en el final de los tiempos, que Pablo creía que había sido comenzado por Cristo, el nuevo Adán (ver el comentario sobre 2 Cor. 5:17); había llegado, pero los creyentes que vivían fuera de la vida en la nueva era, estando aún en la antigua, continuamente debían hacerse a la idea de su participación en esta nueva manera de comportarse en forma adecuada a ello. La renovación también puede reflejar el lenguaje del AT (Sal. 51:10; cf. Eze. 18:31), especialmente al referirse a la obra de Dios en su pueblo en el tiempo final (cf. Eze.11:19, 20; 36:26, 27).
3:11. De todos los pueblos del imperio, por lo general los griegos, vehementemente orgullosos de su propia herencia, eran los más intolerantes para con los judíos. La circuncisión dividía a los judíos de los no judíos. En el idioma griego, que estaba muy difundido en tiempos de Pablo, "bárbaro" aún significaba técnicamente todos los no griegos, aunque algunos hacían a un lado tal clasificación (p. ej., algunos judíos alejandrinos declaraban ser griegos, aunque este reclamo enfurecía a los étnicamente griegos de Alejandría). Generalmente los escitas eran considerados como los más bárbaros, crueles y antihelénicos (aunque algunos escritores los describían como "bárbaros nobles"). "Esclavo ni libre" era una forma básica de dividir socialmente a la humanidad, aunque algunos esclavos estaban más adelantados socialmente que muchas personas libres. "Cristo es todo" puede significar que él gobierna toda la vida más que cualquier división humana.

3:12-17
Reglas para la comunidad cristiana

Los paralelos con Efesios son aquí tan estrechos que muchos eruditos creen que Efesios es una copia expandida de Colosenses. Cuando es claro que una carta de Pablo difiere significantemente de otra carta paulina, algunos eruditos atribuyen la carta diferente a otro autor. Pero cuando la carta con diferencias también presenta similitudes con otra carta paulina, algunos eruditos dicen que un autor copió la otra. De hecho, ninguna línea argumental es adecuada sin una evidencia sustancial de que no sea de autoría paulina. Él puede haber mandado instrucciones similares a diferentes *iglesias en este período de su vida o aun permitido que un asistente revisara algunas instrucciones básicas para diferentes congregaciones (ver el comentario sobre 4:16).
3:12, 13. "Escogidos", "santos" y "amados" (RVA) eran todos términos que el AT aplicaba a Israel. En cuanto a "vestíos" (RVA), ver el comentario sobre 3:10. Pablo incluye una lista de virtudes, lo que también era una forma literaria habitual en su tiempo.
3:14, 15. En la antigüedad, el amor aparece con frecuencia como una virtud importante (a veces en el judaísmo como la principal), pero se presenta reiteradamente en la literatura cristiana primitiva como la virtud suprema, de una manera que no tiene paralelo en ningún otro cuerpo de literatura antigua. "Paz" (v. 15) probablemente significa "unos con otros", en unidad (v. 14); esta virtud era valorada en gran medida tanto por la literatura judía como por la grecorromana.
3:16. Mientras que Efesios 5:18, 19 enfatiza el *Espíritu en la adoración, en Colosenses Pablo está preocupado por las personas equivocadas que no reconocen la plena suficien-

cia de Cristo; de ese modo, enfatiza aquí la "palabra de Cristo". Sobre la adoración, ver el comentario sobre Efesios 5:19.

3:17. La cultura antigua estaba impregnada por la religiosidad. Pero la mayor parte de las prácticas religiosas paganas eran observancias rituales que no ejercían influencia moral sobre la vida y la ética cotidianas. Al contrario, para Pablo, todo aspecto de la vida debe ser determinado por el señorío de Cristo.

3:18—4:1
Reglas para la vida familiar

*Aristóteles había desarrollado "códigos para la vida familiar", indicando cómo un hombre debe gobernar a su esposa, sus hijos y esclavos en forma adecuada. En los días de Pablo, los grupos religiosos perseguidos o minoritarios, sospechosos de ser socialmente subversivos, usaban esos códigos para demostrar que mantenían los valores familiares tradicionales en Roma. Pablo los adopta pero los modifica considerablemente. Ver un análisis más detallado sobre Efesios 5:22—6:9.

3:18. Todos los moralistas antiguos insistían en que la esposa debía estar "sujeta" a su marido, pero pocos hubieran evitado hablar sobre obediencia como Pablo lo evita aquí (cf. 3:20, 22; ver el comentario sobre Ef. 5:33).

3:19. Aunque las antiguas instrucciones a los esposos normalmente subrayaban cómo estos debían gobernar a sus esposas, por lo contrario Pablo subraya que el esposo debe amar a la esposa.

3:20. Por todo el mundo antiguo (incluyendo bajo la ley *veterotestamentaria, Deut. 21:18-21), se suponía que los hijos menores debían obedecer a sus padres; aunque la ley romana permitía que los padres exigieran obediencia aun a los hijos adultos, cuando estos ya no vivían con aquellos, se esperaba normalmente que solo los honraran.

3:21. La mayoría de los padres y educadores antiguos golpeaban a los niños como algo normal; al igual que una minoría de moralistas antiguos, Pablo aboga por un trato más amable en la crianza de los niños.

3:22-25. La ley antigua consideraba a los esclavos como una propiedad tanto como personas y se esperaba su obediencia. Sin embargo, muchos consideraban que los esclavos eran generalmente perezosos (actitud fácil de entender, dado que los esclavos raramente compartían el provecho de sus propias labores). La advertencia de que los esclavos dedicaran su trabajo al Señor relativiza la autoridad del amo (cf. 4:1); "no sirviendo solo cuando se os está mirando" (RVA; "no porque os vean", BJ) era también un consejo común en la ética judía antigua. Para más sobre la esclavitud en general, ver la introducción a Filemón.

4:1. Algunos filósofos griegos y romanos advertían que los mismos amos podían convertirse en esclavos algún día (por improbable que fuera), razón por la que debían tratarlos con gentileza. *Aristóteles atacaba a los filósofos de su tiempo cuando decían que la esclavitud era contra la naturaleza y, por lo tanto, algo malo. Al contrario, Pablo claramente creía que todos son por naturaleza iguales ante Dios; aunque aquí no trata sobre la esclavitud como institución, lo que sí escribe sugiere que no la favorecía. Aunque no tenía control sobre el sistema, podía advertir a los amos que mantuvieran en mente su posición delante de Dios. Para un ejemplo de una situación en la que sí tenía potencialmente más influencia, ver Filemón.

4:2-6
Reglas más allá de la comunidad

4:2-4. En cuanto a la idea de una puerta abierta en el sentido de oportunidad, ver el comentario sobre 1 Corintios 16:9.

4:5. El NT a menudo usa "los de afuera" para referirse a "los que están afuera de la iglesia". Puede estar relacionado con un término usado por los maestros judíos posteriores con relación a quienes no entendían la *ley, pero es una imagen natural en sí misma, quizá más análoga a la forma en que los judíos veían a los *gentiles en general. "Redimiendo el tiempo" (RVA) probablemente significa "aprovechando al máximo el tiempo" (cf. Sal. 90:12. La *LXX usa la frase en Dan. 2:8 para quien trata de obtener una postergación).

4:6. "Agradable" (RVA; "con *gracia", RVR-1960; "amena", NVI) puede significar grata, placentera (lo que está más cerca del uso clásico griego de "gracia" que el que es usual en el NT); ver el comentario sobre Efesios 4:29. La sal era un agente de preservación y condimentación; de ese modo, probablemente Pablo se refiere a una forma de hablar que tenga sentido para los de afuera, y que les resulte relevante. Cuando un *retórico en particular recomendaba poner sal adecuadamente en las propias palabras, al parecer quería decir un dejo de sarcasmo; al contrario, en este contexto, parece que Pablo quiere decir una respuesta amable (cf. Prov. 15:1).

4:7-18
Saludos finales

A menudo las cartas se cerraban con saludos de otras personas, porque salían irregularmente y sin fecha fija (cada vez que alguien viajaba a la zona del que debía recibirla).

4:7, 8. Con frecuencia, las noticias eran llevadas por boca de los viajeros. Quienes los hospedaban solían preguntar a sus huéspedes por las personas que ambos conocían en todas partes. Normalmente esa trasmisión de noticias era solo incidental, pero Pablo mandó a Tíquico con el fin de procurarlas.

4:9. Como Pablo estaba escribiendo desde la prisión (4:18), este Onésimo pudo ser el mismo de Filemón 10 (cf. quizás 2 Tim. 1:16) en un momento posterior. A principios del siglo II, hubo un obispo Onésimo en Éfeso, pero no se puede tener la certeza de que era el mismo que Pablo menciona aquí.

4:10. Tanto Aristarco (Hech. 20:4) como Marcos (Hech. 13:13; 15:37-39; 2 Tim. 4:11; cf. 1 Ped. 5:13) eran colaboradores más jóvenes del ministerio de Pablo.

4:11. "Jesús" (que también podría traducirse "Josué") era un nombre judío muy común. Muchos judíos usaban un segundo nombre griego o latino similar al más tradicional nombre judío, y este Jesús tenían el nombre latino de "Justo". Los lectores de entonces deben haberse impresionado por el hecho de que Pablo mandara saludos de obreros dedicados a su ministerio espiritual uniendo a judíos y gentiles, mucho más profundamente de lo que pueden suponer los lectores modernos.

4:12. "Solícito" (RVA; "luchando", NVI; "se esfuerza", BA) es un término de conflicto o de torneo atlético que significa un gran esfuerzo; los filósofos solían usarlo metafóricamente (ver el comentario sobre 1:29; ¿cf. Gén. 32:24?). De ese modo, Pablo describe la oración como una forma de conflicto espiritual o de disciplina crucial para su misión (4:2-4).

4:13. Las tres principales ciudades del valle del Lico en Frigia eran Colosas, Hierápolis y Laodicea; en ese tiempo, Colosas era la menos importante de las tres. En Hierápolis había cultos de sanidad, un templo al emperador y la presunta entrada al mundo subterráneo; tenía entonces también una significativa presencia judía. Laodicea era un rico centro comercial, a pesar de su ubicación algo remota.

4:14. Los médicos eran personas bien preparadas, pero a menudo eran esclavos o *libertos de relativamente baja posición social. Aunque la mayoría eran varones, se sabe de mujeres médicas que actuaban de parteras. Es posible que Lucas estudiara medicina en Laodicea (donde hay evidencia de una práctica médica destacada) o que practicara un culto de sanidad en Hierápolis (antes de su conversión); al parecer los lectores habían oído de él. Es incierto el trasfondo étnico de Demas; hay *papiros que certifican que algunos judíos llevaban ese nombre griego (cf. 2 Tim. 4:10), pero en este contexto parece ser un gentil.

4:15. Los primeros manuscritos difieren en el género de "Ninfas" (RVR-1960), pero era más probable que los escribas cambiaran el nombre de una mujer haciéndolo masculino que al contrario; por ello, es probable que la forma femenina "Ninfa" (RVA) sea la original, lo que hace de ella la dirigente de una iglesia hogareña.

4:16. No se conserva la carta de Pablo a los laodicenses, aunque algunos eruditos han sugerido que es la que nosotros llamamos "Efesios" (pero ver el comentario a Ef. 1:1); como ocurre con Efesios, puede haber sido muy similar a Colosenses. Prácticamente, toda lectura era hecha en voz alta y naturalmente las cartas a grupos deben haber sido leídas a todo el grupo por una persona, porque la mayoría no sabía leer bien. En un culto de la *iglesia, la carta de Pablo debe haber sido leída junto con la Escritura *veterotestamentaria, aunque es improbable que Pablo o sus lectores primitivos imaginaran que algunas de sus cartas llegarían a ser Escritura cristiana.

4:17. Arquipo puede haber sido el hijo de Filemón o al menos un colega en la iglesia de su casa (Film. 2).

4:18. Los autores generalmente dictaban las cartas a un escriba pero las cerraban con una firma de su puño y letra.

1 TESALONICENSES

Introducción

Paternidad literaria. La gran mayoría de los eruditos reconoce como paulina 1 Tesalonicenses, así como que también es la más antigua de sus cartas que se ha conservado.

Fecha. Las dos cartas a los Tesalonicenses pueden ser las primeras de las cartas conservadas de Pablo, escritas poco después de la evangelización en esa ciudad y, por lo tanto, alrededor del año 50 d. de J.C., o sea unas dos décadas después de la *resurrección de Cristo.

Circunstancias. Mientras predicaba a Jesús como el *Mesías (el rey de los judíos) en Tesalónica, Pablo había sido acusado de presentar a otro rey fuera del César (Hech. 17:7). La muy joven *iglesia de Tesalónica seguía experimentando persecución después de su partida, pero él los alienta con la promesa de una esperanza futura, que se aplica incluso a quienes ya han muerto (1 Tes. 4:13-18). Pablo toma mucho del lenguaje usado por Jesús y los motivos *apocalípticos judíos que habían llegado a ser parte del movimiento cristiano primitivo.

Género literario. La mayor parte de las cartas paulinas incluyen una acción de gracias, aunque algunos comentaristas piensan que el agradecimiento en esta carta se extiende desde 1:2 hasta 3:13, con lo que se caracterizaría como "carta de acción de gracias", una especie epistolar particular de la antigüedad. Otros la caracterizan como una "carta de consuelo" o "carta parenética" (sobre cómo comportarse); también contiene elementos sustanciales de una "carta de alabanza", recomendando a los tesalonicenses, con elementos de "carta de amistad". Como la mayoría de las de la antigüedad, 1 Tesalonicenses es una combinación de varios tipos, tomando temas de cada uno, tal como resulte necesario sin preocuparse por las categorías formales. Sin embargo, sus paralelos más estrechos son las cartas parenéticas.

Unidad. Casi todos los estudiosos admiten hoy que 1 Tesalonicenses es una unidad (el cambio de tono en los capítulos 4 y 5 es característico de Pablo y otros escritores de su tipo), excepto por 2:14-16, que según algunos eruditos (sobre bases discutibles) fueron añadidos más tarde a la carta paulina. Sin embargo, los capítulos 1 al 3 parecen mostrar la estructura de un quiasmo ligeramente modificado (un paralelo invertido), lo que sugiere que aun estos versículos son originales: acción de gracias (1:2-5;

3:9, 10), victoria en el sufrimiento (1:6-10; 3:6-8), cuidado (2:1-3, 17-20) y sufrimientos apostólicos (2:14-16; 3:1-5).

Comentarios: I. Howard Marshall, *1 and 2 Thessalonians,* NCB (Grand Rapids, Mich.: Eerdmans, 1983), es de mucha ayuda; F. F. Bruce, WBC 45 (Waco, Tx.: Word, 1982); y Leon Morris, *The First and Second Epistles to the Thessalonians* (hay traducción al castellano) NICNT, edic. rev. (Grand Rapids, Mich.: Eerdmans, 1991) son también de ayuda. El artículo por Abraham J. Malherbe "*'Gentle as a Nurse': The Cynic Background to I Thess ii*", *Novum Testamentum* 12 (April 1970): 203-17, representa un avance crucial en el estudio de esta carta; ver también Abraham Malherbe, *Paul and the Thessalonians: The Philosophic Tradition of Pastoral Care* (Filadelfia: Fortress, 1987).

1:1-10
Introducción y acción de gracias

Es incierto dónde (o si) se interrumpe el agradecimiento de Pablo, porque él no escribía en párrafos. Pero tomando en cuenta el fluir del pensamiento y las *digresiones, bien se puede hacer un esquema de esta carta, así como hoy se pueden bosquejar los debates de distintos puntos.

1:1. Esta era la forma habitual de comenzar una carta. Silas (RVA), o "Silvano" (RVR-1960), que es la forma latina. Con frecuencia un ciudadano romano judío elegía para sus hijos nombres judíos (*arameos) y latinos que sonaran parecidos.

1:2. Las acciones de gracias eran un elemento habitual de las cartas antiguas. Los versículos 2-10 son un proemio, o sea la introducción habitual para asegurar la buena voluntad de los lectores, aunque al mismo tiempo Pablo también quería alentarlos. Usa pródigamente la *retórica epidéitica (o sea, lenguaje destinado a alabarlos). Sobre "haciendo mención" en la oración, ver el comentario sobre Filipenses 1:3, 4.

1:3, 4. "Elección" (v. 4) era un término que el pueblo judío aplicaba exclusivamente a sí mismo. Pablo lo aplica aquí a una *iglesia que incluía a muchos convertidos *gentiles.

1:5. Las cartas parenéticas a menudo recordaban a los lectores lo que ellos ya sabían. Apelar al conocimiento ocular de los lectores era una técnica argumental irrefutable.

1:6. A menudo, los filósofos desafiaban a sus alumnos a que los imitaran, lo que era común en las cartas parenéticas, pero Pablo declara que ellos ya han comenzado a hacerlo. La habitual asociación judía del *Espíritu con la inspiración divina podría sugerir un gozo inspirado e incluso extático (quizá en una adoración entusiasta), aunque el Espíritu era asociado también con otras actividades. En la cultura pagana, la mayoría reaccionaba con enojo a que los judíos convirtieran a los paganos de la religión de sus antepasados; como un gran porcentaje de los cristianos eran convertidos de trasfondo *gentil, debían padecer una hostilidad aún mayor.

1:7. En Acaya, al sur de Macedonia, se conocía bien las cosas buenas que estaban pasando en Tesalónica, la provincia cercana.

1:8. Era común que los viajeros llevaran las noticias y, por medio de los mensajeros filipenses, que también eran de Macedonia, las otras *iglesias pueden haber oído sobre los tesalonicenses, y sobre el apoyo que habían hecho llegar a Pablo (2 Cor. 11:9; Fil. 4:15, 16) o a través de algunos otros viajeros judíos o cristianos. Cf. Salmo 19:4.

1:9. A menudo los textos judíos describían el cambio radical que se requería a los paganos que se convertían al judaísmo, usando términos como los que Pablo utiliza aquí; el autor romano *Tácito también critica al judaísmo por hacer prosélitos desplazando a los dioses y, de ese modo, rechazando a sus propios países y familias. Sin embargo, en Tesalónica las religiones extranjeras eran aceptables. Entre los cultos principales que había allí, estaban los egipcios de Serapis e Isis, así como los de los dioses griegos más tradicionales como Dionisio. Algunos miembros de las clases altas sostenían el culto de Cabiro, de la isla griega de Samotracia.

1:10. La *resurrección de Jesús era el adelanto de la de todos los justos que habían muerto que sucederá en el final de los tiempos (lo que figuraba en forma prominente en la enseñanza judía desde Daniel 12:1, 2 en adelante); así Jesús librará a los tesalonicenses de la ira en el tiempo de la resurrección. A menudo el AT aplica el término "ira" a los juicios de Dios en la historia, pero a menudo se lo aplica también, como casi siempre en las cartas de Pablo y el NT en general, al derramamiento de la ira divina en el tiempo final del Señor, el día del juicio cuando, de acuerdo al NT, *Cristo volverá para castigar a los malvados (p. ej., Isa. 13:9, 13; 26:20; 30:27; Sof. 1:18; Rom. 2:5).

2:1-12
Naturaleza de la llegada apostólica

Con frecuencia los discursos y las cartas contenían un importante elemento *narrativo cerca del comienzo, rememorando los hechos que llevaron a las circunstancias del discurso o escrito. Como en muchos otros escritos de tipo parenético (o sea de exhortación moral), Pablo contrasta los estilos de vida adecuados con los no adecuados por medio de paralelos antitéticos ("no... al contrario").

En esta sección, Pablo no tiene necesidad de responder a opositores específicos, como pensaban algunos de los primeros comentaristas (aunque debido a la persecución que enfrentaba la *iglesia en Tesalónica, no es improbable que sospechara que, en su ausencia, hubieran surgido las acusaciones habituales). Los filósofos itinerantes desarrollaban ciertos temas tradicionales en los que ponían énfasis, porque a menudo eran criticados, y Pablo también usa esos temas aquí fuera o no que se estuvieran defendiendo. Como señala Malherbe, Dion Crisóstomo, un orador público que vivió una generación después que Pablo, acusó a la mayoría de los *cínicos (filósofos itinerantes mendicantes) de error, impureza, engaño (2:3), adulación (2:5) y amor a los honores (2:6) y al dinero (2:5). Por el otro lado, Dion Crisóstomo también observaba que un verdadero filósofo era amable como una nodriza (2:7).

2:1, 2. Dion Crisóstomo criticaba a los falsos filósofos que temían un trato insultante de parte de las masas y describía su discurso como algo vano. Decía que los verdaderos filósofos hablaban con valentía, aun ante la oposición. Pablo y sus compañeros habían sido "maltratados" (RVA; "ultrajados", RVR-1960; "aflicciones e insultos que sufrimos", NVI; "sufrimientos e injurias", BJ; "insultados y maltratados", DHH) en Filipos poco antes de llegar a Tesalónica. Este término significa que fueron tratados de manera escandalosa, siendo desvestidos y golpeados públicamente sin haber tenido una audiencia legal (Hech. 16:22, 23).

2:3. Los filósofos espurios eran acusados de hablar a partir del error, los motivos impuros y el engaño. La idea de "impureza" aquí probablemente alude a la idea filosófica de que se debe usar la razón para purificar la propia mente de su esclavitud a la lujuria humana. En 4:7 se refiere a la impureza sexual, pero al parecer ese no es el contexto aquí. Debido a las quejas de que el judaísmo y los cultos orientales seducían a las mujeres, apartándolas de la religión de sus maridos, es posible que se hubieran levantado acusaciones contra quienes promovían las organizaciones egipcias, judías y cristianas en Tesalónica; cf. Hechos 17:4. Pero el uso habitual del término es el más probable aquí y requiere menos especulación. Los charlatanes religiosos y filósofos estaban muy esparcidos en el Mediterráneo antiguo y por ello los filósofos genuinos tenían dificultades para distinguirse de los ficticios, negando tales características.

2:4. El estilo contrastante ("no... al contrario") era una forma común de enfatizar un punto, se tratara o no de acusaciones concretas que se hubieran planteado contra Pablo y sus compañeros. Una parte importante de la ética de la *diáspora era complacer a Dios antes que a los demás. Se aceptaba la autorización y la inspiración divinas como una segura señal de que uno no era un charlatán, aunque no se creía a todos los que pretendían tener tal inspiración.

2:5. A pesar del proemio (introducción) alentador de esta carta (1:2-10), Pablo descarta una adulación deshonesta. A menudo, los falsos filósofos eran culpables de adulación, lo que les hacía ganar más dinero que la mendicidad. Del mismo modo, los políticos demagogos agradaban a las masas, haciéndose "todo a todos" (ver el comentario sobre 1 Cor. 9:19-23). Pero la mayoría de los filósofos y moralistas se quejaba de que la adulación no hacía bien a los oyentes; aunque se hablara con gentileza, un verdadero maestro debía corregir las faltas con valentía. Por eso, el desprecio por los adulones es una de las características más comunes de la literatura moral antigua (cf. Prov. 28:23; 29:5).

2:6. Los sabios reclamaban el derecho a gobernarlo todo debido a su sabiduría. Buscar honor para uno mismo era mal visto.

2:7. Aunque debía eludirse la adulación (2:5), Dion Crisóstomo y otros despreciaban a los vulgares *cínicos que directamente maldecían a aquellos a quienes estaban mendigando; se debía mezclar la alabanza con la vergüenza, haciendo que el mensaje fuera grato para los oyentes de modo que ellos pudieran responder al mismo. (En las cartas de Pablo que se conservan, no hay ninguna "carta de reproche" completa, lo que era la forma más dura de avergonzar en la *retórica antigua.)

Los romanos en buena posición a menudo tenían ayas esclavas o libertas para que cuidaran a sus hijos pequeños, como lo hacían también, aunque en menor medida, los de las clases más bajas. De acuerdo con el ideal de los romanos educados que podían mantenerlas, las ayas eran capacitadas como para poder enseñar a los niños; sin embargo, su característica más importante era su amabilidad. Con frecuencia se dedicaban mucho a los niños, quienes, cuando crecían, daban libertad a las que habían sido esclavas. Los *cínicos más duros criticaban a los que eran amables como las ayas o los ancianos; otros, como Dion Crisóstomo, insistían en que esa gentileza debía ser cultivada.

Muchos moralistas, por ejemplo *Plutarco, recomendaban que las madres cuidaran de sus hijos en vez de delegar la tarea a nodrizas, y sin duda esto era la práctica más común de mucha gente que no podía darse el lujo de sostener a una nodriza. Por eso, la imagen puede ser la de una madre que cuida de su hijo, aunque todos los lectores de Pablo también deben haber conocido la costumbre de apelar a nodrizas. La imagen de una nodriza o de una madre que alimenta a su hijo no afecta el punto central de la amabilidad. La gente del Mediterráneo oriental, donde eran menos frecuentes las nodrizas, a menudo consideraba que las madres eran más afectuosas que los padres (ver *4 Macabeos 15:4), aunque en la cultura romana con frecuencia se enfatizaba la severidad materna.

2:8. Haciendo notar que él lo era, Dion Crisóstomo declaraba que un buen filósofo no se preocuparía por el peligro personal sino que hablaría la verdad por interés en sus oyentes. Los amantes apasionados también decían cosas como: "Te amo... como si fueras mi propio espíritu" (Apuleyo, *Metamorfosis* 5:6). En contraste con la mayoría de los escritores que tenían esas pretensiones, Pablo había demostrado la verdad de lo que declaraba poniéndose en peligro por causa de los tesalonicenses mientras estaba entre ellos.

2:9. Los cristianos tesalonicenses eran pobres (cf. 2 Cor. 8:1, 2) y no compartían algunas de las objeciones de los corintios sobre el trabajo manual (ver el comentario sobre 1 Cor. 9:6). Los cristianos de Filipos habían mandado fondos a Pablo mientras estaba en Tesalónica (Fil. 4:15, 16), pero de todos modos él tenía que trabajar como artesano. Dado que pudo haber tenido un puesto en el mercado, puede haber trabajado y tenido clientes aunque haya estado poco tiempo allí (Hech. 17:2). Muchos maestros judíos de ese tiempo tenían otros trabajos además de la enseñanza, a menudo aprendidos de sus padres.

"De día y de noche" era una frase común, que podía significar parte del día y parte de la noche. Un obrero manual comenzaba a trabajar alrededor del alba y podía hablar con los visitantes mientras lo hacía, pero desde temprano en la tarde, Pablo usaba su tiempo para un evangelismo más directo.

2:10, 11. Aunque los romanos valoraban la dignidad de un padre severo, la mayoría de los retratos antiguos de padres (incluso los romanos) subrayaba su amor y preocupación por los hijos. Los verdaderos filósofos comparaban su preocupación por los oyentes con la de un padre así como con la de una nodriza (2:7), y a menudo los *discípulos veían en los maestros la imagen paternal.

2:12. "Digno" puede significar algo apropiado para la dignidad o los patrones de la persona que es honrada (ver el comentario sobre Col. 1:10, 11); los textos judíos de sabiduría a veces hablaban de los justos como quienes son "dignos de Dios". Para los nuevos cristianos que ya no participaban en el culto cívico que honraba al emperador en Tesalónica (1:9), el "reino" de Dios puede haber tenido algún tono político; reconocer la lealtad exclusiva al reino de Dios podía resultar caro (ver el comentario sobre Hech. 17:7).

2:13-16
Naturaleza y costo de la recepción en Tesalónica

Lejos de ser considerado no paulino, como han sugerido ciertos eruditos, este párrafo refleja las expectativas *apocalípticas de Pablo sobre el juicio a Israel. Contra la interpretación de algunos, aquí Pablo ni niega que el remanente será salvado ni que Israel se convertirá en el tiempo del fin (Rom. 11). Al contrario, sus palabras se adecuan a la tradición *apocalíptica de Jesús (los dichos de Jesús sobre el tiempo del fin) que Pablo usa más tarde en la misma carta (1 Tes. 4:13—5:11). Las *digresiones eran un elemento habitual en las cartas de la antigüedad.

2:13. La antigüedad estaba llena de historias sobre gente que rechazaba a los mensajeros divinos pensando que no eran sino charlatanes; Pablo está agradecido de que los tesalonicenses lo recibieron a él y a sus compañeros en la forma más apropiada.

2:14. A menudo, la virtud era enseñada apelando a la imitación de un buen ejemplo. Los cristianos tesalonicenses eran perseguidos por otra gente de la ciudad, así como los cristianos judíos lo eran por los judíos no cristianos (como Pablo podía atestiguar mejor que nadie; Gál. 1:13). También es probable que los lectores de Pablo hayan tenido algunos problemas con la comunidad judía local (Hech. 17:5-7); aunque no eran la mayoría de la oposición de la *iglesia (Hech. 17:8), se podía descontar la de los judíos de acuerdo con los versículos 15 y 16.

2:15. El pueblo judío alimentaba la tradición de que sus antepasados habían matado a los profetas, intensificando el relato *veterotestamentario. La oposición al espíritu misionero de los cristianos judíos de habla griega había estado creciendo entre los judíos palestinos a medida que las tensiones judeogentiles aumentaban allí (ver el comentario sobre Hech. 21:20-22, que describe una situación existente en el lapso de una década desde esta carta). Las prácticas judías llevaban a ese pueblo a unirse entre sí en un ambiente generalmente hostil, haciendo que muchos gentiles los acusaran de odio a la humanidad. Pero lo que Pablo quiere decir es muy distinto, pues se refiere solo a su oposición a la extensión misionera de los judíos cristianos a los gentiles.

2:16. "Colman siempre la medida de sus pecados" es una idea del AT (p. ej., Gén. 15:16) usada también por Jesús (Mat. 23:32). Para seguir en la línea de la enseñanza de Pablo en otras partes (Rom. 11), "la ira ha caído sobre ellos al fin" (traducción literal) puede significar que les ha llegado hasta el tiempo del fin (cf. Luc. 21:9, 23), más que "para siempre" o "finalmente". Los profetas del AT decían que, después de muchos juicios, el remanente de Israel volvería de todo corazón hacia Dios y entonces él restauraría a su pueblo, y los llevaría a una nueva era bajo su gobierno (p. ej., Jer. 29:11-14; Ez. 34:11-31; Os. 14:4-7; Amós 9:11-15).

2:17—3:10
Nostalgia por sus amigos

Aun en los discursos persuasivos, la emoción era algo adecuado y aún más en las cartas de amistad; las cartas paulinas están llenas de emoción y este pasaje es uno de los ejemplos más claros al respecto.

2:17. Las cartas de amistad coúnmente expresaban un gran deseo de ver a la persona, y a menudo hacían notar que ellos estaban separados corporalmente pero no en espíritu. (Hoy diríamos "Mi corazón está contigo".) Pablo vas más allá de estas convenciones al protestar (literalmente) "Estábamos huérfanos de ustedes"; aunque con suavidad, la mayoría de los filósofos han de haber considerado tal lenguaje muy apasionado.

2:18. A veces, los antiguos hablaban del destino como algo que les acosaba. Teniendo en cuenta la proximidad de Pablo a Macedonia, el hecho de que "Satanás nos lo impidió" puede referirse aquí a algún obstáculo concreto que impidió su regreso a Tesalónica, como la oposición de los judíos que menciona en 2:14-16, y sus consecuencias para sus amigos allí (Hech. 17:8, 9).

2:19, 20. En toda la literatura judía y grecorromana de la época se usaban las coronas y guirnaldas como símbolos de recompensa; no se trataba de la corona de un rey sino el laurel de un vencedor. Las coronas (cf. Isa. 28:5; 62:3) y las guirnaldas (cf. Isa. 61:3) a veces aparecían como símbolos de la recompensa futura en el AT y en el antiguo judaísmo. Sin embargo, la recompensa de Pablo es simplemente la perseverancia de los mismos tesalonicenses (cf. 3 Juan 4).

3:1, 2. A menudo las cartas de amistad expresan la nostalgia por ver al otro. Sin embargo, aunque las expresiones usadas eran meras fórmulas, no por eso eran menos genuinas (cf. las actuales tarjetas de saludos en diversas ocasiones). Timoteo (y probablemente Silas) acompañó a Pablo a Atenas y este lo envió de regreso a Macedonia mientras él trabajaba solo en Atenas. Como era de esperar, Lucas omite algunos de estos detalles en el relato de Hechos (Hech. 17:14-16; 18:5); cualquier autor que ha producido una *narración legible sabe que no se puede informar de cada detalle y que debe suavizar su relato. Pero son sorprendentes las correspondencias entre los relatos, y las divergencias indican que Lucas no podría simplemente haber extraído su relato de esta carta.

3:3, 4. Jesús, el AT y algunos autores *apocalípticos judíos habían predicho un período de sufrimientos justo antes del final de los tiempos que se acercaba. Estos sufrimientos serían acompañados por la proclamación del *evangelio (de acuerdo con Jesús, cf. Mar. 13:9-11) y ayudarían a producir el *arrepentimiento de Israel (de acuerdo con el AT, p. ej., Jer. 30:7; Dan. 12:l; cf. Deut. 4:30; Isa. 26:20, 21). Si eso es lo que se quiere mostrar aquí, los cristianos estaban destinados a soportar este sufrimiento, pero también a escapar de la ira en la Segunda Venida (1:10; 5:9; cf. Hech. 14:22).

3:5-8. Los antiguos escritores de cartas a menudo se quejaban de que sus sentimientos habían sido heridos cuando no recibían una respuesta rápida; esta queja era considerada una muestra de aprecio. Sin embargo, como las cartas tenían que ser llevadas por viajeros, Pablo no esperaba haber oído de ellos, especialmente si no sabían dónde encontrarlo; sería más fácil para él mandar a alguien hasta ellos que viceversa. Pero esta queja de no saber de su situación demuestra afecto, como el de un padre preocupado. En cuanto a "vivimos", en el versículo 8, ver el comentario sobre 2:8.

3:9, 10. Pablo resume, completa o añade un agradecimiento (ver el comentario sobre 1:2); cf. Salmo 116:12. La mayor parte de la gente dormía durante la noche y la oración en esas horas era una señal de devoción especial en la literatura *veterotestamentaria y judía (en el AT, p. ej., Sal. 22:2; 42:8; 63:6; 77:2, 6; 119:55, 148). "Lo que falta" en su fe (3:10) puede ser una esperanza adecuada (3:6; cf. 1:3; 5:8), lo que Pablo trata de aportar en 4:13—5:11.

3:11-13
Oración de Pablo

En la mayoría de las cartas, la oración sigue inmediatamente a la acción de gracias. Como la oración en 1 Tesalonicenses comienza en 3:11, algunos comentaristas sugieren que Pablo termina su agradecimiento solo en 3:9, 10. Pero es posible que en esta carta simplemente esté siguiendo un formato diferente del anterior y más habitual.

3:11. Las "oraciones que expresan deseo" ("Que el mismo Dios...", dirigida a aquellos por quienes era elevada la oración) eran consideradas oraciones genuinas en el judaísmo y eran elevadas con la esperanza de que Dios las oiría. Pablo continúa el tema de la nostalgia en el versículo 11.

3:12. Las acciones de gracias y las oraciones podían introducir temas que luego serían retomados en la carta, especialmente en las paulinas; vuelve al "amor" en 4:9 y a "todos" (RVA; "otros", RVR-1960) en 4:12.

3:13. El AT, el judaísmo y la enseñanza de Jesús también preveían una esperanza futura que daría sentido a la perseverancia en el presente. Aquí, los "santos" puede referirse al pueblo de Dios (4:14) o a los santos ángeles (Zac. 14:5); ambos eran llamados "santos" regularmente en la literatura judía. Generalmente, Pablo usa el término en el primer sentido.

4:1-8
Pureza sexual

El adulterio (4:6) es el tema de todo este pasaje. Quizá Pablo oyó de un caso específico en la congregación o puede haber estado preocupado por la conocida liviandad sexual de los paganos, reforzada durante su estadía en la proverbialmente inmoral Corinto. Los hombres griegos solteros (o sea los menores de treinta años) comúnmente se permitían relaciones con prostitutas, esclavos y otros varones; la religión y la cultura griegas no aportaban nada para desalentar aquello.

4:1, 2. Este es el antiguo lenguaje judío y cristiano que los eruditos señalan como el traspaso de la tradición en palabras de un maestro más antiguo. Pablo y sus compañeros pasaron mucho de su tiempo en Tesalónica enseñando a los nuevos creyentes los dichos de Jesús, a algunos de los cuales apela directamente en 4:13—5:11.

4:3. La práctica griega y romana permitía las relaciones con prostitutas y esclavos; el sexo prematrimonial estaba prohibido para los varones en la ley romana solo si un aristócrata lo hacía con una mujer de clase alta (lo que se llamaba *stuprum*). El judaísmo era mucho más estricto, reservando el sexo para el matrimonio (aunque la literatura indica que algunos hombres judíos sí caían presa de las tentaciones prematrimoniales o extramatrimoniales). Pablo condena toda inmoralidad sexual, aunque indica un ejemplo específico en 4:6. Comparte el concepto *veterotestamentario de que el sexo prematrimonial con alguien que no sea la futura esposa es adulterio contra ella y por lo mismo pecaminoso como cualquier otro adulterio (Deut. 22:13-29). (Esta afirmación no implica que el sexo prematrimonial no estaba prohibido en el judaísmo por el criterio *veterotestamentario del matrimonio como un pacto; solo es para indicar que el sexo prematrimonial con cualquier otra persona era visto como una ofensa capital a la futura esposa.)

4:4. En griego y en la literatura judía de la diáspora, el "vaso" (Besson) era una metáfora común para el cuerpo; ocasionalmente se aplicaba a la propia esposa (RVR-1960; en algunos textos judíos y, según una interpretación, en 1 Pedro 3:7). Probablemente aquí quiere decir "cuerpo" (RVA, NVI), aunque el tema no deja de ser debatible.

4:5. Algunos escritores judíos de la diáspora adoptaron ideales *ascéticos grecorromanos y así decidieron que el sexo era permisible solo para la procreación y que era inaceptable la pasión, incluso para con la propia esposa. Como en todas partes, Pablo ve el matrimonio como único lugar adecuado para liberar las pasiones (1 Cor. 7:2-9), es más probable que se oponga solo a la pasión adúltera (1 Tes. 4:6) que al placer sexual en el matrimonio. El pueblo judío consideraba casi a todos los *gentiles como sexualmente inmorales (los *rabinos posteriores argüían que no se podía dar por sentada la virginidad de una mujer gentil de más de tres años y un día de edad); la mayoría de los hombres gentiles era realmente inmoral. Aunque muchos de los lectores de Pablo eran étnicamente gentiles, él esperaba que reconocieran que espiritualmente no lo eran en virtud de su conversión a la fe bíblica (cf. Rom. 2:29).

4:6. Bajo la ley romana, el adulterio o "robo de esposa", como se lo consideraba a menudo, era castigable con el destierro; en algunas circunstancias, una pareja descubierta en el acto sería muerta en el mismo lugar. Sin embargo, pareciera que el adulterio era común y que usualmente quedaba impune, pero un marido que se enteraba de que su esposa estaba cometiendo adulterio tenía el deber legal de divorciarse de ella o él mismo sería llevado a juicio bajo el cargo de *lenocinium* (alcahuete). En el judaísmo palestino ya no se ejecutaba la pena de muerte por adulterio, requerida por el AT, pero el pueblo judío creía que lo que ellos no ejecutaban sería hecho por Dios (especialmente en el día del juicio).

4:7. Las relaciones íntimas generalmente hacían que uno fuera impuro por un tiempo, según el punto de vista de algunas religiones en las diferentes culturas antiguas. Sin embargo, esta impureza podía extenderse metafóricamente a la impureza espiritual en el caso de pecado sexual. La "santificación" (RVA) o "santidad" (NVI) significa "ser apartado para Dios" en el AT; Israel había sido "apartado para Dios" por ello se lo exhortaba a vivir como quien ha sido apartado (a ser "santo como Dios es santo", p. ej., Lev. 20:24-26).

4:8. En los textos judíos, los principales papeles del *Espíritu Santo incluían la inspiración de la *profecía y la purificación de los justos; lo segundo era especialmente prominente en la literatura *esenia y se basaba sobre todo en Ezequiel 36:25-27. Sin embargo, aun aquel que no estuviera familiarizado con este papel del Espíritu podía captar la idea de Pablo considerando el título de Espíritu Santo. Aunque en el AT solo se menciona dos veces al Espíritu de Dios como "Espíritu Santo", este había llegado a ser un título común en el tiempo de Pablo y podía ser traducido literalmente como "el Espíritu de santidad". Pablo tiene en mente al Espíritu que aparta y purifica al pueblo de Dios (1 Tes. 4:7).

4:9-12
Conducta entre ellos y con los demás

4:9, 10. A menudo, los moralistas escribían sobre el tema del "amor a la familia" y de otros temas similares. Para Pablo, todos los cristianos eran una sola familia y la ética del amor familiar debía aplicárseles. Tesalónica era una ciudad destacada en Macedonia.

4:11. El quietismo, o sea ocuparse de los propios asuntos, y el aferrarse solo a la propia comunidad filosófica, era una idea central en el *epicureísmo, pero llegó a caracterizar a mucha gente del siglo I que permanecía alejada de la vida pública o política. El quietismo completo de ese tipo producía críticas del resto de la sociedad, del mismo modo que la lealtad judía a sus propias costumbres y pueblo.

Sin embargo, en el sentido amplio de evitar las controversias públicas, "tener tranquilidad" era una orientación sabia para una minoría perseguida en el imperio romano del siglo I. Algunos escritores como Plutarco abogaban porque los hombres sabios se preocuparan de los asuntos del estado, pero aun ellos advertían a cierta gente (p. ej., los que ya tenían una carrera política hecha) que se retiraran del servicio activo. Pablo no pide a sus lectores que sean monásticos sino que no se hagan demasiado conspicuos.

4:12. Los terratenientes aristócratas despreciaban el trabajo manual, pero era el único medio de vida para la mayor parte del mundo antiguo. Aunque la *iglesia de Tesalónica puede haber incluido algunos pocos *protectores en buena situación (Hech. 17:4, 9), parece que Pablo no había enfrentado allí la oposición de sus puntos de vista sobre el trabajo manual que surgió en Corinto. Presumiblemente, tratar a los de afuera apropiadamente significa el propio testimonio de dar y quizá de evitar mendigar, si es que Pablo piensa que algunos pedirían favores de parte de los benefactores que estaban en mejor situación. Normalmente, pedir en la calle caracterizaba solo a los más pobres, a menudo gente sin propiedad alguna, pero quizá hubo quienes se sintieron atraídos por el estilo de vida mendicante adoptado por los filósofos cínicos (cf. el comentario sobre 2 Tes. 3:11, 12).

4:13-18
Consuelo para los que sufren

Una forma común de las cartas no comerciales era la "carta de consuelo". Pablo llena esta sección consolatoria de su carta con temas *apocalípticos judíos, tomados directamente de la enseñanza de Jesús. Teniendo en cuenta el gran número de temas *apocalípticos que Pablo omite y que la mayor parte de los que incluye coincide con la tradición oral de la enseñanza de Jesús, registrada más tarde en los Evangelios, hay poca duda sobre sus fuentes; ver 4:15. Dados los muchos profetas y, por ende, profecías en la iglesia primitiva, es muy improbable que Pablo y los autores de los Evangelios simplemente tomaran la misma profecía de algún otro que no fuera Jesús. También es improbable que los autores de los Evangelios hubieran conocido 1 Tesalonicenses o, de ser ese el caso, que hubieran moldeado sus informaciones de la enseñanza de Jesús a partir de allí. Una forma natural de presentar consuelo era apelar a las esperanzas judías para el futuro, como lo certifican las inscripciones en las tumbas judías.

A la luz de la persecución local a que se refiere esta carta (1:6; 2:14-16; 3:3-6), algunos eruditos han sugerido que los miembros de la congregación que murieron luego de la salida de Pablo lo hicieron en el martirio. Alrededor del año 50 d. de J.C. esto debe haber sido la excepción más bien que la regla; sin embargo, no se hubieran necesitado muchas excepciones para provocar inquietudes entre los cristianos tesalonicenses.

4:13. A menudo, los filósofos "consolaban" a los que recibían sus cartas diciendo: "No lo lamenten" o "No lo lamenten demasiado", porque "no servirá para nada". Sin embargo, este no es el argumento de Pablo; más bien es que los cristianos no deben sufrir por los demás cristianos del modo que sufren los paganos porque ellos sí tienen esperanza. La mayoría de los paganos creía en una vida sombría en el mundo subterráneo, y no compartía el optimismo ni la neutralidad que tenían los filósofos ante la muerte. La mayor parte de los paganos sufría y los judíos, así como otros pueblos del Cercano Oriente, se dedicaban a rituales catárticos para su pena. Hablar de los que "duermen" era un eufemismo común para la muerte.

4:14. Como muchos en el pueblo judío, Pablo creía que el alma vivía en el cielo hasta la *resurrección del cuerpo, y que el alma y el cuerpo serían reunidos en la resurrección (2 Cor. 5:1-10). Muchos escritores antiguos distinguían entre la alta atmósfera (el "éter") donde residirían las almas puras, y los cielos más bajos, el ámbito del "aire". Así es como Pablo puede hablar de que el Señor descenderá del "cielo", refiriéndose a los cielos más altos (4:16) y encontrando a su pueblo "en el aire", la atmósfera más baja (4:17).

4:15. La "Palabra del Señor" en este caso significa un dicho de Jesús (cf. Luc. 22:61; Hech. 20:35; 1 Cor. 7:10). Jesús habló de su "venida"

(p. ej., Mat. 24:27), término que se podría aplicar a la visita de un rey o un dignatario, que era celebrada con gran pompa y majestad.

4:16, 17. En el AT, las trompetas (el *shofar*, o cuerno de carnero) eran usadas especialmente para reunir a una asamblea o dar órdenes para la batalla; en este contexto, puede tratarse de ambas connotaciones. Los ejércitos romanos también usaban trompetas en la guerra; los conceptos judíos sobre el tiempo final incluían que Israel sería reunido con una trompeta y que serían usadas en la guerra final al mismo tiempo (las oraciones cotidianas judías; el Rollo de la Guerra de Qumrán). Miguel, el arcángel jefe en la literatura judía, era considerado el ángel guardián de Israel y así figura en los textos judíos sobre la batalla final; aquí parece que Jesús asume el papel de Miguel en favor de los creyentes, el pueblo de Dios.

Las "nubes", la "trompeta" y posiblemente el "arcángel" aluden a un dicho de Jesús sobre el tiempo del fin (Mat. 24:30, 31); el encuentro en el aire puede ser inferido de la reunión para ir con él (Mat. 24:31). Tradicionalmente, el judaísmo asociaba la *resurrección de los muertos con el fin de esta era y la inauguración del *reino, y los lectores darían por sentado esta conección en ausencia de una afirmación directa en contra. Cuando se lo pone en paralelo con una "venida" real (ver el comentario sobre 1 Tes. 4:15), la palabra que se refiere al encuentro en el aire normalmente se refiere a los emisarios de una ciudad que iban a esperar al dignatario y lo escoltaban en su camino hasta su ciudad. El contraste que aporta esta imagen con el homenaje que se consideraba especialmente debido al "Señor" César y sus emisarios, bien puede haber provocado hostilidad de parte de los oficiales locales (cf. 2:12; 5:3; Hech. 17:7).

La "aclamación" (RVA; "voz de mando", RVR-1960); sin duda es el grito de guerra del comandante (Amós 2:2), una imagen que se aplica a Dios como guerrero en el AT (Isa. 42:13; cf. el grito de triunfo con una trompeta en el Sal. 47:5, 8, 9), como en su descenso (Isa. 31:4; cf. Zac. 14:3, 4). Desde las más antiguas fuentes neotestamentarias, la imaginería *veterotestamentaria sobre la venida de Dios en el día del Señor es aplicada directamente a Jesús; el judaísmo concebía este papel como algo de Dios y no del *Mesías. Las "nubes" eran usadas como imágenes del día del juicio del Señor que se acercaba (p. ej., Eze. 30:3; 32:7; Joel 2:2; a menudo las nubes son el humo de la batalla y el saqueo) y de la venida del *Hijo del hombre (Dan. 7:13).

4:18. Los autores de cartas de consuelo a veces urgían a sus lectores, diciéndoles: "Alentaos" (RVA; "anímense", NVI); entre sí y a los demás con sus palabras. De la misma manera, el pueblo judío reconocía que los siervos consagrados de Dios podían exhortarse entre sí a estar firmes frente al sufrimiento y el martirio (2 Macabeos 7:5). Incluso la mayor parte de los profetas del NT, que escribieron con más vehemencia sobre el juicio, incluían palabras de aliento y esperanza para el remanente de los justos, así como la esperanza es central en el mensaje de Pablo sobre el futuro para sus lectores, que componían este remanente.

5:1-11
Vigilancia

Pablo continúa su análisis de la venida del Señor (4:13-18), terminando con la misma exhortación de consolarse o alentarse unos a otros (4:18; 5:11).

5:1. Aquí Pablo cita otro dicho de Jesús (más tarde registrado en Hechos 1:7; normalmente cuando los escritores citaban dichos los parafraseaban). El pensamiento general, que el tiempo del fin era desconocido, era bastante común en otros círculos judíos. Los maestros debatían si los justos podían acelerarlo o si simplemente llegaría en el tiempo que Dios había dispuesto, pero la mayoría estaba de acuerdo en que no se podía saber cuándo sería. Sin embargo, algunos armaban elaborados esquemas para predecir lo que estaba por ocurrir; Pablo no suscribe esas teorías.

5:2. Este versículo es otro dicho de Jesús (Mat. 24:43; también usado en 2 Ped. 3:10; Apo. 3:3; 16:15). El "día del Señor" en el AT era el día de Dios, el juicio al fin de la era (a veces prefigurado en juicios más cercanos, pero definidamente cataclísmico en su forma final). El *apocalipticismo judío comúnmente hablaba de un fin inesperado, pero que a la vez era precedido de señales. Pablo no quiere decir que no habrá señales que precedan al día del Señor (2 Tes. 2:2-4), sino solo que ellas no indicarán exactamente el tiempo ni proveerán suficiente advertencia a los malvados (1 Tes. 5:3, 4).

5:3. Estos "dolores" de parto no son los prolongados de Mateo 24:8, sino las angustias finales de destrucción en el día del Señor, como en Isaías 13:8. Los dolores de parto eran una imagen común de agonía y destrucción (Sal. 48:6; Isa. 21:3; 26:17, 18; 42:14; Jer. 4:31; 6:24; 13:21; 22:23; 49:22-24; 50:43; Ose. 13:13). La destrucción repentina era también una idea bíblica habitual (Isa. 47:11; Jer. 6:26), y el juicio inesperado de los malvados llegó a ser un tema común en el *apocalipticismo judío, pero aquí Pablo quizás refleje especialmente la enseñanza de Jesús (Mat. 24:36-44).

El pueblo judío sabía bien lo que era una falsa paz: en el AT (p. ej., Jer. 6:14), los falsos profetas que anunciaban paz llevaron al juicio de Judá; el general romano Pompeyo había entrado a Jerusalén en el primer siglo a. de J. C. pretendiendo que lo hacía en paz. Y apenas dos décadas después de que Pablo escribió esta carta, los falsos profetas que anunciaban la victoria llevaron a los jerosolimitanos a la matanza a manos del ejército romano de Tito. Sin embargo, los lectores de Pablo en Tesalónica podían tomar sus palabras como un ataque a las pretensiones de los emperadores romanos anteriores de haber establecido la paz y la seguridad (*pax et securitas*) a lo largo del imperio. Las enseñanzas como aquella sonaban subversivas y pueden haber despertado la persecución contra los cristianos (Hech. 17:7).

5:4, 5. El trasfondo de estos versículos es muy natural: Pablo extiende la imagen del día del Señor que viene como ladrón en la noche (ver el comentario sobre el v. 2). Normalmente, los ladrones penetraban de noche, pero los creyentes en *Cristo eran gente del día del Señor. Pablo hace un paralelo entre el día con luz y la noche con las tinieblas, usando imágenes comunes de su tiempo para el bien y el mal. "Hijos de" era una forma de decir "gente caracterizada por".

5:6, 7. La noche era tanto el tiempo para dormir como para los festines de borrachos. Pablo puede estar basándose en los dichos de Jesús en Mateo 24:42, 49 y 26:45, además del obvio Mateo 24:43. Otros moralistas usan metafóricamente la palabra "sobriedad".

5:8. Las guardias romanas y otros tipos de vigilancia nocturna (como los pastores) eran las únicas personas que se mantenían despiertas por la noche, excepto los que se dedicaban a la rebeldía de la ebriedad. La imagen paulina de la armadura también puede reflejar la habitual idea judía de una guerra final que precediera el fin y la imaginería militar usada por los moralistas con referencia a su lucha con las pasiones (ver el comentario sobre Rom. 13:12; cf. también el comentario sobre Ef. 6:10-20).

5:9. Aunque "salvación" puede significar "liberación", en el contexto de la salvación final, también estaría asociada con la *resurrección corporal de los justos, como ocurre aquí. El judaísmo yuxtaponía la resurrección con la ira que Dios derramaría sobre los *gentiles y los judíos desobedientes al venir a juzgar la tierra, lo que ellos esperaban que habría de ocurrir alguna vez.

5:10. Sobre la imagen del sueño, ver el comentario sobre 4:13 (no puede aludir a la imagen de 5:5-7, donde se refiere a los que viven en tinieblas).

5:11. Ver el comentario sobre 4:18.

5:12-22
Comportamiento del pueblo de Dios

Los versículos 12 al 15 tratan sobre cómo comportarse los unos con los otros; los del 16 al 22, sobre el culto colectivo (y en parte privado) (cf. exhortaciones similares sobre el culto colectivo en Ef. 5:18-21, seguidos por normas para la vida familiar).

5:12, 13. Si ese es el sentido que se tiene en cuenta aquí, debe referirse a los cristianos que abrían sus casas para que las *iglesias se reunieran en ellas y las apoyaban, proveyendo la ayuda financiera y política que pudieran (los *protectores tesalonicenses posiblemente incluían a Jasón, Hech. 17:5-9).

No es inusual que a ellos también se les encargara: "amonestéis", dado que probablemente eran los miembros más ricos de la congregación y por lo tanto más preparados. (En la antigüedad, la mayor parte de la gente era analfabeta funcional; era mucho más simple exhortar a los que tenían la capacidad y el tiempo para leer las Escrituras, pues estas eran la fuente de las exhortaciones tanto en la sinagoga como en la iglesia.) Si no había nadie que estuviera realmente en buena posición, los que estaban relativamente mejor tendrían que cumplir el papel de *protectores lo mejor que pudieran, dirigiendo tanto *iglesias caseras más chicas o más numerosas. Pero probablemente la congregación incluiría a personas en posición social relativamente buena (Hech. 17:4).

5:14. Los "desordenados" (RVA; "ociosos", RVR-1960; "indisciplinados", BA); son aquellos que pueden trabajar pero se niegan a hacerlo (cf. 4:11; 2 Tes. 3:7, 8). La palabra para "los de poco ánimo" (RVA; "desanimados", NVI) se refiere especialmente a aquellos que carecían de autoestima y tenían una pobre opinión sobre sí mismos. Compare Isaías 35:3, 4.

5:15. Compare la enseñanza de Jesús (Mat. 5:39); algunos otros maestros judíos también advertían contra pagar el mal con el mal (ver el comentario sobre Rom. 12:17).

5:16. A menudo, la ética griega presentaba listas de afirmaciones sucesivas como Pablo hace aquí. Muchos salmos bíblicos asocian el gozo con la celebración y la adoración

5:17. Ni siquiera los más estrictos pietistas del judaísmo oraban todo el día, pero lo hacían regular, intensa y fielmente. "Orad sin cesar" puede referirse a ese tipo de oración o el hacerlo a solas durante todo el día, y no meramente a la oración colectiva o en momentos privados tranquilos.

5:18. Los paganos que reconocían que el destino o algún dios era soberano sobre todo admitían que uno debía aceptar lo que le viniera, o incluso dar gracias por ello. Para Pablo, aquellos que confían en la soberanía y el amor de Dios pueden dar gracias en cualquier situación.

5:19, 20. La mayor parte del primer judaísmo asociaba al *Espíritu especialmente con la *profecía; Pablo no quiere que nadie restrinja el mensaje inspirado genuinamente. El término traducido "apaguéis" (RVA; "extingáis", BJ); era usado a menudo en relación con el fuego, lo que se aproximaba a la imagen *veterotestamentaria de los profetas que eran incapaces de reprimir la inspiración divina (Jer. 20:9).

5:21, 22. En el contexto, "examinadlo todo" (RVA; "sométanlo todo a prueba" NVI) puede referirse a poner a prueba las declaraciones proféticas (5:19, 20), reteniendo lo bueno pero desechando lo malo. Quizás, dado que algunos cultos religiosos griegos practicaban la inspiración extática, Pablo advierte a los tesalonicenses que no confundan su inspiración con la del paganismo, pero juzgar las profecías ya era un tema del AT. Entonces, muchos profetas eran capacitados por otros mayores, guiados en su sensitividad por la inspiración del *Espíritu (1 Sam. 19:20); como tales profetas mayores no eran accesibles a la mayor parte de las congregaciones cristianas, resultaba necesaria la prueba mutua por parte de otros movidos por el don profético (ver el comentario sobre 1 Cor. 14:29).

5:23-28
Palabras finales

5:23-25. Sobre las "oraciones expresando un deseo", ver el comentario sobre 3:11. Aunque aquí Pablo, al enumerar las partes componentes según la costumbre judía (ver, p. ej., Deut. 6:5; Luc. 10:27), enfatiza toda la persona, usa el lenguaje de su cultura para describir las partes (que puede dividir en forma distinta en otros lugares, p. ej., 1 Cor. 7:34; 14:14, 15). Es muy diferente a los filósofos que construían análisis detallados, dividiendo el alma en dos componentes (*Cicerón), en tres (*Platón, *Filón) o en ocho (los *estoicos). Como la mayor parte de los autores judíos y el AT, ve a la persona como un todo, con el cuerpo y el alma separándose en la muerte, y distinguiendo diferentes componentes solo para destacar un punto de vista. Los *gnósticos valentinianos, especialmente bajo la influencia del platonismo medio, hicieron más tarde mucho más diferencia entre alma y espíritu de lo que Pablo pretende aquí; sus radicales distinciones los llevaron a negar la plena encarnación o corporización de Jesús el Verbo. Posidonio, Marco Aurelio y otros abogaron por una forma de tricotomía (tres partes) y más adelante los *samaritanos también sostuvieron una división tricotómica de la persona, aunque no tendían a usar el vocabulario de Pablo en este punto. Mucho después, los místicos judíos llamados cabalistas dividieron el alma en diez partes, incluyendo una tríada de tríadas. El antiguo pensamiento egipcio también parece haber reconocido partes componentes, distinguiendo el cuerpo del *ba*, el *ka* y el *akh*.

5:26. Los besos eran un saludo afectuoso común entre aquellos con quienes se tenía una relación íntima o respetuosa; ver el comentario sobre Romanos 16:16.

5:27, 28. Muchos no sabían leer, de modo que hacerlo en voz alta era la única forma en que podían conocer el contenido de la carta en la congregación.

2 TESALONICENSES

Introducción

Autor. Algunos eruditos han negado que Pablo escribió esta carta porque difiere de la primera en algunos aspectos pero, por el contrario, atribuyen a la imitación las similitudes que tiene con aquella. Pero el estilo de 2 Tesalonicenses es paulino y se desarrolla en el mismo mundo de pensamiento *apocalíptico que la mayor parte de 1 Tesalonicenses 4—5. Las diferencias no son mayores que las que se pudieran esperar en dos cartas distintas que tratan un tema tan amplio. Parece improbable que 2 Tesalonicenses 2:3, 4 fuera escrito después de la destrucción del templo (70 d. de J.C.). Como las cartas *seudoepígrafas raramente eran escritas durante o inmediatamente después de la vida del presunto autor, lo más probable es que 2 Tesalonicenses haya sido escrita por Pablo, quien murió en el 64 d. de J.C. Hoy la mayoría de los comentaristas aceptan que es paulina.

Relación con 1 Tesalonicenses. Aunque los eruditos han discutido cuál de las dos cartas fue escrita primero, la mayoría piensa que 1 Tesalonicenses fue previa a la segunda (por supuesto, las cartas originales no llevaban título). Posiblemente el portador de la primera carta había regresado con noticias sobre la situación en Tesalónica; algunos cristianos habían aceptado el mensaje de Pablo sobre una esperanza futura sin las características que él le atribuía y habían decidido que el día del Señor ya había venido (2:2).

Comentarios: Ver la lista en la introducción a 1 Tesalonicenses. La mayoría de comentarios cubren las dos cartas.

1:1-12
Introducción, acción de gracias y oración

Las cartas de Pablo comienzan generalmente con la introducción básica ("Pablo... a..."), una acción de gracias y una oración o una mención de sus oraciones por los destinatarios. Cada uno de estos elementos eran típicos en las cartas de ese tiempo, pero Pablo los adapta de forma cristiana. Aquí también alimenta su lenguaje *apocalíptico con frases del AT.

1:1. El formato básico de la introducción a una carta era: el nombre del remitente, el de los destinatarios y saludos.

1:2. El saludo griego típico era *charein*, que Pablo adapta como *charis*, "gracia". Generalmente las cartas judías agregaban el típico saludo judío de "paz", que hacía el papel de una oración de buenos deseos: "La paz de Dios sea con vosotros", "Que todo os vaya bien". (Sobre las oraciones de buenos deseos, ver el comentario a 1 Tes. 3:11.) Pablo hace más explícita esta oración, añadiendo la fuente de la gracia y la paz: tanto Dios el Padre como el Señor Jesús. En el AT, tanto "Dios" como "Señor" son títulos divinos.

1:3. En las cartas griegas era común la gratitud por los destinatarios, lo que ayudaba a establecer un tono amistoso al comienzo de la carta.

1:4, 5. La retribución de Dios a los justos que sufren era un tema importante en el pensamiento judío de ese período. Al desarrollar el tema a partir del AT, los autores judíos enfatizaban que al final Dios castigaría a sus perseguidores y libraría a los justos, sin importar cuánto hubieran sufrido ahora. Esta liberación estaba ligada íntimamente con la esperanza de la *resurrección de los justos al fin de esta era. A menudo, la tribulación presente o inminente era vista como los últimos "dolores mesiánicos de parto" que llevarían a la era del *reino. Algunos filósofos también hablaban de que los sufrimientos demostraban que uno era digno de Dios.

1:6, 7. Como en la literatura judía, aquí también los justos reciben reposo de su tribulación solo al mismo tiempo que Dios los reivindica por su juicio final sobre los malvados (cf. también Deut. 32:34-36, 41). El fuego ardiente de los adversarios era una imagen común en el AT (p. ej., Núm. 11:1; Sal. 97:3; Isa. 26:11; 66:15, 16, 24; cf. Jer. 4:4; 15:14; 17:4; 21:12; Eze. 21:31; 22:20; Nah. 1:6; Sof. 1:18; 3:8). Esta imagen era natural por el uso del fuego en la guerra y porque la "ira" a menudo era descrita en hebreo e idiomas relacionados en términos de lo que era quemado.

Esto también llegó a ser habitual en la imaginería del tiempo final en la literatura judía. En algunos de sus textos, toda la tierra sería destruida y en otros el *reino no sería establecido sin tal transformación cósmica. Los ángeles "poderosos" son vistos como el ejército de Dios.

1:8. Sobre la venganza de Dios o el pago a los enemigos de su pueblo, ver Deuteronomio 32:41, Isaías 35:4 y 66:6; también era un tema importante en la literatura judía posterior al AT.

1:9. Este versículo es un eco directo de la versión de Isaías 2:10, 19 y 21 en la *LXX. Puede carecer de importancia que a menudo la literatura judía describe a Dios volviendo su "rostro" (literalmente) o su "presencia" ante los malvados, pero Pablo toma directamente la frase semítica ("del rostro de" que significa "delante de", "de la presencia de") como lo traduce la LXX en Isaías. En los *Rollos MM y en otros lugares, la "eterna perdición" (RVA; "destrucción eterna", NVI); significa que los malvados serán completamente destruidos, pero en los contextos de muchos de estos pasajes también sufren eternamente (ambas cosas pudieron estar mencionadas en el mismo pasaje, p. ej., *Jubileos 36:10; cf. Isa. 66:24, citado en Mar. 9:48).

1:10. La gloria del rey era su esplendor y atavío real; la glorificación del pueblo de

Dios sería al tiempo de la restauración de Israel (Isa. 46:13; 60:1, 2; 62:2), cuando Dios (aquí Jesús) volviera para reivindicarlos. (Normalmente Pablo asocia la "glorificación" de los santos con su *resurrección corporal; p. ej., Rom. 8:17-23; 1 Cor. 15:43; Fil. 3:21.) "Cuando él venga" es un eco del lenguaje de la versión del Salmo 96:13 en la *LXX, aplicando a Jesús el lenguaje sobre Dios. "En aquel día" es el "día del Señor" (ver 2 Tes. 2:2; cf. Isa. 2:11, 12, 17, 20; 11:10, 11; Joel 3:18, "en aquel día").

1:11. Las cartas antiguas, incluyendo las paulinas, a menudo contienen oraciones o menciones de las oraciones en favor de los destinatarios. Sobre "dignos", ver el comentario sobre 1:5.

1:12. El Señor debía ser glorificado en el presente en su pueblo obediente (Jer. 13:11), pero la glorificación final de Dios en su pueblo será en el día en que él saque todas las cosas a la luz (ver el comentario sobre 1:10).

2:1-12
La rebelión final

Algunos cristianos tesalonicenses pensaban que el inminente día del Señor ya había llegado. Para corregir esa mala interpretación, Pablo les recuerda los dichos de Jesús que él les había enseñado mientras estuvo allí (2:5, 15): un período final de rebelión constituía un prerrequisito esencial para el regreso de *Cristo.

2:1. La "venida" (descrita más adelante en 2:8; cf. 1 Tes. 4:15) y la "reunión" aquí están gramaticalmente ligadas y el uso de ambos términos deriva de los dichos de Jesús. "Venida" era un término común, pero cuando se aplicaba a un rey, tenía connotaciones especiales de una visitación gloriosa. Algunos textos judíos lo aplicaban a las teofanías del pasado y la futura revelación en gloria; Mateo 24:3, 27, 37 y 39 lo usa para el regreso de Jesús para juzgar al mundo. Muchos pasajes, tanto en el AT (p. ej., Isa. 27:12, 13) como en la literatura judía posterior, hablan de la reunión de Israel como pueblo de Dios. Probablemente Pablo toma la imagen de la reunión de los justos a partir de los dichos de Jesús registrados luego en Mateo 24:31 (que usa un término relacionado).

2:2. Los que habían oído leer la carta de Pablo solo una vez en la congregación pueden haber entendido mal este punto. El punto de vista griego incluía una vida posterior en el mundo subterráneo o una huida del alma hacia los cielos más altos, pero no un hecho futuro en el cual los muertos fueran *resucitados. Los cristianos tesalonicenses pueden haber leído la carta de Pablo a la luz de sus propias disposiciones culturales: pueden haber dado por sentado que la realidad futura ya se había cumplido y no solo iniciado en *Cristo. Pablo replica que el futuro "día del Señor" es inminente o inesperado en su cumplimiento (1 Tes. 5:2) pero siempre precedido por la rebelión final (2 Tes. 2:3-12).

2:3, 4. El primer prerrequisito es la "rebelión" (NVI) o la "apostasía" (RVA). Si se trata de una "rebelión" contra Dios, es la ofensa final del mundo hacia él (2:4); si es "apostasía", se refiere de nuevo a los dichos de Jesús escritos en Mateo 24:10-13. Ambos pecados son característicos de las listas judías de los sufrimientos ilimitados, pero como Pablo omite la mayor parte de las señales que aparecen en esas listas y enfoca solo los que fueron citados por Jesús, aquí el término puede significar apostasía. En cualquier caso, indica que no se aplica a los lectores (2:10-15).

La figura de un futuro anticristo general (como se lo denomina comúnmente) parece haber aparecido principalmente en textos judíos posteriores para describir a algunos gobernantes del pasado o del presente en términos similares (cf. también los gobernantes perversos de Dan. 9—11). La tradición de los reyes paganos que pretendieron convertirse en dioses también es bastante antigua (Isa. 14:13, 14; Eze. 28:2; Dan. 6:7). Los

*Rollos MM hablan del "hombre de mentira" que se opuso al fundador de su comunidad; los *Salmos de Salomón retratan al general romano Pompeyo en esos términos, y los emperadores romanos en general dejaron que la gente los viera como tales "hombre de mentira". Casi una década antes de esta carta, Cayo Calígula había tratado de colocar su imagen en el templo de Jerusalén, casi al punto de provocar una revuelta. (Calígula fue el predecesor inmediato de Claudio, el emperador que reinaba en los años 41-54 d. de J.C.) Dos décadas después de esta carta, cuando Tito destruyó el templo, sus soldados lo profanaron rindiendo honores a la insignia del emperador Vespasiano en el mismo lugar. Sin embargo, la imaginería usada aquí proviene especialmente de Jesús (cf. Mat. 24:15), quien usó la de Daniel (Dan. 7:25; 8:11; 9:26, 27; 11:31, 36; cf. 2 Crón. 33:7; Eze. 8:3). Algunos eruditos que han examinado cuidadosamente las profecías han llegado a la conclusión de que Daniel 11 describe la abominación causada por Antíoco Epífanes, pero entonces pareciera que el "fin" llegaría en ese tiempo (12:1), unos dos siglos antes de Jesús. Al igual que la promesa de la tierra para los descendientes de Abraham, diferida repetidamente durante el período de los jueces, entre David y Josías y después debido a la desobediencia de Israel, este pasaje puede ser un ejemplo de *escatología diferida. Sin embargo, si se cuenta el período de Daniel 9:24-27, el príncipe ungido (que algunos consideran que era el Mesías) debía ser "cortado" alrededor del año en que murió Jesús; la destrucción de la ciudad tuvo lugar cuarenta años después, indicando de nuevo un retardo por lo menos de ese tiempo. Los intérpretes evangélicos difieren en cuanto a si (1) sigue en pie una futura tribulación específica (quizás 2 Tes. 2:8, 9), (2) la guerra judía en el 66-79 d. de J.C. la cumplió completamente (cf. Mat. 24:15-21), (3) este período está constituido por todo el curso de la historia (cf. comentarios sobre *Apocalipsis, especialmente el cap. 12) o (4) el lenguaje es usado una y otra vez de diferentes maneras, todas las cuales son verdaderas.

2:5. Aparentemente los tesalonicenses interpretaron mal lo que dijo Pablo sobre el *reino futuro (Hech. 17:17), de lo que gran parte parece derivar de las enseñanzas de Jesús que Pablo les transmitía (2 Tes. 2:15).

2:6, 7. Hay más interpretaciones diversas de este pasaje que de la mayor parte del NT. Ni siquiera puede haber una traducción segura ("lo que detiene" ¿es algo "fuera del camino" o tal inicuo surge "de en medio de" como al final del v. 7?). Los conceptos sobre "lo que lo detiene" (RVR-1960; "que lo detiene", RVA; "que detiene", NVI); son numerosos. Algunos han pensado que es un prerrequisito para el fin de los tiempos declarado por Jesús, o sea la predicación a todas las naciones (Mat. 24:14); este punto de vista tiene algún sentido, pero el que se complete esta predicación debía preceder técnicamente al fin mismo, y no la rebelión que precedió al fin.

"Lo que detiene" pudo ser simplemente la autorrestricción directa de la soberanía de Dios (p. ej., Eze. 5:11). Podía ser el arcángel Miguel, el protector angélico de Israel en la tradición judía (también Dan. 12:1). Podía ser la presencia de cristianos en Jerusalén (Mat. 24:16-21) o podía ser, como han argumentado muchos estudiosos, el gobernante que precedía al emperador o sucesión de emperadores, deificados por propia voluntad. (Quienes sostienen el último criterio señalan que, cuando Pablo escribió esta carta, el nombre del emperador era Claudio, lo que se relaciona con el término latino clausus, que puede leerse como "restricción"; fue el predecesor inmediato del perseguidor Nerón, ver la introducción a 1 Pedro.) Muchos de los primeros padres de la iglesia adoptaron el criterio de que "lo que detiene" era el imperio romano.

Un popular punto de vista moderno, que no

tiene un apoyo contextual específico, es que “lo que detiene” es la *iglesia, que tenía un poder social inadecuado en los tiempos de Pablo como para poder cumplir esa función. La remoción de la *iglesia de la tierra por la *resurrección, que se describe en 1 Tesalonicenses 4:15-17, no se adecua a este contexto, porque los cristianos tesalonicenses habrían de recibir reposo de la aflicción solo en el día del juicio (2 Tes. 1:6-9), y ser reunidos (2:1) solo en el día del Señor (2:2), lo que debía ser precedido por la rebelión (2:3, 4), lo que a su vez debía ser precedido por “lo que detiene” (2:6, 7). Aunque ningún autor antiguo sostiene el punto de vista de que “lo que detiene” sea la *iglesia (la idea de un rapto antes de la tribulación primera y explícitamente aparece en la historia alrededor del año 1830, como corolario del dispensacionalismo), los muchos adherentes de este criterio en la actualidad citan en su apoyo otros pasajes neotestamentarios.

En cualquier caso, los tesalonicenses debían entender lo que Pablo quería decir (2:5) y no estaba en discusión que este hecho aún no había ocurrido, de modo que la rebelión y por lo tanto el día del Señor y la reunión de la iglesia siguen siendo futuros.

2:8. Pablo describe el final del inicuo en términos que toma de Isaías 11:4 (cf. Ose. 6:5) y otros similares de textos judíos. Contrasta la venida de Jesús mismo (cf. 2 Tes. 2:1) con la del inicuo (2:9); sobre tales contrastes ver el comentario sobre *Apocalipsis 13.

2:9. En los tiempos de Pablo, ya habían ocurrido señales engañosas. Eran comunes los hechiceros y los altares de dioses sanadores. Aunque la sanidad no era el foco principal del culto al emperador, algunas personas del Mediterráneo oriental también invocaban su espíritu que era adorado como un dios, para que los liberara o sanara. Circulaba propaganda de que el emperador Vespaciano (a cuya insignia se rendía honra en el sitio del templo en el año 70) obró milagros, pero los mismos emperadores por lo común no eran conocidos como obradores de milagros. Aunque los profetas falsos que hacían milagros aparecieron en época temprana en la Biblia (Éxo. 7:11), probablemente la fuente de Pablo para su asociación con el final de los tiempos sean las enseñanzas de Jesús (cf. Mat. 24:24).

2:10-12. En el AT, a menudo Dios castigaba a la gente con la misma ceguera que habían escogido para sí mismos (Isa. 19:14; 29:9, 10). En la tradición judía, todas las naciones escogieron alejarse de la verdad divina y solo Israel aceptó su *ley. En el pensamiento judío, los principales papeles de *Satanás eran los de acusador y engañador o tentador. Sobre el engaño de Antíoco Epífanes, ver Daniel 8:25; sobre la idolatría en general, ver Isa. 44:20 y Jer. 10:3-5. Los filósofos se autocaracterizaban como amantes de la verdad, y esta caracterización era aceptada como un alto ideal moral entre las clases relajadas del tiempo de Pablo, y probablemente entre otros que se detenían a escuchar sus conferencias públicas. Pero Pablo, como la mayoría de los judíos, creía que la perfecta verdad de Dios había venido por revelación y no por los razonamientos finitos de los filósofos.

2:13—3:5
Acción de gracias, oración de buenos deseos y pedido de oración

Como en 1 Tesalonicenses 3:9-13, aquí Pablo presenta una acción de gracias y una oración de buenos deseos antes de pasar a la sección exhortativa de la carta.

2:13, 14. En el AT, Dios ha “escogido” a Israel. Los creyentes gentiles fueron llevados a su pueblo como “elegidos” en el NT (ver el comentario sobre Rom. 9:14-29; cf. Mat. 24:31). Sobre el *Espíritu (a menudo ligado, en segmentos del judaísmo, con la purificación espiritual) y la santificación, ver el comentario sobre 1 Tesalonicenses 4:7, 8. Sobre "gloria", ver el comentario sobre 2 Tesalonicenses 1:10, 12.

2:15. El judaísmo *fariseo enfatizaba el cuidadoso traspaso de las tradiciones desde los primeros maestros. Pablo pasó a los creyentes tesalonicenses las enseñanzas de Jesús, a muchas de las cuales ha aludido en este capítulo.

2:16, 17. Aquí Pablo presenta una "oración de buenos deseos", una oración dirigida a Dios como buen deseo para con alguna persona. Aunque no está dirigida concretamente a Dios, declaraciones de ese tipo eran entendidas como oraciones para tener respuesta de Dios.

3:1-4. El pedido de oración de que la Palabra de Dios "corra" (literalmente, RVR-1960), o "se difunda" (RVA); probablemente toma la imagen del Salmo 147:15. Los tesalonicenses debían pensar en los corredores de una competencia atlética.

3:5. Pablo concluye con otra oración de buenos deseos (ver el comentario sobre 2:16, 17).

3:6-15
Trato con los perezosos

3:6. Pablo actúa "en el nombre de nuestro Señor Jesucristo", como su representante. En ese tiempo, andar "desordenadamente" (RVA; "que ande viviendo como un vago", NVI) generalmente quería decir "perezoso", lo que claramente es el significado aquí. El origen de este grupo de perezosos en la *iglesia puede ser el desdén aristocrático grecorromano por el trabajo manual, o una idea equivocada de que el día del Señor ya había venido y cancelado la necesidad de ese trabajo (2:2). Lo más probable es que hubieran seguido una línea filosófica, específicamente la de los *cínicos, para un estilo de vida propio (ver el comentario sobre 3:11, 12). A los perezosos se los veía pasando el día en el mercado de las ciudades griegas (incluyendo Tesalónica, Hech. 17:5). Quizás algunos se habían convertido genuinamente pero no habían dejado su forma previa de vivir.

3:7-9. Comúnmente los maestros exhortaban a sus estudiantes a imitarlos. Sobre el trabajo de Pablo y sus compañeros, ver el comentario sobre 1 Tes. 2:9. Como señalan algunos comentaristas, "comer el pan" parece haber sido una figura del habla hebrea para "ganarse la vida" (p. ej., Gén. 3:19).

3:10. Aunque los dichos de Pablo aquí no tienen un paralelo exacto, algunos de los de los judíos y griegos tienen un significado similar. El judaísmo había hecho un gran trabajo en la ética y ponía un fuerte énfasis en la caridad. El libro de Proverbios enfatiza tanto la necesidad de ayudar a los que no tienen nada como que trabajen aquellos que pueden hacerlo. "Coma" se refiere tanto al alimento provisto por otros creyentes (cf. 3:12), como a las *sinagogas que cuidaban de los judíos necesitados, o al alimento provisto en las comidas comunitarias de las *iglesias (cf. 3:14), lo que era una práctica habitual entre las instituciones religiosas en el mundo grecorromano.

3:11, 12. Sobre "coman su propio pan", ver el comentario sobre 3:7-9. Los que "andan desordenadamente" pudo referirse a quienes se ocupaban de actividades superfluas, perdiendo su tiempo en detalles irrelevantes, o a "entrometidos" que causaban problemas, o a ambos. Aparentemente, algunos cristianos habían decidido asumir el estilo de vida de los filósofos itinerantes, como Pablo y sus compañeros. Pero aunque Pablo y los demás se distinguían a sí mismos de los "malos" filósofos *cínicos (ver el comentario sobre 1 Tes. 2:1-12), algunos tesalonicenses pueden haber continuado en el estilo *cínico; a diferencia de Pablo los *cínicos mendigaban antes que trabajar, y con sus acusaciones a los transeúntes eran ciertamente "entrometidos".

3:13. "Hacer el bien" (RVA) incluye la caridad, como en el judaísmo; Pablo no quiere que sus lectores interpreten mal su limitación a la caridad.

3:14, 15. La comunidad de la *sinagoga ejercía diferentes niveles de disciplina que las *iglesias adoptaron en gran medida (excepto en cuanto a los castigos corporales). Aun bajo las normas *rabínicas, que permitían menos diversidad en la práctica de lo que era común en los días de Pablo, la excomunión plena incluía el trato a la persona como infiel, acarreando sobre ella una maldición (cf. 1 Tim. 1:20; 1 Cor. 5:5; Mat. 18:15-20), pero se practicaban también condenas menos graves por las que seguían considerando a la persona como parte de la comunidad. Los *esenios también tenían distintos niveles de disciplina.

3:16-18
Conclusión

3:16. Este versículo y 3:18 son "oraciones de buenos deseos" finales; ver el comentario sobre 2:16, 17.

3:17, 18. En las cortes legales, los abogados a menudo tenían que argumentar que los documentos eran fraudulentos (como *Quintiliano), y algunos comentaristas han comparado 3:17 con 2:2 para sugerir que aquí Pablo refuerza la sugerencia de que los tesalonicenses pusieran a prueba las cartas para verificar cuáles eran genuinas. Pero la mayoría de sus autores usaban escribas y firmaban con sus nombres al final, y Pablo sigue esta práctica en todas partes en sus cartas (p. ej., 1 Cor. 16:21). Es, pues, posible que Pablo temiera la acción de los falsificadores, pero no es seguro.

1 TIMOTEO

Introducción

Paternidad literaria. De entre todas las cartas de Pablo, la mayor discusión sobre quién es el autor es en cuanto a las *epístolas pastorales (1 Timoteo, 2 Timoteo y Tito), aunque fueron ampliamente aceptadas como paulinas en la iglesia primitiva. El estilo es notoriamente distinto del usual en las cartas anteriores de Pablo: un uso más intenso de materiales tradicionales (dichos de la tradición cristiana anterior, p. ej., la expresión "Fiel es esta palabra" señalada en 1:15; 3:1; 4:9; 2 Tim. 2:11; Tit. 3:8), varias formas literarias que ha empleado raramente en sus cartas previas (p. ej., listas de requisitos), etc. Aunque estas diferencias por sí solas no exigen diferentes autores, han llevado a muchos eruditos a sugerir ya sea que Pablo no es el autor o que permitió a un escriba o amanuense considerable libertad al transcribir la carta (esto último es lo más aceptado por los eruditos conservadores. Es de conocimiento general que Pablo, como muchos otros, dependía de escribas para gran parte de la escritura de sus cartas [Rom. 16:22]). Algunos han comparado el estilo de las epístolas pastorales al de Lucas y Hechos y han llegado a la conclusión ya sea de que Lucas fue el autor o que fue el escriba de estas cartas (cf. 2 Tim. 4:11). Especialmente en 2 Timoteo, donde la naturaleza de la prisión de Pablo puede no haberle permitido tener los materiales como para escribir sus propias cartas, tendría sentido pensar en un amanuense o escriba que pasara tiempo con él, que recordara sus palabras y las transcribiera en sus propios términos. Casi todos los detalles de vocabulario y estilo tienen paralelos en cartas anteriores de Pablo; lo que es diferente es su efecto acumulativo. Sería legítima la explicación de diversos autores en cuanto a este efecto, pero también lo serían el paso del tiempo y las diferentes circunstancias en la vida de Pablo (como sugieren a menudo los eruditos más conservadores).

Las cartas *seudoepígrafas (cartas falsamente adjudicadas a un gran maestro del pasado) eran un artificio literario habitual pero no era frecuente que fueran escritas en fecha cercana a la vida del autor. Las muchas alusiones personales en 2 Timoteo aportan un fuerte argumento contra la tesis de que las epístolas pastorales son seudoepígrafas tardías o falsificaciones tempranas. Si 1 Timoteo y Tito son "cartas oficiales" (cf. comentario sobre 1 Tim. 1:2) que tenían el propósito de afirmar la autoridad de los respectivos destinatarios en sus congregaciones, entonces es comprensible el hecho de que sean más formales que 2 Timoteo. Además de las formas literarias especiales en 1 Timoteo y Tito, estas cartas dejan ver menos artificios *retóricos persuasivos que las anteriores de argumentación a las *iglesias, porque está escribiendo a su amigo Timoteo.

Circunstancias. Aunque a veces se usan varios elementos para argüir una fecha más tardía, como los funcionarios de la iglesia o la herejía que es combatida (algunos eruditos la interpretan como si se tratara del *gnosticismo del siglo II), concuerdan tan bien o mejor con las circunstancias en el tiempo de Pablo (ver comentarios sobre pasajes específicos; la herejía no necesariamente era el gnosticismo). Los falsos maestros que promovían el *ascetismo (4:3), basados en la *ley (1:7) estaban minando el trabajo de Pablo y sus compañeros en Éfeso (1:3). (Aunque Éfeso estaba en Asia Menor, culturalmente era más griega que Anatolia en ese tiempo; más adelante, su cultura particularmente griega es presupuesta en el tratamiento del trasfondo.) Para la solución paulina de este problema es central la designación de líderes en las iglesias especialmente calificados para enfrentar las herejías que se esparcían en ellas. Pablo emplea las formas de lenguaje estereotipadas que se usaban normalmente para enfrentar tales situaciones en su tiempo (p. ej., por los filósofos contra los sofistas o seudofilósofos).

Fecha. A partir de la premisa de que Pablo fue el autor, las cartas pastorales fueron escritas hacia el final de su vida, alrededor del 62 al 64 d. de J.C. Esto significaría que Pablo fue liberado de su detención descrita en Hechos 28:30, 31 y que completó sus viajes mencionados en las epístolas *pastorales, como era sugerido también por la tradición cristiana primitiva. Los que proponen una fecha más tardía para estas cartas deben fecharlas lo suficientemente tarde como para que se volviera a usar el nombre de Pablo como seudónimo, y muchos las fechan a mitad del siglo II (aunque el Canon Muratori da por sentado que eran paulinas no mucho después de esa fecha).

Comentarios: De especial valor es Gordon D. Fee, *1 and 2 Timothy, Titus,* NIBC (Peabody, Mass.: Hendrickson, 1988). Ver también J. N. D. Kelly, *A Commentary on the Pastoral Epistles,* HNTC (Grand Rapids, Mich.: Baker Book House, 1981). Sobre 1 Timoteo 2, también ver Craig S. Keener, *Paul, Women and Wives* (Peabody, Mass.: Hendrickson, 1992), pp. 101-32. 1 Timoteo 3:1-7 y capítulo 5 son tratados en el capítulo 7 de Craig S. Keener, *...And Marries Another: Divorce and Remarriage in the Teaching of the New Testament* (Peabody, Mass., Hendrickson, 1991), pp. 83-103. Sobre la situación social de las Pastorales, ver también David C. Verner, *The Household of God: The Social World of the Pastoral Epistles,* SBLDS 71 (Chico, Calif.: Scholars, 1983).

1:1, 2
Introducción

1:1. Era costumbre que las cartas comenzaran con el nombre de su autor. En la antigüedad muchos dioses eran descritos como "salvadores", pero el AT y la literatura judía reservaban ese título para el Dios de Israel (cf. Fil. 3:20).

1:2. Los siguientes elementos de una carta eran el nombre (o los nombres) del o de los destinatarios y el saludo (cf., p. ej., Rom. 1:7). En la antigüedad era común que las personas preparadas dirigieran una carta a una persona determinada, pero con la intención de que fuera publicada o llegara a ser una carta abierta a un grupo. Por medio de esta carta, Pablo apoya públicamente la autoridad de Timoteo; hace el papel de una "carta de recomendación" abierta para él. (Los *protectores a menudo mandaban cartas de recomendación en favor de sus *protegidos o dependientes políticos. Si se pretendía que una de esas cartas fuera para una sola persona, se la sellaba; sin embargo, la carta a Timoteo debía ser leída públicamente en las reuniones de iglesias en hogares, reforzando así la autorización *apostólica de Timoteo.) "Verdadero hijo" puede ser el eco de la terminología legal para un heredero legítimo.

1:3-11
Contrarios a la sana doctrina

1:3. Timoteo permaneció en Éfeso mientras Pablo viajaba hacia el norte a través de Troas (2 Tim. 4:13) y de Macedonia. Aquí Pablo recuerda a los lectores (1 Tim. 1:2) que él otorgó a Timoteo el derecho de actuar con su autoridad.

1:4. *Platón y la mayoría de otros filósofos rechazaban o reinterpretaban los "mitos" que según ellos representaban mal a los dioses, aunque algunos creían que los mitos podían ser usados para ilustrar verdades. *Filón, *Josefo y otros judíos argüían que sus Escrituras no contenían mitos, pero era común la elaboración extrabíblica de los relatos bíblicos y probablemente Pablo los tenía en mente aquí (cf. Tit. 1:14). "Genealogías" puede referirse a las expansiones de las genealogías bíblicas como en algunas obras judías de ese tiempo, o quizás a las falsas atribuciones posbíblicas de antepasados. La frase "fábulas (RVA; "cuentos", DHH; "leyendas", NVI) e interminables genealogías" había sido usada peyorativamente desde Platón en adelante.

1:5. La literatura griega también alaba una "buena conciencia"; el AT destaca un "corazón puro" (Sal. 24:4; 73:1, 13).

1:6. Tanto el judaísmo como los filósofos condenaban la palabrería vacía y sin sentido, incluyendo argumentos sobre las palabras y las habilidades verbales de los *retóricos que no se preocupaban por la verdad. Algunos grupos de filósofos, desde Protágoras en adelante, enfatizaban las sutilezas verbales más que la búsqueda de la verdad, considerando que esta era inaccesible, pero la mayoría de los filósofos criticaban a tales agnósticos. Muchos oradores profesionales también daban valor a los discursos altisonantes sobre trivialidades, aunque la preparación para hablar en público incluía discursos espontáneos sobre temas asignados al azar.

1:7. Aunque algunos segmentos del judaísmo palestino tenían normas para acreditar a los maestros de la *ley, no había nada legal que impidiera que alguien declarara ser maestro de la Biblia, del mismo modo que en muchos círculos cristianos de hoy. La lectura de los Evangelios indica que Jesús tenía conflictos aun con aquellos que eran reconocidos públicamente como maestros de la ley.

1:8, 9. Los filósofos creían que los sabios no necesitaban leyes, porque su sabia conducta en sí misma modelaba la verdad moral sobre la cual se basaban las leyes. Para Pablo, este ideal se aplicaba a los cristianos; las leyes eran necesarias solo para restringir a aquellos que estaban inclinados al pecado. Como muchos autores antiguos, incluía una "lista de vicios" para catalogar los tipos de pecados a que aludía (1:9, 10). La mayoría de ellos eran pecados obvios para los lectores de la antigüedad: por ejemplo, los parricidas y matricidas eran considerados como los peores de los pecadores y ejecutados de manera horrible de acuerdo con la ley romana (eran metidos dentro de una bolsa, que se cosía, junto con animales, incluyendo una serpiente, y eran ahogados).

1:10. Sobre los "homosexuales" (RVA; "sodomitas", RVR-1960) ver comentario sobre 1 Corintios 6:9, 10. Los "secuestradores" (RVA) eran traficantes de esclavos ("traficantes de seres humanos", NVI) que era el propósito para el cual esas personas eran raptadas; cf. Éxo. 21:16; Deut. 24:7); Pablo ataca directamente a los perversos traficantes de esclavos de su tiempo. Muchos secuestradores buscaban niños para llevarlos como esclavos a la prostitución tanto masculina como femenina. El perjurio era una forma especial de mentir que incluía la violación de un juramento ante la divinidad. Los *estoicos y otros describían las enseñanzas razonables como "sanas".

1:11. Solo a los "fieles" (1:12) debían confiarse el dinero, la misión de mensajeros y cosas similares.

1:12-17
La conversión de un blasfemo

A pesar de haber condenado a los falsos maestros (1:4-11), Pablo no quiere retratarlos como si ya no hubiera esperanza para ellos; aunque los blasfemos debían ser excluidos de la comunión de la *iglesia (1:20), Pablo mismo había sido un blasfemo, pero se había convertido.

1:12. Generalmente las cartas de Pablo a las iglesias comienzan con una acción de gracias por sus lectores (ver también 2 Tim.1:3); esto era común en las cartas de la antigüedad. De la misma manera, aquí Pablo alaba a Dios (terminando en 1:17). Sin embargo, esta no es una acción de gracias regular que normalmente vendría después de la introducción (1:1, 2) en una epístola. Quizás se atiene principalmente a los asuntos formales porque es una carta oficial destinada a dar autoridad a Timoteo.

1:13-15. Los textos judíos condenaban a los blasfemos al infierno (*Gehena). Aunque en el judaísmo la ignorancia nunca absolvía a alguien de la culpa, sí reducía dicha culpa; en los textos judíos esto era cierto aun en cuanto a los *gentiles que tenían algún conocimiento de Dios, aunque fuera muy limitado.

1:16. Tanto los maestros judíos como los grecorromanos usaban ejemplos para demostrar lo que querían señalar. A veces, se ponían a sí mismos como tales y ocasionalmente describían aspectos negativos de su pasado (p. ej., el rabí *Akiba en cuanto a su conversión al amor por la *ley; muchos filósofos despreciaban su pasado antes de su conversión a la filosofía).

1:17. Al alabar a una deidad los griegos, y a veces los judíos, hacían una lista de sus títulos y atributos. Los textos judíos afirman unánimemente todo lo que Pablo dice sobre Dios en este versículo. El concepto del judaísmo y de una pequeña parte de la sociedad grecorromana era la creencia en un Dios "único". La mayoría de la gente creía por igual en todos los dioses, de modo que el concepto judío y cristiano sonaba como intolerante a los demás. El "amén" ponía fin a las oraciones y alabanzas en las *sinagogas, indicando el asentimiento de los demás oyentes. En el contexto (1:16), esta descripción podría referirse a Jesús, pero eso no es claro.

1:18-20
Remoción de un blasfemo

1:18. Los filósofos y moralistas usaban las imágenes bélicas para describir su trabajo en pro de la verdad. Las pretensiones de *profecías eran un fenómeno raro (y a veces marginal) en el judaísmo, pero aparentemente comunes en el cristianismo primitivo; por lo tanto, las profecías a Timoteo en su ordenación (4:14) debían ser muy significativas.

1:19. Los filósofos también usaban la imagen del naufragio; los cristianos debían ser buenos navegantes espirituales así como buenos soldados (1:18).

1:20. Al parecer, la excomunión oficial de la *sinagoga pudo haber incluido una maldición contra la persona que era excluida de la comunidad; pretendía ser equivalente a la pena capital bajo la *ley *veterotestamentaria. Al entregar a esos blasfemos a *Satanás, Pablo simplemente está reconociendo la esfera en la que ellos ya han elegido entrar (5:15). Sin embargo, aquí su propósito es restaurador, "para que aprendan a no blasfemar" (RVA), como Dios había enseñado a Pablo (1:13). Ver el comentario sobre 1 Corintios 5:5. Sobre los conceptos de Himeneo (no era un nombre común, de modo que no hay duda de que sea la misma persona), ver el comentario sobre 2 Timoteo 2:17, 18.

2:1-7
Oraciones públicas por todos

2:1-4. Los romanos permitían que los pueblos sometidos adoraran a sus propios dioses, pero debían demostrar su lealtad a Roma adorando también a la diosa Roma y al espíritu del emperador. Como el pueblo judío adoraba a un solo Dios, con exclusión de todos los otros, Roma les permitía orar y sacrificar por la salud del emperador sin orar y sacrificarle a él. Las oraciones por él eran regulares en las *sinagogas, demostrando la lealtad de aquellas instituciones judías al estado romano. Sin embargo, cuando los *zelotes decidieron librarse del yugo romano "por Dios", abolieron los sacrificios en el templo. En el año 66 d. de J.C., este acto constituyó una virtual declaración de guerra contra Roma, varios años después de que Pablo escribió esta carta. Las oraciones públicas de los cristianos por el emperador y los funcionarios locales y provinciales los mostraban como buenos ciudadanos de la sociedad en que vivían (Jer. 29:7). El motivo de Pablo era más que el de mantener la paz (1 Tim. 2:2); era también la proclamación del *evangelio (2:3, 4).

2:5-7. Tanto la misión de *Cristo como la de Pablo testificaban del propósito de Dios, o sea su deseo de salvar a todos. En el judaísmo, la sabiduría, la *ley o, en menor grado, Moisés eran considerados como quienes mediaban la revelación divina, pero en última instancia esta era efectiva solo para Israel y no para los *gentiles. La mayor parte de estos creía en muchos mediadores de la revelación, así como creía en muchos dioses.

2:8-15
Conducta adecuada en el culto público

Aquí Pablo se dirige a las mujeres (2:9-15) con mucho más detalle que a los hombres, aparentemente porque en la congregación las mujeres estaban errando el camino mucho más que los hombres. Su conducta culturalmente inapropiada podía acarrear reproche contra el *evangelio (algo que los cristianos no podían permitir, 5:14).

2:8. Aparentemente los hombres estaban llevando sus disensiones (1:6) al culto público; aunque la "ira y discusión" (RVA) eran males generales, aquí Pablo se dirige a los hombres porque eran los que habían caído en esos pecados. En el AT, en el judaísmo, en el antiguo Cercano Oriente y en el mundo grecorromano normalmente se levantaban las manos o se las extendía tanto para la alabanza como para la súplica. Los judíos de la *diáspora generalmente se las lavaban antes de la oración, de modo que las "manos piadosas" (RVA; "manos santas", RVR-1960) era una imagen natural para una adoración genuina (cf. también Sal. 24:4).

2:9. Si bien muchos hombres estaban peleando en la congregación (2:8), parece que muchas mujeres estaban violando otro aspecto de lo que era adecuado para la oración en público: estaban tratando de llamar la atención. Muchos maestros judíos permitían que las esposas se adornaran para sus maridos, pero tanto los moralistas judíos como los grecorromanos ridiculizaban a las mujeres que se embellecían para atraer la mirada de otros hombres. Los escritos judíos advertían especialmente sobre la tentación sexual que acarreaban tales adornos; los escritores grecorromanos también condenaban a las mujeres ricas que exhibían sus costosos adornos. El cabello a veces era ornamentado con oro, que es quizás lo que aquí Pablo tiene en mente; los hombres eran atraídos especialmente por el cabello decorado de las mujeres. Como muchos otros escritores que condenaban tal superficialidad, debe entenderse que Pablo estaba atacando el exceso y no poniendo reglas sobre todo adorno.

2:10. Los moralistas grecorromanos a menudo enfatizaban que un adorno interior en vez de uno exterior era lo que agradaría a un buen esposo; Pablo concuerda con ellos. Ver también 1 Pedro 3:3, 4.

2:11. La forma adecuada para que cualquier novicio aprendiera era hacerlo en forma sumisa y "en silencio" (RVA; "con serenidad", NVI; "calladamente", BA; una palabra griega estrechamente relacionada aparece en 2:2 aplicada para todos los creyentes). En general, las mujeres eran menos instruidas que los hombres; pocas sabían leer, a pocas se les enseñaba filosofía, casi nunca se las educaba en *retórica, y en el judaísmo era mucho menos probable que fueran enseñadas en la *ley. Considerando el prejuicio que había contra la enseñanza de la ley a las mujeres, lo que era radical y contrario a la cultura predominante era que Pablo abogara porque aprendieran la ley y no tanto que comenzaran como novicias y que lo hicieran tranquilamente. (En el siglo II, Beruría, esposa del rabino Meir, fue enseñada en la ley, pero fue una rara excepción. Las mujeres podían oír exposiciones en la *sinagoga y de hecho a veces asistían a las conferencias de los *rabinos, pero la vasta mayoría de ellos nunca las hubiera aceptado como *discípulos, y los judíos orientados *helenísticamente, como *Josefo y *Filón, tenían aún más prejuicios que aquellos. Hay evidencia de unas pocas mujeres que ocuparon puestos altos en algunas sinagogas de la *diáspora, en culturas locales donde las mujeres tenían una posición social más alta, pero la misma evidencia muestra que aun allí las mujeres prominentes en las sinagogas eran una rara excepción más que la regla.)

2:12. Esta prohibición paulina tiene sentido debido a la falta de educación de las mujeres en asuntos relacionados con las Escrituras (ver el comentario sobre 2:11), a la herejía que se esparcía en las iglesias de la zona de Éfeso a través de maestros ignorantes (1:4-7), y a la explotación que hacían estos falsos maestros de esa falta de conocimiento de aquellas para esparcir sus errores (5:13; 2 Tim. 3:6). Su solución a corto plazo era que esas mujeres no debían enseñar; la solución a largo plazo era que "aprenda" (2:11). La situación podía variar después de que las mujeres hubieran sido instruidas (2:11; cf. Rom. 16:1-4, 7; Fil. 4:2, 3).

2:13. Pablo plantea la subordinación de la mujer en las responsabilidades pastorales sobre la base del orden de la creación, lo mismo que argumenta que se cubran la cabeza (1 Cor. 11:7-12). Algunos escritores toman este argumento como si fuera universal, aunque no sea la lectura más natural del pasaje de Génesis a que alude (Gén. 2:18 en hebreo sugiere que el compañero es un complemento). Otros autores toman esta declaración de Pablo solo como una comparación *ad hoc* (ver el comentario sobre 2:14), del mismo modo que la mayoría de los autores usan el mismo argumento para el cubrimiento de la cabeza en 1 Corintios 11.

2:14. Pablo se refiere al relato de la caída de Eva tal como es narrado en Génesis 3, aunque algunas historias judías posteriores aumentaban la culpa de Eva o cómo fue engañada considerablemente más allá de este relato. Es claro que compara a la mujer ignorante de la *iglesia efesia con Eva; sus cartas anteriores también comparan a toda la iglesia de Corinto, tanto hombres como mujeres, con Eva (2 Cor. 11:3), la iglesia de Corinto con Israel (1 Cor. 10:1-22) y a sus opositores en Galacia con Ismael (Gál. 4:24, 25). Es menos probable que realmente aplicaría esta ilustración a todas las mujeres en todas las épocas, como algunos han pensado (si lo hizo, estaría implicando que todas las mujeres son engañadas más fácilmente que los hombres y su ilustración en 2 Cor. 11:3 perdería su fuerza; además, los mismos falsos maestros locales eran hombres [1 Tim. 1:20; 2 Tim. 2:17]).

2:15. Algunos eruditos han argüido que "salvas" tiene significado teológico: las mujeres cristianas tendrán *vida eterna si llevan vidas piadosas, lo que incluye seguir lo que era adecuado culturalmente por el bien del testimonio del *evangelio. Sin embargo, es probable que Pablo use "salvar" o "liberar" en otro sentido: el que se daba normalmente en relación con el alumbramiento de una criatura. Normalmente, las mujeres oraban a su dios particular que las "salvara", lo que significaba que pasaran bien por el trance del parto. (En algunos sectores del judaísmo, la maldición sobre Eva llegó a estar asociada con la muerte en el parto, de modo que Pablo puede estar enmarcando así su comparación en 2:13, 14. En este caso, estaría haciendo notar que las mujeres cristianas no son hijas de Eva en todo sentido, implicando así que su ilustración en 2:13, 14 no debe ser llevada más allá del uso que él ha hecho de ello.)

3:1-7
Requisitos para los obispos

Tanto en fuentes judías como *gentiles aparecen listas de requisitos para funcionarios; las listas de virtudes adecuadas para los tales son aún más comunes. Se aplicaban tanto a cargos políticos o militares como a religiosos (p. ej., los jueces en los documentos judíos). Las excepciones no eran mencionadas en las listas generales de calificaciones, pero podían ser hechas en circunstancias atenuantes. El término traducido "obispo" (RVA) ("sobreveedor", NP; "directivo", NBE; "dirigente", DHH) era usado en todas partes en el mundo antiguo para referirse a líderes y Pablo lo usa como sinónimo de "ancianos" (Tit. 1:5, 7), que era el título que se usaba para los líderes en las *sinagogas.

3:1. Muchos moralistas urgían a los hombres dignos a que llegaran a ser estadistas. Ciertos funcionarios en el mundo griego, tanto en las ciudades como en las instituciones, eran llamados naturalmente "obispos". Los *Rollos MM también usan el equivalente hebreo del término para una función de liderazgo en *Qumrán; aquí probablemente equivale a los líderes de las sinagogas que eran responsables del servicio. Esta función es identificada con la de los ancianos en las *epístolas pastorales (Tit. 1:5, 7), situación que ya había cambiado a principios del siglo II (Ignacio, *Carta a los Tralianos,* 3) pero que aún era así en los tiempos de Pablo (Fil. 1:1; cf. Hech. 20:17, 28).

3:2, 3. La función de obispo estaba al alcance de todos, pero era necesario tener en cuenta algunos requisitos, en especial por la herejía que había en Éfeso. La de ser de "conducta intachable" (RVA; "irreprensible", RVR-1960; "intachable", NVI) enmarca todas las otras (3:2, 7); era una antigua forma de enfatizar que los requisitos se enfocaban en ese punto. Se esperaba que los líderes políticos fueran "de conducta intachable", pero una perseguida secta minoritaria necesitaba protegerse a sí misma contra la calumnia pública aún más que los políticos.

La poligamia no era practicada en el mundo romano fuera de Palestina, aunque sí la bigamia ilegal y ciertamente el adulterio. "Marido de una sola mujer" sin duda quiere des-

cribir a un marido fiel y presupone el matrimonio; un hombre así sería útil para levantarse ante los falsos maestros que se oponían al matrimonio (4:3). (El requisito de que todos los líderes debían ser casados no se aplicaba a todas las situaciones; cf. comentario sobre 1 Cor. 7:8). "Marido de una sola mujer" se refiere al estado civil y a la conducta conyugal en el momento; las personas divorciadas legalmente que se volvían a casar eran consideradas casadas con una esposa, o sea la segunda, y no con dos.
Ser "hospitalario" se refiere literalmente a alojar a viajeros de confianza. Esa hospitalidad era una virtud universal, pero dado que en la antigüedad las posadas también funcionaban como burdeles, los judíos de la *diáspora estaban especialmente deseosos de recibir a otros viajeros judíos, siempre que llevaran cartas de recomendación que certificaran que eran confiables.
3:4, 5. Con frecuencia los políticos eran evaluados por la forma en que sus hijos los obedecían; hacía ya mucho que la familia era vista como un microcosmos de la sociedad y que un líder debía comenzar por demostrar sus capacidades de liderazgo en el hogar. En el tiempo de Pablo, los hombres ejercían mucha autoridad sobre su esposa e hijos. En la sabiduría antigua, era común el concepto de que la conducta de los hijos reflejaba a sus padres (en cuanto al punto de vista social, ver también la vergüenza pública reflejada en Lev. 21:9; Prov. 19:13; 27:11, pero cf. con Eze. 18:9-20 sobre el punto de vista divino cuando fallaban los medios normales de disciplina). Este factor puede haber sido especialmente importante para los líderes de las *iglesias en casas, pero debe insistirse en que se basaba en la antigua cultura patriarcal (en la que los hijos disciplinados adecuadamente, por lo común, obedecían) aunque no directa y completamente aplicable a todas las sociedades.
3:6, 7. La antigua ideología del liderazgo requería que los líderes fueran probados en funciones de menos jerarquía para que demostraran su capacidad antes de ser promovidos; la iglesia de Éfeso había existido por más de una década, por lo cual los efesios podían insistir en tener líderes más capacitados que otras iglesia (este requisito no consta en Tito). El omnipresente peligro de una acusación falsa requería líderes que hicieran todo lo posible para evitar un escándalo; una sólida reputación era de ayuda para los líderes de la iglesia, como lo era para los funcionarios públicos.

3:8-13
Requisitos para los diáconos

Eran comunes en la antigüedad las listas de requisitos; ver la introducción a 3:1-3.
3:8. Los pasajes del NT usan el término traducido "diáconos" de varias maneras (NP, "servidores de la asamblea"). Generalmente quiere decir un ministro siervo, por lo común un ministro de la palabra, como Pablo. Pero a veces es una función distinguible de los "obispos" (Fil. 1:1) y probablemente paralela al oficio del *chazan* en la *sinagoga. Este asistente de la sinagoga era responsable del edificio de la misma y normalmente sería el dueño de la casa en la que ella se había reunido. A diferencia de los ancianos (3:2), este tipo de "diácono" puede haber cumplido una función administrativa sin realizar mucha enseñanza pública.
3:9. Que "mantengan el misterio de la fe" (RVA; "deben guardar... las grandes verdades de la fe", NVI; "deben apegarse a la verdad revelada en la cual creemos", DHH) es un requisito crucial si se tiene en cuenta la persistencia de la herejía en la *iglesia de Éfeso (1:3-7).
3:10. Un aspecto común de la antigua vida política era que los líderes (o los nuevos miembros de un grupo) a menudo eran puestos a prueba en funciones de menor rango antes de ser promovidos a jerarquías más altas;

ver el comentario sobre 3:6, 7. En cuanto a ser "intachables", ver el comentario sobre 3:2.

3:11. Los eruditos discuten si aquí "mujeres" se refiere a diaconisas o a las esposas de los diáconos, aunque incluso el gobierno romano tenía conocimiento de la existencia de diaconisas cristianas (diáconos de género femenino) alrededor del año 112 d. de J.C. Así es como Pablo requiere una conducta digna de parte de las esposas de los funcionarios de la *iglesia (en la sociedad antigua a menudo los hombres eran ridiculizados por la conducta de sus esposas) o explica algunos requerimientos diferentes para las diaconisas. El chisme era asociado especialmente con las mujeres más que con los hombres y quizás era practicado más a menudo por ellas en el mundo antiguo (cf. 5:13).

3:12, 13. Sobre "marido de una sola mujer", ver el comentario sobre 3:2, 3; sobre "que gobiernen bien a sus hijos", ver el comentario sobre 3:4, 5.

3:14-16
Propósito de la administración eclesiástica

3:14, 15. La *iglesia, que se reunía en casas, estaba modelada como una familia, del mismo modo que los teóricos políticos paganos comparaban la familia a la sociedad en general (3:4, 5). La previa admonición paulina a Timoteo, especialmente en 3:1-13, sirve así a una función análoga a los códigos familiares de muchos autores antiguos, al proveer un marco específico de sabiduría para administrar la unidad familiar y la sociedad. Las "columnas" eran usadas para sostener estructuras y el sostén de la verdad era necesario teniendo en cuenta el desafío de los falsos maestros (1:3-7).

3:16. Aquí Pablo presenta el patrón de fe que sus lectores deben sostener en forma de credo o himno (que probablemente Timoteo ya conocía). Si "recibido arriba en gloria" (DHH; "recibido en la gloria", NVI) se refiere al regreso de Jesús (cf. Dan. 7:13, 14), más bien que a su ascención, entonces las líneas están en orden cronológico; pero no todos los eruditos piensan lo mismo sobre este punto. "Justificado" (RVA; "vindicado", BA) por el *Espíritu se refiere a la *resurrección, la liberación realizada por Dios después de la condena judicial humana de la cruz.

4:1-5
Errores de los herejes

4:1. En el judaísmo antiguo se asociaba al *Espíritu especialmente con la *profecía (hablar bajo inspiración divina) y aquí Pablo profetiza o está refiriéndose a una profecía anterior ("El Espíritu dice" equivale a la fórmula *veterotestamentaria "Así dice el Señor"). Como profeta que era, Pablo refuta a los profetas falsos o cambiantes (cf. 1 Cor. 14:37).

Algunos grupos judíos (incluyendo la comunidad de *Qumrán) predijeron una amplia apostasía en el tiempo del fin, influida por malos espíritus. Los "últimos tiempos" probablemente se refiere a los "últimos días", que según la definición del AT normalmente se entendía que serían inaugurados por el *arrepentimiento y la liberación de Israel (p. ej., Isa. 2:1; pero cf. Dan. 2:28; 10:14); en el NT estos días habían comenzado porque el *Mesías ya había venido.

4:2. La idea de algo "cauterizado" (RVA) se relaciona con la cicatriz que dejaba el hierro candente con el que se marcaba a las bestias ("marcada con el hierro", DHH; "encallecida", NVI); ello implica también que la conciencia de estos apóstatas se ha transformado en propiedad de los malos espíritus.

4:3. El *ascetismo estaba en auge en el paganismo grecorromano, y aunque la mayoría de los maestros, tanto judíos como *gentiles, abogaban por el matrimonio, la doctrina del celibato estaba haciéndose más popular, especialmente entre los gentiles, pero parece que algunos *esenios también lo practicaban. "Abstenerse de los alimentos" probablemente se refiere a las leyes judías sobre la comida (ver el comentario sobre Rom. 14:1-4).

4:4, 5. El pueblo judío siempre alabó a Dios antes de comer; la bendición normal incluía la alabanza al Dios que "creó" el fruto de la vid. Otra bendición, posiblemente establecida a principios del siglo II, se usaba después de las comidas e incluía la afirmación "Dios es bueno y hace las cosas bien". Esta costumbre judía era una forma apropiada de mostrar gratitud a Dios por lo que provee. En algún sentido, la comida era santificada por la palabra de Dios (Gén. 1:30, 31), así como por una oración tal; por lo tanto, no había necesidad de abstenerse de ella.

4:6-16
Importancia de la sana doctrina

4:6-11. Pablo alude al tipo de entrenamiento físico que realizaban especialmente los atletas y otros en la gimnasia griega, donde los hombres se desnudaban para llevar a cabo los ejercicios (v. 7). Esta imagen habría sido familiar a sus lectores griegos, porque el gimnasio era el centro de la vida cívica en las ciudades *helenizadas. La imagen del entrenamiento físico era sumamente común en las ilustraciones de los moralistas y filósofos grecorromanos. Como ellos, Pablo habla de la disciplina moral, intelectual y espiritual antes que del ejercicio físico, aunque no se opone a este. "Nutrido" (RVA; "criado", NP) en el versículo 6 puede anticipar la imagen de los versículos 7, 8.

Comúnmente los filósofos menospreciaban las historias de las ancianas como algo útil solo para niños y se burlaban de los conceptos irracionales adecuados solo para aquellas. Esta forma de ver las cosas también presupone el analfabetismo de la mayoría de las ancianas en la antigüedad (incluso las que habían aprendido a leer en la juventud usualmente habrían tenido poca práctica posterior en ello). Pablo apela a una figura habitual de discurso (v. 7, pero cf. 5:2).

Los maestros judíos alababan especialmente el estudio de la *ley, que era útil "para la vida presente y para la venidera". Pablo enfatiza el mismo punto sobre la disciplina espiritual (v. 8).

4:12. Los "ancianos" eran muy respetados en la gimnasia griega y ejercían una función directriz en las *sinagogas e *iglesias, como la habían tenido en el AT. Dado que Timoteo se unió a Pablo antes del año 50 a. de J.C. (Hech. 16:1-3; los hombres entraban a la adultez alrededor de la pubertad, de modo que Timoteo debe haber estado en plena adolescencia) y Pablo estaba escribiendo después del año 60, Timoteo posiblemente tenía por lo menos cerca de treinta años o aun alrededor de los 35; el término para "juventud" podía aplicarse hasta los cuarenta años, aunque por lo común era aplicado especialmente a alguien de menos de 29. Pero a menudo a quienes no eran de edad madura se los consideraba inadecuados para posiciones de liderazgo (cf. 1 Sam. 17:33) y aun en el judaísmo muchas funciones solo podían ocuparse de los cuarenta años en adelante. La mayor parte de las historias sobre designación de jóvenes fueron hechas más tarde para destacar a prodigios (como las historias posbíblicas sobre Daniel, Salomón y varios *rabinos); la designación de Timoteo era, pues, un raro privilegio en aquella cultura. Pero aunque Timoteo era más joven que los ancianos a quienes aconsejaba, debía asumir el papel de un líder maduro y actuar como un ejemplo para la comunidad. Normalmente, los maestros pedían a los *discípulos que los imitaran, y al hacerlo asumían el papel de figuras paternales.

4:13. Como en el servicio de la *sinagoga (tanto en Palestina como en la *diáspora), la lectura pública de la Escritura era central; probablemente la lectura de la *ley era generalmente acompañada por otra de los profetas. Entonces la lectura era explicada (con exhortación y enseñanza) por medio de una homilía sobre el texto que había sido leído. (Esta práctica judía [cf. Neh. 8:8] sería comprensible en un contexto grecorromano; en las escuelas grecorromanas, los niños traducían textos del griego clásico al popular y luego los exponían con base en preguntas y respuestas.) A mitad del siglo II, los escritos *apostólicos (reconocidos más tarde oficialmente como el NT) eran leídos junto con el AT en los servicios de la *iglesia. "Entre tanto que voy" autorizaba a Timoteo, pues su exposición de la Escritura ocuparía el papel equivalente al de la presencia apostólica de Pablo.

4:14. Las declaraciones de oráculos habían sido usadas desde mucho antes para atestiguar los derechos divinos de los reyes y otros funcionarios, y la mención paulina de *profecías acerca del don de Timoteo (probablemente la enseñanza, 4:13) en su ordenación podría ayudar a tranquilizar la oposición (ver el comentario sobre 1:18). La aprobación del "concilio de ancianos" (RVA, "presbiterio", RVR-1960; "los ancianos", NVI) también podía silenciar las críticas sobre su juventud (4:12). Los maestros judíos maduros ordenaban a otros maestros judíos imponiendo las manos sobre ellos; esta práctica servía como acreditación oficial.

4:15, 16. El "progreso" (v. 15) era el camino filosófico habitual para describir el avance de un *discípulo en la filosofía moral y naturalmente se aplicaba también al avance en la verdad judía (Gál. 1:14) y cristiana (Fil. 1:25). Es claro que la atención que Timoteo diera a su enseñanza era algo crítico: ella afectaría la salvación de sus oyentes (v. 16; cf. 2 Tim. 3:15).

5:1, 2
Honra a los ancianos

Aunque la palabra "anciano" ha sido traducida también para referirse a personas de edad avanzada, dado el contexto precedente (4:14) aquí debe tratarse específicamente de un funcionario de la iglesia, se usa la misma palabra en griego; el uso de términos de parentesco para los funcionarios en la iglesia está de acuerdo con la descripción de la casa de Dios como de una familia (3:4, 5, 15). En este caso, 5:3-16 se refiere a ancianas, una función especial de viudas mayores dedicadas a la oración, de la misma manera que 5:17-25 se aplica a los ancianos varones. Es interesante que quienes se destacaban en la *sinagoga de la *diáspora a menudo eran llamados "padres" o "madres" de la sinagoga. También es posible que 5:1, 2 sea más una declaración genérica, en la cual las viudas y los ancianos como líderes de la *iglesia representaban ejemplos especiales. En cualquier caso, Timoteo se encontraba con que debía dirigirse a aquellos que eran mayores que él (4:12).

El respeto a los ancianos era un tema habitual de la antigua sabiduría y la costumbre social, así como lo era el respeto a los propios padres. También era considerado como conducta digna de alabanza el tratar a los ancianos como si fueran los propios padres y a los demás como a hermanos o hermanas.

Desarrollando las admoniciones de Proverbios, el judaísmo enfatizaba fuertemente la preocupación por el prójimo, ofreciendo y aceptando corrección (ver tanto los escritos *rabínicos como los *Rollos MM). Pero eso también enfatizaba la necesidad de la reprensión privada como lo opuesto a la represión pública a menos que hubieran fallado todos los intentos de arreglo privado.

5:3-16
Honra a las verdaderas viudas

Aquí puede ser que Pablo se refiera a las viudas en general, pero probablemente se trate de un orden de viudas que servían a la *iglesia, como en el cristianismo del siglo II. (Los comentaristas no están todos de acuerdo en este punto.)

Debemos notar que Pablo trata el asunto de los valores de la sociedad antigua teniendo en mente el buen testimonio de la iglesia (5:7, 14; 6:12), sin implicar que todas las sociedades deben compartir esos valores (lo que, por ejemplo, haría que se mirara con desprecio a una mujer mayor que nunca se hubiera casado [5:10]).

5:3. Era importante honrar a los ancianos; aquí la palabra incluye el apoyo financiero (5:4, 16-18). Por "viudas que realmente son viudas" (RVA; "que no tengan a quien recurrir", DHH; "que de veras están desamparadas", NVI) Pablo se refiere no simplemente a las que han perdido a su esposo sino a aquellas que están dedicadas al ministerio de oración en la iglesia (5:5) y que sufren el típico destino *veterotestamentario de las viudas: la pobreza total (5:4).

5:4. Se esperaba que los hijos adultos o cualquier otro pariente cercano cuidara de las viudas pobres que no tenían posibilidad de ganarse el sostén. Se consideraba que los hijos se debían a sus padres por haberlos sostenido durante la juventud, y Pablo está de acuerdo. En el judaísmo siempre se entendió que este sostén era parte del mandamiento de honrar a los padres (ver el comentario sobre Mar. 7:9-13). (Bajo la ley romana, un padre podía desechar a un hijo recién nacido; el niño no era considerado persona y miembro de la familia hasta que el padre accediera a criarlo y sostenerlo. Sin duda, esta forma de pensar contribuía a que los hijos reconocieran su responsabilidad hacia sus padres. Sin embargo, los judíos y los primeros cristianos se opusieron unánimemente al aborto, al infanticidio y al abandono de bebés, considerando que el ser persona era un don de Dios y no de los padres.) El cuidado de los padres ancianos era asunto no solo de costumbre sino de ley, y es todavía común aun en amplios sectores de la sociedad occidental.

5:5. El ideal judío para las viudas ancianas que recibían sostén de la familia o de quienes distribuían la ayuda, pero cuya contribución a la sociedad podía ser la oración (lo que era una contribución no pequeña), era que fueran mujeres de oración (cf. Luc.2:37). (Probablemente esto no estaba relacionado con las oraciones de las vestales [vírgenes consagradas a la diosa Vesta, diosa del hogar] que sostenían a Roma, aunque esa imagen muestra la facilidad con que la idea pudo haber sido captada aun en la cultura pagana.)

5:6. Probablemente aquí Pablo se refiere a algún tipo de inmoralidad sexual, quizás el convertirse en amante o permitirse alguna lujuria (una vez vuelta a casar [5:11] una mujer no sería considerada viuda).

5:7. El mundo grecorromano se gozaba en encontrar en las religiones minoritarias y extranjeras causas para escándalos, y atacaban especialmente las irregularidades sexuales. Debían ser "irreprensibles" (RVA; "intachables", NVI. También en 5:14; ver el comentario sobre 3:2), lo que era crucial para la expansión del *evangelio (6:1). Aunque en la antigüedad existían ideales en conflicto sobre un nuevo casamiento de las viudas (ver el comentario sobre 5:9, 14), todos verían negativamente la inmoralidad cometida por un cristiano o su violación de un voto de celibato (cf. el comentario sobre 5:4).

5:8. Incluso los paganos creían que se debía sostener a las viudas pobres de la familia; se creía que uno tenía el deber de sostener a los parientes de edad avanzada (cf. comentario sobre 5:4).

5:9. La expresión "incluida en la lista" era usada a menudo para referirse a los registros oficiales (p. ej., para las tropas). La cifra "sesenta" era una cifra de los judíos para el comienzo de la ancianidad (ver el comentario sobre Luc. 1:7). Algunos eruditos piensan que "esposa de un solo marido" puede ser una alusión al ideal antiguo de permanecer fiel al marido después de la muerte de este, no casándose, pero la idea más popular en ese tiempo era la de volverse a casar pronto (cf. 1 Tim. 5:14). Es más probable otro uso de un término relacionado: muchos maridos alababan a las esposas que habían sido "esposas de un solo marido", queriendo referirse a las esposas fieles y buenas. Teniendo en cuenta 3:2, 12 (no existía entonces el ideal de que no se volvieran a casar los maridos) y 5:14, Pablo simplemente debe querer decir "esposas fieles y buenas".

5:10. Los escritores antiguos, especialmente Aristófanes (ver el comentario sobre 4:7), a veces ridiculizaban a las ancianas, aunque en otros casos demostraban respeto por ellas (ver el comentario sobre 5:2). Aquí los requisitos de Pablo son para asegurar que aquellas que están "en la lista" están por encima de cualquier reproche; los criterios populares ideales para las mujeres de cualquier edad incluían criar o haber criado hijos (ver el comentario sobre 5:14). Proveer agua para lavar los pies era antiguamente una señal de hospitalidad; el hecho concreto de lavar los pies a alguien indicaba la postura de un siervo o un subordinado (cf. 1 Sam. 25:41 y el comentario sobre Juan 13:3-8).

5:11, 12. Los *fariseos se molestaban con aquellos que renegaban de sus votos como tales, y los *esenios se enojaban aún más con los que abandonaban su estilo de vida; la importancia que esos grupos daban a una membresía comprometida se refleja en la prueba de los candidatos antes de su admisión en plena fraternidad. El abandono público de un compromiso con respecto a las viudas podía traer escándalo; el "juicio" (RVA; "condenación", RVR-1960; "culpables", NVI) era de parte de los extraños, como en 3:6, 7.

5:13. Aquí el lenguaje de Pablo refleja una percepción popular de la conducta de las mujeres sin preparación (cf. también 3:11); debido a su educación inadecuada (que Pablo trata de remediar en 2:11) y a las expectativas culturales, el chisme por ociosidad caracterizaba comúnmente la vida cotidiana de las mujeres. Los textos judíos y grecorromanos condenaban por igual el chismorreo y la palabrería de las mujeres, incluyendo a las viudas. Los *esenios eran tan sensibles sobre su reputación que, si uno de ellos hablaba mal de la comunidad, era excluido de la misma por un año.

5:14. Desde los tiempos de Augusto, más de medio siglo antes, el casamiento rápido de las viudas se convirtió en uno de los ideales sociales romanos; también era lo que sostenían los maestros judíos.

El ideal popular para una mujer joven, subrayado en los escritos de los filósofos y moralistas, era la castidad, la modestia, la tranquilidad, la sumisión y la obediencia al esposo, así como la devoción a los deberes domésticos, incluyendo la crianza de los hijos pequeños. En contraste con la mujer ideal de Proverbios 31, la esposa ideal de la sociedad griega se retiraba de la vida social y se limitaba principalmente a la esfera doméstica, el único lugar donde tenía autoridad. "Gobiernen su casa" (RVA; "cuiden su casa", BA; "lleven bien su hogar", NVI) es mejor traducción que "tengan su casa"; aunque subordinada a su marido, la esposa griega "gobernaba" su casa. Aquí Pablo presenta algunos valores sociales en pro del testimonio del evangelio.

5:15. "Se han extraviado" (RVR-1960; "se han apartado", DHH; "se han descarriado", NVI) se usa en los *Rollos MM en cuanto a la apostasía; ver el comentario sobre 1:20.

5:16. Algunas mujeres estaban en bastante buena posición como para llegar a ser *protectoras; tenían quienes dependían de ellas socialmente, lo que podía incluir relaciones de sangre, esclavos, *libertos y otros que querían ser sus *protegidos. Al requerir que los cristianos en buena posición cumplieran sus responsabilidades con los miembros de su familia, Pablo esperaba mejorar el presupuesto de la *iglesia para poder ayudar a aquellos que realmente no tenían otro medio de sostén.

5:17-25
Respeto a los ancianos de la iglesia

5:17. El "honor" (RVA; "doblemente apreciados", DHH) a veces incluía un pago y este es el caso aquí (5:18). "Doble honor" (o paga) a veces era dado a los soldados que lo merecían y es probable que eso fuera tenido en mente aquí. De otra manera, como los ancianos no tenían grandes propiedades se encontrarían dependiendo al menos en parte de los hijos que trabajaran, Pablo aboga para que se los sostenga bien (sostén que, por supuesto, no implicaba hacer que se enriquecieran).

5:18. Pablo plantea su caso usando un versículo del AT (Deut. 25:4) y uno de los dichos de Jesús (cf. Luc. 10:7). Las citas de pasajes con autoridad o de textos clásicos eran usadas no solo en la literatura judía sino también en la grecorromana para demostrar el argumento planteado.

5:19. La cultura griega también reconocía el valor de los testigos para tomar decisiones legales, pero el testimonio de dos o tres era uno de los requerimientos más cruciales de la ley judía (basado en Deut. 17:6; 19:15). Para Pablo, es el otro lado de ser "intachable" (3:2): las acusaciones debían ser examinadas adecuadamente y no ser aceptadas sin análisis.

5:20. En el judaísmo se enfatizaban fuertemente la reprensión y la corrección; la reprensión pública debía ser un recurso final solo si habían fracasado los intentos privados (ver el comentario sobre 5:1, 2).

5:21. Una acusación adquiría más autoridad si se apelaba al testimonio de testigos como Pablo hace aquí; en este caso, elige a quien tiene la palabra final. Los ángeles eran "escogidos" en oposición a los que habían caído. El mundo antiguo, en especial el AT y el judaísmo (que no favorecía automáticamente a las clases superiores en las disputas, como hacía la ley romana), subrayaba que los jueces debían ser justos.

5:22. Los maestros judíos "imponían las manos" sobre sus *discípulos para "ordenarlos" (ver el comentario sobre 4:14), y eso es lo que Pablo tiene en mente aquí: ordenar a un anciano que no había sido puesto a prueba primero (ver el comentario sobre 3:10) hacía responsable al que lo ordenaba por su conducta pública en el futuro. Mantenerse "puro" (literalmente) "del pecado" era una virtud para los *estoicos así como para los judíos.

5:23. La mayor parte de la gente bebía vino con la comida (aunque con dos partes de agua por una de vino y sin estar destilado más allá del grado natural de fermentación). Timoteo se había estado absteniendo de tomar vino (suponemos que excepto en la cena del Señor), quizás para evitar la crítica de los que eran influenciados por los falsos maestros (4:3; algunos *ascetas se abstenían completamente del vino); Pablo le dice que vuelva a usarlo. A menudo, el vino era de ayuda para curar algunos problemas del estómago y prevenir la disentería, ya que desinfectaba el agua.

5:24, 25. Los pecados secretos o los que estaban en el corazón hacían difícil la evaluación (5:22), como reconocían muchos escritores antiguos.

6:1, 2

Advertencias a los esclavos

Al tratar asuntos como las exhortaciones a los miembros de la familia (3:15), naturalmente Pablo incluye advertencias a los esclavos. Esto era importante porque una religión que a los ojos de los romanos podía incitar al descontento de los esclavos podría ser rotulada como subversiva y sujeta a una persecución directa; Pablo quería que tanto los esclavos que fuesen cristianos, como los cristianos libres, ofrecieran un testimonio inteligente y culturalmente relevante. Cuando dice que los amos "se benefician" del trabajo de sus esclavos (v. 2), emplea un término que se usaba especialmente para los benefactores ricos que otorgaban dones a sus inferiores sociales. De ese modo, Pablo, como el filósofo *Séneca, posiblemente retrata a los esclavos como personas libres a los ojos de Dios, quienes pueden ofrecerse como un don a sus amos sirviéndoles libremente.

6:3-10
La herejía del materialismo

Los herejes estaban usando el *evangelio para hacerse ricos; Pablo dice que para un cristiano deben bastar la comida y la ropa (6:8) y que no deben buscar más que sus necesidades básicas (cf. Mat. 6:25). Esta avaricia era una razón por la cual prohíbe explícitamente que las personas materialistas tengan funciones en la *iglesia (3:3, 8). Algunos filósofos paganos también usaban su filosofía para ganancia personal y esta conducta provocaba la hostilidad y la crítica de los demás.

6:3. "Sano" significa "saludable"; los autores griegos y romanos a menudo usaban figuras médicas para describir el estado espiritual del alma de la gente o sus creencias. Quizás Pablo se refiere aquí a las enseñanzas de Jesús (cf. Mat. 6:19-34).

6:4. A los seudointelectuales les gustaba debatir sobre minucias de palabras más que tratar sobre temas cruciales; ver el comentario sobre 1:6.

6:5. Los judíos a menudo reconocían la riqueza como una señal de la bendición de Dios, y muchos maestros enseñaban que aquellos que servían a Dios serían más prósperos. Sin embargo, esta enseñanza era presentada como un principio general, como dice en Proverbios: quien trabaja más duro gana más. Pero estos maestros también decían que la riqueza podía ser usada para bien o para mal, y muchos advertían sobre el peligro de la misma e incluso ligaban la piedad a la pobreza. Una ambigüedad similar se encuentra entre los filósofos grecorromanos: muchos decían que la riqueza era aceptable si se la usaba bien, pero otros (obviamente sobre todo los *cínicos) pensaban que debía ser totalmente rechazada como si fuera una carga. Sin embargo, los filósofos normalmente veían la riqueza como una recompensa por obrar bien. No es claro si los opositores de Pablo predicaban que la piedad era un medio para la ganancia o que simplemente usaban la religión como un medio para obtenerla.

6:6. A veces, los moralistas usaban "ganancia" en forma figurada como contraste a la riqueza material. En el judaísmo a menudo se veía la riqueza actual como algo despreciable en comparación con la verdadera riqueza del mundo por venir, que es lo que realmente importa. Una de las doctrinas más comunes de los filósofos y de quienes estaban influenciados por ellos era el contentamiento; las personas debían ser autosuficientes, reconociendo que no necesitaban más de lo que les había dado la naturaleza.

6:7. Aquí Pablo cita un principio moral, expresado en forma similar por *Cicerón; también aparece en el AT (Job 1:21), la literatura judía de la *diáspora y otros autores grecorromanos.

6:8. La literatura antigua usualmente reconocía el alimento y la ropa como las necesidades básicas, que aun los *cínicos y los campesinos más pobres requerían (solamente tenía una capa [o manto] cada uno). Sobre "contentamiento", ver 6:6 y Filipenses 4:11.

6:9. En la clase media de algunos países occidentales, la idea de riqueza se entiende de manera muy diferente de como lo entenderían los primeros lectores de Pablo; en la difundida pobreza del Mediterráneo de la antigüedad, la mayoría de la gente hubiera considerado que el actual estilo de vida de la clase media de algunos países es de ricos. Como muchos escritores de su tiempo, Pablo se dirige a los que buscan acumular riquezas (cf. Prov. 28:20) más bien que a quienes ya son ricos por herencia o laboriosidad (6:17).

6:10. Aquí Pablo cita un antiguo proverbio muy usado en cuanto a que el amor al dinero es la fuente de varios males. La idea era aún más común que el dicho, pero el dicho mismo circulaba entre los filósofos y quienes los respetaban.

6:11-16
Huir del mal estilo de vida

En contraste con los predicadores avaros (6:3-10), Timoteo debe buscar la justicia.

6:11. A menudo los moralistas exhortaban a sus lectores a "huir" de los vicios. Los antiguos heteos usaban la expresión "hombre de Dios" para describir a los personajes religiosos, y el AT la usa para los hombres comisionados por Dios para actuar como sus voceros. Las raras apariciones de esta expresión en la literatura judía posterior probablemente dependen del uso del AT, como es el caso de Pablo aquí.

6:12. Los moralistas grecorromanos a menudo describían las luchas morales con términos bélicos, como hacían los textos judíos influenciados por ellos (p. ej., *4 Macabeos, donde se refiere al martirio). Sin embargo, la imagen en griego aquí no es de guerra, sino de otra imagen que los moralistas también explotaban figurativamente: el torneo atlético o lucha olímpica.

6:13. Un compromiso delante de los dioses como testigos era una obligación especial.

6:14. "Sin mancha ni reproche" (RVA) puede aludir a los requisitos para los sacrificios puros a Dios que no debían tener impurezas (p. ej., Lev. 1:3, 10; 3:1, 6; 4:3, 23, 32), o a la mercadería no dañada y cosas similares; era una imagen natural para la virtual perfección. En cuanto a "sin reproche", ver el comentario sobre 3:2. "Aparición" se usaba a veces en la religión griega para las manifestaciones de los dioses, pero en griego podía ser una descripción natural judía para la revelación de Dios en el tiempo del fin.

6:15. Reiteradamente, la literatura judía describía a Dios como rey. Los gobernantes que pretendían ser reyes supremos, como los de Babilonia o Partia, se llamaban a sí mismos "rey de reyes y señor de señores". Los autores griegos como Dion Crisóstomo aplicaban ocasionalmente dicho título a Zeus; en el judaísmo a menudo se lo aplicaba a Dios y los cristianos lo aplicaron a Jesucristo (cf. Apoc. 19:16).

6:16. El "que tiene inmortalidad" era un título común para Dios en el judaísmo *helenizado (tomado del término griego para sus propios dioses, término que los judíos y cristianos declaraban que era un calificativo inapropiado para ellos; por eso Pablo añade "único"). Los textos judíos a menudo mencionan la gloria de la luz alrededor del trono de Dios; la gran autoridad de los reyes los hizo inaccesibles para la gente común. El AT declaraba que nadie puede ver toda la gloria de Dios y vivir (Éxo. 33:20), y en el judaísmo posterior este reconocimiento fue ampliado (aunque algunos místicos judíos, expandiendo las visiones del trono en Ezequiel 1 e Isaías 6, declaraban haber penetrado en el esplendor alrededor del trono y haber visto algo de Dios).

6:17-19
Instrucciones para los que son ricos

En 6:3-10, Pablo condena a los que buscan riquezas, pero en 6:17-19 se dirige a los que ya son ricos. Para él, la riqueza y tener propiedades no es pecaminoso en sí mismo, siempre que uno no las esté buscando. La riqueza puede ser usada para bien o para mal, para causas egoístas o benéficas; Pablo dice que los cristianos deben usarla para bien.

6:17, 18. La riqueza misma generalmente derivaba de la propiedad de la tierra; la alquilaban a campesinos arrendatarios o residentes, o lograban beneficios de las cosechas que se producían en esas tierras. También había surgido una clase socialmente inferior de mercaderes, pero sin embargo no menos rica, especialmente de propietarios de naves. La riqueza podía ser conseguida por una variedad de medios, no todos ellos inmorales.

El tema no era si uno tenía o no riquezas, sino si las usaba para sí mismo o para los demás. Ese era el concepto habitual en el judaísmo, que subrayaba la ayuda a otros y era también el criterio sostenido por muchos filósofos. Pablo no rechaza el mundo, como lo hacían los *cínicos o (en el sentido más extremo) los *gnósticos posteriores; al igual que el judaísmo, él afirma que la creación en sí misma es buena (4:4, 5). Pero también reconoce que la riqueza material es transitoria. De mayor importancia aun es que la gente importa más que las posesiones y, en un mundo de inacabables necesidades humanas, las posesiones finalmente eran sin valor en comparación con las cosas más importantes que uno pudiera hacer con los propios recursos.

6:19. Los textos judíos a veces hablaban de almacenar tesoros en el cielo; ver el comentario sobre Mateo 6:20, 21.

6:20, 21
Exhortación final

"Encomendado" es el término usado para guardar un depósito; aquellos a quienes se les entregaba un dinero en depósito tenían la sagrada obligación de guardarlo seguro o incrementarlo, y este principio también se aplicaba a la enseñanza (a lo cual también era extendida la imagen por otros autores antiguos). Algunos eruditos consideran que la "falsamente llamada ciencia" es aquí una referencia al *gnosticismo (lo que indicaría una fecha posterior a Pablo para las *epístolas pastorales), pero esta interpretación no es necesaria; muchos filósofos pretendían tener "ciencia" (RVA; "conocimiento", DHH), que otros consideraban falso.

2 TIMOTEO

Introducción

Paternidad literaria, comentarios. Ver la introducción a 1 Timoteo. De las tres *Epístolas Pastorales (cuya paternidad literaria a menudo se disputa), 2 Timoteo es la más difícil de disputarse, debido a las abundantes notas personales. Las cartas *seudoepígrafas también pueden contener notas personales (p. ej., la Carta de Diógenes a Rhesus) pero casi siempre son pocas, mientras que 2 Timoteo está llena de ellas. Los escritores seudoepígrafos no tenían muchos motivos para incluir estos detalles.

Circunstancias. Acerca de la situación general de la persecución en Roma, ver la introducción a 1 Pedro. Asumiendo la paternidad literaria paulina, Pablo escribe 2 Timoteo mientras se encuentra prisionero en Roma, probablemente aguardando a ser ejecutado; Pablo desea que Timoteo se reúna con él antes de que sea muy tarde (4:21). Es probable que el Apóstol haya sido dejado en libertad después de su encarcelamiento narrado en Hechos 28 (ver el comentario sobre Hechos 28:30) y haya llevado a cabo las misiones que se presuponen en 2 Timoteo y que después fue arrestado nuevamente, esta vez durante la represión masiva de los cristianos por parte de Nerón. Es muy probable que Pablo haya sido decapitado durante la administración de Nerón en el año 64 d. de J.C.

Los oponentes de Pablo habían aumentado en la provincia de Asia, y la situación había empeorado desde que él escribiera 1 Timoteo (2 Tim. 1:15). Es posible que Pablo se encontrara desanimado; al igual que Jeremías en el AT, se encuentra al borde de la muerte mientras que el pueblo de Dios le da la espalda, y él no vivirá para ver el fruto de su ministerio. Sin embargo, su consuelo es que ha sido fiel a Dios (4:7, 8), y él exhorta a Timoteo a seguir sus pisadas sin importar el costo. El hecho de que la carta fuera preservada es un buen indicio de que Timoteo sí perseveró. Los temas que dominan la carta son el de la persecución que externamente sufría la *iglesia, la falsa enseñanza interna, y la exhortación final de Pablo para un joven ministro a que pueda centrarse en las Escrituras y la sana doctrina que se encuentra en ellas.

Género literario. En diferentes maneras, la última carta de Pablo se parece a las cartas de exhortación moral escritas por los filósofos a sus *discípulos. Pero como una carta enviada antes de su muerte, también se parece a los tratados judíos conocidos como "testamentos", en los cuales un líder moribundo imparte sus últimos consejos a sus hijos o seguidores, que también son de valor para otros futuros lectores. Aunque muchos testamentos eran de naturaleza seudoepígrafa y Pablo posiblemente haya escrito esta carta solo para Timoteo, la situación similar que se proyecta da a 2 Timoteo la fuerza de un testamento: los últimos consejos de Pablo para los jóvenes ministros.

1:1-7
Introducción y agradecimientos

1:1, 2. Pablo modifica la introducción normal de las cartas (autor, destinatarios, saludos, una palabra en relación con *"gracia") en su forma característicamente cristiana. Tanto los *rabinos como los filósofos podían dirigirse a sus *discípulos como "hijos".

1:3. Las cartas antiguas frecuentemente incluían expresiones de gratitud a Dios o a los dioses en favor del destinatario, quien a menudo era elogiado en las expresiones de gratitud. "Sin cesar" o "constantemente" probablemente se refiera a los períodos regulares de oración de Pablo. Muchos judíos palestinos oraban durante las ofrendas matutinas y vespertinas que se ofrecían en el templo; también ofrecían bendiciones especiales al levantarse por las mañanas y al acostarse por las noches. Los judíos palestinos contaban los días desde el ocaso del sol hasta el otro, por lo que "de noche y de día" no es una secuencia anormal. (Por supuesto, uno no debiera leer más de lo necesario en la secuencia que Pablo menciona; la misma secuencia no solo ocurre en escritos judíos como Judit y *4 Esdras, sino también en escritos estrictamente latinos como los de Horacio, *Quintiliano y *Cicerón. En contraste, *Josefo y usualmente la *LXX, así como el escritor romano Marcial, podían decir "día y noche", y las referencias en el NT no son del todo consistentes. "Noche y día" parece haber sido la expresión idiomática más común.)

1:4. Expresiones de añoranza eran muy comunes en las cartas antiguas entre amigos, demostrando una intimidad profunda. (Esto no es, como lo propone cierto comentarista, ¡una pobre imitación de Romanos 1:11 u otros pasajes!) En el oriente, las lágrimas eran una expresión apropiada de tristeza en despedidas angustiosas o largas separaciones.

1:5. Aunque los padres eran los responsables por la educación de sus hijos, la aristocracia judía y grecorromana esperaban que las madres tuvieran cierto conocimiento a fin de que pudieran enseñar a sus hijos. (Esto es verdad aunque en el judaísmo la *ley no fomentaba la educación avanzada de la mujer, y aunque la sociedad grecorromana por lo general reservaba el entrenamiento *retórico y filosófico para los hombres.) Hasta la edad de los siete años, la madre de un niño romano era la principal influencia formativa; muchos opinaban que a los niños no se les debía enseñar a leer sino hasta la edad de siete años, pero otros deseaban comenzar mucho antes, inclusive a los tres años de edad. La educación judía de las Escrituras se iniciaba a la edad de cinco o seis años, aunque este tipo de educación siempre enfatizaba la memorización y repetición, más que la habilidad de leer.

La "fe" de la madre y de la abuela de Timoteo era una fe judía (judeocristiana para el tiempo cuando Pablo los conoció, Hech. 16:1). Los padres judíos eran los responsables de instruir a sus hijos en la ley, pero el padre de Timoteo era *gentil (Hech. 16:1, 3). Quienes no tenían un padre religiosamente activo también aprendían de sus abuelas si estas aún vivían (cf. Tobías 1:8).

La mayoría de la educación incluía la disciplina corporal, pero algunos expertos educadores antiguos en su lugar preferían estimular al niño, haciéndolo sentirse exitoso, promoviendo la competencia y haciendo que la educación fuera grata (*Quintiliano). Los escritores antiguos diferían en su opinión en cuanto a qué tipo de educación era mejor, si la educación pública o la educación en el hogar, dando por sentado que la primera tuviera clases suficientemente pequeñas como para permitir una instrucción personalizada.

1:6. La imposición de manos se usaba para la ordenación (ver el comentario sobre 1 Tim. 4:14). La imagen de "avivar" el fuego (RVR-1960) es posible en este versículo (cf. Jer. 20:9), aunque la palabra para "avivar" se había ampliado metafóricamente tan a menudo durante este período que no es muy claro si su matiz de fuego siempre estuviera en la mente de los lectores.

1:7. Aunque los escritos *esenios muchas veces relacionaban la mala conducta con la influencia de los malos espíritus, en griego "espíritu de" a menudo simplemente significa "actitud de". La exhortación a no temer era una de las promesas de Dios más prominentes en la Biblia (p. ej., Gén. 26:24; Jer. 1:8) y era una expresión de seguridad que también acostumbraban otros (Gén. 43:23). Aunque es posible que Timoteo fuera "tímido", uno no debiera asumir que este era un problema único suyo, como lo han sugerido algunos intérpretes (Hech. 18:9; 1 Cor. 2:3).

1:8-14
Llevar adelante la misión de Pablo

Timoteo debe mantenerse firme (1:3-7), uniéndose a Pablo en sus sufrimientos por el *evangelio que se les ha confiado.

1:8. A los *discípulos se les instaba a seguir los pasos de sus maestros. Los sufrimientos de Pablo aquí aludidos incluyen especialmente su encarcelamiento e inminente ejecución.

1:9-11. El "llamamiento" es lenguaje particularmente judío y del AT, "manifestado" e "inmortalidad" es mayormente griego (aunque mucho antes ya había sido adoptado por los judíos de la *diáspora), y *"Salvador" era un concepto de las dos culturas. No sorprende el hecho de que Pablo se expresara igualmente en ambos mundos; la mayoría de los judíos de la *diáspora y algunos de los judíos palestinos por lo general no veían ninguna contradicción entre su fidelidad al AT y el hablar el lenguaje de su cultura.

1:12-14. "Guardar... depósito" (1:12, 14) era originalmente una imagen monetaria, aunque otros escritores también la habían usado para referirse a la enseñanza; uno era responsable de proteger o multiplicar cualquier cantidad de dinero que se le hubiera dado para guardar. Los maestros judíos sentían que ellos estaban transmitiendo a sus discípulos un depósito sagrado, quienes a su vez se esperaba lo transmitieran a otros (cf. 2:2).

1:15-18
Aliados y oponentes en Asia

Brevemente Pablo se refiere a la oposición que él y Timoteo enfrentaban en Asia, donde Timoteo ministraba.

1:15. "Asia" se refiere a la provincia romana al oeste de Asia Menor, de la cual Éfeso era la ciudad más sobresaliente (cf. 1 Tim. 1:3). "Todos" excluye la casa de Onesíforo (1:16-18); de acuerdo con la flexibilidad del lenguaje común en la antigüedad, ello significa "la mayoría". Aunque muchos maestros judíos predecían una apostasía general para el fin de los tiempos e inclusive sentían que ello caracterizaba a su propia generación, la lamentaban. Esta es la clase de detalle que difícilmente un escritor *seudoepígrafo posterior, escribiendo en nombre de Pablo, hubiera ideado en relación con el final de su ministerio. (Los escritores hagiógrafos posteriores a veces describen el rechazo de sus héroes, pero la *narrativa normalmente estaba acompañada de una descripción del horrendo juicio que había sobrevenido a los apóstatas, o a quienes los rechazaban.)

1:16. "Onésimo" (Film. 10) pudiera ser una abreviatura de Onesíforo, pero la persona que Pablo describe aquí difícilmente es la de un esclavo recientemente liberado. Dado que Pablo se refiere a toda una "casa" de creyentes, el Onesíforo a quien él hace referencia probablemente tenía esclavos y otros dependientes. "Reanimó" ("me trajo alivio", DHH; "me dio ánimo", NVI) es el lenguaje de hospitalidad, que incluye hospedaje para los transeúntes; Onesíforo debe haber tenido una casa grande y hospedaba a Pablo cada vez que este estaba en Éfeso. Él era un buen ejemplo para Timoteo de alguien que no se "avergonzaba" (1:8, 12; 2:15).

1:17. Mucha gente en el siglo I viajaba a Roma; Onesíforo, como todo un *protector en la prominente ciudad asiática de Éfeso, naturalmente ha de haber tenido la capacidad para hacerlo. "Buscar" a Pablo sería principalmente un asunto de preguntar entre los cristianos locales sobre dónde se podía encontrar al Apóstol, ya sea durante su primer encarcelamiento (Hech. 28:30) o el más reciente y severo. Si este último es el aludido, Pablo pudo haber obtenido noticias en cuanto a Asia por parte de Onesíforo (1:15).

1:18. Debido a que Pablo saluda a la "casa" de Onesíforo en 4:19, algunos escritores han sugerido que Onesíforo había muerto y que aquí Pablo ora por su salvación póstuma (aunque el contexto claramente establece que Onesíforo ya era un cristiano). El judaísmo a menudo se refería a los héroes muertos como "un recuerdo bendito", y algunas inscripciones subsecuentes en las tumbas elogiaban a los justos muertos con la frase: "Que se le recuerde para bien". A veces se ofrecían actos póstumos de *expiación en favor del muerto, pero las oraciones para la "salvación" del muerto en el sentido estricto de la palabra parecen haber sido mínimas o estar ausentes completamente en el judaísmo del siglo I. Además, no es muy claro el que Onesíforo estuviera o no muerto; Pablo también ve hacia adelante al día del juicio para él mismo (1:12; 4:8). Pablo podía aludir a la "casa" de alguien, incluyendo al individuo mismo, mientras dicha persona aún estuviera viva (p. ej., 1 Cor. 16:15, 17).

2:1-13
Persevera

2:1, 2. El *fariseísmo enfatizaba enérgicamente la necesidad de transmitir a otros las tradiciones sagradas. Ya en el siglo II los *rabinos hacían hincapié en pasar las tradiciones de una generación a otra, haciendo notar que el proceso se había iniciado mucho antes que ellos. Este transmitir de tradiciones también constituía una práctica de las escuelas filosóficas griegas, aunque estas por lo general enfatizaban los puntos de vista de sus fundadores, más que los de sus predecesores inmediatos.

2:3, 4. Los filósofos hacían hincapié en comprometerse totalmente en ser un verdadero filósofo. También comparaban su tarea con las de un soldado peleando una batalla o un atleta corriendo en una competencia. A los soldados ni siquiera se les permitía casarse durante su servicio (aunque algunos tenían concubinas extraoficialmente mientras estaban cumpliendo sus responsabilidades en algún lugar) y debían dedicarse estrictamente a su oficio por más de veinte años; solo cerca de la mitad sobrevivía para jubilarse.

2:5. Los filósofos a menudo comparaban su tarea con la de los atletas, cuya intensa disciplina y preparación eran proverbiales. Los atletas se comprometían bajo juramento a prepararse durante diez meses antes de su participación en los juegos Olímpicos. El premio para el ganador era una corona; ver el comentario sobre 1 Corintios 9:24, 25.

2:6. Al igual que en 2:4 (agradar al que lo enlistó) y 2:5 (recibir el premio), el énfasis aquí cae tanto sobre el arduo trabajo como en la futura recompensa; alguien que ha laborado para Dios será recompensado en el día del juicio divino. Algunos comentaristas han sugerido que en 2:4-6 Pablo espera que los ministros sean auspiciados únicamente por sus congregaciones, al igual que algunos filósofos eran auspiciados por *protectores y nunca tenían que trabajar en algo más; pero este punto de vista sería sorprendente dada la explícita posición contraria que Pablo presenta en 1 Corintios 9, donde él da lugar a ambas formas de sostenimiento.

2:7. Los escritores ocasionalmente exhortaban a sus lectores a "considerar" (RVA) y consecuentemente entender (cf. Mat. 24:15; Apoc. 13:18).

2:8. Apelar a ejemplos era uno de los métodos exhortativos de la antigua parénesis (exhortación moral). Pablo aquí apela al ejemplo de Jesús, quien sufrió mucho pero recibió eterna gloria (cf. 2:10-12).

2:9, 10. Pablo se ofrece como ejemplo, una forma común de exhortación moral también entre los antiguos filósofos y escritores morales (cf. 2:8).

2:11-13. Aunque el carácter de Dios es inmutable, su trato con la gente depende de cómo le respondan a él (2 Crón. 15:2; Sal. 18:25-27). La fidelidad de Dios a su pacto no queda suspendida por la violación a ese pacto por parte de los infieles; pero los individuos que violan su pacto no son salvos (ver el comentario sobre Rom. 3:3).

2:14-26
Vasos para honra o vasos desechables

Los cristianos de Éfeso deben "recordar" y observar todas las cosas que Pablo menciona en 2:3-13, y de lo cual se hace un resumen en 2:11-13. Deben perseverar, evitando las falsas enseñanzas difundidas en todo Éfeso (2:14-23), y cuando sea posible corregir a los que se han involucrado en serios errores (2:24-26).

2:14. Muchos oradores profesionales argumentaban sobre cosas irrelevantes, palabras y frases tergiversadas; algunos filósofos pensaban que uno no podía hacer otra cosa mejor que examinar la lógica de las palabras. Muchos maestros judíos, tratando de guardarse fieles a la letra de la *ley, hacían lo mismo (enfatizando inclusive en las más mínimas variaciones en el deletreo o posibles revocalizaciones), pero otros criticaban este método (ver el comentario sobre 1 Tim. 1:6).

2:15. A las imágenes de soldado, atleta y labrador (2:4-6) Pablo ahora agrega la figura general del obrero, quizá pensando en su propio trasfondo como un hábil artesano. Los lectores judíos deben haber captado muy bien la exhortación a ser diligentes en "trazar bien la palabra de verdad" como un consejo para estudiar la ley de Dios (Sal. 119:43). Aunque Pablo da por sentado tal investigación de las Escrituras (3:14-17), su énfasis aquí recae sobre la presentación correcta del *evangelio en contraste con las palabras vacías de 2:14, 16.

2:16. Ver el comentario sobre 2:14.

2:17. La imagen de una gangrena espiritual y moral también se hace presente en otros autores. La característica esencial de la gangrena es que se riega y envenena todo el cuerpo, finalmente causando la muerte si no se la remueve. Himeneo y probablemente Fileto habían sido oficialmente cortados (1 Tim. 1:20), pero aún ejercían una influencia perspicaz y probablemente contaban con seguidores. En ese entonces, como ahora, era muy fácil para casi cualquier orador lograr ser escuchado, porque solo unos cuantos estaban lo suficientemente versados en las Escrituras para discernir por ellos mismos la verdad del error, en vez de depender de las enseñanzas de otros.

2:18. Una futura *resurrección corporal no apelaba al pensamiento griego, aunque la resurrección espiritual anticipada que los cristianos experimentan en Cristo tenía mucha más recepción para el gusto griego. Algunos falsos maestros como Himeneo y Fileto aparentemente habían "desmitologizado" el *evangelio para hacerlo más aceptable a su cultura (cf. 1 Cor. 15:12; 2 Tes. 2:2).

2:19. Aunque algunas piedras podían ser removidas, un fundamento o piedra angular se mantendría segura. Los sellos se usaban a menudo para certificar el testimonio de que un documento o alguna mercancía no había sido alterada, aquí el sello es la inscripción en la piedra angular inscrita por el dueño o constructor.

2:20, 21. Pablo cambia a otra imagen. Cuando se usaba figurativamente en la literatura antigua, "vasos" (RVA) usualmente significaba gente (o sus cuerpos como recipientes de sus almas, lo cual sería irrelevante aquí). Los vasos caros se guardaban para propósitos especiales como banquetes, mientras que los vasos más baratos eran desechables. En círculos judíos eran destruidos si se encontraba que estaban inmundos.

Uno pudiera interpretar la frase "si alguno se limpia de estas cosas" (RVA) de dos maneras. Por un lado, Pablo pudiera estar distinguiendo aquí entre el justo y el injusto (como en Rom. 9:22, 23); pero el justo, como un vaso reservado para honor, tenía que ser separado de los vasos para uso común en la misma casa (ver el comentario sobre 2:17, 18). Por otro lado, uno normalmente purificaba los vasos importantes quitándoles lo sucio o, en el sentido religioso, la contaminación (tales como la palabrería de los herejes, 2:16). Pablo pudo haber tenido en mente ambos sentidos; bajo ciertas condiciones de la ley judía, un vaso puro que entraba en contacto con algo impuro, incluyendo un vaso impuro, tenía que volver a ser purificado.

2:22. Los moralistas a menudo exhortaban a los lectores a "huir" de los vicios. Ciertas pasiones eran asociadas especialmente con la "juventud" (una categoría en la cual Timoteo aún podía ser incluido; ver el comentario sobre 1 Tim. 4:12).

2:23. En cuanto a los debates sobre puntos triviales, ver el comentario sobre 2:14.

2:24. Los maestros judíos, los filósofos y los *estoicos también aconsejaban ejercer paciencia al instruir a otros. En contraste, algunos moralistas, como los *cínicos, injuriaban verbalmente con su "sabiduría" a los transeúntes. Típicamente hablando, los filósofos ridiculizaban a los que no estaban educados (cf. 2:23; "ignorantes", RVA; "sin sentido", NVI) en sabiduría, y que no mostraban deseos de buscar el conocimiento.

2:25, 26. El judaísmo enfatizaba corregir a otra persona de manera humilde y en privado antes de corregirla en público, con la esperanza de restaurarla al camino correcto.

3:1-13
La iniquidad en los últimos días

Generalmente, el judaísmo caracterizaba el fin de los tiempos como uno de confusión, apostasía, e incremento del pecado y la opresión. Este punto de vista estaba ampliamente difundido a pesar de la expectativa general de que todo Israel habría de retornar a los altos niveles de santidad, introduciendo así el fin y la restauración de Israel; otros (ver los *Rollos MM) creían que solo los israelitas justos permanecerían después de estos juicios. Al igual que la mayoría de los escritores judíos, Pablo no anticipa una completa renovación de justicia en el mundo sino hasta el día del Señor.

3:1. En "los últimos días" Pablo incluye la época en que él está viviendo (cf. 1 Tim. 4:1); sin duda aquí él alude a la idea judía que llegó a conocerse como los ayes *mesiánicos, un período de enorme sufrimiento como preámbulo al fin de los tiempos. La extensión de este período variaba tanto como los escritos judíos que especulaban sobre el mismo, no era algo bien establecido en la tradición judía.

3:2. Otros moralistas antiguos también hacían uso de las "listas de vicios" (cf. Rom. 1:28-32). Los "amantes de sí mismos" (es decir, gente egoísta) eran condenados por los filósofos tales como Musonio Rufo (un estoico), *Epicteto y *Filón. Incluso el moralista *Plutarco aconsejaba a sus lectores que evitaran inclusive la apariencia de amarse a sí mismos. El amar y obedecer a los padres era una de las principales virtudes en la antigüedad (ver el comentario sobre Ef. 6:1-3).

3:3, 4. Filón y otros filósofos, especialmente los *estoicos, repetidamente condenaban a los "amantes de los placeres". Entre los filósofos solo los *epicúreos buscaban el placer (el cual ellos definían como la ausencia de dolor o disturbio), pero no ejercían tanta influencia. Filón inclusive incluía una larga lista de vicios bajo el título de "amantes del placer", y se oponía al placer como virtud.

3:5. Tanto la religión judía como la filosofía griega condenaban a quienes aparentaban devoción, pero cuyo corazón o vida no la de-

mostraban. Para Pablo, la religión era inútil si el corazón no era transformado por el poder de Dios.
3:6. Dado que las mujeres por lo general no eran educadas, eran más susceptibles que los hombres a las falsas enseñanzas (ver el comentario sobre 1 Tim. 2:11, 12). La propensión de las mujeres a cambiar de religión era ridiculizada por los satíricos como *Juvenal y ofendía a los conservadores romanos. Según se dice, las mujeres se convertían más fácilmente que los hombres al cristianismo, judaísmo, y a los cultos de Isis, Serapis y otras deidades. Durante el siglo II de la era cristiana, las mujeres fueron atraídas por muchos movimientos herejes; dado que ellas eran menos educadas en la religión tradicional y tenían menos prestigio social que perder, cambiaban más rápidamente de religión, algunas veces para bien y otras para mal.
Los falsos maestros tenían que entrar a las casas porque tenían menos acceso a las mujeres en público (debido a la segregación de la mujer casada en la sociedad griega). Después de que lograban entrar a las casas, los conversos de la familia, fueran hombres o mujeres, podían proveerles sostén financiero y prestarles cualquier otro tipo de ayuda. Los hombres griegos y romanos a menudo consideraban a las mujeres como fácilmente inducidas por la pasión y la emoción, y puede ser que muchas lo hayan sido debido a la falta de educación y apoyo cultural. Pero aquí Pablo se dirige a ciertas mujeres en particular, no a todas las mujeres.
3:7. Los filósofos subrayaban el hecho de que el cambio llegaba por medio de conocer la verdad, y que este conocimiento era el resultado de estudiar con ellos. Estas mujeres estaban aprendiendo, pero estaban aprendiendo lo falso, lo que había sido diseñado para jugar con sus pasiones. Pablo dice que el *arrepentimiento, no meramente el aprendizaje, libera a quienes han sido tomados cautivos (2:25, 26).
3:8. Aquí Pablo emplea algo de la tradición judía que no se encuentra en el AT. En una tradición judía ampliamente difundida (varios elementos aparecen en *Seudo-Filón, los *Rollos MM, *rabinos, etc.), Janes y su hermano Jambres eran los magos del faraón que se opusieron a Moisés en Éxodo 7:11. Inclusive algunos escritos paganos (Plinio el Anciano y *Apuleyo) los identifican como magos en la época de Moisés. Dado que los oponentes de Pablo apelaban a los mitos judíos (1 Tim. 1:4; 2 Tim. 4:4; Tito 1:14), el *Apóstol cita dichos cuentos al nombrar a tales personajes.
3:9. “Progresar” (BA; “ir lejos”, RVA) puede ser un término técnico para referirse al avance en el aprendizaje de alguna escuela o enseñanza en particular, pero aquí es probable que simplemente se refiera al avance del movimiento de los oponentes. Después de todo, Janes y Jambres no pudieron igualar las señales de Moisés (tanto en Éxodo como en los relatos judíos posteriores); con el tiempo Dios también confundiría a este movimiento herético (1 Tim. 5:24).
3:10. Los *discípulos de los filósofos debían seguir y emular las palabras y vidas de sus maestros. Algunos de los otros moralistas antiguos también usaban de manera natural la expresión “pero tú” para marcar contrastes morales (cf. también 3:14; 4:5; 1 Tim. 6:11). El conocimiento que Timoteo tenía de los sufrimientos de Pablo en Antioquía, Iconio y Listra (Hech. 13:50—14:19) aparentemente databa desde el momento inicial cuando su familia recibiera el mensaje cristiano, antes de que él comenzara a viajar con Pablo (16:1-3).
3:11. Ver el comentario sobre Hechos 13–14. Timoteo era procedente de esta área de Asia Menor (Hech. 16:1).
3:12. Mucha gente judía esperaba ser reprimida por parte de los paganos, especialmente al final de los tiempos, pero Pablo casi garantiza la persecución a todo cristiano que verdaderamente esté viviendo de una manera santa (cf. Juan 15:20, etc.).

3:13. Pablo claramente comparte el punto de vista de la mayor parte del judaísmo primitivo de que el fin de los tiempos sería caracterizado por el mal, con los pecadores yendo de pecado en pecado sin restricción alguna (cf. Jer. 9:3). Solamente la ira de Dios los detendrá finalmente (cf. Gén. 6:11-13). El término griego que aquí se traduce "engañadores" (RVA; "impostores", BA; "embaucadores", NVI), a menudo se usaba como un título despectivo para los falsos magos o aquellos que se dedicaban a hacer daño (cf. 3:8).

3:14-17
Equipados por las Escrituras

3:14, 15. "Sagradas Escrituras" (RVA) también se usaba para los escritos de las religiones paganas (p. ej., en el culto de Isis) pero en las fuentes judías de habla griega se reserva como un nombre para la Biblia que existía en ese entonces, lo que nosotros llamamos el AT. Aunque había diferentes maneras de contar los libros, es obvio por la lista que presenta *Josefo (Apión 1, 8, 39-40) y listas subsecuentes, que estas Escrituras correspondían al *canon de nuestro AT. Las versiones más comunes de la *LXX también parecen haber incluido lo que nosotros denominamos *Apócrifos, aunque ni los *rabinos ni *Josefo parecen haber aceptado este material como parte de la Biblia propiamente dicha.

Por lo menos en los hogares de los piadosos judíos palestinos, a los jovencitos se les instruía en las "Sagradas Escrituras" desde la edad de los cinco años. El enseñar las Escrituras a los niños estaba ordenado en el AT (Deut. 6:7; cf., p. ej., Sal. 71:17; 78:5-7). Otros pueblos se asombraban de lo bien instruidos que estaban los niños judíos en las tradiciones de sus antepasados.

3:16, 17. La creencia en la inspiración de la *profecía (usualmente un tanto diferente), la poesía y la música estaba ampliamente difundida en el mundo mediterráneo antiguo. Esta creencia era naturalmente aplicada a libros de profecía, y la mayoría de los libros del AT eran atribuidos a profetas. El reclamo que Pablo hace en cuanto a la inspiración de la Escrituras se equipara con las designaciones *veterotestamentarias para la ley y las profecías divinas como "palabra de Dios". Al igual que Pablo, el judaísmo casi de manera universal aceptaba el AT como la Palabra de Dios.

Al ofrecer su lista de ejemplos sobre "toda buena obra" (3:17), Pablo emplea términos comunes de la educación antigua (3:16); "capacitado" (RVA; "equipado", BA; "preparado", RVR-1960), estos términos caracterizaban especialmente a la educación griega (la *LXX a menudo usa el término para disciplina). La reprensión era especialmente importante en el judaísmo, donde primero debía hacerse en privado y con gentileza. La autoridad, la fuente y el contenido apropiado para cualquiera de estas obras era la Escritura. En relación con "el hombre de Dios" (en el caso de Timoteo; más generalmente, "persona de Dios"), ver el comentario sobre 1 Timoteo 6:11.

4:1-8
Predica la Palabra

Después de recordarle a Timoteo que la fuente de su autoridad son las Escrituras (en su tiempo, el AT; ver 3:14-17; cf. 1 Tim. 4:13), Pablo le dice que se involucre en el ministerio para el cual las Escrituras son de beneficio (3:16—4:2).

4:1. Un juramento expresado por una o varias deidades era considerado especialmente obligatorio, y era peligroso si se violaba; de la misma manera, un encargo hecho ante una o varias deidades era sagrado e inviolable. Un juramento roto sería vengado por el dios cuyo nombre había sido violado. Para los judíos y cristianos, el juicio final está relacionado con el día del advenimiento de nuestro Señor.

4:2. Como prácticamente es usual en Pablo, aquí "la palabra" significa el mensaje de Jesús, el cual constituía el mensaje divino, al igual que lo eran la Ley y los Profetas (3:16). Los moralistas grecorromanos a menudo discutían sobre el tiempo "apropiado" para discursear, especialmente un discurso franco; Pablo dice que Timoteo debe anunciar su mensaje sea que la gente esté o no dispuesta a escucharlo (4:3). Aunque Pablo adopta cierto lenguaje filosófico grecorromano, la idea también prevalece en el AT; los profetas tenían que continuar hablando a pesar de la oposición (Éxo. 6:9-13; Jer. 6:11; 20:8, 9).
4:3. Los demagogos que le decían a la gente lo que quería oír abundaban en la sociedad grecorromana entre los políticos, oradores públicos y filósofos, y los falsos profetas en el AT (los profetas que le decían a la gente lo que deseaba oír casi siempre eran falsos; cf. Jer. 6:14; 8:11; Eze. 13:10, 16; Miq. 3:5; ver también el comentario sobre Luc. 6:26). Tener "comezón de oír" significa desear escuchar solo lo que a uno le gusta; Luciano describe con estos términos a la gente que le gusta prestar atención a las calumnias.
4:4, 5. El término traducido "fábulas" usualmente se utiliza despreciativamente para referirse a las historias falsas; ver el comentario sobre 1 Timoteo 1:4.
4:6. Acerca de la vida de uno siendo derramada como una ofrenda de libación, o una ofrenda bebida, ver el comentario sobre Filipenses 2:17. (Algunos escritos judíos, especialmente *4 Macabeos, asignan valor expiatorio, de ahí algún sentido sacrificial, a la muerte de los mártires. En mucha de la enseñanza judía contemporánea, el sufrimiento podía expiar la culpa, y los mártires podían evitar algo de la ira de Dios en contra del pueblo como un todo. Pero no es muy claro si esta idea se encuentra aquí.)
4:7. La primera imagen que usa Pablo es la de una competencia atlética, probablemente la lucha en la arena; los moralistas comúnmente usaban esta imagen para describir las luchas en favor de la virtud (ver el comentario sobre 1 Timoteo 6:12). "Acabado la carrera" (RVA) se refiere a una maratón, otra vez una imagen atlética bastante popular. "Guardado la fe" era una expresión griega para lealtad, similar a una expresión hebrea que significaba permanecer fiel al pacto, o en algunos casos, guardar la verdadera fe (de ahí "la fe", como se traduce aquí).
4:8. La imagen de la "corona" se refiere a la guirnalda dada a los triunfadores en las carreras griegas (4:7).

4:9-18
Conocidos de antaño

Algunos amigos habían resultado ser desleales; a otros, Pablo por necesidad los había enviado a algún lugar; pero Dios se había mostrado fiel todo el tiempo (4:17, 18).
4:9. Ver el comentario sobre 4:21. Era muy importante para los amigos cercanos ir y visitar por última vez a una persona moribunda, y este principio se aplicaba sobre todo a un hijo, inclusive a un hijo adoptivo o substituto (1:2). Normalmente los hijos también enterraban a sus padres, pero los oficiales pueden haber tenido sus reservas en cuanto a entregar el cuerpo de Pablo a Timoteo. Para Pablo era muy importante que Timoteo estuviera con él antes de morir; compárese, por ejemplo, el caso de los amigos de Sócrates que lo acompañaron en sus últimos momentos antes de que él muriera.
4:10. La mayor parte de los judaizantes contraponían la presente época malvada (Gál. 1:4) con la era venidera, a menudo insistiendo en que los que valorizaban demasiado la era presente no tendrían parte en la próxima. Las persecuciones que Pablo tuvo que enfrentar anteriormente en Tesalónica quizá ya habían menguado, y Demas (probablemente una abreviación de Demetrio, aunque este es el nombre que Pablo siempre usa al referirse a él) esperaba encontrar menos sufrimientos

allí de los que hubiera enfrentado si hubiera permanecido con Pablo.

Los motivos de Crescente (un nombre latino) y Tito no se critican. "Galacia" probablemente se refiera a la Galacia en Asia Menor adonde Pablo enviara su carta "a los Gálatas". (También es posible, aunque menos probable, que se refiera al territorio de Galos al norte, en lo que ahora es Francia, donde fuera la "Galacia" original. Si es así, esta sería la única referencia explícita en el NT a la Europa no mediterránea.) Tito había partido a Dalmacia, que estaba cerca de Nicópolis, donde se había juntado o tratado de juntar con Pablo anteriormente (Tito 3:12). Si Timoteo fue por tierra a ver a Pablo (2 Tim. 4:13), probablemente haya pasado por lo menos por Tesalónica y Dalmacia (esta última en la costa adriática), y Pablo de antemano le informa que en esa área encontraría a algunos de sus antiguos compañeros.

4:11. Aunque "Marcos" era un nombre bastante común, entre el limitado número de los colaboradores más cercanos de Pablo es muy probable que aquí se refiera al Juan Marcos de Hechos, al igual que en Colosenses 4:10. Además de Lucas había otros que estaban con Pablo en Roma (2 Tim. 4:21), pero Lucas era el único compañero de viajes que él y Timoteo habían tenido; y probablemente también era el único que se encontraba en Roma específicamente para estar con Pablo.

4:12. Tíquico es el portador de la carta (cf. 1 Tim. 1:3), un mutuo compañero de viaje para Pablo y Timoteo (Hech. 20:4; Col. 4:7). Dado que el único servicio postal romano era a través de mensajeros imperiales para usos gubernamentales, la correspondencia personal tenía que ser enviada con viajeros.

4:13. El tipo de manto mencionado era como una sábana con un agujero para meter la cabeza, la facilidad con la cual podía doblarse probablemente lo hacía popular entre los viajeros. Solamente era útil en el frío o en el tiempo lluvioso. Pablo aparentemente lo había dejado en Troas cuando el tiempo estaba más cálido y ya no había podido regresar por él. Ahora que está prisionero, Pablo tiene frío y anticipa el advenimiento del invierno un poco después del arribo de Timoteo (cf. 4:21). (Algunos comentaristas han sugerido que aquí el término no se refiere a un manto, sino a una envoltura para los libros; aunque este significado es posible, ¡la mayoría de la evidencia presentada en favor de esta postura se deriva de los comentarios sobre este versículo!)

Algunos comentaristas han sugerido que los "pergaminos" se refieren a certificados (p. ej., para probar la ciudadanía de Pablo), pero el uso de tales documentos no está ampliamente comprobado durante esta época. Sin embargo, el término ya se usaba para referirse a los códices (colecciones de hojas de papiros con una cubierta, en contraste con los rollos), una forma de libro que ya estaba en existencia pero que fue popularizada por los cristianos. Originalmente, estos se usaron como cuadernos para notas, para llevar cuentas y otros propósitos no literarios; los cristianos rápidamente comenzaron a usarlos para las Escrituras. Pablo pudo haber tenido en mente sus cuadernos de notas para estudiar las Escrituras; los otros "libros" (BA) serían los rollos de papiro, la forma más común para escribir en esa época.

Aparentemente, Pablo esperaba que Timoteo viajara hacia el norte a Troas, de donde cruzaría hacia Macedonia para tomar la principal carretera romana pasando por Tesalónica y Dalmacia, de donde zarparía hacia Italia (sin embargo, ver 4:21).

4:14, 15. Muchos caldereros (BA; "herrero", RVA) vivían en la parte oriental del Mediterráneo. El trabajo de Alejandro con el cobre, en contraste con el de Pablo con pieles, producía tanto ruido que impedía el que (Alejandro) se envolviera en discusiones durante el desempeño del mismo. Por lo mismo, no podía continuar con una discusión sino hasta cuando terminaba su día de trabajo, a menos que fuera un ex calderero que ahora vivía de sus falsas enseñanzas.

Alejandro puede ser el falso maestro que se menciona en 1 Timoteo 1:19, 20, aunque este nombre era muy común. El término que Pablo utiliza para "me ha causado muchos males" se usaba para delatores, "acusadores". No es muy claro si Pablo también se refiere a Alejandro como el que lo delatara ante las autoridades romanas. Pablo probablemente no fue arrestado en Éfeso, porque había pasado el invierno anterior en Nicópolis; pudo haberse encontrado en camino a Roma y simplemente haber arribado allí durante el tiempo de la persecución de Nerón (Tito 3:12; cf. 2 Tim. 4:10).

El salmista a menudo oraba a Dios para que lo vindicara y lo vengara de sus enemigos (p. ej., Sal. 17:13, 14; 35:1-8, 26; 55:15; 69:22-28). Aquí Pablo expresa una predicción (tiempo futuro) más que una oración por venganza (cf. Sal. 52:5; 55:23; 63:9, 10; 73:17-20; etc.); sin embargo, su punto es que al final Dios pondrá todas las cosas en su lugar en favor de sus siervos.

4:16. Aquí es probable que Pablo no se refiera a su encarcelamiento de Hechos 28:30, 31, que supuestamente concluyó favorablemente, sino a un juicio más reciente después de haber sido arrestado nuevamente. Este pudo haber sido un juicio preliminar, un *prima actio*, ante un magistrado romano (en la práctica, probablemente no haya sido el emperador mismo).

4:17, 18. Pablo puede estar aludiendo a las hazañas de fe de David o Daniel en el AT (1 Sam. 17:37; Dan. 6:27; cf. 1 Macabeos 2:60); Daniel fue echado a los leones por decreto de un rey, aunque lo haya hecho en forma renuente. La imagen de un león en la literatura antigua es una de fuerza suprema, propiamente aplicada aquí a la corte de Nerón. Bajo la persecución de Nerón, en la cual Pablo murió, algunos cristianos literalmente sirvieron de comida para las bestias en la arena, pero Pablo usa "león" metafóricamente, como frecuentemente sucede en el AT (p. ej., Sal. 22:13, 21). El término traducido "librado" habla de un rescate terrenal y de seguridad (v. 17), pero también se aplicaba a la salvación final (v. 18). Las oraciones en las cartas antiguas parecen haber sido algo muy común, debido a que la vida de antaño estaba permeada por creencias y prácticas religiosas.

4:19-22
Conclusión

4:19. Las misivas a menudo concluían con saludos. Aquila y Priscila, quienes habían salido de Éfeso (Hech. 18:24-26) hacia Roma (Rom. 16:3), habían regresado al trabajo en Éfeso quizá recientemente, porque Pablo no dice nada al respecto de ayudarle en 1:16-18 (compare también 1 Tim. 2:11, 12 con el ministerio de Priscila en Hech. 18:26); solo los compañeros de viaje de Pablo, probablemente hombres solteros, se mencionan en 4:10-12, 20. Acerca de la casa de Onesíforo, ver el comentario sobre 1:16-18.

4:20. Era costumbre que las cartas incluyeran noticias sobre amigos, entre los que estaban incluidos estos antiguos compañeros de viaje de Timoteo (Hech. 19:22; 20:4). En cuanto a cómo podía haberse considerado la enfermedad de Trófimo, ver el comentario sobre Filipenses 2:25-30.

4:21. Durante el invierno se cerraba el tráfico por mar; la navegación se cerraba por completo más o menos desde el 10 de noviembre hasta el 10 de marzo, pero los períodos entre el 15 de septiembre al 10 de noviembre y desde el 11 de marzo al 26 de mayo también eran peligrosos. Por lo tanto, Timoteo no podía zarpar de Éfeso en el invierno, pero aun si hubiera tomado la ruta por tierra al norte de Grecia, como parece ser que Pablo esperaba (4:13), hubiera necesitado cruzar en barco el mar Adriático, que también estaba cerrado. Si Timoteo se demoraba, no podría llegar sino hasta la primavera y Pablo quizá ya no estaría vivo para entonces. Pablo pudo haber enviado esta carta en el verano por intermedio de Tíquico, con lo cual dejaba muy poco tiempo para que Timoteo dejara todo en orden y fuera a verlo. "Pudente", "Lino" y "Claudia" son nombres latinos. La gente judía podía tener nombres latinos ("Claudia" podría corresponder a una mujer esclava que fue liberada durante el régimen de Claudio), pero la mayoría de los judíos romanos tenían nombres griegos. De esta manera, dado que tres de cuatro nombres eran latinos pudiera sugerir que el cristianismo estaba incursionando en nuevos sectores de la sociedad romana. Si eran líderes de la *iglesia (aunque solo se mencionan estos, Pablo agrega "todos los hermanos" como un grupo distinto), el nombre de esta mujer es significativo. Una tradición del siglo II declara que Lino sucedió a Pedro como el segundo obispo de Roma.

4:22. En el último "vosotros" el saludo final de Pablo incluye a los colaboradores de Timoteo en Éfeso (4:19).

TITO

Introducción

Paternidad literaria, propósito, comentarios. Ver la introducción a 1 Timoteo. Al igual que 1 Timoteo, la misiva que Pablo dirige a Tito parece funcionar más como una carta de autorización, y no únicamente una carta personal.

Circunstancias. Pablo dejó a Tito en Creta con el propósito de que estableciera líderes en las *iglesias en cada ciudad allí (1:5). La descripción de la oposición (1:10, 11, 14) es bastante parecida a lo que Pablo menciona en relación con Éfeso en 1 Timoteo, sugiriendo que el error allí mencionado se estaba esparciendo rápidamente entre las congregaciones cristianas. Los antiguos oponentes de Pablo, los del grupo de la circuncisión que enfrentara en Galacia, aparentemente continuaban siguiendo sus pasos para "corregir" a sus conversos (1:10-14). Aunque ganaron a muchos de los convertidos bajo el ministerio de Pablo, con el tiempo sus puntos de vista perdieron terreno; pero Pablo no vivió para ver prevalecer sus enseñanzas (2 Tim. 1:15).

1:1-4
Introducción

Al igual que en 1 Timoteo, aquí Pablo omite muchos aspectos que eran costumbre en sus cartas (tales como acción de gracias y, aunque menos común, alguna oración) y va directo al grano con sus instrucciones.

1:1. Era costumbre que las cartas se iniciaran con el nombre del remitente. Puede haber sido de mucho prestigio ser esclavo en una casa honorable, y a los profetas del AT a veces se les reconocía como "siervos de Dios". El judaísmo enseñaba que los judíos habían sido escogidos para salvación por virtud de su participación corporativa en Israel. Mayormente para contrarrestar falsas enseñanzas en Creta (1:10), es posible que Pablo aplique el término a todos los creyentes en Jesús (aunque de todas maneras siempre lo hace).

1:2, 3. *"Vida eterna" era literalmente la "vida del mundo venidero", que (de acuerdo con las enseñanzas judías) sería inaugurada con la futura *resurrección de los muertos. El hecho de que Dios no podía mentir, acerca de que él había hablado a través de los profetas desde un principio, y de que la futura resurrección podía ser comprobada en las partes más antiguas de la Biblia, se acomodaba a la enseñanza común judía y no podía ser disputada por sus oponentes (1:10). (Los *estoicos enseñaban la inmutabilidad de los decretos divinos, pero su forma de doctrina no le concedía a Dios mucha libertad para relacionarse con la voluntad humana como en el judaísmo. En contraste, en la mitología griega, las deidades fácilmente engañaban a los mortales, pero tal punto de vista acerca de la divinidad era rechazado por los filósofos y ridiculizado por el judaísmo.)

1:4. Después de mencionar al remitente, las cartas nombraban al destinatario o destinatarios, y expresaban una palabra de saludo. Los filósofos y los *rabinos se referían a sus discípulos como hijos; cf. 1 Timoteo 1:2 y 2 Timoteo 1:2.

1:5-9
Elegir buenos ancianos

1:5. En el AT, las ciudades eran regidas y juzgadas por sus "ancianos", aquellos con la mayor sabiduría y experiencia en la comunidad. En la época del NT, en las *sinagogas, se llamaba "ancianos" a los hombres prominentes de mayor edad. Pablo siguió las formas convencionales de liderazgo de las sinagogas en su cultura, en vez de introducir estructuras de liderazgo enteramente extrañas. "En cada ciudad" significa que cada *iglesia/hogar, en cada ciudad, debía tener sus propios líderes. Al igual que mucha de la antigua Grecia, Creta había sido conocida desde antaño por su intensa rivalidad.

1:6. El requisito de ser "intachable" (NVI) era vital para los líderes en tiempos antiguos (ver el comentario sobre 1 Tim. 3:2). "Marido de una sola mujer" probablemente signifique "un esposo fiel"; al igual que el requisito en cuanto a los hijos, este sugiere que debiera ser un hombre de familia y un líder en su casa. En la antigüedad, estos eran aspectos necesarios para ser respetable, y a menudo eran cualidades bajo escrutinio para quienes aspiraban a puestos públicos. (El AT también enfatizaba la obediencia filial bajo condiciones normales; cf. Deut. 21:20.) Dado que eran "ancianos", y la "disolución" (RVR–1960; el término tiene que ver con malgastar dinero, a menudo en placeres egoístas como la borrachera) era un vicio típicamente atribuido a los jóvenes, no a los niños, estos ancianos aparentemente eran responsables por la conducta de sus hijos adultos. En el mundo romano, los hijos debían respetar a sus padres, quienes tenían autoridad legal sobre sus hijos toda la vida.

1:7. "Mayordomos" eran los administradores de la casa, a menudo esclavos o *libertos, responsables ante el amo de la manera en que manejaran sus propiedades. Este término se ajusta bastante bien a la imagen de los líderes en las *iglesias/hogares. Las borracheras asociadas con la adoración a Dionisio eran bien conocidas en Creta, y los líderes cristianos no debían ser confundidos con estos de ninguna forma; algunas personas de manera ignorante confundían el judaísmo con el culto a Dionisio, y los cristianos generalmente eran considerados como parte del judaísmo. Los que estaban "dados al vino" (RVA; "borracho", NVI), a menudo también eran considerados como abusivos y peleoneros.

1:8. "Hospitalario" significa dar albergue, alimentar y tratar amablemente a los viajeros que necesitan un lugar donde estar. Los viajeros cristianos, al igual que los judíos, por lo general llevaban cartas de recomendación atestiguando que eran personas de confianza.

1:9. Los ancianos tenían que ser entrenados para refutar las falsas enseñanzas que estaban en boga, antes de que se les pudiera nombrar como tales; para las falsas enseñanzas aquí mencionadas, ver el comentario sobre 1:10-16. En el judaísmo, la "palabra" significaba la *ley, pero aquí Pablo hace referencia al mensaje apostólico (ver el comentario sobre 2 Tim. 4:2).

1:10-16
Legalistas malvados

Aunque los oponentes aquí mencionados probablemente estén relacionados con los que Pablo había enfrentado en otros lugares, la apelación de estos puede haberse derivado de su conocimiento local del judaísmo, y posiblemente un fuerte elemento judaico dentro de la *iglesia. Creta estaba racialmente mezclada, y allí había una colonia judía grande.

1:10. "Habladores de vanidades" caracterizaba a muchos seudointelectuales de la antigüedad; ver el comentario sobre 1 Timoteo 1:6 y 2 Timoteo 2:14.

1:11. "Trastornan familias enteras" (BA) puede significar que, al ser admitidos en las familias, estos falsos maestros estaban confundiendo a familias completas (cf. 2 Tim. 3:6, 7); pero es más seguro que Pablo quiera decir que estaban arruinando a las familias. Quizá estaban menoscabando las mismas estructuras de autoridad en la cultura (Tito 2:4, 5, 9, 10); es menos probable que se estuvieran oponiendo al matrimonio o a las relaciones sexuales dentro del matrimonio sobre bases *ascéticas (ver el comentario sobre 1 Tim. 4:1-3; 1 Cor. 7:1-7). Ninguno de estos errores caracterizaba a los judíos palestinos o de la *diáspora, aunque muchos *esenios promovían el celibato.

Acerca de los que enseñaban por "ganancias", ver el comentario sobre 1 Timoteo 6:3-10; esta acusación comúnmente estaba dirigida en contra de los maestros itinerantes que eran de moralidad dudosa. Probablemente Pablo había sido acusado de esto (1 Tes. 2:5). Mucho antes que Pablo, un escritor acusó a los cretenses de ser reconocidos por estar encariñados con las ganancias, deshonestas al igual que honestas, más que cualquiera otra gente.

1:12. El dicho que Pablo cita aquí ha sido atribuido a varias fuentes, y la más antigua es la del maestro Epiménides de Cnosos en Creta, en el siglo sexto a. de J.C. La fuente verdadera puede ser realmente Hesiodo, *Himno a Zeus* de Calímaco, en el tercer siglo a. de J.C.; Creta reclamaba poseer tanto el lugar de nacimiento como la tumba de Zeus. Pero el hecho que las palabras a menudo se atribuían a un cretense en la época de Pablo, es suficiente para que él transmita su enseñanza a Tito. Es obvio que Pablo no está transmitiendo su propio punto de vista, porque él no consideraría como un verdadero profeta a un mentiroso. Los griegos jugaban con el reclamo hecho por un cretense de que todos ellos eran mentirosos. Si él hubiera dicho la verdad, hubiera estado mintiendo; pero estaba mintiendo, por lo que ellos razonaban que todos los cretenses decían la verdad razonablemente, ¡excepto este cretense!

Para la época de Pablo, Epiménides tenía la reputación de haber sido un milagrero, maestro y profeta itinerante. Como era común en el pensamiento griego, la línea entre la inspiración poética y la profética podía ser muy fina. Aunque el dicho parece haberse convertido en algo proverbial (un comentarista dice que "cretizar" se convirtió en una jerga para "mentir"), es posible que Pablo haya conocido las obras de Epiménides o, quizá más probablemente, una antología de dichos atribuidos a él (ver el comentario sobre Hech. 17:27-29). Creta también tenía la mala reputación de arrogancia, traición y ambición. La "glotonería" estaba asociada con el amor al placer en contraste con el amor por el conocimiento; ver el comentario sobre Filipenses 3:19.

1:13. Los antiguos etnógrafos atribuían ciertas características (buenas y malas) a varios pueblos cuya cultura enfatizaba dichos rasgos. (El hecho que Pablo pudiera citar estas características negativas de los cretenses en una carta de la cual sabrían los creyentes del lugar, sugiere que él debe haber tenido una buena relación con ellos, y que los cretenses reconocían estas características de su propia cultura. Él no ofrece aquí un modelo de sensibilidad transcultural en situaciones normales.)

1:14. "Fábulas judaicas" serían especialmente *haggadot*, historias ampliadas o *narraciones bíblicas explicadas. Los *fariseos y otros grupos que trataban de exponer y aplicar la ley bíblica para su época se veían forzados a rodearlas de casos concretos legales, detallando cómo las normas del AT se dirigían a situaciones específicas. Aparentemente, aquí Pablo rechaza dichas tradiciones legales.

1:15. La *ley del AT consideraba algunos alimentos como puros y otros impuros (cf. 1:14), pero Pablo amplía simbólicamente la figura del lenguaje común sobre la pureza, a la pureza moral y espiritual (ver 1 Tim. 4:3-5; cf. Rom. 14:14).

1:16. En el AT, "conocer a Dios" era estar en una relación de pacto con él; a un nivel personal, esto significaba una relación íntima de fidelidad a él. Pero el reclamo no era válido si no iba acompañado por el justo trato a otros y la obediencia a las Escrituras (Jer. 22:16; Ose. 8:2, 3).

2:1-14
Sana doctrina: correctas relaciones

Dado que los romanos sospechaban que las religiones minoritarias (especialmente las religiones del Oriente con elementos extáticos en su adoración) pervertían los valores familiares tradicionales, estas a menudo imitaban a los filósofos al exhortar a sus seguidores para que observaran "códigos familiares". Estos códigos instruían a los patriarcas sobre cómo tratar a cada miembro de su casa, especialmente a las esposas, los hijos y los esclavos. Bajo el tema general de "manejo de la familia", dichos códigos también incluían el trato a los padres, deberes para con el estado (3:1) y deberes para con los dioses. Dado que las *iglesias se reunían en hogares y eran vistas como una especie de familia extendida alrededor de la familia del *protector en cuya casa se juntaban los creyentes, las instrucciones naturalmente incluían categorías de relaciones en la iglesia.

La adaptación de las relaciones sociales romanas por parte de los primeros cristianos era muy importante para el testimonio de la iglesia ante la sociedad, y para disminuir o evitar cualquier posible oposición al *evangelio (2:5, 8, 10). Los lectores modernos a menudo solo reconocen los valores tradicionales de su cultura, pero uno debiera reconocer que Pablo trata con los valores tradicionales romanos de su época (incluyendo los esclavos, quienes diferían de otros modelos sociales en relación con la esclavitud).

2:1. Debido a que los falsos maestros estaban menoscabando la estructura de las familias, la "sana" enseñanza (cf. 2:15) que Pablo comparte en este caso se aplica especialmente a las relaciones familiares (2:2-14). Las familias eran definidas en términos de jerarquía y dependencia (es decir, de esclavos a amos o de *protegido a *protector) y no estrictamente en términos de relaciones sanguíneas.

2:2. Esta descripción se ajusta a lo que se esperaba de los venerables hombres mayores en la cultura romana: dignidad, seriedad, sobriedad.

2:3. Las mujeres mayores a menudo eran ridiculizadas en las comedias, y eran objeto de burla especialmente en lo relacionado con el chisme y hablar disparates (ver el comentario sobre 1 Tim. 4:7).

2:4. Desde hacía mucho tiempo, era costumbre que las mujeres mayores, especialmente madres, instruyeran a sus hijas en las cosas de la vida (inclusive en el antiguo Israel; p. ej., Jer. 9:20); algunos filósofos en su afán de aconsejar a las mujeres escribieron inclusive cartas *seudoepígrafas presuntamente provenientes de mujeres, diciendo a las mujeres cómo comportarse. La tarea principal de la madre romana para con su hija parece haber sido la de ayudarle a adquirir la educación apropiada (especialmente de ser buena madre) y un buen esposo. Las "mujeres jóvenes" por lo general estaban ya casadas, dado que la sociedad judía y la grecorromana generalmente miraban con desdén la soltería entre las mujeres, y aparentemente los hombres eran más numerosos que las mujeres. Tanto el judaísmo como los moralistas antiguos subrayaban que las esposas debían amar a sus maridos y cuidar de sus hijos. Muchas inscripciones en las tumbas resaltan estas características como la virtud que corona a una mujer.

2:5. El término traducido "prudentes" (RVA) significa "autocontrolada" o "disciplinada" ("juiciosa", DHH), una de las principales virtudes griegas; aplicada a las mujeres significa "modestia" y, por lo mismo, indicaba evitar virtuosamente cualquier connotación de infidelidad sexual. En el ideal griego, las mujeres también debían permanecer recluidas en la privacidad de sus hogares, porque se suponía que ellas eran únicamente propiedad visible de sus esposos. Ellas regían en la esfera doméstica a la que estaban limitadas, pero tenían que obedecer a sus esposos en todo. Pablo únicamente dice que ellas deben estar "sujetas" (RVA) en lugar de "obedientes" (como traducen algunas versiones); las mujeres también debían mantenerse calladas, ser dóciles y socialmente reservadas. Violar estas costumbres causaría que la gente diera crédito a la acusación de que el cristianismo era socialmente subversivo, una acusación que hubiera provocado más persecución para el pequeño pero creciente grupo de creyentes y cuya mayoría, tanto hombres como mujeres, pensarían que no valdría la pena.

2:6-8. Los hombres también debían ser disciplinados y Tito debía servirles de ejemplo, como todo buen maestro. Pablo usa la expresión "buenas obras" de varias maneras (ver 1:16; 2:14; 3:1, 8, 14; 1 Tim. 2:10; 5:10; 6:18; 2 Tim. 2:21; 3:17).

2:9, 10. Aunque los amos legalmente tenían absoluta autoridad sobre sus esclavos, en la mayoría de los casos los esclavos de una familia gozaban de libertades que los esclavos del campo o las minas no tenían, y ellos contaban con provisiones más adecuadas que la mayoría de los campesinos. En el estereotipo popular que los dueños guardaban, los esclavos eran haraganes, listos para argumentar con sus amos y capaces de robar cuando tenían la oportunidad. El estereotipo a veces era verdad, especialmente cuando el incentivo laboral era muy pobre, pero Pablo urge a los esclavos cristianos a no reforzarlo. Las religiones minoritarias ya eran vistas como subversivas, y para contrarrestar este prejuicio los cristianos tenían que trabajar duro para evitar las causas normales de esa difamación. Para más información sobre la esclavitud en general, ver la introducción a Filemón.

2:11. Los creyentes debían vivir de una manera respetable para contrarrestar las acusaciones falsas (2:8-10) a fin de que todos tuvieran acceso al *evangelio, de acuerdo con el cual ellos vivían. Sobre el prejuicio en contra de las religiones minoritarias, ver la introducción a 2:1-14. El que la gracia de Dios había provisto (aunque no automáticamente se efectivizaba; p. ej., cf. 1:10) salvación para toda la gente, iba en contra del exclusivismo judío y los sentimientos prevalecientes de distinciones culturales sostenidas por mucha gente en la antigüedad (aunque el judaísmo admitía que algunos gentiles justos serían salvos, y los filósofos y algunas *religiones de misterio desafiaban las barreras culturales convencionales).

2:12. Los términos éticos que emplea Pablo aquí eran virtudes cardinales de los antiguos filósofos y moralistas griegos. Una lista bastante similar aparece en *Filón, un filósofo judío que anhelaba presentar el judaísmo de manera favorable ante la sociedad griega de Alejandría, a la cual él mismo creía pertenecer.

El judaísmo contraponía la edad presente (dominada por el mal y el sufrimiento) con la era venidera, cuando Dios reinaría sin oposición alguna y recompensaría a su gente. Aunque a través de la historia algunos opresores han hecho uso de tal doctrina para mantener bajo control a sus oprimidos, la idea de manera apropiada surgió primeramente entre los mismos oprimidos. Los judíos palestinos estaban desanimados debido a la represión romana y la falta de independencia para practicar su *ley como ellos la creían; los judíos de la *diáspora y los cristianos se veían a sí mismos como una minoría moral en medio de una ciénaga de paganismo, sujetos a las calumnias y esporádicas violencias. Su esperanza para el futuro estaba arraigada en su fe en la justicia de Dios.

2:13. En el judaísmo, la final revelación o "manifestación" de Dios señalaría el final de la era presente y el inicio de una nueva (cf. 2:12). El judaísmo de la *diáspora comúnmente se refería a Dios como "el gran Dios" y lo veían como un *"salvador" (en la religión griega, este último término a menudo significaba libertador o benefactor). De acuerdo con la lectura más probable de la gramática aquí, Pablo aplica este título divino a Jesús.

2:14. En el AT Dios "redimió" al pueblo de Israel (es decir, lo liberó de la esclavitud de Egipto) para hacerlo "un pueblo especial" (Éxo. 19:5; Deut. 4:20; 7:6; 14:2; cf. 1 Sam. 12:22; 2 Sam. 7:24; Sal. 135:4); aquí Pablo aplica este lenguaje a la *iglesia.

El judaísmo elogiaba el "celo" por Dios. Aunque el celo estaba asociado particularmente con los *zelotes en esta época, es dudoso que Pablo hubiera estado aludiendo a dicho grupo, el cual probablemente era desconocido para los cretenses. Con toda probabilidad él usa el término en su sentido más general de un celo inflexible por la ley o por Dios. (Aunque no parece ser así, es posible que la colonia judía en Creta estaba siendo afectada por las mismas tensiones que se estaban levantando en Cirene, que se encontraba en la costa del norte de Africa muy hacia el sur, pero bajo la misma administración romana. Estas tensiones causaron la violencia en Cirene un poco más de una década después de que Pablo escribiera esta carta, y una revuelta total alrededor de cuatro décadas más tarde. Estos sentimientos revolucionarios habían sido incitados por *zelotes sobrevivientes de Palestina.)

2:15—3:8
El propósito del testimonio de un estilo de vida diferente

Aquí Pablo ofrece su razonamiento para el testimonio a través de un estilo de vida diferente (2:5, 8, 10): Dios desea que todos sean salvos, y él pagó un gran precio para lograr esta salvación. Ahora, la única manera para contrarrestar la concepción negativa del mundo en cuanto al cristianismo es vivir irreprochablemente.

2:15. Pablo estimula a Tito a transmitir a otros la sana doctrina de 2:1-14.

3:1. Lealtad al estado y sumisión a sus autoridades a menudo eran parte del mismo tipo de exhortaciones como los deberes hogareños (ver la introducción a 2:1-14). Eran tan importantes, o quizá más importantes que los deberes familiares para contrarrestar las calumnias en cuanto a tendencias subversivas, ya que no había otra cosa que los romanos odiaran más que los cultos que ellos juzgaban como sediciosos.

3:2. El epítome de las relaciones justas era el ser amable con todos, incluyendo a los enemigos. Este precepto es el clímax justo para las normas que Pablo presenta sobre las relaciones interpersonales.

3:3, 4. Los filósofos a veces exhortaban a la gente a imitar el carácter de Dios. Pablo aquí usa la bondad de Dios para con los pecadores al salvarlos, para establecer por qué los cristianos deben ser amables para con toda la gente, inclusive sus enemigos. Los filósofos describían a la mayoría de la gente como "esclavizados por diversas pasiones y placeres", hasta que eran liberados de esa esclavitud por la verdad de la filosofía. Pablo acepta esta evaluación acerca de la condición humana, pero percibe una solución diferente para la misma (3:5).

El término que Pablo usa aquí para hablar del "amor (de Dios) por los hombres" era utilizado por los moralistas paganos, especialmente para el tipo de simpatía que los humanos como tales necesariamente tienen el uno por el otro; para Pablo, Dios en *Cristo tiene simpatía para la humanidad. (A veces el término también se aplicaba al supremo Dios, pero más a menudo se aplicaba a la benevolencia del emperador.) Pablo muestra cómo las virtudes genuinas más valoradas por su cultura reflejaban el mismo carácter de Dios.

3:5. Los *esenios y algunas otras personas judías asociaban el *Espíritu con purificación, especialmente con base en Ezequiel 36:25-27, donde Dios limpia a su pueblo de la idolatría. Dado que el *bautismo era el acto decisivo de conversión en el judaísmo palestino, aquí también figura como la imagen natural para la conversión (ver el comentario sobre Juan 3:5).

3:6. En relación con el *Espíritu que Dios "derramó", ver Joel 2:28 (citado en Hech. 2:17).

3:7, 8. "Justificados" significa "declarados justos" o "exonerados" ante la corte de Dios; de acuerdo con el AT y las enseñanzas judías, uno debe condenar al culpable y exonerar al inocente. Pero en el AT Dios, por su pacto de amor, también había prometido vindicar a su pueblo y declararlo inocente por su fidelidad a él (ver el comentario sobre Romanos 1:17). "Herederos" refleja la imagen *veterotestamentaria de heredar la tierra prometida, un cuadro desarrollado naturalmente en el judaísmo incipiente para hablar de entrar al futuro *reino. Acerca de *"vida eterna", ver el comentario sobre 1:2, 3; sobre "esperanza" también ver el comentario en 2:13. Para Pablo, como para el judaísmo, la vida eterna se cumpliría con la *resurrección de los muertos al final de esta era y el inicio de la próxima. Pero para Pablo la esperanza ya había sido inaugurada con la resurrección de *Cristo.

3:9-11
Evita las divisiones y a quienes las promueven

Una parte de mantener una vida amable y obediente entre los miembros de la comunidad cristiana (3:1, 2; cf. Gén. 26:18-22) envolvía el desasociarse de aquellos que pudieran violar el testimonio de uno con su desobediencia.

3:9. Las genealogías y los detalles referentes a la *ley (incluyendo los argumentos de los eruditos judíos versados en la ley sobre el deletreo o la vocalización de las palabras hebreas) eran detalles minuciosos que erraban acerca de los asuntos críticos importantes según el espíritu del AT (ver el comentario sobre 1:10; 1 Tim. 1:6; 2 Tim. 2:14).

3:10, 11. El término traducido "divisiones" no siempre se ha usado negativamente; el sustantivo relacionado con el mismo llegó a designar las diferentes sectas de filósofos, y *Josefo lo utiliza para designar a las diferentes escuelas de pensamiento dentro del judaísmo.

Pero Pablo aquí lo usa de forma negativa (también Gál. 5:20; cf. 1 Cor. 11:19) en relación con tendencias sectarias o que promueven divisiones. Se supone que él está haciendo referencia a los falsos maestros o a sus *discípulos en la congregación (cf. Tito 3:9 con 1:10).

La ley judía requería varias amonestaciones privadas antes de llevar a una persona ante la asamblea religiosa para que fuera disciplinada; este procedimiento le daba al ofensor amplia oportunidad para arrepentirse. Una forma severa de castigo en contra de un ofensor no arrepentido era su exclusión de la comunidad religiosa por un tiempo establecido, o hasta asegurarse de su arrepentimiento. Dado que Pablo usa esta pena solo para las circunstancias más extremas, el divisionismo aquí aludido debe ser serio; la persona ya se ha excluido a sí misma de la vida comunitaria.

3:12-15
Asuntos finales

3:12. Nicópolis estaba sobre el lado griego de la costa Adriática, cerca de 320 kilómetros al este de Italia. Localizada cerca de la costa y únicamente de un siglo de antigüedad, no era una ciudad principal que pudiera ocurrírsele a un escritor *seudoepígrafo. Fue en esta ciudad donde el filósofo *estoico *Epicteto, tres décadas más tarde, estableciera su residencia luego de ser expulsado de Roma, así que también pudiera haber sido invitado a los debates filosóficos (y de ahí la oportunidad para el testimonio cristiano) en la época de Pablo. Aparentemente con deseos de ir a Roma, Pablo iba a salir de Asia, cruzar Macedonia y esperar en Nicópolis a Tito, quien habría de venir de Creta después de recibir el mensaje de Pablo. Durante el invierno no era posible viajar por mar, así que Pablo esperaría allí (ver el comentario sobre 2 Tim. 4:21). Más tarde Tito viajó por tierra para ministrar en Dalmacia (2 Tim. 4:10), donde quizá se había iniciado algún trabajo con anterioridad (Rom. 15:19, se refiere a la misma región). Ya que Pablo más tarde envió a Tíquico desde Roma para encontrarse con Timoteo (2 Tim. 4:12), es probable que haya sido Artemas a quien él enviara a Tito. (Aunque el nombre "Artemas" estaba compuesto con parte del nombre de la diosa griega Artemisa, uno no puede concluir si acaso él era judío o *gentil. Para este tiempo los nombres judíos en Egipto, y posiblemente en otros lugares, estaban compuestos con la raíz "Artem"; "Apolos" había tomado del nombre del dios griego Apolos.)

3:13. "Maestro de la ley" (RVA; "intérprete" BA; "abogado", DHH) puede referirse a un experto legal judío, pero en la *diáspora es más probable que se refiera a un jurista de la ley romana. Tales juristas estaban versados en la *retórica (como Apolos; ver el comentario sobre Hech. 18:24) y eran hombres prominentes. (En contraste con algunos otros profesionales de antaño como los médicos, quienes a veces eran esclavos, los abogados por lo general pertenecían a una escala social más alta.) Como la mayoría de nombres, "Zenas" está confirmado como un nombre en las inscripciones fúnebres judías, de tal manera que su ocupación no debe descartar su linaje judío; es posible que tanto él como Apolos pertenecieran a la élite educada de los judíos en Alejandría.

Este versículo constituye "una carta de recomendación" en miniatura para proveerles hospitalidad a Zenas y Apolos (ver el comentario sobre 1:8), quienes deben haberle llevado esta carta a Tito. "Encamina" significa suplir sus necesidades, proveyéndoles lo necesario para que continúen su viaje hacia su destino, quizás al sur: Cirene o Alejandría.

3:14. Aquí Pablo prescribe la ayuda a otros (ver el comentario sobre 2 Cor. 9:6-8; Gál. 6-10).

3:15. Los saludos como este se acostumbraban al final de una carta, a veces se incluían frases como "los que nos aman" (para designar a quienes de forma general y apropiadamente se aplicaba el saludo).

FILEMÓN

Introducción

Paternidad literaria. Casi todos los eruditos aceptan esta carta como paulina; el estilo y la sustancia son característicos de Pablo.

Esclavitud y ambiente de Filemón. Como toda otra ley sobre la esclavitud, la ley romana tenía que tratar el doble estado de los esclavos: por naturaleza ellos eran personas, pero desde un punto de vista económico eran considerados una propiedad. Un jefe de familia podía legalmente ejecutar a sus esclavos, y todos eran ejecutados si el jefe de la casa era asesinado. En algunas partes del imperio (p. ej., Italia), los esclavos constituían una parte significativa de la fuerza laboral en la agricultura y competían con los campesinos libres por el mismo trabajo. Los esclavos que trabajaban en las minas sufrían las peores condiciones de vida y morían rápidamente bajo las duras condiciones de las minas.

Los esclavos se encontraban en todas las profesiones y por lo general tenían más oportunidad de avanzar socialmente que los obreros libres. A diferencia de la gran mayoría de los esclavos que hubo en los Estados Unidos de América y el Caribe, ellos podían trabajar para alcanzar su libertad, y algunos esclavos libres llegaron a ser independientemente adinerados. Esta mobilidad social se aplicaba especialmente a los esclavos en las casas, la única clase de esclavos mencionada en los escritos de Pablo. Económica y socialmente, y en cuanto a la libertad para determinar su futuro, estos esclavos estaban en mejores condiciones que la mayoría de las personas en el imperio romano. La mayor parte de las personas libres eran campesinos que trabajaban para los agricultores que arrendaban los vastos terrenos de los ricos terratenientes.

Unos cuantos filósofos promulgaban que los esclavos eran iguales a las demás personas, pero nunca propusieron que los amos debían libertar a sus esclavos. Casi todo el mundo aceptaba como un hecho la institución de la esclavitud, excepto unas cuantas personas que alegaban que ello iba en "contra de la naturaleza"; sus puntos de vista no eran muy populares, tanto que los mismos solo sobrevivieron gracias a la crítica de sus enemigos. El mensaje de Pablo a Filemón va más allá de otros documentos de su época, no solo por suplicar clemencia para un esclavo que se había escapado, sino al suplicar que se le dejara libre porque ahora era un cristiano. Tan poderoso fue este precedente que muchos dueños de esclavos en los Estados Unidos de América no

querían que sus esclavos fueran expuestos al evangelio por temor a verse forzados a darles la libertad. Solamente con el tiempo tuvieron a su alcance una forma del mensaje cristiano lo suficientemente distorsionada para usarla al defender la esclavitud (ver Albert J. Raboteau, *Slave Religion* [Nueva York: Oxford University Press, 1978]).
A los esclavos, especialmente a los varones educados o con alguna habilidad, a menudo se les encomendaban diligencias o se les confiaba como agentes con las propiedades de sus amos. Tales esclavos a veces podían ganar suficiente dinero extra para comprar su libertad (aunque sus ingresos legalmente pertenecían a sus amos, por lo general se les permitía controlar su propio dinero); aun así, algunos aprovechaban la oportunidad de alguna diligencia para escaparse. Ya que un escape seguro requería que la persona se fuera lo más lejos posible de donde vivía su amo (en el caso que Pablo toca aquí, desde Frigia hasta Roma), a veces se llevaban con ellos algo del dinero del amo. (Este tipo de robo es probablemente el punto del versículo 18, aunque Pablo puede estar registrando la posibilidad de que Filemón desee cobrar por Onésimo mismo. Desde el punto de vista de los dueños de esclavos de antaño, el tiempo perdido de un esclavo que se escapaba era dinero perdido y legalmente se veía como propiedad robada, y de lo cual era responsable el que le brindara albergue. Pero más importante, los esclavos no eran baratos, y Filemón quizá ya había comprado otro esclavo para reemplazarlo. El ser capturado por lo general implicaba severos castigos.

La ley del AT demandaba acoger a los esclavos que se escapaban (Deut. 23:15, 16), pero la ley romana requería que Pablo regresara a Onésimo a su amo, con serias multas si no lo hacía. Pablo usa su relación con Filemón para procurar la liberación de Onésimo. En una "carta de recomendación" regularmente se abogaría ante otra persona de la misma posición (o de una posición más baja) en favor de alguien de una posición más baja. Pablo no pertenecía a la misma clase social o económica de Filemón, pero como su padre espiritual él tenía los fundamentos para reclamar la igualdad que caracterizaba a los amigos en la antigüedad.

Estructura y forma. Esta es una "carta de recomendación", el tipo de carta que escribiría un *protector a sus compañeros del mismo nivel o inferiores a favor de un *protegido solicitándole algún favor. También es *"retórica deliberativa", el tipo de discurso o escrito que las personas educadas de antaño usaban para persuadir a otros a cambiar su conducta o actitudes. El *exordium* de Pablo, o apelación inicial (vv. 4-7), es seguido por el argumento principal, que consiste en pruebas (vv. 8-16) y es seguido por el *peroratio*, o resumen del caso (vv. 17-22). Pablo utiliza métodos de argumentación que eran comunes en su época para persuadir al acomodado y educado Filemón, quien hallaría dichos argumentos bastante persuasivos. El hecho de que la carta fuera preservada sugiere que Pablo tuvo éxito en persuadir a Filemón, quien no la hubiera conservado y más tarde permitido que circulara si no hubiera liberado a Onésimo.

Como la más breve de las cartas de Pablo que han sobrevivido, esta carta a Filemón debe haber ocupado únicamente una sola hoja de papiro.

Comentarios: Ver Colosenses. Para la perspectiva de Pablo sobre la esclavitud, ver S. Scott Bartchy, *First-Century Slavery and the Interpretation of 1 Corinthians 7:21,* SBLDS 11 (Missoula, Mont.: Society of Biblical Literature, 1973); compare también Craig S. Keener, *Paul, Women and Wives* (Peabody, Mass.: Hendrickson, 1992), pp. 184-224, para algunas consideraciones generales de las palabras de Pablo dirigidas a los esclavos domésticos.

1-3. Acerca de las *iglesias en los hogares, ver el comentario sobre Hechos 12:12 y Romanos 16:5. A los dueños acomodados de las casas en las cuales los grupos religiosos de antaño se reunían, a menudo se les otorgaban posiciones de honor en esos grupos, como los *protectores. Los escritores antiguos no definían casa con base en relaciones sanguíneas sino por relaciones jerárquicas: un hombre libre y su esposa, hijos y esclavos (aunque solo aquellos con ingresos cuantiosos podían darse el lujo de tener esclavos). Los destinatarios se encuentran localizados en Frigia (cf. Col. 4:17. Esta ubicación está apoyada por algún otro tipo de evidencia más que por el carácter de los nombres. Aunque era un nombre frigio más común que "Filemón", "Apia" también aparece en otros lugares, inclusive en Palestina.)

4. Pablo observaba tiempos regulares de oración, una práctica normal de todo judío piadoso, quizá por lo menos dos horas al día (ver el comentario sobre Rom. 1:10). Las acciones de gracias eran comunes en las cartas, y aquí Pablo (vv. 4-7) sigue su costumbre de usar sus agradecimientos como un *exordium* complementario. Por lo general, los *exordia* se usaban en discursos para alabar a los oyentes, con lo que se aseguraba así su atención.

5, 6. El término traducido "comunión" (RVA) o "participación" (RVR-1960), a menudo era usado para los asociados de un negocio o para compartir posesiones (ver v. 7). Filemón actuaba como un *protector para la *iglesia (v. 2).

7. La hospitalidad era considerada como una virtud de capital importancia en la antigüedad grecorromana, especialmente en el judaísmo. Los anfitriones pudientes a menudo reunían en sus casas a quienes estaban un peldaño más abajo que ellos en la escala económica, a veces miembros del grupo religioso al cual pertenecían, y proveían una comida para ellos. Filemón y otros cristianos pudientes auspiciaban las comidas en sus iglesias/hogares. Antiguamente, el mencionar la amistad entre el escritor y el destinatario era un asunto común en las cartas, esto era especialmente importante en cartas amistosas o cuando el escritor estaba por solicitar un favor de la persona a quien la carta estaba dirigida.

8. Aunque Filemón pertenecía a la clase social alta (algo particularmente valorado en su cultura), en la fe él reconocía el rango espiritual más alto de Pablo. Los filósofos a menudo eran auspiciados por personas financieramente bien establecidas, para fungir como conferenciantes en banquetes o como maestros, pero Pablo reclama un rol más alto que el de un mero filósofo. Los filósofos podían ser *protegidos por *protectores ricos, pero aquí Pablo implica que él es el protector espiritual de Filemón. Los filósofos usaban la expresión "ordenarte lo que conviene" como un criterio para juicios éticos.

9. A los *retóricos les gustaba argumentar de esta manera: "Me gustaría recordarte esto, pero no lo voy a hacer". De esta manera les recordaban a otros las cosas mientras que al mismo tiempo pretendían no hacerlo. El respeto por la edad era importante en esa cultura, así que Pablo apela a su edad. (De acuerdo con una definición antigua, el término que Pablo usa aquí de "anciano" se aplicaba entre las edades de cuarenta y nueve a cincuenta y seis años; pero los escritores neotestamentarios a menudo lo usan libremente para referirse a alguien que ya no es "joven". Con base en otras evidencias en el NT, Pablo probablemente haya tenido como cincuenta y siete años de edad.) La amistad compartida también era base para alguna solicitud; los amigos estaban socialmente obligados a conceder o devolver favores.

10. Los maestros a menudo se referían a sus *discípulos como "hijos". El punto de la súplica de Pablo es que uno no podía esclavizar al hijo del propio *protector espiritual. Las apelaciones a la emoción eran una parte esencial en la argumentación de antaño.

11. Aquí Pablo hace un juego de palabras con el nombre de Onésimo, que significa "útil". Era un nombre común entre esclavos, por razones obvias. Las personas pudientes tenían un estereotipo de que los esclavos, explícitamente incluyendo a los esclavos frigios, eran haraganes e indisciplinados.

12-14. A veces los esclavos eran liberados por sus amos para que se convirtieran en esclavos en el templo de algún dios; aquí Pablo pide que Filemón libere a Onésimo para el servicio del *evangelio. Él no apela a su propia autoridad, sino al honor de su amigo Filemón. Los esclavos fugitivos tenían temor de ser capturados y devueltos a sus amos, y aquí es evidente la preocupación de Pablo por Onésimo.

15, 16. La ley romana consideraba a los esclavos como personas y propiedad; pero un hermano verdadero naturalmente no sería considerado como propiedad. La frase "para que lo recuperes" (RVA) o "volvieras a recibir" (BA) se asemeja a lo escrito en los recibos comerciales, pero aquí no refleja una transacción de propiedad en la cual Filemón recibe nuevamente a Onésimo como esclavo, sino como dándole la bienvenida a un miembro de la familia. "Se apartó de ti" (BA) implica la soberanía de Dios, una doctrina aceptada en el judaísmo y sin duda respetada por Filemón.

17. "Compañero" a menudo era un término comercial formal (ver el comentario sobre v. 6). En una situación donde imperaban las costumbres de la sociedad romana, Pablo le está diciendo a un superior, socialmente hablando, que respeta su ministerio: somos iguales, y si tú aceptas a Onésimo como mi agente (representante autorizado), debes aceptarlo como igual (ver, p. ej., el comentario sobre Mat. 10:40). Las cartas de recomendación de antaño por lo general apelaban a considerar al portador de una misiva "como si él fuera yo".

18, 19. Aquí Pablo emplea el lenguaje normalmente usado al asumir formalmente una deuda; las cartas que reconocían una deuda normalmente incluían la promesa "yo lo pagaré", y eran firmadas por el deudor con su puño y letra. Dado que estaba por escrito, la oferta era legalmente valedera si Filemón la aceptaba. Pero Filemón también tenía una deuda para con Pablo. Nuevamente Pablo utiliza la técnica *retórica de "no mencionar" algo que después sí menciona (vv. 8, 9). Según las costumbres de la época, los amigos estaban ligados por la obligación recíproca de pagarse los favores. Filemón le debe a Pablo el más grande de los favores: "él mismo", su nueva vida en el Señor Jesucristo.

20. Compare el "confortados" del versículo 7; Pablo solicita el mismo carácter hospitalario que Filemón ha mostrado para con la *iglesia.

21. "Harás aun más de lo que digo" (RVA) significa que Filemón liberaría a Onésimo (ver vv. 12-14). Los oradores profesionales a menudo buscaban favores en tales términos: "Conociendo de tu bondad, me escucharás gustosamente" o "concédeme tal o cual petición".

22-25. Los *protectores pudientes ofrecían hospitalidad, y Pablo podía esperarla de Filemón como su compañero espiritual. Por supuesto, el proveer hospedaje para invitados importantes se consideraba como un honor.

HEBREOS

Introducción

Estilo. Junto con Lucas y Hechos, este documento muestra el mejor estilo de griego en el NT; su autor debe haber tenido una educación *retórica sofisticada y habilidades literarias.

Fecha. Dado que Timoteo había sido liberado recientemente (Heb. 13:23) y el trabajo aparentemente fue escrito desde Italia (13:24), debemos asumir que Timoteo fue arrestado en Roma durante la persecución de Nerón (quizás un poco después de que llegara para ver a Pablo [2 Tim. 4:21]) y liberado cuando murió Nerón (y su política) en el año 68 d. de J.C. El hecho que se mencione a Timoteo pero no a Pablo, quien murió alrededor del 64 d. de J.C., también tendría sentido alrededor del 68 d. de J.C. En esa época, cuando el resultado de la guerra romana en Judea hubiera sido asegurado desde el punto de vista romano, hubiera sido bastante apropiado hablar del antiguo sistema del templo como algo "caduco" (8:13), un proceso completado en el 70 d. de J.C. con la destrucción del templo. El hecho que el escritor no pueda declarar que los sacrificios del templo ya no se ofrezcan (algo que él seguramente hubiera declarado si hubiera podido) sugiere una fecha antes del 70 d. de J.C.

Paternidad literaria. Desde una perspectiva de estilo, es imposible atribuir la carta a Pablo; de otros escritores neotestamentarios se asemeja más a las habilidades literarias de Lucas, pero el estilo no es particularmente lucano. El escritor parece ser una persona muy influyente que viajaba en los mismos círculos que Timoteo (13:23), y alguien a quien su audiencia prestaba atención, la que probablemente estaba en la parte oriental del Mediterráneo. Por lo mismo, Silas pudiera ser un candidato natural (en Roma cerca del 64, 1 Ped. 5:12); que es judío pero además un ciudadano romano (Hech. 16:37) y probablemente un escriba (1 Ped. 5:12) pudiera sugerir el nivel de educación requerido para dicha carta. Es más comúnmente sugerido que el escritor sea Apolos, cuya *retórica alejandrina y posible educación filosófica se hubieran ajustado bastante bien a él para escribir una carta de esta índole; es obvio que él era respetado como uno de los compañeros de Pablo entre las *iglesias paulinas. (Él parece haberse mudado de Roma hacia el este o el sur unos cuantos años antes de que se escribiera Hebreos [Tito 3:13], pero pudo haber regresado.) Otras sugerencias como Bernabé o Priscila son posibles, pero no hay nada específico para atribuírsela a ellos.

Audiencia. Los lectores son obviamente judíos en su mayoría, y se encuentran bajo presión para abandonar sus distintivos cristianos (ya sea de la *sinagoga o por alguna persecución *gentil contra los cristianos). La confiscación de sus propiedades en días anteriores (10:34) no se ajusta a Corinto ni a Éfeso (en contra de la opinión de un comentarista, quien quizá un tanto caprichosa pero bastante hábilmente, construye un caso para sugerir que la carta a los Hebreos fue dirigida a Corinto y 1 Corintios fue para responder a algunos aspectos en la misma). Pero 13:23 sugiere una audiencia en el círculo paulino (es decir, no en Alejandría, aunque Apolos también era conocido allí). La persecución temprana se ajusta a Tesalónica y posiblemente a Filipos en Macedonia, aunque una comunidad en Asia Menor o Siria con una representación étnica más judía pudiera ajustarse mejor. (Algunos han sugerido una audiencia romana sobre la base de 10:32-34 y 13:24; la calidad del griego puede ajustarse a una audiencia más al oriente, pero este argumento difícilmente pudiera ser decisivo. Sin embargo, si leemos 13:24 como si sugiriera un lugar de origen romano, difícilmente tendríamos una audiencia romana.) Dondequiera que estén ubicados los lectores, ellos se identifican con una intensa retórica griega y la interpretación del judaísmo que le brota naturalmente a este autor; el paralelo más cercano es con *Filón de Alejandría. (El hecho que la carta también muestra semejanzas con los *Rollos MM en Palestina y con los motivos *apocalípticos no debiera ser sorpresa; debemos construir un cuadro compuesto del judaísmo antiguo con base en tan diversas fuentes como sea posible. Pero el claro paralelo con Filón apunta hacia una educación retórica *helenista.)

Género literario. Algunos eruditos han sugerido que este documento es un *midrash homilético sobre el Salmo 110 (ver Heb. 13:22); uno no puede negar que la interpretación de este Salmo domina la obra. (La sugerencia de que esta carta es específicamente un midrash sobre las lecturas para la fiesta del Pentecostés no es imposible; pero durante este período no existe evidencia para las lecturas trienales adoptada posteriormente en las *sinagogas a lo largo del Mediterráneo.) El escrito se asemeja más a un tratado que a una carta normal, aparte de concluir con saludos. Pero una forma de escribir cartas en la antigüedad era el tipo "carta-ensayo", la cual en el judaísmo y cristianismo primitivos se hubiera parecido naturalmente a una homilía o sermón escrito; Hebreos se asemeja bastante a este tipo de "carta-ensayo".

Estructura. *Cristo es superior a los ángeles (1:1-4) que entregaron la *ley (2:1-18); este contraste contribuye al argumento del escritor de que Cristo es superior a la ley misma. Él es superior a Moisés y a la tierra prometida (3:1—4:13). Como sacerdote del orden de Melquisedec, él es superior al sacerdocio del AT (4:14—7:28) porque está ligado a un nuevo pacto (cap. 8) y al servicio de un templo celestial (9:1—10:18). Por lo tanto, sus seguidores deben perseverar en la fe y no retroceder, sin importar el costo

(10:19—12:13). El escritor continúa su discusión teórica, como lo hacían muchas cartas, con exhortaciones morales específicas vinculadas al tema bajo discusión (13:1-17). Intercalada por toda la carta está la repetida advertencia en contra de la apostasía, subrayando que el castigo por rechazar el nuevo pacto es mayor que aquel por rechazar el antiguo.

Argumento. El escritor argumenta basado en las Escrituras de la misma manera en que lo hubiera hecho un buen intérprete judío de su época; su método tiene sus paralelos con los *Rollos MM, los *rabinos y especialmente *Filón. Sus argumentos a veces confunden o no logran persuadir al lector moderno, pero él está primero que nada desarrollando su tesis para sus lectores originales, quienes estarían acostumbrados a la clase de argumentos que él utiliza. Teniendo en cuenta el tipo de argumento que debe usar para persuadir a sus lectores en su propia cultura y contexto, el escritor presenta su caso brillantemente, aunque algunos de sus argumentos tendrían que ser reestructurados para provocar el mismo impacto en nuestra cultura. Dado que los argumentos del escritor a menudo son complejos, los comentarios en este tomo de Hebreos son necesariamente más detallados que los comentarios en varios de los otros libros del NT.

Comentarios: El mejor comentario es el de William Lane, *Hebrews,* WBC 47 (Waco, Tx.: Word, 1991). Además, son excelentes los comentarios conservadores de F. F. Bruce, *La Epístola a los Hebreos* (Buenos Aires, Argentina: Editorial Nueva Creación, 1987); el de D. A. Hagner, *Hebrews,* GNC (San Francisco: Harper & Row, 1983); el antiguo comentario de James Moffatt, *A Critical and Exegetical Commentary on the Epistle to the Hebrews,* ICC (Edinburgh: T. & T. Clark, 1924), que es muy bueno; y el de Hugh Montefiore, *A Commentary on the Epistle to the Hebrews,* HNTC (Nueva York: Harper & Row, 1964). Este último es de mucha ayuda y está bien informado acerca de la cultura, a pesar de su excéntrica construcción de la situación.

1:1-14
Cristo superior a los ángeles

La superioridad de *Cristo a los ángeles lo hacía mayor que la *ley, la cual se decía había sido dada por intermedio de ángeles (2:2, 3). El escritor también puede estar ofreciendo esta comparación para argumentar en contra de menoscabar la divinidad de Cristo a un simple nivel de ángel, una posición que los lectores pudieran haber estado permitiendo a fin de apaciguar a los oponentes judíos no cristianos.

1:1, 2. Estos dos versículos representan algo de la prosa griega más articulada y aticista de la antigüedad, e incluye instrumentos literarios como aliteración (cinco palabras griegas que comienzan con *p* en el v. 1). El autor también parece modelar algo de su lenguaje al inicio del prólogo con Eclesiástico, un libro judío de sabiduría que circulaba ampliamente para esa época y el cual debe haber sido bastante familiar para sus lectores (está disponible para el lector moderno en lo que usualmente se denomina la Apócrifa).

*Cristo es presentado aquí como la Palabra final de Dios; el judaísmo de antaño identificaba la Palabra de Dios con su sabiduría. El hecho de que Dios había creado todas las cosas con su sabiduría o su Palabra, está registrado en el AT (p. ej., Prov. 8:30; Sal. 33:6, aludiendo a Gén. 1) y desarrollado un poco más en el judaísmo. Siendo la plenitud de la Palabra, Cristo era superior a la auténtica aunque parcial revelación de Dios en la *ley. "Últimos días" era un lenguaje *veterotestamentario para referirse al fin de los tiempos (Isa. 2:2; Eze. 38:16; Ose. 3:5; Miq. 4:1; cf. Deut. 4:30, 32; 8:16), ahora inaugurado en *Cristo. Un "heredero" tenía derecho a la propiedad de aquel que lo había designado como tal; compare el comentario sobre "heredado" en el versículo 4.

1:3. Los autores judíos al escribir en griego siempre decían que la Sabiduría divina era la "imagen" (RVR-1960; "expresión exacta", BA) de Dios, la estampa prototípica por medio de la cual él "imprimió" el sello de su imagen sobre el resto de la creación (la manera en que una imagen era estampada en las monedas). El sentarse "a la diestra de la Majestad" era una imagen de máximo honor y alude al Salmo 110:1, citado explícitamente en 1:13. La "purificación" de pecados era labor de los sacerdotes; su mención aquí anticipa un tema que surge más tarde en el libro.

1:4. Algunos escritores judíos de la *diáspora atribuían a los ángeles cierta participación en la creación, pero los escritores cristianos primitivos rutinariamente negaban dicha participación (Col. 1:16), al igual que muchos maestros judíos. Aquí la exaltación de Jesús le concede un título que le da derecho a reclamar un nivel superior a los ángeles: Hijo (1:5). Aunque algunos maestros judíos decían que Dios había honrado a Israel más que a los ángeles al haberles concedido la ley, lo que aquí se contempla es algo más grande que una comparación con Israel, pues Jesús mismo es identificado con la Palabra divina en 1:1, 3, y es "hijo" en un sentido en el cual no lo son los ángeles; el título por lo general se aplica a los ángeles, p. ej., Job 1:6, pero Jesús se distingue como *el* Hijo. Los lectores originales que estaban dispuestos a comprometer su perspectiva de la divinidad de Jesús, pero deseaban retener su concepto de él como sobrehumano, quizás también deseaban identificarlo como un ángel, como lo hicieron algunos cristianos judíos del segundo siglo. Pero si este es el caso, el escritor rechaza este compromiso como inadecuado (2:5-18).

1:5. El autor cita el Salmo 2:7 y 2 Samuel 7:14, textos que ya habían sido vinculados con especulaciones acerca del *Mesías venidero (en los *Rollos MM). Los intérpretes judíos a menudo vinculaban textos con base en alguna palabra clave en común; aquí la palabra es "Hijo". Al igual que otros textos *mesiánicos, el Salmo 2 originalmente celebraba la promesa al linaje davídico en 2 Samuel 7;

el "engendrado" se refiere a la coronación real (en el caso de Jesús, a su exaltación), cf. la semejanza en Hech. 13:33. La repetición de la pregunta retórica en el versículo 13 sugiere un *inclusio*, o un instrumento para enmarcar, al colocar en paréntesis los versículos 5-14 como un pensamiento unido (aunque los judíos de la *diáspora introducían citas de la Escritura con preguntas retóricas).

1:6. "Primogénito" especifica un poco más los derechos de herencia del hijo mayor, quien recibía una doble porción en relación con cualquier otro hijo (Deut. 21:17); es un título del rey davídico del Salmo 89:26, 27. A la coronación de Jesús como rey y consecuente superioridad a los ángeles, el autor aplica un texto de Deuteronomio 32 de la *LXX, una mina favorita de textos entre los escritores cristianos primitivos y un texto que los judíos de la *diáspora usaban para la adoración juntamente con los Salmos. (Aun cuando estas palabras no se encuentran en los manuscritos hebreos preservados en el texto masorético posterior, su presencia en una copia en hebreo de Deuteronomio, encontrada en *Qumrán, muestra que la línea se encontraba en algunos manuscritos hebreos de donde pudo haberla sacado la traducción griega.)

El escritor probablemente lee el texto según la práctica de la interpretación judía: poniendo atención a los detalles gramaticales, él distingue "Dios" de "él". (Algunos de sus lectores pueden también haber recordado una tradición judía en la cual Dios ordenó a los ángeles honrar a Adán cuando fue creado, porque era la imagen de Dios.)

1:7. Aun cuando el Salmo 104:4 pudiera significar que Dios utiliza los vientos y el fuego como sus mensajeros, los escritores judíos en el primer siglo comúnmente consideraban el texto de otra manera, y por eso a menudo sugerían que los ángeles habían sido hechos de fuego. (Esta idea también se ajusta a algunas de las especulaciones griegas relacionadas con los elementos. Para muchos, el alma estaba hecha de fuego (como las estrellas), o aliento; para los *estoicos, todo el mundo retornaría al fuego original del cual había surgido.) El punto del escritor es simplemente que los ángeles están subordinados a Dios en carácter, en contraste con el Hijo (1:8).

1:8, 9. El Salmo 45 pudo haber sido compuesto para la celebración de una boda real, pero parte del mismo habla de las bendiciones de Dios sobre el rey y, probablemente (con certeza en la versión griega aquí citada), se refiere a Dios directamente. Los intérpretes judíos leían el significado literal de un pasaje tanto como les fuera posible hacerlo, así que el escritor de Hebreos fuerza a sus compañeros cristianos judíos a reconocer el lenguaje claro de este Salmo. Dado que es Dios a quien se refiere en el Salmo 45:6 (citado en Heb. 1:8), es natural asumir que él continúa siendo mencionado en el Salmo 45:7 (citado en Heb. 1:9). (Los *rabinos posteriores aplicaban este texto a Abraham, y un *tárgum posterior aplica un versículo anterior al *Mesías; pero probablemente ninguna de estas tradiciones era conocida para el escritor de Hebreos, y la primera puede haber representado una polémica anticristiana.) Pero el Salmo 45:7 distingue a este Dios de un Dios que él adora, así que puede ser una distinción entre Dios el Padre y Dios el Hijo. El escritor de Hebreos en este pasaje explícitamente afirma la deidad de *Cristo.

1:10-12. Tanto los escritores judíos como griegos a veces separaban las citas con "y él dijo" o "y". Los intérpretes a veces vinculaban ciertos textos por medio de una palabra o concepto clave común, y el escritor cita el Salmo 102:25-27 sobre la base de que el trono de Dios es para "siempre" en Hebreos 1:8 (en su contexto este pasaje del AT también promete la fidelidad de Dios para su pueblo del pacto, aun cuando los individuos eran mortales).

1:13. Para el escritor es natural citar el Salmo

110:1 porque la "diestra" de Dios se prevé en términos de un lugar al lado de su trono (1:8; cf. posiblemente Sabiduría de Salomón 9:4; 18:15). Esta cita completa también incluye a Dios dirigiéndose al rey-sacerdote (ver el comentario sobre Heb. 5:6) como Señor, similar a la cita en 1:8, 9. El escritor se muestra como todo un experto en la técnica exegética judía.

1:14. En 1:7 el autor ya ha probado a sus lectores que los ángeles son "espíritus ministradores (servidores)". El que ellos ministren no solamente a favor del que ha heredado un nombre más excelente (1:4) sino también para aquellos que heredaron salvación (v. 14) encontraría eco en los lectores judíos, quienes estarían familiarizados con el concepto de los ángeles guardianes asignados por Dios a los justos.

2:1-4
El rechazar la Palabra de Cristo

De acuerdo con el pensamiento judío común, cualquier israelita que voluntariamente rechazaba la *ley quedaba excluido del mundo venidero; según algunos maestros, este pecado era incluso imperdonable. En el judaísmo, los actos deliberados siempre implicaban mayor responsabilidad que aquellos por descuido.

En una tradición judía ampliamente reconocida, Dios había dado su ley a través de ángeles (Hech. 7:53; Gál. 3:19; *Josefo y *Jubileos). (Los *rabinos preferían enfatizar solo el gran número de ángeles a disposición de los israelitas.) La tradición puede tener alguna base en el intercambio entre Dios y sus ángeles en Éxodo (cf. Éxo. 3:2), la asociación del Salmo 68:17 con la tradición del Sinaí, y especialmente Deuteronomio 33:2 (mayormente en la *LXX, la cual declara que sus ángeles estaban con él a su diestra).

Debido a que *Cristo es superior a los ángeles (Heb. 1:1-14), rechazar su palabra es una ofensa mucho más seria que el rechazar la palabra que se decía había sido dada por mediación de los ángeles (2:2). Este es un *qal vahomer* judío, o un argumento de "tanto más": si el punto menor se aplica, mucho más es aplicable el punto mayor. Algunos eruditos han sugerido una imagen náutica (un barco a la deriva) en el versículo 1, así como también un lenguaje jurídico en los versículos 2-4.

2:5-18
Cristo humano, no un ángel

Reconociendo a Jesús como suprahumano pero no deseando ofender a sus colegas judíos que aseguraban que la unicidad de Dios no permitía la divinidad de Jesús, algunos judíos cristianos del segundo siglo presentaban a Jesús como un ángel principal. La tentación para seguir tal camino probablemente ya se había hecho presente entre los lectores de esta carta, así que el escritor advierte con vehemencia en contra de dicho punto de vista. *Cristo era divino y también se humanó; pero nunca fue un ángel.

2:5. Tanto el AT como la enseñanza judía declaraban que el pueblo de Dios reinaría con él en el mundo venidero, así como Adán y Eva habían sido designados para reinar con él al principio. El escritor procede a probar este punto apelando a un texto específico del AT, Salmo 8:4-6, al estilo del *midrash judío.

2:6, 7. "Alguien testificó en cierto lugar" (RVR-1960) no significa que el escritor haya olvidado qué parte de la Biblia estaba citando; esta era una manera de expresar confianza de que el verdadero asunto era que Dios había inspirado las palabras. *Filón usa frases similares en esta manera. El escritor puede introducir de forma natural el Salmo 8:4-6 basándose en la norma de interpretación judía, *gezerah shavah*, el principio por el cual se le permitía a uno unir palabras o frases clave. Este texto habla de que todo ha sido sometido debajo de los pies de alguien, al igual que el texto que había citado recientemente (1:13).

El Salmo 8:4-6 declara que a pesar de que la humanidad no es nada en sí misma, Dios designó a los humanos para regir sobre toda su creación, segundo solo en relación con Dios (aludiendo a Gén. 1:26, 27). La *LXX interpreta este pasaje como "un poco menor que los ángeles" (RVR-1960) en vez de "un poco menor que Dios" (la palabra hebrea usada aquí, *elohim*, a veces significaba ángeles en vez de Dios). El hecho que los ángeles eran más poderosos que la gente era verdad, pero el escritor de Hebreos va a establecer un punto diferente. En los siguientes versículos, él expone la versión de este pasaje con la cual están familiarizados sus lectores en un estilo de interpretación tradicionalmente judío. ("Hijo de hombre" era simplemente una manera semítica de decir "ser humano", y aquí el escritor no parece tratar de sugerir más que eso, aunque quizá le hubiera gustado tener que hacerlo, porque él aplica todo el texto a Jesús. Algunos eruditos también han conectado este pasaje con la obligación de Isaac, la tradición conocida como la *Aqedah*, pero la evidencia citada puede ser muy escasa y tardía para los puntos de contacto aquí.)

2:8. Los intérpretes judíos a menudo establecían que un texto no podía significar lo que parecía querer decir a primera vista (o podría no significar solo eso) antes de proceder a discutir lo que ellos creían que significaba. Aquí, debido a que la creación no está actualmente sujeta a la humanidad, el autor puede argumentar que la intención original de Dios en Adán se cumpliría nuevamente para todos los justos solo en la era venidera (2:5), una doctrina compartida con el resto del judaísmo. Pero él también podía argumentar que un hombre representantivo se había adelantado para toda la humanidad, como una especie de un nuevo Adán (2:9).

2:9. En el pensamiento judío, los ángeles regían las naciones en esta era. Jesús obviamente había sido hecho menor que Dios y los ángeles, pero después de su muerte él fue coronado de gloria (1:13); por lo tanto, este texto no solo era verdad respecto al pasado Adán y al pueblo de Dios en el futuro, sino que también se había cumplido en Jesús. (El escritor puede haber leído "un poco menor" [RVR-1960] en vez de "por poco tiempo menor", que era una manera aceptable de leer el Salmo 8 en la *LXX; él también distingue "un poco menor" de "coronado de... honra", aunque las líneas son paralelas en el hebreo. Los intérpretes judíos de antaño generalmente leían los pasajes de la manera que mejor se aplicaba a sus puntos de vista.)

2:10. El hecho que Jesús había sido hecho menor pero después fue exaltado, lo muestra como el precursor de los justos que habrán de heredar el mundo venidero (1:14; 2:5). El término *archegos*, traducido "autor" (RVA; "jefe", PB), significa "pionero", "líder" o "campeón". El término se usaba tanto para los héroes humanos como divinos, fundadores de escuelas o quienes abrían brecha para sus seguidores y cuyas proezas a favor de la humanidad estaban recompensadas con la exaltación. "Por causa de quien y por medio de quien todas las cosas existen" era una frase que usaban los *estoicos para describir al Dios supremo, pero la idea se ajustaba al pensamiento judío acerca de Dios y la Sabiduría divina, y la usaban ampliamente los escritores judíos de la *diáspora, incluyendo a Pablo (1 Cor. 8:6). La *LXX utiliza el término del autor para "perfecto" en relación con la consagración de un sacerdote; algunos textos judíos contemporáneos también hablan de la vida de una persona justa coronada con martirio como alguien que está siendo "perfeccionado" debido a eso.

2:11. Otra vez, la idea es que el texto ha sido cumplido en Jesús, quien ha ido adelante, pero aún será cumplido en el resto de los justos; él es el "Primogénito" (1:6) entre muchos hermanos.

2:12. Para probar la tesis del versículo 11, el escritor cita el Salmo 22:22, el cual puede aplicarse a Jesús el que sufrió porque es un salmo del justo sufriente (los Evangelios aplican muchos de sus versículos a la crucifixión de Jesús).

2:13. Aquí el autor cita Isaías 8:17, 18. Isa. 8:17 se refiere al Señor quien era un santuario para el justo y una piedra de tropiezo para el resto de Israel (8:14, 15), un texto que, cuando se vincula con otros textos que contienen "piedra" por medio del principio de interpretación judío *gezerah shavah* (vinculando los textos con la misma palabra clave, p. ej., Isaías 28:16; Sal. 118:22), podía aplicarse al Mesías. En Isaías 8:18 el profeta explica que sus propios hijos tienen nombres simbólicos para significar cosas para Israel. El escritor puede citar este texto porque el mismo sigue inmediatamente a 8:17, y quizá porque su fraseología se ajusta a su argumento (ver el comentario sobre Heb. 2:12). Sin embargo, él también puede hacer la vinculación porque uno de los hijos de Isaías apuntaba hacia Emanuel, Dios con nosotros (Isa. 7:14-16; 8:1-4), y este texto declaraba a los otros hijos como hermanos.

2:14, 15. Jesús había tenido que llegar a ser parte de la humanidad, como en el Salmo 8:4-6, para convertirse en precursor, un nuevo Adán. La literatura antigua a menudo hablaba acerca de los temores de la muerte, aunque muchos filósofos pretendían trascenderla. La literatura judía ya había conectado el mal y la muerte, especialmente en la Sabiduría de Salomón (la cual este escritor y su audiencia probablemente conocían bastante bien); algunos textos posteriores inclusive identifican a *Satanás con el ángel de la muerte. Al igual que Heracles (Hércules) en la tradición griega y quizás Dios el divino guerrero de la tradición judía (cf. Isa. 26:19-21; 44:24-26), Jesús es el "campeón" (ver el comentario sobre el 2:10) que ha liberado a su pueblo.

2:16. Al exponer el Salmo 8:4-6, el escritor les recuerda a sus lectores que *Cristo actuó como el precursor para el pueblo de Dios ("descendencia de Abraham"; cf. quizás Isa. 41:8, 9) para el mundo venidero, no para los ángeles. (El AT identificaba a los descendientes de Abraham como escogidos e "hijos de Dios", p. ej., Deut. 32:19; Ose. 11:1; el escritor se está dirigiendo a judíos cristianos, miembros de un pueblo que por mucho tiempo había creído que en el futuro les esperaba un gran destino.) Cristo ya ha sido exaltado por encima de los ángeles (2:7, 9), como lo será su pueblo en la era venidera (2:5).

2:17, 18. Aquí el escritor provee una razón para que *Cristo se humanara con el fin de redimir a la humanidad: un tipo de identificación que debía caracterizar a un sumo sacerdote (ver comentario sobre 5:1-3). Tal imagen pudo haber intrigado a mucha gente de la antigüedad, cuyas necesidades por lo general estaban en lo último de la lista de prioridades de la aristocracia; la aristocracia meramente los mantenía tranquilos regalándoles comida, juegos públicos y cosas por el estilo. En cuanto a "fiel", ver el comentario sobre 3:2, 5.

3:1-6
Cristo superior a Moisés

3:1. La mención de un llamamiento "celestial" hubiera apelado a los pensadores judíos con una mentalidad filosófica, como *Filón, quienes consideraban la realidad terrenal solamente como una sombra de la realidad celestial. El escritor de Hebreos probablemente presenta a Jesús como superior a Moisés, quien no era un sacerdote. (Los escritores *samaritanos consideraban a Moisés como un *apóstol, y algunos escritores judíos veían al sumo sacerdote como tal, aunque muy raramente. El autor de Hebreos ve a Jesús como un "apóstol", un mensajero comisionado del Padre, de alguna manera superior a Moisés o a un sumo sacerdote terrenal. Filón hablaba de Moisés como una especie de sumo sacerdote, pero el AT y la mayoría del judaísmo reconocía que Aarón había cumplido dicha función, y el escritor de Hebreos probablemente asume únicamente la perspectiva *veterotestamentaria por parte de sus lectores.)

3:2. En los versículos 2-6, el escritor construye un *midrash implícito sobre Números 12:7, 8, exponiendo el texto familiar sin citarlo (cf. también 1 Crón. 17:14 en la *LXX). En este pasaje, Dios honra a Moisés por encima de Aarón y María, declarándolo como más que un profeta normal y notando que "él es fiel en toda mi casa". De esta manera, Jesús es esta clase de profeta "como Moisés", de la cual no había otros (Deut. 18:15-18).

3:3, 4. En muchas tradiciones judías Moisés era la persona más grande en la historia, y en otras él ciertamente era una de las más grandes (p. ej., a la par de Abraham). Los escritores judíos y cristianos usaban el argumento de que el edificador era mayor que lo que edificaba (v. 3) para hacer notar que el Creador era mayor que su creación (como en el v. 4). Este escritor identifica a Jesús como el Creador. Los escritores antiguos a menudo elaboraban argumentos con base en juegos de palabras; este escritor juega con "casa" en dos sentidos: La "casa" de Dios (3:2) y un edificio (3:3, 4).

3:5. Símbolos pasados podían testificar de realidades futuras en la literatura *apocalíptica judía, de la misma manera que las "sombras" terrenales testificaban de realidades celestiales en los escritos de *Filón y de los judíos influenciados por el *platonismo. Los lectores judíos podían haber recordado la tradición de que Moisés previó y testificó de la era *mesiánica (sobre sus habilidades visionarias especiales, ver Núm. 12:8). Un lector del primer siglo podía entender Números 12:7 de la manera que también lo hicieran los *rabinos posteriores: Dios era el dueño de la casa, pero Moisés era el administrador de las propiedades, y como muchos administradores, él era un siervo.

3:6. El hijo primogénito era naturalmente heredero y señor sobre la casa; actuaba por autoridad de su padre mientras este vivía y se convertía en amo cuando su padre fallecía. En el AT, la casa de Dios era Israel; aquí es el remanente fiel, aquellos que se han sometido a la verdad de Dios en *Cristo.

3:7-19
Rechazar a Cristo es como rechazar a Moisés

Aquí comienza un *midrash (comentario) explícito sobre el Salmo 95:7-11, el cual continúa hasta 4:14, donde comienza el midrash sobre el Salmo 110:4. Al igual que otros escritores judíos, este autor presta atención a los detalles del texto. Israel hallaría "reposo" en la tierra prometida, pero el escritor señala que esto no se aplica solo en la edad presente (donde la promesa nunca se ha cumplido totalmente, 4:8) sino en su cumplimiento pleno en la era venidera.

3:7. El judaísmo antiguo a menudo asociaba al *"Espíritu Santo" con *profecía, y los *rabinos y algunos otros asociaban este espíritu profético particularmente con la inspiración de las Escrituras.

3:8-11. El autor cita el Salmo 95:7-11, un texto que con el tiempo fuera bastante familiar por su uso regular en la liturgia de la sinagoga, pero que debió haber sido del conocimiento de la mayoría de los judíos del primer siglo quienes recitaban los salmos. Este Salmo se refiere a la rebelión de Israel en el desierto y amonesta a sus oyentes a no ser como sus antepasados. Los maestros judíos debatían si acaso la generación del desierto había o no heredado la vida del mundo venidero, aunque no habían entrado a la tierra prometida; los *rabinos creían que el pueblo de Dios podía *expiar sus pecados con el sufrimiento en esta vida. Pero el salmista y el escritor de Hebreos parecen haber sido de la misma opinión: que ellos no entraron al mundo venidero.

3:12, 13. Al igual que muchos intérpretes judíos de antaño (especialmente los que escribieron los *Rollos MM), el escritor puntualiza que la exhortación del salmista para "hoy" todavía era válida para su propia generación.
3:14, 15. El Salmo declara que el pueblo de Dios podía ser excluido del pacto si rehusaban obedecerlo; de esta manera el escritor advierte a sus lectores que ellos llegan a compartir el *reino de *Cristo (2:5-16) solo si perseveran hasta el fin.
3:16-19. Siguiendo la práctica argumentativa griega, el escritor produce una serie de preguntas *retóricas y sus respuestas obvias, reforzando así su punto.

4:1-13
Solo los obedientes entran en su promesa

4:1, 2. Los israelitas se rebelaron en el desierto porque no creyeron las palabras de Moisés; los que se rebelaran contra la palabra de *Cristo estaban actuando como lo había hecho la generación de Moisés.
4:3-5. Ahora el escritor presta atención a detalles gramaticales, como normalmente lo hacían los intérpretes judíos de su día. ¿Qué querría decir el salmista con "mi reposo" pues Dios ya había reposado de sus obras en el séptimo día de la creación? (Vincular textos por medio de las palabras clave que compartían era una técnica hermenéutica judía bastante común; la liturgia judía posteriormente vinculó estos dos textos de manera similar.) Quizás él también utiliza este texto para señalar al futuro; algunos escritores judíos creían que el mundo venidero sería el reposo sabático final, la última etapa de la creación.
4:6, 7. Toda la generación de Moisés no pudo alcanzar el "reposo" (3:16-19); es decir, su establecimiento en la tierra. Por supuesto, todas las generaciones subsecuentes desde Josué en adelante, con la casi notable excepción de David y Josías, fallaron al no poder conquistar toda la tierra prometida a Abraham. De esta manera, el salmista (Sal. 95:7, 8) podía advertir a su propia generación y a las subsecuentes que obedecieran la palabra de Dios o si no sufrirían las mismas consecuencias. (Para la época del NT, con Palestina bajo el poder romano y sin el final del imperio romano a la vista, casi toda la gente judía concordaba en que la restauración de su reino, y consecuentemente el reposo en la tierra, solo vendría al fin de los tiempos, lo cual muchos esperaban que sucediera pronto.)
4:8, 9. "Josué" y "Jesús" son el mismo nombre (estas son formas adaptadas del hebreo y el griego, respectivamente, al castellano), quizá así el escritor haya intentado que el primer Josué señalara hacia su postrer homónimo. Pero su punto central es que Josué no había podido conquistar toda la tierra (4:6, 7; Jos. 13:1, 2); así que la promesa aún está por cumplirse.
4:10, 11. Porque la presencia del *Mesías, del *Espíritu, y otros acontecimientos se hicieron realidad en Jesús, acontecimientos que el judaísmo normalmente relegó a la era por venir, los primeros escritores cristianos podían decir que los creyentes en Jesús habían gustado de antemano el mundo futuro por medio de su presente relación con Dios (ver el comentario sobre el 6:5).
4:12, 13. La palabra de Dios, la cual Israel recibiera por intermedio de Moisés y los lectores de Hebreos en *Cristo (4:2), dejaban sin excusas a quienes la escuchaban. El judaísmo reconocía la habilidad de Dios para descubrir cada detalle en el corazón y los pensamientos de uno (p. ej., Sal. 139:23), y era natural aplicar esta propiedad a su palabra o sabiduría.
El filósofo judío alejandrino *Filón hablaba del poder de la universal y divina "Palabra" (el Logos, razón divina que impregnaba el universo) para dividir el alma entre unidades más y más pequeñas, especialmente entre sus

componentes racionales e irracionales; pero él a veces identificaba el espíritu y el alma como usualmente lo hacen los escritores del NT. El punto aquí no es un análisis de la naturaleza humana, sino que la Palabra escudriña el corazón de una manera tan detallada que es como una espada afilada que divide inclusive lo que es virtualmente (pero no absolutamente) indivisible, ya sea alma y espíritu o coyunturas y tuétanos.

4:14—5:10
Cristo el sumo sacerdote

Aunque *Filón representa el Logos, la palabra Divina o razón, como el sumo sacerdote de Dios, probablemente no sea lo que está en la mente del autor de Hebreos. (Por supuesto, el énfasis sobre el hecho que Cristo ha participado de la humanidad de la gente contrasta con el intento de Filón de esquivar la humanidad completa del sumo sacerdote cuando él intercede por Israel.) Por el contrario, una fuente más obvia está a la mano: su interpretación del Salmo 110:4, lo cual es más explícito en 5:6. Su cita del primer versículo de este Salmo en el 1:13, aplicada por Jesús a él mismo (Mar. 12:35-37), puede haber traído el Salmo 110:4 a la mente de sus lectores bíblicamente informados.

4:14. Ver el Salmo 110:4, citado en Hebreos 5:6. Las tradiciones *apocalípticas presentaban el cielo como un lugar de adoración; la imagen de un templo celestial es especialmente prominente en el libro de Apocalipsis. En la tradición *samaritana posterior, Moisés (quien en algunas tradiciones judías había ascendido al cielo para recibir la ley) servía como un sumo sacerdote celestial; pero el cuadro cristiano de Jesús cumpliendo este papel probablemente antecede a la tradición samaritana en cuanto a Moisés.

4:15. El escritor continúa el tema de que *Cristo había experimentado la humanidad sin comprometer su obediencia (2:14-18). En el remoto caso de que sus lectores estuvieran familiarizados con los abusos del sumo sacerdocio en Jerusalén, ellos podían haber reconocido aquí un contraste con la aristocracia sumo sacerdotal.

4:16. El arca del pacto simbolizaba el trono de Dios en el AT (p. ej., 2 Sam. 6:2; Sal. 80:1; 99:1; Isa. 37:16; cf. Sal. 22:3) y en el antiguo Medio Oriente (donde los reyes o deidades a veces eran representadas en sus tronos sobre figuras aladas). Pero el arca era inaccesible, encerrada en el lugar santísimo del templo, al cual inclusive el sumo sacerdote podía entrar únicamente una vez al año. Cristo había abierto completo acceso a Dios para sus seguidores (10:19, 20).

5:1-3. Al mismo tiempo que continúa con el tema de 4:15, 16, el autor también muestra la superioridad de *Cristo sobre otros sumos sacerdotes, quienes pecaban (Lev. 9:7; 16:6).

5:4. El escritor sigue la ley *veterotestamentaria sobre la sucesión del sumo sacerdote; en Palestina en su propia época, el oficio de sumo sacerdote era un favor político otorgado por los romanos. Afuera de Palestina, sin embargo, esto no era problema; el escritor se refiere al sistema que Dios había establecido en la Biblia.

5:5. Citando de nuevo el Salmo 2:7 (ver el comentario sobre Heb. 1:5), el escritor lo usa para probar que la coronación real de *Cristo fue por iniciativa de Dios. En el siguiente versículo él vincula este reinado con el sumo sacerdocio.

5:6. Aun cuando los romanos también tenían un sumo sacerdote poderoso (el *pontifex maximus*), el modelo utilizado por el escritor para este sumo sacerdocio y todos sus matices se derivan incuestionablemente del AT y la tradición judía. Melquisedec era un rey-sacerdote cananeo (Gén. 14:18); hablar de un sacerdote "según el orden de Melquisedec" era referirse antes que nada a un sacerdote que también era rey. Israel había conocido a una dinastía de sacerdotes-reyes solo durante la época de los asmoneos, después de que ellos rompieran el yugo sirio y antes de que fueran conquistados por los romanos; algunos judíos se oponían a esta combinación. Los *Rollos MM llegaron a separar al ungido sumo sacerdote del ungido rey *Mesías, una distinción que se hacía necesaria entre tanto que uno fuera de la tribu de Leví y el otro de Judá (cf. el 7:14). Pero Melquisedec no era levita; uno como él podría ser un sacerdote-rey sin ser descendiente del sacerdocio judío. Con el tiempo los *rabinos llegaron a sostener que el Salmo 110:4 significaba que Dios había transferido el sacerdocio de Melquisedec a Abraham; puede ser que hayan defendido este punto para contrarrestar los reclamos cristianos de que ese versículo se refería a Jesús. Melquisedec aparece en algunas otras tradiciones judías (*Rollos MM) como una figura celestial, quizás Miguel, y a veces en la literatura judía se le asocia con el fin de los tiempos. Sin embargo, el escritor no apela a esta tradición extrabíblica, la cual hubiera facilitado el juego de aquellos que intentaban reducir a *Cristo a un plano angelical (2:5-18); la simple declaración del Salmo 110:4 es suficiente para establecer su punto.

5:7. El judaísmo hacía hincapié en que Dios escuchaba al piadoso; sin embargo, Dios respondió las oraciones de Jesús con la *resurrección, no con escaparse de la muerte. Aunque la fuente de referencia para el escritor aquí pudiera ser el Salmo 22:5 y 24, es más probable que él y sus lectores estuvieran familiarizados con la tradición de las luchas y la entrega de Jesús en Getsemaní.

5:8-10. La disciplina, incluyendo el castigo corporal, era una parte esencial de la mayoría de la educación griega. Los escritores griegos clásicos enfatizaban el aprendizaje a través del sufrimiento, y tanto el AT como las tradiciones de sabiduría del judaísmo posterior presentaban el castigo divino como una señal del amor de Dios. La paronomasia griega aquí, *emathen aph' hon epathen*, "aprendió... por lo que padeció", ya era un juego de palabras común en la literatura antigua. Pero aquí el escritor desafía el pensamiento griego de que el Dios supremo (con quien el autor de alguna manera identifica al Hijo, 1:9; 3:3, 4) era incapaz de sentir, dolerse o expresar verdadera simpatía. La participación de Jesús en los sufrimientos humanos lo hacía idóneo para ser el máximo sumo sacerdote; la palabra utilizada aquí para "habiendo sido perfeccionado", en la *LXX se aplica a la consagración de los sacerdotes (v. 9).

5:11—6:12
Profundizarse o desertar

El escritor se queja de que el conocimiento que sus lectores tienen de la Biblia es inadecuado para continuar con el resto de su argumento. Pero él insiste en que deben informarse más bíblicamente hablando si desean perseverar (y él procede, de todas maneras, a presentarles el resto de su argumento), 6:13—7:28.

5:11, 12. Muchos escritores griegos usaban "mucho que decir" para indicar lo importante que era su asunto. Aun los filósofos estaban de acuerdo en que uno debe comenzar con asuntos simples antes de guiar al alumno a uno más difícil; pero de vez en cuando se quejaban de la lentitud de sus alumnos para aprender. Los moralistas griegos también usaban "leche" y "alimento sólido" figuradamente para contrastar la instrucción básica de la avanzada. Los "principios elementales" (BA) son los rudimentos o asuntos básicos (resumidos en 6:1, 2); los escritores griegos a menudo aplicaban este término al alfabeto. Algunos escritores frecuentemente reprendían a sus lectores en formas similares ("ya debieran ser maestros") para estimularlos a aprender lo que ya debían conocer.

5:13. Algunos filósofos, como *Pitágoras, distinguían entre estudiantes elementales y avanzados, llamándolos "niños" (cf. el v. 13, RVA) o "maduros" (cf. el v. 14; "adultos", NVI) respectivamente.

5:14. Mientras que los platónicos menospreciaban el conocimiento meramente sensorial y los escépticos (otra escuela filosófica) lo consideraban aún de menor valor, los *estoicos creían que los sentidos de uno (cinco, como en *Aristóteles) eran útiles, y los *epicúreos confiaban en ellos de manera particular. Los que consideraban que los sentidos eran confiables, como *Séneca y *Filón, deseaban que se les entrenara en la sensibilidad moral. La habilidad para diferenciar críticamente entre lo bueno y lo malo, p. ej., entre la verdad y la falsedad, era importante para los escritores grecorromanos en general, aunque la aplicación específica a sensibilidades morales es más a menudo un asunto judío (2 Sam. 14:17; 1 Rey. 3:9; Eze. 44:23). El escritor toma prestado el lenguaje de los éticos griegos, que habría de impresionar a sus lectores judíos de la *diáspora, y lo utiliza para hacerles un llamado a estudiar la Biblia más detalladamente.

6:1. Ellos tenían que pasar de lo básico a la madurez bíblica (5:11-14), o desertarían (6: 4-8). El escritor probablemente selecciona estos asuntos como lo "básico" porque ellos constituían el tipo de instrucción básica de la creencia judía que se impartía a los conversos al judaísmo, la cual todos los lectores de este autor debieron haber comprendido antes de llegar a ser seguidores de Jesús. Estos asuntos representaban las enseñanzas judaicas que aún eran útiles para los seguidores de *Cristo. El judaísmo subrayaba el *arrepentimiento como un antídoto regular contra el pecado, y una especie de perdón de una vez para siempre para quienes se convertían del paganismo al judaísmo; naturalmente, el judaísmo también hacía hincapié en la fe. Aunque obras "muertas" bien podía hacer eco de la forma común en que los judíos se referían a los ídolos como algo muerto, esa alusión específica no es muy probable en este contexto; cf. el 9:14.

6:2, 3. "Bautismos" probablemente se refiera a las varias clases de lavamientos ceremoniales en el judaísmo, de las cuales la más relevante para el cristianismo era el bautismo de un *prosélito como un acto de conversión lavando la impureza pasada de una vida pagana. Los adoradores judíos ponían sus manos sobre ciertos sacrificios, y los maestros judíos imponían sus manos sobre los *discípulos para ordenarlos; esto último era más relevante para la práctica cristiana. La *resurrección de los muertos y el juicio eterno eran doctrinas judías comunes, aunque eran motivo de vergüenza para algunos elementos *helenizados en el judaísmo.

6:4. El judaísmo primitivo limitaba severamente la posesión del *Espíritu. Los *Rollos MM limitan la actividad del Espíritu Santo a la congregación de los hijos de la luz; es decir, los que estaban de acuerdo con ellos; pero además de estos y los textos cristianos, otros veían al Espíritu como algo inclusive más raro. Para los *rabinos lo era mucho más; ellos generalmente decían que el Espíritu era tan raro que aun cuando alguien era merecedor de recibirlo, la indignidad de su generación evitaba que esto sucediera.

"Iluminados" o "alumbrados" claramente significa convertidos, como en 10:32; los Rollos MM similarmente hablan de sus maestros como los "iluminadores" y de sus adherentes como "hijos de luz". "Gustaron" también significa normalmente "experimentaron" (2:9), y tanto el uso de "celestial" en la carta (cf. el 3:1; 8:1-5) como la limitación del Espíritu Santo a los cristianos en la literatura cristiana primitiva, también indican que esta persona era genuinamente convertida.

6:5. La mayoría del judaísmo se refería a la era presente como una era bajo pecado, pero creían que Dios reinaría en la era venidera sin oposición alguna, después de resucitar a los muertos y juzgarlos. Los cristianos reconocían que ellos ya habían comenzado a experimentar la vida del mundo futuro; ellos estaban a la vanguardia del futuro *reino (ver el comentario sobre el 4:10, 11). Sobre "palabra" ver el comentario sobre el 4:2 y 12.

6:6. Dios tenía un estándar más alto para quienes supuestamente debían estar mejor informados (Núm. 14:22, 23). El judaísmo generalmente creía que algunos individuos podían rebelarse contra Dios tan descaradamente, conscientes de estarlo haciendo, que no podrían *arrepentirse; por supuesto, la ofensa tenía que ser extremadamente seria. (Los *rabinos no estaban unánimes en este asunto; se dice que el rabino insistía en que el renombrado apóstata Eliseo ben Abuya podía arrepentirse, por ejemplo. Pero la opinión de la mayoría parece haber sido que algunos podían haberse ido al extremo, incluyendo al rey Manasés. Los *Rollos MM también aseguraban que a uno que había formado parte de la comunidad por diez años, y por lo mismo sabía muy bien lo que estaba haciendo, y después se apartaba, nunca se le permitía regresar. Pero como lo han señalado algunos escritores, este versículo se refiere a la apostasía intencional, no a un solo pecado o apartamiento que puede solucionarse con el arrepentimiento; apartarse puede ser cubierto bajo Stg. 5:19, 20.) El punto aquí no es que Dios no acepta al penitente, sino que algunos corazones se endurecen tanto como para considerar el arrepentimiento, porque rehúsan reconocer a Cristo, el único medio de arrepentimiento. Al escoger voluntariamente el tipo de creencia que clavó a Jesús en la cruz, ellos aceptan otra vez la responsabilidad de haberlo matado.

6:7, 8. Otros también habían usado la tierra ahogada por espinos y abrojos como una imagen para referirse a los malos y su destino espiritual de infertilidad y muerte (p. ej., Isa. 5:6). El judaísmo trataba a los apóstatas como a muertos espirituales, al igual que lo hacían los seguidores de *Pitágoras y algunos otros grupos.

6:9. Los moralistas grecorromanos a menudo presentaban sus exhortaciones como recordatorios, con lo cual suavizaban la posible aspereza de sus palabras y las hacían más aceptables: "Nosotros sabemos, por supuesto, que ustedes nunca harían cosa semejante". Sin embargo, cuando ellos percibían que sus lectores podían tomar dicho curso, presentaban sus ideas de manera más drástica para exhortarlos.

6:10. "Atendido a los santos" (RVA; "servido", RVR-1960) probablemente se refiera a ayuda financiera. Puede ser que haga referencia a un continuo esfuerzo por ayudar a los cristianos pobres en Jerusalén, algo que Pablo había iniciado (Rom. 15:25), aunque para el 68 d. de J.C., con Jerusalén sitiada y los cristianos habiendo escapado del peligro hacia el desierto, las contribuciones posiblemente fueron enviadas a algún otro lugar en Judea. En relación con caridad, ver, p. ej., el comentario sobre Mateo 6:2-4.

6:11, 12. La exhortación moral de antaño a menudo hacía hincapié en imitar modelos positivos (algunos de los cuales este escritor citará en el cap. 11). El judaísmo decía que así como Israel había "heredado" la tierra, los justos también "heredarían" el mundo venidero.

6:13-20

El juramento inquebrantable a Jesús

El escritor compara la promesa (siguiendo con el tema de 6:12) que Dios le hizo a Abraham con la promesa que le había hecho a uno que sería sumo sacerdote según el orden de Melquisedec. Aunque él no cita el Salmo 110:4, el cual establece esta promesa, él espera que sus lectores comprendan este punto que se da por sentado en su exposición.

6:13-17. Dios juró esto "por sí mismo" (Gén. 22:16; Éxo. 32:13), al igual que la promesa al que sería sumo sacerdote según el orden de Melquisedec (Sal. 110:4).

Este es uno de varios juramentos por Dios en el AT. Dios había jurado una promesa a David (Sal. 89:35, 49; 132:11), la cual el pueblo judío esperaba que se cumpliera con el *Mesías; él juró juzgar a Israel por sus pecados, y así lo hizo (Sal. 106:26). Pero las promesas humanas más grandes fueron juramentadas "por Dios", y cuando Dios juraba "por sí mismo" sus palabras estaban garantizadas, especialmente en las pocas ocasiones cuando el juramento incluía una promesa a no cambiar de parecer (Sal. 110:4; Isa. 45:23). Al igual que en el Salmo 110:4, Dios juró por sí mismo, y no cambiaría de parecer, que todo el mundo habrá de confesarlo en el día del juicio (Isa. 45:23); él también juró igualmente por sí mismo traer juicio sobre la casa real de Judá (Jer. 22:5), sobre los refugiados judíos en Egipto (Jer. 44:26), sobre Israel (Amós 4:2; 6:8), sobre Edom (Jer. 49:13) y sobre Babilonia (Jer. 51:14). (*Filón proclamaba que solo Dios es digno de testificar de su propia veracidad, aunque él también había establecido que cualquiera de las palabras de Dios tenían la fuerza de un juramento, por consiguiente él no tenía que jurar literalmente por sí mismo.) La acumulación de términos legales conocidos en este contexto no sorprende, dado la fuerza legal y el uso común de los juramentos en los tribunales.

6:18. Aun cuando Dios juró sobre otras promesas además de estas dos, el escritor aquí enfatiza las dos que ya ha mencionado: la promesa a Abraham y la promesa al sacerdote según el orden de Melquisedec. Los filósofos griegos creían que los dioses eran inmutables, que no cambiaban; la mayoría de los judíos creían que su Dios era absoluto e inmutable en su carácter, y que a pesar de eso él trataba con los seres humanos tal como ellos eran (Sal. 18:25, 26). El juramento, entonces, es importante, aunque tanto los filósofos judíos como los griegos creían que el verdadero Dios (en contraste con las bromas míticas de los dioses griegos) no mentía.

6:19. El "ancla" era una metáfora frecuente en la literatura grecorromana, especialmente para la segura y firme esperanza que producían las cualidades morales. "Dentro del velo" significa que los creyentes tienen una esperanza segura en el "lugar santísimo" (ver Lev. 16:2), al cual solo el sumo sacerdote podía entrar una vez al año. (Algunos textos *rabínicos posteriores también presentan a Dios "detrás del velo", desde donde él pronuncia sus decretos. Aun cuando este paralelo ilustra que los lectores de Hebreos hubieran podido captar la expresión judía del autor relacionada con la presencia de Dios en el cielo, el AT es su fuente directa.) El escritor no se refiere al lugar santísimo terrenal sino al espiritual, en el templo celestial (ver el comentario sobre el 8:1-5).

6:20. Jesús a menudo aparece en el libro como el precursor (cf. la idea en el 2:10; 5:9); el término puede aplicarse a una vanguardia militar, a los primeros frutos, al corredor que obtiene el primer lugar, etc. Tal término significa siempre que el resto de la compañía viene después.

7:1-10
La naturaleza del sacerdocio de Melquisedec

Dado que las Escrituras declaran que el señor de David era un sacerdote según el orden de Melquisedec (Sal. 110:4, en Heb. 5:6), un intérprete judío naturalmente se preguntaría: ¿En qué sentido es como Melquisedec? El propósito del escritor es mostrar que el sacerdocio de Jesús es superior y, por lo mismo, reemplaza al sacerdocio levítico del judaísmo contemporáneo. El Salmo 110 invita al lector a buscar los rasgos del máximo rey en Génesis 14.

7:1. Aquí el autor resume Génesis 14:17-24, en el cual el sacerdote-rey cananeo de la ciudad que más tarde vino a ser Jerusalén bendijo a Abraham. (La identificación de *Salem con Jerusalén está corroborada por el Salmo 76:2 y textos egipcios de execración, y se da por hecho en *Josefo, los *Rollos MM, y en los *rabinos.)

7:2. *Filón y otros comúnmente interpretaban alegóricamente los nombres en el AT. Judíos como Filón y *Josefo también interpretaban el nombre de Melquisedec como lo hace el escritor de Hebreos (*melek*, "rey", más *izedeq*, "justicia").

7:3. Un principio de interpretación judío decía que lo que no se mencionaba no había sucedido. (*Filón, especialmente, aunque no exclusivamente, cf. los *rabinos, explotaba esta técnica. Así, por ejemplo, Filón argumentaba que la familia del hombre sabio consistía de sus virtudes, porque en algún momento Moisés preparó una lista de virtudes en vez de nombrar a todos sus antepasados. De manera similar, dado que la muerte de Caín no se menciona, Caín no murió [según Filón, representa la insensatez inmortal]. Esta técnica para argumentar con base en el silencio se aplicaba selectivamente, por supuesto, ya que la mayoría de los posibles detalles no se mencionaban en el texto.) Por lo mismo, el escritor de Hebreos puede argumentar que Melquisedec, para propósitos de comparación, no tenía padres, porque Génesis 14 no los menciona, y Génesis provee el parentesco y la genealogía de otros representantes importantes de Dios. Para los lectores griegos, no tener principio ni fin era algo divino (p. ej., un argumento utilizado por el filósofo Tales).

7:4. El diezmar ya era una costumbre antigua en el Medio Oriente, antes de que se ordenara en el AT, y una forma del mismo se atestigua en la literatura grecorromana. Aquí el autor se refiere a Génesis 14:20, la primera vez que ocurre en la Biblia.

7:5, 6. Bajo la ley del AT, los diezmos iban a los descendientes de Leví, quien era un descendiente de Abraham (p. ej., Núm. 18:26; 2 Crón. 31:4-6; Neh. 10:37, 38; 13:5, 12); pero Abraham presentó los diezmos a alguien más.

7:7-10. El punto del escritor es que Melquisedec (y de esta manera el que ha heredado su sacerdocio [5:6]) es superior a Abraham y por lo mismo superior a Leví. Tratando de contrarrestar este argumento, los *rabinos posteriores decían que Dios había quitado el sacerdocio de Melquisedec (por haber bendecido a Abraham antes de bendecir a Dios) y se lo dio a Abraham en el Salmo 110:4; pero el Salmo 110 claramente hace referencia al máximo sacerdote-rey quien reinará sobre las naciones, no a Abraham. Al igual que *Filón, el escritor de Hebreos cree que el sacerdote perfecto es eterno; pero este escritor puede probar su caso basándose en Génesis 14 (o aún mejor, con base en el Salmo 110 sobre las premisas judías acerca del futuro *Mesías y la *resurrección de los muertos).

7:11-28
El nuevo sacerdocio reemplaza al antiguo

El escritor de Hebreos enfrenta una tarea difícil. Aun cuando la historia definitivamente estaba de su lado, como lo probara años más tarde la destrucción del templo, él también deseaba contar con el apoyo de toda la Biblia, y la Biblia dice que el sacerdocio levítico era "perpetuo" (p. ej., Éxo. 40:15). Aunque algunas *narrativas en la Escritura pudieran contrarrestar el tomar literalmente esa frase (p. ej., Éxo. 32:10), y uno pudiera interpretar el antiguo sacerdocio alegóricamente (como lo hacían algunos judíos en la época del escritor) o reconocer principios eternos meramente expresados en formas transitorias y culturalmente relevantes (como lo hacen muchos intérpretes hoy), el escritor de Hebreos tenía una aproximación más útil para sus lectores. Para él, el nuevo y superior sacerdocio claramente prometido en las Escrituras convertía el antiguo sacerdocio en algo obsoleto.

7:11-19. Los *Rollos MM con el tiempo reconocieron dos personajes "ungidos": un guerrero *mesiánico descendiente de David, por lo tanto de Judá, y un sacerdote ungido de la tribu de Leví. Pero el Salmo 110 le permite a este escritor ver ambas funciones como cumplidas por un solo personaje futuro;

un sacerdote "según el orden de Melquisedec" no necesita descender de Leví, y era, de hecho, superior a Leví (7:4-10). *Filón hablaba de la "perfección" de Leví como un modelo del perfecto sacerdocio; el autor de Hebreos discrepa en esto. Al igual que *Platón y sus sucesores, este escritor señala que lo que cambia es imperfecto, porque lo perfecto por naturaleza no necesita cambiar. Aun así Dios había prometido otro sacerdocio, uno eterno y por lo mismo incambiable (7:17; cf. el 7:3), el cual convierte al primero, el imperfecto, en obsoleto. (El término para "abrogado" o anulado en el v. 18, se usaba además en transacciones comerciales para una anulación legal.)

7:20, 21. Este sacerdocio también es superior al sacerdocio levítico porque, a diferencia de este último, está garantizado con un juramento divino (ver el comentario sobre el 6:13-18). Este punto constituye una respuesta parcial para cualquier posible apelación al reclamo del AT de que las prescripciones levíticas eran ordenanzas perpetuas; Dios cambió algunos puntos en la *ley cuando dichos cambios eran necesarios para lograr su propósito original y eterno en la ley (p. ej., Jer. 3:16), pero en este caso él había jurado y prometido no cambiar de parecer.

7:22-25. Sobre la superioridad del sacerdote eterno en relación con el temporal, ver también el 7:11-19. En la remota posibilidad de que sus lectores estén familiarizados con la política de la aristocracia en Jerusalén, ellos pensarían en los nombramientos y destituciones de sacerdotes por parte de los romanos. Sin embargo, es más probable que el único asunto aquí sea la mortalidad del sacerdote. El término "fiador" (RVA; "el que garantiza", NVI) en el versículo 22 se usaba en documentos comerciales para un depósito, una seguridad para garantizar que uno cumpliría cabalmente su palabra u obligación, o alguien que ofrecía tal garantía.

7:26. Los sacerdotes levíticos debían evitar contaminarse, y se tomaban precauciones especiales para evitar la contaminación del sumo sacerdote antes del día de *Expiación. Este era el único día en el año cuando el sumo sacerdote podía entrar al lugar santísimo (aunque puede ser que entrara varias veces ese mismo día; cf. Lev. 16:13-16). Aun cuando la perspectiva de los *rabinos posteriores pudo haber sido más estricta que la misma práctica de los sumos sacerdotes en Jerusalén, su elaborado cuidado para evitar la contaminación del sumo sacerdote es bastante instructiva (se lo recluía durante la semana anterior a ese día; se tomaban precauciones para evitar cualquier emisión nocturna la noche anterior; etc.). Pero un sumo sacerdote terrenal de esta índole nunca podría compararse con el sumo sacerdote celestial, al igual que el tabernáculo terrenal solo constituía una sombra del tabernáculo perfecto en los cielos (ver los comentarios sobre el 3:1 y el 8:1-5).

7:27. Los sumos sacerdotes no presentaban directamente las ofrendas diarias, pero ellos eran los responsables por el servicio sacerdotal que las ofrecía. El altar debía tener fuego todo el tiempo; los sacrificios en Israel se ofrecían día tras día; los sacerdotes ofrecían sacrificios en el templo todos los días, por la mañana y por la tarde, en favor de toda la nación. El escritor puede estar combinando las tareas de todo el sacerdocio con las del sumo sacerdote durante el día de *Expiación, subrayando de esta manera la necesidad de la repetición en el culto levítico; o pudiera estar utilizando "diariamente" como una *hipérbole con el significado de "continuamente", año tras año. Solo en el día de Expiación el sumo sacerdote ofrecía una ofrenda por sus pecados y después por los de la nación (Lev. 16:6, 11, 15, 16).

7:28. Por su *resurrección, Jesús naturalmente califica para el sacerdocio "eterno" según el orden de Melquisedec en el Salmo 110:4 (Heb. 7:17). Muchos pensadores antiguos solo aceptaban como "perfecto" lo que era eterno. (El escritor cita la promesa dada posteriormente a la ley, de aquí la declaración de que la ley no podía ser reemplazada. Tratando con una línea de razonamiento diferente, en Gálatas 3, Pablo habla de una promesa que vino antes de la ley y que la ley no puede anular. Así que tanto Pablo como el autor de Hebreos afirman la promesa sobre la ley desde diferentes ángulos.)

8:1-5
El tabernáculo celestial

Paralelos entre lo celestial y lo terrenal eran comunes en el judaísmo (p. ej., la corte celestial y la terrenal, o Sanedrín), como en cualquier otro lugar en el pensamiento antiguo (p. ej., el templo babilónico de Marduc, conocido como Esagila, y el templo cananeo de Baal). (Algunos templos antiguos en el Medio Oriente y posteriores *mithraea*, también estaban designados para reflejar la estructura de todo el cosmos, para expresar el gobierno universal de la deidad. *Filón naturalmente aplicaba el principio del prototipo celestial y copia terrenal inclusive más ampliamente, siguiendo los patrones platónicos. Cuando específicamente comparaba los templos celestiales y los terrenales, Filón lo alegorizaba con grandes detalles, considerando el templo celestial ideal como una virtud, su altar como ideas, sus lienzos como la tierra, etc.) Presuntamente, Éxodo 25:8, 9 intenta señalar estas relaciones entre el templo celestial y el terrenal, de lo cual una parte se cita en Hebreos 8:5.

Mucho del judaísmo, desde las tradiciones de sabiduría *helenistas (Sabiduría de Salomón 9:8) hasta visionarios y escritores *apocalípticos y *rabinos posteriores, hablaban del templo terrenal como una imitación del celestial. La eternidad y el valor del templo antiguo son relativos al compararlos con el verdadero templo en el cielo.

8:1. El lugar de Jesús a la diestra de Dios está comprobado por el Salmo 110:1 (Heb. 1:13), el cual claramente se dirige a la misma persona como el sacerdote según el orden de Melquisedec (Sal. 110:4; citado en Heb. 5:6; 7:17).

8:2-5. Ver la introducción al 8:1-5. Al igual que los seguidores de *Platón (incluyendo, en este punto, a *Filón), el escritor de Hebreos concibe la realidad terrenal como una "figura y sombra" de la realidad celestial (8:5). (La palabra para "figura" [RVA; "copia", NVI] significa "esbozo", "plan" o "bosquejo", como en la *LXX de Ezequiel 42:15, el cual trata con el templo del mundo venidero; muchos de sus detalles pueden estar interpretados simbólicamente por el autor de Hebreos, un acercamiento que no está necesariamente en discordancia con el lenguaje simbólico de Ezequiel en otras partes, p. ej., 31:2-9.) A diferencia de Platón, el escritor de Hebreos no considera la realidad celestial solo como un mundo ideal que debe ser comprendido por la mente: Jesús realmente fue allí. Los escritores *apocalípticos judíos a veces también hablaban del futuro reino terrenal (el cual por lo general incluía un magnífico templo) como una realidad presente en el cielo.

8:6-13
El nuevo pacto

Aquí el escritor presenta una cita extensa de Jeremías 31:31-34 para demostrar su caso: la Biblia misma había predicho un cambio en la *ley. Este texto también lo enfatizaban los miembros de la secta de *Qumrán quienes produjeron los *Rollos MM; ellos se veían a sí mismos como la gente de este "nuevo pacto". Pero ellos interpretaban la ley de Moisés de manera más estricta, de ahí que en este punto este escritor fuera considerado un judío más liberal que *Filón (13:9), valorando los principios como eternos pero las formas como culturales y temporales.

8:6, 7. El autor levanta una pista que había sugerido en 7:12: el sacerdocio antiguo estaba ligado a la antigua *ley y su pacto, y ambos mostraron ser imperfectos si fueron reemplazados.

8:8, 9. La frase generalmente traducida como "nuevo" pacto en Jeremías 31:31 también puede ser expresada como pacto "renovado". Se esperaba que el primer pacto estuviera escrito en el corazón de la gente (Deut. 30:11-14), y los justos realmente lo atesoraban allí (Sal. 37:31; 40:8; 119:11; Isa. 51:7); pero según Jeremías, este no era el caso con la mayoría del pueblo israelita (p. ej., ver Deut. 5:29). La diferencia entre el antiguo y el nuevo pacto sería precisamente que aunque los israelitas violaran el primero (Jer. 31:32), la nueva ley estaría escrita dentro de ellos, y ellos conocerían a Dios (Jer. 31:33, 34).

8:10-12. Jeremías hace eco del lenguaje del primer pacto: "Yo seré para ellos Dios, y a mí ellos me serán pueblo" (p. ej., Lev. 26:12). "Conocer" a Dios era también un lenguaje del pacto, pero a nivel personal se refería al tipo de relación íntima que los profetas tenían con Dios.

8:13. El escritor indudablemente dice "está a punto de desaparecer" porque el servicio en el templo no había sido directamente descontinuado con la exaltación de Jesús, pero para entonces estaba a punto de desaparecer. Si, como es más probable, esta carta fue escrita en la última parte de los años 60 d. de J.C. (ver la introducción), muchos en la *diáspora reconocían que los romanos muy pronto podrían destruir Jerusalén y el templo. Aparte de unos cuantos grupos que no dependían mucho del templo en Jerusalén (tales como los *esenios), la mayoría de los judíos palestinos fueron forzados a hacer ajustes mayores en su práctica de culto después de que el templo fuera destruido en el año 70 d. de J.C.

9:1-10
El tabernáculo antiguo

Sobre el principio de correspondencia entre los tabernáculos celestiales y terrenales, ver el comentario sobre el 8:1-5. El escritor sigue cuidadosamente el AT en su descripción en 9:1-10, sin concordar para nada con las modificaciones de su día. (Los versículos 4 y 5 ya no se aplicaban en su época, eran elementos que habían sido removidos. En muchas tradiciones judías, estos serían restaurados al final de los tiempos.) Gramaticalmente, estos versículos también hacen referencia al lugar santísimo; aunque algunas tradiciones favorecen el punto de vista de que el altar del incienso estaba adentro en el lugar santísimo, el autor parece sugerir que ese altar pertenecía al lugar santísimo pero no estaba en su interior, como lo estaba el arca. El texto del AT claramente coloca el altar del incienso en el santuario afuera del lugar santísimo. Sin embargo, en otras partes el AT (el hebreo de 1 Rey. 6:22) expresa el asunto de manera ambigua, pero el autor de Hebreos dice que estos artículos "pertenecen" al lugar, pero no que "estén" allí.

La mayoría de los detalles del tabernáculo original estaban designados para comunicar algo dentro de la cultura del Medio Oriente. Algunos aspectos simplemente informaban a los israelitas que este era un "templo". La estructura tripartita del tabernáculo, con el lugar santísimo al fondo al cual podía llegarse en línea recta desde la entrada del tabernáculo, era el diseño estándar de los templos egipcios en la época de Moisés. La colocación de los materiales más caros (como el oro puro) y tintes cerca del arca, era una manera antigua de glorificar la santidad de la deidad y para dar a entender que uno debía acercarse a esta deidad con temor y reverencia. Algunos otros aspectos del tabernáculo simplemente significaban que Dios era práctico: mientras que el templo posterior fue construido de madera de cedro (como era normal en los templos cananeos), el tabernáculo fue construido con madera de acacia (el único tipo de madera disponible en el desierto de Sinaí). Los santuarios de carpas también eran conocidos entre los nómadas.

Pero las mayores enseñanzas del tabernáculo descansan en sus contrastes con los santuarios de las culturas a su alrededor. Al igual que la mayoría de los templos en el Medio Oriente, el templo de Dios tenía un altar para los sacrificios, un altar del incienso (para contrarrestar el hedor de la carne quemada de los sacrificios), una mesa y así sucesivamente. Pero los templos paganos a menudo tenían una cama y aparatos similares para la imagen del dios, el cual estaba vestido, se le "alimentaba" y entretenía todos los días. Aun así la casa de Dios no tenía ninguna de estas cosas (él no era un ídolo). De igual manera, algunos templos egipcios grandes a menudo tenían santuarios a cualquiera de los lados para deidades tutelares, pero este aspecto no se encuentra en el templo de Dios (él era el único y verdadero Dios). El lugar santísimo en los templos del Medio Oriente era lo que correspondía al arca, en la cual se encontraba montada (algunas veces entronada sobre criaturas aladas como los querubines) la imagen de la deidad. Pero el clímax del templo de Dios es que, donde uno esperaría ver una imagen, no había ninguna, porque nada podía adecuadamente representar la gloria de Dios.

El escritor de Hebreos, al sugerir que los detalles del tabernáculo presente y terrenal son significativos (opina que los mismos señalan a un tabernáculo celestial), no está distorsionando el texto. Sus sugerencias son modestas en contraste con la alegorización de *Filón, quien explica cada detalle como un símbolo de algo que ni los lectores originales de Moisés hubieran podido adivinar (los lienzos como la tierra, el rojo oscuro como el aire, el candelabro de siete brazos como los siete planetas, etc.). A diferencia del escritor de Hebreos, sin embargo, algunos lectores del AT hoy siguen el fantástico método de interpretación de Filón.

9:11-22
La última ofrenda de sangre

Bajo la *ley del AT, el pecado podía técnicamente ser expiado (la ira de Dios aplacada con substitución) solo con el derramamiento de sangre.

9:11. En el típico pensamiento del primer siglo, los cielos eran puros, perfectos e inmutables; el tabernáculo celestial, entonces, sería el prototipo perfecto para el terrenal y el único que finalmente se necesitaba. Acerca del templo "no hecho de manos", ver el comentario sobre Hechos 7:40, 41 y 48-50.

9:12. En el día anual de *Expiación, el sumo sacerdote presentaba la sangre de un novillo por él mismo, y la sangre de un macho cabrío por la gente (Lev. 16:6, 11, 14-16). De acuerdo con el Rollo de la Guerras de *Qumrán, la "eterna redención" solo se da al final de los tiempos, después de la última batalla; aquí la eterna redención se inaugura por medio de la permanente y satisfactoria ofrenda del eterno sumo sacerdote (cf. Dan. 9:24).

9:13, 14. Si el autor hubiera deseado citar un texto en particular para probar que un sacerdote se ofrecía a sí mismo, hubiera podido comparar al que rocía (como lo hacían los sacerdotes en el AT) a las naciones en Isaías 52:15 con el contexto que le sigue en el cual esta persona carga con los pecados de Israel (Isa. 53:4-6, 8-12); pero él se contenta con presentar su argumento basado en sus comparaciones con las ofrendas levíticas. Su razonamiento es por medio del argumento de "cuánto más" (un argumento común usado especialmente por los intérpretes judíos): si la sangre de los sacrificios en el día de *Expiación podía remover el pecado (hipotéticamente hablando, cf. el 10:4), cuánto más efectiva es la sangre de *Cristo.

9:15. Aquí el autor une el "nuevo pacto" (ver el comentario sobre el 8:6-13), la redención y una herencia "eterna" (en contraste con la herencia temporal que sus antepasados habían buscado en la tierra (caps. 3—4; la imagen *veterotestamentaria de "heredar" la tierra prometida se aplicaba en el judaísmo antiguo a heredar el mundo venidero).

9:16, 17. "Testamento" (RVA) también se puede traducir como "pacto". Los escritores antiguos a menudo argumentaban sus puntos por medio del juego de palabras. "Los testamentos" eran documentos sellados, que se abrían a la muerte del testador; "los pactos" eran acuerdos entre partidos o impuestos por un partido mayor sobre uno menor. (Algunos eruditos han establecido una conexión entre ambos en términos de la forma del tratado soberano-súbdito, reflejada en el pacto de Dios con Israel. Dado que estos pactos se mantenían dinásticamente vigentes [el hijo del soberano lo ejecutaría después de la muerte de su padre] el pacto pudiera entenderse en algún sentido como un testamento. Pero esta conexión envuelve la cultura de un mundo diferente al mundo en el cual el autor de Hebreos se movía usualmente, no es posible que él tuviera en mente esta conexión.) A pesar del juego de palabras (los retruécanos se usaban en la antigüedad para argumentar, al igual que como ingenio), su punto tiene sentido: los pactos antiguos normalmente se sellaban con sangre (p. ej., Gén. 31:54).

9:18-20. Ver Éxodo 24:6-8. Uno de los pequeños cambios de palabras que utiliza el autor también aparece en otro lugar (*Filón), pero ello puede ser pura coincidencia; los intérpretes antiguos normalmente se sentían libres para modificar un texto en forma mínima para permitir que su relación con el punto del escritor original se entendiera mejor. Un cambio mucho más significativo es que se agrega agua, lana escarlata e hisopo: el escritor aparentemente conecta al estilo del *midrash, Éxodo 24 con Levítico 14:6 o Números 19:6 con el fin de suscitar la asociación de purificación del pecado, en el último caso (Núm.18:9).

9:21, 22. Ver, por ejemplo, Éxodo 29:37, Levítico 8:15; 16:16-20. Al AT *Josefo le agregó que inclusive la vestimenta del sacerdote, los utensilios sagrados y demás cosas eran purificadas con sangre; mientras que el escritor de Hebreos quizá no vaya tan lejos, en algún sentido todo el culto estaba dedicado por medio de sacrificios. La sangre era oficialmente necesaria para la *expiación bajo la *ley (Lev. 17:11); se permitían excepciones rituales para los israelitas más pobres (Lev. 5:11-13), pero la norma general establecía el principio. (La tradición judía también interpretaba el rociamiento de sangre en Éxo. 24:8 como sangre para expiación.)

9:23-28
Un sacrificio apto para el santuario celestial

9:23. El escritor retoma el paralelo entre el tabernáculo terrenal y el celestial (ver el comentario sobre el 8:1-5; 9:1-10): si el santuario terrenal solo podía ser dedicado con sangre (9:11-22), de igual manera el santuario celestial. Pero era necesario un sacrificio perfecto para el santuario perfecto.

9:24-26. El sacrificio "eterno" de uno según el orden de Melquisedec (7:17; Sal. 110:4) no se basaba en sacrificios anuales; si lo "eterno" hubiera envuelto sacrificios perpetuos, no hubieran tenido ni principio ni tampoco fin. Pero su sacerdocio se basa en un sacrificio, una vez para siempre, cumplido en la cruz. Los judíos frecuentemente dividían la historia en varias edades (proponían varios esquemas), pero la más básica era la división entre la era presente y la era venidera. La "consumación de los siglos" (RVA; "final de los tiempos", DHH), se refiere, por tanto, a la meta de la historia, con su clímax en el futuro reino de Dios; en el acto decisivo de *Cristo, el escritor reconoce que la era futura en algún sentido ha invadido la historia (cf. el 6:5).

9:27, 28. El punto del autor aquí es que así como la gente muere solo una vez (un concepto común inclusive en la literatura griega clásica, aunque *Platón enseñó la reencarnación), Cristo tuvo que ofrecerse solamente una vez por el pecado. Cuando aparezca nuevamente (cf. el v. 24), será para consumar la salvación futura (al igual que al salir el sacerdote al atrio exterior tradicionalmente aseguraba a la gente que el sacrificio había sido aceptado y sus pecados perdonados; cf. el 1:14). "Cargar los pecados de muchos" se deriva de Isaías 53:12.

Aunque *Josefo y probablemente algunos otros pensadores judíos se mostraban un tanto interesados en el lenguaje de la reencarnación en los escritos de *Platón, la vasta mayoría de los judíos del primer siglo solo esperaba una muerte, después la *resurrección y el juicio (la secuencia de estos dos últimos variaban en diferentes registros judíos). Al igual que el AT (Eze. 18:21-32), los judíos a menudo consideraban que la muerte era el punto final para el juicio. (De esta manera, un *rabino de finales del primer siglo advertía a sus *discípulos que se arrepintieran un día antes de morir; los que eran ejecutados debían decir: "Que mi muerte *expíe todos mis pecados" [pero cf. Sal. 49:7-9, 15]; el moribundo a menudo esperaba ser juzgado inmediatamente [p. ej., la historia del temor piadoso de Johanan ben Zakkai cuando se encontraba en su lecho de muerte]; una tradición dice que los justos eran llevados por ángeles buenos y los impíos por ángeles malos; etc. Pero aunque otras tradiciones no permitían la reencarnación, sí permitían castigos temporales que expiaban los pecados que aún tenía uno; la idea de que la descomposición del cuerpo ayudaba a expiar el pecado, el colocar una piedra sobre el féretro para simbolizar la ejecución de uno que moría antes de ser ejecutado, y el pensamiento de que ningún judío podía pasar más de un año en el *Gehena. Estos puntos de vista sobre la expiación póstuma no tienen paralelo alguno en el AT o NT.) El escritor se apega al frecuente consenso judío y al consenso unánime del NT de que con la muerte termina la oportunidad para reconciliarse con Dios.

10:1-18
El verdadero sacrificio del nuevo pacto

Solo *Cristo podía ser un sacrificio suficiente para el santuario celestial (9:23-28).

10:1. *Platón hablaba del mundo terrenal, percibido por el conocimiento sensorial (por los sentidos terrenales), como compuesto meramente de sombras del mundo real, percibido únicamente por la razón. Para el primer siglo, inclusive muchos escritores judíos (en la *diáspora) se referían a los cielos como algo puro y perfecto, y a lo terrenal como confinado a la corrupción. Tales escritores siempre hablaban de la necesidad del alma de escaparse y regresar a las partes altas de donde originalmente había venido. Sin adoptar una cosmovisión totalmente platónica, el escritor de Hebreos acepta que el tabernáculo terrestre, por lo menos, es una sombra del celestial (él tiene pruebas escriturales para esta tesis; cf. el 8:5), pero él también hace eco de la perspectiva de los escritores *apocalípticos judíos: el cielo revela cómo será el mundo venidero. Sin embargo, para este escritor la primera etapa (9:24, 28) de ese tiempo futuro ya ha invadido la historia (6:5).

10:2, 3. El autor nuevamente juega con la idea de que lo perfecto no necesita ser cambiado o complementado. En el razonamiento antiguo era común el uso de las preguntas retóricas. "Memoria" puede haber significado que los sacrificios del día anual de *Expiación les recordaba a la gente sus pecados, de la misma manera que la Pascua les recordaba los actos redentores de Dios (Éxo. 12:14; cf. Lev. 16:21); en contraste con la póliza del nuevo pacto (8:12).

10:4. El judaísmo palestino argumentaba que el día de *Expiación, unido al *arrepentimiento, era necesario para el perdón de la mayoría de violaciones de la *ley.

Muchos filósofos se habían rebelado en contra de la idea de los sacrificios de sangre, lo cual decían ellos eran irrazonables en un templo perfecto enfocado en la mente. Sin embargo, esta no es la premisa de este escritor quien, al igual que la gente en la mayoría de culturas en la historia humana, reconocía la necesidad de los sacrificios de sangre (10:19); él simplemente creía que los sacrificios de animales eran inadecuados para la redención humana en el santuario celestial (9:23), y por lo mismo innecesarios ahora que *Cristo había venido. Él cuenta con suficiente respaldo del AT para señalar la relatividad del valor actual de los sacrificios de animales (p. ej., 1 Sam. 15:22; Sal. 51:16; Prov. 21:3; Isa. 1:11; Jer. 11:15; Ose. 6:6; Amós 5:21-27), tal como lo muestra con la Escritura que cita (Heb. 10:5-7).

Antes del 70 d. de J.C. muchos judíos de la *diáspora y algunos judíos palestinos enfatizaban el uso espiritual y figurado de imágenes propias de los sacrificios, pero solo unos cuantos negaban del todo la necesidad de sacrificios. Todas las personas en el mundo antiguo, hubieran visitado o no el templo en Jerusalén, estaban familiarizadas con los sacrificios de animales, los cuales eran una parte regular de la religión; algunos filósofos se oponían a esta práctica, pero la mayoría de los templos antiguos la incluían. Este escritor consideraba su valor pasado como simbólico, señalando hacia el perfecto sacrificio de Cristo (9:23).

10:5-7. Aquí el escritor cita el Salmo 40:6-8.

10:8, 9. El escritor procede a explicar el texto que acaba de citar. Dios no solo no había deseado sacrificios, sino que el acto mismo de ofrecerlos no encajaba dentro de la voluntad real de Dios; lo último es lo que el *Mesías vino a hacer.

10:10. Aunque el AT fue escrito en hebreo y algo en *arameo, la mayoría de los judíos del primer siglo que estaban esparcidos por todo el mundo romano leían el AT en su traducción en griego. Donde el texto hebreo existente dice: "has abierto mis oídos" (10:5), la mayoría de las versiones en griego dicen "me has preparado un cuerpo" (para hacer la voluntad de Dios). Los intérpretes judíos generalmente escogían la versión que más necesitaban para establecer su argumento (algunos intérpretes inclusive cambiaban un poco la lectura para respaldarse); tanto el escritor de Hebreos como sus lectores están usando aquí la versión griega. Consecuentemente, él explica: "No sacrificios, sino un cuerpo para hacer la voluntad de Dios" (el sacrificio máximo del cuerpo de *Cristo). Este tipo de argumentación se ajusta a los estándares judíos de antaño y aquí se usa con bastante habilidad.

10:11-14. El escritor regresa a su texto básico, Salmo 110:1, asumiendo también 110:4. Un sacerdote eterno según el orden de Melquisedec (Sal. 110:4) que debía permanecer sentado hasta que sus enemigos fueran sometidos (y los enemigos aún estaban por ser sometidos [Heb. 2:8]), ya tenía que haber ofrecido su sacrificio una vez y para siempre; los sacerdotes no podían ofrecer sus sacrificios estando sentados.

10:15-17. A igual que el cristianismo, el judaísmo atribuía la inspiración de las Escrituras al *"Espíritu Santo", quien en la mayoría de los círculos del judaísmo antiguo era visto como el Espíritu de *profecía. El escritor regresa aquí a uno de sus textos anteriores, Jeremías 31:31-34 (Heb. 8:8-12), una práctica comúnmente usada para explicar los textos citados más recientemente.

10:18. Si el nuevo pacto (8:6-13) involucra perdón de pecados y que los pecados ya no sean recordados (8:12; 10:17), entonces ya no hay necesidad de *expiación por los pecados. El escritor no menciona la imagen de las ofrendas por el pecado ni las ofrendas de culpa en el futuro templo de Ezequiel (Eze. 40:39; 42:13; 43:18-27; 44:29); presuntamente, él las hubiera interpretado simbólicamente en vista de la suficiencia de la muerte de *Cristo (Isa. 53).

10:19-25
La nueva adoración

10:19, 20. El santuario estaba reservado para el servicio de los sacerdotes, pero al lugar santísimo (la expresión semítica es "santo de santos"), el cual parece proyectarse aquí, solo podía entrar el sumo sacerdote, e inclusive él solamente podía hacerlo una vez al año. Pero Jesús el precursor (6:20; cf. el 2:10 y el 5:9) había dedicado el santuario celestial (9:23-28), a fin de que sus seguidores pudieran unirse a él en la plena presencia de Dios (ver el comentario sobre Apoc. 21:16). El velo (ver el comentario sobre el 6:19; cf. Mar. 15:38) había separado inclusive a los sacerdotes de la plena santidad de Dios simbolizada por el lugar santísimo, pero ahora los creyentes en Jesús tenían completo y perfecto acceso a la presencia de Dios (Heb. 4:16). La morada de Dios entre su pueblo en el tabernáculo había señalado a una relación personal disponible para quienes lo buscaran, aun en ese entonces (Éxo. 33:11), a pesar de algunas limitaciones (Éxo. 33:23; 34:30-35).
10:21. Este versículo alude a la superioridad de Jesús sobre Moisés (Núm. 12:7); ver el comentario sobre Hebreos 3:6.
10:22. En el AT "acerquémonos" puede ser lenguaje de sacrificios o lenguaje moral; aquí significa entrar a la presencia de Dios (10:19, 20) y en relación con Dios (7:19, 25) por medio de Jesús el máximo sumo sacerdote. "Purificados los corazones" (9:13; ver, p. ej., Lev. 14:7; cf. Éxo. 24:8 citado en Heb. 9:19, 20) y "lavados los cuerpos" (p. ej., Lev. 14:9) son figuras del orden levítico, pero el escritor tenía en mente una limpieza espiritual (Eze. 36:25-29).
Al igual que muchos otros escritores judíos de la *diáspora, puede ser que el autor de Hebreos aceptara la necesidad de la limpieza interna así como de la externa; pero la limpieza del cuerpo aquí es iniciadora (en griego es tiempo perfecto) y por lo mismo se refiere al *bautismo. Los *gentiles que se convertían al judaísmo eran bautizados para liberarlos de las impurezas gentiles; la secta de *Qumrán requería que todos sus adeptos fueran bautizados (como el primero de muchos lavamientos) para dejar atrás las antiguas impurezas mundanas; los cristianos bautizaban a los nuevos creyentes como señal de iniciación a una vida totalmente nueva. El valor simbólico del bautismo cristiano no debe haber pasado desapercibido entre los observadores judíos.
La unión de la fe, la esperanza y el amor como las virtudes principales (10:22-24) parece haber sido específicamente una formulación cristiana (p. ej., 1 Cor. 13:13; Col. 1:4, 5; 1 Tes. 1:3).
10:23. Esta exhortación "retengamos firme" es importante debido a la oposición que enfrentaban los lectores. Sus oponentes insistían en que ellos regresaran a las observaciones rituales practicadas por los otros judíos en su ciudad y comprometieran la absoluta suficiencia de *Cristo. (Pablo no estaba opuesto a que los cristianos participaran en sacrificios como un medio de identificación cultural, adorando con ofrendas de acción de gracias, etc. [ver, p. ej., Hechos 21:26; pero al igual que este autor, Pablo seguramente hubiera negado que los sacrificios fueran necesarios para la *expiación], Rom. 3:24-26. Dado que estos lectores eran judíos de la *diáspora quienes probablemente podían ir al templo en Jerusalén solo de vez en cuando, y como es posible que desde que la guerra se iniciara en el año 66 d. de J.C. nadie en esa comunidad había ido, la cuestión aquí es más el principio que la práctica en todo caso. El punto es si acaso ellos considerarían a Jesús como un apéndice a su judaísmo o como su cumplimiento, y quien reemplazaba previos mandatos sobre cómo practicar la ley.) Al igual que los judíos de antaño habían confia-

do en Dios para que los introdujera en la tierra prometida, los lectores de Hebreos debían confiar en Dios igualmente. Puede ser que en este caso el "fiel" no se refiera a Dios el Padre (11:11) sino a Jesús (3:2, 5).

10:24. Algunos grupos antiguos como los *epicúreos se ocupaban de la mutua exhortación; también era una práctica común entre los primeros cristianos (Rom. 15:14; 1 Tes. 5:14).

10:25. Los moralistas griegos a menudo impartían conferencias sobre la "concordia" o "armonía", amonestando contra el individualismo. Los maestros judíos también amonestaban en contra de un espíritu separatista, e inclusive los judíos separatistas (como los *esenios) se unían entre sí. Las *sinagogas de la *diáspora funcionaban como centros comunitarios, y los judíos que no asistían frecuentemente se excluían a sí mismos de la vida activa de su comunidad; debido a que la mayoría de judíos en muchos lugares eran recibidos con hostilidad por parte de la comunidad *gentil, la cohesión comunitaria era una manera de hacer frente a esta situación.

En el mundo grecorromano, las asociaciones religiosas se reunían periódicamente, normalmente una vez al mes. Los judíos en la diáspora podían hacer uso de sus sinagogas en cualquier tiempo, pero especialmente se reunían semanalmente los sábados (p. ej., Hech. 13:14, 42; 16:13). Los cristianos parecen haberse reunido por lo menos semanalmente (Hech. 20:7; cf. también las Epístolas de Plinio 10:96, una descripción de los cristianos en Asia hecha por un gobernador pagano proveniente de la primera parte del segundo siglo). Pero la persecución (cf. Heb. 10:32-39; 12:4) puede haber disuadido a algunas personas inclusive de asistir a las relativamente privadas *iglesias-hogares; los romanos sospechaban de las reuniones privadas, aunque en el Oriente no se les investigaba a menos que un delator (acusador) los denunciara ante las autoridades.

10:26-31
El peligro de la apostasía

Los que no participan en la verdadera adoración, que no perseveran (10:19-25), finalmente se apartarían y se perderían.

10:26. Desde mucho tiempo antes, el judaísmo había distinguido entre pecados intencionales e involuntarios (Núm. 15:29-31; cf. p. ej., Lev. 4:2, 22); el que sabía sería castigado más estrictamente que el ignorante. Los sacrificios expiaban los pecados por ignorancia, pero el judaísmo enseñaba que ningún sacrificio beneficiaba a la persona que concientemente rechazaba la autoridad de la ley de Dios. (Para tales personas, muchos maestros judíos insistían en que el *arrepentimiento, el día de *Expiación y la muerte eran todos indispensables. Los maestros judíos también opinaban que los que pecaban asumiendo que automáticamente serían perdonados no se arrepentían genuinamente y por lo mismo no eran perdonados.) En los *Rollos MM, las transgresiones leves requerían penitencias temporales, pero las rebeliones deliberadas en contra de la *ley de Dios demandaban que la persona fuera expulsada de la comunidad. En este contexto, el pecador impenitente ha llegado a una completa apostasía (10:29).

10:27. Aquí el escritor toma prestado el lenguaje de Isaías 26:11, refiriéndose al día del Señor (para el cual los creyentes esperaban estar preparados; 10:25).

10:28. La ley sobre los testigos se encuentra en Deuteronomio 17:6, 7 y 19:15; la apostasía relacionada con la obediencia al verdadero Dios se menciona en Deuteronomio 13:6-11 y 17:2-7. Los maestros judíos reconocían que todo el mundo pecaba de una u otra manera; pero un pecado con el cual una persona declaraba "yo rechazo partes de la palabra de Dios", se consideraba como equivalente a rechazar toda la ley y se reconocía como apostasía.

10:29. Compare el 2:2, 3; aquí el autor utiliza el argumento de "cuánto más". La basura podía ser "pisoteada", pero lo sagrado debía tratarse con reverencia, y pisotearlo era la máxima falta de respeto (p. ej., Isa. 63:18; Mat. 7:6). Tratar lo santo como algo meramente profano o inmundo era considerado un pecado grave; los cristianos habían sido santificados por la sangre de *Cristo (ver el comentario sobre el 9:19-22), pero otros judíos simplemente consideraban el cuerpo muerto de Jesús como un cadáver inmundo (Deut. 21:23). Insultar al *Espíritu invitaba al juicio (Isa. 63:10).

10:30. El autor cita Deuteronomio 32:35, 36, conectando la primera línea del versículo 36 con el 35 en vez de unirlo a lo que sigue, con el propósito de reforzar el punto que está en el contexto en cuanto a que Dios había prometido esta venganza en contra de su propio pueblo. A diferencia de todas sus citas, esta se acerca más a la forma original en hebreo que a las versiones griegas existentes.

10:31. David había preferido caer "en las manos de Dios", dependiendo de su misericordia, pero la misericordia estuvo precedida por un severo y rápido juicio (2 Sam. 24:14-16; este era el juicio prescrito por la ley en Éxo. 30:12). "Caer en las manos de (alguien)" y "Dios vivo" eran expresiones judías comunes.

10:32-39
Confianza en su perseverancia

Aun cuando la apostasía era una genuina posibilidad (10:26-31), el escritor confía en que sus lectores, quienes ya han soportado bastante, no apostatarán (ver el comentario sobre el 6:9).

10:32, 33. El lenguaje atlético de "lucha" (NVI; "combate", RVR-1960) o conflicto (ver el comentario sobre el 12:1-3) unido a "fuisteis hechos espectáculo público" (RVA; "expuestos públicamente", NVI), puede significar que los lectores estaban sujetos a los juegos de los gladiadores. Aunque el escritor probablemente no esté utilizando esta referencia literalmente (ya que ellos aún estaban vivos [12:4]), la imagen sugiere la intensidad de su lucha. No es posible identificar la persecución específica aquí aludida sin identificar la localidad de los destinatarios de la carta (una tarea difícil; ver la introducción).

10:34. La confiscación de los bienes de los cristianos pudiera ajustarse a una supuesta situación en Macedonia (2 Cor. 8:2), donde tanto los cristianos tesalonicenses como filipenses fueron perseguidos; pero no se sabe dónde ocurrió la persecución en particular que aquí se describe. Que haya sucedido en el Imperio romano está fuera de discusión: los judíos fueron expulsados de Roma durante los gobiernos de Tiberio y Claudio, aunque (aparte de los reclutados por Tiberio) ellos pudieron haberse llevado todo aquello que podían cargar. Las disputas sobre la igualdad de los judíos alejandrinos como ciudadanos provocaron la revuelta judía a principios del segundo siglo, una masacre de la población judía allí, y la confiscación de sus propiedades; en el primer siglo, muchos judíos de ese mismo lugar habían sido expulsados o asesinados, y sus hogares fueron saqueados durante la violencia en esa ciudad. Dado que aún se les consideraba como una pequeña secta judía, los cristianos inclusive estaban más expuestos a la hostilidad pública.

Los lectores habían permanecido fieles a pesar de la persecución (cf. Tobías 1:20; 2:7, 8). Acerca de los "presos" (sin duda compañeros cristianos encarcelados), ver 13:3; cf.11:36. Sobre "una posesión mejor", ver el comentario sobre el 11:10.

10:35, 36. Tanto el judaísmo como el cristianismo (11:26) hablaban de las recompensas por la perseverancia para con Dios. Sobre la promesa ver, p. ej., 6:13-20; 11:9, 13, 39, 40.

10:37. Esta es una cita de Habacuc 2:3; las palabras están un tanto adaptadas para aplicarlas más específicamente al punto del escritor en cuanto al retorno de *Cristo (posiblemente parafraseada combinando una parte de Isa. 26:20, del mismo contexto de donde el autor tomó palabras para Heb. 10:27).

10:38. Aquí el autor cita Habacuc 2:4; ver el comentario sobre Romanos 1:17. Él sigue la *LXX (la cual habla de volverse) casi exactamente, excepto que él invierte el orden de las cláusulas, mencionando primero al justo. (También, al igual que Pablo, él omite "mi" antes de "fe", uniéndolo a su vez con "el justo". Aun cuando las versiones griegas más comunes tenían "mi" fe; es decir, la fidelidad de Dios, el hebreo tenía "su" fe, supuestamente la del justo, como lo toman Pablo y el escritor de Hebreos.)

10:39. El escritor expone Habacuc 2:4 (citado en el versículo anterior) en orden inverso, para terminar (como era normal en la *retórica antigua) con la nota deseada: perseverancia por la fe en vez de apostasía. En el siguiente capítulo él define la fe genuina perseverante.

11:1-31
Héroes de la fe

Después de definir la fe en 11:1 e introducir su tesis en 11:2, el escritor examina la historia bíblica en busca de ejemplos de fe. Según se define en este capítulo, la fe es seguridad en las promesas futuras de Dios, una seguridad que le permite a uno perseverar (10:32-39).

En su forma, este capítulo es una obra maestra de literatura. Se apega a la frecuente práctica literaria conocida como retrospectiva histórica, un resumen de la historia judía para establecer un punto en particular, al igual que en textos como Hechos 7, 1 Macabeos 2:49-69 y Eclesiástico 44—50. La retrospectiva consiste de biografías que son dignas de alabar (relatos favorables sobre vidas virtuosas). (Los moralistas antiguos normalmente utilizaban ejemplos de personas que encarnaban las virtudes que ellos apoyaban, y algunas veces escribían biografías con este propósito.) El escritor construye el capítulo alrededor de un instrumento literario denominado anáfora, comenzando cada nuevo relato con la misma palabra griega: "por la fe".

11:1. El autor define fe en términos de recompensas futuras, como en 10:32-39 (la palabra griega a menudo traducida "ahora bien" [NVI] en este versículo es literalmente "pero" o "y"). Los judíos definían la máxima "esperanza" en términos del futuro día del Señor. Esta esperanza es, sin embargo, una convicción firme en el presente: "certeza" (NVI; "seguridad", DHH) aparece en los documentos comerciales griegos con el significado de "título de propiedad". Para el lector griego, lo que "no se ve" significaba lo que era eterno, en los cielos; aquí también significa lo que aún está por suceder, como en la expectación *apocalíptica judía (11:7; cf. el 11:27).

11:2. "Recibieron aprobación" (BA) es literalmente "obtuvieron testimonio", como en 11:4, 5 y 39: la evidencia de su vida y el testimonio de Dios garantizaban que ellos serían declarados justos en el día del juicio.

11:3. El AT a menudo enseñaba este principio (p. ej., Prov. 3:19, 20), pero en vista de que el escritor comienza con el inicio de la historia bíblica, aquí se refiere a la creación en Génesis 1. En la cosmología griega (p. ej., Hesíodo, Empédocles), en contraste con muchas de las fuentes judías (p. ej., 2 Macabeos 7:28), el universo se había formado de materias preexistentes en un estado caótico; *Platón y *Filón creían que el universo visible se había formado de materia visible. Pero Filón y muchos maestros judíos pensaban que el universo material había sido formado de acuerdo con el patrón invisible e ideal de Dios, encarnado en su "palabra" o su "sabiduría". Aunque esta perspectiva parezca traicionar algo de la influencia filosófica griega (especialmente *estoica), la misma tenía sus raíces en y se defendía con el AT (p. ej., Prov. 8:22-31).

11:4. La literatura judía alaba a sus mártires y ofrece a Abel como el primer ejemplo de martirio. (Ver, p. ej., 4 Macabeos 18:10-19; Mat. 23:35. En el Testamento de Abraham, una obra *seudoepígrafa de fecha incierta, Abel inclusive reemplaza al griego Minos como el juez humano de los muertos [este papel pertenece a Enoc en el *libro de Jubileos]. La Ascensión de Isaías y el Apocalipsis de Moisés, también obras judías de fecha incierta, exaltaban a Abel como uno de los justos. En la obra de *Filón, el egoísmo es lo que conduce a Caín a eterna corrupción; otras tradiciones judías tempranas, p. ej., Jubileos y 1 Enoc, le adjudican otros castigos.) El hecho de que él aún habla es evidente ya que el escritor usa implícitamente Génesis 4:10 en Hebreos 12:24.

11:5. La tradición judía llegó a estar dividida en cuanto a Enoc. Los judíos más *helenizados lo identificaban con Atlas u otros personajes. Más prominentemente, los *esenios y otras tradiciones glorificaban a Enoc como el santo más justo y uno que nunca había muerto (p. ej., Eclesiástico, 1 Enoc, el libro apócrifo de Génesis en los escritos de *Qumrán, Jubileos). En reacción a este consenso, con el tiempo muchos *rabinos interpretaban "trasladado" como "Dios lo mató", para que pudiera morir en un estado de justicia, ya que (según ellos) Enoc había alternado entre una conducta justa e injusta.

El escritor de Hebreos sigue la interpretación judía más común, la cual también era la interpretación más natural de Génesis 5:21-24: Dios se llevó vivo a Enoc al cielo, porque él "caminó con Dios", es decir, agradó a Dios. Al igual que algunos escritores (como *Seudo Filón), el escritor de Hebreos sigue exactamente el relato bíblico y omite elaboraciones posteriores.

11:6. Característicamente hablando, los moralistas derivaban lecciones morales de los ejemplos que citaban; aquí, si Enoc había agradado a Dios, es obvio que había tenido fe. La moraleja que el escritor de Hebreos deriva de la historia de Enoc (v. 5) se adapta bien al contexto en su misma carta: además de "fe", cf. "acerquémonos" (10:22), "recompensa" (10:35) y posiblemente "buscamos" (13:14; cf. 12:17).

11:7. De igual manera, Noé era un renombrado héroe del judaísmo primitivo, aunque los *rabinos posteriores hicieron menos hincapié en él que los primeros narradores, transfiriendo a Moisés los relatos acerca de su nacimiento milagroso.

11:8. El judaísmo siempre alabó la fe de Abraham (ver la introducción a Rom. 4:1-22). Históricamente, Abraham puede haber sido parte de una emigración mayor (cf. Gén. 11:31, 32), pero su obediencia al llamamiento de Dios, dejando atrás su hogar y sus familiares, fue un acto de fe (Gén. 12:1, 4). La obediencia de Abraham se aplica como un modelo de fe tan temprano como en los escritos de Génesis, cuando Moisés exhortó a su pueblo a darle la espalda a Egipto; el escritor de Hebreos llama a sus lectores para que estén listos a abandonar la protección de sus propias familias.

11:9, 10. El judaísmo de la *diáspora a menudo describía a Dios como el "arquitecto" y "constructor" (cf. el 3:4) del mundo. Al igual que los filósofos quienes podían comparar el cosmos con una ciudad, *Filón consideraba al cielo (o virtud, o el Logos, la Palabra divina) como la "ciudad madre", diseñada y construida por Dios; uno no podía buscar la Jerusalén celestial en la tierra. Otros judíos veían la nueva Jerusalén como la ciudad de Dios para la era venidera (*Rollos MM, etc.; ver el comentario sobre Gál. 4:26); sobre sus cimientos, ver el comentario sobre Apocalipsis 21:14. Compare también Hebreos 13:14. Textos como el Salmo 137:5, 6 en el AT al igual que textos como este en el NT, sugieren que la esperanza futura de los cristianos se encuentra inseparablemente conectada con la historia de Israel, y los cristianos causan un tremendo perjuicio a la tradición bíblica al cortar sus lazos históricos con el antiguo Israel.

11:11. Sara era una mujer de fe en el AT, así como Abraham era un hombre de fe; textos judíos posteriores también llegaron a exaltar su grandeza como una matriarca.

11:12. Aquí el escritor cita Génesis 22:17, del cual posteriormente se hace eco en el AT.

11:13-16. Los judíos de la *diáspora se veían a sí mismos solo como "peregrinos" entre las naciones; el lenguaje aquí tiene sus antecedentes en el AT (especialmente Gén. 23:4; cf. Lev. 25:23). Al igual que *Filón, este escritor piensa que la tierra no es el hogar de los justos, sino el cielo. Pero él presenta esta idea en términos judíos más tradicionales que Filón, buscando una ciudad futura (ver también el comentario sobre el 11:9, 10).

11:17-19. El ofrecer a Isaac, después de esperar tantos años para que se cumpliera la promesa de este hijo, fue la prueba máxima de fe para Abraham (Gén. 22), y a menudo se acentúa en las fuentes judías. Este acto se consideraba como un modelo de fe para ser emulado cuando fuera necesario (ver *4 Macabeos 14:20; 15:28; 16:20). Aunque algunas tradiciones judías también notaban la disposición de Isaac para ser sacrificado (tan temprano como *Seudo Filón), el escritor de Hebreos no agrega nada al *relato bíblico, excepto para explicar la naturaleza de la confianza de Abraham (que Dios lo hubiera levantado de entre los muertos si se hubiera necesitado; el poder de Dios para resucitar a los muertos se celebraba diariamente en las oraciones judías). Hijo "único" (ver Gén. 22:2, texto hebreo y tradiciones judías) a veces se usaba, mayormente en relación con Isaac, para significar "especialmente amado" (*LXX, otras tradiciones judías), aun cuando Isaac nunca fue el único hijo de Abraham.

11:20. Los lectores judíos reconocerían que las bendiciones de Isaac habían sido inspiradas y que las mismas incluían predicciones acerca del futuro (Gén. 27:28, 29, 39, 40).

11:21. Génesis 49 también se consideraba como profético, y los escritores judíos posteriores ampliaron las predicciones (escribiendo también testamentos de cada uno de los doce patriarcas para sus hijos).

11:22. Ver Génesis 50:24, 25. La fe de José proveía esperanza en una promesa que trascendía su misma mortalidad.

11:23. Aquí el escritor de Hebreos se apega al relato bíblico (en su forma según la *LXX [el hebreo solo menciona la decisión de la madre para rescatarlo] Éxo. 2:2, 3), pero muchos escritores judíos ampliaban la historia del nacimiento de Moisés, especialmente su belleza, incluyendo reportes de que su gloria iluminaba el cuarto al momento de su nacimiento, y cosas por el estilo. Estos relatos se volvieron muy populares con el paso del tiempo.

11:24, 25. Aun cuando el escritor aquí saca una aplicación moral, no va más allá del relato bíblico. Muchas historias judías de esa época, especialmente los relatos entre los judíos de la *diáspora, presentaban a Moisés como un héroe militar egipcio y acentuaban su vasta educación y su conocimiento (ver el comentario sobre Hech. 7:22). Aun así, el escritor de Hebreos puede dar lugar al punto de vista sostenido por *Filón (que Moisés como hijo de la hija del faraón era su heredero). Si este es el caso (siguiendo una práctica romana en cuanto a la adopción), el hecho de que Moisés haya rechazado su posición para guardar su identificación con su oprimido pueblo (11:26) es de lo más significativo. Los filósofos y moralistas griegos comúnmente hacían hincapié sobre la superioridad de soportar maltratos por encima de sucumbir al dominio del placer, así como la tradición judía acentuaba el honrar a Dios sobre todas las cosas.

11:26. El abandonar las riquezas por algo superior, al igual que la piedad o la sabiduría, era una moraleja común en las historias judías y grecorromanas, y el relato bíblico acerca de la vida de Moisés ciertamente ilustra dicho motivo.

11:27. Éxodo 2:14, 15 indica que Moisés temía al rey; si este texto se refiere a la primera vez que Moisés huyó de Egipto después de matar al egipcio, el escritor quizá se refiera a una clase de temor en particular (es decir, Moisés no tenía tanto temor como para negar a su pueblo), o quizá él presenta el temor de una forma relativa haciendo hincapié en la fe de Moisés en el Dios invisible (otros escritores, como *Filón y *Josefo, minimizan o eliminan el temor como la causa de la huida de Moisés). Pero puede ser que él se refiera a la segunda vez cuando Moisés salió de Egipto, e Israel iba en pos de él; el versículo 28 también habla de él (singular) observando la Pascua, aunque no es claro si todo Israel la haya observado. Los judíos de la *diáspora a menudo se referían a Dios como "el Invisible".

11:28. Compare Éxodo 12, con el cual toda la gente judía estaba familiarizada, especialmente con la celebración anual de la Pascua. Dado que la naturaleza de este relato es biográfica, el autor solo cede de mala gana a describir la experiencia general de Israel, en contraste con Moisés (v. 29).

11:29. Compare Éxodo 14:29 y Nehemías 9:11. Éxodo narra la consumación de la fe de Israel después del milagro (Éxo. 14:31), pero Moisés y su pueblo tuvieron que actuar con algo de fe para entrar en el agua (cf. Éxo. 14:10-22). Los maestros judíos debatían la causa inmediata del éxodo, algunos afirmaban la fe de Israel pero muchos atribuían el milagro a la fe o mérito de sus antepasados.

11:30. Compare Josué 6. Algunos eruditos han dicho que Jericó era un sitio despoblado en la época de Josué, porque son muy pocos los vestigios que quedan de la ciudad de ese tiempo. Pero una excavadora atribuye la pérdida de este nivel de las ruinas de la ciudad a la erosión, e indudablemente ella estaba en lo correcto: normalmente se forman montículos y se preservan ruinas solo cuando existen los muros de una ciudad. Si los muros de Jericó se derrumbaron, uno podría esperar que la mayoría de ese estrato de ruinas hubiera sufrido de erosión.

11:31. Literatura judía posterior a menudo alaba la belleza de Rajab, y algunas veces la considera como una profetisa y como un modelo de conversión al judaísmo; pero aunque *Josefo se refiere a ella favorablemente, *Filón y la mayoría de la literatura judía primitiva se refieren muy poco a ella. Hebreos, al igual que Santiago 2:25, sigue el relato bíblico.

11:32-40
Un resumen de otras hazañas de fe

11:32. El tema del escritor todavía es "por la fe", pero al igual que *Filón, *Séneca y otros versados escritores en la *retórica, él hace notar que pudiera continuar pero que no lo hará, prefiriendo en su lugar dar un breve resumen. Esta acotación da la impresión (en este caso bastante precisa) de que él pudiera proveer mucha más información y muchos ejemplos más; pero él decide no agotar la paciencia del lector alargándose después de haber establecido su punto (como se sabe que lo hacían algunos retóricos antiguos inclusive en los tribunales, donde exhibían su elocuencia por horas sin descansar). Sin embargo, al mencionar lo que afirma no poder describir, el autor ofrece un bosquejo de lo que hubiera cubierto. Este, también, era un instrumento retórico que le permitía apresurarse mientras mencionaba lo que reclamaba no poder mencionar.

El escritor menciona a varios de los jueces (enviados para apacentar a Israel [1 Crón. 17:6]): David, el rey ideal; Samuel, fundador de las escuelas de profetas y supervisor de la transición de jueces a la monarquía; y a otros profetas. El hecho de que Barac reemplace a Débora en la lista se ajusta a la tradición *rabínica posterior en su tendencia a restarle importancia a las profetisas bíblicas, aunque el AT no menciona ni a Débora ni a Barac fuera de Jueces 4—5. Desde la perspectiva de los lectores del primer siglo, Barac sería el vencedor oficial aunque Débora haya sido la principal líder espiritual.

11:33. Las primeras tres declaraciones en el versículo son generales, pero la tercera se aplica específicamente a Daniel (Dan. 6:16-24; cf. 1 Macabeos 2:60); aunque este relato fue ampliado en la tradición antigua (Bel y el Dragón 31, 32), el escritor de Hebreos se apega al relato bíblico. Otros escritores judíos también presentaban la resistencia de Daniel y sus amigos ante los leones y el fuego como modelos para ser emulados (acerca de mártires, ver *4 Macabeos 13:9; 16:3, 21, 22).

11:34. Sofocar "la violencia del fuego" se refiere especialmente a los tres amigos de Daniel (Dan. 3:23-27; 1 Macabeos 2:59; 3 Macabeos 6:6; ver Isa. 43:2), aunque la tradición judía también transfería elementos de ese relato a Abraham (*Seudo Filón y *rabinos posteriores). "Sacaron fuerzas de la debilidad" puede referirse particularmente a Sansón al recuperar su fuerza (Jue. 16:28-31), o puede ser una declaración general como varias otras que están a continuación. Mucho del lenguaje de este versículo viene de 1 Macabeos, el cual contiene bastante material histórico acerca de judíos piadosos defensores de la *ley después del período del AT y antes del período del NT. El mismo era ampliamente conocido entre los judíos por todo el mundo antiguo.

11:35, 36. "Mujeres recibieron por resurrección a sus muertos" por intermedio de Elías y Eliseo (1 Rey. 17:21-24; 2 Rey. 4:35-37). "Otros" señala una transición: la fe no siempre produce liberación (ver Dan. 3:18), tal como ya lo sabían los lectores de esta carta (Heb. 10:32-39) y podrían aprender en el futuro (12:4). Casi todos los judíos conocían los relatos de los mártires *macabeos, quienes fueron torturados en varias maneras: quemados, desollados, estirados con aparatos, y cosas por el estilo. Algunas prácticas de tortura entre los griegos incluían el fuego, empulgueras y (lo que aquí probablemente signifique "torturas") estirar a la persona sobre una rueda para romperle las coyunturas, golpeando después a la víctima hasta que muriera (algunas veces golpeándole el estómago como si fuera un tambor) en esa indefensa posición. Los mártires macabeos fueron flagelados, un castigo que los romanos también habían adoptado. Todas las fuentes judías que trataban el asunto estaban de acuerdo en que los mártires recibirían un trato de preferencia en la *resurrección, y 2 Macabeos declara que esta era la esperanza que permitía a los mártires soportar tal sufrimiento.

11:37. "Aserrados" se ajusta a una tradición judía que era bastante popular en el segundo siglo d. de J.C. y un poco después, pero que probablemente ya se conocía en la época del escritor. Cuando Isaías se escondió en un árbol, el malvado rey Manasés lo apresó, e Isaías fue aserrado. Los que fueron apedreados hasta morir incluyen a un profeta de nombre Zacarías (2 Crón. 24:20 22; Mat. 23:35); algunas tradiciones judías agregaban a Jeremías. Los profetas que vivían separados de la sociedad, a veces usaban toscas pieles de animales (ver la *LXX en relación con el "manto" de Elías); Elías y otros profetas similares también andaban errantes por los desiertos, y los macabeos fueron posteriormente forzados a vivir en tales circunstancias.

11:38. Las guerrillas de los macabeos se escondían en cuevas en las montañas de Judea, tal como lo había hecho la banda de David en la época de Saúl mucho tiempo atrás. Elías y otros profetas a veces fueron forzados a vivir en el desierto. La idea de las personas justas de quienes el mundo no era digno tiene varios paralelos parciales, aunque esta formulación es del propio autor.

11:39. Este versículo resume todo lo expuesto en 11:3-38, repitiendo la tesis del autor expresada en 11:2. Esta manera de resumir la tesis de uno era una práctica *retórica común.

11:40. "Perfeccionados" se refiere aquí a la consumación de la salvación (1:14), la *resurrección de los muertos (11:35). Todos los justos resucitarán juntos al final de los tiempos (Dan. 12:2, 13).

12:1-3
El máximo héroe de la fe

La imagen en 12:1-3 y posiblemente en 12:12, 13 es la de los corredores que están disciplinándose para la carrera. Las competencias atléticas eran una imagen común en la literatura grecorromana, a menudo usada para la batalla moral librada por la persona sabia en este mundo; la obra judía *helenista de *4 Macabeos a veces aplica la imagen a los mártires. Este pasaje (Heb. 12:1-3) es el clímax de la narración acerca de los héroes de la fe del pasado (cap. 11).

12:1. "Testigos" puede funcionar como los que están presenciando una carrera ("nube" se aplicaba a menudo simbólicamente a una muchedumbre), pero los testigos particulares aquí son aquellos que testificaron de Dios o recibieron su testimonio de que eran justos (11:2, 4, 5, 39). (La imagen puede ser la de una corte celestial formada por héroes de la fe del pasado, quienes habrán de juzgar a los que en la actualidad compiten por los mismos honores; la imagen de la corte celestial aparece en otros lugares en fuentes judías de antaño. La idea no corresponde al cuadro que a veces se encuentra en escritores como el filósofo *estoico del segundo siglo Marco Aurelio [ver *Filón], donde las almas de los difuntos flotan alrededor por un tiempo después de la muerte antes de transformarse en fuego.) Despojarse "de todo peso" puede referirse a remover pesos artificiales usados durante el entrenamiento pero no en las carreras, pero es más probable que se refiera a la práctica griega de quitarse la vestimenta para correr libre de trabas. La imagen representaría cualquier cosa que pudiera impedir a sus lectores ganar su carrera (los escritores antiguos a veces usaban "pesos" [o cargas] simbólicamente para referirse a los vicios); este estímulo es significativo, porque al igual que el antiguo Israel en el desierto, ellos podían sentirse tentados a retroceder.

12:2. Acerca de "el autor" ver el comentario sobre el 2:10; para "consumador" ver el 9:9, 11 y 10:14. Al igual que los moralistas de antaño, el escritor utiliza modelos humanos para ilustrar las virtudes que ha seleccionado, pero su ilustración suprema sobre la virtud de la fe es el iniciador y consumador de la fe, quien sufrió esperando una recompensa futura, como debían hacerlo sus lectores (10:32-39). Según se decía, los mártires *macabeos habían "puesto los ojos" (la misma palabra empleada aquí) en Dios, soportando de esta manera las torturas hasta morir (*4 Macabeos 17:10). La cruz era un instrumento de "vergüenza" tanto en el pensamiento romano (la forma común de ejecución) como judío (cf. Deut. 21:23; Jos. 10:26, 27).

12:3. Los verbos traducidos "decaer" y "desmayar" a veces se utilizaban para referirse al agotamiento que podía experimentar un corredor. (El llamado a la paciencia en 12:1 refleja el lenguaje de las carreras de fondo.)

12:4-13
Aceptar el sufrimiento como instrucción de Dios

En vez de cuestionar su fe al ser perseguidos, los lectores deben aceptar el sufrimiento como una generosa oportunidad para conocer más y mejor las cosas de Dios.

12:4. Aun cuando algunos maestros judíos opinaban que uno podía violar la mayoría de las leyes bíblicas si fuera necesario para salvar una vida, siempre que no se profanara el nombre de Dios, los primeros mártires sentían que comprometer los mandamientos con el fin de salvar una vida constituía una profanación pública del nombre de Dios. Jesús, el máximo héroe de la fe que ellos sostenían, había derramado su sangre (12:2, 3; cf. el 9:12); sus seguidores debían estar preparados para hacer lo mismo. La máxima prueba de las competencias atléticas griegas (12:1-3) era el pugilismo, el cual siempre producía sangre; pero aquí el lenguaje indica la prueba máxima que Jesús representaba como algo que se esperaba del discipulado cristiano (Mar. 8:34-38): el martirio.

12:5-7. Esta cita es de Proverbios 3:11, 12 pero tiene varios paralelos bíblicos (p. ej., Deut. 8:5; Sal. 94:12) y paralelos judíos extra bíblicos (p. ej., *Salmos de Salomón 3:4; 7:3; 8:26; 10:1-3; 13:9, 10; 14:1, 2; 18:4); *Filón y algunos *rabinos usaban Proverbios 3 de manera similar. En el contexto de la literatura de sabiduría judía, la disciplina era señal del amor de un padre para con sus hijos, su preocupación porque anduvieran en la senda correcta; los maestros judíos opinaban que Dios purgaba los pecados de sus hijos por medio de los sufrimientos diseñados para *expiar y producir *arrepentimiento. Aunque este escritor hubiera negado que los sufrimientos de una persona pudieran tener valor expiatorio, excepto los de Dios en la carne (7:25-28; cf. Sal. 49:7-9), sin duda alguna está de acuerdo en que los mismos pueden guiarlo a uno al arrepentimiento o a profundizar su relación con Dios (Sal. 119:67, 71, 75).

En el mundo griego, el término traducido "disciplina" (RVA) era el término más básico para "educación" (aunque esto usualmente incluía disciplina corporal), así que el término naturalmente transmitía el concepto de instrucción moral. Algunos filósofos como *Séneca también utilizaban la imagen de Dios que estaba disciplinando a sus hijos para su propio bien, tal como lo hacían los escritores judíos.

12:8. En la antigüedad, decirle a alguien "hijo ilegítimo" (RVA; "bastardos", RVR-1960) era un grave insulto; la ilegitimidad afectaba negativamente la posición social de uno, lo mismo que sus derechos de herencia. Los padres se preocupaban más por sus herederos y usualmente invertían poco tiempo en los hijos ilegítimos.

12:9. Dios a menudo era llamado "Señor de los espíritus" (es decir, Señor sobre los ángeles); aquí se le llama "Padre de los espíritus" en contraste con los "padres terrenales" (BA). Los judíos desarrollaron la imagen *veterotestamentaria de Dios como padre de Israel (p. ej., Éxo. 4:22), a menudo refiriéndose a él en estos términos. Esta clase de argumento "cuánto más" era común entre los judíos: si respetamos a nuestros padres terrenales, ¿cuánto más debemos respetar al Padre que está sobre los seres humanos?

12:10, 11. Los maestros judíos reconocían que la disciplina de Dios, inclusive el sufrimiento experimentado como mártires, era temporal y que él después recompensaría grandemente al justo (p. ej., en los *apócrifos: Sabiduría de Salomón 3:5; cf. 2 Macabeos 6:13-17; 7:18, 32, 33). Ellos también creían que así como Dios disciplinaba a su pueblo, también castigaba al impío más severamente (Sabiduría de Salomón 12:22) o que lo haría en el futuro (la mayoría de los *rabinos, escritores y visionarios *apocalípticos, etc.).

12:12. "Manos debilitadas y... rodillas paralizadas" era una descripción común de debilitamiento e inercia (cf. Isa. 13:7; 35:3; Jer. 47:3; 50:43; Eze. 7:17; 21:7; Sof. 3:16), aplicada a asuntos morales o religiosos en los *Rollos MM, en Eclesiástico 25:23 y en otros lugares. La misma puede aplicarse a la imagen de la carrera en Hebreos 12:1-3.

12:13. "Enderezad para vuestros pies los caminos" sugiere el curso más rápido en una carrera; las palabras se toman de la *LXX en Proverbios 4:26 con pocos cambios.

12:14-29
El rechazar la revelación más grande

Alejarse de Jesús era peor que la imprudente

apostasía de Esaú (12:16, 17) y más seria que rechazar la revelación de Dios en el Sinaí (12:18-21), porque Jesús es superior a Moisés y superior a Abel (12:24), él es el legítimo y verdadero líder de Israel (12:23). La mayoría de los judíos buscaba guardar la *ley y se avergonzaba de lo que había sucedido con sus antepasados en el desierto; el escritor advierte que si sus lectores le vuelven la espalda a *Cristo, estarán actuando inclusive peor que sus antepasados.

12:14, 15. La imagen de una raíz de amargura que pueda esparcirse para contaminar a muchos se deriva de Deuteronomio 29:18, aunque varios textos usan imágenes similares (1 Macabeos 1:10; un himno de *Qumrán; los *rabinos). El texto de Deuteronomio es bastante apropiado ya que alude a la apostasía, al igual que lo hace el escritor de Hebreos.

12:16. Aquí el autor se refiere a Génesis 25:31-34. *Filón se refería a Esaú como esclavizado por deseos sensuales y temporales debido a acciones tales como esta. Esaú no actuó como alguien que contempla la vida desde una perspectiva de largo alcance, mucho menos una perspectiva eterna (los *rabinos inferían de este texto que él había negado la futura *resurrección de los muertos). "Inmoral" (RVA) aquí es literalmente "sexualmente inmoral" ("fornicario", RVR-1960), la opinión que prevaleció en círculos judíos en cuanto a Esaú, indudablemente basada en su preferencia inicial por las esposas paganas (Gén. 26:34, 35; 28:8, 9).

12:17. A pesar de las "lágrimas", lo cual refleja Génesis 27:38, Esaú no pudo lograr que su padre Isaac cambiara de parecer, probablemente porque la primera bendición no podía anularse. (Un comentarista observa que la expresión "ocasión de *arrepentimiento" se usaba en documentos legales romanos como "una ocasión para revertir una decisión previa". Aunque ni el autor ni sus lectores hubieran estado pensando en términos legales, pudiera reflejar una expresión idiomática más general, la cual pudiera aplicarse a la elección de Isaac [aunque el comentarista la aplica a Esaú].) El hecho de que Esaú fuera desheredado de la promesa (cf. Heb. 6:12-18) estaba establecido. (Según una tradición judía no bíblica, Jacob posteriormente mató a Esaú en una guerra, pero el escritor de Hebreos no va más allá del relato bíblico.)

12:18. Aquí el autor describe el monte Sinaí cuando se dio la *ley (Éxo. 19:16; Deut. 4:11, 12).

12:19. En Éxodo 20:18-21, cuando Dios había dado los Diez Mandamientos, el pueblo estaba temeroso ante la imponente santidad de Dios. Ellos querían que Moisés actuara como su mediador, pues temían que si Dios les hablaba directamente, ellos morirían (Éxo. 20:19; Deut. 5:25-27), porque él vino como un fuego consumidor (Deut. 4:24; 5:24, 25). Pero el propósito de Dios fue de provocarles el suficiente temor para que dejaran de pecar (Éxo. 20:20).

12:20. Aquí el autor utiliza Éxodo 19:12, 13. Dios era tan inasequiblemente santo que violar su mandato de no acercarse al monte de donde él dio la ley sería castigado con la muerte, inclusive para los animales que se descarriaban inadvertidamente hacia ese lugar (cf. Núm. 17:13).

12:21. Cuando Dios se enojó con Israel por violar su prohibición contra la idolatría, aun Moisés se atemorizó ante la ira de Dios (Deut. 9:19).

12:22. El monte Sion (Jerusalén o el monte del templo en Jerusalén), en contraste con el monte Sinaí, sería el lugar donde se daría la nueva ley al final de los tiempos (Isa. 2:1-4). Acerca de la Jerusalén celestial, ver el comentario sobre el 11:9, 10; en la antigüedad todo el mundo consideraba que un lugar celestial de revelación era superior a uno terrenal, sin importar qué tan glorioso fuera este último (12:18-21).

La tradición judía acentuaba el vasto número de ángeles presentes cuando se dio la ley (con el tiempo reclamaban miles por cada israelita); el escritor de Hebreos probablemente toma la idea de los ángeles del Salmo 68:17, un texto que quizá se refiera a la entrega de la ley, como posteriormente también lo interpretara la tradición judía.

12:23. Mucho antes del primer siglo, la *LXX aplicaba el término traducido "iglesia" (NVI) a la "asamblea" (RVA; "congregación", RVR-1960) de Israel en el AT hebreo; así que aquí el escritor de Hebreos contrasta la congregación dirigida por Jesús con la que dirigiera Moisés (12:19). (Sobre "primogénito" ver el comentario en el 1:6; dado que la referencia es plural, aquí pudiera referirse al pueblo de Dios como un todo [p. ej., Éxo. 4:22].) "Inscritos" significa que sus nombres están en una lista en los cielos; la figura judía de tablillas celestiales y el libro de la vida era común (ver el comentario sobre Fil. 4:3; Apoc. 20:12). En textos *apocalípticos como *1 Enoc, "espíritus" o "almas" hacían referencia a los justos ya muertos que estaban en el cielo (varios textos lo aplican aún más comúnmente a los ángeles, pero no tendría sentido en relación a "espíritus de los justos", la cual era una designación común para los justos ya muertos, no para ángeles guardianes). Muchos judíos de la *diáspora creían que los justos finalmente alcanzaban la perfección al morir (o en la *resurrección; cf. Heb. 11:40; se ha sugerido que los justos de 12:23 incluye a los héroes del cap. 11).

12:24. Moisés era considerado el mediador del primer pacto. Como mediador de un nuevo pacto (9:15; ver el comentario sobre el 8:6-13), Jesús tuvo que inaugurarlo por medio del rociamiento de sangre (ver el comentario sobre el 9:15-22). La sangre de Abel habló, trayendo condenación en contra de su asesino (Gén. 4:10; cf. Prov. 21:28; ver el comentario sobre Heb. 11:4). (En la tradición *rabínica, la sangre de todos los descendientes que hubieran nacido de Abel clamaban a Dios contra Caín, y por lo mismo Caín no tenía parte en el mundo venidero. La sangre que clama también se encuentra en los *Oráculos Sibilinos, 2 Macabeos 8:3 y en otros lugares; cf. Deut. 21:1-9. Ver comentario sobre Mat. 23:35 para lo relacionado con la tradición tocante a la sangre de Zacarías que testifica; otros relatos rabínicos también sugieren que ellos creían que la sangre de una persona asesinada se mantenía hirviente hasta que era vengada.) La sangre de Jesús, dedicando un nuevo pacto de perdón "habla mejor" que la sangre de Abel.

12:25. La comparación entre el monte Sinaí y un monte Sion celestial retoma el argumento común del escritor: *qal vahomer* o "cuánto más" (argumentos a fortiori, "de menor a mayor" [aquí empleado en forma inversa] eran comunes, especialmente en la argumentación judía, pero también aparece en la argumentación grecorromana y de otros; cf. Prov. 15:11). Si la ley era gloriosa, y profanarla era algo de temer, "cuánto más" debía temerse si se profanaba la gloria más imponente del nuevo pacto dado desde el cielo (12:25-29).

12:26. La tierra se estremeció cuando Dios entregó la *ley en el monte Sinaí (Éxo. 19:18; cf. *2 Baruc 59:3); la tradición judía posterior amplió este punto para decir que Dios estremeció todo el mundo. La idea de un gran terremoto al final de los tiempos tiene sus paralelos en el AT (Isa. 13:13) y en el judaísmo posterior (p. ej., 2 Baruc 32:1), pero el escritor cita directamente Hageo 2:6 (cf. el 2:21).

12:27. El escritor explica el texto que acaba de citar. Dado que Hageo 2:5 menciona una promesa que Dios hizo cuando sacó a Israel de Egipto, y "una vez más" en 2:6 hace referencia a una sacudida (temblor) previa y particular, era muy natural considerar el primer temblor de 2:6 como lo que sucedió en Sinaí. La segunda sacudida es claramente futura, cuando Dios someterá a las naciones y llenará su templo de gloria (2:7). El escritor de Hebreos agrega a este texto una perspectiva interpretativa que él comparte con sus lectores, una perspectiva acentuada en la filosofía griega, pero no incongruente con el AT: lo que no se puede cambiar es verdaderamente eterno.

12:28. Al igual que muchos escritores judíos, el autor de Hebreos utiliza el lenguaje de las ofrendas de sacrificios simbólicamente para hablar de la actitud apropiada en la adoración (cf. 13:15; ver el comentario sobre Rom. 12:1). En cuanto al *reino que no puede ser sacudido, cf. quizás el Salmo 96:10 (especialmente en la *LXX, numerado como 95:10).

12:29. El autor toma directamente Deuteronomio 4:24; cf. también Deuteronomio 9:3 y Éxodo 24:17. Deuteronomio 4:24 habla de Dios como "Dios celoso"; Hebreos 12:29 es claramente una advertencia en contra de tratar con indiferencia su máxima revelación.

13:1-17
Exhortaciones finales

La parénesis, un estilo *retórico y literario antiguo mayormente compuesto de exhortaciones morales vagamente entrelazadas, podía combinarse con otros elementos literarios. Las exhortaciones morales a menudo se encuentran después de la argumentación, como en muchas de las cartas de Pablo (p. ej., Rom. 12—14; Gál. 5—6; Ef. 4—6).

13:1. Ver el comentario sobre el 10:25; cf. el 12:14. Los vínculos de comunidad cristiana también evitarían el apostatar de esa comunidad.

13:2. La hospitalidad normalmente envolvía proveer hospedaje y cuidado para los viajeros; el mejor ejemplo de esta virtud citado en los textos judíos era Abraham, quien albergó a los tres visitantes (Gén. 18). Debido a que por lo menos dos de ellos resultaron ser ángeles, este texto es la referencia más natural para la exhortación. (Otras historias, como el primitivo relato judío de Tobías o relatos griegos en cuanto a dioses que visitaban encubiertamente a la gente, son de un valor marginal, pero ilustran qué tan abiertamente pudieron haber recibido la exhortación los lectores de antaño.)

13:3. Ya para el segundo siglo los cristianos eran conocidos por su cuidado para con los presos. Algunos filósofos consideraban una virtud el visitar a los encarcelados, aunque el judaísmo palestino guardó extremadamente silencio sobre este asunto, comparado con su énfasis en visitar a los enfermos o asistir económicamente a los oprimidos (excepto en el caso de judíos capturados o esclavizados por los paganos). "Los presos" probablemente se refiera a algunos cristianos encarcelados a causa de su fe o por prácticas relacionadas con ella (como en el 13:23). La ley romana utilizaba las prisiones como lugar de detención hasta decidir el castigo, en vez de que estas constituyeran un castigo en sí; a veces los prisioneros tenían que depender de aliados externos para obtener sus alimentos.

13:4. Muchos escritores antiguos hablaban de honrar "el lecho matrimonial" (BA; "relación conyugal", RVA. El "lecho" era una expresión idiomática para las relaciones sexuales); un relato se excede al enfatizar la pureza de una virgen haciendo notar que nunca nadie se había sentado en su cama. La inmoralidad sexual predominaba entre los hombres en la sociedad grecorromana, la cual también aceptaba la prostitución; la pederastia, las relaciones homosexuales y el sexo con las esclavas eran prácticas griegas comunes hasta que un varón era lo suficientemente mayor para el matrimonio. Unos cuantos filósofos griegos inclusive promulgaban que el matrimonio era aburrido, pero que la satisfacción sexual era necesaria. El escritor no acepta los valores griegos típicos, sino los valores de Dios representados en la Escritura y también sostenidos en círculos judíos de su época.

13:5. El autor extrae esta cita especialmente de Deuteronomio 31:6, 8 y Josué 1:5, aunque la idea era común en el AT (cf. 2 Crón. 15:2; Sal. 37:28). Cuando Moisés habló de estas cosas a Israel, lo hizo en tercera persona, pero el escritor, quien considera toda la Escritura como la palabra inspirada por Dios, utiliza Josué 1:5 (un oráculo de seguridad, una forma de *profecía *veterotestamentaria, para Josué) para adaptarlo en primera persona. La referencia al amor al dinero es característica de la parénesis (exhortación moral) general de la época, pero puede estar particularmente relacionada con las consecuencias económicas por seguir a Jesús en una cultura hostil (Heb. 10:34; 11:26).

13:6. Aquí el autor cita el Salmo 118:6; cf. Salmo 56:11. El autor pudiera estar agregando esta cita a Deuteronomio 31:6 y 8 como un implícito *gezerah shavah* (unir los textos con una palabra clave o frase común), ya que Deuteronomio 31:6 y 8 dice que los oyentes no deben temer (aunque el escritor de Hebreos no cita esa parte).

13:7. Los oradores públicos y los moralistas generalmente citaban ejemplos para ser emulados, especialmente aquellos con los cuales el escritor y los lectores estaban más familiarizados. El tiempo pasado de los verbos en este versículo pudiera indicar que algunos de ellos ya habían muerto (aunque no por martirio [12:4]). "Dirigentes" (RVA) probablemente se refiera a líderes locales en vez de a alguien como Pablo, quien probablemente fuera martirizado unos cuantos años antes de que se enviara esta carta.

13:8. *Filón y quizás muchos judíos de la *diáspora enfatizaban de manera particular el cuadro que el AT presenta acerca de la inmutabilidad de Dios (Sal. 102:27; Mal. 3:6; cf. Isa. 46:4), debido a que ellos tenían que comunicar la verdad acerca de Dios a los griegos, quienes creían que solo lo inmutable era verdaderamente eterno.

13:9. Levítico 11 y Deuteronomio 14:3-20 presentan una lista de alimentos "inmundos" que los judíos debían evitar, con lo cual se diferenciaban de las naciones a su alrededor. *Filón alegorizaba estas leyes sobre los alimentos, pero argumentaba que aun así uno debía observarlas literalmente; al mismo tiempo, él también testifica que algunos judíos de su época extremadamente *helenizados consideraban estas leyes solo como simbólicas y no las practicaban. El escritor de Hebreos no las rechaza por el simple hecho de no interpretarlas literalmente, él simplemente cree que ha llegado una nueva era, y que los alimentos previamente prohibidos no beneficiaron directamente a quienes se abstuvieron de ellos, haciendo que las prohibiciones ya no fueran necesarias.

13:10. Ahora el escritor se refiere a una clase de comida especial en el AT: la porción de los sacerdotes en el tabernáculo/templo (ver el comentario sobre 1 Cor. 9:13). Los creyentes, dice él, sirven como sacerdotes (13:15) en un tipo diferente de altar (ver el 7:13).

13:11. Los sacrificios quemados afuera del campamento eran parte de varios y diferentes rituales (cf. Lev. 9:11; Núm. 19:3), pero la referencia aquí es al día de *Expiación cuando el sumo sacerdote entraba al lugar santísimo con la sangre del sacrificio (Lev. 16:27). Este es el sacrificio que Jesús cumplió para el altar celestial previamente mencionado en Hebreos.

13:12, 13. La sangre era rociada para "santificar" (apartar como santo) o "purificar" las cosas según la *ley (9:22). (El hecho de que Jesús podía limpiar por medio de su sangre pudiera ser una indicación de su superioridad al sumo sacerdote del AT, quien debía lavarse antes de regresar al campamento después del sacrificio [Lev. 16:28].) El hecho de que Jesús haya sido crucificado y enterrado fuera de los muros de Jerusalén se ajusta tanto a los relatos de los *Evangelios como a los requisitos judíos de que los muertos fueran enterrados fuera de la ciudad (como para evitar contaminarse ritualmente por el contacto con las tumbas; cf., p. ej., Lev. 24:14; Núm. 15:35, 36; Deut. 17:5; 22:24). La ley romana exigía que las crucifixiones ocurrieran "fuera de la puerta". (Algunos comentaristas también han anotado que las ofrendas por el pecado en el día de *Expiación eran quemadas fuera del campamento [Lev. 16:27] pero debe observarse que estas también eran sacrificadas en el templo o tabernáculo [Lev. 16:5-19].) Para estos lectores cristianos judíos, salir del campamento debe de haber implicado estar dispuestos a ser expulsados de la comunidad judía que ellos valoraban y respetaban, para seguir de corazón al Dios del judaísmo (cf. Heb. 11:13-16).

13:14. Ver el comentario sobre el 11:10 acerca de la esperanza de la Jerusalén eterna en el judaísmo antiguo.

13:15, 16. Los *Rollos MM a menudo utilizan el lenguaje de los sacrificios para alabanzas, y así también lo hacen otros escritores de antaño (ver el comentario sobre Rom. 12:1); sin embargo, es probable que aquí Hebreos dependa mayormente de Oseas 14:2. En cuanto a sacrificios espirituales, ver también Salmos 4:5; 27:6; 40:6; 50:7-15; 51:17; 54:6; 69:30, 31; 119:108 y Proverbios 21:3. Los *fariseos también hacían hincapié en que Dios aceptaba la piedad como una ofrenda espiritual, un factor que pudo haber ayudado para que el fariseísmo sobreviviera a la destrucción del templo en el año 70 d. de J.C.; solo unos cuantos movimientos palestinos judíos, como los sucesores del fariseísmo y los cristianos judíos, sobrevivieron sin el templo.

13:17. El escritor urge a sus lectores a someterse a sus líderes actuales (quizás como hicieran con los anteriores [13:7]), a quienes él representa como "cuidadores" (NVI) (ver Eze. 3:17; 35:7; cf. Isa. 21:8; Hab. 2:1). Uno de los temas de los moralistas grecorromanos por mucho tiempo había sido el de aconsejar a la gente sobre cómo someterse a los gobernadores; este autor extiende una breve exhortación que funciona como una especie de "carta de recomendación", sometiendo su propia autoridad a la autoridad de los líderes de la *iglesia. Sin embargo, este autor no está tan centrado en un líder como lo estaban algunos otros grupos, p. ej. la comunidad de *Qumrán. Los *Rollos MM permiten observar que los líderes de la comunidad determinaban el progreso o falta del mismo de los miembros, lo cual afectaba la posición de los mismos en la comunidad y, en consecuencia, delante de Dios.

13:18-25
Conclusión

13:18, 19. Esta pudiera ser la petición de oración de uno que estuviera preso injustamente (ver el 3:23).

13:20, 21. Acerca de Jesús como el "pastor", ver el comentario en la introducción a Juan 10:1-18. La *LXX de Isaías 63:11 dice que Dios "sacó al pastor (Moisés) de las ovejas" del mar. Los profetas también habían profetizado un nuevo éxodo (el cual podía incluir salir del mar), que se cumplió en *Cristo (sobre la comparación del mar y la *resurrección, ver el comentario sobre Rom. 10:7).
El primer pacto fue inaugurado por "la sangre del pacto" (Éxo. 24:8), a veces denominado el "pacto eterno" (*Salmos de Salomón 10:4; *Rollos MM). Pero el nuevo pacto también sería llamado "eterno" (Isa. 55:3; Jer. 32:40; Eze. 37:26), y es a la sangre de este pacto a la que se refiere el autor de Hebreos (9:11-22).

13:22. Los filósofos y moralistas impartían "mensajes de exhortación". Dichos mensajes también podían ofrecerse por escrito, especialmente en cartas-tratados como Hebreos. Los oradores públicos profesionales (*retóricos) a menudo hacían la observación de que habían hablado breve o pobremente cuando realmente ese no era el caso, y reclamar para sí menos de lo que era obvio.

13:23. Si, como es probable, Timoteo fue arrestado en Roma durante el gobierno de Nerón, puede ser que a la muerte del emperador Timoteo haya salido libre, ya que la guardia del pretorio y la aristocracia romana hacía mucho que habían perdido la fe en la política de Nerón. Este transfondo colocaría la carta en la última parte de los años 60 d. de J.C. (ver la introducción).

13:24, 25. "Los de Italia" puede referirse a gente de Italia que ahora vivía en algún otro lugar, que posiblemente enviaban saludos de regreso a Italia; la mayoría de comentaristas que aceptan este punto de vista piensa que se refiere a Aquila y Priscila (Hech. 18:2). Más seguro (especialmente considerando el posible lugar del encarcelamiento de Timoteo [13:23]) es la perspectiva de que él envía saludos de los santos en Italia, y que la carta está escrita desde Roma.

SANTIAGO

Introducción

Paternidad literaria: El hecho que "Santiago" no necesite especificar cuál Santiago es él en 1:1 sugiere que es el más prominente y mejor conocido Santiago de la *iglesia primitiva: Santiago el hermano del Señor (Hech. 12:17; 15:13-21; 21:17-26; 1 Cor. 15:7; Gál. 2:9, 12); al igual que en la tradición eclesiástica. (Santiago era un nombre común, y cuando se hablaba de un individuo comúnmente menos conocido pero con un nombre bastante común, uno usualmente agregaba un título que lo diferenciara; p. ej., "Platón el poeta cómico", "Santiago el menor" en la lista apostólica, y mucha gente en documentos comerciales de antaño.)

La objeción principal a esta propuesta es el estilo pulido del idioma griego que se observa en la carta, pero esta objeción no considera varios factores: (1) el amplio uso de la *retórica y el tiempo más que suficiente para que Santiago, el vocero principal de la iglesia en Jerusalén, pudiera adquirir facilidad con el mismo; (2) que como hijo de un carpintero él probablemente haya tenido una mejor educación que los campesinos galileos; (3) la difusión de la cultura y del idioma griegos en Palestina (p. ej., *Josefo, Justino); (4) las excavaciones que muestran que la mayoría de los galileos no estaban tan atrasados como alguna vez se pensara; (5) el difundido uso de amanuenses (escribas) que podían, como los escribas editores de Josefo, ayudar a escribir en buen griego.

La situación que se presenta en la carta se ajusta mejor al período antes del 66 d. de J.C. (la guerra judía con Roma), y Santiago fue ejecutado alrededor del año 62 d. de J.C. La carta probablemente debiera considerarse como genuinamente de Santiago; las cartas *seudoepígrafas usualmente circulaban mucho después de la muerte de la persona que el autor reclamaba ser, y una fecha entre 62 y 66 d. de J.C. no hubiera sido suficiente tiempo como para permitir que esta carta fuera una composición seudoepígrafa.

Santiago el Justo. *Josefo y algunos escritores judeocristianos posteriores registran la enorme estima que sus compañeros de Jerusalén, especialmente los pobres, tenían por Santiago. Tanto los cristianos como los no cristianos de Jerusalén admiraban su piedad, pero sus denuncias de la aristocracia (como en 5:1-6) indudablemente tuvo mucho que ver en la oposición que los sacerdotes aristócratas mostraron para con él.

Cerca del año 62 d. de J.C., cuando murió el procurador Festo, el sumo sacerdote Ananías II ejecutó a Santiago y a otras personas. Sin embargo, la protesta pública fue tan grave que cuando arribó el nuevo procurador Albino, Ananías fue destituido del sumo sacerdocio a causa de los hechos ocurridos.

***Género literario.** Los escritores griegos, incluyendo escritores judíos enamorados del pensamiento griego, a menudo conformaban listas con exhortaciones vagamente relacionadas con un estilo conocido como parénesis. Algunos escritores modernos han dicho que la carta de Santiago es este tipo de obra (algunos inclusive consideran la carta como una colección neotestamentaria de proverbios), pero fallan al no observar las estrechas conexiones literarias que corren por todo el libro. Bien puede ser que Santiago o uno de sus seguidores haya adaptado su material de sermones al estilo de una carta, pero la coherencia del material demuestra que la carta en su forma actual es una obra bien pulida y unificada.

Santiago pareciera ser más un ensayo que una carta, pero un tipo de carta antigua en la cual los moralistas y habilidosos *retóricos se ocupaban era una "carta/ensayo", una misiva general con el propósito de presentar un argumento más que comunicar saludos. Escritores como *Séneca y Plinio utilizaron las epístolas literarias de esta clase, que fueron publicadas con el propósito de que fueran apreciadas por un vasto número de lectores (1:1). Los mensajeros que hacían entrega de las misivas presuntamente daban las palabras de explicación necesarias; como las cartas de los sumos sacerdotes de Jerusalén a las *sinagogas de la *diáspora, la carta de un respetable líder en la *iglesia en Jerusalén tendría mucho valor. Santiago gira sobre las costumbres de la retórica grecorromana, la sabiduría judía, y las enseñanzas de Jesús (especialmente como se encuentran en Mat. 5–7).

Circunstancias. Más de un siglo antes de esta época, el general romano Pompeyo había dividido el territorio de Judea e hizo que muchos campesinos judíos quedaran sin tierras; los exorbitantes impuestos por parte de Herodes el Grande deben haber llevado a la quiebra a otros pequeños agricultores. En el siglo I, muchos campesinos trabajaban como arrendatarios en terrenos grandes o estados feudales (como en cualquier otro lugar en el imperio). Otros, de los que se quedaron sin tierra, se convirtieron en obreros que trabajaban en los mercados por un salario diario, donde encontraban trabajo solo esporádicamente (había más trabajo disponible en la temporada de cosecha). El resentimiento en contra de los terratenientes aristócratas era muy fuerte en muchas partes del imperio, pero no pagar las mercancías prometidas difícilmente era una opción; unos cuantos terratenientes inclusive tenían sus propias bandas de asesinos a sueldo para tratar con los arrendatarios que no cooperaran. La situación era menos crítica en las ciudades, pero aun allí las divisiones eran obvias (p. ej., la aristocracia en la Ciudad Alta de Jerusalén ante los pobres que vivían soportando los vientos que soplaban desde el alcanterillado de la ciudad). Cuando los sacerdotes aristócratas comenzaron a retener sus diezmos de los sacerdotes más pobres, cuando este era su único medio de sostén, las tensiones económicas comenzaron a caldearse.

En Roma, la escasez de granos a menudo causaba disturbios. Las tensiones sociales y económicas en Palestina se contuvieron un poco más, pero con el tiempo cedieron a la violencia. Por procurar la paz con Roma a través de políticas prácticas, la aristocracia en Jerusalén se convirtió en objeto de desprecio para los *zelotes y otros elementos de resistencia, quienes opinaban que solo Dios debía gobernar su territorio. (*Josefo, quien deseaba minimizar el sentimiento antirromano que prevalecía en Judea un poco antes de la guerra, trató de marginar a los *zelotes como un grupo extremista; pero otras evidencias en sus *relatos muestran claramente que la simpatía hacia el sentimiento revolucionario estaba ampliamente diseminada.) Con el tiempo, varios brotes de violencia culminaron en la revuelta del año 66 d. de J.C., seguida de una masacre de los sacerdotes y de la guarnición romana en el Monte del Templo. Los aristócratas y los patriotas del proletariado chocaron dentro de la ciudad mientras el ejército romano la rodeaba, y en el 70 d. de J.C. Jerusalén cayó y su templo fue destruido. La resistencia final en la fortaleza de Masada sucumbió en el año 73 d. de J.C.

Lectores. Santiago se dirige especialmente a los judíos cristianos (y probablemente a cualquier otro judío que prestara atención) enredados en la clase de tensiones sociales que finalmente produjo la guerra del año 66-70 d. de J.C. (ver el comentario sobre Hech. 21:20-22). Aunque la situación se ajusta más explícitamente a la de Santiago en Palestina, también trata la clase de tensiones sociales que se estaban esparciendo por todo el mundo romano (1:1). Durante la guerra entre los años 66-70 d. de J.C. en Judea, Roma descartó violentamente a tres de sus emperadores en un solo año (69 d. de J.C.), e inmediatamente después de la guerra en Judea, fuerzas opositoras continuaron esparciendo sus puntos de vista entre los judíos en el norte de África y Chipre. Pero como en el caso de la mayoría de las epístolas generales, esta carta refleja especialmente la situación del escritor más que la de los posibles lectores en cualquier otra parte.

Argumento. Santiago trata el orgullo del rico (1:9-11; 2:1-9; 4:13-17), la persecución por los ricos (2:6, 7; 5:6) y la retención de salarios por parte de los ricos (5:4-6). Él también se dirige a los que sienten la tentación de vengarse con palabras (1:19, 20, 26; 3:1-12; 4:11, 12; 5:9) o actos violentos (2:11; 4:2). Él responde con un llamado a la sabiduría (1:5; 3:14-18), la fe (1:6-8; 2:14-26) y a resistir pacientemente (1:9-11; 5:7-11). Una vez comprendido el contexto de la situación, sus supuestamente "desarticuladas" exhortaciones cuadran como una parte esencial de su argumento.

Comentarios. Peter Davids, *The Epistle of James,* NIGTC (Grand Rapids, Mich.: Eerdmans, 1982); y Ralph P. Martin, *James,* WBC 48 (Waco, Tx.: Word, 1988), son los mejores; el ensayo de Ralph P. Martin, *"The Life-Setting of the Epistle of James in the Light of Jewish History"*, en *Biblical and Near Eastern Studies: Essays in Honor of William Sanford LaSor,* ed. Gary A. Tuttle (Grand Rapids, Mich.: Eerdmans, 1978), pp. 97-103, también es de mucha ayuda sobre el trasfondo histórico. Para los que no conocen el griego muy bien, mucho del mismo material en una obra anterior de Davids se halla en su comentario sobre Santiago (*James*) en NIBC (Peabody, Mass.: Hendrickson, 1989). Santiago está más favorecido con comentarios que ofrecen buena ayuda, que la mayoría de los otros libros, desde Joseph B. Mayor, *The Epistle of St. James,* 3ra. Edic. (Minneapolis: Klock & Klock, reimpreso, 1977), hasta James Hardy Ropes, *A Critical and Exegetical Commentary on the Epistle of St. James,* ICC (Edinburgh: T. & T. Clark, 1916) y Sophie Laws, *A Commentary on the Epistle of James,* HNTC (San Francisco: Harper & Row, 1980), y un comentario con un poco menos de ayuda, la reedición de H. Greeven del libro de Martin Dibelius, *A Commentary on the Epistle of James,* Hermeneia, trad. M. A. Williams (Filadelfia: Fortress, 1976).

1:1-11
Cómo hacer frente a las dificultades

En esta sección introductoria, Santiago presenta los principales tópicos de su carta por medio de los cuales responde a las dificultades de la pobreza y opresión que enfrentaban los campesinos judíos palestinos en su época.

1:1. Los tres elementos básicos en la introducción de una carta eran: (1) el nombre del autor; (2) el nombre del (los) destinatario(s); (3) un saludo (generalmente el mismo saludo como el ofrecido aquí). Dado que esta es una "epístola general" (cf. el comentario sobre "cartas/ensayos" en la introducción a Santiago bajo *"género literario"), se procede inmediatamente a desarrollar el argumento, sin los otros aspectos epistolares.

Debido a que "Santiago" es una substitución castellana por el nombre original de "Jacobo" (como siempre se usa en el NT), algunos escritores conjeturan que aquí es un "Jacobo" simbólico el que se dirige a las doce tribus de Israel, al igual que Jacob se dirigió a sus descendientes en el testamento mencionado en Génesis 49. Esta sugerencia funcionaría mejor en el supuesto caso que el autor escriba bajo un seudónimo (ver *seudoepígrafo), pero también es posible que Santiago hubiera estado haciendo un juego con su nombre. El juego de nombres con conceptos era común (p. ej., Mat. 16:18). Acerca del autor y sus lectores, ver la introducción.

La mayoría de los judíos creía que diez de las doce tribus se habían perdido por siglos, y que solo serían restauradas al final de los tiempos. Se pensaba que existían en algún lugar, sin embargo, tal destinación de Santiago simplemente pudiera significar "A todos mis hermanos y hermanas judíos esparcidos por todo el mundo". La "dispersión" o *diáspora incluía a los judíos en el imperio persa al igual que en el imperio romano, y Santiago debe haber conocido a judíos procedentes de muchas naciones durante el peregrinaje a las fiestas en Jerusalén. Algunos comentaristas dicen que él usa el término simbólicamente para referirse a todos los cristianos como israelitas espirituales, basado sobre la analogía de 1 Pedro 1:1, pero tomando en cuenta el contenido de la carta, Santiago probablemente se dirige de manera especial a los judíos cristianos.

1:2. Las dificultades específicas que él menciona en esta carta son la carestía y opresión experimentadas por los pobres (1:9-11; 5:1-6; cf. 2:5, 6).

1:3, 4. La tradición judía repetidamente acentuaba la virtud de soportar las pruebas, y ocasionalmente hacía hincapié en el gozo a causa de ellas debido a la fe en la soberanía de Dios. (Los filósofos *estoicos también enfatizaban el contentamiento en las pruebas debido a que ellos afirmaban que uno podía controlar cómo responder a las mismas, pero uno no podía controlar el destino.) Destinatarios como "amigos", "amados" y "hermanos" eran comunes en las exhortaciones morales de antaño; "hermanos" se utilizaba tanto para "coterráneos" como para "correligionarios". El que una cosa llevara a otra y produjera una lista de varios asuntos (como sucede aquí; 1:14, 15; Rom. 5:3-5; 2 Ped. 1:5-7), era una forma *retórica conocida como concadenación. Las listas de vicios y virtudes también eran una forma literaria convencional.

1:5. Las tradiciones de la sabiduría judía a menudo subrayaban la paciencia e impartían consejos prácticos sobre cómo tratar con las dificultades. El mejor ejemplo *veterotestamentario de pedirle a Dios sabiduría (cf. 4:2, 3) está en 1 Reyes 3:5 y 9 (cf. también en los *apócrifos Sabiduría de Salomón 8:21; 9:5 y Eclesiástico 51:13, 14), y siempre se reconocía a Dios como su fuente (p. ej., Prov. 2:6). En la sabiduría judía, reconvenir o reprochar se consideraba como algo áspero y rudo bajo circunstancias normales, sin embargo, reprender era algo honorable.

1:6. La imagen de ser arrastrado en el mar era común en la literatura griega y aparece en textos de la sabiduría judía; ver especialmente Isaías 57:20 y el dicho acerca del insincero en Eclesiástico 33:2. En el contexto de Santiago, pedir sabiduría con fe significa comprometerse uno mismo a obedecer lo que Dios revela (Stg. 2:14-26).

1:7, 8. Textos de la sabiduría judía condenan a la persona vacilante o falsa (cf. también 1 Crón. 12:33; Sal. 12:2); al igual que los filósofos, los sabios judíos aborrecían la hipocresía al decir una cosa y vivir otra, y hablar o vivir inconsecuentemente. (Ver el comentario sobre Stg. 4:8 para observar cómo funciona esta exhortación en el libro.)

1:9-11. Los hacendados ricos explotaban a los pobres en todo el imperio, y Palestina no era la excepción; tales tensiones económicas provocaron finalmente una guerra contra Roma, durante la cual los patriotas judíos de menos recursos asesinaron a sus coterráneos aristócratas.

El AT y la literatura sapiencial judía subrayan el hecho de que las riquezas se acaban, que al final Dios reivindica al oprimido y a los pobres, y que él juzga a los que guardan sus riquezas y no las comparten con los pobres. La declaración final de Santiago en esta parte se asemeja a Isaías 40:6, 7 y Salmo 102:4, 11, 16, aunque para este tiempo la idea era popular. El "calor abrasador" (Stg. 1:11, BA) puede referirse al siroco, un viento caliente especialmente devastador que soplaba en Palestina desde la parte sur del desierto. Pero el sol del verano también era bastante efectivo al marchitar las flores de Palestina, haciéndolas inservibles excepto como combustible.

1:12-18
De dónde vienen las pruebas

1:12. Santiago utiliza la forma de las bienaventuranzas, una forma común en la literatura antigua pero especialmente en la literatura judía: "Qué feliz es la persona que...". Las aflicciones se consideraban como tentaciones, al proveer oportunidades para pecar. Sin embargo, el término traducido "prueba" (RVA; cf. NVI) no significaba necesariamente "tentación" (RVR-1960) en el sentido moderno; quien provee la prueba pudiera estar interesado en la perseverancia de la persona afligida, en vez de su derrota. El hambre, la pobreza y la opresión estaban entre los eventos considerados como pruebas.

1:13-16. En la Biblia y en la literatura judía posterior, Dios claramente "probó" a la gente (Gén. 22:1; Deut. 8:2; 13:3; Jue. 2:22), pero él nunca los probó en el sentido que se implica aquí: buscando que fallaran en vez de que perseveraran. Los textos judíos distinguían entre los motivos de Dios al probar a la gente (en amor, buscar su bien) y los de *Satanás (hacerlos fracasar). En la mayoría de los escritos judíos, Satanás (también llamado Belial y Mastema) cumple el papel de tentador. Aunque Santiago no niega el papel indirecto de Satanás (4:7), aquí él enfatiza el elemento humano al sucumbir ante las tentaciones. Él personifica el "mal deseo" (NVI; "pasión", RVA; "concupiscencia", RVR-1960) como seduciendo a una persona, después concibiendo ilegítimamente al hijo "pecado", el cual a su vez produce "muerte"; los maestros judíos ocasionalmente aplicaban la técnica de la *retórica de personificar las "bajas pasiones" que tienen todas las personas.

El hecho de que en el AT la gente "probó" a Dios también está claro (Núm. 14:22; Sal. 78:18, 41, 56; 95:9; Mal. 3:15) pero, de nuevo, estos ejemplos significan que ellos trataron de ponerlo a prueba, no que ellos hayan provocado que él sucumbiera ante la tentación. Santiago podía adaptar el término a la luz de la idea filosófica griega de que Dios no podía ser afectado o cambiado por acciones humanas, ni tampoco podía causar males en el mundo. Pero es más probable que Santiago simplemente esté operando con un matiz diferente del término "prueba"; en el

AT Dios es claramente la causa directa de juicio (p. ej., Amós 4:6-11), y él escucha el clamor humano (Gén. 18:23-32; Éxo. 32:10-13). Así, el significado es el mismo que en Eclesiástico 15:11, 12 y 20: la gente escoge pecar, y que no se atrevan a decir que Dios es responsable de la manera en que ellos responden ante la prueba (en contraste, la literatura griega estaba llena de gente que se quejaba de que sus pruebas eran demasiado grandes para poder resistirlas).

1:17. En vez de enviar pruebas para destruir a la gente (1:12-16), Dios envía sus dones, incluyendo la creación y el nuevo nacimiento (v. 18). El hecho de que Dios es autor de todo lo bueno era parte esencial de la sabiduría judía como de la griega. Que lo que está en el cielo es perfecto era una creencia común en la antigüedad, y los escritores judíos a veces utilizaban "de lo alto" para significar "de Dios".

"Padre de las luces" pudiera significar "Creador de las estrellas"; los paganos consideraban a las estrellas como dioses, pero los judíos las consideraban como ángeles. (Los cananeos en Ugarit desde mucho antes se habían referido a Él como el "Padre de las luces", y los *Rollos MM se refieren al ángel supremo de Dios como el "Soberano de las luces". Varios textos judíos antiguos se refieren a las estrellas como "las luces" (cf. Gén. 1:14-19; Jer. 31:35). Los astrónomos de antaño utilizaban palabras como "sombras movedizas" para describir las irregularidades de los cuerpos celestes; pero los filósofos consideraban lo que era perfecto, lo que está en los cielos, como inmutable y sin contacto directo con la tierra. La mayoría del mundo antiguo creía en la astrología y temían al poder de las estrellas. Santiago no está apoyando la astrología; al contrario, así como otros escritores judíos, él está declarando a Dios Señor sobre las estrellas mientras niega cualquier inconsecuencia de parte de Dios. De esta manera, para los lectores antiguos sus palabras proclamarían: "las pruebas no son el resultado de un destino arbitrario, sino las obras fieles de un Padre amante".

1:18. Se disputa si acaso Santiago se refiere al nuevo nacimiento de los creyentes por medio del *evangelio (cf. 1:21; 1 Ped. 1:23; ver el comentario sobre Juan 3:3, 5) o a la creación inicial de la humanidad por la palabra de Dios (Gén. 1:26); "primicias" puede favorecer el primer significado (el inicio de una nueva creación). El punto es claro de cualquier manera: Dios que hace nacer se contrapone con los deseos que dan a luz (1:15), y ello ilustra la gracia de Dios hacia la gente (1:17).

1:19-27
La verdadera religión

Santiago ahora empieza a presentar la manera apropiada de tratar con las pruebas (1:2-18). El modelo introducido por los *zelotes, que estaba adquiriendo popularidad entre los judíos palestinos y que al final sería la causa de la destrucción de Jerusalén, no era la respuesta apropiada. Santiago no condena solo los actos violentos, sino también la *retórica violenta que los incita.

1:19. Estas son algunas de las amonestaciones más conocidas en la sabiduría judía, desde Proverbios en adelante (p. ej., 14:29; 15:18; 16:32; 19:11); los paralelos griegos no son menos fáciles de citar. Santiago contrapone esta sabiduría bíblica y tradicional con el espíritu de violencia que estaba arrasando su tierra.

1:20. La resistencia militante judía hacía hincapié en deshacerse de los romanos y sus vasallos aristócratas, asumiendo que estaban actuando como agentes de la justa indignación de Dios. Pero Santiago asocia la justicia con la paz (3:18) y la no resistencia (5:7).

1:21. "Inmundicia" (BA) en este contexto pudiera referirse a la ira injusta (1:20); "mansedumbre" (RVA) es la virtud de la no resistencia.

1:22. Recibir la palabra (1:21) significa más que oírla; debían vivir de acuerdo con ella

(1:19, 20). (La propuesta de que "la palabra implantada" se refiere al concepto *estoico de la "razón innata", utilizando un lenguaje similar, falla en este punto: la razón "innata" no necesita "recibirse".) Aunque la mayoría de los maestros judíos (algunos no estaban de acuerdo) valoraban el aprender la *ley por encima de practicarla (debido a que ellos sostenían que la práctica dependería del conocimiento), todos concordaban en que ambos aspectos eran necesarios para cumplir la *ley. El hecho de que uno no solo debe conocer sino también debe practicar la verdad era sabiduría moral común, algo que no disputarían los lectores. El oír sin obedecer indicaba autoengaño (cf. Eze. 33:30-32).

1:23, 24. Los mejores espejos eran de bronce corintio, pero ningún espejo de esa época producía una imagen exacta como las que se logran hoy (cf. 1 Cor. 13:12). Los que tenían suficientes recursos para comprar espejos los utilizaban cuando se arreglaban el cabello; si Santiago alude a dicha gente, él presenta al oidor olvidadizo como un tonto. Pero es más probable que se refiera a mucha gente que no tenía espejos y rara vez se veía en uno, lo que hacía más natural que se olvidaran de su apariencia. En este caso, la referencia es a la facilidad con que uno se olvida de la palabra, si uno no procura arduamente ponerla en práctica. (Algunos moralistas recomendaban el uso de espejos para enfatizar la reflexión moral. Uno que escuchaba de la palabra cómo debía vivir una nueva criatura [1:18-20] pero fallaba en practicarlo, quizás se estaba olvidando de lo que había llegado a ser. Pero la analogía del espejo probablemente solo signifique el pronto olvido de la palabra, igual que anteriormente.)

1:25. El espejo es una analogía de la ley (por lo menos una vez en *Filón), la que según se decía traía libertad. Los filósofos creían que la verdadera sabiduría o el verdadero conocimiento los liberaba de la preocupación mundana; sin embargo, aquí la libertad, como en varias fuentes judías, parece ser del pecado (1:19-21). (Sobre conceptos de libertad, ver el comentario sobre Juan 8:33.)

1:26. Una vez más, Santiago condena el hablar descontroladamente, como las apasionadas denuncias contra el gobierno romano que probablemente guiaron a la violencia.

1:27. En contraste con la violenta e inmanejable religión de los revolucionarios judíos, la verdadera religión involucra defender a los indefensos, socialmente hablando (Éxo. 22:20-24; Sal. 146:9; Isa. 1:17), y evitar la mundanalidad (es decir, los valores y la conducta del mundo; ver el comentario sobre 4:4). En esa sociedad los huérfanos y las viudas no contaban con los medios directos para su sostén, ni quien los defendiera legalmente de manera automática. En el judaísmo, los encargados de las obras de caridad se aseguraban de que las viudas y los huérfanos tuvieran lo necesario si no tenían familiares que los ayudaran; dichas obras de caridad también son parte de la visitación que se proyecta aquí. La sociedad griega cuidaba de los huérfanos que habían nacido libres, pero de nadie más. Los judíos visitaban a los afligidos especialmente durante la primera semana de luto, pero también después, y de igual manera visitaban a los enfermos. Muchos escritores grecorromanos también valoraban el visitar a los enfermos y a los afligidos.

2:1-13
Sin favoritismo para los ricos

En Palestina, como en la mayor parte del imperio, los ricos oprimían a los pobres (2:6, 7). Pero la tentación de hacer que los convertidos ricos se sintieran bien a expensas de los pobres era inmoral (2:4). El lenguaje de imparcialidad se aplicaba normal y especialmente en situaciones legales, pero debido a que las *sinagogas servían como casas de oración y tribunales comunitarios, esta imagen mayormente legal se aplica aquí a cualquier reunión.

2:1. La sabiduría judía enfatizaba que los que respetaban a Dios no debían mostrar "favoritismo" hacia (literalmente "aceptar el rostro de") la gente. El título "glorioso Señor" (literalmente "Señor Jesucristo de la gloria") normalmente se aplicaba a Dios (p. ej., en *1 Enoc; cf. Sal. 24:7, 8).

2:2. Los moralistas y sátiros se mofaban del respeto especial concedido a los ricos, lo cual casi era una manera autodegradante de buscar fondos. Ilustraciones como esta pudieran ser hipotéticas, y esta se ajusta al estilo del argumento en forma de *diatriba del escritor. En Roma, los senadores usaban anillos de oro; algunos miembros de esta clase buscaban el apoyo popular por medio de favores concedidos a varios grupos. Pero ellos no eran los únicos que usaban anillos; en la zona oriental del Mediterráneo, los anillos de oro también eran señal de alta posición y riqueza. De igual manera el vestido distinguía a los ricos, que podían ser muy ostentosos, de otros como los campesinos que comúnmente solo tenían un manto, que por lo mismo a menudo podía estar sucio.

"Congregación" (RVA) o "lugar donde se reúnen" (NVI) es literalmente "sinagoga", ya sea porque Santiago desea que toda la comunidad judía adopte su ejemplo o porque las congregaciones judeocristianas (cf. 5:14) también se consideraban *sinagogas *mesiánicas.

2:3. Materiales legales judíos condenaban a los jueces que hacían que un litigante permaneciera de pie mientras que permitían que otros se sentaran; estas audiencias normalmente se llevaban a cabo en las *sinagogas (2:2). Para evitar la parcialidad con base en el vestido, algunos *rabinos del segundo siglo requerían que los litigantes se vistieran con la misma clase de ropa.

2:4. Las leyes romanas explícitamente favorecían a los ricos. Las personas de clases inferiores, quienes se pensaba que actuaban por puro interés económico, no podían presentar acusaciones en contra de individuos de clases superiores, y las leyes prescribían castigos más severos para las personas de las clases bajas convictas de ofensas que para los ofensores de las clases altas. La ley bíblica, la mayor parte de la ley judía y los filósofos griegos tradicionales siempre habían rechazado tales distinciones como inmorales. En tiempos normales, la gente respetaba a los ricos como benefactores públicos, aunque los *zelotes consideraban a la aristocracia en Jerusalén como enemigos a favor de Roma. El AT prohibía la parcialidad con base en la posición económica (Lev. 19:15), y hacía un llamado para que los jueces de entre el pueblo de Dios juzgaran imparcialmente, como Dios lo hace.

2:5. En cuanto a que Dios escucha el clamor de los pobres, quienes judicialmente también eran los más perjudicados, compare textos como Deuteronomio 15:9. Una línea de la tradición judía enfatiza la piedad especial de los pobres, quienes tenían que depender solo de Dios.

2:6. Las leyes en los tribunales romanos siempre favorecían a los ricos, quienes podían iniciar demandas en contra de las clases inferiores, aunque estos últimos no podían hacer lo mismo contra los ricos. En teoría, los tribunales judíos trataban de evitar este tipo de discriminación, pero, como en la mayoría de las culturas, la gente pudiente naturalmente tenía ventajas legales. Ellos podían presentar sus casos de manera más articulada o emplear a otros para que lo hicieran por ellos.

2:7. El judaísmo siempre hablaba del "nombre sagrado" o utilizaba otras expresiones en vez de mencionar el nombre de Dios; Santiago puede estar aplicando aquí ese título divino a Jesús (cf. 2:1). En el AT, ser "llamado por el nombre de alguien" significaba que uno pertenecía a esa persona en algún sentido; esto se aplicaba especialmente a pertenecer a Dios. Algunos de los de la aristocracia galilea (como los establecidos en Tiberias) eran considerados como impíos según algunos estándares judíos generales. Pero esta acusación puede aplicarse específicamente a la oposición contra los cristianos: la oposición que los cristianos enfrentaban en Jerusalén venía mayormente de la aristocracia *saducea (Hech. 4:1; 23:6-10).

2:8. Una ley "real", p. ej., un edicto imperial, era mayor que la justicia de la aristocracia, y dado que el judaísmo universalmente reconocía a Dios como el Rey supremo, su *ley puede ser descrita en estos términos. Los cristianos podían naturalmente aplicarlo especialmente a las enseñanzas de Jesús; al igual que algunos otros maestros judíos, Jesús utilizó este pasaje de Levítico 19:18 para resumir la *ley (cf. Mar. 12:29-34).

2:9, 10. Los maestros judíos distinguían entre pecados "graves" y "ligeros", pero sentían que Dios requería obediencia aun para los mandamientos "más pequeños", recompensando al obediente con la *vida eterna y castigando a los transgresores con la condenación eterna. El hecho de cometer voluntariamente una transgresión menor era equivalente a rechazar toda la *ley, constituía uno de sus tópicos más repetidos. (Los escritores de antaño a menudo declaraban principios en forma cortante y gráfica, pero en la práctica mostraban más misericordia a los transgresores en la comunidad.)

Los *estoicos (en contraste con los *epicúreos) iban un poco más allá al declarar que todos los pecados eran iguales. El punto aquí es que rechazar la ley de la imparcialidad económica en Levítico 19:15, o el principio general del amor que estaba detrás de la misma (Lev. 19:18), significaba rechazar toda la autoridad de Dios (Stg. 2:8). Los maestros judíos a menudo utilizaban "tropezar" (BA) como una metáfora para el pecado.

2:11. La tradición judía a veces comparaba la opresión a los pobres con el asesinato (cf. también 5:6). Pero Santiago aquí pudiera estar aludiendo a los *zelotes, tan religiosos como para no cometer adulterio, pero quienes, sin embargo, no tenían escrúpulos para derramar la sangre de los aristócratas judíos. Cuando se escribió esta carta, estos "asesinos" estaban de manera regular apuñalando a los aristócratas en el templo (ver el comentario sobre Hech. 21:20-22).

2:12. Los antiguos podían resumir la conducta de una persona en términos de palabras y hechos; ver el comentario sobre 1 Juan 3:18. Algunos eruditos han señalado que muchos filósofos creían que ellos eran los únicos sabios, libres y reyes, y que conectaban "la ley de la libertad" mencionada aquí con "la ley real" en 2:8. Los maestros judíos creían que la ley del rey celestial lo libraba a uno del yugo de los asuntos de este mundo. La "ley de la libertad", como en 1:25, probablemente implique liberación del pecado.

2:13. El argumento de Santiago aquí es que si sus lectores no actúan como jueces imparciales, ellos responderán a Dios quien es un juez imparcial; su imparcialidad al juzgar se repite en todo el AT y en la tradición judía. Los maestros judíos definían el carácter de Dios especialmente con dos atributos: misericordia y justicia, y sugerían que la misericordia normalmente triunfaba sobre la justicia. Ellos hubieran estado de acuerdo con Santiago en que las personas crueles les quitaban a otros el derecho a la misericordia; ellos también tenían sus propios dichos similares a este.

2:14-26
La fe debe vivirse

Santiago pudo haber estado reaccionando contra una mala interpretación de la enseñanza de Pablo, como lo han sugerido algunos comentaristas, pero es más probable que fuera contra algún rasgo de la piedad judía que estaba alimentando el fervor revolucionario que los estaba conduciendo a la guerra (cf. 1:26, 27; 2:19). Santiago utiliza palabras como "fe" de manera diferente a Pablo, pero ninguno de estos escritores se opondría al significado del otro: la fe genuina es una realidad en la cual uno ancla su vida, no meramente la sanción pasiva de una doctrina. Para Santiago, las expresiones de fe como la no discriminación (2:8, 9) y la no violencia (2:10-12) deben vivirse, no meramente reconocerse.

2:14-16. Dios ordenó a su pueblo que supliera las necesidades de los pobres (Deut. 15:7, 8); dejar de hacerlo era desobedecer su *ley. "Id en paz" era una bendición judía de despedida, pero se esperaba que los judíos ofrecieran hospitalidad a otros judíos necesitados. "Calentaos" (RVA) alude a qué tanto frío podían experimentar las personas sin casa durante el invierno, especialmente en un lugar elevado como Jerusalén. Los moralistas a menudo utilizaban ejemplos insignificantes como este ("si alguno dice") como parte de su argumento; el lector es forzado a admitir lo absurdo y lógico de la conclusión de una línea particular de razonamiento y a aceptar el argumento del autor. Los judíos tenían a Abraham como el ejemplo máximo de hospitalidad (cf. 2:21-23 y el comentario sobre Heb. 13:2).

2:17. Escritores como *Epicteto utilizaban "muerto" con el mismo sentido que se usa aquí; esta es una manera gráfica de decir "inservible" (ver el comentario sobre 2:26).

2:18. "Alguno dirá" era una manera común de introducir el discurso de un oponente imaginario, cuya respuesta a su objeción simplemente fortalecía el argumento del escritor. La fuerza de la objeción es: "Uno puede tener fe, y otro obras"; la respuesta es: "La fe solo puede demostrarse con obras". "Muéstrame" era una manera natural de demandar evidencias, y aparece en los escritos de otros moralistas, especialmente *Epicteto.

2:19, 20. La unicidad de Dios constituía la confesión básica del judaísmo, recitada diariamente en el *Shemá* (Deut. 6:4 y textos asociados). Así que, por "fe" Santiago quiere significar monoteísmo, como se usaba el término (*'emunah*) en gran parte del judaísmo. Lo que él dice es: "Tú crees la doctrina básica, ¿y qué? Ello no tiene significado por sí mismo". El que los demonios reconozcan la verdad acerca de Dios y tiemblen ante su nombre era reconocido ampliamente, inclusive en los papiros mágicos (los cuales se especializaban en aquello que desde una perspectiva bíblica era demonología ilícita; cf. también *1 Enoc). Los maestros judíos hubieran estado de acuerdo con Santiago en que la unicidad de Dios debe declararse con un corazón genuino; su unicidad implica que él debe ser el objeto supremo del afecto humano (Deut. 6:4, 5).

2:21-24. Santiago conecta Génesis 15:6 con la ofrenda de Isaac (Gén. 22), al igual que la tradición judía. Este evento marcó el clímax de su fe en Dios, no solo en la tradición judía sino también en los mismos *relatos de Génesis. (Dios hizo un pacto con los descendientes de Abraham porque él lo amó, y le hizo una promesa [Deut. 7:7-9], que Abraham acogió en fe y por eso obedeció; Dios aceptó esta fe obediente [Gén. 26:4, 5]. Esta perspectiva no era la misma en el segundo siglo cuando los *rabinos consideraban que Dios había abierto el mar Rojo a causa de los méritos de los patriarcas, pero tampoco es lo mismo que el concepto moderno de que la fe es una oración una vez para siempre, sin requerir una dedicación de la vida o el propósito, y que es eficaz inclusive si uno lo olvida pronto.)

Abraham fue "declarado justo" en el lugar de la *Aqedah*, donde iba a ofrecer a Isaac, en el sentido de que Dios nuevamente reconoció (Gén. 22:12) la fe anterior de Abraham, que había sido probada hasta el extremo en este punto. El AT llama a Abraham el "amigo de Dios" (2 Crón. 20:7; Isa. 41:8), y a los escritores judíos posteriores les gustaba este título de Abraham.

2:25. Al igual que el ejemplo de Abraham, el ejemplo de Rajab no sería controversial entre los lectores judíos de Santiago. Como Abraham (ver el comentario sobre 2:14-16), Rajab era conocida por su hospitalidad; pero su acto de salvar a los espías la salvó también a ella (Jos. 2:1-21; 6:22-25).

2:26. La mayor parte de la gente de antaño, incluyendo a la mayoría de judíos, aceptaban la cooperación necesaria que debe existir entre el cuerpo y el espíritu o alma; todos los que creían en el espíritu o alma concordaban en que cuando este partía, la persona moría.

3:1-12
La lengua violenta

Santiago ahora regresa a sus advertencias en contra del habla sediciosa (1:19, 26): uno no debe maldecir a la gente hecha a la imagen de Dios (3:9-12).

3:1. Los sabios judíos también advertían en contra de enseñar el error, y reconocían que los maestros serían juzgados estrictamente por desviar a otros. Algunos que deseaban ser maestros de sabiduría estaban enseñando el tipo de "sabiduría" adoptada por los judíos revolucionarios, que conducía a la violencia (3:13-18).

3:2. Que todo el mundo peca era una doctrina judía aceptada; que la boca humana es uno de los instrumentos más comunes para pecar y hacer daño también era un dicho judío común (tan temprano como en Proverbios, p. ej., 11:9; 12:18; 18:21).

3:3, 4. Controlar a los caballos con frenos y riendas eran ilustraciones comunes en el antiguo Mediterráneo, debido a que todo el mundo, excepto los campesinos más iletrados (quienes tampoco hubieran podido entender varias de las otras ilustraciones si hubieran leído la carta de Santiago), las hubiera captado. Los textos judíos a menudo presentaban a la sabiduría, a la razón y a Dios en el papel de pilotos ideales, pero aquí el argumento de Santiago no es lo que debe controlar o tener el poder. Su argumento es simplemente el poder de un pequeño artefacto (v. 5).

3:5, 6. Otros también han comparado el divulgar rumores con encender fuego, lo que pudiera convertirse rápidamente en un incendio forestal. Aquí la imagen es la de una lengua que incita a todo el cuerpo a la violencia. La lengua jactanciosa tramando el daño (Sal. 52:1-4) y la lengua como un fuego destructor (Sal. 39:1-3; 120:2-4; Prov. 16:27; 26:21; Eclesiástico 28:21-23) son imágenes antiguas. El hecho de que el fuego sea inflamado por el "infierno" sugiere a dónde conduce; los cuadros judíos del *Gehena, al igual que las imágenes que Jesús usara para hablar de la suerte de los condenados, típicamente incluían el fuego.

3:7, 8. Creados a la semejanza de Dios (v. 9), la gente estaba puesta sobre todas las criaturas (Gén. 1:26). Pero aunque otras criaturas pueden ser dominadas como Dios lo mandara (Gén. 1:28; 9:2), la lengua es como la serpiente más mortal, llena de veneno (Sal. 140:3; ver 58:1-6, los *Rollos MM y otros textos judíos). Los filósofos *estoicos ocasionalmente también deliberaban acerca del dominio de los seres humanos sobre los animales.

3:9, 10. Otros maestros judíos también señalaban la incongruencia de bendecir a Dios mientras que al mismo tiempo se maldecía a la gente, creada a su semejanza; inclusive, más a menudo ellos reconocían que cualquier cosa que uno le hiciera a otro ser humano era como si se lo hiciera a Dios mismo, porque estaban creados a su imagen y semejanza. Los lectores de Santiago no podían ignorar fácilmente este punto. Este texto identifica claramente la clase de habla perversa que se menciona en 3:1-12: el habla antagónica, la cual se ajusta a toda la situación que señala la carta. Ya fuera por medio de una *retórica incendiaria o un grito de batalla, maldecir a los enemigos mortales era incompatible con la adoración a Dios, sin importar cuán fijamente estuviera incrustado este sentimiento en la patriótica tradición judía (desde la época de los *macabeos).

3:11, 12. Santiago ofrece otros dos ejemplos

de incongruencia. Higos, aceitunas y uvas eran los tres productos agrícolas más comunes en los montes de Judea, y juntamente con el trigo habían constituido las cosechas más comunes en toda la región del Mediterráneo. El que todas las plantas produjeran lo de su misma especie era una observación común y llegó a ser proverbial en círculos grecorromanos (cf. también Gén. 1:11, 12, 21, 24, 25).

3:13-18
Sabiduría pacífica contra sabiduría demoniaca

El paradigma *zelote de la represalia violenta reclamaba ser religioso y sabio; en vez de esto, Santiago urge a los pobres para que respondan esperando en Dios (5:7-11). El hecho de que Santiago era más sabio que los proponentes de la revolución violenta pudo comprobarse después de la revuelta judía de los años 66-70 d. de J.C., cuando Judea fue devastada, Jerusalén fue destruida y los que sobrevivieron fueron esclavizados.

3:13. Los que deseaban instruir a otros como sabios y prudentes (3:1) necesitaban demostrar su sabiduría con gentileza: esta es la antítesis a los que abogaban por la revolución violenta, y que estaban ganando popularidad debido a las tensiones provocadas por la pobreza y la opresión en la tierra.

3:14. El término que aquí se traduce "celos" (RVA; "envidia", NVI) es el mismo para "fervor" utilizado por los *zelotes, quienes decían ser los sucesores de Fineas (Núm. 25:11; Sal. 106:30, 31) y de los *macabeos, y buscaban liberar a Palestina de Roma por medio de la fuerza y las armas. "Contiendas" (RVA; "contención", RVR-1960; "ambición personal", BA) también estaba relacionada con la falta de armonía y se sabía que había provocado guerras.

3:15, 16. "Lo alto" a veces era sinónimo de "Dios" en la tradición judía; en contraste con la sabiduría celestial, la sabiduría de la violencia (3:14) era totalmente terrenal, humana y demoniaca (cf. Mat. 16:22, 23). Los *Rollos MM se referían a los pecados como inspirados por el espíritu de error, y el judaísmo popular creía que la gente estaba continuamente rodeada por hordas de demonios. Las palabras de Santiago sugieren una acción más indirecta de los demonios al incitar los valores impíos de las personas en el sistema del mundo.

3:17. La sabiduría "de lo alto", es decir de Dios (1:17; 3:15), es "pura", sin mezcla alguna (en este caso, no está mezclada con la sabiduría demoniaca [3:14-16]); y por lo mismo "sin hipocresía" (BA). Muchos textos judíos de sabiduría hablan de que la sabiduría divina viene de arriba. La sabiduría genuina que procede de Dios no es violenta, en vez de dedicarse a propinar ataques violentos, es "pacífica", "amable", "abierta a la razón", "llena de misericordia" (ver 2:13); también es "sin vacilación" (BA), mejor traducida como "imparcial" (NVI), o "sin prejuicio o favoritismo" (cf. 2:1-9). Este tipo de sabiduría no era la que exhibían los *zelotes ni los que deseaban complacer a la aristocracia.

3:18. La imagen de las virtudes como semillas y frutos tiene varios paralelos (p. ej., Prov. 11:18; Isa. 32:17), pero el argumento de Santiago en el contexto es este: la verdadera sabiduría es la sabiduría de la paz, no la de la violencia. Aunque muchos maestros *fariseos exaltaban la paz, muchos populistas estaban promoviendo la violencia, y el mensaje de Santiago en muchos sentidos estaba yendo en contra de la cultura.

4:1-12
Escoja entre Dios y los valores mundanos

La sabiduría de Dios no era la sabiduría populista de los violentos (3:13-18); así que aquellos cuya fe era genuina (2:14-26) no podían vacilar entre las dos opciones. Santiago aquí se dirige a muchos de los pobres, los oprimidos, quienes están tentados a tratar de derrocar a sus opresores y posesionarse de sus pertenencias.

4:1. La mayoría de los filósofos grecorromanos y muchos judíos de la *diáspora repetidamente condenaban a la gente que se dejaba llevar por sus pasiones, y describían esos deseos por el placer como "guerras". Muchos escritores como *Platón, *Plutarco y *Filón atribuían toda guerra literal a los deseos carnales. De una manera similar, los judíos hablaban de un impulso malo que, según los *rabinos posteriores, dominaban las 248 partes del cuerpo.

4:2. La *diatriba a menudo incluía la *hipérbole, o exageración *retórica gráfica para lograr los efectos deseados. La mayoría de los lectores de Santiago presuntamente no habían matado a nadie literalmente, pero estaban expuestos a los maestros violentos (3:13-18) quienes consideraban que matar era un medio satisfactorio de obtener justicia y redistribución de las riquezas. Santiago, en su lugar, aconseja la oración. (Sin embargo, más adelante él dirige palabras mucho más duras a los opresores; cf. 5:1-6.)

4:3. Las oraciones judías típicamente pedían a Dios suplir las necesidades genuinas; ver el comentario sobre Mateo 6:11. Santiago piensa que tales oraciones serán respondidas (cf. Prov. 10:24), aunque los oprimidos siempre estarán peor que lo que deberían estar (cf. Prov. 13:23). Pero las peticiones basadas en la envidia por los bienes o la posición de otros, solo eran con el propósito de satisfacer sus pasiones (ver el comentario sobre 4:1).

4:4. En el AT, Israel a menudo es llamado adúltero por reclamar servir a Dios mientras iba en pos de los ídolos (p. ej., Ose. 1—3). Quienes proclamaban ser amigos de Dios (Stg. 2:23) pero realmente eran *protegidos morales del mundo (la amistad a menudo se aplicaba a las relaciones de *protector-protegido), es decir ellos compartían los valores del mundo (3:13-18), realmente eran infieles para con Dios.

4:5. Aquí Santiago puede estarse refiriendo a los malos impulsos que, de acuerdo con la tradición judía, Dios había creado para que habitaran en la gente; en este versículo él está diciendo: "Este espíritu humano anhela celosamente", como en 4:1-3. Aunque es menos probable, él también pudiera estar diciendo que el espíritu o alma de uno anhela, y debe anhelar celosamente, pero a Dios (Sal. 42:1, 2; 63:1; 84:2).

Una tercera posibilidad es que él pueda estar citando una máxima proverbial basada en algún texto como Éxodo 20:5, Deuteronomio 32:21 y Joel 2:18, resumiendo así el sentido de la Escritura: "Dios es celoso del espíritu que nos ha dado" y no tolera la competencia por su afecto (4:4). (Al igual que los escritores judíos, los autores del NT a veces tejían varios textos al estilo del *midrash.) Esta perspectiva parece ajustarse al contexto mejor que otros puntos de vista, ya que la Escritura no habla "en vano" (4:5); pero la "mayor gracia" de 4:6 pudiera apoyar el primer punto de vista expresado arriba.

4:6. Santiago cita Proverbios 3:34 casi exactamente como aparece en la forma común de la *LXX. Esta idea llegó a ser algo regular en los textos de sabiduría judía. La humildad incluía la sumisión apropiada, en este caso al plan soberano de Dios para la vida de una persona (4:7, 10).

4:7. Textos antiguos acerca de lo sobrenatural hablaban de los demonios huyendo ante los conjuros, pero aquí la idea es moral, no mágica. Uno debe escoger entre los valores de Dios y los del mundo (4:4), entre la sabiduría de Dios y la que es demoniaca (3:15, 17). El punto es que una persona que vive acorde con los valores de Dios (en este caso, su camino de paz) no es parte del reino de *Satanás (en contraste a los revolucionarios que tenían apariencia de religiosos).

4:8. Textos *veterotestamentarios exhortaban a los sacerdotes y a la gente en general a "acercarse a Dios". La purificación también era requerida de los sacerdotes (Éxo. 30:19), pero la imagen aquí no es específicamente sacerdotal; los responsables por derramar sangre, aun si corporativamente solo eran representantes de un grupo culpable, tenían que lavarse las manos (Deut. 21:6; cf. Jos. 3:5). "Purificad" a menudo llegó a usarse en un sentido interno y moral (p. ej., Jer. 4:14). Haciendo uso de ideas como "pecadores", Santiago no solo emplea la severa diatriba *retórica que utilizaban los escritores grecorromanos en contra de sus imaginarios oponentes al demoler sus posiciones; él también utiliza la retórica de los profetas del AT. "Doble ánimo" de nuevo alude al desprecio general de antaño para con la hipocresía: uno debe actuar con base en la sabiduría pacífica de Dios o la sabiduría malévola del diablo (3:13-18; 4:4).

4:9, 10. Textos del AT a menudo conectaban la aflicción y la autohumillación con el *arrepentimiento (Lev. 23:29; 26:41), especialmente cuando se confrontaba el juicio divino (2 Rey. 22:11; Joel 1:13, 14; 2:12, 13). La exaltación del humilde también era una enseñanza de los profetas; ver el comentario sobre Mateo 23:12.

4:11. Santiago regresa a la específica conducta mundana que sus lectores están emulando: el habla violenta (3:1-12). (Él puede estar dirigiéndose a la estratificación social dentro de la comunidad cristiana o, lo que es más probable, usa "hermanos" en su sentido judío más común para "coterráneos". Los revolucionarios judíos ya habían comenzado a asesinar a los aristócratas, y la *retórica sediciosa seguramente era mucho más común.) Su principio general era normal en la sabiduría *veterotestamentaria y judía en oposición a calumniar, lo cual muchos de sus lectores quizá no estaban tomando en cuenta en este contexto. La *ley declaraba el amor de Dios para Israel y mandaba a su pueblo que se amaran los unos a los otros (2:8); por lo mismo, calumniar a un compañero judío era falta de respeto hacia la ley.

4:12. El hecho de que solo Dios era el verdadero juez era una enseñanza común judía y del NT. En la enseñanza judía, los tribunales terrenales solo funcionaban bajo su autoridad, y los que allí impartían justicia tenían que hacerlo con base en la ley. Las investigaciones tenían que llevarse a cabo minuciosamente, con un mínimo de dos testigos; actuar como testigo falso, y calumniar a alguien ante los tribunales sin tener información genuina de primera mano, se castigaba con la misma pena que hubiera recibido la persona falsamente acusada si hubiera sido condenada.

4:13-17
El orgullo de los ricos

Después de aconsejar a los oprimidos, Santiago rápidamente se dirige a los opresores, denunciando su olvido de Dios por conveniencia propia. La mayoría de la riqueza en el Imperio romano era adquirida en una de dos maneras: la aristocracia provinciana de la alta sociedad adquiría sus riquezas de las ganancias generadas por las tierras, los agricultores arrendatarios y las cosechas; los comerciantes acumulaban sus enormes riquezas sin la correspondiente clase social. Santiago se dirige tanto a los comerciantes (4:13-17) como a la aristocracia provinciana (5:1-6).

4:13. A muchos filósofos (especialmente los *estoicos) y a los sabios judíos les gustaba advertir a sus oyentes que ellos no tenían control del futuro. "Vamos pues ahora" (5:1) era una manera bastante común de proceder con un argumento (p. ej., Ateneo), dirigiéndose a un oponente imaginario (p. ej., *Cicerón, *Epicteto) o para introducir palabras punzantes en la sátira (Horacio, *Juvenal). Los principales mercados para los productos eran las ciudades y los pueblos; proyectar compromisos y ganancias también era una práctica normal en los negocios. Los comerciantes no siempre eran ricos, pero aquí por lo menos están buscando la riqueza. El pecado aquí aludido es la presunción arrogante, al sentirse lo suficientemente seguros como para dejar a Dios afuera de sus cálculos (4:16; cf. p. ej., Jer. 12:1; Amós 6:1).

4:14. Aquí Santiago ofrece sabiduría judía y *estoica común, a la cual pocos de sus lectores hubieran objetado teóricamente, aunque muchos sin lugar a dudas no la estaban atendiendo.

4:15-17. "Si el Señor quiere" era una expresión griega convencional, pero también se ajustaba a la piedad judía; la misma aparece en otras partes en el NT (p. ej., Hech. 18:21; 1 Cor. 16:7).

5:1-6
Juicio sobre los ricos opresores

En la mayoría de las áreas rurales del imperio romano, incluyendo gran parte de la Galilea rural, los terratenientes ricos se beneficiaban del trabajo de sus siervos (a menudo a la par de los esclavos) quienes trabajaban sus inmensos terrenos. Decir que el feudalismo surgió solo en los tiempos medievales es un error; simplemente se le menciona menos en la literatura de la época romana porque la misma se concentraba en las ciudades, aunque se estima que solo un diez por ciento del imperio era urbano.

La mayoría de las denuncias de Santiago toman la forma de un oráculo profético al estilo del AT, con paralelos en algunos escritos de sabiduría judía y *apocalípticos. La diferencia entre su denuncia a los ricos y el habla violenta que él condena (1:19, 26; 3:1-12; 4:11) es que él apela al juicio de Dios en lugar de la retribución humana (4:12; cf. Deut. 32:35; Prov. 20:22). Su *profecía fue oportuna; varios años más tarde la aristocracia judía fue prácticamente borrada en la revuelta en contra de Roma.

5:1. Exhortaciones a llorar y gemir eran una forma profética gráfica de decir: Ustedes tendrán por qué llorar y gemir (Joel. 1:8; Miq. 1:8; cf. Stg. 4:9). Acerca de "vamos", ver el comentario sobre 4:13.

5:2. El vestuario era una de las principales señales de riqueza en la antigüedad; muchos campesinos solo contaban con un vestido.

5:3. Otros escritores antiguos también ridiculizaban el moho de las riquezas acumuladas y que no se usaban. En cuanto al uso de "podrido" y "polilla" (v. 2) juntos, compare Mateo 6:19. Como a menudo lo hacían notar fuentes judías, la riqueza sería inútil en el inminente día del juicio de Dios.

5:4. En la *ley de Moisés se prohibía retener los salarios, aunque solo fuera durante la noche; si el obrero perjudicado clamaba a Dios, él vengaría su causa (Deut. 24:14, 15; cf. p. ej., Lev. 19:13; Prov. 11:24; Jer. 22:13; Mal. 3:5). El hecho de que el mismo daño sufrido por el oprimido clamaría a Dios en contra de los opresores, también era una imagen *veterotestamentaria (Gén. 4:10). En la Palestina del primer siglo, muchos obreros dependían de su jornal diario para comprar alimentos para ellos y sus familias; detener el dinero podía significar que ellos pasaran hambre.

Las utilidades que los terratenientes ausentes recibían de la agricultura eran tales que los salarios que pagaban a sus obreros ni siquiera podían en principio reflejar las ganancias acumuladas. Aunque los ricos auspiciaban la construcción de edificios públicos (en pago porque se colocaran inscripciones que los honraran), se mostraban menos inclinados a pagar mejores salarios a sus obreros. Tan temprano como a principios del siglo II, los maestros judíos sugerían que inclusive el no dejar espigas para los pobres era como robarles (basados en Lev. 19:9, 10; 23:22; Deut. 24:19).

La mayoría de los cultivos se cosechaban en o cerca del verano, y a menudo se contrataban obreros extra para la cosecha. Algunos escritos judíos de la *diáspora (textos literarios, amuletos, etc.) llamaban a Dios "Señor de Sabaot", haciendo una transliteración de la palabra hebrea para “ejércitos”: el Dios con un vasto ejército (un epíteto especialmente prominente en Isaías de la *LXX). Si era una mala idea el ofender a un poderoso oficial, entonces era mucho más grave ganarse la enemistad de Dios.

5:5. El rico consumía bastante carne en el día de matanza; es decir, en una fiesta (a menudo cuando se esquilaban las ovejas o al final de la cosecha; cf. 1 Sam. 25:4, 36); una vez que se mataba un animal, se comía la carne lo más pronto posible, porque el resto solo podía conservarse poniéndolo a secar o salándolo. Por lo general, los pobres no tenían mucho acceso a la carne excepto durante las fiestas públicas.

El cuadro aquí es el del rico que es engordado como ganado para el día de su propia matanza (cf. p. ej., Jer. 12:3; Amós 4:1-3); imágenes bastante parecidas aparecen en partes de una de las primeras obras *apocalípticas, *1 Enoc (94:7-11; 96:8; 99:6). Como es frecuente en el AT (p. ej., Amós 6:4-7), el pecado aludido en el versículo 5 no es la explotación misma (como en el v. 4), sino un estilo de vida disoluto mientras que otros están hambrientos o necesitados.

5:6. La tradición judía reconocía que el malo conspiraba contra el justo (p. ej., Sabiduría de Salomón 2:19, 20), como lo demuestra el sufrimiento de muchos de los héroes en el AT (p. ej., David y Jeremías). La opresión judicial de los pobres, condenada repetidamente en el AT, era considerada como asesinato en escritos judíos posteriores; el quitarle el vestido a una persona o retenerle su salario era arriesgar la vida de ese individuo. Santiago (“el justo”) mismo fue martirizado posteriormente por el sumo sacerdote a causa de sus denuncias contra la conducta de los ricos.

5:7-12
Resistir hasta que Dios vindique

Los opresores serían castigados (5:1-6), pero los oprimidos tenían que esperar en Dios (cf. 1:4) en vez de tomar violentamente las cosas en sus manos. Esta exhortación no significaba que ellos no pudieran hablar en contra de la injusticia (5:1-6), solo prohibía la violencia y el hablar hostilmente a nivel personal (5:9) al buscar una respuesta apropiada a la injusticia.

5:7, 8. Aquí la cosecha (cf. v. 4) se convierte en una imagen del día del juicio, como sucede en otras partes en la literatura judía (especialmente *4 Esdras; Mat. 13). Las lluvias de otoño en Palestina caían en octubre y noviembre, y las de invierno (apenas tres cuartos de la precipitación anual) en diciembre y enero. Pero los residentes del área sirio-palestina anticipaban ansiosamente las lluvias tardías de marzo y abril, las cuales eran necesarias para preparar sus cultivos a finales de la primavera y principios del verano. La cosecha principal de trigo en esa zona corría desde mediados de abril hasta finales de mayo; la cosecha de cebada era en marzo. En Grecia, la cosecha de los granos principales se llevaba a cabo en junio, y en julio en Italia. Las familias de agricultores dependían totalmente de las buenas cosechas; de aquí que Santiago se refiera “al precioso fruto de la tierra”.

5:9. Acerca de este tipo de discurso, ver el comentario sobre 4:11, 12.

5:10. La mayoría de los profetas del AT enfrentaron mucha oposición debido a sus predicaciones; algunos experimentaron la muerte. La tradición judía ha ampliado inclusive un poco más los relatos de sus sufrimientos, de tal forma que nadie hubiera osado disputar los reclamos de Santiago. Los ejemplos de personas virtuosas eran una parte importante en la argumentación antigua (los filósofos *estoicos a menudo utilizaban a los sabios del mismo parecer como modelos de paciencia).

5:11. Es probable que toda la estructura del libro de Job haya tenido el propósito de animar al pueblo de Israel después del exilio;

aunque la justicia de Dios parecía estar muy lejos y ellos eran objeto de burla por parte de las naciones, al final Dios los vindicaría y terminaría con su cautividad. La tradición judía *helenista celebraba ampliamente la paciencia de Job (p. ej., el *Testamento de Job, y Arístides el Exégeta). (Varios *rabinos posteriores lo evaluaron de manera diferente, algunos positivamente y otros negativamente. El Testamento de Job contiene lenguaje *estoico para referirse a la virtud de la paciencia y transfiere algunas de las primeras descripciones de Abraham a Job; esta transferencia pudo haber sido la fuente de una rara conclusión rabina posterior de que Job había sido más grande que Abraham.)

5:12. Los juramentos eran confirmaciones verbales que se garantizaban al apelar a un testigo divino; no honrar un juramento hecho en nombre de Dios violaba el tercer mandamiento (Éxo. 20:7; Deut. 5:11). Al igual que algunos grupos de los filósofos griegos, algunas ramas de los *esenios ya no hacían ningún tipo de juramento después de haber pasado por sus juramentos de iniciación (según *Josefo, en contraste con los *esenios que escribieran los *Rollos MM); sin embargo, los *fariseos permitían los juramentos. Acerca de jurar por diferentes cosas menores que sustituían a Dios, ver el comentario sobre Mateo 5:33-37. Los juramentos por lo general invocaban a los dioses para que fueran testigos de la veracidad de la intención de uno, y debían cumplirse o podían traer una maldición sobre la persona que había hablado falsamente. Las promesas eran una categoría más específica de juramentos para cumplir con alguna tarea o abstenerse de algo por algún período específico.

La dificultad reside en establecer con certeza cuál clase de juramento está a la vista en el contexto. Algunos eruditos han advertido en contra de tomar esto como un tipo de juramento de los *zelotes (cf. Hech. 23:12); mientras que esto pudiera ajustarse bastante bien al contexto de Santiago, sus lectores quizá no hubieran podido reconocer algo tan específico como si fuera la aplicación obvia de sus palabras. La idea es probablemente que uno no debiera jurar impacientemente (5:7-11); por el contrario, uno debiera orar (5:13). Uno debiera orar en vez de jurar porque finalmente el juramento incluía una automaldición, lo cual era como decir: "Que Dios me mate si no cumplo esto".

5:13-20
Depender de Dios

5:13. La no resistencia no significaba pretender que las cosas no importaban (como hacían los *estoicos; ver el comentario sobre Ef. 5:20) o simplemente aguardar desconsoladamente hasta el fin de los tiempos (como pudieran haber hecho algunos escritores *apocalípticos judíos); ello implicaba orar.

5:14. Las heridas eran ungidas con aceite para limpiarlas (cf. Luc. 10:34), y los que padecían de dolores de cabeza y deseaban evitar algunas enfermedades eran ungidos con aceite con propósitos "medicinales" (desde una perspectiva antigua). El aceite también se utilizaba para ungir a los sacerdotes o gobernantes, derramando aceite sobre la cabeza como una consagración a Dios. Los cristianos pueden haber combinado el uso medicinal simbólico con el símbolo de entregar al enfermo al poder del Espíritu de Dios (Mar. 6:13).

Una oración general por sanidad era una de las bendiciones regulares recitadas en las *sinagogas; acerca de los "ancianos", ver el comentario sobre Hechos 14:23; acerca de *"iglesia" en un contexto judío ver el glosario. El visitar a los enfermos era un acto de piedad en el judaísmo primitivo, que probablemente continuaron los cristianos (cf. Mat. 25:36, 43).

5:15, 16. Los profetas del AT a menudo utilizaron la sanidad de enfermedades como una imagen para la sanidad del pecado, y la literatura judía frecuentemente asociaba el pecado y la enfermedad; por ejemplo, la octava bendición de una oración judía diaria para sanidad (aunque el énfasis no es de sanidad física) iba seguida por peticiones de perdón y redención. Santiago no implica una relación directa de causa y efecto entre todo tipo de enfermedad y el pecado, más que lo que hace Pablo o el AT (ver el comentario sobre Fil. 2:25-30).

La sabiduría judía también reconocía que Dios escuchaba al enfermo (Eclesiástico 38:9) y conectaba esta acción con renunciar al pecado (38:10). Pero aunque se pensaba que solo unos cuantos maestros judíos piadosos podían normalmente asegurar tales resultados en la práctica (cf. Stg. 5:17, 18), Santiago aplica esta medida de fe a todos los creyentes.

5:17, 18. Aunque todos los judíos palestinos oraban para que lloviera, se pensaba que pocos obradores de milagros podían asegurar tal respuesta a la oración (especialmente Josefo Onías, conocido como Honi el Dibujante de Círculos en varias tradiciones *rabínicas acerca de él; Hanina ben Dosa, en los escritos *rabínicos; en tradiciones posteriores en cuanto a personas piadosas antiguas, hombres piadosos ocasionales como el nieto de Honi, Abba Hilkiah o Hanan ha-Nehba, Johanan ben Zakkai, Nakdimon ben Gorion, Rabbí Jonah y ocasionalmente alguna persona anónima). El milagro de asegurar lluvia con el tiempo llegó a ser visto como equivalente a resucitar muertos. La piedad de estos obradores de milagros que podían traer lluvia, siempre los distinguió de otros en la tradición judía, pero aquí Santiago afirma que Elías, el principal ejemplo de tales obradores de milagros, era una persona como sus lectores y sirve de modelo para todos los creyentes (1 Rey. 17:1; 18:41-46; cf. 1 Sam. 12:17, 18; en cuanto a la debilidad de Elías, cf. 1 Rey. 19:4).

Los "tres años y seis meses", que no se mencionan en 1 Reyes 17, reflejan tradiciones posteriores (cf. Luc. 4:25 y una tradición *rabínica de tres años), quizás a través de asociaciones con ideas acerca de hambrunas al final de los tiempos, que se decía durarían dicho lapso.

5:19, 20. En la creencia judía, la anterior justicia de uno que se apartaba ya no se le contaba a su favor (Eze. 18:24, 25), pero (en la mayoría de las propuestas judías) el *arrepentimiento del malo cancelaba su antigua maldad (Eze. 18:21-23) si iba acompañada de la apropiada *expiación. Algunos judíos (*Rollos MM, varios *rabinos) consideraban algunas formas de apostasía como imperdonables, pero Santiago recibe de nuevo al pecador. En este contexto, él está especialmente invitando a los revolucionarios para que regresen al redil.

"Cubrirá una multitud de pecados" se deriva de Proverbios 10:12. En ese texto, probablemente se refiera a no divulgar mala información (cf. 11:13; 20:19), pero el judaísmo a menudo utilizaba frases similares para hablar de la seguridad del perdón. Esto se puede comparar con la idea judía de que si uno convertía a otra persona al judaísmo era como si uno hubiera creado a la otra persona.

1 PEDRO

Introducción

Paternidad literaria. Mientras algunos comentaristas cuestionan la autoría petrina, otros la han defendido enérgicamente. La situación que se asume en la carta se ajusta a la época en que vivió Pedro. La tradición del martirio de Pedro en Roma es casi unánime. Para finales del siglo I, Clemente aceptaba la autenticidad de la carta, y excavaciones en Roma muestran un monumento recordatorio del martirio de Pedro proveniente del siglo II. Otras tradiciones cristianas primitivas también apoyan esta tradición, al igual que el punto de vista de que Pedro fue el autor de la carta, algo que citan otros escritores a principios del siglo II.

Tomando en cuenta esta tradición del martirio de Pedro en Roma, la posibilidad de que se preservaran las cartas que él hubiera escrito, y el hecho de que la mayoría de cartas eran auténticas o escritas mucho tiempo después de la muerte del supuesto autor, la carga de probar lo contrario cae sobre quienes desean negar que Pedro escribió la carta. Un comentarista (Selwyn) dijo que él podía detectar paralelos al estilo de Silas (5:12) en 1 y 2 Tesalonicenses. Este argumento no es conclusivo por sí solo. Otros argumentos en contra de la paternidad literaria petrina son inclusive más débiles (en cuanto a los argumentos basados en el estilo griego, ver la introducción a Santiago).

Fecha. Tres períodos básicos de persecución han sido sugeridos como el transfondo: la época de Trajano (a principios del siglo II), la época de Domiciano (ver la introducción a Apocalipsis) y la época de Nerón, el tiempo cuando Pedro pudo haber sufrido su martirio. Primera de Pedro implica una atmósfera de severa represión, pero no las persecuciones oficiales de los tribunales de la época de Trajano. El liderazgo de la *iglesia en la epístola (5:1, 2) también se ajusta mejor al modelo del primer siglo que a una fecha posterior. Una carta seudónima atribuida a Pedro tan temprano como el período de Flavio (después de Nerón, pero aún dentro del siglo II) no es posible.

Unidad. La primera sección de 1 Pedro (1:1—4:6) no indica explícitamente que la fatal persecución hubiera comenzado; la segunda parte (4:7—5:14) es más explícita. Por lo mismo, algunos escritores han dividido la carta en dos partes, por lo general argumentando que la primera era una homilía *bautismal (debido a los abundantes paralelos con otras partes del NT). Pero la diferencia de situación que se presupone entre las dos secciones no es lo suficientemente significativa como para justificar una división como tal, y no existen otras razones convincentes para dividirlas.

Procedencia y lectores. Se acepta ampliamente que "Babilonia" (5:13) es un nombre críptico para Roma, al igual que en algunas otras obras, e indudablemente en el libro de Apocalipsis. La situación de persecución aquí descrita se ajusta a Roma, y hubiera sido apropiado que Pedro enviara advertencias avanzadas de la situación a los creyentes en Asia Menor, centro de la adoración al emperador. Una audiencia en Asia Menor podía haber consistido principalmente de judíos cristianos, pero la audiencia de Pedro probablemente incluía cristianos *gentiles (cf. 1:18; 4:3, 4).

Circunstancias. Un incendio devastó Roma en el año 64 d. de J.C., pero sospechosamente dejó intactas las propiedades de Nerón y de su amigo Tigelino. Como cualquier buen político, Nerón necesitó de un chivo expiatorio para sus males, y lo que parecía ser una nueva religión, considerada como una forma fanática del judaísmo iniciada por un maestro crucificado tres o cuatro décadas atrás, se prestaba perfectamente a la situación.

Los romanos consideraban a los cristianos, iguales que los judíos, como antisociales. Ciertas acusaciones llegaron a ser tan comunes que ya para el segundo siglo se habían convertido en estereotipos. Los romanos veían a los cristianos como "ateos" (como algunos filósofos, por rechazar a los dioses), "caníbales" (por su reclamo de comer el "cuerpo" de Jesús y beber su "sangre"), e incestuosos (por frases como "te amo hermano" o "te amo hermana"). El judaísmo era un blanco muy pobre para una franca persecución, debido a que sus seguidores eran numerosos y en algunos círculos era popular. Además, la amante de Nerón, Popea Sabina, era *protectora de las causas judías. En contraste, el cristianismo era visto como una forma del judaísmo pero sin mucho apoyo inclusive en círculos judíos, y por lo tanto era un chivo expiatorio políticamente apropiado.

De acuerdo con el historiador de principios del siglo II, *Tácito, a quien los cristianos le eran antipáticos, Nerón quemó vivos a cristianos utilizándolos como antorchas para alumbrar sus jardines en la noche. Él mató a otros cristianos de maneras igualmente crueles (p. ej., que sirvieran de comida a los animales salvajes mientras que, al mismo tiempo, entretenían al público). Él debe haber asesinado a miles de cristianos en Roma, aunque la mayoría de cristianos allí escaparon de sus garras. Así que, aunque la parte griega del imperio amaba a Nerón y la comunidad judía generalmente lo favorecía, los cristianos lo consideraban como un prototipo del anticristo. Nerón murió en desgracia varios años más tarde, perseguido por sus compatriotas romanos que lo odiaban.

Género literario. Primera de Pedro es una carta general, influenciada mayormente por la situación en Roma más que por la situación en Asia Menor (la actual Turquía);

de esta manera Pedro pudo haberla enviado como una carta circular a muchas regiones del Asia Menor (1:1). Sin embargo, parece ser que Pedro esperaba que los sufrimientos en Roma se materializaran oportunamente en otras partes del imperio. Acerca de los eventos en Asia Menor tres décadas más tarde, ver la discusión del trasfondo en la introducción a Apocalipsis. Los líderes del sacerdocio en Jerusalén enviaban encíclicas, cartas a las comunidades judías en la *diáspora, por medio de mensajeros. La carta de Pedro es similar a estas, pero en una escala menor en cuanto al número de lectores.

Comentarios: El comentario más útil para quienes no utilizan los textos griegos es J. N. D. Kelly, *A Commentary on the Epistles of Peter and Jude* (Grand Rapids, Mich.: Baker Book House, reimpreso, 1981). J. R. Michaels, *1 Peter*, WBC 49 (Waco, Tx.: Word, 1988), Peter H. Davids, *The First Epistle of Peter*, NICNT (Grand Rapids, Mich.: Eerdmans, 1990), y E. G. Selwyn, *The First Epistle of St. Peter*, 2da. Ed. (Nueva York: Macmillan, 1947), también son de mucha ayuda. Dos de las mejores obras especializadas son: David L. Balch, *Let Wives Be Submissive: The Domestic Code in 1 Peter*, SBLMS 26 (Chico, Calif.: Scholars, 1981), y William J. Dalton, *Christ's Proclamation to the Spirits: A Study of 1 Peter 3:18–4:6*, Analecta Bíblica 23 (Roma: Pontifical Biblical Institute, 1965).

1:1-12
Pruebas presentes, esperanza futura

Los versículos 3-12 constituyen toda una oración en el griego. En la antigüedad estas oraciones largas se consideraban como una muestra de habilidad literaria. Las audiencias estaban acostumbradas a seguir el hilo del pensamiento por un período más extenso que la gente de hoy en día.

1:1. Los judíos se referían a sus compatriotas que vivían fuera de Palestina como la *"diáspora", o sea los que estaban "esparcidos" (DHH); "expatriados" (RVA). Pedro transfiere este término a sus lectores (cf. 1:17: 2:11). Acerca de "expatriados", ver el comentario sobre 1:17; cf. 2:11. Las cinco provincias romanas que él menciona aquí estaban geográficamente conectadas. Pedro omite las regiones costeras del sur de Asia Menor, que pudieran agruparse con Siria en este período, y no como una parte de Asia Menor. El orden en el cual Pedro menciona las provincias de sus lectores potenciales, refleja la ruta que hubiera tomado un mensajero para entregar la carta si hubiera comenzado en Amastris en el Ponto. (Aunque los mensajeros de Roma probablemente hubieran comenzado en la provincia de Asia, Pedro puede hacer el recorrido mentalmente comenzando con la provincia más lejana de donde él estaba, y viajar alrededor.) Acerca de las cartas encíclicas o circulares, ver la discusión sobre *género literario en la introducción.

1:2. En el AT y el judaísmo, el pueblo de Dios era corporativamente "elegido" o "predestinado", debido al "previo conocimiento de Dios"; Pedro aplica el mismo lenguaje a los creyentes en Jesús. La obediencia y el rociamiento con sangre también establecieron el primer pacto (Éxo. 24:7, 8).

1:3. Pedro adopta la forma de un *berakah*, la forma judía de bendecir que regularmente comenzaba con "bendito sea el Dios quien...". El nuevo nacimiento puede aludir al lenguaje que los judíos normalmente utilizaban para referirse a la conversión de los *gentiles al judaísmo (ver el comentario sobre Juan 3:3, 5), con el siguiente significado de: recibiste una nueva naturaleza cuando te convertiste. Los creyentes nacieron de nuevo a una esperanza viva por la *resurrección de Jesús, a una herencia (v. 4) y salvación futuras (v. 5), tres ideas conectadas en la perspectiva judía mirando al fin de los tiempos.

1:4. Los escritores neotestamentarios siguieron a los maestros judíos al hablar de "heredar" el mundo venidero. La fuente original de esta expresión idiomática probablemente sea Israel "heredando" la tierra prometida después de su redención de Egipto. Algunos escritos judíos (como *4 Esdras, a finales del siglo I) también se referían a un tesoro reservado en los cielos para los justos, pero mientras que allí el énfasis para recibir ese tesoro descansa normalmente en la obediencia, aquí el énfasis recae en la obra de Dios.

1:5. Los *Rollos MM y otros escritos judíos hablan de que todo será "revelado" en "el tiempo final". Los hechos de los impíos serán dados a conocer, pero los justos serán "salvos", liberados, de todo lo que se opone a ellos.

1:6, 7. Dios era soberano sobre las pruebas, pero su propósito tanto en el AT como en el judaísmo era fortalecer el compromiso de quienes eran probados (solo *Satanás tenía el propósito de probar para hacer apostatar 5:8). Ver el comentario sobre Santiago 1:12-16. (El AT y el judaísmo también enseñaban que los sufrimientos podían ser disciplinarios para llevar a las personas al *arrepentimiento, o castigos para cumplir con la justicia e invitar al arrepentimiento. El judaísmo contemporáneo fomentó este concepto en la idea de *expiación por medio del sufrimiento. Aunque esta perspectiva no refleja el énfasis de Pedro, él concuerda en que la persecución que enfrentan los creyentes también es disciplina de Dios para despertar a su pueblo 4:17.)

Muchas tradiciones judías también presentaban el fin como precedido por tiempos de gran prueba. La imagen de los justos que son probados como los metales preciosos purificados con el fuego, se deriva del AT (Job 23:10; Sal. 12:6; Prov. 17:3; cf. Isa. 43:2; Jer. 11:4) y continuó usándose en la literatura judía subsecuente (p. ej., Eclesiástico 2:5). Minerales de metales preciosos (de los cuales el más precioso era el oro) se derretían en un horno para separar las impurezas y producir un metal más puro.

1:8, 9. Las pruebas podían ser motivo de gozo en vez de algo doloroso ya que estos lectores conocían de antemano el propósito de las mismas: cuando ellos hubieran perseverado hasta el fin, la salvación final vendría, al igual que en la enseñanza judía tradicional. A diferencia de las pruebas en Santiago, la prueba principal en 1 Pedro es la persecución (ver la introducción).

1:10-12. Muchos intérpretes judíos (especialmente según se comprueba en los *Rollos MM) creían que los profetas del AT habían profetizado mayormente para la época del mismo intérprete, y que el significado de los mensajes para ese tiempo había permanecido oculto hasta que los sabios de su propia generación habían recibido discernimiento especial por el *Espíritu. En estos versículos, Pedro parece afirmar que los profetas reconocieron que sus *profecías se aplicaban al *Mesías, quien sufriría y sería exaltado, y que ellos estaban conscientes de que muchos detalles tendrían sentido para los lectores únicamente cuando estos se hubieran llevado a cabo. Sin embargo, esto suena como si Pedro hubiera estado de acuerdo con los intérpretes de los Rollos MM de que los profetas del AT no conocían el "tiempo" o las circunstancias. Que los siervos de Dios en el AT podían haber tenido en ellos el *Espíritu de Dios es claro (Gén. 41:38; Núm. 27:18), aunque el AT usualmente prefiere la expresión idiomática hebrea para expresar que el *Espíritu reposaba "sobre" los siervos de Dios, invistiéndolos de autoridad (como en 1 Ped. 4:14). Según algunas tradiciones judías, algunos secretos eran tan importantes que Dios se había abstenido inclusive de compartirlos con los ángeles hasta el fin de los tiempos. En otra tradición, los ángeles respetaban las enseñanzas esotéricas de los *rabinos y asistían a sus conferencias para escuchar. Aun en otra tradición, los ángeles envidiaban a Israel por haber recibido la *ley de Dios.

1:13—2:3
Viva la nueva vida

1:13. Los hombres usaban túnicas largas y las arremangaban para meterlas en sus cinturones ("ceñid los lomos", RVR–1960), y así poder moverse más libre y rápidamente. Aunque la imagen también aparece en otras partes del AT, aquí Pedro puede estar aludiendo específicamente a la Pascua (Éxo. 12:11): una vez que el pueblo de Dios había sido redimido por la sangre del cordero (1 Ped. 1:19), estaban listos para ir en pos de Dios hasta que él los metiera con seguridad en su herencia (cf. 1:4), la tierra prometida. De aquí que ellos debían estar vestidos y listos para huir. "Sobriedad" en el uso antiguo significaba no solo la abstinencia literal de beber, sino también hablaba del comportamiento que debía observar una persona no intoxicada; es decir, honrosamente autocontrolada.

1:14. "Hijos obedientes" recoge la imagen de 1:3: nacidos de nuevo; ellos ya no eran lo que habían sido anteriormente, y debían obedecer a Dios (cf. 1:2, 22) como los hijos obedecen a sus padres. La obediencia de los hijos para con sus padres era altamente valorada, y las leyes romanas y judías la demandaban.

1:15, 16. Israel era llamado a ser santo como Dios es santo y, por lo mismo, a vivir de manera que los distinguiera de las otras naciones (Lev. 11:44; 19:2; 20:7, 26). Las oraciones diarias en la *sinagoga también hacían hincapié en la santidad de Dios, de aquí que la idea debe haber sido bastante familiar para los lectores judíos como para los *gentiles que habían aprendido de ello en las Escrituras. Pedro continúa con la imagen de padre e hijos entre 1:14 y 1:17, él pudiera estar aludiendo aquí a otro aspecto de la relación de un niño con su padre que se enfatizaba bastante en la antigüedad: imitación.

1:17. La imagen de Dios como un juez imparcial era común en el judaísmo, el cual también se refería a Dios como "Padre celestial" en la mayoría de sus oraciones. Los "extranjeros" ("extraños" o "peregrinos", NVI; "el tiempo de vuestra peregrinación", RVA) eran distintos a los ciudadanos locales, pero como residentes legales de un área eran mejor vistos que los recién llegados. Las comunidades judías por todo el imperio generalmente gozaban de un estado legal como residentes, y aunque algunos judíos podían obtener su ciudadanía, en otros lugares como Alejandría los griegos se les oponían hostilmente.

1:18. Los judíos a menudo se referían a la idolatría como "vana" o "vacía". Para ellos la idolatría era la característica esencial del estilo de vida de los paganos y, por lo mismo, aludía a la antigua manera de vivir de los lectores de Pedro ("heredar" la manera de vivir de los antepasados pudiera referirse al paganismo o al judaísmo). Los sabios judíos marcaban un contraste entre la indestructibilidad de la verdadera riqueza (cf. 1:4, 7, 23) con la riqueza eterna del justo o la sabiduría. Aquí se refiere al precio de la redención de los lectores, para lo cual el dinero era insuficiente (1:19). Algunos de los lectores originales de Pedro deben haber traído a colación el hecho de que el oro estaba devaluado en esta época debido a la inflación bajo el gobierno de Nerón, pero probablemente sea periférico al asunto que Pedro está tratando en cuanto a lo perecedero del oro (cf. 1:7).

1:19-21. La redención por la sangre de un cordero hace recordar la celebración anual de la Pascua, con la cual los judíos conmemoraban su redención (libertad de la esclavitud) de Egipto, por medio de la sangre del cordero pascual (cf. 1:13).

1:22. En las leyes *veterotestamentarias de purificación, la gente misma se purificaba de sus contaminaciones por medio de baños ceremoniales; aunque el judaísmo continuó practicando literalmente los baños ceremoniales, a menudo utilizaban esta imagen simbólicamente para referirse a la purificación espiritual o moral (como ocasionalmente lo hacen los profetas en el AT; p. ej., Isa. 1:16; Jer. 2:22; 4:14).

1:23. La nueva vida de amor obediente (1:22) es natural para la persona con una nueva naturaleza; en la antigüedad era axiomático que los hijos heredaban la naturaleza de sus padres. (Muchos escritores inclusive subrayaban que los adúlteros se rendían totalmente porque sus hijos llevaban su imagen.) La semilla paternal era especialmente importante; los seguidores de Jesús habían nacido de nuevo por medio de la palabra viviente, el *evangelio (1:3; 2:2), y el mismo era imperecedero (1:24, 25). Pudiera citarse una serie de paralelos, incluyendo la perspectiva de *Filón sobre la palabra divina que es no únicamente imperecedera, sino también "seminal", o una semilla; pero la mayoría de estos ejemplos son individuales y casos distintos en vez de basarse en la tradición general. Por lo mismo, todos los paralelos pudieran ser remotos, derivados del mismo tipo de imágenes naturales como la utilizada por Pedro (excepto que Filón, a diferencia de Pedro, pudiera haber girado sobre la idea *estoica del logos seminal). Compare Lucas 8:11; 1 Juan 3:9. Sin embargo, todo el judaísmo estaba de acuerdo con que la Palabra de Dios era imperecedera; cf. Isaías 40:6-8.

1:24, 25. Aquí Pedro cita Isaías 40:6-8 (siguiendo la *LXX, la que en esta parte es más concisa que el texto hebreo), donde la palabra es el mensaje futuro de salvación para el tiempo cuando Dios redimirá a su pueblo (p. ej., 52:7, 8).

2:1. Los escritores de antaño a veces empleaban "listas de vicios", indicando lo que la gente debía evitar; Pedro emplea una breve lista de vicios. "Dejando" (RVA; "desechando", BA) las costumbres antiguas también sigue al nuevo nacimiento en Santiago, Efesios y Colosenses. Junto con otros paralelos a esas cartas, esta similitud ha sugerido a algunos eruditos una tradición *bautismal común en la *iglesia primitiva. También pudiera seguir alguna enseñanza de Jesús que ya no está disponible para nosotros. Acerca del posible trasfondo para "desechar", ver el comentario sobre Romanos 13:12 y Efesios 4:20-24.

2:2. Este versículo continúa la imagen del nuevo nacimiento (1:23). Los bebés dependían de sus madres o nodrizas para ser alimentados con su leche; usar la leche de vaca era raro. Se creía que los niños eran muy impresionables en esta etapa de crianza, y a quienes permitían que los niños fueran atendidos por nodrizas se les aconsejaba que las seleccionaran cuidadosamente. "Leche... no adulterada" significaba que no había sido mezclada con otra cosa, el término se utiliza en documentos comerciales para ventas de comidas no adulteradas. La "leche espiritual" (RVA) pura es una traducción posible, pero el adjetivo que aquí se usa más a menudo significa "racional", y muy bien pudiera traducirse "la leche... de la palabra" (*logikon*, cf. BA, NVI); es decir, la "palabra" de 1:25.

2:3. Aquí Pedro alude al Salmo 34:8. El término traducido "bondadoso" (RVA) o "benignidad" (BA) a veces se usaba para significar "delicioso" cuando se aplicaba a las comidas (como aquí, a la leche).

2:4-12
Crecer como pueblo de Dios

La comunidad de *Qumrán (la secta judía monástica que escribiera los *Rollos MM) también se describía a sí misma como un nuevo templo. Aunque muchas de las exhortaciones de Pedro hasta este punto son del tipo de instrucciones morales que los filósofos podían impartir para la conducta individual, esta sección concierne a la identidad corporativa de la *iglesia y, por lo mismo, a su testimonio colectivo.

2:4. Pedro deriva esta imagen de Isaías 28:16 ("escogida y preciosa", BA) que cita en 2:6.

2:5. Los *Rollos MM presentan a la comunidad de Qumrán como un templo vivo, y uno de sus escritos habla de los componentes del templo (pilares, cimientos, etc.) como seres animados. "Casa" pudiera referirse a un edificio, como el templo, o a una familia (4:17), inclusive a una familia grande como la "casa de Israel"; aquí se alude a ambos sentidos como a veces sucede en el AT (2 Sam. 7:5-7, 12-16). La imagen del pueblo de Dios como un "sacerdocio santo" pertenece a Éxodo 19:5, 6 (cf. Isa. 61:6) y aparece más explícitamente en Hebreos 2:9 (Israel como un sacerdocio también aparece en algunos escritos judíos contemporáneos basados en Éxo. 19:6, incluyendo una inserción de Éxo. 23:22 en la *LXX). Como sacerdotes (al igual que piedras) en este nuevo templo, ellos ofrecerían sacrificios. Otros en el judaísmo también utilizaban la imagen de un sacrificio espiritual (ver el comentario sobre Rom. 12:1; Heb. 13:15).

2:6. La comunidad de *Qumrán aplicaba Isaías 28:16 a sus propios líderes. Los cristianos primitivos lo aplicaron a Jesús (Rom. 9:33).

2:7, 8. El principio de interpretación judío *gezerah shavah*, que vinculaba textos que tuvieran una palabra clave común, le permite a Pedro citar Salmo 118:22 e Isaías 8:14 de manera natural. Aunque esta técnica interpretativa sugiere que él no depende de Pablo, tanto Pedro como Pablo pudieron haber dependido de Jesús para la imagen de la piedra angular (Mar. 12:10, 11). El Salmo 118 normalmente se cantaba durante la temporada de la Pascua (cf. 1 Ped. 1:19), por lo menos entre los judíos de esta época, después de agradecer a Dios por haber sacado a Israel de la esclavitud en Egipto a la libertad, "de las tinieblas a su luz admirable" (cf. 2:9).

2:9. Casi la mitad de este versículo es una cita directa de Éxodo 19:6, donde implica que todos los cristianos, incluyendo los cristianos *gentiles, compartían el pacto de Dios con Israel. Durante la Pascua los judíos describían su liberación de Egipto como un llamado "de las tinieblas a su luz admirable". Los profetas del AT enseñaron que Dios había redimido a su pueblo para su alabanza (p. ej., Isa. 60:21; 61:3; Jer. 13:11).

2:10. Pedro cita Oseas 1:10 y 2:23, en donde se invierte el anterior veredicto de Dios en contra de Israel (Os. 1:6, 8, 9), prometiendo la restauración del pueblo de Dios al fin de los tiempos. Al igual que Pablo, Pedro cree que los *gentiles convertidos a la fe verdadera de Israel, el mensaje de Jesús, formaran parte de ese pueblo de Dios al fin de los tiempos (Rom. 9:24-26). Si lo hubiera deseado, Pedro pudiera haber citado pasajes del AT para apoyar su conclusión (p. ej., Isa. 19:24, 25; 56:3-8).

2:11. Acerca de "extranjeros que viajan fuera de su patria" (LA); el sentido normal del término comúnmente traducido como "peregrinos y expatriados" (RVA), ver el comentario sobre 1:17. *Filón habló de almas como siendo "extranjeras" (utilizando un término más técnico que "extranjeros que viajan fuera de su patria") en sus cuerpos, que pertenecían más bien al cielo. La imagen aquí es la del pueblo de Dios (2:4-10) esparcido entre las naciones; el pueblo de Dios en el AT a veces era descrito en estos términos (Lev. 25:23), debido a su mortalidad (1 Crón. 29:15; Sal. 39:12), a su celo por Dios (Sal. 69:8, 9; cf. 119:19) o a causa de su peregrinaje (Gén. 23:4; 47:9). Los filósofos griegos a menudo presentaban las pasiones carnales como una "guerra" contra el alma. Pedro utiliza la misma imagen, aunque no por la misma razón con que lo hacían los filósofos (librando el alma de distracciones terrenales), él demanda un estilo de vida apropiado (2:12).

2:12. Los judíos que vivían en la *diáspora (1:1) siempre tenían que preocuparse de las calumnias antijudías de los *gentiles, por su seguridad y su testimonio para con el único y verdadero Dios. Así como a los *gentiles les gustaba calumniar a los judíos que vivían entre ellos, también les gustaba calumniar a los *gentiles convertidos al cristianismo, a lo que ellos consideraban una secta judía (2:4-10). La conducta sugerida en el siguiente código familiar (2:13—3:12) habría de contrarrestar algunas de las calumnias más tradicionales en contra de dichas creencias, calumnias de que ellos pervertían el orden público y los valores familiares tradicionales. "El día de la visitación" era un buen lenguaje *veterotestamentario para hablar del futuro día del juicio por parte de Dios (p. ej., Isa. 10:3). Muchos textos declaraban que los *gentiles reconocerían la gloria de Dios al fin de los tiempos (p. ej., Isa. 60:3).

2:13-17
Responsabilidades para con el estado

Varios códigos familiares de antaño se establecieron dentro del contexto de las discusiones de la administración de alguna ciudad, e incluían instrucciones sobre cómo comportarse en relación con el estado (al igual que con los padres, ancianos, amigos, familiares, etc.). De acuerdo con los ideales de la aristocracia contemporánea, la familia reflejaba el gobierno de una ciudad-estado, así que las obligaciones públicas y las obligaciones dentro de la familia (2:18—3:7) comúnmente se trataban juntas.

Los *estoicos y otros filósofos frecuentemente utilizaban estos códigos éticos para delinear las relaciones apropiadas con otros. Los judíos y miembros de otros grupos religiosos calumniados a veces adoptaban estos códigos para demostrar que en realidad ellos apoyaban los valores de la sociedad romana. Esta demostración era importante para combatir la persecución. Ver el comentario sobre Romanos 13:1-7.

2:13. Los reyes vasallos en el oriente gobernaban a su gente con permiso de Roma, pero se les requería actuar de acuerdo con los intereses romanos. Dado que la mayoría de los lectores de Pedro (1:1) más bien estarían directamente bajo gobernadores (2:14), por "rey" Pedro pudiera referirse específicamente al emperador romano. Aunque el título del emperador era técnicamente *princeps*, es decir, "el ciudadano líder" o el primero entre sus semejantes (para preservar el mito de la república en los primeros años del imperio), todos sabían que él era el supremo rey terrenal en el mundo del Mediterráneo.

2:14. El término traducido "gobernantes" incluye a los diferentes legados (quienes gobernaban las provincias imperiales como representantes del emperador 2:13) y a los procónsules (que gobernaban provincias senatoriales). Estos representantes de Roma gobernaban la mayor parte del imperio. Los gobernadores de las provincias imperiales eran "enviados" por el emperador y se esperaba que fueran administradores de la justicia. "Alabanza" puede referirse a una absolución legal o puede aplicarse a inscripciones de alabanza dedicadas a benefactores que daban de sus bienes o servicios para las municipalidades.

2:15. "Ignorancia" incluye los malentendidos acerca del cristianismo que circulaban entre los de afuera (más que en 1:14). Los aristócratas romanos eran mucho más rápidos para difamar a las religiones minoritarias, cuya adoración no asimilaba los valores romanos, en vez de tratar de comprenderlas. El AT enseñaba la soberanía de Dios sobre los gobernantes (Prov. 16:10; 21:1).

2:16. Aquí Pedro modifica una exhortación común de los filósofos antiguos: para ellos, libertarse de los valores del mundo significaba no solo la autoridad para hacer lo que uno quisiera sino también la libertad de buscar la virtud, libertad del deseo y libertad sin excederse. La mayoría de los filósofos (tales como los *estoicos contemporáneos) consideraban al hombre sabio como el regidor ideal, pero aun así defendían la obediencia al estado. Para los cristianos, libertad significaba ser libres para ser esclavos de Dios en vez de ser esclavos del pecado; significaba ser libres de la tiranía del estado pero también ser libres para cumplir las leyes del estado como siervos de Dios (v. 15).

2:17. Listas breves sobre este tipo de deberes aparecen en otros moralistas de antaño (p. ej., Isócrates, Marco Aurelio, Siríaco Menander). El AT también asociaba el honrar a Dios con honrar a los que estaban en autoridad (Éxo. 22:28; 1 Rey. 21:10; Prov. 24:21).

2:18-25
Deberes de los siervos

Este pasaje se dirige a los esclavos en las casas, quienes a menudo tenían más mobilidad económica y social que los campesinos libres, aunque la mayoría de ellos realmente no tenían mucho. Los esclavos del campo eran más oprimidos; debido a las regiones a las cuales se dirige la carta (1:1) y la naturaleza de los códigos caseros (ver el comentario sobre 2:13-17), probablemente no se les incluya aquí y a lo sumo están considerados periféricamente. Los esclavos más oprimidos, los que trabajaban en las minas, estaban segregados del resto de la sociedad y no hubieran tenido acceso a la carta de Pedro, a estos no se les menciona aquí del todo.

También debe recordarse que Pedro no discute la esclavitud como tal, aunque él claramente simpatiza con el esclavo (2:21), ninguna guerra de esclavos tuvo éxito en la antigüedad, y la abolición era prácticamente imposible en su día excepto a través de una sangrienta revolución que probablente hubiera estado destinada al fracaso. Bajo estas condiciones, era mucho más práctico para un pastor animar a los que estaban en esa condición a tratar con la misma constructivamente hasta que pudieran obtener su libertad. Acerca de esclavos y códigos caseros, preguntas de aplicación subsecuentes y cosas por el estilo, ver el comentario sobre Efesios 6:4-9 y la introducción a Filemón.

2:18-20. Excepto los esclavos que podían ahorrar suficiente dinero para comprar su libertad (lo cual muchos esclavos caseros podían hacer dedicándose a algo extra aparte de su ocupación principal), la mayoría no estaba en una posición para obtener libertad. Aunque en muchas casas los esclavos y amos convivían como miembros de una misma familia, las leyes consideraban a los esclavos como propiedad al igual que como personas, y algunos dueños abusaban de ellos como propiedad, y casi todos los dueños trataban a los esclavos como socialmente inferiores. Los filósofos (especialmente los populares *estoicos) generalmente aconsejaban a los esclavos que hicieran lo mejor en medio de la situación en la cual se encontraban: esta también era la perspectiva de *Epicteto, quien anteriormente había sido un esclavo.

2:21. Los moralistas comúnmente citaban modelos para ser imitados. Los filósofos también se jactaban de su habilidad para no molestarse por los insultos o privaciones (p. ej., uno decía que Sócrates, cuando se le dijo que él sufría injustamente, respondió: "¿Sería preferible que sufriera justamente?"). Aunque la sociedad antigua valorizaba en extremo la posición social y asociaba el poder con la grandeza, Pedro identifica a *Cristo con los esclavos injustamente maltratados.

2:22. Aquí Pedro cita Isaías 53:9, la primera de varias alusiones en este pasaje a Isaías 53. El pasaje describe "al siervo sufriente", un papel cumplido por *Cristo.

2:23. Este versículo pudiera reflejar la idea de Isaías 53:7: aunque oprimido, él no abrió su boca. En una sociedad basada en el respeto y el honor, esta era una experiencia dolorosa. Las personas subordinadas como los esclavos estaban acostumbradas a ello, pero no por eso dejaba de dolerles. Muchos filósofos también aconsejaban soportar la injuria sin responder de la misma manera.

2:24. Aquí Pedro refleja el lenguaje de Isaías 53:4, 5. En este contexto (1 Ped. 2:24, 25) Pedro toma las "heridas" como las heridas del pecado, como a menudo se intentara en los profetas (p. ej., Isa. 6:10; Jer. 6:14; 8:11) y algunas veces en la literatura judía posterior (como probablemente sea el caso en la octava bendición de Amidah, una oración judía recitada regularmente).

2:25. Este versículo hace eco de Isaías 53:6. La imagen de Israel como ovejas era común en el AT (p. ej., Isa. 40:11), y la imagen de Israel como ovejas descarriadas, alejadas del pastor, también aparece en otros lugares (Jer. 50:6; Eze. 34:6; cf. Sal. 119:176). Un "obispo" (RVA; "guardián", BA) era el que vigilaba, protegía y tenía autoridad ("cuida", NVI); el judaísmo de la *diáspora a veces aplicaba este término a Dios. En el AT, Dios es el supremo pastor de su pueblo (ver el comentario sobre Juan 10:1-18).

3:1-7
Esposas y esposos

Aunque Pedro mantiene las normas sociales a causa del testimonio de la *iglesia en la sociedad (ver la introducción a los códigos caseros en 2:13-17), aquí claramente simpatiza con la mujer, como lo hiciera con los esclavos en 2:18-25. Él continúa apoyando la sumisión a la autoridad por el bien del testimonio y para silenciar las acusaciones de que el cristianismo era subversivo, los esposos siempre estaban en la posición de autoridad en esa cultura.

3:1. "Asimismo" alude nuevamente al pasaje sobre los esclavos (2:18-25). Al igual que el judaísmo y otras religiones no romanas, el cristianismo se esparció más rápidamente entre las esposas que entre los esposos. Los esposos tenían más que perder socialmente hablando al convertirse a una religión minoritaria y no muy popular. Pero en la sociedad grecorromana de antaño se esperaba que las esposas obedecieran a sus maridos, y esta obediencia incluía lealtad a la religión del esposo. Las religiones que prohibían la participación en los ritos religiosos romanos, incluyendo la prohibición de adorar los dioses caseros de una familia, eran vistas con desdén, y las mujeres judías o cristianas que rehusaban adorar a esos dioses podían ser acusadas de ateísmo. Así que, por medio de este consejo, Pedro busca reducir las tensiones maritales y las causas de hostilidad hacia el cristianismo y los cristianos. En la antigüedad, el silencio era considerado como una gran virtud en las mujeres.

3:2. "Reverente y casta" (RVA; "íntegra y respetuosa", NVI) era la conducta más aprobada para las mujeres de antaño.

3:3. El cabello era trenzado en elaboradas formas, y las mujeres pudientes trataban de mantenerse al día con las últimas y más costosas modas. Los llamativos adornos de las mujeres ricas, que tenían el propósito de atraer la atención hacia ellas, eran repetidamente condenados en la literatura y los discursos antiguos, y los lectores de Pedro asumirían que él estaba refiriéndose a lo mismo. Ver el comentario sobre 1 Timoteo 2:9, 10.

3:4. Los antiguos consideraban un espíritu manso y tranquilo como una virtud esencial para la mujer, y muchos moralistas recomendaban esta actitud en vez de vestirse con las últimas modas para atraer la atención de los hombres, un vicio comúnmente atribuido a las mujeres aristócratas, pero imitado por las que podían darse el mismo lujo.

3:5. Los moralistas normalmente acompañaban sus exhortaciones con ejemplos de las virtudes aludidas. Especialmente les gustaba apelar a las matronas del pasado distante, quienes eran universalmente respetadas por su conducta casta en contraste con varios de los modelos contemporáneos de la alta sociedad romana. Los lectores judíos hubieran pensado especialmente en las grandes matriarcas, alabadas por su piedad en la tradición judía: Sara, Rebeca, Raquel y Lea, entre las cuales Sara era la más prominente. Los lectores podían pensar en términos de la costumbre de cubrirse la cabeza, que era prominente en gran parte del oriente y cuyo propósito era hacer que la mujer casada no llamara mucho la atención (ver el comentario sobre 1 Cor. 11:2-16).

3:6. Aunque Pedro explícitamente solo defiende la "sumisión" (v. 1), él cita a Sara como ejemplo inclusive de "obediencia", que era lo que la sociedad masculina romana demandaba de sus esposas. En Génesis es claro que Abraham también "obedeció" a Sara (el término usualmente traducido por "escuchó" en 16:2 y 21:12 también significa "obedecer", y en ambos pasajes Abraham se sometió a Sara), pero este punto no es relevante para el ejemplo de Pedro de las esposas con esposos desobedientes a la palabra (3:1; ver la introducción a esta sección). Uno no debiera tratar de leer demasiado en el hecho que aquí Sara se dirige a su esposo como "señor". Esta forma directa de dirigirse a alguien como "señor" debe haberse utilizado en hebreo para dirigirse a los esposos respetuosamente como "señor", por ejemplo Oseas 2:16, pero es principalmente en las tradiciones judías posteriores tales como el Testamento de Abraham que Sara trata a Abraham de esta manera. Aun en el Testamento de Abraham, Isaac se dirige a su madre con un título igualmente respetuoso y así se dirige Abraham a un visitante, sin saber que era un ángel. En otro relato judío, Asenat se dirige a su padre como "señor", sin embargo, le responde jactanciosamente y enojada, aunque aquí Pedro no sugiere este tipo de conducta. En la época patriarcal, esta era una manera amable de dirigirse a alguien con mayor autoridad, o a alguien cuya posición uno deseaba diferir, por ejemplo, Jacobo a Esaú en Gén. 33:13, 14. Los judíos eran considerados "hijos" de Abraham y Sara. Acerca de los cristianos que cumplen este papel, cf. 2:9, 10.

El consejo de Pedro es práctico, no áspero como pudiera sonar en nuestra cultura. Aunque los códigos caseros de los filósofos a menudo subrayan que la esposa debe "temer" y someterse a su esposo, Pedro discrepa con ellos (v. 6; cf. 3:13, 14). Los esposos podían legalmente "tirar" a los bebés, acudir a las prostitutas y hacerle la vida miserable a su esposa, aunque era prohibido dormir con otras mujeres de la aristocracia o golpear a la esposa. (Sin embargo, en un relato que data de mediados del siglo II, una cristiana se divorcia de su esposo debido a la repetida infidelidad de él, pero este la delata ante las autoridades por ser cristiana.) Las mujeres cristianas estaban limitadas en sus opiniones, pero Pedro desea que ellas busquen la paz sin sentirse intimidadas.

3:7. Aunque su propósito es dirigirse a las esposas convertidas con esposos inconversos (3:1-6), Pedro también incluye una breve palabra para los esposos convertidos. Muchos filósofos, moralistas y maestros judíos se quejaban de la debilidad moral e intelectual de las mujeres, algunos hacen referencia a la debilidad de sus cuerpos. La delicadeza de las mujeres es considerada como un objeto de deseo, pero también de desconfianza. Inclusive el tradicional sistema legal romano simplemente daba por hecho su debilidad e incapacidad para tomar buenas decisiones por ellas mismas. Mucho de esto se debía a la influencia de *Aristóteles, quien argumentaba que las mujeres por naturaleza eran inferiores a los hombres en todo sentido, excepto sexualmente.

Aun así, esta debilidad (Pedro puede estar aplicando el concepto solo a la posición social) a menudo se citaba como una razón para demostrarles más consideración, y Pedro no agrega ningún significado a este término común, excepto ese requisito. El resto del versículo declara que las mujeres son iguales ante Dios, lo cual destruía cualquier argumento sobre su inferioridad "por naturaleza". El esposo que fallaba en reconocer la igualdad espiritual de su esposa, comprometía sus propias oraciones, por la razón que Pedro ofrece en 3:12.

3:8-12
Sean amables unos con otros

Pedro concluye su argumento de 2:13—3:7 en los versículos que siguen a 3:8, pero esta conclusión fluye directamente a su siguiente argumento. El mismo refuerza el sentido de consideración mutua que Pedro desea engendrar en las relaciones caseras, dentro de las limitaciones impuestas por la cultura a la cual él se dirige.

3:8. Los moralistas frecuentemente preparaban listas de virtudes. También ofrecían discursos sobre el tema de la "armonía" ("sed todos de un mismo sentir", RVA) entre esposa y esposo. El promover la paz en todas las relaciones hogareñas no hubiera ofendido a ningún moralista romano (3:13). "Compasivos" hace recordar la exhortación a los esposos en 3:7, que pudiera significar "comprender" a las esposas.

3:9. Paralelos de las enseñanzas de Jesús indican que éstas pueden haber sido el origen de una parte de este versículo. Ver el comentario sobre Romanos 12:17.

3:10-12. Habiendo citado el Salmo 34:8 en 2:3, Pedro ahora cita el Salmo 34:12-16, que instruye al justo a buscar la paz con otros y no hablar mal, apoyando de esta manera su argumento en 2:13—3:7. (Los maestros judíos también hacían hincapié en que uno debía buscar la paz activamente, no solo pasivamente.) Esto también indica que aunque Dios escucha al justo, él se opone al malo y por lo mismo no escucha las oraciones de quienes maltratan a otros (3:7).

3:13-22
Preparados a sufrir por hacer el bien

Esta sección fluye naturalmente de 3:8-12.

3:13, 14. Pedro alude al lenguaje de Isaías 8:12, donde Dios le asegura al profeta que no debe temer lo que el resto de la gente teme, sino que debe confiar únicamente en Dios (8:13).

3:15. En la *LXX Isaías 8:13 comienza: "Santificad al Señor (es decir, Dios) mismo", aquí *Cristo es el Señor. La "defensa" (RVR-1960, la traducción común de "responder" es muy débil) implica especialmente (aunque probablemente no sea solo eso) la imagen de una defensa legal ante un tribunal, que imparte "juicio" y ejecuta en el contexto (4:5, 6).

3:16. El judaísmo también probó esta táctica para contrarrestar las falsas acusaciones.

3:17. Los escritores de antaño a veces comunicaban sus pensamientos a través de formas literarias especiales; una de estas es conocida como quiasmo, una estructura de paralelo invertido, lo cual parece ocurrir aquí:

A Vuestros calumniadores serán avergonzados (3:16)
B Sufre aunque seas inocente, si es la voluntad de Dios (3:17)
C Porque Cristo sufrió por los injustos (3:18)
D Él triunfó sobre los espíritus hostiles (3:19)
E Noé fue salvo a través del agua (3:20)
E' Tú te salvas a través del agua (3:21)
D' Cristo triunfó sobre los espíritus hostiles (3:22)
C' Porque Cristo sufrió (4:1a)
B' Sufre si es la voluntad de Dios (4:1b, 2)
A' Vuestros calumniadores serán avergonzados (4:3-5)

3:18, 19. Acerca de "carne" y *"espíritu", ver el comentario sobre Romanos 8:1-11. La idea aquí es que Jesús fue resucitado por el Espíritu de Dios, por quien él también fue (presuntamente después de la *resurrección) a proclamar su triunfo sobre los espíritus caídos. De los muchos puntos de vista sobre este texto, los tres principales son: (1) Que entre su muerte y resurrección Jesús predicó a los muertos en el Hades, el reino de los muertos (la perspectiva de muchos de los padres de la iglesia). (2) Que Cristo predicó por medio de Noé a la gente de esa época (la perspectiva de muchos de los reformadores). (3) Que antes o (más probablemente) después de su resurrección Jesús proclamó su triunfo sobre los ángeles caídos (la perspectiva de la mayoría de los eruditos de hoy). En la literatura cristiana primitiva, "espíritus" casi siempre se refería a los espíritus angelicales en vez de los espíritus humanos, excepto cuando daban declaraciones explícitas al respecto. La gramática en este versículo indica más naturalmente como si, en el Espíritu que lo resucitó, él les predicara después de su resurrección. Además, el versículo 22 menciona explícitamente a estos ángeles caídos. La perspectiva de que estos más bien eran espíritus de los muertos descansa sobre 4:6, pero el asunto de 4:6, que remata la sección, es que los mártires asesinados en la carne serán resucitados por el Espíritu como lo fue *Cristo en 3:18.

Excepto por la mayoría de *rabinos posteriores, casi todos los judíos de antaño leían Génesis 6:1-3 como una referencia a la caída de los ángeles en días de Noé (1 Ped. 3:20); después del diluvio, se dice que fueron puestos en prisión (ver también 2 Ped. 2:4; Jud. 6), ya sea debajo de la tierra o en la atmósfera (cf. 1 Ped. 3:22). Después, según una tradición judía bastante conocida, Enoc fue enviado a proclamarles el juicio de Dios, mientras que aquí Cristo es el proclamador del triunfo sobre ellos.

3:20. El judaísmo antiguo a veces utilizaba el diluvio como un prototipo del juicio futuro, como en 2 Pedro 3:6, 7. El énfasis sobre la salvación de unas "pocas" personas serviría de estímulo para los lectores cristianos, quienes eran una minoría perseguida. La "paciencia" de Dios está reflejada en Génesis 6:3, y se menciona en conexión con el juicio final en 2 Pedro 3:9.

3:21. El acto de fe indicado en el *bautismo, en vez de la purificación física, era lo significativo. El bautismo era un acto de conversión en el judaísmo de antaño, pero el judaísmo insistía en la sinceridad de *arrepentimiento para que el mismo fuera eficaz.

3:22. "Las autoridades y los poderes" eran

seres angélicos que gobernaban sobre las naciones, a los cuales se refieren frecuentemente los escritos judíos (ver el comentario sobre Ef. 1:21-23). De esta manera, aun los poderes diabólicos detrás de los gobernantes que perseguían a los cristianos habían sido sometidos, y el resultado final no se cuestionaba.

4:1-11
Perseverar en la nueva vida

4:1, 2. "Armaos también vosotros" utiliza la imagen de los soldados armándose, entrenando o preparándose de alguna otra manera para la batalla y posible muerte. El sentido parece ser que los que mueren con *Cristo por medio de la fe (cf. 2:24) están genuinamente preparados para sufrir con él de cualquier otra forma, incluyendo el martirio.
4:3. A diferencia de ciertas religiones perniciosas, los clubes sociales exigían orden en las fiestas. Sin embargo, las cenas en las casas de los *protectores, y probablemente también en los clubes sociales, continuaban hasta bien entrada la noche, con borracheras y los hombres persiguiendo a las esclavas o a los muchachos. Los festivales religiosos eran igualmente ocasiones para la inmoralidad. Los clubes sociales, cultos caseros y casi todos los aspectos de la vida grecorromana estaban impregnados con la veneración de falsos dioses y espíritus. Aunque esta conducta no era inmoral desde la perspectiva general grecorromana, los judíos y los cristianos la condenaban como inmoral. Los judíos con mucha razón consideraban esta conducta como típica de los hombres *gentiles en su época, especialmente, aunque no exclusivamente, durante los festivales paganos.
4:4. A pesar de que los judíos no participaban del estilo de vida caracterizado en 4:3, sus vecinos paganos frecuentemente los describían como personas sin ley y subversivas debido a su supuesta conducta antisocial. Los primeros reportes paganos acerca de los cristianos testifican que los mismos prejuicios les fueron aplicados a ellos, aunque las autoridades nunca encontraron evidencia que comprobara los rumores en aquellos que fueron interrogados bajo tortura. La acusación de Nerón en contra de los cristianos que asesinó fue que ellos "odiaban a la humanidad", es decir, eran antisociales. Pero los rumores acerca de la baja inmoralidad de Nerón ofendía inclusive a la aristocracia romana.
4:5. Estos paganos, no los cristianos (3:15), tendrían que dar cuenta al final de su juicio. Desde la época del AT, el día del juicio final a menudo había sido descrito en términos de un tribunal.
4:6. Aunque algunos comentaristas se refieren a "los muertos" como las almas de los fallecidos, ellos parecen ser cristianos "juzgados" y ejecutados por los tribunales terrenales, quienes sin embargo serán resucitados por el *Espíritu, como en 3:18. Compare Sabiduría de Salomón 3:1-6.
4:7. En muchas tradiciones judías (incluyendo Dan. 12:1, 2), el fin de los siglos sería precedido por un período de mucho sufrimiento, por lo tanto, este final inminente precipita las exhortaciones a perseverar en seriedad y en oración.
4:8. Proverbios 10:12 parece prohibir divulgar los pecados de unos y otros o calumniar a otros (cf. Stg. 5:20). La implicación aquí puede ser que el amor ignora las faltas de unos y otros, aunque algunos eruditos han sugerido que ello significa que los que aman obtendrán gracia en el día del juicio (1 Ped. 4:5, 6).
4:9. La hospitalidad era recibir a otros, especialmente hospedar a viajeros de la misma fe que necesitaban un lugar donde quedarse. Como es común en los ideales éticos de antaño, el hospedaje y las provisiones debían compartirse generosamente, no de mala gana.
4:10, 11. Al igual que Pablo (Rom. 12:4-8), Pedro enfatiza la diversidad de los dones en la *iglesia y la necesidad de todos ellos hasta el final. Hablar como si uno pronunciara

"oráculos" divinos sin lugar a duda hacía referencia al don de la *profecía, o por lo menos a la inspiración profética en alguna forma de hablar en nombre de Dios. Acerca de la profecía y el servicio, ver el comentario sobre Romanos 12:6-8 y 16:1, 2.

4:12-19
Los cristianos son juzgados primero

En el AT (Dan. 12:1, 2) y en mucha de la tradición judía, el pueblo de Dios sufriría grandemente justo antes del fin de los siglos, después los impíos serían juzgados. La tradición judía a menudo hacía hincapié en que los justos experimentaban sus sufrimientos en este mundo, pero que los impíos sufrirían los propios en el mundo venidero. Tales persecuciones como se mencionan aquí continuaron durante otros dos siglos en el Imperio romano, y han continuado periódicamente en varias épocas y lugares a través de la historia. Los creyentes de cada generación han tenido motivos para creer que el fin del mundo está cercano.

4:12. Es posible que Pedro aluda a la suerte que corrieron muchos cristianos capturados en Roma en el año 64 d. de J.C.; fueron quemados vivos como antorchas para iluminar durante la noche los jardines de Nerón. Pero es más probable que él aluda de nuevo a la imagen del oro cuando es probado con fuego (1:7), y quizá al hecho de estar experimentando de antemano el fuego del día del juicio. El lenguaje de pruebas ardientes a menudo se usaba simbólicamente.

4:13. Algunos judíos describían el tiempo de la tribulación antes del fin como las "aflicciones del *Mesías", por lo tanto, Pedro pudiera estar diciendo que los que comparten los sufrimientos del Mesías también apresuran la venida del fin (aunque la idea regular neotestamentaria de compartir los sufrimientos de *Cristo pudiera ser adecuada para explicar el pasaje).

4:14. El AT y la tradición judía a menudo se referían al *Espíritu que reposaba "sobre" los siervos de Dios, dándoles autoridad para la tarea. A la luz de la palabra "gloria" en el versículo 13, Pedro presuntamente quiere decir: "el Espíritu que los resucitará (4:6) ya está sobre ustedes".

4:15. Como lo señalaban los apologistas (o defensores del cristianismo) del siglo II, la única acusación por la cual los verdaderos cristianos fueron condenados era la acusación de ser cristianos. El término griego para "entrometido" (BA) pudiera referirse a hechiceros, aunque probablemente alude a chismosos, aquellos que ofrecían consejos indeseables e inoportunos. Entrometerse sin tacto alguno en los asuntos de otros era un vicio a menudo atribuido a los no muy populares filósofos *cínicos (con quienes algunos predicadores cristianos habían sido comparados).

4:16. El sobrenombre de "cristiano" originalmente fue utilizado solo por aquellos que sentían hostilidad hacia el cristianismo. Ver el comentario sobre Hechos 11:26. Aquí se usa en forma paralela a las acusaciones legales tales como "homicidas" y "ladrones". Las primeras descripciones romanas de la persecución de Nerón utilizan este título para referirse a los seguidores de Jesús. Muchos sabios en la tradición griega señalaban que era una verdadera nobleza sufrir oprobio por hacer el bien. En la sociedad grecorromana, obsesionada como estaba con el asunto de la vergüenza y el honor, esta era una perspectiva que contrarrestaba la cultura de ese entonces.

4:17. La imagen del juicio comenzando por la casa de Dios está tomada del AT (Eze. 9:6; cf. Jer. 25:18-29; Amós 3:2), como en la ominosa expresión "porque es tiempo" (Eze. 7:7, 12). Los creyentes experimentaron el juicio de los tribunales terrenales (1 Ped. 4:6), pero Pedro probablemente también considera el sufrimiento como disciplina de Dios, al igual que lo hacían los maestros judíos. A través de la historia la persecución ha refinado y fortalecido a la *iglesia.

4:18. Pedro prueba su caso en 4:17 citando Proverbios 11:31 según la *LXX, que pudiera reflejar lo que había llegado a ser el concepto judío prevaleciente en la época de Pedro: el justo sufre en esta vida, pero el impío sufrirá en el mundo venidero.

4:19. Pedro nuevamente hace eco del lenguaje familiar en las oraciones judías. La bendición final de una de las oraciones recitadas regularmente incluía las palabras: "Depositamos nuestra vida en tus manos, y nuestra alma a tu cuidado", y algunos otros también pronunciaban oraciones similares al encontrarse en peligro de muerte (cf. 2 Macabeos 13:9-14). El prototipo para todos ellos era probablemente el Salmo 31:5 (citado en Luc. 23:46).

5:1-5
Fieles guardianes del rebaño

La conducta de los líderes de la *iglesia en tiempos de crisis podía animar o desanimar al rebaño. Los líderes, una vez conocidos, eran los primeros en ser buscados, capturados, torturados y ejecutados.

5:1. Ancianos, hombres mayores y más sabios con la capacidad de juzgar casos, gobernaban en la mayoría de las ciudades israelitas en el AT. En la época del NT, los "ancianos" tenían una posición respetable en las *sinagogas, de donde las *iglesias tomaron esta forma de liderazgo. Pedro se cuenta entre ellos como un compañero anciano.

5:2. La imagen de un "pastor" es una de abnegada dirección, no la de un gobernante severo (aunque la imagen de pastores se había aplicado a los gobernantes en partes del antiguo Medio Oriente). Acusaciones de ganancias ilícitas se lanzaban frecuentemente contra los maestros moralistas en el mundo antiguo, y era importante que los cristianos evitaran aun la apariencia de deshonestidad. (Al igual que ciertos oficiales en la comunidad judía, estos líderes cristianos distribuían los fondos para los pobres.)

5:3. Los dirigentes de las escuelas filosóficas griegas y las escuelas judías de derecho, presentaban su vida como modelo a sus estudiantes, pero algunos también ejercitaban un estricto control. Un paralelo bastante cercano a este texto serían los ancianos en las *sinagogas de la *diáspora, quienes eran responsables por los cultos y dirigían la comunidad judía pero normalmente no ejercían ningún poder oficial más allá de resolver disputas legales internas.

5:4. En escritos antiguos, un "príncipe de pastores" parece haber sido el supervisor de un grupo de otros pastores, aunque usualmente ellos tampoco contaban con todo lo necesario. "Coronas" eran guirnaldas otorgadas a los ganadores en las competencias atléticas, benefactores u otros héroes, pero eran perecederas, los que permanecieran fieles a Cristo recibirían una corona imperecedera. La imagen también se utilizaba en el judaísmo.

5:5. En la antigüedad, el respeto a los padres, ancianos y, en el judaísmo, a los que eran más versados en la *ley era socialmente una obligación. Algunas tradiciones judías se referían a esto diciendo que era una expresión del respeto que uno manifestaba a Dios. Este tipo de respeto incluía someterse a la sabiduría de los hombres mayores y permitirles hablar primero. Pedro apoya la sujeción a los ancianos gobernantes (5:1), pero él también pide, en contra de los ideales de la sociedad grecorromana, mutua humildad basándose en las enseñanzas del AT (Prov. 3:34).

5:6-11
Perseverar por la gracia

Aunque 1 Pedro 5:5-9 tiene mucha similitud con Santiago 4:6-10 como para sugerir una fuente común para la imagen, la aplicación es diferente. En Santiago, la prueba consiste en la pobreza y la opresión tentando a la gente a vengarse. En 1 Pedro, es la persecución tentando a los creyentes a apartarse.

5:6. Continuando en Proverbios 3:34, citado en 1 Pedro 5:5, Pedro pide a los creyentes que se "humillen" delante de Dios. En el AT, esta idea a menudo significa *arrepentirse, a veces cuando se enfrentaba un juicio inminente (4:17), o saber que uno podía depender completamente de Dios. Aquí el sentido incluye apropiarse y aceptar el sufrimiento hasta que Dios muestre la salida (cf. Jer. 27:11). Acerca de la humillación presente y la exaltación futura, ver el comentario sobre Lucas 1:52, 53 y 14:11; los clamores del pueblo de Dios durante sus sufrimientos injustos siempre lo han movido a actuar en su favor (Éxo. 2:23-25; 3:7-9; Jue. 2:18; 10:16).

5:7. Aunque la promesa de un completo alivio de la persecución es futura (5:6), Pedro anima a los creyentes a orar y confiar en el amor de Dios para ellos en el presente. El judaísmo aprendió a ver el amor de Dios en los sufrimientos de Israel (como disciplinas de amor), pero la mayoría de los paganos, quienes buscaban obtener el favor de los dioses a cambio de sacrificios y promesas, tenían mucha dificultad con este concepto.

5:8-11. En el AT, *"Satanás" (en el hebreo del libro de Job es un título: "el satanás") era el acusador, el fiscal ante Dios, el "adversario", como dice Pedro. En la tradición judía, Satanás acusa al pueblo de Dios ante el trono divino noche y día (excepto, en relatos posteriores, en el día de *Expiación). El "diablo" es literalmente el "calumniador", que tiene la misma connotación de adversario acusador. Los maestros judíos decían que, al igual que en el libro de Job (donde él "rodeaba" la tierra, 2:12), Satanás buscaba en esta presente era que la gente apostatara de la verdad, aunque su poder estaba limitado porque finalmente tenía que rendir cuentas a Dios. Los *Rollos MM se refieren a la presente era maligna como "el dominio de Satanás".

Los leones eran vistos como las bestias más feroces y poderosas, y con base en el Salmo 22:13 (el posible transfondo aquí) llegaron a usarse como figuras de los enemigos del pueblo de Dios. En la época de Nerón, los cristianos también sirvieron literalmente como alimento a los leones. Las pequeñas y aisladas comunidades cristianas podían consolarse en el hecho de que sus hermanos espirituales, comenzando con las *iglesias que Pedro conocía en Roma, estaban experimentando las mismas pruebas (1 Ped. 5:9), hasta el fin (v. 10).

5:12-14
Conclusión

5:12. Silas (es una abreviación de Silvano, el nombre romano completo) parece haber sido el amanuense, o escriba. La mayoría de las cartas eran escritas por intermedio de escribas. Como ciudadano romano (Hech. 16:37) Silas presuntamente provenía de una familia judía bastante bien establecida, la cual le proveyó de una buena educación literaria y *retórica, Pedro pudo haberle concedido cierto grado de libertad al escribir la carta. Acerca de aserciones de brevedad, ver el comentario sobre Hebreos 13:22; antiguamente esta era una fórmula de cortesía para concluir discursos y cartas.

5:13. Algunos elementos del judaísmo contemporáneo habían transferido fácilmente *profecías *veterotestamentarias acerca de la caída de Babilonia al nuevo imperio de Roma. "Babilonia", por lo tanto, había llegado a ser un símbolo bastante común para Roma (aunque entre los *rabinos posteriores "Edom" era más popular).

5:14. Los besos constituían un saludo afectuoso común entre los amigos cercanos y entre los familiares.

2 PEDRO

Introducción

Paternidad literaria y fecha. En cuanto a su autor, 2 Pedro es una de las cartas más discutidas en el NT. El estilo difiere tanto al de 1 Pedro que la misma persona no pudo haber escrito ambas, a menos que a propósito haya tratado de alterar su estilo. Pero Pedro pudo haberle concedido libertades literarias a sus amanuenses, utilizando escribas diferentes (1 Ped. 5:13) para cada una, y que el segundo estuviera más acostumbrado al pomposo estilo *retórico asiático. Aunque muchos retóricos de segunda categoría preferían el estilo asiático florido, el estilo ático llegó a predominar y finalmente floreció durante la primera parte del siglo II. Este estilo pudiera proveer una pista en cuanto a los destinatarios o, lo que es más probable, para la fecha (antes del siglo II) aunque la misma únicamente pudiera revelar la educación retórica del autor o escriba. *Quintiliano observó que a veces también se utilizaba un tercer estilo, el ródico, menos redundante que la escuela asiática pero menos conciso que el ático.

El argumento más importante en contra de la autoría petrina es el hecho que esta carta claramente depende de la carta de Judas, aun así este punto no es absolutamente decisivo. Pedro pudo haber incorporado la mayor parte de la carta de Judas, instruyendo a un escriba para que lo hiciera (lo cual es menos probable), o inclusive utilizar a Judas como su escriba. (Que Judas usara 2 Pedro es menos probable, con base en la simplificación de las imágenes, ampliaciones de las alusiones, etc.)

El testimonio para 2 Pedro es más débil que para la mayoría de los otros libros del NT, pero más fuerte que los libros cristianos primitivos que no llegaron a formar parte del NT, especialmente los que reclaman una autoría petrina. La *iglesia primitiva debatió su genuinidad, aunque su existencia se comprueba temprano. Pero los documentos *seudoepígrafos generalmente eran escritos en nombre de un héroe del pasado distante. Aunque es posible asignarle a la carta una fecha del segundo siglo, ninguna evidencia interna necesariamente excluye una fecha del primer siglo. Es probable que el *gnosticismo del segundo siglo no esté bajo consideración, y la dilación del fin era un tema de discusión desde hacía mucho, quizá tan temprano como el primer documento del NT (1 Tesalonicenses).

Oponentes. Una sugerencia de la herejía que se combate en esta carta es el *gnosticismo del segundo siglo o un protognosticismo del primer siglo; "conocimiento" (uno de los énfasis favoritos de los gnósticos, aunque difícilmente limitado a ellos) se menciona siete veces en la carta. Los gnósticos negaban la futura venida de *Cristo, y muchos de ellos creían que los pecados de la carne no tenían importancia. Sin embargo, el gnosticismo no creó estas ideas de la nada. Ellos desarrollaron ideas griegas anteriores (además de judías y cristianas), las cuales ya eran evidentes en el primer siglo.

Considerando los reportes en cuanto a los charlatanes, algo muy prominente en la antigüedad, y los paralelos a todas las ideas en los conceptos griegos y judíos existentes en el primer siglo, es probable que los oponentes simplemente sean judíos de la *diáspora casi completamente sobrecogidos por el pensamiento griego (quizá más que *Filón).

Género literario. Segunda Pedro es claramente una de esas cartas antiguas destinadas para una amplia circulación (1:1), aunque el estilo indica que la misma no estaba dirigida a los círculos literarios de altura quienes normalmente leían dichas cartas. Además de ser una "carta general", algunos eruditos han descubierto en ella elementos del género "testamentario"; los testamentos constituían las instrucciones finales que dejaba un padre o líder moribundo (ver 1:14).

Comentarios. El mejor es Richard J. Bauckham, *Jude, 2 Peter,* WBC 50 (Waco, Tx.: Word, 1983). J. N. D. Kelly, *A Commentary on the Epistles of Peter and Jude* (Grand Rapids, Mich.: Baker Book House, reimpreso, 1981), también es de mucha ayuda.

1:1, 2
Introducción

Aquí en el texto griego se lee "Simeón" (PB), en vez de "Simón" Pedro, esta forma del nombre es menos común pero más apegada a la forma original semítica del nombre que "Simón" (también en Hech. 15:14). Aunque *"Salvador" era un título divino en el judaísmo y en la antigüedad como un todo, pudiera aplicarse de forma más general. Pero aplicar el título "Dios y Salvador" (la traducción más natural, PB) a Jesús era una clara declaración de su divinidad, y debe haber ofendido a la mayoría de los lectores judíos que no eran cristianos. Los escritores a menudo establecían una íntima relación con sus lectores al inicio de una carta (de ahí la frase: "fe... como la nuestra"). "Gracia... y paz" adopta una forma de saludo normal de antaño, pero con *Cristo en el centro; ver el comentario sobre Romanos 1:7.

1:3-11
Cómo perseverar para salvación

A veces se ha dicho que esta sección se adapta a la forma literaria de un decreto cívico, de los cuales se tiene conocimiento gracias a inscripciones que se han descubierto donde se honra a benefactores, pero la evidencia para esta tesis es difícilmente convincente. Aunque los paralelos demuestran ideas en común entre este pasaje y algunos decretos, tales ideas estaban relativamente propagadas y también pueden ser identificadas en otras formas literarias.

1:3, 4. "Divino poder" y "naturaleza divina" han sido frases importantes en el pensamiento griego por siglos, los mismos habían llegado a ser de uso regular entre los escritores judíos de la *diáspora. Muchos griegos de este período deseaban escaparse del mundo material de podredumbre que los rodeaba, creyendo que su alma era divina e inmortal, y que pertenecía a los cielos arriba, puros y perfectos. Algunos pensadores y cultos griegos compartían esta idea como una esperanza para las masas. Muchos escritores griegos, al igual que algunos escritores judíos como *Filón y en forma general los *gnósticos posteriores, argumentaban que uno podía llegar a ser "divinizado", un dios, ya fuera en vida o después de muerto. En algunos sistemas esta divinización involucraba absorción en la divinidad. Pero la mayoría del judaísmo antiguo rechazaba la idea de divinización, hay un solo Dios (cf. Gén. 3:5; e inclusive Filón se refería a la divinización en un sentido restringido). Muchos escritos judíos de la *diáspora utilizaban lenguaje similar al de Pedro, pero casi siempre solo para indicar recepción de inmortalidad, no divinización. Pedro aplica este lenguaje a la perspectiva cristiana de que un creyente en Jesús recibe una nueva naturaleza; ver el comentario sobre 1 Pedro 1:23. En el contexto del cristianismo primitivo monoteísta, bombardeado por una cultura politeísta, el lenguaje controlado de Pedro podría servir para refutar los reclamos de quienes esperaban una divinización total.

Que el contexto cultural inmediato de Pedro es el judaísmo de la *diáspora y no del paganismo griego, pudiera estar indicado por la manera en que él define la "corrupción" física o "podredumbre": su origen es las bajas pasiones (v. 4; cf. 2:14; 3:3). La inmortalidad estaba disponible, como deseaban los griegos, pero solo por medio de la purificación del pecado (1:9); y el concepto griego de inmortalidad es modificado por la esperanza bíblica en el *reino y, por lo mismo, la futura *resurrección (cf. 1:11).

1:5-7. Listas de vicios y virtudes aparecen en otros lugares en la literatura antigua. Agregar una virtud, un vicio o el siguiente paso a uno anterior, como sucede aquí, también era un procedimiento literario regular que aparece en escritos judíos, griegos y romanos (dichas progresiones eran conocidas como sorites). "Virtud" incluía un sinnúmero de cosas y representaba nobleza de carácter.

1:8. Los filósofos griegos consideraban que el conocimiento filosófico era la clave para cambiar la conducta de la gente. Sin embargo, Pedro pudiera haber utilizado "conocimiento" para incluir el sentido de una relación personal, como sucede a menudo en el AT.
1:9. Los escritos judíos también hablan de la corrupción moral y la contaminación de las cuales uno debe ser "purificado" (cf. 2:20).
1:10-11. El judaísmo a menudo se refería al "llamamiento" y la "elección" de Israel. Pedro aplica estos términos a todos los que habrían de perseverar para *vida eterna. La transformación futura del mundo y un *reino eterno establecido en el futuro eran ideas judías y cristianas, extrañas para el pensamiento pagano griego.

1:12-21
Tradiciones: testigos de Pedro

1:12. "Recordaros" (BA) era una parte regular en las exhortaciones morales de antaño, especialmente cuando se suavizaban con la modificación "aunque vosotros las sabéis...".
1:13. Varios escritos antiguos comparaban el cuerpo con una tienda ("morada", RVA), como se hace aquí; Pedro escoge una imagen que sus lectores podrían captar rápidamente.
1:14. Los escritores judíos generalmente creían que a los justos frecuentemente se les advertía de su inminente muerte con anterioridad. En los relatos judíos de antaño, al acercarse su muerte los héroes a menudo impartían sus últimas exhortaciones a sus herederos en "testamentos". Al anunciar su inminente muerte (indudablemente su ejecución en Roma), Pedro informa a sus lectores: estas son mis últimas instrucciones para ustedes, así que escuchen atentamente; cf. con Juan 21:18, 19.
1:15. Los recordatorios eran algo común en los testamentos (1:14), aunque también lo eran en las exhortaciones morales en general (1:12). Aquí "partida" es literalmente "éxodo", un término ocasionalmente utilizado en los escritos judíos y cristianos para referirse a la muerte (p. ej., Luc. 9:31).
1:16. El término traducido "fábulas" (RVA; "cuentos supersticiosos, NVI), comúnmente se usaba negativamente para referirse a relatos falsos, como los difamadores y falsos cuentos acerca de los dioses. Las "fábulas" (o cuentos) tenían un marcado contraste con los relatos verídicos. El testimonio ocular era importante para establecer un caso histórico o legal, aunque para los *retóricos griegos y romanos no siempre era de mucho peso como lo es actualmente. (Algunos eruditos han llamado la atención al asunto que el mismo término que Pedro utiliza para "testigos" aquí, se usaba para los iniciados en la etapa final de su iniciación en algunos cultos paganos de las *religiones de misterio, tales como los misterios eleusianos y samotracios. Pero un término parecido también se aplicaba a la alta filosofía de *Platón y *Aristóteles, y era un término regularmente usado para testimonio, aplicado inclusive a Dios mismo en el judaísmo de la *diáspora. Dado que Pedro no describe su iniciación en la fe sino una experiencia como testigo, muy diferente a la de una iniciación, el punto central lo constituye el elemento de testimonio. Al igual que Pedro lo hace aquí, los Evangelios se esmeran en señalar que la gloria que habrían de ver los acompañantes de Jesús antes de que él muriera, era la transfiguración, no la segunda venida. La transfiguración prefiguraba la segunda venida; cf. 1:19.)
1:17. Algunos "testamentos" (1:14) acotaban revelaciones especiales (a menudo jornadas celestiales) del héroe; Pedro provee una revelación más práctica: lo que él experimentó en la transfiguración (Mar. 9:2-13). El judaísmo primitivo frecuentemente se refería a Dios como que hablaba desde el cielo (ver el comentario sobre Mar. 1:11 para los textos aquí citados). La "gloria" a veces era una circunlocución judía para referirse a Dios. Pedro quizá tenga la intención de aludir al Si-

naí, donde Dios reveló su gloria a Moisés.

1:18. Israel también experimentó una revelación de Dios en un monte "santo", y Pedro quizá presenta un paralelo entre su propio testimonio de la gloria de Jesús con el testimonio de Moisés acerca de la gloria de Dios en el monte Sinaí. (El AT usualmente aplica este título a Sion, pero Sion sería el sitio del nuevo Sinaí, o donde se daría la ley, al final de los tiempos; cf. Isa. 2:2-4.) Ambas revelaciones produjeron Escrituras divinas (cf. 2 Ped. 1:20 con 3:16), aunque los maestros judíos generalmente convenían en que la *ley tenía más autoridad que una mera voz del cielo.

1:19. La revelación apostólica en *Cristo confirmó la revelación de los profetas en el AT. Algunos escritos de los *Rollos MM presentan la "estrella" de Números 24:17 como *mesiánica, y un texto *veterotestamentario describe la venida del día del Señor en términos de la salida del sol (Mal. 4:2) ya que Dios vendría como el sol (cf. Sal. 84:11). El asunto aquí parece ser que el lucero de la mañana (Venus) anuncia el advenimiento del amanecer. Una nueva era estaba por comenzar (cf. 2 Ped. 1:11), pero el AT, juntamente con lo que fue revelado en la primera venida de Jesús, constituía la más grande revelación que el mundo experimentaría hasta su retorno en el día del Señor. "Hacéis bien" era una manera común de sugerir que una persona hiciera algo (p. ej., "Tú debes hacer esto").

1:20, 21. El judaísmo antiguo y los pensadores griegos generalmente consideraban la inspiración profética como una posesión divina o un frenesí, en la cual el poder racional del profeta era reemplazado con la divina palabra. (La observación sobre la perspectiva judía es especialmente verdadera de los judíos extáticos de la *diáspora, como *Filón y los escritores de los *Oráculos Sibilinos.) Los diferentes estilos literarios de los profetas del AT indican que este no era realmente el caso; la inspiración utiliza facultades y vocabulario humanos (cf. 1 Ped. 1:10-12; 1 Cor. 7:40; 14:1, 2, 14-19), aunque puede haber habido diferentes niveles y clases de éxtasis (cf. 1 Cor. 14:2; 2 Cor. 5:13; 12:4). Sin embargo, en cualquiera de los modelos la inspiración podía proteger del error al agente inspirado; ver el contraste en 2 Ped. 2:1.

2:1-22
Condenación de los maestros inmorales

2:1. En contraste con los profetas inspirados de 1:20, 21, los falsos profetas eran aquellos que expresaban visiones provenientes de su propia mente, y no del corazón de Dios. En muchos escritos *veterotestamentarios que los describen como tales, ellos falsamente prometen paz a los pecadores destinados al juicio (p. ej., Jer. 23:16-32; Eze. 13:3-10).

2:2. Los filósofos sinceros se quejaban de que la filosofía era ridiculizada por culpa de los seudofilósofos. Los judíos y representantes de otras religiones minoritarias también sufrieron debido a la publicidad negativa que seguía a los desviados y engañadores miembros de sus grupos (cf. Rom. 2:23, 24). Lo mismo era verdad en el cristianismo primitivo.

2:3. Viajeros divinos, profetas falsos y maestros de moral típicamente cobraban o solicitaban fondos y, por lo mismo, frecuentemente eran acusados de tener motivos monetarios indignos de su profesado llamamiento (ver el comentario sobre 1 Tes. 2:5). Los falsos maestros en la *iglesia también estaban explotando a los cristianos.

2:4. Uno de los tópicos más prominentes en la tradición judía antigua, aunque usualmente reprimida por los *rabinos posteriores, era la idea de que los "hijos de Dios" en Génesis 6:1-3 eran ángeles que lujuriosamente persiguieron a las mujeres y por ello cayeron. El término para "arrojado al infierno" que se usa aquí, se deriva del nombre griego Tártaro, un lugar no solo para retener a los impíos ya fallecidos (y especialmente los titanes, los seres sobrenaturales preolímpicos), pero de las torturas más severas que pudieran concebirse. Esto también se nota en otros lugares dentro de la literatura judía como el lugar donde los ángeles caídos estaban prisioneros. Los escritores judíos generalmente también afirmaban la existencia de un infierno como el lugar para retener a los impíos hasta el juicio final.

2:5. Los relatos acerca de Noé, como el relato de los ángeles caídos, también eran populares en el judaísmo no rabínico. El juicio sobre los ángeles caídos a menudo se vinculaba con juicio sobre la generación de Noé, debido a que Génesis 6 relataba ambos. La tradición judía también describía a Noé como un predicador de *arrepentimiento (p. ej., los *Oráculos Sibilinos y *Jubileos). A los maestros judíos les gustaba de utilizar la generación del diluvio como un ejemplo del juicio inminente para llamar a su propia generación al arrepentimiento, y ellos decían que la generación del diluvio había sido particularmente impía y que no participaría del mundo venidero.

2:6. Los maestros judíos a menudo asociaban a Sodoma con la generación del diluvio como epítome de la maldad ("un ejemplo" 3 Macabeos 2:5; los *rabinos lo hacían frecuentemente); los profetas del AT repetidamente utilizaron a Sodoma como un ejemplo del pecado extremo, a menudo imitado por su propia generación (cf. Deut. 32:32; Isa. 1:9, 10; 3:9; 13:19; Jer. 23:14; 50:40; Lam. 4:6; Eze. 16:46; Sof. 2:9).

2:7, 8. La tradición judía estaba bastante dividida en cuanto a si Lot era justo o no (la mayoría de los *rabinos y algunos otros decían que no lo era). Génesis lo describe como personalmente justo (Gén. 18:25; 19:1-16); aunque no era tan sabio como Abraham (Gén. 13:10, 11; 19:29, 32-35), Lot era demasiado justo en comparación con Sodoma (Gén. 19:9, 15).

2:9. En la mayoría de las tradiciones judías, los impíos eran torturados en el *Gehena hasta el día del juicio (o hasta su aniquilación, dependiendo de la tradición que uno siga). En la Sabiduría de Salomón 10:6, la sabiduría "rescató al justo" (Lot), cuando los impíos perecieron en el incendio de Sodoma, y 2 Pedro probablemente alude a esta tradición.

2:10, 11. Una amplia gama de textos judíos menciona a los que expresaban oprobios contra las estrellas de los cielos o maldecían a *Satanás o a los demonios. Los oponentes de Pedro presuntamente habían adoptado esta práctica, quizá como una forma de "guerra espiritual". En contraste, los sodomitas (2:6) trataron de abusar de los ángeles, pero desconocían que fueran ángeles. Aunque los cristianos debían preocuparse por su testimonio público, acusaciones de subversión en el Imperio romano fue lo que motivó una severa persecución y represión, estos falsos maestros proferían oprobios en contra de las autoridades terrenales y las autoridades angélicas que estaban detrás de ellos (ver el comentario sobre Ef. 1:19-23).

2:12. Los escritores antiguos consideraban que algunos animales solo existían para que se los matara y los sirviera de comida; aquí los animales son objeto de cacería. Los filósofos (p. ej., *Epicteto y Marco Aurelio, el emperador *estoico del siglo II) caracterizaban a los animales como criaturas gobernadas por el instinto en contraste con los seres humanos, quienes eran gobernados por la razón, y a los humanos fuera de razón los consideraban como "bestias salvajes".

2:13. Proferir oprobios era parte de las fiestas de trasnoche, acusar a estas personas de divertirse en pleno día era describirlos peor que los paganos. La sugerencia general de que aquí las palabras de Pedro dependen de la antigua obra judía conocida como la Asunción de Moisés, es posible; pero también es posible que la Asunción de Moisés dependa de 2 Pedro. La dirección de dependencia descansa sobre las fechas respectivas asignadas a ambos documentos. También es posible que ambas dependieran de alguna otra fuente, o que el paralelo verbal sea pura coincidencia.

2:14. Algunos escritores judíos también se referían al adulterio de los ojos; ver el comentario sobre Mateo 5:27, 28. Mientras que los filósofos hablaban de un "entrenamiento" moral y evitar la avaricia, estos falsos maestros estaban "ejercitados" para la avaricia. "Hijos de maldición" puede expresar la figura *retórica semítica para los maldecidos o referirse a los hijos desheredados quienes recibían maldición en vez de bendición por parte de sus padres.

2:15. Según la tradición judía y la interpretación más viable del AT, Balaam era un personaje de carácter deshonroso. Por amor al dinero, Balaam sedujo a los israelitas a la prostitución cúltica de los madianitas, trayendo el juicio de Dios sobre ellos y causando su misma muerte (Núm. 31:8; Jos. 13:22). La literatura judía lo consideraba como el máximo de los profetas (y algunas veces filósofo) de los paganos, pero no aminoraban su rol en la ofensa sexual de Israel. Su acción al hacer que Israel pecara era considerada peor que el ataque militar de cualquier nación sobre ellos, debido a que esto trajo el castigo de Dios contra ellos. El contraste entre "el camino de Balaam" y "el camino recto" refleja la antigua imagen común de dos sendas, una que conducía al justo o al sabio a la vida, la otra que conducía al insensato a la destrucción.

2:16. Los profetas extáticos a menudo eran llamados "locos" o "poseídos" (tanto en el antiguo Medio Oriente, el Israel de antaño, como en la antigüedad grecorromana; cf. 2 Rey. 9:11; Jer. 29:26). Pero la locura de Balaam es mucho más evidente: a pesar de una advertencia milagrosa por medio de un animal que demostró ser más sensato que él (cf. las implicaciones en 2 Ped. 2:12), él continuó con su insensatez (Núm. 22:20-35). *Filón utilizó a Balaam como una alegoría para referirse a la gente insensata; los *rabinos decían que la gente que seguía el camino de Balaam heredaría el infierno. La tradición judía aumentó el discurso del asno, en el cual el animal reprobaba más detalladamente la insensatez de Balaam.

2:17. Los pozos secos eran peor que inútiles, prometían agua en el árido oriente pero no cumplían su promesa. El infierno a veces se describía en términos de tinieblas externas.

2:18, 19. Los filósofos griegos a menudo aconsejaban a la gente a no dejarse esclavizar por sus mismas pasiones, la imagen puede ampliarse a quienes explotaban esas pasiones (como las prostitutas). Los derrotados en una batalla y tomados prisioneros terminaban siendo esclavizados. La mayoría de los filósofos hablaban de ser libres de las pasiones, en vez de ser libres para ser indulgentes con ellas. El *evangelio hablaba de ser libres del pecado, no libres para participar del mismo.

2:20, 21. Los escritos judíos a menudo se referían al "camino de justicia"; ver el comentario sobre 2:15.

2:22. Uno de los proverbios que Pedro cita aquí proviene de la Biblia (Prov. 26:11, refiriéndose a un insensato que regresa a su insensatez), el otro proverbio es extrabíblico (del antiguo relato de Ahiqar) pero debe haber sido una imagen familiar. Tanto los perros como los puercos eran considerados inmundos (cf. Mat. 7:6) y deben haber sido considerados desdeñosamente por los lectores judíos, estos animales también eran asociados en otras analogías parecidas a esta.

3:1-7
La certeza del juicio venidero

Al igual que muchos judíos *helenizados y *gnósticos posteriores, los falsos maestros aquí aludidos le restaban importancia a la idea de un juicio futuro, conduciendo así a la gente a pecar como los falsos profetas de antaño (cap. 2; ver el comentario sobre 2:1). Ahora Pedro regresa para discutir directamente la raíz del error inmoral de estas personas. Al igual que muchos maestros judíos, él reconoce que la falta de expectación de un juicio futuro usualmente conduce a la conducta inmoral, o inclusive al relativismo moral (ver también el comentario sobre Jud. 3, 4). Algunos comentaristas tratan el capítulo 3 como una carta distinta a la que se encuentra en los capítulos 1 y 2, pero esto es innecesario: la transición es natural, especialmente en vista de que, en este punto, Pedro abandona su dependencia de Judas.

3:1, 2. Algunos filósofos hablaban de un "limpio entendimiento" como uno que no estaba contaminado por los sentidos físicos. Pedro se refiere a uno que no ha sido contaminado por los puntos de vista de los falsos maestros (2:20). Acerca de "recordéis" ver el comentario sobre 1:12. En relación con los mandamientos de Jesús aquí aludidos, compare Mateo 24:42-44 (especialmente para 2 Ped. 3:9).

3:3. En mucha de la literatura judía, quienes negaban la era venidera no tenían fundamento alguno para la moralidad (cf., p. ej., las acusaciones de los *fariseos contra los *saduceos). Ridiculizar a los justos también se reconocía como una característica de la conducta perversa; *1 Enoc habla de pecadores que se burlan de Dios, negando su revelación; los *Rollos MM se quejan contra los que se burlan del maestro de justicia de su comunidad.

3:4. Los escritores antiguos adjudicaban una grandiosa dignidad a los "padres" (antepasados).

*Aristóteles y sus partidarios (los peripatéticos) creían que el universo era eterno. Su punto de vista se popularizó inclusive en otros círculos, más allá de los peripatéticos, y *Filón tuvo que tratar el asunto. (Al igual que *Platón, *Filón decía que Dios había creado el mundo de materia preexistente, pero a diferencia de *Platón, él creía que Dios también había creado esa materia preexistente.) Los *epicúreos negaban que Dios actuara en el mundo. Ellos también creían que la materia era indestructible (a un nivel atómico), y que el universo era infinito. Los *estoicos creían que el fuego era eterno, que el universo periódicamente sería transformado en el fuego primitivo (ver el comentario sobre 3:7), y que la eternidad era un ciclo de eras. En el judaísmo de la *diáspora se debatía si la materia había sido creada de substancia preexistente en el caos (como en la mayoría del pensamiento antiguo) o de la nada (como es lo más probable en Gén. 1).

3:5. En Génesis 1, Dios creó el mundo por medio de su palabra (también en el Sal. 33:6-9). (Algunas tradiciones judías posteriores contaban diez mandamientos en Gén. 1, y sugerían que los mismos representaban los Diez Mandamientos, la palabra de la *ley sobre la cual Dios fundó el mundo.)

3:6, 7. Después del diluvio en tiempos de Noé (Gén. 6—9), Dios había prometido nunca más destruir la tierra por agua (Gén. 9:15; Isa. 54:9), pero los profetas hablaron de una futura destrucción por medio de fuego, y renovación del mundo presente (cf. Isa. 65:17; 66:15, 22); este pensamiento lo continuaron escritores judíos posteriores (p. ej., los *Rollos MM, *Oráculos Sibilinos). La tradición judía declaraba que este mundo actual no sería destruido por agua, sino por fuego (p. ej., *Josefo; Rabí Meir, siglo II; Vida de Adán). La literatura judía a veces utilizaba el diluvio como símbolo de un juicio futuro por medio de fuego. A diferencia de los *estoicos, quienes creían que el universo (incluyendo aun a los dioses) sería periódicamente transformado en fuego y nuevamente formado, los judíos guardaban la esperanza de un futuro día de juicio, y después una nueva creación que habría de permanecer para siempre (2 Ped. 3:10, 12, 13). Aunque su fundamento era el AT, en este asunto su perspectiva se acercaba más a la de *Platón, quien pensaba que el mundo se acabaría una vez con un diluvio y una vez por conflagración.

3:8-13
El tiempo del juicio final

La tardanza nunca debería tomarse como indicación de que, después de todo, Jesús no regresaría (3:4; cf. Eze. 12:27, 28; Hab. 2:3). Aunque algunos eruditos modernos piensan que 2 Pedro se dirige a algún tipo de desilusión surgida en el siglo II, con la esperanza apocalíptica cristiana primitiva, las preguntas sobre la tardanza de la venida de *Cristo surgieron tan temprano como desde el Pentecostés. El libro de Apocalipsis, a fines del siglo I, aún alimentaba el fervor apocalíptico. Los *Rollos MM también atestiguan de una inesperada y continua postergación de la esperanza en cuanto al día de Dios entre los *esenios, produciendo similares exhortaciones para perseverar.

3:8. Pedro apela al Salmo 90:4 para comprobar su posición, al igual que lo hacían muchos otros escritores judíos de su época (quienes a menudo tomaban literalmente la expresión "un día es como mil años", y la aplicaban a los días de la creación). Algunos escritores apocalípticos se lamentaban de que Dios no registrara el tiempo como lo hacen los mortales y, consecuentemente, instaban a la perseverancia.

3:9. El AT hacía hincapié en que Dios posterga el juicio para darle oportunidad al malo de que se *arrepienta (cf. 2 Rey. 14:25-27; Eze. 18:23, 32; 33:11). Su paciencia en relación con el fin del mundo se enfatizó un poco más en escritos judíos posteriores, como *4 Esdras; en los textos judíos, uno ya no podía arrepentirse una vez que viniera el día del juicio. Algunos escritores grecorromanos también alababan la misericordia de Dios o la de los dioses, al postergar su venganza divina.

3:10. El día del Señor es una imagen familiar del AT para referirse al día del juicio final de Dios, su último día en el tribunal para poner fin a la injusticia del mundo (p. ej., Isa. 2:12; Joel 1:15; Amós 5:18-20). Que ese día "vendrá como ladrón", hace referencia a un dicho de Jesús (sacado de Mat. 24:43). Diversos pensadores antiguos tenían diferentes listas de elementos (los *estoicos, quienes creían que el mundo sería transformado en fuego, tenían cuatro, como la mayoría de escritores: tierra, agua, aire y fuego), pero el punto de Pedro es que todo será destruido. La destrucción, o renovadora purificación de los cielos y la tierra, también era común en la tradición *apocalíptica.

3:11. Como es usual en el NT, la discusión de Pedro referente al futuro es práctica y sugiere cómo vivir en el presente. Este enfoque corresponde con los motivos de algunos escritores *apocalípticos, pero contrasta con el que parece ser el de muchos otros: una impaciente curiosidad respecto al futuro. Quienes sufrían en el presente orden se acogieron de manera especial a la esperanza apocalíptica, que les daba la fortaleza para perseverar en medio de lo que aparentemente eran pruebas insuperables en esta era.

3:12. Los *rabinos discrepaban entre ellos en cuanto a si el fin del mundo sucedería en un tiempo ya establecido por Dios, o si podía ser precipitado por el *arrepentimiento y la obediencia de Israel. En este contexto, los cristianos precipitan el fin por medio de las misiones y el evangelismo (cf. Mat. 24:14), y permiten de esta manera la conversión de aquellos en cuyo beneficio Dios ha retrasado el fin (2 Ped. 3:9, 15).

3:13. Esta esperanza se deriva de Isaías 65:17 y 66:22, y fue frecuentemente reiterada en la literatura judía posterior. El AT y el judaísmo concordaban en que la justicia caracterizaría al mundo venidero (p. ej., Isa. 9:7; 32:16, 17; 62:1, 2; Jer. 32:40).

3:14-18
Preparación para el juicio final

3:14. Aquí Pedro urge a sus lectores a no ser como los falsos maestros (2:13). Ver el comentario sobre 3:11.

3:15, 16. La paciencia de Dios permite la salvación de aquellos a cuyo favor él retarda su venida, cf. 1 Pedro 3:20 con Génesis 6:3, retomando la imagen de juicio por medio del diluvio (2 Ped. 3:5-7). Antiguamente, decir que el escrito de alguien era "difícil de entender" no era un insulto (como sucede hoy a menudo), podía significar que el escrito era complejo y brillante. Los maestros judíos decían que el mensaje de las Escrituras podía ser "distorsionado" si estas se malinterpretaban. Los *gnósticos del siglo II, muchos judíos del primer siglo y, probablemente, grupos cristianos ya estaban distorsionando las Escrituras, algunos inclusive restándole importancia al juicio futuro (tal vez por alegorizarlo).

A fines del siglo I, en otro escrito cristiano (1 Clemente) se afirmó la inspiración de las cartas de Pablo; aunque seguramente los primeros escritos de Pablo no fueron coleccionados antes de la muerte de Pedro, este pudo haber tenido noticias de ellos debido a sus viajes entre las iglesias. Aunque *Josefo y otros escritores aseveraban que el judaísmo tenía un *canon cerrado, algunos grupos judíos (como la comunidad de *Qumrán y las comunidades en la *diáspora que utilizaban varias versiones de la *LXX) parecen haber tenido una idea bastante clara de dónde terminaban las Escrituras y dónde comenzaban otros escritos edificantes. Aunque algunos eruditos han utilizado razonablemente esta declaración que identifica los escritos de Pablo como Escritura para respaldar una fecha postpetrina para 2 Pedro, no hubiera sido imposible para el verdadero Pedro considerar los escritos de Pablo como Escritura si él aceptaba el apostolado de Pablo, y de aquí la posibilidad de que algunos de sus escritos fueran *proféticamente inspirados. Sin embargo, mucho de lo que era proféticamente inspirado nunca llegó a ser Escritura (ver *canon en el glosario). Si Pedro escribió estas palabras, ellas reflejan un admirable discernimiento para su época.

3:17, 18. Los lectores de Pedro deben resistir a los falsos maestros por medio de su crecimiento en *Cristo.

1 JUAN

Introducción

Paternidad literaria. El estilo del autor de 1 Juan es tan similar al del autor del Evangelio de Juan que nadie, hasta entrado el siglo XX, había puesto en duda que ambos documentos habían sido escritos por la misma persona. Algunos escritores han señalado algunas diferencias de estilo de poca importancia y han sugerido que 1 Juan fue escrita por alguno de los miembros de la "escuela Juanina". En ocasiones los discípulos de ciertos maestros famosos buscan imitar las obras de sus maestros (a menudo en el estilo), de manera que no puede descartarse esta idea sobre una base literaria *a priori.*

Sin embargo, es posible explicar sin dificultad estas diferencias estilísticas poco importantes si reconocemos la diferencia que hay entre una epístola y un evangelio. Este último *género está relacionado literariamente con la manera en que se escribían las biografías en la antigüedad, las cuales pasaban por varias etapas hasta que se completaban. Por el contrario, esta epístola no representa un género literario importante (si bien existían las epístolas literarias).

Es posible explicar las supuestas diferencias teológicas y de perspectiva si ponemos atención a la diferente situación a que cada uno de estos géneros se dirige. Si utilizáramos las normas que se emplean para sugerir que la misma persona no pudo haber escrito la epístola y el evangelio, ¡tendríamos que atribuir también los sermones diferentes del predicador promedio de nuestros días a autores diferentes! Tiene un enorme peso que el autor declare que es un testigo ocular (1:1) y no insinúe que escribe a nombre de otro (no ofrece ningún prefacio *seudoepígrafo).

Género literario. La forma se parece más a una homilía que a una carta (con la excepción de 2:12-14). No debe sorprendernos que estén ausentes la introducción epistolar (preámbulo) y la conclusión; algunas veces estas se suprimían cuando las cartas eran incorporadas en colecciones (si bien 2 y 3 de Juan contienen elementos regulares de una carta). Pero el documento en su totalidad fluye a la manera de un sermón, aunque no está estructurado por las convenciones *retóricas de aquellos días. Se asemeja a la forma de carta conocida como "carta-ensayo", aunque está dirigida a la situación específica de los lectores.

Circunstancias. Si el escenario de 1 Juan es el mismo que el del Cuarto Evangelio, esta carta tiene la intención de alentar a aquellos cristianos que eran expulsados de las *sinagogas; algunos de sus colegas habían regresado a las sinagogas tras de haber negado el carácter *mesiánico de Jesús (2:19, 22; 4:2, 3). La carta puede leerse de esta manera y entenderse bien en estos términos.

Pero a Juan le preocupan algunos eventos que ocurrían en otras ciudades de las que habla en su Evangelio. Mientras que los cristianos eran expulsados de las sinagogas y traicionados por la comunidad judía en Esmirna (Apoc. 2:9, 10) y Filadelfia (Apoc. 3:7-9), estaban expuestos a la herejía de comprometer su fe de otras maneras, incluyendo la idolatría que defendían los falsos profetas (Apoc. 2:14, 15, 20-23; cf. 1 Jn. 4:1; 5:21). La forma que asumía esta idolatría puede haber sido de manera especial el culto imperial, al que las personas en el Oriente debían mostrar su lealtad o pagar caro las consecuencias (cf. Apoc. 13:14, 15), incluso con la vida misma (1 Jn. 3:16). Primera de Juan pudo haber sido dirigida a una comunidad como la de Éfeso, en la que la *iglesia había expulsado a los falsos maestros pero donde faltaba el amor de los unos por los otros (Apoc. 2:2-4).

Por una parte, el problema a la vista podría ser simplemente que algunos falsos profetas (1 Jn. 4:1-6) estaban defendiendo compromisos adquiridos con el culto imperial para salvar su propia vida. Por otra, el problema podría ser que una de la herejías se desarrollaba y estaba a punto de convertirse en un *gnosticismo declarado. Los docetas creían que Cristo era divino pero que era humano solo en apariencia (cf. 4:2). Cerinto (y sus seguidores) creían que el Cristo-Espíritu vino únicamente sobre Jesús, pero negaron que él fuera el verdadero y único Cristo (cf. 2:22). También los gnósticos tenían la tendencia a definir el pecado de diversas maneras, por lo que algunos de ellos creían que eran incapaces de cometer verdaderos pecados, aunque se valían de sus cuerpos para entregarse en una conducta que los cristianos no gnósticos consideraban pecaminosa. Cualquiera de los escenarios que hemos descrito encaja bien en la misma carta, por esta razón el comentario menciona a cada uno de ellos en puntos relevantes. Pero hay un punto que está más allá de toda disputa: los principales perturbadores eran sin duda "secesionistas", es decir, personas que habían sido parte de la comunidad cristiana a la que Juan escribe pero que se habían apartado de ella. Juan recomienda que se pruebe a los espíritus por medio de dos pruebas principales: una de ellas es de carácter ético moral (guardar los mandamientos, especialmente el amor a la comunidad cristiana) y la otra es una prueba de fe (el concepto correcto acerca de Jesús).

Comentarios. Entre los mejores están I. Howard Marshall, *Las Cartas de Juan* (Buenos Aires: Nueva Creación, 1998); Stephen S. Smalley, *1, 2, 3 John*, WBC 51 (Waco, Tx.: Word, 1984); D. Moody Smith, *First, Second and Third John*, *Interpretation* (Louisville, Ky.: John Knox, 1991); y Kenneth Grayston, *The Johannine Epistles*, NCB (Grand Rapids, Mich.: Eerdmans, 1984). El comentario más detallado es el de Raymond E. Brown, *The Epistles of John*, (hay traducción al castellano) AB 30 (Garden City, N.Y.: Doubleday, 1982).

1:1-4
Las bases de una verdadera comunión

Las bases de la comunión entre cristianos (1:3) era precisamente lo que dividía a los lectores de Juan de aquellos que se habían apartado de la comunidad. Si (como muchos eruditos piensan) 1:1 alude al preámbulo del Cuarto Evangelio, Juan habla de la Palabra (Verbo) de Dios que siempre había sido (ver el comentario sobre Juan 1:1-18). Aunque los filósofos y los maestros judíos hablaban de la Palabra divina, ninguno de ellos declaró que la Palabra se humanó. Cuando dice que los testigos de Jesús lo habían tocado y sentido, Juan advierte que Jesús había sido enteramente humano. No era solamente una aparición divina como las comunes "manifestaciones" de los dioses en las que los griegos creían (si bien "testificar" únicamente lo que uno vio "con los ojos" podría usarse de manera más general, p. ej., 2 Macabeos 3:36).

1:5-10
La realidad del pecado

Es probable que los secesionistas creían, así como algunos *gnósticos más recientes, que habían logrado un estado de impecabilidad. Dado el énfasis en la santidad de Dios que se advierte en este pasaje y sobre la base de otras declaraciones ulteriores con respecto a los secesionistas (3:6, 9), es del todo posible sostener que ellos creían, como algunos gnósticos más recientes, que eran impecables en un sentido diferente, es decir, no consideraban como pecaminosos los pecados que cometían. (Ver el comentario sobre 3:6, 9 que trata de los pecados que ellos especialmente cometían.)

1:5. Otros textos Judíos (de manera especial los *Rollos MM), empleaban también la imagen luz/tinieblas para contraponer a los seguidores de justicia con los del pecado, considerando a Dios como totalmente justo. También el AT afirmaba que Dios era totalmente justo (p. ej., Sal. 92:15).

1:6. El AT a menudo describía el "obedecer" los mandamientos de Dios como "caminar" en ellos, tan a menudo que los maestros judíos llamaban *halaká*, "caminar" a su idea de cómo el pueblo judío debía comportarse. La imagen de andar en tinieblas implicaba el peligro de tropezar (2:10, 11). El AT condenaba que se mezclaran la luz y las tinieblas, lo bueno y lo malo (Isa. 5:20; cf. 2:5).

1:7. Si bien el agua y no la sangre era la que limpiaba en un sentido físico, la sangre también purificaba de acuerdo con el ritual del AT (ver el comentario sobre Heb. 9:21, 22). La sangre del sacrificio apartaba lo que se consagraba a Dios, purificándolo del pecado por medio de la *expiación (Lev. 16:30).

1:8-10. Los profetas del AT repetidamente habían condenado todo falso alegato de inocencia como un autoengaño (p. ej., Jer. 2:35; Ose. 8:2; cf. Prov. 30:12). Dios requería que se reconociera el pecado y que hubiera *arrepentimiento (Lev. 5:5; 16:21; Sal. 32:1-5; Prov. 28:13; Jer. 3:13). Algunas oraciones de perdón que se recitaban en la *sinagoga eran precedidas también por confesiones de pecado, indicando que el pueblo judío de los primeros siglos después de Jesucristo reconocía por lo general esta idea; compare también los *Salmos de Salomón 9:6, etc. (Con respecto a la limpieza ver 1 Jn. 1:7.) Con relación a los pecados de los secesionistas, ver sobre comentario a 3:6, 9.

2:1-11
La prueba moral

Los cristianos eran un pueblo renovado, y aunque no estuvieran viviendo de manera impecable todavía (1:8-10), lo nuevo de su vida en Cristo afectaba su estilo de vida. Debido a que el pecado es una realidad (1:5-10), la conducta moral constituye una manera válida de probar si hay un verdadero compromiso con Cristo. Este examen moral enfatiza de manera especial la prueba del amor (2:5, 9-11). El judaísmo también hacía hincapié en que los participantes verdaderos del pacto de Dios obedecían sus mandamientos.

2:1. Los filósofos y los maestros judíos algunas veces se dirigían a sus *discípulos como "hijos". "Abogado" significaba "intercesor" o "abogado defensor". En el AT, Dios defendía la causa de su pueblo ante las naciones (Jer. 50:34, 51:36); en el judaísmo antiguo la misericordia de Dios o el mérito de Israel defendían la causa de este ante Dios. En todo el NT se presenta a Jesús como el abogado natural, a causa de su posición, su justicia y su obra (v. 2).

2:2. Una "propiciación" (RVR-1995) era una *expiación, un modo de aplacar o satisfacer la ira de Dios cuya norma había sido violada; esto alude a los sacrificios ofrecidos para expiación en el AT. En el judaísmo, el sacrificio que se ofrecía en el "día de la expiación" era solamente a favor de Israel, pero el sacrificio de Jesús fue ofrecido no solo a favor de los cristianos sino aun de los que prefieren seguir como enemigos de Dios, por lo cual quedan sin excusa.

2:3, 4. En el AT, Israel "conocía" a Dios, había entrado en una relación de pacto con él, cuando obedecía sus mandamientos (p. ej., Jer. 22:16; 31:33, 34).

2:5. Uno demuestra que ama a Dios cuando obedece sus mandamientos (Deut. 6:5, 6); esta idea fue cabalmente entendida en todo el judaísmo antiguo.

2:6. Los moralistas generalmente instaban a que se imitara a Dios o a algún maestro famoso en la antigua exhortación moral. Juan alude aquí al ejemplo de amor de Jesús que lo llevó hasta la muerte (Juan 13:34, 35).

2:7, 8. En la antigüedad la paradoja era un modo gráfico de expresar las ideas para forzar a una audiencia a considerar detenidamente el significado de lo que uno decía. Juan la emplea aquí ("antiguo, no nuevo", "sino nuevo"). El mandamiento del amor era antiguo, siempre formó parte de la palabra de Dios (Deut. 6:5 y Lev. 19:18), citado por Jesús (Mar. 12:30, 31), pero también era nuevo porque se basó en un ejemplo nuevo y definitivo (Juan 13:34). Muchas tradiciones judías que utilizaban la imagen luz/tinieblas para representar el bien y el mal describían el presente siglo como gobernado principalmente por las tinieblas, pero definían la era venidera en términos del triunfo de la luz.

2:9-11. Los secesionistas que se habían alejado de la comunidad cristiana a la que Juan escribe habían roto la comunión con los verdaderos cristianos, y dejaban ver que en vez de "amarlos" los "odiaban". El AT y el judaísmo mandaban "no aborrecerás en tu corazón a tu hermano" (Lev. 19:17). En un contexto judío, este término hacía referencia a un coterráneo judío (sin embargo, cf. también 19:34). En un contexto cristiano, se refiere a los compañeros cristianos.

2:12-14
Exhortaciones a distintos grupos

La expresión "estoy escribiendo" probablemente no difiere de "escribo". Variar el estilo era una práctica común que hacía de lo que se escribía algo más interesante. Se puede apuntar "he escrito" en una carta que uno está escribiendo; los gramáticos llaman a esto un "aoristo epistolar".

Por una parte, "padres", "jóvenes" y "niñitos" (Juan no excluye aquí a las mujeres, sino que emplea las categorías que le imponía el lenguaje de sus días que utilizaba formas masculinas para referirse a grupos mixtos) podía referirse a diferentes etapas de progreso en la fe cristiana (ver el comentario sobre 2:1). Por otra parte, algunos escritores dirigían distintas clases de instrucción moral a diferentes grupos de edades para quienes ciertos temas en particular eran más relevantes (p. ej., Isócrates el *retórico griego del siglo cuarto; una carta del filósofo griego Epícuro; cf. Prov. 20:29; 2 Tim. 2:22).

Los padres tenían un lugar de honor y autoridad, mientras que los niños estaban en posición de aprender y carecían de estatus y autoridad. A los jóvenes se les asocia por lo general con fuerza y vigor. En este pasaje han vencido al maligno al participar de la victoria de Cristo (4:4; 5:4) sobre el pecado (3:10-12). Si bien algunos escritores antiguos consideraban a menudo a los jóvenes como más vulnerables a ciertas tentaciones (especialmente la inmoralidad sexual), Juan expresa su confianza en ellos.

2:15-17
No améis al mundo

2:15. El término "mundo" podía referirse a cualquier cosa excepto a Dios; aquí significa el sistema en oposición a Dios. Así como Israel en el AT debió decidir en repetidas ocasiones entre ser leal a Dios o a las naciones paganas que lo rodeaban, los cristianos esparcidos entre las naciones debían escoger a *Cristo por encima de cualquier otra cosa de su cultura que entrara en conflicto con sus demandas. En el caso de los lectores de Juan, una negativa a transigir podría resultar en una empresa costosa (3:16).

2:16. El AT a menudo relaciona los ojos con el deseo, especialmente el deseo sexual, y el orgullo. Tanto el judaísmo como los filósofos (p. ej., *Aristóteles, *Epicteto) condenaron la arrogancia y la jactancia. Cuando Juan enumera los tres vicios podría estar aludiendo, como algunos comentaristas han sugerido, a Génesis 3:6, aunque el lenguaje aquí es más general.

2:17. El judaísmo enseñaba que el mundo estaba pasando pero que la palabra de Dios permanecía para siempre (cf. también Isa. 40:6-8). Las palabras de Juan son un poderoso estímulo a los que preferían morir a causa de *Cristo en vez de aceptar la vida que el mundo les ofrecía (cf. 1 Jn. 3:16).

2:18-27
Discernir los espíritus: la prueba teológica

Juan asegura a sus lectores que ellos, no los secesionistas, son los verdaderos seguidores de Dios. Juan añade a la prueba ética (2:1-11) una prueba teológica: deben tener el concepto adecuado de *Cristo. El apóstol lleva adelante la idea del tiempo del fin (v. 18) a partir de 2:17.

2:18. Los judíos tenían una creencia común de que hacia el tiempo del fin el mal se multiplicaría. La duración de este período que precedería inmediatamente al fin de la era a menudo quedaba sin determinar (como aquí), aunque algunos escritores judíos le asignaban una duración específica (p. ej., 40 años, 100 años). Algunos judíos creían que surgiría entonces una figura particularmente perversa como un sumo sacerdote o un gobernante que oprimiría al pueblo de Dios, una idea que viene a ser mucho más predominante en círculos cristianos (p. ej., 2 Tes. 2:3, 4). Juan sostiene que por definición ya hay muchos "anticristos". (Juan es el único escritor del NT que emplea este término. "Anti" puede significar "en lugar de", pero es muy probable que Juan llame "falso *Cristo" a un sustituto de Cristo, del mismo modo que en 4:1 se refiere a los "falsos profetas", si esto es lo que quiso decir; el significado "contra" es más probable. Es decir, un adversario de *Cristo. Compare el argumento de Pablo: "ya está obrando el misterio de la iniquidad" 2 Tes. 2:7).

2:19. El AT enseña claramente que el justo puede convertirse en malvado (p. ej., Eze. 18:24-26) pero también que nuestras acciones podían revelar la sinceridad o falsedad del corazón (p. ej., 2 Crón. 12:14). Los maestros griegos y judíos condenaban a los discípulos que mostraban incredulidad o incapacidad para soportar las pruebas del discipulado, asumiendo por lo general que su compromiso original había sido inadecuado. El judaísmo reconocía que muchos convertidos eran falsos, aunque juzgaban aun más severamente a los apóstatas judíos que después de aceptar la ley la rechazaban.

Algunos textos del NT (p. ej., Juan 6:70, 71;

1 Jn. 2:19) ven este asunto desde el punto de vista de la presciencia de Dios, y otros textos desde la perspectiva de la experiencia del creyente (p. ej., Gál. 5:4; 1 Tim. 4:1, 2). Pero a diferencia de la mayoría de los intérpretes modernos, los antiguos intérpretes judíos no veían una contradicción entre estas dos perspectivas.

2:20, 21. En el AT se ungía a la gente con aceite para realizar una tarea específica, especialmente el sacerdocio o el trono. El término que se traduce "ungido" se usa de manera figurada aplicándolo a los que eran encomendados por Dios para tareas específicas. Los cristianos habían sido puestos para discernir (ver 2:27).

2:22, 23. Estos versículos enfrentan tanto la oposición judeocristiana como el ataque contra la fe cristiana lanzado por Cerinto y sus seguidores. Comprometer el carácter singular de Jesús como el *Cristo y único camino al Padre probablemente les permitiría a los creyentes judíos permanecer en las *sinagogas, librándolos así del desafío directo que les imponía el culto imperial y la amenaza de persecución. Que los falsos profetas abogarían por este compromiso (cf. 4:1-6) no es difícil de imaginar (ver la introducción al Apocalipsis). Cerinto, quien enseñó alrededor del año 100, creía que el Cristo-Espíritu vino sobre Jesús pero no era idéntico a él. Ireneo, el escritor cristiano de fines del siglo II, atribuyó esta idea a *gnósticos posteriores.

2:24-27. Muchos comentaristas sostienen que la "unción" (v. 27) es el *Espíritu (cf. Juan 14:17, 26; Hech. 10:38); otros sugieren que, de acuerdo al contexto, se refiere a la palabra, al mensaje del *evangelio. En ambos casos se alude a la práctica de Dios, observada en el AT, de apartar a ciertas personas para su llamado; aquí se aplica a todos los creyentes. En el AT se usaba simbólicamente el aceite de la unción para consagrar o separar personas (como a los reyes) u objetos (como el tabernáculo) para el uso sagrado. La consagración máxima para este uso surgió cuando el Espíritu vino sobre el pueblo (Isa. 61:1; cf. 1 Sam. 10:1, 9; 16:13).

2:28—3:3
Buena disposición para su venida

Los lectores habían permanecido en Jesús (v. 27), y debían continuar así (v. 28). Ver el comentario sobre Juan 15:1-8 en relación con permanecer (morar, quedar).

2:28. En la tradición judía, la venida de Dios para juzgar al mundo sería un día espantoso para los que no habían obedecido su voluntad (cf. Amós 5:18-20).

2:29. Había una antigua creencia que los niños heredaban la naturaleza de sus padres. Tan arraigada estaba esta idea que muchos escritores advertían que los adúlteros quedarían al descubierto porque su imagen quedaría estampada en los hijos que nacieran de esa unión.

3:1. Nadie que estuviera de acuerdo con Juan pondría en duda su dicho en el sentido de que los cristianos eran hijos de Dios. Un maestro judío contemporáneo de Juan, el rabí Akiba, decía en tono de celebración: "La humanidad es amada, ya que fue creada a la imagen de Dios, pero mayor aun es el amor de Dios al dar a conocer a la humanidad que había sido creada a su imagen". Más tarde, el rabí Meir, en el siglo II, proclamó: "Israel es amado porque... es hijo de Dios".

3:2, 3. En el pensamiento de algunos griegos, nuestra naturaleza se transformaba en lo divino al contemplar lo divino. Filósofos como *Platón creían que esta transformación se realizaba por medio de la visión de la mente en vez del conocimiento derivado de los sentidos. *Filón reconocía que la visión de Dios se alcanzaba místicamente, porque afirmaba que Dios era trascendente. Creía que Dios había dotado a Israel y especialmente a los profetas con esta visión, que esta era precedida por una virtud y pureza de alma, y que la visión se completaría cuando uno fuera per-

feccionado. Esta idea se evidencia también en algunos textos judíos palestinos, especialmente en el misticismo judío. La visión de Dios se asociaba a menudo, quizás de manera más señalada, con el tiempo del fin, y algunos escritos apocalípticos judíos parecen haber concebido esta transformación por medio de la contemplación de la gloria de Dios.
Juan deriva del AT, en su mayor parte, la imagen de la transformación por medio de la contemplación de la gloria (Éxo. 34:29-35; ver el comentario sobre Juan 1:14-18). Para Juan, todo aquel que conoce el carácter de Dios se purifica a sí mismo, y la purificación final y definitiva ocurrirá cuando se llegue a conocer a Dios perfectamente al fin del tiempo.

3:4-24
¿De qué lado estás?

A la manera tradicional judía, Juan contrapone pecado y justicia, así como a los que están a cada lado (3:4-9). Luego explica por qué los injustos se oponen a los justos, haciendo uso para este principio de una ilustración judía relativa a la simiente: los justos se aman entre sí, pero los impíos, como Caín, aborrecen a los justos (3:10-18). Esta era la prueba que dejaría en claro quién triunfaría finalmente en el día del juicio (3:19-24).

3:4. Los griegos veían el pecado como una imperfección; el AT y el judaísmo lo veían como una transgresión a la *ley de Dios. Juan quiere que todos entiendan que está hablando del pecado en el sentido bíblico.

3:5. Juan utiliza aquí probablemente el lenguaje de los sacrificios expiatorios; cf. Juan 1:29. El punto es que los que están en Jesús ya no viven en sus pecados porque les han sido quitados.

3:6, 7. Este versículo alude una vez más al poder transformador de la contemplación de Dios (cf. 3:2, 3). Algunos comentaristas creen que la declaración de impecabilidad en este pasaje es ideal, "en la medida en que" uno permanece en *Cristo. (*Platón argüía que en la medida en que alguien era artesano, sus artesanías serían perfectas, pero si las habilidades fallaban, se debía a que en aquel momento no se estaba actuando como un verdadero artesano.) Otros creen que es potencial: uno es capaz de vivir sin pecado (cf. Juan 8:31, 36). Pero el versículo 9 está expresado de tal manera que puede servir para cualquiera de estas opciones.
Quizás es más pertinente decir que Juan está volviendo sobre la cabeza de los falsos maestros y sus seguidores sus propias pretensiones (1:8-10): a diferencia de los que afirmaban que eran impecables, los creyentes verdaderos no viven en pecado. Muchos comentaristas proponen que el tiempo presente continuo del verbo "pecar" sugiere la idea de "vivir en" el pecado, pecar como una manera natural de vivir. Esto es diferente de vivir en justicia y sucumbir ocasionalmente a la tentación o al engaño y arrepentirse en verdad. Los pecados particulares que dominan la descripción que Juan hace de los secesionistas son violaciones a los dos principios básicos que Juan acentúa en esta carta: la actitud correcta hacia los miembros de la comunidad cristiana y el concepto correcto que debe tenerse acerca de Jesús (3:24). De este modo Juan parece decir que estos cometen aquel pecado que conduce a la muerte, es decir, que los aparta de la *vida eterna (cf. 5:16, 17).

3:8. En los *Rollos MM, se establece que todos los pecados han sido influenciados por el espíritu de error. Dado el concepto tradicional judío de que el maligno había introducido el pecado al mundo, todos los pecados eran esencialmente la obra del maligno y reflejaban su carácter.

3:9, 10. Acerca de la pretensión de impecabilidad, ver el comentario sobre 3:6, 7. Algunos estudiosos han sugerido que Juan toma prestada de sus oponentes la imagen de la "semilla", ya que la idea está atestiguada entre los *gnósticos, si bien la imagen estaba extendida ya en la tradición cristiana (Stg. 1:18, 21; 1 Ped.

1:23; ver el comentario sobre 1 Ped. 1:23). Se creía que los hijos heredaban la naturaleza de su padre por medio de la simiente, de aquí que Juan utiliza esta imagen para probar su argumento: todos los que son nacidos de Dios por la conversión reflejan su carácter, y aquellos que no lo son también lo manifiestan por su naturaleza. En el AT se podía vencer al pecado por la palabra bien fuera escrita o morando en el corazón (p. ej., Sal. 119:11; Jer. 31:32, 33).

3:11-13. La tradición judía relata a menudo, y con pocos adornos, el asesinato de Abel a manos de Caín. En otras ocasiones, la tradición judía habla de la maldad de Caín con gran detalle. Este se convierte en un prototipo estereotipado de la iniquidad (p. ej., el libro de los *Jubileos y 1 Enoc; los *fariseos asociaban algunas veces a Caín con los *saduceos y su rechazo de la vida venidera); un texto judío precristiano lo llama "el injusto" (Sabiduría de Salomón 10:3). *Filón menciona a Caín frecuentemente como un símbolo del amor a sí mismo e hizo de él una ilustración de "mientras más lo ataques, mejor", como en este caso (cf. Gál. 4:29). Algunos *gnósticos antinomianos tenían a Caín como un héroe.

Asesinar a un hermano se consideraba en la antigüedad como uno de los crímenes más horribles (así, p. ej., *Cicerón, Horacio). Juan aplica el vocablo "hermano" a cualquier miembro de la comunidad cristiana. Los asesinos eran hijos del maligno (3:10), porque una de las primeras obras del maligno fue causar la muerte a Adán (ver el comentario sobre Juan 8:44); algunos textos *rabínicos más recientes afirman que el padre de Caín fue un ángel malo, quizás el diablo mismo. La rivalidad entre hermanos (Gén. 37:8; 1 Sam. 17:28) normalmente desaparecía con la edad, pero la acción de Caín no permitió que así sucediera.

3:14, 15. La ley del AT consideraba el asesinato como un crimen capital y en el pensamiento judío posterior al AT merecía el *Gehena. Jesús consideraba como un asesinato la actitud que generaba el acto literal (cf. Mat. 5:21, 22).

3:16, 17. Los lectores de Juan anticipaban la persecución y la posibilidad de la muerte, si bien solo unos pocos habían sido martirizados hasta entonces (Apoc. 2:13). Rehusar participar en la adoración del emperador les señalaría como subversivos, y sus enemigos estarían más que satisfechos denunciándolos ante el gobierno. Ya que a los prisioneros que no eran ciudadanos romanos se les torturaba rutinariamente para obtener información, especialmente si eran esclavos, los cristianos tenían que pagar un precio tremendo para no traicionar a sus compañeros cristianos.

Pero Juan demanda de ellos un compromiso práctico de amarse en el presente. Sus oponentes, los que se habían apartado de la comunidad (quizás para evitar la persecución) eran responsables de la muerte de otros, como en el caso de Caín; pero los verdaderos cristianos debían vivir continuamente de una manera sacrificada en beneficio de los demás. Como algunos pensadores judíos lo expresaban, retener los bienes de algún necesitado equivalía a hacerlo morir de hambre (cf. Stg. 5:4).

3:18. La literatura antigua a menudo asociaba "palabra" y "hecho" (p. ej., en Sócrates, Demóstenes, *Quintiliano, *Séneca, *Luciano, Sabiduría de Salomón); aquel que las conjugaba en la práctica era alabado, pero al que solamente hablaba y no actuaba en consecuencia se le consideraba un hipócrita.

3:19. Los *Rollos MM algunas veces llamaban a los justos "hijos de la verdad" o "la porción de la verdad de Dios".

3:20, 21. El judaísmo hacía hincapié reiteradamente en que Dios conocía los corazones de toda persona (cf. Jer. 29:23); algunos textos lo llaman incluso "escudriñador de corazones". Como lo expresó un escritor sapiencial Judío, "Feliz aquel a quien su conciencia no reprocha" (Eclesíastico 14:2, BJ).

3:22-24. Estos mandamientos son precisamente los que los secesionistas estaban violando: al abandonar la comunidad cristiana habían demostrado su falta de amor hacia sus supuestos hermanos y hermanas, y por no creer en Jesús como el único y verdadero Cristo (2:22) habían fallado la prueba de fe también. Con respecto a la oración contestada ver Juan 14:12-14.

4:1-6
Probar los espíritus

4:1. El judaísmo asociaba especialmente al *Espíritu de Dios con la *profecía y reconocía la existencia de falsos profetas, de quienes Juan dice que son movidos por otros espíritus. Sus lectores entendían bien este punto; el pueblo judío estaba familiarizado con la idea de la existencia de otros espíritus además del Espíritu de Dios (ver especialmente el comentario sobre 4:6). Había en Asia Menor muchos paganos que se entregaban a experiencias extáticas, así como místicos judíos que decían poseer revelaciones especiales; la necesidad de discernimiento debió ser muy aguda.

4:2, 3. El asunto puede ser el rechazo de los secesionistas a la verdad que Jesús ha venido como el *Cristo (si la oposición venía de los judíos); es más probable que se trate de la negativa doceta a aceptar que Jesús era verdaderamente humano y que había muerto realmente (ver la introducción), una herejía que un testigo ocular podía refutar con facilidad. Puede tratarse simplemente de un intento por subordinar el papel de Jesús a la posición de un profeta como Juan el Bautista; tomar una posición así evitaría la persecución. Cualquiera que fuese el error, los secesionistas reclamaban inspiración para ello, como hacen hoy en día algunas sectas similares. Juan no desestima la realidad de la inspiración, sí niega que el espíritu que obra en ellos es el *Espíritu de Dios.

4:4-6. De manera similar los *Rollos MM distinguen a los hijos de Dios del resto del mundo, si bien estos van más lejos al afirmar que cada acto está determinado por el espíritu de verdad o por el espíritu de error. El lenguaje de los "dos espíritus" probablemente se extendía más allá de los Rollos MM, a pesar de que el mejor testimonio aparte del de los Rollos está en el *Testamento de los Doce Patriarcas. Este último documento contiene una cantidad de referencias a espíritus de falsedad, pero el más próximo a 1 Juan 4:6 es el Testamento de Judá 20, que, junto con el Testamento de Leví, es uno de los testamentos de los que más se sospecha que contienen interpolaciones cristianas. De modo que el asunto está todavía en discusión, si bien la referencia al Testamento de Judá es probablemente precristiana, y refleja una idea similar a la doctrina judía general de los dos impulsos, la cual fue expuesta y desarrollada de manera especial por los *rabinos. Con respecto a esta doctrina, ver el comentario sobre Romanos 7:15-22. La promesa de que ellos con Dios eran mayoría en vez de ellos con el mundo (1 Jn. 4:4) recuerda un principio del AT (2 Rey. 6:16; 2 Crón. 32:7, 8).

4:7-21
La prueba del amor

4:7-10. Una vez más (3:9, 10) Juan señala que la propia naturaleza deja al descubierto nuestro linaje espiritual; los hijos se parecen a su padre, y el amor es la característica suprema de Dios, revelado en la cruz de *Cristo. Los secesionistas mostraban su falta de amor al abandonar la comunidad cristiana. Con respecto a la propiciación, ver el comentario sobre 2:2.

4:11, 12. El amor de los cristianos verdaderos debía aún perfeccionarse, pero a diferencia de los secesionistas, ellos habían permanecido dentro de la comunidad cristiana, manteniendo de este modo un compromiso de amor los unos con los otros. Los falsos maestros podían afirmar que tenían visiones místicas de Dios (ver el comentario sobre 3:2, 3; 4:1), pero Juan incluye un correctivo: a Dios nadie lo ha visto nunca (Éxo 33:20), y la manera en que los creyentes pueden contemplarlo es en su carácter amoroso encarnado en la cruz (4:9) y en el amor sacrificado de los cristianos (4:12).

4:13-16. Aunque la comunidad de *Qumrán como grupo aseguraba que poseía el *Espíritu, la mayoría en el judaísmo antiguo relegaba las obras más dramáticas del Espíritu al pasado lejano y al futuro, o a muy raros individuos. Para Juan, todos los verdaderos creyentes en Jesús tienen el Espíritu, que los mueve a amar (ver el comentario sobre 4:11, 12) y los dota proféticamente para dar testimonio de la verdad acerca de *Cristo (ver el comentario sobre 4:1).

4:17. En el AT (p. ej., Amós 5:18-20) y en el judaísmo, "el día del juicio" era algo que debían temer los desobedientes (2:28). Pero aquellos que perseveraban en el amor podían estar confiados en que serían absueltos ante el tribunal de Dios en aquel día, porque eran agentes de su generoso amor.

4:18. Se entendía que el pecado a menudo conduce al temor (p. ej., Gén. 3:8; *Carta de Aristeas 243). Si bien los filósofos *estoicos enfatizaban que no debía temerse a nada, porque las circunstancias finalmente no podían destruir la propia razón, la seguridad que Juan ostenta en este pasaje de que los creyentes verdaderos no deben temer no está referida a todas las circunstancias. Su seguridad se aplica específicamente al castigo en el día del juicio (4:17).

4:19. El AT también reconocía que el pueblo de Dios aprendía a tratar a los demás por la manera bondadosa en que Dios los trataba (Éxo.13:8; 22:21; Lev. 19:34; Deut. 10:19), si bien la expresión máxima de este principio es el ejemplo de *Cristo (1 Jn. 4:10; cf. Juan 13:34).

4:20, 21. La gente de la antigüedad reconocía el valor de principios tales como discutir acerca de lo que estaba a la mano en vez de algo relacionado con los dioses (p. ej., *Plutarco) y acerca de que un nuevo amigo te trataría como había tratado a los demás (p. ej., Isócrates, el *retórico del siglo IV). En el AT, Dios tomaba en cuenta la conducta de los que ayudaban a los que no podían devolver un favor como si lo hubieran hecho a él. (Prov. 19:17; cf. Deut. 15:9).

5:1-13
Triunfo y vida por la fe en Jesús

5:1. A menudo se veía a las familias como una unidad, de tal manera que no era posible amar a un miembro de ella y al mismo tiempo despreciar a los demás. Este versículo también refleja la idea de que los hijos llevan la naturaleza de sus padres.

5:2. Acerca del amor que se demuestra activamente, compare 3:18.

5:3. Los mandamientos de Dios nunca fueron demasiado gravosos para aquellos en cuyo corazón habían sido escritos (Deut. 30:11-14). Muchos maestros judíos consideraban algunas partes de la *ley como "más importantes" o "de más peso" que otras (como en Mat. 23:23), dando a entender que algunas tenían más valor para la vida diaria, no que alguna de ellas fuera demasiado difícil de guardar.

5:4, 5. La imagen de conseguir una "victoria" se empleaba en competencias militares, atléticas o en el ámbito de los tribunales, implicando siempre un conflicto o una prueba. Juan llama a sus lectores a "vencer" o "triunfar" de cara a la oposición, persecución o al posible martirio (que incluía posiblemente sufrimiento por rehusarse a comprometerse con el culto imperial).

5:6-13. Muchos eruditos han sugerido que los secesionistas, como Cerinto y algunos *gnósticos más recientes, decían que el Cristo-Espíritu había venido sobre Jesús en su *bautismo pero que lo había dejado antes de su muerte. A semejanza de los docetas y algunos gnósticos más recientes, los secesionistas creían que Jesús había sido realmente bautizado pero no pudo realmente morir, por ser eterno. También es posible que algunos docetas hayan visto en el "agua y sangre" de Juan 19:34 la descripción de un semidios: Las deidades Olímpicas de la mitología griega en vez de sangre tenían icor, que era una sustancia acuosa. Por eso habían recalcado su divinidad a expensas de su humanidad.

En la remota antigüedad los documentos comerciales incluían a veces las firmas de varios testigos que daban fe de una venta. El AT y los tribunales judíos más recientes requerían siempre dos testigos confiables (Deut. 17:6; 19:15). Juan cita tres testigos cuya confiabilidad no está en disputa. (La fórmula trinitaria que encontramos en 1 Juan 5:7 en RVR-1960 es teológicamente correcta pero no forma parte del texto. Aparece solamente en tres de los varios miles de manuscritos disponibles, de los siglos XII, XV y XVI. Fue colocada ahí por copistas que tenían noticia de ella por la Vulgata Latina, que a su vez la tomó de una nota marginal muy antigua basada en una interpretación del texto también muy antigua. La RVR-1960 la incluye solo porque esa traducción estaba basada en una recensión que dependía de la tercera edición del texto griego de Erasmo. Erasmo incluyó el versículo para complacer a los que le pagaban, aunque presentó objeciones a él en una nota que fue retirada de las subsiguientes ediciones del texto.)

5:14-21
Evitar el pecado

5:14, 15. Ver el comentario sobre Juan 14:12-14 que trata del trasfondo que se aplica al principio general expuesto en estos versículos. Sin embargo, la cuestión específica que aquí se enfatiza es la de la oración a favor de algún hermano o hermana extraviados por las ideas de los falsos profetas (4:1-6); ver 5:16, 17 (cf. Mat. 18:15-20).

5:16, 17. Dado el uso que en esta carta se hace de los vocablos "vida" para *vida eterna y "muerte" para su opuesto, un "pecado para muerte" (VM) parece ser un pecado que aparta de la *vida eterna (cf. Gén. 2:17; 3:24). Los dos pecados que Juan probablemente tenía en mente serían el odio a los hermanos y las hermanas (el rechazo de la comunidad cristiana por parte de los secesionistas) y el no creer en Jesús de la manera apropiada (su falsa doctrina acerca de su identidad como el divino Señor y *Cristo en la carne); ver el comentario sobre 3:23.

El AT y el judaísmo distinguían entre la rebelión premeditada contra Dios, la que no podía ser perdonada por los medios normales, y una transgresión más leve. Es muy pertinente señalar aquí que algunos antiguos textos judíos (p. ej., los *Rollos MM, *Jubileos) hablaban también de un delito capital como de un "asunto de muerte", que se hacía cumplir excomulgando al culpable de la comunidad en vez de ejecutarlo literalmente. Los que hubiesen pecado podían asegurar el perdón de sus oponentes por medio de la oración (Gén. 20:7; Job 42:8), pero un pecado de apostasía deliberada de la verdad de Dios nulificaba la eficacia de las oraciones de segunda mano para el perdón (1 Sam. 2:25; Jer. 7:16; 11:14; 14:11). Es probable que Juan esté diciendo: Dios perdonará a los creyentes extraviados si lo pides, pero los que se han desviado por completo yendo tras la herejía están fuera de la esfera de tus oraciones o, siguiendo otra interpretación, simplemente deben arrepentirse directamente para recibir perdón.

5:18. *Satanás no podía tocar a Job a menos de que Dios se lo permitiera (Job 1:11, 12; 2:3-6). El judaísmo reconocía que Satanás necesitaba del permiso de Dios para probar al pueblo de Dios, y que Dios rechazaba las acusaciones de Satanás contra su propio pueblo.

5:19, 20. Los judíos creían que todas las naciones, menos ellos, estaban bajo el dominio de Satanás y sus ángeles. El origen de esta idea no es difícil de rastrear; casi todos los *gentiles adoraban ídolos, y la mayoría practicaba la inmoralidad sexual y otros pecados.

5:21. La palabra "ídolos" podría referirse a cualquier cosa que aparta de la adoración que conviene al Dios verdadero (por eso la expresión "ídolos del propio corazón"que encontramos en los *Rollos MM significaba falsedades o pecados), pero tomada de forma literal (imágenes físicas de dioses falsos) tenía sentido para una congregación del Asia Menor. Puede referirse a la adoración que se daba a la imagen del emperador, a la que los cristianos eran requeridos eventualmente para ofrecerle incienso y mostrar así su lealtad al estado. También podría relacionarse a cualquier compromiso contraído con la idolatría en un sentido más amplio, Asia Menor abundaba en tentaciones para los que en otro tiempo habían sido paganos. Los textos judíos antiguos a menudo condenaban la idolatría como el peor de los pecados, ciertamente era un delito capital o "pecado para muerte" (5:16-17). Si los falsos profetas que alentaban esta clase de compromiso en 4:1-6 eran como los otros falsos profetas que perturbaban a las *iglesias asiáticas en este período (Apoc. 2:20), entonces la idolatría bien puede ser literal; ver el comentario sobre Apocalipsis 2:14, 9:20; 13:12 y 15.

2 JUAN

Introducción

Paternidad literaria. Ver la introducción a 1 Juan y al Evangelio de Juan. Hay poca diferencia estilística entre 1 y 2 Juan. Aunque Juan mismo podía haber enviado una carta personal más corta parecida a la larga que había escrito previamente, es poco probable que un falsificador hubiese tratado de producir una carta que añadía tan poco a lo que encontramos en 1 Juan. Además, una falsificación posterior de 2 Juan (o 3 Juan) habría disminuido su autoridad ante sus lectores ya que todos conocían al escritor personalmente.

Naturaleza de la carta. Segunda de Juan puede desempeñarse como una carta oficial, del tipo de las que los sumos sacerdotes enviaban a los líderes judíos fuera de Palestina. Es tan larga como 3 Juan. Sin embargo, ambas son más bien cortas probablemente debido a la hoja de papiro en que fueron escritas. En contraste con la mayoría de las cartas del NT, en la antigüedad casi todas las cartas eran de ese tamaño.

Circunstancias. Segunda de Juan habla del problema ya tratado en 1 Juan acerca de los secesionistas. El concepto inadecuado que estos tenían de *Cristo se explica como una componenda causada por la presión ejercida por la *sinagoga (ver la introducción al Evangelio de Juan), o como una relativización de Jesús para permitir un mayor acomodo con el paganismo (ver la introducción al Apocalipsis); posiblemente lo segundo es lo más factible. Para los secesionistas, Jesús era un gran profeta, como Juan el Bautista y sus propios líderes, pero no lo consideraban como el supremo Señor en la carne (cf. 1 Jn. 4:1-6; Apoc. 2:14, 20). Bien pudieron haberse afiliado con Cerinto (quien hacía diferencia entre el Cristo divino y el Jesús humano, como algunos teólogos modernos), con sus precursores o con los docetas (que afirmaban que Jesús era humano solo en apariencia). Todos estos acomodos ayudaron a los herejes a adaptarse mejor a los valores culturales de lo que finalmente les quedó del cristianismo después de sus ajustes, pero les llevó lejos de la verdad proclamada por los testigos oculares que habían conocido a Jesús de primera mano.

1-3. En las comunidades judías locales se daba autoridad a los "ancianos" a causa de su edad, prominencia y respetabilidad; la edad se respetaba. En este pasaje Juan asume este título sencillo en vez de enfatizar su apostolado (cf. 1 Ped. 5:1). La "señora elegida" (RVA; "iglesia elegida", NVI) o madre espiritual podría referirse a una profetisa anciana (cf. 3 Jn. 4; Apoc. 2:23). Pero es más probable que aquí se refiera a una congregación local (ver el v. 13); a Israel y a la *iglesia se les describía como mujeres.

4-6. El mandamiento que Juan menciona aquí era antiguo porque estaba en la *ley (Lev. 19:18), si bien el ejemplo de Jesús le dio un nuevo significado (Juan 13:34, 35). En el contexto de 1-2 Juan, "amarse unos a otros" significa adherirse a la comunidad cristiana (lo opuesto a salir de ella, como los secesionistas estaban haciendo).

7-9. Ver la introducción.

10. Los viajeros eran recibidos con generosidad y alojados en las casas de sus anfitriones (cf. 3 Jn. 5, 6. Es posible, aunque no se sabe con certeza, que las casas mencionadas aquí hayan sido iglesias que se reunían en las casas), los primeros misioneros cristianos dependían de esta hospitalidad desde el principio (Mat. 10:9-14). Los filósofos itinerantes llamados sofistas cobraban honorarios por su enseñanza, como sucedía con algunos de los adversarios de Pablo en Corinto. Pero así como el pueblo judío no recibía *samaritanos ni a los que consideraba impíos, asimismo los cristianos deben ser selectivos con respecto a quiénes deben acoger. Los escritos cristianos primitivos (especialmente un texto de tradiciones básicamente autoritativas conocido como la Didaché) deja ver que algunos profetas y *apóstoles viajaban, y que no todos ellos eran verdaderos apóstoles y profetas. Los saludos eran parte esencial del protocolo social de aquellos días, y la salutación ("La paz sea contigo") pretendía ser una bendición u oración que ofrecía la paz.

11. En los *Rollos MM, cualquiera que proveyera para un apóstata de la comunidad era tenido como apóstata simpatizante y se le expulsaba de la comunidad, tal como se había hecho con el apóstata. El dar alojamiento o bendecir a un falso maestro era visto entonces como colaborar con él.

12, 13. En nuestras traducciones se utiliza el vocablo "papel" para referirse al papiro, que estaba hecho de una planta parecida a la caña que se envolvía a manera de rollo. La pluma era una caña afilada por uno de sus extremos, y la tinta era un compuesto de carbón, goma vegetal y agua. Las letras escritas se consideraban como un sustituto inferior de la presencia personal o del habla, y los escritores ocasionalmente concluían sus cartas con la promesa de discutir posteriormente diversos asuntos cara a cara.

3 JUAN

Introducción

Esta es una "carta de recomendación" para Demetrio, un misionero itinerante (vv. 7, 8) que necesitaba ser hospedado por una *iglesia local mientras evangelizaba en su área (cf. el comentario sobre Mat. 10:11-13, 40-42). Con respecto al autor y a la fecha, ver la introducción a 2 Juan. Durante los primeros tres siglos de existencia de la iglesia, las congregaciones se reunían en las casas. Para mayores detalles acerca de esta práctica, ver Romanos 16:5. En esta carta dirigida a Gayo, líder de una iglesia casera, Juan se opone manifiestamente a la influencia hostil de Diótrefes, quien era otro líder que estaba haciendo valer su propia autoridad y rechazando a los emisarios respaldados por la autoridad apostólica de Juan.

1, 2. Este era un saludo común en muchas cartas de la antigüedad, que comenzaba muy a menudo con una súplica a favor de la salud del lector, incluyendo frecuentemente la petición de que todos sus asuntos fueran bien (no solamente prosperidad material, como algunas traducciones parecen implicar). Esta salutación podría ser similar a nuestra actual expresión "Espero que estés bien", pero representa una plegaria verdadera a favor de Gayo y sus asuntos (ver el comentario sobre 1 Tes. 3:11).

3, 4. Algunas veces los *rabinos y los filósofos se referían a sus *discípulos como sus "hijos"; probablemente Juan hace lo mismo con los que conduce a *Cristo (cf. Gál. 4:19 y la tradición judía posterior que enseñaba que cuando alguien hace un convertido al judaísmo era como si el que convertía hubiese creado al convertido).

5, 6. La hospitalidad era un asunto crucial en el mundo grecorromano, y el pueblo judío estaba especialmente interesado en cuidar de los suyos. La mayoría de las posadas también servían como prostíbulos, y eso hacía la estancia allí nada atractiva, pero el pueblo judío podía hallar hospitalidad en sus compatriotas judíos; para impedir el abuso de este sistema, normalmente llevaban consigo cartas de recomendación de alguien conocido de los anfitriones para poder justificar su reclamo de que eran buenos judíos. Los cristianos habían adoptado la misma práctica.

7, 8. Filósofos y sofistas (oradores profesionales itinerantes que es como muchos observadores en el mundo grecorromano describirían a los predicadores itinerantes cristianos) a menudo obtenían su sustento de las multitudes a las que hablaban, si bien otros cobraban honorarios o eran sostenidos por un *protector acaudalado. Como ocurría con el pueblo judío, los cristianos mostraban hospitalidad a los predicadores de su propia fe que viajaban, y estos predicadores dependían de esta benevolencia. El judaísmo hablaba del "nombre" sagrado de Dios; Juan evidentemente está aplicando este título a Jesús.

9-11. Diótrefes es sin duda un líder de otra *iglesia casera, quien rehúsa brindar hospitalidad a los misioneros que llevaban cartas de recomendación del anciano. Los estudiosos han especulado acerca de si el asunto era un desacuerdo doctrinal, alguna desavenencia acerca del liderazgo de la iglesia o que Diótrefes simplemente era totalmente desagradable; en todo caso, rehúsa aceptar la autoridad de Juan que respalda a los misioneros. Rechazar a los representantes o a los recomendados de una persona era mostrarse descortés con la persona que había escrito a su favor.

12. Esta es la recomendación para Demetrio, quien no solo tiene la convalidación de Juan sino la del resto de la iglesia que se reúne en las casas. Nadie en la iglesia de Diótrefes lo recibirá, de modo que la iglesia de Gayo debe ayudarlo.

13, 14. Las cartas que se escribían en la antigüedad terminaban de vez en cuando como esta que Juan escribe. La mayoría de los que escribían cartas empleaban escribas, y si Juan estaba escribiendo de su propia mano, quiso terminarla rápidamente. Ver el comentario sobre 2 Juan 12. Si en este versículo "amigos" es un título dado a un grupo, probablemente se refiere a los compañeros cristianos que estaban en el lugar donde el anciano escribe. Estos cristianos pueden haber tomado prestada la idea de los *epicúreos, cuyas comunidades filosóficas consistían especialmente de "amigos".

JUDAS

Introducción

Paternidad literaria. Si bien un *seudoepígrafo quisiera dejar en claro cuál de los Judas es él (es decir, si es el hermano de Jesús) o si escribe a nombre de alguien más importante, el autor no especifica cuál de todos los Judas es él, y eso hace probable que la carta fuera escrita realmente por Judas. Al mismo tiempo, esta falta de claridad en cuanto a qué Judas se refiere y al hecho de que parece que ya conoce a sus lectores (vv. 3, 5) sugiere que él es el más importante de los Judas, el hermano de Santiago, el hermano más joven de Jesús (Mar. 6:3). La tradición de la *iglesia primitiva sostenía diferentes opiniones en cuanto a quién de todos los Judas había escrito la carta, pero este es el único Judas que conocemos cuyo hermano se llamaba Santiago. Su griego es sofisticado, pero la cosmovisión que comparte con sus lectores es la del judaísmo popular. Si desea saber del conocimiento del griego que tenían los judíos de Palestina, ver la introducción a Santiago.

Circunstancias. La carta se opone claramente a falsos maestros que enseñan con arrogancia y que tienen estilos de vida sexual inmorales. Su concepto de la vida y el mundo, como el de sus lectores, es el del judaísmo popular; sus antagonistas pudieron estar arraigados en la misma tradición judeocristiana que Judas, pero también buscaron asimilar muchos valores de la inmoral cultura pagana. Dado el uso abundante que hace de *1 Enoc, parece que este libro representa una tradición que citaban sus oponentes, que al parecer recurrían a sus propias visiones místicas y revelaciones divinas como las de Enoc (v. 8).

Género literario. Esta es una carta/ensayo, una carta utilizada como sermón. Se pensaba que las cartas eran discursos sustitutos de la presencia del escritor.

Comentarios. Los mejores son R. J. Bauckham, *Jude, 2 Peter*, WBC 50 (Waco, Tx.: Word, 1983), y (más fácil para los que no conocen el griego) J. N. D. Kelly, *A Commentary on the Epistles of Peter and Jude* (Grand Rapids, Mich.: Baker Book House, reimpreso, 1981).

1, 2
Introducción

La ausencia de títulos acerca de su oficio sugiere que él es el bien conocido Judas, hermano no solo de Santiago sino también de Jesús. Aunque era hijo de José y María, ahora describe a su medio hermano Jesús no como hermano sino como "Señor".

3-6
Caer de la gracia

3, 4. La herejía a la que Judas se refiere se parece a la que proclamaban los falsos profetas del AT: no vendría juicio sobre el pueblo de Dios porque estaba bajo su favor especial, una doctrina que conducía a pecar (Jer. 6:14; 8:11; 23:17; Eze. 13:10, 16; Miq. 3:5). La *gracia bíblica significa perdón y poder para vencer el pecado, no condescendencia para actuar inmoralmente. Los escritores antiguos a menudo aplicaban el lenguaje de la guerra o la competencia atlética ("contender") a las batallas espirituales o morales.

5. Todos los lectores judíos y aun los *gentiles recientemente convertidos al cristianismo conocían la historia del éxodo. Aunque el pueblo había experimentado la redención de Dios, esto no era garantía de que no podían apostatar y ser destruidos.

6. En la tradición judía (excepto la mayoría de los escritos *rabínicos) los "hijos de Dios" en Génesis 6:1-4 eran ángeles caídos que habían abandonado el lugar que se les había asignado para tener relaciones sexuales con mujeres. En las tradiciones más antiguas, *1 Enoc, los ángeles caídos fueron atados y puestos en prisión; Azazel fue lanzado a las "tinieblas" (término que se aplicaba al reino de la muerte en las tradiciones muy antiguas). 1 Enoc usa la expresión "gran día" para referirse al día del juicio.

7-16
Pecado y juicio

7. Ya en el AT y aún más en la tradición judía posterior, Sodoma llegó a verse como el epítome de la iniquidad. La expresión "carne extraña" (BA) en este pasaje podría significar cuerpos angélicos, pero ya que la tradición judía no llamaría "carne" a los ángeles y los sodomitas no se daban cuenta de que eran ángeles (Gén. 19:5), Judas puede haber tenido a la vista sus actos homosexuales. (Carne "extraña" es literalmente "otra" carne, pero puede significar "otra aparte de la natural", en vez de "otra de su misma clase". Por lo tanto, una vez más el vocablo "asimismo" como el del v. 6 ["también", RVA] podría implicar ángeles y gente que están teniendo relaciones sexuales unos con otros. Aparte de *Filón, pocos escritores judíos antiguos hacían hincapié en la conducta homosexual de los sodomitas; en cambio, la mayoría subrayaba la falta de hospitalidad, pecado arrogante o la inmoralidad sexual en general que, desde la perspectiva judía, incluía actos homosexuales pero no estaba limitada a ellos.)

8. "Soñadores" probablemente se refiere a los sueños de los falsos profetas, que rebosaban mentira, mientras que afirmaban hablar la verdad (Jer 23:25); las "potestades" angélicas (BA) (literalmente "glorias"; cf. BJ, BC) en la tradición judía se refiere a las variadas jerarquías de las huestes angélicas, a las que Dios había dado autoridad sobre las naciones, la naturaleza, etc. Faltar al respeto a las autoridades terrenales y a los poderes espirituales designados por Dios que están detrás de ellas, haría que los cristianos fueran calificados como subversivos y provocaría una persecución general en su contra en todo el imperio romano. Algunos estudiosos han sugerido también que, a causa de su posición opuesta a la ley, insultaron a estos ángeles como ángeles por medio de los que Dios dio la *ley, pero no sabemos a ciencia cierta si ellos argumentaron a favor de su inmoralidad en primer lugar sobre la base de su rechazo a la ley.

9. Miguel (Dan. 10:13, 21; 12:1) y Gabriel (Dan. 8:16; 9:21) son los dos únicos ángeles que se mencionan en el AT, y de manera natural vinieron a ser los ángeles más populares en las creencias judías contemporáneas; de los dos, Miguel es el arcángel más destacado por ser el guardián de Israel.

Las tradiciones Judías acerca de la muerte de Moisés (o la ausencia de ella, no obstante Deut. 34) variaban mucho, y este relato parece haber sido una de estas versiones. En el AT y la literatura judía, el maligno actuaba como un acusador, aquí el gran arcángel no desafía sus acusaciones, sino que somete el asunto a Dios el supremo juez. El mensajero angélico de Dios también pregona, "El Señor te reprenda" al defender al sumo sacerdote en Zacarías 3:2.

10. Los falsos maestros, sin embargo, estaban ridiculizando a los poderes angélicos, incluso probablemente a *Satanás. Los *Rollos MM muestran que algunas personas maldecían a Satanás, pero Judas no aprueba eso. En cambio, parece estar de acuerdo con la moraleja de una historia *rabínica: Un hombre llamado Pelimo pasó burlándose del diablo hasta que un día el diablo se presentő y lo cazó en un baño público, después de lo cual aprendió la lección; cf. también Eclesiástico 21:27. Los cristianos tampoco deben hablar autoritativamente sobre asuntos secretos o esotéricos que Dios no ha querido revelar (cf. Deut. 29:29).

11. En la tradición judía más que en el AT, Caín (ver el comentario sobre 1 Juan 3:12) y Balaam (ver el comentario sobre 2 Ped. 2:15) habían llegado a ser un símbolo para los líderes de la iniquidad. Balaam era tenido como uno de los profetas *gentiles más poderosos, pero utilizaba sus poderes para el mal. Coré se sublevó contra el liderazgo de Moisés (Núm. 16), y en la tradición judía se constituyó en figura normativa de aquellos que se rebelaba contra la ley.

12. La última cena fue una comida pascual completa, y la *iglesia primitiva había continuado la tradición de celebrar esta comida ("la cena del Señor") en la que el pan y el vino eran solamente una parte. La comunión como una comida completa fue llamada también "fiesta de amor".

Estos individuos eran "escollos ocultos" (BA), ("peligro oculto", NVI) engañosos y capaces de destruir a todo navegante que aventuraba su embarcación cerca de ellos. Las nubes vacías prometían lluvias copiosas a los campesinos pero nunca llegaban (Prov. 25:14). Se emplea la imagen de los árboles debido a que se esperaba que la siega estaría completa hacia el fin del otoño, cuando muchos árboles dejan caer sus hojas antes de la llegada del invierno; o puede significar que no producen el fruto del verano ni muestran signos de productividad al comenzar el otoño; de un modo u otro, estos árboles estaban sencillamente muertos (sobre la segunda muerte futura, ver el comentario sobre Apoc. 2:11).

13. En la tradición griega, Afrodita, la diosa del deseo, fue nacida de la espuma del mar cuando fue castrado el Titán Urano (esto aludía a la inmoralidad de los maestros). Las olas aparecen en los *Rollos MM como una imagen de vómito de la inmundicia del pecado. Las "estrellas errantes" se refieren a las órbitas erráticas de los planetas, algunas veces atribuidas a los ángeles desobedientes que fueron puestos en prisión bajo el juicio de Dios y que *1 Enoc llama "estrellas". El juicio como oscuridad de las tinieblas aparece en 1 Enoc y en otras partes. Los impíos como fieras olas aparecen en Isaías 57:20 y en la tradición judía subsiguiente (los Rollos MM).

14, 15. Judas cita de *1 Enoc que cuenta una historia popular conocida entonces para probar su argumento. Este pasaje describe algunos temas que abundan en esa sección del libro.

16. El vocablo "querellosos" (RVR-1960) puede aludir a la murmuración de Israel en el desierto, pero especialmente a las palabras duras (las "injurias", NVI) del versículo 15, a que se refiere *1 Enoc. Los antiguos moralistas condenaron repetidamente la adulación y abogaban por una manera de hablar franca y directa. Los políticos por lo común utilizaban la lisonja en sus discursos para ganarse a la gente, y los subordinados de muchos emperadores recurrieron a la adulación con fines de sobrevivencia. Judas ya se había referido a sus lujurias (vv. 6-8b) y a su arrogancia en el hablar (vv. 8c-10).

17-25
Un llamado a perseverar

17-19. Los *gnósticos posteriores afirmaban que eran espirituales, y pensaban que los demás eran "mundanos" (BA) o que vivían "una vida solo natural" (BJ). Bajo la influencia de ciertas clases de filosofía griega, algunos falsos maestros probablemente estaban moviéndose ya en esta dirección. Los falsos maestros aseguraban que tenían el *Espíritu y que estaban inspirados proféticamente (v. 8, cf. el comentario sobre el v. 20), pero Judas dice que carecían de él por completo.

20, 21. Ya que el *Espíritu Santo era visto por lo general como el Espíritu de la *profecía, "orar en (o por) el Espíritu Santo" posiblemente equivale a oración inspirada (1 Crón. 25:3; Salmos), y muy probablemente incluía lenguas (cf. el comentario sobre Hechos 2:4; 1 Cor. 14).

22, 23. El lenguaje que encontramos aquí viene de Zacarías 3:2 y 4, pero se refiere a los que estaban siendo descarriados, a los que ya estaban extraviados o a los peligrosos falsos maestros.

24, 25. Judas termina con alabanza, como era común en los servicios de la *sinagoga; enfatizando que, a pesar del peligro de la apostasía (vv. 3-23), Dios es capaz de guardar a los creyentes y hacerlos perseverar.

APOCALIPSIS

Introducción

Paternidad literaria. Muchos eruditos sostienen que Juan y el Apocalipsis fueron escritos por autores diferentes, algunos ni siquiera contemplan tal posibilidad. El estilo del Apocalipsis es innegablemente distinto al del cuarto Evangelio, por lo que algunos estudiosos, hace ya varios siglos, negaron que pudieron haber sido escritos por el mismo autor.

Pero una mirada más de cerca a estas obras indica que buena parte del vocabulario es el mismo, aunque usado de forma diferente. Es posible explicar la mayoría de las variaciones estilísticas sobre la base de los diferentes *géneros literarios de las dos obras: evangelio y apocalíptica (el estilo del Apocalipsis toma prestado mucho de Ezequiel, Daniel, Zacarías, etc.). No es difícil creer que una sola comunidad pudo producir y abarcar un evangelio (aun distinguiendo la experiencia presente de la gloria futura) y un apocalipsis, los *Rollos MM contienen documentos igualmente diversos. Es posible que un solo escritor maneje géneros literarios diversos (cf. p. ej., las Obras Morales y las Vidas Paralelas de Plutarco, si bien las diferencias en género literario y estilo son menos marcadas que las del cuarto Evangelio y el Apocalipsis).

Es más probable que un escritor use el mismo vocabulario para escribir dos clases de libros enteramente diferentes desde perspectivas distintas (al menos para el autor de este comentario que hace lo mismo), que dos escritores asociados compartan el mismo vocabulario pero difieran en perspectiva. Las comunidades teológicas y las escuelas (vea la introducción a 1 Juan) por lo general comparten perspectivas más que vocabulario, mientras que hay autores que pueden adaptar su estilo al género literario en que escriben y enfatizar perspectivas de acuerdo con la situación a la que se dirigen, utilizando mucho del mismo vocabulario.

Aunque los argumentos contra la unidad de autoría no son decisivos, los que señalan a Juan como el autor de ambas obras merecen más atención que la que normalmente les presta la erudición moderna. La mayor parte de la tradición de la *iglesia primitiva atribuye ambos documentos a Juan el apóstol. El argumento que sostiene que el Apocalipsis fue escrito por él es ciertamente fuerte (ver el comentario sobre 1:1. En cuanto al autor del cuarto Evangelio, ver la introducción a Juan).

Fecha. Algunos eruditos han fechado el Apocalipsis hacia el final de la década del 60 d. de J.C., un poco antes de la muerte de Nerón, cuando una serie de emperadores mueren rápidamente y de forma violenta uno tras otro (cf. 17:10). En el libro del Apocalipsis, sin embargo, el poder del emperador parece ser estable, y esta situación aparentemente no encaja en esa fecha. Asimismo, el culto imperial en Asia (Turquía occidental) parece estar aumentando su poder y amenaza directamente a los lectores del libro; esta situación cuadra mejor con el período de los noventas. La iglesia parece estar atrincherada en las ciudades más grandes de Asia; por estas razones los estudiosos creen más adecuado ubicar la redacción del libro en el período de los noventas durante el reinado de Domiciano, una situación que, además, reporta la tradición de la *iglesia primitiva.

Género literario. El Apocalipsis mezcla elementos de la *profecía del AT con una fuerte dosis del *género literario *apocalíptico, un estilo literario que floreció a partir de elementos proféticos del AT. Aunque casi todas sus imágenes tienen paralelos en los profetas bíblicos, se acentúan más las imágenes que los lectores de finales del siglo I consideran relevantes, que eran prominentes en las revelaciones populares judías acerca del tiempo del fin. Los capítulos 2 y 3 son "cartas oráculo", una clase de carta que aparece especialmente en el AT (p. ej., Jer. 29:1-3, 29-32) atestiguada también por algunos fragmentos de cerámica griega.

Aunque la estructura literaria de estos documentos pudo haber sido añadida más tarde, los estudiosos han ido reconociendo de manera creciente que muchos místicos judíos y otros antiguos adivinos creían que tenían visiones y entraban en trance. A semejanza de los profetas del AT, a quienes mucho se parece, Juan puede haber experimentado visiones reales y no las utilizaba solamente como un recurso literario. Los apocalipsis son por lo general seudónimos, así que es difícil estar seguro hasta qué punto reflejan una experiencia religiosa. Pero otros relatos de los místicos judíos, que intentaban invadir el cielo con sus exaltaciones visionarias (ver el comentario sobre 2 Cor. 12:1-4), y los reportes de los antropólogos, acerca de lo común que son hoy en día los trances extáticos en una variedad de culturas en todo el mundo, sugieren que muchas experiencias eran genuinas. Los cristianos primitivos aceptaban por lo general la realidad de la inspiración pagana como fenómeno pero la atribuían al reino demoníaco, mientras que veían su propia inspiración como una continuación de la de los profetas del AT. Sostenían que hay muchos espíritus en el mundo, pero que no todos ellos son buenos (1 Jn. 4:1-6).

Estructura. Después de la introducción (caps. 1—3), el libro está dominado por tres series de juicios (sellos, trompetas y copas), probablemente concurrentes (todos ellos culminan al final de la era), escenas de adoración en el cielo (caps. 4—16), oráculos contra Roma (caps. 17, 18) y profecías acerca del fin (caps. 19—22). Los juicios cubren el período (probablemente simbólico, pero posiblemente diferido) de 1.260 días a los que el libro alude repetidamente (vea especialmente el comentario a 12:6), si es simbólico, este período puede abarcar la historia entre la primera y segunda venida. El libro está escrito en una secuencia lógica más que cronológica. Juan sin duda reporta las visiones en la secuencia en que las recibió, pero cada vez que recibe una imagen nueva apunta "Y vi/escuché". La nueva imagen aunque está conectada con lo que precede, no siempre reporta un evento que la sigue cronológicamente.

Interpretaciones. Hay varias categorías importantes de interpretación en Apocalipsis: (1) Predice en detalle el curso de la historia humana hasta la Segunda Venida. (2) Refleja los principios generales de la historia. (3) Se dirige únicamente a lo que estaba pasando en los días de Juan. (4) Se refiere solamente al tiempo del fin, y (5) combinaciones de los enfoques mencionados (p. ej., Juan escribe acerca de los principios de la historia a la vista del inminente tiempo del fin hasta que este llegue, y originalmente articuló estos principios para hablar de la situación de los lectores de finales del siglo I).

Muchos intérpretes en los días de Juan (especialmente los intérpretes de los *Rollos MM) releyeron las *profecías del AT como símbolos que describían a su propia generación. De manera similar el libro del Apocalipsis ha sido reinterpretado por los modernos maestros de la profecía en cada década del siglo pasado. (Para un repaso equilibrado de las continuas modificaciones a las predicciones de los maestros de la profecía con cada nueva serie de eventos llevada a cabo durante el siglo pasado, ver Dwight Wilson, *Armageddon Now!* [Grand Rapids, Mich.: Baker Book House, 1977]. Para una perspectiva histórica más amplia pero con menos detalles, ver Stanley J. Grenz, *The Millennial Maze* [Downers Grove, Ill.: InterVarsity Press, 1992], pp. 37-63.)

Algunos maestros de la profecía han interpretado y reinterpretado el Apocalipsis de acuerdo con los caprichos de los cambiantes titulares de los medios noticiosos. Pero las imágenes de Juan debieron significar algo en particular a sus primeros lectores, por lo que este comentario investiga ese sentido, utilizando el mismo procedimiento de interpretación que hemos seguido en otras partes del NT. De modo que optamos directamente por la tercera categoría de interpretación ya mencionada, aunque este enfoque puede combinarse con la segunda categoría (como ocurre a menudo para la predicación) y la cuarta categoría, en un sentido que es claro a través del comentario.

Método de interpretación. Juan escribió en griego y utilizó figuras de lenguaje tomadas del AT, del medio judío y algunas veces del mundo grecorromano. Afirma expresamente que escribe a las *iglesias de Asia Menor del siglo primero (1:4, 11), de manera tan explícita como Pablo escribe a las iglesias del mismo siglo. Cualquier cosa que sus palabras signifiquen, por consiguiente, deben haber sido inteligibles a sus lectores del siglo I (ver el comentario sobre 1:3; 22:10). Los lectores antiguos no tuvieron acceso a los modernos periódicos, que son la base de algunos métodos populares de interpretación; pero subsiguientes generaciones han podido estudiar el libro y al mismo tiempo examinar el AT y la historia del siglo I. La perspectiva histórica, por tanto, hace que el libro sea asequible a todas las generaciones.

Esta perspectiva no niega la relevancia del Apocalipsis para los lectores de nuestros días; afirma que su mensaje es relevante para cada generación, si bien emplea un simbolismo que era conocido por la generación de sus primeros lectores. Así, por ejemplo, los futuros adversarios de la iglesia podrían ser descritos por medio de la imagen de un nuevo Nerón, una figura más relevante para los lectores originales que para los modernos. Pero los cristianos siempre oprimidos podrían ser advertidos (que tal personaje existe) y animados (que su fin está profetizado) una vez que lo entendieran. Al arrojar luz sobre el punto original de los símbolos, este comentario provee a los lectores modernos que buscan aplicarlo hoy de un mejor acceso a su mensaje.

Simbolismo. Como sucede con los profetas del AT, mucho del lenguaje simbólico de Juan pretende ser una imaginería evocativa, para provocar respuestas particulares, en vez de una detallada descripción literal de eventos. Los lectores bien instruidos en el AT y la literatura *apocalíptica judía habrían entendido este método de interpretación; en ocasiones los símbolos más antiguos pueden ser reaplicados a nuevas situaciones pero fueron pensados para evocar la misma clase de respuesta. Algunas veces Juan explica sencillamente qué significan estos símbolos (p. ej., 1:20); en otros casos los primeros lectores los habrían entendido, a partir de otras indicaciones en su libro, por la información cultural o el conocimiento de cómo estos símbolos fueron usados en la antigüedad, algo que él y sus lectores entendían. Juan sencillamente esperaba que sus lectores entendieran sus puntos (1:3; 22:10).

Circunstancias: el culto imperial. La línea entre lo humano y lo divino había sido siempre muy tenue en la religión griega, por lo que los pueblos del este griego construyeron templos a los emperadores romanos desde el primero de ellos en adelante. Los primeros altares estuvieron en Éfeso y Esmirna. En la misma Roma el culto imperial era visto como símbolo de lealtad al estado, y a los emperadores se les deificaba solo después de su muerte. Pero varios emperadores, maldecidos y no deificados después de su muerte, reclamaban ser dioses mientras aún vivían (Gayo Calígula, Nerón y Domiciano). Cuando el Apocalipsis se escribió, el emperador era el muy odiado Domiciano, quien demandaba adoración mientras aún vivía. En la parte occidental del imperio, adorar la imagen del emperador en su templo era una prueba de lealtad al estado. Cualquiera que rehusara participar en la adoración del estado era considerado un elemento subversivo, y Roma fue siempre brutalmente paranoica hacia las religiones subversivas.

Domiciano reprimió a la aristocracia, expulsó de Roma a los astrólogos (para que no predijeran su muerte) y persiguió a filósofos y a religiones que percibía que le eran hostiles. Las fuentes muestran que también reprimió al judaísmo y al cristianismo, aunque no se les singularizó. La evidencia acerca del culto imperial en Asia, y la abierta persecución de cristianos en Asia a nivel provincial al comienzo del siglo II (la represión en el tiempo anterior a Trajano continuó hasta los días de Trajano) sugieren que los propios reclamos y conducta del emperador Domiciano estimularon el clima en el que ocurrió la persecución provincial de los cristianos en Asia Menor.

Circunstancias: conflicto inevitable. Los judíos fueron extraoficialmente eximidos de adorar al emperador, pero los judíos adinerados de Asia, reprimidos por Domiciano y desconcertados por la relativamente reciente revuelta de los judíos de Palestina (66-70 d. de J.C.), se turbaban con la idea de asociarse con grupos potencialmente subversivos. Muchas *sinagogas de Asia comenzaron a expulsar a los cristianos judíos (2:9; 3:7-9), que enfrentarían la persecución romana si llegaba a cuestionarse su relación con los judíos.

Los romanos reprimían a cualquier grupo cuyos profetas denunciaran a Roma, pero Juan estaba bien plantado en la tradición veterotestamentaria que pronunciaba oráculos contra las naciones y los imperios opresores, especialmente los que oprimían al pueblo de Dios. Algunos otros escritores judíos pronunciaron juicio contra Roma (a menudo utilizando nombres crípticos como Babilonia, Edom o Quitim), y muchos hasta querían iniciar una rebelión (este fervor revolucionario se materializó en Egipto y Cirene un poco más adelante); el Apocalipsis está entre los oráculos de juicio más explícitos contra la rebelión de Roma contra Dios.

Mensaje. El Apocalipsis nos provee de una perspectiva eterna, cuando enfatiza temas como el antagonismo del mundo en rebelión contra Dios frente a una *iglesia obediente a la voluntad de Dios. Cuando se entrelaza la adoración de la iglesia con la adoración de los que pueblan el cielo; cuando afirma que la victoria depende de la obra terminada de *Cristo y no de las circunstancias humanas; cuando advierte a los cristianos para que se preparen a enfrentar la muerte por el honor de Cristo; cuando declara que los representantes de cada pueblo estarán finalmente ante el trono de Dios; cuando nos asegura que la inminente esperanza de su regreso vale más que todos los bienes de este mundo, y así sucesivamente. Desde el comienzo, el pacto y la promesa del AT habían implicado una esperanza para el futuro del pueblo de Dios. Cuando Israel fue confrontado con la cuestión del futuro de los individuos, las doctrinas de justicia y esperanza del AT los llevaron a conceptos como el de la *resurrección (Isa. 26:19; Dan. 12:2). La esperanza futura se desarrolla y embellece aún más con la imaginería del Apocalipsis.

Comentarios. Ver especialmente G. B. Caird, *A Commentary on the Revelation of Saint John the Divine*, HNTC (San Francisco: Harper & Row, 1966); G. R. Beasley-Murray, *The Book of Revelation*, NCB, 2a. edición (Grand Rapids, Mich.: Eerdmans, reimpreso, 1981); Gerhard Krodel, *Revelation* (Minneapolis: Augsburg, 1989). El lector también puede consultar W. G. Morrice, "John the Seer: Narrative Exegesis of the Book of Revelation", *Expository Times 97* (noviembre 1985): 43-46, útil al enseñar el libro. Muchas otras obras son útiles por diferentes razones, entre las que están André Feuillet, *The Apocalypse*, traducido por Thomas E. Crane (Staten Island, N.Y.: Alba House, 1965); Robert H. Mounce, *The Book of Revelation*, NICNT (Grand Rapids, Mich.: Eerdmans, 1977); Elisabeth Schüssler Fiorenza, *The Book of Revelation: Justice and Judgment* (Filadelfia: Fortress, 1985); Robert W. Wall, *Revelation*, NIBC (Peabody, Mass.: Hendrickson, 1991); y James Moffatt, "The Revelation of St. John the Divine", en *The Expositor's Greek Testament*, 5 volúmenes (Grand Rapids, Mich.: Eerdmans, reimpreso, 1979), 5:281-494. Aparte de su concepto excéntrico acerca del autor del Apocalipsis, J. Massyngberde Ford, *Revelation*, AB 38 (Garden City, N.Y.: Doubleday, 1975), es muy útil y ha sido criticado excesivamente por ese punto.

1:1-3
Título e introducción apocalíptica

El preámbulo de algunos documentos a menudo consistía de una declaración como "el libro de las palabras de ..."; el título de Juan se parece al de algunos libros proféticos del AT (p. ej., Isa. 1:1; Jer. 1:1; Ose. 1:1). Los preámbulos normalmente se colocaban en la parte exterior de un rollo, si bien a mediados del siglo II se utilizaba el códice, o forma moderna del libro, y los preámbulos se colocaban en el interior.

1:1. La mayoría de los *apocalipsis se atribuían a personajes destacados del pasado remoto; a la manera de los libros proféticos del AT. El Apocalipsis es escrito por un *apóstol contemporáneo que no necesita un seudónimo; escribe a congregaciones reales que lo conocen (1:4, 11). (Otros apocalipsis no nombran recipientes específicos ni usan la forma epistolar.)

Algunas revelaciones en el AT (Dan. 7:16; 10:5-21; cf. Éxo. 3:2; Jue. 6:11-23) así como otras muchas revelaciones en la literatura *apocalíptica (p. ej., *1 Enoc y *4 Esdras) fueron transmitidas por medio de ángeles. Los profetas del AT fueron llamados "siervos" de Dios, un título que Juan reclama con toda propiedad para sí mismo al comienzo de su libro.

1:2. El vocablo "testimonio" era específicamente un término legal, aunque su sentido se había extendido más allá de este ámbito. Los cristianos estaban siendo arrastrados a los tribunales romanos; pero en el contexto del Apocalipsis, "testimonio" es la proclamación cristiana de que se conoce a Jesús, que proporciona evidencia a la luz del tribunal del juicio final de Dios (cf. Isa. 43:8-12; 44:8, 9).

1:3. La mayoría de la gente en la antigüedad no sabía leer, y era prácticamente imposible que cada uno tuviera una copia del libro (ya que tendría que ser copiado a mano). Por esta razón la bendición era para el que la leía en voz alta a la congregación (había un lector en una *sinagoga) y para los que oían (el resto de la congregación oía las lecturas de la Escritura). La "bendición" era una forma común en el AT y en la literatura judía (ver el comentario sobre Mat. 5:1-12), y aquí implica que se esperaba que los oidores entendieran y obedecieran lo que oían. El Apocalipsis contiene siete "bendiciones" y siete maldiciones o "ayes", probablemente todos al estilo de un oráculo, es decir, proféticos. Los apocalipsis predecían generalmente el inminente fin de la era, o los eventos inmediatos que anunciaban ese fin (especialmente en *4 Esdras que era un documento más o menos contemporáneo).

1:4-8
Introducción epistolar

Las obras que no eran estrictamente epístolas pero eran enviadas a los lectores podían incluir introducciones epistolares, por ejemplo 2 Macabeos (1:1—2:32, especialmente 1:1) que era una obra de naturaleza histórica.

1:4. La expresión "gracia y paz" adapta una antigua salutación de uso generalizado (ver el comentario sobre Rom. 1:7). Sobre la naturaleza de la carta a manera de encíclica (la cual no podía copiarse a mano rápidamente muchas veces, y por lo mismo tenía que ser leída por el mensajero en cada *iglesia), ver el comentario sobre Apocalipsis 1:11.

El enunciado "el que es y que era y que ha de venir" se relaciona con un título griego que se daba de vez en cuando a las deidades eternas, y refleja de manera especial un comentario griego sobre el nombre "YO SOY" (Éxo. 3:14; en la *LXX dice "el que es"), así como se desarrolló también en los *Tárgumes. Los "siete espíritus" podría referirse al séptuplo *Espíritu mesiánico de Isaías 11:2, pero es muy probable que se refiera a los siete santos arcángeles reconocidos por el judaísmo que estaban alrededor del trono (Apoc. 8:2; ver el comentario sobre 5:6). (Algunos textos de los *Rollos MM y algunos cristianos judíos del siglo II veían al Espíritu Santo como un ángel, aunque la mayoría reconocía en general en el Espíritu Santo al Espíritu de Dios; sin embargo, no creo que exista esta confusión en este pasaje. Las imágenes del séptuplo Espíritu de Isa. 11:2 eran bien conocidas y así lo sugiere *1 Enoc 61:11. Aunque esta sección de 1 Enoc, las Semejanzas, es de fecha incierta; cf. los *Salmos de Salomón 17:37, y ver el comentario sobre Apoc. 5:6.)

1:5. Un testigo "fiel" (2:13; 3:14) era confiable (Prov. 14:5, 25; Isa. 8:2; Jer. 42:5). "Primogénito" y "soberano de los reyes de la tierra" son alusiones al Salmo 89:27. Bajo el ritual de la ley, la sangre del sacrificio en el día de la *Expiación libertaba a Israel de sus pecados. El pueblo judío había sido libertado también de Egipto por la sangre del cordero pascual.

1:6. Después de que Dios redimió al pueblo de Israel de Egipto los llamó "un reino de sacerdotes" (Éxo. 19:6), indicando así que todos ellos eran santos ante él. El *Tárgum de este versículo dice "un reino y sacerdotes", como aquí (cf. *Jubileos 16:18).

1:7. Como ocurre con Mateo 24:30, este versículo combina Daniel 7:13 (venir con las nubes en el día del Señor; cf. también, p. ej., Eze. 30:3) con Zacarías 12:10 (los que lo traspasaron, es decir, a Dios, harán duelo por él). La expresión "tribus de la tierra" extiende la imagen más allá de Israel (cf. Zac. 12:12) a todos los pueblos; los ciudadanos de las ciudades del oriente griego estaban divididos en tribus.

1:8. Algunos escritores grecorromanos llamaban a la deidad suprema el "primero", pero el AT (Isa. 41:4) y el judaísmo (p. ej., *Josefo, o *Filón, adaptando lenguaje *Estoico) ya llamaban a Dios el "primero y el último". Por esta razón lo nombraban con la primera y la última letras del alfabeto griego, Alfa y Omega. (Algunos maestros judíos también llegaron a llamarlo la *Alef* y la *Tau*, la primera y última letras del alfabeto hebreo. Además, llamaban a Dios "verdad", *'emet* en hebreo que equivale a *alef-mem-tau*, que decían eran la primera, la central y la última letras del alfabeto, mostrando que Dios era eterno y gobernaba en todo tiempo.) Los judíos que hablaban griego a menudo llamaban a Dios "el omnipotente", o "todopoderoso", como en este pasaje.

1:9-20
El comienzo de la revelación

1:9. Los gobernadores de varias provincias decidían a su antojo si los que eran acusados y encontrados culpables de diversos delitos debían ser desterrados a una isla, ejecutados o entregados a esclavitud. Los de estatus social más alto automáticamente recibían sentencias más leves que los demás, pero Juan fue desterrado en vez de ser ejecutado (cf. 2:13) a causa de su edad (como ocurría a veces) o a la clemencia del gobernador local. Los destierros eran de dos clases: *deportatio* (que incluía la confiscación de las propiedades o de los derechos civiles) y *relegatio* (sin tales penalidades). Solamente el emperador podía decretar la primera, pero un gobernador provincial podía dictar la última, como es el caso.

Los lugares más comunes del destierro romano eran unas islas rocosas del Mar Egeo llamadas las Cícladas (alrededor de Delos) y las Espóradas lejos de la costa de Asia, entre las que estaba Patmos (entre 65 y 80 km al suroeste de Éfeso). Patmos no estaba desierta, incluía un gimnasio y un templo dedicado a Artemisa (la deidad patrona de la isla). Debido a que Babilonia era el lugar de exilio más grande en la tradición del AT (Eze. 1:1), el destierro de Juan lo coloca en una posición singular para denunciar a Roma como la nueva Babilonia (caps. 17—18. Ver el comentario sobre 14:8).

1:10. Ya que el AT y el judaísmo antiguo asociaban especialmente al *Espíritu de Dios con la *profecía, "en el espíritu" significa aquí que Juan estaba en actitud de oración (1 Crón. 25:1-6) o en estado visionario (Eze. 2:2; 3:12, 14, 24; 8:3; 11:1, 24). Sin embargo, la revelación en este versículo, como en el AT pero en contraste con mucha de la literatura *apocalíptica judía, no es solicitada (ver el comentario sobre Apoc. 4:2). La "voz como de trompeta" puede aludir a la revelación de Dios en Éxodo 19:16, cuando el Señor se preparaba a pregonar su palabra.

En Asia Menor se dedicaba un día al mes en honor del emperador, pero los cristianos dedicaban un día, probablemente cada semana, en honor de *Cristo, quizás pensando en la llegada del "día del Señor". (De acuerdo con los esquemas utilizados por los judíos para contar la historia, la séptima y última era de la historia sería de descanso sabático, cf. Apoc. 20; algunos antiguos intérpretes cristianos transfirieron la imagen a una octava era, hablando del día de Señor como del octavo día de la semana. Pero está sujeto a discusión qué tan tempranas y relevantes fueron estas ideas a Juan cuando escribió su Apocalipsis.) La mayoría de los estudiosos creen que "el día del Señor" se refiere al domingo, como el día de la *resurrección de Jesús; los cristianos judíos primitivos habrían preferido ese día para evitar entrar en conflicto con la observancia del sábado.

1:11. Un mensajero que fuera por las ciudades leyendo el libro de Juan llegaría primero a Éfeso, las demás ciudades están arregladas en la secuencia que un mensajero seguiría a pie para llegar a ellas. La distancia entre ellas varía entre 65 y 85 km aproximadamente. (Los que sugieren que Juan se dirigió a las *iglesias de manera simbólica dando a entender diferentes etapas de la historia de la iglesia tienen que asumir que las iglesias antes de la etapa final no podrían esperar el inminente regreso de *Cristo; pero las cartas de Juan a las iglesias muestran mucho colorido local como para representar meramente eras de la iglesia, y su precisa disposición geográfica sugiere que se refiere a ellas de manera literal.)

1:12. Con respecto a los candeleros, ver el comentario sobre 1:20.

1:13-15. Este pasaje traza, sobre la descripción de Dios de Daniel 7:9 (el cabello blanco que simboliza la dignidad que se va adquiriendo con la edad), rasgos del poderoso ángel de Daniel 10:5, 6 y utiliza el título "alguien como un *Hijo del Hombre" de Daniel 7:13 (donde él vendría a gobernar a las naciones). (El sonido de la voz del ángel "como el estruendo de una multitud" de Dan. 10:6 está adaptado de la imaginería divina de Eze. 1:24; 43:2; tradiciones judías posteriores hablaban también de aguas en los cielos). La "vestidura" y el "cinto" pueden aludir a su papel como sumo sacerdote (Éxo. 28:4). Sin embargo, otros podían llevar también vestiduras y cintos; si la imagen implica algo más, puede ser significativo que los obreros llevaban sus cintos alrededor de su cintura mientras trabajaban, pero cuando los llevaban alrededor del pecho significaba que habían terminado su trabajo. Dadas las otras alusiones bíblicas en este pasaje, es probable que esté presente también una referencia al sumo sacerdote del AT. "Pies de bronce" puede referirse a los portadores del trono de Dios (Eze. 1:7) así como al ángel de Daniel 10:6.

Utilizando imaginería bíblica el escritor pretende impactar profundamente a los lectores presentando al Jesús resucitado como la figura más grande concebible. Los *apocalipsis empleaban algunas de estas imágenes (ángeles con apariencia de relámpagos, etc.), sin embargo, Juan en este punto evita utilizar teorías complicadas postbíblicas que se habían hecho comunes en estas obras (ángeles de miles de kilómetros de alto, etc.).

1:16. La boca del portavoz de Dios podía ser presentada como una espada (Isa. 49:2) y los decretos justos del *Mesías serían el arma de su boca (Isa. 11:4). Algunos textos judíos describían a los ángeles con un brillo como el del sol (cf. también el rostro como relámpago en Dan. 10:6).

1:17. El terror era común durante las visiones (Gén. 15:12); los que recibían revelaciones de Dios (Eze. 1:28; 11:13) o de ángeles (Dan. 8:18; 10:9, 15) en el AT a menudo caían sobre sus rostros, a menos que el revelador los tocara y fortaleciera (Dan. 8:18; 10:10). (La imagen se continuó usando también en muchos textos judíos más recientes, p. ej., Tobías, *1 Enoc y *4 Esdras). Cuando Dios les hablaba (p. ej., Gén. 26:24) tenía que tranquilizar a sus siervos diciéndoles que no temieran (p. ej., Deut. 3:2; Jos. 8:1; Jer. 1:8).

1:18. En el AT (Sal. 9:13; 107:18) y en la literatura judía, "las puertas del Hades" significa el reino de la muerte y por lo mismo el poder de la muerte, el que tenía las llaves de estos reinos era quien los gobernaba. (El que tenía las llaves de la casa real tenía una posición de gran autoridad en esa casa, como en Isa. 22:21, 22; las llaves simbolizaban autoridad para controlar todo lo que abrían, y los textos judíos describen a Dios dispensando las llaves de la lluvia, etc.) La literatura judía decía que Dios tenía autoridad sobre la muerte y las puertas del Hades (Sabiduría de Salomón 16:13). El poder de *Cristo sobre la muerte, como aquel que había resucitado, animaría a sus seguidores a enfrentar ahora la posibilidad de la muerte.

1:19. La *profecía en el AT incluía hablar el mensaje de Dios y no estaba limitada estrictamente a la predicción del futuro. Sin embargo, el escritor griego *Plutarco definió la profecía como una predicción del futuro determinada por el presente y el pasado; se decía que la Sibila judía profetizaba las cosas que eran antes, las presentes y las que estaban por venir (*Oráculos Sibilinos 1:3, 4). Los escritores *apocalípticos judíos dividían a menudo la historia en eras como preludio a sus profecías acerca del futuro (aunque ostensiblemente escribían con frecuencia utilizando un seudónimo antes de que la historia ocurriera).

1:20. Los textos judíos describían a menudo a los ángeles como estrellas (ver el comentario sobre 12:4). La imaginería cósmica era frecuente; por ejemplo *Josefo y *Filón identificaban los "siete planetas" con ciertos símbolos en el templo, y más tarde las *sinagogas palestinas lucían en sus pisos signos del zodíaco alrededor de Helios, el dios sol (a pesar de las prohibiciones del AT). Los paganos creían que el destino controlaba a las naciones por medio de las estrellas, a las que generalmente se deificaba, una idea Oriental que se introdujo al paganismo grecorromano so pretexto de que era la ciencia de actualidad. Muchos judíos coincidían en que las naciones eran gobernadas por las estrellas, a las que consideraban como ángeles bajo el dominio de Dios. Pero si Juan emplea este simbolismo, y esto no es claro, es para mostrar que *Cristo es Señor sobre el universo, incluyendo a los ángeles que guían a las *iglesias así como a las naciones.

El candelero de siete brazos, o *menorá*, era uno de los símbolos más comunes del judaísmo y de las sinagogas en la antigüedad. Al identificar a las iglesias con candeleros, Juan afirma que el movimiento de Jesús es la forma verdadera del judaísmo, sin importar si los principales de las sinagogas reclamaban por esto (2:9; 3:9). Ya que el Apocalipsis describe el cielo como un santuario (cf. p. ej., el comentario sobre 4:6-8; 5:8-10; 7:9-12; 8:3), los candeleros pueden aludir también a la representación espiritual de las iglesias en el cielo (Éxo. 25:31-40).

Hay cuatro opiniones importantes acerca de los "ángeles" de las *iglesias. La primera es que son "mensajeros" que llevaban el manuscrito a las iglesias; aunque esta interpretación es posible, es poco probable que Juan hubiera hecho siete copias separadas del libro o hubiera enviado a siete mensajeros diferentes (ver el comentario sobre Apoc. 1:11). La segunda opinión consiste en que son lectores públicos en cada congregación, una clase semejante al "mensajero" de las sinagogas. De acuerdo con una enseñanza del siglo II, si este lector se equivocaba al leer el texto bíblico, toda la congregación era considerada responsable ante Dios porque actuaba como agente de ella. La tercera opinión dice que se trataba de ángeles guardianes de cada congregación, semejante a la idea judía (arraigada en Daniel) de que no solo a cada persona sino a cada nación se le asignaba un ángel guardián, y los ángeles de las naciones impías serían juzgados junto con las naciones a las que ellos habían descaminado. Finalmente (relacionado con la tercera opinión), los "ángeles" pueden representar contrapartes celestiales de las realidades terrenales (las iglesias), y eso simboliza la importancia celestial de las iglesias así como ocurrió con los candeleros. Este concepto cuadra también con la imaginería *apocalíptica.

2:1-7
Oráculo a la iglesia en Éfeso

Cada una de estas cartas *oráculo sigue la misma forma, y son semejantes a los edictos imperiales que se colocaban como inscripciones en las ciudades de Asia Menor. Algunos eruditos han comparado los elementos de esta forma con las fórmulas del pacto empleadas en el AT y el antiguo Medio Oriente; si están en lo cierto, las *profecías pueden funcionar aquí como los juicios del pacto que eran comunes en los profetas del AT (p. ej., Amós 2—4). Pueden funcionar también de manera parecida a las series de oráculos contra las naciones que eran comunes en los profetas del AT (p. ej., Isa. 13—23; Jer. 46—51; Eze. 25—32; especialmente los 8 oráculos breves de Amós 1—2). Algunos antiguos *profetas del Medio Oriente incluían también profecías de juicio contra otras naciones, pero estos eran oráculos militares al servicio del nacionalismo; a diferencia de los profetas del AT, no condenaban a sus propios pueblos. Las excepciones son los oráculos moralistas Egipcios y las reprimendas de los profetas de Mari contra los reyes por no sostener mejor al templo. Fuera de Israel no hay paralelo de una sucesión intergeneracional de profetas que llamen a su propio pueblo a *arrepentirse de sus pecados morales. Compare especialmente los *Oráculos Sibilinos, para ejemplo más reciente de oráculos contra las naciones, que incluyen oráculos contra algunas de las ciudades que el Apocalipsis menciona, como Esmirna, Pérgamo, Sardis, Laodicea y Éfeso.

Hace tiempo que William Ramsay señaló algún colorido local en cada uno de estos oráculos. Aunque en ocasiones sus comparaciones son forzadas, otras son muy pertinentes. Las ciudades antiguas eran ferozmente orgullosas de su propia historia y cultura, y eran más sensibles a alusiones locales de lo que muchos lectores lo serían hoy en día.

Éfeso había sido uno de los primeros centros del culto imperial en Asia, y Domiciano le había otorgado el título de guardiana de su templo. Acerca de su notoriedad en las artes mágicas y la adoración a Artemisa, ver el comentario sobre Hechos 19. Las inscripciones atestiguan que Éfeso tenía también una considerable población judía, de la que los cristianos habían sido originalmente una parte cómoda (Hech. 18:19, 20, 26; 19:8, 9). En la práctica, Éfeso era el centro dominante de Asia Menor en este período.

2:1. En la expresión "dice esto" (BA) resuena la fórmula del AT que los profetas de Dios tomaron prestada de los edictos reales y las fórmulas típicas de los mensajeros: "Así dice el señor-rey".

2:2, 3. Los expertos en *retórica recomendaban que los oradores mezclaran alabanza y censura para evitar que sus oyentes se cerraran al mensaje, al tiempo que evitaban la adulación populista. Los retóricos normalmente comenzaban con alabanza, como sucede con la mayoría de las cartas en Apocalipsis 2—3. Los edictos algunas veces incluían la expresión "Yo sé", un giro que se empleaba desde hacía mucho tiempo, aunque la alusión aquí es a la omnisciencia de aquel que inspira la *profecía.

2:4. La sana doctrina y la perseverancia sin amor son insuficientes. No es claro si se hace referencia al amor hacia otros cristianos (como en 1 Jn. cf. "obras", Apoc. 2:5, 19; "odio", 2:6) o hacia Dios (Jer. 2:2).

2:5. Los emisarios reales podían amenazar con juicio a las ciudades, pero esta amenaza se parece mucho a las advertencias que Dios pronunciaba contra los impenitentes en el AT. Estos *oráculos están dirigidos a las *iglesias y no a las ciudades que estas representaban ante Dios. Las notas de Ramsay acerca del futuro de cada ciudad son, no obstante, interesantes. De lo que una vez fuera la poderosa Éfeso solo quedó un pueblo a varios kilómetros del sitio original de la ciudad. En los días de Juan, ya estaba dejando de ser una ciudad plenamente costera debido a la acumulación de cieno.

2:6. Esta enseñanza puede relacionarse con la de "Balaam" (2:14, 15); esta secta pudo haber aceptado el culto imperial para evitar la persecución. Los padres de la *iglesia más recientes la identificaron como una secta *gnóstica inmoral. Como ocurre en los *Rollos MM, el "aborrecer" aquí es aversión al pecado y no revancha personal (los Rollos MM enseñaban que la venganza debía dejarse a Dios).

2:7. El judaísmo asociaba especialmente "el *Espíritu" con la habilidad *profética; es por esto que el Espíritu inspira la visión y la profecía de Juan (1:10; 14:13). Con respecto a tener "oído" ver el comentario sobre Marcos 4:9. Algunos moralistas también exhortaban a los oyentes a "oír" a los sabios de antaño que ellos citaban, pero la fórmula aquí se asemeja a la fórmula usual del AT: "Oíd esta palabra del Señor" (p. ej., Amós 3:1; 4:1; 45:1). "Vencer" (era especialmente una imagen militar o atlética de conquista o victoria) en este pasaje implica perseverar de cara al conflicto y a la dificultad, y esto es todo lo que el Señor requiere para asegurar la victoria final. Aunque el "árbol de la vida" se utilizaba para simbolizar la *ley en la enseñanza judía posterior, esta visión alude a Génesis 2:9 y a una restauración del paraíso (cf. 2 Cor. 12:2-4). Cada una de las promesas a las *iglesias en estos *oráculos se cumplió en Apocalipsis 21—22.

2:8-11
Oráculo a la iglesia en Esmirna

Solamente Esmirna y Filadelfia son alabadas completamente. Ramsay nota que de las siete estas dos ciudades fueron las que subsistieron por más tiempo antes de la conquista turca. Éfeso y la próspera Esmirna eran los dos centros más antiguos del culto imperial en Asia. Esmirna, una de las ciudades más antiguas y prominentes de Asia, buscó pero no logró una reputación igual a la de Éfeso en este período. Era conocida también por su belleza. Sobre la situación en Esmirna y Filadelfia, que incluye la expulsión de las *sinagogas, ver la introducción a Juan.

2:8. Con respecto a la descripción que Jesús hace aquí, ver el comentario sobre 1:17, 18. Algunos comentaristas han sostenido que Esmirna había estado muerta y vivía, porque disfrutaba tan solo un poco de su anterior reputación. Esta interpretación es inverosímil a la vista de su prosperidad, aun si había sido eclipsada por Éfeso. De acuerdo a Strabo, Esmirna había sido arrasada por los lidios y reconstruida con gran belleza muchos siglos antes, pero este resurgimiento no fue entendido comúnmente como muerte y *resurrección, y la ocasión resultaba ahora tan remota en el pasado que los habitantes de Esmirna probablemente no habrían captado esta supuesta alusión. Por otra parte, Sardis fue una vez incendiada también, pero 3:1 dice lo opuesto con respecto a ella.

2:9. La fuerza de la comunidad judía en Esmirna está bien atestiguada. Juan niega que sus oponentes sean judíos espirituales, con lo que parece devolver la acusación que éstos habían hecho contra los cristianos. Cuando los llama *"sinagoga de *Satanás", su *retórica se asemeja a la de los *Rollos MM, en los que una secta judía perseguida que consideraba apóstata al resto del judaísmo llamó a sus oponentes "la porción de Belial" (Satanás). Los cristianos eran entregados en manos de los oficiales provinciales por delatores, "informantes", y está probado que al comienzo del siglo II los cristianos de Asia Menor eran llevados a los tribunales solamente si eran acusados por estos informantes. Al comienzo del siglo II, se informó que los judíos de Esmirna estaban actuando así contra los cristianos (como Policarpo). Una forma de traición consistía en afirmar públicamente que los cristianos ya no eran bienvenidos como parte de la comunidad de la *sinagoga. Los cristianos que no eran vistos como judíos no tenían protección contra los requerimientos civiles que los obligaban a participar en el culto al emperador.

2:10. La prisión era meramente un lugar de detención hasta que llegaba el juicio y casi siempre era un preludio a la ejecución. "Probar" por "diez días" es una alusión simbólica a la prueba menor de Daniel 1:12, que precedió a los sufrimientos mayores que enfrentaron Daniel y sus tres compañeros. "He aquí" era una expresión común en la literatura *profética y aparece repetidamente en Ezequiel (p. ej., 1:4, 15).

Muchos cristianos enfrentaron el martirio en Esmirna en los siglos que siguieron. Las historias judías de los mártires alababan a los que eran fieles hasta la muerte por lo que serían *resucitados al final; las "coronas" eran recompensas a las victorias (2:11) ganadas por los atletas o los héroes militares. Algunos de los antiguos escritores mencionaban también la "corona de Esmirna" refiriéndose probablemente a la belleza de la ciudad.

2:11. Otros escritos judíos también mencionan la "segunda muerte", aunque a menudo esta significaba aniquilación (Apocalipsis lo utiliza para referirse al tormento eterno, 20:10, 14). El texto de *4 Macabeos describe a los mártires judíos en su pelea y triunfo a través de la muerte, por lo cual son coronados como atletas victoriosos a causa de su piedad.

2:12-17
Oráculo a la iglesia en Pérgamo

Hay evidencia que favorece la presencia de una comunidad judía en Pérgamo. Esta ciudad era fuertemente pagana (ver el comentario sobre 2:13), famosa y próspera, y sus gobernantes habían sido los primeros en invitar a los romanos a tomar parte en los asuntos de Asia Menor. Pérgamo se convirtió en el centro del culto imperial en la provincia.

2:12. La "espada" en el AT y en la literatura *apocalíptica simbolizaba a menudo juicio o guerra; compare 1:16, 2:16 y 19:13. Los romanos creían que la "espada" era el poder para entregar a la pena de muerte (como en Rom. 13:4).

2:13. Pérgamo era tradicionalmente conocida por el culto a Esculapio (cuyo símbolo en las monedas de Pérgamo era la serpiente, cf. cap. 12), Demeter, Atenea y Dionisio, y a algunos elementos órficos. El famoso altar gigante de Zeus (36 por 34 metros) dominaba la ciudad sobre su ciudadela, y se ha sugerido que este es el trasfondo del "trono de *Satanás" en este versículo. Una alusión más apropiada para el "trono de Satanás" es la adoración local que se daba al emperador, y que en Pérgamo se celebró en la acuñación de monedas en este período. Antes de la llegada de los romanos se daba culto a los gobernantes locales, y Pérgamo fue una de las primeras ciudades de Asia que construyó un templo a un emperador romano (también en la ciudadela), y esto la convirtió en un centro de este culto. Una década o dos después de que Juan escribiera el Apocalipsis se dedicó otro templo imperial por lo que este culto llegó a ser muy popular en aquella ciudad.

Se esperaba que todos los ciudadanos participaran en la religión civil o se harían sospechosos de deslealtad contra el estado; pero los cristianos no podían participar en los festivales imperiales ni comer la carne que ahí se distribuía, por lo que llegaron a hacerse sospechosos como grupo. Una vez martirizado el primer cristiano se sentó el precedente legal para la ejecución de otros cristianos en las demás provincias.

2:14, 15. Los falsos maestros defendieron el compromiso que habían adquirido con el culto imperial, por razones que apelaban a sentimientos humanos (2:13). "Balaam" era el profeta pagano más famoso del AT y de la tradición judía (ver el comentario sobre Judas 11), y aquí es presentado como seudónimo del líder herético de los que habían asumido este culto, así como "Jezabel" en Tiatira (2:20). Ambos afirmaban que su enseñanza era inspirada y autoritativa y puede ser que, como en el caso de la Sibila judía, hayan usado sus *profecías para recomendarse a sí mismos ante algunos elementos del universalismo pagano.

Se creía que Balaam, que era un antiguo y renombrado personaje, del que dan fe otras fuentes aparte de la Biblia, había impulsado a Israel a comer carne ofrecida a los ídolos y a tener relaciones sexuales con paganos con los que no debía relacionarse (Núm. 25:1-3). Otras naciones no pudieron destruir a Israel, pero Balaam sabía que si podía subvertir su moral, Dios les retiraría su bendición y los juzgaría (ver *Josefo y al *Seudo-Filón; cf. Núm. 25:8). Dios juzgó a Israel, pero Balaam, que actuaba por motivos mercenarios, también perdió la vida (Núm. 31:8; Jos. 13:22). La "inmoralidad sexual" (común en el paganismo) a que se refiere el pasaje puede entenderse de manera literal o puede referirse, como ocurre a menudo en los *profetas del AT, a la infidelidad espiritual hacia Dios (quizás al culto al emperador; cf. 17:5).

2:16. Aunque ciertamente el mundo llegaría a un final definitivo, los profetas del AT y la literatura judía describen los juicios de Dios en la historia empleando el lenguaje del día final del Señor.

2:17. El arca original del pacto se perdió permanentemente en el 586 a. de J.C. (cf. Jer. 3:16), y el maná dentro de ella había desaparecido antes de aquel evento. Pero un amplio espectro de la tradición judía manifestó que Jeremías (p. ej., 2 Macabeos, 4 Baruc) o un ángel (2 Baruc) escondió ambas cosas y que serían restauradas en el tiempo del fin (una idea similar se arraigó entre los *samaritanos, que fechan la salida más temprano aún). Con respecto al símbolo del maná espiritual, ver el comentario sobre Juan 6:35-40. Para poder entrar a las celebraciones públicas era necesario que los participantes vistieran adornos compuestos de piedrecillas de colores. El símbolo sagrado de Cibeles, la infame diosa asiática, era una piedra negra; se asociaba con Judea el empleo de piedras blancas para propósitos médicos. Puede resultar muy significativo que cuando se llevaba a cabo algún juicio, los miembros del jurado usaban piedras negras cuando fallaban a favor de la culpabilidad de una persona, y piedras blancas para votar a favor de su inocencia. El AT asociaba el cambio de nombre con una promesa (p. ej., Gén. 17:5, 15).

2:18-29
Oráculo a la iglesia en Tiatira

La próspera economía de Tiatira parece haber patrocinado el comercio y las artes. Los gremios de comerciantes tenían en común comidas (normalmente una vez al mes) que dedicaban a sus dioses protectores. Aunque Tiatira tenía una comunidad judía, no parece haber sido influyente. Los cristianos que rehusaban participar en la vida de los gremios se encontrarían por esto mismo aislados social y económicamente (cf. 13:17). Tiatira estaba empeñada en consolidar su prosperidad en este período, por lo que la riqueza era un valor preponderante para sus ciudadanos.

2:18. Tiatira era anfitriona de un culto importante que se daba a Apolo, hijo de Zeus y la deidad asociada con la profecía y el sol. El emperador estaba vinculado con Apolo y se le daba culto en Tiatira como su manifestación terrenal. Aunque los trabajos en bronce no eran exclusivos de Tiatira, algunos eruditos han señalado también al gremio de artesanos del bronce en esa ciudad.

2:19, 20. La "Jezabel" bíblica no era *profetisa, pero el nombre es empleado aquí por sus variadas connotaciones (con respecto a las falsas profetisas cf. Neh. 6:14; Eze. 13:17-19). Jezabel tenía novecientos profetas (1 Rey. 18:19) y llevó al pueblo de Dios a la idolatría (ver el comentario sobre Apoc. 2:14). Fue acusada de prostitución, una acusación muy grave contra la esposa de un rey (el término se refería probablemente a la prostitución espiritual, al hacer que Israel abandonara su compromiso con Dios), y de brujería, debido sin duda a la práctica del ocultismo y a su participación en los cultos paganos (2 Rey. 9:22). En su papel de prostituta se convierte en el prototipo del imperio impío que se describe en los capítulos 17—18 de Apocalipsis. Algunos estudiosos han sugerido que Tiatira era una de las ciudades de Asia que tenía un *oráculo de las Sibilas. Este culto incluía profetisas al estilo griego, y sus formas literarias llegaron a ser usadas por el judaísmo de la *diáspora. Los *Oráculos Sibilinos judíos pueden en todo caso haber influenciado el estilo y el modo de pensar de la "Jezabel". Fuentes cristianas más recientes mencionan frecuentemente las profecías de las Sibilas.

Los compromisos con el pecado aquí (como en 2:14 podrían estar relacionados al culto imperial, aunque tales compromisos eran menos prominentes en Tiatira que en algunas de las ciudades previamente mencionadas. Es sabido que en el Asia Menor el culto imperial empleaba algunas sacerdotisas en el siglo I; pero aun si Jezabel hubiera sido una defensora comprometida de este culto, es poco probable que ella hubiera tenido alguna credibilidad con los cristianos mientras era sacerdotisa.

2:21-23. Los textos judíos hablan de juicio contra los hijos que son producto de uniones ilícitas, pero aquí se habla de los hijos en una manera figurada (cf. Isa. 57:3, 4, 7, 8): a los *discípulos se les llamaba a veces "hijos". Los textos judíos describen por lo regular la omnisciencia de Dios y algunas veces lo llaman "Escudriñador de Mentes y Corazones" (basados en las descripciones que el AT hace de él); en este pasaje este atributo de Dios se aplica a Jesús. Dios dio a los falsos profetas la oportunidad de volverse de sus malos caminos y escuchar la verdadera palabra del Señor (Jer. 23:22, 23).

2:24. Las *religiones de misterio hacían hincapié en los secretos profundos que solo compartían los iniciados. Con respecto a "ninguna carga más" compare Hech. 15:28, 29.

2:25-27. El Apocalipsis cita aquí un salmo de entronización que celebraba la promesa que se dio a David, y que señala que su simiente reinaría sobre las naciones que trataron de rebelarse contra él (Sal. 2:8, 9). El *Mesías, a quien el salmo se aplica por excelencia (y a quien siempre se creyó que se aplicaba, p. ej., los *Salmos de Salomón), hace aquí a su pueblo partícipe de su gobierno sobre las naciones. Alguien que no conociera el AT habría aplicado esta descripción al emperador romano. El Apocalipsis declara que Jesús es más grande que el emperador más poderoso del mundo que jamás se haya conocido.

2:28, 29. Venus, que anunciaba la aurora, es la estrella de la mañana. Era común que a los personajes ilustres se los comparara con ella y con el sol cuando resplandece en su gloria (Eclesiástico 50:6); cf. con Apocalipsis 22:16. Ya que la mayoría en el mundo grecorromano creía que la vida estaba gobernada por las estrellas, dar a alguien autoridad sobre una de las estrellas más poderosas (un símbolo de soberanía entre los romanos) era tener parte en el gobierno de *Cristo sobre la creación (2:26, 27).

3:1-6
Oráculo contra la iglesia de Sardis

Ramsay señaló que las *iglesias de Sardis y Laodicea, que fueron las más violentamente condenadas, pertenecen a las dos únicas ciudades de entre las siete que en los tiempos modernos están deshabitadas por completo. Sardis tenía una comunidad Judía grande, poderosa y adinerada que había sido por mucho tiempo una parte respetada de la vida cívica. Sardis era la sede de muchos cultos paganos; Artemisa, Cibeles, Deméter y Coré (Perséfone) eran adorados ahí. La diosa griega Deméter, que absorbió el carácter de Cibeles, la antigua diosa asiática, también fue identificada localmente con la madre deificada de un emperador. Pero la mezcla de deidades era común en la antigüedad, y el paganismo penetró en todas las ciudades no judías del imperio romano. A pesar del carácter pagano de la ciudad, la comunidad cristiana que ahí vivía parece que no llegó a experimentar persecución, y por consiguiente ninguna vida espiritual.

3:1, 2. Con respecto a los "*Espíritus" y las "estrellas" compare 1:4, 16, 20. La expresión "vivo... muerto" invierte la imaginería de 1:18 y 2:8. Fueron proverbiales las glorias pasadas de Sardis como la ciudad principal de Lidia bajo su rey Croesus; en su presente situación no podría recobrar jamás la posición que una vez había tenido.

3:3. Este versículo se refiere al dicho de Jesús preservado en Mateo 24:43 (como también 1 Tes. 5:2; 2 Ped. 3:10). La acrópolis de Sardis nunca había sido tomada en batalla, pero dos veces en su historia los invasores la capturaron sigilosa e inesperadamente durante la noche.

3:4. Las inscripciones halladas en Asia Menor indican que muchos templos excluían a los fieles que llevaban vestidos sucios, ya que su ingreso insultaría a la deidad. En el templo de Jerusalén los sacerdotes llevaban vestiduras blancas (y supuestamente también otros creyentes). Asimismo, los que adoraban a la mayoría de las deidades (p. ej., Isis, Apolos, Artemisa), los celebrantes en fiestas y cultos al emperador, etc.

3:5, 6. Todas las ciudades griegas y romanas tenían registros oficiales de sus ciudadanos a los que se añadían los nuevos ciudadanos y de los que se removía a los expulsados. El "libro de la vida" aparece en el AT y figura notablemente en la *apocalíptica judía. Ver el comentario sobre Filipenses 4:3. Con respecto a confesar el nombre del creyente ante el tribunal de Dios, compare Mateo 10:32 y Lucas 12:8.

3:7-13
Oráculo a la iglesia en Filadelfia

Filadelfia albergaba los templos de Artemisa, Helios, Zeus, Dionisio y Afrodita. Recientemente se descubrió una inscripción del siglo III en la *sinagoga judía de esa ciudad. La iglesia en Filadelfia, como la iglesia en Esmirna, había sido expulsada al parecer de la comunidad judía; el trasfondo es similar al del cuarto Evangelio (ver introducción a Juan).

3:7, 8. Estos versículos aluden claramente a Isaías 22:22 que habla del que tiene la llave de David para abrir y cerrar, algo que indica plena autorización para gobernar la casa. Para los cristianos judíos excluidos de la *sinagoga era un incentivo saber que Jesús, quien gobierna con justicia la casa de David, los reconocía ahora como su propio pueblo.

3:9. Ver el comentario sobre 2:9, 10. La exclusión de la *sinagoga podía llevar a una persecución más directa por parte de las autoridades romanas, como sucedió en Esmirna. La afirmación de Jesús de que sus oponentes sabrían que él los había amado recuerda a

Malaquías 1:2, donde Dios dice a Israel que los ama, pero desprecia a Esaú-Edom (cf. Prov. 14:19). El pueblo judío esperaba que los reyes de las naciones se inclinaran ante ellos al final de los tiempos (Isa. 49:23; 60:11, 14; *1 Enoc; los *Rollos MM; cf. Sal. 72:10, 11).

3:10. Los apocalipsis algunas veces profetizaban una liberación especial (es decir, protección) a favor de los justos para los tiempos de dificultad que estaban por venir; el AT también profetizó que Dios sería fiel para con su pueblo en tiempos como estos (ver el comentario sobre 7:3). Algunos textos se refieren a los justos que serán probados en el tiempo futuro (p. ej., los *Rollos MM), si bien el tema de los justos que son probados en el sufrimiento era común (ver el comentario sobre 1 Ped. 1:7). ("Te guardaré" podría significar "te protegeré" [cf. Apoc. 7:3; cf. Juan 17:15, la única vez que el NT utiliza esta construcción, o "te preservaré"]. La "hora de la prueba" tiene connotaciones fuertemente universales para ser una prueba local, 2:10, y debe referirse a la gran tribulación o, como sostiene Allen Kerkeslager, a la hora final, el día del juicio, a la luz de antiguos escritos que ofrecen paralelos, y al empleo del vocablo "hora" en todo el libro del Apocalipsis.) El Apocalipsis contrasta a los perversos "moradores de la tierra" con los justos "moradores del cielo"; los apocalipsis (como *4 Esdras, las Similitudes de Enoc y 2 Baruc) también anuncian juicios sobre los "moradores de la tierra".

3:11. "Corona" aquí alude a la corona de victoria, recibida al final de una carrera u obtenida por hazañas militares.

3:12, 13. El remanente del pueblo de Dios aparece como un nuevo templo en los *Rollos MM. Las columnas bien pueden simbolizar al pueblo de Dios (Éxo. 24:4; ver también el comentario sobre Gál. 2:9), pero estas eran un elemento natural de los templos y a menudo llevaban inscripciones de dedicatoria (las columnas de la *sinagoga de Capernaúm, los estandartes militares y otros objetos también llevaban inscripciones). La alusión primaria probablemente es a Isaías 56:5, donde todos los que eran rechazados por la comunidad judía (cf. Apoc. 3:8, 9) recibían un lugar en la casa de Dios y un nombre nuevo. Con respecto a la nueva Jerusalén vea 21:2. "Descender" era algo natural en el dualismo vertical y aparece con frecuencia en la literatura apocalíptica y el cuarto Evangelio, contrasta típicamente al cielo (donde Dios gobierna supremamente) con la tierra (donde muchos le desobedecen hasta el día del juicio). El Apocalipsis describe el salón del trono de Dios en el cielo como un templo (ver, p. ej., el comentario sobre 4:6-8).

3:14-22
Oráculo a la iglesia en Laodicea

Laodicea cobró importancia especialmente en los días de los romanos. Era capital de la asamblea Cibriática, que incluía por lo menos a veinticinco ciudades. También era la ciudad más rica de Frigia, singularmente próspera en este período. Estaba situada a 15 km al oeste de Colosas y a 12 km al sur de Hierápolis. Zeus era el dios protector de la familia, aunque los Laodicenses también tenían templos dedicados a Apolo, Esculapio (el dios de la medicina), Hades, Hera, Atenea, Serapis, Dionisio y otras deidades. Muchos judíos vivían en aquellos días en Frigia.

3:14. La expresión "el origen" es un título divino; ver el comentario sobre 1:8 y 22:13. (Es pertinente hacer notar que el título principal del emperador romano era *princeps*, "el primero", es decir, entre los ciudadanos romanos.) Jesús es también el "Amén", la afirmación de la verdad de Dios; cf. 2 Corintios 1:20.

3:15, 16. Preferían agua fría (y algunas veces agua caliente con especias) para beber, y agua caliente para bañarse, pero Laodicea carecía de agua natural. El agua se conducía por tubería desde fuentes calientes situadas 12 km al sur; si hubieran podido obtener agua fría de las montañas, hubiera estado tibia para cuando llegara a Laodicea. Aunque el agua podía calentarse, la tibieza natural del agua local (en contraste con el agua caliente disponible cerca de Hierápolis) era indudablemente una queja normal de los residentes locales, muchos de los que, por otra parte, gozaban de un estilo de vida cómodo. (El agua que importaban también estaba llena de sedimentos, aunque era mejor, como decía el geógrafo Strabo, que el agua de Hierápolis). Jesús dice: "Ojalá fueras frío, [es decir, para beber] o caliente, [es decir, para bañarse] porque así serías útil; pero como eres, siento por ti lo mismo que sientes por tu agua, me enfermas".

3:17, 18. Laodicea era un próspero centro banquero; orgullosos de su riqueza, rehusaron la ayuda para desastres que Roma les ofreció después del terremoto del año 60 d. de J.C., y reconstruyeron la ciudad con sus propios recursos. Era conocida también por su industria textil (especialmente la lana), su escuela de medicina, la producción de medicamentos para los oídos y el indudablemente célebre ungüento Frigio para los ojos. Todas las cosas en las que Laodicea ponía su confianza externamente y que reflejaban su cultura, faltaban espiritualmente en su *iglesia.

Aunque los griegos no compartían el aborrecimiento moral que los judíos palestinos sentían hacia la desnudez, todos, con excepción de los sabios *cínicos, estaban de acuerdo en que la falta de ropa que aquí se describe, propia de la pobreza (espiritual en este caso), era indeseable. El colirio Frigio no era un ungüento en sí, sino probablemente un polvo que se untaba en los párpados (cf. Tobías 6:8). Acerca de las vestiduras blancas compare Apocalipsis 3:4; aquí puede haber un marcado contraste con la famosa "lana negra" de Laodicea.

3:19. Compare los muchos reproches proféticos que el AT dirige a Israel.

3:20. Compare Juan 10:1-4, Mateo 24:33, 42. Compartir la mesa era un signo de intimidad y creaba entre el invitado y el anfitrión un vínculo de amistad. Jesús invita a los cristianos de Laodicea a cenar (cf. Apoc. 2:7; cf. 2:14, 20) al banquete *mesiánico (ver el comentario sobre 19:9); se trata de una invitación a participar de un espléndido banquete, y eso pone de manifiesto una vez más su pobreza espiritual (cf. 3:17, 18). Pero la puerta a esa comunión está cerrada por ahora del lado de ellos (cf. 3:7, 8).

3:21, 22. La imagen en esta sección es compartir el gobierno de Dios. Jesús lo comparte por cuanto es corregente o virrey, mientras que su pueblo tiene parte porque es exaltado para gobernar la tierra (como ocurre con la exaltación de Israel según el AT y las expectativas judías). El trono preexistente y glorioso de Dios fue tema de mucha discusión entre los místicos y los escritores *apocalípticos judíos. Ver el comentario sobre 4:2.

4:1-11
La visión del trono

Los místicos judíos (muchos que escribieron los apocalipsis como *1 Enoc) buscaron afanosamente tener visiones del Dios invisible, y tomaron como modelo para las suyas las visiones gloriosas del Dios entronizado de Isaías 6 y Ezequiel 1 (cf. Éxo. 24:9-11; 1 Rey. 22:19; Dan. 7:9, 10). Con el tiempo estas visiones de la gloria divina fueron adornadas con toda clase de fantasías y exageraciones; su imaginación no tenía límites. En contraste con todas estas elaboraciones del trono preexistente de Dios cargadas de detalles, la descripción de Juan es sencilla, como los relatos del AT: emplear solo lo necesario para describir la majestad de Dios. La descripción del salón del trono, incluso la actividad de esos seres que rodeaban el trono, también puede ser una parodia de la corte imperial y el culto en los templos imperiales, una revelación atrevida para un profeta judío desterrado como Juan.

4:1. La expresión "después de esto" es una especie de fórmula que Juan utiliza para pasar de una visión a otra (7:9; 15:5; 18:1; cf. 7:1; 19:1; 20:3; Juan 5:1; 6:1; 7:1) se usaba por lo general como giro de transición. "Entonces miré y he aquí" era una forma de expresión que empleaban los visionarios (p. ej., Eze. 10:1; 44:4; Dan. 10:5; también 1 Enoc, *4 Esdras y otros escritos basadas en este *género literario). Con respecto a la trompeta, compare Apocalipsis 1:10. Aunque en el resto del Apocalipsis se le dice a Juan "Ven acá" (17:1; 21:9; cf. Juan 1:39), en este caso la expresión "Sube acá" también puede aludir al llamado que Dios le hizo a Moisés para que subiera a la montaña (al cielo, en la tradición judía posterior) y para recibir revelación (Éxo. 19:24; 24:12; 34:2). El mismo lenguaje aparece frecuentemente en los Apocalipsis (incluyendo la puerta, p. ej., *1 Enoc).

4:2. La expresión "en el *Espíritu" significa que las visiones de Juan están inspiradas proféticamente (ver el comentario sobre 1:10). De manera similar Ezequiel había sido transportado en visión a otro lugar (Eze. 11:1, 24). Los místicos judíos enfatizaban los peligros mortales de ascender y ver el trono de Dios; debían conocer las contraseñas especiales, y muchos no sabían lo suficiente para sobrevivir en su presunta ascensión a través de los reinos espirituales (ver especialmente *3 Enoc y a los *rabinos). Pero algunos *apocalipsis reconocían que había ángeles que podían elevar a la persona e introducirla en los cielos (2 Baruc, *Similitudes de Enoc, 2 Enoc, el Testamento de Abraham). Como sucedió con Ezequiel, Juan es llevado instantáneamente por el Espíritu de Dios.

4:3. Ver Ezequiel 1:26, 28 y 10:1 para una descripción del trono de Dios. (El trono indicaba la dignidad del gobernante y era posible aproximarse a él siguiendo algunos pasos; puede ser que sus bases describan a los pueblos dominados por el gobernante.) Esta sencilla descripción contrasta con la pompa del emperador romano. También contrasta con otras representaciones de los palacios celestiales (*1 Enoc 14), con la magnitud de la majestuosidad (p. ej., el ángel más espléndido del último rabino tiene la altura de un viaje de 500 años) o con un paseo por la tierra, el cielo y el infierno (especialmente en sus últimas obras); ni siquiera Juan elabora entretejiendo otras imágenes del trono disponibles en el AT (cf. p. ej., Dan. 7; 1 Enoc 14).

4:4. Los "ancianos" eran personas investidas con autoridad que se desempeñaban como representantes de sus comunidades en las ciudades del AT y en las comunidades judías más recientes (p. ej., Deut. 21:6); ver Isaías 24:23. En las obras de arte de Asia Menor un grupo pequeño de sacerdotes representa a miles de adoradores. El número "veinticuatro" se ha relacionado con los veinticuatro libros que los escritores judíos asignaron al *canon hebreo, así como con las doce tribus más los doce apóstoles, etc., pero con certeza alude a las veinticuatro órdenes de sacerdotes. Estas órdenes fueron establecidas en el AT (1 Crón. 24—25), continuaron en el período del NT y los *rabinos más recientes comentaban acerca de ellas como consta en diversas inscripciones. A los fieles difuntos se les presenta como sacerdotes que adoran a Dios (Apoc. 1:6). (La literatura apocalíptica judía a menudo superponía imágenes de la era futura con el cielo presente en las que aparecen los muertos justos.)

Los relatos griegos a veces describían a las deidades en vestiduras blancas (p. ej., Deméter y Coré). Algunos pensadores antiguos, como *Pitágoras y ciertos rabinos, asociaban el blanco con el bien y el negro con el mal. Este contraste sin duda surgió en el pensamiento antiguo de la diferencia entre el día y la noche, asociando más estrechamente a esta última con la brujería y (en el pensamiento judío) con los demonios.

Los romanos, y a menudo los judíos, enterraban a sus muertos vestidos de blanco. En la tradición judía, los ángeles vestían casi siempre de blanco resplandeciente. Es muy significativa en este pasaje la tradición extendida de los adoradores vestidos de blanco (3:4). Los maestros judíos describían a Israel coronado en el día de la revelación en el Sinaí; también creían que los justos serían coronados en el cielo. (La Ascensión de Isaías habla de los justos coronados, vestidos y entronizados en el cielo, pero bien podría tratarse de una obra cristiana. Las Odas de Salomón, que es un escrito cristiano, refiere una ascensión al cielo realizada por el *Espíritu, cf. 4:2. Pero no es siempre fácil distinguir entre los escritos cristianos de los primeros siglos y los escritos judíos revisados a los que se añadieron interpolaciones cristianas.) Las coronas en este pasaje son probablemente las coronas de los vencedores que fueron dadas a los que perseveraron hasta la muerte (ver el comentario sobre 2:10; 3:11). (Muchas tradiciones judías hablan de una asamblea celestial, en las obras rabínicas, que es un cuerpo legislativo o judicial, compuesta de ángeles o de eruditos ya muertos; los antecedentes de esta imagen se remontan a la corte angélica de Dios en el AT y a las imágenes cananeas del panteón de El de los setenta dioses, que fueron reemplazados por los 70 ángeles de la naciones en la tradición judía.)

El arreglo es a todas luces significativo. Los coros griegos a menudo cantaban o danzaban en círculos, los anfiteatros rodeaban los escenarios, y el *Sanedrín judío se sentaba en semicírculo con el sumo sacerdote en el centro.

4:5. Los efectos especiales describen la gloria de la revelación de Dios en el Sinaí (Éxo. 19:16; cf. Eze. 1:4, 13). Algunos textos *apocalípticos nos informan de fuentes de relámpagos y truenos que estaban en niveles particulares del cielo.

4:6, 7. El "mar de cristal" (15:2) alude al mar en el templo de Salomón (1 Rey. 7:23; 2 Crón. 4:2, 6). Referirse en lenguaje figurado al templo celestial de Dios había sido siempre algo natural (p. ej., Sal. 11:4), dada la antigua tradición del cercano Oriente con respecto al templo terrenal que reflejaba al celestial. El énfasis de Juan en el culto celestial conlleva una descripción del trono de Dios en términos del templo: un altar de incienso (5:8), un altar del sacrificio (6:9), el arca (11:19; cf. 15:5-8), que funcionaba como el trono de Dios en el AT, y así sucesivamente. El firmamento de cristal se deriva de Ezequiel 1:22. Asimismo los querubines cubiertos de ojos de Ezequiel 10:8-12; Ezequiel 1:10 menciona a cuatro seres vivientes que tenían cuatro caras (si bien señala que cada criatura tenía todas las caras). La imaginería de Ezequiel puede ser intencionalmente figurada (p. ej., 1 Crón. 12:8) y quizás se valió del trono babilónico y la imaginería del templo para resaltar a un Dios más grande que el que los paganos pudieron concebir jamás; cf. 1 Rey. 7:29.

4:8. Ezequiel también habló de seis alas (Eze. 1:11). El trisagio ("Santo, santo, santo") viene de Isaías 6:3, donde los serafines, los santos ángeles modelados según el querubín del tabernáculo, rodeaban el trono de Dios en el templo de Jerusalén y simbolizaban su gloria universal (Isa. 6:3), dejaban ver la impureza de los mortales pecadores como el profeta (Isa. 6:5). Los textos judíos más recientes también emplean la imaginería bíblica de estas criaturas y de esta canción que llegó a usarse en las *sinagogas y posteriormente también en la liturgia de la *iglesia. Está implícito el contraste con el coro del culto imperial permanentemente fijado en Pérgamo, donde sus 36 miembros cantaban himnos en honor del Augusto deificado.

4:9, 10. La postración era una forma de homenaje que se ofrecía a los dioses y los gobernantes en la antigüedad.

4:11. El emperador Domiciano demandaba que se le rindiera culto como "nuestro Señor y Dios" pero nunca exigió el título de Creador. Jesús recibe las mismas palabras honoríficas en Juan 20:28.

5:1-7
El Cordero de la Pascua y el pergamino

5:1. Los documentos legales se sellaban a menudo con siete sellos grabados con la certificación de siete testigos. (Los sellos de cera tenían que ser rotos para poder soltar los cordones que envolvían el rollo de pergamino y que garantizaban que no había sido abierto y, por lo mismo, alterado.) Esta forma se empleaba en contratos y testamentos, y se hizo popular en los documentos romanos de este período; han podido recobrarse algunos documentos judíos palestinos de esta clase. Los rollos se escribían normalmente por un lado de la hoja de papiro solamente, y se reservaba el lado exterior para el título o la dirección; pero el rollo del que habla nuestro pasaje está particularmente lleno y escrito por ambos lados (cf. Eze. 2:9, 10). El lado de la escritura se llamaba recto, donde las fibras eran horizontales y era más fácil escribir; el otro lado del rollo se usaba cuando el recto no tenía espacio adecuado. Los documentos escritos por ambos lados eran bastante raros y recibían el nombre técnico de opistógrafos.

5:2, 3. Ver Isaías 6:8 para un llamado similar.

5:4. Se acostumbraba gemir fuertemente en tiempos de intensa tristeza, como en los días de luto.

5:5. En el arte primitivo judío se estampaban leones en las urnas de la Torá (recipientes que contenían los rollos de la ley) porque se les estimaba como figuras de fuerza y autoridad, pero existe otro trasfondo. El "león de Judá" alude a Génesis 49:9, 10 que predijo la dinastía davídica y se entendió de manera *mesiánica en la literatura judía más reciente (*4 Esdras y las obras rabínicas). La expresión "raíz de David" alude a Isaías 11:1 y 10 (Isaí era el padre de David), lo que sugiere que el Mesías vendría por la línea davídica que parecía haberse interrumpido. La imagen también se usó mesiánicamente en textos más recientes (p. ej, Eclesiástico), y ambas imágenes se combinan en los *Rollos MM. Los apocalipsis y otros textos incluyen a menudo diálogos con los participantes celestiales en las escenas que se revelaban (p. ej., Dan. 7:16; Zac. 4:11; 5:2).

5:6. En tanto que el león era el símbolo máximo del poder, de acuerdo con la manera en que los antiguos entendían el reino animal (cf. Isa. 35:9; 65:25), se consideraba que un cordero era un ser débil (cf. Isa. 40:11); hay un contraste dramático entre un cordero inmolado y un león que reina (cf. Isa. 53:7). Se asociaba a los corderos con una variedad de sacrificios, pero en el Apocalipsis esta figura representa especialmente al cordero de la Pascua, que libera al pueblo de Dios de las plagas de los capítulos siguientes (cf. Éxo. 12:12, 13). Muchos textos mencionan cuernos de cordero, pero la imagen de los cuernos como símbolos de autoridad tiene sus raíces en Daniel 8. Los siete ojos que van por toda la tierra son de Zacarías 3:9 y 4:10. Ya que estos pueden referirse a los ángeles (la imagen en Zacarías sigue el modelo de los emisarios reales Persas) en Zacarías 1:10 y 6:5-7, el Apocalipsis aplica la imagen a los siete arcángeles tradicionales del judaísmo (8:2), subordinados a *Cristo, en lugar de representar al *Espíritu de Dios. De todos modos, los ojos en Zacarías son los ojos de Dios; en este pasaje, estos pertenecen al Señor Jesús.

5:7. Aunque el Apocalipsis está lleno de "sietes", es importante saber que los testamentos romanos se sellaban normalmente con siete sellos, y que los sellos impresos en los documentos legales garantizaban que nadie los abriría o alteraría. Un testamento no podía abrirse hasta la muerte de la persona de cuyo legado podía atestiguarse. Si lo que tenemos en este pasaje es un testamento, es significativo que el Cordero que ha sido inmolado es quien es digno de abrirlo. (El libro bien puede ser el libro de la vida del Cordero; cf. 3:5; 20:12.) De cualquier manera, bajo la ley romana un documento era válido únicamente cuando el destinatario lo había recibido, solo así podía entrar en vigor.

5:8-14 Adoración al Cordero

5:8. La postración era particularmente una señal de adoración que se rendía a los dioses y los reyes de la antigüedad, los textos judíos normalmente la reservaban solo para Dios. La imagen de las oraciones como incienso no era rara (p. ej., Sal. 141:2), pero aquí alude al altar del incienso y su incensario en el templo celestial (Apoc. 8:3). En este contexto, las arpas probablemente indican adoración como en el antiguo coro levítico y carismático del templo (1 Crón. 25:1, 3, 6; 2 Crón. 5:12; 29:25; Neh. 12:27; cf. 1 Sam. 10:5).

5:9, 10. Las visiones de culto celestial recibidas en un contexto también de adoración (1:10) y ofrecidas por congregaciones probablemente reunidas en adoración (caps. 2—3), animarían a la *iglesia en la tierra al saber que ellos formaban una unidad con un coro tan grande que sus perseguidores del culto imperial difícilmente podrían pasar revista. Los *Rollos MM muestran que los adoradores terrenales podían imaginarse a sí mismos participando en la adoración celestial con los ángeles. En los días del AT, a los salmos espontáneos e inspirados compuestos por los líderes del culto del templo se les llamaba "cánticos nuevos" (Sal. 33:3; 40:3; 96:1; 98:1; 144:9; 149:1).

La alabanza particular refleja la redención de Israel de Egipto por la sangre del cordero de la Pascua (ver también el comentario sobre Apoc. 1:6), solo que el pueblo de Dios incluye ahora explícitamente representantes de cada pueblo que celebran la redención en estilos de adoración multiétnicos y diversos. Adicionalmente todos ellos finalmente reinarían en el resto de la tierra. Las tradiciones judías describían a Israel recibiendo el *reino y reinando sobre las naciones en el tiempo del fin.

5:11. Algunos textos judíos se dieron a citar números increíblemente grandes de gente (p. ej., enumeraban más muertos en una batalla que toda la gente que había vivido en la historia); más razonablemente, estos textos estimaron números aún más grandes de ángeles. "Diez mil" era el número individual más grande del idioma griego, de manera que "diez miles de diez miles" (miríadas de miríadas) es la manera que usa el autor para decir que son innumerables.

5:12. Un gobernador romano de principios del siglo II confirma que los cristianos daban culto a *Cristo como a un dios. Es interesante que lo que llegó a ser el texto oficial de la celebración de la Pascua, en el cual se alababa a Dios por la redención de Egipto, también enumera siete alabanzas (como hace un texto de *Qumrán). La predilección de Juan por los sietes es más general e independiente que la imagen de la Pascua, sin embargo, esto puede ser casual.

5:13, 14. Aunque el AT y el judaísmo creían que el mundo se sometería por completo al gobierno de Dios en el tiempo del fin, reconocían que todos los elementos del universo responderían a su autoridad en el presente.

6:1-8 Los cuatro jinetes

La imaginería de los jinetes angélicos enviados por Dios a recorrer la tierra está adaptada de Zacarías 1:8-11 y 6:1-8, si bien utilizada de una manera diferente. (Algunos eruditos sugieren que los jinetes describen ángeles de juicio, otros dicen que son símbolos de la venida de Cristo en juicio, y aun otros más afirman que son símbolos de juicio en general.) Si bien los juicios divinos en la historia son un tema de gran importancia en el AT, aun los paganos habrían reconocido y entendido el punto de Juan. La mayoría de las culturas en la historia han reconocido la existencia de los juicios divinos. Las tradiciones *apocalípticas judías asociaron algunos de estos juicios, como la guerra y el hambre, con el tiempo que precede al fin de la era; compare Mateo 24:6-8.

6:1. Un documento no podía abrirse hasta que se rompieran los sellos (en el Apocalipsis esto ocurre después de 8:1); los sellos (en este caso juicios) testimonian la validez del contenido del documento. (Quizás, como ocurrió con el establecimiento del pacto mosaico, se convoca al cielo y a la tierra para que testifiquen; compare Deut. 30:19; Sal. 50:4.)

6:2. La sola imagen de un arquero en un caballo blanco aterrorizaría a un lector pro romano. Los únicos arqueros montados de la antigüedad eran los partos, cuyas tácticas y habilidades habían hecho de ellos los enemigos más temidos de Roma. Los antiguos ejércitos persas, cuyos herederos eran los partos, incluían en sus filas caballos blancos sagrados. Aunque el AT utiliza el "arco" como un símbolo de juicio en batalla, los lectores romanos pensarían en esta nación oriental que ya los había derrotado en algunas guerras recientes; la habilidad de los partos como arqueros era conocida por todos. Otros escritores *apocalípticos contemporáneos (Similitudes de Enoc) también hicieron pensar en una espantosa invasión de los partos, de aquí que los antiguos lectores habrían entendido fácilmente que este jinete significaba guerra y conquista.

6:3, 4. La "espada" era a menudo un símbolo de juicio y guerra en el AT y la literatura que le siguió, y el rojo era el color que la mayoría asociaba con la guerra y el derramamiento de sangre (de aquí que al "planeta rojo" se le diera el nombre de Marte, el dios romano de la guerra). El disturbio sangriento del 68-69 d. de J.C., cuando los emperadores fueron asesinados sucesivamente, podría ser una ilustración pertinente de este principio en este pasaje.

6:5, 6. Las "balanzas" representan raciones restringidas, o el cuidado que el vendedor toma, cobrando hasta el último centavo del valor de la comida. La cebada y el trigo eran productos básicos. Ya que una medida de trigo representaba el sustento diario y un denario era el sueldo de un día, un hombre con familia tendría que comprar la cebada más barata. Incluso entonces, tres cuartos de medida apenas alcanzaban para que una familia pudiera subsistir; en las muchas familias numerosas de campesinos, varios niños morirían. La hambruna creaba también una alta tasa de inflación: el trigo costaba más de diez veces su precio promedio.

El aceite y el vino se usaban ampliamente, pero no eran esenciales como el trigo y la cebada. Se usaba aceite especialmente para ungir la cabeza, lavar el cuerpo y mantener las lámparas encendidas; para las comidas se mezclaba vino con agua (una parte de vino con dos o tres partes de agua). La permanencia de estos artículos era de relativa importancia mientras que los básicos eran escasamente asequibles; esto reforzaría la realidad del juicio divino. Ya que la inflación era alta hacia el final del siglo I y algunos lectores estaban sin duda conscientes de la restricción impopular de Domiciano de la tierra para los viñedos en las provincias, los lectores habrían temblado de miedo ante las implicaciones de estas *profecías. Asia Menor fue golpeada duramente por problemas económicos durante el reino de Domiciano.

6:7, 8. Este espectro final se parece al ángel de la muerte de la tradición judía. La enumeración de juicios como el de este jinete son comunes en los profetas del AT (p. ej., Jer. 14:12; 24:10; 27:8; Eze. 6:11; 7:15; 12:16) y, menos relacionado con la forma, están las listas de juicios de los *Oráculos Sibilinos, esta lista está emparentada con la de Ezequiel 14:21.

6:9-11
El quinto sello

A todo el que vive acomodadamente puede

que no le agrade el lenguaje de este pasaje, pero para el pueblo oprimido y sufriente que confía en Dios este resuena con la promesa de la vindicación, como sucede en el AT y a menudo a lo largo de la historia.

6:9. La sangre de los sacrificios se vertía en la base del altar (Lev. 4:7, 18, 25, 34; 5:9; 8:15; 9:9), a los mártires se les veía como sacrificios, así como al Cordero pascual de Apocalipsis 5:6. (Los corderos de la Pascua habían llegado a ser vistos en algún sentido como sacrificios. También se veía a los mártires como sacrificios, p. ej., *4 Macabeos y Fil. 2:7.) Las almas eran "visibles" a los destinatarios de los *apocalipsis, debido al estado visionario de los que recibían las visiones.

6:10. El mismo hecho de que hubieran derramado su sangre (6:9) clamaba por vindicación y retribución (Gén. 4:10; ver el comentario sobre Mat. 23:35); como sucede en el AT, una oración que clama por venganza a causa del pecado corporativo era esencialmente una oración por la vindicación de los justos y el nombre de Dios. Cuando Dios se levante a juzgar la tierra finalmente se hará justicia, y se libertará a los oprimidos. La expresión "¿Hasta cuándo?" era una pregunta común en las oraciones de súplica en el AT (p. ej., Sal. 6:3; 13:1; 80:4), incluso podía hacerse oración por vindicación (p. ej., Sal. 79:5, 10; Zac. 1:12). Con respecto a la duración de un juicio ver Isaías 6:11; Jer. 47:6.

6:11. Otros textos judíos incluyen también oraciones para pedir venganza y protestas por la tardanza (6:10); las almas de los justos en *4 Esdras (probablemente se escribió en la misma década que el Apocalipsis) preguntan hasta cuándo deben esperar para que el número de los justos muertos se complete. Jesús y Pablo también pusieron énfasis anteriormente en que las buenas nuevas debían predicarse a todas las naciones, con el concomitante sufrimiento implicado en el testimonio de tal proclamación, antes del fin. Acerca de las vestiduras blancas, consulte 4:4.

6:12-17
El sexto sello

Aunque el lenguaje cósmico y cataclísmico se emplea a veces para describir los juicios de Dios en la historia (p. ej., un juicio ya cumplido en los *Oráculos Sibilinos; exageraciones cósmicas del fenómeno del Sinaí en el *Seudo-Filón; cf. Sal. 18; Jer. 4:20-28), el lenguaje de este pasaje se presta de manera muy natural a la idea de que este sello, como la sexta y séptima trompetas y copas, representa el fin de la era (así como ocurre con la destrucción cósmica en los profetas del AT y la literatura judía).

6:12, 13. Una profecía del AT asociaba el fin de la era con un poderoso terremoto (Zac. 14:4, 5; cf. Eze. 38:20; Amós 8:8); este anuncio causaría un impacto especial en los lectores porque varios terremotos severos habían causado gran devastación en el Asia Menor del primer siglo. La oscuridad formaba parte de los juicios descritos en el AT (Éxo. 10:21-23; Isa. 50:3), especialmente el juicio del fin (Isa. 13:9, 10; 24:23; Eze. 32:7, 8; Amós 5:18; 8:9; cf. *4 Esdras). Las estrellas pueden simbolizar huestes angélicas (12:4; Isa. 24:21; Dan. 8:10; 10:13), pero en este contexto simplemente describen el alcance cósmico del juicio (Isa. 34:4). El lenguaje gráfico no describe fenómenos astronómicos literales: estrellas que se sacuden o desaparecen son recursos poéticos que señalan grandes devastaciones como las guerras (*Oráculos Sibilinos; *Petronio; cf. Isa. 13:10, 17).

6:14. Un lector desenrollaría un rollo de pergamino con la mano derecha para leer, luego enrollaría la parte ya leída con la izquierda; el lenguaje aquí refleja Isaías 34:4, del cual también se hacen eco otros *oráculos judíos de juicio (*Oráculos Sibilinos). Esta clase de lenguaje estaba reservado normalmente para el fin de la era.

6:15, 16. El AT y los apocalipsis también hablan del juicio que vendría a todas las clases sociales; los lectores podrían animarse al saber que Dios finalmente los vindicaría del emperador y sus gobernadores que ahora los juzgaban. Esconderse en las rocas y suplicar a las montañas que los oculten de la ira de Dios es un reflejo de Oseas 10:8; cf. Isaías 2:10, 19, 20.

6:17. Este versículo recuerda de manera especial Joel 2:11; compare Malaquías 3:2 que se refiere al día del juicio.

7:1-8
Sellar a los 144.000 siervos

Es posible tomar a los 144.000 de manera literal y consistente (literalmente doce mil varones judíos vírgenes de cada tribu, 14:4) o de forma consistente y simbólica (el pueblo espiritual de Dios, no 144.000 literales). (Los que toman el número pero no el aspecto étnico, género e historia sexual no son consistentes.) La manera en que el Apocalipsis emplea en otras partes la palabra "siervos" (1:1; 6:11) se opone a que se le tome literalmente, y sugiere que estos constituyen la entera comunidad de los salvos (7:3, 4). Todavía es tema de debate si estos representan a la multitud innumerable de 7:9 o al remanente restaurado del Israel étnico.

"Después de esto vi" (7:1) significa que esta visión sigue a la precedente, no necesariamente lo que hacen los eventos que esta describe (ver el comentario sobre 4:1); si 6:12-17 representa el fin de la era, 7:1-8 debe preceder cronológicamente a ese evento (7:3), quizás concurrente con el todo de 6:1-11.

7:1. Los *gentiles a menudo personificaban a los elementos de la naturaleza o reconocían a diversos dioses ligados con ellos. El pueblo judío creía que Dios había delegado su autoridad a los ángeles bajo su mando con respecto a varias características de la naturaleza (incluyendo los vientos) (p. ej., en los Jubileos; cf. Sal. 148:1-12). Ya de tiempo antiguo los "cuatro puntos cardinales" de la tierra tenían un sentido figurado. Algunos creían que el mundo era esférico, pero la mayoría lo veía como circular; "cuatro puntos cardinales" era, sin embargo, un modo convencional de hablar, como lo era la idea de los cuatro vientos de las cuatro direcciones del cielo (probablemente considerados como ángeles, de manera semejante a Zac. 6:5). Los vientos tenían efectos positivos y negativos como lo atestiguan antiguos documentos. De acuerdo con algunos conceptos, el viento llevaba consigo los carruajes del sol y de la luna (*1 Enoc 72:5; 73:2), o bien que Dios había fundado los cielos sobre los vientos (1 Enoc, *Josefo y Asenat), y la cesación de los vientos podría señalar el advenimiento de una nueva era (*Oráculos Sibilinos, acerca de la era posdiluviana). Del mismo modo que los escritores de hoy, los escritores bíblicos utilizaban el lenguaje convencional aplicándolo al *género literario en el que estaban escribiendo; esto podía incluir, como aquí, imaginería simbólica.

7:2. En una idea muy popular y antigua, Helios conducía su carruaje de sol en un curso regular sobre la tierra, subiendo desde las puertas del este y descendiendo al oeste para volver por su camino bajo la tierra; el círculo de la tierra estaba rodeado por todos lados por el río Oceanus. El pueblo judío naturalmente transformó al dios sol en un ángel; pero cualquier ángel que ascendiera en la órbita del sol habría sido reconocido como superior al más grande de los reyes de la tierra.

El "sello" se refiere a la impresión de un anillo. Un oficial que deseara delegar su autoridad a un representante para una cierta tarea permitiría que ese subordinado usara su anillo para sellar.

7:3. Del mismo modo que sellamos documentos o mercancías para garantizar su contenido e impedir que sean alterados, así los siervos de Dios serían marcados como suyos (cf. Isa. 44:5). Dios había protegido previamente a su pueblo en Gosén durante las plagas (Éxo. 8:28; 9:4; 11:7; ver el comentario sobre Apoc. 5:6). La idea de una señal protectora es también una imagen del AT (Gén. 4:15; Isa. 66:19). Aquí está tomada directamente de Ezequiel 9:4-6, donde el juicio no comenzaría hasta que fueran marcadas las frentes de los justos (los que se lamentaban por el pecado de su tierra). La frente y la mano (Éxo. 13:9, 16; 28:38; Deut. 6:8; 11:18) eran las partes del cuerpo más naturales y obvias para recibir esta marca porque estaban expuestas muy directamente a la vista.

Con la posible excepción de Génesis 4:15, todos estos pasajes del AT aluden probablemente de manera simbólica a la señal (a pesar de la práctica más literal Judía posexílica de las *tefillin*, filacterias). Ezequiel 9:6 ciertamente no se refiere a una marca humanamente visible, y el Apocalipsis probablemente apunta a esto en el mismo sentido que Ezequiel. En hebreo, la marca de Ezequiel era la letra Hebrea *tav*; en la escritura antigua se parecía a, y los *rabinos la equipararon con, la letra griega *ji*, similar a la letra española *x*, que algunos comentaristas cristianos han comparado (quizás evocadoramente) con el signo de la cruz. También se habían hecho comparaciones con las marcas de hierro que ponían a los animales, con los ocasionales pero bien documentados tatuajes con que se marcaba a los esclavos y, más tarde, a los soldados; con los tatuajes religiosos (p. ej., en el culto a Mitra); con la circuncisión espiritual (a la circuncisión se la llamaba sello); y con la marca divina en los humanos (*Filón), aplicado en este pasaje específicamente a los que viven de acuerdo con esa imagen. Ver el comentario sobre Apocalipsis 13:16-18 y Gálatas 6:17; cf. *4 Esdras 6:5; 10:23; *Salmos de Salomón 15:6-9; y el *Testamento de Job 5:2.

7:4. Ya que este es el número completo de los siervos de Dios (7:3), de los justos (1:1; 2:20; 22:6), el número y la designación étnica tienen una significación figurada para los verdaderos seguidores del Dios de Israel (los seguidores de Jesús; cf. 2:9; 3:9; 21:2, 14). Si este número tiene significado figurado o literal, sin embargo, se alude claramente al AT y a la concepción judía universal de la restauración de Israel, que se describe en términos de la restauración del remanente (sobrevivientes) de las doce tribus.

7:5-8. Los judíos siempre creyeron que las doce tribus heredarían la tierra (Eze. 48). No obstante, al contar a José y a Manasés (la tribu de José se dividió en dos tribus, representadas pos sus dos hijos Manasés y Efraín) sin omitir a Leví, el Apocalipsis tiene que omitir a una de las tribus, y omite a Dan, la primera de la lista de Ezequiel (48:1) para mantener el número doce. (Ya en el siglo II los comentaristas judíos asociaban a Dan con la idolatría, pero no es posible probar que en una época tan temprana se haya enfatizado en esta asociación particular. Los pecados de Dan [Jue. 18:30; 1 Rey. 12:29; Amós 8:14; cf. los *Jubileos 44:28, 29] no son los únicos que se mencionan en el AT, y una referencia a la serpiente [Gén. 49:16, 17] es muy remota aquí.) Esta omisión puede subrayar la naturaleza simbólica del argumento de Juan en todo el pasaje; pudo omitirse una tribu para indicar el peligro de la apostasía incluso entre el pueblo de Dios (cf. Juan 6:70; 1 Jn.). La secuencia de tribus probablemente no es importante, variaba considerablemente en el AT. Las doce tribus ya no existían como entidades separadas en el siglo I; con pocas excepciones, solamente Judá, Benjamín y Leví fueron reconocidas como ancestros, e incluso hoy la mayoría de estas distinciones ya no son seguras. El número exacto, doce mil de cada tribu, es otra indicación de la naturaleza simbólica del pasaje, doce era el número del pueblo de Dios en los textos judíos (p. ej., en los *Rollos MM), y 144.000 es 12 x 12 x 10 x 10 x 10. Los números simbólicos eran una característica estándar en los conceptos que los judíos tenían del futuro. (Algunas improbabilidades numéricas se abrieron camino hasta convertirse en novelas, p. ej., las siete vírgenes que atendían a Asenat, todas nacieron la misma noche que ella. Los números simbólicos siempre estaban presentes en los textos *apocalípticos; ver especialmente el comentario sobre los tiempos que menciona Apocalipsis 12).

7:9-17
La multitud de vencedores ante el trono

Esta sección puede representar a un grupo diferente del que se describe en 7:1-8, o puede ser otra descripción del mismo grupo, ahora en el cielo (ocasionalmente vemos en el AT visiones en una versión doble, cf. Gén. 41:25-27; así como la interpretación de algunas visiones, p. ej., en Daniel, *4 Esdras y *2 Baruc).

7:9-12. Las ropas blancas eran apropiadas para la adoración en el templo y también se usaban para el culto a los dioses en Asia Menor. Las ramas de palma se empleaban especialmente en la celebración de la fiesta de los Tabernáculos. En el futuro, el remanente de todas las naciones subiría a Jerusalén a adorar durante la fiesta de los Tabernáculos (Zac. 14:16); como sucede en los textos *apocalípticos, el reino futuro terrenal está cumplido ahora en algún sentido en el cielo. Las ramas de palma celebraban la victoria del éxodo de Israel de Egipto, y la fiesta conmemoraba la fidelidad de Dios hacia ellos durante su camino por el desierto, cuando dependían por completo de él.

Algunos estudiosos han sugerido que estas multitudes son los mártires mencionados en 6:11, visto desde otra perspectiva. La frase "nadie podía contar su número" significa que la muchedumbre era enorme, demasiados para ser contados, pero no infinita (*3 Macabeos 4:17; también podría representar un número tan grande que se asemejara en número a las arenas del mar, como en Judit 2:20).

7:13, 14. Los maestros judíos algunas veces hacían preguntas que sabían que sus *discípulos no podían contestar, los discípulos entonces respondían pidiendo la respuesta. La misma técnica de enseñanza se emplea aquí. Los *Apocalipsis judíos y sus ocasionales análogos romanos incluían a menudo guías angélicas (p. ej., *1 Enoc y 3 Baruc) que hacían preguntas retóricas al observador mortal para guiarlo a una mayor comprensión (p. ej., *4 Esdras y el Testamento de Abraham; cf. Dan. 8:13, 14; 12:6, 7). En otros textos, los visionarios desconcertados solamente tenían que preguntar (Dan. 7:16; 12:8; 4 Esdras) o esperar una interpretación (Dan. 8:16).

La "gran tribulación" nos refiere a Daniel 12:1, el período de gran sufrimiento que el pueblo de Dios experimentará antes del fin de la era. Emblanquecer las ropas con sangre es claramente un ritual en vez de una imagen visual: en los días del AT los utensilios del culto eran purificados con la sangre de los sacrificios (ver el comentario sobre Heb. 9:21, 22), y blanco era el color de las ropas requeridas para la adoración en el período del NT.

7:15, 16. El tabernáculo de Dios como un refugio para ellos recuerda a Isaías 4:5, 6, que a su vez alude a un nuevo éxodo de salvación en el tiempo futuro. Cuando Dios redimió a su pueblo de Egipto y vagó por el desierto (el tiempo que se conmemora en la fiesta de los Tabernáculos; ver el comentario sobre Apoc. 7:9-12), formó una nube sobre ellos, como lo describe Isaías. El Apocalipsis también toma prestado del lenguaje de Isaías 49:10 (una vez más la salvación de la era futura); cf. Sal. 121:5, 6. Con respecto al salón del trono de Dios en el cielo descrito como templo, ver el comentario sobre Apocalipsis 4:6, 7.

7:17. Este versículo alude a Isaías 25:8 (en el contexto del banquete *mesiánico de la *resurrección al fin de la era) y a 49:10 (en la era venidera). Con respecto a la imaginería del pastor (aquí gráficamente yuxtapuesto al cordero), ver la introducción sobre Juan 10:1-18.

8:1-5
Preparación para la trompeta de las plagas

8:1. Hay varias maneras posibles de interpretar la expresión "silencio" aquí. En este contexto de adoración (7:9-12) e intercesión (6:9-11; 8:4) en el cielo, el "silencio" podría significar una breve demora por parte de Dios en la recepción de las oraciones de vindicación de su pueblo (Sal. 50:3, 21; 83:1), o un silencio impuesto en la alabanza celestial para recibir las oraciones de su pueblo (Apoc. 8:4) como ocurre en algunos textos judíos más recientes.

Es probable que se trate de una forma de extasiada adoración (Sal. 65:1) o quizás de temor, aflicción o vergüenza, como un culpable que con la boca amordazada no tiene nada que decir en su defensa en el juicio. (Hab. 2:20; Sof. 1:7; Zac. 2:13; cf. Sal. 31:17, 18; 76:8-10; Isa. 23:2; 41:1; 47:5). El silencio también puede caracterizar el fin del mundo presente para formar un nuevo mundo (*4 Esdras y *2 Baruc; cf. *Seudo-Filón) o (a menudo en la literatura antigua) el final de un discurso, conversación o anuncio; era también el ambiente apropiado de una corte antes de que el acusador comenzara a hablar.

8:2. Las trompetas se usaban en las celebraciones para convocar asambleas sagradas o militares, y como alertas, a menudo advirtiendo de invasiones inminentes. En este último sentido es que los *profetas normalmente empleaban la imagen, y probablemente esta es la razón por la que el Apocalipsis también la utiliza. Aunque Juan habría usado indudablemente el número "siete" (dadas las tres series de siete juicios), los comentaristas hacen notar que la serie de siete trompetistas aparece en el AT (Jos. 6:6, 13), probablemente de manera regular en el culto del templo (1 Crón. 15:24; Neh. 12:41). Entre el AT y el NT, el judaísmo había establecido a siete arcángeles (agregando cinco a los dos ángeles importantes mencionados por Daniel), y son estos los que probablemente se consideran aquí.

8:3. El ángel cumple una tarea que se encomendaba a los sacerdotes en el templo terrenal. Con relación al templo celestial en el Apocalipsis, ver el comentario sobre 4:6, 7; como ocurre en algunos otros textos judíos (incluyendo el AT, Sal. 141:2), las oraciones se presentan como incienso (algunos textos las describen como sacrificios). Con respecto al templo celestial en textos judíos en general, ver el comentario sobre Hebreos 8:1-5.

8:4, 5. En este contexto, las oraciones incesantes de los santos que claman por venganza (6:9-11) son la causa directa de su vindicación final por medio de los juicios que vienen a la tierra (8:6—9:21). Acerca de la imagen de los fenómenos atmosféricos causados por la actividad angélica, ver el comentario sobre 4:5; cf. 11:19 y 16:18.

8:6-12
Las plagas de las primeras cuatro trompetas

Las clases de castigos que caracterizan a los juicios de las trompetas y las copas están tomados directa y principalmente de las diez plagas del éxodo (solo que estas se ajustan numéricamente a siete; ver el comentario sobre Juan 2:11, probablemente la primera de siete señales en Juan). Como en otros textos judíos (p. ej., el *Seudo-Filón, Artápano), la sucesión e incluso el número de las plagas no es importante para el tema de la imagen. Algunas de las plagas hacen eco de otros textos de juicio (especialmente los *Oráculos Sibilinos) pero nunca de manera tan sistemática como en este pasaje.

8:6. Ver el comentario sobre 8:2.

8:7. Esta plaga se parece a la séptima plaga de Éxodo 9:24, 25.

8:8, 9. Las aguas que corren con sangre normalmente significan guerra (p. ej., Isa. 15:9), pero estos versículos también hacen eco de la primera plaga de Éxodo 7:20, 21. La montaña que fue lanzada al mar caracteriza la clase de imaginería común de este tipo de literatura (p. ej., la estrella ardiente arrojada al mar es una imagen que pertenece a un *oráculo más o menos contemporáneo de los Oráculos Sibilinos). El paralelo sugerido con Babilonia como una montaña ardiendo en Jer. 51:25, 42 no es tan obvio, aunque habría estado más a la mano que los Oráculos Sibilinos; no se sabe si el Apocalipsis o los *Oráculos Sibilinos dependen uno del otro, pero los escritores de ambos tuvieron acceso a Jeremías.

Esta plaga habla de la contaminación del suministro de agua, provocando con ello no solo muchas muertes súbitas por deshidratación, sino también la devastación a largo plazo de los recursos de pesca e irrigación de Egipto (Éxo. 7:18).

8:10, 11. Como la plaga precedente, este juicio hace referencia al agua envenenada de Éxodo 7:20, 21, si bien en este caso debido a un agente venenoso o amargo llamado "ajenjo" (Jer. 9:15; 23:15; cf. Jer. 8:14), usado a menudo de manera figurada (para referirse a la idolatría, Deut. 29:18; frutos del adulterio, Prov. 5:4; o el sufrimiento, Lam. 3:19). Esta plaga afecta los suministros de agua potable locales por lo que preocuparía naturalmente a los lectores de Juan en Asia, sobre todo en Laodicea (ver el comentario sobre Apoc. 3:15, 16).

8:12. Este pasaje recuerda la novena plaga de Éxodo 10:22, 23. Muchos textos antiguos hablan de la oscuridad como un juicio espantoso, y el AT (ver el comentario sobre Apoc. 6:12, 13) y algunos otros textos judíos la asocian también con el tiempo del fin.

8:13—9:11
La plaga de la quinta trompeta

8:13. El anuncio de los tres ayes inminentes indican que tan negativas como fueron las primeras cuatro plagas de las trompetas, sin embargo, la peor está aún por venir. Los "ayes" dan principio a menudo a un nuevo oráculo en *1 Enoc y probablemente sirven al mismo propósito en este pasaje.

El águila era un símbolo de la Roma imperial, sus legiones la llevaban en sus estandartes y era usada en el templo de Herodes, pero ese simbolismo es probablemente irrelevante aquí. Quizás viene más al caso considerar que las águilas se utilizaban como mensajeros en algunos textos (4 Baruc); simbolizaban la protección de Dios (Apoc. 12:14), o muy probablemente, el término significa aquí "buitre" (como ocurre a menudo, incluso en la *LXX), para referirise a una ave de rapiña (ver 19:17), y representar con ello la ruina inminente. "En medio del cielo" es el nivel del cielo entre el trono de Dios y la atmósfera más baja (en el esquema mínimo de tres cielos, ver el comentario sobre 2 Cor. 12:2-4, pero también en otros esquemas, p. ej., en 2 Enoc).

9:1, 2. Muchas tradiciones judías hablaban de ángeles malos encarcelados en calabozos o en ríos, que esperaban su tiempo para salir y causar estragos. Algunos escritores antiguos asumían que el "pozo del abismo" era un lugar geográfico real que podía encontrarse en la tierra (*1 Enoc); se asignaron ángeles en tales sitios y se les dieron las llaves. Los *Rollos MM se refieren a los impíos como "los hombres de" o "hijos del abismo" (para dar a entender probablemente a los destinados a morir en la tumba). La mayoría de los paganos creía que las estrellas eran divinidades, y muchos judíos consideraban que eran ángeles. En algunos textos judíos las estrellas naturalmente pudieron simbolizar ángeles, como en este caso. Juan se vale de la imaginería común para lograr su objetivo.

9:3. Esta plaga rememora la octava plaga de Éxodo 10:12, las langostas; pero manteniendo la imaginería característica de muchas de las revelaciones *apocalípticas y proféticas, la visión de Juan transmuta a estas langostas en algo mucho más aterrador. Joel describe una inminente plaga de langostas en términos de los ejércitos de la guerra final (1:4—2:27) y también describe la guerra final (3:9-17). Juan toma elementos de la imaginería de Joel y amplifica la plaga de langostas hasta convertirla en una invasión terrible.

9:4. Ver el comentario sobre 7:3. Las langostas comunes habrían hecho un banquete de toda vegetación y dejado a la gente sin nada.

9:5. Las picaduras de los escorpiones se contaban entre los dolores más intensos (1 Rey 12:11; 2 Crón. 10:14); pero nunca se había oído de un dolor que durara cinco meses (9:10, a menos que esta sea la duración de la plaga. Un comentarista dice que los cinco meses corresponden al tiempo de vida aproximado de una clase normal de langostas). Los textos judíos a menudo incluían escorpiones como uno de los medios de juicio de Dios.

9:6. Solamente los sufrimientos más intensos pueden incitar a alguien a desear la muerte (Jer. 8:3), pero mientras dure esta plaga hasta la muerte se les negará.

9:7. Una invasión de langostas podría describirse como caballos de guerra (Joel 2:4), y de estos podría decirse que son tan numerosos como langostas (Jer. 51:27; cf. 51:14). Las coronas podrían reflejar previas hazañas militares. La imagen de un escorpión con rostro humano se derivaba de las tradiciones de pesadillas en el oriente y los zodíacos mediterráneos que eventualmente lo aplicaron a Sagitario, a quien a menudo se le describe con una larga cabellera (ver el comentario sobre 9:8). Si bien la imagen no debe entenderse literalmente, se recurre a las imágenes más terribles y reprimidas de los terrores inconscientes de esa cultura para evocar el horror frente al juicio inminente.

9:8. Joel 1:6 describía langostas con "dientes como dientes de león" para dar énfasis a su poder destructor sobre las cosechas. En Joel, la imagen aterrorizaría a una sociedad agraria. En el Apocalipsis, esta recordaría a sus lectores la ferocidad proverbial del león. El "cabello como cabello de mujeres" sería una alusión muy obvia para la mayoría de los lectores de Juan: todos en el imperio romano sabían que los "bárbaros" fuera del imperio tenían el pelo largo, al contrario de la mayoría de los que formaban la sociedad grecorromana. En el contexto de una invasión militar, los lectores pensarían de inmediato en los partos (o, en términos apocalípticos, quizás en las realidades espirituales malignas detrás de ellos). A modo de ilustración se cuenta, quizás imaginariamente, que el padre del emperador Domiciano se burlaba del cabello largo de los partos teniendo a la vista un cometa de larga cola que presagiaba su muerte.

9:9. La expresión "ruido de carros" está tomada de la imaginería militar relacionada con las langostas de Joel 2:5. Los enjambres serían tan nutridos que sonarían como un ejército cuando invade, un ruido tan grande como para hacer temblar la tierra (Jer. 8:16). En un texto judío más reciente se comparan las corazas en forma de tórax de la langosta con una armadura incrustada.

9:10. Se mencionan sus colas simplemente porque esa era el arma de los escorpiones (9:5), pero lo contrario podría también ser verdad; se menciona a los escorpiones a causa de sus colas. Puede ser de interés saber que los partos (9:8) se habían hecho famosos porque podían disparar sus arcos hacia atrás: cuando huían en retirada a lomo de caballo colina arriba y las legiones romanas iban tras ellos, los partos soltaban una granizada de flechas dirigida hacia atrás, y les causaban innumerables bajas. Fue así como aprendieron a no seguirlos a las colinas.

9:11. "Abadón" es el nombre hebreo que se usa para referirse a las partes más bajas de la tierra, conocido también como el reino de la muerte (cf. Sal. 88:11; Prov. 27:20); los *Rollos MM también vinculaban al "espíritu de Abadón" con el "ángel del abismo". "Apolión" significa "destrucción" en griego. (Algunos estudiosos han conectado este nombre con Apolo, una deidad griega. Entre sus tótems se contaba el de la langosta, y el emperador romano afirmaba que era su encarnación; cf. Apoc. 2:18. Por lo demás, ya que el nombre Apolión no está atestiguado, no es imposible que los lectores de Asia pudieran sospechar esta alusión; en este caso, la supuesta deidad protectora del emperador es en realidad un ángel malo que, en la soberanía de Dios, será usado contra él; cf. Éxo. 12:12; Núm. 33:4. Pero la alusión no es del todo clara.) El toque final de esta descripción espantosa de un ejército que posee elementos de las langostas de Joel, de los partos y de escorpiones, es que éstos son los ejércitos del infierno enviados por la muerte misma para llenar su vientre.

9:12-21
La plaga de la sexta trompeta

Los partos eran los enemigos más temidos de Roma en este período. Se les describe como poco fiables, y la autoridad de sus monarcas era absoluta. Las profecías griegas más antiguas acerca de una invasión oriental del imperio romano todavía ponía nerviosos a algunos romanos, y los *Oráculos Sibilinos judíos profetizaron que Nerón volvería para vengarse, conduciendo las hordas partas sobre Roma (muchos pueblos judíos vivían en territorio parto, y muchos judíos en el imperio romano no sentían mayor lealtad a Roma que la que en un momento dado mostrarían hacia los partos. En la guerra judía romana de los años 66-70 muchos judíos esperaban que los partos intervinieran a su favor, pero sus esperanzas se vieron frustradas).

9:12. Ver el comentario sobre 8:13.

9:13. Acerca de la imaginería del templo, ver el comentario sobre 4:6, 7.

9:14. La literatura antigua revela que era del conocimiento común que el río Éufrates (16:12) era, antes que nada, la frontera natural entre los imperios romano y parto. Algunos otros textos judíos hablan de ángeles caídos que estaban atados en las profundidades de varios mares, y que solo podían ser libertados por mandato de Dios o de alguno de sus ángeles.

9:15. Con respecto al reconocimiento de las fuerzas demoníacas en esta edad, los escritores *apocalípticos también admitían la doctrina judía común del gobierno soberano de Dios sobre toda la historia. Las estadísticas de las víctimas, como la que nos presenta este pasaje, eran frecuentes en los *oráculos judíos de juicio (ver los *Oráculos Sibilinos).

9:16. Los partos eran jinetes de renombre, en contraste con Roma, cuyos únicos contingentes de caballería estaban formados por sus unidades auxiliares (no romanas), los partos eran famosos por su caballería. "Doscientos millones" sería un enorme ejército de a pie aun hoy en día (aproximadamente la población de los Estados Unidos, casi cuatro veces la de la Gran Bretaña, un poco más que la de Nigeria, y ocho veces más que la de Canadá); en el siglo I pudo haber representado más que toda la población mundial.

9:17, 18. El "azul violeta" (NVI), "zafiro" (RVR-1960), podría aludir al color del humo de la flama del azufre. Con respecto al origen de la imagen de los caballos y los leones, cf. 9:7, 8; se consideraba al león como la más feroz y regia de las bestias, que no temía a nada ni a nadie. En un libro sapiencial judío ampliamente leído, un escritor había declarado que Dios podía haber castigado la idolatría enviando leones o una nueva clase de monstruos que exhalaban fuego y eructaban humo (Sabiduría de Salomón 11:17-20). Pero una vez más esta imaginería pudo haberse mezclado con la amenaza de una invasión de los partos: arqueros partos usando flechas encendidas.

9:19. El poder "en sus colas" puede aludir a los escorpiones o a los arqueros partos de caballería que tiraban hacia atrás (ver el comentario sobre 9:10).

9:20, 21. El pueblo judío entendía que la impenitencia del mundo ante los juicios notorios de Dios (p. ej., Éxo. 7:22, 23) era un signo de estupidez. (Hasta los filósofos paganos enseñaban que los juicios divinos eran actos de justicia, así como de misericordia, para traer a los impíos al *arrepentimiento; desde este punto de vista estaban de acuerdo con el AT p. ej., Éxo. 8:10; 9:14, 29; 10:2; 14:4; Amós 4:6-11.) Los profetas del AT y más tarde los escritores judíos ridicularizaban frecuentemente el culto a los ídolos (cf. Apoc. 2:14, 20) ya que éstos eran menos poderosos que los que los fabricaban (p. ej., Sal. 135:15-18; Isa. 46:6, 7). Se aceptaba ampliamente en círculos judíos que los paganos adoraran a los demonios (p. ej., *1 Enoc; 1 Cor. 10:20). La idolatría y la inmoralidad eran parte de la cultura grecorromana; sin embargo, de común acuerdo creían que los ladrones y los hechiceros eran peligrosos.

10:1-7
Los misterios del fin

10:1. La literatura judía describía a algunos ángeles tan altos como los cielos más elevados, y que a menudo brillaban como el sol (2 Enoc; *3 Enoc; los *rabinos; cf. Dan 10:6; cf. la figura griega del Atlas). Tanto los ángeles malos (*1 Enoc) como los buenos podían ser muy altos. Algunas veces estaban coronados (p. ej., 2 Enoc; *3 Enoc) de un arco iris; en *3 Enoc, incluso la corona era más alta que un viaje de quinientos años. (Algunas veces esta clase de lenguaje se usaba de manera figurada, p. ej., para un sumo sacerdote en particular.) Juan toma prestada la imaginería de su día para describir a un ángel poderoso que señorea sobre la creación (ver el comentario sobre Apoc. 7:1).

10:2. Una vez que los sellos han sido rotos (6:1—8:1), puede examinarse ahora el contenido del libro ("abierto"). El tamaño colosal del ángel y la colocación de sus pies en tierra y mar indican lo grande de su dominio.

10:3, 4. Algo permanece sellado (cf. 22:10), para indicar que algunos misterios deben pemanecer como tales hasta el fin (Deut. 29:29). Los truenos podrían verse de manera menos ambigua si fueran idénticos al contenido del libro (10:2, 8-11) o, probablemente mucho menos, si se entendieran como siete mandamientos que corresponden con los Diez Mandamientos, así como los grupos de siete plagas del Apocalipsis corresponden con las diez plagas del Éxodo. Con respecto a las revelaciones que no pueden expresarse, ver el comentario sobre 2 Corintios 12:2-4. El texto implica que Juan está tomando notas (como hacían algunas veces los estudiantes de los *rabinos o de los filósofos griegos) o escribiendo lo que oye y ve. Era posible escribir visiones u *oráculos a medida que otros las recibían (p. ej., el *Testamento de Job 51, una sección de fecha incierta).

10:5, 6. En las fórmulas solemnes de juramento en la cultura griega así como en el AT y la literatura judía más reciente, se acostumbraba levantar una mano hacia Dios. En este pasaje Juan alude a Daniel 12:7, donde un ángel alzó sus manos al cielo y juró por el que vive para siempre que habría solamente tres años y medio hasta el fin; aquí este ángel jura que el tiempo había llegado, y que no habría demora. (Algunos textos *apocalípticos hablaban del fin del tiempo contable, pero el punto aquí parece ser "tiempo antes del fin", dado Dan. 12:7; cf. Apoc. 2:21; 6:11; 20:3; Hab. 2:3.)

10:7. Todas las promesas del AT de juicio y restauración llegaron a un punto decisivo en el día del Señor.

10:8-11
Un mensaje amargo para las naciones

Este relato está basado en Ezequiel 2:8—3:3, donde una mano que sostiene un rollo escrito por ambos lados (cf. Apoc. 5:1) se extiende hacia Ezequiel con un mensaje de tres clases de juicios. Ezequiel comió el rollo, y fue dulce en su boca pero era un mensaje de juicio para Israel.

10:8-10. Estos versículos están basados en Ezequiel 2:8—3:3. Otro escritor *apocalíptico contemporáneo (*4 Esdras) utilizó más holgadamente la misma imaginería. El pecado sabía dulce como la miel pero era veneno porque llevó al juicio (Prov. 5:3, 4; cf. Núm. 5:23-31); la dulzura aquí se refiere a la palabra del Señor (cf. Prov. 24:13, 14; las obras *rabínicas), y la amargura al juicio que Juan debía proclamar. Con respecto a los ángeles que hablan con los visionarios, ver el comentario sobre Apocalipsis 7:13, 14.

10:11. La judía Sibila en los *Oráculos Sibilinos entendía que su tarea era profetizar tocante a todas las naciones (cf. Apoc. 11:2); esta era la norma con muchos profetas del AT, que pronunciaban *oráculos contra las naciones (Isa. 13—23; Jer. 46—51; Eze. 25—32; Amós 1—2). Hay una enorme afinidad entre Juan y estos *profetas.

11:1-13
Los dos testigos

Para describir a estos testigos Juan utiliza claramente el lenguaje que el AT emplea para referirse a los profetas (Elías, Moisés) y de un sumo sacerdote y un rey (tomado de Zacarías). En una lectura literal y futurista, estos testigos podrían ser los nuevos Moisés y Elías que eran esperados por los judíos; y a la inversa, estos podrían ser entendidos como aspectos conjuntos de la *iglesia como un cuerpo de gobernantes y sacerdotes (Apoc. 1:6; 5:10), ya que este es el significado de los candeleros en otras partes del libro (1:20).

11:1. Medir los atrios de la casa de Dios (21:15) era una manera de ponderar la magnificencia del edificio cuya construcción tenía la intención de ser una alabanza a Dios (Sal. 48:12, 13; Eze. 40:3—42:20; Zac. 2:1-5; cf. las *Similitudes de Enoc, en donde se mide el paraíso). Se podía usar una "caña" (RVA) como la regla de un experto en medir tierras (de aquí que se le llame "vara de medir" DHH).

11:2. El santuario había sido pisoteado con anterioridad (Isa. 63:18; 1 Macabeos 3:45; 4:60), y se describía su desolación como la meta ansiada de los paganos (Judit 9:8), pero aquí solamente el atrio exterior es pisoteado. Sin embargo, todo el templo fue destruido en el año 70 d. de J.C., y (de acuerdo a la mayoría de los eruditos) el Apocalipsis probablemente se escribió en los años noventa. Incluso el pisoteo literal del santuario exterior había ocurrido más de cuarenta y dos meses antes del tiempo que Juan señaló, e implicaba que en algún sentido el número era simbólico para todo el período de su devastación hasta su restauración (ver el comentario sobre Apoc. 12:6).

Si se refiere al templo celestial (11:19; ver el comentario sobre 4:6), quiere decir que el atrio exterior es simbólico. Quizás como en *Qumrán, el templo representa al remanente escogido (cf. 21:3). El atrio exterior era el único atrio al que se permitía la entrada a los gentiles. Si bien el atrio exterior literal estaba en ruinas como el resto del templo, la referencia aquí parece ser a algún peligro como el de un dominio espiritual pagano sobre la *iglesia como remanente del Israel espiritual (cf. 2:9; 3:9) o sobre la tierra santa o el pueblo judío, o a la falta de un templo; aun mientras el templo estaba en pie, muchos sentían que era espiritualmente impuro (p. ej., los *Rollos MM).

11:3. En lo que respecta a los 1.260 días ver el comentario sobre 12:6; basado en un año de 360 días, esto equivale a cuarenta y dos meses o tres años y medio (Daniel utilizó las tres cifras). El saco de cilicio era la indumentaria apropiada en el AT para simbolizar lamentación o arrepentimiento. Los dos testigos se lamentan, al parecer, por los pecados del pueblo de Dios (p. ej., Joel 1:13; Juan 3:6; José y Asenat; las vestiduras de los profetas en la Ascensión de Isaías, etc.). Dos testigos era el número mínimo aceptable según la ley del AT (Deut. 17:6; 19:15).

11:4. Es evidente cual es la fuente de esta imagen: Zacarías 4:2, 3 describe dos candeleros de siete brazos y dos árboles de olivo, que representan a los dos ungidos (Zac. 4:14): al rey y al sacerdote (Zac. 6:13). En los días de Zacarías representaron a Zorobabel y a Josué. (Así *Qumrán en algunos períodos de su historia hizo hincapié en dos personajes ungidos que aparecerían en el futuro, un rey *mesiánico y un sacerdote ungido.) Juan conectó la imagen con un reino y con sacerdotes (Apoc. 1:6; 5:10).

Que ellos "están" (al presente) podría ser, como algunos han sugerido (p. ej., Tertuliano quien vivió en el norte de África en el siglo segundo), una alusión a algunos personajes del AT que no murieron (cf. también *4 Esdras) Elías y Enoc (de acuerdo a la lectura más común del AT), y Moisés (según algunos narradores judíos, contra el sentido llano de Deut. 34). Ellos también podrían representar simplemente a la *iglesia, cuyos representantes celestiales están siempre ante Dios (Apoc. 4:4; cf. Mat. 18:10). Los dos ungidos de Zacarías 4:14 "están" delante del Señor de toda la tierra.

11:5. Elías tenía un don espiritual para hacer descender fuego del cielo (1 Rey. 18:38; 2 Rey. 1:10, 12; cf. Lev. 9:24—10:2). Pero lo que parece ser una alusión a Elías se modifica ligeramente: el fuego sale de sus bocas (quizás un símbolo de su eficaz proclamación de juicio, Jer. 5:10-14). (Textos judíos más recientes extendieron este don a José, Abraham y a otros; más tarde los *rabinos contaron historias de antiguos rabinos piadosos, especialmente Simeón ben Yohai en el siglo II d. de J.C. y Jonatán en el tercero, que desintegraban a los hombres irrespetuosos que los veían con malicia.)

11:6. Elías había "cerrado" el cielo, y eso provocó una sequía en obediencia a la palabra de Dios (1 Rey. 17:1; 18:41). Según una probable tradición judía, esto fue por tres años y medio (cf. Stg. 5:17; Luc. 4:25). El permiso para convertir el agua en sangre recuerda claramente a Moisés (Éxo. 7:14-25). El pueblo judío estaba esperando a un nuevo profeta como Moisés (Deut. 18:15-18) y el regreso de Elías (Mal. 4:5); con lenguaje poderoso, el Apocalipsis describe la misión de los dos testigos, que posiblemente representan a la *iglesia (ver la introducción a 11:1-13).

11:7. Cuando los textos judíos desarrollaron las descripciones del AT acerca del fin (Zac. 14:1-3), normalmente esperaron que esta era terminaría con una batalla larga y decisiva, que a menudo incluía sufrimientos para el pueblo de Dios, pero que culminaría en su triunfo definitivo (cf. los sufrimientos de la generación final y los planes de la batalla espiritual en el Manual de la Guerra en los *Rollos MM).

11:8. Negarse a enterrar a los muertos era la más grande crueldad que uno podía infligir a lo largo de todo el mundo antiguo (p. ej., Isa. 5:25) y también era por lo general un signo de impiedad grave. Como Pablo contrasta la Jerusalén terrenal con la celestial (Gál. 4:25, 26), así ocurre aquí con el Apocalipsis (el lugar donde *Cristo fue crucificado); los profetas del AT comparaban a menudo a Jerusalén o a Israel con Sodoma (p. ej., Isa. 1:9, 10; Jer. 23:14). Como Egipto había oprimido a Israel, de la misma manera las autoridades de Jerusalén habían oprimido a los verdaderos seguidores de Dios. La asociación de las autoridades judías con la persecución de la iglesia fue un hecho al menos en Asia Menor (Apoc. 2:9; 3:9); compare esta ciudad con Babilonia en los capítulos 17 y 18. (En contraste, algunos estudiosos han señalado que la palabra "ciudad" se refiere a Roma en diversas partes del Apocalipsis y arguyen que la ciudad aquí es la Roma que martirizó a Cristo en Jerusalén, o bien el sistema mundial en su conjunto. Cuando se usa figurativamente, la "ramera" [Apoc. 17] en el AT casi siempre se refiere a Israel o a Judá que había traspasado el pacto con Dios. Es posible que, además de las alusiones al AT, Juan también alude a las primitivas *profecías judeocristianas contra Jerusalén, redirigiéndolas hacia Roma en el Apocalipsis. Aunque no tenemos estas profecías, es imposible argumentar a favor de esto; Juan puede trazar simplemente un vínculo entre las autoridades judías y las autoridades romanas quienes, hasta donde los cristianos primitivos experimentaron su actividad, estaban conspirando para perseguirlos.)

11:9. La expresión "tres días y medio" significa que los cadáveres de los dos testigos se estaban descomponiendo, o puede corresponder simplemente con los tres años y medio en que profetizaron.

11:10. Con respecto a la expresión "habitantes de la tierra", ver el comentario sobre 3:10. Algunas celebraciones paganas se caracterizaban por un intercambio de regalos y (aunque no esté probablemente a la vista aquí) ocurría también con la fiesta judía de Purim, que celebraba la liberación de Israel de los enemigos persas (Ester 9:19, 22).

11:11. El aliento de vida que entra en los cadáveres alude a Génesis 2:7 y quizás a Ezequiel 37 (cf. Juan 20:22; el Testamento de Abraham, recensión A).

11:12. Elías ascendió al cielo en un carro de fuego (2 Rey. 2:11), y cuando el tiempo pasó, la tradición judía multiplicó el número de siervos de Dios que fueron trasladados directamente al cielo sin pasar por la muerte. Las tradiciones griegas describían a un pequeño número de héroes que fueron llevados al cielo a la hora de su muerte. Pero la ascensión después de la *resurrección se refiere a Jesús en otros textos cristianos (Hech. 1:9-11) y a la *iglesia (1 Tes. 4:15, 16).

11:13. Si se entiende "siete mil"como la décima parte de la población, la descripción cuadra mejor con Jerusalén que con Roma (se estimaba que esta última tenía una población superior al millón, aunque algunos piensan que la cifra es exagerada. Algunos comentaristas la entienden como una referencia al remanente de Israel, 1 Rey. 19:18). Acerca del terremoto final ver Apocalipsis 6:12.

11:14-19
La trompeta final y el fin del mundo

11:14. Ver el comentario sobre 8:13; cf. con 9:12.

11:15. El sistema mundial (en los días de Juan, es decir, Roma) constituía un reino, pero este sería entregado al pueblo de Dios (Dan. 7:17, 18). En relación con el reino eterno del rey final de Israel, compare Isaías 9:7; Daniel 7:13, 14 y *1 Macabeos 2:57. Siempre que ascendía al trono un rey israelita se hacían sonar las trompetas (1 Rey. 1:34).

11:16. Ver el comentario sobre 4:4 y 10.

11:17. Aunque el judaísmo reconocía que Dios gobernaba en la tierra, también esperaba y celebraba su gobierno futuro indiscutible sobre toda la humanidad, y por lo general reconocía el gobierno de Israel sobre todas las naciones en su nombre. Según fuentes judías, este gobierno sería inaugurado al término de la era.

11:18. La rabia de las naciones, la ira de Dios y el gobierno de *Cristo sobre las naciones hace eco del Salmo 2. El judaísmo sostenía que los justos serían recompensados al fin de la era (o en la muerte). Los destructores y todos los que abusaron de la mayordomía de la tierra encomendada a la humanidad revocaron el mandato que Dios les había dado originalmente (Gén. 1:26). Esta idea era conocida en los días de Juan (p. ej., 2 Baruc 13:11), si bien la explotación injusta de la creación puede referirse específicamente a la idolatría. Muchos escritores judíos también creían que el pecado de la humanidad había corrompido a toda la creación (p. ej., *4 Esdras).

11:19. El arca del pacto (ver el comentario sobre 3:17) era una pieza del mobiliario del tabernáculo del templo que equivale a un trono en el simbolismo del antiguo Medio Oriente; la inclusión del arca corresponde con la imagen dual del cielo como trono y templo de Dios. Los oyentes judíos del libro también estarían conscientes de que el pacto había sido depositado en el arca, y de que este estaba asociado con estipulaciones y maldiciones (plagas) contra los desobedientes. Los *Rollos MM y muchos escritores *apocalípticos sentían que el antiguo templo había sido profanado, pero que Dios proveería un templo renovado y puro al fin de la era; con respecto al nuevo templo en este pasaje, ver 4:6: De acuerdo con el AT el arca estaba guardada detrás de un velo en el lugar santísimo, y solo era vista por el sumo sacerdote un día al año; aquí está expuesta a plena vista. (Un erudito ha sugerido que este versículo evoca la imagen del arca que sale a la guerra, descrita en términos que los lectores fácilmente podrían captar: el numen del estado que sale del templo de Jano para la guerra, de aquí la apertura del cielo.) Con respecto a los relámpagos y fenómenos relacionados, ver el comentario sobre 4:5; el uso del lenguaje de éxodo (Éxo. 19:16; cf. Eze. 1:4) sugiere que la revelación de Juan debe entenderse al mismo nivel que la de Moisés.

12:1-6
El dragón, la mujer y el niño

Esta visión vuelve a aplicar una imaginería que era extensamente conocida en la mitología antigua. Una penetrante historia griega, difundida en diversas formas, presentaba a Leto engendrando al dios Apolo mientras se oponía al dragón Pitón. Apolo entonces siguió al dragón Pitón y lo mató. En una historia egipcia, la diosa Isis dio a luz al dios sol Horus cuando el dragón rojo Tifón la perseguía, Horus mató eventualmente a Tifón. Estas historias populares también parecen haber sido aplicadas al emperador romano, cuyo dominio se vincula aquí con el dragón malvado (en contraste con la tradición romana, que lo describía en términos del héroe Apolo). Aunque estas historias omiten muchos detalles que Juan toma de otras fuentes (todo su relato pudo ser reproducido del AT y de fuentes judías), estas indican que todos sus lectores podían identificar una línea histórica que los lectores modernos a menudo encuentran impenetrable. Pero los antiguos lectores familiarizados con la Biblia reconocerían especialmente aquí la historia de Israel que daba a luz a Jesús y la oposición de *Satanás al pueblo de Dios.

12:1. En las visiones *apocalípticas aparecían ocasionalmente mujeres simbólicas (p. ej., *4 Esdras; Hermas probablemente refleja aquí una influencia romana; *Plutarco habla de una mujer en unas visiones que un hombre tuvo acerca de la vida futura). Los escritores antiguos algunas veces se referían a "señales" astrológicas en el cielo, pero estas eran bastante comunes y servían como puntales en las visiones apocalípticas. El sol, la luna y las doce estrellas ayudan a identificar a la mujer como las doce tribus de Israel (Gén. 37:9). El judaísmo de este período (p. ej., *Josefo, *Filón; más tarde evidente en los mosaicos de la *sinagoga y los escritos *rabínicos) asociaba a menudo los doce signos del zodíaco con las doce tribus, a pesar de las prohibiciones bíblicas contra la especulación astrológica. De hecho, la novela romántica *José y Asenat toma prestados doce rayos de la imaginería griega típica del dios sol. Pero la referencia del Génesis es bastante clara para mostrar que se alude a Israel (cf. también a Abraham y Sara que eran como sol y luna para Isaac en el Testamento de Abraham).

El AT describía al Israel fiel (a Judá o a Jerusalén) como una virgen o como la novia de Dios y a su infiel equivalente como una prostituta; así ocurre con el relato de dos ciudades que contrasta a la Jerusalén celestial (Apoc. 21:2) con Babilonia la prostituta (17:5). (*3 Baruc y 4 Esdras siguen también los patrones del AT y contrastan a la justa Sion con su opresora la impía Babilonia, también conocida como la Sion terrenal.)

12:2. Se describe al Israel justo como la madre del futuro remanente de Israel restaurado (Isa. 54:1; 66:7-10; Miq. 5:3; cf. Isa. 7:14; 9:6; 26:18, 19), una imagen mezclada libremente con la imagen de Israel como novia (Isa. 62:5). Los *Rollos MM hablaban también del remanente justo de Israel en medio de dolores de parto para dar a luz (ya sea a un Israel salvo, cf. Apoc. 12:17, o al *Mesías; el referente preciso está en disputa). Cf. con Juan 16:21.

12:3. Los mitos de la antigua Mesopotamia describían a monstruos con siete cabezas, la tradición judía más reciente ligaba el culto a los dragones con Babilonia (Añadidura a Daniel 14:23-27). La imagen de una serpiente o dragón de siete cabezas también formaba parte de la mitología cananita que los israelitas utilizaron simbólicamente para mejores propósitos. El partimiento del Mar Rojo por Dios se simbolizaba ahora como una derrota de la primigenia serpiente Leviatán o Lotán (Sal. 74:13-15; cf. Sal. 89:9, 10; Isa. 27:1; 30:7; 51:9; Job 9:13; 26:12, 13; Eze. 29:3; con respecto al principio ver Éxo. 12:12. Rahab en alguno de estos textos se había vuelto una cifra para Egipto, Sal. 87:4). El héroe griego Heracles también se enfrentó a un dragón de siete cabezas, la hidra de Lerma, en la mitología griega, ¡no obstante el número de sus cabezas cambiaba rápidamente! Las serpientes también se asociaron con Esculapio; su asociación con Atenea fue menos relevante en Asia Menor. La veneración a la serpiente es común a muchas culturas y predominó en una secta *gnóstica llamada de los Ofitas en el siglo II.

El pueblo judío tenía muchas historias acerca de la gran serpiente malvada Leviatán, a la que mataría y serviría como plato en el banquete *mesiánico (cf. *2 Baruc y los *rabinos más recientes). En este pasaje el dragón se identifica con la serpiente de Génesis 3 y el maligno (Apoc. 12:9).

12:4. La imagen de las estrellas combatiendo en el cielo se usaba en el AT (Jue. 5:20; era lenguaje figurado para describir a los cielos derramando lluvia), los *Oráculos Sibilinos (encendiendo el mundo con fuego) y algunas fuentes griegas. Los textos del AT y los textos judíos más recientes describían a Israel o al piadoso (Dan. 12:3; cf. 8:10) y a los ángeles (*1 Enoc; probablemente también Isa. 24:21 y *2 Baruc) como estrellas. Las tradiciones judías normalmente asignaban la caída de los ángeles al período de Adán (la negativa a adorar la imagen de Dios en Adán) o, más a menudo, al los días de Noé (pecados sexuales), pero el Apocalipsis vincula su caída especialmente con la rebelión contra *Cristo.

12:5. Virgilio y otros escritores romanos exaltaron el nacimiento de un muchacho divino que traería liberación al mundo; el primer emperador Augusto pronto llenó el papel del *salvador divino en la ideología imperial. Sin embargo, en el Apocalipsis el emperador es una marioneta del dragón, mientras que Jesús es el líder divino de un grupo de perseguidos que se negaron a dar culto al emperador.

En las diferentes formas que el mito asumió en el mundo grecorromano y en el Medio Oriente, el niño divino fue protegido hasta que regresaba a destruir al dragón. A la luz del Salmo 2:6-9, Isaías 9:6, 7 y Miqueas 5:3, el "nacimiento" probablemente indica la muerte, *resurrección y entronización *mesiánica de Jesús, y no su nacimiento literal (cf. Juan 16:21).

12:6. Cuando Dios condujo a su pueblo de la cautividad, vagaron en el "desierto" hasta que su redención se completó (es decir, hasta que entraron a poseer su herencia en la tierra prometida). Como sucede en otras partes del NT, el interín entre la primera y segunda venidas se compara con Israel entre Egipto y la tierra prometida. El pueblo judío también esperaba un nuevo éxodo de liberación final en el desierto.

Más de 1.260 días habían pasado obviamente desde la exaltación de Jesús (ver también el comentario sobre 11:2), pero las cifras simbólicas eran una característica estándar en los textos apocalípticos. Aunque "1.260 días" se refiere a la gran tribulación de Daniel, el Apocalipsis aparentemente los reaplica como un símbolo general de la gran tribulación para todo el curso de la era presente. A su vez, las cifras de Daniel eran una reaplicación de Jeremías (Dan. 9:2, 24), y algunos otros escritores apocalípticos también describían simbólicamente otros períodos de tribulación como "1.260 días" para caracterizar la clase, en lugar de la duración del tiempo que describían.

El lenguaje de las *profecías más antiguas se volvía a utilizar normalmente en el AT, y más tarde en las profecías judía y griega; algunas veces las profecías y otros textos buscaron evocar el mismo significado, como sucedió con los textos más antiguos, y en otras ocasiones simplemente tomaban prestado un lenguaje más antiguo como imaginería profética común, sin implicar que este lenguaje y esta imaginería tenían el mismo significado. En cuanto a qué sucedió con los 1.260 días literales, *Josefo y posiblemente los Evangelios los aplicaron al año 66-70 d. de J.C., la literatura *macabea los aplicó especialmente al tiempo de Antíoco Epífanes, y muchos cristianos primitivos esperaban un período literal de esa duración que precedería al regreso de *Cristo, como llegó a ser explícito en los escritos de algunos de los padres de la iglesia de los siglos que siguieron.

12:7-17
Esto significa guerra

A partir de la estructura del contexto es evidente que los 1.260 días de 12:6 cubren simbólicamente todo el período entre la primera y segunda venidas: comienza con la exaltación de Jesús (12:1-6) y la venida de la salvación (12:10), abarca el período de la persecución de los cristianos (12:11-17), y, dada la línea histórica que el Apocalipsis emplea (muy conocida para los primeros lectores), termina sin duda con el regreso de *Cristo para matar al dragón (ver el comentario sobre 12:1-6).

12:7, 8. Uno de los dos ángeles que el AT menciona por su nombre, Miguel, era uno de los príncipes celestiales más importantes, el ángel guardián de Israel (Dan. 10:13, 21; 12:1; cada nación tenía su propio príncipe angélico). En la antigua literatura e invocaciones judías, Miguel era el príncipe más importante de las huestes celestiales, el más distinguido de los mensajeros de Dios (cf. Judas 9); en los *Rollos MM, cada ser humano estaba en el campo del Príncipe de la Luz o en el del Ángel de las Tinieblas. El lenguaje mítico de las historias judías acerca de una primigenia batalla celestial que llevó a la caída del príncipe malo y sus ángeles, se transforma en este pasaje en la batalla final que se peleó y se ganó en la muerte y exaltación de Jesús (Juan 12:31; 16:11). Ya que Miguel era presentado algunas veces como el defensor de Israel ante Dios, y *Satanás era denunciado por lo general como el acusador de Israel, la imagen de una guerra en este pasaje puede ser de un conflicto judicial así como violento.

12:9. Se identifica al dragón con la serpiente de Génesis 3, que sería aplastada por la "simiente de la mujer" (Gén. 3:15).

12:10. A partir de la descripción que hace el libro de Job, *Satanás es presentado como un acusador de los justos, un fiscal ante el tribunal de Dios. En textos más recientes, su papel como tentador (con evidencia incriminatoria) llegó a ser prominente, pero siempre retuvo su papel de acusador; textos *rabínicos más recientes declararon que él acusaba a Israel día y noche ante Dios, excepto en el día de la *Expiación. Este versículo declara que la obra terminada de *Cristo ha puesto fin al poder de Satanás para acusar a los justos.

12:11. El "testimonio" legal de los creyentes cuenta más ante el trono que las acusaciones de *Satanás, y la sustancia de su testimonio es la obra terminada de *Cristo a su favor (1:2, 5, 9; 2:13). "Porque no amaron sus vidas hasta la muerte" era un lenguaje empleado en las batallas para dar valor (Jue. 5:18), como lo era "vencer"; pelearon y ganaron por la fe hasta al grado de llegar al martirio.

12:12. En muchas ideas judías acerca del tiempo del fin, *Satanás/Belial sería soltado para ir contra el pueblo de Dios en los años finales (*Rollos MM). Su autoridad fue siempre delegada por Dios, permitida solo por un tiempo particular, para dar a él y a sus seguidores plena oportunidad de probar que estaban equivocados.

12:13, 14. Cuando Dios condujo a su pueblo fuera de Egipto y lo introdujo al desierto los "levantó sobre alas de águilas" (Éxo. 19:4; Deut. 32:11), y otros textos del AT hablan de cómo amparó a su pueblo bajo sus alas (Sal. 17:8; 36:7; 57:1; 61:4; 63:7; 91:4; cf. Jer. 49:22). Textos judíos más recientes hablan de la manera en que Dios protegió a su pueblo, incluso a los convertidos al judaísmo, bajo "las alas de su presencia". La expresión "un tiempo, y tiempos y la mitad de un tiempo" se refiere a tres años y medio, como en Daniel (7:25; 12:7; cf. 4:32). La provisión milagrosa en el desierto recuerda también el suministro del maná para Israel. Los profetas del AT y el judaísmo esperaban un nuevo éxodo como el primero en el que Dios libraría finalmente a su pueblo de todos sus opresores; los cristianos primitivos aplicaron esta noción a su salvación relacionándola con la primera venida de *Cristo, y la entrada a la era futura del *reino con su segunda venida (ver el comentario sobre Rom. 8:12-17).

12:15. En la forma más común de la historia griega de Leto y Apolo (ver la introducción a 12:1-6), el dios del mar escondió a Leto bajo el océano hasta que pudiera dar a luz al niño. En otra versión de la historia, el dragón agitó las aguas contra ella pero la tierra le ayudó haciendo surgir la isla de Delos. "Torrentes" es una imagen típica de juicio (p. ej., Jer. 47:2, guerra) y tribulación (Sal. 32:6; 69:15) en el AT, pero Dios había prometido dar seguridad al pueblo del nuevo éxodo, así como había hecho pasar a Israel por en medio del mar Rojo (Isa. 43:2).

12:16. En la tradición judía la creación leal a Dios algunas veces ayudaba al justo contra sus opresores humanos impíos; por ejemplo, un árbol escondió a Isaías de sus perseguidores. En otra ocasión la tierra escondió los vasos del templo tragándoselos; cf. Génesis 4:10 y Números 16:31, 32.

12:17. La "descendencia" de la mujer alude a Génesis 3:15; la descendencia de la mujer finalmente aplastaría la cabeza de la serpiente, pero solo después de que esta hiriera a la descendencia en el calcañar.

13:1-10
La adoración de la bestia

Aunque Nerón murió por su propia mano, según se informa, el 9 de junio del 68 d. de J.C., circulaba el rumor de que aún estaba vivo y listo para vengarse de la aristocracia romana que lo había rechazado. De acuerdo con los escritores de la época, la mayoría de la gente en la parte oriental del Imperio esperaba su regreso. Surgieron varios impostores que reclamaban ser Nerón, y esperaban reunir seguidores en la parte oriental del imperio, donde era muy popular; uno de estos se levantó en Asia Menor durante el reinado de Tito (el hermano mayor de Domiciano). Durante el reinado de Domiciano, uno de estos impostores persuadió incluso a los partos a seguirlo e invadir el Imperio romano, pero Domiciano los obligó a retractarse y a ejecutar al impostor.

Los *oráculos judíos predijeron el regreso de Nerón, y los cristianos estaban inquietos por ello. Aunque Juan no cree claramente en un regreso literal de Nerón, utiliza la imagen popular de este mito, como muchos eruditos creen, cuando dicen: "¿Pensó que Nerón era malo? ¡Espere a que vea esto!". Esta imagen formó de tal manera las opiniones de los cristianos primitivos (millares de ellos habían sido erradicados durante el reinado de Nerón en Roma), que el término "Nerón" se convirtió incluso en un sucedáneo del "anticristo" en la lengua armenia. Muchos escritores cristianos posteriores, incluyendo a Tertuliano, Agustín y Jerónimo, conectaron a Nerón con el anticristo. La idea de Juan de utilizar aquí a este Nerón redivivo ha continuado a lo largo de la historia y es ampliamente sostenida por eruditos modernos, tales como F. F. Bruce, William Barclay y la mayoría de los comentaristas del Apocalipsis. Los oráculos políticamente peligrosos eran formas conocidas de protesta entre los griegos y los judíos, y Roma se habría sentido ofendida por las implicaciones de Juan el profeta exiliado si las autoridades hubieran leído y captado el simbolismo de este libro.

13:1. Roma vino "del mar" desde la posición ventajosa de un imperio del este, aunque la imagen misma se toma prestada de Daniel 7:3. (*4 Esdras 11:1 tiene además un símbolo relacionado con Roma, un águila con doce alas y tres cabezas, que viene del mar, aunque en 13:1 una figura *mesiánica hace lo mismo). Los emperadores llevaban títulos como "divino" ("dios", en las monedas de Asia) e "hijo de dios" (es decir, del emperador precedente), incluso Domiciano demandó el título "Señor y Dios", de aquí el "nombre de blasfemia" en este pasaje (ver el comentario sobre Apoc. 13:5, 6 para un trasfondo *veterotestamentario). Con respecto a las bestias de siete cabezas, ver el comentario sobre 12:3; acerca de las cabezas, ver el comentario sobre 17:9, 10.

13:2. Daniel describió cuatro bestias que representaban a cuatro imperios sucesivos (7:3-7); el cuarto, el imperio griego de Alejandro, se interpretaba a menudo en los días de Juan como una representación de Roma. Juan utiliza componentes de varias de las bestias de Daniel (un león alado, un oso, un leopardo alado y una bestia con dientes de hierro) para crear un compuesto de mal opresor, que provocó en sus lectores una profunda animadversión hacia Roma y hacia toda potencia política opresora.

13:3. Buena parte de este pasaje puede explicarse por la imitación que la bestia hace de Dios, de aquí la seudoresurrección. Pero muchos comentaristas también han visto en este pasaje una referencia al mito de Nerón, quien murió al parecer en el 68 d. de J.C., pero que estaba vivo y volvería (según algunas formas que tomó esta historia, Nerón estaba muerto pero volvería de los muertos; ver la introducción a 13:1-10).

13:4. La alabanza ofrecida aquí a la bestia es una imitación de una alabanza ofrecida a Dios (Éxo. 15:11; cf. Judit 6:2, 3; Eclesiástico 33:5, 10).

13:5, 6. La boca orgullosa es la clase de imaginería que más tarde nutrió las tradiciones del anticristo (formadas originalmente en torno a Antíoco Epífanes y a los que después de él fueron como él, Dan. 7:8, 20, 25; 11:36; *1 Macabeos 1:24). Con respecto a los cuarenta y dos meses, ver el comentario sobre Apocalipsis 11:2, 3. La identificación del tabernáculo con los justos residentes en el cielo corresponde con los *Esenios y la descripción de los cristianos primitivos como comunidad de los justos, el templo santo de Dios.

13:7. La bestia, figura del anticristo de Daniel 7:21, 22 (fue aplicada primero a Antíoco IV Epífanes pero reaplicada necesariamente a muchos personajes a lo largo de toda la historia) emprendió guerra contra los santos (los "santos", el pueblo de Dios, Dan. 7:18, 25; 8:24) y se le dio "vencerlos", hasta que llegara el día del juicio y el *reino. Nerón quemaba vivos a los cristianos para iluminar sus jardines imperiales por la noche, crucificó a otros y aun alimentó con ellos a sus bestias salvajes. Los convirtió en chivos expiatorios políticos cuando prendió fuego a Roma de lo cual él y su amante Tigelino fueron culpados.

Domiciano no parece haber instituido una política de represión contra los cristianos en todo el imperio; pero la *profecía de Juan se hizo realidad muy pronto, porque algunos emperadores posteriores sí la llevaron a cabo.
13:8. Antíoco Epífanes, uno de los candidatos más antiguos para encarnar al anticristo (siglo II a. de J.C.), había sometido a todas las naciones (en esa parte del mundo) bajo su autoridad intentando hacer de ellas un pueblo (1 Macabeos 1:41-43), y exigió el culto que consideraba que se debía a los gobernantes del oriente. Por su parte, los romanos habían unificado una buena parte del mundo antiguo, y los que en otro tiempo daban culto a los gobernantes del oriente ahora lo daban al emperador. La expresión "toda la tierra" se empleaba en otros textos en los días de Juan para significar toda la tierra "civilizada", es decir, todo lo que estaba bajo el poderoso imperio (p. ej., Judit 2:7; 6:4; 11:1; aunque todos estaban conscientes de la leyenda, mitología y conexiones comerciales, de los pueblos fuera de la esfera de Roma, los partos y los bárbaros del norte). Este versículo muestra la doctrina judía de la predestinación en la que el pueblo judío creía junto con la doctrina del libre albedrío (los antiguos escritores nunca vieron la tensión que había entre estas dos como para explicar la diferencia, si bien la idea de la presciencia de Dios hubiera podido ayudar; ver el comentario sobre Rom. 9:19-21). Acerca del "libro de la vida" (cf. Dan. 12:1), ver el comentario sobre Filipenses 4:3.
13:9. Ver el comentario sobre 2:7.
13:10. El lenguaje está tomado de Jeremías 15:2 y 43:11, donde Dios promete exterminar a la mayoría de los israelitas por varios medios y llevar cautivos a los demás; pero el juicio que aquí se menciona va contra todas las naciones que se han rebelado contra Dios. Este juicio animaría a los santos mártires con respecto a su vindicación (Apoc. 14:11, 12).

13:11-18
Imponiendo la adoración imperial

Aunque la mayoría de los detalles de 13:1-10 podrían aplicarse al emperador en los días de Juan, y por medio de él a los regímenes totalitarios a lo largo de la historia, algunos de los detalles de 13:11-18 sugieren que Juan anticipa conscientemente su último cumplimiento en un emperador que estaba aún por venir (17:11).
13:11, 12. Se piensa a menudo que la bestia "de la tierra" en comparación con la "del mar" (13:1), es el concilio provincial local que supervisaba el culto imperial en Asia, en comparación con la administración romana. A esta se le llamaba la *commune Asiae*, y estaba encabezada por los gobernantes de las ciudades locales de Asia (ver el comentario sobre Hech. 19:31). Parece que Juan no establece ninguna diferencia importante entre la tierra y el mar (cf. Dan. 7:3, 17). El cordero con cuernos probablemente es una parodia de *Cristo (Apoc. 5:6); los dos cuernos podrían reflejar el poder de la antigua Persia en Daniel 8:6. El fuego del cielo remeda y relativiza aparentemente el poder milagroso de los testigos de Dios (Apoc. 11:5) así como los magos del Faraón intentaron hacer con los milagros de Moisés mientras pudieron (Éxo. 7:11, 22; 8:7, 18; cf. 2 Rey. 18:33-35).
13:13. Aunque el antiguo mundo Mediterráneo estaba lleno de autoproclamados hacedores de milagros (y algunos de ellos amigos de los emperadores), y se atribuían algunas maravillas al padre de Domiciano (el emperador Vespasiano), tales portentos no se asociaron regularmente con el culto imperial. Si bien la gente oraba al César pidiendo ayuda (p. ej., Lucio en la historia de *Apuleyo acerca del asno y su transformación), la mayoría de los informes de milagros están asociados con templos como el de Esculapio, el dios de la medicina. Juan prevé, al parecer para el futuro, una mezcla de los poderes ocultos y la religión anticristiana, los cuales

ya existían aunque por separado en sus días. Jesús es indudablemente la fuente de que dispone para esta idea (Mat. 24:24; 2 Tes. 2:9), y tiene en el AT un precedente de los poderes ocultos al servicio de un gobernante que se opone a Dios y que reprime a su pueblo (Éxo. 7:11, 22).

A medida que se hacen cada vez más disponibles diversos estudios transculturales que tratan del chamanismo y la posesión por espíritus, la una vez popular tendencia de los comentaristas a racionalizar a toda costa los antiguos informes de milagros, sean cristianos o no, continuará disminuyendo, aunque no todos estos reportes, antiguos o modernos, son de igual valor. El cristianismo ha reconocido tradicionalmente la realidad de otras fuerzas sobrehumanas en el universo además de Dios (p. ej., 1 Cor. 10:20), aunque no está de acuerdo con la posición relativista cada vez más aceptada que pregona que todas las fuerzas sobrehumanas tienen el mismo poder o carácter moral benévolo, una posición que los datos mismos no señalan y que no debemos violentar.

13:14, 15. Algunos magos simulaban el movimiento y el habla de los ídolos (el *retórico escéptico *Luciano describe detalladamente los métodos pretendidos de un falso profeta llamado Alejandro). Escuchar hasta qué grado el mundo puede ser engañado por la falsa religión y la propaganda del estado despertaría malestar en los primeros lectores cristianos de Juan (cf. Deut. 13:1, 2). La demanda de adorar a la imagen, que para las autoridades simbolizaba la apropiada lealtad al estado pero que para los cristianos significaba apostasía, se parecía a la situación por la que habían atravesado los mártires Macabeos (cf. *1 Macabeos 1:50, 51) y especialmente los conflictos que enfrentaron Daniel y sus tres amigos (Dan. 3, 6).

3:16, 17. Un rey griego-egipcio había requerido de manera similar a los **judíos que fueran** marcados con la hoja de **hiedra del emblema** de Dionisio (*3 Macabeos 2:28, 29); esta era, además, un sello de propiedad, una clase de tatuaje que indicaba a qué dios o imperio pertenecía una persona. El término "marca" era, entre otras cosas, el término regular empleado para referirse al sello imperial que llevaban algunos documentos, y a la imagen de su cabeza en las monedas.

Como las otras marcas en el Apocalipsis, esta parece ser simbólica (ver el comentario sobre 3:12; 7:3; cf. 14:1; 17:5; 19:12; 22:4); algunos textos judíos hablan de una marca simbólica de destrucción en la frente del impío (*Salmos de Salomón 15:9) en contraste con la marca de los justos (15:6). Algunos intérpretes, sin embargo, han visto en ella una expresión tangible de lealtad al sistema del mundo; en por lo menos las dos últimas y grandes persecuciones imperiales contra los cristianos, ambas ocurridas en el siglo III, se expidieron certificados a aquellos que habían cumplido con el rito de adoración ordenado por el emperador. Pero el texto puede implicar simplemente una marca de esclavo figurada que identifica a quién pertenece una persona: a Dios o al mundo. La participación en la idolatría parecía ser casi una necesidad económica en muchas ciudades de Asia Menor (ver el comentario sobre 2:18-29), y Juan advierte que la discriminación comercial se haría cada vez más severa, junto con el peligro más grave del martirio.

13:18. Este versículo es un típico acertijo *apocalíptico críptico (cf. Mat. 24:15). Seiscientos sesenta y seis es un número triangular, pero la mayoría de los antiguos lectores no lo sabrían. Se ha pensado que es una parodia del número divino, siete; esto es posible, pero los eruditos muy a menudo recurren a otra explicación. "Contar un nombre" o palabra era una práctica fácil en griego o en hebreo, idiomas en los cuales usaban letras para números específicos (los maestros judíos posteriores a menudo jugaban con los valores numéricos de las palabras; esta forma de cálculo era conocida como *gematría*). Se han hecho muchas propuestas ingeniosas para descifrar el número "666". Ireneo, un erudito cristiano del siglo II, enumeraba entre las posibilidades el vocablo "Lateinos" (Roma como el reino final).

Pero la propuesta más popular entre los eruditos hoy en día es "César Nerón". Aunque su nombre en griego suma 1.005 (que habría sido obvio, porque un juego de palabras conocido sobre el número de su nombre habría circulado a través de todos los grafitos del Imperio), si se transcribe al hebreo su nombre suma "666". Si Juan se refería a Nerón en este pasaje (ver el comentario sobre 13:1-10), esperaba que sus lectores supieran cómo cambiar las letras griegas a hebreas (probablemente con la ayuda de los miembros más hábiles de la congregación), o quizás él y ellos ya habían usado el "666" de esta manera. Este cálculo requiere de la pronunciación griega Neron-Kesar en letras hebreas, con los valores numéricos hebreos apropiados: *N = 50, r = 200, n = 6, K = 100, s = 60, r = 200.* En el hebreo solo se usaban consonantes. Pero los *Oráculos Sibilinos, que era un documento judío compuesto en griego, hace su cálculo gemátrico en griego, no en hebreo. La mayoría de sus lectores habrían podido leer solamente el primero, pero difícilmente hubieran podido transcribir siquiera un nombre con las letras hebreas apropiadas. Los eruditos judíos que utilizaban el hebreo incorporaron muchas palabras que tomaron prestadas del griego, pero los lectores de Juan habrían necesitado de una cierta ayuda o un conocimiento previo para discernir su argumento.

14:1-5
Seguidores del Cordero

14:1. La expresión "Y miré, y he aquí" indica otra visión (Eze. 10:1; 44:4; Dan. 10:5). El monte Sion era el monte del templo (a veces abarca toda Jerusalén pero de manera imprecisa), aplicado aquí al templo celestial en el presente (Apoc. 11:19) pero señalando a la nueva Jerusalén del futuro (21:2), era una esperanza compartida por casi todos los judíos antiguos, que anhelaban la restauración de su ciudad y su santuario. El monte Sion figura de manera prominente en las expectativas *apocalípticas (aparece con ese título en *4 Esdras y *2 Baruc). El nombre en sus frentes contrasta con Apocalipsis 13:16 (cf. 3:12; 7:3; 22:4); con respecto a la identidad de los 144.000, ver el comentario sobre 7:4-8.

14:2. Ezequiel oyó el sonido de muchas aguas en el cielo (Eze. 1:24; 43:2; cf. Apoc. 1:15), y en el Sinaí se oyeron truenos (Éxo. 19:16; cf. Eze. 1:13; Apoc. 4:5; 19:6). La antigua meteorología, de acuerdo con *1 Enoc, situaba en el cielo las aguas (para la lluvia) y los truenos. Los sacerdotes y levitas empleaban arpas para la adoración en el templo terrenal; no podían faltar en el templo celestial (Apoc. 5:8; 15:2).

14:3. Solamente estas personas podían cantar este himno nuevo porque solo a ellos les concernía (5:9, 10); con respecto a revelaciones secretas en los cielos, ver el comentario sobre 2 Corintios 12:2-4.

14:4. El término griego traducido "virgen" en este pasaje casi nunca se aplicó a los hombres en la literatura griega, probablemente debido en parte a que estos en aquella antigua cultura casi nunca lo fueron. El vocablo significa no haber tenido nunca relaciones sexuales con alguien del sexo opuesto, por lo que se incluye a los que se habían casado. En un sentido literal, esta virginidad se practicaba muy a menudo entre un grupo de judíos conocido como *esenios. Pero la imagen aquí puede aludir simbólicamente a la pureza de los sacerdotes para el servicio del templo (Lev. 15:16-18) o quizás a la pureza requerida por las reglas de una guerra santa espiritual (Deut. 23:9-11). "Seguir" al cordero, en el lenguaje de Juan, señala el papel de las ovejas (Apoc. 7:17; cf. Juan 10:4). Las "primicias" ofrecidas a Dios marcaban el comienzo de la cosecha; el término declaraba su carácter sagrado (Jer. 2:3) y podría incluir la idea de que otros como ellos vendrían después de ellos.

14:5. La expresión "no se halló engaño" incluye el engaño teológico, es decir, la falsa doctrina (3:9; 1 Jn. 2:22). En la ética antigua era importante ser veraz, si bien a veces se pasaba por alto este principio, incluso en la Biblia, para salvar la vida (p. ej., Éxo. 1:19, 20; Jer. 38:25-27).

14:6-13
La vindicación de los justos

14:6, 7. Con respecto a la expresión "en medio del cielo" ver la introducción a 8:13. El "evangelio" del ángel es la vindicación del pueblo de Dios a través del juicio de los impíos (14:7; cf. Nah. 1:15). Si bien la actividad de los ángeles en el cielo corresponde a menudo con lo que sucede en la tierra (12:7), no obstante, esta descripción puede referirse, como algunos comentaristas han sugerido, a la proclamación final de las buenas nuevas del *reino (que incluye salvación y vindicación/juicio) que precede al fin (Mat. 24:14).

14:8. A la manera de una parodia burlona de un canto fúnebre, Isaías 21:9 anuncia: "¡Ha caído; ha caído Babilonia!" (cf. Jer. 51:8), refiriéndose a la Babilonia histórica que más tarde arrastraría a Judá al cautiverio. Pero los escritores judíos de los días de Juan vieron similitudes entre todos los imperios que sometieron a Israel, y creían por lo general que Roma era ese poder final (cf. Dan. 2:35, 44). El vocablo "Babilonia" y su sinónimo, "los caldeos", fueron utilizados como claves para referirse a Roma en textos judíos como los *Rollos MM, *4 Esdras y la literatura *rabínica (si bien en la literatura rabínica usan "Edom" con más frecuencia). El AT normalmente reservaba el término simbólico "ramera" para referirse a los pecados del pueblo de Dios (con solo dos excepciones), pero la alusión aquí es a la Babilonia de Jeremías 51:7, que hizo que todas las naciones bebieran de su vino (es decir, Babilonia era el juicio de Dios sobre ellas).

14:9, 10. En el AT, Dios hizo pasar una copa de ira intoxicante a todas las naciones (cf. Sal. 75:8; Isa. 51:17, 21, 22; Jer. 25:15; 49:12; Eze. 23:31; Hab. 2:16; Zac. 12:2; también los *Rollos MM; con respecto a la infidelidad, cf. Núm. 5:24). Fuego y azufre eran lo apropiado para una Sodoma espiritual (Apoc. 11:8; Gén. 19:24), aunque la imagen puede significar mucho más (p. ej., Eze. 38:22). (Este texto no implica que ellos no podrán *arrepentirse si adoran a la bestia y a su imagen antes de la muerte o del fin del mundo, Apoc. 2:21; 11:10-13). Como ocurre a menudo en la *literatura apocalíptica, los impíos lograban ver lo que les faltaba (cf. Sal. 112:10); pero el Apocalipsis omite una característica apocalíptica común, en la que los justos también logran verlo y se regocijan en la suerte de los condenados (p. ej., *1 Enoc 108:14, 15).

14:11. El humo eterno de Edom (noche y día; cf. 4:8; 12:10) se describe en términos similares en Isaías 34:10, pero allí el significado es desolación, mientras que aquí es fuego y tormento eternos.

14:12. A mucha gente que en la actualidad vive despreocupada (influenciada en parte por una serie de aplicaciones históricas erradas de los ideales bíblicos con respecto a la misericordia) no les gusta la idea del juicio. Pero la descripción de la salvación/liberación que hace el AT no estaría completa sin la vindicación, que consiste en quitar la vergüenza de los oprimidos castigando a sus opresores impenitentes. En este pasaje se asegura a los mártires que serán vindicados hasta lo sumo (cf. 13:10).

14:13. Los textos judíos hablan con ansia del día cuando terminarán los sufrimientos de los justos. Las cartas grecorromanas de consolación enfatizaban que los muertos eran felices, o que por lo menos no estaban tristes, pero el judaísmo acentuó de manera especial la paz de los justos ya muertos. El autor de *1 Enoc hace notar que los impíos no tendrán descanso (99:13-144; cf. Apoc. 14:11), pero que grandes recompensas aguardan a los justos que ya han muerto (1 Enoc 103:3); en muchos textos judíos abunda la idea del descanso que disfrutan los justos ya muertos (Menandro Siriaco, Sabiduría de Salomón). Las inscripciones funerarias judías mencionaban regularmente la paz de los muertos; más de la mitad de los epitafios judíos rescatados en Roma incluían las palabras "en paz" (de aquí que la expresión "descanse en paz" no es un concepto moderno). La imagen de las obras y su recompensa viene del AT y es común en el judaísmo y en el NT (ver el comentario sobre Apoc. 22:12).

14:14-20
Cosechar la tierra

14:14-16. Si bien la expresión "uno semejante al Hijo de Hombre" podría referirse a Jesús (1:13; Dan. 7:13), desde un punto de vista técnico todo lo que significa es que este personaje parecía humano, en contraste con algunos de los otros personajes angélicos que el libro menciona (Apoc. 4:7; dada su dignidad nadie puede dar órdenes a *Cristo, 14:15, 16). La cosecha es también una imagen de juicio contra Babilonia en el AT (Jer. 51:33); esta imagen armoniza perfectamente con la batalla final cuando la sangre fluiría, como observa Joel 3:13 (RVA): "Meted la hoz, porque el grano ya está maduro. Venid, pisotead, porque el lagar está lleno y rebosan las cubas".

14:17-19. Ya que las uvas exprimidas podrían parecer sangre humana (Gén. 49:11), esta imagen, utilizada por Joel 3:13 (cf. Jer. 25:30), era poderosa para la gente de sus días, más familiarizada con la viticultura que la mayoría de la gente de hoy (note como en Juan 15:1 se compara a *Cristo y su pueblo con una vid). Esta imagen de la cosecha viene particularmente de Isaías 63:1-6: Dios sigue pisando el lagar de su ira, pisoteando a las naciones y salpicando sus vestiduras con su sangre. Con respecto a los ángeles y su relación con diversos elementos de la naturaleza (incluso el fuego), ver el comentario sobre Apocalipsis 7:1.

14:20. Los informes antiguos de batallas urbanas hacen referencia algunas veces a calles que fluyen con sangre a causa de los asesinatos masivos que ocurrían en un breve espacio de tiempo. Por ejemplo, exagerando la batalla de Bet-arbel, los *rabinos declaraban que ríos de sangre fluían de la ciudad al mar distante, arrastrando rocas y sumergiendo caballos. Asimismo, *1 Enoc señalaba que Dios, al juzgar a su pueblo, permitió que se mataran unos a otros hasta que la sangre corría en torrentes (100:1, 2) hasta el pecho de los caballos y los carros se sumergían; compare igualmente otros *oráculos del tiempo del fin (los *Oráculos Sibilinos en varios lugares).
El número literal en este pasaje, "1.600 estadios" son casi 300 kilómetros (NVI), equivale a (40 x 40); esta cifra se usaba probablemente para dar a entender una cantidad grande (puede ser de interés que en la antigüedad algunos estimaban que la longitud de Palestina era de 1.600 estadios). El vino de la ira de Dios (14:10-19) resulta ser sangre humana en este pasaje que, de acuerdo con 16:6 se convierte en bebida; otros textos también hablan de beber sangre.

15:1-4
La respuesta de los santos a su vindicación

15:1. En los textos antiguos había unidades literarias que estaban encerradas entre dos palabras o frases equivalentes o iguales, como en un paréntesis (a este procedimiento literario se le llama inclusión). La perspectiva celestial de los juicios en la tierra está colocada en paréntesis entre 15:1 y 8.

15:2. Los santos celebran su vindicación en 15:2-4. Textos judíos basados en Daniel 7:9, 10 hablan a menudo de ríos de fuego que proceden del trono de Dios. Esta imagen se mezcla aquí con la imaginería del templo celestial (con respecto al "mar", ver el comentario sobre Apoc. 4:6). El triunfo sobre sus opresores puede sugerir también otra connotación de "mar": cuando Israel fue librado de los Egipcios, que fueron muertos en el mar Rojo, ofrecieron alabanza a Dios (15:3, 4).
15:3, 4. Las obras "grandes y maravillosas" se refieren a las plagas (15:1; cf. Éxo. 15:11). El "cántico de Moisés" podría referirse a Deuteronomio 32 (especialmente a la parte donde Dios venga la sangre de sus siervos, Deut. 32:34-43), que se utilizaba junto con los salmos en el culto judío. Pero en este contexto es muy probable que el cántico de Moisés se refiera al canto de triunfo y alabanza que fue entonado después de que su pueblo pasó con seguridad por el mar, en donde sus enemigos fueron ahogados (Éxo. 15:1-18). El "cántico del Cordero" recuerda cómo fueron protegidos de la última plaga (Apoc. 5:6).
El lenguaje de este pasaje recuerda al Salmo 86:9, 10; el AT proclamaba frecuentemente la esperanza del remanente de las naciones que se volvió a Dios. "Rey de las edades" (o "siglos", VM) o "del mundo" era un título común que los judíos daban a Dios. Los *retóricos grecorromanos alababan a los dioses que eran universalmente reconocidos, pero como el judaísmo también enfatizó, Dios será única y universalmente adorado el día del juicio final (cf. Zac. 14:9).

15:5—16:1
Preparación de las plagas finales

15:5. Con respecto al tabernáculo/templo celestial, ver el comentario sobre 4:6 y Hebreos 8:1-5.
15:6. La antigua literatura judía veía a menudo a los ángeles vestidos de lino blanco, pero estos textos también presentan a los sacerdotes ataviados de esta manera, y Juan describe a estos ángeles como servidores del templo celestial.
15:7. La imagen de las copas de oro se derivaba probablemente del uso de incensarios en el templo varias décadas antes de su destrucción; compare 5:8 y 8:3. Con respecto a la copa de la ira, ver el comentario sobre 14:9, 10.
15:8. El templo lleno de gloria recuerda los tiempos antiguos en que fue dedicado el templo terrenal (Éxo. 40:34, 35; 1 Rey. 8:10, 11; cf. Eze. 10:3, 4 cuando la gloria de Dios se retiró del templo).
16:1. El AT usaba generalmente la frase "derramar la ira" (especialmente en los escritos de Jeremías y Ezequiel). La imagen de la copa puede relacionarse con esta idea.

16:2-11
Las primeras cuatro copas de la ira

Como ocurre con las plagas de las trompetas, la imaginería de estos juicios está tomada especialmente de los juicios sobre Egipto que se mencionan en el libro del Éxodo del AT. Juan recuerda a sus lectores que ellos, como el antiguo Israel, estaban protegidos de estos juicios que terminarían en la capitulación de sus opresores y en su propia liberación.
16:2. Llagas fueron la sexta plaga mencionada en Éxodo 9:10.
16:3. Esta plaga se menciona en primer lugar en Éxodo 7:20 (la segunda plaga en la lista de Apoc. 8:8).
16:4. Este juicio extiende también la primera plaga (Éxo. 7:20; cf. el comentario a la tercera plaga en Apoc. 8:10).
16:5. Los oprimidos clamaban a menudo a Dios para que los vindicara; y cuando fueron vindicados, alabaron a Dios por su justicia (esto ocurre a menudo en los salmos. Este lenguaje también se empleaba para enaltecer su misericordia, p. ej., Tobías 3:2). En los días del AT Dios permitía que la gente se destruyera a sí misma (el impío caía en su

propia trampa). El judaísmo desarrolló este tema, enfatizando cuán apropiados eran estos singulares castigos contra los malvados. El pueblo judío creía que los ángeles tenían a su cargo diversos elementos de la naturaleza, incluso los mares (ver el comentario sobre Apoc. 7:1).

16:6, 7. Las antiguas tradiciones judías declaraban que Dios había convertido el agua de Egipto en sangre para compensarles por la sangre derramada de los hijos de Israel (Sabiduría de Salomón 11:5-7). (Con respecto a ver a los impíos como "merecedores" de castigo, compare la Sabiduría de Salomón 16:1, 9; 17:4; 19:4; cf. Guerras de *Josefo 6.3.5.) La imagen de beber sangre se usaba a veces de manera simbólica para dar a entender su derramamiento, de modo que la justicia del juicio decretado se haría evidente incluso a los lectores no familiarizados con la historia del éxodo (los *gentiles recientemente convertidos). El altar habla como testigo a favor de las vidas de los justos que fueron sacrificados sobre él en el martirio (ver el comentario sobre 6:9).

16:8, 9. El AT menciona el flagelo del calor como un sufrimiento común de los que trabajaban en el campo o viajaban por el desierto (p. ej., Sal. 121:6; cf. Éxo. 13:21), aunque no es una de las plagas de Egipto. Con respecto a la falta de *arrepentimiento, ver el comentario sobre 9:21; el propósito de los juicios, hasta la destrucción final, era y será provocar el *arrepentimiento (Amós 4:6-11).

16:10, 11. La oscuridad era la novena plaga (Éxo. 10:22; la cuarta plaga en Apoc. 8:12); la oscuridad en Egipto podía "palparse" (Éxo. 10:21).

16:12-21
Las copas finales de la ira

16:12. Todo lector informado en el imperio romano, especialmente en lugares como Asia Menor y Siriapalestina cerca de la frontera con los partos, habría entendido que los "reyes del Oriente" eran los partos. El río Éufrates establecía los límites entre los Imperios romano y parto (aunque algunos estados limítrofes como Armenia cambiaban de manos); compare 9:14. Los grandes ríos crecidos podían demorar el cruce de ejércitos hasta que se construyesen puentes o balsas, pero Dios contempla que este ejército no encontrará retrasos. La misma imagen de dificultad al cruzar ríos importantes está presente en el partimiento del Éufrates del nuevo éxodo, *4 Esdras 13:43-47, pero el Apocalipsis utiliza la imagen para referirse a un ejército, un uso natural, y no a la cautividad y restauración.

16:13, 14. El escritor de 2 Baruc menciona la salida de demonios para hacer estragos en el período final antes del fin. Las ranas eran símbolos negativos (*Apuleyo, Artemidoro); un antiguo escritor incluso sugirió con cierta ironía que Nerón reencarnaría en una rana. En este texto las ranas pueden aludir a una plaga de Egipto que Juan ya no podía incluir por falta de espacio al llegar a este punto (segunda plaga, Éxo. 8:5-7); aquí el dragón es obligado a actuar como un agente de Dios trayendo juicio. En textos judíos como el Manual de la Guerra de *Qumrán, el ejército de Belial (el maligno), formado de las naciones y el Israel apóstata, se reuniría para ser destruido por Dios y su fiel remanente (cf. *4 Esdras). Reunir a las naciones para ser enjuiciadas es el lenguaje de juicio de los profetas del AT (Joel 2, 11; Sof. 3:8; cf. Isa. 43:9), como lo es el "día del Señor" (p. ej., Amós 5:18-20).

16:15. Los guardias debían estar despiertos en sus puestos durante la noche. Era común que la gente durmiera desnuda por la noche en la época caliente del año, pero la mayoría del pueblo judío se horrorizaría de encontrarse desnudo en público; quizás la imagen es la de un cabeza de familia desnudo que persigue a un ladrón. El origen de la imagen de desnudez viene del AT, quizás ante la vergonzosa desnudez de un cautivo (Isa. 47:3;

Eze. 16:37) o de una mujer ebria (Hab. 2:16; cf. Apoc. 3:18); con respecto a la imagen del ladrón, ver el comentario sobre Apocalipsis 3:3.

16:16. El Señor había prometido reunir a las naciones (Joel 3:2, 11; Sof. 3:8; Zac. 12:3; 14:2; cf. Isa. 13:4; Jer. 50:29, contra Babilonia). La tradición judía acerca del tiempo del fin se apropió de esta imagen (*1 Enoc, los *Rollos MM). Las naciones y el dragón que las guiaba pretendían reunirse con otro propósito, pero Dios los reunía para su propia destrucción final.

El lugar del fin señalado por el AT era el valle de Josafat (Joel 3:2, 12, 14), probablemente la llanura de Meguido en el valle de Jezreel y Esdraelón. Era el corredor entre la muy transitada planicie de la costa y el camino que lleva a Damasco en Aram, y por lo mismo un punto de cruce esencial para los ejércitos evitando las montañas difíciles (Jue. 5:19; 6:33; 2 Crón. 35:22; Zac. 12:11. El Faraón Tutmosis III en 1483 a. de J.C., etc.). Meguido era una llanura, no una montaña ("Har-Magedon", que en la RVA se lee como "Armagedón", significa literalmente "montaña de Meguido"). Pero un lugar tan transformado no sería incongruente con la geografía *apocalíptica de Juan (13:1; 17:1, 3, 9). Es tema de debate el emplazamiento preciso que hace Juan, pero un sitio relacionado con el valle del Meguido parece ser la opinión más común y permitiría a los ejércitos del Oriente trabar batalla con Roma en Palestina.

16:17, 18. Este lenguaje sugiere preparación para una teofanía, una manifestación de la gloria de Dios, como en el Sinaí (cf. Éxo. 19:16; Apoc. 4:5); el poderoso terremoto puede sugerir el fin de la era (6:12; 11:13).

16:19. Los oprimidos clamarían a Dios para hacer memoria de las acciones de sus opresores contra ellos (Sal. 137:7). Con respecto a la copa ver el comentario sobre 14:9, 10.

16:20. Esta clase de lenguaje concierne normalmente al "fin del mundo" (6:14), una inmensa devastación cósmica.

16:21. Esta granizada es mucho más severa que la de Éxodo 9:24; destruiría todo a su paso, sin dejar sobrevivientes; este lenguaje, asimismo, debe reservarse para el fin de la era. La impenitencia de la gente es un indicativo de cuánto en verdad merecían el juicio (Éxo. 7:22); ver el comentario sobre Apocalipsis 16:9.

17:1-5
Una visión de la ramera

Aunque el AT por lo general reservaba la designación "ramera" para el pueblo infiel de Dios (p. ej., Lev. 17:7; Isa. 1:21; Jer. 3:1-14; Eze 16, 23; Ose. 4:15), también se aplicaba apropiadamente a centros mercantiles o militares poderosos. Por esta razón Isaías 26:16-18 describía a Tiro como una ramera que servía a todos los reinos del mundo. Nínive como capital de un imperio mundial también fue llamada ramera y hechicera, que vendió naciones (a la esclavitud) usando de ambos ardides (Nah. 3:4). (La hechicería y la prostitución se enlazan también en Isa. 57:3; cf. 2 Rey. 9:22.) Las falsas profetisas ya descritas en este libro parecen ser un agente del sistema (Apoc. 2:20). Ver el comentario sobre 18:23.

17:1. En los Apocalipsis abundaban las guías angélicas, especialmente cuando al escritor le era concedido un viaje por el cielo o la tierra. El arte antiguo representaba a las ciudades como sus diosas *protectoras, a menudo entronizadas a la orilla de un río. A Roma, cuyo imperio se extendió por todas las costas mediterráneas, se le describe naturalmente en este pasaje como sentada sobre muchas aguas (cf. Sal. 65:7; Isa. 17:12, 13).

17:2. A los gobernantes de los estados *protegidos de Asia y Siria subordinados de Roma se les llamaba "reyes", aun cuando tenían que agradar a Roma y cooperar con sus agentes, tampoco objetaban el culto imperial. Sin duda éstos no pensaban que se prostituían a sí mismos, pero algunos focos raros de resistencia nacionalista (como en Judea, que además era monoteísta) habrían diferido con su evaluación. Con respecto a las naciones embriagadas con el vino de Babilonia, ver Jeremías 51:7.

17:3. Con respecto a ser arrebatado en visiones por el *Espíritu, ver Ezequiel 8:3; 11:1 y 24 (un "fuerte espíritu" en *2 Baruc; ángeles en *1 Enoc). El desierto era el lugar del nuevo éxodo (Apoc. 12:14), aunque también estaba asociado con lo demoníaco en algunas tradiciones judías. El punto aquí puede ser que la mujer que imaginaba estar sentada sobre muchas aguas sería en realidad "desolada" (utilizando una palabra griega relacionada con la palabra "desierto", es decir, estéril como el desierto, 17:16). La bestia (13:1) podría relacionarse con la loba de la leyenda romana asociada con la diosa Roma (sentada en siete colinas) en algunas monedas romanas contemporáneas (si bien Juan tenía un amplio precedente judío al representar a los reinos como bestias, p. ej., Dan. 8). El color púrpura escarlata de la bestia se relaciona probablemente con la sangre de los mártires con la cual estaba manchada (Apoc. 17:6), o con la ostentación de las riquezas o de las prostitutas (cf. Jer. 4:30). (La alusión al becerro rojo de Núm. 19 sugerida por algunos comentaristas funcionaría mejor si el becerro pudiera combinarse con el chivo expiatorio enviado al desierto en el día de la *Expiación, para llevar los pecados de Israel, Lev. 16; pero no hay evidencia de que esta combinación esté considerada aquí.) Con respecto a los nombres blasfemos, ver el comentario sobre 13:1 y 5, 6.

17:4. La púrpura y escarlata verdaderas requerían de tintes caros y eran por lo mismo telas que solo los ricos podían comprar para confeccionar sus vestidos; solo las reinas (18:7) como Jezabel, o las prostitutas acaudaladas usaban vestidos de púrpura para llamar la atención. Muchos antiguos moralistas desacreditaban la ostentación de las mujeres adineradas, pero Juan tiene el propósito de contraponer el esplendor terrenal de Roma, célebre en todas sus provincias, con el verdadero esplendor de la mujer celestial (12:1) y la corte del cielo (4:3-11; la comparación de personajes era una característica importante del antiguo arte del discurso y la palabra escrita).

17:5. Se describe a "Babilonia" como "madre" (cf. 2:23) de las "rameras" y de las "abominaciones" (quizás idolatrías), es decir, la más terrible de todas. (En el Oriente, donde las mujeres casadas generalmente cubren su cabello, la "frente de una ramera" [Jer. 3:3; cf. Ose. 2:2] podría parecer una imagen obvia en este período; es claro que en el Apocalipsis a todos se les identifica por su frente o una de sus manos, Apoc. 7:3; 13:16. La literatura griega más antigua refiere una calumnia de que a toda mujer Babilónica se le requería desempeñarse como prostituta al menos una vez en la vida, pero es dudoso que esta idea haya alcanzado popularidad en el período del NT, la imagen proviene más bien del AT.)

17:6-18
El significado de la ramera

17:6. Aunque el versículo se refiere a los cristianos que fueron martirizados bajo la autoridad romana en general, la sed de sangre que Roma tenía puede haber suscitado una imagen especial en el pensamiento de muchos. Los oficiales romanos mantenían en paz a la multitud con pan barato y diversiones públicas, entre las que se contaban espectáculos sangrientos. Criminales y esclavos eran candidatos especiales para saciar el apetito público por el entretenimiento violento; una vez que los cristianos fueron vistos como criminales, su grande número proveyó una desmesurada proporción de víctimas. Ver el comentario sobre 16:6.

17:7, 8. Usando una vez más la antigua técnica *retórica de la comparación, el Apocalipsis describe a la bestia que "era y no es y ha de subir", una parodia sobre la eternidad de Dios (1:4). Los textos *apocalípticos se especializaban a menudo en explicar revelaciones crípticas, frecuentemente con la ayuda de un ángel.

17:9. Era del conocimiento común que la ciudad original de Roma estaba asentada sobre siete colinas. Este dato aparece en toda la literatura Romana así como en sus monedas y se celebraba en el nombre del festival anual romano llamado Septimontium. En este pasaje las colinas se han convertido en montañas en *hipérbole característicamente *apocalíptica. (Las siete montañas del paraíso en *1 Enoc 24:2 y 32:1 probablemente no están relacionadas, salvo pasando por un contraste radical. Pero los *Oráculos Sibilinos también profetizaban juicio contra la "Roma de las siete colinas", 2:18; 11:109-16.) Como muchos intérpretes judíos que utilizaban el lenguaje en una variedad de formas, Juan en este pasaje permite que su propio simbolismo signifique más que una sola cosa (Apoc. 17:10, 11).

17:10, 11. Algunos comentaristas cuentan los reyes comenzando por el primer emperador (Augusto) pero agotan los siete antes de llegar al emperador en curso, Domiciano, aunque el texto mismo afirma que uno de los siete estaba reinando entonces (v. 10). No es posible ninguna alusión a los reyes legendarios que precedieron a la República Romana porque obviamente ninguno de ellos vivía todavía.

La clave del asunto consiste en que un rey estaba reinando entonces, y uno de los siete volvería. Si un autor al escribir en el reino del rey Flavio Domiciano contara como "reyes" a los tres breves gobernantes entre Nerón y Vespasiano, el asunto es dudoso. De aquí que Nerón, probablemente no contado como uno de los siete reyes antes de Domiciano, aparecería como uno de los siete. Resulta interesante que se esperaba que Nerón regresara (ver el comentario sobre 13:1-10). (Muchos comentaristas han pasado por alto esta conexión con lo que ha sido aceptado ampliamente como el trasfondo de Apoc. 13.)

17:12. Los diez cuernos representan los diez reyes de Daniel 7:24, quienes posiblemente son los sucesores del reino de Alejandro Magno (aunque la mayoría de los judíos durante la era romana pensaban que el cuarto reino de Daniel era Roma). Se ha sugerido que Juan vuelve a aplicar el lenguaje a los sátrapas partos, pero se aplica más naturalmente a los estados *protegidos de Roma en el oriente (cf. Apoc. 17:2).

17:13. La conspiración unificada de los reyes contra Dios fracasaría; esta convicción formaba parte de la esperanza judía ya de mucho tiempo atrás (cf. Sal. 2:2; 83:5).

17:14. "Rey de reyes" es un término que se aplicó por mucho tiempo a los gobernantes del Oriente (Eze. 26:7; Dan. 2:37; cf. 2:47) y en este entonces era un título dado al rey de los partos. Es significativo que los judíos habitualmente aplicaban estos títulos a Dios (Deut. 10:17).

17:15, 16. El Imperio romano y sus aliados eventualmente traicionarán a la misma Roma, una amenaza que indica la autodestrucción y la falta de fidelidad por parte de los que buscan el mal. La imagen viene del AT (Jer. 4:30; Lam. 1:2; Eze. 23:9). El quemar se deriva de Daniel 7:11. Aunque el fuego era el método común usado en la antigüedad para destruir a las ciudades sometidas (Amós 1:4), algunos lectores posiblemente habían oído el rumor de que Nerón había quemado a Roma en el año 64 d. de J.C. y culpó de ello a los cristianos: Roma debía ser lo suficiente sabia para no aceptar a un nuevo Nerón. (Se sugiere que Roma fue quemada como lo fue la hija del sacerdote acusada de prostitución en el AT, Lev. 21:9; también vale la pena mencionarlo aquí, aunque esta interpretación es menos verosímil que las otras interpretaciones que acabamos de dar.)

17:17. Los judíos reconocían que el mundo presente estaba dominado por poderes malignos, pero los consideraban solo como ángeles con autoridad limitada; confesaban que Dios reina supremo en todas las eras. También llegaron a entender que, como en el AT, Dios levanta a una nación para juzgar a otra, pero sus propósitos son muy diferentes de los de las mismas naciones finitas (p. ej., Jer. 51:11, 29; 52:3; Joel 2:11).

17:18. En los días de Juan, nadie en el Imperio romano pudo haber dudado que la ciudad "que tiene imperio sobre los reyes" era Roma, así como nadie dudaba que las siete colinas era una alusión a Roma (17:9).

18:1-24
Un canto fúnebre sobre Babilonia

La mayor parte de este capítulo consiste de endechas pronunciadas sobre Babilonia, siguiendo el modelo del AT. Los profetas a veces se acongojaban irónicamente por la destrucción de una ciudad, y de este modo profetizaban su ruina. Es un poco difícil para nosotros ahora captar el impacto que esto producía: un profeta ya entrado en años, confinado en una isla por haberse opuesto abiertamente a los caprichos del imperio más poderoso que el mundo había conocido ¡profetizando su destrucción! Pero aún así, la fe que proclamó se esparció por todo el mundo, y Roma se derrumbó hace ya quince siglos. Aunque Babilonia representaba a Roma en los días de Juan, otras personificaciones de sistema opresivo se han levantado y fracasado desde entonces.

Otros *retóricos y escritores frecuentemente hacen gala de sus habilidades literarias ensalzando a importantes ciudades, como ocurre con las lisonjas derrochadas sobre Roma por Aelius Arístides. En contraste con estas alabanzas, Juan describe el poder y la riqueza de la ciudad para luego condenarla, como hacían los profetas del AT con los imperios arrogantes, y para producir un elogio fúnebre que más bien anatematiza que ensalza. Los *oráculos de ayes contra las naciones eran comunes en el AT y continuaron en parte de la literatura Judía en los días de Juan (en particular los *Oráculos Sibilinos).

18:1. A los ángeles poderosos frecuentemente se les describía con un brillo como de relámpagos o como del sol (Dan. 10:6 y a menudo en los textos judíos más recientes).

18:2. Los profetas del AT insistentemente se referían a ciertos eventos como si ya hubieran ocurrido aunque todavía faltaba que se cumplieran en la práctica. Juan toma esta lamentación sarcástica directamente del AT (Isa. 21:9; cf. Jer. 51:8), así como la descripción de la tierra estéril poseída nada más por las criaturas del desierto (Isa. 34:9-15; cf. Jer. 50:13; 51:29, 37; otras ciudades, Jer. 9:11; 49:33; cf. Baruc 4:33-35).

18:3. Los *oráculos tardíos de resistencia, de origen judío (algunos *Oráculos Sibilinos), también describieron a Roma como yaciendo con muchos pretendientes, pero su juicio estaba a las puertas.

18:4. Cuando Jeremías pronunció juicio sobre Babilonia, dio la voz de alarma a su pueblo, quienes se supone que debían estar como en casa en ese corto período (29:4-10), para que huyeran de la ciudad, porque Dios la iba a destruir (51:6, 45; cf. Zac. 2:7); ni la presencia de algunos justos podría suspender el juicio (Gén. 19:17). (En los *Rollos MM, los justos debían separarse de los "hijos del abismo". En un comentario *Esenio sobre Nahúm, cuando la iniquidad de los que estaban desviando al pueblo se hizo manifiesta, los justos de Efraín se apartarían de ellos y se unirían a las fuerzas del verdadero Israel.) Marcharse de una ciudad en inminente peligro era algo lógico para todo el que creía en la *profecía (cf. Tobías 14:8; Éxo. 9:20, 21).

18:5. Los judíos reconocían que en el AT (p. ej., Gén. 15:16; 2 Rey. 22:20) si el juicio pleno de Dios se demoraba, esto indicaba que Dios estaba amontonando retribución contra los pecados de muchas generaciones para derramarla sobre otra generación aún más perversa (también Mat. 23:34-36).

18:6. El dar retribución a los impíos de acuerdo con la manera en que habían tratado a los demás, era un tema común en el AT (Neh. 4:4; Est. 9:25; Sal. 7:15, 16; 35:8; 57:6; Prov. 26:27; 28:10; Jer. 50:15, 29, Dan. 6:24, Babilonia; Abd. 15); pagar a alguien el doble significa que la retribución será más que completa (Isa. 40:2). En cuanto a la copa con el vino del juicio, cf. Salmo 75:8; Isaías 51:22 y otras referencias en el comentario sobre Apocalipsis 14:9, 10.

18:7. Aquí Juan cita a Isaías 47:8, 9 (también citado por los *Oráculos Sibilinos), y condena a la arrogancia y la seguridad atildada de Babilonia de que nunca iba a fallar (cf. también, p. ej., Isa. 32:9; Jer. 48:11; 49:31; Eze. 16:49; Amós 6:1; Abdías 3). La lujuria de Roma, incluso el subsidio de granos, se logró a expensas de las otras naciones, como por ejemplo a los campesinos de Egipto a quienes cobraban muchos impuestos. La extravagancia irreflexiva de la élite entre los romanos era invitar a la ira de Dios (cf. Amós 4:1, 2).

18:8. Asediada por problemas que el rey Nabonides ignoraba, la antigua Babilonia cayó en una noche sin ofrecer resistencia, y el pueblo judío conocía muy bien este hecho (Dan. 5:30). Pero esta nueva "Babilonia", el lugar donde el pueblo de Dios fue oprimido, sería juzgada con fuego (ver el comentario sobre Apoc. 17:16).

18:9, 10. Aunque la imaginería no es totalmente consistente aquí (cf. 17:16; pero la imaginería *apocalíptica no tenía que ser consistente), la lamentación genuina sí podría ser natural: los reyes *protegidos normalmente eran designados solo con la anuencia de Roma, y la caída de Roma daría prestigio y libertad a los rivales políticos.

18:11. La flota imperial que transportaba granos de la tierra fértil del Nilo alimentó a las masas de Italia, y representaba la forma de transporte más grande del mundo mediterráneo; pero Apocalipsis habla de manera especial de un tipo de comercio lujoso (18:12-16), centrado en artículos no esenciales que solo algunos podían comprar. La imagen de los comerciantes que lloran por la pérdida de un gran centro comercial está tomada de las descripciones de Tiro de Isaías 23:1-8 y especialmente de Ezequiel 27, un pasaje que describe con más detalle la grandeza de la ciudad (18:12, 13).

18:12, 13. Como otros comentaristas han señalado, el oro, el marfil y este tipo especial de madera aromática ("maderas de cedro", NVI) se importaban del norte de África, las piedras preciosas y las perlas particularmente de la India, la púrpura principalmente de Fenicia, la seda y la canela de China, las otras especias de Arabia y los esclavos de los pueblos subyugados, [pero también en tiempos más recientes de la reproducción de esclavos.] "Vidas humanas" (BA) no se refiere a "esclavos", sino probablemente a la gente reservada para los espectáculos de gladiadores y otras formas de muerte para entretener al público; criminales, prisioneros de guerra, los esclavos más despreciados y los cristianos se usaban por lo general para estos espectáculos.

Un escritor del siglo II calculó que las importaciones romanas de China, India y Arabia ascendían a algo más de treinta millones de denarios (un denario equivalía al sueldo de una jornada en Palestina). Roma era el centro del comercio internacional, y no hubo otra flotilla mercante como la romana por más de mil años después de su desaparición.

18:14, 15. En cuanto al "terror" que sintieron por su caída, compare la reacción profetizada para la caída de Tiro en Ezequiel 26:17, 18: los comerciantes perdieron sus inversiones.

18:16. Con respecto a los adornos y atavíos compare 17:4; estos representan la extravagancia y la riqueza de Roma. Los que nunca habían ido a Roma tenían una opinión desorbitada de su grandeza (¡algunos *rabinos mesopotámicos hablaban de 365 palacios de 365 pisos de alto!). Pero lo cierto es que era la ciudad más poderosa que el mundo mediterráneo había conocido y que la mayoría del mundo conocería por muchos siglos más. Nadie en las provincias podría describir el juicio sobre Roma sin pensar en la destrucción de su enorme opulencia (p. ej., los *Oráculos Sibilinos).

18:17-19. Los mercaderes tenían una buena razón para lamentarse, sus negocios se terminaron, posiblemente con deudas descomunales por los valiosos cargamentos, y todo se perdió.

18:20. El juicio de los impíos es la vindicación de los justos; cf. 6:9-11. La frase griega (literalmente "juzgó Dios vuestro juicio de ella") quiere decir que Dios declaró culpable a Roma, aplicando a esa ciudad la sentencia de sus propios tribunales contra los cristianos. Cuando Roma fue saqueada posteriormente por los bárbaros del norte de Europa, después de haber aceptado a la cristiandad, el teólogo del África del Norte, Agustín, explicó que el juicio se debió a los pecados pasados de Roma (cf. 18:5) y a una *iglesia demasiado débil para evitar el juicio en sus propios días (cf. 18:4).

18:21. En Jeremías 51:63, 64, se ordena al profeta que arroje una piedra al Éufrates y que declare que Babilonia análogamente iría al fondo para nunca más levantarse. Aquí la piedra es el tipo de rueda de molino movida por un asno, tan pesada que nunca podría ser rescatada del mar (Mat. 9:42).

18:22. El silencio espantoso de Babilonia se refiere a su devastación, como en Isaías 13:20-22: la ciudad queda deshabitada.

18:23. "La voz del novio y de la novia" son una expresión esencial de gozo. Los profetas usaron la imagen de su silencio para intensificar lo terrible de su destrucción (Jer. 16:9; 25:10; Joel 1:8). Babilonia, que sería dejada viuda (Apoc. 18:7, siguiendo a Isa. 47:8), era una hechicera (Isa. 47:9) como la Nínive de la antigüedad, una ramera que esclavizó a las naciones (Nah. 3:4); las "hechicerías" se refieren aquí a brebajes de amor o a los ritos ocultos de sus sacerdotes paganos.

18:24. Dios tomó venganza contra los que estaban manchados con la sangre de los inocentes (Jer. 2:34, 35). Aunque técnicamente no es cierto que todos los justos murieron en Roma (cf. Mat. 23:35), esta era responsable por la carnicería como la personificación del imperio opresor, una característica del pecado que ocurre a través de toda la historia.

19:1-10
Alabanza por la caída de Babilonia

La escena cambia inmediatamente de los lamentos en la tierra al regocijo en el cielo; los mártires han sido vindicados por fin. Aunque la referencia es particularmente a Roma, va más allá hasta los elementos represivos del sistema mundanal que hacen funcionar a Roma, hasta la venida de *Cristo (según algunos comentaristas, el capítulo 19 se aplica solamente a la caída de Roma mientras el capítulo 20 nos presenta el resto de la historia humana hasta el retorno de Cristo. Esta opinión es justificable; la conclusión depende de qué tan figuradamente se lea el lenguaje del capítulo 19).

19:1. La expresión "Aleluya" se halla frecuentemente en los Salmos (cf. Sal. 146—150), un poderoso mandato para alabar al Señor (es el tipo de orden más fuerte posible y fue pronunciada originalmente por los músicos levitas para convocar a sus oyentes a la adoración), era lo apropiado para toda adoración, especialmente cuando se alababa a Dios por sus hechos magníficos (p. ej., después de una liberación, *3 Macabeos 7:13, o en Jerusalén en el tiempo del fin, Tobías 13:18). Su función era llamar a la adoración en el templo, así como a la audiencia celestial (Apoc. 19:1, 3, 6; cf. v. 5).

19:2. La vindicación de los justos incluía castigos justos para sus asesinos; ver Deuteronomio 32:43; cf. Salmos 79:10 y Jeremías 51:48, 49 (sobre Babilonia).

19:3. Esta cita que viene de Isaías 34:10 describe la caída de la importante ciudad de Edom, pero naturalmente se aplica a todas las ciudades que practican la misma perversidad, incluyendo el sistema mundial (cf. 66:24). (La aplicación de ciudad a sociedad o mundo hubiera sido tan natural en el siglo I como la aplicación de una ciudad a otra; los filósofos muchas veces consideraban al estado en su totalidad como si fuera una macrociudad.) Este lenguaje de ruinas y humo describe los resultados funestos de la guerra. Esta imagen se repite en los *Oráculos Sibilinos pero como una devastación eterna.

19:4. Las descripciones del AT muestran a Dios entronizado en el cielo y por encima de los querubines sobre el arca en su templo. Ya que los cuatro seres vivientes se derivan de Isaías 6 y de Ezequiel 1, la imagen puede, una vez más, ser la del templo celestial así como la del salón del trono.

19:5, 6. Con respecto al "ruido de muchas aguas" ver el comentario sobre 1:15. La música y la celebración eran partes cruciales de todas las bodas. A Dios se le llama repetidamente el "Todopoderoso" y el AT festeja de continuo su reino, especialmente en lo que toca a su gobierno sobre la creación (Sal. 97:1), sus grandes hechos liberadores (Éxo. 15:18) y el tiempo del fin (Isa. 24:23; 52:7; Miq. 4:7).

19:7. En Isaías 25:6, 7 Dios anuncia un gran banquete para todos los pueblos (cf. Apoc. 19:7), y en Isaías 25:8 la promesa de la liberación de la muerte. En Isaías 25:9 el pueblo de Dios celebra su salvación declarando "Gocémonos y alegrémonos" en la salvación que Dios ha decretado para su bien (se lee un poco diferente en la *LXX). El AT y la literatura judía más reciente muchas veces comparan a Israel con una novia preparada para Dios; cf. Apocalipsis 21:2. La era *mesiánica o el mundo venidero muchas veces se presentan como un banquete.

19:8. El lino fino era la indumentaria obligatoria para el sumo sacerdote cuando entraba al lugar santísimo (Lev. 16:4), y con el tiempo este ropaje se hizo obligatorio para todos los ministros del santuario; se suponía generalmente que también los ángeles se vestían con lino (probablemente una idea basada en Dan. 12:6, 7). Representa simbólicamente la pureza (en este texto) y también las acciones justas.

19:9. El banquete viene de Isaías 25:6, y la imagen de la recompensa del tiempo del fin se desarrolló en la tradición judía (ver el comentario sobre Apoc. 19:7).

19:10. El Apocalipsis parece impulsar la imagen de los cristianos que adoran en la tierra con los ángeles, en comunión con la adoración que tiene lugar en el cielo (un punto de vista muy común en el judaísmo); pero el libro simultáneamente rechaza las ideas de los que oraban a los ángeles y los ensalzaban (los amuletos y los encantamientos prueban que algunos judíos invocaban a los ángeles). La mayor parte del judaísmo primitivo relacionaba al *Espíritu de Dios con el espíritu de la *profecía. Para Juan, todos los testigos de Jesús que dependían del Espíritu (idealmente todos los cristianos) eran profetas en el sentido más amplio del término. De hecho, el testimonio decoroso de Jesús distinguía a los verdaderos profetas de los falsos (1 Jn. 4:1-6), una cuestión importante para algunos lectores del libro (Apoc. 2:20).

19:11-16
La invasión final

Esta sección es el clímax decisivo del libro, lo que los lectores han estado esperando desde 1:7. Todos los ejércitos previos y juicios eran nada más preámbulos a la venida del último Rey de reyes montado en un caballo blanco.

19:11. Los príncipes romanos montaban caballos blancos en los desfiles militares; el emperador Domiciano montaba uno semejante e iba detrás de su padre y su hermano cuando celebraban el triunfo sobre los judíos en el año 66-70 d. de J.C. Pero la imagen de Jesús regresando en un caballo blanco, combinada con el título "Rey de reyes" (19:6), posiblemente comunica la idea que Jesús es descrito como un rey parto (cf. 6:2), con todo su ejército montado en caballos blancos (19:14). Los reclamos presuntuosos del emperador y de todos los que eran como él son como nada ante el verdadero rey divino del cielo.

La imagen apunta a Dios que sale como guerrero a favor de su pueblo (p. ej., Isa. 31:4; 42:13; 59:16-18; Hab. 3:11-13; Zac. 14:3; cf. Éxo.15:3). Esta es la "guerra santa" definitiva que anticipaban el AT, los *Rollos MM, los zelotes y el pueblo judío, aunque no todas estas fuentes esperaban que la liberación y los ejércitos vinieron directamente del cielo.

19:12. En cuanto a los "ojos como llamas de fuego" ver el comentario a 1:14 (Dan. 10:6); las diademas (en contraste con muchas referencias del NT con respecto a las "coronas", la mayoría de las cuales se refieren a las guirnaldas de los vencedores) eran para los gobernantes. El hecho de que nadie conoce su nombre simplemente es una forma de decir que nadie tiene poder sobre él (los magos antiguos decían que podían coaccionar a los espíritus una vez que sabían sus nombres); cf. Apoc. 2:17.

19:13. Las vestiduras de Dios estaban manchadas con la sangre del lagar de Isaías 63:2, 3, cuando Dios vengó a sus siervos trayendo juicio (cf. Apoc. 14:17-20). Una tradición judía conecta naturalmente este texto con la idea de Génesis 49:10, 11, leyendo este último como una proclamación de que el *Mesías guerrero manchará sus vestidos con sangre. Compare Sabiduría de Salomón 18:15, 16, donde Dios sacrifica al primogénito de Egipto, lo que se describe simbólicamente como su Palabra que surge del cielo como un potente guerrero; su mandamiento sale como una espada afilada y aguda (cf. Apoc. 19:15).

19:14. El AT habla de los ejércitos del cielo (2 Rey. 2:11; 6:17; Isa. 66:15; Hab. 3:8; cf. Sal. 68:17; Jer. 4:13), aunque allí se describe a los ejércitos de Dios con carros y en este pasaje montados a caballo, el método de ataque de los partos. En cada caso la dramatización presenta a los agresores más devastadores conocidos en los días del escritor. Los caballos blancos se consideraban generalmente como superiores y se les asociaba con la realeza y con los ejércitos partos, más que con otros pueblos. La mayoría de los judíos palestinos creía que Israel participaría en la batalla final (*Rollos MM; cf. Sal. 149:6-9), pero en este caso, la imagen presentada parece ser el ejército angelical (al que se consideraba formado de guerreros montados a caballo, 2 Macabeos, *4 Macabeos).

19:15. Las palabras que salen de la boca de Dios pueden describirse como una espada (Os. 6:5; cf. las *Similitudes de Enoc) y sus decretos como una vara (Isa. 11:4); la boca del siervo de Isaías parece una espada puntiaguda (Isa. 49:2). (El escritor de *4 Esdras 13 también describe un fuego que sale del *Mesías para devorar a los impíos. Se dice que el fuego representa la *ley de Dios. En los *Salmos de Salomón 17:24 y 35, 36, el *Mesías golpea a las naciones de la tierra con la palabra de su boca. Esta idea hay que entenderla de manera más literal y no como las órdenes de un comandante, como ocurre en Judit 2:2, 3, si bien este último ejemplo podría ser lo que la imagen significa.) La espada de Dios se describe como el instrumento de juicio (Isa. 34:5; Jer. 12:12; 47:6), especialmente en el tiempo del fin (Isa. 66:15, 16). La espada era un símbolo romano del derecho que ostenta la autoridad sobre la vida y la muerte (pena capital), pero aparece en todos los profetas del AT como una imagen de juicio por medio de la guerra.

19:16. En la Roma antigua, se marcaba a los caballos en el muslo, pero a la gente no se la marcaba así (cf. Éxo. 28:36-38). En su conjunto esto es un símbolo; todos en el Apocalipsis se identifican por un nombre (p. ej., 7:3; 13:16). "Rey de reyes" era el título del rey de los partos, pero la tradición judía ya lo aplicaba a Dios mucho antes de que los partos lo empezaran a usar; significa el rey soberano que reina sobre todos los reyes de la tierra (ver el comentario sobre 17:14; cf. Deut. 10:17; Dan. 2:47; Zac. 14:9).

19:17-21
La derrota de los impíos

19:17, 18. A los santos se les ha preparado un banquete (19:7-9), y a las aves otro (19:17, 18). El Apocalipsis toma la imagen de este pasaje de Ezequiel 39:17 (cf. Isa. 49:26; Sof. 1:7), describe lo que ocurre después de la batalla final con Gog (cf. Apoc. 20:8). La descripción de la destrucción final de los poderosos opresores (cf. los *Oráculos Sibilinos) alentó a los cristianos perseguidos que escucharon este libro.
19:19. En esta descripción del fin, son los ejércitos, más que la totalidad de la población de las naciones, los que son destruidos (cf. 20:8); los diferentes puntos de vista que tenían los judíos acerca del carácter de la guerra final tratan de reconciliar las diferentes imágenes *veterotestamentarias del fin.
19:20, 21. Algunos de los detalles que se mencionan aquí (el juicio por medio de fuego, la derrota de *Satanás y sus huestes, con especial atención a los líderes impíos) son elementos comunes en los relatos del tiempo del fin; otros pertenecen en particular a la historia contada por Juan (el emperador impío y su ministro de propaganda y hechicería arrojados vivos al lago de fuego). Cf. Isaías 30:33 y Daniel 7:11.

20:1-6
El reino de los mil años

Muchos textos judíos describen un reino intermedio entre los reinos presente y futuro. (Ha sido tema de debate desde los primeros siglos de la historia de la *iglesia la cuestión de si el período es literal o figurado en el Apocalipsis, y si es figurado, qué es lo que representa. Los "Amilenaristas" como Agustín, Calvino y Lutero normalmente consideran el período como representativo de la era presente, mientras que los "premilenaristas" como Ireneo, Justino Mártir e Isaac Newton han entendido el período como futuro y posterior al retorno de *Cristo. Los "postmilenaristas" como George Whitefield, Jonathan Edwards y Charles Finney han pronosticado un período milenial futuro que precede al retorno de Jesús; este último concepto es generalmente raro hoy. Los que toman el milenio del Apocalipsis en el sentido de un período futuro, generalmente lo consideran como un factor determinante para la inminencia absoluta del fin, algo que de otro modo podría deducirse de 1:3. La estructura de la *narración aquí [19:20; 20:4, 10], cuando se lee en forma natural, lleva a concluir que se refiere a un período futuro, pero algunos han objetado que leerla así no cuadra con otros pasajes bíblicos y han recurrido a la naturaleza cíclica del resto del Apocalipsis. El comentario sigue la narración como está, en vez de tomar partido de si debe entenderse de manera figurada o no, qué es lo que la figura quiere decir o si se trata simplemente de un recurso literario apocalíptico. Todas estas posiciones se sirven de la presencia de reinos intermediarios que aparecen en muchos apocalipsis antiguos, para defender su posición.) Apocalipsis 20 y lo que sigue, explican de manera especial los últimos capítulos de Ezequiel: la *resurrección de Israel (cap. 37), la guerra con Gog y Magog (caps. 38, 39) y el templo de la nueva Jerusalén (caps. 40—48).
20:1-3. Con respecto al dragón/serpiente ver el comentario sobre Apocalipsis 12:3 y 9. Muchos textos judíos primitivos hablan de ángeles maléficos que están "atados", es decir, encadenados y encerrados hasta un tiempo determinado, por lo general el día del juicio (consulte especialmente *I Enoc; cf. Tobías,

*Jubileos y el *Testamento de Salomón). Muchos textos judíos incluyen un período intermedio entre las edades presente y futura; en algunos de ellos es una edad de paz *mesiánica, pero en otros es la tribulación final que vino a ser llamada "dolores mesiánicos". El tiempo que dura el período intermedio final varía en aquellos antiguos textos judíos que lo incluyen, y produce cantidades diversas tales como cuarenta años, tres generaciones, cuatrocientos años y casi un número igual de consideraciones como hay opiniones escritas, contando a veces por "semanas" o jubileos de años. Algunas antiguas tradiciones judías dividieron la historia en siete períodos de mil años, y de todos estos el último sería una era de paz. (*Platón habla de un período de mil años entre la muerte y la reencarnación como el estado intermedio de la vida futura de los griegos, y puede haber influenciado a la cifra judía, cf. también el Fénix de la mitología griega, discutido por los *rabinos, pero esto no es muy probable. La tendencia *apocalíptica de dividir la historia en edades, añadida a la idea natural de manejar un número redondo como mil años, [cf. el número cien en Isa. 65:20] y especialmente la aplicación judía del Sal. 90:4 a los siete días de Gén. 1, son suficientes para explicar la cantidad del período basándose en términos meramente judíos.)

20:4. La *resurrección de los justos formaba parte de las esperanzas judías; el reino subsiguiente del pueblo de Dios con Dios es menos frecuente pero también aparece en la literatura judía (en el AT, cf. p. ej., Isa. 60:5; Dan. 7:14, 18). A los ciudadanos romanos se les ejecutaba decapitándolos (con hachas en otros tiempos, pero con espadas en el siglo primero), se les golpeaba, se les vendaban los ojos y se les obligaba a arrodillarse.

20:5, 6. El castigo del resto de los muertos después de un intervalo de tiempo es probablemente lo que sugiere Isaías 24:21, 22, aunque Daniel 12:2 (como algunos textos del NT) no distingue el tiempo entre la *resurrección de los justos (después de la tribulación que menciona Daniel, Dan. 12:13) y el de los condenados. Los textos judíos a veces hablaban de una "segunda muerte" de los impíos en el juicio. Con respecto a los sacerdotes que reinan ver Apocalipsis 1:6.

20:7-10
La necedad de Gog y Magog

20:7, 8. Gog, el príncipe en la tierra de Magog, aparece como el enemigo final de Israel en Ezequiel 38—39, después del recogimiento de Israel y quizás después del tiempo de la resurrección (cap. 37). Aunque los eruditos discuten acerca de quién podría ser la persona que Ezequiel tiene en mente, están de acuerdo con que los enemigos son del norte (como la mayoría de los enemigos de Israel en ese período), *Josefo los identifica con los Sitianos. Gog y Magog entonces aparecen repetidamente en los textos judíos como los mayores enemigos finales de Israel (textos *rabínicos, textos *apocalípticos, *Rollos MM). Muchos maestros judíos esperaban una conversión masiva de los paganos al judaísmo durante el período *mesiánico seguido de una intensa apostasía durante el tiempo de Gog y Magog. El ejército de las naciones es llamado el ejército de Belial (de *Satanás) en los *Rollos MM (aunque este texto se refiere más bien a la batalla de Apocalipsis 19).

20:9. Algunos textos judíos describían un muro de fuego alrededor de Jerusalén (basándose en Zac. 2:5; cf. Éxo. 13:21), y otros hablaban de fuego que caía del cielo para consumir a los enemigos (los *Oráculos Sibilinos; basados en juicios como los que encontramos en Gen. 19:24; Lev. 10:2; 2 Reyes 1:10); consulte especialmente Ezequiel 39:6. En las *Similitudes de Enoc, los ángeles incitan a los partos a invadir la Tierra Santa, pero el suelo se abre para tragarlos. Los *Rollos MM llaman a la comunidad remanente el "campo de los santos", una descripción que también se asemeja a Israel en el desierto mientras espera para entrar a la Tierra Santa. En cuanto a la unión de las naciones contra el pueblo de Dios, ver p. ej., Zac. 12:3 y 14:2 y el comentario sobre Apocalipsis 16:13-16.

20:10. El judaísmo pronostica además la derrota final y el juicio de *Satanás, una posición que está en armonía con el punto de vista *veterotestamentario de que Dios iba a reinar sin oposición eternamente, después del día del juicio.

20:11-15
El juicio final

20:11. Aunque muchos escritores han acentuado un juicio de las almas en el momento de la muerte (algunos escritores completamente *helenizados como *Filón, mostraron poco interés en una resurrección y un juicio futuros), el judaísmo tenía mucho que decir tocante al día del juicio ante el trono de Dios al fin de la era. La imagen de un cielo nuevo y una tierra nueva (cf. Apoc. 21:2) está tomada de Isaías 65:17.

20:12. Muchos textos primitivos judíos mencionan unas tablas celestiales (*Jubileos, *1 Enoc, 2 y 3 Enoc, Testamento de Abraham), y contienen crónicas de la historia humana o de las leyes de Dios, los ángeles anotaban continuamente los pecados del pueblo. "Abrir" los libros significa que todo estaba a punto de ser descubierto (ver p. ej., *4 Esdras). El juicio final será público, no habrá manera de esconder la vergüenza.

La imagen del "libro de la vida" aparece en el AT (Éxo. 32:32, 33; Dan. 12:1; Mal. 3:16) y se desarrolló en la literatura judía posterior (p. ej., *Rollos MM, *Jubileos). Todos serían juzgados según sus obras (Sal. 62:12; Prov. 24:12; Jer. 17:10; 32:19; Eze. 18:30), pero las obras pecaminosas borradas por un verdadero arrepentimiento no contarían en contra de los justos (Eze. 18:21, 22).

20:13, 14. Los textos judíos hablaban a menudo del día final en el cual los impíos serían arrojados al abismo de fuego (p. ej., *1 Enoc). El "Hades" era la morada de los muertos (llamada así por la deidad griega del inframundo, pero no asociado con ella en los textos judíos), y equivalía al Seol o reino de los muertos del AT. En muchos textos judíos, como este, los impíos eran guardados ahí y reservados bajo juicio para su destrucción final o el lugar de tortura.

20:15. La mayoría del pueblo judío creía que todos los judíos normales (es decir, los que seguían el judaísmo) serían salvos, junto con un porcentaje pequeño de justos de diversas naciones (*gentiles), el resto sería condenado. La fe de Israel siempre había sido exclusivista (se adoraba a un ser supremo: Dios; Juan añade aquí a este exclusivismo diciendo que solo por medio de *Cristo a Dios se le adora en verdad; cf. 1 Jn. 2:23); los profetas del AT proclamaron un día de juicio en el que se llamaría a las naciones y a Israel para ser juzgados. Arrepentirse entonces será demasiado tarde.

21:1-8
La promesa del mundo venidero

Algunos *oráculos paganos presagiaban una era futura de felicidad, pero la esperanza de una era futura de paz, bajo el gobierno exclusivo de Dios, es distintivamente una esperanza común de judíos y cristianos que tiene sus raíces en el AT.

21:1. Isaías ya había anunciado cielos y tierra nuevos (Isa. 65:17; 66:22); el punto de enfoque de esta nueva creación sería la nueva Jerusalén (Isa. 65:18). Muchas representaciones judías de la era venidera (p. ej., 1 Enoc, *Jubileos y *Seudo-Filón) enfatizan los cielos y tierra nuevos. Algunos textos judíos hablaban de la renovación de la primera creación; otros hablan de que serían sustituidos por una nueva creación. Apocalipsis mantiene esta última posición. Muchos textos describen el tiempo del fin en términos del comienzo, como una restauración del paraíso (ver el comentario sobre 22:1-5); en este pasaje la nueva creación recuerda la bondad de la primera creación antes de que fuera manchada por el pecado (Gén. 1:1).

Las predicciones acerca de la evaporación del mar (tal vez en los *Oráculos Sibilinos 5:157-159, aunque en 5:447-449 el secado de los mares no significa para la navegación la desaparición del agua) eran menos comunes en los *apocalipsis. Algunos comentaristas se refieren a los mitos cananeos antiguos, pero no eran suficientemente contemporáneos ni conocidos a los lectores del libro de Juan. La desaparición del mar en este pasaje puede ser la adaptación de una lectura más literal (y típicamente judía antigua) de Isaías 65:17 que menciona el cielo y la tierra, pero no menciona el mar. Otra explicación puede ser el vínculo simbólico del mar con los poderes inicuos primitivos que menciona el Apocalipsis (las fronteras del imperio romano en 13:1).

21:2. Como cualquier otra ciudad, "Jerusalén" quiere decir tanto el lugar como la gente que la habitaba; se puede decir que la nueva Jerusalén es una novia porque sus residentes son una novia (19:7). Las *encomia* (alabanzas) grecorromanas a las ciudades se referían a menudo a sus habitantes, y el pueblo judío estaba familiarizado con las personificaciones *veterotestamentarias del pueblo de Dios como su novia. Los escritores judíos contemporáneos (p. ej., Tobías, 2 Macabeos, Eclesiástico, *Filón y *Josefo) así como las monedas judías también llamaban a Jerusalén la "ciudad santa" (en el AT cf. Neh. 11:1, 18; Isa. 48:2; 52:1; 62:12); el pueblo judío (p. ej., el Manuscrito del Templo de *Qumrán) veía a esta ciudad como la más santa de todas.

Los judíos piadosos oraban a Dios todos los días para que restaurara a Jerusalén. La nueva Jerusalén, una figura *veterotestamentaria (Isa. 65:18), llegó a ser para todo judío la esperanza natural para el futuro, ya se tratara de una Jerusalén renovada o purificada (Tobías, *Salmos de Salomón) o (como en este caso) una ciudad de arriba (probablemente 4 Esdras); una ciudad "del cielo" sería perfecta, habiendo sido construida por Dios mismo (una esperanza que encontramos en algunos textos). En algunos *apocalipsis (*2 Baruc), los justos morarán en lo alto. En la literatura primitiva judía como en los *Jubileos, Dios descendería y moraría con su pueblo.

21:3. El tabernáculo siempre había simbolizado la morada de Dios en medio de su pueblo (Éxo. 25:8, 9; 29:45; 1 Rey. 6:12, 13); Dios también había prometido "residir" entre su pueblo como parte de su pacto (Lev. 26:11, 12), especialmente en el mundo sin pecado que estaba por venir (Eze. 37:24-28; 43:7-10; Zac. 2:11).

21:4. Estas descripciones aluden especialmente a Isaías 25:8; 35:10; 51:11 y 65:16-19.

21:5. Con respecto a la promesa de una nueva creación futura, ver el comentario sobre 21:1. En cuanto a la Sabiduría divina "haciendo nuevas todas las cosas" espiritualmente en el presente, cf. Sabiduría de Salomón 7:27.

21:6. Con respecto al Alfa y la Omega, ver el comentario sobre 1:8. Se describe a la era futura como con agua abundante (p. ej., Isa. 35:1, 2; Eze. 47:1-12; ver el comentario sobre 22:1); y en cuanto a la oferta de agua a los que obedecen, cf. Isaías 55:1.

21:7. El AT afirma que Dios había llamado a los israelitas para que fueran sus hijos (el lenguaje también continúa en la literatura judía subsiguiente); los que llegaron a ser sus hijos eran parte de la comunidad del pacto y participaban de sus promesas para el futuro. Dios prometió que su pueblo que perseverara también heredaría el mundo venidero (Zac. 8:12). El modelo del pacto en el AT (también en *Jubileos) es "yo seré su Dios y ellos serán mi pueblo".

21:8. Una parte de la promesa en el AT (p. ej., Isa. 66:24) y en la literatura judía era que los justos que perseveraban no tendrían que compartir el mundo venidero con sus opresores. Las listas de vicios eran comunes en muchos textos. "Mentir" puede referirse a la idolatría (Isa. 44:20; Jer. 10:3) o a la falsa enseñanza (1 Jn. 2:22), y caracterizaba al culto imperial y a los falsos profetas a los que el Apocalipsis se opone. La mayoría de los demás pecados en la lista son cometidos por los perseguidores de la *iglesia o por los apóstatas.

21:9-27
La gloria de la nueva Jerusalén

Los *retóricos muchas veces demostraban sus habilidades literarias describiendo y enalteciendo ciudades magníficas como Roma (Aelius Aristides) o Atenas (Isócrates), Juan aquí describe a la más grande de las ciudades. Su *encomium* es acerca de una ciudad renovada cuyo prototipo era también amada y ensalzada en el AT (p. ej., Salmo 48) y cuya gloria futura era la esperanza de los profetas (p. ej., Eze. 40—48). Aun la gloria presente de Jerusalén puede ser exagerada y elaborada para conformarla a los esquemas utópicos de los griegos, como ocurre con la Epístola de *Aristeas 116.

La literatura judía ulterior a Ezequiel también se deleitaba a menudo en describir la gloria de la nueva Jerusalén (p. ej., Tobías 13:9-18 y 5Q 15 que contiene una descripción de la ciudad encontrada en los *Rollos MM e inspirada en Eze. 40—48; literatura *rabínica), como parte de su alabanza a Dios por la futura liberación.

Algunas descripciones judías del fin destacaban el retorno a sus raíces agrícolas-pastoriles, sin desdeñar la existencia urbana (*Oráculos Sibilinos 3:744-751), pero el NT y la literatura judía más contemporánea a menudo son más urbanos que la mayoría de las descripciones del fin que encontramos en el AT. El simbolismo del paraíso se adaptó para hacerlo más relevante a las culturas modernas.

21:9. En la idea judía del compromiso, una mujer prometida, es decir una novia, podía ser considerada como una esposa (como en 19:7).

21:10. La descripción de la revelación en 21:9, 10 es exactamente paralela a la de 17:1-3. Los antiguos *retóricos enseñaban por lo general contraponiendo caracteres, y el contraste entre Babilonia la ramera y la nueva Jerusalén la novia, es explícito e intencional. Los que educaban a los oradores públicos enfatizaban la lucidez en las descripciones, y esta descripción en particular ejemplifica estas características.

Los textos *apocalípticos a veces usaban una montaña que alcanzaba al cielo para dar visibilidad (*1 Enoc 17:2; cf. 18:6-8; 24:1-3; 77:4; Mat. 4:8). Se creía que Jerusalén también estaba sobre la cima de una montaña (Epístola de *Aristeas 83-84, 105-106; a menudo en el AT, p. ej., Joel 2:1), la imagen aquí está fundamentada en Ezequiel 40:2.

21:11. El énfasis en la riqueza de la nueva Jerusalén traería a la mente de los lectores judíos más viejos la gloria del templo, cuyas puertas estaban adornadas con oro y plata; Juan declara que toda la ciudad compartirá la gloria del templo. Dios pondrá su gloria en su pueblo en el tiempo del fin (p. ej., Isa. 60:1-3; Eclesiástico 36:14). Los escritores judíos hablaban de piedras preciosas luminosas sobrenaturales que emitían luz por sí mismas.

21:12, 13. El texto de *1 Enoc relaciona las doce puertas del cielo con las doce señales del zodíaco, pero el Apocalipsis une las puertas con las doce tribus, cada tribu en su propia posición, como ocurrió en el AT cuando vagaban por el desierto y más tarde en la tierra prometida. En el Rollo del Templo (uno de los *Rollos MM), algunos pietistas judíos notaron que las tribus serán rememoradas en las doce puertas que rodean al nuevo templo (tres en cada uno de los cuatro lados). La imagen proviene de Ezequiel 48:31-35.

21:14. Cuando Jesús enumeró a sus primeros apóstoles explicó la continuidad que había entre éstos y las doce tribus del AT (ver la introducción a Hechos 1:15-26). Los cristianos de Asia podrían fácilmente reconocer el simbolismo (Efe. 2:20).

21:15. La "caña de medir" viene de Ezequiel 40:3. Se midió la ciudad para producir admiración en las grandes promesas de Dios y que de este modo se *arrepintieran (Eze. 40:4; 43:10, 11). Los *Rollos MM también enfatizan las medidas del futuro templo en un intento de llamar a los lectores a perseverar hasta la era venidera.

21:16. El hecho de que las dimensiones son iguales por todos sus lados indica que la ciudad es un cubo, como el lugar santísimo en el templo del AT (1 Rey. 6:20), indicando con ello que la presencia de Dios siempre estará con ellos en toda su intensidad. La ciudad de Ezequiel también era cuadrada, aunque no precisamente un cubo (48:32-34; cf. 45:2; 48:16, 20); pero el cubo ilustra el propósito de Ezequiel 48:35 (la presencia de Dios), de manera aún más gráfica. En algunas tradiciones judías, la futura Jerusalén se expandirá en todas direcciones (basadas en Isa. 54:2, 3) y llegará a ser tan alta que ascenderá hasta el trono de Dios (Eze. 41:7). Ninguna de estas descripciones es literal; si es difícil respirar en la cima de una alta montaña (de más o menos siete kilómetros de altura), entonces una ciudad de más de dos mil kilómetros de altura no sería muy práctica (por lo menos según las leyes más modernas de la física). Juan también usa el término "doce mil" en otro pasaje (7:4-8).

21:17. Este muro está desproporcionado con el resto de una ciudad de tres mil kilómetros de altura, pero este punto refuerza su carácter simbólico. Las antiguas ciudades importantes siempre tenían muros, por eso Juan también incluye uno. Aunque Juan podría haber excluido los muros (Isa. 60:18; Zac. 2:4, 5) como hace con el templo (Apoc. 21:22), enfatizando que estos no serían necesarios por la falta de agresores, entonces no habría podido incluir el significado simbólico de las puertas (ver el comentario sobre 21:12-14). Los textos *apocalípticos (2 Enoc) a veces llaman a los ángeles "hombres" y los ángeles a menudo aparecían en forma humana en la literatura judía y en el AT.

21:18. Las descripciones judías de las piedras preciosas y costosas, usadas para construir la nueva Jerusalén, incluyen un trabajo milagroso, como el oro purísimo que se veía como vidrio cristalino. Todo cuadra con este *género literario. El metal se utiliza en los espejos logrando así una perfecta imagen.

21:19, 20. Las doce piedras se usaban normalmente en el AT (Éxo. 28:17-20; Jos. 4:2, 3) y en el judaísmo (p. ej., *Seudo-Filón) para significar las doce tribus. La imagen es de Isaías 54:11, 12, donde cada parte de la ciudad (muros, cimientos, puertas, etc.) está construida con piedras preciosas. Los textos en los *Rollos MM interpretan figurativamente este pasaje de Isaías y lo aplican a los justos, que mostraban la gloria de Dios (incluyendo a los doce líderes de la comunidad). Tobías lo aplica literalmente a la futura Jerusalén pero incluye calles que aclaman a Dios.

Es probable que la lista que encontramos en Ezequiel 28:13, en la versión de la *LXX donde enumera una variedad de piedras preciosas, tenga que ver con Apocalipsis 17:4, pero el uso de doce piedras preciosas diferentes, cada una significando a una tribu de Israel, proviene de Éxodo 28:17-20; la lista de Juan equivale aproximadamente a la hebrea del Éxodo. (Tanto *Josefo como *Filón vinculan las doce piedras en el pecho de Aarón con los doce signos del zodíaco, pero Juan de manera característica evita las asociaciones con la astrología que algunos escritores asocian con los símbolos que Juan emplea).

21:21. En Tobías 13 las calles de la nueva Jerusalén están pavimentadas con piedras preciosas, y sus muros y torres son de oro puro. Algunos *rabinos explican que las puertas de la nueva Jerusalén serán hechas de perlas gigantes y de piedras preciosas. Había una leyenda que decía que cierto hombre que se burló de la exposición que hizo un rabino acerca de las perlas se hundió en el fondo del mar, y allí vio a los ángeles que construían las puertas del nuevo templo; más tarde pagó el precio por su irreverencia cuando el rabino lo deshizo con el poder de sus ojos. Pero la fuente principal del simbolismo de las piedras preciosas en la ciudad futura es Isa. 54:11, 12. "Calles" (DHH, 11:8) probablemente se refiere a la calle principal que pasa por la ciudad, como en los pueblos bien trazados según el modelo griego.

21:22. Una de las esperanzas fundamentales del judaísmo antiguo, recitada diariamente en las oraciones, era la restauración y renovación del templo (una esperanza que encontramos en Eze. 40-48). Pero para Juan, toda la ciudad es el templo de Dios, es decir, su morada (ver el comentario sobre Apoc. 21:11, 16; Zac. 14:21), y Dios es su templo también.

21:23. La fuente de donde procede la luz de la ciudad es la gloria del Señor en vez del sol o la luna, esto está tomado directamente de Isaías 60:19, 20 (cf. la imagen de 24:23; 30:26). Muchos maestros judíos subrayaron que la luz de Dios llenaría al mundo venidero.

21:24. Las naciones se reunirán en Jerusalén para la adoración y para ofrecer tributo en el tiempo del fin (p. ej., Isa. 60:3-22; Jer. 3:17; Zac. 14:16-19; cf. Tobías 13:11, 12; ver el comentario sobre Apoc. 3:9), trayendo su gloria a él (Isa. 66:12) y dependiendo de su luz (Isa. 60:1-3).

21:25, 26. Como las puertas de las antiguas ciudades, las puertas del templo en la vieja Jerusalén se cerraban durante la noche (cf. también las puertas cerradas en Eze. 46:1); pero en el mundo venidero, las puertas de Jerusalén nunca se cerrarán, porque la gente que trae tributo vendrá a ellas y no los opresores (Isa. 60:11). El Apocalipsis agrega que las puertas quedarán abiertas porque no habrá noche, el Señor será la luz (21:23; cf. Isa. 60:19, 20). La noche también está asociada con la brujería, los demonios y los ladrones, y se consideraba como un tiempo excelente para quedarse en casa. Ver el contraste con la ciudad de la riqueza en Apocalipsis 18:11-19.

21:27. Los parias (p. ej., las prostitutas) algunas veces vivían fuera de las puertas de las ciudades, pero aquí tenemos a la vista una observación tomada del AT. No habrá más abominaciones en la casa de Dios (Zac. 14:21) ni incrédulos en Jerusalén (Joel 3:17). Los inmundos siempre han estado excluidos de la casa de Dios mientras permanecen en ese estado; este texto se refiere a la impureza espiritual o moral. Toda la ciudad es el templo de Dios o su morada (21:3, 16, 22).

22:1-5
El nuevo paraíso

El AT a veces presenta figurativamente la restauración de Jerusalén empleando palabras que describen el paraíso (Isa. 51:3), pero fueron los textos judíos más recientes los que de manera especial desarrollaron las escenas del tiempo del fin como la restauración o amplificación del paraíso original. Tales textos presentan al paraíso como la casa de los justos y al *Gehena como la morada de los impíos.

22:1. Los ríos del paraíso en Génesis 2:10 y las aguas de Jerusalén (Sal. 46:4) pueden proveer el trasfondo para el cuadro que aquí tenemos; la alusión inmediata, sin embargo, es a los ríos de agua que fluyen del templo de la nueva Jerusalén en Eze. 47:1-11 (cf. Joel 3:18; Zac. 14:8). (Las Antigüedades de *Josefo 1.1.3, 38, emplean el concepto geográfico griego de *oceanós* y afirmaban que el jardín del Edén era regado por un río que circundaba la tierra y que se dividía en cuatro:

Ganges, Éufrates, Tigris y Nilo. *Filón naturalmente identificó al río con la virtud, que fluía del Edén, que era la Sabiduría; interpretación Alegórica 1.19, 65. Juan podría aludir al *Espíritu; cf. Juan 7:37-39.)

22:2. La descripción del "árbol de la vida" es de Ezequiel 47:12, que habla de muchos árboles que producen fruto cada mes (en comparación con los que producen solo en una temporada del año) y hojas para sanar. Juan modifica los "árboles" de Ezequiel para incorporarlos a su alusión al paraíso (p. ej., *4 Esdras), el "árbol de la vida" proviene de Génesis 2:9. Las tradiciones judías más recientes explican más la figura. (Algunos textos judíos hablan de doce árboles, uno para cada mes, en un paraíso de cuatro ríos, entretejiendo las características de Ezequiel y Génesis en una manera similar a la del Apocalipsis. Los textos judíos frecuentemente conectan los doce meses con las doce tribus y con las constelaciones, pero Juan evita asociaciones astrológicas aquí como en otros pasajes.)

22:3. La revocación de la condenación está tomada de Zacarías 14:11, y en este contexto se refiere a la anulación de la condena del Edén (Gén. 3:16-19).

22:4. El rostro de Dios, que estuvo en un tiempo oculto (Éxo. 33:20) ahora es contemplado por su pueblo (cf. el comentario sobre Juan 1:14-18). En cuanto a la escritura en la frente, ver el comentario sobre Apocalipsis 7:3; el punto que se hace patente es que el pueblo de Dios le pertenece solamente a él.

22:5. Las visiones judías del futuro a veces incluyen a los justos con un resplandor como el del sol o las estrellas (*1 Enoc 8:19; Eclesiástico; *4 Esdras; literatura *rabínica; cf. Éxo. 34:29; Dan. 12:3); en cuanto a Dios alumbrando a su pueblo, ver el comentario sobre 21:23. Los justos que resplandecen y reinan en el futuro se combinan en la Sabiduría de Salomón 3:7, 8.

22:6-21
Anuncios finales

La revelación y la exhortación divinas van de la mano. Por ejemplo, en la alabanza que Tobías rinde a Dios (Tobías 13:1-17) está incluida una descripción de la Jerusalén final (13:9-17) y un llamado al *arrepentimiento para Israel (13:6).

22:6, 7. "Fiel y verdadero" puede referirse al testimonio que es también una fórmula de juramento (cf. 3:14; 22:18; Jer. 42:5), que verifica la veracidad de la revelación. El "Dios de los espíritus de todo ser humano" es un título que el AT da a Dios (Núm. 16:22) acreditado en textos judíos subsiguientes (p. ej., *Jubileos; y diversas inscripciones) y textos samaritanos. "Señor de Espíritus" es también un título divino (*Similitudes de Enoc; cf. expresiones similares en los *Rollos MM). Aquí Juan específicamente identifica a Dios con los profetas.

22:8, 9. Efesios y Colosenses sugieren que algunos cristianos judíos en Asia Menor estaban asignando un papel desorbitado a los ángeles; si aquí se refiere a ese error, entonces este pasaje también lo refuta (cf. Apoc. 19:10).

22:10. Se le dieron instrucciones a Daniel de que sellara sus palabras hasta el fin del tiempo (Dan. 12:4, 9); algunas de sus visiones eran aplicables solo al futuro (8:26; 10:14; cf. Jer. 23:20; 30:24; *1 Enoc 100:6). Por contraste, la revelación de Juan debía ser comprendida en su propia generación como también en las subsecuentes (que afectará en la manera en que las generaciones subsiguientes comprendan el libro). Ver el comentario sobre 5:1.

22:11. El justo seguiría santificándose, pero el impío seguiría en su impiedad (Dan. 12:10). La exhortación de Juan aquí se asemeja a una invitación burlona, dejen que los que rechazan a Dios lo hagan, pero pagarán las consecuencias (Eze. 3:27; cf. Jer. 44:25; Amós 4:4, 5; Ecl. 11:9; los *Oráculos Sibilinos 3:57-59).

22:12. El AT y el judaísmo acentuaban que

Dios es justo y que recompensará a su pueblo (p. ej., Gén. 15:1; Sal. 18:20; 19:11; Isa. 49:4; *4 Esdras). Que Dios dará a cada persona según sus obras, también era una enseñanza del AT (p. ej., Sal. 62:12; ver el comentario sobre Apoc. 20:12).

22:13. Hay un procedimiento literario llamado inclusión que se usaba para aislar una sección del texto empezándola y terminándola con la misma nota. La mayor parte del Apocalipsis está encuadrada por el anuncio de que el Señor de la historia es tanto el Alfa como la Omega, el principio y el fin (1:8; ver el comentario sobre ese versículo).

22:14. Con respecto a las ropas lavadas, cf. 3:4, 5 con 7:14, y ver el comentario sobre 3:4; en cuanto al árbol de la vida, ver el comentario sobre 22:2.

22:15. Por "perros" probablemente da a entender la inmoralidad sexual, específicamente las prostitutas impenitentes (Deut. 23:17, 18). En otras partes del Apocalipsis el culto imperial, combinado con la hechicería caracterizaba el estilo de vida de los *gentiles. Ver también el comentario sobre 21:8 y 27; cf. con Génesis 3:24.

22:16. La expresión "raíz de David" viene del "tronco de Isaí" (el padre de David) en Isaías 11:1, el retoño que sale del tronco del linaje de David, después de que sus descendientes habían perdido el trono. Algunos comentaristas sugieren que "raíz" invierte la imagen, convirtiéndola en la fuente de David. La estrella de la mañana es Venus, el heraldo del alba (cf. Apoc. 2:28), que en este caso probablemente es una alusión a Números 24:17, la estrella que desciende de Jacob (Israel) y que está destinada a reinar y aplastar a los enemigos del pueblo de Dios. (Los *Rollos MM también aplican Núm. 24:17 al *Mesías triunfante.

22:17. El judaísmo antiguo en manera especial relacionó al *Espíritu con la *profecía. Todo el que oye la invitación debe unirse a la profecía y los que tienen sed deben tomar libremente (Isa. 55:1) del agua que se menciona en 22:1.

22:18, 19. Las palabras del pacto o del libro divinamente constituido no debían ser alteradas (Deut. 4:2; 12:32; cf. Prov. 30:5, 6). Los pactos incluían a menudo maldiciones contra los que los violaban; los que seguían a los ídolos atraían sobre sí todas las maldiciones de Deuteronomio (29:20, 27). Tales reclamos a favor de la inspiración o la perfección de ciertos libros se hacían a menudo en tiempos más recientes (p. ej., *1 Enoc; *Josefo y la Epístola de *Aristeas reclamaban esta inspiración para la *LXX) para mantener su autoridad o para protegerlos contra la posibilidad de que editores posteriores interpusieran sus propias ideas, una práctica común en libros que no se consideraban como Escritura sagrada o inspirada.

22:20. La expresión "Ven Señor" traduce la oración *Marana tha* común en el cristianismo primitivo (ver el comentario sobre 1 Cor. 16:22), y refuerza el reconocimiento de los creyentes originales acerca de la deidad de Jesús. Con respecto al testimonio de los testigos al final de un documento, ver el comentario sobre Juan 21:24.

22:21. Esta era una expresión de despedida apropiada en la conclusión, que a menudo se añadía a las cartas cristianas (ver el comentario sobre Rom. 1:7).

GLOSARIO

Apocalipsis, apocalíptico(a), literatura apocalíptica. El uso más amplio del término hoy en día (y el que generalmente se utiliza en este comentario) se refiere al mundo del pensamiento literario que trata del fin del tiempo, en el que abundan los símbolos. El sentido más preciso del término corresponde a una categoría de literatura judía antigua que proviene de la *profecía *veterotestamentaria (especialmente de Daniel y partes de Isaías, Ezequiel, Zacarías, etc.) en cuyas visiones o viajes por los cielos se revelan los secretos divinos, normalmente relacionados con el futuro. El misticismo no futurista judío era un apocalipsis truncado que no daba importancia a las expectaciones futuras.

Apócrifos. Libros que no se hallan incluidos en el canon bíblico. Para los protestantes y los judíos estos libros que no son reconocidos como inspirados son: Tobías, Judit, Sabiduría de Salomón, Eclesiástico, Baruc, 1 y 2 Macabeos, adiciones a Ester y a Daniel. Los católicos llaman a estos libros Deuterocanónicos y los consideran como escriturales. Los libros 1 y 2 Esdras, Carta de Jeremías, Oración de Asarías, Oración de Manasés, entre otros son llamados *seudoepígrafos por los protestantes mientras que los católicos los llaman apócrifos. Algunos de estos libros circulan integrando las formas más populares de la *Septuaginta. El NT nunca cita expresamente estos libros con fórmulas escriturales, pero sí alude a ellos con frecuencia.

Apóstol. El término se aplica literalmente a un mensajero o comisionado; en el judaísmo tales mensajeros actuaban con la autoridad plena de quien los había enviado; su autoridad se extendía hasta donde eran fieles al mensaje del que los enviaba. En el AT el equivalente más cercano a los "apóstoles" de Dios, en este sentido, eran los profetas, aunque a los apóstoles se añadió la función de supervisar y evangelizar, algo que los profetas (de los dos Testamentos) no siempre realizaron. Los profetas que fueron comisionados con una autoridad especial para supervisar el avivamiento profético (p. ej., tal vez Elías, Eliseo, Jeremías) o para juzgar a Israel (p. ej., Débora, Samuel) son quizás los mejores modelos del AT.

Apuleyo. *Retórico del siglo II d. de J.C. aficionado a la magia e iniciado en la secta de Isis. Es famoso por su libro Metamorfosis; era conocido como el Asno de Oro.

Aquiba (Akiba). *Rabino de la primera parte del siglo II d. de J.C. cuyas opiniones llegaron a tener mucha influencia en el judaísmo rabínico. Después de suponer erróneamente que Bar Cochba era el *Mesías, fue despellejado por los romanos hasta morir. Murió recitando el credo básico del judaísmo: "El Señor es uno".

Aquiles Tacio. *Retórico del siglo II d. de J.C. que escribió Leucipo, una novela romance griega.

Arameo. Un idioma relacionado con el hebreo que fue el idioma internacional estándar del antiguo Medio Oriente antes de que la conquista de Alejandro Magno hiciera del griego el idioma estándar; todavía se hablaba extensamente en los días de Jesús en diferentes formas en Siria-Palestina y aún más lejos, hacia el oriente. La mayoría del pueblo judío que vivía en Palestina durante el siglo I probablemente hablaba tanto el griego como el arameo.

Aristeas, Carta de. Es la historia *seudoepígrafa de los setenta traductores de la *LXX y cómo ellos influenciaron en el faraón de Egipto. Se trata de un documento alejandrino probablemente del siglo II a. de J.C. que describe al judaísmo en forma positiva para los griegos.

Aristóteles. Célebre filósofo griego, nacido en Estagira (Macedonia, 384-322 a. de J.C.). Un estudiante de *Platón en el siglo IV a. de J.C., quien escribió tratados sobre lógica, *retórica, la naturaleza y la ética. Muchos de sus puntos de vista llegaron a tener influencia; sus enseñanzas fueron preservadas especialmente por la escuela de filosofía conocida como los peripatéticos.

Arrepentimiento. En el NT este término no quiere decir simplemente "un cambio de mentalidad" (como algunos han deducido del término griego); refleja los conceptos judíos y del AT de "darse vuelta" o de "rechazo" al pecado. El pueblo judío debía arrepentirse cada vez que pecaba; el NT utiliza el término aplicándolo especialmente al rechazo "de una vez por todas" que un *gentil experimentaba cuando se convertía al judaísmo o cuando un pecador se convertía en seguidor de Jesús.

Ascetismo. Disciplina caracterizada por la austeridad y la autonegación. Algunos grupos religiosos y filosóficos antiguos requerían de esta disciplina como línea de conducta (con frecuencia para mostrar su falta de apego a los placeres corporales, carnales y al sufrimiento). La popularidad del ascetismo creció en la antigüedad, y más tarde influyó en las normas del monasticismo cristiano.

2 **Baruc.** Es un *apocalipsis judío que data de la última parte del siglo I o de la primera del siglo II d. de J.C.

Bautismo. El AT y el mundo antiguo enfatizaron las ceremonias de lavamientos para quitar varios tipos de impureza; el judaísmo había desarrollado estas ceremonias de lavamientos más ampliamente en los días de Jesús, y algunas sectas (particularmente la comunidad que escribió los *Rollos MM) eran muy escrupulosas para practicarlo. Este rito que tenía la intención de purificar a los *gentiles de la impureza pagana cuando abrazaban el judaísmo (atestiguado por los *rabinos, *Epicteto y otros), y que se efectuaba solo una vez, proporcionó el modelo más significativo para el bautismo cristiano: indicaba un acto de conversión en el que se abandonaba la vida vieja para asumir la nueva.

Canon. Es el número mínimo de libros aceptados que forman un cuerpo de literatura absolutamente autoritativo y divinamente inspirado, por el cual otros libros que proclaman ser revelación pueden ser juzgados. La mayoría de los judíos antiguos aceptaban el AT actual como canónico. Los primeros cristianos llegaron a aceptar los libros del NT actual además del canon judío.

Canónico. Relativo al *canon.

Cicerón. Orador y estadista romano que escribió sobre una variedad de temas y que se destacó en el siglo I d. de J.C.

Cínico. Un tipo de filósofo opuesto a la mundanalidad (a los valores generalmente aceptados por una sociedad), que expresaba su independencia de ella pidiendo limosnas. Los cínicos solo poseían lo más necesario (túnica, bastón y bolsa) y habitualmente saludaban a la gente de la calle con palabras altisonantes y rechazadas por la sociedad.

Cobradores de impuestos. Constituían un grupo de judíos despreciados que cobraban impuestos para el gobierno romano por una comisión. Roma permitía que los ricos los contrataran en sus propias ciudades o distritos para ver que se pagaran los impuestos; debido a que ellos mismos tenían que pagar por cualquier faltante, no tenían misericordia de sus clientes. Herodes el Grande había usado los impuestos locales para financiar no solo el templo de Jerusalén y sus palacios, sino también los templos paganos situados en los enclaves *gentiles de Palestina, una acción que indudablemente enfureció aún más a las masas judías. Los cobradores de impuestos entonces parecían como colaboradores del poder pagano que ocupaba el territorio de Israel.

Colonia. Una ciudad literalmente fundada por los Romanos, o una a la que se le concedían honores y privilegios como si fuera ciudad romana; los nacidos allí eran tratados como ciudadanos romanos.

Cristo. Es el equivalente griego del término hebreo *"Mesías". Algunos lectores *gentiles, no familiarizados con el sentido judío del término, posiblemente lo tomaron como el apellido de Jesús, uso que se hizo común con el paso del tiempo.

Diáspora. La dispersión judía fuera de Palestina. Por lo tanto, en este comentario, el término técnico "judaísmo de la diáspora" se intercambia con el término "el judaísmo no palestino".

Diatriba. Un estilo de enseñanza usado en las antiguas escuelas de filosofía, generalmente caracterizado por preguntas retóricas e interlocutores imaginarios.

Digresión. Un cambio de tema (normalmente no muy largo) antes de volver al tema original; era un método aceptado y usado en la literatura y los discursos antiguos.

Discípulos. Eran los alumnos de los *rabinos o de los filósofos, normalmente consagrados a memorizar las enseñanzas de su maestro y a vivir de acuerdo con las mismas.

Elegido. Predestinado, escogido. Uno de los preceptos más importantes del judaísmo que consistía en que el pueblo Judío había sido escogido en Abraham; el NT aplica el término a los cristianos, quienes son el pueblo escogido en *Cristo.

1 Enoc. Un *apocalipsis cuyas cinco secciones pueden ser de diferentes autores.

Pertenece principalmente (excepto las *Similitudes) al siglo II a. de J.C. Probablemente se escribió en *arameo; circulaba fundamentalmente en círculos *esenios. Se ha preservado en parte en los *Rollos MM y en su totalidad en los manuscritos de Etiopía.

3 Enoc. Un *apocalipsis según la perspectiva del misticismo *rabínico, cuya fecha no es posterior al siglo V d. de J.C. (probablemente pertenece al siglo III).

Epicteto. Filósofo *estoico del siglo I, originalmente fue un esclavo.

Epicúreos. Escuela filosófica que avalaba el placer (la ausencia de dolor y perturbación) y no creía en los dioses de los mitos antiguos; vea el comentario sobre Hechos 17:18.

Epístolas Pastorales. Tres cartas de Pablo: 1 y 2 Timoteo y Tito, que eran consejos para jóvenes ministros en el desempeño de su trabajo.

Escatológico. Que trata del fin del tiempo.

Escribas. Por todo el imperio romano eran ejecutores de documentos legales. En la Palestina judía enseñaban a los niños a leer las Escrituras; muchos eran expertos en cuestiones de derecho contenidas en la *ley de Moisés (es decir, eran los predecesores de los *rabinos); algunos de ellos eran *fariseos.

4 Esdras. La mayor parte de esta obra (capítulos 3-14) es un *apocalipsis judío del siglo I d. de J.C.

Esenios. Grupo rígido de piadosos, algunos de los cuales se refugiaron en el desierto como monjes. Los *Rollos MM probablemente son resultado del trabajo por conservar las Escrituras de un grupo de esenios.

Espíritu. Cuando empieza con letra mayúscula en este comentario se refiere al Espíritu de Dios, el *Espíritu Santo.

Espíritu Santo. Aunque se usa solamente dos veces en el AT (Sal. 51, Isa. 63), este término llegó a ser el título reconocido para el Espíritu de Dios en los tiempos del NT. Muchos creían que la actividad del *Espíritu había disminuido desde que se completó el AT y que la *profecía continuaba solo en una forma silenciosa; pero en el AT había promesas de un resurgimiento del Espíritu al final, cuando viniera el *Mesías. El pueblo judío relacionó particularmente el Espíritu con la profecía y la iluminación divina; muchos también (en especial los *esenios) relacionaron al Espíritu con Dios que purificará a su pueblo al final del tiempo. El NT incluye los dos usos, aunque también habla del Espíritu como una persona como el Padre y el Hijo (especialmente en Juan), lo que el judaísmo no hacía.

Estoicismo. Era la forma más popular de la filosofía griega en los días de Pablo. Aunque la mayoría de la gente no lo era, muchas de estas ideas se difundieron extensamente. Para más detalles, vea el comentario sobre Hechos 17:18.

Evangelio. Traducido literalmente el término quiere decir "buenas noticias"; es el tipo de noticias que un heraldo traería, y en Isaías se refiere al mensaje específico de la restauración de Dios para su pueblo. (*"Evangelio", como *género literario, un tipo de libro en el NT, es diferente; sobre este sentido del término vea la introducción a los Evangelios.)

Evangelios sinópticos. Mateo, Marcos y Lucas; llamados así porque se traslapan entre ellos de tal manera que comparten fuentes comunes (probablemente Marcos y *"Q", en particular).

Expiar, expiación. La satisfacción de la ira de Dios descargada en un substituto en lugar de la persona culpable. Poner la vida por la de otro era altamente apreciado en la cultura griega; algunos elementos del judaísmo enfatizaron que los mártires pagaban el precio por otros. Pero el concepto se deriva especialmente del tipo de sacrificio en el AT, en el cual la muerte del sacrificado apacigua la ira de Dios para que el pecador pueda ser perdonado.

Fariseos. Un movimiento de varios miles de varones judíos piadosos que buscaban interpretar la *ley cuidadosamente y según las tradiciones de generaciones previas de piadosos. No gozaban de poder político en los días de Jesús pero eran respetados grandemente y gozaban de influencia entre la mayor parte de la población. Enfatizaban su propia versión de las reglas de pureza y esperaban la *resurrección de los muertos.

Filón. Filósofo judío del siglo I, estudioso del pensamiento griego y judío; vivió en Alejandría, Egipto, y ocupó una posición de gran influencia y prestigio entre la comunidad judía.

Gehena. Una transliteración griega de la palabra hebrea *Gehinnom*, que en el judaísmo describía la morada de tormento de los impíos. Varias fuentes judías difieren en cuanto a la duración del castigo en el Gehena, en la cuestión de una eventual aniquilación de los impíos, el castigo continuo, o una posible liberación; los Evangelios, Los Hechos y el Apocalipsis presentan un cuadro unificado con respecto a una *resurrección para juicio eterno.

Género literario. El tipo de escritura que define una obra: por ejemplo, carta, *narración histórica, biografía, poema, etc.

Gentil. El que no es judío. En el lenguaje judío antiguo equivale a "pagano".

Gnosticismo. Una fusión de ideas griegas, judías y cristianas, que hizo su aparición en el siglo II y representó un reto para el cristianismo primitivo. Algunos investigadores han descubierto entre los enemigos de Pablo tendencias hacia el gnosticismo que enfrenta (especialmente en Colosenses y en las *epístolas pastorales). Juan también los combate. Las ideas griegas que dieron lugar más tarde al gnosticismo y al neoplatonismo probablemente ya existían en el siglo I, y es posible reconstruirlas a partir de otras fuentes sin tener que recurrir al gnosticismo en sí.

Gracia. En el NT, el término generalmente representa el concepto *veterotestamentario del amor de Dios basado en un pacto, y que se expresa en pasajes como Deuteronomio 4:37; 7:7-9 y 10:15.

Hagiografía. Una historia muy elaborada acerca de una persona santa con el propósito de exaltarla.

Helenismo. Aunque el comentario normalmente usa el término "griego", "helenismo" es un término técnico que expresa la fusión cultural de la cultura clásica griega con las culturas del Medio Oriente, llevada a cabo en la parte oriental del Mediterráneo por Alejandro Magno y sus sucesores. El judaísmo *"helenista" es el judaísmo altamente influenciado por la cultura griega, de ahí el nombre helenizado.

Helenista. Ver helenismo.

Hijo de Dios. Este término fue aplicado genéricamente a todo Israel (Éxo. 4:22) pero específicamente al rey David (2 Sam. 7:14), y especialmente (después de 2 Samuel) al restaurador supremo (Sal. 2:7; 89:27). Aunque la mayoría de los textos de los días de Jesús no lo usan para designar al *Mesías, algunos sí lo hacen (los intérpretes *Esenios sobre 2 Sam. 7:14).

Hijo del Hombre. En *arameo y en hebreo se utilizaba esta expresión para referirse al "ser humano", pero Jesús la usó como una designación de sí mismo, basándose en un empleo particular de Dan. 7:13, 14. Allí, "alguien como un Hijo del Hombre", un representante de los santos que sufren antes de recibir el *reino (7:25-27), recibe el derecho de reinar eternamente. Este pasaje normalmente no se aplicaba al *Mesías en los días de Jesús, hasta que él lo citó tomándolo de Daniel 7 el día en que fue llevado a juicio; entonces sus oponentes comprendieron plenamente lo que Jesús quería significar con su uso.

Hillel. Famoso maestro judío contemporáneo de *Shammai y de Jesús cuando era niño; usualmente menos estricto que Shammai. Las opiniones de su escuela generalmente prevalecieron después del 70 d. de J.C.

Hipérbole. Una exageración *retórica, una figura del lenguaje usada muchas veces por los maestros para resaltar su punto. El propósito de las ilustraciones hiperbólicas es generalmente el de cautivar la atención del oyente y obligarlo a tomar en serio lo que se dice.

Iglesia. El término griego empleado en el NT refleja los términos usados repetidamente en la *Septuaginta para traducir la palabra hebrea "congregación" (*qahal*) de Israel: "iglesia" (asamblea) y "sinagoga" (reunión). Aunque algunos eruditos han sugerido que Jesús no podría haber hablado de la iglesia durante su ministerio terrenal, los *Rollos MM usaron el término hebreo aplicándolo a la comunidad de Dios: así pues, Jesús sí pudo haber utilizado esta palabra cuando hablaba de su futura comunidad (Mat. 16:18; 18:17). El término era de uso común en la cultura griega para "asamblea", especialmente cuando se hablaba de asambleas de ciudadanos. (La noción popular moderna de que la palabra griega para "iglesia" [ekklesia] quiere decir "los llamados fuera" está equivocada; ese sentido es más apropiado para "santos", es decir, "los separados [para Dios]".)

José y Asenat. Una novela, alejandrina judío-helenista, que describe cómo conquistó José a su novia; probablemente no es un escrito cristiano, puede que sea del siglo I d. de J.C.

Josefo. Historiador judío del siglo I que vivió durante la guerra del 66-70 d. de J.C.; sus obras (La Guerra de los Judíos, Antigüedades de los Judíos y Contra Apión, y su autobiografía Vida) son fuentes útiles de información tocante a la Palestina del siglo I. Fueron escritas para la *diáspora, con una fuerte influencia helénica.

Jubileos. Se trata de una obra escrita en forma de *midrash del Génesis y parte del Éxodo. Circulaba en (y probablemente desde) los círculos *esenios en el siglo II a. de J.C.

Justino Mártir. Filósofo antes y después de su conversión al cristianismo. Escribió dos Apologías y el Diálogo con Trifón. Fue un prominente apologista cristiano (defensor de la fe) que vivía en el siglo II d. de J.C. cuando fue martirizado.

Juvenal. Un autor satírico romano de la última parte del siglo I y la primera parte del siglo II d. de J.C. Es conocido especialmente por su menosprecio a la mujer, a los extranjeros y a los *libertos que habían cometido abusos contra los derechos y privilegios de los varones aristócratas romanos.

Ley. "Torá" (palabra hebrea que ha sido traducida al griego como "ley") literalmente quiere decir "instrucción" y "enseñanza", y no solamente normas. Se usó también como título para los primeros cinco libros del AT (el Pentateuco, los libros de Moisés) y a veces para referirse a todo el AT. Este comentario usa el vocablo "ley" porque es muy conocido de los lectores de la mayoría de las traducciones, aunque el alcance semántico de la palabra en el español es más limitado que el concepto judío.

Liberto. Se dice de quien una vez fuera esclavo pero fue liberado legalmente con los documentos pertinentes.

Literatura rabínica. El cuerpo masivo de literatura que contiene las opiniones atribuidas a varios maestros judíos y es considerado como parte del movimiento rabínico; el grueso del material usado en este comentario es de los primeros siglos d. de J.C. Aunque todas las fuentes escritas y la mayoría de los *rabinos que se citan corresponden a un tiempo después del NT, esta literatura es útil para ilustrar una rama de la tradición judía. Las obras rabínicas incluyen la Mishna, la Tosefta, el Talmud Babilónico y el Palestino, Mekilta sobre el Éxodo, Sifra sobre Levítico, y Sifré sobre Números y Deuteronomio.

Livio. Historiador romano del siglo I a. de J.C.

Luciano. *Retórico y satírico griego del siglo II d. de J.C.

LXX. Ver *Septuaginta.

Macabeos. Familia sacerdotal que dirigió la revuelta judía contra el imperio *helénico-sirio en el siglo II a. de J.C., fundaron la dinastía Asmonea, una aristocracia que reinó en Palestina hasta el tiempo de Herodes el Grande.

3 Macabeos. Una novela histórica del judaísmo alejandrino; probablemente fue escrita en el siglo I a. de J.C.

4 Macabeos. Un tratado judío en el que abunda la filosofía griega (especialmente *estoica); escrito probablemente por un judío alejandrino en la primera parte del siglo I d. de J.C.

Mesías. La interpretación del término hebreo que quiere decir "el ungido", equivale al sentido original del término griego que se traduce *"Cristo". En el AT, se ungió a una variedad de personas, y algunos de los *Rollos MM mencionan a dos principales ungidos en el tiempo del fin, uno rey y otro sacerdote. Pero la expectativa común reflejada en los Salmos bíblicos y en los Profetas era que uno de los descendientes reales de David subiría al trono otra vez cuando Dios restableciera su *reino en Israel. La mayoría creía que Dios, de algún modo, tendría que desbaratar el Imperio romano para que el reino del Mesías pudiera asegurarse; muchos parecen haber pensado que esta intervención se lograría por medio de las armas. Varias figuras mesiánicas se levantaron durante el siglo I en Palestina, esperando una intervención milagrosa por parte de Dios; todos fueron sometidos por los romanos. (Jesús fue el único que afirmó haber sido resucitado; también fue uno de los pocos mesías que declaró su ascendencia davídica, cosa que fue muy difícil para otros que surgieron después del año 70 d. de J.C.

Mesiánico. Relativo al *Mesías.

Midrash. Comentario o exposición judía de las Escrituras. Las formas variaban considerablemente pero a menudo incluían leer un texto a la luz de otros textos, con cuidado a los detalles que supuestamente estaban llenos de significado divino. Debido a que estos métodos de leer la Escritura eran comunes, los cristianos primitivos podían emplearlos al comunicar su mensaje a otros antiguos lectores judíos de la Biblia.

Narrativa. Es una forma de historia (aplicada a un relato, verdadero o ficticio), en oposición a otras formas literarias, como el discurso explicativo.

Oráculos Sibilinos. Son oráculos *seudoepígrafos judíos compuestos según los oráculos paganos del mismo nombre, son atribuidos a la antigua profetiza Sibila y probablemente coleccionados por los círculos judíos de Alejandría, Egipto y Asia Menor. Su composición abarca un período amplio, pero son principalmente precristianos.

Papiros. Documentos contemporáneos al NT, (especialmente comerciales y de correspondencia), escritos en hojas (fabricadas de la caña llamada papiro) que luego se añadían y enrollaban. Se han preservado gracias al clima árido del desierto.

Parábola. Los maestros judíos regularmente ilustraban sus enseñanzas con relatos breves, parecidos a las ilustraciones en los sermones de nuestros días (aunque con menos verosimilitud). El propósito de las parábolas de Jesús, como el de las de otros maestros, era dilucidar sus doctrinas gráficamente; consecuentemente muchos detalles en estas parábolas solo sirven para la evolución del curso del relato. Los intérpretes modernos que asignan demasiado significado a los detalles se arriesgan a pasar por alto el verdadero propósito de la parábola. La palabra griega para "parábola" normalmente significa comparación; la práctica judía que subyace en el uso que Jesús hacía de las parábolas incluye una gama muy amplia de sentidos (adivinanzas, proverbios, fábulas, etc.).

Petronio. Escritor satírico del siglo I d. de J.C. entregado a los placeres. Por celos del mentor y amante de Nerón llamado Tigelino, Petronio se suicidó al saber que lo iban a matar.

Pitágoras. Filósofo y matemático griego, nacido en la isla de Samos (¿580-500?), cuya vida es poco conocida.

Pitagorismo. Filosofía mística desarrollada por el pensador griego Pitágoras, en el siglo VI a. de J.C. Al igual que las escuelas filosóficas griegas, ésta tuvo características únicas; uno de sus dogmas básicos era el significado místico de los números.

Platón. Alumno de Sócrates cuyo idealismo y punto de vista dualista del mundo llegaron a tener influencia en el pensamiento griego subsecuente. Se destacó en el siglo IV a. de J.C.

Plutarco. Biógrafo y moralista griego cuyos escritos ilustran muchos de los puntos de vista predominantes en los siglos I y II d. de J.C.

Profecía. Hablar el mensaje de Dios por inspiración. Puede incluir, pero no necesariamente, predicciones. Si bien técnicamente el "profeta" se refiere a cualquier persona que profetiza, el judaísmo generalmente reservaba este título para el portavoz de Dios en el pasado lejano.

Prosélito. Un convertido (en este comentario se usa el término para hablar de los que se convierten al judaísmo).

Protector. Era el superior en la escala social romana en una relación protector-*protegido, que otorgaba favores y actuaba como patrocinador político a favor de sus protegidos, es decir, sus dependientes sociales. Las obligaciones en esta relación eran recíprocas; los protegidos debían rendir honores a sus protectores.

Protegido. Persona socialmente dependiente de algún *protector o mecenas en la sociedad romana.

Publicano. Una mala traducción de un término griego que se refiere a un *cobrador de impuestos. Los romanos no empleaban directamente a los *publicani*, que eran un tipo especial de cobradores de impuestos agrícolas en Palestina durante el tiempo de Jesús.

Q (quelle). Palabra alemana que significa fuente. Es un supuesto documento o fuente que sirvió para la elaboración de los *Evangelios sinópticos. Este documento estaría formado básicamente de dichos sapienciales de Jesús.

Quintiliano. *Retórico romano muy influyente del siglo I d. de J.C.

Qumrán. Lugar donde fueron hallados los *Rollos MM (Khirbet Qumrán); de ahí que la "comunidad de Qumrán" sea una expresión usada para describir al pueblo que vivía ahí y que escribió los rollos.

Rabí, rabino. Maestro judío. Un poco después del año 70 d. de J.C., el vocablo llegó a ser un término técnico para los que eran ordenados en el movimiento rabínico, que probablemente consistía ante todo de *escribas *fariseos. (Para acomodarse al uso aceptado, este comentario a veces aplica el término a los maestros judíos de la *ley en general, aunque tal uso puede haber sido de fecha más reciente; también se aplica a las enseñanzas de los expertos judíos en derecho, coleccionadas en la *literatura rabínica.

Rabínico(a). Relativo a los rabinos o a su doctrina; especialmente a la literatura hebrea posterior a la dispersión del pueblo judío.

Reino. Este término no se refiere al pueblo de un rey o a su tierra, que es el sentido que tiene en el español; más bien se refiere a "regir", a "reinar" o a "autoridad". El pueblo judío reconocía que Dios siempre ha reinado en el universo entero, pero oraba por el día cuando él reinaría sobre el mundo sin el desafío de la idolatría y la desobediencia. La venida de este aspecto futuro del reinado de Dios se vinculaba generalmente con el *Mesías y la *resurrección. Ya que Jesús vino y vendrá otra vez, los cristianos creen que el reino ha sido inaugurado pero aún aguardan su consumación o finalización. "Reino de los cielos" es otra manera de decir "reino de Dios". La expresión "del cielo" era la manera judía de decir "de Dios" (Luc. 15:21).

Relato. Ver *narrativa.

Religiones de misterio. Un grupo diverso de religiones griegas al que solo se podía entrar por medio de una iniciación especial. Los detalles de la admisión debían guardarse en secreto, si bien era posible unirse a varias de estas sociedades. Aparte de los secretos e iniciaciones, variaban ampliamente en popularidad, antigüedad y prestigio entre las diferentes clases sociales.

Resurrección. Aunque algunos eruditos de la primera parte del siglo XX derivaron su idea de la resurrección de Jesús de las *religiones de misterio griegas, ahora se entiende que la creencia cristiana primitiva tenía poco en común con los mitos de las religiones de misterio. Estos últimos simplemente promulgaban una revivificación temporal de la fertilidad. Pero la resurrección de Jesús tenía sus raíces en la esperanza judía, que a su vez estaba arraigada en las nociones adquiridas del Pacto con Dios, en la promesa y en la justicia de la historia primitiva de Israel. La mayoría de los judíos palestinos creían que Dios levantaría los cuerpos de los muertos (por lo menos los de los justos, y muchos creían que también los de los impíos) al final de esta era (Dan. 12:2). Sin embargo, no existía la idea de que una persona se iba a levantar antes que los demás; por eso la resurrección de Jesús, como una inauguración del *reino futuro en la historia, sorprendió hasta a los *discípulos.

Retórica. El arte o estudio de ciertas formas y métodos de hablar en público, cuyo valor era fuertemente enfatizado en la antigüedad. Aunque solo los muy acomodados económicamente gozaban de un buen entrenamiento en este arte, las formas de la retórica y las ideas se fueron difundiendo al resto de la sociedad urbana por medio de los discursos públicos, de manera similar a lo que ocurre en la sociedad occidental por medio de la televisión.

Rollos del Mar Muerto (Rollos MM). Escritos de una secta judía muy estricta (se cree generalmente que eran los *esenios) que vivían en el desierto cerca de Khirbet *Qumrán. Sus escritos incluyen el Rollo de la Guerra, la Regla de la Comunidad, el Documento de Damasco, los Himnos de Acción de Gracias, el Apócrifo del Génesis, el Rollo del Templo, y comentarios y agregados sobre varios libros bíblicos.

Saduceos. La mayoría de ellos pertenecía a una aristocracia sacerdotal que prosperó a causa de la buena relación que tenían con los romanos; reconciliaban al pueblo con los romanos y a los romanos con el pueblo. Controlaban el próspero culto del templo, dudaban de las tradiciones farisaicas, de su énfasis en los ángeles y otros espíritus, y sobre todo les molestaba hablar de la *resurrección y otras creencias con respecto al tiempo del fin. Las creencias *mesiánicas relacionadas con el tiempo del fin desestabilizaron finalmente su posición en Palestina.

Salem. El nombre de la ciudad cuyo rey era Melquisedec. *Josefo dice que los escritores judíos generalmente la consideraban un sinónimo de Jerusalén.

Salmos de Salomón. Salmos de mediados del siglo I a. de J.C., parecidos a los himnos del Qumrán. Probablemente todos son del mismo autor y reflejan la primitiva piedad farisaica.

Salvador. Un título aplicado muchas veces a dioses y reyes divinizados en la cultura griega, también se empleaba en la *Septuaginta para referirse al Dios de Israel como el libertador de su pueblo.

Samaritanos. Estos eran un pueblo mestizo, de origen judío y gentil, que reclamaban ser descendencia de Jacob y adoraban al Dios de Israel, pero pensaban que el monte Gerizim, y no Jerusalén, era el lugar santo para la adoración. Debatían extensa y amargamente con los judíos, lo que dio lugar a muchas hostilidades políticas en los días de Jesús y algunas veces hizo necesaria la intervención de los romanos.

Satanás. Originalmente "Satán", "el adversario" (como en el texto Hebreo de Job), llegó a usarse como nombre para el diablo al final del exilio de Israel (2 Crónicas, Zacarías) y a aceptarse en el período del NT, aunque muchos judíos también lo llamaban por otros nombres. En contraste con algunos teólogos modernos, los lectores del NT lo consideraban como un ser literal y personal.

Séneca. Filósofo *estoico romano, consejero de Nerón en los primeros días de su gobierno.

Septuaginta. La versión griega del AT, difundida extensamente en el período del NT. (Comúnmente abreviada *LXX por la idea tradicional de que setenta eruditos lo tradujeron.) Aunque existan varias reseñas o versiones de la obra, este comentario hace referencia a la forma más ampliamente aceptada (para evitar cuestiones técnicas más allá de su área de competencia).

Seudoepígrafo(a). 1. Se da a entender que fue escrito por alguien más que el autor real, como el uso de un seudónimo en nuestros días. 2. Una colección moderna de diversos textos judíos que quedaron fuera de los cánones judíos y cristianos y otras colecciones como los *Apócrifos, los *Rollos MM y la literatura *rabínica. Se les llama así porque la mayoría de ellos son seudoepígrafos. Estas obras incluyen 2 Baruc; *1, 2 y *3 Enoc; la *Carta de Aristeas; *4 Esdras; los *Jubileos; la Vida de Adán; *3 y *4 Macabeos; el Martirio de Isaías; los *Salmos de Salomón; los *Oráculos Sibelinos; el *Testamento de Job; el *Testamento de Salomón; y el *Testamento de los Doce Patriarcas.

Seudo-Filón. Las Antigüedades Bíblicas del Seudo-Filón sondean la historia desde Adán hasta la muerte de Saúl. Posiblemente escrita en Palestina, la obra probablemente se deriva de la última parte del siglo I o la primera parte del siglo II d. de J.C., pero no demuestra ninguna influencia cristiana específica.

Seudo-Focílides. Probablemente una obra judía de sabiduría moral influenciada por la ética *estoica. Data de la última parte del primer siglo o la primera parte del II siglo d. de J.C.

Shammai. Era un maestro judío famoso, contemporáneo de *Hillel y de Jesús cuando era niño, normalmente más estricto que Hillel; las opiniones de su escuela generalmente dominaban en los días de Jesús.

Similitudes de Enoc. Las parábolas de 1 Enoc (1 Enoc 37-71) pueden datar del siglo I a. de J.C. o tan tarde como el siglo I d. de J.C. Debido a que esta sección de Enoc no está representada en los fragmentos de *Qumrán, todavía no se ha podido determinar si data de una fecha precristiana.

Sinagogas. Lugares de reunión usados por los judíos para asambleas comunitarias, la oración pública y la lectura de la Escritura.

Sudario de Turín. Es el supuesto lienzo con el que Jesús fue sepultado. Los resultados del estudio de radiocarbono refutan su pretendida autenticidad; a su favor están sus características palestinas (incluyendo vestigios de fibras de plantas de Palestina) y registros de las costumbres judías del rito de entierro practicadas durante el siglo I. El origen y carácter de la imagen todavía no han sido resueltos por los investigadores.

Suetonio. Historiador romano cuyas biografías escritas en la primera parte del siglo II d. de J.C. sobre los emperadores del siglo I contienen mucha información útil.

Tácito. Historiador romano cuya historia de la Roma del siglo I, escrita en la primera parte del siglo II, está entre las fuentes más confiables para la comprensión de esa era (si bien muchas veces afectada por el cinismo de Tácito).

Tárgum. Paráfrasis de la Biblia hebrea a la lengua vernácula *aramea. Aunque es imposible fechar los tárgumes escritos existentes, la actividad de traducción era tan antigua como lo indica Nehemías 8:8 y pudo haberse desarrollado en paráfrasis expandidas en una fecha temprana.

Teón. Un orador griego cuyo manual de *retórica es de ayuda en la reconstrucción de los antiguos estilos de la disertación y la escritura (junto con los cuadernos de instrucción escritos por *Quintiliano y otros).

Testamento de Job. Consistía en un relato judío helenista de los sufrimientos y el triunfo de Job; posiblemente procede de Egipto y data del siglo I a. de J.C., o del siglo I d. de J.C.

Testamento de los Doce Patriarcas. Probablemente se trata de una obra judía precristiana con algunas interpolaciones cristianas. Su fecha es incierta. Cada uno de los doce hijos de Jacob deja testamentos o instrucciones para sus hijos.

Testamento de Moisés. Algunos creen que este documento se deriva de la era *macabea; podría ser fechado después del 70 d. de J.C., pero probablemente puede ubicarse en la primera mitad del siglo I d. de J.C. (describe solamente parte del templo que se quemó).

Testamento de Salomón. Es probablemente una obra judía no cristiana del siglo III d. de J.C. que proviene posiblemente de Asia Menor; sus ritos exorcistas reflejan su familiaridad con los textos mágicos.

Veterotestamentario(a). Relativo al AT.

Vida eterna. En los textos judíos la frase literalmente quiere decir "la vida del mundo venidero", está conectada con la *resurrección; tomado de Daniel 12:2, llegó a ser el concepto aprobado por la mayoría en el judaísmo primitivo y a veces fue abreviado simplemente como "vida". Algunos pasajes del NT hablan de la vida eterna como una realidad presente así como una dádiva futura, ya que la resurrección de Jesús ha inaugurado la salvación para el presente.

Zelotes. Revolucionarios judíos que se hicieron famosos con este nombre poco antes de la primera guerra judía (66-70 d. de J.C.). *Josefo, buscando exonerar a su pueblo ante los romanos, los separó llamándolos ladrones y buscapleitos. Los simpatizantes de los zelotes eran numerosos, aparentemente hasta entre los *fariseos. Aunque zelotes técnicamente se refiere solamente a un grupo de los insurgentes, los escritores modernos muchas veces han usado el término como un título apropiado para todo el movimiento rebelde.

MAPAS Y TABLAS

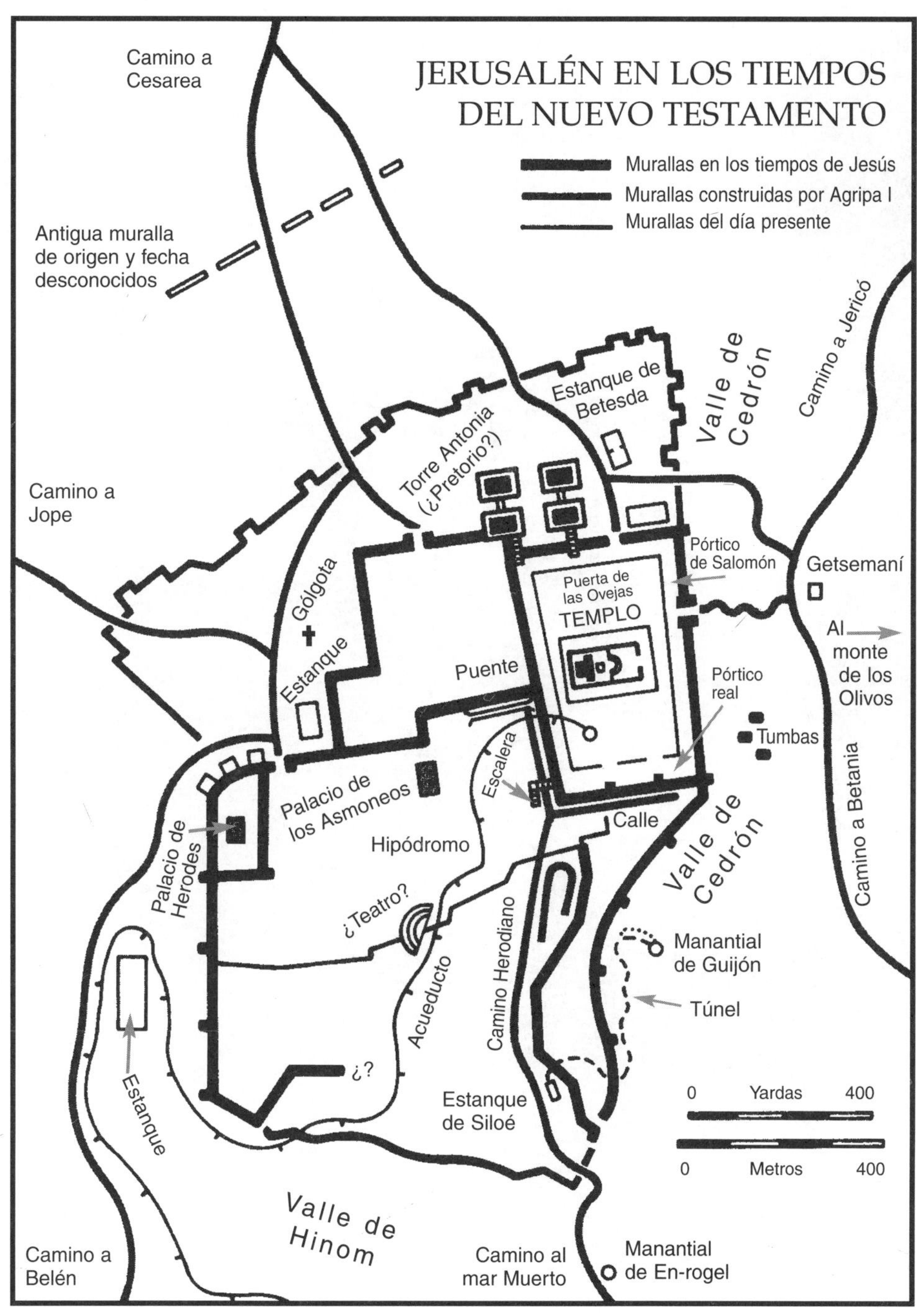

JERUSALÉN EN LOS TIEMPOS DEL NUEVO TESTAMENTO
Murallas en los tiempos de Jesús
Murallas construidas por Agripa I
Murallas del día presente
Camino a Cesarea
Antigua muralla de origen y fecha desconocidos
Camino a Jope
Camino a Jericó
Valle de Cedrón
Estanque de Betesda
Torre Antonia (¿Pretorio?)
Pórtico de Salomón
Getsemaní
Puerta de las Ovejas
TEMPLO
Gólgota
Estanque
Puente
Pórtico real
Al monte de los Olivos
Tumbas
Palacio de los Asmoneos
Escalera
Calle
Palacio de Herodes
Hipódromo
Valle de Cedrón
Camino a Betania
¿Teatro?
Manantial de Guijón
Túnel
Acueducto
Camino Herodiano
¿?
Estanque
Estanque de Siloé
0 Yardas 400
0 Metros 400
Valle de Hinom
Camino a Belén
Camino al mar Muerto
Manantial de En-rogel

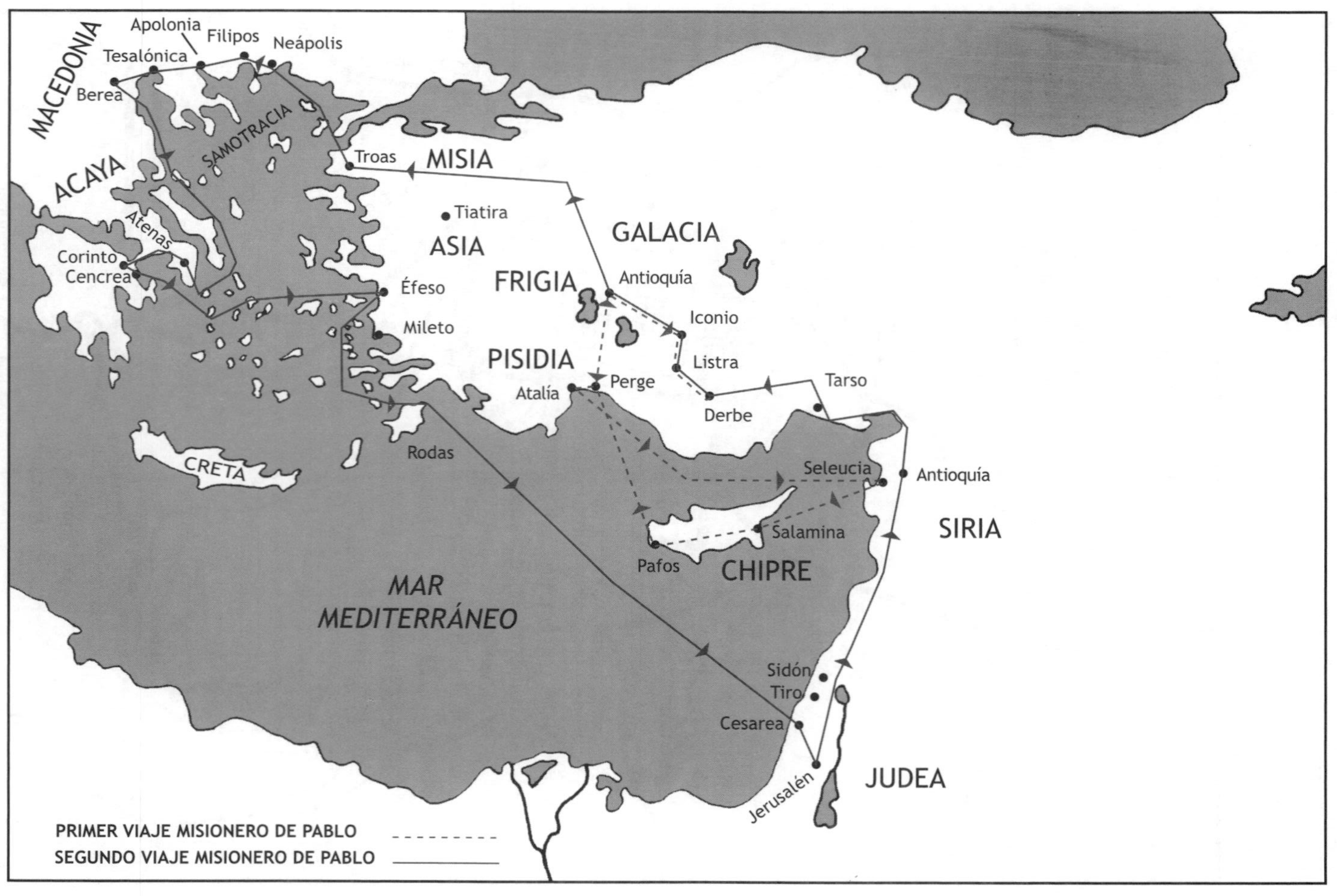

MACEDONIA
Apolonia
Filipos
Neápolis
Tesalónica
Berea
SAMOTRACIA
ACAYA
Troas
MISIA
Tiatira
Atenas
Corinto
Cencrea
ASIA
GALACIA
FRIGIA
Antioquía
Éfeso
Mileto
Iconio
PISIDIA
Listra
Perge
Atalía
Tarso
Derbe
Rodas
CRETA
Seleucia
Antioquía
Salamina
SIRIA
Pafos
CHIPRE
MAR MEDITERRÁNEO
Sidón
Tiro
Cesarea
Jerusalén
JUDEA
PRIMER VIAJE MISIONERO DE PABLO
SEGUNDO VIAJE MISIONERO DE PABLO

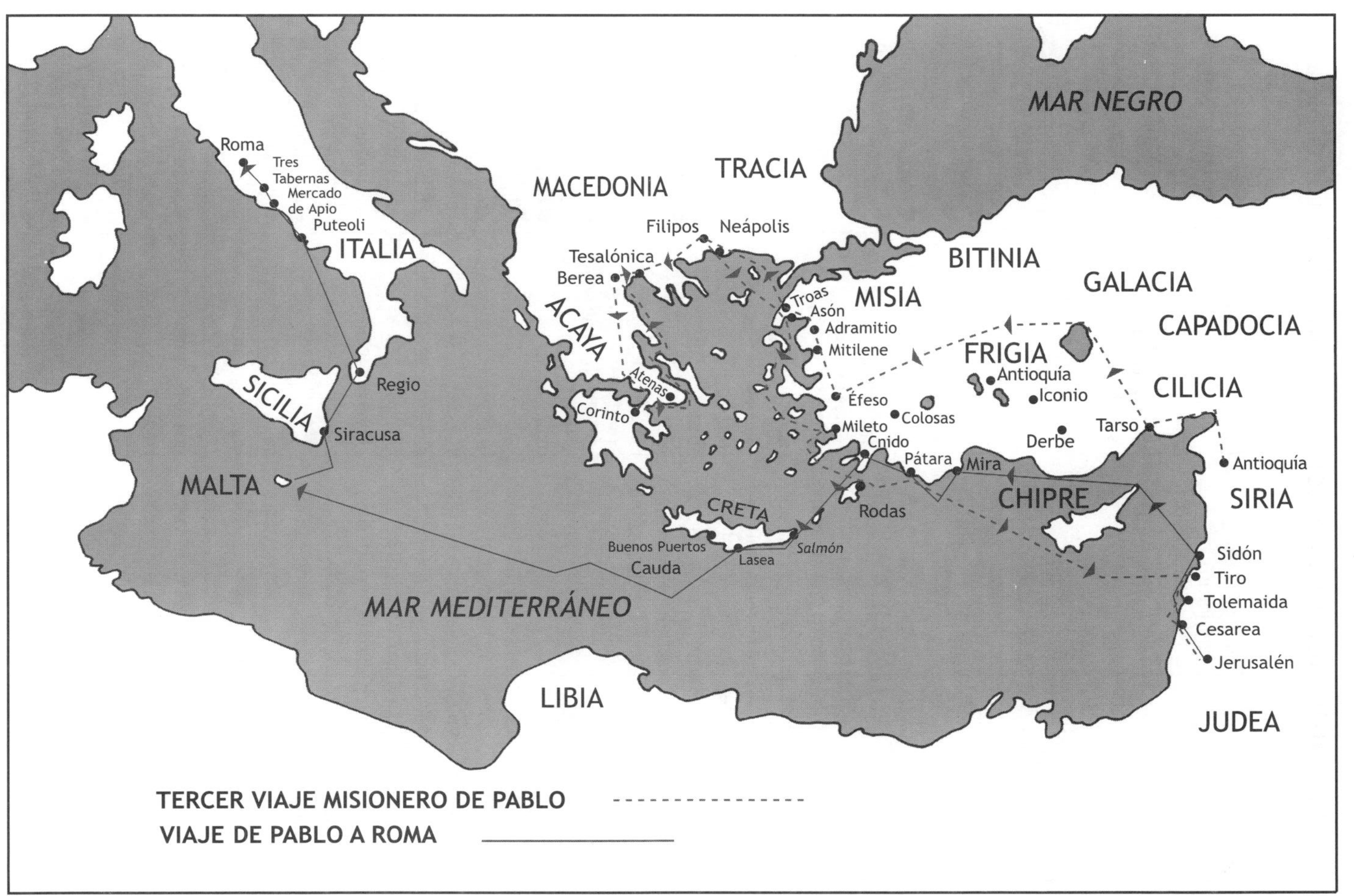

MAR NEGRO
TRACIA
MACEDONIA
BITINIA
GALACIA
CAPADOCIA
MISIA
FRIGIA
CILICIA
SIRIA
JUDEA
ITALIA
SICILIA
ACAYA
CRETA
CHIPRE
MALTA
LIBIA
MAR MEDITERRÁNEO
Roma
Tres Tabernas
Mercado de Apio
Puteoli
Regio
Siracusa
Filipos
Neápolis
Tesalónica
Berea
Atenas
Corinto
Troas
Asón
Adramitio
Mitilene
Éfeso
Mileto
Cnido
Colosas
Antioquía
Iconio
Derbe
Tarso
Pátara
Mira
Rodas
Buenos Puertos
Cauda
Lasea
Salmón
Antioquía
Sidón
Tiro
Tolemaida
Cesarea
Jerusalén
TERCER VIAJE MISIONERO DE PABLO
VIAJE DE PABLO A ROMA

El mundo del Nuevo Testamento: Una cronología

ROMA (dirigentes)	**PALESTINA** (gobierno)	**JUDAÍSMO**	**ORÍGENES CRISTIANOS**
		■ Rollos del mar Muerto (Siglo II a. de J.C. hasta la primera mitad del siglo I d. de J.C.)	
■ Augusto (27 a. de J.C. –14 d. de J.C.) ✧ aclamado como "Salvador" ✧ Pax Romana	■ Herodes el Grande (c. 37 a. de J.C.—4 d. de J.C.) ■ Arquealo, etnarca (4 a. de J.C.—6 d. de J.C.) ■ La revuelta de Judas y la quema de Séforis (6 d. de J.C.)	■Maestros judíos: ✧ Shemaya, Abtalión ✧ Hillel y Shammai ■ Anás, sumo sacerdote (6-15 d. de J.C.) ■ Caifás, sumo sacerdote (18-36 d. de J.C.)	■ Nacimiento de Jesús (¿ 7 a. de J.C.?) ■ Regreso de Egipto a Galilea ■ Trabaja para carpinteros en Nazaret (a 8 km de Séforis)
■ Tiberio (14-37 d. de J.C.) ✧ *protector de Sejano ✧ expulsa a los judíos de Roma	■ Los procuradores romanos en Judea (6-37 d. de J.C.) ■ Herodes Antipas, tetrarca de Galilea (4 a. de J.C.—39 d. de J.C.) ■ Poncio Pilato (del 26 ó 27 al 36 ó 37); *protegido de Sejano	■ Predomina la escuela de Shammai ■ Gamaliel I un prominente maestro fariseo (Escuela de Hillel)	■ Juan el Bautista, Jesús comienza su ministerio público (c. 27 d. de J.C.) (Luc. 3:1; Juan 2:20) ■ Jesús es crucificado (c. 30 d. de J.C.) ■ La iglesia comienza en Jerusalén ■ El movimiento helenista (Hech. 6) ■ Esteban es apedreado ■ La conversión de Pablo (c. 32)
■ Cayo Calígula (37-41) ✧ trata de levantar su imagen en el templo	■ Herodes Agripa I, rey popular (37-44) ✧ muere en Hech. 12:23; Josefo (44)	■ La revuelta de Teudas (c. 45)	■ La iglesia en Antioquía, la expansión gentil ■ Florecen ideas apocalípticas debido probablemente a Gayo (cf. 2 Tes. 2:3, 4)
■ Claudio ("¿el que impide?") (41-54) ✧ expulsa a los judíos de Roma a causa de "Cresto"	■ Procuradores (44-66) y Herodes Agripa II (c. 50-92, sobre varios territorios)	■ Simeón ben Gamaliel ■ Sacerdotes ricos (saduceos) y terratenientes galileos oprimen al pobre	■ Primer viaje misionero de Pablo (45-48) ■ El Concilio de Jerusalén (Hech. 15; c. 49) ■ Segundo viaje (50-53): Filipos, Tesalónica, Corinto; 1-2 Tesalonicenses ■ Los años cincuentas: 1 Corintios, Romanos
■ Nerón (54-68) ✧ asesinatos, orgías, bestialidad, matricidio ✧ protector de Pallas	■ Félix: corrupto *protegido de Pallas (52-60)	■ Surgen tensiones socioeconómicas; se levantan los *Zelotes	■ Pablo apresado en el templo, llevado a Cesarea (c. 58-60) ■ ¿Se escribe Santiago?

ROMA (dirigentes)	**PALESTINA** (gobierno)	**JUDAÍSMO**	**ORÍGENES CRISTIANOS**
	■ Festo: procurador justo (60-62) ■ Muere Festo (62); reemplazado por gobernadores corruptos		■ Pablo es enviado a Roma (c. 60) ■ Epístolas de la cautividad (Efesios, Filipenses, Colosenses, Filemón; c. 60-62) ■ Pablo enfrenta a la filosofía, al misticismo helenista y judío y a los códigos familiares ■ Pablo es soltado probablemente después de 2 años (62)
■ El incendio de Roma (64) ■ Nerón quema vivos a cristianos (64)	■ Masacres en Cesarea, Decápolis		■ Martirio de Santiago el hermano de Jesús (62) ■ 1 Timoteo, Tito ■ Pablo es hecho prisionero de nuevo ■ 1–2 Pedro; 2 Timoteo; ¿Marcos? (c. 64)
■ Nerón muere; es sustituido por Galba, Otón, Vitelio (68-69) ■ Vespasiano (69-79)		■ Guerra con Roma (66-70) ■ Jerusalén cae; el templo destruido (70)	■ Pedro y Pablo son ejecutados (c. 64) ■ La iglesia en Jerusalén huye ■ ¿Se escribe Hebreos (c. 68)? ■ Falsos profetas dicen que el fin ha llegado (c. 70)
■ Tito (79-81)		■ Saduceos, otros grupos disueltos ■ Johanan ben Zakkai reorganiza el fariseísmo	■ ¿Lucas –Hechos? (grecorromano) ■ ¿Mateo? (sirio-judío)
■ Domiciano (81-96) ✧ al final de su reinado, demanda adoración ✧ cristianos y otros son perseguidos		■ Gamaliel II, Samuel Ha-Katon; dificultades con "sismáticos" (muchos posibles cristianos judíos; c. 85)	■ Juan (90 ss.) ■ 1, 2, 3 Juan ■ Apocalipsis
■ Nerva (96-98) ■ Trajano (98-117) ■ Adriano (117-138)	■ Jerusalén paganizada (Aelia Capitolina, 135)	■ Akiba, Ismael ■ La revuelta de Bar Kochba (132-135)	■ El cristianismo gentil eclipsa al cristianismo judío en muchas áreas, entienden menos sus raíces
		■ R. Judá Ha-Nasi I (c. 200) codifica la Misná (después las opiniones y decisiones de los rabinos Amorreos se codificaron en la Gemara)	■ Justino Mártir ■ Ireneo, Atenágoras, Clemente de Alejandría, Orígenes, Tertuliano

Un quiasmo (Hech. 2:22-36)

A A éste [Jesús]… vosotros matasteis clavándole en una cruz…

B Dios le resucitó, habiendo desatado los dolores de la muerte;…

C David dice…
Hermanos, os puedo decir confiadamente

D Que nuestro padre David murió y fue sepultado,
(y su sepulcro está entre nosotros hasta el día de hoy).

E Siendo, pues, profeta y sabiendo

F Que Dios le había jurado con juramento

G Que se sentaría sobre su trono uno de su descendencia,

H Y viéndolo de antemano, habló

I De la resurrección de Cristo:

J Que no fue abandonado en el Hades,

J′ Ni su cuerpo vio corrupción

I′ ¡A este Jesús lo resucitó Dios,

H′ De lo cual todos nosotros somos testigos!

G′ Así que, exaltado por la diestra de Dios

F′ Y habiendo recibido del Padre la promesa del Espíritu Santo,

E′ Ha derramado esto que vosotros veis y oís.

D′ Porque David no subió a los cielos,

C′ […David] dice…
Sepa, pues, con certidumbre toda la casa de Israel…

B′ Dios le ha hecho Señor y Cristo.

A′ A este mismo Jesús a quien vosotros crucificasteis

Tomado de Kenneth E. Bailey, *Poet & Peasant: A Literary Cultural Approach to the Parables in Luke* (Grand Rapids, Mich.: Eerdmans, 1976), pp. 65-66. Usado con permiso.